Dicionário Aurélio Ilustrado

AURÉLIO BUARQUE DE HOLANDA FERREIRA
Da Academia Brasileira de Letras,
da Academia Brasileira de Filologia,
da Academia de Ciências de Lisboa
e da Hispanic Society of America.

COORDENAÇÃO E EDIÇÃO
Margarida dos Anjos (†)
Marina Baird Ferreira (†)

EQUIPE LEXICOGRÁFICA
Emanuel Pinho Medeiros
Eni Valentim Torres
Margarida dos Anjos (†)
Marina Baird Ferreira (†)
Renata de Cássia Menezes da Silva
Roberto Cortes de Lacerda (†)

APOIO TÉCNICO
João Ferreira Gomes Barcellos

1ª edição
Curitiba – 2008

Impressão – 2023

MARALTO EDIÇÕES

© O Dicionário Aurélio Ilustrado corresponde à 1ª edição, contendo cerca de 10.000 verbetes.

© Copyright - Todos os direitos reservados à Companhia Brasileira de Educação e Sistemas de Ensino S.A. by Regis Ltda. Direitos cedidos com exclusividade para a língua portuguesa em todo o mundo para a Companhia Brasileira de Educação e Sistemas de Ensino S.A. Nenhuma parte desta obra pode ser apropriada ou estocada em sistema de banco de dados ou processo similar, em qualquer forma ou meio, seja eletrônico, fotocópia, gravação, etc., sem permissão do detentor do copirraite.

MARALTO
EDIÇÕES

Diretor-Geral
Daniel Gonçalves Manaia Moreira

Diretor de Conteúdo
Fabricio Cortezi de Abreu Moura

Gerente Editorial
Marcele Quaglio Tavares da Silva

Gerente de Produção Editorial
Wagner Augusto Krelling

Edição
Sue Ellen Halmenschlager
Valéria Zelik-Lüders

Revisão
Camila Vanzella

Edição de Arte
Juliana Ferreira Rodrigues
Karina Hollanda

Editoração
Rodrigo Andrade

Pesquisa Iconográfica
Anna Gabriela Tempesta
Avani Lucindo dos Santos
Fernanda Pehls Mendes
Renata Santos
Janine Perucci

Tratamento de Imagens
Geovane A. Moreira
Maurício Miranda

Capa
Positivo Comunicação Gráfica

Imagens da capa
Shutterstock

Projeto gráfico
Conexão Editorial

COMPANHIA BRASILEIRA DE EDUCAÇÃO E
SISTEMAS DE ENSINO S.A.
R. João Domachoski, 5
81200-150 – Curitiba – PR

IMPRESSÃO E ACABAMENTO
Reproset Indústria Gráfica Ltda.
Rua Anne Frank, 2861 - Boqueirão
81650-020 – Curitiba – PR
Tel.: (41) 3376 -1713
E-mail : reproset@reproset.com.br
OP. 260332

Dados Internacionais para Catalogação na Publicação (CIP)
(Angela Giordani / CRB 9-1262 / Curitiba, PR, Brasil)

F383 Ferreira, Aurélio Buarque de Holanda.
     Dicionário Aurélio ilustrado / Aurélio Buarque de Holanda Ferreira ; coordenação Margarida dos Anjos e Marina Baird Ferreira. – Curitiba : Cia. Bras. de Educação e Sistemas de Ensino, 2008.
     560 p. : il.

     ISBN 978-65-5798-009-5

     1. Língua portuguesa - Dicionários. I. Anjos, Margarida dos. II. Ferreira, Marina Baird. III. Título.

CDD 469.3

* Aos netos Pedro Antônio, Mariana, Fernando, Marina e Júlia

Sumário

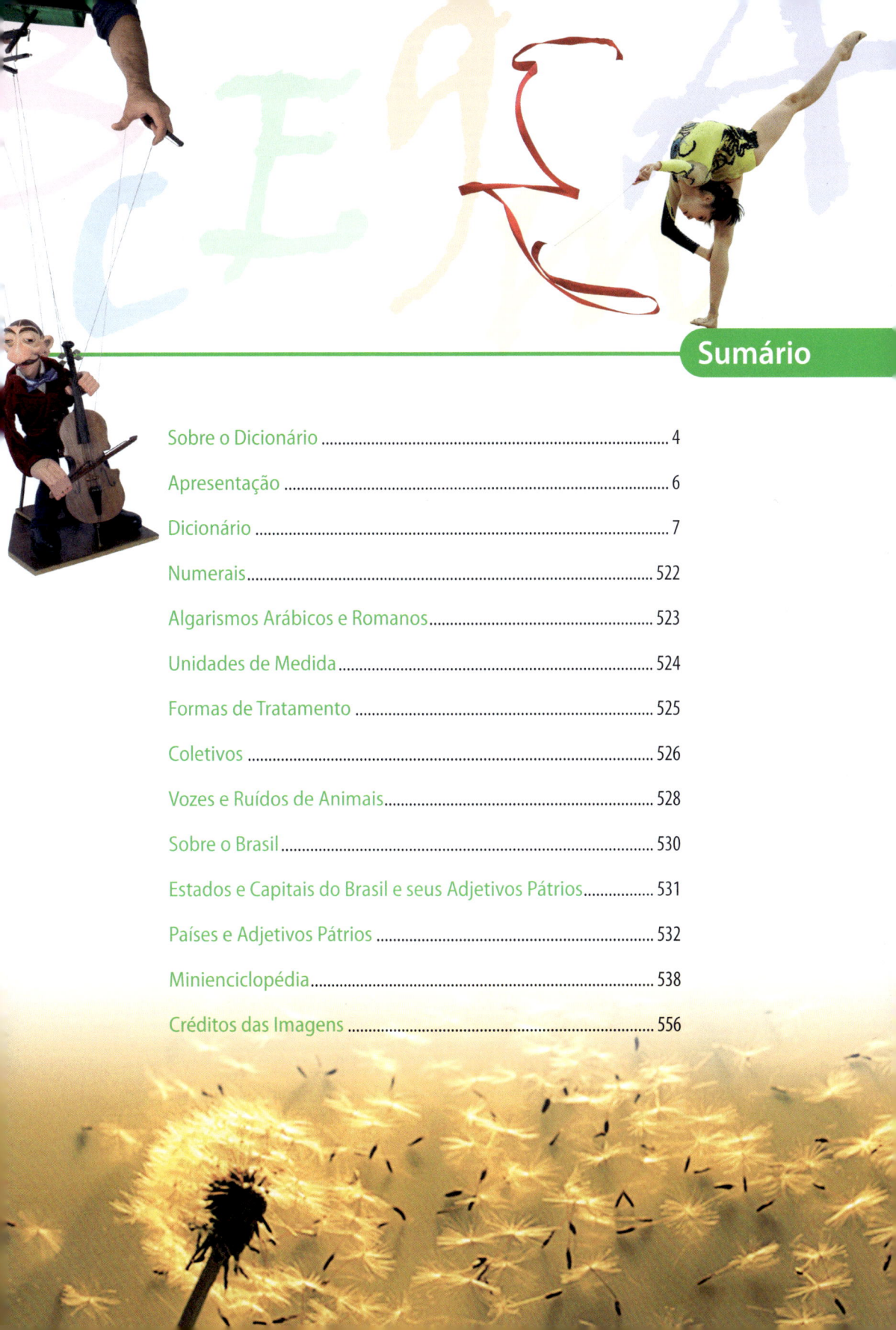

Sobre o Dicionário 4

Apresentação 6

Dicionário 7

Numerais 522

Algarismos Arábicos e Romanos 523

Unidades de Medida 524

Formas de Tratamento 525

Coletivos 526

Vozes e Ruídos de Animais 528

Sobre o Brasil 530

Estados e Capitais do Brasil e seus Adjetivos Pátrios 531

Países e Adjetivos Pátrios 532

Minienciclopédia 538

Créditos das Imagens 556

Sobre o Dicionário

Para tirar maior proveito de seu Dicionário Aurélio Ilustrado, convém saber:

- **verbete** – É a unidade básica do dicionário. Inicia-se com a própria palavra que se quer consultar e traz as informações a ela referentes. Os verbetes são organizados em ordem alfabética.

- **entrada ou cabeça do verbete** – A palavra que se vai definir. Vem sempre em negrito e em cor, alinhada à esquerda.

- **definição** – É a descrição do significado da palavra. Uma palavra tem mais de uma definição, quando tem mais de um significado. Neste caso, cada significado é precedido de um número.

- **separação silábica** – É a indicação das possibilidades de divisão das sílabas de uma palavra. Aparece em cor após a entrada e usa ponto ou dois-pontos entre cada sílaba, aquele para indicar divisão obrigatória e este para indicar divisão facultativa, ou que pode ser feita de duas formas.

- **exemplo** – Serve para tornar mais clara cada definição. Aparece em itálico, com destaque especial para a entrada ou cabeça do verbete.

- **índice** – É um número que aparece sobrescrito à entrada do verbete, indicando palavras com a mesma pronúncia e grafia, mas de origem diferente, e que, por isso, são registradas em verbetes distintos. O índice segue a cor da entrada.

- **remissão** – É a situação em que o leitor é conduzido a outro verbete, a fim de complementar sua pesquisa. Há duas formas de remissão: aquela em que, após uma palavra, aparece um número entre parênteses, indicando qual verbete e qual definição se deve ler, e aquela em que se sugere a consulta a outro verbete usando-se a palavra "veja" seguida da entrada do verbete sugerido.

- **classificação gramatical** – É a indicação da classe de palavras à qual pertence a entrada do verbete, de acordo com a gramática normativa. Essa classificação vem após a separação silábica ou a pronúncia, quando houver, e aparece em negrito e em itálico. Para os substantivos, ainda há a indicação do gênero e do número, em alguns casos. Quando uma palavra tem mais de uma classificação gramatical, a segunda classificação em diante registra-se com o ícone ✅.

---

festança fes.**tan**.ça *substantivo feminino* Festa muito alegre, muito animada ou com muita fartura: *O aniversário da Lu foi uma festança, não faltou ninguém.* jovens dançaram até de manhã. **2.** Solenidade em que se comemora um fato importante: *Fizeram uma bela festa para comemorar a inauguração da nova escola.* **3.** Festividade religiosa: *a festa de São João.*

festejar fes.te.**jar** *verbo* Fazer festa em homenagem a alguém, ou a algum fato, etc.; comemorar, celebrar: *Amanhã vamos festejar o aniversário de nossa formatura.*

festejo fes.**te**.jo (tê) *substantivo masculino* Solenidade; festa: *Os festejos do Natal, do ano-novo.*

festival fes.ti.**val** *substantivo masculino* Série de festejos, de exibição de filmes ou de peças teatrais, de exposições, etc. em determinado espaço de tempo: *O festival literário de Parati ocorre todos os anos.* [Plural: *festivais*.]

festividades fes.ti.vi.**da**.des *substantivo feminino plural* Série de festas, de ocasiões alegres: *As festividades do 7 de setembro contaram com um desfile escolar.*

festivo fes.**ti**.vo *adjetivo* **1.** De festas: *dia festivo.* **2.** Alegre, divertido: *O carnaval dá um ar festivo à cidade.*

feto **fe**.to *substantivo masculino* Criança ou animal que ainda está no ventre da mãe, que ainda não nasceu.

fevereiro fe.ve.**rei**.ro *substantivo masculino* O segundo mês do ano, com 28 ou 29 dias (nos anos bissextos).

fezes **fe**.zes *substantivo feminino plural* Matérias fecais; excrementos: *A calçada estava suja de fezes de cachorro.*

fiado fi.**a**.do *adjetivo* **1.** Vendido para ser pago depois, a crédito. ✅ *advérbio* **2.** A crédito: *Comprou fiado; Vendeu fiado.*

fiapo fi.**a**.po *substantivo masculino* Fio muito fino; fiozinho: *O bebê só tem uns fiapos de cabelo.*

fiar¹ fi.**ar** *verbo* Reduzir a fio matérias como algodão, etc.: *Fiou o algodão e com o fio teceu um tapete.*

fiar² fi.**ar** *verbo* **1.** Vender a crédito: *Esta loja não fia.* **2.** Ter confiança; confiar: *Não me fio em qualquer pessoa.*

---

fiasco fi.**as**.co *substantivo masculino* Mau resultado; fracasso: *O show da cantora foi um fiasco quanto ao público: poucas pessoas compareceram.*

fibra **fi**.bra *substantivo feminino* **1.** Cada um dos filamentos alongados que constituem tecidos animais e vegetais ou certas substâncias minerais: *Os músculos são formados de fibras.* **2.** Energia, caráter: *Uma mulher de fibra, muito corajosa.*

fibroso fi.**bro**.so (brô) *adjetivo* Que tem ou é feito de fibras. [Plural: *fibrosos* (ó).]

ficar fi.**car** *verbo* **1.** Permanecer em algum lugar; estacionar: *Chegou ao Brasil e ficou.* **2.** Estar situado: *O Rio de Janeiro fica na Região Sudeste.* **3.** Obter ou deter a guarda de: *Com o divórcio, a mãe ficou com os filhos.* **4.** Contrair doença: *Ficou resfriado.* **5.** Obrigar-se a algo: *Ficou de chegar cedo.*

ficção fic.**ção** *substantivo feminino* Coisa imaginada; fantasia, criação: *A história não é verdadeira, é ficção.* [Plural: *ficções*.]

ficcional fic.ci:o.**nal** *adjetivo de dois gêneros* Relativo a ficção ou próprio dela. [Plural: *ficcionais*.]

ficha **fi**.cha *substantivo feminino* **1.** Peça com que se marcam pontos em certos jogos. **2.** Cartão para anotações e posterior classificação. **3.** O que está anotado numa ficha (2): *A ficha não combina com as informações que ele deu.*

fichário fi.**chá**.ri:o *substantivo masculino* **1.** Conjunto de fichas: *As fichas de pesquisa estão no fichário.* **2.** Caixa, móvel, etc., onde se guardam fichas.

fictício fic.**tí**.ci:o *adjetivo* Que é inventado, criado pela imaginação; imaginário.

fidelidade fi.de.li.**da**.de *substantivo feminino* Qualidade de quem é fiel: *É de uma fidelidade rara aos amigos.*

229

4

cupuaçu — curto

cupuaçu cu.pu.a.**çu** *substantivo masculino* **1.** Árvore cujo fruto é usado em compotas, sorvetes, refrescos, etc. **2.** O fruto, grande e de casca dura, dessa árvore.

cúpula cú.pu.la *substantivo feminino* **1.** A parte superior, côncava e interna de alguns edifícios. **2.** O mesmo que *abóbada*. **3.** As pessoas que dirigem um partido, organização, etc.; direção, chefia: *A cúpula do partido reuniu-se.*

cura cu.ra *substantivo feminino* **1.** Ação de curar(-se), ou o resultado desta ação. **2.** Método especial de tratamento: *Está fazendo cura de águas num balneário.*

curar cu.rar *verbo* **1.** Recuperar a saúde de alguém, ou a própria saúde: *O médico se esforça para curar os doentes*; *Curou-se após um longo tratamento.* **2.** Eliminar (de alguém ou de si mesmo) uma doença: *Há enfermidades difíceis de curar.* [Sinônimo: *sarar*.]

curativo cu.ra.**ti**.vo *substantivo masculino* Conjunto de medidas aplicadas a ferida, incisão cirúrgica, etc., para fazê-las cicatrizar.

curió cu.ri.**ó** *substantivo masculino* Pássaro canoro, negro e de ventre castanho.

curiosidade cu.ri:o.si.**da**.de *substantivo feminino* Qualidade de quem é curioso.

curioso cu.ri.**o**.so (ô) *adjetivo* **1.** Diz-se de quem sente desejo de conhecer, experimentar, ouvir, etc., para aprender, ou de querer descobrir o que não sabe. **2.** Que chama a atenção; surpreendente, interessante, notável; raro, excepcional: *Deu uma solução curiosa para o problema.* [Plural: *curiosos* (ó).]

138

curitibano cu.ri.ti.**ba**.no *adjetivo* **1.** De Curitiba, capital do estado do Paraná. ✓ *substantivo masculino* **2.** O natural ou habitante de Curitiba.

curral cur.**ral** *substantivo masculino* Lugar cercado onde se recolhe o gado. [Plural: *currais*.]

currículo cur.**ri**.cu.lo *substantivo masculino* As matérias constantes de um curso: *Este ano haverá Inglês no currículo.*

cursar cur.**sar** *verbo* **1.** Correr, percorrer (espaço): *Cursou vários pontos da floresta amazônica.* **2.** Seguir curso (4) de: *Cursavam a universidade, quando se conheceram.*

curso cur.so *substantivo masculino* **1.** Movimento numa direção; fluxo. **2.** A direção de um rio, da nascente à foz: *o curso do rio Amazonas.* **3.** Sequência: *o curso dos acontecimentos.* **4.** O conjunto das matérias ensinadas em escolas, faculdades, etc., segundo um programa e o adiantamento dos alunos. **5.** Série de aulas, conferências ou palestras.

cursor cur.**sor** (ô) *substantivo masculino* Sinal, geralmente controlado pelo movimento do *mouse*, que indica a posição em que se está na tela do computador.

curtição cur.ti.**ção** *substantivo feminino* **1.** Ação de curtir, ou o resultado desta ação. **2.** Aquilo que dá prazer; aquilo que é muito bom, agradável ou bonito: *As praias do Nordeste são uma curtição; A festa foi uma curtição.* [Plural: *curtições*.]

curtir cur.**tir** *verbo* **1.** Preparar (o couro) para que não apodreça. **2.** Suportar dor, sofrimento, etc.: *Sozinho, curtia a dor da perda da namorada.* **3.** Apreciar muito: *Curtimos muito o filme.*

curto cur.to *adjetivo* **1.** De comprimento pequeno, ou inferior ao que deveria ser: *José ainda usa*

---

palavra-guia – É cada uma das duas palavras que aparecem no alto de cada página, e que indicam o primeiro e o último verbete nela definidos.

achega – É um acréscimo ao verbete. Vem sempre no final, entre colchetes, e traz informações diversas como outra grafia, plural, feminino, sinônimos, etc.

ilustração – É cada uma das fotos usadas neste dicionário para complementar as definições. Há casos em que a foto combina com o exemplo do verbete e há casos em que isso não ocorre. Nem sempre aparecem próximas ao verbete correspondente, pois, às vezes, visam apenas a dar maior leveza ao projeto gráfico. São sempre ligadas à entrada correspondente por uma linha colorida.

pronúncia – É a maneira como se fala a palavra. Vem após a separação silábica, entre parênteses, e é indicada em casos de possível dúvida, e nos estrangeirismos.

sílaba tônica – É aquela em que recai o acento tônico da palavra. Aparece em negrito, na separação silábica.

abreviatura – É uma forma reduzida da palavra. Aparece registrada com o ícone #.

símbolo – É uma palavra que representa ou substitui outra. Aparece após o ícone ⊙.

locução – São duas ou mais palavras no fim de cada verbete, com uma definição própria. Aparecem após o ícone 🔊. Açúcar mascavo, por exemplo, aparece dentro do verbete açúcar.

estrangeirismo – É uma palavra estrangeira de uso frequente no Brasil. Aparece registrada com o ícone 🌐; dá-se, entre parênteses, a sua pronúncia aproximada e, entre colchetes, indica-se a língua a que pertence.

a.C. Abreviatura da expressão "antes de Cristo", usada para indicar datas anteriores ao nascimento de Jesus Cristo: *Buda viveu no século VI a.C.*

⊙ **m** Símbolo de *metro*.

açúcar a.**çú**.car *substantivo masculino* Produto alimentar extraído da cana-de-açúcar ou de outros vegetais. [Plural: *açúcares*.] 🔊 *Açúcar mascavo.* Açúcar não refinado, de cor escura.

🌐 **laptop** (léptop) [Inglês] *substantivo masculino* Computador portátil com bateria: *O laptop permitia ao escritor trabalhar em qualquer lugar.*

5

Apresentação

"O dicionário é uma espécie de pomar. Só que as suas árvores, em vez de serem árvores de frutas, são árvores de palavras." (José Paulo Paes, *A Revolta das Palavras*)

Palavra, segundo este dicionário, é "som ou grupo de sons que têm significado e constituem uma unidade da linguagem". Essencial para a comunicação escrita e oral, a palavra é a matéria-prima do dicionário. Este, além de fornecer uma ou mais definições para cada palavra, dá, também, outras informações como grafia, pronúncia, classificação gramatical, sinônimos, plurais, femininos, etc.

Chegam a vários milhares as palavras de nossa língua. Obviamente, uma pessoa não usa todas elas. Quando uma criança começa a falar, repete as palavras que ouve das pessoas com quem convive. Essa capacidade de fala é aprimorada com o passar do tempo, e o uso das palavras também. Na escola, nas fases de alfabetização e letramento, seu repertório vocabular vai sendo ampliado, à medida que seus conhecimentos aumentam. Em cada fase da vida, certas palavras são mais usadas do que outras, na medida em que são um reflexo da inserção social de cada indivíduo. Do conjunto de palavras que cada indivíduo conhece, deve escolher as que convém usar, dependendo do lugar onde esteja, da pessoa com quem fale, da situação que vivencie, etc. Há palavras que são aprendidas na conversa com outras pessoas, na leitura, nos meios de comunicação, etc. Outras são empréstimos de outras línguas ou são de uso reservado a determinadas profissões, grupos sociais, etc. Enfim, essas palavras compõem o que é chamado de vocabulário. Cabe ao dicionário organizar esse vocabulário, definindo cada palavra e fornecendo informações a seu respeito.

O Dicionário Aurélio Ilustrado tem uma proposta lexicográfica adequada aos alunos dos anos iniciais do Ensino Fundamental, que estão em processo de desenvolvimento da língua escrita e da competência leitora. Seus cerca de 10.000 verbetes foram selecionados entre as palavras que circulam nos meios escritos a que as crianças têm acesso nessa fase (livros didáticos, de literatura e também jornais, revistas, etc., destinados ao público infantojuvenil). Não busca abranger todos os significados de cada palavra, mas apenas aqueles de uso mais frequente, para a inserção e participação coletiva do aluno no mundo letrado, levando-o a ampliar seu vocabulário. Esses verbetes estão organizados de forma a aproximar-se de um dicionário-padrão, sem, no entanto, perder sua característica didática.

Com a recente reforma ortográfica da língua portuguesa, que visa à unificação ortográfica do idioma nos países de língua portuguesa, esta obra também auxiliará na consulta da atual grafia das palavras alteradas pelas novas regras. Faz tudo isso numa linguagem acessível, com os verbetes e as páginas estruturados de maneira clara e bem organizada, para facilitar a consulta. Geralmente, as definições são acompanhadas de exemplos do cotidiano infantil, o que facilita ainda mais a compreensão do significado da palavra em seu contexto.

É ricamente ilustrado com 604 fotos que auxiliam na compreensão dos verbetes. Essas fotos buscam abranger a diversidade do Brasil e do mundo, ampliando o universo cultural daqueles que consultam a obra.

A consulta ao Dicionário Aurélio Ilustrado é uma ferramenta para auxiliar o estudante a expressar suas ideias, bem como a compreender as ideias do mundo que o cerca.

araucária

a¹ *substantivo masculino* A primeira letra do nosso alfabeto.

a² *artigo definido* **1.** Feminino do artigo *o*: *O arco e a flecha são objetos usados pelos indígenas.* ✓ *pronome pessoal* **2.** Forma oblíqua, feminina, da terceira pessoa do singular: *Aproximou-se da menina e abraçou-a.* ✓ *pronome demonstrativo* **3.** Feminino do pronome demonstrativo *o*; aquela: *Esta flor é a que lhe dei.*

a³ *preposição* **1.** Indica o lugar aonde se vai: *Fui a Minas visitar o meu avô.* **2.** Indica modo ou instrumento: *andar a pé; escrever a lápis.*

à¹ Contração da preposição *a* com o artigo *a*: *Todos os dias vou à escola.*

à² Contração da preposição *a* com o pronome demonstrativo *a*; àquela: *A bola que ganhei é semelhante à daquele comercial da televisão.*

aba a.ba *substantivo feminino* Parte que prolonga uma peça do vestuário, ou outro objeto: *José usava um chapéu com a aba virada para cima.*

abacate a.ba.**ca**.te *substantivo masculino* Fruta de polpa macia e saborosa, amarela por dentro, de casca verde, e com um único caroço grande.

abacateiro a.ba.ca.**tei**.ro *substantivo masculino* Árvore que dá o abacate.

abacaxi a.ba.ca.**xi** *substantivo masculino* **1.** Planta que dá um fruto grande, de casca grossa e áspera, amarelada. **2.** Esse fruto. **3.** Coisa difícil e trabalhosa: *Que abacaxi! Não sei como vamos resolver isto.*

abafado a.ba.**fa**.do *adjetivo* **1.** Diz-se de lugar quente, sem ventilação: *Abriu a janela porque a sala estava abafada.* **2.** Diz-se de som baixo, difícil de ouvir: *Contou o segredo com uma voz abafada.*

abafar a.ba.**far** *verbo* **1.** Tampar, cobrir, para conservar o calor do que está dentro: *A tampa do bule serve para abafar o chá.* **2.** Impedir que se ouça (um som, um ruído): *A trovoada abafou as vozes.* **3.** Gíria Causar grande admiração, fazer muito sucesso: *Vestiu uma bela fantasia e abafou no baile.*

abaixar a.bai.**xar** *verbo* **1.** Tornar baixo ou mais baixo: *Abaixou o som da televisão.* **2.** Inclinar para baixo: *Narciso abaixou a cabeça e viu o seu reflexo na água.* **3.** Fazer descer: *Abaixou a cortina para escurecer a sala.* **4.** Curvar-se, dobrar-se, agachar-se: *Abaixou-se e pegou o giz para a professora.*

abaixo a.**bai**.xo *advérbio* **1.** Em lugar mais baixo; em posição menos alta: *Abaixo, as duas ruas se cortavam.* **2.** Na parte inferior: *Leia a explicação abaixo.* ✓ *interjeição* **3.** Indica reprovação, condenação: *Abaixo os preconceitos!*

abajur a.ba.**jur** *substantivo masculino* Peça de iluminação que tem uma ou mais lâmpadas, e uma tela em volta para proteger os olhos da luz.

abalar a.ba.**lar** *verbo* **1.** Tirar ou diminuir a firmeza de: *O choque do caminhão abalou a ponte; O tombo abalou o dente do menino.* **2.** Causar perturbação, emoção, em: *A notícia do acidente abalou muita gente.*

abalo a.**ba**.lo *substantivo masculino* Ação de abalar(-se), ou o resultado desta ação.

abanar a.ba.nar *verbo* **1.** Balançar de um para outro lado: *O cachorro abanou o rabo em sinal de alegria.* **2.** Fazer vento, balançando leque ou abano: *Abanou as brasas para aumentar o fogo; Pedro estava com calor, e por isso abanava-se.*

abandonado a.ban.do.na.do *adjetivo* Que se abandonou ou largou; de que ninguém cuida, ou que não se usa: *No caminho da escola passava por uma velha casa abandonada.*

abandonar a.ban.do.nar *verbo* **1.** Deixar, largar: *Abandonou a brincadeira para estudar.* **2.** Deixar só; largar, deixar: *Não queriam abandonar o gatinho na rua; As tartarugas põem ovos e depois abandonam o ninho.* **3.** Desistir de: *Nunca abandonou os estudos para trabalhar.*

abano a.ba.no *substantivo masculino* Objeto plano para abanar.

abastecer a.bas.te.cer *verbo* **1.** Fazer com que tenha o necessário: *Meu pai trabalha para abastecer a casa e a família.* **2.** Pôr combustível em: *Paramos duas vezes para abastecer o carro.*

abastecimento a.bas.te.ci.men.to *substantivo masculino* Ação de abastecer; fornecimento: *O abastecimento de água tratada é importante para a saúde da população.*

abate a.ba.te *substantivo masculino* Ação de abater, ou o resultado desta ação: *Engordaram o gado e o levaram para o abate.*

abater a.ba.ter *verbo* **1.** Fazer cair por terra; derrubar: *A ventania abateu as árvores.* **2.** Enfraquecer: *A doença o abateu.* **3.** Matar (um animal) para consumir sua carne: *Engordaram os bois para depois abatê-los.* **4.** Entristecer, desanimar: *A dolorosa notícia o abateu.* **5.** Diminuir o preço de, fazer abatimento em: *O açougueiro abateu dois reais no preço da carne.* **6.** Perder a resistência; enfraquecer: *Abateu-se com a gripe.*

abatimento a.ba.ti.men.to *substantivo masculino* **1.** Ação de abater, ou o resultado desta ação. **2.** Desconto, diminuição no preço.

abdicação ab.di.ca.ção *substantivo feminino* Ação de abdicar, ou o resultado desta ação; renúncia:

abdicar — abordar

Com a *abdicação* de Dom Pedro I, o trono ficou para seu filho, Dom Pedro II. [Plural: *abdicações*.]

abdicar ab.di.**car** *verbo* Desistir de; renunciar: *Dom Pedro I abdicou do trono no Brasil.*

abdome ab.**do**.me ou **abdômen** ab.**dô**.men *substantivo masculino* Parte do corpo do homem e de outros animais onde estão o estômago, o fígado e os intestinos; barriga, ventre. [Plural de abdômen: *abdomens*.]

abdominal ab.do.mi.**nal** *adjetivo de dois gêneros* **1.** Do, ou relativo ao abdome: *Não é saudável ter muita gordura na região abdominal.* ✓ *substantivo masculino e feminino* **2.** Exercício para fortalecer a musculatura do abdome: *Faço diariamente cinquenta abdominais.* [Plural: *abdominais*.]

abecê a.be.**cê** *substantivo masculino* **1.** O alfabeto. **2.** Primeiras noções: *Estudamos o abecê da matemática.*

abecedário a.be.ce.**dá**.ri:o *substantivo masculino* O alfabeto.

abelha a.**be**.lha (ê) *substantivo feminino* Inseto de asas transparentes, que se alimenta do pólen e do néctar que colhe das flores, e com eles produz mel.

abençoar a.ben.ço.**ar** *verbo* **1.** Dar bênção a, benzer: *O padre abençoou os noivos e a festa começou.* **2.** Fazer feliz, tornar próspero; proteger: *Deus te abençoe.*

aberto a.**ber**.to *adjetivo* **1.** Que se abriu; que não está fechado: *Ao sair, deixou a porta aberta.* **2.** Em funcionamento; em atividade: *Como era domingo, não havia nenhuma loja aberta.* **3.** Que não está abotoado: *O rapaz usava a camisa aberta até o umbigo.*

abertura a.ber.**tu**.ra *substantivo feminino* **1.** Ação de abrir, ou o resultado desta ação: *A abertura dos portões do estádio será às duas horas.* **2.** Espaço aberto; buraco, orifício: *A luz entrava por uma abertura no teto da gruta.*

abismo a.**bis**.mo *substantivo masculino* Abertura muito profunda do terreno; precipício: *Um abismo separa as duas montanhas.*

abóbada a.**bó**.ba.da *substantivo feminino* Cobertura de forma arredondada: *A igreja tem pinturas na abóbada.*

abóbora a.**bó**.bo.ra *substantivo feminino* Legume redondo ou comprido que se come cozido, em pratos salgados ou doces: *Minha mãe faz um doce de abóbora muito gostoso.*

abobrinha a.bo.**bri**.nha *substantivo feminino* **1.** Legume comprido, verde-claro, que se come cozido. **2.** *Gíria* Conversa sem sentido ou sem importância: *Em vez de estudar, passaram a tarde falando abobrinhas.*

abolição a.bo.li.**ção** *substantivo feminino* Cessação de uma lei ou de um uso: *A abolição da escravatura aconteceu no dia 13 de maio de 1888.* [Plural: *abolições*.]

abolicionista a.bo.li.ci:o.**nis**.ta *substantivo de dois gêneros* Pessoa que pregava a abolição da escravatura: *José do Patrocínio foi um grande abolicionista.*

abolir a.bo.**lir** *verbo* Acabar com; eliminar: *Seria bom que todas as nações abolissem para sempre as guerras.*

abominável a.bo.mi.**ná**.vel *adjetivo de dois gêneros* Horrível, detestável: *Maltratar os animais é um ato abominável.* [Plural: *abomináveis*.]

abono a.**bo**.no *substantivo masculino* Remuneração que se adiciona ao salário: *Meu pai ganhou um abono de Natal.*

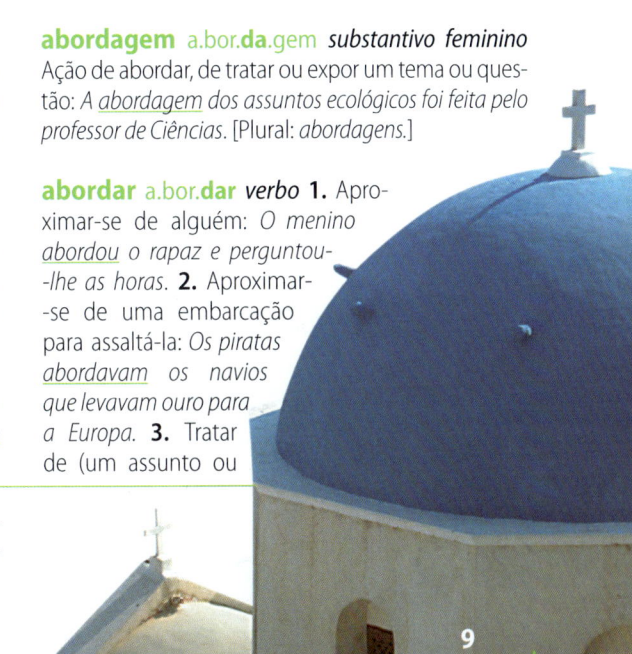

abordagem a.bor.**da**.gem *substantivo feminino* Ação de abordar, de tratar ou expor um tema ou questão: *A abordagem dos assuntos ecológicos foi feita pelo professor de Ciências.* [Plural: *abordagens*.]

abordar a.bor.**dar** *verbo* **1.** Aproximar-se de alguém: *O menino abordou o rapaz e perguntou-lhe as horas.* **2.** Aproximar-se de uma embarcação para assaltá-la: *Os piratas abordavam os navios que levavam ouro para a Europa.* **3.** Tratar de (um assunto ou

aborrecer

tema): *A peça abordou a preservação do meio ambiente e o tratamento do lixo.*

aborrecer a.bor.re.**cer** *verbo* **1.** Desagradar, desgostar: *Não quer aborrecer os amigos com pedidos.* **2.** Ficar contrariado: *Aborreceu-se com o resultado da prova.* **3.** Deixar triste; magoar: *A resposta negativa aborreceu-o.*

aborrecimento a.bor.re.ci.**men**.to *substantivo masculino* Situação ou acontecimento que aborrece, magoa ou entristece: *A viagem não teve nenhum aborrecimento.*

abotoar a.bo.to.**ar** *verbo* Pôr os botões nas casas para fechar (o vestuário): *João vestiu o calção, abotoou a camisa, calçou os sapatos e saiu.*

abracadabra a.bra.ca.**da**.bra *substantivo masculino* Palavra ou fórmula mágica que aparece em histórias fantásticas: *Ao se sentir ameaçada, a bruxa disse "abracadabra!" e desapareceu.*

abraçar a.bra.**çar** *verbo* **1.** Rodear com os braços; passar os braços em volta de: *Antes de viajar, abraçou o pai.* **2.** Segurar-se, prendendo os braços em volta de: *O vento sacudia a árvore, mas o macaco se abraçou ao galho e não caiu.*

abraço a.**bra**.ço *substantivo masculino* Ação de abraçar(-se), ou o resultado desta ação, em sinal de carinho, de amizade, etc.: *Na despedida, deu-me um abraço carinhoso.*

abranger a.bran.**ger** *verbo* Conter em si: *A região Nordeste abrange nove estados.*

abreviação a.bre.vi.a.**ção** *substantivo feminino* **1.** Ação de abreviar, ou o resultado desta ação. **2.** O mesmo que *abreviatura*. [Plural: *abreviações*.]

absoluto

abreviar a.bre.vi.**ar** *verbo* **1.** Fazer ficar breve, ou mais breve: *Abreviou a viagem porque sentiu saudades de casa.* **2.** Escrever uma palavra sem fazer uso de todas as letras, para encurtá-la: *Para abreviar a palavra senhor, escrevemos Sr.*

abreviatura a.bre.vi:a.**tu**.ra *substantivo feminino* Representação de uma palavra por algumas de suas sílabas ou letras; abreviação: *Srta. é a abreviatura de senhorita.*

abridor a.bri.**dor** (ô) *substantivo masculino* Instrumento que serve para abrir: *abridor de garrafa; abridor de lata.*

abrigar a.bri.**gar** *verbo* **1.** Recolher em abrigo: *Por causa da enchente, a prefeitura abrigou várias famílias.* **2.** Conter, encerrar: *Esta sala é pequena para abrigar muitas crianças; Esta biblioteca abriga mais de mil livros.* **3.** Recolher-se em abrigo: *Quando começou a chuva, abrigou-se numa gruta.* **4.** Acolher em casa, receber: *Durante a reforma da nossa casa, uma tia nos abrigou.*

abrigo a.**bri**.go *substantivo masculino* **1.** Lugar que oferece proteção contra a chuva, o frio, o vento, etc.: *A caverna é o abrigo dos animais da mata.* **2.** Conjunto de calça e casaco ou blusa, para vestir sobre calção ou outro traje esportivo: *A seleção brasileira usou abrigo azul.* **3.** Qualquer roupa quente; agasalho: *Está muito frio, não deixe de levar abrigo.*

abril a.**bril** *substantivo masculino* Quarto mês do ano, com trinta dias: *O feriado de 21 de abril é uma homenagem a Tiradentes e a sua luta pela Independência do Brasil.* [Plural: *abris*.]

abrir a.**brir** *verbo* **1.** Mover, movimentar, separando as partes juntas de: *Ao chegar a minha casa, abri a porta; Abriu os braços para receber-me; Não abra a boca.* **2.** Criar passagem: *Abriu caminho na mata com um facão.* **3.** Cavar, escavar: *abrir um buraco.* **4.** Pôr em uso; fazer funcionar: *Abriu a torneira e lavou as mãos.* **5.** Funcionar: *Este restaurante abre todos os dias; As lojas não abrem aos domingos.* **6.** Desabrochar: *As rosas finalmente abriram.*

absoluto ab.so.**lu**.to *adjetivo* Completo, total: *Fizemos silêncio absoluto para ouvir a história.*

absolver / acadêmico

absolver ab.sol.**ver** *verbo* Julgar inocente (de uma acusação): *O júri absolveu o réu.*

absolvição ab.sol.vi.**ção** *substantivo feminino* Ação de absolver, de considerar inocente, ou o resultado desta ação: *Era culpado e não tinha esperança de ter absolvição.* [Plural: *absolvições.*]

absorção ab.sor.**ção** *substantivo feminino* Ação de absorver, ou o resultado desta ação: *a absorção do ar pelos pulmões.* [Plural: *absorções.*]

absorvente ab.sor.**ven**.te *adjetivo de dois gêneros* Que absorve, que tem poder de absorver: *papel absorvente.*

absorver ab.sor.**ver** *verbo* Recolher em si: *A fralda absorve o xixi; As plantas absorvem água e nutrientes pelas raízes.*

abstrato abs.**tra**.to *adjetivo* **1.** Que expressa a qualidade de algo que não pode ser visto, nem tocado, como um sentimento, uma ideia: *Tristeza e solidão são exemplos de palavras abstratas.* **2.** Diz-se da arte ou do artista que não representa em suas obras a realidade como a vemos: *Os artistas abstratos usam linhas, formas e cores para sugerir uma ideia ou um objeto.*

absurdo ab.**sur**.do *adjetivo* **1.** Que não tem sentido, que é contrário ao que é correto: *Antigamente se tinha a ideia absurda de que o Sol girava em torno da Terra.* **2.** Excessivo, muito grande ou muito alto: *João não comprou a calça, pois achou seu preço absurdo.* ✅ *substantivo masculino* **3.** Aquilo que não tem sentido, que é contrário ao que é correto: *Minha mãe acha um absurdo não se gostar de comer verduras.*

abundância a.bun.**dân**.ci:a *substantivo feminino* **1.** Grande quantidade; fartura: *Na biblioteca há livros em abundância.* **2.** Fartura de alimentos ou de recursos: *Viviam na abundância, nada lhes faltava.*

abundante a.bun.**dan**.te *adjetivo de dois gêneros* Que é ou existe em abundância: *O pau-brasil já foi uma árvore abundante nas matas brasileiras; As colheitas foram abundantes.*

abusar a.bu.**sar** *verbo* **1.** Fazer uso exagerado ou excessivo de: *Abusou do sorvete e ficou com dor de barriga.* **2.** Aproveitar-se de: *Não se deve abusar da paciência dos amigos.*

abusivo a.bu.**si**.vo *adjetivo* Que resulta de abuso: *Houve um aumento abusivo no preço das frutas.*

abuso a.**bu**.so *substantivo masculino* Uso mau, errado, ou excessivo: *O abuso do sal e do açúcar faz mal à saúde.*

abutre a.**bu**.tre *substantivo masculino* Grande ave que tem a cabeça e o pescoço nus, o bico em forma de gancho, e que se alimenta de animais mortos.

a.C. Abreviatura da expressão "antes de Cristo", usada para indicar datas anteriores ao nascimento de Jesus Cristo: *Buda viveu no século VI a.C.*

acabamento a.ca.ba.**men**.to *substantivo masculino* **1.** Ação de acabar(-se), ou o resultado desta ação. **2.** Tratamento final dado a um trabalho ou obra, para aperfeiçoá-lo.

acabar a.ca.**bar** *verbo* **1.** Terminar de fazer; concluir: *Não saia antes de acabar os deveres.* **2.** Chegar ao fim; não ter mais: *Felizmente a guerra acabou(-se).* **3.** Ter por limite: *A rua acaba na praça.* **4.** Ter como conclusão ou fim: *A história acabou com final feliz.* **5.** Pôr fim a: *A chuva acabou com a brincadeira na rua.*

academia a.ca.de.**mi**.a *substantivo feminino* **1.** Conjunto de pessoas que se dedicam a atividade literária, artística ou científica: *Academia Brasileira de Letras, academia de cinema.* **2.** Estabelecimento de ensino superior ou universitário. **3.** Estabelecimento que tem aparelhos para a prática de exercícios físicos: *Frequenta uma academia de ginástica.*

acadêmico a.ca.**dê**.mi.co *adjetivo* **1.** Relativo a academia. ✅ *substantivo masculino* **2.** Membro ou aluno de academia.

açaí

açaí a.ça.í *substantivo masculino* **1.** Palmeira de cujos frutos se fazem refrescos e doces. **2.** O fruto dessa palmeira, de polpa escura.

acalentar a.ca.len.tar *verbo* **1.** Fazer adormecer ao som de cantigas: *Cantou para acalentar o filho.* **2.** Nutrir, alimentar: *Acalenta o sonho de ser um grande cientista.*

acalmar a.cal.mar *verbo* **1.** Tornar calmo; tranquilizar, serenar: *O domador acalmou o leão.* **2.** Ficar calmo; sossegar: *O bebê acalmou depois de mamar; Estava muito agitado, mas já se acalmou.*

acampamento a.cam.pa.men.to *substantivo masculino* Local onde se acampa: *O acampamento dos escoteiros fica no meio da mata.*

acampar a.cam.par *verbo* Instalar-se ao ar livre, em barraca ou em outro abrigo: *Com mochilas e esteiras, acamparam na praia.*

acanhado a.ca.nha.do *adjetivo* O mesmo que *tímido*: *Como é um menino acanhado, acha difícil fazer amigos.*

ação a.ção *substantivo feminino* **1.** Ato de agir, ou o resultado deste ato: *Os verbos são as palavras que indicam ação.* **2.** Aquilo que se faz: *Ajudar alguém é uma boa ação.* **3.** Efeito de alguém ou de algo sobre outra pessoa ou coisa: *A ação da luz é benéfica para as plantas.* [Plural: *ações*.]

acarajé a.ca.ra.jé *substantivo masculino* Bolinho de massa de feijão, frito em óleo de dendê, e recheado de camarões: *Acarajé é um prato típico da Bahia.*

acariciar a.ca.ri.ci.ar *verbo* Fazer carícia em: *Acariciou a cabecinha do bebê; Não devemos acariciar animais que não são domesticados.*

ácaro á.ca.ro *substantivo masculino* Animal microscópico, comum na poeira doméstica, que causa alergia.

acender

acasalamento a.ca.sa.la.men.to *substantivo masculino* Ação de acasalar-se, de gerar filhos, ou o resultado desta ação: *O acasalamento da égua com o jegue gera a mula ou o burro.*

acasalar a.ca.sa.lar *verbo* Juntar(-se) (macho e fêmea) para gerar filho: *Os animais só se acasalam em certos períodos.*

acaso a.ca.so *substantivo masculino* Conjunto de acontecimentos imprevistos e sem causa aparente: *Não marcou um encontro, foi o acaso que o fez encontrar a amiga.* 🔊 **Por acaso.** Acaso: *Por acaso você viu o meu livro?*

acatar a.ca.tar *verbo* Obedecer, seguir, cumprir: *Acatou as ordens do guarda para não ser multado.*

aceitação a.cei.ta.ção *substantivo feminino* Ação de aceitar, ou o resultado desta ação: *A proposta de um passeio no zoológico teve total aceitação da turma.* [Plural: *aceitações*.]

aceitar a.cei.tar *verbo* **1.** Consentir em receber: *Aceitou o prêmio com a condição de reparti-lo com os colegas.* **2.** Estar de acordo com; concordar com: *Aceitou o convite do amigo e entrou para o clube.*

acelerador a.ce.le.ra.dor (ô) *substantivo masculino* Comando que faz um veículo aumentar a velocidade: *O acelerador da moto é controlado com a mão.*

acelerar a.ce.le.rar *verbo* **1.** Aumentar a velocidade de: *Acelerou os passos e chegou antes de todos; Na estrada, acelerou o carro até o limite de velocidade permitido.* **2.** Fazer andar mais rápido; apressar: *A professora pediu que acelerassem a entrega dos exercícios.*

acenar a.ce.nar *verbo* Fazer aceno: *Acenou com a cabeça, para dizer que concordava; Acenou para chamar o garçom.*

acender a.cen.der *verbo* **1.** Pôr fogo em: *O rapaz juntou alguns gravetos e acendeu uma fogueira.* **2.** Pôr ou pôr-se em funcionamento, ligar ou ligar-se:

aceno — acidentado²

Acendeu a luz para ler; As luzes se acendem quando começa a escurecer.

aceno a.ce.no *substantivo masculino* Movimento com as mãos ou com a cabeça, etc., para dar a entender alguma coisa: *De dentro do carro, fez um aceno de despedida para o amigo.*

acento a.cen.to *substantivo masculino* **1.** A maior intensidade ou força dada a uma sílaba, em relação às que lhe são próximas: *A palavra pedido tem o acento na sílaba do meio.* **2.** Sinal que indica o acento (1): *A palavra pátio tem acento no a.*

acentuar a.cen.tu.ar *verbo* Pôr acento (2) em: *É preciso acentuar as palavras oxítonas terminadas em e, como ipê e café.*

acepção a.cep.ção *substantivo feminino* Cada um dos diferentes significados em que se usa uma palavra ou expressão: *A palavra xadrez tem duas acepções bem conhecidas: é um jogo, mas também é um sinônimo para prisão.* [Plural: *acepções*.]

acerca a.cer.ca (ê) *advérbio* Usado principalmente na locução 👉 **Acerca de.** A respeito de; sobre: *Paulo contou aos amigos acerca da viagem que fez ao Pantanal.*

acerola a.ce.ro.la *substantivo feminino* **1.** Arbusto cujo fruto, de sabor ácido, é usado para fazer principalmente suco. **2.** Esse fruto que, maduro, é pequeno e vermelho.

acertar a.cer.tar *verbo* **1.** Achar ao certo; encontrar: *Como não acertou o caminho para a casa do amigo, voltou para casa.* **2.** Responder certo a: *Acertou todas as questões da prova.* **3.** Dar ou bater em; atingir: *A pedra acertou a vidraça.* **4.** Combinar, planejar: *Acertaram que iam viajar no final do ano.*

acerto a.cer.to (ê) *substantivo masculino* Ação de acertar, ou o resultado desta ação: *Contou quantos acertos e quantos erros teve no teste.*

aceso a.ce.so (ê) *adjetivo* **1.** Que se acendeu: *João gosta de dormir com a luz acesa; No bolo há cinco velinhas acesas.* **2.** Animado, entusiasmado: *Durante a festa, a criançada ficou acesa.*

acessar a.ces.sar *verbo* Estabelecer comunicação com: *Ligou o computador e acessou a Internet.*

acessível a.ces.sí.vel *adjetivo de dois gêneros* **1.** De acesso fácil: *Sua casa fica num lugar acessível.* **2.** Que permite fácil aproximação ou contato: *É um professor acessível, está sempre disposto a esclarecer dúvidas.* **3.** De valor razoável; que se pode pagar: *Os livros desta feira têm preço acessível.* [Plural: *acessíveis*.]

acesso a.ces.so *substantivo masculino* **1.** Possibilidade de ir a um lugar, de entrar nele; ingresso: *O acesso ao parque é proibido à noite; Mora numa casa de acesso difícil.* **2.** Possibilidade de fazer, ou de obter algo: *O acesso ao ensino é obrigatório a todas as crianças.* **3.** Manifestação repentina; ataque: *Teve um acesso de tosse.*

acessório a.ces.só.ri:o *substantivo masculino* **1.** O mesmo que *secundário*. **2.** Objeto que acompanha o objeto principal: *A bolsa era um acessório elegante para o vestido; Muitos dos acessórios do carro o tornam mais seguro e confortável.*

achado a.cha.do *substantivo masculino* Aquilo que se achou; descoberta: *Achados pré-históricos ocorreram durante as escavações.*

achar a.char *verbo* **1.** Encontrar por acaso, ou procurando: *Achou a borracha no fundo da mochila.* **2.** Ter como opinião: *O meu professor acha que fazer ginástica faz bem à saúde.* **3.** Supor, imaginar, suspeitar: *Acho que vai chover.* **4.** Encontrar-se, estar: *Achava-se perdido no meio da floresta.* **5.** Pretender ser, julgar-se: *Achava-se o maior craque de futebol da escola.*

achatar a.cha.tar *verbo* Tornar(-se) chato, plano ou liso: *Achatou a massa para fazer a pizza.*

acidentado¹ a.ci.den.ta.do *adjetivo* Que tem acidentes; que é irregular, desigual: *Este terreno é bem acidentado.*

acidentado² a.ci.den.ta.do *adjetivo* **1.** Que sofreu acidente; que se acidentou: *Os alunos acidentados foram* *levados à enfermaria.* ✓ *substantivo masculino* **2.** Pessoa que se acidentou: *Todos ajudaram o acidentado.*

acidental a.ci.den.**tal** *adjetivo de dois gêneros* Que acontece por acidente, que não foi previsto ou planejado: *Num encontro acidental conheceu o futuro marido.* [Plural: *acidentais.*]

acidente a.ci.**den**.te *substantivo masculino* **1.** Acontecimento que ocorre por acaso, inesperadamente: *Um acidente levou-os a descobrir petróleo no terreno.* **2.** Acontecimento ruim, infeliz, de que resulta dano, ferimento, etc.; desastre: *Sofreu um acidente e ficou muito ferido.* **3.** Qualquer irregularidade num terreno: *Uma montanha é um acidente geográfico.*

acidez a.ci.**dez** (ê) *substantivo feminino* Qualidade do que é ácido: *O limão tem muita acidez.*

ácido **á**.ci.do *adjetivo* **1.** Que tem sabor azedo como o do vinagre ou o do limão: *A maçã verde é mais ácida que a vermelha.* ✓ *substantivo masculino* **2.** Substância química que contém hidrogênio, tem cheiro forte, e pode ser venenosa.

acima a.**ci**.ma *advérbio* **1.** Em lugar mais alto, mais elevado: *Eva mora um andar acima do meu.* **2.** Em direção à parte de cima, para o lado superior: *As canoas subiam rio acima.* **3.** Em trecho anterior: *O nome do personagem principal está na linha acima.* 🔊 **Acima de.** Em posição superior, mais alta ou mais elevada: *O posto de general fica acima do de tenente.*

acinzentado a.cin.zen.**ta**.do *adjetivo* Que tem cor próxima à do cinzento: *Os dias chuvosos são acinzentados.*

acionar a.ci:o.**nar** *verbo* Pôr em ação; fazer funcionar: *Acionou o motor do carro e partiu.*

aço a.ço *substantivo masculino* Material metálico muito resistente, feito principalmente com ferro e carbono.

açoitar a.çoi.**tar** *verbo* Bater com açoite em; chicotear: *Não se deve açoitar animais para domá-los.*

açoite a.**çoi**.te *substantivo masculino* O mesmo que *chicote.*

acolchoar a.col.cho.**ar** *verbo* Revestir com tecido ou material macio: *Mandou acolchoar os assentos das cadeiras.*

acolhedor a.co.lhe.**dor** (ô) *adjetivo* Que acolhe; receptivo: *Recebeu-o com um abraço acolhedor.*

acolher a.co.**lher** *verbo* **1.** Receber como hóspede: *Acolheu o amigo durante as férias.* **2.** Atender, aceitar: *A professora acolheu bem o nosso pedido.*

acolhida a.co.**lhi**.da *substantivo feminino* O mesmo que *acolhimento.*

acolhimento a.co.lhi.**men**.to *substantivo masculino* Ação de acolher, ou o resultado desta ação; acolhida: *Os visitantes tiveram um acolhimento exemplar.*

acomodar a.co.mo.**dar** *verbo* **1.** Dar cômodo ou acomodação a: *Como tem casa grande, pôde acomodar todos os visitantes.* **2.** Ter espaço para conter (pessoas, animais, objetos): *O auditório acomodou cem pessoas; A estante acomodou todos os meus livros.*

acompanhamento a.com.pa.nha.**men**.to *substantivo masculino* **1.** Ação de acompanhar, ou o resultado desta ação. **2.** Parte da música executada ao mesmo tempo que outros instrumentos, ou ao mesmo tempo que o canto: *O pianista tinha um acompanhamento de violinos.* **3.** Qualquer prato que acompanha o prato principal: *O acompanhamento da carne assada foi batatas ao forno.*

acompanhante a.com.pa.**nhan**.te *substantivo de dois gêneros* **1.** Pessoa que vai junto com outra: *Eu queria ir também, mas ela disse que não queria acompanhante.* **2.** Pessoa que acompanha doentes ou idosos: *O meu avô está muito idoso, e só sai de casa com um acompanhante.*

acompanhar a.com.pa.**nhar** *verbo* **1.** Ir em companhia de: *Foi à escola, e o irmão o acompanhou.* **2.** Seguir ou deslocar-se na mesma direção de: *A estrada acompanha o rio; A Lua acompanha a Terra em sua órbita.* **3.** Observar a marcha, a evolução de: *Gosta de acompanhar os estudos do filho.* **4.** Executar acompanhamento (2) de: *Toco piano, e meu irmão acompanha-me ao violino.* **5.** Entender (uma lição, um raciocínio): *Este aluno acompanha bem as aulas.*

aconselhar | açucareiro

aconselhar a.con.se.**lhar** *verbo* **1.** Dar conselho a alguém, ou pedir conselho; orientar(-se): *Sua irmã mais velha costuma aconselhá-la*; *Aconselhou-se com o pai antes de resolver o negócio.* **2.** Indicar a vantagem de; recomendar: *Aconselhou-me a comprar o carro mais econômico.*

acontecer a.con.te.**cer** *verbo* Ter ocorrência; suceder, ocorrer: *Anotou o número do telefone dos bombeiros para o caso de acontecer algum acidente.*

acontecimento a.con.te.ci.**men**.to *substantivo masculino* Aquilo que acontece ou aconteceu; fato, ocorrência: *Os jornais publicam os últimos acontecimentos.*

acordar a.cor.**dar** *verbo* **1.** Tirar do sono; despertar: *Seus gritos acordaram o irmão.* **2.** Sair do sono; despertar: *Acordei quando o despertador tocou.*

acordeão a.cor.de.**ão** *substantivo masculino* Instrumento musical com teclado, um fole, e botões, e que se toca pendurado ao corpo; sanfona. [Plural: *acordeões*.]

acordo a.**cor**.do *substantivo masculino* **1.** Concordância de sentimentos ou de ideias: *Conversaram até chegar a um acordo*; *Quem estiver de acordo levante a mão.* **2.** Combinação, trato: *Os dois fizeram um acordo de cooperação.* 🔹 **De acordo com.** Em concordância ou harmonia com; conforme, segundo: *Pôs o aparelho para funcionar de acordo com o manual.*

acorrentar a.cor.ren.**tar** *verbo* Prender com corrente: *Acorrentou o cão para que não fugisse.*

acostamento a.cos.ta.**men**.to *substantivo masculino* Margem na pista de uma estrada ou rodovia, para a parada de emergência de um veículo: *Estacionou no acostamento para trocar o pneu.*

acostumar a.cos.tu.**mar** *verbo* **1.** Fazer tomar o costume de; habituar: *Acostumou o cachorrinho a não latir dentro de casa.* **2.** Tomar o costume de; habituar-se: *Acostumou-se a comer verdura desde criança.*

açougue a.**çou**.gue *substantivo masculino* Lugar onde se vende carne.

açougueiro a.çou.**guei**.ro *substantivo masculino* O dono do açougue, ou quem trabalha num açougue ou no setor de açougue de um supermercado.

acreditar a.cre.di.**tar** *verbo* Aceitar como verdadeiro: *Mamãe acredita no que eu digo, porque só falo a verdade.*

acrescentar a.cres.cen.**tar** *verbo* **1.** Ajuntar alguma coisa a outra: *Acrescentou o meu nome à lista dos convidados*; *Acrescentou água ao suco de limão.* **2.** Dizer depois, em seguida: *Eu disse que iria, e ele acrescentou que iria também.* **3.** Somar, adicionar: *Acrescentando dois elementos a um conjunto de quatro, completaremos seis.*

acréscimo a.**crés**.ci.mo *substantivo masculino* Aquilo que se acrescenta; aumento: *O acréscimo no preço do livro foi de R$ 5,00.*

acriano a.cri.**a**.no *adjetivo* **1.** Do estado do Acre. ✅ *substantivo masculino* **2.** Quem nasceu, ou vive, nesse estado.

acrobacia a.cro.ba.**ci**.a *substantivo feminino* **1.** Exercício corporal com movimentos que exigem agilidade e equilíbrio: *No circo, admirou-se com as acrobacias do trapezista.* **2.** Manobra arriscada em avião, moto ou outro veículo: *A esquadrilha fez acrobacias incríveis.*

acrobata a.cro.**ba**.ta *substantivo de dois gêneros* Pessoa que faz acrobacias.

acrobático a.cro.**bá**.ti.co *adjetivo* De acrobacia.

açúcar a.**çú**.car *substantivo masculino* Produto alimentar extraído da cana-de-açúcar ou de outros vegetais. [Plural: *açúcares*.] 🔹 **Açúcar mascavo.** Açúcar não refinado, de cor escura.

açucarado a.çu.ca.**ra**.do *adjetivo* Que tem açúcar: *O dentista ensinou que alimentos açucarados podem causar cárie.*

açucareiro a.çu.ca.**rei**.ro *substantivo masculino* **1.** Vasilha em que se serve o açúcar. ✅ *adjetivo* **2.** Relativo à produção de açúcar ou à plantação de cana-de-açúcar: *Pernambuco tem grande produção açucareira.*

açude

açude a.**çu**.de *substantivo masculino* Construção para armazenar água; é feita, principalmente, nos lugares onde há seca: *Há muitos açudes em vários estados do Nordeste.*

acudir a.cu.**dir** *verbo* **1.** Ir em socorro, ajudar, socorrer: *Chegou a tempo de acudir a vítima.* **2.** Atender, responder: *Não ouviu o chamado, e por isto não acudiu.*

acumulação a.cu.mu.la.**ção** *substantivo feminino* Ação de acumular, ou o resultado desta ação; acúmulo. [Plural: *acumulações.*]

acumular a.cu.mu.**lar** *verbo* **1.** Juntar (coisas) umas sobre as outras: *Acumulou as folhas secas do jardim.* **2.** Ajuntar, reunir: *Acumulou os grãos que se haviam espalhado.*

acúmulo a.**cú**.mu.lo *substantivo masculino* O mesmo que *acumulação.*

acusação a.cu.sa.**ção** *substantivo feminino* Ação de acusar(-se), ou o resultado desta ação. [Plural: *acusações.*]

acusar a.cu.**sar** *verbo* Atribuir falta ou culpa a (alguém), ou a si mesmo; culpar ou culpar-se: *Acusaram o goleiro de prejudicar o time*; *Tiradentes acusou-se para proteger os companheiros.*

acústico a.**cús**.ti.co *adjetivo* Da, ou relativo à audição: *Muitos surdos usam aparelhos acústicos.*

adaptação a.dap.ta.**ção** *substantivo feminino* **1.** Ação de adaptar(-se), ou o resultado desta ação: *Não teve dificuldade de adaptação na nova escola.* **2.** Texto que foi adaptado: *Este filme é uma adaptação de uma história infantil.* [Plural: *adaptações.*]

adaptado a.dap.**ta**.do *adjetivo* Que passou por uma adaptação para caber, encaixar, ficar igual, etc.; ajustado.

adesivo

adaptar a.dap.**tar** *verbo* **1.** Ajustar ou acomodar (uma coisa a outra): *Adaptou o motor do carro para inscrevê-lo na corrida.* **2.** Demonstrar capacidade de ajustamento; acomodar-se: *Adaptou-se bem à vida no campo.*

adentro a.**den**.tro *advérbio* Para dentro, para o interior: *Seguiram mata adentro até a nascente do rio.*

adepto a.**dep**.to *substantivo masculino* Aquele que segue uma ideia, uma crença, uma política, etc.: *Os primeiros adeptos do cristianismo foram perseguidos.*

adequado a.de.**qua**.do *adjetivo* Próprio, conveniente: *Comprou um traje adequado para mergulho.*

adequar a.de.**quar** *verbo* **1.** Tornar próprio, adaptado a; apropriar: *Adequou a roupa do filho para a festa junina.* **2.** Pôr-se ou estar em harmonia; combinar: *O molho servido não se adequava à carne.*

adereço a.de.**re**.ço *substantivo masculino* Objeto usado como adorno; enfeite: *Os indígenas usam adereços de penas.*

aderir a.de.**rir** *verbo* **1.** Prender-se, grudar-se: *Na estrada, a poeira aderiu à roupa dos viajantes.* **2.** Tornar-se adepto de (uma proposta): *Muitas pessoas aderiram à campanha.*

adesão a.de.**são** *substantivo feminino* Ação de aderir, ou o resultado desta ação: *A proposta do passeio ao zoológico teve adesão total dos alunos.* [Plural: *adesões.*]

adesivo a.de.**si**.vo *adjetivo* **1.** Que pode colar, grudar ou unir uma coisa a outra: *Colou a página rasgada do livro com fita adesiva.* ✅ *substantivo masculino* **2.** Papel ou plástico, com texto ou imagem, próprio para ser colado numa superfície: *Pôs um adesivo com o símbolo do seu time no vidro do carro.*

adestramento

adestramento a.des.tra.**men**.to *substantivo masculino* Ação de adestrar, ou o resultado desta ação: *Com o adestramento, o cavalo ficou manso.*

adestrar a.des.**trar** *verbo* Ensinar (um animal) a se comportar de certa forma.

adeus a.**deus** *interjeição* **1.** Usa-se como cumprimento de despedida: *– Adeus! – disse ao partir.* ✓ *substantivo masculino* **2.** Palavra ou gesto de despedida: *Já de longe, acenou um adeus para a mãe.*

adiamento a.di:a.**men**.to *substantivo masculino* Ação de adiar, ou o resultado desta ação: *A turma pediu à professora o adiamento da prova, para estudar mais.*

adiantamento a.di:an.ta.**men**.to *substantivo masculino* Parte do salário que se recebe antes do dia do pagamento: *Com o adiantamento, pagou a dívida.*

adiantar a.di:an.**tar** *verbo* **1.** Mover(-se) para diante, para a frente: *Adiantou os ponteiros do relógio; Adiantou-se para cumprimentar o professor.* **2.** Apressar a execução de: *Adiantou os deveres para sair mais cedo.* **3.** Trazer solução; resolver: *Não adianta chorar, não vou levá-lo.* **4.** Dizer antes: *Já adiantou que não vai.* **5.** Pagar com antecipação: *Neste mês, adiantou o aluguel.*

adiante a.di.**an**.te *advérbio* À frente: *Ali adiante há um posto de gasolina.*

adiar a.di.**ar** *verbo* Mudar para outro dia ou hora: *Adiaram o casamento para o próximo mês.*

adição a.di.**ção** *substantivo feminino* **1.** Ação de adicionar, ou o resultado desta ação. **2.** Operação aritmética em que se faz a soma dos elementos; soma: *O resultado da adição de 3 mais 3 é igual a 6.* [Plural: *adições.*]

adicionar a.di.ci:o.**nar** *verbo* **1.** Juntar, acrescentar: *Adicionou mais açúcar ao suco, para adoçá-lo bem.* **2.** Fazer adição; somar: *Ana já aprendeu a adicionar.*

adivinha a.di.**vi**.nha *substantivo feminino* Brincadeira que é uma pergunta para se adivinhar a resposta;

admiração

adivinhação: *– O que é, o que é? Quanto mais cresce menos se vê! – A resposta para esta adivinha é a escuridão.*

adivinhação a.di.vi.nha.**ção** *substantivo feminino* **1.** Ação de adivinhar, ou o resultado desta ação. **2.** O mesmo que *adivinha.* [Plural: *adivinhações.*]

adivinhar a.di.vi.**nhar** *verbo* **1.** Descobrir por meios sobrenaturais: *No filme, havia uma mulher que podia adivinhar o futuro.* **2.** Descobrir ou acertar por acaso: *– Meu pai adivinhou, presenteou-me com uma bicicleta, que era justamente o que eu queria.*

adivinho a.di.**vi**.nho *substantivo masculino* Quem adivinha, quem descobre as coisas por meios sobrenaturais.

adjetivo ad.je.**ti**.vo *substantivo masculino* Palavra que acompanha o substantivo, indicando qualidade, estado ou característica: *o bom menino; um exercício difícil; o solo estéril.*

administração ad.mi.nis.tra.**ção** *substantivo feminino* **1.** Ação de administrar, ou o resultado desta ação. **2.** Lugar de onde se administra, dirige: *Foi até a administração do shopping e reclamou do mau atendimento.* **3.** O conjunto das pessoas que trabalham na administração (2). **4.** Modo como se administra: *A administração do prefeito não foi boa.* [Plural: *administrações.*]

administrador ad.mi.nis.tra.**dor** (ô) *substantivo masculino* Quem administra uma empresa, firma, etc.: *Esta empresa tem um novo administrador.*

administrar ad.mi.nis.**trar** *verbo* Dirigir, governar os negócios de alguém, ou de um estabelecimento, uma empresa, etc.: *Desde cedo administrou os bens da família; O Presidente da República administra o país.*

administrativo ad.mi.nis.tra.**ti**.vo *adjetivo* Da, ou relativo à administração.

admiração ad.mi.ra.**ção** *substantivo feminino* **1.** Sentimento de aprovação ou de respeito por alguém ou por alguma coisa: *Os quadros do museu despertam a admiração dos visitantes; Tenho admiração pelo meu professor.* **2.** Espanto: *Foi com admiração que presenciou o desastre.* [Plural: *admirações.*]

admirador ad.mi.ra.**dor** (ô) *substantivo masculino* Quem tem admiração por uma pessoa; fã: *Esta cantora tem muitos admiradores.*

admirar ad.mi.**rar** *verbo* **1.** Ter admiração por alguém ou por alguma coisa: *Parou para admirar a paisagem; Admiro o amor que você tem pelos animais.* **2.** Gostar muito: *Admira a música e a pintura.* **3.** Experimentar sentimento de admiração: *Admirou-se com a coragem do domador.*

admirável ad.mi.**rá**.vel *adjetivo de dois gêneros* **1.** Digno de ser admirado, respeitado: *Santos Dumont, o pai da aviação, foi um homem admirável.* **2.** Exemplar: *Seu comportamento na festa foi admirável.* [Plural: *admiráveis.*]

admissão ad.mis.**são** *substantivo feminino* **1.** Ação de admitir, ou o resultado desta ação. **2.** Aceitação, ingresso: *Trouxe os documentos exigidos para a admissão do filho na escola.* [Plural: *admissões.*]

admitir ad.mi.**tir** *verbo* **1.** Aceitar ou reconhecer alguma coisa: *Admitiu que não foi bem na prova porque não estudou.* **2.** Tolerar, consentir: *Na festa infantil, não se admitiu nem cigarro nem bebida alcoólica.* **3.** Aceitar como hipótese; supor: *Admitamos que exista vida em outros planetas.*

adoçante a.do.**çan**.te *adjetivo de dois gêneros* **1.** Que adoça: *O mel é um alimento adoçante.* ✅ *substantivo masculino* **2.** Produto próprio para adoçar: *Toma café com adoçante.*

adoção a.do.**ção** *substantivo feminino* **1.** Ação de adotar, ou o resultado desta ação: *Estão pensando na adoção de uma criança.* **2.** Aceitação do que antes era estranho ou desconhecido: *A adoção dos algarismos arábicos ocorreu no século VII a.C.* [Plural: *adoções.*]

adoçar a.do.**çar** *verbo* **1.** Tornar doce ou mais doce: *Pôs açúcar no café para adoçá-lo.* **2.** Tornar(-se) brando, suave: *Adoçou a voz ao falar com a criança; Era muito severo, mas adoçou-se com a idade.*

adocicado a.do.ci.**ca**.do *adjetivo* Um tanto doce: *O licor é uma bebida adocicada.*

adoecer a.do.e.**cer** *verbo* **1.** Deixar doente: *O frio excessivo adoeceu-o.* **2.** Ficar doente: *Saiu na chuva e adoeceu.*

adolescência a.do.les.**cên**.ci:a *substantivo feminino* O período da vida humana em que as crianças começam a transformar-se em adultos, e que vai, aproximadamente, dos 12 aos 18 anos de idade.

adolescente a.do.les.**cen**.te *adjetivo de dois gêneros* **1.** Que está na adolescência: *A vizinha tem dois filhos adolescentes.* ✅ *substantivo de dois gêneros* **2.** Pessoa que está na adolescência: *Este livro é adequado para adolescentes e adultos.*

adoração a.do.ra.**ção** *substantivo feminino* **1.** Ação de adorar, ou o resultado desta ação. **2.** Grande amor ou afeição: *Tem adoração pelos avós.* [Plural: *adorações.*]

adorar a.do.**rar** *verbo* **1.** Amar e admirar ao extremo: *Adoro os meus pais.* **2.** Prestar culto a, por considerar como divino: *Muitos povos antigos adoravam o Sol.*

adormecer a.dor.me.**cer** *verbo* **1.** Cair no sono; dormir: *Adormeceu logo, de tanto cansaço.* **2.** Fazer dormir: *A mãe canta para adormecer o bebê.*

adornar a.dor.**nar** *verbo* **1.** Pôr adorno em; enfeitar: *Adornou a árvore de Natal com bolas e fitas.* **2.** Enfeitar-se: *Eva adornou-se com uma pulseira e um colar para ir à festa.*

adorno a.**dor**.no (dôr) *substantivo masculino* Enfeite, ornamento: *Este adorno é feito de ouro.*

adotar a.do.**tar** *verbo* **1.** Reconhecer legalmente como filho: *Marta adotou uma criança.* **2.** Escolher, preferir: *Adotou a religião cristã, e batizou-se.*

adotivo

adotivo a.do.**ti**.vo *adjetivo* **1.** Que foi adotado: *João tem um filho adotivo*. **2.** Que adotou: *Meu pai adotivo gosta muito de mim*.

adquirir ad.qui.**rir** *verbo* **1.** Passar a ter, por meio de compra: *Adquiriu muitos livros*; *Adquiriu uma casa*. **2.** Conseguir, alcançar: *Estudou tanto, que adquiriu fama de bom aluno*; *Adquiriu bons hábitos na escola*.

adubar a.du.**bar** *verbo* Pôr adubo em: *Antes de semear os grãos, o fazendeiro aduba a terra*.

adubo a.**du**.bo *substantivo masculino* Substância para fertilizar a terra, feita de resíduos animais ou vegetais, ou produtos minerais ou químicos.

adulto a.**dul**.to *adjetivo* **1.** Que já se desenvolveu completamente: *As pessoas adultas podem viajar desacompanhadas*; *Maria tem um cão adulto*.
✓ *substantivo masculino* **2.** Pessoa ou animal que já se desenvolveu completamente.

advérbio ad.**vér**.bi:o *substantivo masculino* Palavra que modifica o significado de um verbo, de um adjetivo ou de outro advérbio, dando a ideia de tempo, de modo, de lugar, etc. Em *acordar* cedo, *cedo* é um advérbio que indica tempo; em *correr* rápido, *rápido* é um advérbio que indica modo; em *eu moro* aqui, *aqui* é um advérbio que indica lugar.

adversário ad.ver.**sá**.ri:o *adjetivo* **1.** Contra quem se disputa: *O time adversário ganhou a partida*.
✓ *substantivo masculino* **2.** Aquele contra quem se disputa: *O capoeirista perdeu a luta porque o adversário estava mais bem preparado*.

advertência ad.ver.**tên**.ci:a *substantivo feminino* **1.** Ação de advertir, ou o resultado desta ação. **2.** Censura, repreensão: *Levou uma advertência porque chegou atrasado ao trabalho*.

advertir ad.ver.**tir** *verbo* **1.** Informar ou avisar alguma coisa; prevenir: *Há uma placa advertindo que a estrada está ruim*. **2.** Censurar ou repreender: *O guarda advertiu o pedestre por atravessar fora da faixa*.

afastamento

advogado ad.vo.**ga**.do *substantivo masculino* Aquele que orienta as pessoas sobre assuntos legais ou as defende nos tribunais.

aéreo a.**é**.re:o *adjetivo* **1.** Do ar: *As aves planavam, deixando-se levar pelas correntes aéreas*. **2.** Que se realiza no ar: *Os transportes aéreos são mais velozes que os terrestres*. **3.** Que envolve aeronave: *Aconteceu este ano um terrível desastre aéreo*.

aeronáutica a.e.ro.**náu**.ti.ca *substantivo feminino* **1.** O estudo e a prática da navegação aérea. **2.** A força aérea de um país.

aeronave a.e.ro.**na**.ve *substantivo feminino* Qualquer veículo de navegação aérea: *O avião e o helicóptero são aeronaves*.

aeroporto a.e.ro.**por**.to (pôr) *substantivo masculino* Local com campo de pouso para aviões e instalações para embarque e desembarque de passageiros e carga. [Plural: *aeroportos* (pór).]

afagar a.fa.**gar** *verbo* Fazer afago ou carinho em; acariciar: *Afagou o pelo macio do cachorrinho*.

afago a.**fa**.go *substantivo masculino* Ação de afagar, ou o resultado desta ação; carinho, carícia.

afastado a.fas.**ta**.do *adjetivo* Longe, distante: *Mora num lugar afastado*.

afastamento a.fas.ta.**men**.to *substantivo masculino* **1.** Ação de afastar(-se), ou o resultado desta ação: *A briga provocou o afastamento dos amigos*. **2.** Separação: *Há um afastamento de cem metros entre* *as duas casas.* **3.** Período em que uma pessoa está afastada de um cargo: *O afastamento do diretor será de seis meses.*

afastar a.fas.**tar** *verbo* **1.** Tirar do lugar em que está, pondo mais longe: *Afastou a mesa da parede.* **2.** Sair de perto: *Todos se afastaram para dar passagem ao rei.*

afeição a.fei.**ção** *substantivo feminino* Sentimento de carinho ou amor; afeto, ternura: *Tenho grande afeição por (ou a) meus pais.* [Plural: *afeições.*]

afeiçoar-se a.fei.ço.**ar**-se *verbo* Sentir afeição por; querer bem, estimar: *Afeiçoou-se aos novos vizinhos.*

afetar a.fe.**tar** *verbo* **1.** Causar abalo em; afligir: *A morte do gatinho afetou a menina profundamente.* **2.** Dizer respeito a; atingir: *Suas palavras não me afetam.*

afetivo a.fe.**ti**.vo *adjetivo* Que demonstra afeto; carinhoso, afetuoso: *Paulo é um menino muito afetivo.*

afeto a.**fe**.to *substantivo masculino* O mesmo que *afeição*: *"Recebe o afeto que se encerra / Em nosso peito juvenil"* (*Hino à Bandeira*).

afetuoso a.fe.tu.**o**.so (ô) *adjetivo* O mesmo que *afetivo*: *É um cão muito afetuoso com o dono.* [Plural: *afetuosos* (ó).]

afiado a.fi:**a**.do *adjetivo* **1.** Que tem fio; que corta bem: *O açougueiro precisa de uma faca afiada.* **2.** Em boas condições para exercer uma ação; bem preparado: *Os alunos estão afiados para a prova.*

afiar a.fi.**ar** *verbo* Fazer o fio a um objeto cortante; amolar: *afiar a faca, afiar tesouras.*

afilhado a.fi.**lha**.do *substantivo masculino* **1.** Pessoa em relação ao padrinho e/ou à madrinha. **2.** Pessoa que outra protege; protegido.

afim a.**fim** *adjetivo de dois gêneros* Que tem afinidade ou semelhança: *Os dois irmãos têm gostos afins.* [Plural: *afins.*]

afinal a.fi.**nal** *advérbio* **1.** Por fim, finalmente: *Andaram muitas horas e afinal chegaram.* **2.** Em conclusão, no fim das contas: *Desculpei o meu amigo porque, afinal, vi que não tinha culpa.*

afinar a.fi.**nar** *verbo* **1.** Tornar fino ou mais fino: *Faz exercícios para afinar a cintura.* **2.** Fazer o ajuste adequado em instrumento de corda: *afinar o piano, o violão, etc.*

afinidade a.fi.ni.**da**.de *substantivo feminino* Semelhança ou coincidência de gosto ou de sentimento: *Os dois primos têm muitas afinidades, e por isto estão sempre juntos.*

afirmação a.fir.ma.**ção** *substantivo feminino* Ação de afirmar, ou o resultado desta ação; afirmativa. [Plural: *afirmações.*]

afirmar a.fir.**mar** *verbo* **1.** Dizer com firmeza; sustentar: *Afirmou que disse a verdade.* **2.** Comprovar, certificar: *O documento afirma que a joia tem pedras verdadeiras.*

afirmativa a.fir.ma.**ti**.va *substantivo feminino* O mesmo que *afirmação*: *De acordo com sua afirmativa, ele é inocente.*

afirmativo | agência

afirmativo a.fir.ma.**ti**.vo *adjetivo* Que indica afirmação, que concorda ou confirma: *Balançou a cabeça para baixo, num gesto afirmativo.*

afixar a.fi.**xar** (xar = csar) *verbo* **1.** Tornar fixo; fixar: *Afixou bem a estante.* **2.** Prender, fixar em lugar visível: *Afixou o cartaz, para que todos o pudessem ler.*

aflição a.fli.**ção** *substantivo feminino* Estado de quem está aflito: *Na rua, sentiu grande aflição ao olhar para trás e não ver o filho.* [Plural: *aflições*.]

afligir a.fli.**gir** *verbo* **1.** Causar aflição ou angústia a; preocupar: *A demora da mãe no médico o afligiu.* **2.** Ficar aflito; preocupar-se: *Não se aflija com a chuva, ela vai passar logo.*

aflitivo a.fli.**ti**.vo *adjetivo* Que causa angústia ou preocupação.

aflito a.**fli**.to *adjetivo* Muito angustiado ou preocupado: *Ficou aflito por não ter notícia da família.*

afluente a.flu.**en**.te *substantivo masculino* Curso de água que deságua em outro: *O rio Amazonas tem vários afluentes.*

afobação a.fo.ba.**ção** *substantivo feminino* **1.** Ação de afobar(-se), ou o resultado desta ação. **2.** Muita pressa; precipitação: *Havia afobação para concluir o trabalho dentro do prazo.* [Plural: *afobações*.]

afobado a.fo.**ba**.do *adjetivo* Que se afobou: *Saiu afobado, nem teve tempo para almoçar.*

afobar a.fo.**bar** *verbo* **1.** Causar muita pressa ou precipitação em: *O prazo curto para a entrega do trabalho afobou-o.* **2.** Ficar perturbado; atrapalhar-se: *Sempre se afoba quando tem de falar em público.*

afogamento a.fo.ga.**men**.to *substantivo masculino* Ação de afogar-se, ou o resultado desta ação.

afogar-se a.fo.**gar**-se *verbo* Morrer sufocado pela água: *No naufrágio do navio, muitas pessoas se afogaram.*

africano a.fri.**ca**.no *adjetivo* **1.** Da África, um dos continentes terrestres, ou de seus habitantes.

✅ *substantivo masculino* **2.** Quem nasceu, ou vive, na África.

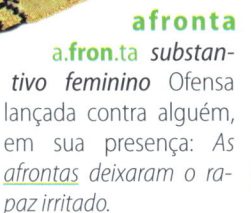

afronta a.**fron**.ta *substantivo feminino* Ofensa lançada contra alguém, em sua presença: *As afrontas deixaram o rapaz irritado.*

afugentar a.fu.gen.**tar** *verbo* Pôr em fuga; repelir: *O gambá segrega um líquido fedorento para afugentar quem o ataca.*

afundar a.fun.**dar** *verbo* Fazer ir, ou ir para o fundo: *A grande onda afundou o barco; O porquinho afundou(-se) na lama.*

agá a.**gá** *substantivo masculino* A letra h.

agachar-se a.ga.**char**-se *verbo* Abaixar-se, dobrando os joelhos: *Ivo agachou-se para cavar um buraco na terra.*

agarrar a.gar.**rar** *verbo* **1.** Prender ou segurar com firmeza: *O goleiro agarra a bola.* **2.** Tornar prisioneiro; prender: *O guarda correu para agarrar o ladrão.* **3.** Segurar-se: *Agarrou-se ao meu braço para não cair.*

agasalhar a.ga.sa.**lhar** *verbo* **1.** Cobrir com agasalho: *Agasalhou o bebê para protegê-lo da chuva.* **2.** Cobrir-se com agasalho: *Agasalhou-se por causa do frio.*

agasalho a.ga.**sa**.lho *substantivo masculino* Peça de roupa que protege do frio ou do mau tempo: *Minha avó nunca sai de casa sem agasalho.*

agência a.**gên**.ci:a *substantivo feminino* Estabelecimento em que trabalham pessoas que prestam serviços ao público: *Nesta rua há duas agências bancárias e uma agência dos correios.*

agenda a.**gen**.da *substantivo feminino* **1.** Caderneta em que se anotam compromissos: *Todos os anos compro uma nova agenda*. **2.** O registro desses compromissos: *Esta visita não consta de minha agenda*.

agendar a.gen.**dar** *verbo* Marcar um compromisso: *José agendou uma visita ao dentista*.

agente a.**gen**.te *substantivo masculino* **1.** Aquilo que é capaz de produzir determinado efeito: *O vento e a chuva são agentes que desgastam as rochas*. ✓ *substantivo de dois gêneros* **2.** Pessoa contratada para prestar determinados serviços: *Ela é agente da polícia; Os agentes secretos são encarregados de missões secretas*.

ágil á.gil *adjetivo de dois gêneros* Que tem facilidade ou rapidez para agir ou mover o corpo ou parte dele: *Minha avó é bastante ágil para a sua idade*. [Plural: *ágeis*.]

agilidade a.gi.li.**da**.de *substantivo feminino* Qualidade de ágil: *Os trapezistas têm muita agilidade*.

agir a.**gir** *verbo* **1.** Exercer uma ação; atuar: *Os ladrões agiram de madrugada*. **2.** Produzir um efeito: *Este remédio age contra a tosse*. **3.** Executar uma atividade: *Os advogados agiram para libertar o réu*.

agitação a.gi.ta.**ção** *substantivo feminino* **1.** Ação de agitar(-se), ou o resultado desta ação. **2.** Perturbação do espírito; excitação: *Sua agitação não o deixa concentrar-se no trabalho*. **3.** Movimentação de muitas pessoas e veículos: *Meu avô não gosta da agitação da cidade grande*. [Plural: *agitações*.]

agitado a.gi.**ta**.do *adjetivo* **1.** Muito movimentado: *Tem uma vida agitada*. **2.** Inquieto (1), em razão de algo bom ou ruim: *Os alunos ficaram agitados com o resultado dos exames*. **3.** Com ondas revoltas: *O mar hoje está muito agitado*.

agitar a.gi.**tar** *verbo* **1.** Fazer mover; movimentar: *Agitou os braços com força para nadar até a margem do rio*. **2.** Mover-se, balançar-se: *As bandeirolas agitavam-se ao vento*. **3.** Perturbar-se, inquietar-se: *Os alunos se agitaram com a notícia da prova*.

aglomeração a.glo.me.ra.**ção** *substantivo feminino* Grande quantidade de coisas ou pessoas: *A aglomeração de veículos dificultou o tráfego; Havia uma aglomeração no lugar do desastre*. [Plural: *aglomerações*.]

aglomerar a.glo.me.**rar** *verbo* Juntar(-se); reunir(-se): *A seca expulsou as pessoas do campo e as aglomerou na cidade; De repente, uma multidão se aglomerou para ver a apresentação do cantor*.

agonia a.go.**ni**.a *substantivo feminino* Sofrimento, dor, desgosto.

agoniar a.go.ni.**ar** *verbo* **1.** Causar agonia ou sofrimento a: *Dores fortes o agoniavam*. **2.** Ficar triste, preocupado: *Agoniou-se com a doença do avô*.

agora a.**go**.ra *advérbio* **1.** Neste instante, nesta hora: *O que faremos agora?* **2.** Atualmente: *Agora, com as novas tecnologias, nos comunicamos mais facilmente com o resto do mundo*.

agosto a.**gos**.to (gôs) *substantivo masculino* O oitavo mês do ano, com 31 dias.

agraciar a.gra.ci.**ar** *verbo* Conceder graça, benefício ou prêmio a: *Agraciaram o autor da melhor poesia com um livro*.

agradar a.gra.**dar** *verbo* **1.** Causar agrado ou satisfação a: *A notícia do prêmio agradou aos meus pais*. **2.** Ser agradável: *É um filme divertido, que agrada aos jovens e aos adultos*.

agradável a.gra.**dá**.vel *adjetivo de dois gêneros* Que causa prazer ou satisfação: *Antônio tem uma conversa agradável; Esta flor tem um perfume agradável*. [Plural: *agradáveis*.]

agradecer a.gra.de.**cer** *verbo* Mostrar ou manifestar gratidão; dizer obrigado: *Agradeceu ao tio o presente*.

agradecimento a.gra.de.ci.**men**.to *substantivo masculino* **1.** Ação de agradecer, ou o resultado desta ação. **2.** Reconhecimento de gratidão: *Suas palavras de agradecimento me comoveram*.

agrado

agrado a.**gra**.do *substantivo masculino* **1.** Satisfação. **2.** Gosto, preferência: *Disse que a comida estava do seu agrado.*

agrário a.**grá**.ri:o *adjetivo* Do campo, da agricultura: *Ministério do Desenvolvimento Agrário.*

agravar a.gra.**var** *verbo* Fazer ficar, ou ficar pior ou mais sério: *A chuva agravou o número de casos de dengue; A seca na região agravou-se.*

agredir a.gre.**dir** *verbo* **1.** Praticar agressão ou ataque contra; atacar: *O jogador que agrediu o adversário foi expulso.* **2.** Dirigir insulto a; insultar: *Agrediu-o com palavras ásperas.* **3.** Causar dano a; prejudicar: *A poluição agride o meio ambiente.*

agressão a.gres.**são** *substantivo feminino* Ação de agredir, ou o resultado desta ação; ataque: *A poluição é uma forma de agressão à natureza.* [Plural: *agressões.*]

agressividade a.gres.si.vi.**da**.de *substantivo feminino* Qualidade de agressivo; disposição para agredir.

agressivo a.gres.**si**.vo *adjetivo* Que agride, que ataca ou ofende.

agressor a.gres.**sor** (ô) *substantivo masculino* Aquele que comete uma agressão, um ataque: *Os policiais prenderam o agressor.*

agreste a.**gres**.te *adjetivo de dois gêneros* **1.** Diz-se de região campestre, principalmente quando não cultivada. ✓ *substantivo masculino* **2.** Região agreste.

agrião a.gri.**ão** *substantivo masculino* Erva cujas folhas, de sabor picante, são usadas principalmente em saladas. [Plural: *agriões.*]

agrícola a.**grí**.co.la *adjetivo de dois gêneros* Da agricultura, ou relativo a ela ou próprio dela: *Para a nossa alimentação, dependemos dos trabalhos agrícolas.*

agricultor a.gri.cul.**tor** (ô) *substantivo masculino* Quem se dedica à agricultura, aos trabalhos agrícolas.

agricultura a.gri.cul.**tu**.ra *substantivo feminino* Atividade de cultivar os campos.

aguardar

agropecuária a.gro.pe.cu.**á**.ri:a *substantivo feminino* Atividade econômica que reúne agricultura e pecuária: *A agropecuária é uma atividade muito importante para os estados do Sul do Brasil.*

agropecuário a.gro.pe.cu.**á**.ri:o *adjetivo* Relacionado à agricultura e à pecuária, às plantações e à criação de animais.

agrotóxico a.gro.**tó**.xi.co (xi = csi) *substantivo masculino* Produto químico usado para combater pragas e doenças que prejudicam as plantas: *Os agrotóxicos são perigosos e devem ser manipulados com cuidado.*

agrupamento a.gru.pa.**men**.to *substantivo masculino* **1.** Ação de agrupar(-se), ou o resultado desta ação: *Uma dezena é um agrupamento de dez unidades.* **2.** Aglomeração, reunião: *Os primeiros agrupamentos humanos eram nômades.*

agrupar a.gru.**par** *verbo* Reunir em grupos, formar grupos: *Agrupou os livros pelo tamanho; Agruparam-se para combater o inimigo.*

água á.gua *substantivo feminino* Líquido incolor e sem gosto, essencial à vida e existente na natureza em mais de um estado, e que forma rios, lagos, mares, etc.: *A água congela a 0°C e entra em ebulição a 100°C.*

aguaceiro a.gua.**cei**.ro *substantivo masculino* Chuva repentina e forte: *Um aguaceiro nos impediu de sair.*

água de coco á.gua de **co**.co *substantivo feminino* Líquido muito nutritivo que existe dentro do coco-da-baía: *Dizem que tomar água de coco faz bem à saúde.* [Plural: *águas de coco.*]

água-marinha á.gua-ma.**ri**.nha *substantivo feminino* Pedra preciosa azul-clara, usada para fazer joias. [Plural: *águas-marinhas.*]

aguar a.**guar** *verbo* Pôr ou jogar água em, regar: *O jardineiro aguou as plantas.*

aguardar a.guar.**dar** *verbo* Estar à espera de; esperar: *O piloto do avião aguardava instruções de terra para pousar; Aguarde a sua vez de entrar.*

aguardente a.guar.den.te *substantivo feminino* Bebida alcoólica forte, como, por exemplo, a cachaça.

água-viva á.gua-vi.va *substantivo feminino* Animal marinho de corpo gelatinoso, cujos tentáculos podem queimar a pele. [Plural: *águas-vivas*.]

agudo a.gu.do *adjetivo* **1.** Terminado em ponta; pontiagudo: *O ouriço tem espinhos agudos.* **2.** Intenso, forte: *Teve uma crise aguda de tosse.* **3.** Muito alto e fino (diz-se de som). **4.** Diz-se do ângulo com menos de 90 graus. **5.** Diz-se do acento (´) colocado sobre uma vogal para indicar a sílaba tônica ou a pronúncia aberta: *pé, saída, só, dúvida*.

aguentar a.guen.tar (güen) *verbo* **1.** Suportar (peso, carga, trabalho, etc.): *Não aguentou carregar a mesa sozinho.* **2.** Ser capaz de; suportar: *Aguentou as dores calado.* **3.** Manter-se firme: *No desfile, Luís mal se aguentava em pé.*

águia á.gui:a *substantivo feminino* Ave grande, de bico e garras fortes, que pode ter até um metro, com as asas abertas, e que se alimenta de outras aves e pequenos animais que caça.

agulha a.gu.lha *substantivo feminino* **1.** Haste com uma das pontas fina e que tem, na outra ponta, um buraco pelo qual se passa a linha de costura. **2.** Ponteiro: *A agulha da bússola indica o norte.* **3.** Haste fina e oca, adaptada à seringa, que se usa para dar injeção (2).

ah *interjeição* Exprime admiração, alegria, dúvida, tristeza, etc.: – *Ah! Como é bonito!*; – *Ah! Que bom que você chegou!*; – *Ah! Isto eu não sei direito!*; – *Ah! Que pena!*

ai *interjeição* Exprime dor, sofrimento ou aflição: – *Ai! Não pise no meu pé!*

aí *advérbio* **1.** Nesse ou naquele lugar; ali: – *Acho que deixei o meu caderno aí.* **2.** A esse ou àquele lugar: – *Vou aí quando estiver pronto.* **3.** Nesse ou naquele momento: *O gato armou um pulo, e aí caiu em cima do rato.* **4.** Nesse aspecto, nesse ponto: *É aí que está o problema.* *interjeição* **5.** Exprime encorajamento, aprovação, admiração: – *Aí, garoto! Você conseguiu!* **Por aí.** Por qualquer lugar: *Era uma bicicleta diferente das que se veem por aí: uma das rodas era muito grande e a outra muito pequena.*

AIDS *substantivo feminino* Doença muito grave, causada por um vírus (HIV), que pode ser transmitido por via sexual ou pelo sangue.

ainda a.in.da *advérbio* **1.** Até agora: *Ele ainda não se levantou.* **2.** Até aquele tempo; até então: *Saí às nove horas, e ele ainda não tinha chegado.*

aipim ai.pim *substantivo masculino* O mesmo que *mandioca*. [Plural: *aipins*.]

ajeitar a.jei.tar *verbo* **1.** Arrumar, pondo de um certo jeito: *Ajeitou o cabelo com a mão.* **2.** Acomodar-se de um certo jeito: *Ajeitou-se no sofá e dormiu.*

ajoelhar a.jo:e.lhar *verbo* Ficar apoiado sobre os joelhos: *Todos se ajoelharam para rezar.*

ajuda a.ju.da *substantivo feminino* Ação de ajudar, ou o resultado desta ação; auxílio: *Pediu ajuda ao irmão para fazer o trabalho.*

ajudante a.ju.dan.te *substantivo de dois gêneros* Pessoa que ajuda outra pessoa em um trabalho ou tarefa: *Construiu a casa com apenas dois ajudantes.*

ajudar a.ju.dar *verbo* **1.** Dar auxílio ou assistência a; auxiliar: *É cego, alguém precisa ajudá-lo a atravessar a rua.* **2.** Socorrer: *Caiu no buraco, e não havia ninguém para ajudá-lo*; *São muito amigos, sempre se ajudam.*

ajuizado a.ju:i.za.do *adjetivo* Que tem juízo; prudente, sensato: *O irmão mais velho é o mais ajuizado da família.*

ajuntar a.jun.tar *verbo* **1.** Pôr junto; unir, reunir: *Conseguiu ajuntar todas as peças do quebra-cabeça.* **2.** Economizar, poupar: *Ajuntou dinheiro para comprar a casa.* **3.** Ficar junto; unir-se, reunir-se: *Na ilha, os náufragos se ajuntaram perto do fogo.*

ajustamento a.jus.ta.men.to *substantivo masculino* Ação de ajustar(-se), ou o resultado desta ação; ajuste.

ajustar a.jus.tar *verbo* **1.** Tornar justo; endireitar: *Ajustou os pratos da balança.* **2.** Tornar estreito; apertar: *Emagreceu, e teve de ajustar as roupas.* **3.** Combinar: *Pedro ajustou o preço do armário com o carpinteiro.* **4.** Fazer mudanças para que fique certo: *Ajustou o*

ajuste

texto antes de imprimi-lo. **5.** Adaptar-se, acomodar-se: *A calça se ajustou bem ao meu corpo.*

ajuste a.**jus**.te *substantivo masculino* O mesmo que *ajustamento*.

ala a.la *substantivo feminino* **1.** Fila, fileira: *Os meninos formaram várias alas.* **2.** Cada um dos grupos, em um desfile: *No carnaval, desfila na ala das baianas.* **3.** Parte lateral, numa construção: *Uma ala da casa foi pintada.*

alado a.**la**.do *adjetivo* Que tem asas: *Viam-se ali pássaros, borboletas, abelhas e outros animais alados.*

alagado a.la.**ga**.do *adjetivo* Coberto por água: *Não pode entrar na cidade, por causa das estradas alagadas.*

alagamento a.la.ga.**men**.to *substantivo masculino* Ação de alagar(-se), ou o resultado desta ação.

alagar a.la.**gar** *verbo* **1.** Cobrir de água; inundar: *Uma forte chuva alagou o galpão.* **2.** Encher-se ou cobrir-se de água: *Com a enchente do rio, a fazenda alagou-se.*

alagoano a.la.go.**a**.no *adjetivo* **1.** Do estado de Alagoas. ✓ *substantivo masculino* **2.** Quem nasceu, ou vive, nesse estado.

alameda a.la.**me**.da (ê) *substantivo feminino* Rua ou avenida com uma fileira de árvores de cada lado.

alaranjado a.la.ran.**ja**.do *adjetivo* **1.** De cor semelhante à da laranja, entre o amarelo e o vermelho. ✓ *substantivo masculino* **2.** A cor alaranjada. [Sinônimo: *laranja*.]

alargar a.lar.**gar** *verbo* **1.** Tornar mais largo: *Engordou, e precisou alargar os vestidos.* **2.** Tornar-se mais largo: *A rua se alarga antes do cruzamento.*

alarmante a.lar.**man**.te *adjetivo de dois gêneros* Que alarma; assustador: *Teve notícias alarmantes do desastre.*

alarmar a.lar.**mar** *verbo* Pôr(-se) em estado de alarme ou susto; assustar(-se): *O incêndio alarmou os moradores da casa; Alarmou-se com os latidos do cachorro.*

alarme a.**lar**.me *substantivo masculino* **1.** Sinal sonoro para advertir sobre uma ameaça ou perigo: *Os bombeiros acudiram ao ouvir o alarme de incêndio.* **2.** Situação de confusão; tumulto: *A notícia do roubo causou alarme.*

alavanca a.la.**van**.ca *substantivo feminino* Barra de ferro ou de madeira para mover ou levantar objetos pesados.

albino al.**bi**.no *adjetivo* **1.** Que não tem pigmento na pele, nos pelos e na íris. ✓ *substantivo masculino* **2.** Aquele que é albino.

álbum **ál**.bum *substantivo masculino* Espécie de caderno próprio para figurinhas, retratos, etc. [Plural: *álbuns*.]

alça al.ça *substantivo feminino* **1.** Parte de um objeto pela qual ele pode ser agarrado ou levantado: *Segurou a mala pela alça.* **2.** Tira de pano que passa sobre os ombros para segurar peça de vestuário: *Usa vestidos de alça no verão.*

alcançar al.can.**çar** *verbo* **1.** Chegar a; ir até: *Esticou o braço para alcançar o livro na estante.* **2.** Conseguir chegar até (alguém que se afasta, ou algo que está longe): *Correu para alcançar o amigo.* **3.** Conseguir, obter: *Este livro alcançou o primeiro lugar entre os mais vendidos.* **4.** Atingir um número, uma quantidade; chegar a: *Este carro alcança 120 quilômetros por hora.* **5.** Atingir com a vista: *Do alto da montanha, alcança-se toda a cidade.*

álcool **ál**.co.ol *substantivo masculino* Líquido incolor, inflamável, de cheiro forte, com vários usos, e que se obtém da cana-de-açúcar, do milho, etc. [Plural: *alcoóis*.]

alcoólico al.co.**ó**.li.co *adjetivo* Que contém álcool: *É proibida a venda de bebidas alcoólicas para menores de idade.*

alcoolismo al.co.o.**lis**.mo *substantivo masculino* Dependência de bebidas alcoólicas.

aldeia al.**dei**.a *substantivo feminino* **1.** Pequena povoação, povoado: *Mora numa aldeia de pescadores.* **2.** Grupo de casas de indígenas; maloca.

alegar a.le.**gar** *verbo* Dizer como explicação: *Alegou que estava cansado e foi dormir.*

alegrar a.le.**grar** *verbo* **1.** Dar alegria a; tornar alegre: *Pedro arrumou seu quarto e isto alegrou sua mãe.* **2.** Ficar alegre: *Alegrou-se com a notícia da festa.*

alegre a.le.gre *adjetivo de dois gêneros* Que tem ou sente alegria; contente, satisfeito: *Ana ficou alegre com a chegada da avó.*

alegria a.le.gri.a *substantivo feminino* Estado ou sentimento de alegre; satisfação, felicidade, contentamento: *Com a proposta do passeio, os meninos ficaram na maior alegria.*

aleijado a.lei.ja.do *adjetivo* **1.** Com alguma mutilação ou defeito físico. ✔ *substantivo masculino* **2.** Homem, rapaz ou menino aleijado (1).

além a.lém *advérbio* **1.** Mais adiante: *Correu até a porteira e passou-a, indo além.* **2.** Lá ao longe: *O meu amigo mora além, atrás do morro.* 👉 **Além de. 1.** Para mais de: *Meu avô tem além de 80 anos.* **2.** Mais à frente, mais adiante: *Além da estrada fica um rio.* **Além disso.** Usado para completar ou reforçar o que já se disse: *Este produto é ruim, além disso é muito caro.*

alergia a.ler.gi.a *substantivo feminino* Reação de um organismo a uma substância que lhe faz mal: *A poeira costuma causar alergia.*

alerta a.ler.ta *advérbio* **1.** Em atitude de vigilância; atento: *Para evitar a proliferação do mosquito transmissor da dengue a população deve continuar alerta.* ✔ *adjetivo de dois gêneros* **2.** Atento, vigilante: *O barulho estranho deixou-os alertas.* ✔ *substantivo masculino* **3.** Sinal, ordem ou aviso para estar vigilante: *O jornal publicou um alerta sobre a epidemia.*

alertar a.ler.tar *verbo* Pôr(-se) alerta: *O general alertou os soldados; Muitos consumidores já se alertaram para exigir os seus direitos.*

alevino a.le.vi.no *substantivo masculino* Filhote de peixe: *Puseram vinte mil alevinos no açude.*

alfabético al.fa.bé.ti.co *adjetivo* Ordenado conforme as letras do alfabeto: *Este livro tem um índice alfabético.*

alfabetização al.fa.be.ti.za.ção *substantivo feminino* Processo de ensino e aprendizado da leitura e da escrita. [Plural: *alfabetizações*.]

alfabetizar al.fa.be.ti.zar *verbo* Ensinar a ler e a escrever: *Este método alfabetiza crianças e adultos.*

alfabeto al.fa.be.to *substantivo masculino* **1.** Conjunto das letras de uma língua; abecedário, abecê. **2.** Qualquer sistema de sinais usados para a escrita: *O antigo alfabeto egípcio era formado por figuras, chamadas hieróglifos.*

alface al.fa.ce *substantivo feminino* Erva de folhas verde-claras, macias, usadas na alimentação.

alfaiate al.fai.a.te *substantivo masculino* Aquele que faz roupas, principalmente de homem.

alfinete al.fi.ne.te (nê) *substantivo masculino* Pequena haste de metal com ponta aguda, para prender ou segurar tecidos, papéis, etc.

alga al.ga *substantivo feminino* Planta que não tem raízes, caule, flores ou folhas, e que geralmente vive em colônias, na água ou em superfícies úmidas.

algarismo al.ga.ris.mo *substantivo masculino* Cada um dos dez símbolos 0, 1, 2, 3, 4, 5, 6, 7, 8 e 9, usados na representação dos números.

algazarra al.ga.zar.ra *substantivo feminino* Gritaria, barulhada: *As crianças faziam algazarra na hora do recreio.*

algema al.ge.ma *substantivo feminino* Cada uma das duas argolas de metal, ligadas entre si, usadas para prender alguém pelos punhos.

algemar al.ge.mar *verbo* Prender com algemas: *Os guardas algemaram os bandidos.*

algo al.go *pronome indefinido* **1.** Alguma coisa: *A professora perguntou se eu tinha algo a dizer.* ✔ *advérbio* **2.** Um pouco, um tanto: *Meu pai é algo surdo.*

algodão al.go.dão *substantivo masculino* **1.** Substância branca fibrosa, macia e absorvente, que cobre as sementes de um arbusto (o algodoeiro), e que, depois de beneficiada, é usada em higiene, farmácia, medicina, etc. **2.** Fio feito com essa substância. **3.** Tecido fabricado com esse fio: *Tenho várias camisetas de algodão.* [Plural: *algodões*.]

algodão-doce al.go.dão-do.ce *substantivo masculino* Doce feito de açúcar, e que tem o aspecto de algodão, podendo ser branco ou colorido. [Plural: *algodões-doces*.]

alguém al.**guém** *pronome indefinido* Alguma pessoa: *Alguém quer vir comigo?*

algum al.**gum** *pronome indefinido* **1.** Um entre dois ou mais: *Alguns dos livros têm figuras, outros não.* **2.** Um, qualquer: *Em caso de necessidade, peçam ajuda a algum adulto.* [Plural: *alguns*.]

alheio a.**lhei**.o *adjetivo* Que não é nosso: *Foi preso ao furtar coisas alheias.*

alho a.lho *substantivo masculino* Planta cujo bulbo, formado de gomos chamados *dentes*, tem sabor e cheiro fortes, e é usado como tempero.

ali a.**li** *advérbio* Naquele ou àquele lugar: *Estava ali, não faz muito tempo; Ele foi ali e já volta.*

aliado a.li.**a**.do *adjetivo* **1.** Unido a outrem por aliança, tratado, etc. ✅ *substantivo masculino* **2.** Membro de uma aliança (2): *Os aliados venceram os soldados inimigos.*

aliança a.li.**an**.ça *substantivo feminino* **1.** Anel de noivado ou de casamento. **2.** Acordo, pacto que se faz para atingir determinado objetivo: *Os países do continente fizeram uma aliança para se fortalecerem.*

aliar a.li.**ar** *verbo* **1.** Juntar, reunir, combinar: *Este jogo alia estudo e diversão.* **2.** Fazer aliança, entrar em acordo: *Aliou-se à turma do bairro vizinho.*

aliás a.li.**ás** *advérbio* **1.** Ou melhor, isto é: *Comprei duas camisas; aliás, três.* **2.** Além disso: *É um bom aluno e, aliás, muito bem-educado.*

alicate a.li.**ca**.te *substantivo masculino* Ferramenta que serve para prender ou cortar certos objetos, como o arame.

alicerce a.li.**cer**.ce *substantivo masculino* Base de cimento, tijolos, etc. que sustenta uma construção: *Os alicerces da casa abalaram-se com o terremoto.*

alienígena a.li:e.**ní**.ge.na *substantivo de dois gêneros* **1.** Ser vivo de outro planeta. ✅ *adjetivo de dois gêneros* **2.** Pertencente a esses seres: *No filme, naves alienígenas atacam a Terra.*

alimentação a.li.men.ta.**ção** *substantivo feminino* **1.** Ação de alimentar(-se), ou o resultado desta ação: *Cria animais para alimentação humana.* **2.** Tudo aquilo de que alguém costuma alimentar-se: *Má alimentação causa desnutrição.* [Plural: *alimentações*.]

alimentar[1] a.li.men.**tar** *adjetivo de dois gêneros* Relacionado a alimento ou alimentação: *As intoxicações alimentares são causadas pela ingestão de alimentos contaminados por certas bactérias.*

alimentar[2] a.li.men.**tar** *verbo* **1.** Dar alimento a: *A arara alimenta os filhotes no ninho.* **2.** Comer, ingerir: *Costuma alimentar-se de frutas e verduras.* **3.** Manter, ter: *João alimenta o sonho de ser bombeiro.*

alimentício a.li.men.**tí**.ci:o *adjetivo* Que alimenta ou é próprio para alimentar.

alimento a.li.**men**.to *substantivo masculino* Substância de que um ser vivo precisa para sobreviver e ter saúde; comida.

alinhar a.li.**nhar** *verbo* Pôr(-se) em linha reta: *Alinhou os competidores para a corrida; Alinharam-se na fila.*

alisar a.li.**sar** *verbo* **1.** Tornar liso; aplanar: *Usaram máquinas para alisar a estrada esburacada.* **2.** Passar a mão sobre: *Alisou o pelo do gato.*

aliviar a.li.vi.**ar** *verbo* **1.** Dar alívio a; acalmar: *Usou pastilhas para aliviar a dor de garganta.* **2.** Tornar mais leve: *Retirou alguns sacos para aliviar a carga do caminhão.* **3.** Sentir alívio: *Aliviou-se quando soube que fora aprovado.*

alívio a.**lí**.vi:o *substantivo masculino* Diminuição de dor, sofrimento, aflição, trabalho, cansaço, etc.: *Os remédios produzem alívio das dores; Sentiu um alívio no final da caminhada.*

alma al.ma *substantivo feminino* **1.** Estado de espírito; ânimo: *Chegou com a alma leve, muito alegre.* **2.** Em algumas religiões, aquilo que é espiritual no ser humano, e que sobrevive à morte.

almanaque al.ma.**na**.que *substantivo masculino* Livro que contém o calendário completo, e ainda histórias recreativas e alguns ensinamentos de ciências.

almirante al.mi.**ran**.te *substantivo masculino* Veja *hierarquia militar*.

almoçar al.mo.**çar** *verbo* **1.** Comer o almoço: *Almoçamos antes de ir para a escola.* **2.** Comer ao almoço: *Almoçaram macarrão com frango.*

almoço al.**mo**.ço (mô) *substantivo masculino* Refeição que se faz pelo meio do dia: *O almoço é uma das duas principais refeições do dia.*

almofada al.mo.**fa**.da *substantivo feminino* Saco com recheio macio, usado para encosto, assento, etc.

alô a.**lô** *interjeição* Serve para chamar a atenção, iniciar conversa ao telefone, etc.: *– Alô, é da casa do Pedrinho?*

alojamento a.lo.ja.**men**.to *substantivo masculino* Lugar em que as pessoas se alojam.

alojar a.lo.**jar** *verbo* Dar hospedagem a, ou hospedar-se: *Alojamos dez crianças na fazenda; Alojei-me num bom hotel.*

alongado a.lon.**ga**.do *adjetivo* Que é mais comprido do que largo: *A banana é um fruto alongado.*

alongamento a.lon.ga.**men**.to *substantivo masculino* Ação de alongar(-se), ou o resultado desta ação.

alongar a.lon.**gar** *verbo* **1.** Tornar longo ou mais longo; encompridar: *Alongou a saia para ir ao baile.* **2.** Esticar o corpo, as pernas, os braços: *Antes de qualquer atividade física, devemos nos alongar.*

alpinista al.pi.**nis**.ta *substantivo de dois gêneros* Pessoa que escala montanhas; montanhista.

alpiste al.**pis**.te *substantivo masculino* Planta que fornece sementes pequenas, usadas para alimentar pássaros.

alta al.ta *substantivo feminino* **1.** Subida de preço: *Minha mãe está furiosa com a alta dos legumes.* **2.** Autorização dada pelo médico a pessoa internada, para que esta deixe o hospital.

altar al.**tar** *substantivo masculino* Mesa para rituais religiosos: *Os padres católicos celebram missa em altares.*

alteração al.te.ra.**ção** *substantivo feminino* Ação de alterar, ou o resultado desta ação; mudança, modificação: *Passe esta frase para o plural fazendo as alterações necessárias; Houve alteração no horário das aulas.* [Plural: *alterações.*]

alterar al.te.**rar** *verbo* **1.** Modificar, mudar: *Esta loja alterou seu horário de atendimento.* **2.** Sair do estado normal ou habitual; perder a calma; perturbar-se, irritar-se: *Ambos se alteraram com a discussão.*

alternar al.ter.**nar** *verbo* Variar com regularidade: *Pedro sempre alterna horas de estudo com horas de lazer.*

alternativa al.ter.na.**ti**.va *substantivo feminino* Possibilidade, opção: *Cada questão tem cinco alternativas, mas só uma é correta.*

alteza al.**te**.za (ê) *substantivo feminino* Tratamento dado a príncipes: *Pediu a Sua Alteza que libertasse os prisioneiros; – Vossa Alteza vai comparecer à cerimônia?*

altitude al.ti.**tu**.de *substantivo feminino* Altura em relação ao nível do mar.

alto al.to *adjetivo* **1.** De grande extensão vertical: *Vemos, ao longe, altas montanhas*. **2.** Que está acima do normal: *O doente teve febre alta*. **3.** De maior valor ou número: *Tirou notas altas em algumas matérias e baixas em outras*. **4.** Que soa forte, com muito volume: *Os trovões têm um som alto*. **5.** Que está na parte de cima; elevado, superior: *Por precaução pôs o álcool na prateleira mais alta*. ✓ *advérbio* **6.** A grande altura: *As águias voam muito alto*. **7.** Com volume elevado: *Falavam alto, perturbando a aula*.

alto-falante al.to-fa.**lan**.te *substantivo masculino* Aparelho para aumentar o volume do som: *Usaram um alto-falante para anunciar a chegada do circo*. [Plural: *alto-falantes*.]

alto-mar al.to-mar *substantivo masculino* Ponto do mar ou do oceano bem afastado da costa e de onde não se avista terra: *O navio estava em alto-mar, quando houve a tempestade*. [Plural: *altos-mares*.]

altura al.**tu**.ra *substantivo feminino* **1.** Qualidade do que é alto: *a altura de um som*. **2.** Dimensão vertical de um corpo, medida da base para cima: *a altura de uma torre; O rapaz tinha quase dois metros de altura*. **3.** Ponto ou lugar determinado: *Dobrou a calça na altura dos joelhos*. **4.** Elevação, cume: *Das alturas das montanhas vê-se toda a cidade*.

alucinação a.lu.ci.na.**ção** *substantivo feminino* Impressão de ter visto, ouvido ou percebido alguma coisa que não aconteceu. [Plural: *alucinações*.]

alugar a.lu.**gar** *verbo* **1.** Dar ou tomar de aluguel: *Aluguei a casa para passar as férias; Alugou um filme na locadora*. **2.** *Gíria* Tomar o tempo de alguém, aborrecendo-o: *Está bem, você pode ficar, mas vê se não me aluga*.

aluguel a.lu.**guel** *substantivo masculino* **1.** O ato de ceder casa, apartamento, etc., a alguém, mediante pagamento: *Meu pai contratou o aluguel da casa por um ano*. **2.** O preço do aluguel: *O aluguel deste filme custa quatro reais por dia*. [Plural: *aluguéis*.]

alumínio a.lu.**mí**.ni:o *substantivo masculino* Metal prateado, maleável, que é usado para diversos fins industriais.

aluno a.**lu**.no *substantivo masculino* Menino, rapaz ou adulto que estuda em escola, curso, etc., ou com um professor.

alvenaria al.ve.na.**ri**.a *substantivo feminino* Construção feita de pedras ou de tijolos, ou de cimento: *As obras de alvenaria são muito duradouras*.

alvo al.vo *adjetivo* **1.** Branco, claro: *No varal, havia um lençol muito alvo*. ✓ *substantivo masculino* **2.** Aquilo que se quer atingir: *Os meninos jogavam pedras, procurando atingir o alvo: uma lata em cima do muro*.

alvoroço al.vo.**ro**.ço (rô) *substantivo masculino* **1.** Agitação de ânimo; sobressalto: *As notícias da greve provocaram alvoroço*. **2.** Manifestação de alegria, de entusiasmo: *Houve um alvoroço com a chegada das crianças*.

ama a.ma *substantivo feminino* O mesmo que *babá*.

amabilidade a.ma.bi.li.**da**.de *substantivo feminino* Qualidade de amável; gentileza, cortesia: *É muito bem-educada, trata todos com amabilidade*.

amaciar a.ma.ci.ar *verbo* Tornar macio: *Ana usa um produto que hidrata e amacia a pele*.

amado a.**ma**.do *adjetivo* Que é objeto de amor, de carinho: *As crianças amadas são felizes*.

amador a.ma.**dor** (ô) *adjetivo* **1.** Que se dedica a uma atividade por prazer, e não para ganhar dinheiro: *um jogador amador; um músico amador*. **2.** Diz-se de arte, esporte, etc., praticado por amadores: *festival de teatro amador; campeonato de basquete amador*. ✓ *substantivo masculino* **3.** Indivíduo amador (1).

amadurecer a.ma.du.re.**cer** *verbo* Tornar-se maduro: *As frutas que amadurecem no pé são mais gostosas*.

amaldiçoar | ambientalista

amaldiçoar a.mal.di.ço.ar *verbo* Desejar o mal para alguém: *Há histórias em que as bruxas amaldiçoam princesas.*

amamentar a.ma.men.tar *verbo* Dar de mamar, alimentar com leite: *A porca está amamentando oito leitõezinhos.*

amanhã a.ma.nhã *advérbio* **1.** No dia seguinte ao de hoje: *Iremos viajar amanhã.* **2.** No futuro, algum dia: *Os meninos de hoje serão os idosos de amanhã.* ✓ *substantivo masculino* **3.** O dia seguinte: *Este menino não faz nada na hora, deixa tudo para amanhã.*

amanhecer a.ma.nhe.cer *verbo* **1.** Iniciar-se o dia: *Já amanheceu.* ✓ *substantivo masculino* **2.** Os primeiros momentos do dia: *Os excursionistas chegaram ao amanhecer.*

amante a.man.te *adjetivo de dois gêneros* **1.** Que ama. ✓ *substantivo de dois gêneros* **2.** Pessoa que ama: *Este passeio pela floresta é ideal para os amantes da natureza.* **3.** Pessoa que tem um relacionamento amoroso com outra.

amapaense a.ma.pa.en.se *adjetivo de dois gêneros* **1.** Do estado do Amapá. ✓ *substantivo de dois gêneros* **2.** Quem nasceu, ou vive, nesse estado.

amar a.mar *verbo* **1.** Ter amor a; gostar muito de: *Toda mãe ama os filhos.* **2.** Ter sentimento mútuo de amor: *Amam-se e vão casar.*

amarelado a.ma.re.la.do *adjetivo* Que tem cor próxima ao amarelo.

amarelinha a.ma.re.li.nha *substantivo feminino* Brincadeira em que se salta com um só pé sobre casas (quadrados) riscadas no chão para apanhar uma pedra ou outro objeto atirado na casa (quadrado), seguindo os números para chegar ao espaço chamado *céu*.

amarelo a.ma.re.lo *adjetivo* **1.** Que é da cor da gema do ovo, do ouro, do miolo da margarida. ✓ *substantivo masculino* **2.** Essa cor, uma das sete do arco-íris: *O amarelo da bandeira brasileira simboliza o ouro e outras riquezas do nosso subsolo.*

amargo a.mar.go *adjetivo* **1.** Que tem sabor como o do mate ou café puros, sem açúcar ou adoçante. **2.** Que é doloroso, triste: *Os verdadeiros amigos se apoiam nos momentos amargos da vida.*

amarrar a.mar.rar *verbo* **1.** Prender com laço ou nó: *Amarrou o cavalo pelo cabresto; Amarrou os cadarços do tênis.* **2.** Fazer as feições do rosto ficarem sérias, mostrando aborrecimento: *Quando viu a desordem, o professor amarrou a cara.*

amarrotar a.mar.ro.tar *verbo* Comprimir, deixando marcas de dobras em; amassar: *Tomou cuidado para não amarrotar o vestido novo.*

amassar a.mas.sar *verbo* **1.** Apertar para formar massa ou pasta: *Amassou farinha, leite, manteiga, fermento e ovos para fazer o bolo; Amassou a banana com o garfo.* **2.** Fazer pressão, apertando, até mudar de forma: *Amassou a lata antes de jogá-la no lixo.*

amável a.má.vel *adjetivo de dois gêneros* Delicado, bondoso, agradável: *É um menino amável, todos gostam dele; Deu um sorriso amável para a visita.* [Plural: *amáveis*.]

amazonense a.ma.zo.nen.se *adjetivo de dois gêneros* **1.** Do estado do Amazonas. ✓ *substantivo de dois gêneros* **2.** Quem nasceu, ou vive, nesse estado.

amazônico a.ma.zô.ni.co *adjetivo* Relacionado à região da Amazônia, a sua fauna e flora, e ao rio Amazonas: *Muitos povos indígenas vivem em terras amazônicas.*

ambição am.bi.ção *substantivo feminino* Desejo forte de acumular riqueza, ou de ficar famoso, ou de alcançar um outro objetivo: *A minha ambição é ser um grande cientista.* [Plural: *ambições*.]

ambicioso am.bi.ci.o.so (ô) *adjetivo* Que tem ambição: *É um homem ambicioso; apesar de ter muito sucesso, ainda quer mais.* [Plural: *ambiciosos* (ó).]

ambiental am.bi.en.tal *adjetivo de dois gêneros* Relativo ao meio ambiente: *Uma das preocupações ambientais desta empresa é não poluir o rio.* [Plural: *ambientais*.]

ambientalista am.bi.en.ta.lis.ta *substantivo de dois gêneros* Pessoa que se dedica a campanhas e ações de preservação do meio ambiente.

ambiente — amnésia

ambiente am.bi.**en**.te *substantivo masculino* **1.** Tudo o que cerca os seres vivos e/ou as coisas: *Os elefantes vivem num ambiente terrestre; O ambiente do deserto é muito seco.* ✅ *adjetivo de dois gêneros* **2.** Que está em torno: *luz ambiente, música ambiente.*

ambos am.bos *numeral* Um e outro, os dois.

ambulância am.bu.**lân**.ci.a *substantivo feminino* Veículo para transportar pessoas doentes ou acidentadas.

ambulante am.bu.**lan**.te *adjetivo de dois gêneros* **1.** Que anda, que se desloca: *Na cidade há uma biblioteca ambulante.* ✅ *substantivo de dois gêneros* **2.** O mesmo que *camelô*.

ameaça a.me.**a**.ça *substantivo feminino* **1.** Intimidação que se faz a alguém: *No filme, o herói recebe, por telefone, várias ameaças.* **2.** Risco, perigo: *Não vou sair, porque há ameaça de chuva.*

ameaçador a.me:a.ça.**dor** (ô) *adjetivo* Que ameaça: *Estava bravo, e falou com uma voz ameaçadora.*

ameaçar a.me:a.**çar** *verbo* **1.** Fazer ameaça: *Na história, a bruxa ameaça a princesa porque inveja a sua beleza.* **2.** Correr o risco de: *Não atravessamos o rio porque a ponte ameaçava cair.*

amedrontar a.me.dron.**tar** *verbo* **1.** Fazer medo a; assustar: *O tremor de terra amedrontou a cidade.* **2.** Sentir medo: *Com o estrondo, o cachorrinho se amedrontou e correu para debaixo da cama.*

ameixa a.**mei**.xa *substantivo feminino* O fruto da ameixeira, suculento e doce, e de casca fina, verde, amarela ou arroxeada.

ameixeira a.mei.**xei**.ra *substantivo feminino* Árvore que dá a ameixa.

amém a.**mém** *interjeição* Palavra que indica concordância, desejo de que assim seja ou ocorra, e que é usada no final de orações.

amêndoa a.**mên**.do.a *substantivo feminino* **1.** O fruto da amendoeira, que tem uma semente alongada, apreciada para se comer crua ou torrada. **2.** Semente que contém óleo comestível ou de aproveitamento econômico: *Das amêndoas do cacau faz-se o chocolate.*

amendoeira a.men.do.**ei**.ra *substantivo feminino* Árvore que dá a amêndoa (1).

amendoim a.men.do.**im** *substantivo masculino* **1.** Erva que dá frutos subterrâneos comestíveis, cujas sementes fornecem óleo. **2.** Esse fruto. [Plural: *amendoins*.]

amenizar a.me.ni.**zar** *verbo* Tornar ameno; suavizar: *Disse palavras agradáveis para amenizar a situação difícil.*

ameno a.**me**.no *adjetivo* Suave, brando: *Este ano o verão foi ameno.*

americano a.me.ri.**ca**.no *adjetivo* **1.** Da América, um dos continentes terrestres, ou de seus habitantes. ✅ *substantivo masculino* **2.** Quem nasceu, ou vive, na América.

ametista a.me.**tis**.ta *substantivo feminino* Pedra roxa usada para fazer joias.

amigável a.mi.**gá**.vel *adjetivo de dois gêneros* Que é próprio de amigo, que é simpático e agradável; amistoso: *Visitou o doente num gesto amigável.* [Plural: *amigáveis*.]

amigo a.**mi**.go *adjetivo* **1.** Que tem ou demonstra amizade: *Suas palavras amigas me comoveram.* ✅ *substantivo masculino* **2.** Menino, rapaz ou adulto que tem amizade por alguém: *Tenho vários amigos na escola.*

amistoso a.mis.**to**.so (tô) *adjetivo* O mesmo que *amigável*: *Pedro hoje não está nada amistoso.* [Plural: *amistosos* (tó).]

amizade a.mi.**za**.de *substantivo feminino* **1.** Sentimento de grande afeição por alguém: *Tenho amizade aos meus colegas de classe.* **2.** Relacionamento de amigo: *A nossa amizade é antiga.*

amnésia am.**né**.si.a *substantivo feminino* Perda total ou parcial da memória.

amo a.mo *substantivo masculino* Dono, senhor: *O gênio da lâmpada realizou os três desejos de seu amo.*

amolação a.mo.la.**ção** *substantivo feminino* Aborrecimento, contrariedade. [Plural: *amolações*.]

amolar a.mo.**lar** *verbo* **1.** Fazer o fio, corte ou gume de (uma lâmina); afiar: *Antes de cortar a carne, amolou bem a faca.* **2.** Irritar, incomodar, aborrecer, importunar: *Não queria amolar o tio com aquela história.*

amolecer a.mo.le.**cer** *verbo* **1.** Tornar(-se) mole, tenro, macio: *Cozinhou as espigas de milho até amolecerem; O barro cozido não amolece quando molhado.* **2.** Tornar(-se) brando, terno: *Suas súplicas amoleceram o coração do inimigo; Amoleceu-se ao ver a miséria em que viviam, e não cobrou o aluguel.*

amontoado a.mon.to.**a**.do *substantivo masculino* Grande quantidade; porção: *Disse um amontoado de mentiras para desculpar-se.*

amontoar a.mon.to.**ar** *verbo* **1.** Reunir em monte; empilhar: *Amontoou os tijolos num canto.* **2.** Juntar, acumular sem ordem: *Estava com muita pressa, e amontoou os papéis.*

amor a.**mor** (ô) *substantivo masculino* **1.** Forte sentimento de atração afetiva ou física entre pessoas: *O amor do filho aos pais; O amor de um casal.* **2.** Grande devoção: *amor a Deus; amor ao trabalho.*

amora a.**mo**.ra *substantivo feminino* O fruto da amoreira, pequeno, escuro e suculento, de sabor suave.

amoreira a.mo.**rei**.ra *substantivo feminino* Árvore que dá a amora.

amoroso a.mo.**ro**.so (rô) *adjetivo* **1.** Que tem ou sente amor: *Tenho pais amorosos.* **2.** Que expressa ou demonstra amor: *Escreveu uma carta amorosa para o namorado.* [Plural: *amorosos* (ró).]

amor-perfeito a.mor-per.**fei**.to *substantivo masculino* **1.** Planta de flores pequenas e coloridas, muito ornamentais. **2.** Essa flor. [Plural: *amores-perfeitos*.]

amor-próprio a.mor-**pró**.pri:o *substantivo masculino* Sentimento de orgulho, de estima que cada pessoa tem por si mesma; autoestima. [Plural: *amores-próprios*.]

amortecer a.mor.te.**cer** *verbo* Fazer perder ou perder a força ou a intensidade: *Amorteceu a pancada com uma almofada; A dor que sentia no peito amorteceu(-se).*

amostra a.**mos**.tra *substantivo feminino* Pequena quantidade de um produto ou mercadoria, dada ao cliente para que verifique a sua qualidade: *Ganhei uma amostra de um ótimo perfume.*

amparar am.pa.**rar** *verbo* **1.** Sustentar(-se), para impedir que caia; escorar(-se): *Quatro colunas grossas amparam o prédio.* **2.** Dar proteção ou meios de sustento a: *A prefeitura amparou os desabrigados.*

amparo am.**pa**.ro *substantivo masculino* Ação de amparar, ou o resultado desta ação.

ampliar am.pli.**ar** *verbo* Tornar amplo ou mais amplo; aumentar: *Ampliou a casa construindo mais dois quartos.*

amplidão am.pli.**dão** *substantivo feminino* Qualidade do que é amplo, grande: *a amplidão da floresta amazônica.* [Plural: *amplidões*.]

amplo am.plo *adjetivo* Muito grande ou extenso; vasto: *Deu a festa num amplo salão.*

ampola am.**po**.la (ô) *substantivo feminino* **1.** Pequeno frasco sem abertura para conter um líquido. **2.** O conteúdo da ampola (1): *Tomou duas ampolas de injeção.*

ampulheta am.pu.**lhe**.ta (ê) *substantivo feminino* Instrumento que serve para marcar o tempo, pela passagem de areia entre dois cones de vidro.

amputação am.pu.ta.**ção** *substantivo feminino* Ação de amputar, ou o resultado desta ação. [Plural: *amputações*.]

amputar | anemia

amputar am.pu.**tar** *verbo* Cortar (membro do corpo): *Meu avô melhorou, e não precisa mais amputar a perna.*

amuleto a.mu.**le**.to (ê) *substantivo masculino* Objeto a que se atribui o poder mágico de afastar males, e que pode ter diferentes formas ou figuras.

analfabetismo a.nal.fa.be.**tis**.mo *substantivo masculino* Estado ou condição de analfabeto: *É preciso acabar com o analfabetismo no Brasil.*

analfabeto a.nal.fa.**be**.to *adjetivo* **1.** Que não sabe ler ou escrever: *Este curso ensina os adultos analfabetos a ler e a escrever.* ✅ *substantivo masculino* **2.** Menino, rapaz ou adulto analfabeto.

analgésico a.nal.**gé**.si.co *adjetivo* **1.** Que elimina a dor: *um medicamento analgésico*. ✅ *substantivo masculino* **2.** Medicamento analgésico: *O médico me receitou um analgésico para a dor de cabeça.*

analisar a.na.li.**sar** *verbo* **1.** Fazer a análise de: *Mandou analisar as amostras de água para ver se era potável.* **2.** Observar, estudar: *Levou muito tempo analisando os fatos para descobrir uma solução.*

análise a.**ná**.li.se *substantivo feminino* **1.** Exame detalhado de cada parte de um todo: *A análise da água revelou que era potável.* **2.** O resultado da análise (1): *Pela análise, ficamos sabendo que havia micróbios na água do poço.* **3.** Exame, estudo: *Depois de muita análise da questão, chegaram a um acordo.*

anão a.**não** *substantivo masculino* Aquele que tem estatura muito abaixo da normal. [Plural: *anões, anãos*; feminino: *anã*.]

anatomia a.na.to.**mi**.a *substantivo feminino* A forma e a estrutura dos seres vivos, ou o estudo que deles se faz: *Os médicos aprendem anatomia humana; Estudamos anatomia vegetal para saber quais são as partes que formam a planta.*

anatômico a.na.**tô**.mi.co *adjetivo* **1.** Relacionado à anatomia, ao estudo das formas. **2.** Que foi desenhado ou projetado para se adaptar às formas do corpo: *A cadeira anatômica dá total apoio às partes do corpo que nela se encostam.*

ancestral an.ces.**tral** *adjetivo de dois gêneros* **1.** Relativo a antecessores, a antepassados. ✅ *substantivo de dois gêneros* **2.** Pessoa da qual descendem outras pessoas ou grupos; antepassado: *Os pais de nossos pais e de nossos avós são nossos ancestrais.* [Plural: *ancestrais*.]

ancião an.ci.**ão** *substantivo masculino* Homem muito velho. [Plural: *anciãos, anciães, anciões*; feminino: *anciã*.]

âncora **ân**.co.ra *substantivo feminino* Pesada peça de metal que se lança às águas presa por corrente, para impedir que a embarcação se desloque.

andança an.**dan**.ça *substantivo feminino* Ação de andar, de deslocar-se, ou o resultado desta ação; caminhada: *Conta suas andanças pelo sertão em um livro de histórias.*

andar an.**dar** *verbo* **1.** Movimentar-se, dando passos: *A criancinha já aprendeu a andar.* **2.** Percorrer: *Andou três quilômetros para chegar ao acampamento.* ✅ *substantivo masculino* **3.** Cada um dos pavimentos de um edifício: *Minha escola é um prédio de três andares.* **4.** Maneira de se movimentar andando: *Aquela moça tem um andar elegante.*

andorinha an.do.**ri**.nha *substantivo feminino* Pequeno pássaro de asas longas, que vive em grandes bandos e faz migrações no verão.

anedota a.ne.**do**.ta *substantivo feminino* História engraçada, cujo objetivo é fazer rir; piada.

anel a.**nel** *substantivo masculino* **1.** Aro, em geral metálico, que se usa nos dedos como enfeite ou como símbolo de noivado, casamento, formatura. **2.** Argola: *A corrente que prende a fera tem anéis de ferro.* **3.** Cacho de cabelo. [Plural: *anéis*.]

anemia a.ne.**mi**.a *substantivo feminino* Baixa de glóbulos vermelhos (isto é, das células responsáveis pelo transporte de oxigênio no sangue).

anêmico

anêmico a.**nê**.mi.co *adjetivo* Que está com anemia.

anestesia a.nes.te.**si**.a *substantivo feminino* **1.** Perda total ou parcial da sensibilidade. **2.** Medicamento, ou substância, que provoca a anestesia (1); anestésico.

anestesiar a.nes.te.si.**ar** *verbo* Aplicar anestesia em: *Anestesiou o paciente para operá-lo.*

anestésico a.nes.**té**.si.co *adjetivo* **1.** Que anestesia: *uma substância anestésica.* ✅ *substantivo masculino* **2.** O mesmo que **anestesia** (2).

anexar a.ne.**xar** (xar = csar) *verbo* **1.** Juntar a uma coisa tida como principal: *Escreveu a carta e anexou uma foto sua.* **2.** Reunir (um país ou parte dele) a outro: *Os vencedores anexaram os territórios próximos à fronteira.* **3.** Reunir-se, juntar-se: *Os dois países se anexaram, assinando um pacto.*

anexo a.**ne**.xo (xo = cso) *adjetivo* **1.** Que fica junto, ou ligado, a outro tido como principal: *A festa foi no salão anexo.* **2.** Que se anexou: *As folhas anexas explicam o texto.* ✅ *substantivo masculino* **3.** Prédio junto, ou ligado, ao prédio principal: *As classes de educação infantil funcionam no anexo.*

anfíbio an.**fí**.bi:o *adjetivo* **1.** Diz-se de animal vertebrado que nasce na água e que, ao ficar adulto, passa a ter hábitos terrestres. ✅ *substantivo masculino* **2.** Animal anfíbio.

anfitrião an.fi.tri.**ão** *substantivo masculino* Aquele que recebe convidados: *Quando chegamos à festa, o anfitrião nos acompanhou à mesa.* [Plural: *anfitriões*; feminino: *anfitriã, anfitrioa*.]

angu an.**gu** *substantivo masculino* Comida que é um creme grosso, salgado, de fubá.

ângulo ân.gu.lo *substantivo masculino* Figura formada pelo encontro de duas partes de reta que têm um ponto comum: *O triângulo tem três ângulos.*

angústia an.**gús**.ti:a *substantivo feminino* Sentimento de grande aflição e ansiedade.

animar

angustiado an.gus.ti.**a**.do *adjetivo* Que sente ou expressa angústia.

angustiar an.gus.ti.**ar** *verbo* Fazer sentir, ou sentir angústia; afligir(-se): *A demora do filho angustiou os pais; Angustiava-se na expectativa dos exames.*

anil a.**nil** *substantivo masculino* **1.** Cor azul bem forte: *A ordem das cores do arco-íris é vermelho, alaranjado, amarelo, verde, azul, anil e violeta.* ✅ *adjetivo de dois gêneros e dois números* **2.** Diz-se dessa cor. [Plural: *anis*.]

animação a.ni.ma.**ção** *substantivo feminino* **1.** Ação de animar(-se), ou o resultado desta ação. **2.** Alegria, entusiasmo: *O público aplaudiu os campeões com animação.* **3.** Movimento, rebuliço: *No primeiro dia de aula, houve grande animação na escola.* [Plural: *animações*.]

animado a.ni.**ma**.do *adjetivo* **1.** Que tem vida: *Os animais e as plantas são seres animados.* **2.** Alegre, contente: *Os meninos ficaram animados com o passeio.*

animador a.ni.ma.**dor** (ô) *adjetivo* **1.** Que anima, que dá ânimo ou coragem: *Disse ao doente palavras animadoras.* ✅ *substantivo masculino* **2.** Aquele que anima, alegra: *Contratou um animador para a festa de seis anos do filho.*

animal a.ni.**mal** *substantivo masculino* **1.** Ser vivo dotado de sensibilidade e movimento voluntário: *O homem, o leão, o beija-flor, a abelha e a minhoca são exemplos de animais.* ✅ *adjetivo de dois gêneros* **2.** Do animal ou próprio dele: *O mundo animal tem grande diversidade.* [Plural: *animais*.]

animar a.ni.**mar** *verbo* **1.** Dar vida a. **2.** Dar ânimo a; entusiasmar, encorajar: *A expectativa de ganhar o prêmio animou-a a entrar no concurso.* **3.** Dar alegria a: *A chegada das crianças animou a festa.* **4.** Criar ânimo para; entusiasmar-se, encorajar-se: *Animou-se a nadar quando viu que a água não estava gelada.*

ânimo

ânimo â.ni.mo *substantivo masculino* **1.** Disposição para enfrentar uma situação difícil; coragem: *João não teve ânimo para contar que fora reprovado.* **2.** Entusiasmo, animação: *Chegou cheio de ânimo, alegrando a festa.*

aniversariante a.ni.ver.sa.ri.**an**.te *substantivo de dois gêneros* Pessoa que faz aniversário, que completa mais um ano de vida.

aniversário a.ni.ver.**sá**.ri:o *substantivo masculino* **1.** Dia em que se completa mais um ano desde o nascimento: *Todos os anos dá uma festa no seu aniversário.* **2.** Dia do ano em que se deu certo acontecimento: *O aniversário da Independência do Brasil é no dia 7 de setembro.*

anjo **an**.jo *substantivo masculino* **1.** Em algumas religiões, ser que não tem uma forma física, e que serve de mensageiro entre Deus e os homens. **2.** Pessoa muito bondosa: *Os meus avós são uns anjos, e eu os amo muito.*

ano **a**.no *substantivo masculino* **1.** Período de tempo correspondente a uma volta da Terra em torno do Sol, o qual equivale a cerca de 365 dias. **2.** Período de 12 meses: *O ano começa em 1.º de janeiro e termina em 31 de dezembro.* **3.** Ano de vida; idade: *Perguntou-me quantos anos tenho.*

anoitecer a.noi.te.**cer** *verbo* **1.** Ir chegando a noite, ou cair a noite: *No inverno anoitece mais cedo que no verão.* ✓ *substantivo masculino* **2.** O momento em que a noite chega; o início da noite: *Esperou o anoitecer para ir embora.*

anônimo a.**nô**.ni.mo *adjetivo* Sem o nome ou sem a assinatura do autor: *Mandaram-me uma carta anônima.*

ano-novo a.no-**no**.vo *substantivo masculino* **1.** O ano que começa. **2.** O dia 1.º de janeiro: *Na passagem para o ano-novo a praia fica cheia de gente à noite.* [Plural: *anos-novos*.]

anormal a.nor.**mal** *adjetivo de dois gêneros* **1.** Fora de norma ou padrão: *Esta abóbora teve crescimento anormal, nunca vi tão grande.* **2.** Que surpreende ou inquieta, por não ser normal: *Ouvi um barulho anormal e fui ver o que era.* [Plural: *anormais*.]

antecedência

anotação a.no.ta.**ção** *substantivo feminino* **1.** Ação de anotar, ou o resultado desta ação. **2.** Aquilo que se anotou: *Procurou nas suas anotações o nome do livro que queria comprar.* [Plural: *anotações*.]

anotar a.no.**tar** *verbo* Escrever nota sobre; registrar o que acontece: *Em meu diário anoto os acontecimentos mais importantes do dia.*

anseio an.**sei**.o *substantivo masculino* O mesmo que *ânsia*.

ânsia **ân**.si:a *substantivo feminino* **1.** Grande aflição: *A longa espera causou ânsia aos viajantes.* **2.** Desejo muito forte: *Tenho ânsia de viajar pelo mundo.* [Sinônimo: *anseio*.]

ansiar an.si.**ar** *verbo* Querer, desejar muito: *Estava faminto, e ansiava pelo almoço.*

ansiedade an.si:e.**da**.de *substantivo feminino* **1.** Inquietação, aflição; anseio, ânsia: *Esperavam o resultado do concurso com ansiedade.* **2.** Falta de tranquilidade, por medo de que alguma coisa ruim aconteça; angústia: *Aguardou o pouso do avião com ansiedade.*

ansioso an.si.**o**.so (ô) *adjetivo* **1.** Cheio de ânsia, de ansiedade: *Olhares ansiosos aguardavam o resultado do concurso.* **2.** Que sente ansiedade; angustiado: *A longa espera os deixou ansiosos.* [Plural: *ansiosos* (ó).]

anta **an**.ta *substantivo feminino* O maior mamífero das matas brasileiras, com até dois metros de comprimento e um metro de altura, que vive próximo de rios ou lagos, tem pelo castanho, cauda curta e focinho longo, e se alimenta de frutos, talos e raízes.

antártico an.**tár**.ti.co *adjetivo* Do polo sul, ou relativo a ele.

antebraço an.te.**bra**.ço *substantivo masculino* A parte do braço entre o cotovelo e o punho.

antecedência an.te.ce.**dên**.ci:a *substantivo feminino* Ação ou resultado

antecedente — antipático

de anteceder; antecipação no tempo: *Para chegar pontualmente saiu com antecedência de uma hora.*

antecedente an.te.ce.**den**.te *adjetivo de dois gêneros* Que antecede, que vem antes: *No dia antecedente à festa caiu uma tempestade.*

anteceder an.te.ce.**der** *verbo* Vir, estar, chegar, ficar antes ou ocorrer antes do tempo habitual ou previsto: *Prepararam-se nos dias que antecediam o concurso; Um mensageiro antecedeu a chegada do rei; A sexta-feira antecede o sábado.*

antecessor an.te.ces.**sor** (ô) *substantivo masculino* Aquele que antecede: *A professora nova continuou a usar o mesmo livro que sua antecessora.*

antecipação an.te.ci.pa.**ção** *substantivo feminino* Transferência para antes da data ou época marcada: *Pediu antecipação das férias, porque precisa viajar.* [Plural: *antecipações*.]

antecipar an.te.ci.**par** *verbo* **1.** Realizar, fazer ocorrer antes do devido tempo: *Antecipou o casamento para que todos pudessem comparecer.* **2.** Agir ou proceder com antecipação: *Antecipou-se aos pais e convidou os amigos para a festa.*

antena an.**te**.na *substantivo feminino* **1.** Cada um dos órgãos sensoriais, longos e finos, da cabeça de crustáceos, insetos, etc. **2.** Dispositivo para captar ou transmitir ondas: *Depois que instalou a nova antena, a imagem da televisão melhorou muito.*

anteontem an.te.**on**.tem *advérbio* No dia anterior ao de ontem: *Se hoje é segunda-feira, anteontem foi sábado.*

antepassado an.te.pas.**sa**.do *substantivo masculino* Aquele de quem se descende: *Os antepassados da maioria dos brasileiros são europeus, indígenas e africanos.*

antepenúltimo an.te.pe.**núl**.ti.mo *adjetivo* Que vem antes do penúltimo, que é o terceiro do fim para o começo: *A palavra xícara tem acento na antepenúltima sílaba.*

anterior an.te.ri.**or** (ô) *adjetivo de dois gêneros* **1.** Que está adiante; situado na frente, dianteiro: *O rosto fica na parte anterior da cabeça.* **2.** Que existiu ou ocorreu antes: *Meu avô nasceu no ano anterior à Segunda Guerra Mundial; O invento do balão é anterior ao do avião.*

antes an.**tes** *advérbio* Em tempo ou em lugar anterior: *Meu amigo ficou no estádio até o jogo acabar; preferi sair antes; Pedro mora depois do túnel, eu moro antes.* 🔊 **Antes de.** Em tempo ou em lugar anterior a: *Chegou antes da hora marcada; Minha casa fica antes do prédio da escola.*

anticoncepcional an.ti.con.cep.ci.o.**nal** *adjetivo de dois gêneros* **1.** Que evita a gravidez: *pílula anticoncepcional.* ✅ *substantivo masculino* **2.** Medicamento, ou dispositivo, que evita a gravidez. [Plural: *anticoncepcionais*.]

antídoto an.**tí**.do.to *substantivo masculino* Medicamento que evita a ação de um veneno.

antigo an.**ti**.go *adjetivo* **1.** Que existe, ou existiu, há muito tempo: *Roma, a capital da Itália, é uma cidade antiga.* **2.** Que viveu há muito tempo: *Muitos povos antigos adoravam o Sol.* **3.** Que ocorreu há muito tempo: *Esta é uma história antiga.* **4.** Que não está mais em vigor: *Vila Rica é o nome antigo de Ouro Preto.*

antiguidade an.ti.gui.**da**.de *substantivo feminino* **1.** Qualidade de antigo: *A antiguidade dessas moedas lhes dá um enorme valor.* **2.** Período histórico em que viveram povos como os antigos gregos, romanos e egípcios. [Com inicial maiúscula na acepção 2.]

antílope an.**tí**.lo.pe *substantivo masculino* Animal africano, de tamanho médio, com chifres compridos e patas longas.

antipatia an.ti.pa.**ti**.a *substantivo feminino* Sentimento de hostilidade em relação a alguém ou a alguma coisa: *Como é muito ciumento, tem antipatia pelos meus amigos; Não veste roupa vermelha, tem antipatia a esta cor.*

antipático an.ti.**pá**.ti.co *adjetivo* Que provoca ou gera antipatia: *Como não fala com ninguém, Ana é considerada uma pessoa antipática.*

antiquado · aparecer

antiquado an.ti.**qua**.do *adjetivo* **1.** Que está fora da moda: *Minha irmã gosta de ser diferente, só usa vestidos antiquados.* **2.** Que pensa como antigamente: *É um homem antiquado, não deixa sua mulher trabalhar fora.*

antônimo an.**tô**.ni.mo *substantivo masculino* Palavra que tem o significado oposto ao de outra: *Bom é o antônimo de mau.*

anu a.**nu** *substantivo masculino* Ave geralmente preta, de bico curvo e cauda longa, que come insetos.

anual a.nu.**al** *adjetivo de dois gêneros* **1.** Que dura um ano: *Meu pai fez uma assinatura anual desta revista.* **2.** Que acontece uma vez por ano: *A visita anual ao meu avô que mora na Bahia será em julho.* [Plural: *anuais*.]

anular¹ a.nu.**lar** *substantivo masculino* Quarto dedo da mão, a partir do polegar, e no qual se costuma usar anel; seu-vizinho.

anular² a.nu.**lar** *verbo* Tornar nulo, sem valor: *Por causa de fraude, a justiça anulou as eleições; Todos já comemoravam quando o árbitro anulou o gol.*

anunciar a.nun.ci.**ar** *verbo* **1.** Informar por meio de anúncio: *O supermercado anunciou muitas ofertas.* **2.** Dar a conhecer; informar: *Meu irmão anunciou a todos que vai casar.*

anúncio a.**nún**.ci:o *substantivo masculino* **1.** Notícia ou informação levada ao conhecimento público. **2.** Propaganda comercial: *Vi na rua aquela atriz que faz o anúncio do sabonete.*

ânus â.nus *substantivo masculino* Abertura na extremidade do intestino, por onde saem as fezes.

anzol an.**zol** *substantivo masculino* Pequeno gancho de ponta afiada, usado para pescar. [Plural: *anzóis*.]

ao¹ Combinação da preposição *a* com o artigo definido *o*: *Meu pai foi ao banco.*

ao² Combinação da preposição *a* com o pronome demonstrativo *o*: *Não deu o prêmio ao melhor aluno, e sim ao mais disciplinado.*

aonde a.**on**.de *advérbio* A qual lugar, para qual lugar: *Quero saber aonde você vai.*

apagador a.pa.ga.**dor** (ô) *substantivo masculino* Objeto que serve para apagar aquilo que se escreveu no quadro-negro: *Depois de apagar o quadro-negro, a professora limpou o apagador, batendo-o dentro da lixeira.*

apagão a.pa.**gão** *substantivo masculino* Corte ou interrupção de grande extensão no abastecimento de energia elétrica, ou a escuridão completa que dele resulta; blecaute: *Os hospitais da cidade vizinha possuem geradores, assim eles não ficam sem eletricidade em caso de apagão.* [Plural: *apagões*.]

apagar a.pa.**gar** *verbo* **1.** Fazer parar de queimar; extinguir: *Os bombeiros apagaram o incêndio.* **2.** Fazer parar de funcionar; desligar: *Apagou a luz e foi dormir.* **3.** Desmanchar o que estava escrito ou desenhado: *Com a borracha apagou tudo que escrevera.* **4.** Dormir pesadamente: *Como estava muito cansado, deitou-se e apagou.*

apaixonar a.pai.xo.**nar** *verbo* **1.** Sentir grande amor ou paixão: *Meus pais apaixonaram-se e logo se casaram.* **2.** Sentir forte entusiasmo: *Apaixonou-se pelo livro e o leu a noite toda.*

apalpar a.pal.**par** *verbo* Tocar com os dedos, com a mão, para examinar: *Apalpou os bolsos à procura da chave.*

apanhar a.pa.**nhar** *verbo* **1.** Recolher, pegar com as mãos, ou com o auxílio de um objeto: *Subiu na laranjeira para apanhar laranjas; Apanhou a água com o balde.* **2.** Segurar, amparando: *Apanhou a criança nos braços.* **3.** Pegar (doença): *Agasalhou-se bem para não apanhar um resfriado.* **4.** Sofrer castigo físico: *Felizmente os meninos de hoje já não apanham dos pais.* **5.** Surpreender: *Apanhou o filho abrindo a geladeira de madrugada.* **6.** Sofrer derrota; perder: *Nos últimos jogos nosso time só apanhou.*

aparar a.pa.**rar** *verbo* **1.** Segurar, tomar (com as mãos ou com um objeto): *Atirei-lhe uma laranja e ele a aparou; O goleiro apara as bolas.* **2.** Cortar, acertando: *aparar a grama; aparar o cabelo.* **3.** Fazer ponta em: *Aparou o lápis e pôs-se a escrever.*

aparecer a.pa.re.**cer** *verbo* **1.** Tornar visível; surgir: *O Sol apareceu entre as nuvens.* **2.** Ter existência; surgir: *A vida apareceu na Terra há cerca de 3,5 bilhões de anos.* **3.** Ir a um lugar; comparecer: *Faz muito tempo que você não aparece em nossa casa.*

aparecimento

aparecimento a.pa.re.ci.**men**.to *substantivo masculino* Ação de aparecer, ou mostrar-se, ou o resultado desta ação; aparição: *O aparecimento do Sol marca o início do dia.*

aparelho a.pa.**re**.lho (ê) *substantivo masculino* Nome que se dá a certos instrumentos ou máquinas: *aparelho de barbear; aparelho de televisão; aparelho de som.*

aparência a.pa.**rên**.ci:a *substantivo feminino* O modo como um ser vivo ou uma coisa se mostra à vista: *Por sua aparência, estava muito cansado; Esta casa tem bela aparência.*

aparente a.pa.**ren**.te *adjetivo de dois gêneros* Que parece ser, mas não é: *Sua tranquilidade era apenas aparente, na verdade estava muito nervoso.*

aparição a.pa.ri.**ção** *substantivo feminino* **1.** Aparecimento. **2.** Ser sobrenatural que aparece de repente; fantasma: *Não acredito em aparições.* [Plural: *aparições.*]

apartamento a.par.ta.**men**.to *substantivo masculino* Cada uma das unidades de moradia de um prédio: *Meu prédio tem cinco apartamentos por andar.*

apavorar a.pa.vo.**rar** *verbo* **1.** Causar pavor ou medo a: *O temporal apavorou os navegantes.* **2.** Sentir pavor ou medo: *Apavorou-se ao ver que o cachorro era bravo.*

apegar-se a.pe.**gar**-se *verbo* Afeiçoar-se: *Apegou-se tanto ao cãozinho, que dorme com ele na cama.*

apelidar a.pe.li.**dar** *verbo* Chamar por apelido: *Apelidaram Joaquim José da Silva Xavier de Tiradentes, porque ele era dentista.*

apelido a.pe.**li**.do *substantivo masculino* Nome, diferente do nome de batismo, que se dá a alguém: *João tem o apelido de Madureira, porque nasceu nesse bairro.*

apito

apenas a.**pe**.nas *advérbio* Só, somente: *Apenas a metade da turma compareceu à cerimônia.*

aperfeiçoar a.per.fei.ço.**ar** *verbo* **1.** Fazer com que fique melhor: *Este livro é para aqueles que desejam aperfeiçoar os seus conhecimentos sobre a história do Brasil.* **2.** Tornar-se melhor: *Faz caligrafia para aperfeiçoar-se na escrita.*

aperitivo a.pe.ri.**ti**.vo *substantivo masculino* Bebida ou comida que se serve antes de uma refeição: *Serviram como aperitivo salgadinhos e suco de tomate.*

apertar a.per.**tar** *verbo* **1.** Segurar com força: *Para não cair, apertou o meu braço.* **2.** Fazer pressão em; pressionar: *Apertou o botão do elevador.* **3.** Ajustar o tamanho para tornar-se menor: *Como emagreceu muito, tiveram de apertar todas as suas roupas.* **4.** Trocar cumprimentos, dando-se as mãos: *Antes da partida, todos os jogadores se apertaram as mãos.* **5.** Tornar-se mais intenso: *Foi embora, porque a chuva apertou.*

aperto a.**per**.to (ê) *substantivo masculino* **1.** Ação de apertar, ou o resultado desta ação. **2.** Situação difícil: *Está num grande aperto: cheio de dívidas e sem dinheiro para pagá-las.*

apesar a.pe.**sar** *advérbio* Usado na locução 🔊 Apesar de. A despeito de: *Apesar do forte temporal, viajou.*

apetite a.pe.**ti**.te *substantivo masculino* Vontade de comer: *Não quero almoçar agora porque estou sem apetite.*

apicultor a.pi.cul.**tor** (ô) *substantivo masculino* Aquele que cria abelhas.

apicultura a.pi.cul.**tu**.ra *substantivo feminino* Criação de abelhas para extração de mel, cera, etc.

apitar a.pi.**tar** *verbo* **1.** Fazer soar o apito: *O guarda apitou e os carros pararam.* **2.** Fazer sinal com apito: *O navio apita quando chega ao porto.* **3.** Atuar como árbitro em jogo de futebol, etc.: *Não decidiram ainda quem irá apitar a partida.*

apito a.**pi**.to *substantivo masculino* Pequeno instrumento que é um tubo que, ao ser posto na boca e soprado, emite som agudo.

aplaudir / aprender

aplaudir a.plau.dir *verbo* Bater, repetidamente, uma palma da mão na outra, em sinal de aprovação: *Aplaudiram os atores, quando a peça terminou.*

aplauso a.plau.so *substantivo masculino* Ação de aplaudir, ou o resultado desta ação: *Houve muitos aplausos no final da peça.*

aplicação a.pli.ca.ção *substantivo feminino* Ação de aplicar, ou o resultado desta ação. [Plural: *aplicações*.]

aplicado a.pli.ca.do *adjetivo* Estudioso: *Minha nova turma na escola é muito aplicada.*

aplicar a.pli.car *verbo* **1.** Pôr sobre: *Aplicou a pomada na pele.* **2.** Pôr algo em prática: *A professora aplicou um teste difícil.* **3.** Injetar: *aplicar injeção.* **4.** Investir dinheiro: *João aplica parte do seu salário na poupança.* **5.** Impor penalidade a: *O guarda aplica multas por excesso de velocidade.* **6.** Dedicar-se: *Resolveu aplicar-se ao estudo de piano.*

apoderar-se a.po.de.rar-se *verbo* Tomar para si: *Apoderou-se da bola e não deixou ninguém brincar.*

apodrecer a.po.dre.cer *verbo* Tornar-se podre: *Não colhemos as frutas e elas apodreceram.*

apoiar a.poi.ar *verbo* **1.** Pôr suporte em; tornar firme, seguro: *Apoiou o muro para que não caísse.* **2.** Prestar auxílio, ajuda a: *Sempre apoia os amigos quando necessitam.* **3.** Dar aprovação: *Todos apoiaram o projeto.*

apoio a.poi.o *substantivo masculino* Aquilo que serve para amparar, firmar, segurar, sustentar: *Puseram um apoio na parede abalada; Sempre teve o apoio dos pais.*

apontador a.pon.ta.dor (ô) *substantivo masculino* Objeto que serve para apontar lápis.

apontar a.pon.tar *verbo* **1.** Fazer ponta em: *Apontou o lápis e começou a escrever.* **2.** Mostrar, indicando com o dedo: *Apontou para o céu mostrando a Lua.*

após a.pós *preposição* **1.** Depois de; em seguida a: *Meu pai gosta de dormir após o almoço; Os alunos entraram na sala um após o outro.* ✓ *advérbio* **2.** Depois, em seguida: *O menino entrou em casa, e logo após abriu a janela.*

aposentado a.po.sen.ta.do *adjetivo* **1.** Que se aposentou. ✓ *substantivo masculino* **2.** Aquele que se aposentou.

aposentadoria a.po.sen.ta.do.ri.a *substantivo feminino* Pagamento mensal a que tem direito a pessoa que se aposentou.

aposentar-se a.po.sen.tar-se *verbo* Deixar de trabalhar, com direito a receber aposentadoria, depois de ter trabalhado certo número de anos, ou de ter alcançado certa idade, ou devido a doença grave.

aposento a.po.sen.to *substantivo masculino* Cômodo de uma casa, em especial o quarto de dormir.

aposta a.pos.ta *substantivo feminino* Competição, entre duas ou mais pessoas, para ver quem está certo sobre determinado assunto, ou executa melhor uma atividade.

apostar a.pos.tar *verbo* **1.** Fazer uma aposta: *Apostaram quem seria o primeiro a chegar.* **2.** Disputar: *A tartaruga e o coelho apostaram uma corrida.*

apóstolo a.pós.to.lo *substantivo masculino* Cada um dos doze discípulos de Jesus Cristo.

apreciar a.pre.ci.ar *verbo* Dar valor a; julgar como bom; gostar: *O chocolate é um alimento que muitos apreciam.*

apreender a.pre.en.der *verbo* **1.** Capturar e ficar com a posse de: *O guarda apreendeu as mercadorias contrabandeadas.* **2.** Assimilar, entender: *É muito inteligente, apreende tudo o que lhe ensinam.*

apreensão a.pre.en.são *substantivo feminino* Ação de apreender, ou o resultado desta ação. [Plural: *apreensões*.]

aprender a.pren.der *verbo* Ficar sabendo, pelo estudo ou pela prática: *Já aprendi a ler e a escrever; O bebê aprendeu a andar.*

aprendiz a.pren.diz *substantivo masculino* Pessoa que aprende uma profissão, uma técnica: *Foi aprendiz de carpinteiro, e hoje é um bom profissional.*

aprendizado a.pren.di.za.do *substantivo masculino* Ação ou processo de aprender, ou o resultado desta ação ou deste processo; aprendizagem.

aprendizagem a.pren.di.za.gem *substantivo feminino* O mesmo que *aprendizado*. [Plural: *aprendizagens*.]

apresentação a.pre.sen.ta.ção *substantivo feminino* **1.** Ação de apresentar, ou o resultado desta ação. **2.** Aparência de uma pessoa: *O rapaz tinha uma boa apresentação.* **3.** Exibição de uma peça; espetáculo: *Todos os alunos compareceram à apresentação.* [Plural: *apresentações*.]

apresentador a.pre.sen.ta.dor (ô) *substantivo masculino* **1.** Aquele que apresenta. **2.** Aquele que, em rádio, televisão, etc., apresenta programa, jornal, etc.

apresentar a.pre.sen.tar *verbo* **1.** Dar a conhecer uma pessoa a outra: *Apresentou-me ao novo amigo.* **2.** Trazer alguma coisa ao conhecimento público: *A empresa apresentou um novo produto.* **3.** Mostrar: *Os estudantes precisam apresentar a carteira para pagar meia entrada.* **4.** Fazer apresentação (3): *Estamos nervosos, pois amanhã vamos apresentar nosso trabalho.*

apressar a.pres.sar *verbo* **1.** Fazer com que algo se realize ou ocorra mais cedo do que o previsto; antecipar: *A doença do filho apressou a volta da mãe.* **2.** Acelerar a própria maneira de locomover-se ou de agir: *Apressou-se para chegar na hora; Apressou a entrega do trabalho.*

aprimorar a.pri.mo.rar *verbo* **1.** Fazer com que fique melhor; aperfeiçoar: *Com a leitura, os alunos aprimoram a escrita.* **2.** Tornar-se melhor: *A tecnologia aprimora-se com o passar do tempo.*

aprisionar a.pri.si.o.nar *verbo* **1.** Fazer prisioneiro: *Os piratas aprisionaram um navio.* **2.** Pôr na prisão: *Finalmente a polícia aprisionou o assassino.* **3.** Pôr em gaiola ou em jaula: *Não devemos aprisionar animais.*

aprofundar a.pro.fun.dar *verbo* **1.** Fazer com que fique fundo ou mais fundo: *Aprofundou o poço até encontrar água.* **2.** Estudar profundamente: *Aprofundou-se na história da escravidão no Brasil.*

aprontar a.pron.tar *verbo* **1.** Fazer com que fique pronto; preparar: *Diariamente, minha mãe apronta o almoço; Já aprontei a mala para a viagem.* **2.** Comportar-se mal, fazendo o que não deve: *As crianças aprontaram na ausência da mãe.* **3.** Vestir(-se), arrumar(-se): *Aprontou a filha para ir à festa; Aprontou-se para sair.*

apropriado a.pro.pri.a.do *adjetivo* Adequado, conveniente: *Para mergulhar, precisamos de um traje apropriado.*

apropriar-se a.pro.pri.ar-se *verbo* Tomar para si aquilo que não lhe pertence: *Foi preso por apropriar-se do dinheiro da empresa.*

aprovação a.pro.va.ção *substantivo feminino* Ação de aprovar, ou o resultado desta ação: *Para construirmos uma casa, precisamos da aprovação da prefeitura.* [Plural: *aprovações*.]

aprovar a.pro.**var** *verbo* **1.** Dar seu acordo; concordar: *Meu pai aprovou minha viagem ao Pantanal.* **2.** Julgar bom: *Todos aprovaram a minha ideia.* **3.** Considerar habilitado, capaz: *O professor aprovou todos os alunos.*

aproveitar a.pro.vei.**tar** *verbo* Fazer uso de; utilizar: *A costureira aproveitou os retalhos para fazer uma colcha; Aproveita as férias para descansar.*

aproximação a.pro.xi.ma.**ção** (xi = ssi) *substantivo feminino* Ação de aproximar(-se), ou o resultado desta ação. [Plural: *aproximações*.]

aproximar a.pro.xi.**mar** (xi = ssi) *verbo* **1.** Pôr próximo: *Aproximou a cadeira da mesa.* **2.** Chegar próximo de alguém ou de alguma coisa: *Aproximou-se do amigo para lhe falar; Aproximou-se do fogo para se aquecer.* **3.** Estar perto de: *Meu pai já se aproxima dos quarenta anos.*

aptidão ap.ti.**dão** *substantivo feminino* Habilidade ou capacidade de fazer alguma coisa: *Tenho aptidão para trabalhos manuais.* [Plural: *aptidões*.]

apto **ap**.to *adjetivo* Que tem aptidão, capacidade: *Pela lei brasileira, os adolescentes de dezesseis anos estão aptos a votar.*

apuração a.pu.ra.**ção** *substantivo feminino* Ação de apurar, ou o resultado desta ação: *A apuração dos votos durou só um dia.* [Plural: *apurações*.]

apurar a.pu.**rar** *verbo* **1.** Procurar saber ao certo; averiguar: *A polícia vai apurar a origem do dinheiro.* **2.** Contar os votos (de eleição): *Já apuraram todos os votos e o meu candidato foi eleito.*

apuro a.**pu**.ro *substantivo masculino* **1.** Elegância, distinção: *Veste-se com apuro; Seu discurso mostra apuro na escrita.* **2.** Situação difícil; aperto: *Perdeu o dinheiro da passagem, e ficou em apuro.*

aquarela a.qua.**re**.la *substantivo feminino* Pintura sobre papel, com tinta dissolvida em água.

aquário a.**quá**.ri:o *substantivo masculino* Recipiente de vidro, cheio de água, onde se colocam peixes, ou outros animais aquáticos, para aí viverem: *Sobre a mesa há um aquário com peixes vermelhos.*

aquático a.**quá**.ti.co *adjetivo* **1.** Que cresce e vive na água: *animal aquático; planta aquática.* **2.** Que se realiza na água: *A natação e o surfe são esportes aquáticos.*

aquecedor a.que.ce.**dor** (ô) *substantivo masculino* Aparelho que serve para aquecer.

aquecer a.que.**cer** *verbo* **1.** Tornar quente: *O Sol aquece a Terra; Aqueceu a comida no fogão.* **2.** Ficar quente: *Vestiu um casaco para se aquecer.* **3.** Movimentar braços, pernas, etc., antes de iniciar uma atividade física: *O jogador aqueceu-se antes de entrar em campo.*

aquecimento a.que.ci.**men**.to *substantivo masculino* Ação de aquecer, ou o resultado desta ação. 🔊 Aquecimento global. Aumento da temperatura da superfície terrestre provocado pelo efeito estufa.

aquele a.**que**.le *pronome demonstrativo* **1.** Indica pessoa do sexo masculino ou coisa afastada de quem está falando e de quem está ouvindo: *Este livro é o meu, aquele é o de José.* **2.** Indica afastamento no tempo: *Lembro aquele dia com saudade.* [Feminino: *aquela*.]

aqui a.**qui** *advérbio* Neste ou a este lugar: *Não venho aqui há muito tempo.*

aquilo a.**qui**.lo *pronome demonstrativo* Aquela(s) coisa(s): *Só disse aquilo porque estava com raiva.*

aquisição a.qui.si.**ção** *substantivo feminino* **1.** Ação de adquirir, ou o resultado desta ação. **2.** Coisa que se adquiriu: *A última aquisição do meu irmão foi uma guitarra.* [Plural: *aquisições*.]

ar *substantivo masculino* **1.** Mistura de gases que envolve a Terra, composta, principalmente, de nitrogênio, oxigênio e gás carbônico: *A poluição do ar prejudica a saúde dos seres vivos.* **2.** Aparência, aspecto: *Seu ar triste preocupou a mãe.*

árabe **á**.ra.be *substantivo de dois gêneros* **1.** Membro de qualquer um dos povos que habitam em países do Oriente Médio e do norte da África, e cuja língua é o árabe. ✅ *substantivo masculino* **2.** Língua falada pelos povos árabes. ✅ *adjetivo de dois gêneros* **3.** Pertencente ou relativo aos árabes, ou à sua língua.

araçá a.ra.**çá** *substantivo masculino* O fruto do araçazeiro, que lembra uma pequena goiaba, embora de sabor ácido.

aracajuano a.ra.ca.ju.**a**.no *adjetivo* **1.** De Aracaju, capital do estado de Sergipe. ✅ *substantivo masculino* **2.** Quem nasceu, ou vive, em Aracaju.

araçazeiro a.ra.ça.**zei**.ro *substantivo masculino* Pequena árvore frutífera, geralmente silvestre, que dá o araçá.

aracnídeo a.rac.**ní**.de:o *substantivo masculino* Animal, como, por exemplo, a aranha e o escorpião, com quatro pares de patas.

arado a.**ra**.do *substantivo masculino* Instrumento agrícola que serve para revolver a terra: *Os dois bois puxavam o arado.*

arame a.**ra**.me *substantivo masculino* Fio de metal, não muito grosso: *Precisou de quatro rolos de arame para cercar o sítio.*

aranha a.**ra**.nha *substantivo feminino* Aracnídeo que geralmente fabrica teia e segrega veneno, que utiliza para se defender e imobilizar os insetos de que se alimenta.

araponga a.ra.**pon**.ga *substantivo feminino* Ave de plumagem predominantemente branca (o macho), cujo canto lembra o som de pancadas no ferro.

arar a.**rar** *verbo* Lavrar a terra: *Antes de plantar o milho, o agricultor arou a terra.*

arara a.**ra**.ra *substantivo feminino* Grande pássaro de bico forte, curvo, plumagem colorida e brilhante, e capaz de imitar a voz humana e a de outros animais.

araucária a.rau.**cá**.ri:a *substantivo feminino* Árvore grande de folhas pequenas e duras, em forma de agulha, e cujas sementes (pinhões) são usadas como alimento.

árbitro **ár**.bi.tro *substantivo masculino* **1.** Pessoa cujo papel é resolver uma disputa entre outras pessoas: *A Bíblia conta que o rei Salomão foi árbitro na disputa de duas mulheres por uma criança.* **2.** Pessoa que, em disputas esportivas, como futebol, vôlei, basquete, etc., faz com que as regras do jogo sejam respeitadas; juiz.

arborícola ar.bo.**rí**.co.la *adjetivo de dois gêneros* Que vive em árvores.

arborização ar.bo.ri.za.**ção** *substantivo feminino* Ação de arborizar, ou o resultado desta ação: *A prefeitura da cidade faz a arborização das ruas.* [Plural: *arborizações*.]

arborizar ar.bo.ri.**zar** *verbo* Plantar árvores em: *Meu avô arborizou o sítio que comprou.*

arbusto ar.**bus**.to *substantivo masculino* Vegetal lenhoso cujo caule tem ramificações desde a base.

arca ar.ca *substantivo feminino* Grande caixa ou mala com tampa, geralmente de madeira, que serve para guardar roupas e outros objetos. 🔊 **Arca de Noé.** Na Bíblia, embarcação construída por Noé, por ordem de Deus, na qual ele se abrigou, com a família e casais de todas as espécies de animais, para sobreviver ao dilúvio.

arcar ar.**car** *verbo* Responsabilizar-se por: *Teve de arcar com o prejuízo.*

arco ar.co *substantivo masculino* **1.** Porção de uma circunferência: *A metade de uma circunferência é um arco de 180 graus.* **2.** Haste curva de madeira, metal, etc., com uma corda esticada que une as duas pontas, usada para atirar flechas: *O índio se arma com arco e flechas.* **3.** Forma curva no alto de porta, janela e outras aberturas.

arco-íris ar.co-**í**.ris *substantivo masculino de dois números* Arco luminoso, colorido, que aparece no céu quando os raios solares brilham sobre gotinhas de água suspensas na atmosfera.

ar-condicionado

ar-condicionado ar-con.di.ci:o.**na**.do *substantivo masculino* Aparelho que regula a temperatura de um ambiente. [Plural: *ares--condicionados*.]

ardência ar.**dên**.ci:a *substantivo feminino* Sensação de queimadura na pele, etc.

arder ar.**der** *verbo* **1.** Estar em chamas: *Chamaram os bombeiros porque a casa ardia*. **2.** Estar aceso: *As velas ardiam no altar*. **3.** Sentir ardência na pele: *Tomei muito sol, e agora minha pele arde*.

ardil ar.**dil** *substantivo masculino* Meio hábil usado para enganar alguém: *João usou o ardil de mostrar um ossinho de frango à bruxa, em vez de mostrar o dedo*. [Plural: *ardis*.]

árduo **ár**.du:o *adjetivo* De difícil realização: *um trabalho árduo*.

área **á**.re:a *substantivo feminino* **1.** A medida de uma superfície: *A área desta sala é de vinte metros quadrados*. **2.** Extensão de terreno: *O meu sítio tem cinco hectares de área*. **3.** Campo de atividade, de interesse, de atuação: *Meu pai trabalha na área comercial*.

areia a.**rei**.a *substantivo feminino* O conjunto dos pequenos grãos minerais que formam praias, dunas e desertos. 🔊 Areia movediça. Aquela que pode engolir pessoas, animais ou veículos que por ela andem.

arejado a.re.**ja**.do *adjetivo* Em que o ar circula: *A sala de aula era grande e arejada*.

arena a.**re**.na *substantivo feminino* **1.** Picadeiro de circo. **2.** Lugar onde as touradas acontecem.

arenoso a.re.**no**.so (nô) *adjetivo* Que contém areia: *Minha casa fica num terreno arenoso*. [Plural: *arenosos* (nó).]

aresta a.**res**.ta *substantivo feminino* Linha onde duas superfícies se encontram, formando ângulo:

ariranha

O cubo tem seis faces e doze arestas.

argamassa ar.ga.**mas**.sa *substantivo feminino* Mistura de areia, cimento, água, etc., usada em construções: *Com argamassa e tijolos o pedreiro ergue um muro*.

argila ar.**gi**.la *substantivo feminino* Terra flexível e gordurosa que, misturada à água, serve para fazer uma pasta com que se fazem louças, vasos, tijolos, telhas, etc.; barro.

argiloso ar.gi.**lo**.so (lô) *adjetivo* Que contém argila: *um terreno argiloso*. [Plural: *argilosos* (ló).]

argola ar.**go**.la *substantivo feminino* Objeto em forma de anel, que serve para prender ou puxar qualquer coisa: *Esta cortina é presa com argolas de madeira*.

argumentar ar.gu.men.**tar** *verbo* Fazer uso de argumento: *Para convencer-me a ir com ele, argumentou que não sabia o caminho*.

argumento ar.gu.**men**.to *substantivo masculino* Raciocínio que se usa para justificar um ato: *Para comer o cordeiro, o lobo usou o argumento de que ele estava sujando a sua água*.

árido **á**.ri.do *adjetivo* Sem umidade; seco: *Quando não chove, o solo fica árido*.

ariranha a.ri.**ra**.nha *substantivo feminino* Animal carnívoro da América do Sul, muito parecido com a lontra,

arisco   arquitetônico

porém maior que ela; vive em bando, às margens dos rios, e alimenta-se, sobretudo, de peixes.

arisco a.**ris**.co *adjetivo* Difícil de domesticar: *O peão gosta de montar em cavalos ariscos*.

aritmética a.rit.**mé**.ti.ca *substantivo feminino* Parte da matemática que estuda os números.

aritmético a.rit.**mé**.ti.co *adjetivo* Relativo à aritmética: *A soma, a subtração, a multiplicação e a divisão são operações aritméticas*.

arma **ar**.ma *substantivo feminino* Qualquer instrumento que serve para ferir ou matar: *No cartaz havia uma frase: "Diga não às armas e sim à vida"*. 🔊 Arma branca. Qualquer arma que tem lâmina e cabo: *A espada e o punhal são armas brancas*. Arma de fogo. Arma que lança um projétil após a explosão da pólvora: *O fuzil e o revólver são armas de fogo*.

armação ar.ma.**ção** *substantivo feminino* Peça ou conjunto de peças que servem para sustentar, revestir, fixar, unir, etc., as várias partes de um todo: *Para construirmos um barco, fazemos antes a sua armação*. [Plural: *armações*.]

armadilha ar.ma.**di**.lha *substantivo feminino* **1.** Dispositivo utilizado para capturar animais: *Fizemos uma armadilha para os gambás que comiam as nossas galinhas*. **2.** Aquilo que é feito para enganar ou prejudicar alguém: *Os policiais prepararam uma armadilha para o ladrão*.

armadura ar.ma.**du**.ra *substantivo feminino* Vestimenta de proteção para os antigos guerreiros.

armar ar.**mar** *verbo* **1.** Fornecer armas a: *O governo armou os soldados para a batalha*. **2.** Encaixar as partes de; montar: *Meu irmão armou uma tenda no quintal*. **3.** Estar para acontecer: *Armou-se um temporal*.

armário ar.**má**.ri:o *substantivo masculino* Móvel de madeira ou de outro material, dividido em prateleiras na parte interior, para guardar alimentos, louças, papéis, roupas, remédios, etc.

armazém ar.ma.**zém** *substantivo masculino* Lugar para depósito e venda de alimentos, como arroz, feijão, açúcar, café, óleo, etc., e de outros utensílios ou produtos; mercearia. [Plural: *armazéns*.]

armazenar ar.ma.ze.**nar** *verbo* Juntar, reunir, guardando: *Diz a fábula que a Formiga, no verão, armazenava alimentos para o inverno, enquanto a Cigarra somente cantava*.

aroma a.**ro**.ma *substantivo masculino* Cheiro agradável: *Havia um aroma de rosas no jardim*.

aromático a.ro.**má**.ti.co *adjetivo* Que tem odor agradável; cheiroso: *Usa substâncias aromáticas para perfumar o ambiente*.

arqueiro ar.**quei**.ro *substantivo masculino* **1.** Aquele que faz uso do arco (2). **2.** O mesmo que *goleiro*.

arqueologia ar.que:o.lo.**gi**.a *substantivo feminino* Estudo da vida e da cultura dos povos antigos, a partir dos monumentos, objetos e textos que eles deixaram.

arqueólogo ar.que.**ó**.lo.go *substantivo masculino* Aquele que se ocupa da arqueologia.

arquibancada ar.qui.ban.**ca**.da *substantivo feminino* Construção feita de rampas que formam degraus, com ou sem assentos, em estádio, circo, teatro, etc.: *Para ver o palhaço de perto, sentou-se na primeira fila da arquibancada*.

arquipélago ar.qui.**pé**.la.go *substantivo masculino* Conjunto de ilhas dispostas em grupo: *O arquipélago de Fernando de Noronha faz parte do estado de Pernambuco*.

arquiteto ar.qui.**te**.to *substantivo masculino* Profissional que faz projetos para a construção de edifícios, e supervisiona e orienta o modo como são construídos.

arquitetônico ar.qui.te.**tô**.ni.co *adjetivo* Relativo à arquitetura.

arquitetura | arredondar

arquitetura ar.qui.te.**tu**.ra *substantivo feminino* **1.** Arte e técnica de construir edifícios. **2.** Maneira pela qual são dispostas as partes de um edifício ou de uma cidade: *A arquitetura de Brasília é famosa no mundo inteiro.*

arquivar ar.qui.**var** *verbo* Guardar em arquivo.

arquivo ar.**qui**.vo *substantivo masculino* **1.** Conjunto de documentos de interesse histórico, artístico, etc. **2.** O lugar onde esses documentos são classificados e conservados: *Fui ao Arquivo Municipal para fazer uma pesquisa sobre a origem de nossa cidade.* **3.** Móvel para guardar documentos, papéis, etc.

arraia ar.**rai**.a *substantivo feminino* O mesmo que *raia*.

arraial ar.rai.**al** *substantivo masculino* Lugar onde se realizam festas populares, com venda de comestíveis, brincadeiras, etc.: *– Todas as comidas típicas das festas juninas você encontrará no nosso arraial.* [Plural: arraiais.]

arrancar ar.ran.**car** *verbo* **1.** Tirar do lugar, puxando para fora: *Meu pai arrancou o mato do canteiro; Arranquei um dente; Arrancou o cartaz da parede.* **2.** Pôr-se em movimento com ímpeto: *A ambulância arrancou levando o doente.*

arranhão ar.ra.**nhão** *substantivo masculino* Ferimento pouco profundo: *Caí, e fiquei com um arranhão no joelho.* [Plural: arranhões.]

arranhar ar.ra.**nhar** *verbo* **1.** Ferir(-se) com as unhas, com garras, ou com objeto pontudo: *O gato me arranhou o braço; Arranhei-me com a ponta do arame.* **2.** Produzir sulcos ou marcas de risco em uma superfície: *Arranhou o carro quando raspou o muro.*

arranjar ar.ran.**jar** *verbo* **1.** Conseguir, obter; arrumar: *Meu pai arranjou um novo emprego.* **2.** Pôr em ordem; arrumar: *Vamos arranjar a casa, pois teremos visita.* **3.** Vestir(-se), arrumando: *Arranjou o filho para a festa; Arranjei-me depressa para não chegar atrasado.*

arranjo ar.**ran**.jo *substantivo masculino* **1.** Ação de arranjar(-se), ou o resultado deste ato: *Minha mãe fez o arranjo da mesa de aniversário.* **2.** Disposição ordenada de objetos: *Fez um belo arranjo com as flores.* **3.** Acordo entre pessoas; combinação, ajuste: *Fizeram um arranjo para dividir a herança.* **4.** Conserto: *O arranjo do carro custou mil reais.*

arrasar ar.ra.**sar** *verbo* **1.** Pôr abaixo; desmoronar, destruir: *A tempestade arrasou o telhado da casa.* **2.** Causar grande estrago em; danificar muito: *A batida arrasou a frente do carro.* **3.** Prostrar(-se); abater(-se): *A má notícia arrasou-o; Arrasou-se quando soube do resultado dos exames.*

arrastar ar.ras.**tar** *verbo* **1.** Puxar ou empurrar alguma coisa, mantendo-a no chão: *Arrastou a pesada caixa até a porta.* **2.** Andar de rastos: *Arrastou-se pelo chão e passou sob a cerca.*

arrear ar.re.**ar** *verbo* Pôr arreios em: *O peão arreou o cavalo.*

arrebentar ar.re.ben.**tar** *verbo* O mesmo que *rebentar*: *O balão muito cheio arrebentou; Esta corda não aguenta tanto peso, vai arrebentar; As ondas arrebentam na praia.*

arrebitado ar.re.bi.**ta**.do *adjetivo* Diz-se de nariz que tem a ponta revirada para cima.

arrecadar ar.re.ca.**dar** *verbo* **1.** Cobrar certa quantia: *O governo arrecada impostos.* **2.** Recolher certa quantia: *Arrecadamos cem reais para a festinha da nossa turma.*

arredondamento ar.re.don.da.**men**.to *substantivo masculino* Ação de arredondar, ou o resultado desta ação.

arredondar ar.re.don.**dar** *verbo* **1.** Dar forma redonda, esférica, a: *O ferreiro arredondou as peças no torno.* **2.** Aproximar um número para mais ou para menos: *Tirei 7,8 na prova, e a professora arredondou a nota para 8.*

arredores ar.re.**do**.res *substantivo masculino plural* Vizinhança, imediações; redondeza: *O nosso sítio fica nos arredores da cidade.*

arregaçar ar.re.ga.**çar** *verbo* Puxar, ou dobrar para cima: *Ao chegar, arregaçou as mangas e começou a trabalhar.*

arregalar ar.re.ga.**lar** *verbo* Abrir muito (os olhos): *Arregalou os olhos quando viu o presente.*

arreganhar ar.re.ga.**nhar** *verbo* Deixar ver os dentes, abrindo os lábios, para exprimir raiva, riso, etc.: *Ao ver que o cão arreganhara os dentes, o menino fugiu.*

arreio ar.**rei**.o *substantivo masculino* Conjunto de peças necessárias à montaria de um cavalo, burro, etc.

arremessar ar.re.mes.**sar** *verbo* **1.** Atirar, lançar longe e com força: *Os meninos arremessaram pedras no lago.* **2.** Lançar-se em ataque: *Arremessou-se contra o inimigo.*

arremesso ar.re.**mes**.so (mês) *substantivo masculino* Ação de arremessar(-se), ou o resultado desta ação.

arrepender-se ar.re.pen.**der**-se *verbo* Sentir mágoa ou pesar por falta ou erro cometido: *Arrependeu-se e pediu perdão; Arrependeu-se de não ter estudado mais para a prova.*

arrependimento ar.re.pen.di.**men**.to *substantivo masculino* Ação de arrepender-se, ou o resultado desta ação.

arrepiar ar.re.pi.**ar** *verbo* **1.** Levantar ou levantar-se (cabelo, pelo): *O vento arrepiou-lhe os cabelos; Tal foi o susto, que seus cabelos se arrepiaram.* **2.** Sentir arrepio por medo, susto, frio, etc.: *Durante o filme, arrepiou-se quando apareceu o vampiro.*

arrepio ar.re.**pi:o** *substantivo masculino* Tremor devido a frio, medo, etc.

arrimo ar.**ri**.mo *substantivo masculino* O mesmo que *amparo*.

arriscar ar.ris.**car** *verbo* Expor(-se) ao risco, ao perigo: *Quem dirige depois de tomar bebida alcoólica arrisca a sua vida e a de outros; Nos incêndios, os bombeiros arriscam-se para salvar vidas.*

arroba ar.**ro**.ba (ô) *substantivo feminino* **1.** Antiga unidade de medida, equivalente a quinze quilos: *Este boi pesa quase vinte arrobas.* **2.** Nome do sinal @, que aparece nos endereços eletrônicos: *Mande uma mensagem para mim; meu e-mail é tarzan@trictric.com.br.*

arrogância ar.ro.**gân**.ci:a *substantivo feminino* Orgulho excessivo: *Sua arrogância faz com que os colegas se afastem dela.*

arrogante ar.ro.**gan**.te *adjetivo de dois gêneros* Que se comporta de maneira orgulhosa, desprezando outras pessoas, por se julgar melhor do que elas.

arroio ar.**roi**.o *substantivo masculino* Regato que pode, ou não, ser permanente.

arrombar ar.rom.**bar** *verbo* Abrir à força: *Os ladrões arrombaram o cofre.*

arrotar ar.ro.**tar** *verbo* Dar arroto: *É feio arrotar à mesa.*

arroto ar.**ro**.to (rô) *substantivo masculino* Saída pela boca, com ruído, de gases do estômago.

arroxeado ar.ro.xe.**a**.do *adjetivo* Um tanto roxo.

arroz ar.**roz** (ô) *substantivo masculino* Planta cujos grãos, também chamados arroz, depois de descascados e, em geral, polidos, são usados cozidos na alimentação.

arroz-doce ar.roz-**do**.ce *substantivo masculino* Doce feito com arroz cozido, leite, açúcar, canela, etc. [Plural: *arrozes-doces*.]

arruda ar.**ru**.da *substantivo feminino* Planta medicinal e aromática, de flores amarelas.

arruinar ar.ru:i.**nar** *verbo* **1.** Causar ruína a: *A seca arruinou os fazendeiros da região.* **2.** Estragar, prejudicar: *A chuva arruinou nosso passeio.*

arrumação ar.ru.ma.**ção** *substantivo feminino* Ação de arrumar(-se), ou o resultado desta ação. [Plural: *arrumações*.]

arrumadeira ar.ru.ma.**dei**.ra *substantivo feminino* Empregada encarregada de limpar e arrumar moradias, escritórios, hotéis, etc.

arrumar ar.ru.**mar** *verbo* **1.** Conseguir, obter; arranjar: *Meu pai arrumou um novo emprego*. **2.** Pôr em ordem; arranjar: *Vamos arrumar os papéis que estão sobre a mesa; A moça foi ao salão para arrumar o cabelo*. **3.** Vestir(-se); arranjar(-se): *Arrumou o filho para irem ao médico; Vá arrumar-se, para não chegarmos atrasados*.

arte ar.te *substantivo feminino* **1.** Atividade que consiste na criação de coisas belas: *A pintura, a escultura, a literatura, a dança, a música, etc., são formas de arte.* **2.** O trabalho que resulta dessas atividades: as obras de pintura, de escultura, de literatura, o balé, as sinfonias, as óperas, etc., são exemplos desses trabalhos. **3.** O mesmo que *travessura*: *Quando eu era pequeno, fazia muitas artes.*

artefato ar.te.**fa**.to *substantivo masculino* Qualquer ferramenta ou outro objeto fabricado pelo homem: *Os primeiros artefatos humanos eram feitos de pedra.*

arteiro ar.**tei**.ro *adjetivo* Que faz arte (3); travesso: *Os meninos arteiros ficarão de castigo.*

artéria ar.**té**.ri:a *substantivo feminino* Cada um dos vasos que conduzem o sangue, cheio de oxigênio, do coração para o resto do corpo, exceto os pulmões.

arterial ar.te.ri.**al** *adjetivo de dois gêneros* Das artérias, ou relativo a elas: *sangue arterial*. [Plural: *arteriais*.]

artesanal ar.te.sa.**nal** *adjetivo de dois gêneros* Relativo a artesão ou a artesanato. [Plural: *artesanais*.]

artesanato ar.te.sa.**na**.to *substantivo masculino* **1.** A arte do trabalho manual produzido pelos artesãos. **2.** O conjunto dos objetos produzidos pelos artesãos.

artesão ar.te.**são** *substantivo masculino* Pessoa que fabrica manualmente os seus produtos. [Plural: *artesões*; feminino: *artesã*.]

ártico ár.ti.co *adjetivo* Do polo norte, ou relativo a ele.

articulação ar.ti.cu.la.**ção** *substantivo feminino* Lugar do corpo dos vertebrados onde dois ou mais ossos se encontram: *O cotovelo é formado por uma articulação.* [Plural: *articulações*.]

artificial ar.ti.fi.ci.**al** *adjetivo de dois gêneros* Que é produzido pela mão do homem e não pela natureza: *No Nordeste são construídos poços artificiais para acumular água.* [Plural: *artificiais*.]

artifício ar.ti.**fí**.ci:o *substantivo masculino* Meio ou recurso astucioso para se obter ou fazer algo.

artigo ar.**ti**.go *substantivo masculino* **1.** Mercadoria: *Foi ao supermercado para comprar artigos de limpeza; Comprei artigos de beleza no salão de cabeleireiro.* **2.** Matéria publicada em jornal, revista, etc.: *Li um bom artigo sobre educação.* **3.** Cada uma das palavras *o, a, os, as, um, uma, uns, umas*, que, postas antes de um substantivo, indicam se este é masculino ou feminino, singular ou plural, definido ou indefinido.

artilheiro ar.ti.**lhei**.ro *substantivo masculino* Jogador que, ao final do jogo ou do campeonato, faz maior número de gols.

artista ar.**tis**.ta *substantivo de dois gêneros* Pessoa que tem habilidade para qualquer forma de arte: *Os pintores, os escultores, os músicos, os dançarinos, os atores, etc., são artistas.*

artístico ar.**tís**.ti.co *adjetivo* Relativo a arte, ou a artista: *Este ator mostrou que tinha vocação artística desde criança.*

árvore — assaltante

árvore ár.vo.re *substantivo feminino* Planta que tem um único caule ou tronco lenhoso, e apresenta ramificações acima do nível do solo, a uma altura variável: *A mangueira, o abacateiro e o eucalipto são árvores bem diversas.*

asa a.sa *substantivo feminino* **1.** Órgão móvel do corpo de animais como as aves, os insetos e os morcegos, e que lhes possibilita o voo. **2.** Parte de certos objetos que serve para segurá-los: *Segurou a asa da xícara para tomar o café.*

asfaltar as.fal.**tar** *verbo* Cobrir com asfalto: *Finalmente vão asfaltar a velha estrada.*

asfalto as.**fal**.to *substantivo masculino* Substância escura, geralmente derivada do petróleo, que serve para pavimentar ruas e estradas.

asfixia as.fi.**xi**.a (xi = csi) *substantivo feminino* Parada da respiração: *Quase morreu por asfixia durante o incêndio, mas foi salvo pelos bombeiros.*

asfixiar as.fi.xi.**ar** (xi = csi) *verbo* Causar asfixia a, ou matar por asfixia.

asiático a.si.**á**.ti.co *adjetivo* **1.** Da Ásia, um dos continentes terrestres, ou de seus habitantes. ✅ *substantivo masculino* **2.** Quem nasceu, ou vive, na Ásia.

asilo a.**si**.lo *substantivo masculino* Casa de assistência social onde se abrigam e/ou sustentam mendigos, idosos, crianças, etc.

asma as.ma *substantivo feminino* Doença das vias respiratórias, geralmente de natureza alérgica, e que provoca crises de asfixia.

asneira as.**nei**.ra *substantivo feminino* Ato ou dito tolo; burrice, bobagem, tolice.

asno as.no *substantivo masculino* **1.** O mesmo que *jumento*. **2.** O mesmo que *burro*.

aspargo as.**par**.go *substantivo masculino* Planta que dá brotos comestíveis.

aspas as.pas *substantivo feminino plural* Sinais de pontuação (" ") que se colocam no início e no final de uma citação: *"Tempo é dinheiro" e "Mais vale um pássaro na mão do que dois voando" são provérbios que, na escrita, podemos usar entre aspas.*

aspecto as.**pec**.to *substantivo masculino* **1.** O mesmo que *aparência*. **2.** Característica peculiar de um fenômeno, de uma situação: *A alta desnutrição infantil é um dos aspectos mais tristes da pobreza.*

áspero **ás**.pe.ro *adjetivo* **1.** Que não é liso; que é cheio de irregularidades: *O abacaxi tem uma casca áspera.* **2.** Pouco educado; rude, ríspido: *Como estava nervoso, tratou o amigo de modo áspero.*

aspiração as.pi.ra.**ção** *substantivo feminino* **1.** Ação de aspirar, ou o resultado desta ação. **2.** Desejo muito forte: *Sua aspiração é ser aviador.* [Plural: *aspirações.*]

aspirador as.pi.ra.**dor** (ô) *substantivo masculino* Eletrodoméstico que serve para limpar, aspirando; aspirador de pó: *Minha mãe limpa os tapetes com um aspirador.* 🔊 **Aspirador de pó.** O mesmo que *aspirador*.

aspirar as.pi.**rar** *verbo* **1.** Fazer entrar o ar nos pulmões: *Para viver, nós aspiramos e expiramos o tempo todo.* **2.** Chupar, sugar: *Para esvaziar o poço, usaram uma bomba que aspirou toda a água.* **3.** Desejar muito: *Não há quem não aspire a ser feliz.*

assadeira as.sa.**dei**.ra *substantivo feminino* Utensílio de cozinha, de metal, barro, vidro ou alumínio, onde se assam alimentos: *Mamãe pôs o frango na assadeira e a levou ao forno.*

assado as.**sa**.do *adjetivo* **1.** Que se assou: *Serviu galinha assada no almoço.* ✅ *substantivo masculino* **2.** Prato (2) de carne assada.

assadura as.sa.**du**.ra *substantivo feminino* **1.** Ação de assar, ou o resultado desta ação. **2.** Inflamação da pele devida a atrito, calor, etc.

assalariado as.sa.la.ri.**a**.do *substantivo masculino* Quem, por seu trabalho, recebe salário: *Os assalariados receberão o pagamento no final do mês.*

assaltante as.sal.**tan**.te *substantivo de dois gêneros* Pessoa que pratica assalto.

assaltar

assaltar as.sal.tar *verbo* Praticar assalto em: *Na semana passada, assaltaram um banco lá perto de casa.*

assalto as.sal.to *substantivo masculino* Ataque súbito e violento para roubar, sequestrar, etc.

assanhar as.sa.nhar *verbo* **1.** Provocar a raiva de, ou ter raiva: *A mentira do filho assanhou o pai; Os cães se assanharam com a presença do intruso.* **2.** Emaranhar(-se): *O vento assanhou-lhe os cabelos; Seus cabelos se assanharam, ficando arrepiados.* **3.** Causar excitação a, ou senti-la: *As músicas carnavalescas assanharam o povo; Assanhou-se com o ritmo dos tambores.*

assar as.sar *verbo* Preparar (alimento) ao calor do fogo ou do forno: *Assou um bolo para servir na festa.*

assassinar as.sas.si.nar *verbo* Matar alguém de propósito.

assassinato as.sas.si.na.to *substantivo masculino* Ação de assassinar, ou o resultado desta ação.

assassino as.sas.si.no *substantivo masculino* Aquele que assassina.

assegurar as.se.gu.rar *verbo* **1.** Afirmar alguma coisa com certeza: *A mãe assegurou-lhe que depois de fazer os deveres poderia brincar à vontade.* **2.** Adquirir certeza; certificar-se: *Antes de sair, assegurou-se de que tinha trancado a casa.*

asseio as.sei.o *substantivo masculino* Estado de limpo; limpeza, higiene: *O asseio corporal é essencial à saúde.*

assembleia as.sem.blei.a (éi) *substantivo feminino* **1.** Reunião de pessoas para discutir e decidir alguma coisa: *Houve uma assembleia para a escolha do candidato.* **2.** Lugar em que ocorrem essas reuniões.

assemelhar as.se.me.lhar *verbo* Tornar semelhante, ou ser semelhante: *O penteado assemelhou-a à mãe; Todos da família se assemelham.*

assento as.sen.to *substantivo masculino* Lugar onde a gente se senta: *Não havia nenhum assento vago no ônibus.*

assíduo as.sí.du.o *adjetivo* Que comparece com regularidade ao lugar onde trabalha, ou estuda, etc.:

assistente

É um aluno assíduo, nunca perde um dia de aula.

assim as.sim *advérbio* Deste, desse ou daquele modo: *Não dobre seu caderno assim, pois ele vai ficar todo amassado.* 🔊 **Assim que.** Logo que: *Assim que nos viu, o cãozinho correu em nossa direção.*

assimilar as.si.mi.lar *verbo* **1.** Converter em substância do organismo: *Quando comemos, o corpo transforma os alimentos e assimila aquilo de que necessita.* **2.** Compreender e guardar na memória: *A professora fica contente quando seus alunos assimilam o que ela ensina.*

assinalar as.si.na.lar *verbo* Pôr marca ou sinal em; marcar: *No exercício, os alunos deviam assinalar com um X a resposta certa.*

assinante as.si.nan.te *substantivo de dois gêneros* Pessoa que fez uma assinatura (2): *Meu pai é assinante de um jornal e de uma revista.*

assinar as.si.nar *verbo* **1.** Escrever o próprio nome em documento, carta, etc.: *Para ficar sócio da biblioteca, assinou o nome numa ficha.* **2.** Fazer assinatura (2) de: *Assinei uma revista infantil.*

assinatura as.si.na.tu.ra *substantivo feminino* **1.** O nome de uma pessoa escrito por ela mesma: *A assinatura desta carta é ilegível.* **2.** Contrato para receber, por determinado tempo, jornal, revista, canal de televisão, etc.

assistência as.sis.tên.ci.a *substantivo feminino* **1.** Conjunto de assistentes [veja **assistente** (1)]; público: *Foi grande a assistência ao show da cantora.* **2.** Socorro, ajuda: *Os feridos tiveram uma rápida assistência.* **3.** Proteção, cuidado que se dedica a alguém: *Os pais lhe dão toda a assistência.*

assistente as.sis.ten.te *substantivo de dois gêneros* **1.** Pessoa que assiste a espetáculo, partida de futebol, programa de televisão, etc. **2.** Profissional que auxilia outro profissional: *O cirurgião teve a ajuda de dois assistentes.* 🔊 **Assistente social:** Profissional cuja função é ajudar doentes ou pessoas em dificuldades.

assistir

assistir as.sis.**tir** *verbo* **1.** Acompanhar, vendo e ouvindo: *Assistimos à cerimônia de casamento da minha prima; Só posso assistir ao jogo se estudar.* **2.** Dar ajuda, auxílio: *É função do governo assistir os (ou aos) mais pobres.*

assoalho as.so.**a**.lho *substantivo masculino* O piso de uma construção (casa, apartamento, escola, etc.), feito com tacos ou com tábuas de madeira: *Os quartos e as salas são forrados com assoalho, e o banheiro e a cozinha, com ladrilhos.*

assoar as.so.**ar** *verbo* Limpar (o nariz), ou limpar-se, do muco nasal: *Assoei o nariz e lavei o rosto; Assoou-se com estrondo.*

assobiar as.so.bi.**ar** ou **assoviar** as.so.vi.**ar** *verbo* Produzir som agudo, ao fazer o ar sair com força por entre os lábios comprimidos: *Chegou embaixo da janela e assobiou para chamar o amigo.*

assobio as.so.**bi**.o ou **assovio** as.so.**vi**.o *substantivo masculino* O som produzido quando se assobia ou assovia.

associação as.so.ci:a.**ção** *substantivo feminino* **1.** Ação de associar(-se), ou o resultado desta ação. **2.** Grupo de pessoas unidas por um interesse comum: *Foi a associação de moradores do meu bairro que organizou a horta comunitária e a coleta seletiva de lixo.* [Plural: *associações*.]

associar as.so.ci.**ar** *verbo* **1.** Unir, ligar, duas ou mais coisas: *Este menino associa bondade com inteligência.* **2.** Tornar(-se) sócio, ou membro de: *Associei-me a um clube para praticar natação.*

assolar as.so.**lar** *verbo* Destruir, devastar: *A seca assolou o sertão.*

astral

assombração as.som.bra.**ção** *substantivo feminino* O mesmo que **fantasma**: *Há pessoas que acreditam em assombração.* [Plural: *assombrações*.]

assombrar as.som.**brar** *verbo* **1.** Causar medo ou susto; amedrontar: *Na história, existia um fantasma que aparecia e assombrava quem entrava no castelo.* **2.** Causar espanto: *O estranho objeto que caiu do céu assombrou os moradores da cidade.*

assumir as.su.**mir** *verbo* **1.** Tomar para si, ficando responsável por: *A minha professora assumiu o ensino de mais uma turma.* **2.** Ocupar um cargo, uma função: *O pai de Marcelo assumiu o cargo de técnico do nosso time de futebol.* **3.** Declarar que é o responsável por: *Por fim, o menino assumiu a culpa de ter quebrado o vaso.* **4.** Passar a ter; tomar: *A rainha assumiu a forma de uma vendedora de maçãs e foi para a casa dos anões.*

assunto as.**sun**.to *substantivo masculino* Aquilo sobre o que se conversa, se escreve, se fala, etc.: *O assunto da próxima aula será a época dos dinossauros; O casamento da filha é o assunto preferido da mãe.*

assustador as.sus.ta.**dor** (ô) *adjetivo* Que causa susto ou medo: *Gosta de contar histórias assustadoras sobre fantasmas.*

assustar as.sus.**tar** *verbo* **1.** Causar susto ou medo a: *O estrondo do trovão assustou todos os presentes.* **2.** Sentir medo: *Assustou-se com o vulto que apareceu na escuridão.*

asteroide as.te.**roi**.de (ói) *substantivo masculino* Corpo rochoso, de tamanho relativamente pequeno, que gira em torno do Sol.

astral as.**tral** *adjetivo de dois gêneros* Relativo aos astros [veja *astro* (1)]. [Plural: *astrais*.]

astro — atendimento

astro as.tro *substantivo masculino* **1.** Qualquer corpo celeste como as estrelas, os planetas e os satélites. **2.** Ator muito famoso: *O seu sonho é conhecer aquele astro da novela.*

astronauta as.tro.nau.ta *substantivo de dois gêneros* Pessoa que viaja ao espaço a bordo de uma nave espacial: *Os astronautas pisaram na Lua em 1969.*

astronomia as.tro.no.mi.a *substantivo feminino* Ciência que estuda os astros, o Universo.

astronômico as.tro.nô.mi.co *adjetivo* **1.** Relativo à astronomia. **2.** Muito alto: *Pagou um preço astronômico pelo carro importado.*

astrônomo as.trô.no.mo *substantivo masculino* O cientista que estuda e trabalha com astronomia.

astuto as.tu.to *adjetivo* Que é esperto, inteligente: *Nas fábulas, a Raposa sempre aparece como um animal astuto.*

ata a.ta *substantivo feminino* O mesmo que *pinha*.

atacante a.ta.can.te *substantivo de dois gêneros* **1.** Pessoa que ataca. **2.** Jogador(a) de futebol, basquete, etc., que joga no ataque.

atacar a.ta.car *verbo* **1.** Efetuar um ataque; investir contra: *Os soldados resolveram atacar o inimigo de madrugada.* **2.** Efetuar agressão física contra: *O enxame de abelhas atacou os excursionistas.* **3.** Dizer injúrias contra; ofender: *Os jornais atacaram o prefeito.* **4.** Contagiar: *Uma epidemia atacou os habitantes da cidade.* **5.** Procurar marcar gol, ponto, etc.: *Nosso time só atacou no final da partida.*

atadura a.ta.du.ra *substantivo feminino* Faixa para envolver e proteger partes feridas do corpo, ou para manter curativos no lugar.

atalho a.ta.lho *substantivo masculino* Caminho que encurta uma distância: *Pegou um atalho para chegar mais depressa à escola.*

ataque a.ta.que *substantivo masculino* **1.** Ação de atacar, ou o resultado desta ação; investida: *O ataque às tropas inimigas foi feito ao anoitecer.* **2.** O conjunto dos jogadores cuja função é atacar (5). **3.** Manifestação súbita de um sentimento, de uma doença, etc.: *A rainha teve um ataque de raiva quando o espelho disse que ela não era a mais bonita; Não pôde falar porque teve um ataque de tosse.*

até a.té *preposição* **1.** Indica um limite no tempo: *Ficaremos na casa da avó até o final das férias.* **2.** Indica um limite no espaço: *Fomos de trem até o fim da linha.*

atear a.te.ar *verbo* Causar, provocar (fogo, chama, etc.): *Os presos atearam fogo ao presídio.*

ateliê a.te.li.ê *substantivo masculino* Local de trabalho de um artista, ou de outros trabalhadores: *Minha mãe abriu um ateliê de costura.*

atenção a.ten.ção *substantivo feminino* **1.** Cuidado que se dedica a uma tarefa, a um assunto: *Fez o dever com atenção.* **2.** Gentileza, cortesia: *Todos cercaram a princesa de atenções.* **3.** Cuidado, zelo, dedicação: *Temos que dar atenção ao doente.* ✔ *interjeição* **4.** Serve para pedir que se tome cuidado, geralmente em função de algum perigo: *Atenção! Curva perigosa.* [Plural: *atenções*.]

atencioso a.ten.ci.o.so (ô) *adjetivo* Gentil, amável, cortês: *Roberto é um menino bom e atencioso.* [Plural: *atenciosos* (ó).]

atender a.ten.der *verbo* **1.** Conceder o que é pedido: *Atendendo ao desejo da filha, foi com ela ao cinema.* **2.** Prestar serviço a paciente, cliente, etc.: *O médico só atende na parte da tarde; O rapaz que me atendeu na loja foi muito atencioso.* **3.** Responder: *Atendeu quando a professora o chamou; O telefone tocou e o menino correu para atender.*

atendimento a.ten.di.men.to *substantivo masculino* **1.** Ação de atender, ou o resultado desta ação.

2. Maneira pela qual as pessoas são atendidas: *O atendimento neste hospital é muito bom.*

atentado a.ten.**ta**.do *substantivo masculino* Ação criminosa cometida contra pessoas, ideias, etc., geralmente por motivo político.

atento a.**ten**.to *adjetivo* Que presta atenção: *Como é um aluno atento, aprende toda a matéria.*

aterrar a.ter.**rar** *verbo* Encher de terra: *Aterraram os buracos feitos pela enchente.*

aterrissar a.ter.ris.**sar** *verbo* Pousar um avião, uma aeronave, em terra: *Dezenas de aviões aterrissam diariamente naquele aeroporto.*

aterro a.**ter**.ro (ê) *substantivo masculino* Lugar que se aterrou.

aterrorizante a.ter.ro.ri.**zan**.te *adjetivo de dois gêneros* Que causa terror, medo; assustador: *Assisti a um filme aterrorizante, com vampiros.*

aterrorizar a.ter.ro.ri.**zar** *verbo* Causar terror, medo a; assustar: *O latido do cão aterrorizou o ladrão, e ele fugiu.*

atestado a.tes.**ta**.do *substantivo masculino* Documento escrito que comprova ou confirma algo: *Precisou do atestado de nascimento para fazer a matrícula.*

atingir a.tin.**gir** *verbo* **1.** Alcançar, tocar: *Estendeu a mão para atingir o galho com a fruta.* **2.** Chegar a: *Quando atingimos o alto do morro, estávamos muito cansados.* **3.** Acertar: *João atirou a pedra que atingiu a vidraça.*

atirar a.ti.**rar** *verbo* **1.** Disparar arma de fogo: *Para dar o alerta, os soldados atiraram para o ar.* **2.** Jogar, lançar: *Atiramos migalhas de pão para os peixes.*

atitude a.ti.**tu**.de *substantivo feminino* Modo de agir de uma pessoa: *Teve uma bela atitude fazendo companhia ao doente.*

atividade a.ti.vi.**da**.de *substantivo feminino* **1.** Ocupação, trabalho: *Cada um de nós tem sua atividade: eu sou estudante, minha mãe é professora e meu pai é mecânico.* **2.** O conjunto de ações em uma determinada área: *a atividade comercial; a atividade industrial; a atividade agrícola.* **3.** Tarefa escolar: *A professora nos orienta nas atividades.*

ativo a.**ti**.vo *adjetivo* **1.** Que é vivo, ágil, esperto: *É um menino ativo: quando não está estudando, está ocupado com outras tarefas.* **2.** Diz-se do vulcão que está ou poderá entrar em erupção.

atlas a.tlas *substantivo masculino* Livro com uma coleção de mapas: *As fronteiras dos países são indicadas no atlas.*

atleta a.**tle**.ta *substantivo de dois gêneros* Pessoa que pratica esportes com regularidade: *Milhares de atletas participam das olimpíadas.*

atlético a.**tlé**.ti.co *adjetivo* **1.** Relativo a atleta ou a atletismo: *A natação é um esporte atlético.* **2.** Forte, musculoso: *Os jogadores de futebol têm geralmente o corpo atlético.*

atletismo a.tle.**tis**.mo *substantivo masculino* A prática de modalidades esportivas como corrida, salto e arremesso (de peso, martelo, disco e dardo).

atmosfera at.mos.**fe**.ra *substantivo feminino* A camada de ar que envolve a Terra.

atmosférico at.mos.**fé**.ri.co *adjetivo* Da, ou relativo à atmosfera: *O ar atmosférico é composto, principalmente, de nitrogênio, oxigênio e gás carbônico.*

ato a.to *substantivo masculino* **1.** Aquilo que se fez ou que se faz: *Seu último ato como prefeito foi levar água potável a todas as casas; Estava no ato de escovar os dentes quando a campainha tocou.* **2.** Cada uma das partes em que pode ser dividida uma peça teatral, etc.: *Saímos antes do segundo ato da comédia.*

atol a.**tol** *substantivo masculino* Ilha marítima circular,

atolar

formada por corais, que tem no centro uma lagoa. [Plural: *atóis*.]

atolar a.to.**lar** *verbo* Meter(-se) em atoleiro: *O carro atolou e não pôde continuar a viagem.*

atoleiro a.to.**lei**.ro *substantivo masculino* O mesmo que *lamaçal*.

atômico a.**tô**.mi.co *adjetivo* Do, ou relativo ao átomo: *A bomba atômica é uma arma nuclear.*

átomo **á**.to.mo *substantivo masculino* Elemento minúsculo que forma a matéria.

atônito a.**tô**.ni.to *adjetivo* Muito espantado: *Ao entrar em casa, ficou atônita com a bagunça que encontrou.*

átono **á**.to.no *adjetivo* Que não é tônico: *Me e te são pronomes átonos.*

ator a.**tor** (ô) *substantivo masculino* Homem, rapaz ou menino que representa um papel numa peça teatral, num filme, numa novela, etc.: *Todos os atores compareceram à estreia do filme.* [Feminino: *atriz*.]

atordoar a.tor.do.**ar** *verbo* Deixar zonzo, tonto: *A pancada na cabeça o atordoou.*

atormentar a.tor.men.**tar** *verbo* **1.** Causar sofrimento a: *A doença do filho a atormenta.* **2.** Sofrer, afligir-se: *Não se atormente, isso é só um resfriado.*

atração a.tra.**ção** *substantivo feminino* **1.** Ação de atrair, ou o resultado desta ação. **2.** As pessoas, animais ou coisas que são apresentadas ao público num espetáculo, etc.: *A cada nova atração a garotada aplaudia de pé.* [Plural: *atrações*.]

atracar a.tra.**car** *verbo* **1.** Chegar uma embarcação junto ao cais: *Quando o navio atracou, os marinheiros desceram.* **2.** Entrar em luta corporal; agarrar-se: *O policial atracou-se com o ladrão e o prendeu.*

atraente a.tra.**en**.te *adjetivo de dois gêneros* Bonito, encantador: *A noiva é uma moça gentil e atraente.*

atrair a.tra.**ir** *verbo* **1.** Puxar para si: *A gravidade é a força que atrai todos os corpos para a Terra.* **2.** Encantar, seduzir: *Quer ser marinheiro, pois a vida no mar o atrai.*

atrevido

atrapalhar a.tra.pa.**lhar** *verbo* **1.** Causar confusão, ou perturbação: *A chuva atrapalhou o trânsito.* **2.** Confundir-se: *Atrapalhou-se todo com os talheres, não sabia qual devia usar.*

atrás a.**trás** *advérbio* **1.** Na parte posterior; na retaguarda: *Marcha sempre atrás, na última fila.* **2.** Depois, após: *Primeiro entraram as mulheres; os homens, logo atrás.* **3.** Antes, no passado: *Milhões de anos atrás, os dinossauros dominaram a Terra.* 🔊 **Atrás de. 1.** Na parte de trás de: *Escondeu a bola atrás do sofá.* **2.** Depois de: *Os meninos em fila entraram um atrás do outro.*

atrasar a.tra.**sar** *verbo* **1.** Acontecer depois do tempo de costume, ou esperado: *Como o pagamento atrasou, não pôde pagar no prazo.* **2.** Fazer andar para trás: *Com o fim do horário de verão atrasei o relógio em uma hora.* **3.** Chegar depois da hora: *Como se atrasou, perdeu o começo do filme.*

atraso a.**tra**.so *substantivo masculino* **1.** Ação de atrasar, ou o resultado desta ação: *Houve atraso no pagamento, e todos ficaram sem dinheiro.* **2.** Demora: *O atraso do ônibus prejudicou sua viagem.*

atrativo a.tra.**ti**.vo *adjetivo* **1.** Que tem o poder de atrair: *O ímã tem força atrativa.* ✅ *substantivo masculino* **2.** Aquilo que atrai, chama a atenção: *Ouro Preto tem muitos atrativos turísticos.*

através a.tra.**vés** *advérbio* De lado a lado. 🔊 **Através de. 1.** De um lado para o outro: *Um passarinho voou através da janela e pousou na mesa.* **2.** Com o passar de: *Ele diz que a esposa, através dos anos, tornou-se mais bonita.* **3.** Por meio de: *Soube do show através do jornal.*

atravessar a.tra.ves.**sar** *verbo* **1.** Ir de um lado para o outro: *Devemos atravessar a rua com segurança.* **2.** Penetrar, furando: *O herói da lenda atravessa o coração do dragão com a espada.*

atrever-se a.tre.**ver**-se *verbo* Ousar fazer algo: *Não se atreveu a sair naquele temporal.*

atrevido a.tre.**vi**.do *adjetivo* **1.** Que se arrisca; corajoso: *O bombeiro foi atrevido; entrou na casa e salvou*

atribuir

as duas crianças. **2.** Malcriado, desrespeitoso: *Ensinaram-me a não ser atrevido.*

atribuir a.tri.bu.**ir** *verbo* **1.** Considerar como autor: *Na exposição havia uma escultura que atribuem ao Aleijadinho.* **2.** Dar, conceder: *O professor atribuiu um prêmio ao melhor poema.*

atributo a.tri.**bu**.to *substantivo masculino* Aquilo que é próprio de alguém ou de alguma coisa: *A fala é um atributo do homem.*

atrito a.**tri**.to *substantivo masculino* Fricção entre dois corpos: *O atrito das águas desgastou as rochas.*

atriz a.**triz** *substantivo feminino* Mulher, moça ou menina que representa um papel numa peça teatral, num filme, numa novela, etc. [Masculino: *ator.*]

atropelar a.tro.pe.**lar** *verbo* Fazer cair, devido ao impacto: *Um carro quase atropelou o homem que ia passando.*

atuação a.tu:a.**ção** *substantivo feminino* Ação de atuar, ou o resultado desta ação; desempenho: *Os atores foram aplaudidos pela boa atuação.* [Plural: *atuações.*]

atual a.tu.**al** *adjetivo de dois gêneros* De hoje, do presente: *Seu atual estado de saúde é bom, em relação ao do mês passado.* [Plural: *atuais.*]

atualidade a.tu:a.li.**da**.de *substantivo feminino* A época presente: *O aquecimento exagerado da Terra é um dos mais graves problemas da atualidade.*

atualizar a.tu:a.li.**zar** *verbo* Tornar(-se) atual; adaptar(-se) à época presente: *Atualiza seus conhecimentos com boas leituras; Minha mãe diz que, ao estudar comigo, ela se atualiza.*

atualmente a.tu.al.**men**.te *advérbio* Nos dias de hoje; no tempo presente: *Atualmente ela mora com os avós.*

atuar a.tu.**ar** *verbo* **1.** Exercer uma ação, uma atividade: *Meu pai atua na área da informática.* **2.** Interpretar um papel: *Todos os atores da peça atuaram bem.*

aula

atum a.**tum** *substantivo masculino* Grande peixe marinho de carne apreciada: *Comemos, no almoço, uma deliciosa salada de atum.* [Plural: *atuns.*]

aturar a.tu.**rar** *verbo* Ter tolerância ou paciência com algo ou alguém; não gostar de: *Meu pai não atura fofoqueiros.*

audácia au.**dá**.ci:a *substantivo feminino* Tendência a realizar ações difíceis, desprezando o perigo: *Os bombeiros enfrentaram o incêndio com audácia, salvando muitas vidas.*

audacioso au.da.ci.**o**.so (ô) *adjetivo* Que tem audácia; corajoso: *O alpinista audacioso chegou ao topo da montanha.* [Plural: *audaciosos* (ó).]

audição au.di.**ção** *substantivo feminino* **1.** O sentido que permite perceber os sons. **2.** Apresentação de um artista diante de uma comissão julgadora, do público, etc. [Plural: *audições.*]

audiência au.di.**ên**.ci:a *substantivo feminino* **1.** Conjunto de ouvintes ou de espectadores: *Por causa da chuva, o comício teve pouca audiência; O show da cantora teve uma grande audiência.* **2.** Sessão de um tribunal em que falam os advogados, se ouvem as testemunhas e se lê a sentença.

áudio áu.di:o *substantivo masculino* O som reproduzido por meio eletrônico: *A imagem da televisão está boa, mas o áudio está muito prejudicado.*

auditivo au.di.**ti**.vo *adjetivo* Relativo à audição ou à orelha: *Minha avó usa um aparelho auditivo.*

auditório au.di.**tó**.ri:o *substantivo masculino* **1.** Local próprio para palestras, conferências, espetáculos, etc.: *No auditório do meu colégio cabem duzentos alunos.* **2.** O conjunto dos espectadores presentes nesses eventos: *O auditório aplaudiu com entusiasmo.*

auge au.ge *substantivo masculino* **1.** O ponto mais alto. **2.** O grau mais alto de um sentimento, sensação, etc.: *Está no auge da alegria, pois faz aniversário hoje.*

aula au.la *substantivo feminino* **1.** Processo de ensino e aprendizagem, envolvendo professor e aluno(s): *A aula de Português foi sobre sinônimos e antônimos.* **2.** Sala de aula: *Quando saio da aula, vou direto para casa.*

54

aumentar au.men.tar *verbo* **1.** Ficar maior; crescer: *O número de buracos nas estradas aumentou com as últimas chuvas; Minha fome aumentou.* **2.** Tornar(-se) mais alto: *O preço do feijão caiu, mas o do tomate aumentou; Pedi que aumentassem o som da televisão.*

aumento au.men.to *substantivo masculino* **1.** Ação de aumentar, ou o resultado desta ação: *Houve um grande aumento da população no último século.* **2.** Aumento de salário: *Os professores se queixam porque não têm aumento.*

áureo áu.re:o *adjetivo* **1.** Relativo ao ouro. **2.** Em que há fama, prosperidade, êxito, etc.: *Lembra-se com saudade dos áureos tempos de sua mocidade.*

aurora au.ro.ra *substantivo feminino* Claridade que antecede o nascer do Sol, o início da manhã: *Trabalham, diariamente, desde o romper da aurora.*

ausência au.sên.ci:a *substantivo feminino* **1.** O fato de não estar presente: *Sua ausência na festa foi muito notada.* **2.** O tempo em que não se está presente: *Muita coisa aconteceu na sua ausência.*

ausentar-se au.sen.tar-se *verbo* Deixar um lugar qualquer: *A professora ausentou-se da sala de aula por cinco minutos.*

ausente au.sen.te *adjetivo de dois gêneros* **1.** Que não está presente: *Vários eram os alunos ausentes por causa da greve dos ônibus.* ✅ *substantivo de dois gêneros* **2.** Pessoa que não está presente: *Enviei um aviso para os ausentes.*

austral aus.tral *adjetivo de dois gêneros* O mesmo que *meridional*. [Opõe-se a *boreal*.] [Plural: *austrais*.]

australiano aus.tra.li.a.no *adjetivo* **1.** Da Austrália (Oceania), ou de seus habitantes. ✅ *substantivo masculino* **2.** Quem nasceu, ou vive, nesse país.

autêntico au.tên.ti.co *adjetivo* O mesmo que *verdadeiro*: *O quadro autêntico e a cópia são muito parecidos.*

autoconfiança au.to.con.fi.an.ça *substantivo feminino* Confiança em si mesmo.

autódromo au.tó.dro.mo *substantivo masculino* Lugar próprio para corrida de automóveis.

autoestima au.to.es.ti.ma *substantivo feminino* O mesmo que *amor-próprio*: *Após a derrota do Coelho para a Tartaruga, os outros bichos o ajudaram a recuperar a autoestima.*

autografar au.to.gra.far *verbo* Pôr autógrafo em: *O poeta autografou os livros e fez uma dedicatória para cada pessoa.*

autógrafo au.tó.gra.fo *substantivo masculino* Assinatura de uma pessoa famosa, ou de um autor, às vezes acompanhada de algumas palavras: *Os convidados fizeram fila para conseguir o autógrafo do romancista.*

automático au.to.má.ti.co *adjetivo* **1.** Que funciona sozinho, graças a um mecanismo: *Este portão é automático, quando chega um carro ele abre.* **2.** Que se faz sem pensar: *Quando acordamos, abrimos os olhos, num gesto automático.*

automobilismo au.to.mo.bi.**lis**.mo *substantivo masculino* Esporte em que se pratica a corrida de automóveis: *Os esportes preferidos do meu irmão são futebol e automobilismo.*

automobilístico au.to.mo.bi.**lís**.ti.co *adjetivo* Relativo ao automobilismo: *Havia uma multidão na corrida automobilística.*

automóvel au.to.**mó**.vel *substantivo masculino* Veículo com quatro rodas e um motor, para o transporte de pessoas, de cargas, etc. [Plural: *automóveis.*]

autonomia au.to.no.**mi**.a *substantivo feminino* **1.** Capacidade ou liberdade que uma pessoa tem para tomar decisões por si mesma. **2.** Distância que um veículo a motor (automóvel, avião, etc.) pode percorrer, sem precisar reabastecer.

autor au.**tor** (ô) *substantivo masculino* **1.** Criador de obra literária, artística ou científica: *Machado de Assis é o autor de Dom Casmurro; Tarsila do Amaral é autora do quadro O Abaporu.* **2.** Aquele que pratica uma ação: *Quebraram o vaso, mas o autor da façanha não apareceu.*

autoridade au.to.ri.**da**.de *substantivo feminino* **1.** Direito ou poder de comandar, de se fazer obedecer: *O chefe tem autoridade para dividir as tarefas.* **2.** Representante do poder público: *No palanque estavam várias autoridades: o governador, o presidente e alguns ministros.* **3.** Especialista em determinado assunto: *Antônio é uma autoridade em Matemática.*

autoritário au.to.ri.**tá**.ri:o *adjetivo* Que quer ser obedecido, e não admite ser contrariado: *Meu avô é muito severo e autoritário.*

autorizar au.to.ri.**zar** *verbo* Dar permissão para fazer algo: *Meu pai autorizou-me a brincar depois de fazer os deveres.*

autorretrato au.tor.re.**tra**.to *substantivo masculino* Retrato do artista pintado por ele mesmo: *Esta é uma reprodução do autorretrato do pintor holandês Van Gogh.*

auxiliar¹ au.xi.li.**ar** (xi = ssi) *substantivo de dois gêneros* Pessoa que auxilia; ajudante: *O pedreiro que fez a obra tinha dois auxiliares.* 🔊 **Auxiliar de arbitragem.** No futebol, auxiliar do juiz que faz sinal com uma bandeira para marcar impedimento, saída de bola, etc. [Sinônimo: *bandeirinha.*]

auxiliar² au.xi.li.**ar** (xi = ssi) *verbo* Dar auxílio, ajuda a: *Sempre auxilia a mãe nos trabalhos de casa.*

auxílio au.**xí**.li:o (xi = ssi) *substantivo masculino* **1.** Ajuda, assistência: *Para construir a casa teve o auxílio de todos os vizinhos.* **2.** Cuidado, proteção: *O cão doente precisava de auxílio.*

avalanche a.va.**lan**.che *substantivo feminino* Queda violenta de grande massa de neve e gelo, ou de terra, pela encosta de uma montanha, e que arrasta tudo que está à frente.

avaliação a.va.li.a.**ção** *substantivo feminino* Ação de avaliar, ou o resultado desta ação. [Plural: *avaliações.*]

avaliar a.va.li.**ar** *verbo* **1.** Determinar o valor de: *O joalheiro avaliou a pulseira em 900 reais.* **2.** Determinar o grau de conhecimento de: *O teste serviu para a professora avaliar os novos alunos.*

avançar a.van.**çar** *verbo* **1.** Andar para a frente: *Na caminhada, avançamos até o alto do morro.* **2.** Ultrapassar: *Os carros não devem avançar o sinal vermelho.*

avanço a.**van**.ço *substantivo masculino* **1.** Ação de avançar, ou o resultado desta ação. **2.** O mesmo que **progresso**: *o avanço da tecnologia.*

avarento — aviador

avarento a.va.**ren**.to *adjetivo* **1.** Que tem dinheiro, mas não gosta de gastá-lo. ✅ *substantivo masculino* **2.** Aquele que é avarento: *O avarento nem sempre fica rico.* [Sinônimos: *mão de vaca, pão-duro, unha de fome.*]

avaro a.**va**.ro *adjetivo* e *substantivo masculino* Veja *avarento*.

ave a.ve *substantivo feminino* Animal bípede, de bico duro, com o corpo coberto de penas; não tem dentes, tem duas asas e, geralmente, pode voar: *A águia, o beija-flor, o pato e a ema são aves de diferentes tipos.* 🔊 **Ave de rapina.** Ave carnívora, que tem o bico afiado e as garras fortes.

aveia a.**vei**.a *substantivo feminino* **1.** Planta cujos grãos são usados na alimentação humana e também na de animais. **2.** Esses grãos.

ave-maria a.ve-ma.**ri**.a *substantivo feminino* Oração católica em louvor da Virgem Maria. [Plural: *ave-marias.*]

avenca a.**ven**.ca *substantivo feminino* Planta sem flor, de folhas muito delicadas, própria de lugares úmidos.

avenida a.ve.**ni**.da *substantivo feminino* Rua geralmente larga, com mais de uma pista para a circulação de veículos: *Na avenida principal de minha cidade ficam o banco, o cinema e o correio.*

avental a.ven.**tal** *substantivo masculino* Peça de pano ou plástico que se põe na frente da roupa para protegê-la: *O açougueiro tinha o avental sujo de sangue.* [Plural: *aventais.*]

aventura a.ven.**tu**.ra *substantivo feminino* **1.** Experiência difícil e emocionante, e às vezes perigosa: *Durante as férias João viveu muitas aventuras: andou de jangada e mergulhou em alto-mar.* **2.** Qualquer coisa que envolve risco, perigo: *Ganhar a vida com mineração é uma aventura.*

aventurar a.ven.tu.**rar** *verbo* **1.** Viver uma aventura (1): *Aventurou-se numa expedição à selva.* **2.** Arriscar-se: *Aventurou-se a sair com o temporal, e pegou uma gripe.*

aventureiro a.ven.tu.**rei**.ro *substantivo masculino* Pessoa que gosta de aventuras, ou vive em aventuras: *Os bandeirantes eram aventureiros.*

averiguar a.ve.ri.**guar** *verbo* **1.** Procurar saber, perguntando: *Antes de sair, averiguou qual era o caminho mais curto.* **2.** Certificar-se de algo: *Antes de viajar, averiguou se fazia bom tempo.*

avermelhado a.ver.me.**lha**.do *adjetivo* Que é um tanto vermelho: *Suas bochechas logo ficaram avermelhadas com o sol.*

avermelhar a.ver.me.**lhar** *verbo* Tornar-se vermelho: *Próximo ao anoitecer, vemos o céu avermelhar-se.*

aversão a.ver.**são** *substantivo feminino* Sentimento que se tem quando não se gosta de alguém ou de alguma coisa: *Ana tem aversão a dias chuvosos; Meu pai tem aversão aos mentirosos.* [Plural: *aversões.*]

avesso a.**ves**.so (ê) *adjetivo* **1.** Que está ao contrário: *Como estava escuro, vestiu a roupa do lado avesso.* ✅ *substantivo masculino* **2.** O lado contrário: *O avesso desta toalha tem o acabamento perfeito.*

avestruz a.ves.**truz** *substantivo masculino e feminino* Grande ave de pernas compridas e asas curtas, que é muito veloz na corrida, mas é incapaz de voar.

aviação a.vi:a.**ção** *substantivo feminino* Navegação aérea: *Alberto Santos Dumont é considerado o pai da aviação.* [Plural: *aviações.*]

aviador a.vi:a.**dor** (ô) *substantivo masculino* Piloto de avião.

avião a.vi.**ão** *substantivo masculino* Aeronave com motor e asas para sustentá-la no ar: *O avião faz transporte aéreo de pessoas e de carga.* [Plural: *aviões*.]

avisar a.vi.**sar** *verbo* Informar, prevenir: *Antes de sair, avisou que não ia almoçar em casa*; *Aquela placa avisa os motoristas da velocidade permitida.*

aviso a.**vi**.so *substantivo masculino* **1.** Ato de avisar, ou o resultado deste ato: *Recebi um aviso da escola que informa o horário das aulas.* **2.** Notícia, informação: *Não reparou no aviso que proibia fumar.*

avistar a.vis.**tar** *verbo* **1.** Ver ao longe: *No dia 22 de abril de 1500, a esquadra de Cabral avistou um monte, que recebeu o nome de Pascoal.* **2.** Encontrar ou encontrar-se por acaso: *Avistei-o na rua e dei-lhe o recado*; *Avistei-me com um amigo que não via há muito tempo.*

avo a.vo *substantivo masculino* Palavra que se junta ao denominador de uma fração, quando este é maior do que dez: *1/15 – um quinze avos*; *13/20 – treze vinte avos.*

avó a.**vó** *substantivo feminino* Mãe do pai ou da mãe.

avô a.**vô** *substantivo masculino* Pai do pai ou da mãe.

avulso a.**vul**.so *adjetivo* Separado do conjunto ou da coleção de que faz parte.

axila a.**xi**.la (xi = csi) *substantivo feminino* Cavidade na parte inferior da junção do braço com o ombro.

azar a.**zar** *substantivo masculino* Falta de sorte: *Tive azar: ao passar sob a mangueira, uma manga caiu na minha cabeça*; *Disse que não joga na loteria porque tem azar.*

azedar a.ze.**dar** *verbo* **1.** Tornar azedo: *O calor azedou o leite.* **2.** Tornar difícil, ou complicado: *A disputa pelo amor da moça azedou a relação dos dois amigos.*

azedo a.**ze**.do (ê) *adjetivo* **1.** Que é ácido ao paladar: *Usou as laranjas azedas para fazer um suco.* **2.** Que estragou, devido à fermentação: *Jogou na pia o leite azedo.* **3.** Mal-humorado: *Meu tio fica azedo quando o seu time perde.*

azeite a.**zei**.te *substantivo masculino* Líquido espesso, de cor amarelada, extraído da azeitona.

azeitona a.zei.**to**.na *substantivo feminino* Pequeno fruto oval da oliveira, de casca lisa, e do qual se extrai o azeite.

azia a.**zi**.a *substantivo feminino* Sensação de ardência na região do estômago ou da faringe.

azul a.**zul** *adjetivo de dois gêneros* **1.** Da cor do céu em dia claro, sem nuvens: *Usava vestido azul e sapatos brancos.* ✅ *substantivo masculino* **2.** A cor azul: *É bonito o azul do céu, nos dias de verão.* [Plural: *azuis*.]

azulejo a.zu.**le**.jo (ê) *substantivo masculino* Peça de cerâmica, às vezes decorada, que serve para revestir paredes, forrar chão, etc.: *Moro numa casa que tem azulejos antigos.*

azul-marinho a.zul-ma.**ri**.nho *adjetivo de dois gêneros e dois números* **1.** De um azul muito escuro, da cor do mar profundo: *Maria comprou duas saias azul-marinho.* ✅ *substantivo masculino* **2.** Essa cor. [Plural do substantivo: *azuis-marinhos*.]

brigadeiro

b (bê) *substantivo masculino* A segunda letra do nosso alfabeto.

baba ba.ba *substantivo feminino* Saliva que escorre da boca.

babá ba.**bá** *substantivo feminino* Empregada doméstica que cuida de criança.

babaçu ba.ba.**çu** *substantivo masculino* Palmeira de sementes que fornecem óleo e fibras que servem para fabricar esteiras, chapéus, etc.

babar ba.**bar** *verbo* **1.** Molhar com baba: *O bebê babou a roupa.* **2.** Expelir baba: *Há bebês que babam muito quando dormem.*

bacalhau ba.ca.**lhau** *substantivo masculino* Peixe grande dos mares frios, que pode ser comido fresco, ou seco e salgado: *Minha mãe fez ontem um bolo de bacalhau delicioso.*

bacana ba.**ca**.na *adjetivo de dois gêneros* Palavra que expressa qualidades positivas como bom e bonito: *Júlia é uma menina bacana; Que vestido bacana!*

bacia ba.**ci**.a *substantivo feminino* **1.** Vasilha redonda e de bordas geralmente largas, para uso doméstico. **2.** O conjunto formado por um rio e seus afluentes: *A bacia amazônica é a maior do mundo.* **3.** Estrutura formada pelos ossos da base do tronco, e na qual se ligam os ossos das coxas.

bacilo ba.**ci**.lo *substantivo masculino* Bactéria em forma de um bastão muito pequeno.

baço ba.ço *substantivo masculino* Órgão situado no abdome e que tem a função de destruir hemácias velhas.

bactéria bac.**té**.ri:a *substantivo feminino* Microrganismo de uma só célula, com alguns tipos benéficos e outros que podem causar doença em animais e vegetais.

badalada ba.da.**la**.da *substantivo feminino* Som produzido pelo bater do badalo no sino.

badalar ba.da.**lar** *verbo* **1.** Dar badaladas. **2.** Frequentar festas, ir a reuniões, ou passeios com amigos, etc.: *Antônia gosta muito de badalar.*

badalo ba.**da**.lo *substantivo masculino* Peça de metal, pendurada dentro do sino e que, ao tocá-lo, faz soar as badaladas.

bafo ba.fo *substantivo masculino* Ar que sai dos pulmões e passa pela boca.

bagaço ba.**ga**.ço *substantivo masculino* O que sobra de certas frutas, como a laranja, da cana-de-açúcar, etc., depois de extraído o suco.

bagagem ba.**ga**.gem *substantivo feminino* O conjunto dos objetos que uma pessoa leva consigo em malas, mochilas, etc., numa viagem. [Plural: *bagagens.*]

bago ba.go *substantivo masculino* Cada fruto do cacho de uvas.

bagre ba.gre *substantivo masculino* Peixe de pele sem escamas e com bigodes, de água doce ou salgada.

bagunça ba.**gun**.ça *substantivo feminino* Desordem; confusão.

59

bagunçar

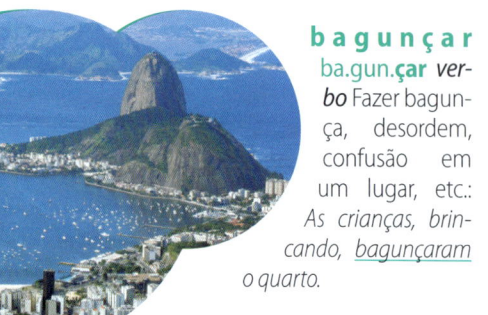

bagunçar ba.gun.**çar** *verbo* Fazer bagunça, desordem, confusão em um lugar, etc.: *As crianças, brincando, bagunçaram o quarto.*

bagunceiro ba.gun.**cei**.ro *adjetivo* **1.** Que gosta de fazer bagunça: *O menino bagunceiro agora está estudando.* ✅ *substantivo masculino* **2.** Aquele que faz bagunça: *Esta classe tinha alguns bagunceiros.*

baía ba.**í**.a *substantivo feminino* Parte do litoral em que o mar entra por uma passagem estreita, que se alarga para o interior: *A baía da Guanabara é a maior do estado do Rio de Janeiro.*

baiano ba:i.a.no *adjetivo* **1.** Do estado da Bahia. ✅ *substantivo masculino* **2.** Quem nasceu, ou vive, nesse estado.

bailar bai.**lar** *verbo* O mesmo que *dançar*.

bailarino bai.la.**ri**.no *substantivo masculino* **1.** Homem, rapaz ou menino que gosta de bailar, de dançar. **2.** Aquele que dança balé: *O bailarino e a bailarina principais foram muito aplaudidos.* [Sinônimo: *dançarino*.]

baile bai.le *substantivo masculino* Festa em que se dança.

bainha ba.**i**.nha *substantivo feminino* **1.** Estojo onde se guarda a lâmina da espada, do punhal, etc. **2.** Dobra costurada na barra da calça, na manga da camisa, em cortinas, etc.

bairro bair.ro *substantivo masculino* Cada uma das partes em que se costuma dividir uma cidade: *O nosso bairro é o mais arborizado da cidade.*

baita bai.ta *adjetivo de dois gêneros* Muito grande: *A falta de chuva provocou um baita calor; Uma baita cobra apareceu no quintal.*

balbuciar

baixa bai.xa *substantivo feminino* **1.** Diminuição de temperatura, de preço, etc. **2.** Dispensa de emprego, de serviço.

baixada bai.**xa**.da *substantivo feminino* Planície entre montanhas.

baixar bai.**xar** *verbo* **1.** Colocar mais baixo; abaixar: *Baixou as prateleiras da estante.* **2.** Diminuir; abaixar: *baixar o volume do som; baixar os preços.* **3.** Fazer descer, abaixar: *A chuva baixou a temperatura.*

baixo bai.xo *adjetivo* **1.** Que tem pouca altura: *Paulo é baixo para dez anos de idade.* **2.** A pouca altura do chão: *A árvore tinha galhos baixos.* **3.** Virado para o chão: *Saiu de olhos baixos, desanimado.* **4.** Que mal se ouve: *voz baixa.* ✅ *advérbio* **5.** Em voz baixa: *Falavam baixo para não incomodar o pai.*

bala ba.la *substantivo feminino* **1.** Projétil de arma de fogo. **2.** Guloseima feita geralmente de açúcar e suco de frutas ou leite, chocolate, etc., que se chupa.

balaio ba.**lai**.o *substantivo masculino* Cesto de palha, taquara, etc., com tampa ou sem ela: *Num dos balaios havia frutas e no outro verduras.*

balança ba.**lan**.ça *substantivo feminino* Instrumento que serve para pesar.

balançar ba.lan.**çar** *verbo* Mover(-se) de um lado para o outro: *A mãe balançava suavemente o berço; Os galhos balançavam com a ventania.*

balanceado ba.lan.ce.**a**.do *adjetivo* Diz-se da alimentação cujos componentes estão equilibrados em quantidade e em qualidade.

balanço ba.**lan**.ço *substantivo masculino* Assento, suspenso por corda, no qual as crianças se balançam.

balão ba.**lão** *substantivo masculino* **1.** Aeronave, geralmente em forma de uma grande esfera com um cesto pendurado, onde vão os tripulantes e os viajantes. **2.** Esfera de borracha muito fina, cheia de ar ou de gás. **3.** Recipiente de vidro, esférico e com gargalo, usado em laboratório.

balbuciar bal.bu.ci.**ar** *verbo* Não pronunciar bem as palavras: *A criança ainda não fala, apenas balbucia.*

balcão

balcão bal.**cão** *substantivo masculino* **1.** Móvel usado em lojas, mercados, etc. para atendimento ao público. **2.** Nos teatros, lugar da plateia situado entre os camarotes e as galerias.

balconista bal.co.**nis**.ta *substantivo de dois gêneros* Pessoa que, atrás do balcão (1), atende os fregueses nas lojas.

balde bal.de *substantivo masculino* Recipiente que serve para tirar água de poço, carregar ou guardar água, lavar roupa, etc.

baldio bal.**di**:o *adjetivo* Diz-se do terreno abandonado, sem cultivo: *Os meninos jogam futebol no terreno baldio*.

balé ba.**lé** *substantivo masculino* **1.** Combinação de dança, música e representação. **2.** Série de exercícios para desenvolvimento técnico e físico do bailarino: *Ela faz balé desde os dez anos de idade*.

baleia ba.**lei**.a *substantivo feminino* Mamífero marinho, muito grande, com nadadeiras, sendo a da cauda horizontal, com um ou dois orifícios respiratórios no alto da cabeça; as baleias com barbatanas alimentam-se, principalmente, de pequenos crustáceos (*krill*), as baleias com dentes, de peixes, moluscos, etc.

balsa bal.sa *substantivo feminino* Embarcação geralmente feita de toras amarradas.

bálsamo **bál**.sa.mo *substantivo masculino* **1.** Líquido com aroma, que pode sair ou ser extraído de muitas plantas; alguns são medicinais. **2.** Perfume, aroma.

bambo bam.bo *adjetivo* Que não está firme: *Uma das pernas da cadeira está bamba*.

bambolê bam.bo.**lê** *substantivo masculino* Arco de plástico, ou de metal, usado como brinquedo, que a criança deve fazer girar, com o movimento do corpo, em volta da cintura, do braço ou da perna.

bambu bam.**bu** *substantivo masculino* Planta com nós salientes no caule, e que pode atingir muitos metros de altura; taquara: *O caule do bambu serve para fazer cadeiras, mesas, etc*.

banal ba.**nal** *adjetivo de dois gêneros* Pouco importante; comum: *Discutiram por um motivo banal*. [Plural: *banais*.]

banana ba.**na**.na *substantivo feminino* O fruto, alongado, da bananeira, de casca verde quando verde, e geralmente amarela quando maduro. [A banana cresce em cachos.]

bananeira ba.na.**nei**.ra *substantivo feminino* Planta de caule roliço e folhas longas e largas, cujo fruto é a banana.

bancar ban.**car** *verbo* **1.** Pagar os custos de: *O governo bancou a compra dos livros para a escola*. **2.** *Popular* Fazer-se de: *Gosta de bancar o sábio*.

bancário ban.**cá**.ri:o *adjetivo* **1.** Pertencente a banco[2]. ✓ *substantivo masculino* **2.** Homem ou rapaz que trabalha em banco[2].

banco[1] **ban**.co *substantivo masculino* **1.** Assento, com encosto ou sem ele, estreito e longo, ou, então, individual, sem encosto, redondo ou quadrado: *Os bancos da igreja são de madeira*. **2.** Parte mais alta, de areia ou lama, do fundo de mar ou rio.

banco² | barata

banco² ban.co *substantivo masculino* Estabelecimento que recebe depósito de dinheiro, faz empréstimos, e em que se faz o pagamento de contas, etc.

banda ban.da *substantivo feminino* **1.** Parte lateral, lado. **2.** Conjunto de músicos que tocam instrumentos e, muitas vezes, com cantores.

bandeira ban.dei.ra *substantivo feminino* **1.** Pedaço de pano de uma ou mais cores, às vezes com palavras ou emblemas, e que representa um país, um partido, um time, etc. **2.** No Brasil, do fim do século XVI até o início do século XVII, cada uma das expedições particulares que saíam pelo interior do país para explorá-lo, descobrir riquezas, capturar indígenas, etc.

bandeirante ban.dei.ran.te *substantivo masculino* Homem que pertencia a uma bandeira (2).

bandeirinha ban.dei.ri.nha *substantivo de dois gêneros* Veja *auxiliar de arbitragem*.

bandeja ban.de.ja (ê) *substantivo feminino* Tabuleiro onde se carregam copos, xícaras, pratos de comida, etc.

bandido ban.di.do *substantivo masculino* Aquele que pratica crimes como roubar, matar ou traficar.

bando ban.do *substantivo masculino* **1.** Grupo de pessoas ou animais: *No céu se via um bando de gaivotas*; *Um bando de crianças rodeou o palhaço*. **2.** Grupo de pessoas com atividades criminosas; grupo de bandidos.

banguela ban.gue.la *adjetivo de dois gêneros* **1.** Diz-se de pessoa a quem faltam dentes, sobretudo os da frente: *Julinha está mudando os dentes e ficou banguela*. ✅ *substantivo de dois gêneros* **2.** Pessoa banguela.

banha ba.nha *substantivo feminino* **1.** Gordura que se acumula sob a pele. **2.** Gordura animal, sobretudo a de porco.

banhar ba.nhar *verbo* **1.** Passar água em: *Banhou os pés para deixá-los limpos*. **2.** Correr por; passar em: *O rio Xingu banha o Pará*. **3.** Tomar banho; lavar-se: *Banhou-se antes de ir para a escola*.

banheira ba.nhei.ra *substantivo feminino* Aparelho sanitário geralmente comprido e fundo, para tomar banho.

banheiro ba.nhei.ro *substantivo masculino* **1.** Aposento para banhos, em que se instalam chuveiro, banheira, pia e vaso sanitário. **2.** Quarto com vaso sanitário e pia.

banho ba.nho *substantivo masculino* **1.** Atividade em que se molha e esfrega o corpo, com sabão, em banheira, chuveiro, rio, etc., para limpá-lo e refrescá-lo. **2.** A água com a qual se toma banho (1): *O seu banho é frio ou quente?*

banho-maria ba.nho-ma.ri.a *substantivo masculino* Modo de esquentar ou cozinhar comida, etc., mergulhando em água fervendo a vasilha que a contém. [Plural: *banhos-marias* ou *banhos-maria*.]

banqueiro ban.quei.ro *substantivo masculino* Dono de banco.

banquete ban.que.te (quê) *substantivo masculino* Refeição em que há muita comida boa, de qualidade, servida geralmente para muitos convidados.

baqueta ba.que.ta (ê) *substantivo feminino* Vara de madeira com que se tocam tambores e outros instrumentos musicais.

bar *substantivo masculino* **1.** Estabelecimento onde se servem bebidas e acompanhamentos. **2.** Em residências, móvel onde se guardam bebidas, copos, etc.

baralho ba.ra.lho *substantivo masculino* Coleção das 52 cartas de jogar; cartas.

barão ba.rão *substantivo masculino* O primeiro e o mais baixo dos títulos de nobreza. [Plural: *barões*; feminino: *baronesa* (nê).]

barata ba.ra.ta *substantivo feminino* Inseto castanho, de corpo oval e chato, que sai à noite para procurar comida.

62

barateiro ba.ra.**tei**.ro *adjetivo* Que vende barato: *A loja da esquina é barateira.*

barato ba.**ra**.to *adjetivo* **1.** Que custa pouco: *Aqui os livros são baratos.* ✅ *advérbio* **2.** Por preço baixo: *comprar barato.*

barba bar.ba *substantivo feminino* **1.** Pelos que nascem no rosto do homem: *A barba curtinha deixou o rapaz bem bonito.* **2.** Os pelos, mais longos, que nascem na cara de certos animais: *a barba do bode.*

barbante bar.**ban**.te *substantivo masculino* Corda bem fina, feita de fios enrolados; o mesmo que *cordão.*

bárbaro **bár**.ba.ro *adjetivo* **1.** Sem educação, rude. **2.** Mau, cruel, desumano: *O gigante da história era bárbaro, pois matou muita gente.*

barbatana bar.ba.**ta**.na *substantivo feminino* **1.** Nadadeira de certos peixes, como o tubarão. **2.** Cada uma das lâminas com pelos filtradores, existentes na parte de cima da boca de várias espécies de baleia.

barbear bar.be.**ar** *verbo* **1.** Fazer a barba de alguém. **2.** Fazer a própria barba: *Meu pai barbeia-se antes de ir para o trabalho.*

barbearia bar.be:a.**ri**.a *substantivo feminino* Loja de barbeiro.

barbeiro bar.**bei**.ro *substantivo masculino* **1.** Homem cuja profissão é cortar ou raspar a barba e os cabelos dos fregueses. **2.** Loja onde este profissional trabalha. **3.** Nome comum a insetos hematófagos que podem transmitir doença. **4.** *Gíria* Homem ou rapaz que dirige mal um veículo.

barbudo bar.**bu**.do *adjetivo* **1.** Que tem a barba crescida. ✅ *substantivo masculino* **2.** Homem barbudo.

barco bar.co *substantivo masculino* Embarcação pequena, sem cobertura: *Quando os barcos de pesca chegam à praia, todos correm para comprar peixe fresco.*

barqueiro bar.**quei**.ro *substantivo masculino* Homem que conduz um barco.

barra bar.ra *substantivo feminino* **1.** Bloco retangular de sabão, chocolate, ouro, etc. **2.** Borda, beira: *a barra da saia; A toalha tem a barra azul.*

barraca bar.**ra**.ca *substantivo feminino* **1.** Abrigo portátil, de lona, etc., esticada e presa ao chão, usado em acampamentos por excursionistas, soldados, etc. **2.** Construção leve que se desmonta facilmente, usada em feiras, etc.; tenda. **3.** Guarda-sol muito grande usado em praias, piscinas, etc.

barracão bar.ra.**cão** *substantivo masculino* **1.** Lugar protegido com telhado, que pode servir de abrigo, de casa provisória ou de depósito: *O barracão abrigou as vítimas da enchente.* **2.** Barraco. [Plural: *barracões.*]

barraco bar.**ra**.co *substantivo masculino* Habitação modesta, sem muito conforto; barracão.

barragem bar.**ra**.gem *substantivo feminino* Estrutura que se constrói em um vale e que o fecha, o que faz com que a água de um rio fique presa e forme uma represa; represa. [Plural: *barragens.*]

barranco bar.**ran**.co *substantivo masculino* **1.** Escavação feita pelo homem ou pela chuva, pelo vento, etc.: *Tiraram tanta terra do morro que se formou um barranco.* **2.** O mesmo que **ribanceira**.

barrar bar.**rar** *verbo* **1.** Tornar impossível; impedir: *A queda da árvore barrava a passagem dos carros.* **2.** Impedir de entrar: *Como é menor de idade, barraram sua entrada no show.*

barreira bar.**rei**.ra *substantivo feminino* Empecilho formado por objeto ou mesmo por pessoas: *Fizeram uma barreira de galhos para impedir que alguém caísse no buraco; Depois do acidente, os moradores fizeram uma barreira humana e impediram a passagem dos carros.*

barrento bar.**ren**.to *adjetivo* Que contém barro: *A chuva muito forte deixou a água do rio barrenta.*

barriga bar.**ri**.ga *substantivo feminino* O mesmo que *abdome.*

barrigudo bar.ri.**gu**.do *adjetivo* Que tem barriga grande.

barril

barril bar.**ril** *substantivo masculino* Recipiente grande, feito de tábuas encurvadas, para líquidos: *Este barril é feito de carvalho.* [Plural: *barris*.]

barro bar.ro *substantivo masculino* O mesmo que *argila*.

barroco bar.**ro**.co (rô) *adjetivo* **1.** Na arquitetura e nas artes, diz-se do estilo marcado pela riqueza e grande quantidade de ornamentos. [No Brasil surgiu no final do século XVI e durou até meados do século XVIII.] **2.** Relativo ao barroco ou próprio dele: *uma igreja barroca.* ✅ *substantivo masculino* **3.** O estilo barroco: *Antônio Francisco Lisboa, o Aleijadinho, foi o mestre do barroco brasileiro.*

batata-doce

barulheira ba.ru.**lhei**.ra *substantivo feminino* Barulho muito grande.

barulhento ba.ru.**lhen**.to *adjetivo* Em que há barulho: *Moro numa rua barulhenta.*

barulho ba.**ru**.lho *substantivo masculino* Som alto, que incomoda.

base ba.se *substantivo feminino* **1.** Parte inferior de alguma coisa: *a base da montanha.* **2.** Origem; fundamento. **3.** Parte em que alguma coisa se apoia: *A base da estátua está rachada.* **4.** Conhecimento: *João já tem uma sólida base em Matemática.* **5.** Ingrediente principal de uma mistura: *A base deste molho é manteiga.*

basquete bas.**que**.te *substantivo masculino* Jogo com bola e cesta entre duas equipes de cinco jogadores cada; para marcar pontos, cada equipe deve acertar a bola na cesta da outra.

basta bas.ta *interjeição* Chega, pare: – *Basta! Não aguento mais tanta bagunça!*

bastante bas.**tan**.te *adjetivo de dois gêneros* **1.** Que chega; suficiente: *Não tenho açúcar bastante para o bolo.* ✅ *advérbio* **2.** Em quantidade suficiente: *Dormiu bastante e acordou descansado.*

bastão bas.**tão** *substantivo masculino* Vara roliça de madeira: *O cego caminha com o auxílio de um bastão.* [Plural: *bastões*.]

bastar bas.**tar** *verbo* **1.** Ser bastante, suficiente; chegar: *Basta a festa, não precisa de mais nada.* **2.** Dar ordem para que alguma coisa acabe: *Basta de barulho!*

batalha ba.**ta**.lha *substantivo feminino* Luta, geralmente armada.

batalhar ba.ta.**lhar** *verbo* **1.** Entrar em batalha; combater. **2.** Esforçar-se; lutar: *Rui batalhou para ser médico.*

batata ba.**ta**.ta *substantivo feminino* **1.** O tubérculo comestível da batata-inglesa. **2.** Qualquer tubérculo, comestível ou não.

batata-doce ba.ta.ta-**do**.ce *substantivo feminino* **1.** Erva cujo tubérculo, alimentício, tem sabor doce. **2.** Esse tubérculo. [Plural: *batatas-doces*.]

batata-inglesa

batata-inglesa ba.ta.ta-in.**gle**.sa *substantivo feminino* Erva cujo tubérculo subterrâneo, as batatas, é muito usado na alimentação. [Plural: *batatas-inglesas*.]

bate-boca ba.te-**bo**.ca *substantivo masculino* Discussão muito forte: *Parem já com este bate-boca.* [Plural: *bate-bocas*.]

bate-bola ba.te-**bo**.la *substantivo masculino* **1.** Jogo de caráter amistoso, às vezes com times incompletos. **2.** Troca de passes, antes do jogo, para aquecimento. [Plural: *bate-bolas*.]

batedor ba.te.**dor** (ô) *substantivo masculino* **1.** Objeto que serve para bater: *batedor de carne.* **2.** Policial que fica responsável pela guarda pessoal de autoridades, etc., e que, em veículo, vai à frente ou acompanha os carros oficiais.

bate-papo ba.te-**pa**.po *substantivo masculino* Conversa entre amigos, como passatempo. [Plural: *bate-papos*.]

bater ba.**ter** *verbo* **1.** Dar pancadas ou golpes em: *Bateu com o pé no armário e chorou.* **2.** Fechar, empurrando ou puxando com força: *bater a porta.* **3.** Agitar (as asas). **4.** Vencer, derrotar: *O time do nosso colégio bateu o do outro colégio.* **5.** Tirar: *bater uma fotografia.*

bateria ba.te.**ri**.a *substantivo feminino* **1.** O conjunto dos instrumentos (bumbo, pratos, tamborim, pandeiro, caixas, etc.) de uma escola de samba. **2.** O conjunto dos músicos que toca os instrumentos da bateria (1).

batida ba.**ti**.da *substantivo feminino* **1.** Ação de bater, ou o resultado desta ação; batimento: *A batida na porta acordou a criança.* **2.** O choque entre dois ou mais veículos: *Vimos uma batida na esquina.*

batimento ba.ti.**men**.to *substantivo masculino* O mesmo que *batida* (1): *o batimento do coração.*

batismo ba.**tis**.mo *substantivo masculino* **1.** Sacramento pelo qual uma pessoa se torna cristã. **2.** A ação de administrar esse sacramento; batizado.

batizado ba.ti.**za**.do *substantivo masculino* O mesmo que *batismo* (2).

beber

batizar ba.ti.**zar** *verbo* Administrar o batismo.

batom ba.**tom** *substantivo masculino* Cosmético para os lábios em forma de pequeno bastão. [Plural: *batons*.]

batucada ba.tu.**ca**.da *substantivo feminino* **1.** Ação de batucar, ou o resultado desta ação. **2.** Reunião em que se toca e canta samba, etc., com acompanhamento de instrumentos musicais como tambor, pandeiro, violão, cavaquinho, etc.; batuque.

batucar ba.tu.**car** *verbo* **1.** Fazer barulho com batidas ritmadas. **2.** Dar o ritmo de, batucando: *Batucou o samba no pandeiro.*

batuque ba.**tu**.que *substantivo masculino* **1.** Qualquer uma das danças africanas ou brasileiras acompanhadas por instrumentos musicais como tambor, pandeiro, etc. **2.** O mesmo que *batucada* (2).

baú ba.**ú** *substantivo masculino* Caixa retangular com tampa mais elevada no meio, em que se guardam coisas: *Os piratas tinham um baú cheio de joias.*

baunilha bau.**ni**.lha *substantivo feminino* **1.** Planta cujo fruto é um favo doce e perfumado, usado em doces e perfumaria. **2.** O fruto da baunilha ou o produto dele retirado: *Adicionou gotas de baunilha ao pudim antes de assá-lo.*

bauru ba.u.**ru** *substantivo masculino* Sanduíche de pão, queijo, carne ou presunto, ovo frito e alface.

bê *substantivo masculino* A letra *b*.

bêbado **bê**.ba.do *adjetivo* **1.** Que bebe muito. **2.** Que bebeu muito, está embriagado. ✅ *substantivo masculino* **3.** Homem que bebeu ou bebe muito.

bebê be.**bê** *substantivo de dois gêneros* Criança recém-nascida; neném.

beber be.**ber** *verbo* **1.** Engolir líquido; ingerir: *Sentiu sede e bebeu água de coco.* **2.** Ingerir bebida alcoólica: *Além de ser muito perigoso, beber e depois dirigir é ilegal.*

bebida be.**bi**.da *substantivo feminino* Qualquer líquido que se pode beber, como água, suco, refrigerante, leite, etc.

beça be.ça *substantivo feminino* usado na locução *à beça*. À beça. **1.** Em grande quantidade: *Esta biblioteca tem livros à beça.* **2.** Muito: *Na festa, nos divertimos à beça.*

beco be.co *substantivo masculino* Rua estreita e curta, geralmente sem saída.

bege be.ge *adjetivo de dois gêneros e dois números* **1.** Da cor amarelada como a da lã antes de ser tingida: *Maria comprou duas saias bege.* ✓ *substantivo masculino* **2.** A cor bege: *O bege combina com quase todas as outras cores.*

beiço bei.ço *substantivo masculino* O mesmo que *lábio*.

beija-flor bei.ja-**flor** *substantivo masculino* Passarinho de voo muito rápido que se alimenta de insetos e do néctar das flores. [Plural: *beija-flores*.]

beijar bei.**jar** *verbo* Roçar os lábios em alguém, ou em alguma coisa: *Beijou a mãe quando saiu para a escola.*

beijo bei.jo *substantivo masculino* Ação de beijar, ou o resultado desta ação.

beiju bei.**ju** *substantivo masculino* Bolinho achatado, feito geralmente com massa de tapioca: *O beiju é mais gostoso torrado e com manteiga.*

beira bei.ra *substantivo feminino* **1.** O mesmo que *borda*: *Encheu o copo com água até a beira.* **2.** O limite de alguma coisa; o lado: *Mora na beira da estrada.*

beira-mar bei.ra-**mar** *substantivo feminino* A região situada junto ao mar: *Passa as férias em sua casa à beira-mar.* [Plural: *beira-mares*.]

beirar bei.**rar** *verbo* Fazer limite com: *A nova estrada beira o rio.*

belenense be.le.**nen**.se *adjetivo de dois gêneros* **1.** De Belém, capital do estado do Pará. ✓ *substantivo de dois gêneros* **2.** Quem nasceu, ou vive, em Belém.

beleza be.**le**.za (lê) *substantivo feminino* **1.** Qualidade de belo: *A beleza daquele jardim é notável.* **2.** Pessoa bela: *Ana, além de boa aluna, é uma beleza de menina.*

beliscão be.lis.**cão** *substantivo masculino* Ação de beliscar, ou o resultado desta ação: *Deu um beliscão no colega e foi repreendido pela professora.* [Plural: *beliscões*.]

beliscar be.lis.**car** *verbo* **1.** Apertar (a pele) com as pontas do polegar e do indicador. **2.** Comer um pouquinho de algo: *Estou sem fome; vou só beliscar a comida.*

belo be.lo *adjetivo* **1.** Agradável de ver ou de ouvir: *uma bela criança; uma bela canção.* **2.** Que é certo, bom: *Teve o belo gesto de ajudar o cego a atravessar a rua.*

belo-horizontino be.lo-ho.ri.zon.**ti**.no *adjetivo* **1.** De Belo Horizonte, capital do Estado de Minas Gerais. ✓ *substantivo masculino* **2.** Quem nasceu, ou vive, em Belo Horizonte. [Plural: *belo-horizontinos*.]

bem *substantivo masculino* **1.** Aquilo que é justo, correto: *Devemos amar o bem e detestar o mal.* **2.** Benefício: *O remédio fez-lhe um grande bem.* [Plural: *bens*.] ✓ *advérbio* **3.** Muito, bastante: *Ficou bem contente com o resultado do exame.* **4.** Com saúde: *Esteve doente, mas agora está bem.* **5.** De modo satisfatório, com perfeição: *Dirige bem; canta bem.*

bem-educado bem-e.du.**ca**.do *adjetivo* Que tem boa educação; educado. [Plural: *bem-educados*.]

bem-estar bem-es.**tar** *substantivo masculino* Prazer que se sente por estar saudável, feliz, contente, satisfeito. [Plural: *bem-estares*.]

bem-humorado bem-hu.mo.**ra**.do *adjetivo* De bom humor; de bom gênio. [Plural: *bem-humorados*.]

bem-te-vi bem-te-**vi** *substantivo masculino* Passarinho de penas verdes, cor de azeitona, mas com o peito e o abdome amarelos, e cujo nome deriva do som de seu canto: *bem-te-vi*. [Plural: *bem-te-vis*.]

bem-vindo bem-**vin**.do *adjetivo* Que é recebido com satisfação, com alegria: – *Seja bem-vindo em nossa casa.* [Plural: *bem-vindos*.]

bênção **bên**.ção *substantivo feminino* **1.** Palavras com que se abençoa alguém ou alguma coisa: *O padre deu a bênção aos fiéis.* **2.** Coisa boa que acontece na hora certa: *Este dinheiro extra foi uma bênção.* [Plural: *bênçãos*.]

beneficiamento be.ne.fi.ci:a.**men**.to *substantivo masculino* **1.** Ação de beneficiar, ou o resultado desta ação. **2.** Processo a que se submete um produto agrícola: *O beneficiamento do arroz torna-o apropriado à alimentação.*

beneficiar be.ne.fi.ci.**ar** *verbo* **1.** Fazer benefício a alguém; favorecer: *A construção de um novo hospital e de mais uma escola vai beneficiar a todos do bairro.* **2.** Submeter produtos agrícolas, etc., a processos que lhes deem condições de serem consumidos ou utilizados. **3.** Fazer benefício a si mesmo: *Beneficiou-se muito com o estudo de idiomas.*

benefício be.ne.**fí**.ci:o *substantivo masculino* **1.** Serviço ou bem que se faz de graça; favor. **2.** Vantagem, proveito. **3.** Auxílio que decorre de legislação social.

benéfico be.**né**.fi.co *adjetivo* Que faz bem; benigno: *A ginástica é benéfica para a saúde.*

benfeitor ben.fei.**tor** (ô) *substantivo masculino* Aquele que faz o bem.

bengala ben.**ga**.la *substantivo feminino* Bastão de madeira, etc., que serve de apoio ao andar.

benigno be.**nig**.no *adjetivo* Que não é maligno, que não é perigoso: *doença benigna.*

bens *substantivo masculino plural* Aquilo que é propriedade de alguém; patrimônio.

bento ben.to *adjetivo* Que foi benzido: *Na igreja havia uma pia de água benta.*

benzer ben.**zer** *verbo* **1.** Fazer o sinal da cruz sobre (pessoa ou coisa) recitando determinadas palavras. **2.** O mesmo que *abençoar.*

berço ber.ço (ê) *substantivo masculino* **1.** Pequena cama de neném que, geralmente, é feita para se balançar. **2.** Lugar de nascimento: *O poeta voltou anos depois ao seu berço para visitar os pais.*

berimbau be.rim.**bau** *substantivo masculino* Instrumento de percussão com o qual se acompanha a capoeira.

berinjela be.rin.**je**.la *substantivo feminino* **1.** Hortaliça de fruto comestível, geralmente roxo. **2.** O fruto da berinjela: *Gosto de berinjela em fatias finas, grelhadas.*

bermuda ber.**mu**.da *substantivo feminino* Short que vai até o joelho ou até a canela.

berrar ber.**rar** *verbo* **1.** Soltar berros (os animais): *O touro berrou e o menino correu assustado.* **2.** Chorar muito alto: *O bebê berrava de fome.* **3.** Dizer em voz alta; gritar: *Berrou para a mãe que ia sair.*

berreiro ber.**rei**.ro *substantivo masculino* **1.** Muitos berros durante algum tempo: *O berreiro dos touros ouvia-se longe.* **2.** Choro muito alto, em geral de crianças: *Uma menina começou a chorar e o berreiro na creche foi geral.*

berro ber.ro *substantivo masculino* **1.** Grito de alguns animais, como o bode, o touro, etc. **2.** Grito muito alto: *O motorista deu um berro para alertar o pedestre sobre o sinal aberto.*

besouro ... bico

besouro be.**sou**.ro *substantivo masculino* Inseto com um par de asas anteriores duras que cobrem as posteriores, finas, quando elas não estão abertas, e que zumbem ao voar.

besta bes.ta (ê) *substantivo feminino* **1.** Animal quadrúpede, em geral grande. **2.** Animal que transporta carga, como o burro.

besteira bes.**tei**.ra *substantivo feminino* O mesmo que *bobagem*.

beterraba be.ter.**ra**.ba *substantivo feminino* **1.** Planta hortense, de raiz comestível, e da qual se extrai açúcar semelhante ao da cana. **2.** A raiz da beterraba.

bexiga be.**xi**.ga *substantivo feminino* Reservatório situado na parte inferior do abdome, e que recebe a urina vinda dos ureteres.

bezerro be.**zer**.ro *substantivo masculino* Boi novo; novilho.

bíblia bí.bli:a *substantivo feminino* Livro que reúne textos sagrados para os judeus e os cristãos. [Com inicial maiúscula.]

bíblico bí.bli.co *adjetivo* Da, ou relativo à Bíblia.

bibliografia bi.bli:o.gra.**fi**.a *substantivo feminino* **1.** Lista, geralmente em ordem alfabética, de livros e outros documentos relativos a um assunto determinado. **2.** Numa publicação, a relação de livros, revistas, etc., consultados pelo autor.

bibliográfico bi.bli:o.**grá**.fi.co *adjetivo* Da bibliografia, ou relativo a ela: *Este livro tem um índice bibliográfico.*

biblioteca bi.bli:o.**te**.ca *substantivo feminino* **1.** Sala ou edifício onde se pode consultar livros ou levá-los emprestados: *No meu colégio, há uma boa biblioteca.* **2.** O conjunto dos livros de uma pessoa: *João faz uma biblioteca com livros de autores brasileiros.*

bica bi.ca *substantivo feminino* O mesmo que *torneira*.

bicada bi.**ca**.da *substantivo feminino* Ação de ferir com o bico, ou o resultado desta ação: *Foi alimentar o papagaio e levou uma bicada.*

bíceps bí.ceps *substantivo masculino de dois números* Músculo do braço.

bichano bi.**cha**.no *substantivo masculino* O mesmo que *gato*.

bicharada bi.cha.**ra**.da *substantivo feminino* Grande número de bichos: *A bicharada do zoológico se assustou com o barulho.*

bicho bi.cho *substantivo masculino* **1.** Qualquer animal terrestre. **2.** O mesmo que *broca*: *Deu bicho na madeira da porta.*

bicho-cabeludo bi.cho-ca.be.**lu**.do *substantivo masculino* O mesmo que *tatarana*. [Plural: *bichos-cabeludos.*]

bicho-da-seda bi.cho-da-**se**.da *substantivo masculino* Larva de um certo tipo de borboleta que produz um casulo de fios de seda, usados industrialmente. [Plural: *bichos-da-seda.*]

bicho-papão bi.cho-pa.**pão** *substantivo masculino* Monstro imaginário do folclore brasileiro com que se amedrontam crianças. [Plural: *bichos-papões.*]

bicicleta bi.ci.**cle**.ta *substantivo feminino* Veículo de duas rodas com um guidom e dois pedais: *Laura vai para a escola de bicicleta.*

bico bi.co *substantivo masculino* **1.** A boca das aves formada de duas partes duras. **2.** A parte pontuda de certos recipientes, própria para derramar líquido: *O bico da chaleira amassou na queda.* **3.** *Gíria* Trabalho provisório que se faz para ganhar dinheiro extra.

68

bienal

bienal bi:e.**nal** *adjetivo de dois gêneros* **1.** Que dura dois anos ou acontece de dois em dois anos. ✓ *substantivo feminino* **2.** Evento bienal: *a bienal do livro; a bienal das artes*. [Plural: *bienais*.]

bife bi.fe *substantivo masculino* **1.** Fatia de carne de boi frita, grelhada, cozida, etc. **2.** Pedaço de carne de porco, de fígado, etc., preparada de modo semelhante. **3.** *Gíria* Corte na pele, por descuido, ao fazer as unhas, barbear-se, etc.

bigode bi.**go**.de *substantivo masculino* **1.** Barba que nasce sobre o lábio superior do homem. **2.** Cada um dos pelos do focinho de certos animais: *os bigodes do gato*.

bijuteria bi.ju.te.**ri**.a *substantivo feminino* Brinco, anel, pulseira, etc. feitos com pedras ou metais não preciosos, de fantasia.

bilboquê bil.bo.**quê** *substantivo masculino* Brinquedo que consiste numa peça de madeira com um furo, ligada por um barbante a um bastão pontudo, onde deve ser encaixada.

bilhão bi.**lhão** *numeral* Mil milhões. [Plural: *bilhões*.]

bilhete bi.**lhe**.te (lhê) *substantivo masculino* **1.** Carta simples e breve: *Deixei um bilhete para mamãe avisando que a aula hoje é de duas horas*. **2.** O mesmo que *ingresso* (2). **3.** Cédula para participar de jogos de rifa e loteria.

bilheteria bi.lhe.te.**ri**.a *substantivo feminino* Lugar onde se vendem ingressos.

bílis bí.lis *substantivo feminino de dois números* Líquido esverdeado produzido pelo fígado.

bimestre bi.**mes**.tre *substantivo masculino* Período de dois meses seguidos.

biruta

binóculo bi.**nó**.cu.lo *substantivo masculino* Instrumento portátil, composto de duas lunetas, uma para cada olho, usado para se ver o que está longe.

biodegradável bi:o.de.gra.**dá**.vel *adjetivo de dois gêneros* Que se decompõe pela ação de micro-organismos: *Este plástico é biodegradável*. [Plural: *biodegradáveis*.]

biodiversidade bi:o.di.ver.si.**da**.de *substantivo feminino* A existência de uma grande variedade de espécies animais, vegetais e micro-organismos em determinado *habitat* natural.

biografia bi:o.gra.**fi**.a *substantivo feminino* **1.** História da vida de uma pessoa. **2.** Livro, filme, etc., que a contém: *Comprei uma biografia de Santos Dumont*.

biologia bi:o.lo.**gi**.a *substantivo feminino* Ciência que estuda os seres vivos: *Estudo Biologia no meu colégio*.

biológico bi:o.**ló**.gi.co *adjetivo* Relativo a biologia.

biólogo bi.**ó**.lo.go *substantivo masculino* O especialista em biologia.

biosfera bi:os.**fe**.ra *substantivo feminino* O conjunto de todas as regiões da Terra habitadas por seres vivos.

bípede bí.pe.de *adjetivo de dois gêneros* **1.** Que tem dois membros (diz-se de vertebrado). **2.** Que anda em dois pés. ✓ *substantivo masculino* **3.** Animal bípede.

biquíni bi.**quí**.ni *substantivo masculino* Roupa feminina composta de duas peças de tamanho reduzido, para banho de mar, piscina, etc.

biruta bi.**ru**.ta *substantivo feminino* **1.** Aparelho que indica a direção dos ventos. ✓ *adjetivo de dois gêneros* **2.** *Gíria* Que é um tanto maluco. ✓ *substantivo de dois gêneros* **3.** *Gíria* Pessoa um tanto maluca.

bis

bis *substantivo masculino* **1.** Repetição: *O auditório pediu bis no fim do show.* ✅ *interjeição* **2.** Outra vez: *– Bis! – gritaram da plateia.*

bisar bi.**sar** *verbo* Repetir música, etc., atendendo a pedido de bis.

bisavó bi.sa.**vó** *substantivo feminino* Mãe do avô ou da avó.

bisavô bi.sa.**vô** *substantivo masculino* Pai do avô ou da avó.

biscoito bis.**coi**.to *substantivo masculino* Bolinho de farinha de trigo, de milho, açúcar, ovos, etc., assado no forno ou frito em gordura.

bisnaga bis.**na**.ga *substantivo feminino* **1.** Tubo de tinta, creme, etc. **2.** Pão cilíndrico e comprido.

bispo bis.po *substantivo masculino* **1.** Títulos de certos religiosos católicos e evangélicos. **2.** Peça do jogo de xadrez.

bissexto bis.**sex**.to (ê) *adjetivo* **1.** Diz-se do ano que tem 366 dias por haver um dia a mais em fevereiro, que passa a ter 29 dias: *O ano 2000 foi bissexto.* ✅ *substantivo masculino* **2.** O dia que, de quatro em quatro anos, se acrescenta em fevereiro.

bisturi bis.tu.**ri** *substantivo masculino* Instrumento cirúrgico usado para cortar.

blecaute ble.**cau**.te *substantivo masculino* O mesmo que *apagão*.

bloco blo.co *substantivo masculino* **1.** Reunião de folhas de papel presas por um dos lados: *Levo sempre meu bloco de rascunho.* **2.** Cada um dos edifícios que formam um conjunto de prédios.

bobagem

🌐 **blog** [Inglês] *substantivo masculino* Página que uma pessoa cria na Internet e que serve como diário, lugar para comentários pessoais, divulgação de notícias, ideias, etc.

bloquear blo.que.**ar** *verbo* **1.** Impedir a passagem em um local: *Bloquearam a rua para obras.* **2.** Impedir (algo) de modo total ou parcial: *Este remédio bloqueia a reprodução do vírus.* **3.** Impedir ataque em voleibol, com bloqueio.

bloqueio blo.**quei**.o *substantivo masculino* **1.** Ação de bloquear, ou o resultado desta ação. **2.** Interrupção no desenvolvimento de algo. **3.** No vôlei, parede de mãos erguidas por um ou mais jogadores para tentar anular o ataque adversário.

blusa blu.sa *substantivo feminino* Espécie de camisa em que a parte inferior fica por baixo ou por cima de saia ou calça.

blusão blu.**são** *substantivo masculino* Blusa esportiva, folgada. [Plural: *blusões*.]

boas-festas boas-**fes**.tas *substantivo feminino plural* Cumprimento e felicitações pelo Natal ou pelo Ano-Novo.

boas-vindas boas-**vin**.das *substantivo feminino plural* Expressão de contentamento, ou felicitações, pela chegada de alguém.

boato bo.**a**.to *substantivo masculino* Notícia anônima que corre publicamente, sem confirmação: *Há um boato de que não haverá aula hoje.*

boa-vistense boa-vis.**ten**.se *adjetivo de dois gêneros* **1.** De Boa Vista, capital do estado de Roraima. ✅ *substantivo de dois gêneros* **2.** Quem nasceu, ou vive, em Boa Vista. [Plural: *boa-vistenses*.]

bobagem bo.**ba**.gem *substantivo feminino* **1.** Ação ou dito de pessoa boba; tolice: *Achei uma grande bobagem da Ana discutir com a professora.* **2.** Coisa sem importância, sem valor; besteira: *Não ligue para a novidade deles, é só bobagem, e mais nada.* [Plural: *bobagens*.]

bobalhão

bobalhão bo.ba.**lhão** *substantivo masculino* Indivíduo muito bobo, ou sem graça; tolo. [Plural: *bobalhões*.]

bobear bo.be.**ar** *verbo* **1.** Fazer bobagem, asneira. **2.** *Gíria* Agir com descuido; não dar a devida atenção a: *José não bobeou, estudou bastante e passou no concurso.*

bobeira bo.**bei**.ra *substantivo feminino* Qualidade, ação ou dito de bobo; asneira.

bobo bo.bo (ô) *adjetivo* **1.** Que diz ou faz bobagem, tolice; tolo. ✓ *substantivo masculino* **2.** Indivíduo bobo, tolo; boboca.

boboca bo.**bo**.ca *adjetivo de dois gêneros* **1.** Bobo, tolo: *Que boboca, acredita em tudo que lhe dizem.* ✓ *substantivo de dois gêneros* **2.** Pessoa boboca: *Pensa que é muito sabido, mas é um boboca.*

boca bo.ca (ô) *substantivo feminino* **1.** Cavidade na parte inferior da face, por onde o homem e os animais ingerem os alimentos. **2.** A parte exterior dessa cavidade, formada pelos lábios: *Ele tem uma boca muito bonita.* **3.** Abertura: *a boca de um saco.* **4.** Foz (de um rio); embocadura.

bocado bo.**ca**.do *substantivo masculino* Porção de alimento que se leva de uma vez à boca: *Comeu o bolo em pequenos bocados.*

bocal bo.**cal** *substantivo masculino* **1.** Parte de luminária, etc., própria para receber a lâmpada. **2.** Embocadura (1) de certos instrumentos de sopro. [Plural: *bocais*.]

bocejar bo.ce.**jar** *verbo* Dar bocejos.

boiada

bocejo bo.**ce**.jo (ê) *substantivo masculino* Ação involuntária de abrir a boca, com aspiração do ar, seguida de expiração prolongada.

bochecha bo.**che**.cha (ê) *substantivo feminino* A parte saliente, entre o nariz e a orelha, de cada lado da face: *Estava com as bochechas avermelhadas por causa do sol.*

bochechar bo.che.**char** *verbo* Agitar (um líquido) na boca, movimentando as bochechas: *Bochechou com o medicamento.*

bodas bo.das (ô) *substantivo feminino plural* Celebração de casamento, ou festa com que é comemorado; núpcias.

bode bo.de *substantivo masculino* O macho da *cabra*: *O bode tem um cheiro muito forte.*

bofetada bo.fe.**ta**.da *substantivo feminino* Tapa no rosto, com a mão aberta.

boi *substantivo masculino* Animal quadrúpede ruminante de chifres ocos, domesticado para trabalhar como animal de carga e por causa de sua carne.

boia **boi**.a (ói) *substantivo feminino* **1.** Objeto flutuante usado para amarração de navios ou barcos, de aviso para navegação, etc.: *As boias marcavam a entrada do porto.* **2.** Objeto que se prende ao corpo para ajudá-lo a flutuar. **3.** *Popular* Comida; refeição.

boiada boi.**a**.da *substantivo feminino* Manada de bois.

boiadeiro boi:a.**dei**.ro *substantivo masculino* Homem que dirige a boiada.

boia-fria boi.a-**fri**.a (ói) *substantivo de dois gêneros* Trabalhador agrícola, temporário, que se desloca diariamente para o lugar em que trabalha. [Plural: *boias-frias*.]

boiar boi.**ar** *verbo* O mesmo que *flutuar*. *Aprendeu a boiar e a nadar quando era criança.*

boi-bumbá boi-bum.**bá** *substantivo masculino* O mesmo que *bumba meu boi*. [Plural: *bois-bumbás* e *bois-bumbá*.]

bola bo.la *substantivo feminino* **1.** Qualquer objeto com forma de esfera. **2.** Qualquer coisa a que se dá feitio de esfera: *Fez uma bola com o papel e jogou fora.* **3.** Objeto esférico, geralmente de borracha, que pode pular e é usado em diversos esportes, como o futebol, o basquete, etc.

bolacha bo.**la**.cha *substantivo feminino* Biscoito achatado.

bolada bo.**la**.da *substantivo feminino* Pancada com bola: *O jogador levou uma bolada no rosto.*

bolar bo.**lar** *verbo* Popular Inventar, imaginar: *Os meninos bolaram uma nova brincadeira enquanto esperavam a professora.*

boletim bo.le.**tim** *substantivo masculino* **1.** Publicação que serve para informar; informativo, informe: *Neste boletim há informações sobre os cuidados que devemos ter com a natureza.* **2.** Documento de registro escolar. [Plural: *boletins*.]

bolha bo.lha (ô) *substantivo feminino* **1.** Espécie de ferimento cheio de líquido, na pele: *O sapato apertado fez uma bolha no meu calcanhar.* **2.** Espécie de bola de vapor que se forma na água fervendo.

boliche bo.**li**.che *substantivo masculino* Jogo em que se faz deslizar uma bola de certo peso para derrubar um conjunto de dez objetos com a forma de garrafas.

bolinho bo.**li**.nho *substantivo masculino* Iguaria, doce ou salgada, feita com massa de bolo e outras, e que pode ser frita ou assada: *bolinho de bacalhau, de aipim, de fubá, etc.*

bolo bo.lo (bô) *substantivo masculino* Iguaria de doce feita, geralmente, de farinha, ovos, açúcar e manteiga. 🔹 Dar (o) bolo em. Deixar de comparecer a um encontro: *Prometeu que vinha à festa e deu o bolo na turma.*

bolor bo.**lor** (lôr) *substantivo masculino* O mesmo que *mofo*.

bolsa bol.sa (ô) *substantivo feminino* **1.** Sacola com alça para guardar dinheiro, documentos e pequenos objetos. **2.** Pensão que se dá a estudantes, pesquisadores, etc.

bolsista bol.**sis**.ta *substantivo de dois gêneros* Pessoa que recebe uma bolsa (2).

bolso bol.so (bôl) *substantivo masculino* Saquinho de pano costurado à roupa: *A blusa do uniforme tem um bolso de cada lado.*

bom *adjetivo* **1.** Que tem todas as qualidades necessárias à sua função: *Este sapato é bom para caminhadas.* **2.** Bondoso: *É um menino bom, ajuda a todos.* **3.** Agradável, tranquilo: *Tenha um bom dia.* **4.** Gostoso, saboroso: *Que comida boa!*

bomba bom.ba *substantivo feminino* **1.** Projétil ou artefato explosivo. **2.** Máquina ou aparelho para movimentar líquidos ou gases: *A bomba quebrou e ficamos o dia todo sem água; Foi buscar a bomba e encheu o pneu da bicicleta.* **3.** Artefato que explode com um estouro: *O barulho das bombas alegra a festa de São João.* **4.** Reprovação escolar: *Luís não estudou e levou bomba.*

bombear bom.be.**ar** *verbo* Movimentar (líquido ou gás) por meio de bomba (2): *Com a seca tiveram de bombear água para as cisternas.*

bombeiro bom.**bei**.ro *substantivo masculino* **1.** Homem cujo trabalho é apagar incêndios e resgatar pessoas em perigo. **2.** O mesmo que *encanador*.

bombo bom.bo *substantivo masculino* Instrumento de percussão, tambor de grande tamanho; bumbo, zabumba.

bombom bom.bom *substantivo masculino* Guloseima, geralmente de chocolate, às vezes com recheio de frutas, licor, etc.

bom-senso bom-**sen**.so *substantivo masculino* Capacidade de distinguir entre o certo e o errado, entre o que é bom e o que é ruim, etc.

bondade bon.**da**.de *substantivo feminino* **1.** Qualidade de quem é bom. **2.** Boa ação ou boa vontade para com os outros: *Vê-se a bondade de Ana pelo carinho com que trata as crianças da creche.* **3.** Gentileza: *– Quer ter a bondade de me ajudar a atravessar a rua?.*

bonde bon.de *substantivo masculino* Veículo movido por eletricidade, que trafega sobre trilhos: *O bonde de Santa Teresa, no Rio, é o último que funciona na cidade.*

bondoso bon.**do**.so (dô) *adjetivo* **1.** Que tem bondade: *João é muito bondoso, ajuda a todos.* **2.** Em que há bondade, generosidade: *É tão bondoso que dividiu o dinheiro do prêmio com os colegas pobres.* [Plural: bondosos (dó).]

boné bo.**né** *substantivo masculino* Cobertura para a cabeça, de copa redonda, com uma proteção para os olhos.

boneca bo.**ne**.ca *substantivo feminino* **1.** Brinquedo que imita um bebê, uma criança, ou uma mulher: *Ana gosta de brincar com boneca.* **2.** Menina bonita: *Lia é uma boneca.*

boneco bo.**ne**.co *substantivo masculino* Brinquedo que imita um menino.

bonito bo.**ni**.to *adjetivo* **1.** Agradável à visão, à audição: *uma paisagem bonita; Maria tem uma bonita voz.* **2.** Formoso, belo: *Que bonito vestido o seu!.* **3.** Digno de admiração: *Luís teve um gesto bonito quando ajudou os colegas a estudar.* ✓ *substantivo masculino* **4.** Aquilo que é bonito: *O bonito aqui é este jardim todo florido.* **5.** Ação fora do comum; nobre, brilhante: *Maria fez um bonito no exame: passou em primeiro lugar.*

boquiaberto bo.qui:a.**ber**.to *adjetivo* Muito admirado: *No circo, ficou boquiaberto com a exibição dos trapezistas.*

borboleta bor.bo.**le**.ta (ê) *substantivo feminino* **1.** Inseto de asas coloridas, e de hábitos diurnos. **2.** Veja *roleta*.

borbulhar bor.bu.**lhar** *verbo* **1.** Agitar-se, produzindo bolhas sob efeito do calor, etc.: *A água do café já está borbulhando.* **2.** Agitar-se fortemente: *Neste trecho a água do rio borbulha de tanto peixe.*

borda bor.da *substantivo feminino* O limite, o contorno de alguma coisa; beira, beirada: *Encheu o copo até a borda*; *A borda da saia de Antônia é de renda*.

bordado bor.da.do *adjetivo* **1.** Que é enfeitado com pontos de costura em relevo ou não, formando flores, desenhos diversos, etc., em geral com linha. ✅ *substantivo masculino* **2.** Desenho feito em tecido, etc., com pontos de costura em relevo ou não, para enfeite.

bordar bor.dar *verbo* Enfeitar com bordado: *Ana bordou um desenho de flores na blusa*.

bordo bor.do *substantivo masculino* Cada uma das duas partes em que o interior de uma embarcação é dividida. 🔊 **A bordo. 1.** Dentro de embarcação: *Os passageiros já estão a bordo do navio*. **2.** Dentro de qualquer veículo de transporte como trem, avião, etc.: *No ônibus, todos os passageiros já estavam a bordo*.

boreal bo.re.al *adjetivo de dois gêneros* O mesmo que **setentrional**. [Opõe-se a **austral**.] [Plural: *boreais*.]

borracha bor.ra.cha *substantivo feminino* **1.** Substância elástica sintética ou feita de látex da seringueira ou de outros vegetais, usada para fazer pneus, brinquedos, etc. **2.** Pedaço de borracha (1) próprio para apagar traços de desenho ou de escrita. **3.** Mangueira[1] feita de borracha: *Pegue a borracha para regar as plantas*.

borracheiro bor.ra.chei.ro *substantivo masculino* Aquele que conserta ou vende pneus.

borrachudo bor.ra.chu.do *substantivo masculino* Nome comum a vários mosquitos.

bosque bos.que *substantivo masculino* Grande porção de árvores reunidas: *No sítio há um bosque com lindas árvores*.

bota bo.ta *substantivo feminino* Calçado que cobre a perna ou parte dela: *A parte da bota que cobre a perna tem o nome de cano*; *Botas de borracha são para usar em tempo de chuva*.

botânica bo.tâ.ni.ca *substantivo feminino* Ciência que estuda os vegetais.

botânico

botânico bo.**tâ**.ni.co *adjetivo* **1.** Da, ou relativo à botânica. ✅ *substantivo masculino* **2.** O especialista em botânica.

botão bo.**tão** *substantivo masculino* **1.** A flor antes de desabrochar. **2.** Pequena peça que se usa para fechar o vestuário, fazendo-a entrar na casa (3). [Plural: *botões*.]

botar bo.**tar** *verbo* **1.** Lançar fora; expelir. **2.** Vestir, calçar; pôr: *Botou o sapato novo para ir à festa*. **3.** Preparar, arranjar: *Botou a mesa para o almoço*. **4.** Pôr, colocar ou estender: *Botou o lençol na cama e deitou-se*. **5.** Fazer entrar: *Botou a chave na fechadura*. **6.** Pôr ovos: *A galinha já botou*.

bote bo.te *substantivo masculino* Barco pequeno: *Tomou o bote para atravessar o rio.*

boteco bo.**te**.co *substantivo masculino* O mesmo que *botequim*.

botequim bo.te.**quim** *substantivo masculino* Lugar onde se vendem e se servem bebidas alcoólicas, refrigerantes, café, salgadinhos, sanduíches, etc.; boteco. [Plural: *botequins*.]

botina bo.**ti**.na *substantivo feminino* Bota de cano curto.

boto bo.to (bô) *substantivo masculino* Animal mamífero cetáceo marinho ou de água doce: *Algumas espécies de boto vivem na Amazônia.*

bovídeo bo.**ví**.de:o *substantivo masculino* **1.** Animal mamífero herbívoro, ruminante, que tem casco e chifres: *O boi, a cabra e o carneiro são bovídeos*. ✅ *adjetivo* **2.** Diz-se de animal bovídeo.

bovino bo.**vi**.no *adjetivo* Do, ou relativo ao boi.

boxe bo.xe (xe = cse) *substantivo masculino* Luta esportiva em que dois adversários se dão murros com luvas especiais.

braçal bra.**çal** *adjetivo de dois gêneros* **1.** Relativo ao braço. **2.** Que é feito com os braços: *trabalho braçal*. [Plural: *braçais*.]

braço bra.ço *substantivo masculino* **1.** Cada um dos membros superiores do homem. **2.** Cada um dos membros dianteiros dos quadrúpedes. **3.** Cada uma das partes horizontais da cruz. **4.** Cada uma das duas partes laterais do sofá, poltrona, etc. **5.** Parte estreita de mar ou rio que penetra terra adentro.

bradar bra.**dar** *verbo* **1.** Dizer aos gritos; gritar. **2.** Soltar gritos; gritar.

braile brai.le *substantivo masculino* **1.** Sistema de escrita em relevo criado por Louis Braille (1809-1852) que permite a leitura, pelo tato, aos cegos. ✅ *adjetivo de dois gêneros* **2.** Que é relativo a esse sistema de escrita: *alfabeto braile*.

branco bran.co *adjetivo* **1.** Da cor da neve, do leite, da cal. **2.** Diz-se do indivíduo de pele clara. ✅ *substantivo masculino* **3.** A cor branca. **4.** Indivíduo de pele clara.

brancura bran.**cu**.ra *substantivo feminino* A cor branca: *Seus cabelos têm a brancura da neve.*

brando bran.do *adjetivo* **1.** Delicado, suave: *um tom de voz brando*. **2.** Que não é forte: *Assou a carne em fogo brando*.

branquear bran.que.**ar** *verbo* Tornar(-se) branco: *Pôs a roupa de molho para branqueá-la*; *Os cabelos do meu avô já branquearam*.

brânquia brân.qui:a *substantivo feminino* Órgão da respiração da maioria dos animais aquáticos: *Os moluscos e os peixes têm brânquias*. [Sinônimo: *guelra*.]

brasa bra.sa *substantivo feminino* **1.** Pedaço de carvão ou de madeira que o fogo tornou vermelho: *Este bife foi feito na brasa*. **2.** Diz-se do que está muito quente: *Com a febre, está com a testa que é uma brasa*.

brasileiro bra.si.**lei**.ro *adjetivo* **1.** Do, ou relativo ao Brasil. ✅ *substantivo masculino* **2.** Quem nasceu, ou vive, no Brasil.

brasilidade bra.si.li.**da**.de *substantivo feminino* Sentimento de amor ao Brasil.

brasiliense bra.si.li.**en**.se *adjetivo de dois gêneros* **1.** De Brasília (Distrito Federal), capital do Brasil. ✅ *substantivo de dois gêneros* **2.** Quem nasceu, ou vive, em Brasília.

bravo bra.vo *adjetivo* **1.** Corajoso, valente: *Os bombeiros são homens bravos*. **2.** Cheio de cólera, de raiva; colérico: *Ficou brava com a grosseria do rapaz*. **3.** Muito agitado; temeroso: *O mar amanheceu bravo*. **4.** Feroz: *Cuidado, cachorro bravo!*.

brecar bre.car *verbo* Parar (veículo automóvel) com o breque; frear: *Ao ver o sinal vermelho, brecou o carro*.

brejo bre.jo *substantivo masculino* O mesmo que *pântano*: *Os sapos vivem no brejo*.

breque bre.que *substantivo masculino* Freio.

breu *substantivo masculino* Substância negra, espessa e inflamável extraída do carvão mineral.

breve bre.ve *adjetivo de dois gêneros* **1.** Que não dura muito; curto: *um discurso breve*. **2.** De pouca extensão; curto: *Fiz uma viagem breve*. ✓ *advérbio* **3.** Dentro de pouco tempo; brevemente: *Breve chegarei aí*.

briga bri.ga *substantivo feminino* **1.** Luta, conflito. **2.** Rompimento de relações: *Houve uma briga entre os dois amigos*.

brigadeiro bri.ga.**dei**.ro *substantivo masculino* Docinho redondo, feito de chocolate e leite condensado.

brigadeiro do ar bri.ga.dei.ro do **ar** *substantivo masculino* Veja *hierarquia militar*. [Plural: *brigadeiros do ar*.]

brigar bri.gar *verbo* **1.** Lutar, combater: *Os dois vizinhos brigaram um com o outro*. **2.** Disputar: *Brigaram pelo primeiro lugar na corrida*.

briguento bri.**guen**.to *adjetivo* Que gosta de brigar.

brilhante bri.**lhan**.te *adjetivo de dois gêneros* **1.** Que brilha; cintilante: *O planeta Vênus aparece no céu como uma estrela muito brilhante*. **2.** Notável; excepcional: *João é um aluno brilhante*.

brilhar bri.**lhar** *verbo* **1.** Lançar uma luz muito viva; cintilar: *No escuro, as estrelas brilham mais*. **2.** Fazer-se notar pela inteligência, pelo talento; destacar-se: *Mara brilha entre as colegas*.

brilho bri.lho *substantivo masculino* **1.** Luz viva, cintilante: *o brilho das estrelas*. **2.** Esplendor, pompa: *O brilho da festa aumenta cada ano*.

brincadeira brin.ca.**dei**.ra *substantivo feminino* **1.** Ato de brincar. **2.** Divertimento, brinquedo: *Gosto de brincadeira de roda*.

brincalhão brin.ca.**lhão** *adjetivo* **1.** Que gosta de brincar. ✓ *substantivo masculino* **2.** Indivíduo que gosta de brincar, de fazer graça: *Luís é um brincalhão*. [Feminino: *brincalhona*.]

brincar brin.car *verbo* Fazer alguma coisa só para se divertir: *Maria gosta de brincar de professora com as amiguinhas*.

brinco brin.co *substantivo masculino* Enfeite que se usa na orelha.

brindar brin.dar *verbo* Dar um presente a alguém: *Eli brindou a amiga com um belo caderno*.

brinquedo brin.**que**.do *substantivo masculino* **1.** Objeto próprio para se brincar. **2.** O mesmo que *brincadeira*.

brinquedoteca brin.que.do.**te**.ca *substantivo feminino* Lugar com brinquedos, jogos, enfeites, fantasias, material de pintura, etc., próprio para as crianças se divertirem.

brisa bri.sa *substantivo feminino* Vento fraco, suave.

broa bro.a (ô) *substantivo feminino* Espécie de bolo de fubá de milho, arroz, etc.

broca

broca bro.ca *substantivo feminino* Nome comum aos insetos, ou às suas larvas e lagartas, que corroem ou perfuram a madeira e outros materiais; bicho.

brócolis bró.co.lis *substantivo masculino plural* Verdura de que se utilizam, principalmente, as flores, que nascem juntas umas das outras.

bromélia bro.mé.li:a *substantivo feminino* Planta de folhas duras e flores coloridas, muito cultivada para enfeitar jardins, etc.

bronca bron.ca *substantivo feminino* Censura, repreensão: *Levou uma bronca da mãe por não ter feito o dever da escola.*

brônquio brôn.qui:o *substantivo masculino* Cada um dos dois canais em que se divide a traqueia, e cujas ramificações (os bronquíolos) levam ar aos pulmões.

bronquite bron.qui.te *substantivo feminino* Inflamação dos brônquios.

bronze bron.ze *substantivo masculino* **1.** Liga metálica de cobre e estanho. **2.** Escultura feita de bronze.

brotar bro.tar *verbo* **1.** Apresentar (o vegetal) brotos, folhas, flores. **2.** Surgir com ímpeto; jorrar: *A água brotava entre as pedras do jardim.*

broto bro.to (brô) *substantivo masculino* Cada folha, galho, flor que aparece na planta: *O pé de feijão está cheio de brotos; logo vamos ter feijão na mesa.*

brotoeja bro.to.e.ja (ê) *substantivo feminino* Erupção da pele, com prurido, formada por pequenas bolhas com líquido.

bruços bru.ços *substantivo masculino plural* Usado na locução *de bruços*. 🔊 **De bruços**. Com o ventre e o rosto voltados para baixo, em posição horizontal.

brutal bru.tal *adjetivo de dois gêneros* **1.** Próprio de bruto: *ação brutal*. **2.** Cruel, violento: *Na história, o rei era brutal*. [Plural: *brutais*.]

bruto bru.to *adjetivo* **1.** Como encontrado na natureza; não lapidado: *um diamante bruto*. **2.** Que é grosseiro, estúpido: *um homem bruto*.

bulbo

bruxa bru.xa *substantivo feminino* Feminino de *bruxo*.

bruxaria bru.xa.ri.a *substantivo feminino* O mesmo que *feitiçaria*.

bruxo bru.xo *substantivo masculino* O mesmo que *feiticeiro*.

bucal bu.cal *adjetivo de dois gêneros* Da, ou relativo à boca: *higiene bucal*. [Plural: *bucais*.]

bueiro bu.ei.ro *substantivo masculino* Abertura, ou os canos, por onde escoam águas: *Limparam os bueiros e agora, quando chove, não há mais enchente na minha rua.*

búfalo bú.fa.lo *substantivo masculino* Animal da família dos bois, com pelo ralo, cauda curta e chifres achatados e inclinados para baixo.

bufar bu.far *verbo* **1.** Expelir, com força, ar pela boca ou pelo nariz. **2.** Ficar muito irritado: *Paulo saiu bufando com a grosseria do amigo.*

bufê bu.fê *substantivo masculino* **1.** Móvel em que se coloca comida para que as pessoas se sirvam. **2.** A comida posta sobre esse móvel. **3.** Empresa que, sob encomenda, faz comida para festas, etc.

bujão bu.jão *substantivo masculino* Recipiente metálico para gás. [Plural: *bujões*.]

bula bu.la *substantivo feminino* **1.** Impresso que vem junto com o medicamento e que contém informações sobre sua composição, uso, etc. **2.** Na Igreja católica, carta muito importante do papa.

bulbo bul.bo *substantivo masculino* Caule, geralmente subterrâneo, que guarda a parte nutritiva com que a planta faz renascer, todos os anos, a parte que fica acima da terra: *A cebola é um bulbo.*

bule **bu**.le *substantivo masculino* Recipiente com tampa, asa e bico, para servir chá, café, chocolate, etc.

bumba meu boi **bum**.ba meu **boi** *substantivo masculino de dois números* Bailado popular cômico e dramático, cujos personagens são gente, bichos e seres fantásticos, como o gigante e a alma do outro mundo; o tema é a morte e a ressurreição do boi; boi-bumbá.

bumbo **bum**.bo *substantivo masculino* O mesmo que *bombo*.

bumbum **bum**.**bum** *substantivo masculino* O mesmo que *bunda*. [Plural: *bumbuns*.]

bunda **bun**.da *substantivo feminino* Região do corpo que inclui as nádegas e o ânus.

buquê **bu**.**quê** *substantivo masculino* Feixe de flores; ramalhete, ramo: *Ganhou dos filhos um buquê de flores.*

buraco **bu**.**ra**.co *substantivo masculino* **1.** Abertura natural ou artificial numa superfície; cavidade. **2.** Abertura redonda, ou geralmente arredondada; furo: *A bala fez um buraco na parede.*

buriti **bu**.**ri**.**ti** *substantivo masculino* **1.** Palmeira com até 25 metros de altura, de cujo fruto se extrai óleo. **2.** O fruto do buriti, comestível.

burrice **bur**.**ri**.ce *substantivo feminino* Asneira, tolice.

burro **bur**.ro *substantivo masculino* O mesmo que *jumento*.

busca **bus**.ca *substantivo feminino* Ação de busca, ou o resultado desta ação: *Depois de muita busca, acharam o gatinho perdido.*

busca-pé **bus**.ca-**pé** *substantivo masculino* Fogo de artifício que sai fazendo zigue-zague pelo chão e, geralmente, acaba num estouro. [Plural: *busca-pés*.]

buscar **bus**.**car** *verbo* **1.** Procurar descobrir, ou encontrar, alguém ou alguma coisa: *Buscou o cachorrinho a tarde toda, mas não o encontrou.* **2.** Trazer de algum lugar: *Foi buscar o irmão na escola.* **3.** Recorrer a: *Buscou um médico para tratar a criança.*

bússola **bús**.**so**.la *substantivo feminino* Aparelho que consta de uma agulha magnética móvel em torno de um eixo, e que é usada para orientação.

busto **bus**.to *substantivo masculino* **1.** A parte superior do corpo humano, que vai da cintura ao pescoço: *Naquela praça, há um busto do poeta português Luís de Camões.* **2.** As mamas da mulher.

butiá **bu**.**ti**.**á** *substantivo masculino* Palmeira que produz pequenos frutos muito apreciados.

butique **bu**.**ti**.que *substantivo feminino* Pequena loja, especializada em roupas, bijuterias, etc.

buzina **bu**.**zi**.na *substantivo feminino* Aparelho elétrico sonoro usado em automóveis e veículos do mesmo gênero para dar sinal de advertência: *A buzina do carro do papai toca uma musiquinha.*

buzinar **bu**.**zi**.**nar** *verbo* Tocar, ou fazer soar a buzina: *Buzinou para que o pedestre descuidado não atravessasse a rua.*

búzio **bú**.**zi**:o *substantivo masculino* Nome das conchas em espiral dos moluscos.

camaleão

c (cê) *substantivo masculino* A terceira letra do nosso alfabeto.

cá[1] *advérbio* Em lugar próximo ou junto de onde se está: *Venha para cá, não fique perto do fogo.*

cá[2] *substantivo masculino* A letra *k*.

caatinga ca.a.**tin**.ga *substantivo feminino* Vegetação composta por árvores baixas, geralmente com espinhos, que perdem as folhas no período da seca. [É comum no Nordeste brasileiro.]

cabana ca.**ba**.na *substantivo feminino* Pequena casa de madeira com telhado feito geralmente de palha.

cabeça ca.**be**.ça *substantivo feminino* **1.** Parte do corpo humano, e de outros animais, onde estão situados o cérebro, os olhos, as orelhas, o nariz e a boca. **2.** A parte de cima de certos objetos: *cabeça de alfinete*.

cabeçada ca.be.**ça**.da *substantivo feminino* Pancada que se dá com a cabeça.

cabeçalho ca.be.**ça**.lho *substantivo masculino* **1.** Palavras que vêm acima de texto ou mensagem, para informar o leitor sobre o que ele vai ler. [Sinônimo: *título*.] **2.** Conjunto de informações, como o nome do aluno, a data, a matéria, no alto de uma prova, de uma tarefa, etc.

cabeceira ca.be.**cei**.ra *substantivo feminino* **1.** A parte da cama onde se deita a cabeça. **2.** Cada uma das duas extremidades de uma mesa retangular. **3.** Lugar onde nasce um rio.

cabeleireiro ca.be.lei.**rei**.ro *substantivo masculino* **1.** Profissional que corta, penteia e/ou pinta o cabelo. **2.** Local onde este profissional trabalha.

cabelo ca.**be**.lo (ê) *substantivo masculino* **1.** O conjunto de pelos da cabeça de uma pessoa: *O menino penteou o cabelo para sair.* **2.** Cada pelo da cabeça ou de qualquer parte do corpo humano.

cabeludo ca.be.**lu**.do *adjetivo* **1.** Que tem muito cabelo: *perna cabeluda*. **2.** Que está com o cabelo grande.

caber ca.**ber** *verbo* **1.** Poder entrar ou passar por um lugar: *O sofá só coube passando pela janela.* **2.** Ocupar determinado espaço: *Alguns livros não couberam na estante.*

cabide ca.**bi**.de *substantivo masculino* Objeto de madeira, metal ou plástico para pendurar roupa.

cabine ca.**bi**.ne *substantivo feminino* **1.** Pequeno compartimento: *cabine de telefone*. **2.** Lugar no caminhão ou no avião em que vai o motorista ou o piloto.

cabo[1] ca.bo *substantivo masculino* **1.** Veja *hierarquia militar*. **2.** Ponta de terra que entra pelo mar.

cabo[2] ca.bo *substantivo masculino* Lugar próprio por onde se seguram certos objetos: *o cabo da faca; o cabo da vassoura.*

caboclo ca.**bo**.clo (bô) *substantivo masculino* Mestiço de branco com índio: *Os caboclos têm pele morena e cabelos negros e lisos.*

cabra ca.bra *substantivo feminino* A fêmea do bode. [O leite da cabra é usado na alimentação humana.]

cabra-cega ca.bra-**ce**.ga *substantivo feminino* Brincadeira, com dois ou mais participantes, em que uma pessoa, com os olhos tapados, tem de agarrar outra, que irá substituí-la. [Plural: *cabras-cegas*.]

cabresto ca.**bres**.to (ê) *substantivo masculino* Correia que serve para prender a montaria pela cabeça.

cabriola ca.bri.**o**.la *substantivo feminino* Cambalhota.

cabrito ca.**bri**.to *substantivo masculino* Filhote do bode e da cabra.

caça ca.ça *substantivo feminino* **1.** O mesmo que *caçada*: *Os indígenas vivem da caça e da pesca*. **2.** Animal que o caçador persegue para capturar ou matar.

caçada ca.**ça**.da *substantivo feminino* Ação de caçar, ou o resultado desta ação; caça.

caçador ca.ça.**dor** (ô) *substantivo masculino* Aquele que caça. [Plural: *caçadores*.]

cação ca.**ção** *substantivo masculino* O mesmo que *tubarão*. [Plural: *cações*.]

caçapa ca.**ça**.pa *substantivo feminino* Cada um dos seis buracos da mesa de sinuca.

caçar ca.**çar** *verbo* Perseguir animais para os capturar ou matar.

cacareco ca.ca.**re**.co *substantivo masculino* Coisa velha de pouca utilidade ou valor.

cacarejar ca.ca.re.**jar** *verbo* Cantar (a galinha).

caçarola ca.ça.**ro**.la *substantivo feminino* Panela de metal, com cabo e tampa.

cacau ca.**cau** *substantivo masculino* O fruto alongado de uma árvore de folhas grandes (o cacaueiro), com cujas sementes se fabrica o chocolate.

cachaça ca.**cha**.ça *substantivo feminino* Bebida alcoólica feita a partir da cana-de-açúcar.

cachimbo ca.**chim**.bo *substantivo masculino* Pequeno tubo com uma espécie de forninho numa das pontas, que serve para fumar.

cacho ca.cho *substantivo masculino* **1.** Conjunto de flores ou frutos dispostos num talo comum: *cacho de uva*. **2.** Porção de cabelos da cabeça, enrolada em anéis: *Penteou-se com cachos*.

cachoeira ca.cho.**ei**.ra *substantivo feminino* Corrente de água de um rio que cai de certa altura.

cachorro ca.**chor**.ro (chô) *substantivo masculino* O mesmo que *cão*.

cachorro-quente ca.chor.ro-**quen**.te *substantivo masculino* Salsicha quente, com ou sem molho, servida num pão alongado. [Plural: *cachorros-quentes*.]

cacique ca.**ci**.que *substantivo masculino* Chefe indígena.

caco ca.co *substantivo masculino* Pequeno pedaço de louça, vidro, telha, etc.

caçoar ca.ço.**ar** *verbo* Fazer de alguém, ou de algo, alvo de brincadeira, de riso; zombar: *José é um menino educado que não tem o hábito de caçoar dos outros*.

cacoete ca.co.**e**.te (ê) *substantivo masculino* O mesmo que *tique*.

cacto cac.to *substantivo masculino* Planta sem folhas, cujo caule tem muita água, geralmente com espinhos e flores vistosas, típica de lugares quentes e secos.

caçula ca.**çu**.la *adjetivo de dois gêneros* **1.** Que é o mais novo dos filhos, ou dos irmãos. ✓ *substantivo de dois gêneros* **2.** O mais novo dos filhos, ou dos irmãos.

cada ca.da *pronome indefinido* Palavra usada para destacar pessoa ou coisa que faz parte de um grupo: *Cada menino da escola ganhou um livro*.

cadarço ca.**dar**.ço *substantivo masculino* Cordão para amarrar o calçado.

cadastrar ca.das.**trar** *verbo* Fazer o registro de algo ou alguém: *Meu pai me cadastrou num site para estudantes*.

cadáver

cadáver ca.**dá**.ver *substantivo masculino* O corpo sem vida de ser humano ou animal.

cadeado ca.de.**a**.do *substantivo masculino* Fechadura portátil e móvel, usada, por exemplo, para prender correntes, fechar malas, etc.

cadeia ca.**dei**.a *substantivo feminino* **1.** Corrente de anéis. **2.** Lugar onde ficam as pessoas que cometeram crime, ou as que vão ser julgadas por certos crimes: *Puseram o ladrão na cadeia*. **3.** Série, sequência: *cadeia de montanhas*. **4.** Rede de emissoras de rádio ou de televisão para transmitir um mesmo programa.

cadeira ca.**dei**.ra *substantivo feminino* Móvel com assento, encosto e pés, para uma só pessoa.

cadela ca.**de**.la *substantivo feminino* A fêmea do cão.

cadente ca.**den**.te *adjetivo de dois gêneros* Que cai: *estrela cadente*.

caderneta ca.der.**ne**.ta (nê) *substantivo feminino* Pequeno caderno para anotações.

caderno ca.**der**.no *substantivo masculino* Conjunto de folhas de papel, unidas por um dos lados, e protegidas por uma capa.

caduco ca.**du**.co *adjetivo* Que perdeu a razão, ou parte dela, geralmente por velhice.

café ca.**fé** *substantivo masculino* **1.** O fruto do cafeeiro. **2.** Bebida escura feita com as sementes do fruto do cafeeiro, depois de secas, torradas e moídas. **3.** Estabelecimento onde se pode consumir esta bebida: *Costumo lanchar no café da esquina*.

café da manhã ca.fé da ma.**nhã** *substantivo masculino* A primeira refeição do dia. [Plural: *cafés da manhã*.]

cafeeiro ca.fe.**ei**.ro *substantivo masculino* Arbusto tropical cujo fruto dá os grãos do café.

cafeicultor ca.fe.i.cul.**tor** (ô) *substantivo masculino* Plantador de cafeeiros.

cafuné ca.fu.**né** *substantivo masculino* Ação de coçar delicadamente a cabeça de uma pessoa.

cais

cafuzo ca.**fu**.zo *substantivo masculino* Mestiço de negro com índio.

cágado **cá**.ga.do *substantivo masculino* Tipo de tartaruga de água doce, de carapaça alta.

caiapó cai.a.**pó** *substantivo de dois gêneros* **1.** Indivíduo dos caiapós, povo indígena brasileiro. ✓ *adjetivo de dois gêneros* **2.** Relativo a esse povo.

cãibra **cãi**.bra *substantivo feminino* Contração dolorosa dos músculos.

caipira cai.**pi**.ra *substantivo de dois gêneros* Habitante do campo ou da roça.

caipora cai.**po**.ra *substantivo masculino e feminino* Ser fantástico da mitologia indígena tupi, protetor dos animais da floresta.

cair ca.**ir** *verbo* **1.** Ir em direção ao chão: *O vaso caiu da mesa e quebrou*. **2.** Diminuir de valor: *O preço da gasolina caiu*. **3.** Acontecer em determinada data: *Este ano o meu aniversário cai no domingo*.

cais *substantivo masculino de dois números* Parte de um porto onde as embarcações realizam o embarque e o desembarque de passageiros e carga.

caixa | cálcio

caixa cai.xa *substantivo feminino* Recipiente de papel, madeira, plástico, metal, etc., para guardar ou transportar coisas. [Geralmente tem quatro lados, um fundo e uma tampa.]

caixa-forte cai.xa-**for**.te *substantivo feminino* Num banco, local para a guarda de dinheiro, joias, etc., protegido contra roubos. [Plural: *caixas-fortes*.]

caixão cai.**xão** *substantivo masculino* Caixa de madeira, com tampa, onde se coloca o corpo do morto para o enterrar ou cremar. [Plural: *caixões*.]

caixote cai.**xo**.te *substantivo masculino* Caixa de madeira para guardar ou transportar coisas.

cajá ca.**já** *substantivo masculino* O fruto amarelo e ácido de uma árvore alta (o cajazeiro), muito usado em sucos e sorvetes.

caju ca.**ju** *substantivo masculino* Haste comestível, amarela ou avermelhada, que sustenta o fruto do cajueiro, a castanha.

cajueiro ca.ju.**ei**.ro *substantivo masculino* Árvore de folhas grandes, que dá o caju e a castanha.

cajuzinho ca.ju.**zi**.nho *substantivo masculino* Doce de amendoim com o formato de um pequeno caju.

cal *substantivo feminino* Substância branca, em pó, usada em construções. [Plural: *cales* e *cais*.]

calafrio ca.la.**fri**:o *substantivo masculino* **1.** Tremor, acompanhado de sensação de frio, que geralmente é causado por febre. **2.** Arrepio que, de repente, percorre o corpo: *O menino sentiu um calafrio quando a bola quebrou a vidraça.*

calamidade ca.la.mi.**da**.de *substantivo feminino* Qualquer acontecimento que traz destruição e sofrimento: *A forte chuva foi uma calamidade que fez muitos danos.*

calango ca.**lan**.go *substantivo masculino* Espécie de lagarto terrestre, maior do que a lagartixa, que se alimenta de insetos e vermes.

calar ca.**lar** *verbo* **1.** Ficar em silêncio: *Todos calaram e ouviram com atenção a história*; *De repente o passarinho calou-se.* **2.** Fazer com que fique em silêncio: *Somente a presença da mãe calou o bebê.*

calça cal.ça *substantivo feminino* Peça do vestuário masculino e feminino que, partindo da cintura, cobre, separadamente, cada perna até o pé.

calçada cal.**ça**.da *substantivo feminino* A parte mais elevada em cada lado da rua, destinada aos pedestres; passeio.

calçado cal.**ça**.do *substantivo masculino* Qualquer peça do vestuário, como sapato, tênis, sandália, chinelo, etc., que serve para cobrir e proteger os pés.

calçamento cal.ça.**men**.to *substantivo masculino* Camada de pedras, asfalto, etc., com que se revestem as ruas.

calcanhar cal.ca.**nhar** *substantivo masculino* A parte posterior do pé.

calção cal.**ção** *substantivo masculino* Calça curta que, geralmente, não ultrapassa o meio da coxa. [Plural: *calções*.]

calçar cal.**çar** *verbo* **1.** Pôr calçado nos pés: *Calçou a bota, tomou café e saiu.* **2.** Pôr madeira, pedra, etc., sobre algo para o firmar: *Calçou a mesa para ela não ficar bamba.*

calcário cal.**cá**.ri:o *substantivo masculino* Rocha com muitas utilidades: é usada na produção de cimento e de cal, na agricultura para corrigir o solo, na fabricação do vidro, etc.

calcinha cal.**ci**.nha *substantivo feminino* Roupa de baixo feminina que cobre as nádegas e o púbis.

cálcio **cál**.ci:o *substantivo masculino* Elemento químico abundante na natureza e essencial para muitos organismos vivos: *O leite é rico em cálcio.*

82

calculadora · camada

calculadora cal.cu.la.**do**.ra (dô) *substantivo feminino* Máquina eletrônica para fazer cálculos.

calcular cal.cu.**lar** *verbo* **1.** Procurar saber, fazendo conta ou medição: *O arquiteto calculou o tamanho dos quartos.* **2.** Ter ideia, imaginar: *Você não calcula o trabalho que deu para fazer este bolo.*

cálculo **cál**.cu.lo *substantivo masculino* Qualquer operação matemática.

calda **cal**.da *substantivo feminino* Mistura de água e açúcar, fervidos no mesmo recipiente.

caldeirão cal.dei.**rão** *substantivo masculino* Panela grande, geralmente com alças. [Plural: *caldeirões*.]

caldo **cal**.do *substantivo masculino* **1.** Líquido que se obtém cozinhando carne, peixe, legumes, etc., geralmente com temperos. **2.** Sumo da polpa dos frutos ou do caule de certas plantas.

calendário ca.len.**dá**.ri:o *substantivo masculino* Folha ou quadro, ou série de folhas ou quadros, com indicação dos meses, dias e semanas do ano.

calha ca.lha *substantivo feminino* Canal que acompanha a borda do telhado e que recolhe a água da chuva.

calhar ca.**lhar** *verbo* Ser oportuno: *Sua ajuda veio a calhar.*

cálice[1] **cá**.li.ce *substantivo masculino* Copo com pé, para vinho e outras bebidas.

cálice[2] **cá**.li.ce *substantivo masculino* Parte que envolve a flor externamente, e que é formada por pequenas peças, geralmente verdes.

caligrafia ca.li.gra.**fi**.a *substantivo feminino* Arte de traçar bem as letras.

calma **cal**.ma *substantivo feminino* **1.** Estado de ânimo de quem é, ou está, sereno, tranquilo: *Gosto da calma de meu pai, ele nunca fica zangado.* **2.** Ausência de barulho, de confusão, de agitação: *A rua, aos sábados, era uma calma só.*

calmante cal.**man**.te *substantivo masculino* Medicamento que acalma.

calmaria cal.ma.**ri**.a *substantivo feminino* **1.** Ausência de ventos no mar. **2.** Calma (2), sossego, tranquilidade.

calmo **cal**.mo *adjetivo* **1.** Que é, ou está, sereno, tranquilo: *João é um menino calmo e alegre.* **2.** Sem agitação, sem confusão: *Ontem tive um dia calmo.*

calo **ca**.lo *substantivo masculino* Camada espessa de pele, geralmente nas mãos ou nos pés, causada por atrito.

calombo ca.**lom**.bo *substantivo masculino* Inchação ou caroço na pele.

calor ca.**lor** (ô) *substantivo masculino* Temperatura elevada: *Que calor insuportável fez hoje!*

caloria ca.lo.**ri**.a *substantivo feminino* **1.** Unidade de medida de calor. **2.** Unidade que mede a quantidade de energia que um alimento fornece ao corpo: *Os doces têm muitas calorias.*

calórico ca.**ló**.ri.co *adjetivo* **1.** Relativo a calor. **2.** Relativo a caloria: *Os alimentos muito calóricos engordam.*

calouro ca.**lou**.ro *substantivo masculino* **1.** Estudante novato. **2.** Indivíduo inexperiente.

calvície cal.**ví**.ci:e *substantivo feminino* Perda de cabelo; estado de calvo.

calvo **cal**.vo *adjetivo* **1.** Que não tem cabelo na cabeça, ou em parte dela. ✓ *substantivo masculino* **2.** Homem calvo. [Sinônimo: *careca*.]

cama **ca**.ma *substantivo feminino* Móvel em que se dorme ou repousa.

camada ca.**ma**.da *substantivo feminino* Cada uma das porções de substâncias postas umas sobre as outras: *Na festa havia muitos doces e um bolo de três camadas.*

cama de gato | camisa

cama de gato ca.ma de ga.to *substantivo feminino* Brinquedo em que se põe, nos dedos de ambas as mãos, um barbante com as pontas atadas, e que é, então, retirado com os dedos das mãos por um parceiro. [Plural: *camas de gato*.]

camaleão ca.ma.le.ão *substantivo masculino* Animal da Ásia e da África, semelhante ao lagarto, de língua comprida e uma cauda capaz de agarrar coisas. [O camaleão muda de cor conforme o ambiente em que se encontra.] [Plural: *camaleões*.]

câmara câ.ma.ra *substantivo feminino* **1.** Quarto, sobretudo o de dormir. **2.** Assembleia que tem o poder de elaborar leis. **3.** Lugar onde se reúne essa assembleia. **4.** O mesmo que *câmera*.

camarada ca.ma.ra.da *substantivo de dois gêneros* **1.** Pessoa que se vê com frequência e com quem se pratica uma atividade; companheiro. **2.** Pessoa que mantém com outra uma relação de amizade; amigo.

camaradagem ca.ma.ra.da.gem *substantivo feminino* Bom entendimento entre camaradas. [Plural: *camaradagens*.]

camarão ca.ma.rão *substantivo masculino* Crustáceo de carne muito apreciada. [Plural: *camarões*.]

camareiro ca.ma.rei.ro *substantivo masculino* Criado de hotel, navio, etc.

camarim ca.ma.rim *substantivo masculino* Lugar onde os artistas se preparam antes de apresentar-se em público. [Plural: *camarins*.]

camarote ca.ma.ro.te *substantivo masculino* **1.** Em teatros e em certos espetáculos, compartimento separado da plateia, geralmente reservado a um pequeno número de espectadores. **2.** Nos navios, quarto para passageiros ou tripulantes.

cambalear cam.ba.le.ar *verbo* Andar sem firmeza, oscilando para os lados: *Bateu com a cabeça ao cair, e levantou-se cambaleando*.

cambalhota cam.ba.lho.ta *substantivo feminino* Salto em que se gira sobre o próprio corpo, passando as pernas por cima da cabeça; cabriola.

camelo ca.me.lo (ê) *substantivo masculino* Animal mamífero de pescoço comprido e duas corcovas, usado como montaria nos desertos da Ásia e da África porque consome muito pouca água.

camelô ca.me.lô *substantivo de dois gêneros* Vendedor de rua; ambulante.

câmera câ.me.ra *substantivo feminino* Aparelho para fotografar ou filmar; câmara.

caminhada ca.mi.nha.da *substantivo feminino* **1.** Ação de caminhar, ou o resultado desta ação. **2.** Grande extensão de caminho percorrido ou por percorrer: *Daqui ao centro da cidade é uma boa caminhada*.

caminhão ca.mi.nhão *substantivo masculino* Grande veículo para transportar carga.

caminhar ca.mi.nhar *verbo* Percorrer um caminho a pé; andar: *Todos os dias, caminho de casa à escola*.

caminho ca.mi.nho *substantivo masculino* **1.** Faixa de terreno que se destina à passagem de pessoas ou de veículos: *Seguimos por um caminho estreito no meio do bosque*. **2.** Percurso: *Daqui até a cidade é um longo caminho*. **3.** Direção, rumo: *Precisei perguntar qual era o caminho para chegar à casa de meu amigo*.

caminhonete ca.mi.nho.ne.te *substantivo feminino* Veículo para transportar passageiros e carga.

camisa ca.mi.sa *substantivo feminino* Peça de roupa, com mangas curtas ou compridas, que cobre o tórax.

camiseta

camiseta ca.mi.**se**.ta (ê) *substantivo feminino* Camisa de malha, com mangas curtas ou sem mangas.

camisinha ca.mi.**si**.nha *substantivo feminino* Proteção fina de borracha para o pênis, usada na relação sexual para evitar a concepção e doenças sexualmente transmissíveis; preservativo.

camisola ca.mi.**so**.la *substantivo feminino* Espécie de vestido que as mulheres usam para dormir.

camomila ca.mo.**mi**.la *substantivo feminino* Planta de flores perfumadas que servem para fazer chá (3).

campainha cam.pa.**i**.nha *substantivo feminino* Mecanismo geralmente elétrico que, acionado, emite som característico.

campanha cam.**pa**.nha *substantivo feminino* **1.** Operação de guerra. **2.** Conjunto de meios empregados para chegar a determinado objetivo: *campanha eleitoral*.

campeão cam.pe.**ão** *substantivo masculino* Vencedor, individual ou coletivo, de uma prova, campeonato ou torneio. [Plural: *campeões*.]

campeonato cam.pe:o.**na**.to *substantivo masculino* Competição ou prova esportiva cujo vencedor recebe o título de campeão.

campestre cam.**pes**.tre *adjetivo de dois gêneros* Relativo ao campo, ou do campo: *A vida campestre é tranquila*.

campina cam.**pi**.na *substantivo feminino* Campo extenso, pouco acidentado e sem árvores; prado.

campo cam.po *substantivo masculino* **1.** Extensão de terra sem mata, com algumas árvores ou sem elas. **2.** Grande terreno com pastagens ou destinado à agricultura. **3.** Zona fora das grandes cidades, na qual predominam as atividades agrícolas. **4.** Matéria, assunto.

campo-grandense cam.po-gran.**den**.se *adjetivo de dois gêneros* **1.** De Campo Grande, capital do estado de Mato Grosso do Sul. ✓ *substantivo de dois gêneros* **2.** Quem nasceu, ou vive, em Campo Grande. [Plural: *campo-grandenses*.]

cancela

camponês cam.po.**nês** *substantivo masculino* Pessoa que vive no campo ou nele trabalha: *Os camponeses são geralmente agricultores*.

camuflagem ca.mu.**fla**.gem *substantivo feminino* Ação de camuflar(-se), ou o resultado desta ação. [Plural: *camuflagens*.]

camuflar ca.mu.**flar** *verbo* **1.** Ocultar com pintura, ou com galhos de árvore, etc., para não ser notado: *Os soldados camuflaram a caminhonete*. **2.** Disfarçar-se de modo a confundir-se com o ambiente: *O camaleão se camufla*.

camundongo ca.mun.**don**.go *substantivo masculino* Pequeno roedor doméstico.

cana ca.na *substantivo feminino* Caule de plantas como o bambu, a cana-de-açúcar, etc.

cana-de-açúcar ca.na-de-a.**çú**.car *substantivo feminino* Planta cujo caule serve para fazer açúcar, álcool, melado, cachaça, etc. [Plural: *canas-de-açúcar*.]

canal ca.**nal** *substantivo masculino* **1.** Escavação por onde corre água. **2.** Obra de engenharia que une oceanos, mares, etc.: *O canal do Panamá liga o oceano Atlântico ao Pacífico*. **3.** Estreito (4): *O canal da Mancha separa a Inglaterra da França*. **4.** Cavidade ou tubo que dá passagem a gases ou líquidos. **5.** Tubo, relativamente estreito, por onde transitam matérias diversas. **6.** Emissora de televisão: *O jogo foi transmitido por apenas um canal*. [Plural: *canais*.]

canalizar ca.na.li.**zar** *verbo* **1.** Fazer escoar por meio de canais ou valas: *Canalizou águas para regar a horta*. **2.** Pôr canos de esgoto em: *O prefeito canalizou as ruas*.

canário ca.**ná**.ri:o *substantivo masculino* Pequeno pássaro, quase sempre amarelo, de canto harmonioso.

canavial ca.na.vi.**al** *substantivo masculino* Plantação de cana-de-açúcar. [Plural: *canaviais*.]

canção can.**ção** *substantivo feminino* Composição musical para ser cantada; cantiga.

cancela can.**ce**.la *substantivo feminino* Porta em cerca, geralmente baixa e de madeira.

85

cancelamento

cancelamento can.ce.la.**men**.to *substantivo masculino* Ação de cancelar, ou o resultado desta ação.

cancelar can.ce.**lar** *verbo* **1.** Riscar (o que está escrito). **2.** Dar como nulo, anular: *cancelar uma passagem*. **3.** Desistir de: *cancelar uma viagem*.

câncer **cân**.cer *substantivo masculino* Tumor maligno.

canceroso can.ce.**ro**.so (rô) *adjetivo* Que tem câncer, ou é da natureza do câncer: *tumor canceroso*. [Plural: *cancerosos* (ró).]

candango can.**dan**.go *substantivo masculino* **1.** Operário que trabalhou na construção de Brasília. **2.** Qualquer dos primeiros habitantes de Brasília.

candelabro can.de.**la**.bro *substantivo masculino* Grande castiçal, com várias lâmpadas.

candidatar-se can.di.da.**tar**-se *verbo* Apresentar-se como candidato.

candidato can.di.**da**.to *substantivo masculino* Aquele que concorre a cargo eletivo, emprego, etc.

candidatura can.di.da.**tu**.ra *substantivo feminino* Qualidade ou condição de candidato.

cândido **cân**.di.do *adjetivo* Puro, ingênuo, inocente: *É uma criança cândida*.

candomblé can.dom.**blé** *substantivo masculino* Prática religiosa de origem africana.

caneca ca.**ne**.ca *substantivo feminino* Vaso pequeno, com uma asa, para líquidos.

canela¹ ca.**ne**.la *substantivo feminino* **1.** Árvore cuja casca é usada como especiaria. **2.** A casca dessa árvore, que se usa como tempero.

canela² ca.**ne**.la *substantivo feminino* Parte dianteira da perna entre o joelho e o pé.

cano

caneta ca.**ne**.ta (ê) *substantivo feminino* Pequeno tubo que serve para escrever com tinta.

cangaceiro can.ga.**cei**.ro *substantivo masculino* Bandido que agia no interior nordestino, e que andava sempre fortemente armado.

cangaço can.**ga**.ço *substantivo masculino* A vida levada pelo cangaceiro.

canguru can.gu.**ru** *substantivo masculino* Animal mamífero marsupial da Austrália, que dá grandes saltos para se deslocar. [A fêmea do canguru tem na barriga um envoltório em forma de bolsa, no qual carrega o filhote.]

canhão ca.**nhão** *substantivo masculino* Peça de artilharia de grande poder de destruição, e que lança projéteis a longa distância. [Plural: *canhões*.]

canhota ca.**nho**.ta *substantivo feminino* A mão ou a perna esquerda.

canhoto ca.**nho**.to (nhô) *adjetivo* **1.** Que usa preferencialmente a mão esquerda ou o pé esquerdo. ✓ *substantivo masculino* **2.** Indivíduo canhoto.

canil ca.**nil** *substantivo masculino* Abrigo de cães, ou o lugar onde são criados. [Plural: *canis*.]

canino ca.**ni**.no *adjetivo* **1.** Relativo a cão. **2.** Diz-se de cada um dos quatro dentes situados, dois em cima e dois embaixo, entre os incisivos e os molares. ✓ *substantivo masculino* **3.** Dente canino.

canivete ca.ni.**ve**.te *substantivo masculino* Pequena faca de lâmina móvel, que se encaixa no cabo.

canja can.ja *substantivo feminino* Caldo de galinha com arroz, a que se podem acrescentar a carne e os miúdos dessa ave.

canjica can.**ji**.ca *substantivo feminino* Milho branco cozido e temperado com leite de coco e açúcar; mungunzá.

cano ca.no *substantivo masculino* **1.** Tubo por onde passa água, gás, etc. **2.** Tubo de arma de fogo, pelo qual passa o projétil.

canoa

canoa ca.**no**.a (ô) *substantivo feminino* Barco estreito de uma só peça de madeira, geralmente movido a remo.

canoro ca.**no**.ro *adjetivo* De canto apreciado: *um pássaro canoro*.

cansaço can.**sa**.ço *substantivo masculino* Falta de forças provocada por excesso de trabalho físico ou mental, ou por doença; fadiga.

cansar can.**sar** *verbo* **1.** Causar cansaço: *Estudar muito cansa qualquer um*. **2.** Sentir cansaço: *Cansei por ter corrido muito*.

cansativo can.sa.**ti**.vo *adjetivo* **1.** Que causa cansaço. **2.** Que causa tédio, aborrecimento: *Este assunto é cansativo*.

cantador can.ta.**dor** (ô) *substantivo masculino* Cantor ou poeta popular.

cantar can.**tar** *verbo* Emitir sons musicais com a voz.

cantarolar can.ta.ro.**lar** *verbo* Cantar em voz baixa.

canteiro can.**tei**.ro *substantivo masculino* Parte de uma horta ou de um jardim na qual se cultivam plantas, ornamentais ou não.

cantiga can.**ti**.ga *substantivo feminino* O mesmo que *canção*.

cantil can.**til** *substantivo masculino* Pequena vasilha para transportar líquido em viagem. [Plural: *cantis*.]

cantina can.**ti**.na *substantivo feminino* Lanchonete em escola, quartel, etc.

canto¹ can.to *substantivo masculino* **1.** Ângulo formado pelo encontro de duas linhas ou superfícies; esquina. **2.** Lugar distante.

canto² can.to *substantivo masculino* Som musical produzido pela voz do homem ou de certos animais.

cantor can.**tor** (ô) *substantivo masculino* Aquele que canta, profissionalmente ou não.

canudo ca.**nu**.do *substantivo masculino* Tubo comprido e estreito.

capim

cão *substantivo masculino* Animal doméstico, mamífero, quadrúpede, carnívoro, que pode ter vários tipos e tamanhos; cachorro. [Plural: *cães*. Feminino: *cadela*.]

caos ca:os *substantivo masculino de dois números* Grande e total desordem.

capa ca.pa *substantivo feminino* **1.** Roupa que se usa sobre outra, como proteção contra o vento e a chuva. **2.** Cobertura de livro, revista, etc.

capacete ca.pa.**ce**.te (cê) *substantivo masculino* Proteção para a cabeça, feita com material resistente: *Os motociclistas usam capacete*.

capacho ca.**pa**.cho *substantivo masculino* Pequeno tapete de fibras duras ou de outro material, que se põe a uma porta para limpar os pés.

capacidade ca.pa.ci.**da**.de *substantivo feminino* **1.** Aquilo que um recipiente pode conter: *Qual é a capacidade deste tanque?* **2.** Competência para fazer algo ou exercer determinada atividade; aptidão: *Ela tem muita capacidade para ensinar*.

capataz ca.pa.**taz** *substantivo masculino* **1.** Chefe de um grupo de trabalhadores. **2.** Administrador de uma propriedade rural.

capaz ca.**paz** *adjetivo de dois gêneros* Que tem capacidade, competência; competente: *Está procurando pessoas capazes para o emprego*.

capela ca.**pe**.la *substantivo feminino* Pequena igreja de um só altar.

capeta ca.**pe**.ta (ê) *substantivo masculino* **1.** O mesmo que *diabo*. ✓ *substantivo de dois gêneros* **2.** Criança ou pessoa levada, travessa.

capim ca.**pim** *substantivo masculino* Nome que se dá a vários tipos de plantas rasteiras, de folhas verdes e talo flexível, que servem para alimentar o gado. [Plural: *capins*.]

capital ca.pi.**tal** *substantivo feminino* **1.** Cidade que é a sede do governo de um país ou estado: *Paris é a capital da França.* ✓ *substantivo masculino* **2.** Riqueza, bens ou valores acumulados; patrimônio. **3.** Dinheiro aplicado numa empresa por seus proprietários. [Plural: *capitais*.]

capitania ca.pi.ta.**ni**.a *substantivo feminino* Divisão administrativa do Brasil colonial, também denominada *capitania hereditária*, por passar de pai para filho.

capitão ca.pi.**tão** *substantivo masculino* **1.** Veja *hierarquia militar*. **2.** Comandante de navio mercante. **3.** Jogador que representa sua equipe junto ao árbitro. [Plural: *capitães*.]

capitão de corveta ca.pi.tão de cor.**ve**.ta *substantivo masculino* Veja *hierarquia militar*. [Plural: *capitães de corveta*.]

capitão de fragata ca.pi.tão de fra.**ga**.ta *substantivo masculino* Veja *hierarquia militar*. [Plural: *capitães de fragata*.]

capitão de mar e guerra ca.pi.tão de mar e **guer**.ra *substantivo masculino* Veja *hierarquia militar*. [Plural: *capitães de mar e guerra*.]

capitão-tenente ca.pi.tão-te.**nen**.te *substantivo masculino* Veja *hierarquia militar*. [Plural: *capitães--tenentes*.]

c a p í t u l o ca.**pí**.tu.lo *substantivo masculino* Divisão de livro, lei, etc.

capivara ca.pi.**va**.ra *substantivo feminino* O maior dos roedores; vive à beira da água e pode pesar 50 kg.

capixaba ca.pi.**xa**.ba *adjetivo de dois gêneros* e *substantivo de dois gêneros* O mesmo que *espírito-santense*.

capoeira ca.po.**ei**.ra *substantivo feminino* Jogo esportivo que mistura dança e luta em movimentos ritmados e acrobáticos: *A capoeira foi introduzida no Brasil pelos escravos.*

capoeirista ca.po.ei.**ris**.ta *substantivo de dois gêneros* Pessoa que pratica capoeira.

capota

capota ca.**po**.ta *substantivo feminino* Cobertura de automóvel e outros veículos.

capote ca.**po**.te *substantivo masculino* Peça de roupa, semelhante ao casaco.

caprichar ca.pri.**char** *verbo* Empenhar-se em fazer as coisas com todo o cuidado e correção.

capricho ca.**pri**.cho *substantivo masculino* Cuidado, apuro: *Maria fez o trabalho com muito capricho.*

caprichoso ca.pri.**cho**.so (chô) *adjetivo* Que faz as coisas com muito cuidado: *Um aluno caprichoso tem os seus cadernos em ordem.* [Plural: *caprichosos* (chó).]

caprino ca.**pri**.no *adjetivo* Relativo a cabras, bodes e cabritos: *gado caprino.*

captar cap.**tar** *verbo* **1.** Atrair: *Com seus truques, o mágico captou a atenção da plateia.* **2.** Entender, compreender: *O aluno não captou a explicação do professor.*

captura cap.**tu**.ra *substantivo feminino* Ação de capturar, ou o resultado desta ação: *Há uma lei contra a captura de animais silvestres.*

capturar cap.tu.**rar** *verbo* Prender, aprisionar: *Capturaram o ladrão em flagrante.*

capuz ca.**puz** *substantivo masculino* Cobertura para a cabeça, geralmente presa a uma capa ou casaco.

caqui ca.**qui** *substantivo masculino* Fruto de sabor doce, geralmente avermelhado, originário do Japão.

cara ca.ra *substantivo feminino* **1.** Rosto, face: *A cara de Maria é redonda.* **2.** Expressão do rosto, fisionomia, aparência: *Estava de cara alegre.* **3.** Nas moedas, a parte oposta à coroa (3), geralmente com o rosto de uma pessoa.

cará ca.**rá** *substantivo masculino* Planta trepadeira de raízes comestíveis, do mesmo nome.

caracol ca.ra.**col** *substantivo masculino* Pequeno animal terrestre, de concha arredondada em forma de espiral. [Plural: *caracóis*.]

carapaça

caractere ca.rac.**te**.re *substantivo masculino* Sinal usado na escrita; caráter: *Havia na porta uma placa com caracteres vermelhos.*

característica ca.rac.te.**rís**.ti.ca *substantivo feminino* Aquilo que distingue uma pessoa, coisa, etc. de outra: *Parar no ar é uma característica do beija-flor.*

característico ca.rac.te.**rís**.ti.co *adjetivo* Que caracteriza: *Tem os traços característicos da família.*

caracterizar ca.rac.te.ri.**zar** *verbo* **1.** Descrever as características de. **2.** Distinguir-se: *Este romancista se caracteriza pelo uso de frases curtas.*

carajá ca.ra.**já** *substantivo de dois gêneros* **1.** Indivíduo dos carajás, povo indígena brasileiro. ✓ *adjetivo de dois gêneros* **2.** Relativo a esse povo.

caramba ca.**ram**.ba *interjeição* Exprime admiração ou impaciência.

carambola ca.ram.**bo**.la *substantivo feminino* Fruto amarelado de polpa suculenta, de origem asiática.

caramelo ca.ra.**me**.lo *substantivo masculino* **1.** Calda de açúcar queimado. **2.** Bala pastosa.

caramujo ca.ra.**mu**.jo *substantivo masculino* Pequeno animal de água doce ou salgada, que tem uma concha resistente em forma de espiral.

caranguejo ca.ran.**gue**.jo (ê) *substantivo masculino* Animal com oito patas, um par de pinças e coberto por uma carapaça.

carapaça ca.ra.**pa**.ça *substantivo feminino* Tecido duro que protege o corpo de certos animais como o caranguejo, a tartaruga e o tatu.

caratê | carinho

caratê ca.ra.**tê** *substantivo masculino* Gênero de luta corporal de origem japonesa, em que se usam apenas os pés e as mãos.

caráter ca.**rá**.ter *substantivo masculino* **1.** O modo de ser, sentir e agir de uma pessoa ou de um povo: *Ao contrário dos irmãos, o caçula tinha um caráter meigo e afável.* **2.** Firmeza de atitudes. **3.** O mesmo que *caractere*. [Plural: *caracteres*.]

caravana ca.ra.**va**.na *substantivo feminino* Grupo de pessoas que vão juntas a determinado lugar: *Formou-se uma caravana para atravessar o deserto.*

caravela ca.ra.**ve**.la *substantivo feminino* Antigo navio à vela, com um a quatro mastros.

carboidrato car.bo:i.**dra**.to *substantivo masculino* Grupo de substâncias como os açúcares e o amido, constituídos por carbono, hidrogênio e oxigênio: *Os carboidratos são uma importante fonte de energia para o corpo.*

carbônico car.**bô**.ni.co *adjetivo* Próprio do carbono.

carbono car.**bo**.no *substantivo masculino* Elemento químico encontrado em todos os organismos vivos.

cardápio car.**dá**.pi:o *substantivo masculino* Lista das comidas de um restaurante; menu.

cardíaco car.**dí**.a.co *adjetivo* Relativo ao coração, ou do coração: *Meu avô tem um problema cardíaco.*

cardinal car.di.**nal** *adjetivo de dois gêneros* Diz-se de número como um, dois, três, ... quinze .... oitenta, ... cem, etc., que indica uma certa quantidade. [Plural: *cardinais*.]

cardiologia car.di:o.lo.**gi**.a *substantivo feminino* Ramo da Medicina que se ocupa das doenças do coração.

cardiovascular car.di:o.vas.cu.**lar** *adjetivo de dois gêneros* Relativo ao coração e aos vasos sanguíneos, ou que os afeta: *uma doença cardiovascular.*

cardume car.**du**.me *substantivo masculino* Grande quantidade de peixes que nadam juntos.

careca ca.**re**.ca *adjetivo* e *substantivo de dois gêneros* O mesmo que *calvo*.

carecer ca.re.**cer** *verbo* **1.** Não ter, não possuir: *O caso carece de importância.* **2.** Precisar, necessitar: *A escola carece de uma boa reforma.*

carência ca.**rên**.ci:a *substantivo feminino* **1.** Falta, ausência: *Naquela região, muitas famílias sofrem com a carência de alimentos.* **2.** Necessidade: *Todos nós temos carência de sono.* **3.** Período de espera para a utilização de plano de saúde, etc.

carente ca.**ren**.te *adjetivo de dois gêneros* **1.** Que carece de amor ou de afeto: *Na peça, a atriz fazia o papel de uma mulher insegura e carente.* **2.** Pobre, sem meios de subsistência: *É preciso socorrer as famílias carentes.*

careta ca.**re**.ta (ê) *substantivo feminino* Qualquer movimento do rosto, que o deforma.

carga **car**.ga *substantivo feminino* Aquilo que uma pessoa, um animal ou um veículo transporta de um lugar para outro: *Os guardas inspecionaram a carga do caminhão.*

cargo **car**.go *substantivo masculino* Função ou emprego público ou particular.

caricatura ca.ri.ca.**tu**.ra *substantivo feminino* Desenho que acentua e deforma os traços de uma pessoa, quase sempre com fim humorístico.

carícia ca.**rí**.ci:a *substantivo feminino* Toque de afeto ou de carinho, feito com as mãos.

caridade ca.ri.**da**.de *substantivo feminino* Amor ao próximo que se traduz em generosidade.

caridoso ca.ri.**do**.so (dô) *adjetivo* Que tem ou demonstra caridade. [Plural: *caridosos* (dó).]

cárie **cá**.ri:e *substantivo feminino* Buraco produzido no dente pela ação de bactérias.

carimbo ca.**rim**.bo *substantivo masculino* **1.** Instrumento de madeira, metal, etc., com escrito ou figura, que serve para marcar à tinta certos papéis. **2.** A marca deixada pelo carimbo (1).

carinho ca.**ri**.nho *substantivo masculino* **1.** Sentimento de ternura ou de afeto: *O presente da amiga foi*

carinhoso · carro

uma demonstração de carinho. **2.** Carícia, afago: *Fez carinho na cabeça da criança.*

carinhoso ca.ri.**nho**.so (nhô) *adjetivo* **1.** Cheio de carinho: *Deu-me um abraço carinhoso.* **2.** Que age ou fala com carinho: *É um menino carinhoso.* [Plural: *carinhosos* (nhó).]

carioca ca.ri.**o**.ca *adjetivo de dois gêneros* **1.** Do Rio de Janeiro, capital do estado do Rio de Janeiro. ✅ *substantivo de dois gêneros* **2.** Quem nasceu, ou vive, no Rio de Janeiro.

carnaúba car.na.**ú**.ba *substantivo feminino* Palmeira de cujas folhas se extrai uma cera de grande utilidade.

carnaval car.na.**val** *substantivo masculino* Domingo, segunda-feira e terça-feira que antecedem o início da quaresma cristã, dedicados a várias festas, desfiles e folias. [Plural: *carnavais*.]

carne **car**.ne *substantivo feminino* **1.** Conjunto de músculos do corpo de um homem ou de outro animal. **2.** A porção comestível de mamíferos, aves, etc.

carne de sol car.ne de **sol** *substantivo masculino* Carne de vaca seca ao sol. [Plural: *carnes de sol*.]

carneiro car.**nei**.ro *substantivo masculino* Animal mamífero criado pelo homem por sua carne e lã. [Feminino: *ovelha*.]

carne-seca car.ne-**se**.ca *substantivo feminino* O mesmo que *charque*. [Plural: *carnes-secas*.]

carnívoro car.**ní**.vo.ro *adjetivo* **1.** Que se alimenta da carne de outros animais: *A onça e o lobo são animais carnívoros.* ✅ *substantivo masculino* **2.** Animal carnívoro.

carnudo car.**nu**.do *adjetivo* Que tem muita carne.

caro ca.ro *adjetivo* **1.** Que custa um preço alto, elevado. **2.** Querido, amado: *Ele é meu caro amigo.* ✅ *advérbio* **3.** Por alto preço: *O carro que meu pai comprou custou muito caro.*

caroço ca.**ro**.ço (rô) *substantivo masculino* **1.** Parte interna e dura de certos frutos: *caroço de abacate.* **2.** Semente de certas plantas, como o algodão, etc.

carona ca.**ro**.na *substantivo feminino* Transporte gratuito num veículo.

carpinteiro car.pin.**tei**.ro *substantivo masculino* Pessoa cuja profissão é fazer trabalhos com madeira.

carrancudo car.ran.**cu**.do *adjetivo* Com a fisionomia triste, mal-humorada: *A má notícia deixou-o carrancudo.*

carrapato car.ra.**pa**.to *substantivo masculino* Animal muito pequeno que se prende à pele do homem e de outros animais para alimentar-se do seu sangue.

carrapicho car.ra.**pi**.cho *substantivo masculino* Planta cujos frutos ou sementes, geralmente com pequenos espinhos, se grudam à roupa, ou ao pelo dos animais.

carrasco car.**ras**.co *substantivo masculino* **1.** Homem que executa os condenados à morte. **2.** Homem muito cruel.

carregador car.re.ga.**dor** (ô) *substantivo masculino* Homem ou rapaz que transporta carga ou que carrega bagagem.

carregar car.re.**gar** *verbo* **1.** Pôr carga em: *Carregaram o caminhão de areia.* **2.** Levar, transportar: *A babá carregou o bebê nos braços.* **3.** Tornar-se repleto: *A mangueira carregou-se de mangas.*

carreira car.**rei**.ra *substantivo feminino* **1.** Corrida veloz. **2.** Profissão: *João quer seguir a carreira militar.*

carreta car.**re**.ta (ê) *substantivo feminino* **1.** Carro pequeno, de duas rodas. **2.** Caminhão grande e comprido.

carretel car.re.**tel** *substantivo masculino* Cilindro de madeira, plástico, etc., que serve para enrolar linha, barbante, fio, etc. [Plural: *carretéis*.]

carro **car**.ro *substantivo masculino* **1.** Veículo de rodas para transporte de pessoas ou carga. **2.** Automóvel.

carroça car.**ro**.ça *substantivo feminino* Carro pequeno, geralmente puxado por animal, e usado para o transporte de carga.

carroceria car.ro.ce.**ri**.a *substantivo feminino* Parte do caminhão destinada ao transporte de carga.

carrocinha car.ro.**ci**.nha *substantivo feminino* Carro de duas rodas em que se vendem alimentos como sorvete, pipoca, milho verde cozido, doces, etc.

carrossel car.ros.**sel** *substantivo masculino* Aparelho de parque de diversões constituído de cavalos de brinquedo para montar que giram em torno de um eixo. [Plural: *carrosséis*.]

carruagem car.ru.**a**.gem *substantivo feminino* Veículo de quatro rodas, puxado por cavalos, para o transporte de pessoas. [Plural: *carruagens*.]

carta car.ta *substantivo feminino* **1.** Mensagem escrita para uma ou mais pessoas, que se envia pelo correio, dentro de um envelope. **2.** Cada peça de um baralho.

cartão car.**tão** *substantivo masculino* **1.** Folha de papel mais grossa que a cartolina. **2.** Retângulo de cartão para se escreverem mensagens. **3.** Pequeno retângulo com o nome, a profissão e o telefone de alguém; cartão de visita. [Plural: *cartões*.] 🔊 **Cartão de visita.** O mesmo que *cartão* (3).

cartão-postal car.tão-pos.**tal** *substantivo masculino* Cartão retangular com uma foto ou desenho num dos lados, e com o outro destinado a escrever uma mensagem. [Ao contrário da carta, pode ser enviado sem envelope.] [Plural: *cartões-postais*.]

cartaz car.**taz** *substantivo masculino* **1.** Impresso em uma só folha de grande tamanho, que traz anúncio comercial ou de exposições, espetáculos, etc. **2.** Popularidade, fama: *É um artista de grande cartaz.* 🔊 **Em cartaz.** Em representação ou em exibição: *Um filme sobre a escravidão no Brasil está em cartaz.*

carteira car.**tei**.ra *substantivo feminino* **1.** Bolsa pequena, geralmente retangular, para guardar documentos, dinheiro, etc. **2.** Mesa para escrita, estudo, etc.; escrivaninha. **3.** Documento pessoal, como, por exemplo, a carteira de identidade. 🔊 **Carteira de identidade.** Documento que traz o nome completo de uma pessoa, sua data de nascimento, o nome de seus pais, cidade e país de origem, etc.

carteiro car.**tei**.ro *substantivo masculino* Homem que entrega cartas e outras correspondências; correio.

cartilagem car.ti.**la**.gem *substantivo feminino* Tecido (2) resistente e flexível que forma certas partes do corpo, como, por exemplo, orelhas, narinas, o esqueleto de certos peixes, etc. [Plural: *cartilagens*.]

cartilha car.**ti**.lha *substantivo feminino* Livro em que se aprende a ler.

cartola car.**to**.la *substantivo feminino* Chapéu de homem, geralmente preto e de copa alta, usado em cerimônias de grande gala ou em espetáculos.

cartolina car.to.**li**.na *substantivo feminino* Papelão fino.

cartório car.**tó**.ri:o *substantivo masculino* Repartição onde se registram nascimentos, casamentos, compra e venda de imóveis, etc.

cartum car.**tum** *substantivo masculino* Desenho humorístico. [Plural: *cartuns*.]

cartunista car.tu.**nis**.ta *substantivo de dois gêneros* Pessoa que faz cartuns.

carvalho car.**va**.lho *substantivo masculino* Grande árvore de madeira resistente, das regiões temperadas.

carvão

carvão car.**vão** *substantivo masculino* **1.** Pedaço de madeira queimada até ficar preta, e que é usado como combustível. **2.** Rocha que serve como combustível. [Plural: *carvões*.]

carvoaria car.vo:a.**ri**.a *substantivo feminino* Lugar onde se fabrica e/ou se vende carvão (1).

casa ca.sa *substantivo feminino* **1.** Construção, geralmente de um ou dois andares, para abrigar uma família: *Desde criança morei em casa, por isso não me acostumo a viver em apartamento*. **2.** Lugar onde se mora com a família: *Quando cheguei, meu pai ainda estava em casa*. **3.** Numa roupa, abertura onde entra o botão (2). **4.** Cada quadrado do tabuleiro de dama, xadrez ou outros jogos.

casaco ca.**sa**.co *substantivo masculino* Peça de roupa aberta na frente e com mangas, geralmente usada sobre blusa ou camisa.

casa-grande ca.sa-**gran**.de *substantivo feminino* A residência do proprietário de um engenho ou de uma fazenda. [Plural: *casas-grandes*.]

casal ca.**sal** *substantivo masculino* Par composto de macho e fêmea, ou de homem e mulher: *Minha irmã tem um casal de filhos*. [Plural: *casais*.]

casamento ca.sa.**men**.to *substantivo masculino* **1.** União legítima entre um homem e uma mulher. **2.** Cerimônia civil e/ou religiosa que estabelece essa união.

casar ca.**sar** *verbo* **1.** Unir por casamento ou matrimônio: *O padre casou-os num dia de primavera*. **2.** Tornar-se marido e mulher: *João e Maria casaram(-se) em maio*. **3.** Harmonizar, combinar: *Esta camisa não casa com aquela calça*.

casca cas.ca *substantivo feminino* **1.** Invólucro exterior de várias partes dos vegetais, como tronco, raiz, fruto, semente, etc.: *casca de amendoim, de laranja, de coco*. **2.** Qualquer revestimento ou invólucro, em geral fino e/ou duro: *casca de ovo, de pão, de queijo, de ferida*.

cascalho cas.**ca**.lho *substantivo masculino* Lasca de pedra.

cascão cas.**cão** *substantivo masculino* Crosta de sujeira ou de ferida. [Plural: *cascões*.]

castanha-do-pará

cascata cas.**ca**.ta *substantivo feminino* **1.** Pequena cachoeira. **2.** *Gíria* Mentira.

cascavel cas.ca.**vel** *substantivo feminino* Cobra venenosa com uma espécie de chocalho na cauda. [Plural: *cascavéis*.]

casco cas.co *substantivo masculino* **1.** Unha de certos mamíferos como o cavalo, o boi, o rinoceronte, etc. **2.** A parte de fora de uma embarcação: *O casco da lancha foi pintado de vermelho*.

cascudo[1] cas.**cu**.do *substantivo masculino* Pancada na cabeça com a mão fechada.

cascudo[2] cas.**cu**.do *adjetivo* **1.** Que tem casca grossa ou pele dura. ✅ *substantivo masculino* **2.** Peixe de água doce, de casca dura e carne apreciada.

casebre ca.**se**.bre *substantivo masculino* Casa pequena e pobre.

caseiro ca.**sei**.ro *adjetivo* **1.** Relativo a casa. **2.** Que se usa em casa: *roupa caseira*. **3.** Feito em casa: *doce caseiro*.

caso ca.so *substantivo masculino* **1.** Acontecimento, ocorrência, fato. **2.** História, conto: *Gosta muito de narrar casos de sua infância*.

caspa cas.pa *substantivo feminino* Escamas da pele da cabeça.

casquinha cas.**qui**.nha *substantivo feminino* **1.** Casca fina. **2.** Massa de biscoito em forma de cone, para sorvete.

castanha cas.**ta**.nha *substantivo feminino* Fruto comestível da castanheira ou do castanheiro.

castanha-do-pará cas.ta.nha-do-pa.**rá** *substantivo feminino* Cada uma das sementes do fruto da castanheira-do-pará. [Plural: *castanhas-do-pará*.]

93

castanheira

castanheira cas.ta.**nhei**.ra *substantivo feminino* Árvore de fruto comestível, a castanha.

castanheira-do-pará cas.ta.nhei.ra-do-pa.**rá** *substantivo feminino* Árvore amazônica de grande porte, cujo fruto tem cerca de vinte sementes, denominadas *castanhas-do-pará*. [Plural: *castanheiras-do-pará*.]

castanheiro cas.ta.**nhei**.ro *substantivo masculino* O mesmo que *castanheira*.

castanho cas.**ta**.nho *adjetivo* **1.** Que tem a cor da casca da castanha. ✓ *substantivo masculino* **2.** A cor castanha. [Sinônimo: *marrom*.]

castelo cas.**te**.lo *substantivo masculino* Residência bela e enorme própria para a moradia de reis ou pessoas muito importantes e riquíssimas.

castigar cas.ti.**gar** *verbo* **1.** Infligir castigo a; punir. **2.** Causar sofrimento a: *A seca castiga sobretudo a população mais pobre do Nordeste.*

castigo cas.**ti**.go *substantivo masculino* Punição que se impõe a alguém: *Seu castigo pelo mau comportamento foi não ir ao cinema.*

castor cas.**tor** (ô) *substantivo masculino* Roedor de cabeça larga e cauda achatada, que vive em regiões frias do hemisfério norte.

castrar cas.**trar** *verbo* Retirar os órgãos reprodutores de um animal.

casulo ca.**su**.lo *substantivo masculino* Capa formada por fios que certas larvas, como as do bicho-da-seda, tecem em volta do próprio corpo.

catálogo ca.**tá**.lo.go *substantivo masculino* Relação ou lista, em ordem alfabética, de pessoas ou coisas: *catálogo de telefone*.

catapora ca.ta.**po**.ra *substantivo feminino* O mesmo que *varicela*.

cativeiro

catar ca.**tar** *verbo* **1.** Recolher um a um, procurando entre outras coisas: *As crianças catavam conchas na praia.* **2.** Buscar piolhos, pulgas, etc., em (corpo ou parte do corpo), matando-os. **3.** Escolher, selecionar: *catar café*.

catarata ca.ta.**ra**.ta *substantivo feminino* Grande cachoeira.

catarinense ca.ta.ri.**nen**.se *adjetivo de dois gêneros* **1.** Do estado de Santa Catarina. ✓ *substantivo de dois gêneros* **2.** Quem nasceu, ou vive, nesse estado.

catarro ca.**tar**.ro *substantivo masculino* Secreção produzida pelas mucosas.

catástrofe ca.**tás**.tro.fe *substantivo feminino* Acontecimento trágico: *As enchentes provocaram catástrofes*.

cata-vento ca.ta-**ven**.to *substantivo masculino* **1.** Aparelho que indica a velocidade e a direção do vento. **2.** Brinquedo que é uma varinha de madeira ou plástico com pás de papel, papelão, etc., numa das pontas. [Plural: *cata-ventos*.]

catecismo ca.te.**cis**.mo *substantivo masculino* Ensino básico de religião.

catedral ca.te.**dral** *substantivo feminino* Grande igreja, sob a autoridade de um bispo. [Plural: *catedrais*.]

categoria ca.te.go.**ri**.a *substantivo feminino* **1.** Conjunto de pessoas ou coisas que têm muitas características comuns: *O homem pertence à categoria animal.* **2.** Espécie, natureza: *Gosta de roupas de boa categoria.* **3.** Alta classe ou qualidade: *Fomos a um jantar de primeira categoria.* 🔊 Categoria gramatical. O mesmo que *classe de palavras*.

catequizar ca.te.qui.**zar** *verbo* Instruir em matéria religiosa: *Os jesuítas procuravam catequizar os indígenas.*

cativeiro ca.ti.**vei**.ro *substantivo masculino* **1.** Estado de cativo; prisão. **2.** Local em que se mantém uma pessoa presa.

cativo

cativo ca.**ti**.vo *adjetivo* **1.** Que não está em liberdade. ✓ *substantivo masculino* **2.** Indivíduo cativo.

catolicismo ca.to.li.**cis**.mo *substantivo masculino* Religião dos cristãos que têm o papa como chefe supremo.

católico ca.**tó**.li.co *adjetivo* **1.** Pertencente ao catolicismo, ou que o segue. ✓ *substantivo masculino* **2.** Aquele que pertence ao catolicismo, ou o segue.

catorze ca.**tor**.ze (ô) *numeral* Veja *quatorze*.

catraca ca.**tra**.ca *substantivo feminino* O mesmo que *roleta*.

caubói cau.**bói** *substantivo masculino* O mesmo que *vaqueiro*.

cauda cau.da *substantivo feminino* **1.** Prolongamento da parte de trás do corpo de alguns animais; rabo. **2.** Penas que crescem na parte de trás do corpo das aves; rabo. **3.** A parte de trás ou o prolongamento de certas coisas: *a cauda do avião*; *a cauda do vestido*.

caule cau.le *substantivo masculino* Parte das plantas que sustenta as folhas, as flores e os frutos: *O caule da mamona fornece fibras para a indústria têxtil*.

causa cau.sa *substantivo feminino* Aquele ou aquilo que provoca alguma coisa; motivo: *Ainda não se sabe a causa do incêndio que destruiu a padaria*.

causar cau.**sar** *verbo* Ser a causa de alguma coisa, provocar: *A tempestade causou muitos danos*.

cautela cau.**te**.la *substantivo feminino* Cuidado que se tem para evitar um mal, um perigo, um prejuízo: *Tenha cautela na rua, para não ser roubado*.

cauteloso cau.te.**lo**.so (ô) *adjetivo* Que age com cautela; prudente. [Plural: *cautelosos* (ló).]

cavalaria ca.va.la.**ri**.a *substantivo feminino* Tropa militar que serve a cavalo.

cavaleiro ca.va.**lei**.ro *substantivo masculino* **1.** Homem montado a cavalo. **2.** Homem que sabe cavalgar.

CD

cavalgar ca.val.**gar** *verbo* Montar em cavalo: *Os antigos guerreiros cavalgavam para o ataque*.

cavalheiro ca.va.**lhei**.ro *substantivo masculino* Homem educado e gentil.

cavalo ca.**va**.lo *substantivo masculino* Grande animal mamífero herbívoro, usado como montaria e para puxar carros e arados.

cavalo-marinho ca.va.lo-ma.**ri**.nho *substantivo masculino* Peixe que nada em posição ereta, e cuja cabeça lembra a do cavalo. [Plural: *cavalos-marinhos*.]

cavaquinho ca.va.**qui**.nho *substantivo masculino* Pequena viola com quatro cordas simples.

cavar ca.**var** *verbo* Abrir buraco (ou algo semelhante) na terra: *Meu cão costuma cavar a terra*; *Os bandidos cavaram um túnel para roubar o banco*.

caveira ca.**vei**.ra *substantivo feminino* O crânio e os ossos da face descarnados.

caverna ca.**ver**.na *substantivo feminino* Grande cavidade no interior da terra, sobretudo em rochas e na parte lateral das montanhas.

cavidade ca.vi.**da**.de *substantivo feminino* **1.** Espaço cavado. **2.** O mesmo que *buraco*.

caxumba ca.**xum**.ba *substantivo feminino* Doença contagiosa que provoca febre e inchação no pescoço.

CD *substantivo masculino* Pequeno disco para o armazenamento de músicas e outros registros sonoros. [É abreviatura do inglês *compact disc*.]

CD-ROM

CD-ROM *substantivo masculino* Disco próprio para computador, que contém um grande número de informações, geralmente com som e imagem.

cê *substantivo masculino* A letra *c*.

cearense ce:a.**ren**.se *adjetivo de dois gêneros* **1.** Do estado do Ceará. ✓ *substantivo de dois gêneros* **2.** Quem nasceu, ou vive, nesse estado.

cebola ce.**bo**.la (ô) *substantivo feminino* Planta de bulbo comestível, muito usada como tempero.

ceder ce.**der** *verbo* **1.** Dar algo que é nosso a outra pessoa: *Cedeu o lápis ao colega.* **2.** Pôr (algo) à disposição de alguém; emprestar: *Cedeu ao amigo, por uma semana, o apartamento que tinha na serra.* **3.** Não se opor; concordar com: *Maria cede a todos os caprichos da filha.* **4.** Romper-se: *A cadeira cedeu ao meu peso.*

cedilha ce.**di**.lha *substantivo feminino* Sinal gráfico que é usado sob o *c* (ç), antes de *a, o, u*, para dar-lhe o som de *s* inicial.

cedo ce.do (ê) *advérbio* **1.** Antes do momento próprio ou da hora marcada: *Como chegou cedo, teve de esperar os amigos.* **2.** Nas primeiras horas da manhã: *Maria sempre acorda cedo.*

cédula cé.**du**.la *substantivo feminino* Papel que representa a moeda do país; dinheiro em papel: *A cédula de maior valor do Brasil é a de cem reais.*

cegar ce.**gar** *verbo* **1.** Tirar a vista a; tornar cego. **2.** Deslumbrar, encantar: *A beleza da paisagem cegava-o.* **3.** Tirar o fio ou o gume de (faca, navalha, tesoura, etc.). **4.** Perder a vista; ficar cego.

cego ce.go *adjetivo* **1.** Que não enxerga: *Diz-se que Homero, o autor da Ilíada e da Odisseia, era cego.* **2.** Que perdeu o gume, o fio: *A faca está cega.* ✓ *substantivo masculino* **3.** Homem, rapaz ou menino que não enxerga.

cegonha ce.**go**.nha *substantivo feminino* Grande ave de plumas predominantemente brancas, de patas compridas e bico longo e pontudo, que vive na Europa, na África e na Ásia.

celulite

cegueira ce.**guei**.ra *substantivo feminino* Estado de cego.

ceia cei.a *substantivo feminino* Jantar mais tardio do que o habitual. 🔊 *A Santa Ceia.* A que Cristo fez com os apóstolos na véspera de seu sacrifício.

cela ce.la *substantivo feminino* Nas prisões, quarto de presos.

celebração ce.le.bra.**ção** *substantivo feminino* Ação de celebrar, ou o resultado desta ação. [Plural: *celebrações.*]

celebrar ce.le.**brar** *verbo* Festejar um acontecimento: *Celebrou com os amigos o seu aniversário.*

célebre cé.le.bre *adjetivo de dois gêneros* **1.** Que tem fama, famoso. **2.** O mesmo que *notável*: *As Mil e uma Noites são contos célebres.*

celebridade ce.le.bri.**da**.de *substantivo feminino* **1.** Qualidade de célebre; fama. **2.** Pessoa célebre.

celeiro ce.**lei**.ro *substantivo masculino* Casa onde se guardam cereais.

celeste ce.**les**.te *adjetivo de dois gêneros* Relativo ao céu, que está no céu ou nele se vê; celestial: *Os astros são corpos celestes.*

celestial ce.les.ti.**al** *adjetivo de dois gêneros* O mesmo que *celeste*. [Plural: *celestiais.*]

célula cé.lu.la *substantivo feminino* Elemento básico de todos os seres vivos: *Há organismos com uma só célula e outros com um enorme número de células.*

célula-ovo cé.lu.la-**o**.vo *substantivo feminino* O mesmo que *zigoto*. [Plural: *células-ovos* (ó) ou *células-ovo*.]

celular ce.lu.**lar** *adjetivo de dois gêneros* **1.** Relativo a célula. ✓ *substantivo masculino* **2.** O mesmo que *telefone celular*.

celulite ce.lu.**li**.te *substantivo feminino* Depósito de pequenos grãos de gordura sob a pele, especialmente nas coxas e nas nádegas, e que dá a esta um aspecto rugoso.

celulose — cercar

celulose ce.lu.**lo**.se *substantivo feminino* Substância vegetal, branca e fibrosa, usada na fabricação do papel.

cem *numeral* **1.** Quantidade que é uma unidade maior que 99. **2.** Algarismo que representa essa quantidade.

cemitério ce.mi.**té**.ri:o *substantivo masculino* Lugar onde os mortos são enterrados.

cena ce.na *substantivo feminino* **1.** O palco teatral: *Os atores voltaram à cena para cumprimentar o público.* **2.** Cada uma das situações no decorrer de uma peça, filme, novela, romance, etc.: *No filme, a cena do casamento foi a minha preferida.* **3.** Acontecimento dramático, ou cômico: *O incêndio foi uma cena impressionante.* **4.** Ação ou fato que desperta a atenção, o interesse: *Parou para ver a cena.*

cenário ce.**ná**.ri:o *substantivo masculino* Lugar onde se passa a ação, ou parte da ação, de peça, romance, filme, etc.

cenoura ce.**nou**.ra *substantivo feminino* Planta cuja raiz, comprida e de cor alaranjada, tem muito uso na alimentação: *A cenoura é muito rica em vitaminas A, B e C.*

censo cen.so *substantivo masculino* Conjunto dos dados estatísticos dos habitantes de uma cidade, país, etc., com todas as suas características; recenseamento.

censura cen.**su**.ra *substantivo feminino* **1.** Exame de obra artística, livro, etc., a fim de autorizar, ou não, sua publicação, exibição ou divulgação. **2.** O mesmo que *repreensão*: *Levou uma censura porque se atrasou.*

censurar cen.su.**rar** *verbo* **1.** Exercer censura sobre. **2.** Proibir a divulgação ou execução de. **3.** Reprovar (1): *Censurou a sua má ação.* **4.** Repreender: *Censurou o aluno pelo atraso; Censurou à filha a falta de modos.*

centavo cen.**ta**.vo *substantivo masculino* A centésima parte do real e de muitas outras moedas.

centena cen.**te**.na *substantivo feminino* Conjunto de cem unidades ou quantidades; cento.

centenário cen.te.**ná**.ri:o *substantivo masculino* **1.** Centésimo aniversário; século: *Em 2006 se comemorou o centenário do primeiro voo autônomo de Santos Dumont.* **2.** Homem que atingiu cem ou mais anos. ✓ *adjetivo* **3.** Que tem cem anos; secular: *Este carvalho é uma árvore centenária.*

centésimo cen.**té**.si.mo *numeral* **1.** Ordinal correspondente a 100. **2.** Fracionário correspondente a 100.

centímetro cen.**tí**.me.tro *substantivo masculino* A centésima parte do metro [símbolo: *cm*].

cento cen.to *substantivo masculino* O mesmo que *centena*: *Comprei um cento de laranjas.*

centopeia cen.to.**pei**.a (éi) *substantivo feminino* O mesmo que *lacraia*.

central cen.**tral** *adjetivo de dois gêneros* Do centro, ou situado no centro. [Plural: *centrais*.]

centralizar cen.tra.li.**zar** *verbo* **1.** Tornar(-se) central; reunir(-se) em um centro: *O governo do Brasil centralizou-se em Brasília.* **2.** Atrair, trazer para si: *A atriz era tão bela, que centralizou os olhares da plateia.*

centro cen.tro *substantivo masculino* **1.** Ponto situado a igual distância das margens ou dos lados: *o centro do palco.* **2.** A parte mais ativa da cidade, onde estão os setores comercial e financeiro. **3.** Lugar onde se desenvolvem certas atividades com objetivo determinado: *O governo criou centros de lazer.*

cera ce.ra (ê) *substantivo feminino* **1.** Substância produzida pelas abelhas para fazer os favos. **2.** Substância vegetal semelhante à cera (1).

cerâmica ce.**râ**.mi.ca *substantivo feminino* **1.** Arte de fabricar objetos de argila: *a cerâmica dos índios brasileiros.* **2.** Qualquer desses objetos. **3.** Lugar onde se fabricam esses objetos.

cerca[1] **cer**.ca (ê) *substantivo feminino* Vedação com que se circunda e fecha um terreno.

cerca[2] **cer**.ca (ê) *advérbio* Usado na locução *cerca de.* 🔊 **Cerca de.** Pouco mais ou menos; aproximadamente: *Minhas férias duram cerca de 1 mês.*

cercar cer.**car** *verbo* **1.** Pôr cerca em algum lugar. **2.** Estar ou ficar em volta de: *Os alunos cercaram a professora para saber o resultado das provas.* **3.** Fazer-se acompanhar: *Cercou-se de amigos.*

97

cereal ce.re.**al** *substantivo masculino* **1.** Planta que se cultiva por seus grãos, muito usados na alimentação. **2.** O grão dessa planta: *O arroz, o trigo e o milho são cereais*. [Plural: *cereais*.]

cerebelo ce.re.**be**.lo (bê) *substantivo masculino* Órgão situado atrás do cérebro, e que tem grande importância na coordenação dos movimentos.

cerebral ce.re.**bral** *adjetivo de dois gêneros* Do cérebro, ou que o afeta. [Plural: *cerebrais*.]

cérebro **cé**.re.bro *substantivo masculino* **1.** A parte mais volumosa do sistema nervoso, situada no interior do crânio. **2.** Inteligência, intelecto: *Para jogar no meio do campo é preciso ter cérebro*.

cereja ce.**re**.ja (rê) *substantivo feminino* O pequeno fruto vermelho da cerejeira.

cerejeira ce.re.**jei**.ra *substantivo feminino* Árvore de excelente madeira e de fruto muito apreciado, a cereja.

cerimônia ce.ri.**mô**.ni:a *substantivo feminino* **1.** Celebração solene de um acontecimento: *Fez questão de ir a Brasília assistir à cerimônia de posse do novo presidente*. **2.** Formalidades entre pessoas que não se conhecem muito bem: *Tenho cerimônia com o novo professor*.

cerração cer.ra.**ção** *substantivo feminino* Nevoeiro, neblina. [Plural: *cerrações*.]

cerrado cer.**ra**.do *substantivo masculino* Tipo de vegetação caracterizado por árvores baixas, retorcidas e de casca grossa.

certeiro cer.**tei**.ro *adjetivo* Que acerta o alvo com precisão: *Deu um tiro certeiro*.

certeza cer.**te**.za (tê) *substantivo feminino* **1.** Qualidade de certo. **2.** Conhecimento exato: *Não tem certeza de quem atirou a pedra*. **3.** Aquilo de que não se tem dúvida: *Tinha certeza de que estava no caminho correto*. **4.** Coisa certa: *Depois da última pesquisa eleitoral, a vitória do nosso partido passou a ser uma certeza*.

certidão cer.ti.**dão** *substantivo feminino* **1.** Documento em que se certificam atos e fatos: *Tirei uma certidão de casamento*. **2.** Atestado: *Pedi uma certidão ao médico, para não levar falta no trabalho*. [Plural: *certidões*.]

certificar cer.ti.fi.**car** *verbo* **1.** Confirmar, afirmar: *Certificou ao marido a aprovação do filho na escola*. **2.** Ter certeza de: *Antes de lhe revelar o segredo, quis certificar-me de que ninguém nos ouvia*.

certo **cer**.to *adjetivo* **1.** Sem erro; exato: *Quero contas certas do que você gastou*. **2.** Exato nos cálculos, no funcionamento; preciso: *Preciso saber a hora certa*. **3.** Persuadido, convencido: *Ele estava certo de que seria aprovado*. ✓ *pronome indefinido* **4.** Um, algum, qualquer: *Certa manhã, decidiu ir ao jardim zoológico com os filhos*.

cerveja cer.**ve**.ja (vê) *substantivo feminino* Bebida alcoólica e gasosa, de sabor meio amargo.

cessação ces.sa.**ção** *substantivo feminino* Ação de cessar, ou o resultado desta ação. [Plural: *cessações*.]

cessar ces.**sar** *verbo* **1.** Interromper-se; parar: *A chuva cessou de repente*. **2.** Parar, deixar, desistir: *Minha avó não cessa de resmungar*.

cesta **ces**.ta (ê) *substantivo feminino* **1.** Objeto de palha trançada que serve para guardar ou transportar roupa, alimentos, etc. **2.** Rede sem fundo presa a um aro metálico, por onde a bola deve passar para valer ponto, no basquetebol.

cesto **ces**.to (ê) *substantivo masculino* **1.** Qualquer cesta (1). **2.** Cesta (1) longa, em geral com tampa e asa.

cetáceo ce.**tá**.ce:o *adjetivo* **1.** Diz-se de mamífero aquático, sem pelos: *As baleias, os botos e os golfinhos são cetáceos*. ✓ *substantivo masculino* **2.** Mamífero cetáceo.

cetim ce.**tim** *substantivo masculino* Tecido de seda, lustroso e macio. [Plural: *cetins*.]

céu *substantivo masculino* Espaço onde estão as nuvens e no qual se veem o Sol, a Lua e as estrelas.

chá

chá *substantivo masculino* **1.** Arbusto cultivado pelas suas folhas, das quais se faz bebida muito apreciada. **2.** As folhas do chá (1). **3.** Bebida feita dessas folhas (ou de folhas ou partes de outras plantas), mergulhadas em água quente.

chácara chá.ca.ra *substantivo feminino* Pequena propriedade campestre, com casa de habitação; sítio.

chacoalhar cha.co:a.lhar *verbo* Sacudir, agitar, balançar: *Chacoalhou o suco antes de tomá-lo.*

chafariz cha.fa.riz *substantivo masculino* Construção em lugar público, com uma ou mais bicas por onde jorra água.

chaga cha.ga *substantivo feminino* O mesmo que *ferida*.

chalé cha.lé *substantivo masculino* Casa de campo, geralmente com revestimento de madeira.

chaleira cha.lei.ra *substantivo feminino* Panela com bico e tampa, para aquecer água.

chama cha.ma *substantivo feminino* Mistura de gases em combustão e que formam a labareda.

chamada cha.ma.da *substantivo feminino* **1.** Ação de chamar, ou o resultado desta ação. **2.** Ação de chamar os membros de um grupo pelos nomes, para ver se estão presentes em certo local.

chamar cha.mar *verbo* **1.** Dizer em voz alta o nome de uma pessoa para que ela venha até onde estamos, ou para verificar se está presente. **2.** Convidar: *Vou chamar Paulo para jogar xadrez.* **3.** Ter como nome: *O novo vizinho chama-se Marcos.*

chaminé cha.mi.né *substantivo feminino* Tubo que comunica a fornalha com o exterior e serve para dar passagem à fumaça.

champanhe cham.pa.nhe *substantivo masculino* Vinho espumante produzido na região francesa que tem esse nome.

chance chan.ce *substantivo feminino* **1.** Ocasião favorável; oportunidade: *Aproveitou a chance que teve e ficou rico.* **2.** Probabilidade: *Há jogos em que a chance de ganhar é muito pequena.*

chantagear chan.ta.ge.ar *verbo* Fazer chantagem contra.

chantagem chan.ta.gem *substantivo feminino* Ação de tirar dinheiro, ou obter favores ou vantagens de alguém, por meio de ameaças, ou o resultado desta ação. [Plural: *chantagens*.]

chantagista chan.ta.gis.ta *substantivo de dois gêneros* Pessoa que faz chantagem.

chão *substantivo masculino* O mesmo que *solo*[1]. [Plural: *chãos*.]

charque

chapa cha.pa *substantivo feminino* **1.** Qualquer peça lisa e pouco espessa, feita de metal, madeira, vidro, etc. **2.** Lista de candidatos a cargos eletivos: *A chapa apoiada pelo presidente do clube ganhou a eleição.* **3.** O mesmo que *radiografia*: *Fiz uma chapa dos pulmões.*

chapada cha.pa.da *substantivo feminino* O mesmo que *planalto*: *A cidade de Brasília fica numa chapada.*

chapéu cha.péu *substantivo masculino* **1.** Peça de pano, palha ou outro material, com abas, para cobrir a cabeça. **2.** O mesmo que *guarda-chuva*. [Plural: *chapéus*.]

charada cha.ra.da *substantivo feminino* **1.** Enigma para cuja solução se recompõe uma palavra partindo de elementos dela ou de sílabas que tenham um significado determinado. **2.** Caso, assunto misterioso: *O detetive resolveu a charada do assalto ao museu.*

charge char.ge *substantivo feminino* Cartum em que se faz, geralmente, crítica social e política.

charme char.me *substantivo masculino* Encanto, simpatia: *Ela é muito bonita, mas não tem charme.*

charmoso char.mo.so (ô) *adjetivo* Que tem charme; atraente. [Plural: *charmosos* (ó).]

charque char.que *substantivo masculino* Carne de vaca, salgada e seca; carne-seca.

charrete

charrete char.**re**.te *substantivo feminino* Pequena carruagem, geralmente puxada por um único cavalo.

chatear cha.te.**ar** *verbo* **1.** Aborrecer: *Há pessoas desagradáveis, que não param de chatear os outros.* **2.** Entediar(-se): *Chateou-se com a chuva, que foi cair logo no fim de semana.*

chatice cha.**ti**.ce *substantivo feminino* Qualidade do que é chato, do que aborrece, amola.

chato cha.to *adjetivo* **1.** Sem relevo; plano. **2.** Que aborrece, amola. ✓ *substantivo masculino* **3.** Aquele que aborrece, amola.

chave cha.ve *substantivo feminino* **1.** Pequena peça, geralmente de metal, usada para trancar ou destrancar um cadeado, uma fechadura, etc. **2.** Instrumento para apertar ou desapertar parafusos.

chaveiro cha.**vei**.ro *substantivo masculino* **1.** Aquele que faz ou conserta chaves. **2.** Objeto em que se prendem chaves.

checar che.**car** *verbo* Conferir, dando por visto e terminado.

chefe che.fe *substantivo de dois gêneros* Pessoa que dá ordem, que manda, dirige ou governa.

chegada che.**ga**.da *substantivo feminino* Ação de chegar, ou o resultado desta ação: *a chegada das visitas; a chegada da primavera.*

chegar che.**gar** *verbo* **1.** Atingir certo lugar: *Já era noite quando chegou ao sítio do amigo.* **2.** Começar, ter início: *Finalmente chegou a hora do recreio.* **3.** Movimentar, mudando de posição: *Cheguei a cadeira para lá.*

cheia chei.a *substantivo feminino* **1.** O mesmo que *enchente*. **2.** Enchente de rio: *Com a cheia, os pastos ficaram inundados.*

cheio chei.o *adjetivo* **1.** Que contém tudo que sua capacidade comporta; completo: *O menino não quer comer porque está com a barriga cheia.* **2.** Muito cheio; repleto: *O cinema está cheio.* **3.** *Gíria* Aborrecido, farto: *Já estou cheio desse assunto.* 🔊 **Em cheio.** De modo preciso, bem: *O dardo acertou o alvo em cheio.*

cheirar chei.**rar** *verbo* **1.** Sentir o cheiro de: *Cheirou a rosa.* **2.** Exalar determinado cheiro: *O quarto cheirava a mofo.* **3.** Dar sinal de: *Esta situação cheira a problema.*

cheiro chei.ro *substantivo masculino* Sensação percebida pelo nariz; odor.

cheiroso chei.**ro**.so (rô) *adjetivo* De cheiro agradável: *Os cravos são flores cheirosas.* [Plural: *cheirosos* (ró).]

cheque che.que *substantivo masculino* Tira de papel que é uma ordem de pagamento dada por um banco a um cliente, e que este preenche com a quantia devida, e assina. [O cheque é usado para comprar ou pagar algo.]

chiado chi.a.do *substantivo masculino* Som estridente e prolongado.

chiar chi.**ar** *verbo* **1.** Emitir chiado. **2.** Emitir som igual ao de coisa a ferver ou fritar. **3.** *Gíria* Protestar, reclamar.

chibata chi.**ba**.ta *substantivo feminino* O mesmo que *chicote*.

chicle chi.cle *substantivo masculino* O mesmo que *goma de mascar*.

chicória chi.**có**.ri:a *substantivo feminino* Hortaliça de sabor um pouco amargo.

chicote chi.**co**.te *substantivo masculino* Tira geralmente de couro, com cabo; chibata.

chicotear chi.co.te.**ar** *verbo* Bater com um chicote em.

chicote-queimado chi.co.te-quei.**ma**.do *substantivo masculino* Brinquedo em que uma criança

chifrada

esconde um objeto que deverá ser procurado pelas outras. [Plural: *chicotes-queimados*.]

chifrada chi.**fra**.da *substantivo feminino* Golpe dado com o chifre.

chifre chi.fre *substantivo masculino* Cada uma das pontas duras que crescem na cabeça da maioria dos ruminantes; corno.

chimarrão chi.mar.**rão** *substantivo masculino* Mate que se bebe bem quente e, geralmente, sem açúcar, numa espécie de cuia. [Plural: *chimarrões*.]

chimpanzé chim.pan.**zé** *substantivo masculino* Grande macaco da África, de corpo peludo e braços longos, que se alimenta principalmente de frutas.

chinelo chi.**ne**.lo *substantivo masculino* Calçado meio aberto e confortável, que se usa em casa ou em ocasiões de lazer: *Ele perdeu o chinelo na praia.*

chique chi.que *adjetivo de dois gêneros* **1.** Elegante no vestir: *É uma menina chique.* **2.** De bom gosto: *Usa roupas chiques.*

chiqueiro chi.**quei**.ro *substantivo masculino* Lugar em que se criam porcos.

chocalho cho.**ca**.lho *substantivo masculino* **1.** Objeto de metal que produz som quando agitado, e que se ata ao pescoço de um animal para localizá-lo. **2.** Brinquedo que, agitado, produz um som que distrai o bebê.

chocar cho.**car** *verbo* Cobrir os ovos, aquecendo-os com o corpo para que nasçam os filhotes que estão dentro deles: *A galinha leva 21 dias para chocar seus ovos.*

chocar-se cho.**car**-se *verbo* Esbarrar um no outro: *Os dois carros se chocaram na saída do túnel.*

chupar

choco cho.co (chô) *substantivo masculino* Ação de chocar, ou período em que se choca: *A galinha fica no choco durante 21 dias.*

chocolate cho.co.**la**.te *substantivo masculino* **1.** Alimento feito com semente de cacau e açúcar. **2.** Bebida preparada com chocolate e leite.

choque cho.que *substantivo masculino* **1.** Encontro violento entre duas coisas, ou entre dois animais. **2.** Sensação produzida por uma descarga elétrica. **3.** Emoção violenta: *A notícia do desastre causou-lhe um choque.*

choramingar cho.ra.min.**gar** *verbo* Chorar baixinho.

chorão cho.**rão** *adjetivo* Que chora muito. [Plural: *chorões*. Feminino: *chorona*.]

chorar cho.**rar** *verbo* Derramar lágrimas: *Caiu e pôs-se a chorar de dor.*

choro cho.ro (chô) *substantivo masculino* Ação de chorar, ou o resultado desta ação: *O choro da criança acordou-o.*

choupana chou.**pa**.na *substantivo feminino* O mesmo que *cabana*.

chover cho.**ver** *verbo* **1.** Cair água em gotas, da atmosfera. **2.** Acontecer sucessivamente, e em abundância: *Choveram aplausos para a orquestra.*

chuchu chu.**chu** *substantivo masculino* **1.** Planta trepadeira de fruto verde, usado como legume. **2.** Esse fruto.

chulé chu.**lé** *substantivo masculino* Mau cheiro localizado nos pés.

chumbo chum.bo *substantivo masculino* Metal pesado, cinzento, mole e muito denso.

chupar chu.**par** *verbo* **1.** Sugar um líquido: *O menino chupou o*

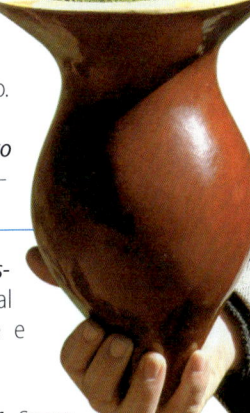

chupeta

refresco com um canudo; *A abelha chupa o néctar das flores.* **2.** Aplicar os lábios a, sugando, ou como quem o faz: *chupar o dedo.* **3.** Extrair, com a boca, o suco de uma fruta: *chupar uma laranja.* **4.** Deixar derreter na boca: *Maria gosta de chupar bala de hortelã.*

chupeta chu.**pe**.ta (ê) *substantivo feminino* Objeto com um bico de borracha, próprio para ser sugado pelo bebê.

churrascaria chur.ras.ca.**ri**.a *substantivo feminino* Restaurante onde se serve especialmente churrasco.

churrasco chur.**ras**.co *substantivo masculino* Porção de carne, assada ao calor da brasa, em espeto ou sobre grelha.

churrasqueira chur.ras.**quei**.ra *substantivo feminino* Grelha ou instalação para preparar churrasco.

chutar chu.**tar** *verbo* Dar chute: *O goleiro chutou com muita força; O atacante chutou a bola na trave.*

chute chu.te *substantivo masculino* **1.** Pontapé na bola, no jogo de futebol. **2.** O mesmo que *pontapé*.

chuteira chu.**tei**.ra *substantivo feminino* Calçado próprio para se jogar futebol.

chuva chu.va *substantivo feminino* Vapor de água que cai das nuvens em forma de gotas.

chuveiro chu.**vei**.ro *substantivo masculino* Aparelho cheio de furinhos por onde cai a água do banho.

chuviscar chu.vis.**car** *verbo* Cair uma chuva fina e rala.

chuvisco chu.**vis**.co *substantivo masculino* Chuva pouco intensa.

chuvoso chu.**vo**.so (vô) *adjetivo* De, ou em que há chuva: *Não saí por causa do tempo chuvoso.* [Plural: *chuvosos* (vó).]

científico

cicatriz ci.ca.**triz** *substantivo feminino* Marca na pele deixada por um ferimento.

cicatrização ci.ca.tri.za.**ção** *substantivo feminino* Ação de cicatrizar(-se), ou o resultado desta ação. [Plural: *cicatrizações*.]

cicatrizar ci.ca.tri.**zar** *verbo* Fazer com que se forme cicatriz em, ou formar cicatriz: *Pode tirar o curativo, pois o ferimento já cicatrizou.*

ciclismo ci.**clis**.mo *substantivo masculino* Esporte em que se anda ou se corre de bicicleta.

ciclista ci.**clis**.ta *substantivo de dois gêneros* Pessoa que pratica o ciclismo.

ciclo ci.clo *substantivo masculino* Conjunto de acontecimentos que obedecem sempre a uma mesma ordem: *o ciclo das estações: primavera, verão, outono, inverno.*

ciclone ci.**clo**.ne *substantivo masculino* Tempestade muito violenta que se desloca em círculos: *Os ciclones são frequentes nas regiões tropicais.*

cidadania ci.da.da.**ni**.a *substantivo feminino* Qualidade ou condição de cidadão.

cidadão ci.da.**dão** *substantivo masculino* Indivíduo no gozo dos direitos civis e políticos de um Estado: *Um dos deveres do cidadão é votar.* [Plural: *cidadãos*. Feminino: *cidadã*.]

cidade ci.**da**.de *substantivo feminino* Conjunto considerável de casas distribuídas em muitas ruas, praças, etc., e que têm numerosos habitantes: *A cidade de Salvador foi a primeira capital do Brasil.*

ciência ci.**ên**.ci:a *substantivo feminino* **1.** Conjunto de conhecimentos obtidos mediante a observação e a experiência: *A ciência tem feito progressos notáveis.* **2.** Informação, conhecimento; notícia: *Não tinha ciência de sua visita.*

ciências ci.**ên**.ci:as *substantivo feminino plural* O conjunto de disciplinas como a Matemática, a Biologia, a Geografia e outras.

científico ci:en.**tí**.fi.co *adjetivo* Relativo à ciência, ou próprio dela.

102

cientista

cientista ci:en.**tis**.ta *substantivo de dois gêneros* Pessoa que se dedica a uma ciência.

cifrão ci.**frão** *substantivo masculino* Sinal ($) usado para representar uma quantia: *R$50,00 (cinquenta reais)*. [Plural: *cifrões*.]

cigano ci.**ga**.no *substantivo masculino* Indivíduo de um povo nômade que vive da venda de artesanato, de ler a sorte, etc., e se dedica à música.

cigarra ci.**gar**.ra *substantivo feminino* Inseto cujo macho canta durante o verão.

cigarro ci.**gar**.ro *substantivo masculino* Pequena porção de tabaco picado, enrolado em papel, etc., para se fumar: *O cigarro é prejudicial à saúde.*

cilada ci.**la**.da *substantivo feminino* O mesmo que *armadilha* (2): *Não caio nesta cilada*.

cilíndrico ci.**lín**.dri.co *adjetivo* Que tem forma de cilindro: *As cobras têm corpo cilíndrico.*

cilindro ci.**lin**.dro *substantivo masculino* Corpo longo e roliço, com o mesmo diâmetro em todo o comprimento.

cílio **cí**.li:o *substantivo masculino* Pelo da borda externa das pálpebras.

cima **ci**.ma *substantivo feminino* usado nas locuções 🔊 **Em cima.** Na parte superior: *Meu quarto fica em cima.* **Em cima de.** Sobre: *A bolsa está em cima da mesa.*

cimento ci.**men**.to *substantivo masculino* Substância em pó que, umedecida, forma uma pasta que endurece após algum tempo. [É muito usado em construções.]

cimo **ci**.mo *substantivo masculino* O mesmo que *cume*: *Subiu ao cimo do Corcovado.*

cinco **cin**.co *numeral* **1.** Quantidade que é uma unidade maior que quatro. **2.** Algarismo que representa essa quantidade.

cineasta ci.ne.**as**.ta *substantivo de dois gêneros* Pessoa que dirige filmes.

ciranda

cinema ci.**ne**.ma *substantivo masculino* **1.** Arte de fazer filmes. **2.** Sala de espetáculos onde se veem filmes.

cinquenta cin.**quen**.ta (qüen) *numeral* **1.** Quantidade que é uma unidade maior que 49. **2.** Número que representa essa quantidade.

cinta **cin**.ta *substantivo feminino* Peça do vestuário feminino que serve para diminuir o volume da cintura e dos quadris, embelezando-os.

cintilante cin.ti.**lan**.te *adjetivo de dois gêneros* **1.** Que cintila. ✓ *substantivo masculino* **2.** Esmalte de unhas que tem brilho.

cintilar cin.ti.**lar** *verbo* Brilhar com luz trêmula: *Quando a noite está clara, as estrelas cintilam no céu.*

cinto **cin**.to *substantivo masculino* Faixa ou tira de couro, tecido, etc., geralmente presa por uma fivela, que se usa em torno da cintura, para sustentar a calça, etc.

cintura cin.**tu**.ra *substantivo feminino* A parte que fica no meio do corpo humano, entre o peito e os quadris.

cinza **cin**.za *substantivo feminino* **1.** O pó que resulta de várias coisas que se queimam. ✓ *adjetivo de dois gêneros e dois números* **2.** O mesmo que *cinzento*: *Comprei duas calças cinza*.

cinzento cin.**zen**.to *adjetivo* Que tem a cor da cinza.

cio **ci**.o *substantivo masculino* Período no qual as fêmeas da maioria dos mamíferos estão prontas para o acasalamento.

cipó ci.**pó** *substantivo masculino* Planta trepadeira que pende das árvores à semelhança de uma corda.

ciranda ci.**ran**.da *substantivo feminino* Dança de roda infantil.

circense cir.**cen**.se *adjetivo de dois gêneros* Relativo a circo: *Vai haver um espetáculo circense.*

circo cir.co *substantivo masculino* Espaço circular, coberto de lona, onde palhaços, acrobatas, equilibristas, animais, etc., se apresentam para o público.

circuito cir.**cui**.to *substantivo masculino* **1.** Percurso que leva de volta ao ponto de partida: *Faremos o circuito da cidade a pé.* **2.** Conjunto de condutores elétricos por onde passa a corrente.

circulação cir.cu.la.**ção** *substantivo feminino* **1.** Movimento contínuo de algo: *a circulação do ar.* **2.** Movimento do sangue pelo corpo. [Plural: *circulações.*]

circular¹ cir.cu.**lar** *adjetivo de dois gêneros* Que tem forma de círculo.

circular² cir.cu.**lar** *verbo* **1.** Mover-se dentro de um tubo, ou via de circulação: *O sangue circula nas veias e artérias; Os veículos circulavam no centro da cidade.* **2.** Estar em uso como elemento de troca (moeda, etc.): *O real circula no país desde 1994.*

circulatório cir.cu.la.**tó**.ri:o *adjetivo* Relativo à circulação.

círculo cír.cu.lo *substantivo masculino* **1.** Superfície plana limitada por uma circunferência. **2.** Linha ou movimento circular; circunferência: *Os aviões desenhavam círculos no ar.* **3.** Conjunto de pessoas ou objetos dispostos em torno de alguma coisa: *Havia um círculo de jovens em torno da fogueira.*

circunferência cir.cun.fe.**rên**.ci:a *substantivo feminino* A linha curva fechada que fica à mesma distância de um ponto fixo chamado *centro*.

circunflexo cir.cun.**fle**.xo (xo = cso) *substantivo masculino* Acento (^) que, em português, indica som fechado de vogal. [Usa-se sobre as vogais *a, e* e *o.*]

circunstância cir.cuns.**tân**.ci:a *substantivo feminino* **1.** Situação, estado ou condição de coisa(s) ou pessoa(s) em dado momento. **2.** Particularidade que acompanha um fato, uma situação: *As circunstâncias do roubo denunciaram o ladrão.* **3.** Caso, condição: *Nestas circunstâncias, não posso ir.*

cirurgia ci.rur.**gi**.a *substantivo feminino* **1.** Ramo da medicina que trata das doenças por meio de uma operação (2). **2.** O mesmo que *operação* (2).

cirurgião ci.rur.gi.**ão** *substantivo masculino* Médico especialista em cirurgia. [Plural: *cirurgiões.* Feminino: *cirurgiã.*]

cirúrgico ci.**rúr**.gi.co *adjetivo* **1.** Pertencente ou relativo à cirurgia: *técnica cirúrgica.* **2.** Usado na cirurgia, ou que faz uso desta: *Precisou de um tratamento cirúrgico.*

ciscar cis.**car** *verbo* Remexer o solo (a galinha e outras aves) em busca de alimentos.

cisco cis.co *substantivo masculino* Pó, poeira, sujeira miúda.

cisma cis.ma *substantivo feminino* **1.** Pensamento que não sai da cabeça: *Está com cisma de viajar, já fez as malas.* **2.** Desconfiança, suspeita: *Estou com a cisma de que vai chover hoje, o tempo está nublado.*

cismar cis.**mar** *verbo* **1.** Pensar com insistência: *Vem cismando, há dias, com os exames.* **2.** Teimar em fazer (algo): *Cismou de ir à praia, mesmo com chuva.* **3.** Sentir antipatia por; implicar: *Cismou com o novo colega, e não fala com ele.*

cisne cis.ne *substantivo masculino* Ave aquática, de penas geralmente brancas e pescoço comprido.

cisterna cis.**ter**.na *substantivo feminino* **1.** Reservatório de água das chuvas. **2.** O mesmo que *poço* (1).

citação ci.ta.**ção** *substantivo feminino* Ação de citar, ou o resultado desta ação: *Fez uma citação de Machado de Assis para explicar a palavra.* [Plural: *citações.*]

citar ci.**tar** *verbo* **1.** Mencionar ou transcrever (trecho de obra, autor), como exemplo: *Citou um autor moderno que usa esta expressão antiga.* **2.** Mencionar

ciúme

o nome de: *Quando você citou o meu nome, pensei que fosse para me elogiar.*

ciúme ci.**ú**.me *substantivo masculino* Vontade de ter algo ou alguém só para si: *Tem ciúme de suas bonecas, mas a mãe diz que é preciso dividir o que se tem.*

ciumento ci:u.**men**.to *adjetivo* Que tem ciúme.

cívico cí.vi.co *adjetivo* Relativo aos cidadãos como membros do Estado: *Votar é um dever cívico.*

civil ci.**vil** *adjetivo de dois gêneros* **1.** Do cidadão, ou que a ele diz respeito: *Os nossos direitos civis são os mesmos.* **2.** Que não é militar: *O coronel preferiu comparecer à reunião em trajes civis.* **3.** Que não é religioso: *O casamento civil foi no cartório.* **4.** O mesmo que *civilizado* (2): *Tem hábitos civis.* [Plural: *civis.*]

civilização ci.vi.li.za.**ção** *substantivo feminino* **1.** Maneira de viver e de pensar de um povo: *A civilização da Grécia antiga era muito avançada.* **2.** Conjunto dos progressos alcançados pela sociedade: *O mundo moderno chegou a um alto nível de civilização.* [Plural: *civilizações.*]

civilizado ci.vi.li.**za**.do *adjetivo* **1.** Diz-se de país, povo, etc. que se desenvolveu ou se aprimorou: *Os europeus são povos civilizados.* **2.** Bem-educado, cortês: *As pessoas civilizadas cumprimentam-se quando se encontram.* **3.** Culto, instruído.

civilizar ci.vi.li.**zar** *verbo* **1.** Dar civilização a: *Os jesuítas achavam que era preciso civilizar os indígenas.* **2.** Tornar civil, cortês. **3.** Tornar-se civil, cortês.

civismo ci.**vis**.mo *substantivo masculino* Dedicação ao interesse público ou à sua pátria; patriotismo.

clandestino clan.des.**ti**.no *adjetivo* Feito às escondidas, secreto: *Os revoltosos faziam reuniões clandestinas.*

classificação

clara cla.ra *substantivo feminino* Substância transparente que envolve a gema do ovo.

clarão cla.**rão** *substantivo masculino* **1.** Luz viva e instantânea. **2.** Claridade intensa. [Plural: *clarões.*]

clarear cla.re.**ar** *verbo* Tornar(-se) claro: *O céu clareou depois da tempestade; Suas palavras clarearam com a explicação.*

clareira cla.**rei**.ra *substantivo feminino* Espaço sem árvores, em mata ou bosque.

clareza cla.**re**.za (ê) *substantivo feminino* Qualidade de claro.

claridade cla.ri.**da**.de *substantivo feminino* **1.** Qualidade de claro (1, 3, 5 e 6). **2.** Luz viva, intensa.

claro cla.ro *adjetivo* **1.** Que recebe muita luz: *Meu quarto é muito claro.* **2.** De cor pouco intensa: *Vesti um terno claro.* **3.** Sem nuvens: *O céu está claro.* **4.** Diz-se de indivíduo branco ou quase branco. **5.** Que se ouve com nitidez: *um som claro.* **6.** Fácil de entender: *Deu uma explicação clara.*

classe clas.se *substantivo feminino* **1.** Categoria de cidadãos que têm renda, gênero de vida, etc., semelhantes. **2.** Grupo de pessoas que têm a mesma profissão: *a classe dos médicos; a classe dos taxistas.* **3.** Aula em que se ensina certa matéria. **4.** Os alunos que a frequentam; turma. **5.** O local onde se dão as aulas; sala. **6.** Veja *classe de palavras.* **7.** Distinção de maneiras; educação. 🔊 **Classe de palavras.** Cada um dos grupos ou divisões das palavras estabelecidos por características de significado e de forma: *substantivo, artigo, adjetivo, numeral, pronome, verbo, advérbio, preposição, conjunção, interjeição.* [Sinônimo: *categoria gramatical.*]

clássico clás.si.co *adjetivo* **1.** Que serve como modelo; exemplar. **2.** Sem excesso de ornatos; sóbrio, simples. **3.** Diz-se da música dos grandes compositores eruditos (como Bach, Beethoven, Vila-Lobos), ou que segue a tradição deles: *música clássica.* **4.** Relativo ou próprio da música clássica: *compositor clássico.*

classificação clas.si.fi.ca.**ção** *substantivo feminino* **1.** Ação de classificar(-se), ou o resultado desta ação: *Em Biologia estudamos a classificação dos seres vivos.*

classificar

2. Lugar obtido numa prova ou concurso: *Não teve boa classificação, e não foi aproveitado.* [Plural: *classificações*.]

classificar clas.si.fi.**car** *verbo* **1.** Pôr em determinada ordem: *Classifiquei os livros por assunto.* **2.** Obter um certo lugar numa classificação: *A seleção brasileira classificou-se em primeiro lugar.*

clava cla.va *substantivo feminino* Pedaço de madeira, com uma ponta mais larga, que se usa como arma; tacape.

clavícula cla.**ví**.cu.la *substantivo feminino* Cada um dos dois ossos curvos e alongados que constitui uma parte do ombro.

clemência cle.**mên**.ci:a *substantivo feminino* Disposição para perdoar.

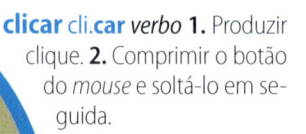

clicar cli.**car** *verbo* **1.** Produzir clique. **2.** Comprimir o botão do *mouse* e soltá-lo em seguida.

cliente cli.**en**.te *substantivo de dois gêneros* Pessoa que compra alguma coisa, ou paga por um serviço.

clima cli.ma *substantivo masculino* **1.** Conjunto de condições meteorológicas (temperatura, ventos, quantidade de chuva, etc.) típicas de um local ou região. **2.** Ambiente favorável ou não para a realização de algo: *O clima da reunião estava tenso.*

climático cli.**má**.ti.co *adjetivo* Relativo ao clima: *As condições climáticas desta região são favoráveis à agricultura.*

clínica clí.ni.ca *substantivo feminino* **1.** A prática da medicina. **2.** Lugar onde os doentes vão consultar um médico, receber tratamento, submeter-se a exames clínicos, radiografias, etc.

clínico clí.ni.co *adjetivo* **1.** Relativo ao tratamento médico não cirúrgico dos doentes. ✓ *substantivo masculino* **2.** Médico que pratica a clínica (1).

coala

clique cli.que *substantivo masculino* **1.** Ação de clicar, ou o resultado desta ação. **2.** Ruído curto e leve.

clonagem clo.**na**.gem *substantivo feminino* **1.** Ação de clonar, ou o resultado desta ação. **2.** Produção de células ou de indivíduos idênticos. [Plural: *clonagens*.]

clonar clo.**nar** *verbo* **1.** Reproduzir (organismo, célula, material genético) por técnica especial de clonagem. **2.** Fazer cópia ou imitação, criminosa, de (alguma coisa).

clone clo.ne *substantivo masculino* Cópia exata de um ser vivo.

cloro clo.ro *substantivo masculino* Elemento químico de coloração próxima ao verde: *O cloro é muito usado para desinfetar a água.*

clorofila clo.ro.**fi**.la *substantivo feminino* Substância que dá a cor verde às plantas, e que é necessária para a realização da fotossíntese.

clube clu.be *substantivo masculino* Lugar com salões, piscinas, quadras de esporte, etc., onde as pessoas se reúnem para praticar esportes, dançar, etc.

cm Símbolo de *centímetro*.

coação co:a.**ção** *substantivo feminino* Ação de coagir, ou o resultado desta ação. [Plural: *coações*.]

coador co:a.**dor** (dôr) *substantivo masculino* Saco por onde passa a parte líquida de certas substâncias: *coador de café.*

coagir co:a.**gir** *verbo* Obrigar por meio de violência; forçar.

coagulação co:a.gu.la.**ção** *substantivo feminino* **1.** Ação de coagular(-se), ou o resultado desta ação. **2.** Transformação de sangue líquido em massa sólida. [Plural: *coagulações*.]

coagular co:a.gu.**lar** *verbo* Tornar(-se) sólido: *O leite coagulou.*

coala co.**a**.la *substantivo masculino* Animal marsupial australiano semelhante a um pequeno urso de grandes orelhas, que se alimenta de folhas de eucalipto.

coalhada

coalhada co:a.**lha**.da *substantivo feminino* Leite coagulado, usado como alimento.

coar co.**ar** *verbo* Fazer passar através de filtro ou de coador.

coaxar co:a.**xar** *verbo* Emitir (a rã, o sapo) sua voz.

cobaia co.**bai**.a *substantivo feminino* **1.** Roedor de pernas curtas, orelhas pequenas e sem cauda. **2.** Pessoa, coisa ou animal usado como objeto de alguma experiência, científica ou não.

coberta co.**ber**.ta *substantivo feminino* Roupa de cama que serve para cobrir ou agasalhar, como a colcha, o cobertor, etc.

cobertor co.ber.**tor** (ô) *substantivo masculino* Roupa de cama, geralmente de lã, que serve para agasalhar.

cobertura co.ber.**tu**.ra *substantivo feminino* **1.** Aquilo que cobre ou serve para cobrir: *Gosto muito de bolo com cobertura de chocolate.* **2.** Apartamento construído sobre o último andar de um edifício.

cobra co.**bra** *substantivo feminino* **1.** Réptil de corpo longo e coberto de escamas, sem patas, que pode ser venenoso, ou não. **2.** Pessoa muito hábil em sua arte ou ofício.

cobrança co.**bran**.ça *substantivo feminino* Ação de cobrar, ou o resultado desta ação.

cobrar co.**brar** *verbo* **1.** Fazer com que seja pago: *cobrar uma conta*; *Cobrou um alto preço pelo brinquedo.* **2.** Pedir ou exigir o cumprimento de (coisa prometida ou compromisso assumido): *cobrar uma promessa.*

cobre co.**bre** *substantivo masculino* Metal de cor avermelhada.

cobrir co.**brir** *verbo* **1.** Pôr alguma coisa sobre outra, para protegê-la: *Cobri o bolo, para evitar as moscas.* **2.** Encher: *O outono cobriu de frutos a árvore.* **3.** Proteger-se: *Vou cobrir-me, pois odeio sentir frio.*

cocada co.**ca**.da *substantivo feminino* Doce de coco ralado e calda de açúcar.

cocada

107

cocar co.car *substantivo masculino* Adorno de penas que os índios usam na cabeça.

coçar co.çar *verbo* **1.** Esfregar a pele com as unhas, para evitar comichão: *Pediu que eu lhe coçasse as costas.* **2.** Produzir coceira: *Sempre que uso lã, fico com a pele coçando.*

cóccix cóc.cix (cócsis) *substantivo masculino de dois números* Pequeno osso na parte inferior da coluna vertebral.

cócegas có.ce.gas *substantivo feminino plural* Sensação, geralmente acompanhada de risos, provocada pelo toque, com as pontas dos dedos, em certas partes do corpo de alguém.

coceira co.cei.ra *substantivo feminino* Sensação que leva a pessoa a coçar-se; comichão.

cocheira co.chei.ra *substantivo feminino* Moradia para cavalos.

cochichar co.chi.char *verbo* Falar em voz baixa; murmurar: *Cochichou-me o segredo.*

cochicho co.chi.cho *substantivo masculino* Ação de cochichar, ou o resultado desta ação.

cochilar co.chi.lar *verbo* Dormir levemente.

cochilo co.chi.lo *substantivo masculino* Ação de cochilar, ou o resultado desta ação.

cocho co.cho (cô) *substantivo masculino* Vasilha onde se põe água ou comida para o gado.

cociente co.ci.en.te *substantivo masculino* Veja *quociente*.

coco co.co (cô) *substantivo masculino* **1.** Nome de várias palmeiras. **2.** O fruto dessas palmeiras, especialmente o do coqueiro-da-baía.

cocô co.cô *substantivo masculino* O mesmo que *excremento*.

coco-da-baía co.co-da-ba.í.a *substantivo masculino* O fruto do coqueiro-da-baía, muito apreciado. [Plural: *cocos-da-baía*.]

código có.di.go *substantivo masculino* Coleção de leis: *O código civil reúne as leis que regem as relações entre as pessoas.*

codorna co.dor.na *substantivo feminino* Ave parecida com uma pequena perdiz, criada em cativeiro por sua carne e ovos.

coelho co.e.lho (ê) *substantivo masculino* Pequeno animal mamífero herbívoro, de grandes dentes incisivos, pelo macio e orelhas compridas.

coerência co:e.rên.ci:a *substantivo feminino* **1.** Qualidade de coerente: *O enredo do filme não tem coerência, e eu não entendi nada.* **2.** A qualidade que alguma coisa tem quando faz sentido ou tem lógica.

coerente co:e.ren.te *adjetivo de dois gêneros* **1.** Em que há ligação, acordo, entre as ideias: *Seu raciocínio costuma ser coerente.* **2.** Que age com bom-senso.

cofre co.fre *substantivo masculino* Caixa ou móvel de metal com fechadura de segredo, onde se guardam joias, dinheiro, etc.

cogumelo co.gu.me.lo *substantivo masculino* Fungo formado por uma haste e uma cobertura em forma de chapéu, e que pode ser comestível ou venenoso.

coice coi.ce *substantivo masculino* Pancada que alguns quadrúpedes, como o cavalo e a mula, dão com os cascos traseiros.

coincidência co:in.ci.dên.ci:a *substantivo feminino* **1.** Identidade ou igualdade de duas ou mais coisas: *Há entre nós uma coincidência de interesses, por isso estamos de acordo.* **2.** Acontecimentos que ocorrem juntos por acaso: *Chegamos no mesmo metrô: que coincidência!*

coincidir co:in.ci.dir *verbo* **1.** Ser idêntico, igualar-se: *A opinião do professor coincide com a minha.* **2.** Ocorrer ao mesmo tempo: *Como nossas férias coincidiram, pudemos viajar juntos.*

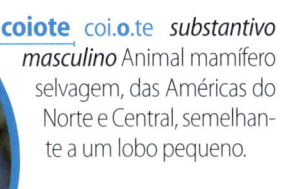

coiote coi.o.te *substantivo masculino* Animal mamífero selvagem, das Américas do Norte e Central, semelhante a um lobo pequeno.

coisa coi.sa *substantivo feminino* **1.** Tudo que tem uma forma específica mas que não tem vida; qualquer objeto: *Uma pedra é uma coisa*; *As bolsas das mulheres estão sempre cheias de coisas*. **2.** Acontecimento, fato: *Tenho uma porção de coisas para te contar*. **3.** Aquilo que falamos: *Vovó não fala noutra coisa*. **4.** Palavra que usamos para nos referir a algo que não conhecemos, que não sabemos o que é: *O que é essa coisa em cima da mesa?*

coitado coi.ta.do *adjetivo* Que é digno de pena: *O coitado do menino caiu e machucou o braço*.

cola co.la *substantivo feminino* **1.** Substância para fazer aderir papel, madeira e outros materiais. **2.** Cópia clandestina, ou auxílio indevido, em exames.

colaboração co.la.bo.ra.ção *substantivo feminino* **1.** Trabalho em comum com uma ou mais pessoas: *Esta pesquisa foi feita em colaboração*. **2.** Ajuda, auxílio: *Sem a sua colaboração não posso fazer o trabalho*. [Plural: *colaborações*.]

colaborador co.la.bo.ra.dor (dôr) *substantivo masculino* Aquele que colabora com uma pessoa, causa, trabalho, etc.

colaborar co.la.bo.rar *verbo* **1.** Prestar colaboração: *Há pessoas que não gostam de colaborar*. **2.** Contribuir, cooperar: *Quase todos colaboraram para o sucesso do grupo*.

colagem co.la.gem *substantivo feminino* Composição artística em que se emprega material (papel, tecido, etc.) colado sobre uma superfície. [Plural: *colagens*.]

colar¹ co.lar *substantivo masculino* Joia que se usa em torno do pescoço.

colar² co.lar *verbo* **1.** Unir com cola; grudar: *João tem um álbum para colar figurinhas*. **2.** Fazer uso de cola (2) num exame escrito. **3.** Pôr quase junto; encostar: *Não cole o carro ao que segue à frente*.

colarinho co.la.ri.nho *substantivo masculino* Gola de pano cosida à camisa, em volta do pescoço.

colcha col.cha (ô) *substantivo feminino* Coberta de cama que se coloca, geralmente, sobre os lençóis e o cobertor.

colchão col.chão *substantivo masculino* Espécie de almofada grande que se usa sobre o estrado da cama. [Plural: *colchões*.]

colchete col.che.te (chê) *substantivo masculino* **1.** Pequena peça de metal ou de plástico, que fecha uma abertura na roupa, unindo uma parte à outra. **2.** Cada um de um par de sinais de pontuação [ ].

coleção co.le.ção *substantivo feminino* Conjunto de objetos da mesma natureza ou que têm alguma relação entre si: *Tenho uma coleção de selos*. [Plural: *coleções*.]

colecionador co.le.ci.o.na.dor (dôr) *substantivo masculino* Aquele que coleciona.

colecionar co.le.ci.o.nar *verbo* Fazer coleção de; reunir, juntar: *Coleciono selos para o meu álbum*.

colega co.le.ga *substantivo de dois gêneros* Pessoa que trabalha ou estuda no mesmo lugar que outra.

colégio co.lé.gi.o *substantivo masculino* Estabelecimento de ensino; escola.

coleguismo co.le.guis.mo *substantivo masculino* O mesmo que *companheirismo*.

coleira co.lei.ra *substantivo feminino* Espécie de colar que se põe em torno do pescoço dos animais, sobretudo cães.

cólera có.le.ra *substantivo feminino* **1.** Reação violenta de descontentamento; raiva. **2.** Grave doença infecciosa.

colérico co.**lé**.ri.co *adjetivo* **1.** Cheio de cólera (1); bravo. **2.** Atacado de cólera (2).

coleta co.**le**.ta *substantivo feminino* **1.** Ação de coletar, ou o resultado desta ação. **2.** Obtenção de recursos naturais para fins alimentares ou outros, sem cultivo ou domesticação: *Muitos indígenas ainda vivem da coleta de recursos naturais.*

coletar co.le.**tar** *verbo* **1.** Fazer a coleta de; recolher, arrecadar: *coletar contribuições.* **2.** Colher (frutos, flores, etc.). **3.** Capturar (animais) ou plantas para estudo: *coletar besouros; coletar orquídeas.*

colete co.**le**.te (lê) *substantivo masculino* Peça de vestuário abotoada na frente, sem mangas nem gola, e que vai até a cintura.

coletiva co.le.**ti**.va *substantivo feminino* **1.** Exposição que reúne os trabalhos de dois ou mais artistas. **2.** Entrevista coletiva.

coletivo co.le.**ti**.vo *adjetivo* **1.** Que pertence a muita gente, ou é usado por muitas pessoas: *O metrô é um transporte coletivo.* **2.** Diz-se da palavra que nomeia um conjunto de pessoas, animais ou coisas: *Rebanho e manada são substantivos coletivos.* ✅ *substantivo masculino* **3.** Substantivo coletivo: *O coletivo de peixes é cardume.* **4.** Veículo de transporte coletivo: *Os coletivos estão lotados.*

colheita co.**lhei**.ta *substantivo feminino* **1.** Ação de colher (sobretudo produtos agrícolas), ou o resultado desta ação: *O outono é a estação das colheitas.* **2.** O conjunto dos produtos agrícolas de determinado período: *Nunca se viu uma colheita tão abundante como a deste ano.*

colheitadeira co.lhei.ta.**dei**.ra *substantivo feminino* Máquina usada na colheita de produtos agrícolas.

colher co.**lher** (é) *substantivo feminino* **1.** Utensílio em forma de concha (2) rasa e com cabo, que serve para levar alimentos à boca, ou para misturar ou servir comidas. **2.** O conteúdo de uma colher; colherada: *Aquele pudim só leva duas colheres de açúcar.*

colher co.**lher** (ê) *verbo* **1.** Tirar (flores, frutos, folhas) do ramo, da haste; apanhar: *colher rosas; colher café.* **2.** Coletar; reunir: *Colheu contribuições para a obra beneficente.*

colherada

colherada co.lhe.**ra**.da *substantivo feminino* O mesmo que *colher* (2).

colibri co.li.**bri** *substantivo masculino* O mesmo que *beija-flor*.

cólica **có**.li.ca *substantivo feminino* Dor forte no abdome: *Teve uma cólica intestinal.*

colina co.**li**.na *substantivo feminino* Pequeno monte ou elevação.

colmeia col.**mei**.a (éi ou êi) *substantivo feminino* **1.** Grupo de abelhas; enxame. **2.** Habitação de abelhas.

colo co.lo *substantivo masculino* **1.** Espaço formado pelo abdome e pelas coxas de quem está sentado: *A avó sentou o neto no colo.* **2.** O mesmo que *pescoço*.

colocação co.lo.ca.**ção** *substantivo feminino* **1.** Ação de colocar, ou o resultado desta ação. **2.** Lugar alcançado numa competição. **3.** O mesmo que *emprego*. [Plural: *colocações*.]

colocar co.lo.**car** *verbo* **1.** Pôr em algum lugar: *Colocou o suco na geladeira.* **2.** Fixar ou colar em: *Colocou cartazes no muro.*

colônia co.**lô**.ni:a *substantivo feminino* **1.** Grupo de pessoas que se estabelecem em terra ou região estrangeira: *A colônia italiana é muito grande no Sul do Brasil.* **2.** Lugar onde se estabeleceu um desses grupos: *Blumenau formou-se de uma colônia de alemães.* **3.** Território pertencente a outro país, que o ocupa e administra: *O Brasil foi colônia de Portugal até o início do século XIX.* **4.** Grupo de animais que vivem juntos: *colônia de cupins.* **Colônia de férias.** Local com instalações apropriadas, destinado a receber grupos de jovens para ali passar férias.

colonial co.lo.**ni**.al *adjetivo de dois gêneros* **1.** Relativo à época em que o Brasil era colônia de Portugal: *O período colonial durou cerca de três séculos.* **2.** Relativo a colônia ou a colono. [Plural: *coloniais*.]

colonização co.lo.ni.za.**ção** *substantivo feminino* Ação de colonizar, ou o resultado desta ação. [Plural: *colonizações*.]

coma

colonizador co.lo.ni.za.**dor** (dôr) *adjetivo* **1.** Que coloniza ou colonizou. ✓ *substantivo masculino* **2.** Aquele que coloniza ou colonizou.

colonizar co.lo.ni.**zar** *verbo* Transformar em colônia: *Portugal colonizou o Brasil.*

colono co.**lo**.no *substantivo masculino* **1.** Membro de uma colônia (1 a 3). **2.** Trabalhador agrícola: *Colonos suíços fundaram Nova Friburgo.*

coloração co.lo.ra.**ção** *substantivo feminino* **1.** Ação de dar cores, ou de adquiri-las. **2.** Efeito produzido pelas cores; colorido, cor: *A coloração do mar é variada.* [Plural: *colorações*.]

colorido co.lo.**ri**.do *adjetivo* **1.** Que tem cores: *Maria gosta muito de livros coloridos.* ✓ *substantivo masculino* **2.** O mesmo que *coloração* (2): *Vi um quadro que tinha um colorido muito atraente.*

colorir co.lo.**rir** *verbo* **1.** Dar cor ou cores a: *Vou colorir esta figura.* **2.** Cobrir-se de cores: *O céu coloriu-se de vermelho ao cair do dia.*

colossal co.los.**sal** *adjetivo de dois gêneros* Que é muito grande; gigantesco: *A Amazônia é uma floresta colossal.* [Plural: *colossais*.]

coluna co.**lu**.na *substantivo feminino* **1.** Suporte vertical de uma construção: *Nas igrejas há diversas formas de colunas.* **2.** Artigo diário, semanal, etc., em jornal ou revista. **Coluna vertebral.** O conjunto das vértebras situadas nas costas dos vertebrados, e que se sobrepõem umas às outras.

colunista co.lu.**nis**.ta *substantivo de dois gêneros* Pessoa que escreve coluna (2).

com *preposição* **1.** Indica comparação: *Comparou suas qualidades com as do irmão.* **2.** Indica semelhança: *José se parece com Pedro.* **3.** Indica união: *Mamãe misturou os ovos com a manteiga e com a farinha.* **4.** Indica companhia: *Maria foi ao cinema com João.* **5.** Indica meio ou instrumento: *Cortou o bolo com a faca.*

coma co.ma *substantivo masculino* Estado em que há perda da consciência, da sensibilidade e dos movimentos: *O doente ficou dias em coma.*

comadre

comadre co.**ma**.dre *substantivo feminino* **1.** A madrinha de uma pessoa em relação aos pais desta. **2.** A mãe de uma pessoa em relação aos padrinhos desta.

comandante co.man.**dan**.te *substantivo masculino* Homem que exerce um comando: *o comandante da expedição; o comandante do navio.*

comandar co.man.**dar** *verbo* **1.** Exercer comando em; mandar em: *O general comanda as tropas.* **2.** Dirigir, governar: *O presidente da República comanda o país.*

comando co.**man**.do *substantivo masculino* Posto, autoridade ou funções de quem manda ou comanda: *estar no comando da tropa.*

combate com.**ba**.te *substantivo masculino* **1.** Ação de combater, ou o resultado desta ação: *O general deu ordem de combate.* **2.** Batalha, luta: *Os dois navios travaram um combate em alto-mar.*

combater com.ba.**ter** *verbo* **1.** Participar de uma batalha; entrar numa guerra: *Todos os homens foram chamados para combater.* **2.** Lutar contra alguma coisa: *Tome um xarope para combater a tosse; É função da polícia combater o crime.*

combinação com.bi.na.**ção** *substantivo feminino* Ação de combinar(-se), ou o resultado desta ação. [Plural: *combinações*.]

combinar com.bi.**nar** *verbo* **1.** Juntar coisas diferentes. **2.** Estabelecer um acordo ou um encontro com alguém: *Combinou um passeio com a namorada.* **3.** Formar um conjunto harmonioso: *O bom pintor sabe combinar as cores.*

combustão com.bus.**tão** *substantivo feminino* Ação ou processo de queimar, ou o resultado desta ação ou processo; queima: *A combustão da madeira produz o calor.* [Plural: *combustões*.]

combustível com.bus.**tí**.vel *adjetivo de dois gêneros* **1.** Que queima, que entra em combustão. ✓ *substantivo masculino* **2.** Substância ou produto que se queima para produzir calor ou energia: *O carvão, o álcool e a gasolina são combustíveis muito utilizados.* [Plural: *combustíveis*.]

começar co.me.**çar** *verbo* **1.** Dar começo (a); iniciar: *Começou a responder às questões da prova com muita confiança.* **2.** Ter começo: *A novela já começou.*

começo co.**me**.ço (ê) *substantivo masculino* **1.** Ação de começar, ou o resultado desta ação: *O árbitro autorizou o começo do jogo.* **2.** O primeiro momento da existência ou da execução de uma coisa; princípio, origem: *O começo dos tempos.*

comédia co.**mé**.di:a *substantivo feminino* **1.** Aquilo que faz rir, por ser engraçado, divertido. **2.** Filme, peça teatral, programa televisivo, etc., que têm a finalidade de provocar o riso.

comediante co.me.di.**an**.te *substantivo de dois gêneros* Ator ou atriz de comédia.

comemoração co.me.mo.ra.**ção** *substantivo feminino* **1.** Ação de comemorar, ou o resultado desta ação. **2.** Festa em que se comemora algo. [Plural: *comemorações*.]

comemorar co.me.mo.**rar** *verbo* Festejar, celebrar.

comemorativo co.me.mo.ra.**ti**.vo *adjetivo* Próprio para comemorar, que comemora: *O sete de setembro é a data comemorativa para a Independência do Brasil.*

comentar co.men.**tar** *verbo* Fazer comentário(s) sobre: *João comentou com os colegas a viagem que fez à Amazônia.*

comentário co.men.**tá**.ri:o *substantivo masculino* Observações sobre um acontecimento, um livro, etc.: *O professor pediu que fizéssemos comentários sobre o texto.*

comer co.**mer** *verbo* **1.** Pôr alimentos na boca, mastigando-os e engolindo-os: *Comia frutas todas as manhãs.* **2.** Alimentar-se: *Paulo come com muito apetite; É necessário comer bem para ter boa saúde.*

comercial co.mer.ci.**al** *adjetivo de dois gêneros* **1.** Do, ou próprio do comércio, ou relativo a ele. ✓ *substantivo masculino* **2.** Anúncio transmitido por emissora de rádio ou televisão. [Plural: *comerciais*.]

comercializar　　　　　　　　　　　　compacto

comercializar co.mer.ci:a.li.**zar** *verbo* **1.** Tornar disponível no mercado: *Os supermercados comercializam uma série enorme de produtos.* **2.** Negociar: *Comercializou a produção de soja com os exportadores.*

comerciante co.mer.ci.**an**.te *substantivo de dois gêneros* Pessoa que tem como profissão o comércio; mercador, negociante.

comércio co.**mér**.ci:o *substantivo masculino* Troca, compra e venda de produtos: *O comércio é geralmente uma atividade lucrativa.*

comestível co.mes.**tí**.vel *adjetivo de dois gêneros* **1.** Que pode ser comido: *Esta embalagem do sorvete também é comestível.* ✅ *substantivo masculino* **2.** Aquilo que se come. [Plural: *comestíveis*.]

cometa co.**me**.ta (ê) *substantivo masculino* Astro que forma uma cauda luminosa, quando passa perto do Sol: *Alguns cometas reaparecem regularmente no céu.*

cometer co.me.**ter** *verbo* Praticar ou executar (ação ilegal ou incorreta): *A polícia prendeu o ladrão que cometeu o assalto*; *Cometeu uma grande injustiça com o amigo.*

comichão co.mi.**chão** *substantivo feminino* O mesmo que *coceira*. [Plural: *comichões*.]

comício co.**mí**.ci:o *substantivo masculino* Reunião pública de cidadãos para protestar contra algo, promover candidatura a cargo eletivo, etc.

cômico cô.mi.co *adjetivo* **1.** Que provoca o riso: *Aquele filme cômico agradou-nos.* ✅ *substantivo masculino* **2.** Comediante: *Este cômico representa bem o seu papel.*

comida co.**mi**.da *substantivo feminino* **1.** O que se come ou é próprio para se comer: *Para mim, comida fria só mesmo salada.* **2.** Ação de comer; refeição: *Chegou na hora da comida.*

comigo co.**mi**.go *pronome pessoal* **1.** Em minha companhia: *Mamãe foi ao cinema comigo.* **2.** Em meu poder: *O livro está comigo.*

comilão co.mi.**lão** *adjetivo* **1.** Que come muito. ✅ *substantivo masculino* **2.** Aquele que come muito. [Plural: *comilões*. Feminino: *comilona*.]

comissão co.mis.**são** *substantivo feminino* **1.** Grupo de pessoas encarregadas de tratar de um dado assunto; comitê. **2.** Retribuição que se paga, geralmente, a prestador de serviço. [Plural: *comissões*.]

comitê co.mi.**tê** *substantivo masculino* O mesmo que *comissão* (1): *Ela faz parte do comitê de boas-vindas.*

comitiva co.mi.**ti**.va *substantivo feminino* Pessoas que acompanham outra(s), geralmente uma autoridade ou um grupo de autoridades: *Viajou na comitiva do presidente.*

como co.mo *conjunção* **1.** Da mesma forma que: *Os cabelos de Ana são negros como o carvão.* **2.** Porque: *Como chovia, preferimos não sair de casa.* **3.** De acordo com; conforme: *Tudo correu como planejamos.* ✅ *advérbio* **4.** De que maneira: *Como poderá passar no exame, se não estuda?*; *Com todo esse trânsito, como vocês conseguiram chegar a tempo?*

cômoda cô.mo.da *substantivo feminino* Móvel composto de gavetas, no qual geralmente se guardam roupas.

comodidade co.mo.di.**da**.de *substantivo feminino* Qualidade de cômodo; conforto, bem-estar.

cômodo cô.mo.do *adjetivo* **1.** Confortável: *Preciso de uma cadeira cômoda para trabalhar.* ✅ *substantivo masculino* **2.** Aposento, quarto: *O hotel tem vinte cômodos.*

comover co.mo.**ver** *verbo* **1.** Emocionar, abalar: *O choro da criança comoveu-o.* **2.** Emocionar-se: *Não há quem não se comova com a desgraça alheia.*

compacto com.**pac**.to *adjetivo* **1.** Cujas partes componentes estão firmemente unidas entre si: *O jacarandá é uma madeira compacta.* **2.** Maciço, resistente, sólido: *Os rochedos do litoral são rochas compactas.* **3.** Conciso, resumido: *Escreveu um texto compacto.* ✅ *substantivo masculino* **4.** Edição reduzida de um programa de televisão: *Hoje à noite vou ver o compacto do jogo de ontem.*

compadre

compadre com.**pa**.dre *substantivo masculino* **1.** O padrinho de uma pessoa em relação aos pais dela. **2.** O pai de uma pessoa em relação aos padrinhos dela.

compaixão com.pai.**xão** *substantivo feminino* Pesar que a desgraça ou a dor de outra pessoa desperta em alguém; dó, piedade. [Plural: *compaixões*.]

companheirismo com.pa.nhei.**ris**.mo *substantivo masculino* Amizade, coleguismo: *O nosso companheirismo é antigo.*

companheiro com.pa.**nhei**.ro *substantivo masculino* **1.** Aquele que acompanha: *João será meu companheiro de viagem.* **2.** Amigo, colega: *Distribuiu brindes entre os companheiros.*

companhia com.pa.**nhi**.a *substantivo feminino* **1.** Presença junto de uma pessoa: *É melhor procurar a companhia de alguém da sua idade.* **2.** Pessoa com quem se está ou se vive: *Minha irmã é uma ótima companhia.* **3.** Sociedade comercial: *Meu pai trabalha numa companhia de seguros.*

comparação com.pa.ra.**ção** *substantivo feminino* Ação de comparar(-se), ou o resultado desta ação. [Plural: *comparações*.]

comparar com.pa.**rar** *verbo* **1.** Estabelecer as diferenças ou as semelhanças entre pessoas ou coisas: *comparar talentos, textos, preços, etc.* **2.** Dizer que alguma pessoa ou alguma coisa se assemelha a outra: *A beleza daquela menina se compara à de sua mãe.*

comparecer com.pa.re.**cer** *verbo* Estar presente em determinado lugar: *Não compareceu ao colégio por motivo de doença.*

comparecimento com.pa.re.ci.**men**.to *substantivo masculino* Ação de comparecer, ou o resultado desta ação: *É obrigatório o comparecimento àquela aula.*

complexo

compartilhar com.par.ti.**lhar** *verbo* **1.** Dividir, repartir: *Compartilha sua riqueza com os amigos.* **2.** Ter ou tomar parte em; participar de: *Compartilhou a vitória do irmão.*

compartimento com.par.ti.**men**.to *substantivo masculino* Cada divisão de uma casa, móvel, veículo, etc.

compasso com.**pas**.so *substantivo masculino* **1.** Instrumento para traçar circunferências e tomar medidas. **2.** Medida dos tempos, em música.

compatriota com.pa.tri.**o**.ta *substantivo de dois gêneros* Pessoa que é da mesma pátria que outra.

compensar com.pen.**sar** *verbo* Reparar o dano, incômodo, etc., resultante de: *A alegria de rever os avós compensou o desconforto da longa viagem.*

competência com.pe.**tên**.ci:a *substantivo feminino* Capacidade, aptidão: *Há jogadores que não têm competência para marcar gol.*

competente com.pe.**ten**.te *adjetivo de dois gêneros* Que tem competência; capaz: *Os dois filhos de José são competentes no que fazem.*

competição com.pe.ti.**ção** *substantivo feminino* Ação de competir, ou o resultado desta ação: *Houve uma competição de natação.* [Plural: *competições*.]

competir com.pe.**tir** *verbo* Pretender uma coisa simultaneamente com outro(s); concorrer, disputar: *Cinco cavalos competem neste páreo.*

completar com.ple.**tar** *verbo* **1.** Tornar completo: *Este volume completa a minha coleção.* **2.** Concluir, terminar: *Completaram as obras do novo hospital.* **3.** Atingir um número, um valor, uma idade: *Seu filho vai completar dois anos.*

completo com.**ple**.to *adjetivo* **1.** Que já tem tudo o que pode ou deve ter: *Meu álbum de figurinhas está completo.* **2.** Perfeito, total: *A cura completa de uma doença.* **3.** Diz-se de espaço ou de local que não tem mais lugares disponíveis: *O hotel está com sua lotação completa.*

complexo com.**ple**.xo (xo = cso) *adjetivo* **1.** Que abrange ou encerra muitos elementos ou partes.

complicação

2. Complicado: *O professor deu uma explicação complexa, não entendi nada.* ✅ **substantivo masculino 3.** Pensamentos relacionados com emoções passadas e reprimidas, que influenciam bastante o comportamento, às vezes de maneira doentia: *É um homem tímido porque tem muitos complexos.*

complicação com.pli.ca.**ção** *substantivo feminino* **1.** Ação de complicar(-se), ou o resultado desta ação. **2.** Situação confusa ou indesejável, e de difícil solução: *Afastou-se das más companhias para evitar complicação.* [Plural: *complicações*.]

complicado com.pli.**ca**.do *adjetivo* Difícil de compreender ou de fazer; confuso, complexo: *A professora passou dois problemas muito complicados.*

complicar com.pli.**car** *verbo* **1.** Dificultar a compreensão ou a resolução de (algo): *Quis simplificar, mas suas palavras complicaram ainda mais a questão.* **2.** Confundir-se, meter-se em complicação: *Pedro complicou-se ao tentar ajudar o amigo.*

componente com.po.**nen**.te *adjetivo de dois gêneros* **1.** Que entra na composição de algo: *O hidrogênio e o oxigênio são partes componentes da água.* ✅ **substantivo de dois gêneros 2.** Quem participa ou faz parte de grupo, equipe, etc.: *Ele é um dos componentes do conjunto que toca hoje.* ✅ **substantivo masculino 3.** Aquilo que entra na composição de algo: *Os leucócitos e as hemácias são dois dos componentes do sangue.*

compor com.**por** *verbo* **1.** Entrar na composição ou na formação de: *Vários gases compõem o ar atmosférico.* **2.** Produzir intelectualmente: *Preciso compor um discurso para a cerimônia.* **3.** Escrever música: *Compõe desde criança.*

comportamento com.por.ta.**men**.to *substantivo masculino* Maneira de se comportar; procedimento, conduta: *Todos os alunos tiveram um comportamento exemplar.*

comportar com.por.**tar** *verbo* **1.** Ser capaz de conter: *Este cinema comporta quase duas mil pessoas.* **2.** Modo de agir; proceder: *Comportou-se bem na aula.*

composição com.po.si.**ção** *substantivo feminino* **1.** Ação de compor, ou o resultado desta

compreensão

ação: *A composição desta ópera levou um ano.* **2.** Produção literária ou artística: *Gosto das composições deste autor.* **3.** O mesmo que **redação** (2): *Fiz uma composição sobre as minhas férias.* [Plural: *composições*.]

compositor com.po.si.**tor** (tôr) *substantivo masculino* Aquele que faz músicas.

compostagem com.pos.**ta**.gem *substantivo feminino* Preparação de adubo orgânico em que se juntam resíduos (folhas, estrume, restos de comida, etc.) que, com o passar do tempo, sofrem degradação por micro-organismos. [Plural: *compostagens*.]

composto com.**pos**.to (pôs) *adjetivo* **1.** Constituído por dois ou mais elementos. ✅ **substantivo masculino 2.** Substância que é formada por mais de um elemento químico: *A água é um composto de hidrogênio e oxigênio.*

compota com.**po**.ta *substantivo feminino* Doce de frutas cozidas em calda de açúcar.

compra com.**pra** *substantivo feminino* **1.** Ação de comprar, ou o resultado desta ação; aquisição: *Preparei os documentos para a compra da casa.* **2.** A coisa comprada: *Pus as compras na mala do carro.*

comprador com.pra.**dor** (dôr) *adjetivo* **1.** Que compra. ✅ **substantivo masculino 2.** Aquele que compra.

comprar com.**prar** *verbo* Adquirir por dinheiro: *Comprou uma casa nesta rua.*

compreender com.pre.en.**der** *verbo* **1.** Conter em si; abranger: *A República Federativa do Brasil compreende 26 estados e um distrito federal.* **2.** Ter a ideia de; entender: *A pontuação é útil para que se possa compreender um texto.* **3.** Entender (alguém): *Os pais têm de esforçar-se para compreender os filhos.*

compreensão com.pre.en.**são** *substantivo feminino* Ação de compreender, ou o resultado desta ação. [Plural: *compreensões*.]

compreensivo

compreensivo com.pre.en.**si**.vo *adjetivo* Que compreende, ou revela compreensão (2): *Os pais compreensivos educam bem os filhos.*

compressão com.pres.**são** *substantivo feminino* Ação de comprimir(-se), ou o resultado desta ação. [Plural: *compressões*.]

comprido com.**pri**.do *adjetivo* **1.** Longo, extenso: *Esta estrada comprida vai até o sítio.* **2.** Que dura ou parece durar muito: *Este filme é muito comprido.*

comprimento com.pri.**men**.to *substantivo masculino* A maior dimensão horizontal de uma superfície: *Meu vizinho ergueu um muro com dez metros de comprimento.*

comprimido com.pri.**mi**.do *adjetivo* **1.** O mesmo que *compacto* (1). ✅ *substantivo masculino* **2.** Remédio em forma de pastilha.

comprimir com.pri.**mir** *verbo* **1.** Diminuir o volume de um corpo sob o efeito de pressão: *Comprimiu as roupas para caberem na mala.* **2.** Espremer-se, apertar-se (pessoas), aglomerando-se: *Milhares de pessoas comprimiam-se na entrada do estádio.*

comprometer com.pro.me.**ter** *verbo* **1.** Tomar parte, ou envolver(-se) em: *Comprometeu-se no negócio e não pôde desistir; Seus amigos comprometeram-no no crime.* **2.** Tomar compromisso (1): *Comprometeu-se a me ensinar português.*

compromisso com.pro.**mis**.so *substantivo masculino* **1.** Obrigação, dever: *Assumiu o compromisso de ajudá-lo a estudar para a prova.* **2.** Obrigação de caráter social: *No próximo fim de semana não tenho compromissos.*

comprovar com.pro.**var** *verbo* O mesmo que *constatar*: *Comprovaram a inocência do réu.*

computador com.pu.ta.**dor** (ô) *substantivo masculino* Máquina eletrônica em que se pode digitar, ler textos, fazer pesquisas, jogar, assistir a filmes, etc.

comum co.**mum** *adjetivo de dois gêneros* **1.** Pertencente a várias pessoas: *O salão de festas fica na área comum do prédio.* **2.** Que sempre ocorre; que acontece muito: *Em certos lugares a violência infelizmente virou algo comum.* **3.** De que todo mundo (sempre)

conceito

fala: *Conversaram sobre assuntos comuns, não disseram nenhuma novidade.* **4.** Que existe em grande número: *Silva é um sobrenome muito comum no Brasil.* **5.** Feito em sociedade ou em comunidade: *A melhoria da praça resultou do esforço comum.* [Plural: *comuns*.]

comunicação co.mu.ni.ca.**ção** *substantivo feminino* **1.** Ação de comunicar(-se), ou o resultado desta ação. **2.** A coisa ou assunto comunicado: *A comunicação foi muito clara.* **3.** Processo de emissão, transmissão e recepção de mensagens por meio de métodos e sistemas variados. [Plural: *comunicações*.]

comunicar co.mu.ni.**car** *verbo* **1.** Transmitir, informar: *Telefonou para comunicar uma notícia.* **2.** Pôr em contato ou relação; ligar, unir: *O canal do Panamá comunica o oceano Pacífico com o Atlântico.* **3.** Pôr-se em contato, em relação: *Comunico-me por e-mail com os meus amigos.* **4.** Transmitir (doença): *O barbeiro comunica a doença de chagas.*

comunicativo co.mu.ni.ca.**ti**.vo *adjetivo* Que se comunica facilmente: *Como é um menino comunicativo, tem muitos amigos.*

comunidade co.mu.ni.**da**.de *substantivo feminino* **1.** O conjunto das pessoas que vivem num mesmo local (estado, cidade, bairro, favela, etc.): *Mora numa comunidade de pescadores.* **2.** Conjunto de habitações populares construídas em morros ou em áreas planas das cidades que, na grande maioria, carecem de saneamento básico e serviços públicos adequados.

comunitário co.mu.ni.**tá**.ri.o *adjetivo* Relativo a uma comunidade, ou próprio dela: *vida comunitária.*

côncavo côn.ca.vo *adjetivo* Menos elevado no meio que nas bordas: *Um espelho côncavo deforma a imagem.*

conceber con.ce.**ber** *verbo* Formar (o embrião) pela fecundação do óvulo; gerar: *Conceberam dez filhos formando uma família grande.*

conceder con.ce.**der** *verbo* **1.** Dar: *conceder uma licença.* **2.** Fazer ou permitir: *Concedeu-me um favor.*

conceito con.**cei**.to *substantivo masculino* **1.** O mesmo que *definição*. **2.** Julgamento, avaliação, opinião: *Não tenho conceito formado sobre este assunto.* **3.** Reputação, fama: *Tem bom conceito entre os colegas.*

concentração

concentração con.cen.tra.**ção** *substantivo feminino* **1.** Ação de concentrar(-se), ou o resultado desta ação. **2.** Estado de quem se concentra num assunto ou matéria: *Quem quer aprender precisa ter concentração*. **3.** Reunião de atletas às vésperas de uma partida, ou de um torneio (geralmente em hotel ou clube retirado do centro), a fim de repousarem e receberem instruções. [Plural: *concentrações*.]

concentrar con.cen.**trar** *verbo* **1.** Reunir(-se) num mesmo lugar, agrupar(-se): *O comandante concentrou os soldados para as últimas instruções; Os fiéis concentraram-se em frente à igreja*. **2.** Aplicar o pensamento, a atenção, etc. em: *Concentra nos filhos toda a sua atenção; Para trabalhar bem, qualquer pessoa precisa concentrar-se no que faz*. **3.** Promover a concentração (3) de: *O técnico achou melhor concentrar o time três dias antes do jogo decisivo*.

concerto con.**cer**.to (ê) *substantivo masculino* Espetáculo em que se executam obras musicais.

concha con.cha *substantivo feminino* **1.** Cobertura rígida de muitos moluscos, como a ostra, o mexilhão, etc. **2.** Colher grande e funda: *Serviu-se de feijão com uma concha*.

conciliar con.ci.li.**ar** *verbo* **1.** Pôr em boa harmonia; reconciliar: *Conciliou o amigo com o irmão*. **2.** Aliar, combinar: *Concilia ternura com severidade*. **3.** Estar ou pôr-se de acordo; harmonizar-se: *Esses dois pensamentos não se conciliam*.

conciso con.**ci**.so *adjetivo* Que é dito ou exposto em poucas palavras: *O professor deu uma informação concisa*.

concluir con.clu.**ir** *verbo* **1.** Terminar, acabar: *Concluiu o curso com dificuldade*. **2.** Ajustar definitivamente: *concluir um acordo*. **3.** Chegar à conclusão (2): *Concluiu que errou na escolha*. **4.** Terminar de falar: *As palmas não o deixaram concluir o discurso*.

conclusão con.clu.**são** *substantivo feminino* **1.** Ação de concluir, ou o resultado desta ação: *A conclusão do ano letivo é em dezembro*. **2.** Aquilo que resulta de um raciocínio: *Precipitou-se, e por isso chegou a uma conclusão errada*. [Plural: *conclusões*.]

concordância con.cor.**dân**.ci.a *substantivo feminino* Ação de concordar, ou o resultado desta ação: *Não houve concordância entre os sócios, e por isto vai haver outra reunião*.

concreto

concordar con.cor.**dar** *verbo* **1.** Pôr-se de acordo, estar de acordo: *Concordamos em adiar o passeio*. **2.** Estar de acordo: *Pai e filho costumam sempre concordar*.

concorrência con.cor.**rên**.ci.a *substantivo feminino* **1.** Ação de concorrer, ou o resultado desta ação. **2.** Competição entre produtores ou vendedores de um mesmo produto: *Os preços baixaram por causa da concorrência*.

concorrente con.cor.**ren**.te *adjetivo de dois gêneros* **1.** Que concorre. **2.** Que participa de concurso, disputa, competição, etc. ✓ *substantivo de dois gêneros* **3.** Pessoa, grupo, firma, etc. que concorre; competidor. **4.** Candidato que concorre com outro(s).

concorrer con.cor.**rer** *verbo* **1.** Juntar-se (para uma ação comum); contribuir: *Tudo concorria para a nossa felicidade*. **2.** Participar de um concurso ou competição. **3.** Candidatar-se: *Concorrer a uma bolsa de estudos*.

concretizar con.cre.ti.**zar** *verbo* Tornar(-se) concreto, realizar(-se)*: Seu sonho concretizou-se: ele se formou médico*.

concreto con.**cre**.to *adjetivo* **1.** Que se vê ou que existe em forma material; que é real, verdadeiro: *Não desisti da viagem porque não havia perigo concreto*. **2.** Diz-se de substantivo que nomeia seres reais ou imaginários (como *gato* e *fada*), objetos (como *copo* e *casa*) e fenômenos (como *chuva* e *vento*). **3.** De consistência mais ou menos sólida. **4.** Claro, definido: *Ter uma ideia concreta sobre um assunto*. ✓ *substantivo masculino* **5.** Mistura de cimento com água, areia e pedrinhas, usada em construção.

concurso con.cur.so *substantivo masculino* **1.** Ação de concorrer, ou o resultado desta ação. **2.** Prova (3) ou exame de seleção para um cargo público, uma vaga em colégio, faculdade, etc.

condão con.dão *substantivo masculino* Poder misterioso a que se atribui boa ou má influência: *As varas de condão existem nos contos de fadas.* [Plural: *condões*.]

conde con.de *substantivo masculino* Título de nobreza, superior ao de visconde e inferior ao de marquês.

condenação con.de.na.ção *substantivo feminino* Ação de condenar, ou o resultado desta ação. [Plural: *condenações*.]

condenado con.de.na.do *adjetivo* **1.** Que foi considerado culpado ao final de um julgamento. **2.** Diz-se de construção com risco de cair, desabar: *Os prédios condenados não podem ser habitados.* ☑ *substantivo masculino* **3.** Homem que sofreu condenação na justiça.

condenar con.de.nar *verbo* **1.** Proferir sentença contra alguém; declará-lo culpado: *O juiz condenou o réu, mesmo com poucas provas.* **2.** Censurar, reprovar: *Não se pode condenar uma atitude sem saber o que a motivou.* **3.** Obrigar, forçar: *Este temporal nos condena a passar a tarde inteira em casa.* **4.** Impor sentença (1) a: *O júri o condenou a dez anos de prisão.*

condensação con.den.sa.ção *substantivo feminino* **1.** Ação de condensar(-se), ou o resultado desta ação. **2.** Transformação de um vapor em líquido. [Plural: *condensações*.]

condensar con.den.sar *verbo* **1.** Tornar denso ou mais denso: *A evaporação da água condensa o leite.* **2.** Resumir, sintetizar: *condensar uma história.* **3.** Tornar-se denso: *Os vapores condensaram-se no para-brisa.*

condição con.di.ção *substantivo feminino* **1.** Modo de ser; estado, situação (de uma coisa): *A casa está em boa condição.* **2.** Classe social: *pessoa de condição baixa.* **3.** O que é necessário para que alguma coisa aconteça: *Aceito o cargo, com a condição de receber um bom salário.* **4.** Capacidade (financeira, intelectual, de tempo, etc.): *Não tenho condição de ajudá-lo.* **5.** Possibilidade: *Há condição de você vir comigo?* **6.** Estado de saúde: *O doente está em má condição.* [Plural: *condições*.]

condimento con.di.men.to *substantivo masculino* O mesmo que **tempero**: *Não gosto de comida com muito condimento.*

condomínio con.do.mí.ni.o *substantivo masculino* Conjunto residencial, geralmente cercado, com acesso controlado, e cujos moradores dividem equipamentos e instalações de uso comum.

condor con.dor (dôr) *substantivo masculino* Grande ave de rapina da América do Sul.

condução con.du.ção *substantivo feminino* **1.** Ação de conduzir, ou o resultado desta ação. **2.** Meio de transporte; veículo: *Vou tomar uma condução para o aeroporto.* [Plural: *conduções*.]

conduta con.du.ta *substantivo feminino* O mesmo que **comportamento**.

condutor con.du.tor (tôr) *adjetivo* **1.** Que conduz. ☑ *substantivo masculino* **2.** Aquele ou aquilo que conduz. **3.** Cano pelo qual se escoam para o solo as águas pluviais do telhado.

conduzir con.du.zir *verbo* **1.** Fazer-se acompanhar de, ou ir na companhia de, orientando: *O menino conduzia o cego.* **2.** Guiar, dirigir: *Conduziu o caminhão com todo o cuidado.* **3.** Comandar: *O presidente conduz o país.* **4.** Levar; transportar: *Conduziu o aluno à diretoria; Conduziu-me do aeroporto ao hotel.*

cone co.ne *substantivo masculino* Sólido cuja base é um círculo e cujo cume é um ponto: *Os palhaços costumam usar um chapéu em forma de cone.*

conectar co.nec.tar *verbo* **1.** Estabelecer conexão, ligação ou comunicação entre (elementos que se

conexão

podem associar). **2.** Estabelecer conexão (1) entre (um computador ou dispositivo) e outro(s).

conexão co.ne.**xão** (xão = csão) *substantivo feminino* **1.** Ligação, comunicação: *A conexão do meu computador com a Internet está muito lenta.* **2.** Peça que liga dois tubos, etc. [Plural: *conexões*.]

confecção con.fec.**ção** *substantivo feminino* **1.** Ação de confeccionar, ou o resultado desta ação: *Preciso de tecido para a confecção dos uniformes.* **2.** Estabelecimento onde se fabricam roupas: *Trabalha numa confecção.* [Plural: *confecções.*]

confeccionar con.fec.ci.o.**nar** *verbo* Executar ou fazer (qualquer obra): *confeccionar bolos, bolsas, roupas, etc.*

confederação con.fe.de.ra.**ção** *substantivo feminino* **1.** Reunião de vários Estados. **2.** Liga, associação, com um fim determinado: *Confederação Brasileira de Futebol.* [Plural: *confederações.*]

confeitar con.fei.**tar** *verbo* Cobrir com confeitos.

confeitaria con.fei.ta.**ri**.a *substantivo feminino* Casa onde se fabricam e se vendem bolos, doces, salgadinhos, etc.

confeito con.**fei**.to *substantivo masculino* Pequena pastilha ou bolinha doce, geralmente colorida, usada para confeitar bolos.

conferência con.fe.**rên**.ci:a *substantivo feminino* **1.** Ação de conferir, ou o resultado desta ação. **2.** Palestra pública sobre assunto literário, científico, etc.

conferir con.fe.**rir** *verbo* **1.** Ver se está certo; verificar: *Conferiu a conta antes de pagá-la.* **2.** Estar de acordo; estar conforme; estar certo: *Os dois depoimentos conferem.*

confessar con.fes.**sar** *verbo* **1.** Declarar; revelar: *Pois então lhe confesso que é a primeira vez que ando* de trem. **2.** Declarar-se; reconhecer-se: *Confessou-se responsável por tudo.*

confete con.**fe**.te *substantivo masculino* Cada um dos pequenos discos de papel colorido que se atiram no carnaval.

confiança con.fi.**an**.ça *substantivo feminino* Sentimento de que se pode confiar numa pessoa ou numa coisa: *Tenho total confiança em meu amigo.*

confiante con.fi.**an**.te *adjetivo de dois gêneros* **1.** Que confia, que acredita. **2.** Que acredita na sua própria capacidade, inteligência, etc.: *Maria está confiante nos seus conhecimentos.*

confiar con.fi.**ar** *verbo* **1.** Ter confiança; ter fé: *Disse que confiava no amigo.* **2.** Entregar em confiança: *Confiou-me o filho menor enquanto esteve fora.*

confiável con.fi.**á**.vel *adjetivo de dois gêneros* Em que ou em quem se pode confiar. [Plural: *confiáveis.*]

confidência con.fi.**dên**.ci:a *substantivo feminino* Segredo que se revela a alguém.

confidencial con.fi.den.ci.**al** *adjetivo de dois gêneros* Que tem caráter secreto, reservado: *Tivemos uma conversa confidencial, a portas fechadas.* [Plural: *confidenciais.*]

confirmação con.fir.ma.**ção** *substantivo feminino* Ação de confirmar(-se), ou o resultado desta ação: *Estou esperando a confirmação da notícia.* [Plural: *confirmações.*]

confirmar con.fir.**mar** *verbo* **1.** Afirmar, dar certeza de algo: *Confirmou que viria no próximo sábado.* **2.** Comprovar: *Os fatos confirmaram que ele estava certo.* **3.** Verificar-se, realizar-se: *Confirmou-se a previsão de chuva.*

confissão con.fis.são *substantivo feminino* Ação de confessar(-se), ou o resultado desta ação: *Após a confissão do crime, prenderam o criminoso.* [Plural: *confissões*.]

conflito con.fli.to *substantivo masculino* **1.** Luta, combate. **2.** Guerra. **3.** Desacordo: *Em conflito com o técnico, acabou saindo do time.*

conformar con.for.mar *verbo* Acomodar-se, aceitar: *Torcedor fanático, não costuma conformar-se com a derrota de seu clube.*

conforme con.for.me *conjunção* **1.** Como (3): *João estudou a tarde inteira, conforme sua mãe lhe ordenou.* **2.** À medida que: *A ansiedade ia tomando conta do público conforme as horas iam passando.* *preposição* **3.** De acordo com: *dançar conforme a música.*

confortar con.for.tar *verbo* Aliviar o sofrimento de; consolar: *Confortou o amigo com palavras carinhosas.*

confortável con.for.tá.vel *adjetivo de dois gêneros* Que oferece conforto; cômodo: *Preciso de uma poltrona confortável em meu quarto.* [Plural: *confortáveis*.]

conforto con.for.to (fôr) *substantivo masculino* Tudo o que torna a vida material mais fácil e mais agradável: *Pretendo morar numa casa que tenha todo o conforto.*

confraternização con.fra.ter.ni.za.ção *substantivo feminino* Ação de confraternizar(-se), ou o resultado desta ação. [Plural: *confraternizações*.]

confraternizar con.fra.ter.ni.zar *verbo* **1.** Conviver ou tratar fraternalmente: *Apesar de rico, confraterniza com os pobres.* **2.** Dar demonstração de amizade fraterna: *Os nadadores confraternizaram-se depois do torneio.*

confrontar con.fron.tar *verbo* **1.** Pôr frente a frente: *É preciso confrontar as testemunhas antes do julgamento.* **2.** Enfrentar: *O lutador confrontou-se com o adversário e saiu-se bem.*

confronto con.fron.to *substantivo masculino* **1.** Ação de confrontar(-se), ou o resultado desta ação. **2.** Acareação (de acusados ou testemunhas). **3.** Briga: *Houve um confronto entre a polícia e os bandidos.*

confundir con.fun.dir *verbo* **1.** Não distinguir entre pessoas e coisas: *Sempre confunde Pedro com Paulo, de tão parecidos que são.* **2.** Misturar-se: *As águas dos dois rios confundem-se na foz.* **3.** Perturbar-se, embaraçar-se: *Confundiu-se ao explicar por que se atrasara.*

confusão con.fu.são *substantivo feminino* **1.** Ação de confundir(-se), ou o resultado desta ação. **2.** Situação, estado ou condição daquilo a que falta organização: *O quarto de brinquedos era uma confusão só.* **3.** Agitação, tumulto: *Na entrada do estádio houve uma grande confusão.* [Plural: *confusões*.]

confuso con.fu.so *adjetivo* **1.** De difícil compreensão; sem clareza: *Deu-me uma explicação confusa que nada esclareceu.* **2.** Em que há confusão: *O professor achou a resposta confusa, e pediu uma explicação.*

congelador con.ge.la.dor (dôr) *substantivo masculino* Compartimento da geladeira no qual o gelo é fabricado e em que se guardam os alimentos a serem congelados.

congelamento con.ge.la.men.to *substantivo masculino* Ação de congelar(-se), ou o resultado desta ação.

congelar con.ge.lar *verbo* **1.** Tornar em gelo, ou frio como gelo; gelar: *O frio da noite congelou a água do lago.* **2.** Resfriar (alimento) rapidamente, e a temperatura muito baixa. **3.** Fixar preços, salários, valores, etc., por determinado tempo: *O governo congelou o preço da gasolina.*

congestionamento con.ges.ti:o.na.men.to *substantivo masculino* O mesmo que **engarrafamento**: *A batida produziu um congestionamento de várias horas.*

congresso con.gres.so *substantivo masculino* **1.** Reunião de pessoas para trocar ideias sobre um assunto de interesse comum: *um congresso de médicos.*

conhecer

2. O poder legislativo de uma nação; assembleia, parlamento. [No Brasil, é constituído pelo Senado Federal e pela Câmara dos Deputados.]

conhecer co.nhe.**cer** *verbo* **1.** Ter noção ou conhecimento de; saber: *Depois de conhecer os riscos do acordo, preferiu não fazê-lo.* **2.** Apresentar-se ou ser apresentado por alguém: *Sempre desejei conhecê-la.* **3.** Ter relações ou convivência com: *Não conhece ninguém na nova escola.* **4.** Ter estado em certo lugar; visitar: *Conheceu o Rio ainda menino.*

conhecimento co.nhe.ci.**men**.to *substantivo masculino* **1.** Ação de conhecer, ou o resultado desta ação: *Há profissões que exigem o conhecimento de línguas estrangeiras.* **2.** Informação ou noção adquiridas pelo estudo ou pela experiência.

conjugal con.ju.**gal** *adjetivo de dois gêneros* Relativo ao casamento. [Plural: *conjugais*.]

conjugar con.ju.**gar** *verbo* Dizer ou escrever ordenadamente as flexões de um verbo.

conjunção con.jun.**ção** *substantivo feminino* Palavra invariável que liga duas orações ou dois termos semelhantes da mesma oração. [A palavra *como* na frase *Seus cabelos são negros como o carvão* é uma conjunção.] [Plural: *conjunções*.]

conjunto con.**jun**.to *substantivo masculino* **1.** Reunião das partes que formam um todo: *Esta coleção reúne o conjunto das obras de autores importantes.* **2.** Grupo musical: *Toca num conjunto de samba.* **3.** Qualquer coleção de elementos matemáticos.

conjuração con.ju.ra.**ção** *substantivo feminino* Associação de indivíduos, geralmente secreta ou clandestina, contra um governo: *A Conjuração Mineira queria tornar o Brasil independente de Portugal.* [Plural: *conjurações*.]

conosco co.**nos**.co (nôs) *pronome pessoal* **1.** Em nossa companhia: *Mamãe saiu conosco.* **2.** Em nosso poder: *Os brinquedos estão conosco.*

conquista con.**quis**.ta *substantivo feminino* Ação de conquistar, ou o resultado desta ação: *Os antigos romanos realizaram a conquista de muitas terras.*

consequência

conquistar con.quis.**tar** *verbo* **1.** Submeter pela força das armas; vencer. **2.** Adquirir à força de trabalho ou de esforço; alcançar: *Conquistou uma boa situação financeira.* **3.** Alcançar (amor, simpatia, etc.): *Conquistou a amizade do colega graças à sua bondade.*

consciência cons.ci.**ên**.ci:a *substantivo feminino* **1.** Faculdade de estabelecer julgamentos morais dos atos realizados: *Muito jovem, não tinha consciência de seus erros.* **2.** Cuidado com que se executa um trabalho, se cumpre um dever: *Trabalha com consciência.*
👉 **Perder a consciência.** Perder os sentidos, desmaiar.

consciente cons.ci.**en**.te *adjetivo de dois gêneros* **1.** Que tem consciência: *É um jovem consciente, cumpre os seus deveres.* **2.** Que procede com consciência: *Um país precisa de pessoas conscientes para governá-lo.*

conscientizar cons.ci.en.ti.**zar** *verbo* Dar ou tomar consciência de: *Os jovens devem se conscientizar de seus direitos e deveres.*

consecutivo con.se.cu.**ti**.vo *adjetivo* Que segue imediatamente outro: *Choveu seis dias consecutivos.*

conseguir con.se.**guir** *verbo* **1.** Ter êxito na realização de algo: *Conseguiu comprar o livro que tanto queria.* **2.** Obter, alcançar: *Conseguiu o número de pontos necessários para ganhar o jogo.*

conselheiro con.se.**lhei**.ro *substantivo masculino* Pessoa que aconselha: *Meu pai é o meu melhor conselheiro.*

conselho con.**se**.lho (ê) *substantivo masculino* **1.** Opinião que se dá a alguém sobre o que deve fazer: *Só dou conselho a quem me pede.* **2.** Reunião ou assembleia em que se discute assunto de interesse público ou particular: *conselho de ministros; conselho de família.*

consenso con.**sen**.so *substantivo masculino* Concordância ou acordo entre pessoas: *Depois de muita discussão, os patrões e os trabalhadores chegaram a um consenso.*

consentir con.sen.**tir** *verbo* **1.** Permitir que se faça alguma coisa: *Seus pais não consentem que ela saia de casa sozinha.* **2.** Concordar: *Consentiu em adiar o casamento.*

consequência con.se.**quên**.ci:a (qüen) *substantivo feminino* Resultado de uma ação, ou de um fato

consertar

ou acontecimento: *Como a pista estava molhada, a consequência foi um grave acidente.*

consertar con.ser.**tar** *verbo* Pôr em bom estado o que não estava funcionando: *O técnico consertou a televisão.*

conserto con.**ser**.to (ê) *substantivo masculino* Ação de consertar, ou o resultado desta ação: *O conserto deste aparelho ficará muito caro.*

conserva con.**ser**.va *substantivo feminino* Alimento tratado para conservar-se por muito tempo e geralmente embalado em latas.

conservante con.ser.**van**.te *substantivo masculino* Substância que impede ou retarda a deterioração de um alimento.

conservar con.ser.**var** *verbo* **1.** Resguardar de dano, deterioração, etc.; manter em bom estado; preservar: *Para conservar os livros de uma biblioteca é preciso limpá-los com cuidado.* **2.** Ter ou reter em seu poder: *Joana conserva em sua mesa um retrato do avô.* **3.** Manter: *Para conservar a saúde temos que ter hábitos saudáveis.* **4.** Continuar a ter: *Conserva, apesar dos anos, os encantos da juventude.* **5.** Manter-se: *Os soldados conservaram-se imóveis durante a revista.*

consideração con.si.de.ra.**ção** *substantivo feminino* **1.** Reflexão feita sobre um assunto: *Carolina costuma perder-se em considerações inúteis.* **2.** Importância dada a alguém; atenção, respeito: *É importante ter consideração com os mais velhos.* [Plural: *considerações.*]

considerar con.si.de.**rar** *verbo* **1.** Levar em conta, examinar: *A pesquisa considerou apenas as cidades com mais de cem mil habitantes.* **2.** Ter na conta de: *Considera o vizinho um grande amigo.* **3.** Julgar, supor: *Considerou encerrada a briga.* **4.** Pensar, refletir: *Considerou muito antes de decidir-se.* **5.** Julgar-se: *Considera-se com talento para a música.*

consolo

considerável con.si.de.**rá**.vel *adjetivo de dois gêneros* **1.** Que deve ser objeto de consideração. **2.** Muito grande: *Ela tem uma considerável biblioteca.* [Plural: *consideráveis.*]

consigo con.**si**.go *pronome pessoal* **1.** Em sua companhia: *Levou consigo a amiga.* **2.** Com a sua própria pessoa: *Não gasta quase nada consigo.* **3.** Em seu poder: *Trazia consigo uma mala cheia de livros.*

consistência con.sis.**tên**.ci:a *substantivo feminino* **1.** Sensação ao tato, ao manuseio: *Este pano tem consistência áspera; O filé tem consistência macia.* **2.** Qualidade ou estado de consistente: *Bateu as claras com açúcar até que a mistura adquirisse consistência.*

consistente con.sis.**ten**.te *adjetivo de dois gêneros* Firme, rijo: *Este pudim está pouco consistente.*

consistir con.sis.**tir** *verbo* **1.** Ser feito, formado, ou constituído; compor-se: *Sua herança consiste em imóveis.* **2.** Fundamentar-se, resumir-se: *Sua sabedoria consiste em saber ouvir.*

consoante con.so.**an**.te *substantivo feminino* **1.** Som da fala que resulta em emissão de ar que encontra obstáculos na sua passagem pela boca: *No português, as consoantes só formam uma sílaba quando se juntam a uma vogal.* **2.** Letra que representa um desses sons: *Na palavra sol há duas consoantes, s e l.*

consolação con.so.la.**ção** *substantivo feminino* **1.** Ação de consolar(-se), ou o resultado desta ação; consolo: *Ouvi palavras de consolação.* **2.** Conforto, consolo: *Não há consolação para tão grande perda.* **3.** Motivo de alegria ou de satisfação; consolo: *O filho é sua única consolação.* [Plural: *consolações.*]

consolar con.so.**lar** *verbo* **1.** Aliviar, ou tentar aliviar, a aflição, o sofrimento de: *Sua missão é consolar os doentes.* **2.** Sentir consolação: *Procurou consolar-se fazendo novas amizades.*

consolidar con.so.li.**dar** *verbo* Tornar(-se) sólido, firme: *O tempo consolidou o amor do casal; Nosso projeto consolidou-se, e já oferece os primeiros resultados.*

consolo con.**so**.lo (sô) *substantivo masculino* O mesmo que *consolação* (1 a 3).

constante cons.**tan**.te *adjetivo de dois gêneros* **1.** Que permanece ou continua. **2.** Que se repete de modo progressivo; contínuo.

constar cons.**tar** *verbo* Estar escrito ou registrado: *Esta palavra não consta do dicionário.*

constatar cons.ta.**tar** *verbo* Verificar a verdade de um fato, ou o estado de alguma coisa; comprovar: *Ao ver o boletim do filho, constatou a verdade.*

constelação cons.te.la.**ção** *substantivo feminino* Grupo de estrelas: *Os antigos davam nomes de figuras às constelações.* [Plural: *constelações.*]

constituição cons.ti.tu.i.**ção** *substantivo feminino* **1.** Ação de constituir(-se), ou o resultado desta ação. **2.** O conjunto das características de um ser vivo, de uma pessoa ou de uma coisa: *A constituição do ar, da água, de um vegetal, etc.* **3.** O conjunto das leis fundamentais de um Estado, que contêm normas sobre a formação dos poderes públicos, os direitos e os deveres dos cidadãos, etc. [Plural: *constituições.*]

constituinte cons.ti.tu.**in**.te *adjetivo de dois gêneros* **1.** Que entra na constituição de alguma coisa: *O nitrogênio e o oxigênio são constituintes do ar.* ☑ *substantivo feminino* **2.** Assembleia de representantes do povo que tem a tarefa de preparar e votar a Constituição de um país.

constituir cons.ti.tu.**ir** *verbo* **1.** Formar um todo: *Estas joias constituem o tesouro real.* **2.** Consistir em; representar; ser: *O incêndio constituiu uma tragédia.* **3.** Organizar, estabelecer, formar: *Constituir um novo governo foi a primeira providência tomada pelos revolucionários.* **4.** Compor-se de: *Seus bens se constituem quase que exclusivamente de imóveis.*

constrangimento cons.tran.gi.**men**.to *substantivo masculino* Embaraço, incômodo: *As vaias ao goleiro causaram constrangimento ao seu filho, que assistia ao jogo.*

construção cons.tru.**ção** *substantivo feminino* **1.** Ação de construir, ou o resultado desta ação. **2.** Qualquer obra construída; prédio, edifício, casa: *Na minha rua há construções antigas.* [Plural: *construções.*]

construir cons.tru.**ir** *verbo* **1.** Dar estrutura a; erguer, edificar, arquitetar: *construir uma casa.* **2.** Ocupar espaço com prédio, construção; edificar: *Nesta área é proibido construir.* **3.** Formar, conceber, elaborar: *Constrói planos para o futuro.*

construtor cons.tru.**tor** (tôr) *substantivo masculino* Homem que constrói, que faz casas ou edifícios.

cônsul côn.sul *substantivo masculino* Diplomata que defende os interesses de seus compatriotas num país estrangeiro. [Plural: *cônsules.* Feminino: *consulesa* (ê).]

consulta con.**sul**.ta *substantivo feminino* Ação de consultar(-se), ou o resultado desta ação: *A consulta revelou uma doença grave.*

consultar con.sul.**tar** *verbo* **1.** Pedir conselho, opinião ou diagnóstico: *O caso é grave, é melhor consultar um especialista; Consultar quem sabe é já saber metade* (provérbio); *Consultou-se com um cardiologista.* **2.** Procurar informar-se de alguma coisa por meio de: *Para aprender bem uma língua é necessário consultar sempre o dicionário.* **3.** Atender, dando diagnóstico: *O médico consultou todos os pacientes da fila.*

consultório con.sul.**tó**.ri:o *substantivo masculino* Lugar onde médicos ou dentistas dão consultas.

consumidor con.su.mi.**dor** (dôr) *substantivo masculino* Aquele que compra, que consome: *Fornece mercadorias para os consumidores de todo o país.*

consumir con.su.**mir** *verbo* **1.** Utilizar como alimento, ou como bebida: *O Brasil consome menos vinho do que a Argentina.* **2.** Utilizar para funcionar:

123

consumismo

Comprei um carro que consome pouco combustível. **3.** Enfraquecer, abater: *A doença consumiu-o.* **4.** Adquirir bens de consumo ou de produção: *O mundo consome cada vez mais.*

consumismo con.su.**mis**.mo *substantivo masculino* Tendência a comprar de maneira exagerada.

consumo con.**su**.mo *substantivo masculino* **1.** Ação de consumir, ou o resultado desta ação: *o consumo de alimentos; o consumo de eletricidade.* **2.** Uso de mercadorias e serviços para satisfazer as necessidades humanas. **3.** Venda de produtos: *O consumo aumenta no Natal.*

conta con.ta *substantivo feminino* **1.** Operação aritmética: *conta de adição, de divisão, etc.* **2.** Documento apresentado ao comprador com o preço de mercadoria vendida ou serviço prestado: *conta de gás, de telefone, etc.* **3.** Registro dos depósitos ou retiradas de dinheiro feitos por pessoa ou firma num banco. **4.** Responsabilidade: *A despesa ficará por minha conta.* **5.** Pequena esfera com um buraco no centro, e que se enfia num fio para fazer rosário, colar, etc.

contagem con.**ta**.gem *substantivo feminino* Ação de contar, ou o resultado desta ação. [Plural: *contagens*.]

contagiar con.ta.gi.**ar** *verbo* **1.** Transmitir por contágio; contaminar: *Gripou-se e contagiou toda a família.* **2.** Pegar doença por contágio; contaminar-se: *contagiar-se com um vírus.*

contágio con.**tá**.gi:o *substantivo masculino* Transmissão de doença de uma pessoa para outra.

contagioso con.ta.gi.**o**.so (ô) *adjetivo* Que é transmitido por contágio: *A tuberculose é uma doença contagiosa.* [Plural: *contagiosos* (ó).]

contaminar con.ta.mi.**nar** *verbo* **1.** O mesmo que *contagiar* (1). **2.** Provocar doença ou infecção em: *A água poluída contaminou parte da população da cidade.* **3.** Contagiar (2).

contar con.**tar** *verbo* **1.** Verificar o número, a quantidade de: *Conte quantos lápis há nesta caixa.* **2.** Narrar, relatar: *Contou tudo o que viu.* **3.** Ter esperança, confiança em; confiar: *É um bom amigo, podemos* *contar com ele.* **4.** Ter peso, importância; pesar: *Sua opinião não conta.*

contestar

contatar con.ta.**tar** *verbo* Entrar em contato; comunicar-se: *Contatou um técnico para fazer o conserto.*

contato con.**ta**.to *substantivo masculino* **1.** Situação em que dois ou mais seres ou objetos se tocam: *Gosto do contato da água com o meu corpo.* **2.** Comunicação, relacionamento: *Mora longe, e não tem contato com ninguém.*

contemplação con.tem.pla.**ção** *substantivo feminino* Ação de contemplar, ou o resultado desta ação. [Plural: *contemplações*.]

contemplar con.tem.**plar** *verbo* Olhar atentamente, ou com admiração: *Parou para contemplar a paisagem.*

contemporâneo con.tem.po.**râ**.ne:o *adjetivo* **1.** Que é do mesmo tempo, ou do nosso tempo: *Fui a uma exposição de pintura contemporânea.* ✅ *substantivo masculino* **2.** Aquele que é do mesmo tempo, ou do nosso tempo: *O meu avô deu uma festa para os seus contemporâneos.*

contentamento con.ten.ta.**men**.to *substantivo masculino* Estado de contente; alegria, satisfação.

contentar con.ten.**tar** *verbo* Tornar(-se) contente: *É impossível contentar a todos; O aluno contentou-se com o segundo prêmio.*

contente con.**ten**.te *adjetivo de dois gêneros* Cheio de alegria, de felicidade; alegre, satisfeito: *A boa notícia deixou-nos contentes.*

conter con.**ter** *verbo* **1.** Ter em si; incluir: *Este livro contém belos poemas.* **2.** O mesmo que **reprimir** (1): *Esforçou-se para conter o choro.* **3.** Manter dentro de certos limites: *Fizeram uma represa para conter as águas do rio.*

contestar con.tes.**tar** *verbo* **1.** Não reconhecer como válido: *Contestaram o resultado da eleição para a diretoria do clube.* **2.** Contradizer; contrariar: *Fiquei aborrecido porque contestaram a minha afirmação.*

conteúdo con.te.**ú**.do *substantivo masculino* O que está contido em alguma coisa: *O bebê tomou todo o conteúdo da mamadeira.*

contexto con.**tex**.to (tês) *substantivo masculino* Texto que precede ou segue uma palavra, ou uma frase, ou um texto: *Pelo contexto dá para perceber que o autor fala sobre velas de navio e não sobre velas de cera.*

contigo con.**ti**.go *pronome pessoal* **1.** Com a pessoa com quem se fala: *Diga-me o que fizeram contigo.* **2.** Em tua companhia: *Iremos ao cinema contigo.* **3.** Em teu poder: *As entradas estão contigo?*

continente con.ti.**nen**.te *substantivo masculino* **1.** Grande massa de terra cercada por águas oceânicas. **2.** Cada uma das seis grandes divisões da Terra: Europa, Ásia, África, América, Oceania e Antártica.

continuação con.ti.nu.a.**ção** *substantivo feminino* **1.** Ação de continuar, ou o resultado desta ação: *Você precisa fazer a continuação do tratamento, para ficar bom.* **2.** Sucessão ou série contínua: *a continuação dos dias.* **3.** Qualquer ação ou série de acontecimentos que se seguem, no tempo, a outros; prosseguimento: *Quero saber a continuação da história.* **4.** Prolongamento: *Esta rua é continuação daquela.* [Plural: *continuações*.]

continuar con.ti.nu.**ar** *verbo* **1.** Não parar de fazer alguma coisa: *Continuou a jogar futebol mesmo com chuva.* **2.** Permanecer: *Esta cidade continua a mesma, em nada mudou.* **3.** Prosseguir: *As chuvas continuaram durante todo o verão.* **4.** Ir adiante: *Continuou a viagem, mesmo tendo perdido a carteira.*

continuidade con.ti.nu:i.**da**.de *substantivo feminino* Qualidade ou condição do que é contínuo; seguimento: *Precisamos dar continuidade ao trabalho.*

contínuo con.**tí**.nu:o *adjetivo* **1.** Sem interrupção; seguido: *Nas férias temos dias contínuos de lazer.* **2.** Constante: *o movimento contínuo das ondas.*

conto con.to *substantivo masculino* Narrativa escrita, não muito extensa: *Machado de Assis escreveu belíssimos contos.* 🔊 **Conto de fadas.** História infantil que relata acontecimentos geralmente extraordinários ou fabulosos: *Nos contos de fadas as bruxas transformam pessoas em animais.*

contorcer con.tor.**cer** *verbo* Torcer o próprio corpo, retorcer-se: *Para contorcer-se, as pessoas têm de fazer movimentos que flexionam o corpo.*

contornar con.tor.**nar** *verbo* **1.** Fazer o contorno de: *Contornou a lagoa para não ter de atravessá-la a nado.* **2.** Dar a (uma situação, um caso) uma solução de emergência, por falta de solução definitiva.

contorno con.**tor**.no (tôr) *substantivo masculino* **1.** Linha que fecha ou limita exteriormente um corpo: *Desenhou o contorno do mapa.* **2.** Caminho em volta de alguma coisa: *Há vários contornos nesta estrada.* **3.** O mesmo que **curva**: *os contornos do corpo.*

contra con.tra *preposição* **1.** Em oposição a: *Falava contra a violência e contra a miséria.* **2.** Em movimento contrário a: *Nadava contra a maré.* **3.** Em contradição com: *Não posso votar contra os meus princípios.* **4.** Para alívio ou extinção de: *medicamento contra a dor.*

contrabaixo con.tra.**bai**.xo *substantivo masculino* Grande instrumento de cordas, de som grave.

contrabandear con.tra.ban.de.**ar** *verbo* Fazer contrabando: *É proibido contrabandear mercadorias.*

contrabandista con.tra.ban.**dis**.ta *substantivo de dois gêneros* Pessoa que pratica o contrabando.

contrabando con.tra.**ban**.do *substantivo masculino* **1.** Ação de introduzir num país mercadoria estrangeira sem pagar o tributo devido. **2.** A coisa contrabandeada: *Alguns comerciantes vendem contrabando.*

contração con.tra.**ção** *substantivo feminino* **1.** Ação de contrair(-se), ou o resultado desta ação: *contração muscular.* **2.** União de dois elementos gramaticais. Exemplos: *em* (preposição) + *a* (artigo definido) = *na*; *em* (preposição) + *aquele* (pronome demonstrativo) = *naquele*. [Plural: *contrações*.]

contradição con.tra.di.**ção** *substantivo feminino* Dito ou procedimento oposto ao que se tinha dito, ou feito: *Há contradição no depoimento da testemunha.* [Plural: *contradições*.]

contraditório con.tra.di.**tó**.ri:o *adjetivo* Em que há contradição: *Deu uma resposta contraditória, que não foi aceita.*

contradizer con.tra.di.**zer** *verbo* Dizer o contrário daquilo que foi dito ou afirmado: *Ele se contradisse quando teve que contar de novo o que aconteceu.*

contrair con.tra.**ir** *verbo* **1.** Fazer encurtar ou diminuir de volume: *O frio contrai os corpos.* **2.** Adquirir: *contrair uma doença, um hábito.* **3.** Encolher-se, apertar-se: *Contraiu-se todo, num movimento de defesa.*

contramão con.tra.**mão** *substantivo feminino* Direção oposta àquela em que o veículo deve trafegar: *É proibido seguir pela contramão.* [Plural: *contramãos*.]

contrariar con.tra.ri.**ar** *verbo* **1.** Dizer, fazer ou querer o contrário de: *O projeto do deputado contraria a opinião pública.* **2.** Aborrecer, descontentar: *As palavras do professor contrariaram a turma.* **3.** Aborrecer-se: *Contrariei-me com o resultado do jogo.*

contrariedade con.tra.ri:e.**da**.de *substantivo feminino* **1.** Ação de contrariar, ou o resultado desta ação. **2.** Desgosto, aborrecimento: *O seu mau comportamento causou contrariedade aos pais.*

contrário con.**trá**.ri:o *adjetivo* **1.** Oposto, diferente: *Calor e frio são palavras de sentido contrário.* **2.** O mesmo que *nocivo*: *O fumo é contrário à saúde.* ✅ *substantivo masculino* **3.** Tudo que é oposto, inverso: *Carlos faz sempre o contrário do que lhe aconselham.* **4.** Palavra de sentido contrário: *Belo é o contrário de feio.*

contraste con.**tras**.te *substantivo masculino* **1.** Grande diferença entre duas coisas: *Há um contraste entre o luxo daqueles apartamentos e a miséria das favelas.* **2.** Diferenças de tons ou de luz numa pintura, em fotografias, etc.

contratar con.tra.**tar** *verbo* **1.** Fazer contrato de; assegurar por meio de contrato: *Contratou o aluguel por dois anos.* **2.** O mesmo que *empregar* (2): *Contratou um engenheiro para terminar a obra.*

contrato con.**tra**.to *substantivo masculino* **1.** Acordo de duas ou mais pessoas, empresas, etc., que entre si transferem direito ou se sujeitam a obrigação. **2.** Documento que expressa esse acordo.

contribuição con.tri.bu.i.**ção** *substantivo feminino* **1.** Ação de contribuir, ou o resultado desta ação: *Foi enorme a sua contribuição para o progresso da ciência.* **2.** Parte que cabe a cada um num encargo comum. [Plural: *contribuições*.]

contribuinte con.tri.bu.**in**.te *substantivo de dois gêneros* **1.** Pessoa que contribui, que paga contribuição. **2.** Aquele que tem, por lei, a obrigação de pagar imposto(s): *Os contribuintes queixaram-se do aumento dos impostos.*

contribuir con.tri.bu.**ir** *verbo* **1.** Concorrer com outrem para a realização de algo: *Seu esforço muito contribuiu para o êxito da tarefa.* **2.** Pagar contribuição: *Contribui mensalmente para obras beneficentes.*

controlar con.tro.**lar** *verbo* **1.** Exercer o controle de: *Os militares controlam as fronteiras do país.* **2.** Submeter a controle: *Minha irmã é incapaz de controlar os seus próprios gastos.* **3.** Dominar a emoção, o temperamento, etc.: *O menino controlou-se, ficando calado.*

controle con.**tro**.le (trô) *substantivo masculino* **1.** Ação de controlar(-se), ou o resultado desta ação. **2.** Domínio de si mesmo: *João é um indivíduo de raro controle.*

contudo con.**tu**.do *conjunção* O mesmo que *no entanto*: *O time jogou bem, contudo não conseguiu vencer.*

contusão con.tu.**são** *substantivo feminino* Lesão traumática causada por pancada, torção, etc. [Plural: *contusões.*]

convenção con.ven.**ção** *substantivo feminino* **1.** Ajuste ou determinação sobre um assunto, fato, norma de ação, etc. **2.** Assembleia ou reunião para fins políticos e outros. [Plural: *convenções.*]

convencer con.ven.**cer** *verbo* **1.** Persuadir(-se) de determinada coisa: *Convenceu o amigo a acompanhá-lo; Convenceu-se a ficar em casa para estudar.* **2.** Fazer aceitar: *Os fatos convenceram-no da calamidade.*

convencimento con.ven.ci.**men**.to *substantivo masculino* **1.** Ação de convencer(-se), ou o resultado desta ação. **2.** Falta de modéstia; presunção, vaidade.

conveniência con.ve.ni.**ên**.ci:a *substantivo feminino* **1.** Qualidade ou caráter de conveniente. **2.** Interesse, vantagem: *Só entrou no negócio por conveniência.*

conveniente con.ve.ni.**en**.te *adjetivo de dois gêneros* **1.** Útil, vantajoso. **2.** Decente: *Não é conveniente dizer palavrões.* **3.** Oportuno: *Esperou o momento conveniente, e retirou-se.*

convento con.**ven**.to *substantivo masculino* Habitação de comunidade religiosa.

conversa con.**ver**.sa *substantivo feminino* **1.** Ação de conversar, ou o resultado desta ação. **2.** Assunto sobre o qual se conversa: *Não gostou da conversa, e retirou-se.*

conversão con.ver.**são** *substantivo feminino* Ação de converter(-se), ou o resultado desta ação. [Plural: *conversões.*]

conversar con.ver.**sar** *verbo* Trocar palavras, ideias sobre alguma coisa ou algum assunto: *Conversou com o amigo e resolveu vir também.*

converter con.ver.**ter** *verbo* **1.** Conduzir à religião que se julga ser a verdadeira: *Os jesuítas converteram muitos povos indígenas.* **2.** Trocar (moeda) por outra, recebendo, na troca, valor equivalente: *converter dólares em euros.* **3.** Marcar gol na cobrança de falta ou pênalti. **4.** Transformar-se, mudar-se: *Sua tristeza converteu-se em alegria ao ver o filho voltar.* **5.** Mudar de religião: *Muitas pessoas se converteram quando ocorreu o milagre.*

convexo con.**ve**.xo (xo = cso) *adjetivo* Mais elevado no meio que nas bordas: *A parte externa de uma tigela é convexa.*

convidado con.vi.**da**.do *substantivo masculino* Aquele que recebeu um convite para algo.

convidar con.vi.**dar** *verbo* **1.** Pedir o comparecimento de alguém em algum lugar: *Convidei-o para almoçar em minha casa.* **2.** Comparecer a festa, evento, etc., sem ser convidado: *Não o chamei para vir, mas ele se convidou.*

convincente con.vin.**cen**.te *adjetivo de dois gêneros* Que convence ou é capaz de convencer: *Sua desculpa foi convincente.*

convite con.**vi**.te *substantivo masculino* **1.** Ação de convidar, ou o resultado desta ação. **2.** Mensagem pela qual se convida: *Minha prima enviou-me o seu convite de casamento.*

convivência con.vi.**vên**.ci:a *substantivo feminino* Ação de conviver, ou o resultado desta ação; convívio: *A convivência une os membros de uma família.*

conviver con.vi.**ver** *verbo* Viver em proximidade com outro(s): *O pesquisador conviveu dois anos com os índios; Neste aquário, os peixes convivem muito bem.*

convívio con.**ví**.vi:o *substantivo masculino* O mesmo que *convivência*.

convocar con.vo.**car** *verbo* Convidar, chamar, para tomar parte num ato coletivo: *Convocaram-me para uma reunião; O técnico convocou os melhores jogadores para a seleção.*

convosco con.**vos**.co (vôs) *pronome pessoal* **1.** Em vossa companhia: *Iremos ao cinema convosco.* **2.** Em vosso poder: *Os livros estão convosco.*

convulsão

convulsão con.vul.**são** *substantivo feminino* Contração muscular involuntária e instantânea, que causa movimentos localizados a um ou mais músculos. [Plural: *convulsões*.]

cooperação co.o.pe.ra.**ção** *substantivo feminino* Ação de cooperar, ou o resultado desta ação; colaboração. [Plural: *cooperações*.]

cooperar co.o.pe.**rar** *verbo* Trabalhar em comum; colaborar: *Vários engenheiros cooperaram na construção da usina*; *Cooperou com o irmão na obra*.

coordenação co.or.de.na.**ção** *substantivo feminino* Ação de coordenar, ou o resultado desta ação: *Foi encarregado da coordenação dos trabalhos*. [Plural: *coordenações*.]

coordenador co.or.de.na.**dor** (dôr) *substantivo masculino* Homem que coordena um trabalho, uma equipe, etc.

coordenar co.or.de.**nar** *verbo* Organizar, dirigir, orientar: *coordenar um grupo de trabalho*.

copa co.**pa** *substantivo feminino* **1.** O mesmo que *taça* (1). **2.** A parte superior do chapéu. **3.** Os ramos superiores de uma árvore. **4.** Compartimento da casa, anexo à cozinha, onde se efetuam serviços ligados a esta e se fazem refeições. **5.** Torneio esportivo em que se disputa uma taça: *copa do mundo*.

cópia có.pi:a *substantivo feminino* **1.** Reprodução de alguma coisa: *Fiz uma cópia do material de estudo*. **2.** Reprodução de uma obra de arte, de uma fotografia, de um filme, etc.: *O quadro não tem valor, pois não passa de uma cópia*.

corajoso

copiar co.pi.**ar** *verbo* **1.** Fazer a cópia de: *Copiou a poesia e a deu ao amigo*. **2.** Reproduzir, imitando: *Para aprender a pintar, copia quadros célebres*.

copo co.**po** *substantivo masculino* **1.** Vaso, geralmente cilíndrico, usado para beber. **2.** O conteúdo de um copo (1): *Bebeu um copo de mate gelado*.

coqueiro co.**quei**.ro *substantivo masculino* Nome que se dá às palmeiras que fornecem coco.

coqueiro-da-baía co.quei.ro-da-ba.**í**.a *substantivo masculino* Palmeira cujo fruto, o coco-da-baía, é comestível. [Plural: *coqueiros-da-baía*.]

coquetel co.que.**tel** *substantivo masculino* **1.** Bebida feita com a mistura de duas ou mais outras. **2.** Reunião social, em que se servem bebidas, salgadinhos, etc. [Plural: *coquetéis*.]

cor (ô) *substantivo feminino* **1.** Sensação que a luz provoca no órgão da visão, e que depende de como ela reflete. [Contrapõe-se ao *branco*, que contém todas as cores, e ao *preto*, que é a ausência de cor.] **2.** Qualquer cor, exceto o branco, o preto e o cinzento. **3.** O mesmo que *coloração* (2). **4.** Qualquer matéria corante.

cor *substantivo masculino* usado na locução *de cor*.
🔊 **De cor.** De memória: *Ana leu tantas vezes a poesia, que já a sabe de cor*.

coração co.ra.**ção** *substantivo masculino* Órgão muscular oco que bombeia o sangue para o corpo todo. [Plural: *corações*.]

corado co.**ra**.do *adjetivo* Que tem as faces vermelhas.

coragem co.**ra**.gem *substantivo feminino* Força moral que permite enfrentar o perigo e o medo. [Plural: *coragens*.]

corajoso co.ra.**jo**.so (jô) *adjetivo* Que tem coragem; bravo. [Plural: *corajosos* (jó).]

128

coral co.**ral** *substantivo masculino* **1.** Animal marinho, responsável pela formação de recifes e atóis. **2.** Cor vermelho-alaranjada desse animal. [Plural: *corais*.] ✓ *adjetivo de dois gêneros e dois números* **3.** Que tem essa cor: *Maria comprou duas blusas coral*.

corante co.**ran**.te *substantivo masculino* Substância usada para tingir papel, tecido, etc.

corar co.**rar** *verbo* Tornar-se rosado pela ação do sol ou do frio.

corcova cor.**co**.va *substantivo feminino* Saliência no dorso de animais como o camelo, o dromedário e o boi zebu: *O camelo tem duas corcovas*.

corda cor.da *substantivo feminino* **1.** Feixe alongado de fios vegetais ou sintéticos unidos e torcidos uns sobre os outros. **2.** Fio esticado de aço, náilon, etc., que produz som ao ser vibrado em alguns instrumentos musicais. **3.** Lâmina de aço ou de fibra enrolada num cilindro e que, ao se desenrolar, põe a funcionar relógios e outros instrumentos.

cordão cor.**dão** *substantivo masculino* **1.** Corda fina; cordel, barbante. **2.** Corrente que se usa em torno do pescoço como ornamento: *um cordão de ouro*. [Plural: *cordões*.]

cordeiro cor.**dei**.ro *substantivo masculino* Filhote de ovelha.

cordel cor.**del** *substantivo masculino* O mesmo que *cordão* (1). [Plural: *cordéis*.]

cor-de-rosa cor-de-**ro**.sa *adjetivo de dois gêneros e dois números* **1.** Da cor vermelho-clara de certas rosas; rosa, rosado. ✓ *substantivo masculino de dois números* **2.** Essa cor; rosa.

cordial cor.di.**al** *adjetivo de dois gêneros* Amigável, afetuoso: *O povo brasileiro tem a fama de ser cordial*. [Plural: *cordiais*.]

cordilheira cor.di.**lhei**.ra *substantivo feminino* Cadeia de altas montanhas: *A cordilheira dos Andes fica na América do Sul*.

coriza co.**ri**.za *substantivo feminino* Corrimento nasal de origem infecciosa ou alérgica.

corno cor.no (côr) *substantivo masculino* O mesmo que *chifre*. [Plural: *cornos* (cór).]

coro co.ro (cô) *substantivo masculino* **1.** Conjunto de cantores que cantam juntos. **2.** Conjunto de vozes de animais, ou de sons: *Ouvia-se ao longe um coro de curiós*. [Plural: *coros* (ó).]

coroa co.**ro**.a (rô) *substantivo feminino* **1.** Ornato circular que se põe sobre a cabeça como sinal de autoridade, ou como enfeite: *a coroa do rei*; *uma coroa de flores*. **2.** O poder ou dignidade real; a realeza: *Na Conjuração Mineira houve luta contra a coroa portuguesa*. **3.** Nas moedas, a parte oposta à cara (3).

coroação co.ro:a.**ção** *substantivo feminino* **1.** Ação de coroar, ou o resultado desta ação. **2.** Cerimônia em que se coroa uma pessoa: *A coroação foi um belo espetáculo*. [Plural: *coroações*.]

coroar co.ro.**ar** *verbo* Pôr coroa em, ou reconhecer como rei, rainha, etc.

corola co.**ro**.la *substantivo feminino* O conjunto das pétalas de uma flor.

coronel co.ro.**nel** *substantivo masculino* Veja *hierarquia militar*. [Plural: *coronéis*.]

corpo cor.po (côr) *substantivo masculino* **1.** A substância física dos homens e dos outros animais. **2.** O mesmo que *cadáver*. **3.** Qualquer objeto material caracterizado por suas propriedades físicas: *Os planetas são corpos celestes*. **4.** Grupo de

corporal

pessoas consideradas como unidade ou como conjunto organizado: *o corpo de bombeiros*. [Plural: *corpos* (cór).]

corporal cor.po.**ral** *adjetivo de dois gêneros* Do corpo, ou próprio dele: *Quando tomamos banho, fazemos a higiene corporal*. [Plural: *corporais*.]

correção cor.re.**ção** *substantivo feminino* Ação de corrigir(-se), ou o resultado desta ação: *As correções da redação foram feitas em vermelho*. [Plural: *correções*.]

corredeira cor.re.**dei**.ra *substantivo feminino* Trecho de rio onde as águas correm com muita rapidez.

corredor cor.re.**dor** (dôr) *adjetivo* **1.** Que corre, ou corre muito: *um cavalo corredor*. ✓ *substantivo masculino* **2.** Atleta que participa de uma corrida esportiva. **3.** Passagem, em geral estreita e longa, no interior de uma construção: *O meu quarto fica no final do corredor*.

córrego **cór**.re.go *substantivo masculino* O mesmo que *riacho*.

correia cor.**rei**.a *substantivo feminino* Tira, geralmente de couro, para amarrar ou prender.

correio cor.**rei**.o *substantivo masculino* **1.** Repartição pública que recebe e envia correspondência. **2.** Lugar onde ela funciona. **3.** O mesmo que *carteiro*: *Estou esperando a chegada do correio*.

corrente cor.**ren**.te *adjetivo de dois gêneros* **1.** Que corre, que flui: *água corrente*. **2.** Que é geralmente admitido; usual, comum: *Esta palavra tem uso corrente*. **3.** Diz-se do ano ou do mês atual. ✓ *substantivo feminino* **4.** O curso das águas; correnteza. **5.** O mesmo que *cadeia* (1). 🔊 Corrente elétrica. Passagem de eletricidade através de condutor.

correnteza cor.ren.**te**.za (tê) *substantivo feminino* O mesmo que *corrente* (4): *Estava nadando e foi levado pela correnteza*.

corrimão

correr cor.**rer** *verbo* **1.** Deslocar-se num andamento mais veloz que o da marcha. **2.** Derramar (líquido); escorrer: *As lágrimas corriam pelo seu rosto*. **3.** Ter seguimento no tempo; decorrer: *Correram horas antes de ele chegar*. **4.** Percorrer: *Levou três dias correndo a cidade*; *O atleta correu dez quilômetros*. **5.** Estar sujeito a (perigo, risco, etc.). **6.** Correr em fuga; fugir: *O menino correu da onça*.

correria cor.re.**ri**.a *substantivo feminino* Grande movimentação ou esforço: *Houve uma correria para a sala quando o professor chegou*.

correspondência cor.res.pon.**dên**.ci:a *substantivo feminino* **1.** Relação de afinidade entre pessoas ou de conformidade entre coisas: *Há entre os dois uma correspondência de sentimentos*; *Há uma certa correspondência entre a altura e o peso ideais de uma pessoa*. **2.** Troca de cartas, telegramas, etc. **3.** Conjunto de cartas que um indivíduo recebe ou envia.

correspondente cor.res.pon.**den**.te *adjetivo de dois gêneros* **1.** Que corresponde; apropriado, adequado: *Um cargo importante deve ter um salário correspondente*. ✓ *substantivo de dois gêneros* **2.** Pessoa que se corresponde com alguém: *Tenho muitos correspondentes estrangeiros*.

corresponder cor.res.pon.**der** *verbo* **1.** Estar de acordo ou em correlação: *O seu relato não corresponde à realidade*. **2.** Trocar correspondência; manter contato por cartas, e-mails, etc.: *Há muitos meses que não se correspondem*.

correto cor.**re**.to *adjetivo* **1.** Sem erros; certo. **2.** O mesmo que *honesto*.

corrida cor.**ri**.da *substantivo feminino* **1.** Ação de correr, ou o resultado desta ação; carreira. **2.** Competição de velocidade (de atletas, cavalos, automóveis, etc.).

corrigir cor.ri.**gir** *verbo* Dar forma correta a, emendando: *A professora corrige os erros das nossas redações*.

corrimão cor.ri.**mão** *substantivo masculino* Barra presa ao longo de uma escada, para apoiar a mão. [Plural: *corrimãos*.]

corrimento cor.ri.**men**.to *substantivo masculino* Qualquer secreção que escorre de um órgão: *O resfriado causa corrimento nasal.*

corroer cor.ro.**er** *verbo* **1.** Consumir lentamente; roendo: *O cupim corroeu os livros.* **2.** Destruir ou danificar progressivamente: *O passar dos anos corroeu a pintura das paredes.*

corromper cor.rom.**per** *verbo* Convencer (alguém) a realizar ato imoral ou desonesto; subornar.

corrosão cor.ro.**são** *substantivo feminino* Ação de corroer, ou o resultado desta ação. [Plural: *corrosões*.]

corrupção cor.rup.**ção** *substantivo feminino* Ação de corromper(-se), ou o resultado desta ação. [Plural: *corrupções*.]

corrupto cor.**rup**.to *adjetivo* **1.** Diz-se de quem é desonesto, que se deixa corromper ou subornar. ✓ *substantivo masculino* **2.** Indivíduo corrupto.

cortante cor.**tan**.te *adjetivo de dois gêneros* **1.** Que corta, afiado: *Esta faca tem uma lâmina cortante.* **2.** Muito frio; gelado: *O vento cortante fez com que ele interrompesse a caminhada.*

cortar cor.**tar** *verbo* **1.** Dividir com objeto afiado: *Cortou o pão em fatias.* **2.** Retirar o excesso de; aparar: *cortar os cabelos.* **3.** Ferir-se com objeto cortante: *Cortou o pé em uma pedra; Cortou-se ao abrir a lata de sardinha.* **4.** Diminuir caminho, distância: *Pegou um atalho para cortar caminho.* **5.** Dividir (o baralho) antes de dar as cartas. **6.** Ter bom gume: *Esta faca não corta.* **7.** Interromper o fornecimento de: *cortar o gás, a luz, o telefone.*

corte cor.te *substantivo masculino* **1.** Ação de cortar(-se), ou o resultado desta ação. **2.** Golpe com objeto cortante. **3.** Interrupção: *Houve um corte de energia.*

corte cor.te (ô) *substantivo feminino* **1.** A residência de um monarca. **2.** O monarca e as pessoas que vivem junto a ele: *A corte portuguesa chegou ao Brasil em 1808, fugindo da invasão francesa.*

cortejo cor.**te**.jo (ê) *substantivo masculino* Grupo de pessoas, ou de carros, que acompanham uma autoridade, um enterro, uma procissão, etc.

cortês cor.**tês** *adjetivo de dois gêneros* Que tem ou denota cortesia.

cortesia cor.te.**si**.a *substantivo feminino* Delicadeza, amabilidade.

cortiça cor.**ti**.ça *substantivo feminino* Casca macia que cobre o tronco de algumas árvores, muito usada para fabricar rolhas.

cortina cor.**ti**.na *substantivo feminino* Peça, geralmente de tecido, que se usa suspensa numa porta ou janela, para enfeitar, ou proteger da claridade, etc.

coruja co.**ru**.ja *substantivo feminino* Nome comum a aves, geralmente noturnas, que se alimentam de pequenos animais.

corvo cor.vo (ô) *substantivo masculino* Ave negra, inexistente na América do Sul, e cuja voz é estridente.

coser co.**ser** *verbo* O mesmo que *costurar*.

cosmético cos.**mé**.ti.co *substantivo masculino* Qualquer produto usado para limpeza, maquiagem, ou conservação da pele ou dos cabelos.

cósmico cós.mi.co *adjetivo* **1.** Pertencente ou relativo ao cosmo. **2.** Diz-se de, ou relativo ao espaço além da atmosfera terrestre: *espaço cósmico*.

cosmo cos.mo *substantivo masculino* O mesmo que *Universo*.

costa cos.ta *substantivo feminino* O mesmo que *litoral*: *O arquipélago de Fernando de Noronha fica na costa de Pernambuco.*

costas cos.tas *substantivo feminino plural* **1.** A parte de trás do tronco humano. **2.** A parte de cima de vários animais. **3.** A parte de trás de vários objetos: *as costas da poltrona.*

costeiro cos.**tei**.ro *adjetivo* Relativo à costa, ou que percorre a costa: *Há navios costeiros no litoral do Brasil.*

costela cos.**te**.la *substantivo feminino* Cada um dos 24 ossos longos e curvos que formam a maior parte do esqueleto do tórax.

costeleta cos.te.**le**.ta (ê) *substantivo feminino* **1.** Costela de certos animais, cortada com a carne que a cerca. **2.** Porção de barba e cabelo que se deixa crescer na parte lateral do rosto, acompanhando a orelha.

costumar cos.tu.**mar** *verbo* **1.** Ter o costume ou o hábito de: *Paulo costuma passar as férias no sítio do avô.* **2.** Ser comum ou habitual: *Na Amazônia costuma chover ao cair da tarde.*

costume cos.**tu**.me *substantivo masculino* Uso, hábito ou prática geralmente observada: *Meu pai tem o costume de andar depois das refeições.*

costura cos.**tu**.ra *substantivo feminino* **1.** Ação de costurar, ou o resultado desta ação. **2.** A profissão de quem costura. **3.** Trabalho feito com agulha e linha. **4.** Tecido ou outro material costurado ou por costurar.

costurar cos.tu.**rar** *verbo* **1.** Unir com pontos de agulha; coser: *Costurou a camisa rasgada.* **2.** Fazer trabalho de costura; coser: *No inverno, minha avó costura junto da lareira.*

costureiro cos.tu.**rei**.ro *substantivo masculino* Homem que costura por profissão. [Feminino: *costureira.*]

cota co.ta *substantivo feminino* **1.** Porção determinada: *cota de importação de uma mercadoria.* **2.** O que cada um deve dar ou receber: *Cada morador pagou a sua cota mensal.*

cotidiano co.ti.di.**a**.no *adjetivo* Que acontece diariamente; diário: *Escovar os dentes é um hábito cotidiano.*

cotovelada co.to.ve.**la**.da *substantivo feminino* Golpe ou pancada com o cotovelo.

cotovelo co.to.**ve**.lo (ê) *substantivo masculino* Parte do corpo entre o braço e o antebraço.

couro cou.ro *substantivo masculino* **1.** Pele grossa de certos animais. **2.** Essa pele, depois de preparada, com que se fazem sapatos, roupas, etc.

couve cou.ve *substantivo feminino* Planta de flores amarelas ou brancas e folhas grandes, comestíveis.

couve-flor cou.ve-**flor** *substantivo feminino* Espécie de couve de flores brancas, muito usada na alimentação. [Plural: *couves-flores* e *couves-flor*.]

covarde co.**var**.de *adjetivo de dois gêneros* **1.** Diz-se de pessoa que tem medo de tudo; medroso. **2.** Que não tem coragem. ☑ *substantivo de dois gêneros* **3.** Pessoa covarde.

covardia co.var.**di**.a *substantivo feminino* Falta de coragem, de bravura; medo.

coxa co.xa (ô) *substantivo feminino* Parte da perna que vai da virilha ao joelho.

coxo co.xo (cô) *substantivo masculino* O mesmo que *manco*.

cozer co.**zer** *verbo* O mesmo que *cozinhar*.

cozimento co.zi.**men**.to *substantivo masculino* Ação de cozer, ou o resultado desta ação.

cozinha co.**zi**.nha *substantivo feminino* **1.** Parte da casa onde se cozinham os alimentos. **2.** A arte de preparar os alimentos.

cozinhar co.zi.**nhar** *verbo* Preparar alimentos pela ação do fogo; cozer.

cozinheiro

cozinheiro co.zi.**nhei**.ro *substantivo masculino* Homem que cozinha por profissão. [Feminino: *cozinheira*.]

crachá cra.**chá** *substantivo masculino* Cartão com dados pessoais, que se prende na roupa, para identificação.

crânio crâ.ni:o *substantivo masculino* Parte óssea da cabeça que contém o encéfalo.

craque cra.que *substantivo de dois gêneros* Pessoa que pratica muito bem um esporte, uma atividade, etc.

crase cra.se *substantivo feminino* **1.** Contração de dois *aa* em um só. **2.** O acento que assinala a crase: *Na frase* Vou à Bolívia, *o a deve ter crase*.

cratera cra.**te**.ra *substantivo feminino* **1.** Buraco de grande tamanho. **2.** Abertura por onde saem as matérias de um vulcão em erupção.

cravar cra.**var** *verbo* **1.** Fazer penetrar à força e profundamente: *Com o martelo, cravou um prego na parede*. **2.** Fixar o olhar em alguma coisa ou em alguém: *Cravou os olhos na moça*.

craveiro cra.**vei**.ro *substantivo masculino* Planta que dá o cravo.

cravo cra.vo *substantivo masculino* A flor, vermelha, branca, etc. do craveiro.

creche cre.che *substantivo feminino* Estabelecimento que abriga, e em que se toma conta de crianças de pouca idade, enquanto seus pais trabalham.

crédito cré.di.to *substantivo masculino* **1.** Confiança nas qualidades de uma pessoa ou coisa: *É uma pessoa que merece crédito*. **2.** Cessão de dinheiro a alguém para pagamento futuro: *O banco concedeu crédito a Paulo para comprar um carro novo*. 🔊 **A crédito.** Que se paga em prestações; para pagar a prazo: *Meu pai não gosta de fazer compra a crédito*.

credor cre.**dor** (ô) *substantivo masculino* Aquele a quem se deve dinheiro ou outra coisa.

cremar cre.**mar** *verbo* Queimar (cadáver).

crescimento

creme cre.me *substantivo masculino* **1.** Substância espessa, branco-amarelada, que se forma na superfície do leite; nata. **2.** Iguaria feita com leite engrossado com farinha ou com gemas de ovos. **3.** Preparação farmacêutica cremosa, geralmente destinada a uso externo: *Maria comprou um creme hidratante*. ✅ *adjetivo de dois gêneros e dois números* **4.** Da cor do creme (1).

cremoso cre.**mo**.so (ô) *adjetivo* Que tem consistência de creme: *Pôs uma calda cremosa no pudim*. [Plural: *cremosos* (ó).]

crença cren.ça *substantivo feminino* **1.** Fé religiosa, religião: *a crença budista*. **2.** Aquilo em que se crê; confiança em alguma coisa ou em alguém: *Tinha a crença de que as coisas iam dar certo*.

crendice cren.**di**.ce *substantivo feminino* Crença absurda, superstição: *O lobisomem é uma crendice*.

crer *verbo* **1.** Ter como certo ou verdadeiro; acreditar: *crer na existência de Deus*. **2.** Aceitar como verdadeiras as palavras de: *Os jurados creram no que disse a testemunha*. **3.** Ter fé: *Os apóstolos criam, e propagaram a sua crença*.

crescente[1] cres.**cen**.te *adjetivo de dois gêneros* Que cresce: *Há hoje um interesse crescente pela astronomia*.

crescente[2] cres.**cen**.te *substantivo masculino* Forma reduzida de *quarto crescente*.

crescer cres.**cer** *verbo* **1.** Aumentar em tamanho, volume, força: *A criança cresceu*; *O bolo cresceu*. **2.** Aumentar em número ou quantidade: *A população do Brasil cresce rapidamente*; *É importante não deixar a criminalidade crescer*. **3.** Desenvolver-se: *O país cresceu muito este ano*.

crescimento cres.ci.**men**.to *substantivo masculino* Ação de crescer, ou o resultado desta ação; aumento.

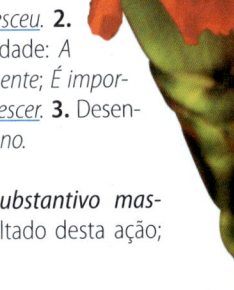

133

crespo | cristão

crespo cres.po (ê) *adjetivo* **1.** De superfície áspera: *tecido crespo*. **2.** Diz-se do mar quando não está calmo. **3.** Diz-se do cabelo ondulado.

cria cri.a *substantivo feminino* O mesmo que *filhote*: *A porca teve muitas crias*.

criação cri:a.**ção** *substantivo feminino* **1.** Ação de criar, ou o resultado desta ação: *Trabalha na empresa desde a sua criação*. **2.** A educação de uma pessoa: *É um bom rapaz, teve uma criação*. **3.** O conjunto dos animais domésticos que se criam: *uma criação de patos, de galinhas*. **4.** Obra, trabalho: *a criação de um escritor, de um pintor*. [Plural: *criações*.]

criador cri:a.**dor** (ô) *adjetivo* **1.** Que cria. **2.** O mesmo que *criativo*. ✓ *substantivo masculino* **3.** Aquele que cria ou criou. **4.** Deus. [Com inicial maiúscula nesta acepção.] **5.** Aquele que cria gado ou o dono de fazenda de gado.

criança cri.**an**.ça *substantivo feminino* Ser humano desde o nascimento até a adolescência.

criançada cri:an.**ça**.da *substantivo feminino* Grupo de crianças; meninada.

criar cri.**ar** *verbo* **1.** Dar existência a: *Segundo a Bíblia, Deus criou a Terra e as estrelas*. **2.** Inventar; imaginar: *Os grandes cozinheiros criam pratos deliciosos*. **3.** Fundar: *Criou várias escolas e empresas*. **4.** Fazer com que cresçam e se reproduzam: *criar coelhos e galinhas*. **5.** Adquirir: *criar coragem*. **6.** Dar casa, sustento, educação, etc.: *Adotou a menina e criou-a*.

criatividade cri:a.ti.vi.**da**.de *substantivo feminino* A capacidade de criar, de inventar coisas novas.

criativo cri:a.**ti**.vo *adjetivo* Que tem capacidade de criar ou inventar coisas novas, originais; inventivo; criador: *É uma pessoa muito criativa: já publicou vários livros*.

criatório cri:a.**tó**.ri:o *substantivo masculino* Lugar onde se criam animais.

criatura cri:a.**tu**.ra *substantivo feminino* **1.** Coisa ou ser criado: *Os animais são criaturas de Deus*. **2.** Pessoa, indivíduo: *É uma criatura inteligente, aprende depressa*.

crime cri.me *substantivo masculino* **1.** Grave violação da lei penal. **2.** Ato de desobediência à lei ou aos costumes de uma sociedade. **3.** Ofensa ou desrespeito ao que é considerado direito; ação sujeita a castigo.

criminoso cri.mi.**no**.so (nô) *adjetivo* **1.** Em que há crime: *Foi um incêndio criminoso, que visava a destruir provas*. **2.** Que cometeu crime: *É um indivíduo criminoso, não pode ficar em liberdade*. ✓ *substantivo masculino* **3.** Aquele que cometeu crime. [Plural: *criminosos* (nó).]

crina cri.na *substantivo feminino* Pelo do pescoço e da cauda do cavalo e de outros animais.

crise cri.se *substantivo feminino* **1.** Manifestação súbita de doença física ou mental: *crise cardíaca, crise de nervos*. **2.** Fase difícil, grave: *crise econômica*.

crista cris.ta *substantivo feminino* **1.** Saliência de carne avermelhada na cabeça de certas aves: *Os galos têm crista*. **2.** O mesmo que *cume*: *Há uma casa na crista da montanha*.

cristal cris.**tal** *substantivo masculino* **1.** Espécie de rocha clara e transparente, como, por exemplo, o quartzo. **2.** Vidro muito fino e transparente. **3.** Objeto de cristal (1 e 2). [Plural: *cristais*.]

cristalino cris.ta.**li**.no *adjetivo* Claro como cristal: *Quando não estão poluídos, os rios têm águas cristalinas*.

cristalizar cris.ta.li.**zar** *verbo* Transformar(-se) em cristal: *Certas substâncias (se) cristalizam quando se transformam em sólido*.

cristão cris.**tão** *adjetivo* **1.** Do, relativo ou pertencente ao cristianismo: *A fé cristã foi propagada pelos* apóstolos. **2.** Que o professa: *uma pessoa cristã*. ✓ *substantivo masculino* **3.** Indivíduo cristão. [Plural: *cristãos*. Feminino: *cristã*.]

cristianismo cris.ti:a.**nis**.mo *substantivo masculino* O conjunto das religiões cristãs, isto é, das que creem em Jesus Cristo.

critério cri.**té**.ri:o *substantivo masculino* **1.** Aquilo que serve de norma para julgamento: *Há um critério para a seleção de candidatos*. **2.** Prudência, sensatez: *É preciso proceder com critério, para não errar*.

crítica crí.ti.ca *substantivo feminino* **1.** A arte ou a faculdade de julgar obras literárias, artísticas, etc. **2.** A apreciação delas (em geral por escrito). **3.** Os críticos: *O livro foi bem recebido pela crítica*. **4.** Ação de criticar ou censurar; censura: *Estou farto de suas críticas*. **5.** Julgamento ou apreciação desfavorável; censura: *Não gostou das críticas que lhe foram feitas*.

criticar cri.ti.**car** *verbo* Fazer crítica (2, 4 e 5).

crítico crí.ti.co *substantivo masculino* **1.** Aquele que exerce a crítica (1): *É crítico de cinema bem conceituado*. **2.** Aquele que critica ou censura: *Os autores geralmente temem os críticos*.

crocante cro.**can**.te *adjetivo de dois gêneros* **1.** Que, ao ser mordido, produz barulho. **2.** Diz-se de biscoito, chocolate, etc., preparado com castanha, amendoim, amêndoa, noz, açúcar caramelado, misturados a uma massa de farinha.

crochê cro.**chê** *substantivo masculino* Tecido rendado feito à mão com uma agulha que tem um gancho.

crocodilo cro.co.**di**.lo *substantivo masculino* Réptil semelhante ao jacaré, mas maior do que ele.

cromossomo cro.mos.**so**.mo *substantivo masculino* Cada uma das estruturas situadas no núcleo da célula, e que contém o seu DNA.

crônica crô.ni.ca *substantivo feminino* Pequeno relato escrito sobre um tema atual, geralmente publicado em jornal, revista, etc.: *As crônicas de Machado de Assis foram primeiro publicadas em jornais e revistas*.

crônico crô.ni.co *adjetivo* **1.** Que dura há muito tempo. **2.** Diz-se de doença crônica: *Tem uma bronquite crônica*.

cronologia cro.no.lo.**gi**.a *substantivo feminino* Apresentação de fatos ou fenômenos na ordem em que aconteceram, com o registro das respectivas datas.

cronológico cro.no.**ló**.gi.co *adjetivo* Que respeita a ordem em que os fatos acontecem: *Fez um registro cronológico da história da cidade*.

cronômetro cro.**nô**.me.tro *substantivo masculino* Relógio muito preciso que permite medir os centésimos e, às vezes, até os milésimos de segundo.

croquete cro.**que**.te *substantivo masculino* Bolinho de carne, peixe, aipim, etc., moídos e fritos.

crosta cros.ta (ô) *substantivo feminino* **1.** Camada mais ou menos espessa que se forma sobre um corpo: *O ferro exposto ao tempo fica com uma crosta de ferrugem*. **2.** Casca: *crosta de pão*.

cru *adjetivo* **1.** Não cozido: *Gosta dos pratos japoneses feitos com peixe cru*. **2.** Não preparado, não curtido; em estado natural: *couro cru*. [Feminino: *crua*.]

crucifixo cru.ci.**fi**.xo (xo = cso) *substantivo masculino* A cruz com a imagem de Cristo crucificado.

cruel cru.**el** *adjetivo de dois gêneros* **1.** Que gosta de fazer o mal, de atormentar: *Tem um inimigo cruel, que não o deixa em paz*. **2.** Que causa muito sofrimento: *Sofre de uma doença cruel*. [Plural: *cruéis*.]

crueldade cru:el.**da**.de *substantivo feminino* Ato ou dito cruel: *O que os bandidos fizeram com ele foi uma crueldade*.

crustáceo — cuidadoso

crustáceo crus.**tá**.ce:o *substantivo masculino* Animal aquático, com patas e antenas, recoberto por carapaça: *O caranguejo, o camarão e a lagosta são crustáceos de carne muito apreciada.*

cruz *substantivo feminino* **1.** Instrumento formado por duas peças de madeira, uma atravessada na outra, e ao qual se amarravam ou pregavam os condenados: *Cristo morreu na cruz.* **2.** Sinal em forma de cruz, escrito ou impresso.

cruzamento cru.za.**men**.to *substantivo masculino* **1.** Ação de cruzar(-se), ou o resultado desta ação. **2.** Ponto onde se cruzam caminhos, ruas, etc.: *Obedeça à sinalização do cruzamento.*

cruzar cru.**zar** *verbo* **1.** Pôr em forma de cruz: *Cruzou duas estacas sobre a sepultura.* **2.** Cortar; atravessar: *A rua que você procura cruza a principal avenida da cidade.* **3.** Percorrer em vários sentidos: *As caravelas cruzavam os mares.* **4.** Encontrar-se, vindo em direções opostas: *Antes de chegar aqui, cruzei com alguns amigos.*

cruzeiro cru.**zei**.ro *substantivo masculino* Viagem de navio em que se visitam vários portos: *Fizemos um cruzeiro pela costa do Brasil.*

cúbico **cú**.bi.co *adjetivo* Relativo a, ou em forma de cubo: *Os dados são peças cúbicas.*

cubículo cu.**bí**.cu.lo *substantivo masculino* Qualquer espaço fechado muito pequeno.

cubo **cu**.bo *substantivo masculino* **1.** Sólido com seis faces quadradas do mesmo tamanho. **2.** Objeto cuja forma é semelhante à do cubo (1).

cuca **cu**.ca *substantivo feminino* Gíria O mesmo que *cabeça.*

cuco **cu**.co *substantivo masculino* **1.** Pequena ave europeia cuja fêmea põe ovos nos ninhos de outras aves. **2.** Relógio de pêndulo que, ao dar as horas, imita o canto dessa ave.

cueca cu.**e**.ca *substantivo feminino* Peça íntima do vestuário masculino, usada sob as calças.

cuia **cui**.a *substantivo feminino* **1.** Fruto de casca dura de uma árvore baixa (cuieira), que serve como tigela, objeto de decoração, etc. **2.** Vaso feito desse fruto maduro e esvaziado do miolo.

cuiabano cui.a.**ba**.no *adjetivo* **1.** De Cuiabá, capital do estado de Mato Grosso. ✓ *substantivo masculino* **2.** Quem nasceu, ou vive, em Cuiabá.

cuíca cu.**í**.ca *substantivo feminino* **1.** Animal semelhante ao gambá. **2.** Instrumento musical feito com pequeno barril a que se prende, numa das bocas, uma pele bem esticada, em cujo centro está presa uma varinha que, esfregada, produz ronco que pode variar do agudo ao grave.

cuidado cui.**da**.do *substantivo masculino* **1.** Atenção, cautela: *Tenha cuidado ao atravessar a rua.* **2.** Dedicação, zelo: *Trata as crianças com todo o cuidado.* **3.** Responsabilidade: *Deixo o livro aos seus cuidados.* ✓ *adjetivo* **4.** Feito com capricho, dedicação: *um trabalho cuidado.*

cuidadoso cui.da.**do**.so (dô) *adjetivo* Que tem cuidado. [Plural: *cuidadosos* (dó).]

136

cuidar cui.**dar** *verbo* **1.** Julgar, supor: *Cuidei que ele dormia.* **2.** Aplicar a atenção, o pensamento: *Cuide bem no que você faz.* **3.** Tratar (da saúde, do bem-estar, etc.); tomar conta: *Cuide-se para não ficar doente.*

cujo cu.jo *pronome relativo* De que ou de quem, do qual, da qual, dos quais, das quais: *Existem milhares de árvores cujos frutos são comestíveis; Tentou lembrar o nome daquela atriz cujo pai foi seu amigo.*

culinária cu.li.**ná**.ri:a *substantivo feminino* A arte ou a prática de cozinhar: *Na culinária baiana usa-se muita pimenta.*

culinário cu.li.**ná**.ri:o *adjetivo* Relativo à cozinha.

culpa cul.pa *substantivo feminino* **1.** Conduta que causa dano a outra pessoa. **2.** Falta voluntária contra a moral ou a lei. **3.** Responsabilidade por ação ou omissão prejudicial, reprovável ou criminosa, mas que não é intencional.

culpado cul.**pa**.do *adjetivo* Que tem culpa.

culpar cul.**par** *verbo* Acusar(-se) de culpa; declarar(-se) culpado: *Culparam-no do crime; Culpou-se pelos danos causados.*

cultivar cul.ti.**var** *verbo* **1.** Tratar (a terra), fertilizando-a: *Cultivou um terreno árido ano após ano.* **2.** Dar condições para o nascimento e desenvolvimento de (planta): *cultivar rosas.* **3.** Fazer com que se desenvolva: *É preciso cultivar o gosto pela leitura nas crianças.*

cultivo cul.**ti**.vo *substantivo masculino* Ação de cultivar, ou o resultado desta ação.

culto¹ cul.to *substantivo masculino* **1.** Adoração ou homenagem a uma divindade, santo, elemento da natureza, etc.: *culto a Deus; culto à Virgem Maria; culto ao Sol.* **2.** Cerimônia religiosa protestante.

culto² cul.to *adjetivo* Que tem cultura; instruído: *Muito estudou para tornar-se um homem culto.*

cultura cul.**tu**.ra *substantivo feminino* **1.** Ação de cultivar, ou o resultado desta ação. **2.** O conjunto das tradições, das crenças, das manifestações artísticas e intelectuais de um país, de um povo ou de uma época: *a cultura brasileira; a cultura da antiguidade.* **3.** O conjunto dos conhecimentos adquiridos em determinada área: *Tem grande cultura literária.*

cultural cul.tu.**ral** *adjetivo de dois gêneros* Relativo à cultura, ou próprio dela. [Plural: *culturais*.]

cume cu.me *substantivo masculino* O ponto mais alto de um monte, edifício, etc.; cimo, crista.

cúmplice cúm.pli.ce *substantivo de dois gêneros* Pessoa que ajuda outra a praticar atos maus: *A polícia prendeu o ladrão e seu cúmplice.*

cumprimentar cum.pri.men.**tar** *verbo* **1.** Dirigir cumprimento a alguém; saudar: *Cumprimentou o vizinho com um gesto de cabeça.* **2.** O mesmo que *felicitar*: *Cumprimentou o colega pela promoção.* **3.** Trocar cumprimentos; saudar-se: *Os dois amigos cumprimentaram-se com apertos de mão.*

cumprimento cum.pri.**men**.to *substantivo masculino* **1.** Ação de cumprir, ou o resultado desta ação: *Confio no cumprimento de sua promessa.* **2.** Gesto ou palavra de saudação.

cumprir cum.**prir** *verbo* Executar(-se) algo que se disse, ou promessa, ou contrato, etc.; realizar(-se): *As autoridades fizeram cumprir a lei; Sempre cumpre o que diz.*

cunhado cu.**nha**.do *substantivo masculino* **1.** Irmão do marido ou da mulher de alguém. **2.** Marido da irmã de alguém.

cupim cu.**pim** *substantivo masculino* Nome de insetos que atacam madeira e outras matérias vegetais como cereais, raízes, etc.

cupom cu.**pom** *substantivo masculino* Pequeno impresso numerado, destacável, que dá direito a voto, a assistir a espetáculos, a receber brindes, etc. [Plural: *cupons*.]

cupuaçu

cupuaçu cu.pu.a.**çu** *substantivo masculino* **1.** Árvore cujo fruto é usado em compotas, sorvetes, refrescos, etc. **2.** O fruto, grande e de casca dura, dessa árvore.

cúpula cú.pu.la *substantivo feminino* **1.** A parte superior, côncava e interna de alguns edifícios. **2.** O mesmo que *abóbada*. **3.** As pessoas que dirigem um partido, organização, etc.; direção, chefia: *A cúpula do partido reuniu-se.*

cura cu.ra *substantivo feminino* **1.** Ação de curar(-se), ou o resultado desta ação. **2.** Método especial de tratamento: *Está fazendo cura de águas num balneário.*

curar cu.rar *verbo* **1.** Recuperar a saúde de alguém, ou a própria saúde: *O médico se esforça para curar os doentes; Curou-se após um longo tratamento.* **2.** Eliminar (de alguém ou de si mesmo) uma doença: *Há enfermidades difíceis de curar.* [Sinônimo: *sarar*.]

curativo cu.ra.**ti**.vo *substantivo masculino* Conjunto de medidas aplicadas a ferida, incisão cirúrgica, etc., para fazê-las cicatrizar.

curió cu.ri.**ó** *substantivo masculino* Pássaro canoro, negro e de ventre castanho.

curiosidade cu.ri:o.si.**da**.de *substantivo feminino* Qualidade de quem é curioso.

curioso cu.ri.**o**.so (ô) *adjetivo* **1.** Diz-se de quem sente desejo de conhecer, experimentar, ouvir, etc., para aprender, ou de querer descobrir o que não sabe. **2.** Que chama a atenção; surpreendente, interessante, notável; raro, excepcional: *Deu uma solução curiosa para o problema.* [Plural: *curiosos* (ó).]

curto

curitibano cu.ri.ti.**ba**.no *adjetivo* **1.** De Curitiba, capital do estado do Paraná. ✅ *substantivo masculino* **2.** Quem nasceu, ou vive, em Curitiba.

curral cur.**ral** *substantivo masculino* Lugar cercado onde se recolhe o gado. [Plural: *currais*.]

currículo cur.**rí**.cu.lo *substantivo masculino* As matérias constantes de um curso: *Este ano haverá Inglês no currículo.*

cursar cur.**sar** *verbo* **1.** Correr, percorrer (espaço): *Cursou vários pontos da floresta amazônica.* **2.** Seguir curso (4) de: *Cursavam a universidade, quando se conheceram.*

curso cur.so *substantivo masculino* **1.** Movimento numa direção; fluxo. **2.** A direção de um rio, da nascente à foz: *o curso do rio Amazonas.* **3.** Sequência: *o curso dos acontecimentos.* **4.** O conjunto das matérias ensinadas em escolas, faculdades, etc., segundo um programa e o adiantamento dos alunos. **5.** Série de aulas, conferências ou palestras.

cursor cur.**sor** (ô) *substantivo masculino* Sinal, geralmente controlado pelo movimento do *mouse*, que indica a posição em que se está na tela do computador.

curtição cur.ti.**ção** *substantivo feminino* **1.** Ação de curtir, ou o resultado desta ação. **2.** Aquilo que dá prazer; aquilo que é muito bom, agradável ou bonito: *As praias do Nordeste são uma curtição; A festa foi uma curtição.* [Plural: *curtições*.]

curtir cur.**tir** *verbo* **1.** Preparar (o couro) para que não apodreça. **2.** Suportar dor, sofrimento, etc.: *Sozinho, curtia a dor da perda da namorada.* **3.** Apreciar muito: *Curtimos muito o filme.*

curto cur.to *adjetivo* **1.** De comprimento pequeno, ou inferior ao que deveria ser: *José ainda usa*

curupira

calças <u>curtas</u>. **2.** Que dura pouco tempo: *No verão, as noites são mais <u>curtas</u> do que os dias.*

curupira cu.ru.**pi**.ra *substantivo masculino* Ser fantástico que habita as matas e que é um indígena com os pés virados para trás.

curva cur.va *substantivo feminino* **1.** Linha ou superfície curva: *A estrada acompanhava as <u>curvas</u> da montanha.* **2.** Trecho em que uma estrada, um rio, etc. mudam de direção: *O barco seguia por um rio cheio de <u>curvas</u>.* **3.** Trajetória de um corpo em movimento: *A bola fez uma <u>curva</u> e caiu.*

curvar cur.**var** *verbo* **1.** Tornar(-se) curvo; dobrar(-se): *O vendaval <u>curvou</u> as árvores; O lombo do cavalo <u>curvou-se</u> com o peso.* **2.** Inclinar(-se) para a frente, ou para baixo: *<u>Curvou-se</u> para pegar o filho.* **3.** Sujeitar-se, submeter-se: *<u>Curvou-se</u> ao desejo dos colegas.*

curvo cur.vo *adjetivo* Que tem uma forma arredondada: *A superfície da Terra é <u>curva</u>.*

cuspe cus.pe *substantivo masculino* O mesmo que *saliva*.

cutucar

cuspir cus.**pir** *verbo* Lançar pela boca cuspe ou outra substância: *Comeu a jabuticaba, mas <u>cuspiu</u> os caroços.*

custar cus.**tar** *verbo* **1.** Ser adquirido por certo preço ou valor: *O sítio <u>custou</u> R$ 100.000,00; O quadro <u>custou</u>-lhe muito dinheiro.* **2.** Ser difícil, penoso: *<u>Custava</u>-lhe acompanhar a explicação do professor.* **3.** Ter dificuldade: *<u>Custou</u> a entender o verdadeiro motivo da separação.* **4.** Tardar, demorar: *João <u>custa</u> a fazer o que lhe pedem.*

custo cus.to *substantivo masculino* **1.** A quantia que uma coisa custa: *O <u>custo</u> dos produtos importados é alto.* **2.** Aquilo que se gasta para obter algo: *O <u>custo</u> foi muito maior do que o benefício.* **3.** Dificuldade, esforço: *Era um <u>custo</u> pôr meus filhos para estudar.*

cutia cu.**ti**.a *substantivo feminino* Roedor de até 60 centímetros, de cauda curta, que habita matas da América do Sul.

cutucar cu.tu.**car** *verbo* **1.** Tocar levemente (alguém) com o dedo, o cotovelo, etc., para chamar-lhe a atenção: *<u>Cutucou</u> o pai para acordá-lo.* **2.** Tocar levemente (algo), com a ponta dos dedos ou com um objeto pontudo: *<u>Cutucaram</u> o ninho e o pássaro voou.*

dado

d (dê) *substantivo masculino* A quarta letra do nosso alfabeto.

da Contração da preposição *de* com o artigo definido *a*: *A cabeça da boneca é de pano.*

dádiva dá.di.va *substantivo feminino* Aquilo que se dá; oferta, donativo.

dado¹ da.do *substantivo masculino* Peça em forma de cubo, marcada, em cada um dos lados, com pontos de 1 a 6, e que é usada em certos jogos.

dado² da.do *adjetivo* **1.** Que se deu; oferecido: *Os presentes dados foram muitos.* **2.** Determinado: *Numa dada hora, a professora recolheu os deveres.* ☑ *substantivo masculino* **3.** Informação: *Já tenho todos os dados para a pesquisa.*

daí da.í Contração da preposição *de* com o advérbio *aí*: *O cheiro de fumaça vem daí; Saia daí, esse lugar é perigoso.*

dali da.li Contração da preposição *de* com o advérbio *ali*: *Dali de cima da montanha vemos toda a fazenda.*

dália dá.li.a *substantivo feminino* Planta que é muito cultivada por suas flores, que podem ter diversas cores.

dama da.ma *substantivo feminino* **1.** Mulher, senhora: *Neste clube, aos sábados, as damas não pagam entrada.* **2.** A mulher que dança com um homem: *O baile não foi bom, porque havia poucas damas.* **3.** A carta de baralho que tem uma figura feminina.

damas da.mas *substantivo feminino plural* Jogo num tabuleiro com 64 quadrados, e doze peças para cada jogador, que deve movimentá-las, uma a uma, em diagonal, eliminando as peças do adversário.

danado da.na.do *adjetivo* **1.** Com muita raiva; irado: *Aquela injustiça deixou as pessoas danadas.* **2.** Muito intenso: *Está um calor danado.*

dança dan.ça *substantivo feminino* Movimento do corpo, ou de parte dele, geralmente seguindo uma música.

dançar dan.çar *verbo* **1.** Fazer movimentos de dança. **2.** Balançar: *A pipa prendeu-se aos fios da luz, e ficou dançando no ar.*

dançarino dan.ça.ri.no *substantivo masculino* Homem, rapaz ou menino que dança; bailarino.

danificar da.ni.fi.car *verbo* Fazer dano a; estragar: *A chuva forte danificou as plantações da fazenda.*

daninho da.ni.nho *adjetivo* Que causa dano; nocivo: *No jardim, plantou flores e arrancou as plantas daninhas.*

dano da.no *substantivo masculino* Mal, prejuízo: *A tempestade causou muitos danos à cidade.*

daquele da.que.le (quê) Contração da preposição *de* com o pronome demonstrativo *aquele*: *As casas daquele bairro são as mais bonitas da cidade.*

daqui da.qui Contração da preposição *de* com o advérbio *aqui*: *Não sairei daqui, gosto muito deste lugar.*

daquilo

daquilo da.**qui**.lo Contração da preposição *de* com o pronome demonstrativo *aquilo*: *Não fale mais daquilo, está tudo esquecido.*

dar *verbo* **1.** Oferecer como presente: *Meu pai me deu uma bicicleta.* **2.** Oferecer, conceder: *Estava chovendo muito, e eu lhe dei abrigo.* **3.** Produzir: *Todas as nossas árvores dão frutos.* **4.** Realizar: *A mãe de Pedro deu uma festa no sábado.* **5.** Transmitir: *Ninguém me deu o recado.* **6.** Aplicar: *dar uma injeção.* **7.** Ser a causa de: *A corrida lhe deu sede.* **8.** Produzir: *As vacas dão leite e os carneiros dão lã.*

dardo dar.do *substantivo masculino* Haste em que um dos lados é pontiagudo.

data da.ta *substantivo feminino* Indicação do ano, mês e dia da ocorrência de alguma coisa: *Sete de setembro de 1822 é a data da Independência do Brasil.*

d.C. Abreviatura da expressão "depois de Cristo", usada para indicar datas posteriores ao nascimento de Jesus Cristo.

de *preposição* Indica várias relações entre palavras, como posse (*A casa é de João*); origem (*Vim de casa*); uso ou aplicação (*tábua de passar roupa*); duração (*trabalho de seis meses*), etc.

dê *substantivo masculino* A letra *d*.

debaixo de.**bai**.xo *advérbio* Em posição inferior, mas na mesma posição vertical; abaixo: *Moro no primeiro andar, e debaixo mora João.* 🔊 **Debaixo de.** Em posição inferior a (alguma coisa que está por cima): *Deixou um bilhete para a mãe debaixo de um livro.*

debate de.**ba**.te *substantivo masculino* Discussão em que cada pessoa apresenta uma razão, ou razões, em favor de ou contra alguma coisa: *Este assunto ficou resolvido no debate de ontem.*

debater de.ba.**ter** *verbo* **1.** Discutir em debate: *No congresso, os médicos debateram as novas terapias.* **2.** Discutir: *Meu pai debateu com o proprietário sobre o aluguel da nossa casa.*

débil dé.bil *adjetivo de dois gêneros* Que não tem vigor físico; fraco: *uma criança débil.* [Plural: *débeis*.]

decifrar

débito dé.bi.to *substantivo masculino* O mesmo que *dívida*: *Você tem um débito comigo de R$ 10,00.*

debruçar de.bru.**çar** *verbo* Curvar-se, inclinando-se para a frente: *Debruçou-se na mureta.*

debulhar de.bu.**lhar** *verbo* Extrair grãos ou sementes de: *Debulhou a espiga de milho.*

década dé.ca.da *substantivo feminino* Espaço de dez anos.

decadência de.ca.**dên**.ci:a *substantivo feminino* Perda de poder, força, qualidade, etc.: *O castelo, antigamente tão luxuoso, estava em plena decadência.*

decapitar de.ca.pi.**tar** *verbo* O mesmo que *degolar*.

decência de.**cên**.ci:a *substantivo feminino* Qualidade de decente.

decente de.**cen**.te *adjetivo de dois gêneros* **1.** Que é digno, correto: *um homem decente.* **2.** Que é apropriado: *uma roupa decente.* **3.** Que se encontra em bom estado: *Morava num quarto decente.*

decepção de.cep.**ção** *substantivo feminino* Fracasso de uma esperança: *Para minha decepção, a viagem foi cancelada.* [Plural: *decepções*.]

decepcionar de.cep.ci:o.**nar** *verbo* **1.** Causar decepção a: *O filme me decepcionou, imaginei que fosse melhor.* **2.** Sofrer decepção: *Decepcionou-se com o comportamento do amigo.*

decerto de.**cer**.to *advérbio* Com certeza; certamente: *Depois de trabalhar tanto, decerto que está cansado.*

decidir de.ci.**dir** *verbo* Tomar decisão; resolver: *Decidiu viajar, e viajou.*

decifrar de.ci.**frar** *verbo* Entender o que está escrito em código, ou mal escrito: *Depois de muito*

decimal — decreto

tentar, decifrou a mensagem secreta; Não conseguiu decifrar o que o médico escreveu na receita.

decimal de.ci.**mal** *adjetivo de dois gêneros* **1.** Relativo a dez ou à décima parte. **2.** Diz-se do sistema de medida que tem por base o número 10. [Plural: *decimais*.]

décimo **dé**.ci.mo *numeral* **1.** Ordinal correspondente ao número 10. **2.** A décima parte de alguma coisa. ✓ *adjetivo* **3.** Que, numa sequência, ocupa o lugar do número 10: *Este é o nosso décimo dia de férias.* ✓ *substantivo masculino* **4.** O que ocupa a posição 10: *Pedro foi o décimo a entrar na festa.* **5.** Cada uma das dez partes iguais em que se divide a unidade: *Fiquei apenas com um décimo da quantia.*

decisão de.ci.**são** *substantivo feminino* Ação de decidir(-se), ou o resultado desta ação; resolução: *Conversaram muito, antes de tomar uma decisão.* [Plural: *decisões*.]

declaração de.cla.ra.**ção** *substantivo feminino* **1.** Ação de declarar(-se), ou o resultado desta ação. **2.** Aquilo que se declara: *uma declaração de amor.* [Plural: *declarações*.]

declarar de.cla.**rar** *verbo* **1.** Tornar algo conhecido, dizendo ou escrevendo: *D. Pedro I declarou a Independência do Brasil no dia 7 de setembro de 1822.* **2.** Tornar conhecido a respeito de si mesmo; reconhecer-se: *Pegaram o ladrão, e ele se declarou culpado.*

decolagem de.co.**la**.gem *substantivo feminino* Ação de decolar, ou o resultado desta ação. [Plural: *decolagens*.]

decolar de.co.**lar** *verbo* Deslocar-se da terra ou do mar, levantando voo: *O nosso avião decolou às 10 horas.*

decompor de.com.**por** *verbo* Separar os elementos que compõem alguma coisa: *Decompôs as palavras em sílabas.*

decomposição de.com.po.si.**ção** *substantivo feminino* Ação de decompor, ou o resultado desta ação. [Plural: *decomposições*.]

decoração de.co.ra.**ção** *substantivo feminino* **1.** A arte de arrumar móveis e outros objetos em um espaço, ou de colocar enfeites, etc. **2.** O conjunto dos objetos que decoram: *A decoração de Natal deste ano está muito bonita.* [Plural: *decorações*.]

decorar¹ de.co.**rar** *verbo* Aprender de cor: *Decorei a tabuada.*

decorar² de.co.**rar** *verbo* Fazer a decoração de: *Decorou o quarto do bebê com brinquedos e figuras de animais.*

decorativo de.co.ra.**ti**.vo *adjetivo* Que serve para decoração: *uma loja de objetos decorativos.*

decorrência de.cor.**rên**.ci:a *substantivo feminino* Aquilo que decorre; consequência: *As enchentes foram uma decorrência das fortes chuvas.*

decorrer de.cor.**rer** *verbo* **1.** Passar, correr, transcorrer: *Decorreram duas semanas desde que entramos em férias.* **2.** Acontecer, suceder: *A nossa festa decorreu sem acidentes.* **3.** Originar-se: *Suas boas notas decorrem de muito estudo.*

decrescente de.cres.**cen**.te *adjetivo de dois gêneros* Que decresce, que diminui: *Os números 10, 9, 8, 7, 6, 5, 4, 3, 2, 1 estão em ordem decrescente.*

decrescer de.cres.**cer** *verbo* Tornar-se menor; diminuir: *A mortalidade infantil no país decresceu nos últimos anos.*

decretar de.cre.**tar** *verbo* Ordenar por decreto ou lei: *O Presidente da República decretou este feriado.*

decreto de.**cre**.to *substantivo masculino* Ordem escrita que é dada por uma autoridade: *A escravatura foi abolida por decreto da princesa Isabel.*

dedicação de.di.ca.**ção** *substantivo feminino* **1.** Ação de dedicar-se, ou o resultado desta ação: *dedicação aos estudos*. **2.** Qualidade de quem se dedica: *Sarou depressa por causa da dedicação da mãe*. [Plural: *dedicações*.]

dedicar de.di.**car** *verbo* **1.** Oferecer com afeto: *Dedicou o poema à namorada*. **2.** Ter certo sentimento para com alguém: *Dedica um grande afeto aos pais*. **3.** Ocupar-se: *Quer ser médico, e vai dedicar-se a tratar dos pobres*.

dedicatória de.di.ca.**tó**.ri:a *substantivo feminino* Palavras escritas com que se oferece alguma coisa a alguém: *Deu-me um livro com bela dedicatória*.

dedo de.do (ê) *substantivo masculino* **1.** Cada uma das extremidades das mãos e dos pés. **2.** Cada uma das partes da luva correspondente a um dedo.

defecar de.fe.**car** *verbo* Expelir fezes; evacuar.

defeito de.**fei**.to *substantivo masculino* **1.** Imperfeição: *O defeito da flor são as pétalas invertidas*. **2.** Mau funcionamento: *Por causa de um defeito, o carro parou no meio do caminho*.

defeituoso de.fei.tu.**o**.so (ô) *adjetivo* Que tem defeito: *Comprei um rádio defeituoso, e troquei-o*. [Plural: *defeituosos* (ó).]

defender de.fen.**der** *verbo* **1.** Dar auxílio ou socorro a: *Defendeu o amigo dos agressores*. **2.** Abrigar, resguardar: *Tenho um casaco que me defende do frio*. **3.** Não deixar que o time adversário marque gol, etc.: *O goleiro defendeu um pênalti*. **4.** Impedir ataque ou agressão: *O povo defendeu a cidade do ataque inimigo*.

defesa de.**fe**.sa (fê) *substantivo feminino* **1.** Ação de defender(-se), ou o resultado desta ação: *As cidades antigas tinham muros altos para defesa*. **2.** Aquilo que serve para defender: *As defesas do elefante são seus longos dentes caninos*.

deficiência de.fi.ci.**ên**.ci:a *substantivo feminino* **1.** O mesmo que *falta* (2). **2.** Imperfeição física ou incapacidade de um órgão, total ou parcial, de executar suas funções.

deficiente de.fi.ci.**en**.te *adjetivo de dois gêneros* **1.** Em que há falta ou deficiência. ✅ *substantivo de dois gêneros* **2.** Pessoa que é portadora de necessidades especiais (por apresentar algum tipo de deficiência física, sensorial, etc.).

definição de.fi.ni.**ção** *substantivo feminino* **1.** Ação de definir, ou o resultado desta ação: *a definição de uma palavra*. **2.** As palavras ou frases que definem: *As definições deste dicionário são muito claras*. [Plural: *definições*.]

definido de.fi.**ni**.do *adjetivo* **1.** Que é certo, preciso: *Já temos um dia definido para a viagem*. **2.** Diz-se dos artigos *o, a, os, as*, que servem para identificar o substantivo de modo preciso. Exemplos: *O pião de José é azul*; *Rosa colocou as flores no jarro*.

definir de.fi.**nir** *verbo* **1.** Determinar a extensão, os limites de: *Definiu a área do terreno com uma trena*. **2.** Explicar o significado de: *Muitos dicionários definem as palavras*. **3.** Estabelecer, decidir: *Já definiram quando será a festa*.

definitivo de.fi.ni.**ti**.vo *adjetivo* Que não é provisório: *Quero uma resposta definitiva*.

143

deformação

deformação de.for.ma.**ção** *substantivo feminino* Mudança da forma ou do aspecto primitivo. [Plural: *deformações*.]

deformado de.for.ma.do *adjetivo* Que sofreu deformação: *Com o peso, a caixa ficou deformada.*

deformar de.for.**mar** *verbo* **1.** Alterar a forma de: *Seu pé achatado deformou o tênis.* **2.** Perder a forma primitiva: *Com o calor do fogo o copo de plástico se deformou.*

defunto de.**fun**.to *substantivo masculino* Pessoa que morreu; morto.

degelar de.ge.**lar** *verbo* Derreter(-se) o que estava congelado; descongelar(-se): *Com a falta de energia, os alimentos do freezer degelaram(-se).*

degelo de.**ge**.lo (gê) *substantivo masculino* Ação de degelar(-se), ou o resultado desta ação: *O efeito estufa acelera o degelo de grandes geleiras.*

degolar de.go.**lar** *verbo* Tirar a cabeça a; decapitar.

degradação de.gra.da.**ção** *substantivo feminino* Ação de degradar, ou o resultado desta ação: *Devemos evitar a degradação do solo, não desmatando as terras.* [Plural: *degradações*.]

degradar de.gra.**dar** *verbo* Arruinar, estragar: *Após a retirada da vegetação, as chuvas degradam o solo.*

degrau de.**grau** *substantivo masculino* Cada uma das peças de uma escada em que se põe o pé para subir ou para descer. [Plural: *degraus*.]

deitar dei.**tar** *verbo* **1.** Estender ao comprido: *Deitou as garrafas para que coubessem na geladeira.* **2.** Estender em cama ou outra superfície: *O médico deitou o bebê para examiná-lo.* **3.** Verter, derramar: *Deitou fora a água do banho da criança.* **4.** Estender-se ao comprido, em cama ou em outra superfície: *Deitou-se para dormir.*

deixar dei.**xar** *verbo* **1.** Sair de dentro de, ou de perto de: *Deixou a casa; Deixou o amigo.* **2.** Pôr, colocar: *Deixe o livro na mesa.* **3.** Permitir: *Deixou que o filho viajasse.* **4.** Causar, provocar: *Viajou, e deixou saudades.*

delicado

dejeto de.**je**.to *substantivo masculino* O mesmo que *fezes*.

dele de.le (dê) Contração da preposição *de* com o pronome pessoal *ele*: *Este livro é dele, deixe que o leve.*

delegacia de.le.ga.**ci**.a *substantivo feminino* Local em que o delegado trabalha.

delegado de.le.**ga**.do *substantivo masculino* Homem que chefia a atividade policial de um bairro ou região estadual.

deletar de.le.**tar** *verbo* Eliminar (arquivo, texto, etc.); apagar: *Deletou um arquivo por engano, e precisou digitá-lo novamente.*

delgado del.**ga**.do *adjetivo* Pouco espesso; fino: *Esta tábua é delgada demais, não serve para fazer uma mesa.*

delicadeza de.li.ca.**de**.za (dê) *substantivo feminino* Característica do que é delicado.

delicado de.li.**ca**.do *adjetivo* **1.** Que tem pouca espessura; fino: *A seda é um tecido delicado.* **2.** Débil, frágil: *Tem saúde delicada, adoece com frequência.* **3.** Que se comporta com cortesia: *Cumprimenta sempre a todos, é um menino delicado.*

delícia | democracia

delícia de.**lí**.ci:a *substantivo feminino* **1.** Sensação de prazer, de satisfação: *Naquele dia quente, sentiu a delícia do banho frio.* **2.** Sabor agradável ao paladar: *a delícia de uma torta de chocolate, de uma carne assada.* **3.** Coisa deliciosa: *a delícia dos dias de férias.*

delicioso de.li.ci.**o**.so (ô) *adjetivo* Que é muito gostoso. [Plural: *deliciosos* (ó).]

delimitação de.li.mi.ta.**ção** *substantivo feminino* O mesmo que *demarcação*. [Plural: *delimitações*.]

delimitar de.li.mi.**tar** *verbo* O mesmo que *demarcar*: *Delimitamos uma área para o campo de futebol da escola.*

delineamento de.li.ne.a.**men**.to *substantivo masculino* Ação de delinear, ou o resultado desta ação.

delinear de.li.ne.**ar** *verbo* Fazer os traços ou linhas gerais de; esboçar: *Os engenheiros já delinearam a nova estrada.*

delinquente de.lin.**quen**.te (qüen) *substantivo de dois gêneros* Pessoa infratora.

delirar de.li.**rar** *verbo* Estar ou cair em delírio.

delírio de.**lí**.ri:o *substantivo masculino* Confusão mental em que a pessoa acredita que está acontecendo uma coisa que na verdade não está.

delito de.**li**.to *substantivo masculino* Qualquer ato que merece punição pelas leis: *O assassinato é um delito muito grave.*

demais de.**mais** *advérbio* **1.** Em excesso; além do devido ou necessário: *Comer demais faz mal à saúde.* ✓ *pronome indefinido* **2.** Os restantes: *Duas pessoas foram de avião, e as demais foram de ônibus.*

demarcação de.mar.ca.**ção** *substantivo feminino* Ação de demarcar, ou o resultado desta ação; delimitação: *Na demarcação das fronteiras de um país faz-se uso, muitas vezes, de um rio, ou de outro acidente geográfico.* [Plural: *demarcações*.]

demarcar de.mar.**car** *verbo* Fixar os limites de; delimitar: *Uma cerca demarcava a área onde ficava o animal.*

demasia de.ma.**si**.a *substantivo feminino* O que é demais; excesso, sobra. 🔊 **Em demasia.** Em excesso; demais; muito: *Está gordo porque come em demasia.*

demasiado de.ma.si.**a**.do *adjetivo* **1.** Que vai além dos limites normais; excessivo: *Escutou as queixas da amiga com demasiada paciência.* ✓ *advérbio* **2.** Muito; em demasia.

demissão de.mis.**são** *substantivo feminino* Ação de demitir(-se), ou o resultado desta ação: *Com a demissão, meu pai ficou desempregado.* [Plural: *demissões*.]

demitir de.mi.**tir** *verbo* **1.** Tirar cargo, emprego de: *Demitiram o empregado porque ele faltava muito.* **2.** Sair de cargo ou emprego: *Meu tio demitiu-se e foi trabalhar por conta própria.*

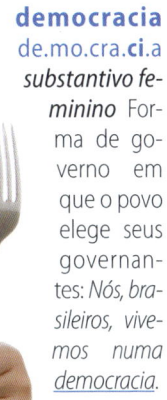

democracia de.mo.cra.**ci**.a *substantivo feminino* Forma de governo em que o povo elege seus governantes: *Nós, brasileiros, vivemos numa democracia.*

democrata

democrata de.mo.**cra**.ta *substantivo de dois gêneros* Pessoa que é adepta da democracia.

democrático de.mo.**crá**.ti.co *adjetivo* Em que há democracia: *Nos países democráticos o povo elege os seus representantes.*

demolição de.mo.li.**ção** *substantivo feminino* Ação de demolir, ou o resultado desta ação: *A demolição do prédio foi autorizada pela prefeitura.* [Plural: *demolições*.]

demolir de.mo.**lir** *verbo* Pôr abaixo, derrubar: *Demoliram a velha casa e construíram um edifício moderno no lugar.*

demônio de.**mô**.ni:o *substantivo masculino* **1.** Em diversas religiões, o espírito do mal, e que é muitas vezes representado com rabo e chifres; diabo, satanás. **2.** Pessoa muito má: *Ele é um demônio, vive perseguindo os colegas.*

demonstração de.mons.tra.**ção** *substantivo feminino* Ação de demonstrar, ou o resultado desta ação. [Plural: *demonstrações*.]

demonstrar de.mons.**trar** *verbo* Dar a conhecer por meio de provas; comprovar: *O professor demonstrou para os alunos que a água evapora.*

demonstrativo de.mons.tra.**ti**.vo *adjetivo* **1.** Que serve para demonstrar. **2.** Diz-se do pronome que indica pessoa ou coisa de quem ou de que se fala. Exemplos: Aquele *homem é muito corajoso*; Este *livro é muito bom.*

demora de.**mo**.ra *substantivo feminino* Ação de demorar(-se), ou o resultado desta ação: *Depois de muita demora, consegui entender a lição; Com a sua demora, perdeu o ônibus.*

demorado de.mo.**ra**.do *adjetivo* Que leva muito tempo: *um banho demorado.*

demorar de.mo.**rar** *verbo* **1.** Levar muito tempo: *Demorou a sair, e perdeu o espetáculo.* **2.** Permanecer ou ficar por muito tempo: *Demorou-se, e não pudemos esperá-lo.*

dente

dengue den.gue *substantivo masculino e feminino* Doença causada por vírus que é transmitido pela picada de um mosquito, o *Aedes aegypti.*

denominação de.no.mi.na.**ção** *substantivo feminino* **1.** Ação de denominar, ou o resultado desta ação. **2.** Nome: *Esta rua tem nova denominação.* [Plural: *denominações*.]

denominador de.no.mi.na.**dor** (dôr) *substantivo masculino* Numa fração, o número que escrevemos abaixo do traço, e que indica em quantas partes iguais se divide a unidade.

denominar de.no.mi.**nar** *verbo* Pôr nome em; chamar por um nome: *Nossa rua começa em frente à igreja, e por isso a denominaram Rua da Matriz.*

densidade den.si.**da**.de *substantivo feminino* Qualidade de denso.

denso den.so *adjetivo* **1.** Que tem muita massa em relação ao volume: *Esta madeira é mais densa que aquela, pesa muito mais.* **2.** Que contém uma grande quantidade de elementos ou unidades; compacto, cerrado: *Muitos animais vivem nesta densa floresta.*

dentada den.**ta**.da *substantivo feminino* Ferimento com os dentes, e a marca deixada por este ferimento; mordida.

dental den.**tal** *adjetivo de dois gêneros* Dos dentes, ou relativo a eles; dentário: *O fio e a escova dentais servem para limpar os dentes.* [Plural: *dentais*.]

dentário den.**tá**.ri:o *adjetivo* O mesmo que *dental*: *Neste andar há um consultório dentário.*

dente den.te *substantivo masculino* **1.** Cada uma das peças semelhantes a osso que se fixam à maxila e à mandíbula do homem e de outros animais, e que servem para morder e mastigar os

146

dentição

alimentos. **2.** Saliência ou ponta em forma de dente (1): *os dentes de um pente*.

dentição den.ti.**ção** *substantivo feminino* **1.** Formação e nascimento dos dentes: *Aos quatro anos, a primeira dentição de uma criança já está completa.* **2.** O conjunto dos dentes: *A dentição dos felinos é forte.* [Plural: *dentições*.]

dentista den.**tis**.ta *substantivo de dois gêneros* Pessoa cuja profissão é tratar dos dentes.

dentro den.tro *advérbio* Do lado interior: *– Vou lá dentro e já volto.* ⬥ **Dentro de.** No interior de: *Dentro desta sala faz calor.*

dentuço den.**tu**.ço *adjetivo* Que tem dentes muito salientes: *Usei aparelho por ter sido dentuço.*

denúncia de.**nún**.ci:a *substantivo feminino* Ação de denunciar, ou o resultado desta ação: *Soubemos do assalto por uma denúncia*.

denunciar de.nun.ci.**ar** *verbo* **1.** Dar a conhecer; revelar: *Denunciou o roubo e os ladrões foram presos.* **2.** Revelar: *A fumaça denunciou a presença de fumantes.*

deparar de.pa.**rar** *verbo* Encontrar de repente; topar: *No meio da floresta deparou com a fera.*

departamento de.par.ta.**men**.to *substantivo masculino* Seção ou divisão de casa comercial ou de repartição pública.

dependência de.pen.**dên**.ci:a *substantivo feminino* **1.** Estado de dependente: *Vive na dependência dos pais.* **2.** Cada um dos cômodos de uma casa, apartamento, etc.: *Procurou em todas as dependências da casa, mas não achou o relógio que perdeu.* **3.** Necessidade de manter uso de droga.

dependente de.pen.**den**.te *adjetivo de dois gêneros* **1.** Que depende. ✓ *substantivo de dois gêneros* **2.** Pessoa que depende de outra economicamente: *Com seu salário, sustenta três dependentes.* **3.** Pessoa que tem dependência (3): *Esta clínica trata dependentes de droga.*

depressa

depender de.pen.**der** *verbo* **1.** Estar sujeito a: *Minha viagem depende de autorização do meu patrão.* **2.** Precisar do auxílio, da proteção de: *Os filhos menores dependem dos pais.* **3.** Surgir em consequência de: *A formação de nuvens depende da evaporação das águas.*

dependurar de.pen.du.**rar** *verbo* O mesmo que *pendurar*.

depoimento de.po:i.**men**.to *substantivo masculino* **1.** Ação de depor, ou o resultado desta ação. **2.** Declaração feita por alguém: *O depoimento da única sobrevivente do naufrágio foi emocionante.*

depois de.**pois** *advérbio* Em seguida: *Vou partir agora, você partirá depois.*

depor de.**por** *verbo* **1.** Apresentar argumentos em tribunal: *A testemunha irá depor.* **2.** Tirar de cargo ou função: *A revolta popular depôs o presidente.*

depositar de.po.si.**tar** *verbo* **1.** Pôr, colocar, guardar: *Depositou todo o dinheiro no banco*; *Depositou as joias no cofre.* **2.** Pôr, colocar: *Depositou os talheres sobre a mesa.* **3.** Ficar no fundo: *A sujeira da água depositou-se.*

depósito de.**pó**.si.to *substantivo masculino* **1.** Ação de depositar(-se), ou o resultado desta ação. **2.** Lugar próprio para guardar alguma coisa: *Pôs as garrafas vazias no depósito.* **3.** O mesmo que **reservatório**: *Esta caixa sobre a casa é o depósito de água.* **4.** Dinheiro que se coloca no banco: *Mário fez um depósito de duzentos reais na sua conta.*

depressa de.**pres**.sa *advérbio* Com pressa; rapidamente: *O coração bate depressa quando brincamos na montanha-russa.*

depressão   desabitado

depressão de.pres.**são** *substantivo feminino* **1.** Baixa no nível de: *a depressão de um terreno.* **2.** Doença que provoca uma sensação de tristeza e desânimo profundos. [Plural: *depressões*.]

deputado de.pu.**ta**.do *substantivo masculino* Aquele que é eleito para representar o povo em câmara ou em assembleia legislativa.

derivar de.ri.**var** *verbo* Formar-se (uma palavra de outra): *A palavra* caderneta *deriva da palavra* caderno.

derme **der**.me *substantivo feminino* A camada da pele que fica sob a epiderme.

derradeiro der.ra.**dei**.ro *adjetivo* Último, final: *Os dois músicos tocaram juntos pela derradeira vez.*

derramamento der.ra.ma.**men**.to *substantivo masculino* Ação de derramar(-se), ou o resultado desta ação: *Nas guerras há muito derramamento de sangue.*

derramar der.ra.**mar** *verbo* **1.** Fazer sair, espalhando: *João virou a xícara e derramou o chá.* **2.** Sair, espalhando-se: *Abriu a torneira e a água derramou-se pelo terreiro.*

derrame der.**ra**.me *substantivo masculino* **1.** O mesmo que **derramamento**. **2.** Doença em que há ruptura de vasos sanguíneos: *Teve um derrame cerebral e quase morreu.*

derrapar der.ra.**par** *verbo* Escorregar, perdendo a direção: *A estrada estava muito molhada e o carro derrapou.*

derreter der.re.**ter** *verbo* **1.** Fazer ficar líquido, tornar-se líquido: *O sol derreteu a neve.* **2.** Ficar líquido: *Uma enorme geleira se derreteu; Esperou o sorvete derreter para tomá-lo.*

derretimento der.re.ti.**men**.to *substantivo masculino* Ação de derreter(-se), ou o resultado desta ação; transformação de sólido em líquido.

derrota der.**ro**.ta *substantivo feminino* A perda de uma batalha, de uma guerra, ou de um campeonato, de uma partida, etc.: *Os soldados inimigos sofreram uma séria derrota; Com a derrota, nosso time foi eliminado do campeonato.*

derrotar der.ro.**tar** *verbo* Vencer em luta, batalha, competição, etc.: *Os soldados lutaram até derrotar o inimigo; A seleção brasileira derrotou todos os adversários.*

derrubada der.ru.**ba**.da *substantivo feminino* Ação de derrubar, ou o resultado desta ação.

derrubar der.ru.**bar** *verbo* **1.** Deixar cair, ou fazer cair: *Tenha cuidado para não derrubar os copos.* **2.** Fazer cair por terra: *Não devemos derrubar árvores.*

desabafar de.sa.ba.**far** *verbo* Dizer livremente o que sente ou pensa: *Desabafou o motivo de sua tristeza com o amigo; Desabafou com a namorada.*

desabafo de.sa.**ba**.fo *substantivo masculino* Ação de desabafar(-se), ou o resultado desta ação.

desabamento de.sa.ba.**men**.to *substantivo masculino* Ação de desabar, ou o resultado desta ação.

desabar de.sa.**bar** *verbo* Cair por terra; desmoronar: *O telhado da velha casa desabou com as chuvas.*

desabitado de.sa.bi.**ta**.do *adjetivo* Sem habitantes; deserto: *Nesta rua, há um prédio desabitado.*

148

desabotoar

desabotoar de.sa.bo.to.**ar** *verbo* **1.** Tirar o botão da casa (3) de: *Desabotoei a camisa para tirá-la*. **2.** Desabrochar: *As flores desabotoam na primavera*.

desabrigado de.sa.bri.**ga**.do *adjetivo* Que está sem abrigo.

desabrochar de.sa.bro.**char** *verbo* Principiar a abrir, ou abrir-se (a flor); desabotoar: *Todas as flores do meu canteiro desabrocharam*.

desacordado de.sa.cor.**da**.do *adjetivo* Sem consciência das coisas; desmaiado: *A forte pancada na cabeça deixou-o desacordado*.

desacordo de.sa.**cor**.do (côr) *substantivo masculino* Falta de acordo: *Um desacordo provocou a briga*.

desafiar de.sa.fi.**ar** *verbo* Provocar para luta, combate ou competição: *Na história, Joãozinho desafia o gigante*; *Desafiamos os meninos da outra rua para uma partida de futebol*.

desafio de.sa.**fi**:o *substantivo masculino* **1.** Ação de desafiar, ou o resultado desta ação. **2.** Tarefa difícil de executar: *Minha professora disse que aquela prova era um desafio para a turma*.

desagradar de.sa.gra.**dar** *verbo* Não agradar: *O mau comportamento do filho desagradou à mãe*.

desagradável de.sa.gra.**dá**.vel *adjetivo de dois gêneros* Que não agrada; que provoca desprazer: *Ninguém gosta de assuntos desagradáveis*. [Plural: desagradáveis.]

desarmamento

desaguar de.sa.**guar** *verbo* Lançar as suas águas; desembocar: *O rio Negro deságua no rio Amazonas*.

desajeitado de.sa.jei.**ta**.do *adjetivo* Sem jeito; desastrado: *Fez um gesto desajeitado e quebrou o vaso*.

desamarrar de.sa.mar.**rar** *verbo* **1.** Desprender o que estava amarrado, desatar: *Desamarrou os sapatos para tirá-los*. **2.** Desprender-se, desatar-se: *A canoa desamarrou-se e desceu o rio*.

desanimado de.sa.ni.**ma**.do *adjetivo* **1.** Que tem desânimo: *Convidei-o para viajar, mas ele está desanimado*. **2.** Que não tem animação: *Foi uma festa desanimada, porque havia pouca gente*.

desanimar de.sa.ni.**mar** *verbo* **1.** Fazer perder o ânimo, a energia: *O calor forte desanimou os viajantes*. **2.** Desistir: *Disse que vinha comigo, mas desanimou e ficou em casa*.

desânimo de.**sâ**.ni.mo *substantivo masculino* Falta ou perda de ânimo: *Está com desânimo de viajar*.

desaparecer de.sa.pa.re.**cer** *verbo* **1.** Deixar de estar visível: *No inverno, o Sol desaparece mais cedo*. **2.** Sumir-se, perder-se: *Os meus livros desapareceram com a mudança*. **3.** Não ser encontrado ou localizado: *O fugitivo desapareceu*. **4.** Ocultar-se, sumir-se: *A onça desapareceu na mata*.

desaparecimento de.sa.pa.re.ci.**men**.to *substantivo masculino* Ação de desaparecer, ou o resultado desta ação.

desapontamento de.sa.pon.ta.**men**.to *substantivo masculino* Aquilo que causa surpresa desagradável, que causa decepção: *Eu queria que ele ficasse, a sua partida foi um desapontamento*.

desapontar de.sa.pon.**tar** *verbo* **1.** Causar desapontamento a; decepcionar: *O cantor não apareceu e desapontou os fãs*. **2.** Ter ou sentir desapontamento; decepcionar-se: *Desapontou-se com o mau resultado dos exames*.

desarmamento de.sar.ma.**men**.to *substantivo masculino* Ação de desarmar(-se), ou o resultado desta ação: *Para haver paz, tem que haver desarmamento*.

149

desarmar

desarmar de.sar.mar *verbo* **1.** Fazer largar as armas, ou tirar as armas a: *Os policiais desarmaram os bandidos.* **2.** Separar as peças componentes de; desmontar: *Paulo desarmou o brinquedo para consertá-lo.* **3.** Entregar as armas, ou desfazer-se delas: *Surpreendidos no esconderijo, os bandidos desarmaram-se e entregaram-se às autoridades.*

desarmonia de.sar.mo.ni.a *substantivo feminino* Falta de harmonia; discórdia: *Quando não há acordo, há desarmonia.*

desastrado de.sas.tra.do *adjetivo* O mesmo que *desajeitado*: *Foi lavar os pratos e quebrou-os, é uma moça desastrada.*

desastre de.sas.tre *substantivo masculino* **1.** Acontecimento que causa grande dano ou destruição, prejuízo, ou desgraça: *O terremoto é um desastre natural.* **2.** Acidente: *O desastre de trem deixou muitas vítimas.* **3.** Fracasso: *A apresentação do ator foi um desastre, ele esqueceu as suas falas.*

desatar de.sa.tar *verbo* **1.** Desprender, desamarrar; desfazer: *desatar um nó.* **2.** Começar de repente: *A professora saiu da sala, e os alunos desataram a falar.* **3.** Desfazer-se: *O nó do cabresto desatou-se e o cavalo fugiu.*

desatenção de.sa.ten.ção *substantivo feminino* Falta de atenção; descaso: *A professora se queixa de sua desatenção nas aulas.* [Plural: *desatenções*.]

desatento de.sa.ten.to *adjetivo* Não atento; distraído, desligado: *O aluno desatento não aprende direito.*

desbotado des.bo.ta.do *adjetivo* Que perdeu a cor que tinha antes: *O rapaz usava uma calça desbotada.*

descabelar des.ca.be.lar *verbo* **1.** Arrancar os cabelos de. **2.** Fazer ficar com os cabelos despenteados: *A ventania descabelou-o.*

descalçar des.cal.çar *verbo* Tirar (meia, calçado, luva) a, ou tirar a própria meia, calçado, luva: *Descalçou-se para entrar no riacho.*

descalço des.cal.ço *adjetivo* Que se descalçou: *Mamãe não nos deixa andar com os pés descalços.*

descascar

descansar des.can.sar *verbo* Tomar descanso: *Vou descansar antes de sair de novo.*

descanso des.can.so *substantivo masculino* Folga de trabalho; sossego, repouso: *Hoje eu não trabalho, é o meu dia de descanso.*

descarga des.car.ga *substantivo feminino* **1.** Ação de descarregar, ou o resultado desta ação; descarregamento: *O motorista está aguardando a descarga do caminhão.* **2.** Dispositivo de privada, para controlar a saída da água.

descarregamento des.car.re.ga.men.to *substantivo masculino* O mesmo que *descarga* (1).

descarregar des.car.re.gar *verbo* **1.** Tirar a carga a: *O carro estava cheio de compras, e ajudei a descarregá-lo.* **2.** Lançar, despejar: *Este rio descarrega suas águas no mar.* **3.** Aliviar-se, livrar-se: *Conversou com o pai, e descarregou-se de todos os seus problemas.*

descartar des.car.tar *verbo* **1.** Rejeitar (carta de baralho que não serve). **2.** Jogar fora após o uso: *Leu o jornal e depois o descartou.* **3.** Livrar-se de pessoa ou coisa: *Estava muito ocupado, e descartei-me da visita; Descartou-se do convite com uma desculpa.*

descartável des.car.tá.vel *adjetivo de dois gêneros* Diz-se de produto que se joga fora após o uso: *Usou talheres descartáveis na festa.* [Plural: *descartáveis*.]

descascar des.cas.car *verbo* **1.** Tirar a casca a: *Descasquei as frutas para comê-las.* **2.** Perder o revestimento: *A parede da velha casa descascou.*

150

descaso

descaso des.**ca**.so *substantivo masculino* Desatenção: *O seu descaso com suas roupas fez com que fosse repreendido pela mãe.*

descendência des.cen.**dên**.ci:a *substantivo feminino* O conjunto das pessoas que descendem de um antepassado: *Toda a descendência do meu avô mora na fazenda.*

descendente des.cen.**den**.te *substantivo de dois gêneros* Pessoa que descende de outra: *Muitos descendentes de japoneses moram em São Paulo.*

descender des.cen.**der** *verbo* Provir, originar-se por gerações: *Os meus avós descendem de portugueses.*

descer des.**cer** *verbo* **1.** Percorrer do alto para baixo: *Desço uma ladeira para chegar a minha casa.* **2.** Abaixar: *Desceu a cortina por causa do sol.* **3.** Apear-se, saltar: *Desceu do cavalo e entrou em casa.* **4.** Tirar de lugar elevado: *Desci todos os livros da última estante.* **5.** Mover-se de cima para baixo: *Ele subiu ao segundo andar, e ainda não desceu.*

descida des.**ci**.da *substantivo feminino* **1.** Ação de descer, ou o resultado desta ação. **2.** Ladeira (considerada de cima para baixo): *Mora na descida da serra.*

desclassificação des.clas.si.fi.ca.**ção** *substantivo feminino* Ação de desclassificar(-se), ou o resultado desta ação. [Plural: *desclassificações*.]

desclassificar des.clas.si.fi.**car** *verbo* **1.** Eliminar concorrente em uma competição, concurso, etc.: *Neste concurso, qualquer nota abaixo de cinco desclassifica o candidato.* **2.** Ser eliminado de competição, concurso, etc.: *O atleta desclassificou-se ao sair duas vezes antes do sinal de partida.*

descoberta des.co.**ber**.ta *substantivo feminino* **1.** Coisa que se descobriu; invenção, descobrimento: *O telefone foi uma descoberta de Graham Bell.* **2.** O mesmo que *achado*: *Não vou revelar a minha descoberta.*

descobridor des.co.bri.**dor** (dôr) *substantivo masculino* Aquele que faz descobertas.

descontar

descobrimento des.co.bri.**men**.to *substantivo masculino* Ação de descobrir(-se), ou o resultado desta ação.

descobrir des.co.**brir** *verbo* **1.** Tirar o que cobre ou oculta, deixando à vista: *O prefeito descobriu a placa de inauguração da nova escola.* **2.** Deixar ver; mostrar: *A maré baixa descobre as areias.* **3.** Achar, encontrar: *Descobri um lugar para fazer a casa.* **4.** Tirar de si o que cobre: *Descobriu-se e pôs de lado o cobertor.*

descolar des.co.**lar** *verbo* Soltar-se (o que estava colado); desgrudar-se: *A capa do livro descolou.*

descolorir des.co.lo.**rir** *verbo* O mesmo que *descorar*.

descompostura des.com.pos.**tu**.ra *substantivo feminino* O mesmo que *repreensão*: *Comportou-se mal, e levou uma descompostura.*

desconfiança des.con.fi.**an**.ça *substantivo feminino* Falta de confiança.

desconfiar des.con.fi.**ar** *verbo* **1.** Considerar possível; supor, suspeitar: *Os navegadores do século XV desconfiavam que havia um continente a oeste da Europa.* **2.** Duvidar, suspeitar: *Desconfiei que ele não estava dizendo a verdade.*

descongelar des.con.ge.**lar** *verbo* O mesmo que *degelar*.

desconhecer des.co.nhe.**cer** *verbo* **1.** Não conhecer; ignorar: *Como desconheço a razão do seu nervosismo, não posso ajudá-lo.* **2.** Deixar de reconhecer: *É um rapaz ingrato, desconhece todo o sacrifício que a mãe fez por ele.*

desconhecido des.co.nhe.**ci**.do *adjetivo* **1.** Não conhecido; ignorado: *Não veio por razões desconhecidas.* ✓ *substantivo masculino* **2.** Indivíduo que a gente não sabe quem é: *Orientado pelo pai, o menino não falava com desconhecidos.*

desconsolado des.con.so.**la**.do *adjetivo* Sem consolo; triste, desolado: *Ficou desconsolado com a má notícia.*

descontar des.con.**tar** *verbo* **1.** Retirar de um total; subtrair: *Descontou da mesada do filho a vidraça* que ele quebrou. **2.** Revidar, vingar: *Descontou sua raiva, aumentando o volume do rádio.*

descontentamento des.con.ten.ta.**men**.to *substantivo masculino* O mesmo que *desgosto*: *Teve um grande descontentamento quando soube que não poderia viajar.*

descontente des.con.**ten**.te *adjetivo de dois gêneros* Não contente; desgostoso, insatisfeito: *Os torcedores ficaram descontentes com a atuação do time.*

desconto des.**con**.to *substantivo masculino* Redução no preço: *Fui à feira de livros e comprei vários com desconto.*

descontrair des.con.tra.**ir** *verbo* **1.** Fazer perder a contração: *A massagem descontrai os músculos.* **2.** Perder o constrangimento, a timidez: *Quando viu que estava entre amigos, descontraiu-se.*

descontrolar des.con.tro.**lar** *verbo* Fazer perder, ou perder o controle: *Um pneu furado descontrolou o carro; Descontrolou-se com a gritaria das crianças e deu-lhes uma bronca.*

descorar des.co.**rar** *verbo* **1.** Perder a cor; descolorir(-se), desbotar(-se): *O vestido descorou(-se) com a lavagem.* **2.** Fazer perder a cor; descolorir(-se), desbotar(-se); descolorir, desbotar: *O sol muito forte descora os tecidos.*

descrença des.**cren**.ça *substantivo feminino* Falta ou perda de crença.

descrever des.cre.**ver** *verbo* Fazer a descrição de; contar, narrar: *O professor pediu-me que descrevesse o que estava vendo.*

descrição des.cri.**ção** *substantivo feminino* Exposição falada ou escrita; narração: *Fez uma descrição da paisagem da sua terra para o amigo.* [Plural: *descrições*.]

descuidado des.cui.**da**.do *adjetivo* Que não é cuidadoso: *É um menino descuidado, perde tudo.*

descuidar des.cui.**dar** *verbo* **1.** Não ter cuidados com: *Descuidou do bebê e ele quase caiu.* **2.** Não estar atento: *Descuidou-se, e quase foi atropelado.*

descuido des.**cui**.do *substantivo masculino* Falta de cuidado, ou de atenção: *Por descuido, quase caiu no buraco.*

desculpa des.**cul**.pa *substantivo feminino* **1.** Ação de desculpar(-se), ou o resultado desta ação. **2.** Motivo que se dá para não fazer algo: *Faltou à escola e a desculpa que deu foi ter ficado doente.*

desculpar des.cul.**par** *verbo* **1.** Perdoar uma culpa: *A senhora desculpou o rapaz que quase a jogou no chão.* **2.** Pedir desculpa: *Desculpou-se por ter chegado atrasado.*

desde des.de (dês) *preposição* A começar de; a partir de: *Hoje estudei desde as oito horas.* 🔹 **Desde que.** Desde o tempo em que: *É estudioso desde que o conheço.*

desdém des.**dém** *substantivo masculino* O mesmo que *desprezo*: *Tem desdém pela opinião alheia.* [Plural: *desdéns*.]

desdentado des.den.**ta**.do *adjetivo* Que perdeu os dentes.

desdobrar des.do.**brar** *verbo* **1.** Abrir ou estender o que estava dobrado: *Desdobrou o lençol e estendeu-o na cama.* **2.** Dividir-se em dois: *As células se desdobram na reprodução.*

desejar de.se.**jar** *verbo* **1.** Ter desejo ou vontade; querer: *Desejo ser aviador quando crescer.* **2.** Fazer votos de: *Ao ir embora, desejou-me saúde.*

desejo de.**se**.jo (sê) *substantivo masculino* Vontade de possuir alguma coisa, ou de conseguir alguma coisa: *Desejo comprar uma casa; Desejo ser feliz.*

desembaraçado de.sem.ba.ra.**ça**.do *adjetivo* Que não é tímido; desenvolto: *João é um menino desembaraçado.*

desembaraçar

desembaraçar de.sem.ba.ra.**çar** *verbo* **1.** Livrar-se de embaraço: *A mosca não conseguiu desembaraçar-se da teia de aranha.* **2.** Desfazer o que estava embaraçado: *Desembaraçou o fio do pisca-pisca, para pendurá-lo na árvore de Natal.*

desembaraço de.sem.ba.**ra**.ço *substantivo masculino* **1.** Ação de desembaraçar(-se), ou o resultado desta ação. **2.** Facilidade para falar ou para agir: *Ainda é muito jovem, mas tem desembaraço.*

desembarcar de.sem.bar.**car** *verbo* Sair de embarcação, carro, trem, avião, etc.: *Vamos desembarcar na próxima estação.*

desembarque de.sem.**bar**.que *substantivo masculino* Saída ou descida de qualquer embarcação: *Após o desembarque, os passageiros vão apanhar as suas bagagens; Por causa da tempestade, os pescadores apressaram o desembarque na praia.*

desembestar de.sem.bes.**tar** *verbo* Fazer alguma coisa sem parar: *O neném desembestou a chorar; João estava faminto e desembestou a comer.*

desembocar de.sem.bo.**car** *verbo* Ir dar (em algum lugar): *Este rio desemboca no mar; A minha rua desemboca na praça.*

desembrulhar de.sem.bru.**lhar** *verbo* Tirar de embrulho: *Desembrulhou o presente assim que o recebeu.*

desempacotar de.sem.pa.co.**tar** *verbo* Tirar de pacote: *Ainda não tive tempo de desempacotar os livros.*

desempatar de.sem.pa.**tar** *verbo* Tirar de empate; decidir (o que estava empatado): *Este jogo pode desempatar o campeonato.*

desempate de.sem.**pa**.te *substantivo masculino* Ação de desempatar, ou o resultado desta ação.

desempenhar de.sem.pe.**nhar** *verbo* **1.** Realizar, executar (o que se deve fazer): *Os alunos que já desempenharam suas tarefas podem sair.* **2.** O mesmo que *representar* (3): *João desempenhou bem o papel de caçador no teatro.*

desempenho de.sem.**pe**.nho *substantivo masculino* **1.** Realização de uma tarefa: *A professora vai avaliar o desempenho dos alunos.* **2.** Representação, atuação: *Teve um ótimo desempenho no papel da bruxa no teatro.*

desempregado de.sem.pre.**ga**.do *adjetivo* **1.** Sem emprego: *Nesta cidade, há muitas pessoas desempregadas.* ✓ *substantivo masculino* **2.** Aquele que está sem emprego: *Os desempregados olharam o jornal para procurar emprego.*

desemprego de.sem.**pre**.go (prê) *substantivo masculino* Falta de emprego: *Com a crise, aumentou o desemprego.*

desencaixar de.sen.cai.**xar** *verbo* Fazer sair, ou sair do encaixe: *Tirei os parafusos da mesa, para desencaixá-la; As tábuas desencaixaram-se e a estante caiu.*

desencaminhar de.sen.ca.mi.**nhar** *verbo* Fazer sair, ou sair do bom caminho, do dever: *As más companhias o desencaminharam; Desencaminhou-se, e não prosseguiu os estudos.*

desencantar de.sen.can.**tar** *verbo* **1.** Desfazer o encanto ou o encantamento de: *A fada desencantou o príncipe e ele voltou a ser um belo rapaz.* **2.** Livrar-se de encanto: *O sapo desencantou-se e virou príncipe.*

desengonçado de.sen.gon.**ça**.do *adjetivo* Desajeitado: *O pato tem um andar desengonçado.*

desenhar de.se.**nhar** *verbo* **1.** Fazer o desenho de: *Ana desenhou o perfil do irmão.* **2.** Fazer desenho: *Maria desenha muito bem.*

desenhista de.se.**nhis**.ta *substantivo de dois gêneros* Pessoa que tem a profissão de desenhar: *Ângela é desenhista em uma editora.*

153

desenho

desenho de.**se**.nho *substantivo masculino* Representação, sobre uma superfície, de objetos, seres ou de outras formas, por meio de linhas, pontos e manchas.

desenrolar de.sen.ro.**lar** *verbo* Desfazer(-se) o rolo: *João desenrolou a cartolina; A linha do carretel desenrolou(-se)*.

desenterrar de.sen.ter.**rar** *verbo* Tirar de debaixo da terra: *Desenterraram, ali, os ossos de um grande dinossauro*.

desenvolto de.sen.**vol**.to (vôl) *adjetivo* O mesmo que *desembaraçado*: *O meu irmão mais velho é mais desenvolto do que eu*.

desenvoltura de.sen.vol.**tu**.ra *substantivo feminino* Facilidade de falar, agir, etc.; desembaraço.

desenvolver de.sen.vol.**ver** *verbo* **1.** Fazer crescer, ou crescer: *A luz do Sol desenvolve as plantas; Desenvolveu-se rapidamente com a boa alimentação*. **2.** Tornar mais apto; aprimorar, promover: *O estudo desenvolve a nossa inteligência*. **3.** Aumentar a intensidade; evoluir, progredir: *A doença desenvolveu-se rapidamente*.

desenvolvido de.sen.vol.**vi**.do *adjetivo* **1.** Que se desenvolveu. **2.** Grande, crescido: *É um menino desenvolvido para a idade*.

desenvolvimento de.sen.vol.vi.**men**.to *substantivo masculino* **1.** Ação de desenvolver(-se), ou o resultado desta ação. **2.** Crescimento, progresso: *O desenvolvimento do Brasil depende do trabalho de todos os brasileiros*.

desfavorável

desequilibrar de.se.qui.li.**brar** *verbo* **1.** Tirar o equilíbrio a: *Foi pegar um livro e desequilibrou a estante*. **2.** Perder o equilíbrio: *O rapaz desequilibrou-se e caiu*.

desequilíbrio de.se.qui.**lí**.bri:o *substantivo masculino* Falta ou perda de equilíbrio.

desértico de.**sér**.ti.co *adjetivo* Que tem características semelhantes às do deserto: *um clima desértico*.

desertificação de.ser.ti.fi.ca.**ção** *substantivo feminino* Processo de modificação do ambiente ou do clima que causa a formação de uma paisagem com vegetação rala, árida, ou de um deserto. [Plural: *desertificações*.]

desertificar de.ser.ti.fi.**car** *verbo* Causar desertificação a: *A derrubada da floresta desertificou o solo*.

deserto de.**ser**.to *substantivo masculino* Região que tem o solo muito árido, em que chove muito pouco, e cuja vegetação é muito pobre ou nenhuma: *O deserto do Saara fica no norte da África*.

desesperado de.ses.pe.**ra**.do *adjetivo* Que está em desespero: *Ficou desesperado com o sumiço do filho*.

desespero de.ses.**pe**.ro (pê) *substantivo masculino* Sentimento de grande aflição: *Foi grande o desespero das vítimas do incêndio*.

desfalecer des.fa.le.**cer** *verbo* O mesmo que *desmaiar* (1): *Desfaleceu com o susto*.

desfavorável des.fa.vo.**rá**.vel *adjetivo de dois gêneros* Não favorável; contrário: *Seu pedido de*

desfazer

empréstimo teve resposta <u>desfavorável</u>. [Plural: desfavoráveis.]

desfazer des.fa.**zer** *verbo* **1.** Desatar: *<u>Desfez</u> o nó para abrir o embrulho.* **2.** O mesmo que **desmanchar**: *<u>Desfez</u> o embrulho para ver o que havia dentro; O seu penteado <u>se desfez</u> com a ventania.* **3.** Reduzir(-se) a fragmentos; desmoronar(-se): *O castelo de areia <u>se desfez</u>.*

desfecho des.**fe**.cho (fê) *substantivo masculino* Conclusão, fim: *Não me contou o <u>desfecho</u> da história.*

desferir des.fe.**rir** *verbo* Aplicar, dar: *O rapaz <u>desferiu</u> um golpe contra a janela e quebrou o vidro.*

desfiladeiro des.fi.la.**dei**.ro *substantivo masculino* Passagem estreita entre montanhas: *Chegamos a um <u>desfiladeiro</u> perigoso, e não fomos adiante.*

desfilar des.fi.**lar** *verbo* Marchar em fila: *No dia 7 de setembro, todos os alunos da escola <u>desfilaram</u>.*

desfile des.**fi**.le *substantivo masculino* Ação de desfilar, ou o resultado desta ação.

desfrutar des.fru.**tar** *verbo* Ter, gozar: *Felizmente, todos nós <u>desfrutamos</u> (de) boa saúde.*

desgastar des.gas.**tar** *verbo* **1.** Gastar(-se), consumir(-se) pelo atrito: *A correnteza do rio <u>desgasta</u> as rochas; Os dentes da engrenagem <u>se desgastaram</u> e a máquina parou.* **2.** Fazer ficar exausto: *Meu pai disse que a longa caminhada o <u>desgastou</u>.* **3.** Arruinar-se: *Sua saúde <u>desgastou-se</u> com o fumo.*

desgaste des.**gas**.te *substantivo masculino* Ação de desgastar(-se), ou o resultado desta ação.

desgosto des.**gos**.to (gôs) *substantivo masculino* Sentimento de grande tristeza ou aflição; mágoa: *A ingratidão do amigo foi para ela um grande <u>desgosto</u>.*

desgostoso des.gos.**to**.so (tô) *adjetivo* Que sente desgosto; triste, infeliz: *Está <u>desgostosa</u> porque foi reprovada em Matemática.* [Plural: *desgostosos* (tó).]

desgraça des.**gra**.ça *substantivo feminino* Aquilo que causa grande infelicidade, ou grande prejuízo, etc.: *Os gafanhotos são uma <u>desgraça</u> para a agricultura.*

desgrudar des.gru.**dar** *verbo* O mesmo que *descolar*: *Os selos das cartas desgrudaram(-se).*

desidratação de.si.dra.ta.**ção** *substantivo feminino* **1.** Ação de desidratar(-se), ou o resultado desta ação. **2.** Estado de quem se desidratou. [Plural: *desidratações*.]

desidratado de.si.dra.**ta**.do *adjetivo* **1.** Que se desidratou. **2.** Que perdeu líquidos orgânicos: *Levaram as crianças desidratadas para o hospital.*

desidratar de.si.dra.**tar** *verbo* **1.** Extrair a água de. **2.** Perder líquidos orgânicos: *Devemos beber muita água no verão, para não nos desidratarmos.*

desigual de.si.**gual** *adjetivo de dois gêneros* Não igual; diferente: *Os lados avesso e direito deste tecido são desiguais.* [Plural: *desiguais*.]

desigualdade de.si.gual.**da**.de *substantivo feminino* Qualidade ou estado de desigual: *A desigualdade social no Brasil é muito grande.*

desiludir de.si.lu.**dir** *verbo* **1.** Tirar a ilusão a: *Achou que ganharia o prêmio, mas o resultado o desiludiu.* **2.** Perder a ilusão: *Desiludiu-se com o casamento.*

desilusão de.si.lu.**são** *substantivo feminino* Ação de desiludir(-se), ou o resultado desta ação. [Plural: *desilusões*.]

desinfetante de.sin.fe.**tan**.te *substantivo masculino* Substância própria para desinfetar.

desinfetar de.sin.fe.**tar** *verbo* Limpar, destruindo micróbios e bactérias que causam infecção: *Mandaram desinfetar os banheiros da escola.*

desinibido de.si.ni.**bi**.do *adjetivo* Livre de inibição; desembaraçado: *Os meninos mais desinibidos foram escolhidos para representar a peça.*

desinteresse de.sin.te.**res**.se (rês) *substantivo masculino* Falta de interesse: *A professora reclamou do desinteresse dos alunos.*

desistir de.sis.**tir** *verbo* Não continuar a fazer alguma coisa; não prosseguir numa intenção: *Vendo que ia chover, desistiu de sair.*

desleal des.le.**al** *adjetivo de dois gêneros* Que não é leal, honesto, sincero. [Plural: *desleais*.]

desleixado des.lei.**xa**.do *adjetivo* Que mostra falta de cuidado: *O pedreiro fez um trabalho desleixado.*

desligado des.li.**ga**.do *adjetivo* **1.** Separado, desunido. **2.** O mesmo que *desatento*: *É um menino desligado, não consegue concentrar-se.*

desligamento des.li.ga.**men**.to *substantivo masculino* Ação de desligar(-se), ou o resultado desta ação: *O desligamento da energia nos deixou sem luz.*

desligar des.li.**gar** *verbo* **1.** Separar (o que estava ligado ou unido). **2.** Interromper a fonte de força de (aparelho elétrico, motor, etc.): *Desligue a televisão.*

deslizar des.li.**zar** *verbo* Escorregar suavemente: *A jovem atleta deslizava pela pista de patinação.*

deslocar des.lo.**car** *verbo* **1.** Mover de um lugar para outro: *Ela deslocou o armário da sala.* **2.** Mover-se numa direção ou trajetória. **3.** Sair do lugar certo, ou do encaixe: *Joana deslocou o pulso.*

deslumbrante des.lum.**bran**.te *adjetivo de dois gêneros* Que deslumbra; fascinante: *Na história, a moça usava um vestido deslumbrante.*

deslumbrar des.lum.**brar** *verbo* **1.** Ofuscar, por excesso de brilho: *A luz solar deslumbra.* **2.** Causar assombro a; fascinar: *Sua beleza deslumbrou todos os convidados.* **3.** Sentir assombro: *Deslumbrou-se com a beleza da paisagem.*

desmaiar des.mai.**ar** *verbo* **1.** Sofrer desmaio; desfalecer: *O calor era tão forte que a menina desmaiou.* **2.** Perder a cor; desbotar: *Suas roupas desmaiaram, de tanto serem lavadas.*

desmaio des.**mai**.o *substantivo masculino* Perda dos sentidos, da consciência.

desmamar des.ma.**mar** *verbo* Fazer deixar, ou deixar, de mamar: *A vaca desmamou o bezerro*; *Aos dois anos, a criança desmamou.*

desmanchar des.man.**char** *verbo* **1.** Modificar o arranjo de; desfazer: *No dia 6 de janeiro, desmanchamos*

desmantelar | desonesto

a árvore de Natal. **2.** Destruir, derrubar: *Papai desmanchou uma parede para o meu quarto ficar maior.*

desmantelar des.man.te.**lar** *verbo* **1.** Fazer ruir ou vir abaixo: *O terremoto desmantelou vários edifícios.* **2.** Deixar de estar completo, montado, unido: *Os seus brinquedos novos já desmantelaram, por falta de cuidado.*

desmatamento des.ma.ta.**men**.to *substantivo masculino* Ação de desmatar, ou o resultado desta ação: *O desmatamento das florestas tem influência no clima do planeta.*

desmatar des.ma.**tar** *verbo* Derrubar muitas árvores, desfazendo mata ou floresta.

desmontar des.mon.**tar** *verbo* **1.** Fazer descer, ou descer de cavalgadura: *Chegando ao quartel, os soldados desmontaram.* **2.** Separar as partes que formam um todo: *Desmontou a bicicleta para consertá-la.*

desmoronamento des.mo.ro.na.**men**.to *substantivo masculino* Ação de desmoronar(-se), ou o resultado desta ação: *Houve um desmoronamento e não pudemos passar pela estrada.*

desmoronar des.mo.ro.**nar** *verbo* **1.** Fazer vir abaixo: *A árvore caiu, e desmoronou o muro.* **2.** Vir abaixo; desabar: *A casa desmoronou(-se) com a tempestade.*

desnecessário des.ne.ces.**sá**.ri:o *adjetivo* Não necessário: *Para a viagem à Europa não levou nenhuma roupa desnecessária.*

desnutrição des.nu.tri.**ção** *substantivo feminino* Nutrição insuficiente. [Plural: *desnutrições.*]

desnutrido des.nu.**tri**.do *adjetivo* Que se alimenta pouco ou mal: *As crianças desnutridas não podem ter saúde.*

desobedecer de.so.be.de.**cer** *verbo* Não obedecer: *Desobedeceram às leis do trânsito e provocaram um acidente.*

desobediente de.so.be.di.**en**.te *adjetivo de dois gêneros* Que não é obediente: — *Menino, não seja desobediente, saia da chuva!*

desocupado de.so.cu.**pa**.do *adjetivo* **1.** Livre, disponível: *Havia poucos lugares desocupados.* **2.** Que está sem trabalho: *As pessoas desocupadas vieram pedir emprego.*

desocupar de.so.cu.**par** *verbo* Sair de (lugar que ocupava): *Os adultos desocuparam os lugares da frente para as crianças se sentarem.*

desodorante de.so.do.**ran**.te *substantivo masculino* Substância que evita o mau odor.

desolado de.so.**la**.do *adjetivo* O mesmo que *desconsolado.*

desonestidade de.so.nes.ti.**da**.de *substantivo feminino* Falta de honestidade.

desonesto de.so.**nes**.to *adjetivo* Sem honestidade: *Não se deve confiar em pessoas desonestas.*

desordem

desordem de.**sor**.dem *substantivo feminino* Falta de ordem; desorganização: *A desordem prejudicou o resultado do trabalho*. [Plural: *desordens*.]

desorganização de.sor.ga.ni.za.**ção** *substantivo feminino* Falta de organização; desordem: *Não achei o recibo por causa da desorganização dos papéis*. [Plural: *desorganizações*.]

desorganizado de.sor.ga.ni.**za**.do *adjetivo* Que não tem organização ou ordem: *As pessoas desorganizadas nunca acham o que procuram*.

desorientado de.so.ri:en.**ta**.do *adjetivo* Que perdeu a orientação ou o rumo: *Os escoteiros ficaram desorientados porque a mata era muito fechada*.

desova de.**so**.va *substantivo feminino* Ação de desovar, ou o resultado desta ação: *Para a desova, as tartarugas cavam buracos na areia*.

desovar de.so.**var** *verbo* Pôr ovos: *É proibido pescar quando os peixes estão desovando*.

despedaçar des.pe.da.**çar** *verbo* **1.** Partir, ou partir-se, em muitos pedaços; destroçar(-se): *Despedaçou o prato ao lavá-lo; A xícara despedaçou-se quando a prateleira caiu*. **2.** Afligir muito; destroçar: *Sua partida me despedaçou o coração*.

despedida des.pe.**di**.da *substantivo feminino* Ação de despedir(-se), ou o resultado desta ação: *Na despedida, disse que voltaria em breve*.

despedir des.pe.**dir** *verbo* **1.** Dispensar os serviços de: *Despediu o empregado porque ele faltava muito ao trabalho*. **2.** Ir embora, partir, cumprimentando: *Despediu-se dos amigos com muitos abraços*.

despejar des.pe.**jar** *verbo* **1.** Entornar ou verter o conteúdo de: *Virou a jarra para despejá-la*. **2.** Entornar, vazar: *Despejou o café no leite*. **3.** Dar ordem para sair; expulsar: *Despejou o inquilino que não pagava o aluguel*.

despencar des.pen.**car** *verbo* **1.** Separar de penca ou cacho: *Despencou as bananas e as distribuiu para os meninos*. **2.** Cair de grande altura: *Despencou do segundo andar, mas só quebrou o braço*.

despensa des.**pen**.sa *substantivo feminino* Lugar onde se guardam alimentos: *Na despensa da fazenda há sacos de feijão e de farinha*.

despentear des.pen.te.**ar** *verbo* Desmanchar o penteado de, ou o próprio penteado: *A chuva e o vento o despentearam; Despenteou-se com a corrida*.

desperdiçar des.per.di.**çar** *verbo* **1.** Gastar com exagero; esbanjar: *Meu pai ensinou-me a não desperdiçar alimentos*. **2.** Perder: *Não desperdice o seu tempo!*

desperdício des.per.**dí**.ci:o *substantivo masculino* Ação de desperdiçar, ou o resultado desta ação: *Em nossa casa é proibido o desperdício*.

despertador des.per.ta.**dor** (ô) *substantivo masculino* Relógio que é ajustado para dar alarme em determinada hora: *Não fosse o despertador, eu chegaria sempre atrasado*.

despertar des.per.**tar** *verbo* **1.** Tirar do sono; acordar: *O choro do bebê despertou a mãe*. **2.** Causar, provocar: *Como está muito magra, toma remédio para despertar o apetite*. **3.** Acordar: *Saí para a escola logo que despertei*.

despesa des.**pe**.sa (pê) *substantivo feminino* Soma de dinheiro com que se faz uma compra, um pagamento: *Meus pais tiveram muita despesa com o meu material escolar*.

despir des.**pir** *verbo* **1.** Tirar a roupa de (alguém), ou a própria roupa: *A mãe despiu o bebê para o banho; Nós nos despimos antes de pular no rio*.

despistar des.pis.**tar** *verbo* Fazer perder a pista; enganar: *Tive de despistar o meu irmão, porque ele queria vir comigo*.

despoluir des.po.lu.**ir** *verbo* Livrar de poluição: *Há um projeto para despoluir este rio*.

desprender

desprender des.pren.**der** *verbo* Soltar-se (o que estava preso): *O peixe desprendeu-se do anzol.*

desprezar des.pre.**zar** *verbo* **1.** Ter desprezo por. **2.** Não fazer caso de; não dar importância a: *Desprezou as minhas orientações, e se perdeu na cidade.*

desprezo des.**pre**.zo (prê) *substantivo masculino* Falta de estima, de consideração por alguém ou por algo; desdém: *Ofendeu-se porque foi tratado com desprezo.*

desprotegido des.pro.te.**gi**.do *adjetivo* Que não tem proteção: *Os pintinhos desprotegidos foram apanhados pelo gato.*

desprovido des.pro.**vi**.do *adjetivo* Que não tem; privado: *O sapo é desprovido de cauda.*

desrespeitar des.res.pei.**tar** *verbo* Faltar com o respeito a: *Aprendemos a não desrespeitar as pessoas mais velhas.*

desrespeito des.res.**pei**.to *substantivo masculino* Falta de respeito: *Avançar o sinal vermelho é um desrespeito às leis do trânsito.*

desrespeitoso des.res.pei.**to**.so (tô) *adjetivo* A que falta respeito: *Foi desrespeitoso: respondeu mal à professora, e mereceu o castigo.* [Plural: *desrespeitosos* (tó).]

desse des.se (dês) Contração da preposição *de* com o pronome demonstrativo *esse*.

destacar des.ta.**car** *verbo* **1.** Fazer sobressair: *Na feira agropecuária, o leiloeiro destacou as qualidades dos animais à venda.* **2.** Sobressair, distinguir-se: *Os alunos que mais se destacaram foram os que mais estudaram.*

destaque des.**ta**.que *substantivo masculino* **1.** Importância, valorização: *É grande o destaque que se dá hoje à preservação da natureza.* **2.** Pessoa ou coisa que se destaca: *A famosa modelo foi o destaque do desfile; O Pão de Açúcar é um dos destaques da baía de Guanabara.*

destruir

deste des.te (dês) Contração da preposição *de* com o pronome demonstrativo *este*.

destelhar des.te.**lhar** *verbo* Tirar ou arrancar as telhas de: *O vento forte destelhou muitas casas.*

destemido des.te.**mi**.do *adjetivo* Que não tem temor ou medo: *Os bombeiros são pessoas destemidas.*

destinar des.ti.**nar** *verbo* Escolher para determinado fim ou destino: *O governo destinou-o como embaixador; Destinei esta carta a meu pai.*

destinatário des.ti.na.**tá**.ri:o *substantivo masculino* Aquele a quem se destina ou envia algo: *O destinatário se havia mudado, e o carteiro não pôde entregar a carta.*

destino des.**ti**.no *substantivo masculino* **1.** O conjunto dos acontecimentos que fazem parte da vida de uma pessoa: *Dizem que o destino está nas mãos de Deus.* **2.** O lugar para onde alguém, ou alguma coisa, vai: *O meu destino é Paris; O destino deste avião é Manaus.*

destrancar des.tran.**car** *verbo* Tirar a tranca a; abrir: *Destrancou a porta e saiu.*

destroçar des.tro.**çar** *verbo* Despedaçar: *O tiro destroçou a madeira; O fim do namoro destroçou o coração da moça.*

destroço des.**tro**.ço (trô) *substantivo masculino* Aquilo que se destroçou; ruína: *Na fazenda há destroços de um engenho.* [Plural: *destroços* (tró).]

destruição des.tru:i.**ção** *substantivo feminino* Ação de destruir(-se), ou o resultado desta ação: *A destruição das florestas modifica o clima da Terra.* [Plural: *destruições*.]

destruir des.tru.**ir** *verbo* Pôr no chão; arruinar (o que estava construído); demolir: *As fortes chuvas destruíram a ponte.*

desumanidade de.su.ma.ni.**da**.de *substantivo feminino* Crueldade: *Maltratar animais é uma desumanidade.*

desumano de.su.**ma**.no *adjetivo* Cruel: *Matar passarinhos é uma ação desumana.*

desvalorização des.va.lo.ri.za.**ção** *substantivo feminino* Perda de valor: *Aprendemos que a vida encarece com a desvalorização do dinheiro.* [Plural: *desvalorizações*.]

desvalorizar des.va.lo.ri.**zar** *verbo* Fazer perder, ou perder o valor: *A violência na região desvalorizou os imóveis; Se você não consertar o telhado da casa, ela se desvalorizará.*

desvantagem des.van.**ta**.gem *substantivo feminino* Falta de vantagem: *Na corrida, os meninos que saíram por último estão em desvantagem.* [Plural: *desvantagens*.]

desvendar des.ven.**dar** *verbo* **1.** Tirar a venda dos olhos a: *Só desvendaram o preso quando chegaram ao esconderijo.* **2.** Revelar: *Pedi-lhe que me desvendasse o seu segredo.*

desviar des.vi.**ar** *verbo* **1.** Mudar a direção de: *Desviou o carro para não atropelar o animal.* **2.** Afastar-se: *Desviou-se da floresta para não atravessá-la.*

desvio des.**vi:**o *substantivo masculino* **1.** Ação de desviar(-se), ou o resultado desta ação: *o desvio da estrada de ferro.* **2.** Curva: *Esta entrada é cheia de desvios.*

desvirar des.vi.**rar** *verbo* Fazer voltar à posição normal (o que estava virado): *Desvirou a tartaruga para que ela pudesse andar.*

detalhe de.**ta**.lhe *substantivo masculino* Toda e qualquer ocorrência; minúcia: *Os amigos querem saber os detalhes da minha viagem.*

detectar de.tec.**tar** *verbo* **1.** Perceber, notar: *detectar uma doença.* **2.** Localizar por meio de radar, etc.: *detectar um avião.*

deter de.**ter** *verbo* **1.** Fazer parar; não deixar ir adiante: *Deteve o cão segurando com firmeza a coleira.* **2.** Cessar de mover-se, de andar; parar: *Ele se deteve quando deparou com o buraco.*

detergente de.ter.**gen**.te *adjetivo de dois gêneros* **1.** Que limpa, que tira a gordura, a sujeira. ✔ *substantivo masculino* **2.** Substância detergente: *Mamãe usa detergente para lavar a louça.*

deterioração de.te.ri:o.ra.**ção** *substantivo feminino* Ação de deteriorar(-se), ou o resultado desta ação. [Plural: *deteriorações*.]

deteriorar de.te.ri:o.**rar** *verbo* Estragar(-se), danificar(-se): *Os cupins deterioram a madeira; Estes alimentos se deterioram fora da geladeira.*

determinação de.ter.mi.na.**ção** *substantivo feminino* **1.** Ação de determinar, ou o resultado desta ação. **2.** Decisão, resolução: *O rapaz tomou a firme determinação de estudar mais.* **3.** Ordem: *Foi preso por determinação do juiz.* [Plural: *determinações*.]

determinado de.ter.mi.**na**.do *adjetivo* **1.** Que se determinou ou estabeleceu: *Nossa viagem já tem data determinada.* ✔ *pronome indefinido* **2.** Veja *certo* (4): *Aconteceu que, num determinado dia, decidiu pintar a casa.*

determinar de.ter.mi.nar *verbo* Indicar, estabelecer com precisão: *O diretor determinou que teremos aula aos sábados.*

detestar de.tes.tar *verbo* Ter horror a; odiar: *Papai detesta mentiras.*

detetive de.te.ti.ve *substantivo de dois gêneros* Pessoa que investiga crime ou outra infração: *Os detetives trabalham com discrição.*

detido de.ti.do *adjetivo* **1.** Que se deteve; que ficou impedido de mover-se: *Ficamos detidos por causa do trânsito.* ✓ *substantivo masculino* **2.** O mesmo que *preso* (3): *Os detidos foram libertados depois do interrogatório.*

detrás de.trás *advérbio* Na parte de trás, oposta à parte da frente. 🔊 **Detrás de.** Atrás de: *Ele se escondeu detrás da porta.*

detrito de.tri.to *substantivo masculino* Sobra de qualquer substância; resíduo, resto: *Mandei remover os detritos da construção.*

deus *substantivo masculino* **1.** Ser infinito, perfeito, criador de todas as coisas. [Com inicial maiúscula.] **2.** Divindade poderosa que pode ajudar os homens, socorrê-los, etc.: *Para os gregos, Ares era o deus da guerra.*

devagar de.va.gar *advérbio* Sem pressa; lentamente: *Andando devagar, você não chegará a tempo; A tartaruga se move devagar.*

devastação de.vas.ta.ção *substantivo feminino* Ação de devastar, ou o resultado desta ação: *A nuvem de gafanhotos fez uma devastação na lavoura.* [Plural: *devastações.*]

devastar de.vas.tar *verbo* Destruir de forma que fique arrasado: *A tempestade devastou a colheita.*

devedor de.ve.dor (ô) *adjetivo* **1.** Que deve. ✓ *substantivo masculino* **2.** Indivíduo que deve.

dever de.ver *verbo* **1.** Ter obrigação de: *Devo acordar cedo para ir à escola.* **2.** Ter de pagar (dívida ou obrigação): *Meu amigo me deve dez reais; Não tive tempo de visitá-lo, mas fiquei devendo a visita.* **3.** Ser possível ou provável: *O céu está nublado, deve chover*

hoje. ✓ *substantivo masculino* **4.** Obrigação, tarefa: *Tenho que ficar em casa para fazer os meus deveres; É nosso dever ajudar as pessoas mais necessitadas.*

devoção de.vo.ção *substantivo feminino* **1.** Forte sentimento religioso em relação a Deus ou aos santos: *Minha mãe tem devoção a Santa Rita.* **2.** Forte afeição: *Maria tem devoção pela avó.* [Plural: *devoções.*]

devolver de.vol.ver *verbo* Dar ou mandar de volta (o que foi entregue, esquecido, remetido, etc.): *Ainda não devolveu os livros que lhe emprestei.*

devorar de.vo.rar *verbo* Comer ou engolir de uma só vez, ou às pressas: *O leão devora as suas presas; Cheguei com muita fome e devorei o almoço.*

devoto de.vo.to *adjetivo* **1.** Que tem devoção (1). ✓ *substantivo masculino* **2.** Indivíduo que tem devoção (1).

dez *numeral* **1.** Quantidade que é uma unidade maior que 9. **2.** O número que representa essa unidade.

dezembro de.zem.bro *substantivo masculino* O mês do ano de número 12, com 31 dias.

dezena de.ze.na *substantivo feminino* Conjunto de dez unidades: *A festa tinha uma dezena de convidados.*

dezenove de.ze.no.ve *numeral* **1.** Quantidade que é uma unidade maior que 18. **2.** O número que representa essa unidade.

dezesseis de.zes.seis *numeral* **1.** Quantidade que é uma unidade maior que 15. **2.** O número que representa essa unidade.

dezessete de.zes.se.te *numeral* **1.** Quantidade que é uma unidade maior que 16. **2.** O número que representa essa unidade.

dezoito de.zoi.to *numeral* **1.** Quantidade que é uma unidade maior que 17. **2.** O número que representa essa unidade.

dia di.a *substantivo masculino* **1.** Tempo que transcorre entre o instante do nascer do Sol, ao instante em que o Sol se põe. **2.** A claridade com que o Sol ilumina a Terra: *No inverno, os dias são mais curtos que no verão.* **3.** A duração de uma rotação completa da Terra sobre si mesma, que é de 24 horas.

dia a dia di.a a di.a *substantivo masculino* A sucessão dos dias: *O dia a dia de meu pai é de muito trabalho.* [Plural: *dias a dias* e *dia a dias*.]

diabo di.**a**.bo *substantivo masculino* Veja **demônio** (1).

diafragma di:a.**frag**.ma *substantivo masculino* Músculo que separa a cavidade do tórax da cavidade do abdome.

diagnosticar di:ag.nos.ti.**car** *verbo* Fazer o diagnóstico de: *O médico diagnosticou pneumonia, e eu tive que ficar dez dias de cama.*

diagnóstico di:ag.**nós**.ti.co *substantivo masculino* A procura da causa de uma doença, e o conhecimento que resulta desta procura: *Pelo diagnóstico do médico, o meu irmão está com sarampo.*

diagonal di:a.go.**nal** *adjetivo de dois gêneros* **1.** O mesmo que *oblíquo*. ✓ *substantivo feminino* **2.** Linha diagonal. [Plural: *diagonais*.]

dialogar di:a.lo.**gar** *verbo* Ter diálogo com: *Os pais devem dialogar com os filhos.*

diálogo di.**á**.lo.go *substantivo masculino* **1.** Conversa entre duas ou mais pessoas: *Aprendi muito no diálogo com os professores.* **2.** Fala que o autor de um livro, de uma peça, de um filme, etc., imagina para os seus personagens: *Achei o diálogo do filme muito complicado.*

diamante di:a.**man**.te *substantivo masculino* A mais dura e brilhante das pedras preciosas.

diâmetro di.**â**.me.tro *substantivo masculino* Linha reta que passa pelo centro de um círculo, dividindo-o em duas metades iguais.

diante di.**an**.te *advérbio* usado nas locuções **Diante de. 1.** Na frente de: *Pus o prato de leite diante do gatinho.* **2.** Na presença de: *É tímida, não canta diante dos outros.* **Em diante.** A partir de determinado momento: *De hoje em diante não vou mais à sua casa.* **Para diante.** Para a frente: *Daqui para diante a estrada é muito ruim.*

dianteira di.an.**tei**.ra *substantivo feminino* **1.** A parte mais à frente de algo: *A dianteira do carro ficou amassada.* **2.** Frente: *Você ganhou a corrida porque saiu na dianteira.*

diária di.**á**.ri:a *substantivo feminino* Salário que se ganha por dia de trabalho: *Ele trabalhou também no sábado, por isto ganhará mais uma diária.*

diário di.**á**.ri:o *adjetivo* **1.** Que se faz, ou que ocorre, acontece todos os dias: *Tenho aulas diárias de Português.* ✓ *substantivo masculino* **2.** Livro ou caderno em que se anotam os acontecimentos diários: *Não deixo que leiam o meu diário.*

diarista di:a.**ris**.ta *substantivo de dois gêneros* Pessoa que recebe salário por dia de trabalho: *Mamãe contratou uma diarista para passar a roupa.*

diarreia di:ar.**rei**:a (éi) *substantivo feminino* Doença em que a pessoa evacua fezes mais ou menos líquidas e abundantes: *Assim que o bebê começou a ter diarreia minha mãe levou-o ao posto de saúde.*

dica di.ca *substantivo feminino* Gíria Informação ou conselho útil: *Foi a vizinha que lhe deu uma dica para tirar a mancha da toalha.*

dicionário di.ci:o.**ná**.ri:o *substantivo masculino* **1.** Livro que contém a relação das palavras de uma língua, arrumadas em ordem alfabética, com o seu significado. **2.** Livro que contém a relação das palavras de uma língua, e o seu significado traduzido para outra: *Tenho um dicionário inglês-português.*

didático di.**dá**.ti.co *adjetivo* De ensino, ou relativo a ensino: *Todos os anos temos novas listas de material didático.*

dieta di.**e**.ta *substantivo feminino* Regime alimentar, principalmente o que é receitado por médico ou outro especialista; regime: *Minha avó faz uma dieta que inclui muito cálcio e vitaminas.*

diferença di.fe.**ren**.ça *substantivo feminino* **1.** O que distingue uma coisa ou um ser de outro: *No estudo da biologia, aprendemos as diferenças entre os seres vivos.* **2.** Falta de igualdade ou de semelhança: *São gêmeas, e a única diferença entre elas é uma pinta no rosto.* **3.** Resultado da operação de subtração: *Na operação 10 menos 8, a diferença é 2.*

diferençar di.fe.ren.**çar** *verbo* **1.** Tornar diferente; distinguir, diferenciar: *Para diferençar os dois gatinhos brancos, pôs uma fita no pescoço de um deles.* **2.** Tornar-se diferente; distinguir-se: *O seu comportamento se diferença do dos colegas, porque ele é mais bem-educado.*

diferenciar di.fe.ren.ci.**ar** *verbo* O mesmo que *diferençar*.

diferente di.fe.**ren**.te *adjetivo de dois gêneros* Que difere; que não é igual ou o mesmo: *São filhos do mesmo pai, mas de mães diferentes.*

diferir di.fe.**rir** *verbo* Ser diferente; distinguir-se: *Não posso concordar com você, porque as nossas opiniões diferem.*

difícil di.**fí**.cil *adjetivo de dois gêneros* **1.** Que não é fácil, que só pode ser feito com esforço; trabalhoso: *Nossa professora nos deu uma tarefa difícil.* **2.** Embaraçoso: *Não podia dizer a verdade e ficou numa situação difícil.* **3.** Em que há sofrimento: *Perdeu o pai, e está passando dias difíceis.* **4.** Pouco provável: *Vou tentar convencê-lo, mas é difícil que ele vá.* [Plural: *difíceis*.]

dificuldade di.fi.cul.**da**.de *substantivo feminino* **1.** Característica do que é difícil: *A dificuldade da tarefa desanimou-o.* **2.** Aquilo que é difícil, ou torna uma coisa difícil: *Teve dificuldade para subir o morro.* **3.** Situação aflitiva: *Dizem que ela passa dificuldades.*

dificultar di.fi.cul.**tar** *verbo* **1.** Tornar difícil: *A chuva forte dificultou a viagem.* **2.** Criar dificuldade, obstáculo: *Meu irmão quis acompanhar-me, o que dificultou a permissão de meu pai.*

difundir di.fun.**dir** *verbo* **1.** Propagar, espalhar: *A Lua apareceu no céu e difundiu a sua luz.* **2.** Espalhar-se em todas as direções: *O perfume desta flor só se difunde à noite.*

difusão di.fu.**são** *substantivo feminino* Ação de difundir(-se), ou o resultado desta ação: *Os jornais são meios de difusão de informações.* [Plural: *difusões*.]

digerir di.ge.**rir** *verbo* Fazer a digestão de, ou realizá-la: *A sucuri digere lentamente a sua presa.*

digestão di.ges.**tão** *substantivo feminino* Processo em que os alimentos que comemos se transformam em substâncias que o organismo assimila. [Plural: *digestões*.]

digestório di.ges.**tó**.ri.o *adjetivo* Da, ou relativo à digestão: *O sistema digestório começa na boca e termina no ânus.*

digital di.gi.**tal** *adjetivo de dois gêneros* **1.** Do dedo, ou relativo a ele: *As impressões digitais servem para nos identificar.* **2.** De dígito, ou relativo a dígito. [Plural: *digitais*.]

digitar di.gi.**tar** *verbo* Escrever texto, criar tabela, etc., num computador pressionando as letras, os números e os símbolos do teclado com a ponta dos dedos.

dígito dí.gi.to *substantivo masculino* **1.** Qualquer dos números de 0 a 9. **2.** Cada uma das posições ocupadas pelos algarismos que formam um número.

dignidade dig.ni.**da**.de *substantivo feminino* Qualidade de digno, de quem merece respeito.

digno dig.no *adjetivo* Que merece respeito, por ser honesto e honrado: *Meus pais são pessoas dignas.*

dilatação di.la.ta.**ção** *substantivo feminino* Ação de dilatar(-se), ou o resultado desta ação: *A dilatação da madeira deixou a estante empenada.* [Plural: *dilatações*.]

dilatar di.la.**tar** *verbo* **1.** Aumentar as dimensões, ou o volume de: *O calor dilata os corpos.* **2.** Aumentar de dimensão ou volume: *Os corpos se dilatam com o calor.*

dilema di.**le**.ma *substantivo masculino* Situação difícil, em que a pessoa tem que escolher entre duas, ou mais, possibilidades: *Mamãe está com um dilema: tem de viajar e não quer deixar-nos sozinhos.*

diluição

diluição di.lu:i.**ção** *substantivo feminino* Ação de diluir(-se), ou o resultado desta ação: *O café fica adoçado com a diluição do açúcar.* [Plural: *diluições*.]

diluir di.lu.**ir** *verbo* **1.** Misturar-se um líquido ou uma substância sólida com água ou outro líquido, para diminuir a sua concentração: *Mamãe diluiu o comprimido em meio copo de água.* **2.** Desfazer-se num líquido: *Algumas substâncias, como o açúcar, se diluem na água.*

dilúvio di.**lú**.vi:o *substantivo masculino* **1.** Inundação de toda a superfície da Terra, de acordo com a Bíblia. **2.** Chuva muito forte e prolongada: *Passei o dia dentro de casa, pois houve um verdadeiro dilúvio.*

dimensão di.men.**são** *substantivo feminino* Extensão que se pode medir em todos os sentidos, para determinar a porção de espaço ocupada por um corpo; tamanho: *Sobre a mesa havia uma caixa de grandes dimensões.* [Plural: *dimensões*.]

diminuendo di.mi.nu.**en**.do *substantivo masculino* Número que se subtrai de outro.

diminuição di.mi.nu:i.**ção** *substantivo feminino* **1.** Ação de diminuir(-se), ou o resultado desta ação. **2.** O mesmo que **subtração** (2). [Plural: *diminuições*.]

diminuir di.mi.nu.**ir** *verbo* Tornar(-se) menor, menos intenso, etc.: *O crescimento da economia diminuiu o número de desempregados; Quando a chuva diminuiu, a água na rua baixou.*

diminutivo di.mi.nu.**ti**.vo *substantivo masculino* Palavra, formada de outra, que indica tamanho menor, mas pode também indicar afeto ou intensidade: *Pezinho é o diminutivo de pé, e quer dizer pé pequeno, mas queridinho é o diminutivo de querido, e quer dizer muito querido.*

dinâmico di.**nâ**.mi.co *adjetivo* Que tem muita energia e vitalidade: *Papai é um homem dinâmico, dirige sozinho uma grande empresa.*

dinamismo di.na.**mis**.mo *substantivo masculino* Qualidade de quem é dinâmico: *Para praticar esportes é preciso ter dinamismo.*

dinamite di.na.**mi**.te *substantivo feminino* Espécie de explosivo.

dinheiro di.**nhei**.ro *substantivo masculino* **1.** Meio de troca na forma de cédulas ou de moedas, usado na compra de objetos ou de outros bens, ou como pagamento de serviços: *O dinheiro de um país é controlado pelo seu governo; No Brasil, usamos o real como dinheiro.* **2.** Quantia em dinheiro: *Este dinheiro não dá para pagar a passagem.*

dinossauro di.nos.**sau**.ro *substantivo masculino* Réptil terrestre que habitou a Terra há milhões de anos; havia dinossauros herbívoros e carnívoros, alguns com muitos metros de comprimento e outros pequenos; podemos ver os seus fósseis em alguns museus.

diploma di.**plo**.ma *substantivo masculino* Documento que uma pessoa recebe após concluir um curso, etc.

diplomar di.plo.**mar** *verbo* Dar diploma a, ou receber diploma: *O meu colégio diplomou neste ano cerca de duzentos alunos; A minha irmã diplomou-se no curso de informática.*

diplomata

diplomata di.plo.**ma**.ta *substantivo de dois gêneros* Pessoa que recebeu um diploma que a autoriza a tratar dos negócios do seu país com outros países: *Meu pai é diplomata, e por isso já moramos em vários países.*

dique di.**que** *substantivo masculino* Construção que é uma barragem bem sólida para conter ou desviar águas de rio ou de mar: *Na Holanda, os diques impedem que o mar invada as cidades e os campos.*

direção di.re.**ção** *substantivo feminino* **1.** Ação de dirigir, ou o resultado desta ação: *É preciso ser enérgico para exercer a direção de uma escola; A direção do vento mudou.* **2.** Ação de dirigir ou guiar um veículo. **3.** Rumo: *Não chegaram ao acampamento, porque tomaram uma direção errada.* [Plural: *direções*.]

direita di.**rei**.ta *substantivo feminino* **1.** O lado direito: *Em R$ 10,50, o número 50 fica à direita da vírgula, e indica os centavos.* **2.** O lado direito de ruas e estradas, que corresponde à mão direita: *Ande um quarteirão, e vire à direita.*

direito di.**rei**.to *adjetivo* **1.** Que obedece às leis, que é correto, honesto: *Homens direitos não roubam.* **2.** Sem erros; certo, correto: *Minhas contas estão direitas, não precisa conferi-las.* **3.** Que fica do lado do corpo humano oposto ao do coração: *a mão direita.* ✔ *substantivo masculino* **4.** Aquilo que é permitido a alguém: *Você não tem o direito de se queixar.* **5.** O lado principal, ou mais perfeito, de um objeto, tecido, etc. (em oposição a *avesso*): *O direito deste tecido é mais brilhante.* ✔ *advérbio*

dirigível

6. De modo correto, certo: *– Se você fizer o dever de casa direito, poderá brincar depois.*

direto di.**re**.to *adjetivo* **1.** Em linha reta; reto, direito: *O travessão é um traço direto.* **2.** Numa determinada direção, sem desvios: *Se você tomar o caminho direto, chegará mais depressa.* **3.** Sem intermediário: *O advogado teve uma conversa direta com o prisioneiro.* ✔ *advérbio* **4.** Em frente: *Siga direto até a esquina.*

diretor di.re.**tor** (ô) *substantivo masculino* Homem que ocupa o cargo mais alto; dirigente: *O diretor do colégio dá instruções aos professores.*

diretoria di.re.to.**ri**.a *substantivo feminino* Equipe de pessoas que dirigem um estabelecimento: *Só a diretoria poderá decretar o feriado.*

dirigente di.ri.**gen**.te *substantivo de dois gêneros* O mesmo que *diretor*.

dirigir di.ri.**gir** *verbo* **1.** Fazer ir de certa maneira: *Os pais dirigem a educação dos filhos.* **2.** Exercer a direção de; governar: *O presidente dirige a nação.* **3.** Fazer tomar certo rumo: *Dirigiu os passos para a casa do amigo.* **4.** Conduzir veículo: *Meu irmão dirige desde os 18 anos.* **5.** Encaminhar: *Dirigiu a carta ao presidente.* **6.** Ir em certa direção: *Dirigiu-se para casa.*

dirigível di.ri.**gí**.vel *substantivo masculino* Aeronave com hélices e um sistema de direção, e que usa um gás mais leve que o ar para mantê-la flutuando: *Antes de voar em avião, Santos Dumont voou em dirigíveis.* [Plural: *dirigíveis*.]

discar

discar dis.**car** *verbo* Fazer girar o disco, ou apertar a tecla de aparelho telefônico, para estabelecer ligação: *Vou discar para casa para dizer que me atrasei.*

disciplina dis.ci.**pli**.na *substantivo feminino* **1.** Obediência às regras: *Para haver educação, tem de haver disciplina.* **2.** Regulamento sobre a conduta das pessoas, que tem como finalidade o seu bom comportamento e o bom andamento dos trabalhos: *A disciplina militar é rigorosa.* **3.** Área do conhecimento; matéria: *No quarto ano estudamos dez disciplinas.*

discípulo dis.**cí**.pu.lo *substantivo masculino* Aquele que recebe ensino de alguém.

disco dis.co *substantivo masculino* **1.** Objeto chato e redondo: *As rodas do carro de boi são dois grandes discos de madeira.* **2.** Disco (1) no qual são registrados sons ou imagens, ou outros dados: *O disco de um computador.*

discordar dis.cor.**dar** *verbo* Não concordar: *Papai discordou do meu plano, e vetou-o.*

discórdia dis.**cór**.di:a *substantivo feminino* O mesmo que **desarmonia**: *A discórdia entre os países gerou a guerra.*

discreto dis.**cre**.to *adjetivo* Que se comporta com discrição: *Paulo é um rapaz muito discreto.*

discrição dis.cri.**ção** *substantivo feminino* Qualidade de quem, ou do que não chama a atenção: *Veste-se com discrição.* [Plural: *discrições*.]

discriminação dis.cri.mi.na.**ção** *substantivo feminino* **1.** Ação de discriminar, ou o resultado desta ação. **2.** Tratamento pior ou injusto dado a alguém: *Discriminação é crime: todo mundo deve ser tratado com respeito.* [Plural: *discriminações*.]

discriminar dis.cri.mi.**nar** *verbo* **1.** Distinguir, diferençar: *Meu irmãozinho ainda não sabe discriminar as cores.* **2.** Estabelecer diferenças; separar por algum critério: *Aprendemos na escola a não discriminar os professores.* **3.** Tratar mal ou de modo injusto: *A lei proíbe que se discriminem as pessoas.*

discursar dis.cur.**sar** *verbo* Fazer discurso: *Vou discursar na minha formatura.*

dispensa

discurso dis.**cur**.so *substantivo masculino* Mensagem que é falada em público: *Os discursos de Rui Barbosa são famosos.*

discussão dis.cus.**são** *substantivo feminino* Ação de discutir, ou o resultado desta ação: *Houve discussão para a escolha dos candidatos.* [Plural: *discussões*.]

discutir dis.cu.**tir** *verbo* Defender uma ideia contrária sobre algo; debater: *Os dois discutiram, mas não chegaram a um acordo.*

disenteria di.sen.te.**ri**.a *substantivo feminino* Doença causada por inflamação dos intestinos, e que faz com que a pessoa tenha dores na barriga e defeque com excessiva frequência.

disfarçar dis.far.**çar** *verbo* **1.** Encobrir, ocultar: *Conseguiu disfarçar o medo que sentia.* **2.** Vestir de modo que não se reconheça; vestir disfarce: *O ladrão disfarçou-se para poder fugir.*

disfarce dis.**far**.ce *substantivo masculino* **1.** Ação de disfarçar(-se), ou o resultado desta ação. **2.** Roupa que disfarça: *Ninguém o reconheceu com o disfarce de mulher.*

disparada dis.pa.**ra**.da *substantivo feminino* Corrida acelerada. 🔊 **Em disparada**. A toda velocidade: *Os cavalos saíram em disparada.*

disparar dis.pa.**rar** *verbo* **1.** Arremessar, atirar: *Fugiu disparando pedras em seus agressores.* **2.** Atirar com arma de fogo: *Disparou e acertou o alvo.* **3.** Correr muito depressa: *Queria ganhar a corrida, e disparou na frente dos adversários.*

disparatado dis.pa.ra.**ta**.do *adjetivo* O mesmo que **absurdo**: *Deu um palpite disparatado, que não foi aceito.*

disparate dis.pa.**ra**.te *substantivo masculino* Dito ou ação absurda: *Não sabia a lição, e respondeu com um disparate.*

disparo dis.**pa**.ro *substantivo masculino* Tiro de arma de fogo.

dispensa dis.**pen**.sa *substantivo feminino* Licença ou permissão para não fazer algo a que estava obrigado: *O nosso professor pediu ao diretor uma dispensa de um mês.*

dispensar

dispensar dis.pen.**sar** *verbo* **1.** Não aceitar; recusar: *Ele dispensou a minha ajuda, dizendo que sabia defender-se.* **2.** Dar dispensa a: *Está doente, e pediu que o dispensassem.* **3.** Dar; conceder: *Dispensou muita atenção às visitas.* **4.** Desobrigar-se: *Não veio, e ainda se dispensou de dar uma desculpa.*

dispersivo dis.per.**si**.vo *adjetivo* Que não presta atenção; desatento: *Na sala havia alunos atentos e outros dispersivos.*

disponibilidade dis.po.ni.bi.li.**da**.de *substantivo feminino* Qualidade, ou condição de disponível: *Não tem disponibilidade de horário para dar mais aulas.*

disponível dis.po.**ní**.vel *adjetivo de dois gêneros* **1.** Que pode ser usado: *O professor não tinha livros disponíveis para todos os alunos.* **2.** Que não está ocupado; livre: *Há vários lugares disponíveis na plateia.* [Plural: *disponíveis*.]

disposição dis.po.si.**ção** *substantivo feminino* **1.** Posição ocupada por algo; arranjo: *Com a nova disposição dos móveis, a sala parece maior.* **2.** Vontade; ânimo; animação: *Não estou com disposição para viajar.* [Plural: *disposições*.]

dispositivo dis.po.si.**ti**.vo *substantivo masculino* Peça ou aparelho construído para determinado fim: *Minha máquina fotográfica tem um dispositivo para fotografar no escuro.*

disposto dis.**pos**.to (pôs) *adjetivo* **1.** Posto de certo modo: *Os tijolos estavam dispostos em pilhas.* **2.** Com boa disposição; vivo, animado: *Meus avós são idosos, mas são dispostos.* [Plural: *dispostos* (ó).]

disputa dis.**pu**.ta *substantivo feminino* Ação de disputar, ou o resultado desta ação: *Depois de muita disputa, deu-se por vencido.*

distância

disputar dis.pu.**tar** *verbo* **1.** Lutar, competir para conseguir algo: *Todos os alunos disputaram o prêmio.* **2.** Tentar tomar para si: *Os dois meninos disputavam o brinquedo.* **3.** Ter briga ou divergência: *Calou-se, para não disputar com o amigo.*

disseminação dis.se.mi.na.**ção** *substantivo feminino* Ação de disseminar(-se), ou o resultado desta ação: *As autoridades fizeram o possível para impedir a disseminação da doença.* [Plural: *disseminações*.]

disseminar dis.se.mi.**nar** *verbo* **1.** Fazer espalhar, ou espalhar-se em muitas direções: *O vento dissemina as sementes aéreas.* **2.** Difundir-se, propagar-se: *As más notícias depressa se disseminaram.*

dissílabo dis.**sí**.la.bo *adjetivo* **1.** Que tem duas sílabas: *Mesa é uma palavra dissílaba.* ☑ *substantivo masculino* **2.** Vocábulo dissílabo.

dissipação dis.si.pa.**ção** *substantivo feminino* Ação de dissipar(-se), ou o resultado desta ação: *Com a dissipação das nuvens apareceu o Sol.* [Plural: *dissipações*.]

dissipar dis.si.**par** *verbo* **1.** Fazer sumir: *O calor dissipou a neblina.* **2.** Desfazer-se; desaparecer: *As minhas dúvidas se dissiparam.*

disso dis.so Contração da preposição *de* com o pronome demonstrativo *isso*: *Não falemos mais disso.*

dissolver dis.sol.**ver** *verbo* **1.** Fazer passar uma substância para o estado líquido: *A água dissolve o sal.* **2.** Derreter-se: *O gelo dissolveu-se com o sol forte.*

distância dis.**tân**.ci:a *substantivo feminino* **1.** Espaço entre duas coisas ou pessoas: *A distância da minha casa à escola é de 500 metros.* **2.** Intervalo de tempo entre dois momentos: *A distância entre a infância e a velhice não é grande.*

distanciar dis.tan.ci.**ar** *verbo* Mover(-se) para longe; afastar(-se): *A diversidade de interesses distanciou os amigos; Distanciou-se da estrada e perdeu-se no mato.*

distante dis.**tan**.te *adjetivo de dois gêneros* **1.** Situado à distância; longe, afastado: *Mora num lugar distante, por isso vem pouco à cidade.* **2.** Longe de acontecer: *O aniversário de Lucas ainda está distante.*

distinguir dis.tin.**guir** *verbo* **1.** O mesmo que *diferençar*: *O bebê não sabe ainda distinguir as pessoas.* **2.** Sobressair-se: *Distingue-se na escola, porque é muito inteligente.*

distinto dis.**tin**.to *adjetivo* **1.** Que não é igual; diferente: *Falavam numa língua distinta, e não entendi nada.* **2.** Que se distingue; ilustre: *Ouvi sons distintos; Papai é um homem distinto, e veste-se com apuro.*

disto dis.to Contração da preposição *de* com o pronome demonstrativo *isto*.

distração dis.tra.**ção** *substantivo feminino* Falta de atenção ou de cuidado: *Cometi este erro por distração.* [Plural: *distrações*.]

distraído dis.tra.**í**.do *adjetivo* Que não presta atenção no que faz; desatento: *Quase foi atropelado pela bicicleta porque é distraído.*

distrair dis.tra.**ir** *verbo* **1.** Desviar a atenção de alguém para outra coisa: *João distraiu-me, e eu errei a questão.* **2.** Divertir, entreter: *Conta histórias para distrair as crianças.* **3.** Perder a atenção; descuidar-se: *Distraiu-se, e levou um tombo.*

distribuição dis.tri.bu:i.**ção** *substantivo feminino* **1.** Ação de distribuir, ou o resultado desta ação: *No dia 24 de dezembro haverá distribuição de presentes; Nesta cidade não há boa distribuição de água.* **2.** Ação de repartir, ou o resultado desta ação: *Na distribuição das tarefas, coube-me a arrumação da sala.* [Plural: *distribuições*.]

distribuir dis.tri.bu.**ir** *verbo* **1.** Dar ou entregar a diversas pessoas que recebem; repartir, dividir: *Mamãe distribuiu o bolo entre os convidados.* **2.** Espalhar em diversas direções: *O vento distribui as sementes.* **3.** Dar, confiar: *O professor distribuiu as tarefas aos alunos.* **4.** Abastecer, fazendo fluir: *Este depósito distribui água para a cidade.*

distrito dis.**tri**.to *substantivo masculino* Divisão de um território, ou de um município, ou de uma cidade: *O Distrito Federal fica em Brasília.*

distúrbio dis.**túr**.bi:o *substantivo masculino* **1.** Algo que atrapalha; perturbação: *A falta de energia causou distúrbio na sinalização do trânsito.* **2.** Perturbação da ordem: *O distúrbio foi causado pelos torcedores rivais.*

ditado di.**ta**.do *substantivo masculino* **1.** Aquilo que se dita ou ditou para ser escrito: *O menino errou poucas palavras do ditado.* **2.** O mesmo que **provérbio**: *Tempo é dinheiro é um ditado.*

ditador di.ta.**dor** (ô) *substantivo masculino* Homem que governa sozinho um Estado ou nação, sem ser controlado por ninguém.

ditadura di.ta.**du**.ra *substantivo feminino* O governo de um ditador, ou de um pequeno grupo de pessoas.

ditar di.**tar** *verbo* Pronunciar em voz alta, para que outra pessoa escreva: *Ditei uma carta à minha secretária.*

dito **di**.to *substantivo masculino* **1.** Palavra ou frase que se disse. **2.** O mesmo que **provérbio**: *Mais vale um pássaro na mão do que dois voando é um dito popular.*

ditongo di.**ton**.go *substantivo masculino* Grupo de duas vogais pronunciadas numa só sílaba. Exemplos: p*ai*, m*ui*to.

diurno di.**ur**.no *adjetivo* Que acontece, ou que se faz de dia: *Vou assistir àquela peça na sessão diurna.*

divergente di.ver.**gen**.te *adjetivo de dois gêneros* **1.** Que se afasta; não paralelo: *Linhas divergentes não se encontram.* **2.** Que discorda: *Brigaram porque têm opiniões divergentes.*

diversão di.ver.**são** *substantivo feminino* O mesmo que **divertimento**: *Uma das diversões das férias foi o escorregador.* [Plural: *diversões*.]

diversidade di.ver.si.**da**.de *substantivo feminino* Qualidade do que é diverso; diferença: *Há diversidade de clima nas várias regiões do Brasil.*

diverso di.**ver**.so *adjetivo* Que não é igual; diferente: *Dê um exemplo diverso do meu; Os dois têm opiniões diversas.*

divertido di.ver.**ti**.do *adjetivo* Que diverte; engraçado: *O filme foi divertido, era uma comédia.*

divertimento di.ver.ti.**men**.to *substantivo masculino* Aquilo que serve para divertir; distração, diversão: *O meu principal divertimento é ir ao cinema.*

divertir di.ver.**tir** *verbo* **1.** Causar alegria a; distrair: *O filme de aventuras divertiu as crianças.* **2.** Sentir prazer, alegria: *Todos se divertiram na festa de São João.*

dívida **dí**.vi.da *substantivo feminino* Aquilo que se deve; débito: *Emprestei-lhe mais dez reais, sua dívida comigo é agora de vinte reais.*

dividendo di.vi.**den**.do *substantivo masculino* O número que, numa divisão, é dividido por outro número: *Em 10 dividido por 2, 10 é o dividendo e 2 é o divisor.*

dividir di.vi.**dir** *verbo* **1.** Separar ou partir em várias partes ou porções: *Depois de soprar as velas, dividi o bolo.* **2.** Distribuir entre várias pessoas; repartir: *Vamos dividir as despesas.* **3.** Separar-se em partes diversas: *A classe se dividiu em dois turnos, neste semestre.* **4.** Fazer a divisão aritmética de um número.

divindade di.vin.**da**.de *substantivo feminino* Deus ou deusa: *Os gregos tinham várias divindades.*

divisa di.**vi**.sa *substantivo feminino* **1.** O que marca ou estabelece uma separação: *Este rio fica na divisa dos dois estados.* **2.** Frase curta que expressa um pensamento: *Ordem e Progresso é a divisa da nossa bandeira.*

divisão di.vi.são *substantivo feminino* **1.** Ação de dividir(-se), ou o resultado desta ação. **2.** Cada uma das partes de um todo: *Cabeça, tronco e membros são divisões do corpo humano.* **3.** Compartimento ou área delimitada de um espaço: *A minha casa tem sete divisões: três quartos, duas salas, banheiro e cozinha.* **4.** Operação aritmética que consiste em dividir um número por outro: *O resultado da divisão de 20 por 5 é igual a 4.* [Plural: *divisões*.]

divisor di.vi.sor (ô) *substantivo masculino* **1.** Na divisão aritmética, o número pelo qual se divide outro: *Em 10 dividido por 2, 2 é o divisor e 10 o dividendo.* **2.** Aquilo que divide ou separa: *Estes montes são os divisores dos dois estados.*

divorciar di.vor.ci.ar *verbo* **1.** Fazer o divórcio de um casal: *O juiz divorciou os meus pais.* **2.** Separar-se por divórcio: *Os meus pais se divorciaram.*

divórcio di.vór.ci:o *substantivo masculino* O término de um casamento, separando-se os dois cônjuges, que podem casar-se novamente.

divulgação di.vul.ga.ção *substantivo feminino* Ação de divulgar(-se), ou o resultado desta ação: *Os jornais foram culpados pela divulgação da notícia.* [Plural: *divulgações*.]

divulgar di.vul.gar *verbo* **1.** Tornar público, ou do conhecimento de todos: *Os jornais divulgaram o início da greve.* **2.** Tornar-se público; propagar-se: *Os boatos se divulgaram com a notícia da televisão.*

dizer di.zer *verbo* **1.** Exprimir por meio de palavras ditas ou escritas: *Ele disse que sua vontade era ficar.* **2.** Contar, narrar: *Diga tudo o que aconteceu.* **3.** Afirmar a respeito de si mesmo: *Ele se diz muito estudioso.*

DNA *substantivo masculino* Molécula que determina a função e a estrutura de cada célula viva, e que é responsável pela transmissão dos caracteres genéticos dos seres.

do¹ Contração da preposição *de* com o artigo definido *o*: *A capa do livro.*

do² Contração da preposição *de* com o pronome demonstrativo *o*; daquele: *Este livro é diferente do que você me deu.*

dó¹ *substantivo masculino* Pena, compaixão: *Eu o trouxe porque tive dó de deixá-lo sozinho.*

dó² *substantivo masculino* **1.** A primeira nota da escala musical. **2.** O sinal da nota dó na pauta.

doação do:a.ção *substantivo feminino* **1.** Ação de doar, ou o resultado desta ação. **2.** Aquilo que se doou: *Esta estátua de Pedro Álvares Cabral foi doação do governo de Portugal.* [Plural: *doações*.]

doar do.ar *verbo* Transferir gratuitamente um bem ou vantagem: *Meu pai doou 100 livros para a biblioteca da escola.*

dobra do.bra *substantivo feminino* A parte de um objeto que, voltada, fica por cima de outra: *A dobra da minha saia forma um bolso.*

dobradiça do.bra.di.ça *substantivo feminino* Peça de metal formada por duas partes unidas entre si, o que permite que esta se abra ou se feche: *As portas geralmente têm dobradiças.*

dobrar do.brar *verbo* **1.** Tornar duas vezes maior; multiplicar por dois: *Só trabalhará nos sábados se o patrão dobrar o seu salário.* **2.** Fazer dobra em: *Dobrei a página para fazer um envelope.* **3.** Fazer curvar, ou curvar-se: *Dobrei os joelhos para rezar; Dobrou-se para apanhar o que caiu.*

dobro do.bro (dô) *substantivo masculino* Quantidade ou medida que equivale duas vezes a uma outra: *Convidou muita gente, e ganhou o dobro dos presentes que esperava; Tenho o dobro da altura do meu irmãozinho.*

doce do.ce (ô) *adjetivo de dois gêneros* **1.** Que tem sabor parecido com o do mel ou do açúcar: *Gosto de frutas doces.* **2.** Meigo, suave: *Ele me disse palavras doces, ao se despedir.* ✓ *substantivo masculino* **3.** Alimento em que entra açúcar ou outro adoçante: *Gosto de doce de abóbora.*

doceiro do.cei.ro *substantivo masculino* Homem que faz e/ou vende doces.

dócil dó.cil *adjetivo de dois gêneros* **1.** Que aprende com facilidade: *É um aluno dócil.* **2.** Que se submete a alguém ou algo sem oferecer resistência: *Este cão parece bravo, mas é muito dócil.*

documentação do.cu.men.ta.**ção** *substantivo feminino* Conjunto de documentos: *Mamãe precisou de documentação para me matricular na escola.* [Plural: *documentações*.]

documentário do.cu.men.**tá**.ri:o *substantivo masculino* Filme curto que registra um fato: *Há um bom documentário sobre a fundação da cidade.*

documento do.cu.**men**.to *substantivo masculino* Escrito que serve como prova de alguma coisa, ou para estudo, consulta, etc.: *Os cidadãos têm documento de identidade para provar quem são.*

doçura do.**çu**.ra *substantivo feminino* **1.** Qualidade de doce. **2.** Sabor doce: *a doçura do mel.*

doença do.**en**.ça *substantivo feminino* Distúrbio do organismo, que resulta da falta de saúde, ou de seu enfraquecimento; moléstia: *A pneumonia é uma doença grave.* 🔊 **Doença sexualmente transmissível.** Doença contagiosa, transmitida por contato sexual. [Sigla: *DST*.]

doente do.**en**.te *adjetivo de dois gêneros* **1.** Que tem doença. ✅ *substantivo de dois gêneros* **2.** Pessoa que tem doença.

doer do.**er** *verbo* **1.** Estar dolorido, ter dor: *A minha cabeça dói desde ontem.* **2.** Causar dor: *Fique tranquilo, que esta injeção não dói.*

doido doi.do *adjetivo* Que tem doença mental, e age apresentando sinais de loucura; louco.

doído do.**í**.do *adjetivo* O mesmo que *dolorido*: *Andei muito, e estou com os pés doídos.*

dois *numeral* **1.** Quantidade que é uma unidade maior que 1. **2.** Algarismo que representa essa quantidade.

dólar dó.lar *substantivo masculino* A moeda dos Estados Unidos, Canadá, Austrália, Nova Zelândia e outros países.

dolorido do.lo.**ri**.do *adjetivo* Que tem, ou em que há dor; doído: *Tem as mãos doloridas porque sofre de reumatismo.*

doloroso do.lo.**ro**.so (rô) *adjetivo* **1.** Que faz sentir dor; que produz dor: *Os ferimentos dolorosos faziam-no gemer.* **2.** Triste: *A despedida foi dolorosa.* [Plural: *dolorosos* (ró).]

dom[1] *substantivo masculino* Mérito, qualidade: *Um dos seus dons é a bondade.* [Plural: *dons*.]

dom[2] *substantivo masculino* Forma de tratamento dada a reis, príncipes, etc.: *Dom João VI*; *Dom Pedro I*. [Plural: *dons*.]

domar do.**mar** *verbo* O mesmo que *domesticar*: *Domaram o leão para apresentá-lo no circo.*

domesticar do.mes.ti.**car** *verbo* Amansar (um animal selvagem ou bravo); domar: *Tiveram que domesticar o cavalo antes de montá-lo.*

doméstico do.**més**.ti.co *adjetivo* **1.** Que vive ou pode viver junto ao homem, na sua casa: *O gato e o cachorro são animais domésticos.* **2.** Referente à vida da casa, e ao seu trato: *Cozinhar é uma tarefa doméstica.* ✅ *substantivo masculino* **3.** Aquele que é empregado doméstico, que trabalha numa casa como cozinheiro, faxineiro, etc.

domiciliar do.mi.ci.li.**ar** *adjetivo de dois gêneros* Relativo a domicílio; que se faz em domicílio: *Este supermercado tem entrega domiciliar.*

domicílio do.mi.**cí**.li:o *substantivo masculino* Casa ou lugar onde alguém mora; residência: *Alguns domicílios deste bairro têm jardins.*

dominação do.mi.na.**ção** *substantivo feminino* Ação de dominar, ou o resultado desta ação; domínio: *O Brasil ficou mais de três séculos sob dominação portuguesa.* [Plural: *dominações*.]

dominar do.mi.**nar** *verbo* Ter poder, autoridade ou domínio sobre alguém, ou sobre um país, um território, etc.:

O rei lutou para dominar os invasores; A Europa dominou a América até que os países americanos declararam sua independência.

domingo do.**min**.go *substantivo masculino* O primeiro dia da semana.

domínio do.**mí**.ni:o *substantivo masculino* O mesmo que **dominação**: *Os mais fortes sempre têm o domínio da situação.*

dominó do.mi.**nó** *substantivo masculino* Jogo com 28 peças retangulares.

dona do.na *substantivo feminino* Forma de tratamento que se dá às senhoras: *Dona Maria é a mãe do meu melhor amigo.* 🔊 **Dona de casa**. Mulher que administra o lar.

donatário do.na.**tá**.ri:o *substantivo masculino* Senhor de uma capitania hereditária, no Brasil colonial.

donativo do.na.**ti**.vo *substantivo masculino* O mesmo que *dádiva*: *Pediram donativos para a campanha do agasalho.*

doninha do.**ni**.nha *substantivo feminino* Animal mamífero, carnívoro, que habita a Europa; tem corpo alongado e membros curtos.

dono do.no *substantivo masculino* O mesmo que *proprietário*: *Não podemos entrar neste terreno sem a permissão de seu dono.*

dor (ô) *substantivo feminino* Sensação dolorosa causada por doença, pelo mau funcionamento de um órgão, por ferimento em uma parte do corpo, ou por outro acidente: *Teve dor de cabeça porque enxerga mal e está sem óculos; Caiu da bicicleta e ficou com dores no corpo.*

dorminhoco dor.mi.**nho**.co (nhô) *adjetivo* Que dorme muito: *Os meninos dorminhocos perderam o passeio matutino.*

dormir dor.**mir** *verbo* Estar entregue ao sono: *As crianças precisam dormir mais horas que os adultos.*

dorso dor.so (dôr) *substantivo masculino* **1.** As costas dos homens e dos animais: *O cachorrinho tem pintas negras no dorso.* **2.** A parte posterior ou superior de qualquer objeto: *Escreveu no dorso da foto os nomes das pessoas retratadas.*

dose do.se *substantivo feminino* **1.** Quantidade determinada de uma substância que entra na composição de um medicamento, de um prato (2), etc. **2.** Porção de medicamento, de bebida, etc., que se toma de uma vez: *Duas doses de xarope curaram a minha tosse.*

dotado do.**ta**.do *adjetivo* Que recebeu um dom, uma dádiva: *As pessoas dotadas de inteligência aprendem depressa.*

dotar do.**tar** *verbo* **1.** Dar dote a: *Dotou a filha com um belo enxoval.* **2.** Beneficiar, favorecer: *A natureza dotou-o de um bom caráter.*

dote do.te *substantivo masculino* **1.** Bens que uma noiva recebia, antigamente, ao casar-se: *Minha tia-avó ficou solteira, porque não tinha dote.* **2.** Qualidade, mérito, ou dom natural: *É um menino cheio de dotes, querido por todos.*

dourado dou.**ra**.do *adjetivo* **1.** De cor semelhante à do ouro: *Tem os cabelos dourados; O trigo maduro é dourado.* **2.** Revestido com uma camada de ouro, ou enfeitado com ouro: *Este livro antigo tem estampas douradas.*

dourar dou.**rar** *verbo* **1.** Aplicar uma camada de ouro, ou de outra substância dourada, a: *Dourou a moldura do retrato.* **2.** Dar cor semelhante à do ouro a: *O sol dourava os campos de trigo.*

doutor dou.**tor** (tôr) *substantivo masculino* **1.** Homem que recebeu o diploma mais importante de uma universidade. **2.** Médico: *Marcou consulta com o doutor.*

doutrina dou.**tri**.na *substantivo feminino* Conjunto de conhecimentos e de ideias a serem ensinadas: *Nossa família foi educada na doutrina cristã.*

download

download (dounloud) [Inglês] *substantivo masculino* Ação de baixar um arquivo ou programa da Internet.

doze do.ze (ô) *numeral* **1.** Quantidade que é uma unidade maior que 11. **2.** O número que representa essa unidade.

dragão dra.**gão** *substantivo masculino* Monstro imaginário que geralmente se representa com cauda de serpente, garras e asas, corpo coberto de escamas, e enorme boca que solta fogo. [Plural: *dragões*.]

drágea drá.ge:a *substantivo feminino* Medicamento que é um comprimido recoberto de substância geralmente doce.

drama dra.ma *substantivo masculino* **1.** Peça de teatro, filme, etc., em que ocorrem situações sérias, tristes, etc. **2.** Acontecimento muito grave: *Esta morte foi um drama para a família.*

dramático dra.**má**.ti.co *adjetivo* Relativo a drama: *Assistimos a um filme dramático*; *Após a enchente, a situação de muitas pessoas era dramática*.

dramatizar dra.ma.ti.**zar** *verbo* **1.** Encenar: *Na escola, dramatizamos o julgamento e morte de Tiradentes.* **2.** Fazer ficar dramático (2): *Dramatizou a nossa briga quando a contou.*

drenar dre.**nar** *verbo* Pôr dreno em: *O médico drenou o furúnculo.*

dreno dre.no *substantivo masculino* Tubo de plástico ou de outro material para conduzir líquido, como sangue e pus, para fora do organismo.

dublar

driblar dri.**blar** *verbo* Em esportes como o futebol e o basquete, enganar o adversário, movimentando o corpo para manter o controle da bola, a fim de ultrapassá-lo.

drible dri.ble *substantivo masculino* Ação de driblar, ou o resultado desta ação.

droga dro.ga *substantivo feminino* **1.** Qualquer medicamento. **2.** Substância que age sobre o cérebro provocando uma falsa sensação de bem-estar, mas que causa muito dano à saúde, e por isso é proibida.

drogado dro.**ga**.do *adjetivo* **1.** Que se drogou. ✓ *substantivo masculino* **2.** Indivíduo drogado.

drogar dro.**gar** *verbo* **1.** Fazer ingerir droga (2). **2.** Intoxicar-se com droga (2).

drogaria dro.ga.**ri**.a *substantivo feminino* Estabelecimento em que se vendem medicamentos e produtos para a higiene, cosméticos, etc.

dromedário dro.me.**dá**.ri:o *substantivo masculino* Animal mamífero da família do camelo, domesticado, e que é nativo da África do Norte; tem uma só corcova. [É utilizado nos desertos para transportar pessoas e coisas, pois consome pouquíssima água.]

dublagem du.**bla**.gem *substantivo feminino* Ação de dublar, ou o resultado desta ação: *A dublagem do filme está péssima.* [Plural: *dublagens*.]

dublar du.**blar** *verbo* Gravar em outra língua as partes faladas ou cantadas de filme, programa de tevê, etc.

ducto duc.to *substantivo masculino* **1.** Tubo para conduzir fluidos (gás, água, petróleo, etc.). **2.** Canal que, no organismo do homem e de outros animais, serve para a passagem de líquido, etc.

duelo du.e.lo *substantivo masculino* Combate entre duas pessoas, com armas iguais, geralmente espada ou pistola.

duende du.en.de *substantivo masculino* Ser fantástico que se acreditava aparecer de noite nas casas, fazendo travessuras, como tirar as coisas do lugar: *Há uma história em que os duendes escondem um pote de ouro no fim do arco-íris.*

dum Contração da preposição *de* com o artigo indefinido *um*: *Vou falar dum menino que conheço.*

duna du.na *substantivo feminino* Monte de areia formado pelo vento: *As dunas do estado do Maranhão são famosas.*

dupla du.pla *substantivo feminino* Grupo de duas pessoas: *Os meninos saíram da escola em dupla.*

duplo du.plo *numeral* **1.** Que corresponde a dois: *Tomou uma dose dupla de refrigerante.* **2.** Que é para duas pessoas: *Alugou um quarto duplo no hotel.* **3.** Que tem duas direções: *uma rua de mão dupla.*

duque du.que *substantivo masculino* Título de nobreza superior ao de marquês: *O Duque de Caxias é o patrono do exército brasileiro.*

durabilidade du.ra.bi.li.da.de *substantivo feminino* Qualidade ou característica de durável; resistência: *O couro bovino tem muita durabilidade.*

duração du.ra.ção *substantivo feminino* O tempo que alguma coisa dura: *A duração das férias é de um mês.* [Plural: *durações*.]

durante du.ran.te *preposição* Exprime a duração de alguma coisa: *Dormiu durante oito horas.*

durar du.rar *verbo* **1.** Continuar a existir; prolongar-se: *Vou viajar enquanto durarem as férias.* **2.** Conservar-se num determinado estado; não estragar; resistir muito tempo: *Este tecido dura muito, é bom para os uniformes escolares.* **3.** Viver, existir: *Há árvores que duram mais de duzentos anos.*

durável du.rá.vel *adjetivo de dois gêneros* Que resiste por muito tempo sem estragar: *O alumínio é um metal durável.* [Plural: *duráveis*.]

dureza du.re.za (ê) *substantivo feminino* **1.** Qualidade de duro, rijo; resistência: *A dureza do diamante.* **2.** Ação dura, cruel; crueldade: *São muitas as durezas duma guerra.* **3.** *Gíria* Falta de dinheiro: *Estava desempregado, na maior dureza.*

duro du.ro *adjetivo* **1.** Que não é tenro ou mole; sólido, resistente: *A platina é o metal mais duro.* **2.** Que se suporta com dificuldade; árduo: *Os dias do inverno, na Europa, são duros.* **3.** Que tem atitudes severas, autoritárias, enérgicas: *É um homem duro, e todos o temem.* **4.** *Gíria* Sem dinheiro: *Está duro, não pôde comprar a passagem.*

duto du.to *substantivo masculino* Veja *ducto*.

dúvida dú.vi.da *substantivo feminino* **1.** Falta de certeza sobre alguma coisa, ou de uma afirmação: *Como não contaram todos os votos, ainda há dúvida quanto ao resultado da eleição.* **2.** Hesitação: *Teve dúvida sobre aceitar ou não o presente.*

duvidar du.vi.dar *verbo* **1.** Ter ou mostrar dúvida sobre algo: *Disse que não tinha culpa, mas todos duvidaram.* **2.** Não acreditar: *Você duvidou que eu viesse, mas aqui estou.*

duvidoso du.vi.do.so (dô) *adjetivo* Que inspira dúvida: *O árbitro marcou um pênalti duvidoso.* [Plural: *duvidosos* (dó).]

duzentos du.zen.tos *numeral* **1.** Quantidade que é uma unidade maior que 199. **2.** Número que representa essa quantidade.

dúzia dú.zi.a *substantivo feminino* Conjunto de 12 objetos da mesma natureza: *uma dúzia de ovos; uma dúzia de lápis.*

DVD *substantivo masculino* Tipo de CD que pode armazenar imagens, sons e textos.

ema

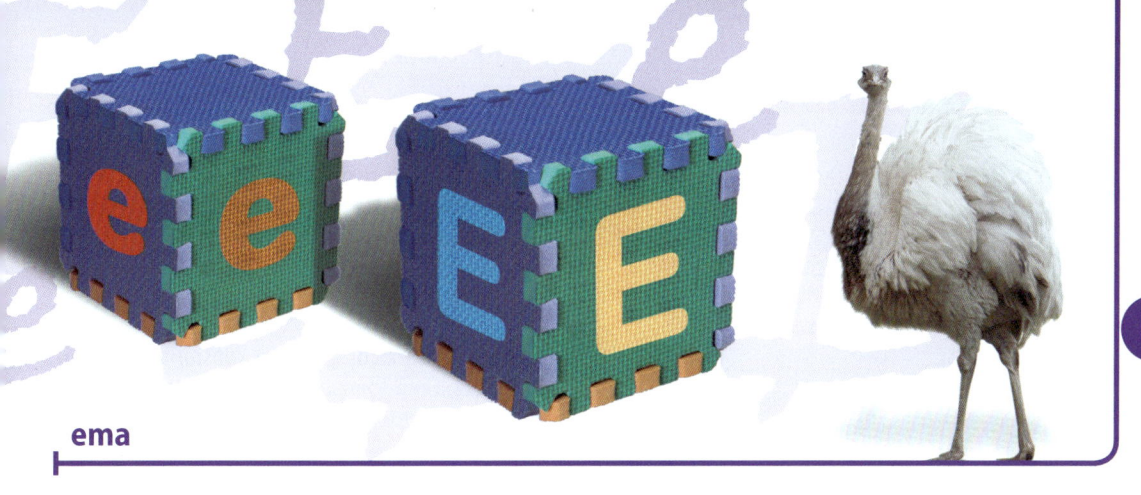

e (é ou ê) *substantivo masculino* A quinta letra do nosso alfabeto.

e (i ou ê) *conjunção* Une orações e palavras: *Veio e ficou*; *O livro e o caderno estão sobre a mesa.*

é ou **ê** *substantivo masculino* A letra *e*.

ebulição e.bu.li.**ção** *substantivo feminino* Passagem de um líquido ao estado de vapor, e que ocorre com a formação de bolhas: *A água entra em ebulição aos 100 graus.* [Plural: *ebulições*.]

eclesiástico e.cle.si.**ás**.ti.co *adjetivo* Da, ou relativo à Igreja.

eclipse e.**clip**.se *substantivo masculino* Fenômeno em que um astro oculta outro de modo parcial ou total. Às vezes, é possível observar o eclipse do Sol e da Lua sem usar o telescópio.

eco e.co *substantivo masculino* **1.** Fenômeno que se manifesta pela repetição de um som. **2.** O som assim produzido: *Ouvimos, nas montanhas, os ecos do trovão.*

ecologia e.co.lo.**gi**.a *substantivo feminino* Ciência que estuda as relações entre os seres vivos e o meio ambiente.

ecológico e.co.**ló**.gi.co *adjetivo* Da ecologia, ou relativo a ela: *O incêndio da floresta foi um grave desastre ecológico.*

economia e.co.no.**mi**.a *substantivo feminino* **1.** O modo como se organiza a produção e o consumo das mercadorias num país, etc. **2.** Controle de gastos: *Desde pequeno aprendeu a fazer economia.*

econômico e.co.**nô**.mi.co *adjetivo* **1.** Da economia, ou relativo a ela. **2.** Que gasta pouco (dinheiro, gasolina, etc.): *É um carro econômico.*

economizar

economizar e.co.no.mi.**zar** *verbo* **1.** Juntar dinheiro; poupar: *João economiza para comprar um carro*. **2.** Cortar despesas em: *Se conseguir comprar a casa, vai economizar no aluguel*. **3.** Não desperdiçar: *O governo recomendou que economizássemos energia*.

ecossistema e.cos.sis.**te**.ma *substantivo masculino* O conjunto formado por uma comunidade de seres vivos e o meio em que vivem.

edição e.di.**ção** *substantivo feminino* **1.** Publicação e difusão de livros, revistas, jornais, etc., por um editor (1): *A edição do novo dicionário está marcada para o ano que vem*. **2.** O conjunto dos exemplares editados de uma só vez: *A edição deste livro é de 10.000 exemplares*. [Plural: *edições*.]

edificar e.di.fi.**car** *verbo* Veja *construir* (1 e 2): *Os operários edificaram a casa em um mês*.

edifício e.di.**fí**.ci:o *substantivo masculino* Construção feita de tijolos, de pedra, ou de outro material, e que serve para abrigo, moradia, etc.; casa, prédio: *O edifício da escola tem três andares; Este hospital é um edifício público*.

editar e.di.**tar** *verbo* **1.** Publicar e pôr à venda (um livro). **2.** Selecionar, cortar e emendar trechos de filme, etc.: *O diretor escreveu, dirigiu e editou o filme*.

editor e.di.**tor** (ô) *substantivo masculino* **1.** Indivíduo ou instituição responsável pela publicação e venda de uma obra: *Escreveu um livro, mas ainda não encontrou editor*. **2.** Aquele que edita filmes, etc.

editora e.di.**to**.ra. (ô) *substantivo feminino* Organização que edita livros, revistas, etc. [Ver *editar* (1)].

educação e.du.ca.**ção** *substantivo feminino* **1.** Ação de educar(-se), ou o resultado desta ação: *A educação do povo deve ser uma das principais metas de um governo*. **2.** O processo de desenvolvimento da capacidade física, intelectual e moral da pessoa; preparo, instrução: *Há vários fatores que influem na educação de um jovem*. **3.** Modo de tratar as pessoas com atenção, cuidado, respeito, boas maneiras: *Todos gostam dele pela sua educação*. [Plural: *educações*.]

educado e.du.**ca**.do *adjetivo* **1.** Que recebeu educação: *As pessoas educadas devem ajudar na educação*

educar

das demais pessoas. **2.** Que tem boas maneiras, que é gentil, polido: *Pedro é um menino muito educado.*

educar e.du.car *verbo* **1.** Dar a alguém os cuidados necessários ao desenvolvimento físico e mental: *Os nossos pais são as primeiras pessoas a nos educar.* **2.** Dar ensino a; instruir: *As escolas educam os futuros cidadãos.* **3.** Ensinar a obedecer: *Educou o cão para que ele pudesse viver dentro de casa.* **4.** Instruir-se: *Educou-se em boas escolas.*

educativo e.du.ca.ti.vo *adjetivo* Que tem por finalidade a educação: *Este é um jogo educativo.*

efe e.fe *substantivo masculino* A letra f.

efeito e.fei.to *substantivo masculino* **1.** Aquilo que é produzido por uma causa; consequência, resultado: *O efeito da inundação foi a destruição da ponte.* **2.** Impressão, sensação: *A bela letra da professora causou um bom efeito nos alunos.* 🔊 **Efeito estufa.** Acúmulo excessivo de gases, como o gás carbônico, na atmosfera terrestre, causando o aquecimento global.

efervescência e.fer.ves.cên.ci:a *substantivo feminino* Formação de bolhas de gás em um líquido.

efervescente e.fer.ves.cen.te *adjetivo de dois gêneros* Que produz efervescência: *um comprimido efervescente.*

efetuar e.fe.tu.ar *verbo* **1.** Levar a efeito; realizar: *Antes de sair, Eva efetuou as tarefas domésticas.* **2.** Fazer (operação matemática): *efetuar uma soma.*

eficácia e.fi.cá.ci:a *substantivo feminino* Qualidade ou propriedade de eficaz: *A eficácia da vacina salvou muitas vidas.*

eficaz e.fi.caz *adjetivo de dois gêneros* **1.** Que produz o efeito desejado; eficiente: *Este xarope é eficaz contra a tosse.* **2.** Eficiente, capaz: *José é um funcionário eficaz.*

eficiência e.fi.ci.ên.ci:a *substantivo feminino* Qualidade de eficiente: *O metrô é um meio de transporte de grande eficiência.*

eficiente e.fi.ci.en.te *adjetivo de dois gêneros* O mesmo que **eficaz**: *O remédio foi eficiente, e ele já sarou.*

elástico

egoísmo e.go.ís.mo *substantivo masculino* Comportamento daquele que pensa somente em si mesmo: *Seu egoísmo é tanto que nunca ajuda ninguém.*

egoísta e.go.ís.ta *adjetivo de dois gêneros* Que tem egoísmo: *Leu a história de um gigante egoísta que não deixava ninguém brincar no seu jardim.*

égua é.gua *substantivo feminino* A fêmea do cavalo.

ei *interjeição* É usada para cumprimentar, ou para chamar a atenção: *Ei, como vai você?*

eixo ei.xo *substantivo masculino* **1.** Linha reta que passa pelo centro de um corpo: *A cada 24 horas a Terra dá uma volta completa em torno de seu eixo.* **2.** Peça que articula em torno de si um movimento de rotação: *o eixo de um mecanismo.*

ela e.la *pronome pessoal* Feminino de *ele*.

elaboração e.la.bo.ra.ção *substantivo feminino* Ação de elaborar, ou o resultado desta ação: *Está trabalhando na elaboração de um livro.* [Plural: *elaborações.*]

elaborar e.la.bo.rar *verbo* Preparar com dedicação e com cuidado: *O governo elaborou um plano para ajudar os agricultores.*

elas e.las *pronome pessoal* Feminino de *eles*: *Elas foram juntas ao clube.*

elasticidade e.las.ti.ci.da.de *substantivo feminino* Propriedade que tem um corpo de sofrer deformação quando esticado, e de poder, em seguida, voltar à sua forma original.

elástico e.lás.ti.co *adjetivo* **1.** Que tem elasticidade. ✓ *substantivo masculino* **2.** Tira de algodão ou de outro material cujo tecido tem também fios elásticos. **3.** Tira circular de borracha para prender objetos.

ele e.le (é) *substantivo feminino* A letra *l*.

ele e.le (ê) *pronome pessoal* A terceira pessoa do masculino singular: *Ele não virá à festa.*

elefante e.le.**fan**.te *substantivo masculino* Grande mamífero com orelhas amplas, tromba e duas presas; tem pele grossa e áspera e habita a Ásia e a África. [Feminino: *elefanta*.]

elegância e.le.**gân**.ci.a *substantivo feminino* Qualidade do que tem harmonia, do que combina bem, do que é gracioso: *Veste-se com elegância*; *Ele dança com elegância.*

elegante e.le.**gan**.te *adjetivo de dois gêneros* **1.** Que tem elegância: *As roupas da atriz eram elegantes.* **2.** Frequentado ou habitado por pessoas elegantes; requintado: *Este é um bairro elegante, com belas moradias.* **3.** Correto, fino: *Deu uma resposta elegante.*

eleger e.le.**ger** *verbo* **1.** Escolher pelo voto: *Na democracia o povo elege seus representantes.* **2.** Preferir entre dois ou mais: *Tem muitos amigos, mas elegeu João para acompanhá-lo.* **3.** Ser escolhido pelo voto: *Elegeu-se presidente com grande maioria de votos.*

eleição e.lei.**ção** *substantivo feminino* **1.** Ação de eleger, ou o resultado desta ação. **2.** Escolha pelo voto: *Vamos fazer a eleição do representante de nossa classe.* [Plural: *eleições*.]

eleito e.**lei**.to *adjetivo* **1.** Que foi escolhido pelo voto: *O presidente eleito deu uma entrevista à imprensa.* ✓ *substantivo masculino* **2.** Aquele que foi escolhido pelo voto.

eleitor e.lei.**tor** (ô) *substantivo masculino* Homem ou jovem que elege: *No Brasil, quase todos os eleitores são obrigados a votar.*

eleitoral e.lei.to.**ral** *adjetivo de dois gêneros* Relativo a eleições: *A campanha eleitoral na minha cidade ocorreu em paz.* [Plural: *eleitorais*.]

elementar e.le.men.**tar** *adjetivo de dois gêneros* Que é simples, básico, primário: *O mecânico explicou de forma elementar o funcionamento do motor para os meninos.*

elemento e.le.**men**.to *substantivo masculino* **1.** Aquilo que entra na composição ou na feitura de alguma coisa: *Os elementos da água são hidrogênio e oxigênio.* **2.** Pessoa, indivíduo: *João é um bom elemento, você pode acompanhá-lo.* **3.** Informação, dado: *Não tenho elementos para ensinar-lhe o caminho.*

elenco e.**len**.co *substantivo masculino* O conjunto dos atores de uma peça, de um filme, de uma novela, etc.

eles e.les (ê) *pronome pessoal* A terceira pessoa do masculino plural: *Eles eram os mais simpáticos da turma.*

eletricidade e.le.tri.ci.**da**.de *substantivo feminino* Cada um dos fenômenos em que estão envolvidas cargas elétricas: *O raio é uma descarga de eletricidade que ocorre na atmosfera.*

eletricista e.le.tri.**cis**.ta *substantivo de dois gêneros* Pessoa que trabalha em instalações elétricas, e que é especialista em eletricidade.

elétrico e.**lé**.tri.co *adjetivo* **1.** Da, ou relativo à eletricidade: *energia elétrica.* **2.** Movido por eletricidade: *Paulo ganhou um trenzinho elétrico.*

eletrodoméstico e.le.tro.do.**més**.ti.co *substantivo masculino* Aparelho elétrico de uso caseiro, como, por exemplo, geladeira, liquidificador, etc.

eletrônica e.le.**trô**.ni.ca *substantivo feminino* Parte da física que estuda o comportamento de certos circuitos elétricos, ou a fabricação deles.

eletrônico e.le.**trô**.ni.co *adjetivo* Que funciona segundo as leis da eletrônica: *microscópio eletrônico.*

elevação e.le.va.**ção** *substantivo feminino* **1.** Ação de elevar(-se), ou o resultado desta ação. **2.** Altura que algo atinge ao elevar-se: *O avião voou a uma elevação de 5.000 metros.* **3.** Alta, aumento: *a elevação* dos preços. **4.** Ponto elevado: *Na serra dos Órgãos há elevações como o Dedo de Deus*. [Plural: *elevações*.]

elevado e.le.**va**.do *adjetivo* **1.** Situado a certa altura; alto: *Moro num andar elevado*. **2.** Que atinge um valor ou nível alto: *Os preços estão elevados; No verão há dias de temperatura elevada*.

elevador e.le.va.**dor** (ô) *substantivo masculino* Aparelho que se desloca verticalmente, transportando pessoas ou cargas.

elevar e.le.**var** *verbo* **1.** Pôr em plano superior; erguer: *Elevou os braços para alcançar a estante*. **2.** Dirigir para cima: *Elevou os olhos para a pintura no teto*. **3.** Aumentar: *O dono da fábrica elevou os salários dos empregados*. **4.** Erguer-se: *Elevou-se nas pontas dos pés*.

eliminação e.li.mi.na.**ção** *substantivo feminino* Ação de eliminar, ou o resultado desta ação: *A eliminação de suor ajuda a regular a temperatura do corpo*. [Plural: *eliminações*.]

eliminar e.li.mi.**nar** *verbo* **1.** Excluir, tirar: *Eliminaram o meu nome da lista dos convites*. **2.** Expulsar de organismo vivo: *Pela urina os animais eliminam substâncias desnecessárias ao organismo*. **3.** Fazer desaparecer: *Eliminou os vestígios do crime*.

elite e.**li**.te *substantivo feminino* O que há de melhor ou de mais valorizado, em um grupo.

elixir e.li.**xir** *substantivo masculino* Medicamento líquido, geralmente adocicado.

elo e.lo *substantivo masculino* **1.** Argola de corrente. **2.** Ligação existente entre pessoas ou coisas; conexão, união: *Tenho elos de amizade com o meu professor*.

elogiar e.lo.gi.**ar** *verbo* Fazer elogio a; louvar: *Fez um trabalho perfeito, e todos o elogiaram*.

elogio e.lo.**gi**.o *substantivo masculino* Julgamento favorável expresso em favor de alguém ou de alguma coisa: *Sua prova mereceu elogios*.

em *preposição* **1.** Indica o lugar onde se está: *Mora em Minas Gerais*. **2.** Indica o tempo em que algo sucede, ou em que se faz alguma coisa: *Nasceu em 12 de agosto de 2001; Farei a tarefa em três dias*. **3.** Indica modo de ser; estado: *Vive em más condições*. **4.** Indica o destino ou o fim de uma ação: *Acenou em despedida*.

ema e.ma *substantivo feminino* Ave grande, parecida com o avestruz, da América do Sul.

emagrecer e.ma.gre.**cer** *verbo* Tornar-se magro: *Emagreceu com a má alimentação*.

e-mail (imêil) [Inglês] *substantivo masculino* **1.** Sistema que permite o recebimento e o envio de mensagens pelo computador. **2.** A mensagem assim recebida ou enviada: *Recebi um e-mail da minha prima que mora em Portugal*. **3.** Endereço que identifica cada usuário no e-mail (1). [Plural: *e-mails*.]

emancipação e.man.ci.pa.**ção** *substantivo feminino* Ação de emancipar(-se), ou o resultado desta ação. [Plural: *emancipações*.]

emancipar e.man.ci.**par** *verbo* **1.** Tornar independente; libertar: *A Lei Áurea emancipou os escravos, mas não lhes deu condições dignas de vida*. **2.** Tornar-se independente: *Emancipou-se aos 18 anos, e foi morar só*.

embaçar em.ba.**çar** *verbo* Tornar sem brilho: *O vapor do banho embaçou o espelho*.

embaixada em.bai.**xa**.da *substantivo feminino* Residência ou local de trabalho do embaixador: *Neste bairro há várias embaixadas*.

embaixador em.bai.xa.**dor** (ô) *substantivo masculino* O principal representante diplomático de um país junto a um país estrangeiro. [Feminino: *embaixadora*.]

embaixatriz em.bai.xa.**triz** *substantivo feminino* Esposa de embaixador.

embaixo em.**bai**.xo *advérbio* Situado em ponto ou posição inferior: *A garagem deste prédio fica embaixo*. ◆ **Embaixo de.** Debaixo de; sob: *Pôs a caixa embaixo da mesa*.

embalagem em.ba.**la**.gem *substantivo feminino* O invólucro ou o recipiente usado para embalar²: *Esta embalagem de ovos é de papelão*. [Plural: *embalagens*.]

embalar¹

embalar¹ em.ba.**lar** *verbo* Balançar a criança em berço ou junto ao peito, para adormecê-la; ninar: *Cantou baixinho para embalar o filho.*

embalar² em.ba.**lar** *verbo* Acomodar objeto em caixa, embrulho, etc., para protegê-lo: *Embalou os copos para que não quebrassem.*

embaraçado em.ba.ra.**ça**.do *adjetivo* **1.** Que se embaraçou: *fibras embaraçadas.* **2.** Acanhado, tímido: *É um menino embaraçado, não consegue falar em público.*

embaraçar em.ba.ra.**çar** *verbo* **1.** Misturar, confundir: *O vento embaraçou as linhas das pipas.* **2.** Confundir, atrapalhar: *As repetidas perguntas embaraçaram o jovem.* **3.** Sentir embaraço; atrapalhar-se: *O preso embaraçou-se ao ser interrogado.*

embaraço em.ba.**ra**.ço *substantivo masculino* Perturbação por insegurança, timidez, etc.

embarcação em.bar.ca.**ção** *substantivo feminino* Qualquer veículo que flutua e se desloca na água: *As antigas embarcações eram movidas por remos, ou pelo vento.* [Plural: *embarcações*.]

embarcar em.bar.**car** *verbo* Entrar ou pôr em embarcação, ou trem, ou avião, etc.: *Os marinheiros já embarcaram*; *Embarcou a mãe no trem das 10 horas.*

embarque em.**bar**.que *substantivo masculino* Ação de embarcar, ou o resultado desta ação.

embeber em.be.**ber** *verbo* Fazer penetrar por um líquido: *Embebeu o lenço de perfume*; *Embebeu o pão no leite.*

embelezar em.be.le.**zar** *verbo* Tornar(-se) belo; enfeitar-se: *Embelezou a menina para a festa*; *Embelezou-se para ir ao baile.*

embrulho

emblema em.**ble**.ma *substantivo masculino* Sinal ou marca que distingue: *Os alunos traziam o emblema da escola bordado na camisa.*

embocadura em.bo.ca.**du**.ra *substantivo feminino* **1.** Parte dos instrumentos de sopro que o músico põe nos lábios. **2.** O mesmo que *foz*.

embolar em.bo.**lar** *verbo* **1.** Comprimir, formando bolo ou rolo: *Embolou o papel, e o atirou no lixo.* **2.** Agarrar-se com alguém, rolando pelo chão: *Os dois lutadores se embolaram.*

embora em.**bo**.ra *conjunção* Ainda que; se bem que: *Irei à festa, embora esteja cansada.*

embriagado em.bri.a.**ga**.do *adjetivo* Que se embriagou; bêbado.

embriagar em.bri.a.**gar** *verbo* Ficar em estado de embriaguez: *Os convidados se embriagaram e causaram um tumulto.*

embriaguez em.bri.a.**guez** *substantivo feminino* Estado causado pelo consumo excessivo de bebida alcoólica.

embrião em.bri.**ão** *substantivo masculino* **1.** Organismo que se está em desenvolvimento (entre os ovíparos até deixar o ovo, entre outros animais até transformar-se em feto). **2.** Organismo que se forma no interior de uma semente. [Plural: *embriões*.]

embrulhar em.bru.**lhar** *verbo* **1.** Envolver em papel, pano, etc., formando pacote: *Embrulhou o presente.* **2.** O mesmo que *embaraçar* (2): *Embrulhou-se com as perguntas muito complicadas.*

embrulho em.**bru**.lho *substantivo masculino* Coisa embrulhada: *Fez compras, e chegou com muitos embrulhos.*

eme

eme e.me *substantivo masculino* A letra *m*.

emenda e.**men**.da *substantivo feminino* **1.** Ação de emendar(-se), ou o resultado desta ação. **2.** Lugar de união entre duas peças, etc.: *Havia um vazamento na emenda dos dois canos.* **3.** Alteração que se faz num texto: *A carta está cheia de emendas.*

emendar e.men.**dar** *verbo* **1.** Juntar, unir: *Emendou duas mangueiras para aguar o jardim.* **2.** Alterar, modificar, corrigindo: *A professora emendou a minha redação.* **3.** Corrigir-se: *Prometeu emendar-se no futuro.*

emergência e.mer.**gên**.ci:a *substantivo feminino* **1.** Situação grave, perigosa: *Peçam auxílio, se houver emergência.* **2.** Caso de urgência: *As emergências serão atendidas em primeiro lugar.*

emergir e.mer.**gir** *verbo* Vir à superfície (o que estava mergulhado em líquido): *A baleia emergiu para respirar.*

emigração e.mi.gra.**ção** *substantivo feminino* **1.** Ação de emigrar, ou o resultado desta ação. **2.** O conjunto dos emigrantes. [Plural: *emigrações*.]

emigrante e.mi.**gran**.te *substantivo de dois gêneros* Aquele que emigra: *Os emigrantes foram bem recebidos.*

emigrar e.mi.**grar** *verbo* **1.** Deixar um país para ir viver em outro: *Meus avós emigraram da Itália.* **2.** Mudar anualmente do lugar em que vive: *Há várias aves que emigram.*

emissão e.mis.**são** *substantivo feminino* Ação de emitir, ou o resultado desta ação. [Plural: *emissões*.]

emissário e.mis.**sá**.ri:o *substantivo masculino* Aquele que é enviado em missão; mensageiro: *O emissário do rei levou ao inimigo uma proposta de paz.*

emissora e.mis.**so**.ra (ô) *substantivo feminino* Organização que transmite programas de rádio e de televisão; estação.

empecilho

emitir e.mi.**tir** *verbo* **1.** Lançar de si (luz, som, sinal, etc.): *O rádio emitiu um pedido de socorro.* **2.** Manifestar verbalmente ou por escrito: *Antes de sair, emitiu sua opinião.* **3.** Pôr dinheiro em circulação: *O governo não quer emitir demais para não provocar inflação.*

emoção e.mo.**ção** *substantivo feminino* Manifestação de qualquer sentimento intenso, como alegria, raiva, tristeza, etc.: *A emoção o fez chorar.* [Plural: *emoções*.]

emocionante e.mo.ci:o.**nan**.te *adjetivo de dois gêneros* Que provoca emoção: *O filme tem emocionantes cenas de guerra.*

emocionar e.mo.ci:o.**nar** *verbo* **1.** Provocar emoção em; comover: *O discurso de despedida emocionou os presentes.* **2.** Sentir emoção; comover-se: *Emocionou-se quando viu o filho partir.*

empacotar em.pa.co.**tar** *verbo* Pôr em pacote: *Empacotou os livros para transportá-los.*

empada em.**pa**.da *substantivo feminino* **1.** Salgado feito de massa (4), com recheio, geralmente com tampa também de massa, e que é assado em forno; empadão. **2.** Empadinha.

empadão em.pa.**dão** *substantivo masculino* Veja *empada* (1). [Plural: *empadões*.]

empadinha em.pa.**di**.nha *substantivo feminino* Empada feita em fôrma pequena; empada.

empatar em.pa.**tar** *verbo* Igualar-se em partida, competição, etc.: *Os dois times empataram.*

empate em.**pa**.te *substantivo masculino* Ação de empatar, ou o resultado desta ação: *Com o empate, os dois times foram desclassificados.*

empecilho em.pe.**ci**.lho *substantivo masculino* Dificuldade, obstáculo: *A falta de dinheiro era um empecilho para a viagem.*

empenar em.pe.**nar** *verbo* Deformar-se (a madeira): *A porta da sala empenou.*

empenhar em.pe.**nhar** *verbo* Dedicar-se, aplicar-se: *Empenhou-se nos estudos para tirar o primeiro lugar.*

empenho em.**pe**.nho *substantivo masculino* Grande interesse, dedicação: *Demonstra empenho nos estudos.*

emperrar em.per.**rar** *verbo* Deixar de funcionar; parar: *Como o meu relógio emperrou, não sei as horas.*

empilhar em.pi.**lhar** *verbo* Pôr em pilha; amontoar: *Empilhou os tijolos que ia usar.*

empinar em.pi.**nar** *verbo* **1.** Fazer subir aos ares: *Ganhou uma pipa, e aprendeu a empiná-la.* **2.** Erguer-se (a montaria) sobre as patas traseiras: *Assustado, o cavalo empinou.*

empobrecer em.po.bre.**cer** *verbo* Tornar(-se) pobre: *A crise econômica empobreceu parte da população; Perdeu o emprego e empobreceu.*

empoeirado em.po.ei.**ra**.do *adjetivo* Cheio de poeira.

empolado em.po.**la**.do *adjetivo* Cheio de bolhas na pele.

empreendimento em.pre.en.di.**men**.to *substantivo masculino* Ação de uma pessoa assumir uma tarefa ou responsabilidade, ou o resultado desta ação: *A educação dos filhos é um empreendimento sério.*

empregado em.pre.**ga**.do *substantivo masculino* Aquele que tem um determinado emprego: *Aquele carteiro é um bom empregado.*

empregador em.pre.ga.**dor** (ô) *substantivo masculino* Homem ou empresa que emprega alguém.

empregar em.pre.**gar** *verbo* **1.** Dar emprego ou uso a: *Ele empregou uma palavra difícil.* **2.** Dar emprego a: *O fazendeiro empregou vários camponeses.* **3.** Ser admitido em emprego: *Ele se empregou, agora já não tem os dias livres.*

emprego em.**pre**.go (prê) *substantivo masculino* **1.** Ação de empregar, ou o resultado desta ação. **2.** Ocupação ou função remunerada; colocação: *Tem um bom emprego como engenheiro.*

empresa em.**pre**.sa (prê) *substantivo feminino* Organização econômica em que se trabalha na venda de mercadorias ou de serviços, com o fim de obter lucro; firma: *Meu pai trabalha numa empresa que vende eletrodomésticos.*

empresário em.pre.**sá**.ri:o *substantivo masculino* **1.** Aquele que tem uma empresa, ou que a dirige. **2.** Aquele que se ocupa da vida profissional de um artista, de um atleta, etc.

emprestar em.pres.**tar** *verbo* Pôr uma coisa à disposição de alguém, para que a use e devolva: *Meu pai não gosta de emprestar o seu automóvel.*

empréstimo em.**prés**.ti.mo *substantivo masculino* **1.** Ação de emprestar, ou o resultado desta ação. **2.** A coisa emprestada: *Este vestido não é meu, é um empréstimo da minha irmã.*

empunhar em.pu.**nhar** *verbo* Segurar (a espada) pelo punho.

empurrão em.pur.**rão** *substantivo masculino* Ação de empurrar, ou o resultado desta ação. [Plural: *empurrões.*]

empurrar em.pur.**rar** *verbo* **1.** Fazer algo se mover usando a força: *Empurrou o carrinho com as compras.* **2.** Dar um encontrão em: *Brincando, empurrou o colega e tomou-lhe o lugar.*

emudecer e.mu.de.**cer** *verbo* **1.** Tornar mudo; silenciar: *A chegada do diretor emudeceu a turma.* **2.** Ficar mudo; silenciar-se: *O papagaio emudeceu; Todos se emudeceram para ouvir a música.*

enamorar e.na.mo.**rar** *verbo* **1.** Inspirar amor a: *Sua beleza e simpatia enamoraram o rapaz.* **2.** Apaixonar-se: *Enamorou-se da moça logo que a viu.*

encabulado

encabulado en.ca.bu.**la**.do *adjetivo* Que encabula ou encabulou; envergonhado: *Ficou encabulado quando teve que falar à turma.*

encabular en.ca.bu.**lar** *verbo* Envergonhar(-se), acanhar(-se): *Os elogios encabularam a jovem; É um menino tímido, que (se) encabula facilmente.*

encadernação en.ca.der.na.**ção** *substantivo feminino* **1.** Ação de encadernar, ou o resultado desta ação. **2.** A capa de um livro encadernado: *O livro tinha uma bela encadernação.* [Plural: *encadernações.*]

encadernar en.ca.der.**nar** *verbo* Juntar os cadernos ou as folhas de um livro, formando um volume ao qual se dá uma capa, geralmente dura, coberta com pano, couro, papel, etc.

encaixar en.cai.**xar** *verbo* **1.** Meter uma peça em outra preparada para recebê-la: *Encaixei todas as peças do quebra-cabeça.* **2.** Estar no encaixe; inserir-se: *Algumas das peças do brinquedo não (se) encaixam.*

encaixe en.**cai**.xe *substantivo masculino* **1.** Ação de encaixar, ou o resultado desta ação. **2.** Espaço para receber parte que encaixa: *O encaixe desta corrente está enferrujado.*

encaixotar en.cai.xo.**tar** *verbo* Recolher em caixa ou em caixote: *Júlio encaixotou alguns de seus livros.*

encalhar en.ca.**lhar** *verbo* **1.** Parar de flutuar: *O barco encalhou na parte rasa do rio.* **2.** Ficar parado; não ter continuidade: *O projeto encalhou porque ninguém se interessou pelo plano.* **3.** Não vender: *Publicaram 3.000 exemplares, mas eles encalharam.*

encaminhar en.ca.mi.**nhar** *verbo* **1.** Pôr no bom caminho; orientar: *Pediu aos professores que encaminhassem o seu filho.* **2.** Fazer com que algo avance numa determinada direção: *Encaminhou o projeto para a aprovação do presidente.* **3.** Tomar certo rumo ou direção: *Encaminhou-se para a saída.*

encaracolado

encanador en.ca.na.**dor** (ô) *substantivo masculino* Homem que conserta encanamentos de água, fogões, etc.; bombeiro.

encanamento en.ca.na.**men**.to *substantivo masculino* Conjunto de canos para distribuição de líquido ou de gás.

encanar en.ca.**nar** *verbo* Conduzir por cano ou canal; canalizar: *Furou um poço e encanou a água.*

encantado en.can.**ta**.do *adjetivo* **1.** Que se encantou; enfeitiçado. **2.** Fascinado, maravilhado: *Ele é um grande pianista, e estamos encantados com a sua apresentação.*

encantador en.can.ta.**dor** (ô) *adjetivo* Que seduz, atrai, ou causa prazer: *Tem uma voz encantadora; É uma pessoa encantadora.*

encantamento en.can.ta.**men**.to *substantivo masculino* **1.** Ação de encantar(-se), ou o resultado desta ação. **2.** Magia, feitiço; encanto: *lançar um encantamento sobre alguém.*

encantar en.can.**tar** *verbo* **1.** Lançar encantamento ou magia sobre; enfeitiçar: *Nesta história a feiticeira encanta a princesa.* **2.** Seduzir, maravilhar: *Encantou os visitantes com a sua gentileza.* **3.** Transformar-se em outro ser, por artes mágicas: *O príncipe encantou-se em um sapo.* **4.** Maravilhar-se: *Encantaram-se com a apresentação do ator.*

encanto en.**can**.to *substantivo masculino* **1.** Veja *encantamento* (2). **2.** Sedução; fascínio: *A voz é o seu maior encanto.*

encapar en.ca.**par** *verbo* Pôr capa em: *Encapei os meus livros da escola.*

encaracolado en.ca.ra.co.**la**.do *adjetivo* Enrolado em forma de caracol: *A menina tem cabelos encaracolados.*

encarar en.ca.rar *verbo* **1.** Olhar com atenção, na cara, nos olhos; olhar de frente: *Encarou o adversário com coragem.* **2.** Examinar, considerar, analisar: *Encarar um problema.* **3.** Enfrentar: *Encarou o ladrão, embora não tivesse arma.*

encardido en.car.di.do *adjetivo* Que se encardiu; sujo: *Usava roupas encardidas e tinha as mãos sujas.*

encardir en.car.dir *verbo* **1.** Sujar, ficando com cor escurecida ou amarelada. **2.** Lavar mal, sem tirar toda a sujeira: *A lavadeira encardiu a roupa por falta de cuidado.*

encarecer en.ca.re.cer *verbo* Tornar(-se) caro: *A seca prolongada encareceu os alimentos; Há menos carros nas ruas, porque a gasolina encareceu.*

encarregar en.car.re.gar *verbo* **1.** Dar certa tarefa a: *Encarregou o filho de entregar a carta.* **2.** Tomar como obrigação: *Encarreguei-me de fazer pessoalmente os convites.*

encéfalo en.cé.fa.lo *substantivo masculino* Conjunto dos centros nervosos contidos no crânio, e que formam o cérebro e seus anexos.

encenação en.ce.na.ção *substantivo feminino* **1.** Ação de encenar, ou o resultado desta ação. **2.** Espetáculo teatral: *Fizemos uma encenação da história de Branca de Neve e os Sete Anões.* [Plural: *encenações*.]

encenar en.ce.nar *verbo* Pôr em cena (um espetáculo); fazer a encenação (2) de: *Na festa de fim de ano encenamos um conto de Natal.*

encerar en.ce.rar *verbo* Passar cera em: *O rapaz encerou o carro e depois o lustrou.*

encerramento en.cer.ra.men.to *substantivo masculino* Ação de encerrar(-se), ou o resultado desta ação: *Faremos uma festa no encerramento das aulas.*

encerrar en.cer.rar *verbo* **1.** Pôr ou guardar em lugar que se fecha: *Encerraram o prisioneiro na cadeia; Encerraram o tesouro num cofre.* **2.** Conter, incluir: *Este livro encerra belas histórias.* **3.** Terminar: *As aulas (se) encerrarão na próxima semana.* **4.** Fechar-se: *Encerrou-se no quarto e não saiu mais.*

encharcar en.char.car *verbo* Encher(-se) de água: *A tempestade encharcou o pátio; Com as fortes chuvas as ruas se encharcaram.*

enchente en.chen.te *substantivo feminino* Grande abundância de água que cobre áreas geralmente secas; inundação: *A enchente arrasou a cidade.*

encher en.cher *verbo* **1.** Tornar(-se) cheio: *Encheu o copo; O tanque encheu-se rapidamente.* **2.** Ocupar, tomar completamente; preencher: *Está em provas e o estudo enche todo o seu tempo.* **3.** Dar ou fazer em grande quantidade; acumular: *Encheram-no de perguntas; O padrinho o enche de presentes.* **4.** Tornar-se gradualmente cheio: *A maré encheu.* **5.** Ser invadido por um sentimento: *Encheu-se de alegria ao voltar para casa.*

enciclopédia en.ci.clo.pé.di:a *substantivo feminino* Obra que procura reunir informações sobre todas as áreas do conhecimento, dispondo-as em verbetes geralmente em ordem alfabética.

encoberto en.co.ber.to *adjetivo* Que se encobriu; que está oculto, escondido: *O mato cresceu e deixou o jardim encoberto.*

encobrir en.co.brir *verbo* **1.** Esconder, ocultar: *O ladrão usava uma máscara que lhe encobria o rosto.* **2.** Dificultar a audição ou a visão de alguma coisa: *A trovoada encobriu os seus gritos; A névoa encobria a manhã.*

encolher en.co.lher *verbo* **1.** Fazer com que ocupe menos espaço: *Encolheu as pernas para dar passagem à menina.* **2.** Diminuir de dimensão: *O tecido encolheu depois de lavado.* **3.** Dobrar parte do corpo, contraindo-o: *Encolheu-se num canto, para não ser visto.*

encomenda en.co.men.da *substantivo feminino* **1.** Ação de encomendar, ou o resultado desta ação. **2.** Coisa encomendada: *A encomenda chegou pelo correio.*

encomendar

encomendar en.co.men.**dar** *verbo* **1.** Mandar fazer (obra, compra, etc.): *Mamãe encomendou o enxoval do bebê.* **2.** Dar como tarefa; encarregar: *O professor encomendou várias leituras para as férias.*

encontrão en.con.**trão** *substantivo masculino* Choque com alguém ou com alguma coisa: *Veio correndo e me deu um encontrão; Estava distraído e dei um encontrão na parede.* [Plural: *encontrões*.]

encontrar en.con.**trar** *verbo* **1.** Achar coisa, pessoa ou local, etc.: *Cheguei tarde e já não encontrei o meu amigo; Não consigo encontrar essa rua.* **2.** Descobrir: *Encontrou finalmente a solução do problema.* **3.** Achar em certo estado ou condição: *Encontrou a amiga doente; Espero encontrá-lo feliz.* **4.** Ir ter com alguém: *Saiu para encontrar o namorado.* **5.** Achar-se, situar-se, localizar-se: *O coração se encontra no tórax; O colégio se encontra no centro da cidade.*

encontro en.**con**.tro *substantivo masculino* Ação de encontrar-se, ou o resultado desta ação: *Não compareceu ao encontro.*

encorajar en.co.ra.**jar** *verbo* **1.** Dar coragem, ânimo a: *A professora encorajou-nos a disputar o prêmio.* **2.** Tomar coragem, ânimo: *O alpinista encorajou-se e começou a difícil escalada.*

encosta en.**cos**.ta *substantivo feminino* Lado inclinado de morro, montanha, etc.: *O desabamento de parte da encosta bloqueou a estrada.*

encostar en.cos.**tar** *verbo* **1.** Pôr junto; aproximar: *Encostou as cadeiras para dar mais espaço.* **2.** Fechar, sem trancar: *Encostou a porta por causa do barulho.* **3.** Firmar-se, apoiar-se: *Encostou-se na parede para não cair.*

encosto en.**cos**.to (côs) *substantivo masculino* Parte de móvel, como cadeira, banco, etc., em que alguém, ao se sentar, apoia as costas.

encravar en.cra.**var** *verbo* **1.** Fixar, pregar (cravo ou prego). **2.** Fixar-se, penetrando; ficar colocado ou enfiado no interior de algo: *O minério do ouro se encrava nas pedras.*

enfeite

encrenca en.**cren**.ca *substantivo feminino* **1.** Coisa ou situação difícil ou perigosa. **2.** Desordem, briga: *Meu pai diz que não gosta de encrenca.*

encruzilhada en.cru.zi.**lha**.da *substantivo feminino* Lugar onde se cruzam caminhos ou estradas.

encurtar en.cur.**tar** *verbo* Tornar curto, ou mais curto: *Fez uma bainha na saia para encurtá-la.*

endereçamento en.de.re.ça.**men**.to *substantivo masculino* Ação de endereçar, ou o resultado desta ação.

endereçar en.de.re.**çar** *verbo* **1.** Pôr endereço em: *O professor pediu-me que endereçasse vinte cartas.* **2.** Dirigir-se, encaminhar-se: *Mande seu irmão se endereçar a mim, que eu o ajudarei.*

endereço en.de.**re**.ço (rê) *substantivo masculino* As informações (nome de rua, número de casa ou de prédio, nome de cidade, etc.) que são necessárias para a localização de um imóvel: *Dei-lhe o endereço da minha casa, e ele deve estar chegando.* 🔊 **Endereço eletrônico.** O mesmo que *e-mail.*

endurecer en.du.re.**cer** *verbo* Tornar(-se) duro: *Os exercícios endureceram-lhe os músculos do braço; Com o frio, o chocolate endureceu.*

ene e.ne (ê) *substantivo masculino* A letra *n*.

energético e.ner.**gé**.ti.co *adjetivo* Relativo a energia, ou que a produz: *A energia eólica é uma fonte energética que não polui.*

energia e.ner.**gi**.a *substantivo feminino* **1.** Força física; vigor: *Está velho, e já não tem energia para trabalhos pesados.* **2.** Firmeza nos atos: *A polícia usou de energia para conter a briga entre os torcedores.* **3.** Força capaz de produzir trabalho, calor, movimento, etc.: *O carvão, o petróleo e o vento são fontes de energia.*

enfeitar en.fei.**tar** *verbo* **1.** Pôr enfeites em; adornar: *Os alunos enfeitaram a classe para a festa.* **2.** Adornar-se; embelezar-se: *Enfeitou-se para ir ao baile.*

enfeite en.**fei**.te *substantivo masculino* Aquilo que se põe em alguém ou em algo para o embelezar, valorizar, etc.; adorno: *Os enfeites da árvore de Natal são coloridos.*

185

enfeitiçar en.fei.ti.**çar** verbo **1.** Fazer mal a, usando feitiço: *Na história, a bruxa enfeitiçou o príncipe.* **2.** Seduzir, fascinar: *A sua beleza enfeitiçou o rapaz.*

enfermagem en.fer.**ma**.gem *substantivo feminino* A função de tratar de pessoas enfermas, ou que necessitam de cuidados especiais com a saúde. [Plural: *enfermagens*.]

enfermaria en.fer.ma.**ri**.a *substantivo feminino* Quarto em hospital, com várias camas, onde ficam internadas pessoas enfermas.

enfermeiro en.fer.**mei**.ro *substantivo masculino* Indivíduo que estudou enfermagem, para cuidar de enfermos ou de pessoas muito idosas.

enfermo en.**fer**.mo (ê) *adjetivo* **1.** Que está doente. ✓ *substantivo masculino* **2.** Aquele que está doente.

enferrujar en.fer.ru.**jar** verbo **1.** Fazer criar ferrugem: *A chuva enferrujou o portão.* **2.** Criar ferrugem: *As chaves enferrujaram(-se).*

enfiar en.fi.**ar** verbo **1.** Fazer passar (um fio) por um orifício: *Enfiou a linha na agulha para costurar.* **2.** Meter em fio: *Enfiou as contas para fazer um colar.* **3.** Vestir ou calçar: *Enfiou a calça e os sapatos.* **4.** Entrar em; penetrar: *Enfiou-se pelo mato.*

enfileirar en.fi.lei.**rar** verbo **1.** Pôr em fileira: *Enfileirou os alunos para a chamada.* **2.** Dispor-se em fileira; alinhar-se: *Todos se enfileiraram para receber a merenda.*

enfim en.**fim** *advérbio* Por fim; finalmente: *Conseguiu, enfim, o que tanto queria.*

enforcar en.for.**car** verbo **1.** Matar por asfixia, geralmente com corda: *Enforcaram Tiradentes em 21 de abril de 1792.* **2.** Suicidar-se, por asfixia, com corda, etc.

enfraquecer en.fra.que.**cer** verbo **1.** Fazer perder as forças: *A má alimentação enfraquece as pessoas.* **2.** Perder as forças; debilitar-se: *Esteve vários dias doente, e (se) enfraqueceu.*

enfrentar en.fren.**tar** verbo **1.** Atacar de frente: *Os soldados enfrentaram o inimigo.* **2.** Travar disputa esportiva: *O Flamengo enfrentou o Vasco.* **3.** Não fugir a situação ou coisa difícil: *Perdeu-se na floresta e teve de enfrentar a fome.*

enfurecer en.fu.re.**cer** verbo **1.** Tornar furioso; encher de furor: *O mau comportamento de João enfureceu seus pais.* **2.** Ficar furioso; encher-se de furor: *Os dois se enfureceram e começaram a brigar.*

enganar en.ga.**nar** verbo **1.** Fazer acreditar em algo que não é verdadeiro; iludir: *Conseguiu enganar o comprador e vendeu-lhe a mercadoria estragada.* **2.** Cometer erro ou engano: *Enganou-se e me deu o troco errado.*

engano en.**ga**.no *substantivo masculino* Falta de verdade ou de correção naquilo que se diz, faz, crê ou pensa; erro, equívoco: *O engano do guia fez com que todos se perdessem; Um engano nas contas causou um grande prejuízo.*

engarrafamento en.gar.ra.fa.**men**.to *substantivo masculino* Ação de engarrafar, ou o resultado desta ação.

engarrafar en.gar.ra.**far** verbo **1.** Meter em garrafa: *Engarrafou o suco de laranja.* **2.** Dificultar a locomoção de veículos, pessoas, etc. em determinado local, causando bloqueio: *Vários ônibus pararam, engarrafando a rua.*

engasgar en.gas.**gar** verbo **1.** Produzir obstrução da garganta: *Uma espinha de peixe o engasgou.* **2.** Dificultar a fala de: *Interrompeu o discurso porque a emoção o engasgou.* **3.** Ter engasgo; entalar-se: *Foi comer depressa demais e engasgou(-se).*

engatinhar en.ga.ti.**nhar** verbo Arrastar-se com as mãos e os joelhos apoiados no chão: *Antes de aprender a andar, o bebê engatinha.*

engenharia en.ge.nha.ri.a *substantivo feminino* A profissão exercida pelo engenheiro.

engenheiro en.ge.**nhei**.ro *substantivo masculino* Pessoa que usa os seus conhecimentos científicos para fazer coisas práticas, como construir edifícios, pontes, represas, extrair combustíveis, desenhar máquinas, etc.

engenho en.**ge**.nho *substantivo masculino* **1.** Capacidade de criar, realizar, produzir. **2.** Qualquer máquina ou aparelho. **3.** Local em que se cultiva cana-de-açúcar. **4.** Aparelho para moer cana-de-açúcar.

engessar en.ges.**sar** *verbo* **1.** Cobrir de gesso: *Mandaram engessar os muros do colégio.* **2.** Colocar gesso sobre um membro, para imobilizá-lo: *João quebrou o braço e teve de engessá-lo.*

engolir en.go.**lir** *verbo* Fazer passar da boca para o estômago; ingerir: *Devemos mastigar bem os alimentos, antes de engoli-los.*

engordar en.gor.**dar** *verbo* **1.** Tornar gordo: *O excesso de açúcar engorda as pessoas.* **2.** Ficar gordo: *Come demais, e por isso engordou.*

engordurar en.gor.du.**rar** *verbo* Untar(-se) ou sujar(-se) com gordura: *Antes de pôr o frango para assar, engordurou o tabuleiro; Para não engordurar os copos, tirou-os de dentro da pia.*

engraçado en.gra.**ça**.do *adjetivo* Que faz rir; cômico: *Meu avô conta histórias engraçadas.*

engraxar en.gra.**xar** *verbo* Passar graxa em, e esfregá-la, para ficar lustroso: *Desde pequeno aprendi a engraxar sapatos.*

engraxate en.gra.**xa**.te *substantivo de dois gêneros* Pessoa cuja profissão é engraxar sapatos.

engrossar en.gros.**sar** *verbo* **1.** Tornar grosso, ou mais grosso: *Mamãe usou mais farinha para engrossar a sopa.* **2.** Tomar maior volume: *Com as chuvas, as águas do rio engrossaram.*

enguia en.**gui**.a *substantivo feminino* Peixe de corpo fino e longo, de carne apreciada.

enguiçar en.gui.**çar** *verbo* **1.** Fazer parar de funcionar: *A gasolina de má qualidade enguiçou o motor do carro.* **2.** Parar de funcionar: *Todos os passageiros tiveram de descer, pois o ônibus enguiçou.*

enigma e.**nig**.ma *substantivo masculino* Coisa inexplicável; mistério: *A pergunta: quem nasceu primeiro, o ovo ou a galinha? é um enigma.*

enjoar en.jo.**ar** *verbo* **1.** Causar enjoo (a alguém): *O balanço do navio enjoou vários passageiros; O cheiro das frutas podres enjoava.* **2.** Sentir enjoo: *Maria nunca enjoa quando anda de ônibus.*

enjoo en.**jo**.o *substantivo masculino* Náusea geralmente acompanhada de tontura e vômito.

enlatado en.la.**ta**.do *adjetivo* **1.** Conservado em lata: *Os alimentos enlatados têm um prazo de validade.* ✓ *substantivo masculino* **2.** Comestível enlatado: *Não coma enlatados que estejam fora do prazo de validade.*

enlouquecer en.lou.que.**cer** *verbo* **1.** Fazer ficar louco: *Os dias passados na prisão quase o enlouqueceram.* **2.** Ficar louco: *Enlouqueceu com o incêndio de sua casa.*

enorme e.**nor**.me *adjetivo de dois gêneros* **1.** De grande tamanho: *Mora numa casa enorme.* **2.** De muita gravidade; muito sério: *Teve um sofrimento enorme com a morte da mãe; Praticou um crime enorme.*

enquanto en.**quan**.to *conjunção* **1.** No tempo em que; quando: *Aprendeu natação enquanto era criança, e hoje é um grande nadador.* **2.** Durante o tempo em que: *Enquanto minha irmã brincava, eu estudava sem parar.* **Por enquanto.** Neste momento, por agora: *Esteve doente, e não pode sair por enquanto.*

enrascada en.ras.**ca**.da *substantivo feminino* Embaraço, aperto: *Viu-se numa enrascada quando teve de explicar a sua ausência.*

enredo

enredo en.**re**.do (rê) *substantivo masculino* O conjunto dos acontecimentos que entram na composição de uma história, conto, novela, peça teatral, filme, etc.: *Este filme tem um enredo emocionante, passado numa ilha deserta.*

enriquecer en.ri.que.**cer** *verbo* **1.** Fazer ficar rico: *As minas de ouro que encontrou o enriqueceram.* **2.** Desenvolver: *As boas leituras enriquecem nossos conhecimentos.* **3.** Ficar rico: *Enriqueceu depois de trabalhar toda a vida.*

enrolar en.ro.**lar** *verbo* **1.** Dar forma de rolo a: *Enrolam folhas de tabaco para fazer charutos.* **2.** Envolver(-se): *Enrolou a criança na manta; Enrolou-se num cobertor.* **3.** Embrulhar, empacotar: *Enrolou o presente em papel de seda.* **4.** Enganar: *A empresa foi punida por enrolar os consumidores.* **5.** Ficar embaraçado, atrapalhado: *Enrolou-se ao dizer a mentira.*

enrugar en.ru.**gar** *verbo* **1.** Tornar marcado de rugas; encher de rugas: *O frio e o vento costumam enrugar a pele.* **2.** Cobrir-se de rugas: *Não é tão velho, mas já enrugou; Enrugou-se ainda nova.*

ensaboar en.sa.bo.**ar** *verbo* **1.** Lavar com sabão: *A lavadeira ensaboou a roupa, mas não teve tempo de enxaguá-la.* **2.** Passar sabão no próprio corpo: *Ensaboou-se, e só então viu que faltava água.*

ensaiar en.sai.**ar** *verbo* **1.** Submeter algo a uma primeira utilização ou demonstração, para testar as características que deve apresentar: *Santos Dumont ensaiou inúmeros voos em balões antes de inventar o avião.* **2.** Realizar repetidas vezes, para aprender: *Ensaiamos a peça de teatro o mês inteiro.* **3.** Experimentar; tentar: *Esta criança já ensaiou os primeiros passos.*

entanto

ensaio en.**sai**.o *substantivo masculino* **1.** Experiência para verificar as qualidades ou as propriedades de algo, ou a maneira de utilizá-lo: *Fizeram um ensaio com o novo motor, e o aprovaram.* **2.** Ação de ensaiar (2), ou o resultado desta ação: *O ensaio durou várias horas.* **3.** Tentativa: *Arrependeu-se, e fez um ensaio de desculpas.*

enseada en.se.**a**.da *substantivo feminino* Pequena baía na costa de mar, lago ou rio.

ensinamento en.si.na.**men**.to *substantivo masculino* **1.** Ação de ensinar, ou o resultado desta ação; ensino. **2.** O conjunto dos conhecimentos a serem ensinados; lição: *Seguirei os ensinamentos do meu mestre.* **3.** Exemplo: *Recebeu o castigo merecido, e que isto lhe sirva de ensinamento.*

ensinar en.si.**nar** *verbo* **1.** Transferir a alguém ensinamentos sobre algo: *O dever do professor é ensinar os alunos.* **2.** Ministrar o ensino de: *Aquele professor ensina Matemática à turma da tarde.* **3.** Adestrar, treinar: *Ensina animais.*

ensino en.**si**.no *substantivo masculino* Transmissão de conhecimentos; instrução.

ensolarado en.so.la.**ra**.do *adjetivo* Iluminado pelo Sol: *Aproveitou a tarde ensolarada para passear na praia.*

ensopar en.so.**par** *verbo* Molhar(-se) muito; encharcar(-se): *A chuva caiu de repente e nos ensopou; Ensopou-se porque não tinha guarda-chuva.*

entalar en.ta.**lar** *verbo* O mesmo que *engasgar* (3): *Entalou-se com miolo de pão.*

entanto en.**tan**.to *advérbio* Usado na locução 🔊 **No entanto.** Mas, porém, contudo: *Pediu-me que o acompanhasse; no entanto, não esperou por mim.*

então | entrega

então en.**tão** *advérbio* **1.** Nesse ou naquele tempo: *Procurei-o, mas não o encontrei então.* **2.** Em tal caso.

entardecer en.tar.de.**cer** *verbo* Ir caindo a tarde: *No inverno entardece mais cedo.*

enteado en.te.**a**.do *substantivo masculino* O filho de casamento anterior em relação ao cônjuge atual de seu pai ou de sua mãe.

entediar en.te.di.**ar** *verbo* Aborrecer(-se), cansar (-se): *O longo discurso do político entediava os ouvintes; O menino entediou-se e saiu da festa.*

entender en.ten.**der** *verbo* **1.** Perceber ou reter pela inteligência; compreender: *É muito inteligente: entende tudo o que lhe ensinam.* **2.** Perceber a razão de: *Não entendi por que ele não quis ficar na festa.* **3.** Ser hábil ou perito em: *Ele entende de mecânica, vai consertar a máquina.* **4.** Ter entendimento mútuo; compreender-se: *Os dois se entendem, tudo irá bem.*

entendimento en.ten.di.**men**.to *substantivo masculino* **1.** Ação de entender(-se), ou o resultado desta ação; faculdade de compreender: *Sem entendimento não poderá haver concordância.* **2.** Opinião: *No meu entendimento, você está errado.*

enterrar en.ter.**rar** *verbo* **1.** Pôr debaixo da terra: *Enterraram as sementes para que brotassem.* **2.** Encerrar em túmulo; sepultar: *Enterraram os combatentes no campo de batalha.* **3.** Ocultar sob a terra: *Os piratas enterraram o tesouro.* **4.** Cravar ou espetar profundamente: *Enterraram os pregos.*

enterro en.**ter**.ro (têr) *substantivo masculino* O mesmo que **funeral** (2): *Todos os amigos compareceram ao enterro.*

entoar en.to.**ar** *verbo* O mesmo que *cantar*: *Todos entoaram a canção de despedida.*

entonação en.to.na.**ção** *substantivo feminino* Maneira de emitir um som vocal. [Plural: *entonações*.]

entornar en.tor.**nar** *verbo* Derramar, verter: *Eni entornou o café velho na pia.*

entortar en.tor.**tar** *verbo* **1.** Tornar torto, empenar: *A exposição ao sol entortou a madeira.* **2.** Tornar-se torto; empenar-se: *O tampo da mesa entortou(-se).*

entrada en.**tra**.da *substantivo feminino* **1.** Ação de entrar, ou o resultado desta ação: *a entrada da noiva na igreja.* **2.** Ingresso para entrar num local: *Comprei duas entradas de cinema.* **3.** Abertura, com ou sem porta ou tampo, que permite o acesso a um lugar: *Na entrada da casa há duas colunas; A entrada do túnel foi cavada na pedra.* **4.** Abertura, boca: *A entrada de um buraco.* **5.** O primeiro pagamento que se faz, em uma conta parcelada: *Papai já pagou a entrada do novo apartamento.* **6.** Expedição de caráter oficial que, no período colonial do Brasil, geralmente partia do litoral para explorar o interior: *As entradas e bandeiras eram chefiadas por bandeirantes.*

entrar en.**trar** *verbo* **1.** Passar de fora para dentro: *Como já anoitecia, a mãe lhe disse que entrasse.* **2.** Passar através de; penetrar: *Neste ponto, as águas do rio entram no solo.* **3.** Introduzir-se: *O botão entra na casa.* **4.** Ser parte componente: *Neste prato entra cebola.*

entre en.**tre** *preposição* **1.** Indica a relação de lugar num espaço: *Sentou-se entre o pai e a mãe.* **2.** Indica o espaço que vai de um lugar a outro: *Este ônibus circula entre Rio e São Paulo.* **3.** Indica o espaço que separa as coisas umas das outras: *O pomar fica entre a casa e o rio.* **4.** Indica intervalo de tempo: *O pagamento vence entre o dia 20 e o dia 30 de cada mês.* **5.** Indica relação recíproca: *Discutiram entre si; Há pouca diferença de idade entre um e outro.*

entrega en.**tre**.ga *substantivo feminino* **1.** Ação de entregar(-se), ou o resultado desta ação: *A entrega do prêmio será ao meio-dia.* **2.** A coisa entregue: *Recebi a entrega do supermercado.*

entregador en.tre.ga.**dor** (ô) *substantivo masculino* Aquele que entrega mercadorias, refeições, etc.

entregar en.tre.**gar** *verbo* **1.** Passar às mãos, ou à posse de alguém: *Ao partir, entregou as chaves da casa.* **2.** Dar de volta; devolver: *Entregou as joias que tomara emprestadas.* **3.** Trair, denunciando: *Entregou o cúmplice para receber uma pena mais branda.* **4.** Dedicar-se inteiramente: *Desde criança, entrega-se a boas leituras.* **5.** Render-se: *Entregou-se quando acabou a munição.*

entrelaçamento en.tre.la.ça.**men**.to *substantivo masculino* Ação de entrelaçar(-se), ou o resultado desta ação.

entrelaçar en.tre.la.**çar** *verbo* Juntar(-se), colocando(-se) uns por entre os outros: *Maria entrelaçou os dedos das mãos; Os ramos das duas árvores entrelaçaram-se.*

entretanto en.tre.**tan**.to *conjunção* Contudo, no entanto: *Estudou muito, entretanto não tirou boa nota.*

entretenimento en.tre.te.ni.**men**.to *substantivo masculino* **1.** Ação de entreter(-se), ou o resultado desta ação. **2.** Aquilo que entretém ou distrai; distração: *Há vários entretenimentos a bordo deste navio.*

entreter en.tre.**ter** *verbo* **1.** Desviar a atenção de; distrair: *Entreteve o dono da casa enquanto o cúmplice roubava.* **2.** Divertir com recreação: *O palhaço entreteve as crianças na festa.* **3.** Servir de distração ou de recreação: *Este é um jogo que entretém.* **4.** Divertir-se, recrear-se: *Entreteve-se jogando baralho.*

entrevista en.tre.**vis**.ta *substantivo feminino* Conversa com alguém, visando a obter dados, declarações, opiniões para divulgação por jornal, rádio, televisão, etc.: *A entrevista com o Presidente da República durou 30 minutos.*

entrevistar en.tre.vis.**tar** *verbo* Fazer entrevista com alguém: *Os repórteres entrevistaram a cantora após o show.*

entristecer en.tris.te.**cer** *verbo* **1.** Tornar triste; afligir, magoar: *O mau comportamento do filho o entristeceu.* **2.** Ficar triste; afligir-se, magoar-se: *Entristeceu-se com a dolorosa notícia.*

entrosamento en.tro.sa.**men**.to *substantivo masculino* Boa combinação entre os diversos elementos: *Para o time jogar bem é necessário haver entrosamento entre os jogadores.*

entulhar en.tu.**lhar** *verbo* **1.** Encher de entulho: *Entulhou a frente da casa com galhos e folhas.* **2.** Encher-se: *No carnaval, as ruas se entulham de pessoas.*

entulho en.**tu**.lho *substantivo masculino* **1.** Restos inúteis de material acumulados durante construção ou demolição de prédio. **2.** Resto de qualquer coisa.

entupimento en.tu.pi.**men**.to *substantivo masculino* Ação de entupir, ou o resultado desta ação.

entupir en.tu.**pir** *verbo* **1.** Fazer obstruir, ou obstruir, vedando passagem: *A gordura entupiu o cano da pia; Com os detritos, o ralo entupiu(-se).* **2.** Fazer ficar, ou ficar cheio ou abarrotado: *A multidão entupiu as ruas; Comeram demais, e se entupiram.*

entusiasmado en.tu.si.as.**ma**.do *adjetivo* Cheio de entusiasmo: *A plateia entusiasmada aplaudiu de pé o pianista.*

entusiasmar en.tu.si.as.**mar** *verbo* **1.** Encher de entusiasmo; animar: *A ideia da excursão entusiasmou os alunos.* **2.** Encher-se de entusiasmo: *Entusiasmou-se quando soube que ganhou o prêmio.*

entusiasmo en.tu.si.**as**.mo *substantivo masculino* Sentimento de forte excitação e interesse provocado por algo ou por alguém: *A vitória da seleção causou entusiasmo no país inteiro.*

enumeração e.nu.me.ra.**ção** *substantivo feminino* Indicação de coisas uma por uma: *O professor pediu que fizéssemos a enumeração das nossas preferências.* [Plural: *enumerações.*]

enumerar e.nu.me.**rar** *verbo* Fazer a enumeração de: *Enumerou todos os seus amigos.*

enunciado / enxotar

enunciado e.nun.ci.**a**.do *substantivo masculino* O texto de um problema ou exercício escolar: *Ao ler o enunciado, percebi que o problema era muito difícil.*

envelhecer en.ve.lhe.**cer** *verbo* Tornar(-se) velho ou mais velho: *A doença envelheceu o meu avô; João envelheceu muito, com a perda da esposa.*

envelope en.ve.**lo**.pe *substantivo masculino* Invólucro para enviar ou guardar correspondência, documento ou qualquer outro impresso.

envenenar en.ve.ne.**nar** *verbo* **1.** Dar veneno com a intenção de matar: *No filme, um homem é preso por tentar envenenar o rei.* **2.** Contaminar com veneno: *Os agrotóxicos envenenam os alimentos.* **3.** Tomar veneno para matar-se.

envergadura en.ver.ga.**du**.ra *substantivo feminino* A distância de uma a outra ponta das asas abertas duma ave: *O gavião tem cerca de 60 centímetros de envergadura.*

envergonhar en.ver.go.**nhar** *verbo* **1.** Causar vergonha a: *O mau comportamento do menino envergonhou os pais.* **2.** Ter vergonha: *Envergonhou-se quando a convidaram para dançar.*

enviar en.vi.**ar** *verbo* **1.** Fazer algo ou alguém chegar a um destino ou a um destinatário: *Enviou os convites do casamento; Enviou o filho para desculpar-se comigo.* **2.** Fazer chegar ao conhecimento de alguém: *Há dias não nos envia notícias.* **3.** Ordenar que vá; mandar: *Os inimigos enviaram um mensageiro pedindo paz.*

envio en.**vi**.o *substantivo masculino* Ação de enviar, ou o resultado desta ação: *O envio da correspondência é feito diariamente.*

envolver en.vol.**ver** *verbo* **1.** Cobrir totalmente com algo; embrulhar, enrolar: *Envolveu a criança no cobertor.* **2.** Passar os braços em volta de: *Envolveu o filho num abraço.* **3.** Cobrir-se, enrolar-se: *Envolveu-se numa manta.* **4.** Tomar parte: *Envolveu-se na briga, e está com problemas.*

envolvimento en.vol.vi.**men**.to *substantivo masculino* **1.** Ação de envolver(-se), ou o resultado desta ação. **2.** Relação que envolve amizade ou amor: *O envolvimento dos dois jovens resultou em noivado.*

enxada en.**xa**.da *substantivo feminino* Instrumento para capinar ou remexer a terra: *Os lavradores trabalham com enxadas.*

enxaguar en.xa.**guar** *verbo* Passar em água para retirar o sabão: *As lavadeiras enxáguam a roupa; Enxaguou-se e, então, secou o corpo com a toalha.*

enxame en.**xa**.me *substantivo masculino* **1.** O conjunto das abelhas de uma colmeia. **2.** Multidão de gente, ou de animais: *Há um enxame de alunos aguardando os resultados dos exames.*

enxaqueca en.xa.**que**.ca (quê) *substantivo feminino* Dor de cabeça muito forte, às vezes com náusea e vômito.

enxergar en.xer.**gar** *verbo* **1.** Perceber com os olhos: *A forte neblina não o deixava enxergar a estrada.* **2.** Alcançar com a vista o que está longe: *Da minha janela enxergo o Corcovado.* **3.** Reparar em algo; notar, perceber: *Não conseguiu fazer com que ele enxergasse o seu erro.*

enxertar en.xer.**tar** *verbo* Fazer enxerto em: *enxertar uma laranjeira; O médico enxertou pele da coxa no braço do paciente.*

enxerto en.**xer**.to (xêr) *substantivo masculino* **1.** Método para cultivar uma nova planta pela introdução de uma parte de uma planta em outra. **2.** A planta enxertada: *O enxerto deu uma roseira de flores dobradas.* **3.** Tecido ou órgão animal que é implantado em outro.

enxotar en.xo.**tar** *verbo* Espantar, expulsar: *Enxotou as galinhas da varanda de sua casa.*

enxoval en.xo.**val** *substantivo masculino* O conjunto de peças de roupas e de objetos de quem se casa, ou de recém-nascido, etc. [Plural: *enxovais*.]

enxugar en.xu.**gar** *verbo* **1.** Tirar a umidade de; secar: *Enxugamos as mãos, após lavá-las*. **2.** Perder a umidade; secar(-se): *Nos dias quentes a roupa lavada (se) enxuga depressa*.

enxurrada en.xur.**ra**.da *substantivo feminino* Grande quantidade de água que corre com muita força, depois de um temporal.

eólico e.**ó**.li.co *adjetivo* **1.** Do vento, ou relativo a ele: *força eólica*. **2.** Movido ou produzido pela ação do vento: *Os motores eólicos não poluem o ambiente*.

epidemia e.pi.de.**mi**.a *substantivo feminino* Aparição e propagação de uma doença que ocorre ao mesmo tempo, e numa mesma localidade, em grande número de pessoas ou animais.

epidêmico e.pi.**dê**.mi.co *adjetivo* De, ou relativo a epidemia: *As doenças epidêmicas são difíceis de controlar*.

epiderme e.pi.**der**.me *substantivo feminino* A camada mais externa da pele.

episódio e.pi.**só**.di:o *substantivo masculino* **1.** Ação ligada à principal, numa obra literária ou artística: *Nesta peça de teatro há vários episódios cômicos*. **2.** Caso, fato: *Papai contou-me muitos episódios de sua infância*.

época **é**.po.ca *substantivo feminino* **1.** Período em que ocorre, ou em que se desenvolve algo importante: *Os primeiros voos de avião marcaram uma época nos meios de transporte*. **2.** Período, fase, tempo: *Na época da infância eu passava as férias no sítio de meu avô*.

equador e.qua.**dor** (ô) *substantivo masculino* **1.** O círculo maior da esfera terrestre, perpendicular ao seu eixo de rotação: *O equador está situado a igual distância dos polos*. **2.** Região que compreende a zona equatorial: *Os países situados no equador são os de clima mais quente da Terra*.

equatorial e.qua.to.ri.**al** *adjetivo de dois gêneros* Do, ou relativo ao equador: *A zona equatorial fica compreendida entre os dois trópicos*. [Plural: *equatoriais*.]

equilibrar e.qui.li.**brar** *verbo* **1.** Pôr em equilíbrio: *Ao colocar mais um quilo de feijão, equilibrou a balança*. **2.** Manter em equilíbrio; compensar: *Procura equilibrar seus defeitos com suas qualidades*. **3.** Pôr-se em equilíbrio: *Equilibrou-se no trapézio*.

equilíbrio e.qui.**lí**.bri:o *substantivo masculino* **1.** Estado daquilo que está submetido a forças que se compensam: *o equilíbrio dos pratos de uma balança*. **2.** Posição vertical estável: *Manteve o equilíbrio durante toda a exibição*. **3.** Proporção justa entre coisas opostas, e o estado de estabilidade ou de harmonia que dela resulta: *É preciso manter o equilíbrio econômico entre as nações*. **4.** Estabilidade mental e emocional: *É necessário um homem de equilíbrio para governar o país*.

equilibrista e.qui.li.**bris**.ta *substantivo de dois gêneros* Artista que se equilibra em cordas de aço, trapézios, etc.: *O equilibrista cruzou o espaço que separa os dois edifícios a 20 metros de altura*.

equino e.**qui**.no (qüi) *adjetivo* **1.** Relativo a cavalo. ✓ *substantivo masculino* **2.** Animal equino.

equipamento e.qui.pa.**men**.to *substantivo masculino* Tudo aquilo que serve para equipar: *Os montanhistas precisam de um grande equipamento*.

equipar e.qui.**par** *verbo* **1.** Fornecer material necessário a determinada atividade: *Antes da batalha, o comandante equipou os soldados*. **2.** Prover (uma embarcação) com os aparelhos necessários para o seu deslocamento, manobras, defesa, etc.: *Os conquistadores equiparam as suas caravelas para longas viagens*.

equipe e.qui.pe *substantivo feminino* Grupo de pessoas que participam juntas de uma competição esportiva, ou se aplicam a uma tarefa: *A nossa equipe de futebol ganhou o campeonato; A experiência química foi feita por uma equipe de cientistas.*

equivalência e.qui.va.lên.ci.a *substantivo feminino* Qualidade daquilo que é equivalente.

equivalente e.qui.va.len.te *adjetivo de dois gêneros* De igual valor, força, peso, etc.: *Os dois lutadores têm força equivalente; Quinhentos gramas é equivalente a meio quilo.*

equivaler e.qui.va.ler *verbo* Ser igual em valor, força, peso, etc.: *Um real equivale a cem centavos; São ambos meninos inteligentes, os dois (se) equivalem.*

equivocar-se e.qui.vo.car-se *verbo* Cometer equívoco ou engano; enganar-se; errar: *Equivocou-se na soma.*

equívoco e.quí.vo.co *substantivo masculino* O mesmo que **engano**: *Na prova, cometeu alguns equívocos.*

erguer er.guer *verbo* **1.** Colocar em lugar alto ou mais alto; levantar: *O náufrago ergueu os braços para o céu, agradecendo a Deus.* **2.** Construir, edificar: *Os colonizadores ergueram igrejas nos lugares conquistados.* **3.** Fazer soar alto: *Ergueu a voz para ser melhor ouvido.* **4.** Pôr-se em pé; levantar-se: *Todos os alunos se ergueram quando o diretor entrou na sala.* **5.** Aparecer, surgir: *O Sol ergueu-se e todos seguiram viagem.*

erosão e.ro.são *substantivo feminino* Desgaste da superfície terrestre pela ação das águas correntes, dos ventos, do movimento das geleiras e dos mares: *O desmatamento deixa o solo sujeito a erosão.* [Plural: *erosões*.]

erradicar er.ra.di.car *verbo* **1.** Arrancar pela raiz: *Erradicaram o mato e prepararam o terreno para a lavoura.* **2.** Eliminar: *A varíola foi erradicada em todo o mundo.*

errado er.ra.do *adjetivo* **1.** Que tem erro: *A professora corrigiu as questões erradas.* **2.** Que não é certo ou adequado: *Falar muito alto é um comportamento errado.* **3.** Que não segue a direção correta: *Chegou tarde porque tomou o caminho errado.*

errar er.rar *verbo* **1.** Cometer erro ou engano; enganar-se: *Foi reprovado porque errou muitas questões; Errou de endereço e entrou na casa vizinha.* **2.** Cometer erros, faltas ou enganos em relação a si mesmo, a algo ou alguém: *Errou muito, mas corrigiu-se.*

erre er.re *substantivo masculino* A letra r.

erro er.ro (ê) *substantivo masculino* Falta de correção; engano: *Seu trabalho tinha muitos erros.*

erupção e.rup.ção *substantivo feminino* **1.** Saída com ímpeto: *a erupção das lavas de um vulcão.* **2.** Aparecimento súbito, na pele, de manchas avermelhadas e de empolas: *Muitas alergias causam erupção.* [Plural: *erupções*.]

erva er.va *substantivo feminino* Planta não lenhosa cujas partes aéreas vivem menos de um ano: *Há ervas que curam doenças.*

erva-doce er.va-do.ce *substantivo feminino* Erva aromática, com ramos finos e numerosos e flores amareladas. [Plural: *ervas-doces*.]

erva-mate er.va-ma.te *substantivo feminino* Árvore de cujas folhas se faz o mate (3); mate: *O chimarrão se faz com a erva-mate.* [Plural: *ervas-mates* e *ervas-mate*.]

ervilha er.vi.lha *substantivo feminino* **1.** Planta trepadeira cujas vagens e sementes são comestíveis. **2.** Essa vagem ou semente.

esbaforido es.ba.fo.ri.do *adjetivo* Ofegante pelo cansaço: *Veio correndo para não se atrasar, e chegou esbaforido.*

esbanjar es.ban.jar *verbo* O mesmo que **desperdiçar** (1): *Esbanjou o dinheiro da herança e ficou sem nada.*

esbarrar es.bar.rar *verbo* **1.** Chocar-se com alguém ou com algo: *Esbarrou no vaso e derrubou-o.* **2.** Ficar diante de uma dificuldade: *Consulta o dicionário, sempre que esbarra numa palavra difícil.*

esbelto

esbelto es.**bel**.to *adjetivo* Magro e elegante.

esboçar es.bo.**çar** *verbo* **1.** Fazer o esboço de: *Esboçou o retrato da irmã.* **2.** Imaginar: *Esboçou um plano de fuga.*

esboço es.**bo**.ço (bô) *substantivo masculino* **1.** O conjunto dos traços iniciais de um desenho, de uma obra de arte: *Trouxe o esboço do retrato para pintá-lo nas férias.* **2.** Qualquer trabalho inicial: *Este é somente o esboço do projeto.*

esbugalhado es.bu.ga.**lha**.do *adjetivo* Diz-se de olho muito saliente, ou muito aberto: *O medo deixou-o com os olhos esbugalhados.*

esburacado es.bu.ra.**ca**.do *adjetivo* Cheio de buracos: *A chuva entrava pelo teto esburacado.*

escada es.**ca**.da *substantivo feminino* Série de degraus para subir e descer: *A casa tem uma escada muito íngreme.*

escadaria es.ca.da.**ri**.a *substantivo feminino* Escada longa: *Subimos uma escadaria e chegamos ao local da festa.*

escala es.**ca**.la *substantivo feminino* **1.** Linha graduada que indica a relação das dimensões ou distâncias marcadas sobre mapa, etc., com as dimensões ou distâncias reais: *Na escala deste mapa, cada 1cm corresponde a 300km.* **2.** Lugar de parada de avião, navio, etc., entre o local de partida e o de chegada: *Este avião voa do Rio a Paris sem escalas.* 🌐 **Escala Celsius.** Escala de medida de temperatura com dois pontos fixos: o *0* (zero), na temperatura de fusão do gelo, e o *100* (cem), na temperatura de ebulição da água.

escalada es.ca.**la**.da *substantivo feminino* Ação de escalar, ou o resultado desta ação: *A escalada da montanha durou todo o dia.*

escarpa

escalar es.ca.**lar** *verbo* Subir a lugar íngreme: *Nas férias irei escalar o Pão de Açúcar.*

escama es.**ca**.ma *substantivo feminino* Cada uma das pequenas lâminas que recobrem a pele de muitos peixes e de alguns répteis.

escancarar es.can.ca.**rar** *verbo* Abrir(-se) inteiramente: *escancarar as janelas; As portas se escancararam com o vendaval.*

escandalizar es.can.da.li.**zar** *verbo* **1.** Causar escândalo a: *Suas respostas atrevidas escandalizaram os colegas.* **2.** Ser tomado de escândalo, de indignação: *Escandalizou-se com a cena do crime.*

escândalo es.**cân**.da.lo *substantivo masculino* **1.** Fato ou acontecimento que contraria ou ofende sentimentos, crenças ou convenções de outras pessoas: *Imagens de violência causam escândalo.* **2.** Fato que provoca indignação, revolta: *O escândalo da fome atinge milhões de pessoas no mundo.*

escandaloso es.can.da.**lo**.so (lô) *adjetivo* Que escandaliza: *A atriz teve um comportamento escandaloso e a peça saiu de cartaz.* [Plural: *escandalosos* (ló).]

escapamento es.ca.pa.**men**.to *substantivo masculino* **1.** Ação de escapar(-se), ou o resultado desta ação. **2.** Vazamento: *escapamento de gás.*

escapar es.ca.**par** *verbo* **1.** Livrar-se de perigo ou de acidente: *Escapou pela janela antes que o assaltante o visse.* **2.** Fugir, livrar-se: *O leão escapou da jaula.* **3.** Não ser compreendido ou percebido: *Os detalhes do crime escaparam da polícia.* **4.** Soltar-se: *O copo escapou das minhas mãos e quebrou.* **5.** Sobreviver: *Dos dez náufragos, só cinco escaparam.* **6.** Fugir: *O prisioneiro conseguiu escapar(-se).* [Sinônimo: *escapulir.*]

escapulir es.ca.pu.**lir** *verbo* O mesmo que *escapar.*

escarcéu es.car.**céu** *substantivo masculino* Confusão, barulho: *Todos os carros buzinavam ao mesmo tempo, o que causou um grande escarcéu.*

escarpa es.**car**.pa *substantivo feminino* Monte muito íngreme: *Os montanhistas escalaram a escarpa.*

escarro

escarro es.**car**.ro *substantivo masculino* Secreção originária do peito, que se expele pela boca.

escassez es.cas.**sez** (sêz) *substantivo feminino* Falta, carência: *Com a seca, houve escassez de alimentos; Há escassez de dados para realizar a pesquisa.*

escasso es.**cas**.so *adjetivo* De que há pequena quantidade: *O dinheiro escasso não dá para as despesas.*

escavação es.ca.va.**ção** *substantivo feminino* Ação de escavar, ou o resultado desta ação: *Havia poucos operários para a escavação.* [Plural: *escavações*.]

escavar es.ca.**var** *verbo* Abrir ou criar cavidade em um lugar: *Escavou o terreno para fazer a casa.*

esclarecedor es.cla.re.ce.**dor** (ô) *adjetivo* Que esclarece.

esclarecer es.cla.re.**cer** *verbo* **1.** Tornar claro ou fácil de entender: *É preciso que você me esclareça estas dúvidas.* **2.** Obter esclarecimento; informar-se: *Antes de começar o trabalho, tenho que me esclarecer.*

esclarecido es.cla.re.**ci**.do *adjetivo* Que é dotado de saber; instruído: *O meu professor é uma pessoa esclarecida.*

esclarecimento es.cla.re.ci.**men**.to *substantivo masculino* Explicação; informação: *Pediu esclarecimentos sobre o assunto.*

escoamento es.co.a.**men**.to *substantivo masculino* Ação de escoar(-se), ou o resultado desta ação: *Como não houve escoamento, a água formou uma poça.*

escoar es.co.**ar** *verbo* **1.** Fluir, escorrer: *O sangue escoava(-se) do ferimento.* **2.** Fluir, correr (o trânsito): *Dentro do túnel, o trânsito não (se) escoava.*

escola es.**co**.la *substantivo feminino* **1.** Estabelecimento onde se ministra ensino coletivo: *Na cidadezinha, havia apenas uma escola.* **2.** O conjunto dos alunos, professores e pessoal de uma escola: *Toda a nossa escola foi à festa.*

escolar es.co.**lar** *adjetivo de dois gêneros* **1.** Da escola, ou relativo a ela: *O material escolar já foi comprado.* ✓ *substantivo masculino* **2.** Aluno, estudante: *Todos os escolares devem usar uniforme.*

escorregadio

escolha es.**co**.lha (ô) *substantivo feminino* **1.** Ação de escolher, ou o resultado desta ação. **2.** Opção: *Só saiu de casa na chuva porque não teve escolha.*

escolher es.co.**lher** *verbo* **1.** Ter preferência por alguém ou algo: *Escolheu o seu melhor amigo como padrinho.* **2.** Fazer opção entre duas ou mais pessoas ou coisas; preferir: *O júri do festival já escolheu o melhor filme.* **3.** Fazer seleção de: *Escolhi as melhores laranjas.*

esconde-esconde es.con.de-es.**con**.de *substantivo masculino de dois números* Jogo infantil em que uma criança deve procurar uma outra, que se esconde.

esconder es.con.**der** *verbo* **1.** Pôr algo ou alguém em lugar oculto; ocultar: *Escondeu o amigo no porão; Escondeu o dinheiro atrás dos livros.* **2.** Não revelar: *Escondeu a verdadeira razão da viagem.* **3.** Ocultar-se: *Escondeu-se atrás das árvores.*

esconderijo es.con.de.**ri**.jo *substantivo masculino* Lugar onde alguém ou algo se esconde: *O esconderijo dos bandidos foi descoberto; Não sei onde é o esconderijo das joias.*

escora es.**co**.ra *substantivo feminino* Peça que apoia ou dá sustentação: *Pôs escoras no velho muro.*

escorar es.co.**rar** *verbo* **1.** Segurar com escora: *Os pedreiros escoraram a parede.* **2.** Amparar-se, sustentar-se: *Escorou-se em mim para não cair.*

escorpião es.cor.pi.**ão** *substantivo masculino* Pequeno animal da família das aranhas, com ferrão venenoso na ponta da cauda. [Plural: *escorpiões*.]

escorrega es.cor.**re**.ga *substantivo masculino* O mesmo que *escorregador*.

escorregadio es.cor.re.ga.**di**:o *adjetivo* Em que se escorrega facilmente: *Caiu, porque o chão estava escorregadio.*

195

escorregador es.cor.re.ga.**dor** (ô) *substantivo masculino* Brinquedo infantil que é um plano inclinado para as crianças escorregarem; escorrega.

escorregar es.cor.re.**gar** *verbo* **1.** Deslizar com o próprio peso: *Foi descer a escada correndo, e escorregou.* **2.** Ser escorregadio: *O chão encerado escorrega muito.*

escorrer es.cor.**rer** *verbo* **1.** Fazer correr um líquido: *Escorreu a água do banho no tanque.* **2.** Retirar o líquido de um recipiente: *Escorreu a salada antes de servi-la.*

escoteiro es.co.**tei**.ro *substantivo masculino* Aquele que é membro de uma unidade de escotismo: *Os escoteiros fizeram uma excursão na mata.*

escotilha es.co.**ti**.lha *substantivo feminino* Abertura em convés de navio para passagem de ar e de luz.

escotismo es.co.**tis**.mo *substantivo masculino* Organização mundial de educação de crianças e adolescentes fundada por Baden Powell (1857–1941) e que visa a aperfeiçoar o desenvolvimento deles.

escova es.**co**.va (ô) *substantivo feminino* Utensílio para limpar, alisar, lustrar, pentear, etc., e que consiste em uma placa onde se inserem filamentos flexíveis de cerda, fio sintético ou metal.

escovar es.co.**var** *verbo* Limpar alguma coisa com escova: *escovar os dentes; escovar os sapatos.*

escravatura es.cra.va.**tu**.ra *substantivo feminino* **1.** Tráfico de escravos. **2.** O mesmo que *escravidão*.

escravidão es.cra.vi.**dão** *substantivo feminino* **1.** Condição de escravo. **2.** Sistema de produção baseado no trabalho escravo: *A escravidão foi abolida no Brasil em 1888.* [Sinônimo: *escravatura*. Plural: *escravidões*.]

escravizar es.cra.vi.**zar** *verbo* Tornar escravo: *Nas guerras de antigamente, os vencedores escravizavam os vencidos.*

escravo es.**cra**.vo *adjetivo* **1.** Feito por escravo (2): *trabalho escravo.* ✓ *substantivo masculino* **2.** Aquele que é propriedade de um senhor, por ter sido comprado ou aprisionado por ele: *No Brasil colonial havia escravos trazidos da África ou capturados entre os indígenas.* **3.** Aquele que está submetido à vontade de outra pessoa, ou a qualquer coisa que tire sua liberdade: *É escravo do dever, trabalha da manhã à noite.*

escrever es.cre.**ver** *verbo* **1.** Representar por meio de letras ou outros sinais escritos: *As crianças aprendem a ler e a escrever; Os egípcios escreviam com hieróglifos.* **2.** Compor trabalho literário, científico, etc.: *Escreveu a sua biografia; João escreve bem.* **3.** Dirigir carta, bilhete, etc.: *Logo que chegou, escreveu aos pais.* **4.** Manter correspondência com alguém: *Os dois se escrevem diariamente.*

escrita es.**cri**.ta *substantivo feminino* **1.** Ação de escrever, ou o resultado desta ação: *Fazemos diariamente exercícios de escrita.* **2.** Representação de ideias ou palavras por meio de sinais gráficos: *a escrita dos antigos egípcios.* **3.** O mesmo que *grafia* (1): *Este aluno tem boa escrita.*

escrito es.**cri**.to *substantivo masculino* Aquilo que está expresso por sinais gráficos em papel, madeira, pedra, etc.: *Podemos saber como viviam os povos antigos pelos seus escritos.*

escritor es.cri.**tor** (ô) *substantivo masculino* Aquele que escreve livros: *Já li um romance desse escritor.*

escritório es.cri.**tó**.ri:o *substantivo masculino* Compartimento da casa destinado à leitura e à escrita.

escrivaninha es.cri.va.**ni**.nha *substantivo feminino* Mesa apropriada para escrever.

escudo es.**cu**.do *substantivo masculino* Arma de defesa que é uma peça larga, geralmente de metal, presa à mão ou ao braço, e que protege o corpo dos golpes do atacante: *O soldado grego usava escudo para lutar contra o inimigo.*

esculpir es.cul.**pir** *verbo* **1.** Talhar matéria dura ou macia (madeira, pedra, argila, etc.), dando-lhe uma forma particular: *Os indígenas esculpiam imagens de seus deuses.* **2.** Trabalhar como escultor: *Esculpiu durante a maior parte de sua vida.*

escultor es.cul.**tor** (ô) *substantivo masculino* Aquele que faz escultura: *O Aleijadinho foi um grande escultor.*

escultura es.cul.**tu**.ra *substantivo feminino* **1.** A arte de esculpir. **2.** Obra de arte que se obtém esculpindo: *O que esta escultura representa?*

escurecer es.cu.re.**cer** *verbo* **1.** Tornar escuro: *Apagaram as luzes para escurecer o quarto; Escureceu os cabelos com tintura.* **2.** Diminuir a luminosidade de; obscurecer: *As nuvens escureceram o dia.* **3.** Tornar-se obscurecido: *Sua vista escureceu-se e ele caiu.* **4.** Cair a noite; anoitecer: *No inverno escurece mais cedo.*

escuridão es.cu.ri.**dão** *substantivo feminino* Estado do que é escuro; falta de luz; escuro: *A escuridão fez com que se perdessem na mata.* [Plural: *escuridões*.]

escuro es.**cu**.ro *adjetivo* **1.** Em que há falta de luz; que tem pouca ou nenhuma claridade: *A noite estava escura, não havia luar.* **2.** De coloração próxima ao negro ou ao marrom: *O sol forte torna a pele escura.* ✓ *substantivo masculino* **3.** O mesmo que *escuridão*: *Gosto de dormir no escuro.*

escutar es.cu.**tar** *verbo* **1.** Ficar atento para ouvir: *A professora pediu que todos escutassem.* **2.** Ouvir: *Não escutei o toque da campainha.* **3.** Prestar atenção aos conselhos de alguém: *José sempre escuta os pais.*

esfarrapado es.far.ra.**pa**.do *adjetivo* Que está em farrapos: *Perdeu-se na floresta e voltou com as roupas esfarrapadas.*

esfera es.**fe**.ra *substantivo feminino* Figura geométrica que é um corpo redondo em que todos os pontos têm a mesma distância do centro: *A Terra tem a forma de uma esfera achatada nos polos.*

esférico es.**fé**.ri.co *adjetivo* Em forma de esfera: *Os planetas são esféricos.*

esferográfica es.fe.ro.**grá**.fi.ca *substantivo feminino* Caneta em cuja ponta há uma esfera metálica que regula a saída da tinta.

esfinge es.**fin**.ge *substantivo feminino* Monstro imaginário, um leão alado com cabeça e busto humanos, que matava os viajantes quando não decifravam o enigma que ele propunha.

esfolar es.fo.**lar** *verbo* **1.** Tirar a pele ou o couro a. **2.** Arranhar: *Foi pular a cerca e esfolou as pernas.* **3.** Arranhar-se: *Esfolou-se nos espinhos da árvore.*

esfomeado es.fo.me.**a**.do *adjetivo* Com fome: *Pedro chegou da escola esfomeado.*

esforçado es.for.**ça**.do *adjetivo* Que se esforça para conseguir ou fazer algo: *João é um rapaz estudioso e esforçado.*

esforçar-se es.for.**çar**-se *verbo* Empregar todas as forças para conseguir algo; encher-se de coragem, de ânimo: *Tanto se esforçou, que conseguiu o emprego.*

esforço es.**for**.ço (fôr) *substantivo masculino* Atividade em que alguém faz uso de todas as suas forças para atingir um fim: *Subir a escadaria foi um grande esforço para a minha avó.*

esfregar es.fre.**gar** *verbo* **1.** Apoiar uma coisa contra outra, fazendo pressão e movimento de vaivém: *Os homens pré-históricos faziam fogo esfregando duas pedras.* **2.** Passar repetidamente a mão, ou um objeto apropriado, pela superfície de um corpo, para limpar, produzir ou aumentar o calor, etc.: *A enfermeira esfregou minhas pernas doloridas com uma pomada; A lavadeira esfrega a roupa para limpá-la melhor.*

esfriar es.fri.**ar** *verbo* **1.** Tornar frio: *A água gelada esfriou os meus pés.* **2.** Tornar-se frio: *Com a neve, a temperatura esfriou.*

esgoelar es.go:e.**lar** *verbo* Gritar muito, com a boca bem aberta: *Como todos se esgoelavam, não se entendia nada.*

esgotamento es.go.ta.**men**.to *substantivo masculino* **1.** Ação de esgotar(-se), ou o resultado desta ação. **2.** Grande cansaço; exaustão: *O esgotamento impedia-o de prosseguir a caminhada.*

esgotar es.go.**tar** *verbo* **1.** Tirar ou esvaziar até a última gota: *Esgotou a garrafa virando-a para baixo.* **2.** Beber todo o conteúdo de: *Com um gole, esgotou o copo.* **3.** Desgastar inteiramente; consumir os recursos de: *O agricultor fazia de tudo para não esgotar o solo.* **4.** Cansar muito; extenuar: *A longa caminhada esgotou-o.* **5.** Tornar-se exausto; cansar-se: *Esgotou-se de tanto trabalhar.* **6.** Ser vendido (livro, jornal, mercadoria, ingresso, etc.) até o último exemplar.

esgoto es.**go**.to (gô) *substantivo masculino* **1.** Abertura ou cano por onde escorrem líquidos ou outras matérias. **2.** Sistema de canalização, geralmente subterrâneo, que recebe a água das chuvas e os detritos de habitação.

esgueirar-se es.guei.**rar**-se *verbo* Mover-se ou retirar-se sem ser notado: *Esgueirou-se entre a multidão para não ser encontrado.*

esguichar es.gui.**char** *verbo* **1.** Expelir ou sair com força por tubo, cano ou abertura estreita (um líquido): *O encanamento rompeu-se e esguichou água.* **2.** Sair ou brotar com força: *Abriram um poço e o petróleo esguichou.*

esguicho es.**gui**.cho *substantivo masculino* **1.** Ação de esguichar, ou o resultado desta ação: *O esguicho inundou o pátio.* **2.** Jato de líquido: *Brincava com esguichos.*

esguio es.**gui**:o *adjetivo* Alto e delgado: *Maria é uma moça esguia.*

esmagar es.ma.**gar** *verbo* **1.** Comprimir até achatar ou rebentar: *Esmagou os grãos de café para transformá-los em pó; Esmagou o inseto com o pé.* **2.** Vencer por completo: *Os soldados esmagaram a revolta.*

esmalte es.**mal**.te *substantivo masculino* Substância que se aplica em estado líquido sobre algo, e que, após a secagem, endurece e produz película brilhante: *Joana pintou as unhas com esmalte vermelho.*

esmeralda es.me.**ral**.da *substantivo feminino* Pedra preciosa verde.

esmero es.**me**.ro (mê) *substantivo masculino* Cuidado especial num serviço ou tarefa: *Faz os deveres com esmero; Cuida das plantas com esmero.*

esmigalhar es.mi.ga.**lhar** *verbo* Reduzir a migalhas: *O menino esmigalhou o pão e o deu aos pássaros.*

esmola es.**mo**.la *substantivo feminino* Aquilo que se dá a pessoa necessitada: *Como já não pode trabalhar, vive de esmolas.*

esnobe es.**no**.be *adjetivo* Que tem esnobismo: *Apesar de rico, José não é esnobe.*

esnobismo es.no.**bis**.mo *substantivo masculino* Atitude de quem se acha melhor do que os outros por ter dinheiro, alta posição social, amigos importantes, etc.

esôfago e.**sô**.fa.go *substantivo masculino* Órgão que comunica a faringe com o estômago.

espaçar es.pa.**çar** *verbo* Criar espaço ou intervalo entre duas ou mais coisas: *Quando aprendemos a escrever, espaçamos as letras para facilitar a leitura.*

espacial es.pa.ci.**al** *adjetivo de dois gêneros* Do espaço (3), ou relativo a ele: *A nave espacial já chegou à Lua.* [Plural: *espaciais*.]

espaço es.**pa**.ço *substantivo masculino* **1.** O mesmo que *área* (1): *O sítio ocupa um espaço de cinco hectares.* **2.** Lugar mais ou menos determinado que pode ser ocupado por alguma coisa ou por alguém: *Neste automóvel há espaço para cinco pessoas.* **3.** A extensão onde estão a Terra, o sistema solar, as estrelas e as galáxias: *Enviaram um satélite ao espaço para colher informações sobre o tempo.* **4.** Intervalo de tempo; período: *Fez a prova no espaço de uma hora.*

espaçonave es.pa.ço.**na**.ve *substantivo feminino* Veículo espacial geralmente tripulado; nave: *A Apolo XI foi a espaçonave que levou o primeiro homem à Lua.*

espaçoso es.pa.**ço**.so (çô) *adjetivo* Que tem espaço, extenso: *Nossas salas de aula são espaçosas.* [Plural: *espaçosos* (çó).]

espada es.**pa**.da *substantivo feminino* Arma que é uma lâmina comprida e pontiaguda, com um ou dois gumes.

espaguete es.pa.**gue**.te *substantivo masculino* Tipo de macarrão em fios.

espalhar es.pa.**lhar** *verbo* **1.** Lançar para diferentes lados: *Os lavradores espalham os grãos.* **2.** Tornar público; divulgar: *Espalhou a notícia logo que soube.* **3.** Difundir: *As flores espalham um perfume agradável.* **4.** Propagar-se: *O fogo espalhou-se.* **5.** Divulgar-se: *Logo os boatos da briga se espalharam.*

espanador es.pa.na.**dor** (ô) *substantivo masculino* Objeto que serve para espanar.

espanar es.pa.**nar** *verbo* Tirar a poeira de: *O rapaz, a cada dois meses, espanava os livros da biblioteca.*

espancar es.pan.**car** *verbo* Dar pancadas em; bater, surrar: *A polícia impediu que as pessoas espancassem o ladrão.*

espantalho es.pan.**ta**.lho *substantivo masculino* Boneco ou qualquer objeto que se põe num campo para espantar ou afugentar as aves e os roedores que atacam as plantações.

espantar es.pan.**tar** *verbo* **1.** Causar espanto ou medo a; assustar: *Usou um pano para espantar as moscas.* **2.** Pôr em fuga: *As crianças corriam, espantando as aves.* **3.** Causar espanto ou medo; assustar-se: *Espantou-se com a escuridão.* **4.** Ficar surpreso ou admirado; surpreender-se: *Os antigos se espantavam quando aparecia um cometa.* **5.** Levar um susto; assustar-se: *Espantou-se com minha súbita aparição.*

espanto es.**pan**.to *substantivo masculino* **1.** Qualidade de espantoso; pasmo, admiração: *A existência de seres extraterrestres causará espanto.* **2.** Susto, sobressalto: *Foi grande o espanto da população atacada.*

esparadrapo es.pa.ra.**dra**.po *substantivo masculino* Tira de material aderente usada para proteger curativos.

esparramar es.par.ra.**mar** *verbo* Separar(-se) em várias direções: *Esparramou o milho para as galinhas; O povo esparramou-se pela praça.*

espatifar es.pa.ti.**far** *verbo* Quebrar(-se) em pedaços; despedaçar(-se): *Espatifou a jarra ao lavá-la; O vaso caiu e espatifou-se.*

especial es.pe.ci.**al** *adjetivo de dois gêneros* **1.** Relativo a determinada coisa ou pessoa; particular: *Temos calçados especiais para patinar; Deixou lembranças especiais para o neto.* **2.** Que constitui uma exceção: *É preciso uma licença especial para visitar esta igreja.* **3.** Fora do comum: *Ele me recebeu com um carinho especial.* [Plural: *especiais.*]

especialidade es.pe.ci.a.li.**da**.de *substantivo feminino* **1.** Atividade ou profissão em que uma pessoa se ocupa particularmente: *Escolheu a cirurgia como sua especialidade.* **2.** Prato (2) que é característico de uma região ou país: *O vatapá é uma especialidade da culinária baiana.*

especialista es.pe.ci.a.**lis**.ta *substantivo de dois gêneros* Pessoa que se dedica a uma especialidade (1): *Quer ser especialista em cirurgia plástica.*

especializar-se es.pe.ci.a.li.**zar**-se *verbo* Adquirir conhecimentos profundos sobre algo; tornar-se especialista em algo: *Como gosta muito de crianças, quer especializar-se em pediatria.*

especiaria es.pe.ci:a.**ri**.a *substantivo feminino* Qualquer produto vegetal aromático (pimenta, canela, cravo, etc.) usado para temperar alimentos: *Antigamente, os europeus navegavam até as Índias para buscar especiarias.*

espécie es.**pé**.ci:e *substantivo feminino* **1.** Categoria de seres vivos que têm características comuns e podem se reproduzir entre si: *Há espécies animais e espécies vegetais.* **2.** Tipo, qualidade: *Na caixa, havia brinquedos de toda espécie.* **3.** Aquilo que comparamos a outra coisa, por lhe ser semelhante: *O náilon é uma espécie de fibra têxtil.*

especificar es.pe.ci.fi.**car** *verbo* Dizer com clareza: *A menina especificou o presente que queria ganhar de aniversário.*

específico es.pe.**cí**.fi.co *adjetivo* **1.** Próprio de uma espécie: *O ser humano tem características específicas.* **2.** Exclusivo, especial: *O vinagre tem um odor específico.*

espécime es.**pé**.ci.me *substantivo masculino* Exemplar representativo de seres da mesma espécie: *Este espécime de cogumelo é venenoso.*

espectador es.pec.ta.**dor** (ô) *substantivo masculino* **1.** Quem assiste a um espetáculo: *Os espectadores aplaudiram de pé.* **2.** Quem observa um fato: *Testemunhei a experiência como espectador.*

espelhar es.pe.**lhar** *verbo* **1.** Converter em espelho: *Poliu a superfície de metal até espelhá-la.* **2.** Refletir como um espelho: *As águas do lago espelhavam a paisagem em volta; O mar sereno espelhava.*

espelho es.**pe**.lho (pê) *substantivo masculino* **1.** Superfície polida que reflete a luz que incide sobre ela. **2.** Objeto que serve para refletir imagens: *Antes de sair, sempre se olha no espelho.* **3.** Modelo, exemplo: *Esta história é um espelho da vida no século XX.*

espera es.**pe**.ra *substantivo feminino* Ação de esperar, ou o resultado desta ação: *Não resistiu à espera, e partiu.*

esperança es.pe.**ran**.ça *substantivo feminino* **1.** Sentimento de quem tem fé em conseguir o que deseja: *Todos tinham a esperança de uma vida melhor.* **2.** O mesmo que *expectativa*: *Ficou, na esperança de ser convidado.* **3.** Inseto geralmente verde, com longas antenas.

esperançoso es.pe.ran.**ço**.so (çô) *adjetivo* Que tem esperança. [Plural: *esperançosos* (çó).]

esperar es.pe.**rar** *verbo* **1.** Ter esperança em algo; desejar: *Espera ficar bom da doença.* **2.** Não desistir de algo: *Continua a esperar a recompensa.* **3.** Ficar à espera, ou na expectativa de algo; aguardar: *Não saiu, porque espera visitas.* **4.** Supor, presumir; imaginar: *Não esperava que o amigo o traísse.* **5.** Estar grávida: *Espera um filho.* **6.** Ter esperança: *Quem espera sempre alcança* (provérbio).

esperma es.**per**.ma *substantivo masculino* Líquido viscoso, de coloração um tanto branca, produzido nos testículos dos animais machos, e que é próprio para fecundar; sêmen.

espermatozoide es.per.ma.to.**zoi**.de (ói) *substantivo masculino* Célula reprodutora masculina, contida no esperma.

espernear es.per.ne.**ar** *verbo* Agitar as pernas: *Conseguiram segurá-lo, por mais que ele espernease.*

espertalhão es.per.ta.**lhão** *substantivo masculino* Indivíduo esperto e desonesto. [Plural: *espertalhões.* Feminino: *espertalhona.*]

esperteza es.per.**te**.za (tê) *substantivo feminino* Ação, modo ou dito de pessoa esperta: *Sua esperteza sempre o salva, nos apuros.*

esperto es.**per**.to *adjetivo* Diz-se de pessoa inteligente, e que é capaz de sair de situações difíceis ou embaraçosas: *Não tente enganá-lo no jogo, ele é pequeno mas é esperto.*

espesso es.**pes**.so (pês) *adjetivo* **1.** Que tem grande espessura; grosso: *Uma espessa camada de neve cobria as estradas.* **2.** De consistência pastosa; grosso: *A sopa estava espessa.* **3.** Denso, cerrado: *Não podia passar pela mata espessa.* **4.** Volumoso: *Maria tem o cabelo espesso.*

espessura es.pes.**su**.ra *substantivo feminino* Qualidade de espesso; grossura: *Esta parede tem 30 centímetros de espessura.*

espetacular es.pe.ta.cu.**lar** *adjetivo de dois gêneros* Que constitui espetáculo (1); ótimo, excelente: *Tem uma voz espetacular.*

espetáculo es.pe.**tá**.cu.lo *substantivo masculino* **1.** Aquilo que chama a atenção, prende ou atrai o olhar: *A subida do foguete foi um espetáculo.* **2.** Representação teatral, ou exibição em cinema, televisão, etc.: *O espetáculo tem três atos; Esta é a última sessão do espetáculo.*

espetar es.pe.**tar** *verbo* **1.** Introduzir espeto, ou a ponta afiada de um objeto em algo; enfiar, fincar: *Espetou a faca no assado; Espetou estacas para fazer a cerca.* **2.** Ferir com espeto, ou com a ponta afiada de algo: *Espetou o inimigo com a lança; Os espinhos o espetaram.* **3.** Machucar-se com espeto ou com espinho, prego, etc.: *Espetou-se quando foi colher rosas; Ao fincar o prego, espetou-se.*

espeto es.**pe**.to (pê) *substantivo masculino* Utensílio de ferro ou de pau, pontiagudo numa das extremidades: *Usou espetos para assar a carne.*

espiada es.pi.**a**.da *substantivo feminino* Ação de espiar rapidamente.

espião es.pi.**ão** *substantivo masculino* Pessoa que vigia secretamente algo ou alguém, para obter informações: *O inimigo enviou espiões para a frente de batalha.* [Plural: *espiões*. Feminino: *espiã*.]

espiar es.pi.**ar** *verbo* **1.** Observar em segredo; espionar: *De um esconderijo, espiava as manobras.* **2.** Olhar, observar: *Subiu no muro para espiar o quintal do vizinho.*

espichar es.pi.**char** *verbo* **1.** Estender, esticar, tornando mais longo: *Espichou uma corda para medir a distância.* **2.** Tornar mais longo; alongar: *Espichou a conversa para saber as minúcias do plano.* **3.** Crescer em altura: *Este menino espichou desde que o vi pela última vez.* **4.** Deitar-se ao comprido: *Espichou-se para dormir.*

espiga es.**pi**.ga *substantivo feminino* O conjunto dos grãos dispostos em torno da haste de certos cereais: *O milho é uma erva que gera espigas.*

espinafre es.pi.**na**.fre *substantivo masculino* Hortaliça muito usada na alimentação.

espingarda es.pin.**gar**.da *substantivo feminino* Arma de fogo que tem um cano longo.

espinha es.**pi**.nha *substantivo feminino* **1.** O conjunto dos ossos da coluna vertebral. **2.** Osso de peixe. **3.** Erupção na pele, principalmente na do rosto.

espinho es.**pi**.nho *substantivo masculino* Órgão duro e pontiagudo que cresce no tronco, no caule ou nos ramos de uma planta, como, por exemplo, da laranjeira, da roseira, etc.

espionar es.pi.o.**nar** *verbo* **1.** Espreitar ou investigar como espião: *Um submarino foi enviado para espionar os navios do inimigo.* **2.** Observar secretamente: *Espionou o casal de namorados.*

espiral es.pi.**ral** *substantivo feminino* **1.** Linha curva que gira sobre si mesma em torno de um eixo. **2.** Qualquer objeto com a forma de uma espiral. [Plural: *espirais*.]

espiritismo es.pi.ri.**tis**.mo *substantivo masculino* Religião baseada na crença da sobrevivência do espírito (da alma) à morte do corpo e da comunicação entre os vivos e estes espíritos.

espírito es.**pí**.ri.to *substantivo masculino* **1.** Aquilo que comanda os pensamentos, os sentimentos e as ações de uma pessoa; a sua atividade intelectual. **2.** Ser sobrenatural; fantasma: *Acredita no espírito dos mortos.* **3.** Inteligência, humor: *É pessoa de muito espírito.*

espírito-santense es.pí.ri.to-san.**ten**.se *adjetivo de dois gêneros* **1.** Do estado do Espírito Santo. ✓ *substantivo de dois gêneros* **2.** Quem nasceu, ou vive, nesse estado. [Sinônimo: *capixaba.* Plural: *espírito-santenses.*]

espiritual es.pi.ri.tu.**al** *adjetivo de dois gêneros* **1.** Do, ou relativo ao espírito (1): *É uma pessoa de vida espiritual ativa.* **2.** Relativo à religião, à crença sobrenatural: *Dizem que tem poderes espirituais.* [Plural: *espirituais.*]

espirrar es.pir.**rar** *verbo* Dar espirro: *Espirra muito porque é alérgico.*

espirro es.**pir**.ro *substantivo masculino* Expulsão súbita e sonora de ar pelo nariz e pela boca, por irritação das partes internas das narinas.

esplêndido es.**plên**.di.do *adjetivo* **1.** Muito bom; excelente, maravilhoso: *Minha mãe preparou um esplêndido jantar.* **2.** Muito bonito; magnífico: *A cauda do pavão tem cores esplêndidas.*

esplendor es.plen.**dor** (ô) *substantivo masculino* **1.** Brilho ou luminosidade intensa; fulgor: *O esplendor do Sol.* **2.** Qualidade do que é grandioso, luxuoso: *O esplendor dos salões do palácio.*

esponja es.**pon**.ja *substantivo feminino* **1.** Animal marinho cujo corpo é cheio de cavidades que absorvem facilmente a água; as esponjas vivem em colônias, geralmente presas a rochas. **2.** Substância porosa e macia usada para esfregar o corpo durante o banho, ou para limpeza em geral.

espontaneidade es.pon.ta.nei.**da**.de *substantivo feminino* Modo espontâneo de agir, tratar as pessoas, etc.: *A espontaneidade do anfitrião encantou os convidados.*

espontâneo es.pon.**tâ**.ne:o *adjetivo* **1.** Que se faz sem ser obrigado: *O culpado fez uma confissão espontânea.* **2.** Que não é planejado ou forçado: *Os aplausos do público foram espontâneos.* **3.** Que age com naturalidade: *É uma criança espontânea, naturalmente bem-educada.*

esporão es.po.**rão** *substantivo masculino* Saliência encontrada nos pés de algumas aves, como o galo. [Plural: *esporões.*]

esporte es.**por**.te *substantivo masculino* Exercício físico praticado regularmente: *A natação e o futebol são esportes muito difundidos.*

esportista es.por.**tis**.ta *substantivo de dois gêneros* Pessoa que se dedica ao esporte.

esportivo es.por.**ti**.vo *adjetivo* Relativo a esporte: *Participa de várias competições esportivas.*

esposa es.**po**.sa (ô) *substantivo feminino* Mulher com quem um homem é casado.

esposo es.**po**.so (pô) *substantivo masculino* O mesmo que *marido.* [Plural: *esposos* (pô).]

espreguiçar es.pre.gui.**çar** *verbo* Esticar os membros, por sono ou moleza: *Sempre (se) espreguiçam ao acordar.*

espreitar es.prei.**tar** *verbo* Observar ocultamente; espiar: *O gato espreitava o rato.*

espremer es.pre.**mer** *verbo* **1.** Comprimir para extrair o suco: *Espremeu seis laranjas para fazer o refresco.* **2.** Apertar(-se), comprimir(-se): *Todos se espremeram para dar lugar a mais uma pessoa.*

espuma es.**pu**.ma *substantivo feminino* Conjunto de bolhas que se formam à superfície de um líquido que se agita ou que ferve: *as espumas do mar; A água para o café já fez espuma.*

esquadra es.**qua**.dra *substantivo feminino* **1.** O conjunto dos navios de guerra de um país. **2.** Muitos navios reunidos: *a esquadra de Pedro Álvares Cabral.*

esquadrilha

esquadrilha es.qua.**dri**.lha *substantivo feminino* Grupo de duas ou mais aeronaves.

esquadro es.**qua**.dro *substantivo masculino* Instrumento triangular para formar ou medir ângulos e traçar linhas perpendiculares.

esquecer es.que.**cer** *verbo* **1.** Não se lembrar de algo: *Esqueceu tudo o que aprendeu no ano passado.* **2.** Deixar por descuido: *Saiu, mas esqueceu o guarda-chuva.* **3.** Parar de pensar voluntariamente em algo desagradável: *Pedi-lhe que esquecesse a nossa briga.* **4.** Perder a lembrança: *Esqueceu-se do novo compromisso.*

esquecimento es.que.ci.**men**.to *substantivo masculino* Ação de esquecer(-se), ou o resultado desta ação.

esqueite es.**quei**.te *substantivo masculino* **1.** Prancha com rodas de patins. **2.** Esporte em que se faz uso do esqueite (1); esqueitismo.

esqueitismo es.quei.**tis**.mo *substantivo masculino* O mesmo que *esqueite* (2).

esqueitista es.quei.**tis**.ta *substantivo de dois gêneros* Pessoa que pratica esqueite (2).

esquelético es.que.**lé**.ti.co *adjetivo* **1.** Relativo ao esqueleto: *Os músculos esqueléticos unem os ossos e permitem o movimento.* **2.** Muito magro: *Ficou esquelético depois da longa doença.*

esqueleto es.que.**le**.to (lê) *substantivo masculino* **1.** Estrutura que sustenta o corpo de um animal: *O esqueleto de uma rã é composto de vários ossos.* **2.** Conjunto de ossos (de determinada parte do corpo).

esquema es.**que**.ma *substantivo masculino* **1.** Plano para fazer alguma coisa: *Os ladrões fizeram um esquema para roubar o banco.* **2.** Esboço: *Fez um esquema da paisagem.*

esquentar es.quen.**tar** *verbo* **1.** Tornar quente ou mais quente; aquecer: *Esquentou a água para o banho.* **2.** Ficar quente ou mais quente; aquecer: *A comida já esquentou.* **3.** Fazer calor, ou mais calor: *Esquentou muito, neste verão.* **4.** Agasalhar: *Este casaco não esquenta.* **5.** Preocupar-se: *Não esquente, o perigo já passou.* **6.** Aquecer-se: *Sente junto ao fogo, para esquentar-se.*

esquisito

esquerda es.**quer**.da (quêr) *substantivo feminino* **1.** O lado oposto ao direito: *Entre na primeira rua à esquerda.* **2.** Aquilo que fica do lado esquerdo: *Minha casa é à esquerda.* **3.** A mão esquerda: *É canhoto, e só escreve com a esquerda.*

esquerdo es.**quer**.do (quêr) *adjetivo* Que está na esquerda (1 e 2): *Na margem esquerda do rio há um bosque.*

esqui es.**qui** *substantivo masculino* Patim longo e estreito que se usa para deslizar na neve.

esquiar es.qui.**ar** *verbo* Deslizar com esqui: *João esquia muito bem.*

esquilo es.**qui**.lo *substantivo masculino* Pequeno roedor de pelagem macia e longa cauda volumosa; é muito ágil e vive nas árvores.

esquimó es.qui.**mó** *substantivo de dois gêneros* **1.** Habitante das regiões polares do Alasca, do Canadá, da Groenlândia e da Sibéria. ✓ *adjetivo de dois gêneros* **2.** Dos esquimós, ou relativo a eles.

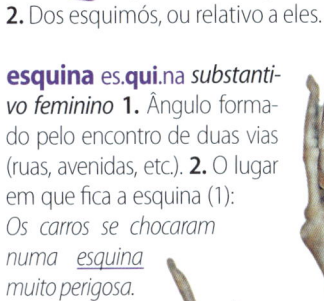

esquina es.**qui**.na *substantivo feminino* **1.** Ângulo formado pelo encontro de duas vias (ruas, avenidas, etc.). **2.** O lugar em que fica a esquina (1): *Os carros se chocaram numa esquina muito perigosa.*

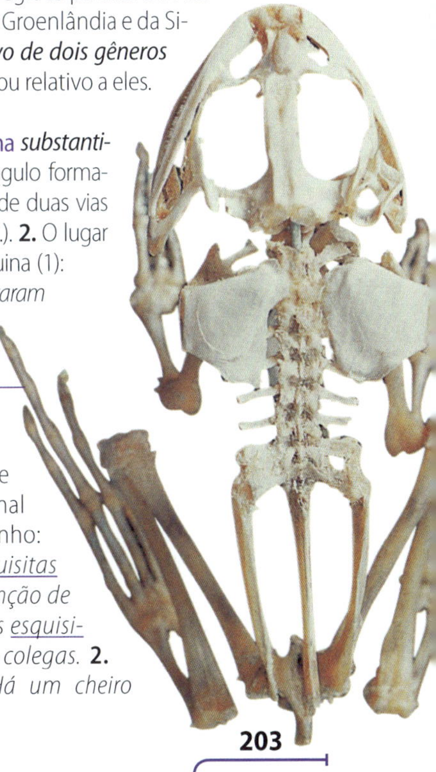

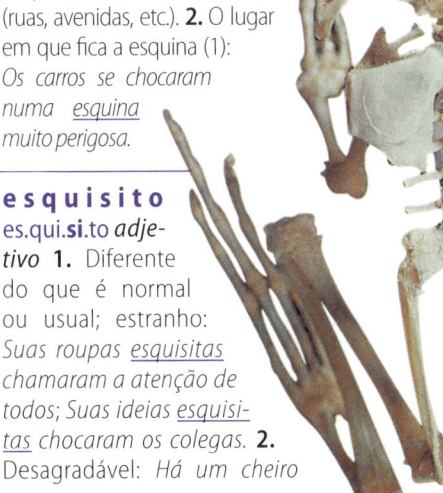

e s q u i s i t o es.qui.**si**.to *adjetivo* **1.** Diferente do que é normal ou usual; estranho: *Suas roupas esquisitas chamaram a atenção de todos; Suas ideias esquisitas chocaram os colegas.* **2.** Desagradável: *Há um cheiro* *esquisito* perto do esgoto; *Esta fruta tem um gosto esquisito*.

esquistossomose es.quis.tos.so.**mo**.se *substantivo feminino* Doença produzida por vermes parasitos.

esse es.se (és) *substantivo masculino* A letra s.

esse es.se (ês) *pronome demonstrativo* Indica a pessoa ou coisa próxima daquela à qual nos dirigimos, ou que tem relação com ela: *Esse vestido que você comprou tem uma cor muito bonita.* [Feminino: *essa*.]

essência es.**sên**.ci:a *substantivo feminino* **1.** Aquilo que é a característica mais importante de um ser ou de uma coisa, e que os distingue: *A amizade é a essência do amor*. **2.** Óleo fino e aromático extraído de certos vegetais: *Este perfume é feito com essência de rosas*.

essencial es.sen.ci.**al** *adjetivo de dois gêneros* **1.** Muito importante ou necessário: *É essencial que você saia pontualmente, para não se atrasar*. ✅ *substantivo masculino* **2.** Aquilo que é mais necessário ou importante: *Viaja apenas com o essencial*. [Plural: *essenciais*.]

estabelecer es.ta.be.le.**cer** *verbo* **1.** Criar, instituir: *Estabeleceu regras para os seus alunos*. **2.** Determinar, fixar: *Estabeleceram um novo horário para os dias de verão*. **3.** Fixar residência: *Estabeleceu-se neste endereço há um mês*. **4.** Abrir estabelecimento comercial, industrial, etc.: *Estabeleceu um negócio*; *O negociante estabeleceu-se no centro da cidade*.

estabelecimento es.ta.be.le.ci.**men**.to *substantivo masculino* **1.** Ação de estabelecer(-se), ou o resultado desta ação. **2.** Casa comercial: *Os estabelecimentos desta avenida são os principais da cidade*.

estabilidade es.ta.bi.li.**da**.de *substantivo feminino* Qualidade de estável: *A construção caiu porque não tinha estabilidade*.

estábulo es.**tá**.bu.lo *substantivo masculino* Lugar coberto onde se recolhe o gado bovino.

estaca es.**ta**.ca *substantivo feminino* Peça alongada, de madeira ou de outro material, que se crava no solo para demarcar algo, sustentar estrutura, etc.: *Estas quatro estacas marcam o campo de futebol*; *Esta casa foi construída sobre estacas de concreto*.

estação es.ta.**ção** *substantivo feminino* **1.** Lugar onde param trens, ônibus, etc.: *estação rodoviária*; *estação ferroviária*. **2.** O mesmo que *emissora*: *Esta estação de rádio toca somente música brasileira*. **3.** Cada uma das quatro divisões do ano: primavera, verão, outono, inverno. **4.** Época do ano em que ocorrem certos fenômenos: *Os agricultores aguardavam, ansiosos, a estação das chuvas*. [Plural: *estações*.]

estacionamento es.ta.ci:o.na.**men**.to *substantivo masculino* Local onde se estacionam veículos: *Não pude entrar, porque o estacionamento estava lotado*.

estacionar es.ta.ci:o.**nar** *verbo* Fazer parar um veículo em local adequado ou não, por tempo mais ou menos longo: *É proibido estacionar em portas de garagens*.

estada es.**ta**.da *substantivo feminino* Permanência, estadia: *Sua estada aqui foi curta*.

estadia es.ta.**di**.a *substantivo feminino* O mesmo que *estada*: *Sua estadia em nossa casa foi de um mês*.

estádio es.**tá**.di:o *substantivo masculino* Campo de jogos esportivos, com local apropriado para acomodar o público.

estado es.**ta**.do *substantivo masculino* **1.** Condição de uma pessoa ou de uma coisa: *O estado de saúde do meu avô não é bom*; *O estado desta cama é razoável*. **2.** O conjunto dos poderes políticos de uma nação; governo: *O Estado é responsável pela educação e pela saúde do povo*. **3.** Divisão territorial de certos países: *O Brasil tem 26 estados*. **4.** O mesmo que *nação*: *O Estado brasileiro*. [Com inicial maiúscula nas acepções 2 e 4.]

estadual es.ta.du.**al** *adjetivo de dois gêneros* Relativo a estado (3): *O governo estadual é responsável por esta estrada*. [Plural: *estaduais*.]

estágio es.**tá**.gi:o *substantivo masculino* **1.** Período durante o qual uma pessoa se prepara para uma atividade ou profissão, ou em que ela se aperfeiçoa em determinada área: *Formou-se em Medicina, e está fazendo estágio num hospital.* **2.** Etapa, fase: *Está no estágio final do trabalho.*

estalagem es.ta.**la**.gem *substantivo feminino* O mesmo que *hospedaria*. [Plural: *estalagens*.]

estalar es.ta.**lar** *verbo* Produzir estalo; estralar: *A madeira ainda verde estala ao queimar.*

estalo es.**ta**.lo *substantivo masculino* Som produzido por um corpo que racha ou se parte de repente; estralo.

estampa es.**tam**.pa *substantivo feminino* **1.** Figura impressa em papel, tecido, couro, etc. **2.** Figura, ilustração: *Um livro de histórias cheio de estampas.*

estampado es.tam.**pa**.do *adjetivo* Que se estampou: *Usava um vestido estampado; a alegria estampada no rosto.*

estampar es.tam.**par** *verbo* **1.** Imprimir letras, figuras, etc., sobre tecido, metal, papel, plástico, etc., obtendo cópias isoladas, ou sucessivas repetições. **2.** Mostrar-se, gravar-se: *Estava feliz, e a alegria estampava-se em seu rosto.*

estância es.**tân**.ci:a *substantivo feminino* O mesmo que *fazenda* (1).

estandarte es.tan.**dar**.te *substantivo masculino* Bandeira de uma nação, ou de um clube ou outra agremiação.

estande es.**tan**.de *substantivo masculino* Espaço reservado a cada expositor, numa feira ou exposição: *O estande desta editora foi muito visitado, na feira de livros.*

estanho es.**ta**.nho *substantivo masculino* Metal, quase branco e maleável, usado em ligas metálicas.

estante es.**tan**.te *substantivo feminino* Móvel com prateleiras onde se colocam livros.

estar es.**tar** *verbo* **1.** Ter ou apresentar certa condição em um dado momento; achar-se, encontrar-se: *Quase não come, e está muito magra; Está cansado, e não pôde vir; O tempo está fresco.* **2.** Manter-se em certa posição: *estar de pé; estar deitado.* **3.** Fazer visita a; visitar: *Já esteve na Paraíba; Esteve com os pais durante as férias.* **4.** Ficar, permanecer: *Esteja aqui até voltarmos.* **5.** Ficar situado; localizar-se: *Belo Horizonte está nas montanhas; Minha casa está nesta rua.* **6.** Comparecer, estar presente: *Toda a família esteve na festa.* **7.** Consistir: *O problema está em concordar com os outros.* **8.** Fazer: *Está muito calor.*

estardalhaço es.tar.da.**lha**.ço *substantivo masculino* Grande barulho: *Os fãs fizeram um estardalhaço quando o cantor entrou no palco.*

estatal es.ta.**tal** *adjetivo de dois gêneros* **1.** Do, ou relativo ao Estado: *uma televisão estatal.* ✓ *substantivo feminino* **2.** Empresa que pertence ao Estado: *O governo vendeu várias estatais.* [Plural: *estatais*.]

estatelar-se es.ta.te.**lar**-se *verbo* Cair, estender-se no chão: *Tropeçou e estatelou-se na calçada.*

estatística es.ta.**tís**.ti.ca *substantivo feminino* A coleta de dados numéricos e de outras informações sobre determinado assunto, para que este possa ser analisado e interpretado: *Pelas estatísticas, podemos determinar o crescimento da população no país.*

estatístico es.ta.**tís**.ti.co *adjetivo* Relativo à estatística: *Os dados estatísticos mostram que a temperatura da Terra aumentou nas últimas décadas.*

estátua es.**tá**.tu:a *substantivo feminino* Peça de escultura que representa uma pessoa, um animal, etc.: *Há uma estátua sobre a rocha, naquela praia.*

estatueta es.ta.tu.**e**.ta (ê) *substantivo feminino* Pequena estátua.

estatura es.ta.**tu**.ra *substantivo feminino* A altura de uma pessoa.

estatuto es.ta.**tu**.to *substantivo masculino* As regras estabelecidas por um Estado, por uma associação ou por uma sociedade: *Na legislação brasileira há o estatuto do menor.*

estável es.**tá**.vel *adjetivo de dois gêneros* **1.** Que está firme: *A economia do país está estável*. **2.** Que não varia: *A situação do doente é estável*. [Plural: *estáveis*.]

este es.te *substantivo masculino* **1.** Ponto cardeal situado à direita do observador voltado para o norte: *Para os brasileiros, o oceano Atlântico fica a este.* **2.** Região situada a este. ✅ *adjetivo de dois gêneros* **3.** Situado a este. [Sinônimo: *leste*.]

este es.te (ês) *pronome demonstrativo* **1.** Indica pessoa ou coisa presente e próxima de quem fala: *Este caderno aqui é meu.* **2.** Indica lugar onde se está, ou vive, ou nasceu: *Este país tem lugares muito bonitos.* **3.** Indica tempo presente ou mais recente: *Este ano correu muito depressa.* [Feminino: *esta*.]

esteira es.**tei**.ra *substantivo feminino* **1.** Tecido feito com diferentes materiais (palha, fios sintéticos, etc.) que se usa para forrar chão, paredes, etc. **2.** Tapete feito com esteira (1): *Quando vou à praia, levo uma esteira.*

estelar es.te.**lar** *adjetivo de dois gêneros* Relativo a estrela, ou constituído de estrelas: *O telescópio captou uma explosão estelar numa galáxia vizinha.*

estender es.ten.**der** *verbo* **1.** Dar maior superfície a: *Os bandeirantes estenderam os limites do Brasil.* **2.** Pôr ao comprido ou ao longo; estirar: *Estendeu a toalha de mesa.* **3.** Alongar: *Estendeu os braços para alcançar o livro na estante.* **4.** Prolongar: *Estava com pressa, e não quis estender a conversa.* **5.** Alongar-se, prolongar-se: *Os limites do Brasil se estendem ao norte.* **6.** Pôr-se deitado: *Estendeu-se para descansar.* **7.** Prolongar-se no tempo: *A segunda grande guerra estendeu-se até 1945.*

esterco es.**ter**.co (têr) *substantivo masculino* **1.** Excremento de animal. **2.** Adubo ao qual se adiciona esterco (1): *O jardineiro usou esterco para adubar a horta.*

estéril es.**té**.ril *adjetivo de dois gêneros* **1.** Que não pode produzir-se ou procriar: *A mula é um animal estéril.* **2.** Que nada produz; improdutivo: *Nos desertos há áreas estéreis.* **3.** Livre de germes: *Os curativos devem ser feitos com material estéril.* [Plural: *estéreis*.]

esterilidade es.te.ri.li.**da**.de *substantivo feminino* **1.** Falta de capacidade de reproduzir-se: *Há tratamentos contra a esterilidade da mulher e do homem.* **2.** Estado de estéril, de improdutivo: *Os lavradores lutam contra a esterilidade do solo.*

esterilizar es.te.ri.li.**zar** *verbo* **1.** Tornar estéril: *Há certas culturas que esterilizam a terra.* **2.** Tornar livre de germes: *Esterilizou a água, fervendo-a.*

estiagem es.ti.**a**.gem *substantivo feminino* **1.** Não continuação de chuva: *Partiu após a estiagem.* **2.** Falta de chuvas; seca: *A estiagem é um flagelo para os nordestinos.* [Plural: *estiagens*.]

estiar es.ti.**ar** *verbo* Cessar de chover: *Esperaram que estiasse para viajar.*

esticar es.ti.**car** *verbo* **1.** Estender, segurando com força nas extremidades: *Esticaram os arames para fazer a cerca.* **2.** Espichar (1 e 2): *Esticou o cordel para dar o nó; Esticou os braços, espreguiçando-se.* **3.** Prolongar(-se): *Estava sem tempo, e não esticou a conversa; O bate-papo esticou-se noite adentro.*

estilhaçar es.ti.lha.**çar** *verbo* Quebrar(-se) em estilhaços: *A pedra estilhaçou o vidro; O copo caiu e estilhaçou-se.*

estilhaço es.ti.**lha**.ço *substantivo masculino* Fragmento, pedaço.

estilo es.**ti**.lo *substantivo masculino* **1.** O conjunto das características que identificam ou distinguem determinado período, movimento artístico, etc.: *Ouro Preto é uma cidade no estilo barroco; Gosto muito deste estilo de pintura.* **2.** Maneira de escrever: *O estilo de Machado de Assis inspirou muitos escritores.* **3.** Tipo, qualidade, espécie: *Este estilo de carro está fora de moda.* **4.** Maneira pela qual as pessoas se vestem, etc., num determinado período: *Os estilos da moda estão sempre mudando.*

estima es.**ti**.ma *substantivo feminino* **1.** Sentimento de carinho e de apreço em relação a alguém ou a algo: *Tem grande estima pelos avós; Tem estima por todos os objetos que pertenceram à mãe.* **2.** Admiração e respeito; amizade: *Todos que trabalham com ele lhe têm estima.*

estimado es.ti.**ma**.do *adjetivo* Que goza de estima; querido: *Deu um presente a seu estimado tio.*

estimar es.ti.**mar** *verbo* **1.** Ter estima por; dar valor a: *Sabe estimar os parentes e amigos.* **2.** Fazer estimativa de; avaliar: *Não sei estimar o valor desta peça antiga; Estimo o tempo de minha permanência em uma semana.* **3.** Fazer votos; desejar: *Estimo que você melhore da gripe.* **4.** Prezar-se, valorizar-se: *Quem se estima procede bem.*

estimativa es.ti.ma.**ti**.va *substantivo feminino* Avaliação ou cálculo aproximado de algo: *Fez uma estimativa para os gastos da viagem.*

estimular es.ti.mu.**lar** *verbo* **1.** Dar estímulo ou incentivo a; incitar, encorajar: *Os amigos o estimularam a concorrer ao prêmio.* **2.** Tornar mais ativo ou excitado: *A leitura do livro de aventuras estimulou a sua imaginação.*

estímulo es.**tí**.mu.lo *substantivo masculino* **1.** Aquilo que provoca uma reação, num animal ou num vegetal: *O girassol se move pelo estímulo da luz solar.* **2.** Aquilo que incita à atividade, à ação: *O estímulo das boas leituras o fizeram escritor; Precisa de estímulo para estudar.*

estocar es.to.**car** *verbo* Fazer estoque de: *Estocaram alimentos para a época da seca.*

estojo es.**to**.jo (tô) *substantivo masculino* **1.** Caixa com formato apropriado para conter determinado objeto: *um estojo de caneta.* **2.** Caixa para guardar diversos objetos que têm um uso comum: *estojo de remédios; estojo de lápis.*

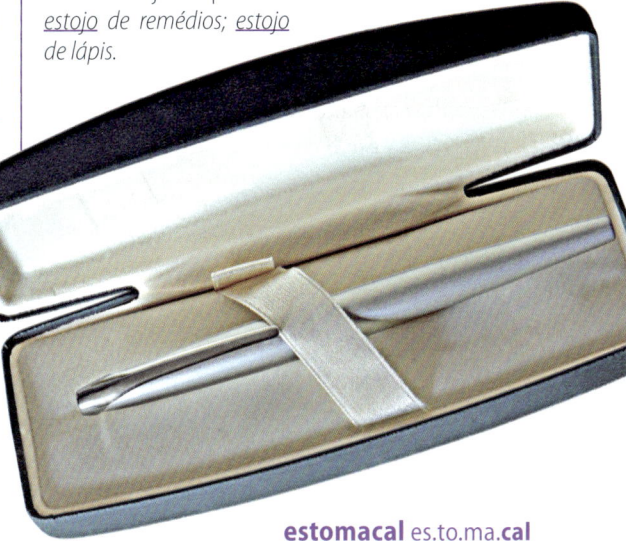

estomacal es.to.ma.**cal** *adjetivo de dois gêneros* Do estômago, ou relativo a ele: *dor estomacal.* [Plural: *estomacais*.]

estômago es.**tô**.ma.go *substantivo masculino* Órgão situado entre o esôfago e o intestino, e onde se realiza importante parte da digestão.

estoque es.**to**.que *substantivo masculino* Porção armazenada de alguma coisa, para determinado fim: *Esta loja tem um grande estoque de material de pesca.*

estourar es.tou.**rar** *verbo* **1.** Dar estouro: *Os trovões estouravam durante a tempestade.* **2.** Rebentar com estrondo: *Os fogos de artifício estouraram à* meia-noite; *As crianças estouravam balões.* **3.** Explodir, geralmente causando destruição: *A bomba estourou, ferindo muita gente.* **4.** Causar repentinamente grande impressão: *O escândalo estourou.* **5.** Fazer sucesso: *Tenho certeza que este filme vai estourar.*

estouro es.**tou**.ro *substantivo masculino* **1.** Estrondo violento de coisa que arrebenta; explosão: *O estouro da bomba assustou os pássaros.* **2.** Qualquer ruído semelhante ao estouro (1): *os estouros dos trovões.* **3.** Acontecimento imprevisto que causa impacto ou surpresa: *Foi um estouro a chegada do cantor.*

estrábico es.**trá**.bi.co *adjetivo* Que sofre de estrabismo; vesgo.

estrabismo es.tra.**bis**.mo *substantivo masculino* Desvio ocular para dentro ou para fora, de modo que os eixos visuais se situam, um em relação ao outro, diferentemente do normal.

estraçalhar es.tra.ça.**lhar** *verbo* Despedaçar ou despedaçar-se, total e violentamente: *A fera estraçalhou a presa.*

estrada es.**tra**.da *substantivo feminino* **1.** Caminho que atravessa uma área: *Nesta floresta há uma estrada.* **2.** Qualquer caminho por onde podem seguir ou circular seres e meios de transporte: *A estrada Belém-Brasília atravessa quatro estados.* **3.** Direção, caminho; rumo: *São várias as estradas da vida.* 🔊 **Estrada de ferro.** Ferrovia. **Estrada de rodagem.** Rodovia.

estrado es.**tra**.do *substantivo masculino* **1.** Armação larga e rasa, geralmente de madeira, que é usada como piso, etc.; tablado. **2.** Parte da cama sobre a qual fica o colchão.

estragado es.tra.**ga**.do *adjetivo* Que se estragou ou deteriorou: *Comida estragada faz mal à saúde.*

estragar es.tra.**gar** *verbo* **1.** Fazer estrago em algo, ou sofrer estrago; danificar(-se): *A umidade estragou a madeira; A carne se estragou porque ficou fora da geladeira.* **2.** Fazer com que perca o bom funcionamento: *Estragou a televisão porque a deixou molhar-se; O meu rádio se estragou.* **3.** Fazer perder, ou perder; corromper(-se), arruinar(-se): *O fumo estraga a saúde; Estragou-se por causa da bebida.* **4.** Destruir, assolar: *As chuvas excessivas estragaram as plantações.* **5.** Apodrecer: *Estas frutas estragaram.*

estrago es.**tra**.go *substantivo masculino* O mesmo que *dano*: *A forte chuva causou muitos estragos.*

estralar es.tra.**lar** *verbo* O mesmo que *estalar*: *estralar os dedos.*

estralo es.**tra**.lo *substantivo masculino* O mesmo que *estalo.*

estrangeiro es.tran.**gei**.ro *adjetivo* **1.** Que não é natural do país onde mora ou se encontra. ✅ *substantivo masculino* **2.** Indivíduo estrangeiro.

estrangular es.tran.gu.**lar** *verbo* Impedir a respiração (a alguém, ou a si próprio) apertando-lhe o pescoço, ou apertando o próprio pescoço; sufocar(-se): *Tentou estrangular o ladrão.*

estranhar es.tra.**nhar** *verbo* **1.** Achar estranho (1): *Os indígenas estranharam os trajes dos colonizadores.* **2.** Achar impróprio: *Estranhei o seu mau comportamento.* **3.** Manifestar medo, desconfiança, timidez, em presença de alguém ou algo: *Como veio do interior, estranhou a grande cidade; Estranhou os novos colegas, e quase não se comunica com eles.*

estranho es.**tra**.nho *adjetivo* **1.** Fora do comum; esquisito: *Pintou um retrato de um animal estranho, com um chifre na testa; Suas ideias estranhas causaram espanto.* **2.** Que é de fora; estrangeiro: *Homens estranhos chegaram à vila.* **3.** Que causa admiração pela novidade: *A estranha descoberta surpreendeu a todos.* **4.** Misterioso: *Um crime estranho abalou a cidade.*

estratégia es.tra.**té**.gi:a *substantivo feminino* **1.** Maneira de organizar uma guerra, uma batalha: *O* coronel expôs a *estratégia* aos soldados. **2.** Plano de ação: *Precisamos de uma boa estratégia para convencê-lo.*

estrear es.tre.**ar** *verbo* **1.** Usar ou colocar pela primeira vez: *Estreou o vestido no dia do aniversário.* **2.** Fazer funcionar pela primeira vez: *Estreou o carro dando um passeio.* **3.** Ter seu primeiro desempenho, ou sua primeira apresentação: *Estreou no teatro aos dez anos de idade; O filme que quero ver ainda não estreou.*

estrebaria es.tre.ba.**ri**.a *substantivo feminino* Lugar onde ficam os cavalos e os arreios.

estreia es.**trei**.a (éi) *substantivo feminino* **1.** Ação de estrear(-se), ou o resultado desta ação: *Sua estreia foi um sucesso.* **2.** Fato ou situação que marca o início de algo: *Sua estreia como professor deu-se nesta escola.* **3.** A primeira apresentação de um artista ao público, ou de uma peça teatral, ou de um filme, etc.

estreito es.**trei**.to *adjetivo* **1.** Que é pouco largo ou pouco amplo: *Um caminho estreito passa pela floresta.* **2.** Apertado: *Usa uma saia muito estreita.* **3.** Fino, delgado: *Tem dedos longos e estreitos.* *substantivo masculino* **4.** Braço de mar que liga dois mares ou duas partes do mesmo mar: *O estreito da Mancha fica entre a Inglaterra e o continente europeu.*

estrela es.**tre**.la (trê) *substantivo feminino* **1.** Corpo celeste com luz própria, e que produz e emite energia: *O Sol é a única estrela do sistema solar.* **2.** Qualquer corpo celeste: *Fica longo tempo observando as estrelas.* **3.** Destino, fado: *Nasceu com uma boa estrela.* **4.** Artista famoso: *Este filme tem várias estrelas.* **Estrela cadente.** O mesmo que *meteorito*.

estrela-do-mar es.tre.la-do-**mar** *substantivo feminino* Animal marinho que tem o corpo em forma de estrela. [Plural: *estrelas-do-mar*.]

estrelar es.tre.**lar** *verbo* **1.** Encher-se ou cobrir-se de estrelas: *Na noite escura, o céu estrelava.* **2.** Fritar (ovos) deixando-os inteiros: *Estrelou dois ovos para o café da manhã.* **3.** Trabalhar em filme, peça, etc., como estrela ou como astro: *Costuma estrelar filmes de aventuras.*

estremecer es.tre.me.**cer** *verbo* **1.** Causar tremor a, ou sofrer tremor: *A erupção do vulcão estremeceu a terra; Com a explosão, a casa estremeceu(-se).* **2.** Tremer de medo, espanto, etc.: *Estremeceu quando ouviu os uivos do animal.* **3.** Tremer, ou fazer tremer de frio, febre, etc.: *O vento frio o estremecia.*

estridente es.tri.**den**.te *adjetivo de dois gêneros* Que tem som agudo: *Tem voz estridente, que incomoda os ouvidos.*

estripulia es.tri.pu.**li**.a *substantivo feminino* O mesmo que *travessura*: *Ficou de castigo por causa das estripulias que fez.*

estrofe es.**tro**.fe *substantivo feminino* Em um poema, uma canção, etc., conjunto de versos separados de outros e relacionados entre si: *Decorou as primeiras estrofes do Hino Nacional.*

estrondo es.**tron**.do *substantivo masculino* Grande ruído: *os estrondos de um canhão.*

estrume es.**tru**.me *substantivo masculino* Adubo que é a mistura de esterco e folhas e outros órgãos vegetais apodrecidos.

estrutura es.tru.**tu**.ra *substantivo feminino* **1.** Qualquer objeto construído: *Uma casa e uma ponte são estruturas.* **2.** Reunião ou arranjo de partes ou elementos, ou a maneira pela qual estas partes ou elementos se reúnem ou se relacionam, para formar um todo: *Pelo microscópio podemos observar a estrutura de uma planta.* **3.** A parte mais resistente de um corpo, que lhe dá sustentação e conformação: *Este edifício tem uma estrutura de aço.*

estudante es.tu.**dan**.te *substantivo de dois gêneros* Pessoa que estuda; aluno: *A minha classe tem 32 estudantes.*

estudantil es.tu.dan.**til** *adjetivo de dois gêneros* De, ou relativo a estudante ou a estudo: *O grêmio estudantil reuniu-se; Seus planos estudantis são muitos.* [Plural: *estudantis*.]

estudar

estudar es.tu.**dar** *verbo* **1.** Prestar atenção em alguma coisa (lendo, ouvindo ou observando), para aprender: *Desde criança, estudamos a nossa língua.* **2.** Observar atentamente: *O biólogo estuda o comportamento das formigas para entender a sua comunidade.* **3.** Frequentar o curso de: *João estuda Inglês pela manhã.* **4.** Exercitar-se, adestrar-se: *Estuda violão há dois anos.* **5.** Ser estudante: *Eu ainda não trabalho, apenas estudo.*

estúdio es.**tú**.di:o *substantivo masculino* Local destinado a atividades artísticas, ou à realização de filmagens, gravações, etc.: *o estúdio de um fotógrafo, de um pintor; estúdio de gravação.*

estudioso es.tu.di.**o**.so (ô) *adjetivo* Que gosta de estudar: *É um aluno estudioso desde o curso primário.* [Plural: *estudiosos* (ó).]

estudo es.**tu**.do *substantivo masculino* **1.** Ação de estudar, ou o resultado desta ação: *É preciso muito estudo para aprender bem uma língua.* **2.** Aquilo que é estudado: *Como vão os seus estudos de Astronomia?* **3.** Trabalho literário ou científico sobre um assunto: *Há famosos estudos sobre arte.* **4.** Exame, análise: *Pelo estudo das peças, verificou que se tratava de vegetais fósseis.*

estufa es.**tu**.fa *substantivo feminino* Construção de material leve, geralmente de vidro, com temperatura e umidade controladas, para cultivo de plantas.

estufar es.tu.**far** *verbo* Tornar cheio, volumoso, enchendo, principalmente, de ar: *Os soldados estufavam o peito ao desfilar.*

estupidez es.tu.pi.**dez** (dêz) *substantivo feminino* **1.** Ação ou procedimento estúpido: *Ingerir bebida alcoólica e dirigir é uma estupidez.* **2.** Falta de educação; grosseria: *Sua estupidez deixou os colegas pasmos.*

etiqueta

estúpido es.**tú**.pi.do *adjetivo* **1.** Com pouca inteligência ou raciocínio: *Fico estúpido quando estou com sono.* **2.** Grosseiro: *Disse palavras estúpidas, que não repetirei.*

esvaziar es.va.zi.**ar** *verbo* Tornar ou ficar vazio: *Esvaziou o tanque para lavá-lo; A piscina se esvaziou por causa do vazamento.*

e.t. (e.tê) *substantivo masculino* Abreviatura de *extraterrestre*.

etapa e.**ta**.pa *substantivo feminino* **1.** Cada uma das partes em que se pode dividir o desenvolvimento de algo, como obra, negócio, etc.: *As primeiras etapas da construção foram as mais difíceis, por causa do terreno acidentado.* **2.** Fase, estágio, período: *Preciso estudar as etapas da colonização no Brasil.*

etário e.**tá**.ri:o *adjetivo* Relativo a idade: *O filme é proibido para esta faixa etária.*

etc. Abreviatura do latim *et cetera* = e outras coisas, e assim por diante, e o resto.

éter é.ter *substantivo masculino* Substância química líquida, incolor, que se queima facilmente e tem um forte odor.

eternidade e.ter.ni.**da**.de *substantivo feminino* Tempo muito longo: *Demorou uma eternidade para fazer a prova.*

eterno e.**ter**.no *adjetivo* **1.** Que sempre existiu e existirá: *Deus é definido como um ser eterno.* **2.** Que deve durar para sempre: *Os noivos prometeram-se amor eterno.*

ética é.ti.ca *substantivo feminino* O conjunto das normas e princípios que guiam ou orientam o bom comportamento de uma pessoa.

ético é.ti.co *adjetivo* Da, ou relativo à ética.

etiqueta e.ti.**que**.ta (quê) *substantivo feminino* **1.** Rótulo ou adesivo que se cola (etiqueta de caderno) ou prega (etiqueta de roupas) em algo. **2.** O conjunto das regras de conduta, especialmente as de tratamento, seguidas em ocasiões formais, e que revelam a importância social das pessoas envolvidas: *A etiqueta é observada no trato com reis e rainhas.*

etnia et.**ni**.a *substantivo feminino* Grupo de pessoas que falam a mesma língua e têm a mesma cultura: *Várias etnias formam o povo brasileiro.*

étnico ét.**ni**.co *adjetivo* Da, ou relativo à etnia: *Os grupos étnicos que formam o povo brasileiro vieram de diferentes partes do mundo.*

eu *pronome pessoal* A primeira pessoa do singular, usada por quem fala ou escreve para referir-se a si mesmo: *Eu nasci em 2003.*

eucalipto eu.ca.**lip**.to *substantivo masculino* Grande árvore nativa da Austrália, muito cultivada pela sua madeira útil; as folhas e a casca têm uso medicinal.

eucaristia eu.ca.ris.**ti**.a *substantivo feminino* Sacramento cristão que celebra a Santa Ceia, e no qual o pão e o vinho representam o corpo e o sangue de Cristo.

euforia eu.fo.**ri**.a *substantivo feminino* Sensação de bem-estar intenso, e de grande contentamento: *Há euforia na escola com a chegada das férias.*

eufórico eu.**fó**.ri.co *adjetivo* Que tem e demonstra grande alegria: *A boa notícia deixou-o eufórico.*

euro eu.ro *substantivo masculino* Moeda comum a vários países da Europa.

europeu eu.ro.**peu** *adjetivo* **1.** Da Europa, um dos continentes terrestres, ou de seus habitantes. ✓ *substantivo masculino* **2.** Indivíduo que nasceu, ou vive, na Europa. [Feminino: *europeia* (éi).]

evacuação e.va.cu.a.**ção** *substantivo feminino* **1.** Ação de evacuar, ou o resultado desta ação: *A evacuação do cinema foi provocada pelo boato de uma bomba.* **2.** Eliminação de matéria fecal do organismo: *A ingestão de fibras facilita a evacuação.* [Plural: *evacuações.*]

evacuar e.va.cu.**ar** *verbo* **1.** Desocupar, esvaziar: *Evacuaram a sala em poucos minutos.* **2.** O mesmo que *defecar.*

evadir-se e.va.**dir**-se *verbo* **1.** Desaparecer, sumir. **2.** Deixar de comparecer; sair: *Este ano, menos alunos evadiram-se da escola.* **3.** Fugir de prisão: *Os presos evadiram-se durante a noite.*

evangelho e.van.**ge**.lho *substantivo masculino* **1.** A doutrina cristã. **2.** Cada um dos quatro livros (de Mateus, Marcos, Lucas e João) que, na Bíblia, trazem essa doutrina. [Com inicial maiúscula, nesta acepção.]

evangélico e.van.**gé**.li.co *adjetivo* **1.** Relativo ou pertencente a certos grupos religiosos que afirmam seguir os princípios dos Evangelhos. ✓ *substantivo masculino* **2.** Pessoa pertencente a cada um desses grupos.

evaporação e.va.po.ra.**ção** *substantivo feminino* **1.** Ação de evaporar(-se), ou o resultado desta ação: *A chuva se forma pela evaporação das águas dos rios, lagos e mares.* **2.** Transformação de um líquido em vapor: *A evaporação das águas forma as nuvens.* [Plural: *evaporações.*]

evaporar e.va.po.**rar** *verbo* **1.** Transformar em vapor; vaporizar: *O calor evapora a água.* **2.** Converter-se em vapor; vaporizar: *O éter evapora(-se) rapidamente.* **3.** Desaparecer, dissipar: *Ficou triste, porque suas esperanças se evaporaram.*

evasão e.va.**são** *substantivo feminino* Ação de evadir-se, ou o resultado desta ação: *a evasão escolar; a evasão de presos.* [Plural: *evasões.*]

evento e.**ven**.to *substantivo masculino* **1.** Acontecimento: *Fez 80 anos, mas não comemorou o evento.* **2.** Acontecimento (festa, espetáculo, etc.) organizado por pessoas especializadas: *Ocorrerá hoje um grande evento da moda.*

evidência e.vi.**dên**.ci:a *substantivo feminino* O que esclarece, prova: *Não é inocente, porque há evidências de sua culpa.*

evidente e.vi.**den**.te *adjetivo de dois gêneros* Que é claro, que não deixa dúvida: *Sua participação no roubo é evidente, há provas dela.*

evitar e.vi.**tar** *verbo* **1.** Escapar ou fugir de coisa ou pessoa nociva ou desagradável: *É melhor evitarmos esta estrada deserta; Evitou o amigo, pois está aborrecido com ele.* **2.** Não permitir; impedir: *Conseguiu evitar o acidente.*

evolução e.vo.lu.**ção** *substantivo feminino* **1.** Série de movimentos desenvolvidos de maneira regular e continuada: *Na lagoa, os patos faziam evoluções harmoniosas.* **2.** Sucessão de acontecimentos em que cada um depende do anterior; desenvolvimento: *a evolução da tecnologia no século XX.* **3.** Processo gradual de transformação de estado ou condição: *A evolução desta doença é longa.* **4.** Na biologia, a modificação das espécies ao longo do tempo: *Darwin criou a teoria da evolução das espécies.* [Plural: *evoluções*.]

evoluir e.vo.lu.**ir** *verbo* **1.** Passar por processo de evolução: *Segundo Darwin, todos os seres vivos evoluíram; A ciência evoluiu através dos séculos.* **2.** Executar evolução (1): *O avião evoluiu várias vezes sobre a praia.*

exagerado e.xa.ge.**ra**.do (xa = za) *adjetivo* **1.** Em que há exagero: *O jornal deu uma notícia exagerada, e teve de desmenti-la.* **2.** Que é demasiado, excessivo: *Comeu uma quantidade exagerada de doces.*

exagerar e.xa.ge.**rar** (xa = za) *verbo* **1.** Dar proporções maiores que as reais a algo, ou a um fato: *Ao contar a pescaria, exagerou no tamanho do peixe.* **2.** Exaltar, louvar em demasia: *Exagera a beleza da namorada, quando fala dela.* **3.** Usar com excesso: *Para ir ao baile, exagerou na maquiagem; Exagerou no sal, ao temperar a comida.*

exagero e.xa.**ge**.ro (xa = za ... gê) *substantivo masculino* Ação de exagerar, ou o resultado desta ação: *Houve exagero no que ele contou.*

exalar e.xa.**lar** (xa = za) *verbo* **1.** Emitir, lançar (vapores, odores, etc.): *Este esgoto exala mau cheiro; As rosas exalam um perfume suave; Esta carne está exalando, não pode ser usada.* **2.** Evaporar-se: *O éter exala-se facilmente.*

exaltar e.xal.**tar** (xal = zal) *verbo* **1.** Levar ao mais alto grau de intensidade: *Exaltou as qualidades do*

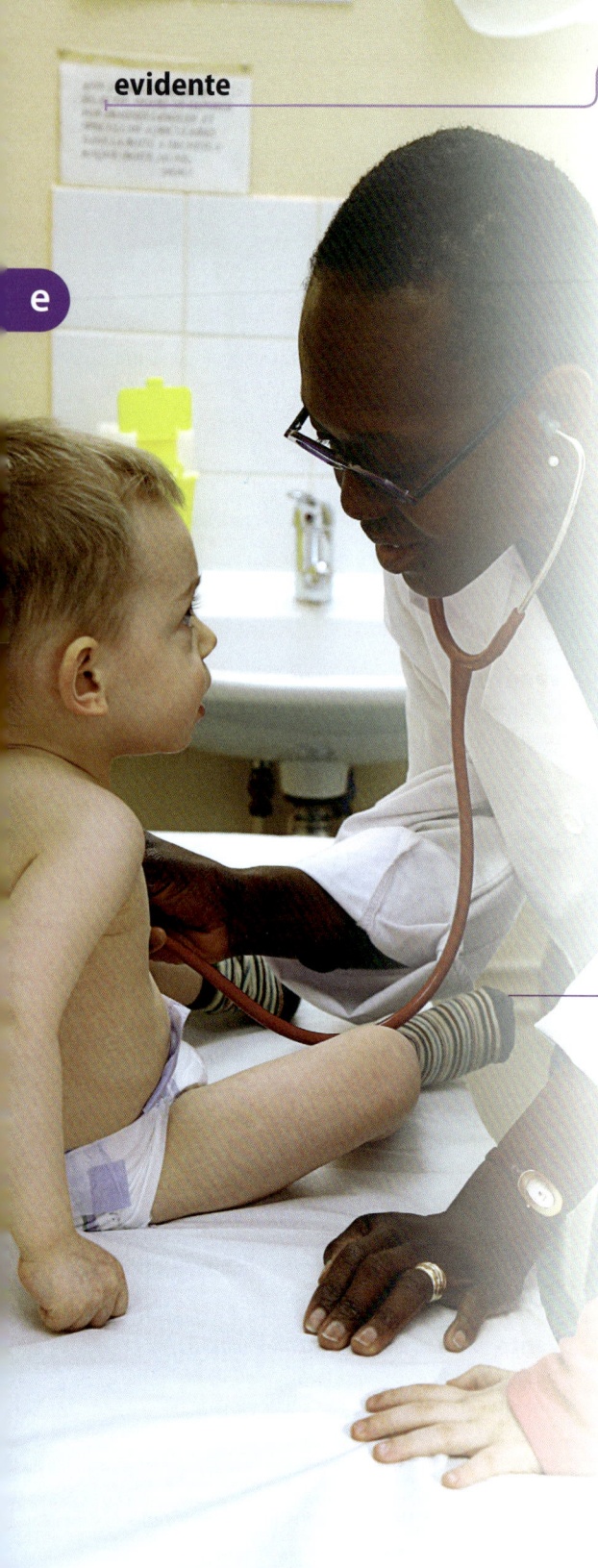

exame

filho. **2.** Excitar-se, entusiasmar-se: *Exaltou-se ao elogiar as virtudes do avô.*

exame e.**xa**.me (xa = za) *substantivo masculino* **1.** Ação de examinar, ou o resultado desta ação: *O exame do dente mostrou que estava bom; Fez um exame médico.* **2.** Prova para avaliar a aptidão ou os conhecimentos de alguém: *Fez um exame para entrar na escola; Tem que preparar-se para os exames de fim de ano.* **3.** O mesmo que *inspeção*: *Pelo exame do terreno, verificou que era pantanoso.*

examinar e.xa.mi.**nar** (xa = za) *verbo* **1.** Observar com atenção e cuidado; inspecionar: *Os fiscais examinam as bagagens dos passageiros.* **2.** Submeter a teste: *Nesta fábrica, examinam os produtos antes de pô-los à venda.* **3.** Submeter a exame médico: *Examinou os recrutas antes de admiti-los.*

exatidão e.xa.ti.**dão** (xa = za) *substantivo feminino* Qualidade de exato: *Conferi os gastos para comprovar a sua exatidão; Os cálculos para a viagem espacial têm de ser feitos com exatidão.* [Plural: *exatidões*.]

exato e.**xa**.to (xa = za) *adjetivo* **1.** De acordo com a verdade; certo; correto: *Este trem parte na hora exata.* **2.** Preciso, rigoroso: *Preciso de dados exatos para fazer este cálculo.*

exaustão e.xaus.**tão** (xaus = zaus) *substantivo feminino* Cansaço extremo: *Sua exaustão impediu-o de sair.* [Plural: *exaustões*.]

exaustivo e.xaus.**ti**.vo (xaus = zaus) *adjetivo* Que é muito cansativo.

exausto e.**xaus**.to (xaus = zaus) *adjetivo* Muitíssimo cansado: *Muito trabalho deixou-a exausta.*

exceção ex.ce.**ção** *substantivo feminino* **1.** Ação de excetuar, ou o resultado desta ação: *Nunca sai aos domingos, hoje foi uma exceção.* **2.** Desvio de uma regra ou de um padrão: *Quando estudamos gramática, aprendemos que existem exceções.* **3.** Aquilo ou aquele que se exclui: *Li todos os livros, com exceção deste; Todos vieram, com exceção de João.* [Plural: *exceções*.]

exceder ex.ce.**der** *verbo* **1.** Ser superior a; ir além de (em peso, valor, etc.): *O preço deste carro excede as minhas economias.* **2.** Ir além do que é natural ou conveniente: *Excedeu-se na comida e na bebida.* **3.** Ultrapassar em tempo, em quantidade, em número: *Sua estada aqui não excederá uma semana; Esta biblioteca excede a da minha escola em número de livros.*

excelência ex.ce.**lên**.ci:a *substantivo feminino* Qualidade do que é excelente: *Sua obra comprova a excelência de seus conhecimentos.*

excelente ex.ce.**len**.te *adjetivo de dois gêneros* Muitíssimo bom; excepcional: *João fez uma excelente prova.*

excêntrico ex.**cên**.tri.co *adjetivo* Que é diferente, original: *João é um menino excêntrico, só usa camisa azul ou amarela.*

excepcional ex.cep.**ci:o**.nal *adjetivo de dois gêneros* **1.** Que constitui exceção; em que há exceção: *Seus conhecimentos são excepcionais para a sua idade.* **2.** O mesmo que *excelente*: *Tem uma inteligência excepcional.* [Plural: *excepcionais*.]

excessivo ex.ces.**si**.vo *adjetivo* **1.** Que excede o que é permitido ou habitual: *Dirigia em velocidade excessiva, e foi multado.* **2.** Demasiado, exagerado: *Fez uma quantidade excessiva de comida; Está um calor excessivo.*

excesso ex.**ces**.so *substantivo masculino* **1.** Diferença para mais, entre duas quantidades. **2.** Aquilo que excede o permitido, o legal, ou o normal: *Dirigia com excesso de velocidade; Tem excesso de peso, está obeso.* **3.** Ação descontrolada: *Foi demitido por ter cometido excessos.*

213

exceto ex.ce.to *preposição* Com exclusão de, à exceção de: *Trouxe todos os filhos, exceto o mais novo.*

excetuar ex.ce.tu.ar *verbo* Excluir(-se): *A morte chega para todos os homens, não excetua ninguém; Não se excetuou, quando deu a lista dos culpados.*

excitação ex.ci.ta.ção *substantivo feminino* Ação de excitar(-se), ou o resultado desta ação. [Plural: *excitações*.]

excitar ex.ci.tar *verbo* Provocar uma reação, ou sofrê-la; estimular(-se): *Este remédio excita o apetite; Este jogo excita a curiosidade; Sua imaginação excitou-se com o livro policial.*

exclamação ex.cla.ma.ção *substantivo feminino* **1.** Ação de exclamar, ou o resultado desta ação: *Teve uma exclamação de alegria ao abrir o presente.* **2.** Sinal de pontuação (!) com que se marca uma exclamação. Exemplos: *Independência ou morte!; Desça daí, menino!* [Plural: *exclamações*.]

exclamar ex.cla.mar *verbo* Dizer em voz alta: *– Estou com fome! – Exclamou o menino, e sentou-se à mesa.*

excluir ex.clu.ir *verbo* **1.** Eliminar: *Excluiu o seu nome da lista.* **2.** Pôr fora; expulsar: *Excluíram o jogador do time.*

exclusão ex.clu.são *substantivo feminino* Ação de excluir(-se), ou o resultado desta ação: *A exclusão do jogador prejudicou o time.* [Plural: *exclusões*.]

exclusive ex.clu.si.ve *advérbio* De modo exclusivo; sem inclusão; excluindo: *Todos concordaram, exclusive eu.*

exclusivo ex.clu.si.vo *adjetivo* **1.** Que pertence a uma única pessoa ou grupo: *Esta propriedade é exclusiva da empresa, e não está aberta ao público.* **2.** Privativo, restrito: *Este elevador é de uso exclusivo da cobertura do prédio.*

excreção ex.cre.ção *substantivo feminino* Eliminação, do corpo, de qualquer substância ou matéria que já não é útil. [Plural: *excreções*.]

excremento ex.cre.men.to *substantivo masculino* O mesmo que *fezes*: *Os excrementos bovinos servem como adubo.*

excursão ex.cur.são *substantivo feminino* **1.** Passeio recreativo, ou de estudo: *Na excursão, nadamos no rio e coletamos plantas para estudá-las.* **2.** Viagem, geralmente em grupo: *Nossa excursão à Europa durou 21 dias.* [Plural: *excursões*.]

excursionista ex.cur.si:o.nis.ta *substantivo de dois gêneros* Pessoa que faz excursão.

execução e.xe.cu.ção (xe = ze) *substantivo feminino* Ação de executar, ou o resultado desta ação: *Levou muito tempo na execução dos deveres.* [Plural: *execuções*.]

executar e.xe.cu.tar (xe = ze) *verbo* **1.** Realizar, efetuar: *Executou o plano que havia concebido.* **2.** Cumprir, efetuar: *Executou todas as tarefas.* **3.** Tocar, ou cantar: *Executou várias peças no piano; Executou belas canções.*

executivo e.xe.cu.ti.vo (xe = ze) *adjetivo* Que executa, que tem a tarefa de executar as leis: *O poder executivo é exercido pelo Presidente da República e por seus ministros.*

exemplar e.xem.plar (xem = zem) *adjetivo de dois gêneros* **1.** Que serve, ou pode servir de exemplo: *Seu comportamento é exemplar, todos devem imitá-lo.* ✓ *substantivo masculino* **2.** Cada indivíduo de certa espécie ou variedade: *O leão é um exemplar dos felinos africanos.* **3.** Cada um dos livros de uma mesma edição, coleção, etc.: *O meu exemplar tem dedicatória do autor.*

exemplificar e.xem.pli.fi.car (xem = zem) *verbo* Mostrar ou explicar com exemplos: *A professora exemplificou toda a lição.*

exemplo e.xem.plo (xem = zem) *substantivo masculino* **1.** Aquilo que se pode imitar, que pode servir de modelo: *Seguiu o exemplo do melhor aluno, estudando mais.* **2.** Aquilo que prova ou ilustra o que se quer demonstrar: *Os exemplos do dicionário ensinam o emprego de cada palavra.* **3.** Fato de que se

exercer

pode tirar proveito ou ensino: *O seu erro serviu-lhe de exemplo, nunca mais o cometerá.*

exercer e.xer.cer (xer = zer) *verbo* **1.** Desempenhar ou cumprir obrigações ou deveres ligados a um cargo, uma função, uma tarefa: *O médico exerce a profissão de tratar os doentes.* **2.** Ter certo efeito sobre alguém ou algo: *O comportamento dos pais exerce influência no dos filhos.* **3.** Praticar: *Diariamente exerce uma boa ação.*

exercício e.xer.cí.ci:o (xer = zer) *substantivo masculino* **1.** Ação de exercer, ou o resultado desta ação: *Devemos praticar o exercício das boas ações.* **2.** Desempenho de função ou de profissão: *O exercício do governo da nação cabe ao seu presidente.* **3.** Atividade corporal para manter ou aperfeiçoar a forma física: *Andar é um excelente exercício; Faz exercícios todas as manhãs.* **4.** Trabalho escolar para treinar o estudante: *A professora passou-nos exercícios de Matemática.*

exercitar e.xer.ci.tar (xer = zer) *verbo* **1.** Treinar, praticar: *Exercitou o discurso diante do espelho.* **2.** Praticar exercício: *Exercita-se diariamente, andando quatro quilômetros.*

exército e.xér.ci.to (xér = zér) *substantivo masculino* **1.** Força armada de uma nação, que se destina a combater em terra: *O exército brasileiro lutou na Itália, na Segunda Guerra Mundial.* **2.** O conjunto dos soldados de uma nação: *O exército americano lutou contra o exército alemão, na Segunda Grande Guerra.*

exibição e.xi.bi.ção (xi = zi) *substantivo feminino* **1.** Ação de exibir, ou o resultado desta ação. **2.** Projeção de filme cinematográfico: *A exibição dura duas horas.* **3.** Representação teatral ou circense, etc.: *A exibição da peça foi um sucesso.* [Plural: *exibições*.]

exibir e.xi.bir (xi = zi) *verbo* **1.** Mostrar, apresentar, de maneira intencional: *Esta exposição exibe os quadros de grandes pintores.* **2.** Expor: *As vitrines exibem as roupas da última moda.* **3.** Mostrar-se em público: *O pianista exibiu-se para uma plateia selecionada.*

exigência e.xi.gên.ci:a (xi = zi) *substantivo feminino* **1.** Aquilo que se reclama como necessário: *Fez exigências para aceitar o pedido.* **2.** Pedido impertinente: *Não cedi às suas exigências.*

existir

exigir e.xi.gir (xi = zi) *verbo* **1.** Reclamar, tendo ou não direito ao que deseja: *Exigiu que lhe dessem o melhor lugar.* **2.** Ter necessidade; precisar: *Está muito doente, exige cuidados especiais.* **3.** Pedir ou mandar de maneira autoritária: *Exigiu que lhe pedissem desculpas imediatamente.*

exilado e.xi.la.do (xi = zi) *adjetivo* **1.** Que se exilou. ✓ *substantivo masculino* **2.** Aquele que se exilou: *Hoje os exilados voltaram para casa.*

exilar e.xi.lar (xi = zi) *verbo* **1.** Mandar para o exílio: *O governo português exilou os participantes da Conjuração Mineira.* **2.** Condenar-se ao exílio por vontade própria: *Desgostoso, exilou-se de sua terra.* **3.** Isolar-se: *Exilou-se na fazenda depois do acidente.*

exílio e.xí.li:o (xí = zí) *substantivo masculino* **1.** Situação de uma pessoa obrigada a viver fora de seu país: *Ficou no exílio porque o condenaram em seu país.* **2.** O local em que vive o exilado: *O exílio dos conjurados mineiros foi a África.*

existência e.xis.tên.ci:a (xis = zis) *substantivo feminino* **1.** O fato de viver, de existir: *A existência de muitas espécies de animais está ameaçada pela poluição.* **2.** Vida: *Tem uma existência tranquila na cidadezinha.* **3.** Tempo de duração: *A existência desta revista foi curta.*

existente e.xis.ten.te (xis = zis) *adjetivo de dois gêneros* Que existe: *As leis existentes proíbem a discriminação.*

existir e.xis.tir (xis = zis) *verbo* **1.** Ter existência real; viver: *Os homens existem há milhões de anos.* **2.** Haver: *Existem muitas feras nesta floresta.* **3.** Durar, permanecer: *Sua lembrança existirá para sempre.*

215

êxito ê.xi.to (xi = zi) *substantivo masculino* **1.** Resultado, consequência, efeito: *Seus esforços não tiveram bom êxito*. **2.** Resultado feliz; bom sucesso: *O êxito de sua pesquisa tornou-o famoso.*

êxodo ê.xo.do (xo = zo) *substantivo masculino* **1.** Emigração de todo um povo: *Moisés liderou o êxodo dos judeus do Egito*. **2.** Saída de grande número de pessoas: *O êxodo rural prejudica a lavoura.*

exótico e.**xó**.ti.co (xó = zó) *substantivo masculino* **1.** Que não é originário do país em que ocorre; que não é nativo: *Na Europa, o abacaxi é uma fruta exótica*. **2.** Que é esquisito: *Vive sozinho, e tem hábitos exóticos.*

expandir ex.pan.**dir** *verbo* Tornar(-se) maior; aumentar de tamanho.

expansão ex.pan.**são** *substantivo feminino* **1.** Ação de expandir(-se), e o resultado desta ação: *A expansão da cidade dobrou o número de seus habitantes*. **2.** Qualidade do que se amplia, cresce, aumenta: *O futuro do país está na expansão de sua economia.* [Plural: *expansões*.]

expectativa ex.pec.ta.**ti**.va *substantivo feminino* Situação de quem espera o acontecimento de algo: *Prometeram-lhe o emprego, mas ainda está na expectativa.*

expedição ex.pe.di.**ção** *substantivo feminino* **1.** Ação de expedir, ou o resultado desta ação; envio: *Todas as manhãs há expedição de correspondência*. **2.** Grupo de pessoas enviadas para explorar uma região, a fim de estudá-la ou de estabelecer outros tipos de contato: *Houve várias expedições estrangeiras, como as de franceses e holandeses, ao Brasil colonial.* [Plural: *expedições*.]

expediente ex.pe.di.**en**.te *substantivo masculino* **1.** Horário de funcionamento de repartições públicas, bancos, lojas, etc.: *O expediente bancário costuma ser das 10 às 16 horas*. **2.** Meio para eliminar embaraços ou alcançar um fim determinado; desembaraço, desenvoltura: *Encarreguei-o da tarefa, porque sei que tem expediente para resolver tudo.*

expedir ex.pe.**dir** *verbo* **1.** Remeter algo para alguém, ou para um lugar; destinar: *Expedi sua correspondência para o novo endereço*. **2.** Fazer partir ou seguir, com determinado fim: *Expediu um emissário com mensagem de paz.*

expelir ex.pe.**lir** *verbo* Pôr para fora: *expelir catarro.*

experiência ex.pe.ri.**ên**.ci:a *substantivo feminino* **1.** Conhecimento que se obtém com a prática de algo: *Morou anos na Amazônia, e por isso tem experiência da vida na selva*. **2.** Conhecimento ou sabedoria adquirida espontaneamente durante a vida: *Pode dar conselhos, porque tem grande experiência*. **3.** Teste para descobrir ou estudar um fenômeno; experimentação, experimento: *Os alunos fizeram experiências no laboratório.*

experiente ex.pe.ri.**en**.te *adjetivo de dois gêneros* Que tem experiência: *Os velhos são mais experientes que os jovens.*

experimentação ex.pe.ri.men.ta.**ção** *substantivo feminino* Ação de experimentar, ou o resultado desta ação; experiência, experimento: *As descobertas científicas geralmente se fazem com experimentações.* [Plural: *experimentações*.]

experimentar ex.pe.ri.men.**tar** *verbo* **1.** Submeter a experiência: *Experimentam sempre novas técnicas, neste laboratório*. **2.** Tomar conhecimento de; avaliar: *Experimente saber os seus motivos, antes de condená-lo*. **3.** Tentar, empreender: *Experimente mudar de vida para sentir-se melhor*. **4.** Pôr no corpo (roupa, calçado, etc.),

experimento

para ver como ficam: *Antes de comprá-los, experimentou a calça e o sapato.* **5.** Sofrer, suportar: *Experimentou dores em todo o corpo, depois do acidente.*

experimento ex.pe.ri.**men**.to *substantivo masculino* O mesmo que *experimentação*.

expiração ex.pi.ra.**ção** *substantivo feminino* **1.** Ação de expirar, ou o resultado desta ação. **2.** Fim de um prazo: *Você não pode usar este vale, depois de sua expiração.* [Plural: *expirações*.]

expirar ex.pi.**rar** *verbo* **1.** Expelir o ar dos pulmões pelas vias respiratórias: *A expiração segue-se à inspiração.* **2.** Deixar de ser válido: *Sua passagem expirou, já não pode usá-la; Seu passaporte expirou.* **3.** Morrer: *Estava muito mal, e acaba de expirar.*

explicação ex.pli.ca.**ção** *substantivo feminino* **1.** Ação de explicar(-se), ou o resultado desta ação: *Sua explicação esclareceu as dúvidas.* **2.** Motivo, causa, razão: *Espero que você tenha uma explicação para o atraso.* [Plural: *explicações*.]

explicar ex.pli.**car** *verbo* **1.** Tornar compreensível; fazer compreender: *O professor explicou o movimento da Terra em torno do Sol.* **2.** Dar a causa ou a razão de algo: *Explicou por que chegara atrasado.* **3.** Dar razão de suas ações ou palavras: *Explicou-se, e eu concordei com ele.*

explícito ex.**plí**.ci.to *adjetivo* Explicado, claro: *Não precisa dizer nada, suas ações foram explícitas.*

explodir ex.plo.**dir** *verbo* **1.** Causar a explosão de: *Um incêndio explodiu o posto de gasolina.* **2.** Sofrer explosão: *A bomba explodiu, matando muitas pessoas.*

exploração ex.plo.ra.**ção** *substantivo feminino* Ação de explorar, ou o resultado desta ação. [Plural: *explorações*.]

explorador ex.plo.ra.**dor** (dôr) *substantivo masculino* Aquele que viaja para estudar e pesquisar uma região desconhecida, ou novos aspectos de uma região.

exposição

explorar ex.plo.**rar** *verbo* **1.** Percorrer uma região para estudá-la, conhecê-la: *O missionário escocês David Livingstone explorou a África no século XIX.* **2.** Examinar para análise: *Explorou todos os sintomas da doença para tratar do doente.* **3.** Tirar partido de fato, situação, etc.: *Explora as belezas naturais das praias para atrair turistas.* **4.** Abusar da boa vontade, ou da ingenuidade de alguém: *É um espertalhão, explora todos que o cercam.*

explosão ex.plo.**são** *substantivo feminino* **1.** Estouro violento causado pela expansão de um gás, ou de um corpo que se despedaça: *A explosão da bomba fez muitas vítimas.* **2.** Manifestação súbita e violenta de um sentimento: *Ao receber a terrível notícia, teve uma explosão de raiva.* [Plural: *explosões*.]

explosivo ex.plo.**si**.vo *adjetivo* **1.** Capaz de explodir: *As substâncias explosivas são altamente perigosas.* **2.** Que não é calmo: *Este rapaz tem um temperamento explosivo.*

expor ex.**por** *verbo* **1.** Pôr(-se) em perigo, arriscar-se: *Os bombeiros expõem a vida para salvar pessoas; O soldado expôs-se aos tiros do inimigo.* **2.** Contar, narrar: *Expôs os fatos para que tomassem providências.* **3.** Apresentar, revelar: *Não quis expor o seu plano.* **4.** Pôr em exposição: *Expôs todos os seus quadros.*

exportação ex.por.ta.**ção** *substantivo feminino* **1.** Ação de exportar, ou o resultado desta ação: *Cultiva soja para exportação.* **2.** O conjunto dos artigos exportados: *A exportação brasileira este ano foi recorde.* [Plural: *exportações*.]

exportar ex.por.**tar** *verbo* Vender para o estrangeiro: *O Brasil exporta avião; A França exporta vinho.*

exposição ex.po.si.**ção** *substantivo feminino* **1.** Ação de expor(-se), ou o resultado desta ação: *A longa exposição ao sol é prejudicial à saúde.* **2.** Exibição pública de obras de arte, fotografias, peças de artesanato, produtos industriais ou agropecuá-

expressão

rios, etc.; feira: *Levou os alunos a uma exposição no Museu*; *O fazendeiro comprou um belo touro numa exposição*. **3.** Apresentação escrita ou oral de um assunto: *Fez uma breve exposição sobre literatura*. [Plural: *exposições*.]

expressão ex.pres.**são** *substantivo feminino* **1.** Manifestação de sentimentos, de emoções, pela fisionomia, pelo comportamento, ou por palavras: *Seu rosto sorridente era a expressão de sua alegria*. **2.** Frase ou sentença: *Bater as botas é uma expressão popular para morrer*. **3.** Manifestação forte, intensa: *O carnaval é uma das expressões da cultura popular*. [Plural: *expressões*.]

expressar ex.pres.**sar** *verbo* O mesmo que *exprimir*: *Seu discurso expressou entusiasmo*; *Expressa-se com palavras adequadas*.

expresso ex.**pres**.so *adjetivo* **1.** Que fica manifesto: *Esta é sua vontade expressa*. **2.** Que não se pode contestar: *Deu ordens expressas para barrar a entrada de menores*. **3.** Especial ou particular: *Viajou com a finalidade expressa de visitar museus*. **4.** Em que há rapidez de transporte, de entrega, etc.: *Veio pelo trem expresso*; *Mandou-me uma carta expressa*. ✓ *substantivo masculino* **5.** Trem ou outro meio de transporte expresso. **6.** Café feito no vapor: *Sirva-me um expresso, por favor*.

exprimir ex.pri.**mir** *verbo* **1.** Manifestar por palavras ou gestos; expressar: *Não soube exprimir o que queria dizer*; *Seu rosto exprimia tristeza*. **2.** Significar, representar, expressar: *Seu discurso exprime o seu ideal de liberdade*. **3.** Fazer conhecer suas ideias; comunicar-se, expressar-se: *Os surdos-mudos se exprimem por gestos*.

expulsão ex.pul.**são** *substantivo feminino* Ação de expulsar, ou o resultado desta ação: *A expulsão do jogador deveu-se à jogada violenta*. [Plural: *expulsões*.]

extinguir

expulsar ex.pul.**sar** *verbo* Fazer sair, pôr para fora, por castigo, violência, ou em obediência a uma regra ou lei: *Os seguranças do baile expulsaram os desordeiros*.

extensão ex.ten.**são** *substantivo feminino* **1.** Dimensão: *Não sei qual é a extensão deste terreno*. **2.** Espaço de tempo; duração: *A extensão de uma vida*. **3.** Instalação telefônica ligada à mesma linha que outro aparelho, em local diverso: *O telefone lá de casa tem uma extensão*. [Plural: *extensões*.]

extenso ex.**ten**.so *adjetivo* **1.** Vasto, amplo: *A plantação ocupa uma área extensa*. **2.** Longo, comprido: *Esta casa tem um extenso corredor*. **3.** Prolongado: *A extensa conversa entrou noite a dentro*.

extenuar ex.te.nu.**ar** *verbo* Esgotar as forças de alguém, ou as próprias forças: *A longa caminhada extenuou-o*; *Extenuou-se quando fez a mudança*.

exterior ex.te.**ri**.or *adjetivo* **1.** Que está na parte de fora: *As paredes exteriores foram pintadas*. **2.** Relativo a nações estrangeiras; externo: *comércio exterior*. ✓ *substantivo masculino* **3.** Qualquer país estrangeiro: *Viajou para o exterior*. **4.** Aparência, aspecto: *Este prédio tem um exterior imponente*.

exterminar ex.ter.mi.**nar** *verbo* Destruir, matando: *Esta substância extermina baratas*.

extermínio ex.ter.**mí**.ni:o *substantivo masculino* Ação de exterminar, ou o resultado desta ação: *Os colonizadores portugueses provocaram o extermínio de vários povos indígenas*.

externo ex.**ter**.no *adjetivo* **1.** Que está do lado de fora: *As paredes externas desta casa precisam de pintura*. **2.** O mesmo que *exterior* (2): *O comércio externo é muito importante para o país*.

extinção ex.tin.**ção** *substantivo feminino* **1.** Ação de extinguir(-se), ou o resultado desta ação: *Os bombeiros trabalham na extinção de incêndios*. **2.** Desaparecimento de uma espécie de ser vivo: *A extinção dos dinossauros ocorreu há muitos milhões de anos*. [Plural: *extinções*.]

extinguir ex.tin.**guir** *verbo* **1.** Fazer cessar (fogo): *Os bombeiros levaram horas para extinguir o incêndio*. **2.** Acabar com; eliminar: *Há substâncias que extinguem pragas*. **3.** Abolir a validade de: *Esta nova lei*

extinto | exuberante

extingue a anterior. **4.** Deixar de existir; desaparecer: *O seu entusiasmo extinguiu-se.*

extinto ex.**tin**.to *adjetivo* **1.** Apagado: *As chamas apenas pareciam extintas.* **2.** Que deixou de existir: *Escreveu um romance sobre seus amores extintos.*

extintor ex.tin.**tor** (ô) *substantivo masculino* Aparelho para extinguir incêndios.

extorquir ex.tor.**quir** *verbo* Conseguir algo por violência ou ameaça: *O ladrão extorquiu as economias do humilde aposentado.*

extorsão ex.tor.**são** *substantivo feminino* Ação de extorquir, ou o resultado desta ação: *Conseguiram prender os culpados da extorsão.* [Plural: *extorsões*.]

extra ex.tra *adjetivo de dois gêneros* **1.** Que não é comum; fora do habitual: *A pedido do público, o filme terá uma exibição extra.* **2.** Diz-se de trabalho ou tarefa suplementar: *Disse que precisa de um trabalho extra para pagar o colégio do filho.* ✅ *substantivo masculino* **3.** Pagamento por trabalho extra: *Trabalhei mais horas para ganhar um extra.*

extração ex.tra.**ção** *substantivo feminino* **1.** Ação de extrair, ou o resultado desta ação: *A extração do dente doeu muito; Antigamente, a borracha só era fabricada pela extração do látex da seringueira.* **2.** Sorteio de loterias: *Compre logo o bilhete, que a extração é amanhã.* [Plural: *extrações*.]

extrair ex.tra.**ir** *verbo* **1.** Tirar de dentro de onde estava: *extrair o suco da laranja*; *extrair petróleo.* **2.** Arrancar: *Teve de extrair todos os dentes.* **3.** Colher, tirar: *As plantas extraem a seiva do solo.* **4.** Obter, conseguir: *Extraiu do preso a confissão do crime.*

extraordinário ex.tra.or.di.**ná**.ri:o *adjetivo* **1.** Fora do comum: *Tem um talento extraordinário para escrever.* **2.** Admirável, espantoso: *Com uma coragem extraordinária salvou os meninos que se afogavam.*

3. Muito grande ou excessivo: *Um extraordinário número de pessoas compareceu ao show.*

extraterrestre ex.tra.ter.**res**.tre *adjetivo de dois gêneros* **1.** Que é de fora da Terra: *Meu tio acredita em seres extraterrestres.* ✅ *substantivo de dois gêneros* **2.** Criatura extraterrestre: *Há muitos filmes de ficção científica sobre extraterrestres.*

extrativismo ex.tra.ti.**vis**.mo *substantivo masculino* Atividade que consiste em extrair da natureza produtos que possam ser usados para fins comerciais ou industriais: *O extrativismo da borracha na Amazônia ocorreu no final do século XIX e início do século XX.*

extrato ex.**tra**.to *substantivo masculino* **1.** Coisa que se extraiu de outra: *De extrato do girassol faz-se um óleo comestível.* **2.** Trecho tirado de uma obra: *A professora leu para nós o extrato de um livro de contos.* **3.** Essência aromática; perfume: *Minha mãe usa um extrato de jasmim.*

extremidade ex.tre.mi.**da**.de *substantivo feminino* **1.** Parte extrema; ponta: *As unhas ficam nas extremidades dos dedos.* **2.** Parte final; fim, limite: *A escola fica na extremidade desta rua.* **3.** O mesmo que *borda*: *Pôs um babado na extremidade da saia.*

extremo ex.**tre**.mo *adjetivo* **1.** Situado no ponto mais afastado; distante: *Mora na parte extrema da rua.* **2.** Que atingiu o ponto máximo: *Minha avó está na extrema velhice, tem mais de 90 anos.* ✅ *substantivo masculino* **3.** O ponto mais distante; extremidade: *O arroio Xuí fica no extremo do Brasil.*

exuberância e.xu.be.**rân**.ci:a (xu = zu) *substantivo feminino* Fartura, abundância: *Na primavera há exuberância de flores.*

exuberante e.xu.be.**ran**.te (xu = zu) *adjetivo de dois gêneros* Muito abundante: *Na floresta, a vegetação é exuberante.*

flor

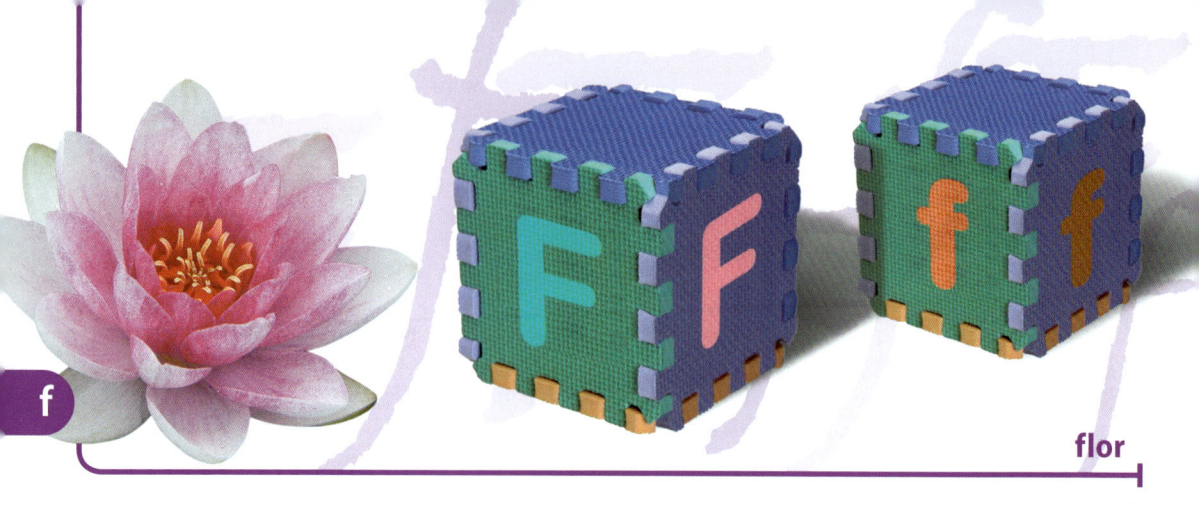

f (éfe) *substantivo masculino* A sexta letra do nosso alfabeto.

fã *substantivo de dois gêneros* Pessoa que é admiradora de alguém ou de alguma coisa: *Sou fã de Monteiro Lobato e do Sítio do Picapau Amarelo; Sou fã de samba.*

fá *substantivo masculino* **1.** A quarta nota da escala musical. **2.** O sinal da nota fá na pauta musical.

fábrica fá.bri.ca *substantivo feminino* Estabelecimento industrial em que trabalhadores, operando máquinas, transformam matéria-prima em produtos para consumo: *fábrica de macarrão; fábrica de automóveis.*

fabricação fa.bri.ca.**ção** *substantivo feminino* Ação de fabricar, ou o resultado desta ação. [Plural: *fabricações*.]

fabricante fa.bri.**can**.te *adjetivo de dois gêneros* **1.** Que fabrica: *uma empresa fabricante de aviões.* ✓ *substantivo de dois gêneros* **2.** Pessoa ou indústria que fabrica: *Os fabricantes de automóveis decidiram baixar os preços.*

fabricar fa.bri.**car** *verbo* Produzir em fábrica: *Aqui se fabricam brinquedos e móveis infantis.*

fábula fá.bu.la *substantivo feminino* Narrativa cujas personagens são geralmente animais, e que encerra uma lição de moral.

fabuloso fa.bu.**lo**.so (lô) *adjetivo* **1.** Que só existe na imaginação, nas histórias, nas fábulas: *O Burrinho Que Queria Ser Gente é uma história fabulosa, onde o burrinho fala.* **2.** Fora do comum: *Rui tem uma inteligência fabulosa, aprende tudo rápido.* [Plural: *fabulosos* (ló).]

faca fa.ca *substantivo feminino* Instrumento composto de um cabo e uma lâmina, e que serve para cortar: *Cortou o pão com a faca, e pôs nele manteiga.*

facada fa.**ca**.da *substantivo feminino* Golpe de faca.

façanha fa.**ça**.nha *substantivo feminino* **1.** Ação heroica; proeza: *Os bombeiros realizam façanhas incríveis.* **2.** Coisa difícil de executar: *Abrir a porta foi uma façanha: a chave estava quebrada.*

facão fa.**cão** *substantivo masculino* Espécie de faca bem grande: *facão de cortar cana.* [Plural: *facões*.]

face fa.ce *substantivo feminino* **1.** A parte anterior do rosto, que vai da testa ao queixo; rosto: *Está com a face vermelha por causa do sol.* **2.** As partes laterais do rosto: *Ana tem as faces rosadas.* **3.** Em medalha ou moeda, o lado que tem uma figura humana real ou simbólica; cara.

faceiro fa.**cei**.ro *adjetivo* Que gosta de se enfeitar: *Luísa é uma menina faceira.*

fachada fa.**cha**.da *substantivo feminino* Qualquer dos lados de uma construção, principalmente o da frente: *Pintaram de azul e branco a fachada da casa.*

facho fa.cho *substantivo masculino* Aquilo que emite luz; clarão: *Um facho de luz da Lua entrava pela janela.*

facial fa.ci.**al** *adjetivo de dois gêneros* Que pertence à face: *paralisia facial.* [Plural: *faciais*.]

fácil fá.cil *adjetivo de dois gêneros* **1.** Que se faz, ou se consegue, ou se compreende sem esforço: *exercício fácil; uma fácil vitória; uma lição fácil.* **2.** Sem

facilidade

complicação; simples; agradável: *Maria tem um gênio fácil*. [Plural: *fáceis*.]

facilidade fa.ci.li.**da**.de *substantivo feminino* **1.** Qualidade daquilo que se faz sem esforço: *Tem grande facilidade para desenhar*. **2.** Ausência de dificuldade: *Como os livros eram baratos, pagou-os com facilidade*.

facilitar fa.ci.li.**tar** *verbo* Tornar fácil ou mais fácil: *O uso do computador facilita as pesquisas escolares*.

faculdade fa.cul.**da**.de *substantivo feminino* **1.** Poder de fazer alguma coisa; capacidade; possibilidade: *Numa democracia, o povo tem a faculdade de escolher seus representantes*. **2.** Escola de ensino superior, parte de uma universidade: *A faculdade de Direito fica num prédio separado*.

fada fa.da *substantivo feminino* Em certas histórias infantis, mulher com poderes mágicos que, geralmente, só faz o bem: *A fada transformou a abóbora em carruagem para a moça ir ao baile*.

fadiga fa.**di**.ga *substantivo feminino* Diminuição de forças causada por exercício ou trabalho excessivo ou por doença; cansaço.

fado fa.do *substantivo masculino* **1.** O mesmo que *destino* (1): *A literatura era seu fado: desde pequena gostava de escrever*. **2.** Canção popular portuguesa, de caráter triste: *Aquela moça é uma grande cantora de fados*.

fagulha fa.**gu**.lha *substantivo feminino* Partícula que se desprende de alguma coisa que está em fogo.

faísca fa.**ís**.ca *substantivo feminino* Partícula brilhante e em fogo que salta de coisa que está queimando: *A madeira, ao pegar fogo, soltava faíscas e estalava*.

faixa fai.xa *substantivo feminino* **1.** Tira longa e estreita de tecido, papel, etc.: *O vestido branco tem uma faixa preta na cintura*. **2.** Pedaço longo e mais ou menos estreito de terra, etc.: *Nesta faixa de terra junto à estrada é proibido construir*. **3.** Cada uma das músicas gravadas de um CD, etc.

fala fa.la *substantivo feminino* **1.** Ação ou faculdade humana de falar. **2.** Modo de falar próprio de um povo, de um lugar: *A fala dos ingleses é diferente da fala dos americanos, mas a língua é a mesma*. **3.** Imitação da fala humana pelos animais: *a fala do papagaio*.

falhar

falante fa.**lan**.te *adjetivo de dois gêneros* **1.** Que fala: *Quer se corresponder com pessoas falantes de inglês*. **2.** Que fala muito: *Na excursão, havia um grupo falante e outro muito calado*. ✓ *substantivo de dois gêneros* **3.** O usuário de uma língua: *Há muitos falantes de português na África*.

falar fa.**lar** *verbo* **1.** Exprimir-se por meio de palavras; expressar-se: *É um bebê, ainda não fala*. **2.** Conversar sobre alguém ou alguma coisa: *As duas senhoras sempre falavam sobre os netos; Os meninos falavam de futebol*. **3.** Ser capaz de exprimir-se em um idioma: *João fala bem francês*.

falcão fal.**cão** *substantivo masculino* Ave predadora diurna, de bico forte, asas longas, voo rápido, garras pontiagudas. [Plural: *falcões*.]

falecer fa.le.**cer** *verbo* O mesmo que **morrer** (1).

falecido fa.le.**ci**.do *adjetivo* **1.** Que faleceu. ✓ *substantivo masculino* **2.** Aquele que faleceu. [Sinônimo: *morto*.]

falecimento fa.le.ci.**men**.to *substantivo masculino* O mesmo que **morte**.

falência fa.**lên**.ci:a *substantivo feminino* Ação de falir, ou o resultado desta ação.

falha fa.lha *substantivo feminino* **1.** Fenda, rachadura em uma superfície: *Abriu-se uma falha na estrada*. **2.** Omissão, ou erro: *A pesquisa apresentada estava cheia de falhas e não foi aceita*.

falhar fa.**lhar** *verbo* **1.** Não acertar; errar: *Os meteorologistas falharam na previsão de chuva para hoje*. **2.** Deixar de cumprir ou de fazer o que prometeu: *Marcou data para entregar o trabalho e falhou*. **3.** Não funcionar ou funcionar mal: *A caneta falhou e não pude terminar a redação*.

221

falir   fantasma

falir fa.**lir** *verbo* Não ter com que pagar a quem deve: *A loja da esquina fechou porque o dono faliu.*

falsidade fal.si.**da**.de *substantivo feminino* **1.** Qualidade ou caráter de falso: *Sua falsidade chocou os amigos.* **2.** Mentira: *Ficou provado que era falsidade a história que contou.* **3.** Fingimento, hipocrisia: *Na história, o ar bondoso da bruxa era pura falsidade.*

falsificado fal.si.fi.**ca**.do *adjetivo* Que se falsificou; falso: *A assinatura no cheque era falsificada.*

falsificar fal.si.fi.**car** *verbo* Imitar ou alterar com fraude: *É crime falsificar um documento.*

falso **fal**.so *adjetivo* **1.** Falsificado: *dinheiro falso.* **2.** Contrário à verdade: *notícia falsa.* **3.** Que parece verdadeiro, mas não é: *O colar é bonito, mas as pérolas são falsas.* **4.** Hipócrita, fingido: *Parecia amigo de todos, mas descobriu-se que era falso.*

falta **fal**.ta *substantivo feminino* **1.** Ação de faltar, ou o resultado desta ação: *Durante a manhã houve falta de luz.* **2.** Escassez, carência: *A falta de vitaminas na alimentação pode causar doenças.* **3.** Ausência: *Todos comentaram a sua falta na festa.* **4.** Erro, engano: *É um trabalho cheio de faltas.* **5.** Desrespeito às regras de um jogo ou esporte: *O juiz deixou de marcar algumas faltas nesse jogo.* **6.** Culpa: *A mãe sempre lhe perdoou as faltas.*

faltar fal.**tar** *verbo* **1.** Sentir ou sofrer privação de (coisa necessária, ou com que se contava): *Faltou-lhe o apoio dos amigos.* **2.** Deixar de fazer, de cumprir (promessa, etc.), ou de comparecer: *Não se deve faltar ao que se prometeu.* **3.** Ser necessário: *Faltam-lhe dados para completar o trabalho.*

fama **fa**.ma *substantivo feminino* Opinião de muitos sobre alguém ou alguma coisa: *Maria tem fama de corajosa.*

família fa.**mí**.li:a *substantivo feminino* **1.** O núcleo familiar formado principalmente pelo pai, pela mãe e pelos filhos. **2.** Conjunto de pessoas ligadas por parentesco: *Toda a família se reuniu para festejar os 90 anos da avó.* **3.** Classificação que reúne grupos de animais ou de plantas: *O boi e o carneiro são da família dos bovídeos.*

familiar fa.mi.li.**ar** *adjetivo de dois gêneros* **1.** Da família, ou próprio dela; doméstico: *ambiente familiar.* **2.** Que se conhece bem: *uma voz familiar; um rosto familiar; um assunto familiar.* ✓ *substantivo masculino* **3.** Pessoa da família: *Maria convidou todos os seus familiares para a formatura.*

familiarizar fa.mi.li:a.ri.**zar** *verbo* **1.** Tornar familiar. **2.** Acostumar, habituar: *Logo se familiarizou com os novos colegas.*

faminto fa.**min**.to *adjetivo* Que tem fome; esfomeado: *Deu comida à criança faminta.*

famoso fa.**mo**.so (mô) *adjetivo* **1.** Que tem fama, boa ou má: *A cidade do Rio de Janeiro é famosa por suas praias.* **2.** Célebre: *Machado de Assis é um dos mais famosos escritores brasileiros.* **3.** Notável pela excelência: *A feijoada da minha tia é famosa.* [Plural: *famosos* (mó).]

fanático fa.**ná**.ti.co *adjetivo* **1.** Que adere cegamente a uma doutrina, causa ou partido. **2.** Que tem grande amor, ou paixão, a alguém ou a alguma coisa; louco: *É fanático por futebol.* ✓ *substantivo masculino* **3.** Indivíduo fanático.

fanatismo fa.na.**tis**.mo *substantivo masculino* Qualidade, caráter, ou comportamento de pessoa fanática.

fantasia fan.ta.**si**.a *substantivo feminino* **1.** Faculdade de criar, de imaginar; imaginação: *Os autores dos contos de fadas têm muita fantasia.* **2.** Capricho, vontade: *Não é bom satisfazer todas as fantasias das crianças.* **3.** Traje que, imitando roupa de palhaço, bailarina, pirata, marinheiro, etc., é usado no carnaval e em outros festejos.

fantasiar fan.ta.si.**ar** *verbo* **1.** Criar na imaginação, na fantasia; imaginar, sonhar. **2.** Vestir-se com fantasia: *Fantasiou-se de marinheiro no carnaval.*

fantasma fan.**tas**.ma *substantivo masculino* Ser imaginário, suposta aparição de pessoa morta; aparição, assombração: *Dizem que naquela casa abandonada aparecem fantasmas.*

fantástico

fantástico fan.**tás**.ti.co *adjetivo* **1.** Que só existe na fantasia, na imaginação; imaginário: *Veio com uma história fantástica em que ninguém acreditou.* **2.** Excelente, extraordinário, formidável: *Vi um filme fantástico, belíssimo.* **3.** Diz-se de obras literárias, de filmes, etc., que contam histórias sobrenaturais, extraordinárias, como se fossem reais: *Os filmes fantásticos com seres de outros mundos têm seus fãs.*

fantoche fan.**to**.che *substantivo masculino* Boneco com a cabeça feita de massa ou de outro material e em cujo corpo, formado pela roupa, o operador esconde a mão que o movimenta: *A professora nos ensinou a operar os fantoches do teatrinho da escola.*

faqueiro fa.**quei**.ro *substantivo masculino* Conjunto de talheres, do mesmo material e marca.

faraó fa.ra.**ó** *substantivo masculino* Título dos soberanos do antigo Egito: *O túmulo do faraó Tutancâmon, descoberto em 1922, ficou famoso por sua riqueza.*

farda **far**.da *substantivo feminino* Uniforme de cor e feitio igual e que é o mesmo para todos os indivíduos de uma classe ou de um grupo: *Meu pai é militar e usa farda para ir ao quartel.*

fardo **far**.do *substantivo masculino* **1.** Grande pacote, de artigos mais ou menos pesados, destinado a transporte; carga. **2.** Aquilo que custa muito esforço para aguentar: *Cuidar dos irmãos, após o acidente dos pais, foi um fardo pesado para o jovem.*

farejar fa.re.**jar** *verbo* **1.** Seguir alguém ou algo levado pelo faro: *Existem cães treinados pela polícia para farejar drogas.* **2.** Procurar, partindo de indícios, de pistas. **3.** Pressentir, adivinhar: *Farejou o perigo ao ver pessoas correndo na rua vizinha.*

farelo fa.**re**.lo *substantivo masculino* **1.** A parte mais grossa da farinha de trigo ou de outros cereais, e que resta depois de peneirados. **2.** Resíduo de certos farináceos: *Farelo de pão, de biscoito.*

farol

farináceo fa.ri.**ná**.ce:o *adjetivo* **1.** Relativo à farinha, ou dela obtido, ou que a contém. ✔ *substantivo masculino* **2.** Alimento farináceo.

faringe fa.**rin**.ge *substantivo feminino* Ducto, muscular e fibroso, que se estende do fundo da boca ao esôfago.

farinha fa.**ri**.nha *substantivo feminino* **1.** Pó a que se reduzem certos produtos, como raízes, sementes ou cereais moídos: *farinha de milho; farinha de trigo; farinha de mandioca.* **2.** Farinha de mandioca: *Muitos brasileiros gostam de misturar farinha à comida.*

farmacêutico far.ma.**cêu**.ti.co *adjetivo* **1.** Da, ou relativo à farmácia: *produto farmacêutico.* ✔ *substantivo masculino* **2.** Indivíduo que se formou em farmácia (1).

farmácia far.**má**.ci:a *substantivo feminino* **1.** Parte da farmacologia que trata do modo de preparar, caracterizar e conservar os medicamentos. **2.** Estabelecimento onde se vendem e/ou preparam medicamentos.

farmacologia far.ma.co.lo.**gi**.a *substantivo feminino* Parte da medicina que estuda os medicamentos em todos os seus aspectos.

faro **fa**.ro *substantivo masculino* A faculdade dos animais de reconhecer pelo odor; o olfato dos animais: *O cachorro reconhece seu dono pelo faro.*

farofa fa.**ro**.fa *substantivo feminino* Alimento feito com farinha de mandioca torrada, gordura, ovos, ou banana, ou linguiça, etc.

farol fa.**rol** *substantivo masculino* **1.** Construção erguida na costa, à entrada de porto, junto a ilhas, rochedos, etc.,

farpa

onde há uma luz que serve de guia aos navegantes. **2.** Lanterna dianteira de veículo automóvel. [Plural: *faróis*.]

farpa far.pa *substantivo feminino* **1.** Ponta metálica, em forma de ângulo. **2.** Lasca de madeira que se introduz na pele sem querer ou por acidente.

farra far.ra *substantivo feminino* **1.** Diversão em grupo com amigos, colegas, etc. **2.** Brincadeira barulhenta: *– Parem com essa farra aí: vão acordar o bebê.*

farrapo far.ra.po *substantivo masculino* **1.** Pedaço de pano, rasgado ou muito usado. **2.** Peça de roupa, muito gasta e já meio rasgada.

farsa far.sa *substantivo feminino* **1.** Peça teatral cômica, engraçada, de um só ato. **2.** Aquilo que é feito com o propósito de enganar.

fartar far.tar *verbo* **1.** Extinguir a fome e a sede de alguém; saciar. **2.** Sentir aborrecimento, cansaço: *Fartou-se de reclamar e ninguém ligar.*

farto far.to *adjetivo* **1.** Que não tem fome ou sede; que se saciou. **2.** Que se cansou, ou se aborreceu por alguma razão: *Ficou farta de esperar o ônibus.*

fartura far.tu.ra *substantivo feminino* Grande quantidade; quantidade mais do que suficiente; abundância.

fascículo fas.cí.cu.lo *substantivo masculino* **1.** Caderno ou grupo de cadernos de uma obra que se publica à medida que vai sendo impressa. **2.** Unidade de publicação periódica; número: *Este fascículo da revista tem matérias interessantes.*

fascinante fas.ci.nan.te *adjetivo de dois gêneros* Que fascina, encanta: *Lia é de uma beleza fascinante.*

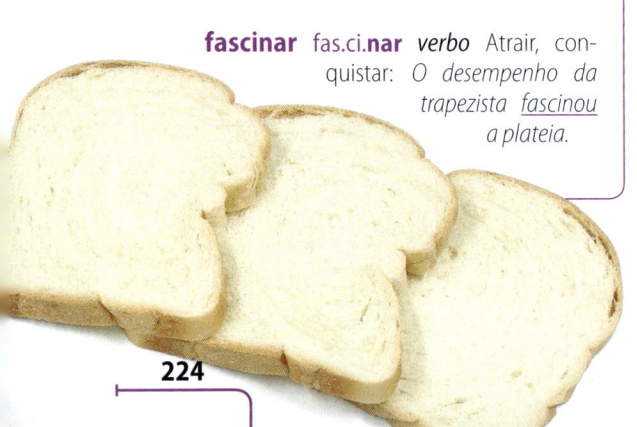

fascinar fas.ci.nar *verbo* Atrair, conquistar: *O desempenho da trapezista fascinou a plateia.*

favela

fase fa.se *substantivo feminino* **1.** Cada um dos momentos de uma evolução; etapa: *O bebê está na fase da dentição.* **2.** Época ou período com características próprias: *A fase do café gerou prosperidade para São Paulo.* **3.** Aspecto que apresenta um astro sem luz própria, segundo as condições de iluminação vistas da Terra: *as fases da Lua.*

fatal fa.tal *adjetivo de dois gêneros* **1.** Que tem de ser, de acontecer; inevitável: *Não estudou e o resultado foi fatal: repetiu o ano.* **2.** Que tem efeito catastrófico, nefasto: *A enchente foi fatal para a cidade.* **3.** Que provoca a morte; mortal: *Levou um tiro fatal.* [Plural: *fatais*.]

fatia fa.ti.a *substantivo feminino* **1.** Pedaço fino e chato de pão, queijo, frutas, carne, etc.: *Comprei duas fatias de bolo na cantina da escola.* **2.** Pedaço cortado de bolo, torta, etc. **3.** Parte ou parcela de um todo: *Uma boa fatia da população assistiu ao desfile.*

fatiar fa.ti.ar *verbo* Cortar em fatias: *Fatiou o bolo, e deu um pedaço para cada convidado.*

fatigar fa.ti.gar *verbo* **1.** Causar fadiga (a); cansar: *O exercício muito longo fatigou os alunos.* **2.** Sentir fadiga ou cansaço: *A criança fatigou-se demais com o passeio.*

fato fa.to *substantivo masculino* **1.** Ação ou coisa feita; acontecimento, feito: *O demorado salvamento da criança foi um fato que comoveu a todos.* **2.** Aquilo que existe, que é real: *Sua bondade é um fato por todos sabido.*

fator fa.tor (ô) *substantivo masculino* **1.** Aquilo que contribui para um resultado: *Sua presença foi o fator decisivo para a vitória do nosso time.* **2.** Cada um dos termos de uma multiplicação.

fauna fau.na *substantivo feminino* Conjunto de animais próprios de uma região ou de um meio ambiente específico: *a fauna amazônica; a fauna marinha.*

fava fa.va *substantivo feminino* **1.** Planta cujo fruto é uma vagem comestível. **2.** Qualquer vagem.

favela fa.ve.la *substantivo feminino* O mesmo que **comunidade** (3).

favelado

favelado fa.ve.**la**.do *substantivo masculino* Aquele que mora em favela.

favo **fa**.vo *substantivo masculino* Cada uma das cavidades onde as abelhas depositam o mel.

favor fa.**vor** (ô) *substantivo masculino* Bem ou serviço que se faz para alguém gratuitamente; benefício.

favorável fa.vo.**rá**.vel *adjetivo de dois gêneros* Que é a favor de algo ou alguém: *Deu resposta favorável ao pedido do amigo*; *Sou favorável à prática de ginástica nas escolas*. [Plural: *favoráveis*.]

favorecer fa.vo.re.**cer** *verbo* Ser em favor de (alguém); beneficiar, ajudar: *Muito bondosa, sempre favorecia as criancinhas*.

favorito fa.vo.**ri**.to *adjetivo* **1.** Que é o preferido, o escolhido entre outros: *amigo favorito*; *Meu esporte favorito é a natação*. ✓ *substantivo masculino* **2.** Aquele que é o favorito, o predileto: *Nosso irmão caçula era o favorito de todos nós*.

fax (x = cs) *substantivo masculino de dois números* **1.** Aparelho que reproduz documentos à distância através de linha telefônica. **2.** Documento transmitido por um aparelho de fax: *Recebi um fax de João com o convite da festa*.

faxina fa.**xi**.na *substantivo feminino* Limpeza geral: *Ontem fizeram uma faxina nas janelas do prédio*.

faxineiro fa.xi.**nei**.ro *substantivo masculino* Aquele que é encarregado de faxina.

faz de conta faz de **con**.ta *substantivo masculino de dois números* Imaginação, fantasia: *No mundo do faz de conta tudo é possível*.

fazenda fa.**zen**.da *substantivo feminino* **1.** Grande propriedade rural de criação de gado ou de lavoura: *São Paulo ainda tem grandes fazendas de café*. **2.** Pano, tecido: *A fazenda desta saia é estampada*.

fechar

fazendeiro fa.zen.**dei**.ro *substantivo masculino* Dono de fazenda (1).

fazer fa.**zer** *verbo* **1.** Criar; construir: *João fez a casa em poucos meses*. **2.** Executar, realizar: *Fez a prova mensal e se saiu bem*. **3.** Arrumar: *Faz a cama logo que acorda*. **4.** Pintar, esculpir, gravar, etc., obra de arte: *Quem fez esta escultura?* **5.** Produzir intelectualmente: compor, escrever, etc.: *Quem fez a música da peça?*; *Quem fez a letra desta canção?* **6.** Praticar: *Faz ginástica de manhã*. **7.** Fingir-se: *Faz-se de bobo, mas é sabido*.

fé *substantivo feminino* **1.** Crença religiosa: *Sua fé é grande: crê em Deus*. **2.** Confiança, crédito: *As palavras de nossa mestra merecem fé*.

febre **fe**.bre *substantivo feminino* **1.** Elevação da temperatura do corpo por causa de doença: *A gripe deixou-a com febre*. **2.** Grande agitação; excitação: *A nova jazida provocou a febre do ouro no acampamento*.

febril fe.**bril** *adjetivo de dois gêneros* Que tem febre: *Ontem, o neném amanheceu febril*. [Plural: *febris*.]

fecal fe.**cal** *adjetivo de dois gêneros* Relativo às fezes. [Plural: *fecais*.]

fechado fe.**cha**.do *adjetivo* **1.** Que não está aberto: *janelas fechadas*; *A padaria já está fechada*. **2.** Que tem tampa, abertura ou saída tapada: *mala fechada*; *torneira fechada*. **3.** Diz-se do tempo escuro, nublado, chuvoso: *O dia hoje amanheceu fechado*.

fechadura fe.cha.**du**.ra *substantivo feminino* Peça ou dispositivo que, com o auxílio de chave, fecha portas, malas, gavetas, etc.

fechar fe.**char** *verbo* **1.** Pôr alguma coisa em posição de obstruir a passagem, a entrada, a abertura de: *Fechou a janela por causa do vento*. **2.** Unir, juntar, as partes separadas de: *Fechei os olhos e logo dormi*. **3.** Impedir, interromper o funcionamento, ou a passagem de: *fechar a luz*; *fechar a torneira*; *fechar o gás*. **4.** Cicatrizar: *A ferida fechou*. **5.** Impedir

fecho

o trânsito em: _Fecharam a rua para obras_. **6.** Deixar de funcionar: _O cinema fechou_; _A loja que havia aqui fechou_.

fecho fe.cho (ê) _substantivo masculino_ Qualquer peça com que se fecha um objeto, uma peça de roupa, etc.: _O fecho da bolsa está quebrado_; _O fecho da mala é de metal_.
🔊 **Fecho ecler.** Fecho usado em roupas, bolsas, etc., formado por duas partes, com dentes que se encaixam uns nos outros; zíper.

fécula fé.cu.la _substantivo feminino_ Substância semelhante à farinha, extraída de tubérculos e raízes, usada como alimento: _pão de fécula de batata_; _fécula de aipim_.

fecundação fe.cun.da.**ção** _substantivo feminino_ União de uma célula masculina e uma feminina que tem como resultado a formação do ovo. [Plural: _fecundações_.]

fecundar fe.cun.**dar** _verbo_ Promover (o macho) a fecundação de uma fêmea.

fecundo fe.**cun**.do _adjetivo_ Que se reproduz facilmente; fértil.

feder fe.**der** _verbo_ Exalar mau cheiro.

federação fe.de.ra.**ção** _substantivo feminino_ **1.** União política entre estados, sob um governo central. **2.** União de clubes, empresas, sindicatos, etc. [Plural: _federações_.]

federal fe.de.**ral**. _adjetivo de dois gêneros_ Relativo ou pertencente a uma federação. [Plural: _federais_.]

federativo fe.de.ra.**ti**.vo _adjetivo_ Relativo ou pertencente a uma federação, ou a uma confederação.

fedido fe.**di**.do _adjetivo_ Fedorento.

fedor fe.**dor** (ô) _substantivo masculino_ Mau cheiro.

feito

fedorento fe.do.**ren**.to _adjetivo_ Que exala mau cheiro; fedido.

feições fei.**ções** _substantivo feminino plural_ Rosto, cara.

feijão fei.**jão** _substantivo masculino_ **1.** Semente comestível do feijoeiro. **2.** Feijoeiro. **3.** O feijão (1) cozido, usado como alimento: _Como feijão e arroz todos os dias_. **4.** Qualquer alimento: _Não é rico mas em sua casa não falta feijão_. [Plural: _feijões_.]

feijoada fei.jo.**a**.da _substantivo feminino_ Prato típico nacional, preparado com feijão, geralmente preto, e ingredientes como toucinho, carne-seca, paio e diversas partes do porco, como costela, lombo, orelha, etc., e, no Norte e Nordeste, com legumes cozidos.

feijoeiro fei.jo.**ei**.ro _substantivo masculino_ Nome de várias trepadeiras cujos frutos são vagens com sementes comestíveis, o feijão.

feio fei.o _adjetivo_ **1.** De aspecto desagradável. **2.** Diz-se de tempo escuro, chuvoso.

feioso fei.**o**.so (ô) _adjetivo_ Um tanto feio; não muito feio: _É elegante mas feiosa_. [Plural: _feiosos_ (ó).]

feira fei.ra _substantivo feminino_ Lugar público, geralmente descoberto e com barracas individuais onde os vendedores expõem e vendem mercadorias: _Na minha rua há uma feira semanal em que se vendem legumes, frutas, ovos, aves já abatidas, peixe, etc._

feirante fei.**ran**.te _substantivo de dois gêneros_ Pessoa que vende sua mercadoria em feiras.

feitiçaria fei.ti.ça.**ri**.a _substantivo feminino_ O mesmo que _feitiço_.

feiticeiro fei.ti.**cei**.ro _substantivo masculino_ Aquele que faz feitiço; bruxo.

feitiço fei.**ti**.ço _substantivo masculino_ Ação própria de feiticeiro ou feiticeira, cuja finalidade é fazer mal a alguém; feitiçaria.

feito fei.to _substantivo masculino_ Ação ou coisa feita: _Seus feitos só trazem alegria aos pais_.

feiura fei.u.ra *substantivo feminino* Qualidade de feio: *A feiura do cachorrinho era prova do abandono em que vivia.*

feixe fei.xe *substantivo masculino* Conjunto de coisas, como galhos, legumes, lenha, etc., todas longas, amarradas juntas: *Comprei um belo feixe de beterrabas.*

felicidade fe.li.ci.da.de *substantivo feminino* Qualidade ou estado de feliz, sentimento de bem-estar, de alegria: *A alegria dos noivos demonstrava a felicidade dos dois.*

felicitações fe.li.ci.ta.ções *substantivo feminino plural* Cumprimento que se dá a alguém para demonstrar alegria com sua felicidade: *Todos os colegas foram dar felicitações ao amigo pelo primeiro lugar nos exames.*

felicitar fe.li.ci.tar *verbo* Dirigir parabéns ou cumprimentos (a); cumprimentar: *Felicitou a amiga pelo seu aniversário.*

felino fe.li.no *substantivo masculino* Qualquer mamífero, carnívoro, de cauda longa, de unhas afiadas, que marcha apoiado nas pontas dos dedos e tem esqueleto apropriado para o pulo: *O leão, o tigre, a onça e os gatos são felinos.*

feliz fe.liz *adjetivo de dois gêneros* Cheio de alegria, contentamento: *Luísa está sempre feliz, tudo a deixa contente.*

felizardo fe.li.zar.do *substantivo masculino* Aquele que julgamos feliz por ter ganho prêmio, dinheiro, ter escapado de um acidente, etc.: *Juca é um felizardo, ganhou a bolsa de estudos.*

felizmente fe.liz.men.te *advérbio* Por sorte: *Felizmente chegamos ao teatro antes do começo da peça.*

felpudo fel.pu.do *adjetivo* Que tem muito pelo: *O gato persa era felpudo.*

feltro fel.tro (ê) *substantivo masculino* Tecido feito com lã ou pelo.

fêmea fê.me:a *substantivo feminino* **1.** Qualquer animal do sexo feminino. **2.** Ser humano do sexo feminino; mulher.

feminino fe.mi.ni.no *adjetivo* **1.** Relativo ao sexo caracterizado pelo ovário, nos animais e nas plantas. **2.** Relativo ou pertencente à mulher: *Onde fica o banheiro feminino nesse shopping?*

fêmur fê.mur *substantivo masculino* Osso único da coxa. [Plural: *fêmures.*]

fenda fen.da *substantivo feminino* Abertura longa e estreita: *A parede tem uma fenda perto do teto.*

feno fe.no *substantivo masculino* Erva que se corta e seca para alimento do gado; forragem.

fenômeno fe.nô.me.no *substantivo masculino* Qualquer fato natural ou social que pode ser observado ou estudado: *A chuva, o vento e o eclipse são fenômenos da natureza; O engarrafamento do trânsito é um fenômeno da sociedade moderna.*

fera fe.ra *substantivo feminino* Animal feroz, selvagem, como o leão, o tigre, etc.: *Mesmo no jardim zoológico é perigoso brincar com as feras.*

feriado fe.ri.a.do *substantivo masculino* Dia festivo em que, por lei, não se trabalha: *O dia 1.º de maio é um feriado quase universal.*

férias fé.rias *substantivo feminino plural* Período durante o qual não há aulas, ou não se trabalha: *As férias de fim de ano são comuns na maioria das escolas.*

ferida fe.ri.da *substantivo feminino* Lesão provocada por corte, machucado, etc., e que, em geral, destrói a pele do local atingido: *Maria caiu da bicicleta e fez uma ferida no cotovelo.*

ferido

ferido fe.**ri**.do *adjetivo* **1.** Que se feriu: *Os passageiros feridos serão atendidos primeiro.* ✓ *substantivo masculino* **2.** Pessoa que se feriu: *Os feridos serão levados ao hospital.*

ferimento fe.ri.**men**.to *substantivo masculino* Ação de ferir(-se), ou o resultado desta ação: *A faca, ao cair, provocou-lhe um ferimento grave.*

ferir fe.**rir** *verbo* Fazer ferida ou feridas em alguém ou em si mesmo: *Paulo caiu da bicicleta e feriu-se.*

fermentação fer.men.ta.**ção** *substantivo feminino* Transformação provocada por fermento, um organismo microscópico vivo. [Plural: *fermentações*.]

fermentar fer.men.**tar** *verbo* Provocar fermentação em algo, pela ação de organismos microscópicos: *A cerveja fermenta nos depósitos.*

fermento fer.**men**.to *substantivo masculino* Organismo minúsculo, capaz de transformar uma substância.

feroz fe.**roz** *adjetivo de dois gêneros* **1.** Que tem a natureza, a índole da fera; selvagem: *O leão, o tigre e o jacaré são animais ferozes.* **2.** Perverso, cruel.

ferradura fer.ra.**du**.ra *substantivo feminino* Peça de ferro que se aplica na parte inferior das patas dos cavalos, dos burros, etc.

ferragem fer.**ra**.gem *substantivo feminino* Conjunto de peças de ferro. [Plural: *ferragens*.]

ferramenta fer.ra.**men**.ta *substantivo feminino* Utensílio de ferro usado por um trabalhador: *Meu pai é marceneiro e não gosta que mexam em suas ferramentas.*

ferrão fer.**rão** *substantivo masculino* Órgão pontudo e rijo que constitui a defesa de alguns insetos como a abelha, o marimbondo, etc. [Plural: *ferrões*.]

ferreiro fer.**rei**.ro *substantivo masculino* Homem que trabalha com ferro, com ferragem.

festa

ferro fer.ro *substantivo masculino* **1.** Metal duro, bom condutor de calor e maleável quando aquecido, e que forma ligas como o aço, sendo muito empregado na indústria e na arte. **2.** Utensílio doméstico, geralmente elétrico, e que, aquecido, é usado para alisar roupas.

ferro-velho fer.ro-**ve**.lho *substantivo masculino* Lugar em que se armazena ou vende sucata: *Comprou o retrovisor para consertar o carro num ferro-velho.* [Plural: *ferros-velhos*.]

ferrovia fer.ro.**vi**.a *substantivo feminino* Sistema de transporte sobre trilhos.

ferroviário fer.ro.vi.**á**.ri:o *adjetivo* **1.** Relativo a ferrovia: *A linha ferroviária está aumentando no Brasil.* **2.** Que se faz por ferrovia: *Transporte ferroviário.* ✓ *substantivo masculino* **3.** Empregado em ferrovia.

ferrugem fer.**ru**.gem *substantivo feminino* Matéria marrom-avermelhada que se forma na superfície do ferro exposto à umidade: *A ferrugem destruiu a escultura de ferro do jardim.* [Plural: *ferrugens*.]

fértil **fér**.til *adjetivo de dois gêneros* **1.** Diz-se do terreno, da terra onde tudo que se planta dá bem, que é muito fecundo. **2.** Que é capaz de gerar filhos; fecundo. [Plural: *férteis*.]

fertilizante fer.ti.li.**zan**.te *adjetivo de dois gêneros* **1.** Que fertiliza; que torna mais fértil. ✓ *substantivo masculino* **2.** Produto que fertiliza a terra; adubo.

fertilizar fer.ti.li.**zar** *verbo* Tornar fértil ou mais fértil: *O adubo fertiliza o solo.*

ferver fer.**ver** *verbo* **1.** Agitar-se formando bolhas sob efeito do calor: *A água ferve a 100 graus Celsius.* **2.** Cozinhar alguma coisa num líquido que ferve: *A sopa de legumes engrossou depois que ferveu bastante.*

fervor fer.**vor** (ô) *substantivo masculino* Grande fé; sentimento religioso intenso: *Os fiéis oravam com fervor.*

fervoroso fer.vo.**ro**.so (rô) *adjetivo* Que tem fervor, que exprime grande dedicação: *Minha mãe faz preces fervorosas a Nossa Senhora.* [Plural: *fervorosos* (ró).]

festa fes.ta *substantivo feminino* **1.** Reunião alegre para fim de divertimento: *Na festa de casamento os*

228

jovens dançaram até de manhã. **2.** Solenidade em que se comemora um fato importante: *Fizeram uma bela festa para comemorar a inauguração da nova escola.* **3.** Festividade religiosa: *a festa de São João.*

festança fes.**tan**.ça *substantivo feminino* Festa muito alegre, muito animada ou com muita fartura: *O aniversário da Lu foi uma festança, não faltou ninguém.*

festejar fes.te.**jar** *verbo* Fazer festa em homenagem a alguém, ou a algum fato, etc.; comemorar, celebrar: *Amanhã vamos festejar o aniversário de nossa formatura.*

festejo fes.**te**.jo (tê) *substantivo masculino* Solenidade; festa: *Os festejos do Natal, do ano-novo.*

festival fes.ti.**val** *substantivo masculino* Série de festejos, de exibição de filmes ou de peças teatrais, de exposições, etc. em determinado espaço de tempo: *O festival literário de Parati ocorre todos os anos.* [Plural: *festivais*.]

festividades fes.ti.vi.**da**.des *substantivo feminino plural* Série de festas, de ocasiões alegres: *As festividades do 7 de setembro contaram com um desfile escolar.*

festivo fes.**ti**.vo *adjetivo* **1.** De festas: *dia festivo.* **2.** Alegre, divertido: *O carnaval dá um ar festivo à cidade.*

feto **fe**.to *substantivo masculino* Criança ou animal que ainda está no ventre da mãe, que ainda não nasceu.

fevereiro fe.ve.**rei**.ro *substantivo masculino* O segundo mês do ano, com 28 ou 29 dias (nos anos bissextos).

fezes **fe**.zes *substantivo feminino plural* Matérias fecais; excrementos: *A calçada estava suja de fezes de cachorro.*

fiado fi.**a**.do *adjetivo* **1.** Vendido para ser pago depois, a crédito. ✓ *advérbio* **2.** A crédito: *Comprou fiado; Vendeu fiado.*

fiapo fi.**a**.po *substantivo masculino* Fio muito fino; fiozinho: *O bebê só tem uns fiapos de cabelo.*

fiar[1] fi.**ar** *verbo* Reduzir a fio matérias como algodão, etc.: *Fiou o algodão e com o fio teceu um tapete.*

fiar[2] fi.**ar** *verbo* **1.** Vender a crédito: *Esta loja não fia.* **2.** Ter confiança; confiar: *Não me fio em qualquer pessoa.*

fiasco fi.**as**.co *substantivo masculino* Mau resultado; fracasso: *O show da cantora foi um fiasco quanto ao público: poucas pessoas compareceram.*

fibra **fi**.bra *substantivo feminino* **1.** Cada um dos filamentos alongados que constituem tecidos animais e vegetais ou certas substâncias minerais: *Os músculos são formados de fibras.* **2.** Energia, caráter: *Uma mulher de fibra, muito corajosa.*

fibroso fi.**bro**.so (brô) *adjetivo* Que tem ou é feito de fibras. [Plural: *fibrosos* (ó).]

ficar fi.**car** *verbo* **1.** Permanecer em algum lugar; estacionar: *Chegou ao Brasil e ficou.* **2.** Estar situado: *O Rio de Janeiro fica na Região Sudeste.* **3.** Obter ou deter a guarda de: *Com o divórcio, a mãe ficou com os filhos.* **4.** Contrair doença: *Ficou resfriado.* **5.** Obrigar-se a algo: *Ficou de chegar cedo.*

ficção fic.**ção** *substantivo feminino* Coisa imaginada; fantasia, criação: *A história não é verdadeira, é ficção.* [Plural: *ficções*.]

ficcional fic.ci.o.**nal** *adjetivo de dois gêneros* Relativo a ficção ou próprio dela. [Plural: *ficcionais*.]

ficha **fi**.cha *substantivo feminino* **1.** Peça com que se marcam pontos em certos jogos. **2.** Cartão para anotações e posterior classificação. **3.** O que está anotado numa ficha (2): *A ficha não combina com as informações que ele deu.*

fichário fi.**chá**.ri.o *substantivo masculino* **1.** Conjunto de fichas: *As fichas de pesquisa estão no fichário.* **2.** Caixa, móvel, etc., onde se guardam fichas.

fictício fic.**tí**.ci.o *adjetivo* Que é inventado, criado pela imaginação; imaginário.

fidelidade fi.de.li.**da**.de *substantivo feminino* Qualidade de quem é fiel: *É de uma fidelidade rara aos amigos.*

fiel fi.el *adjetivo de dois gêneros* **1.** Digno de fé; leal, verdadeiro: *um empregado fiel*. **2.** Que não falha; com quem se pode contar: *amigo fiel*. ✓ *substantivo de dois gêneros* **3.** Pessoa que tem uma certa religião. [Plural: *fiéis*.]

fígado fí.ga.do *substantivo masculino* Grande órgão situado no alto do abdome, à direita, e que tem um importante papel na digestão.

figo fi.go *substantivo masculino* Fruto de polpa vermelha e doce, de uma árvore baixa (a figueira): *O figo pode ser comido fresco ou seco*.

figura fi.gu.ra *substantivo feminino* **1.** A estatura e a forma geral do corpo: *Carlos tem uma bela figura*. **2.** Representação de imagem por desenho, gravura, etc.: *As figuras do livro são muito bem desenhadas*.

figurado fi.gu.ra.do *adjetivo* Diz-se do sentido da palavra que foge da realidade: Exemplos: *morrer de rir = rir muito; louco de raiva = muitíssimo zangado*.

figurinha fi.gu.ri.nha *substantivo feminino* Pequena estampa, geralmente colorida, de um álbum ou coleção.

figurino fi.gu.ri.no *substantivo masculino* **1.** Figura que representa um traje da moda. **2.** Revista de modas: *Este figurino só traz modelos para mulheres*.

fila fi.la *substantivo feminino* Grupo de pessoas ou de coisas colocadas umas atrás das outras: *A fila para entrar no cinema vai até a esquina*.

filamento fi.la.**men**.to *substantivo masculino* Fio de diâmetro muito fino: *o filamento de uma lâmpada*.

filé fi.**lé** *substantivo masculino* **1.** Nome de certo músculo do boi, do frango, etc. **2.** O mesmo que *bife* (1). **3.** Certo bordado feito à mão em rede de pescador, formando desenhos.

fileira fi.**lei**.ra *substantivo feminino* Fila: *Arrumou os livros em fileiras, separados por assunto*.

filha fi.lha *substantivo feminino* Pessoa do sexo feminino, em relação a seus pais.

filho fi.lho *substantivo masculino* **1.** Pessoa do sexo masculino, em relação a seus pais: *Os filhos daquele casal se parecem com o pai*. **2.** Oriundo de uma terra, de uma região: *Em São Paulo moram muitos filhos do Nordeste*.

filhote fi.**lho**.te *substantivo masculino* Cria de animal: *Os filhotes da cadela têm as mesmas cores que ela*.

filiação fi.li.a.**ção** *substantivo feminino* Relação de parentesco entre os pais e seus filhos. [Plural: *filiações*.]

filmagem fil.ma.gem *substantivo feminino* Atividade de filmar, de registrar as imagens, as cenas, com uma câmera especial: *Maria fez a filmagem do passeio ao Chile*. [Plural: *filmagens*.]

filmar fil.**mar** *verbo* Fazer a filmagem de: *Vão filmar a vida dos trabalhadores do campo*.

filme fil.me *substantivo masculino* **1.** Película apropriada na qual são registradas as imagens: *Essa máquina fotográfica só funciona com filme especial*. **2.** História filmada, representada por atores, feita para ser exibida em cinema (2), televisão, etc.: *Gosto de filmes policiais, de mistério*.

filtrar fil.**trar** *verbo* **1.** Fazer ou deixar passar por filtro: *Filtramos a água para deixá-la pura, própria para ser bebida*. **2.** Escolher, selecionar, como se fosse ajudado por um filtro: *A primeira etapa do exame filtrou os candidatos e deixou somente os mais preparados*.

filtro fil.tro *substantivo masculino* Aparelho que deixa passar um líquido, retendo as impurezas, ou os resíduos nele existentes: *filtro de água; filtro de café*. 🔊 **Filtro solar.** Creme que se passa na pele para proteger contra os raios nocivos do Sol.

fim *substantivo masculino* **1.** Momento no qual alguma coisa termina ou deixa de existir; final, término: *A aula chegou ao fim; É linda a música que toca no fim do filme*. **2.** Extremidade, final: *Aqui é o fim da linha ferroviária*. **3.** Objetivo, finalidade: *Não sei qual o fim de tanto esforço*.

final fi.**nal** *adjetivo de dois gêneros* **1.** Que está, ou vem no fim; derradeiro: *O jogo final foi ganho pelo*

finalidade

melhor time. ✓ *substantivo masculino* **2.** Fim: *O final do filme foi emocionante.* ✓ *substantivo feminino* **3.** Prova ou partida final, em competição, concurso, etc. [Plural: *finais*.]

finalidade fi.na.li.da.de *substantivo feminino* Fim a que algo se destina; objetivo, alvo, fim: – *Diga-me, qual a finalidade desta discussão?*

finalista fi.na.lis.ta *substantivo de dois gêneros* Concorrente que participa de uma final.

finalizar fi.na.li.zar *verbo* **1.** Chegar ao fim. **2.** Terminar o que se estava fazendo ou dizendo, ou escrevendo; concluir: *O professor finalizou a aula e saiu.*

finalmente fi.nal.men.te *advérbio* Depois de um grande período de tempo.

finanças fi.nan.ças *substantivo feminino plural* **1.** O dinheiro de que uma empresa dispõe e que deve administrar. **2.** Os recursos financeiros e econômicos de um país: *O ministro da Fazenda tem a seu cargo as finanças públicas.*

financeiro fi.nan.cei.ro *adjetivo* Relativo a finanças, a dinheiro: *As questões financeiras daquela família são resolvidas pelo pai.*

financiar fi.nan.ci.ar *verbo* Fornecer o dinheiro necessário: *A firma financiou a viagem do seu funcionário; O avô financiou os estudos de Paulo.*

fincar fin.car *verbo* **1.** Cravar, enterrar: *Fincou o pau da barraca bem firme.* **2.** Pôr, apoiando com força: *Fincou bem os pés no chão para não escorregar.*

fineza fi.ne.za (ê) *substantivo feminino* **1.** Qualidade de fino; delicadeza. **2.** Amabilidade, gentileza: *Sua fineza é por todos elogiada.*

fingimento fin.gi.men.to *substantivo masculino* Ação ou comportamento de quem finge; invenção: *Sua doença era fingimento para faltar à escola.*

fiscalização

fingir fin.gir *verbo* **1.** Inventar, simular: *Fingiu que estava doente.* **2.** Ser ou mostrar-se falso, hipócrita: *Finge que é amigo de todos, mas não liga para ninguém.* **3.** Querer passar por: *Finge-se de rico, mas não é.*

fino fi.no *adjetivo* **1.** Que não é grosso; delgado: *um fio fino de água corrente.* **2.** Que é agudo: *A voz fina, bem alta, irritava os ouvintes.* **3.** Que tem ou revela delicadeza, amabilidade: *Seus gestos eram finos, elegantes.* **4.** Esbelto: *Ele tem um corpo fino, harmonioso.* **5.** De boa qualidade: *uma joia fina.*

fio fi:o *substantivo masculino* **1.** Fibra extraída de plantas têxteis: *Este tecido é feito de fios de linha de algodão puro.* **2.** Linha fiada e torcida: *Este carretel é de fio de seda.* **3.** Porção de metal esticado: *fio de aço.*

firma fir.ma *substantivo feminino* **1.** Assinatura. **2.** Empresa: *A firma do pai do Juca e dos filhos tem o nome da família: Pereira e Cia.*

firmamento fir.ma.men.to *substantivo masculino* O hemisfério celeste visível; o céu.

firmar fir.mar *verbo* **1.** Tornar firme, seguro; fixar: *Firmou a porta com mais uma dobradiça.* **2.** Pôr firma ou assinatura em (documento).

firme fir.me *adjetivo* **1.** Sólido, seguro. **2.** Estável, que não treme: *Escreveu com mão firme.* **3.** Resoluto, decidido.

firmeza fir.me.za (ê) *substantivo feminino* Qualidade de firme.

fiscal fis.cal *substantivo de dois gêneros* Pessoa encarregada de fiscalizar alguém ou alguma atividade. [Plural: *fiscais*.]

fiscalização fis.ca.li.za.ção *substantivo feminino* **1.** Atividade de fiscalizar. **2.** Instituição ou pessoa(s) que têm a função de fiscalizar: *A fiscalização multou*

fiscalizar

a padaria que estava com problemas de higiene e limpeza. [Plural: *fiscalizações*.]

fiscalizar fis.ca.li.**zar** *verbo* **1.** Exercer o ofício de fiscal. **2.** Vigiar para que certos atos não sejam praticados: *A professora fiscaliza certos alunos para que não colem nas provas.*

física fí.si.ca *substantivo feminino* Ciência que estuda a matéria e as leis da natureza: *A mecânica e a eletricidade são partes da física.*

físico fí.si.co *adjetivo* **1.** Relativo à física ou às leis da natureza. ✓ *substantivo masculino* **2.** As qualidades exteriores e materiais do homem. **3.** Constituição do corpo: *Seu físico é de atleta.* **4.** Especialista em física.

fisiologia fi.si:o.lo.**gi**.a *substantivo feminino* Parte da biologia que investiga as funções orgânicas e os processos e atividades vitais.

fisiológico fi.si:o.**ló**.gi.co *adjetivo* Relativo à fisiologia.

fisionomia fi.si:o.no.**mi**.a *substantivo feminino* **1.** As feições, o rosto, o semblante: *Que fisionomia agradável a dela!* **2.** Aspecto, expressão: *Como dormiu pouco, tem a fisionomia cansada.*

fisionômico fi.si:o.**nô**.mi.co *adjetivo* Da, ou relativo à fisionomia: *Tem os traços fisionômicos parecidos com os do pai.*

fisioterapia fi.si:o.te.ra.**pi**.a *substantivo feminino* Tratamento de doença por meio de exercícios e de agentes físicos como água e calor.

fita fi.ta *substantivo feminino* Tira estreita de tecido fino, usada para amarrar, etc.: *Amarrou o presente com um belo laço de fita.*

fitar fi.**tar** *verbo* Olhar fixamente; pregar os olhos em: *Maria fitava a mãe com carinho.*

flechada

fivela fi.**ve**.la *substantivo feminino* Peça metálica, ou de plástico, etc., com uma parte em que se enfia ou se prende correia, cinto, etc.

fixação fi.xa.**ção** (xa = csa) *substantivo feminino* **1.** Atividade de fixar alguma coisa ou de fixar-se. **2.** Apego exagerado a alguém ou a algo: *A fixação da Júlia no cachorro é exagerada.* **3.** O objeto desse apego: *Agora, o cachorro é a fixação da Júlia.* [Plural: *fixações*.]

fixar fi.**xar** (xar = csar) *verbo* **1.** Pregar em algum lugar: *Fixou o quadro na parede da sala.* **2.** Tornar fixo: *Fixou bem o prego.* **3.** Determinar: *Fixou um horário para os estudos.* **4.** Reter na memória: *Estudou até fixar bem a matéria da prova.*

fixo fi.xo (xo = cso) *adjetivo* **1.** Que está bem preso; seguro: *O quadro está fixo.* **2.** Estável, permanente: *Preciso conseguir um emprego fixo.*

flagelo fla.**ge**.lo *substantivo masculino* **1.** Calamidade, sinistro: *A tempestade foi um flagelo: deixou o bairro alagado.* **2.** Epidemia, praga: *Este ano o flagelo da dengue já fez várias vítimas.*

flagrante fla.**gran**.te *adjetivo de dois gêneros* **1.** Que não se pode negar; evidente, manifesto: *As provas são flagrantes, não adianta negar.* **2.** Diz-se do ato que a pessoa é surpreendida a praticar: *flagrante delito.* ✓ *substantivo masculino* **3.** Ação ou fato que se comprova no momento em que ocorre: *O roubo teve testemunhas, não pôde fugir ao flagrante.*

flanela fla.**ne**.la *substantivo feminino* Certo tecido de lã leve e macia.

flauta flau.ta *substantivo feminino* Instrumento musical de sopro, de tubo com orifícios, e de embocadura livre.

flautista flau.**tis**.ta *substantivo de dois gêneros* Quem toca flauta.

flecha fle.cha *substantivo feminino* Arma feita com haste de madeira ou de metal, terminada em ponta, e que se arremessa por meio de arco; seta: *Os indígenas caçam com flechas.*

flechada fle.**cha**.da *substantivo feminino* Golpe ou ferimento com flecha.

flechar

flechar fle.**char** *verbo* Ferir com flecha: *Flechou, sem querer, a perna do amigo.*

flexão fle.**xão** (xão = csão) *substantivo feminino* **1.** Ação de curvar-se, dobrar-se: *Fez uma flexão para saudar a avó.* **2.** Exercício físico em que, com o corpo estendido e as palmas das mãos e as pontas dos dedos dos pés apoiados no chão, se flexionam os braços, elevando e abaixando o corpo. [Plural: *flexões*.]

flexionar fle.xi.o.**nar** (xi = csi) *verbo* Dobrar-se: *O ginasta flexionou a perna esquerda.*

flexível fle.**xí**.vel (xí = csí) *adjetivo de dois gêneros* **1.** Que se pode curvar ou dobrar: *vara flexível.* **2.** Que se dobra ou se distende com facilidade: *A ginasta tem a cintura muito flexível.* **3.** Que se adapta às circunstâncias; que não é rígido: *um programa flexível.* [Plural: *flexíveis*.]

floco flo.co *substantivo masculino* **1.** Partícula de neve que cai lentamente. **2.** Conjunto de fiapos que voam à menor brisa. **3.** Pedaços pequenos e finos de legumes e cereais secos: *Gosta de flocos de milho com leite gelado no café da manhã.*

flor (ô) *substantivo feminino* **1.** Órgão reprodutor de certas plantas, e que, geralmente, tem cor viva e cheiro agradável. **2.** Planta que dá flor: *Regue primeiro o canteiro das flores.* **3.** Pessoa boa e bela: *Esta menina é uma flor.*

flora flo.ra *substantivo feminino* **1.** O conjunto das espécies vegetais de uma região: *A flora do pantanal mato-grossense.* **2.** O conjunto das plantas usadas para determinado fim: *flora medicinal.*

floral flo.**ral** *adjetivo de dois gêneros* **1.** Relativo a flor (1) ou a flora. **2.** Que só contém flores: *perfume floral.* [Plural: *florais*.]

florescer flo.res.**cer** *verbo* **1.** Dar flores; cobrir-se de flores; florir. **2.** Desenvolver-se, prosperar: *Com ele na direção, a loja floresceu em poucos meses.*

floresta flo.**res**.ta *substantivo feminino* Vasta extensão de terreno coberta de grandes árvores.

florestal flo.res.**tal** *adjetivo de dois gêneros* De, ou próprio de floresta: *O guarda florestal é o defensor da floresta.* [Plural: *florestais*.]

fluir

florianopolitano flo.ri.a.no.po.li.**ta**.no *adjetivo* **1.** De Florianópolis, capital do estado de Santa Catarina. ✅ *substantivo masculino* **2.** Quem nasceu, ou vive, em Florianópolis.

floricultor flo.ri.cul.**tor** (tôr) *substantivo masculino* Aquele que pratica a floricultura.

floricultura flo.ri.cul.**tu**.ra *substantivo feminino* **1.** Arte ou profissão de cultivar flores. **2.** Lugar onde se vendem flores.

florido flo.**ri**.do *adjetivo* **1.** Em flor; coberto de flores: *jardim florido.* **2.** Enfeitado, adornado de flores: *A casa da aniversariante estava toda florida.*

florir flo.**rir** *verbo* **1.** Florescer (1). **2.** Adornar com flores: *Floriu toda a casa para a festa.*

fluente flu.**en**.te *adjetivo de dois gêneros* **1.** Que corre facilmente; corrente: *A água pura e fluente da cascata.* **2.** Que fala de modo natural, espontâneo: *Ana tem um inglês fluente.*

fluidez flu.i.**dez** (ê) *substantivo feminino* **1.** Qualidade do que é fluido. **2.** Qualidade do que é espontâneo, fácil; espontaneidade: *a fluidez do modo de contar histórias, da professora.*

fluido flu:**i**.do *adjetivo* **1.** Diz-se de substâncias líquidas ou gasosas. **2.** Que corre ou se espalha facilmente; que não é sólido nem espesso: *O creme, mesmo batido, ficou bem fluido.* ✅ *substantivo masculino* **3.** Corpo líquido ou gasoso que toma a forma do recipiente onde está.

fluir flu.**ir** *verbo* **1.** Correr em estado fluido: *A neve derreteu e fluiu.* **2.** Circular (o trânsito): *Nesta manhã, o tráfego flui bem.*

flúor

flúor flú.or (ô) *substantivo masculino* Substância química, que serve para prevenir a cárie.

flutuante flu.tu.an.te *adjetivo de dois gêneros* **1.** Que flutua: *cais flutuante*. **2.** Que varia ou pode variar em nível, grau, intensidade: *A temperatura, hoje, está flutuante: ora faz calor, ora faz frio*.

flutuar flu.tu.ar *verbo* **1.** Conservar-se à superfície de um líquido; boiar: *A boia fez a criança flutuar*. **2.** Agitar-se ao vento: *A bandeira flutua no mastro*. **3.** Permanecer no ar; pairar: *O balão flutua ao vento*.

fluvial flu.vi.al *adjetivo de dois gêneros* Relativo a rio, ou próprio dele, ou que nele vive ou navega: *peixe fluvial (ou de rio); navio fluvial; navegação fluvial*. [Plural: *fluviais*.]

fluxo flu.xo (xo = cso) *substantivo masculino* **1.** Atividade ou modo de fluir: *O fluxo do tráfego, aqui, está normal*. **2.** Curso de um líquido: *o fluxo de um rio*. **3.** Tráfego de carros, de pessoas, etc.

foca fo.ca *substantivo feminino* Animal mamífero carnívoro, de pelo curto, desprovido de orelhas, e cujos membros posteriores, em forma de barbatanas, são impróprios para a locomoção em terra. [É encontrado em todos os oceanos, especialmente em águas frias.]

focalizar fo.ca.li.zar *verbo* **1.** Ajustar ou arrumar (lente, etc.) de modo a formar imagens nítidas. **2.** Pôr em foco; destacar: *Focalizou bem a importância do estudo para o seu futuro*.

focinho fo.ci.nho *substantivo masculino* Parte anterior, saliente, da cabeça de certos animais, como o porco e o cão, em que ficam o nariz e a boca; fuça.

foguete

foco fo.co *substantivo masculino* **1.** Numa lente delgada, o ponto de encontro de raios luminosos. **2.** Ponto principal; centro: *A praça era o foco de onde tudo partia*.

fofo fo.fo (fô) *adjetivo* Macio, leve, que cede à pressão: *travesseiro fofo*.

fofoca fo.fo.ca *substantivo feminino* Mexerico, intriga: *Minha mãe não gosta de fofoca*.

fofocar fo.fo.car *verbo* Fazer fofoca: *Ele costuma fofocar, e ninguém gosta dele*.

fofoqueiro fo.fo.quei.ro *adjetivo* **1.** Que faz fofoca: *pessoa fofoqueira*. ✓ *substantivo masculino* **2.** Aquele que faz fofoca: *As colegas detestavam o fofoqueiro*.

fogão fo.gão *substantivo masculino* **1.** Caixa de alvenaria, ou de ferro, com dispositivo para cozinhar, assar ou aquecer. **2.** Artefato metálico, móvel ou fixo, com dispositivos (bocas) por onde sai o fogo alimentado por gás, eletricidade ou lenha, usado para cozinhar. [Plural: *fogões*.]

fogareiro fo.ga.rei.ro *substantivo masculino* Pequeno fogão portátil, para cozinhar ou aquecer.

fogaréu fo.ga.réu *substantivo masculino* Fogo que se espalha em labaredas: *O vento levou as fagulhas ao capinzal e formou um fogaréu*.

fogo fo.go (fô) *substantivo masculino* **1.** Desenvolvimento simultâneo de calor e luz, que se produz quando se queima alguma coisa: *O fogo da fogueira de São João aqueceu e iluminou a festa no terreiro*. **2.** Incêndio: *O balão caiu e provocou o fogo na floresta*. [Plural: *fogos* (fó).]
🔊 **Fogo de artifício.** O mesmo que *foguete* (1).

fogueira fo.guei.ra *substantivo feminino* Lenha, etc., empilhada à qual se lança fogo: *A fogueira iluminava a noite*.

foguete fo.gue.te (guê) *substantivo masculino* **1.** Artefato que, ao ser aceso, lança no ar matéria explosiva que estoura ou produz efeitos luminosos. [É proibido por lei, pois é muito perigoso.] **2.** Veículo espacial: *Em 1969, o foguete Apolo 11 levou os astronautas que pisaram na Lua pela primeira vez*.

foice

foice foi.ce *substantivo feminino* Instrumento agrícola que consta de uma lâmina de aço em meio círculo presa em um cabo curto, próprio para cortar mato, etc.

folclore fol.clo.re *substantivo masculino* O conjunto das tradições, conhecimentos ou crenças de um povo, expressos em suas lendas, canções e costumes: *Nosso folclore retrata nossa história, da primitiva até a atual.*

folclórico fol.cló.ri.co *adjetivo* Relativo ou pertencente ao folclore.

fole fo.le *substantivo masculino* Utensílio próprio para produzir vento ou sopro.

fôlego fô.le.go *substantivo masculino* **1.** Capacidade de reter o ar nos pulmões. **2.** Ânimo, coragem: *– Fôlego, meninos, vamos continuar a corrida!*

folga fol.ga *substantivo feminino* **1.** Interrupção de trabalho, de atividades, para descanso e recreação. **2.** O período dessa interrupção: *Aproveitei a folga para nadar um pouco.* **3.** Largura: *A saia tem muita folga na cintura.*

folgado fol.ga.do *adjetivo* **1.** Que tem folga: *O vestido está folgado.* **2.** Confiado, atrevido: *– Que menino folgado, não respeita ninguém.*

folgar fol.gar *verbo* **1.** Dar folga ou descanso a. **2.** Tornar largo: *Folgou um pouco o cinto.* **3.** Ter folga ou descanso: *Aproveitou o domingo para folgar.*

folguedo fol.gue.do (ê) *substantivo masculino* Festa: *Nos folguedos de Natal em Alagoas, representaram-se autos populares, como o Pastoril.*

folha fo.lha (ô) *substantivo feminino* **1.** Parte plana e delgada, geralmente verde, das plantas, e que é o principal órgão da fotossíntese. **2.** Representação ou imitação da folha: *Desenhei uma folha no meu caderno.* **3.** Pedaço de papel de determinado formato, espessura ou cor: *Fiz um origâmi com a folha de papel verde.* **4.** Cada uma das folhas de que se compõe um livro, revista, etc.: *Este livro tem 40 folhas.*

folhagem fo.lha.gem *substantivo feminino* O conjunto das folhas de uma planta: *A folhagem do abacateiro escurecia a varanda.* [Plural: folhagens.]

folhear fo.lhe.ar *verbo* Virar as folhas de livro, revista, etc.: *Folheou quase toda a revista.*

folheto fo.lhe.to (ê) *substantivo masculino* Publicação que não é periódica, de poucas folhas: *Recebi muitos folhetos de propaganda de lojas.*

folhinha fo.lhi.nha *substantivo feminino* Conjunto de folhas correspondentes a cada dia do ano, e que se arrancam diariamente.

fome fo.me *substantivo feminino* **1.** Grande vontade ou necessidade de comer: *Esta menina vive com fome, come o tempo todo.* **2.** Falta total de alimentos: *A fome é, infelizmente, comum em muitos países.*

fone fo.ne *substantivo masculino* Peça do aparelho telefônico que se leva à orelha.

fonema fo.ne.ma *substantivo masculino* Cada um dos sons distintos de uma palavra: *Na palavra fato o fonema inicial é /f/.*

fonética fo.né.ti.ca *substantivo feminino* Estudo dos sons de uma língua.

fonte fon.te *substantivo feminino* **1.** Nascente de água: *No jardim há uma fonte que nasce na pedreira.* **2.** Origem, causa: *A fonte de alegria da família foi o nascimento da menina.*

fora fo.ra *advérbio* **1.** Na parte exterior: *O barulho vem de fora da casa.* **2.** Em outro lugar que não a sua casa: *Ela está fora, não sei a que horas chega.* ✅ *preposição* **3.** Sem contar com; além de: *Fora a família, havia mais cinco pessoas na sala.*

foragido fo.ra.gi.do *adjetivo* **1.** Fugitivo (1). ✅ *substantivo masculino* **2.** Aquele que fugiu; fugitivo: *Esse homem é um foragido, fugiu da cadeia.*

forca for.ca (ô) *substantivo feminino* Instrumento para enforcar.

força for.ça (ô) *substantivo feminino* **1.** Saúde física; vigor: *Não é tão moço, mas é cheio de força, sempre alegre.* **2.** Esforço necessário para conseguir algo: *Lutou com toda a força e, afinal, venceu.* **3.** Energia elétrica: *Faltou força, ontem, e os computadores pararam.*

forçar for.çar *verbo* **1.** Conseguir pela força: *Forçou-o a aceitar o que não queria.* **2.** Arrombar: *Forçou a porta e conseguiu entrar na casa.* **3.** Obrigar-se a: *Forçou-se a receber o visitante, mesmo sem querer.*

forja for.ja *substantivo feminino* **1.** Conjunto de fornalha, fole e certa peça de ferro (a bigorna) que usam os que trabalham com metal. **2.** Oficina de ferreiro.

forma for.ma *substantivo feminino* **1.** O aspecto de um objeto: *A caixa de violão tem a forma de um violão.* **2.** Modo; maneira: *– Menina, isto não é forma de pegar o lápis.* **3.** Fila: *Todos os alunos devem ficar em forma no pátio.* **4.** Condição física ou mental: *Ela está em ótima forma; pode viajar.*

fôrma fôr.ma (ô) *substantivo feminino* **1.** Modelo oco onde se põe metal derretido, etc., ou qualquer líquido que, ao ficar sólido, toma a forma desejada; molde. **2.** Peça que imita o pé, usada no fabrico de calçados. **3.** Vasilha em que se assam bolos, pudins, etc.: *Tirou a fôrma do bolo do forno.*

formação for.ma.ção *substantivo feminino* **1.** Modo pelo qual alguma coisa se forma: *Com a forte ventania, já se esperava a formação da tempestade.* **2.** O conjunto de conhecimentos que se deve adquirir para o desempenho de uma profissão, de um encargo, etc.: *Nosso novo professor tem formação acadêmica.* [Plural: *formações*.]

formador for.ma.dor (ô) *adjetivo* **1.** Que forma ou formou: *Ele foi o elemento formador da vitória da equipe.* ✅ *substantivo masculino* **2.** O mesmo que *educador*. **3.** Aquilo que forma: *Os formadores do rio Madeira são as geleiras dos Andes.*

formal for.mal *adjetivo de dois gêneros* **1.** Relativo a forma. **2.** Conforme a regra: *O casamento do meu primo não foi nada formal.* [Plural: *formais*.]

formar for.mar *verbo* **1.** Dar forma a alguma coisa: *Gosta de formar bichos com a massa de modelar.* **2.** Tomar a forma, o aspecto de alguma coisa: *As nuvens formavam carneirinhos.* **3.** Aparecer, surgir: *Depois da chuva, formou-se um arco-íris no céu.* **4.** Compor, criar: *O povo formou alas para dar passagem aos atletas.* **5.** Instruir, educar: *Minha avó, antiga professora, ajudou a formar os netos.* **6.** Concluir curso universitário, técnico, etc.: *João acaba de formar-se em medicina.*

formato for.ma.to *substantivo masculino* **1.** Forma: *Comprei biscoitos com o formato de letras.* **2.** Dimensão de papel, fotografia, etc.: *papel com formato ofício; fotografia no formato 3 cm por 4 cm.*

formatura for.ma.tu.ra *substantivo feminino* Ação de formar, ou o resultado desta ação: *A formatura dos alunos da minha escola foi ontem.*

formidável for.mi.dá.vel *adjetivo de dois gêneros* **1.** Muito bom; sensacional: *Recebeu uma notícia formidável.* **2.** Muito grande: *Ti-*

formiga

nha uma disposição formidável para o trabalho. [Plural: formidáveis.]

formiga for.**mi**.ga *substantivo feminino* **1.** Nome comum a insetos sociais que vivem nos formigueiros. **2.** Pessoa que gosta muito de doce.

formigueiro for.mi.**guei**.ro *substantivo masculino* O lugar, espécie de toca, em que vivem as formigas: *Há formigueiros no jardim, encontrei muitas folhas cortadas.*

formoso for.**mo**.so (mô) *adjetivo* De formas, feições ou aspecto agradável, harmonioso; belo, bonito: *Maria é uma menina muito formosa.* [Plural: *formosos* (mó).]

formosura for.mo.**su**.ra *substantivo feminino* Qualidade de formoso.

fórmula fór.mu.la *substantivo feminino* **1.** Palavras que se usam sempre juntas e na mesma ordem, com determinado significado: *Por favor, Como vai? e Bom dia são fórmulas que usamos na nossa comunicação.* **2.** Enumeração de substâncias e suas quantidades que, associadas, produzem determinado efeito: *a fórmula de um remédio.* **3.** Modo de agir, de proceder.

formular for.mu.**lar** *verbo* **1.** Pôr em fórmula. **2.** Expor com precisão uma proposta, um pedido: *– Por favor, formule com clareza o seu pedido.*

fornalha for.**na**.lha *substantivo feminino* **1.** Forno grande. **2.** Tempo, dia, lugar, etc., quente demais: *O dia hoje está uma fornalha.*

fornecedor for.ne.ce.**dor** (dôr) *adjetivo* **1.** Que fornece alguma coisa. ✅ *substantivo masculino* **2.** Homem ou empresa que fornece algo para alguém ou outra empresa: *O fornecedor dos uniformes já fez a entrega.*

fornecer for.ne.**cer** *verbo* **1.** Abastecer, prover de alguma coisa necessária: *A escola fornece livros aos alunos.* **2.** Produzir, gerar: *Pelo contrato, a empresa fornece bolsa de estudos para 50 alunos.*

forte

fornecimento for.ne.ci.**men**.to *substantivo masculino* Atividade de fornecer, prover alguém de alguma coisa: *O fornecimento de luz foi restabelecido.*

forno for.no (fôr) *substantivo masculino* **1.** Construção especialmente feita para cozer pão, louça, tijolo, telha, etc. **2.** Parte do fogão para fazer assados, etc. **3.** Lugar muito quente: *Esta sala é um forno.* [Plural: *fornos* (fór).] 🔊 **Forno de micro-ondas.** Espécie de forno que permite cozinhar, aquecer ou descongelar alimentos rapidamente.

forragem for.**ra**.gem *substantivo feminino* Feno: *A forragem para o gado é guardada em depósitos que se chamam silos.* [Plural: *forragens*.]

forrar for.**rar** *verbo* Pôr forro em alguma coisa: *Forrou a mesa com a toalha; Mandou forrar o casaco com tecido de seda.*

forro for.ro (fôr) *substantivo masculino* Guarnição interna de peças de vestuário, etc.: *O forro da saia é de um tecido que a deixa mais grossa.*

forró for.**ró** *substantivo masculino* Música proveniente do Nordeste do Brasil, ao som da qual casais dançam em ritmo acelerado.

fortalecer for.ta.le.**cer** *verbo* **1.** Tornar forte ou mais forte, robusto. **2.** Tornar-se mais forte: *Fortaleceu-se com uma boa alimentação.*

fortaleza for.ta.**le**.za (ê) *substantivo feminino* **1.** Qualidade de quem é forte, vigoroso. **2.** Construção para proteção de uma cidade ou região; forte, fortificação. **3.** Pessoa de grande força moral.

fortalezense for.ta.le.**zen**.se *adjetivo de dois gêneros* **1.** De Fortaleza, capital do estado do Ceará. ✅ *substantivo de dois gêneros.* **2.** Quem nasceu, ou vive, em Fortaleza.

forte for.te *adjetivo de dois gêneros* **1.** Que tem força; vigoroso: *um homem forte.* **2.** Robusto, vigoroso: *Todos ali são fortes e bonitos.* **3.** Com muita possibilidade de vitória: *um candidato forte.* **4.** Nutritivo: *um*

fortificação

alimento forte. ✅ *substantivo masculino* **5.** Aquilo em que alguém é excelente: *Seu forte é matemática*. **6.** O mesmo que **fortaleza** (3).

fortificação for.ti.fi.ca.**ção** *substantivo feminino* O mesmo que **fortaleza** (3). [Plural: *fortificações*.]

fortificante for.ti.fi.**can**.te *adjetivo de dois gêneros* **1.** Que fortifica: *medicação fortificante*. ✅ *substantivo feminino* **2.** Medicação ou tratamento que fortifica o organismo: *O banho de mar agiu como fortificante*.

fortificar for.ti.fi.**car** *verbo* Tornar forte ou mais forte; fortalecer.

fortuna for.**tu**.na *substantivo feminino* **1.** Acaso. **2.** Destino. **3.** Grande riqueza: *Herdou uma fortuna*.

fosforescência fos.fo.res.**cên**.ci:a *substantivo feminino* **1.** Propriedade de certos corpos de brilhar na escuridão, sem espalhar calor. **2.** Luminosidade que as águas do mar apresentam, por vezes, quando agitadas pelo vento, ou cortadas pela proa da embarcação, e resultante, sobretudo, da presença de animais microscópicos.

fosforescente fos.fo.res.**cen**.te *adjetivo de dois gêneros* Que tem a propriedade da fosforescência: *Um mar tempestuoso e fosforescente*.

fósforo **fós**.fo.ro *substantivo masculino* Palito com uma cabeça composta por corpos que se inflamam quando atritados.

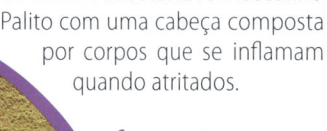

fossa **fos**.sa *substantivo feminino* **1.** Cavidade mais ou menos profunda no solo; fosso. **2.** Cavidade subterrânea para despejo de imundície, ou onde se recolhem esgotos sanitários.

fóssil **fós**.sil *adjetivo de dois gêneros* **1.** Que se extrai da terra: *animal fóssil*. ✅ *substantivo masculino* **2.** Vestígio ou resto petrificado de animais ou vegetais que habitaram a Terra em época muitíssimo antiga. [Plural: *fósseis*.]

fração

fosso **fos**.so (fôs) *substantivo masculino* Fossa (1) que delimita um terreno, que serve de defesa, etc.

foto **fo**.to *substantivo feminino* Forma reduzida de *fotografia*: *Adora bater fotos*.

fotocópia fo.to.**có**.pi:a *substantivo feminino* Cópia de um documento, etc., por reprodução fotográfica.

fotocopiar fo.to.co.pi.**ar** *verbo* Ação de reproduzir por meio de fotocópia.

fotogênico fo.to.**gê**.ni.co *adjetivo* Que sai muito bem em fotografia.

fotografar fo.to.gra.**far** *verbo* **1.** Registrar imagem por meio de fotografia. **2.** Sair bem ou mal em fotografia: *Júlia fotografa bem, mas a Paula sempre sai mal*.

fotografia fo.to.gra.**fi**.a *substantivo feminino* **1.** Processo de registrar imagens mediante a ação da luz sobre o filme (1). **2.** Imagem assim obtida; foto.

fotográfico fo.to.**grá**.fi.co *adjetivo* Relativo a fotografia, ou que é pertencente a ela: *máquina fotográfica*.

fotógrafo fo.**tó**.gra.fo *substantivo masculino* O profissional que tira fotografias: *Meu pai é fotógrafo de moda*.

fotossíntese fo.tos.**sín**.te.se *substantivo feminino* Processo químico pelo qual plantas verdes e outros organismos que dependem da luz sintetizam compostos orgânicos a partir do gás carbônico e da água, sob a ação da luz solar, e com liberação de oxigênio.

foz *substantivo feminino* Ponto onde um rio deságua no mar, num lago, ou em outro rio; embocadura: *A foz do rio é no oceano Atlântico*.

fração fra.**ção** *substantivo feminino* **1.** Parte de um todo; parte: *Uma grande fração dos alunos preferiu jogar futebol a jogar tênis*. **2.** Em matemática, número que representa uma ou mais partes da unidade que foi dividida em partes iguais. [Plural: *frações*.]

fracassar fra.cas.sar *verbo* Dar em mau resultado; falhar: *Seus planos de estudo fracassaram, porque teve de viajar.*

fracasso fra.cas.so *substantivo masculino* Mau êxito: *Sem treino o fracasso do time era esperado.*

fracionário fra.ci:o.ná.ri:o *adjetivo* **1.** Em que há fração. ✓ *substantivo masculino* **2.** Número que representa uma ou mais partes da unidade que foi dividida em partes iguais.

fraco fra.co *adjetivo* **1.** Que não tem ou está sem força, saúde, vigor: *Ainda está fraco por causa da doença.* **2.** Sem autoridade, poder, importância: *É um diretor fraco: não sabe fazer-se obedecer.* **3.** Frágil; débil: *A criança nasceu fraca, mas agora já está bem forte, corada e esperta.*

frade fra.de *substantivo masculino* Religioso de comunidade onde se emitem votos solenes.

frágil frá.gil *adjetivo de dois gêneros* **1.** Fácil de romper, de quebrar: *um copo frágil.* **2.** Que não é resistente, sólido: *O palanque é meio frágil; cuidado.* **3.** Pouco vigoroso; débil: *criança frágil.* [Plural: *frágeis*.]

fragmento frag.men.to *substantivo masculino* **1.** Cada um dos pedaços de coisa partida ou quebrada. **2.** Parte de um todo; pedaço, fração.

fragrância fra.grân.ci:a *substantivo feminino* O mesmo que **perfume**.

fralda fral.da *substantivo feminino* **1.** A parte inferior da camisa. **2.** Pedaço de tecido, ou de outro material macio e absorvente, usado por bebês ou por doentes, e que serve para reter urina e fezes. **3.** Sopé de serra, montanha ou monte, etc.

franco fran.co *adjetivo* **1.** Sincero, espontâneo: *É um colega franco: diz o que pensa.* **2.** Sem obstáculo; livre: *passagem franca.* **3.** Isento, livre de tributos, ou de qualquer pagamento: *zona franca; entrada franca.*

frango fran.go *substantivo masculino* **1.** O filhote da galinha, já crescido, mas antes de ser galo. **2.** Bola fácil de defender que o goleiro deixa passar.

franja fran.ja *substantivo feminino* **1.** Conjunto de fios pendentes em tapetes, xale, vestimenta, etc.

2. Cabelo cortado reto e que cobre a testa no sentido da largura: *Mariana usa franja desde menina.*

franqueza fran.que.za (ê) *substantivo feminino* **1.** Qualidade de quem é franco; generosidade. **2.** Sinceridade, lealdade: *Expôs sua opinião com franqueza.*

franzido fran.zi.do *adjetivo* **1.** Que se franziu: *saia franzida.* ✓ *substantivo masculino* **2.** Conjunto de dobras não achatadas de um tecido, que se aproximam por meio de um fio que se puxa: *os franzidos da blusa.*

franzir fran.zir *verbo* **1.** Fazer pequenas pregas em tecido, papel, etc.: *Franziu o papel de seda para a saia da boneca.* **2.** Deixar com pregas ou rugas, enrugar, amarrotar: *Sentou em cima da cortina e a franziu toda.* **3.** Fazer vinco em: *A raiva franziu-lhe a testa.*

fraqueza fra.que.za (ê) *substantivo feminino* **1.** Estado ou condição de quem é fraco; falta de força física: *A gripe a deixou com grande fraqueza.* **2.** Falta de autoridade, de firmeza: *Os alunos notaram sua fraqueza e não o respeitaram mais.*

frasco fras.co *substantivo masculino* Garrafa pequena: *O frasco de perfume era muito pequeno.*

frase fra.se *substantivo feminino* Reunião de palavras que formam sentido completo; começa com maiúscula e termina em um ponto: *Eu vou passear é uma frase.*

fraternal fra.ter.nal *adjetivo de dois gêneros* Fraterno: *amizade fraternal.* [Plural: *fraternais*.]

fraternidade fra.ter.ni.da.de *substantivo feminino* **1.** Parentesco de irmãos. **2.** Harmonia, entendimento profundo e fraternal, entre pessoas ou povos: *Fraternidade é a base da concórdia, da paz.* **3.** Amor ao próximo.

fraterno fra.ter.no *adjetivo* De, ou próprio de irmãos; fraternal: *amor fraterno.*

fratura fra.**tu**.ra *substantivo feminino* Quebra, separação de osso ou cartilagem: *Teve fratura na mão direita.*

fraturar fra.tu.**rar** *verbo* Sofrer fratura: *fraturar a perna, o braço.*

fraudar frau.**dar** *verbo* Cometer ação desonesta contra algo ou contra alguém: *Foi preso por fraudar o banco.*

fraude frau.de *substantivo feminino* Ação de fraudar, ou o resultado desta ação.

frear fre.**ar** *verbo* **1.** Apertar o freio de: *Ao ver o sinal vermelho, o motorista freou o carro.* **2.** Parar o veículo que se freou: *De repente, o ônibus freou.*

🌐 **freezer** (frízer) [Inglês] *substantivo masculino* Aparelho frigorífico próprio para congelar alimentos: *Usamos o freezer para congelar alimentos.*

freguês fre.**guês** *substantivo masculino* Cliente que num certo estabelecimento faz compras ou consome com frequência: *A loja abriu este mês e já tem muitos fregueses.*

freio frei.o *substantivo masculino* **1.** Peça de metal que passa na boca de cavalo, burro, etc., presa às rédeas, e serve para guiá-los; trava. **2.** Dispositivo que diminui ou faz cessar o movimento de veículo; breque.

freira frei.ra *substantivo feminino* Religiosa de uma ordem, para a qual se emitem votos solenes.

frente fren.te *substantivo feminino* **1.** Parte anterior de qualquer coisa: *a frente do sofá.* **2.** Fachada: *a frente da casa.* **3.** Dianteira: *Manteve-se na frente e ganhou a corrida.* **4.** Local de combate: *A frente é o local em que, numa guerra, se travam os combates.*

frequência fre.**quên**.ci:a (qüen) *substantivo feminino* **1.** Ação de frequentar regularmente um lugar: *Sua frequência nas aulas a faz ser uma boa aluna.* **2.** As pessoas que frequentam um lugar: *Este cinema é de frequência jovem.* **3.** Repetição de fatos ou acontecimentos: *Os acidentes automobilísticos acontecem com muita frequência.*

frequentador fre.quen.ta.**dor** (qüen...ô) *substantivo masculino* Pessoa que frequenta.

frequentar fre.quen.tar (qüen) *verbo* Ir regularmente a um lugar: *Ele frequenta regularmente as aulas.*

frequente fre.**quen**.te (qüen) *adjetivo de dois gêneros* **1.** Que acontece muitas vezes: *É frequente sua ida ao teatro.* **2.** Comum, habitual: *No final do verão, as chuvas são frequentes.*

fresco fres.co (ê) *adjetivo* **1.** Entre frio e morno; levemente frio: *Nas cidades montanhosas é comum o tempo fresco.* **2.** Não estragado; em bom estado: *Estes legumes estão frescos.* **3.** Bem arejado; ventilado: *Esta sala é fresca.*

frescor fres.**cor** *substantivo masculino* **1.** Qualidade de fresco: *o frescor da madrugada.* **2.** Vigor: *o frescor da mocidade.*

fresta fres.ta *substantivo feminino* Abertura estreita: *A luz entrava pela fresta na porta.*

frevo fre.vo (ê) *substantivo masculino* **1.** Dança de rua e de salão, na qual os dançarinos executam movimentos e passos rápidos. **2.** Música que acompanha esta dança.

friagem fri.**a**.gem *substantivo feminino* Baixa da temperatura: *Por causa da friagem, agasalhou bem o filho.* [Plural: *friagens*.]

fricção fric.**ção** *substantivo feminino* Ação de esfregar, ou o resultado desta ação: *A fricção nos pés fez passar a dor.* [Plural: *fricções*.]

frieira fri.**ei**.ra *substantivo feminino* Inflamação da pele causada pelo frio, acompanhada de coceira e inchação.

frigideira fri.gi.**dei**.ra *substantivo feminino* **1.** Utensílio de barro, ferro, aço, etc. usado para fritar. **2.** O mesmo que *fritada* (2): *No Norte e no Nordeste do Brasil* fritada *tem o nome de frigideira.*

frigorífico fri.go.**rí**.fi.co *substantivo masculino* Aparelho ou compartimento para congelar e conservar carnes e outros produtos que necessitam ser refrigerados.

frio fri:o *adjetivo* **1.** Que está com a temperatura pouco elevada; que perdeu o calor ou não o tem: *No inverno é desagradável tomar banho frio.* **2.** Em que faz frio: *lugar frio.* **3.** Diz-se de pessoa indiferente, distante: *Nada comove Maria, ela é muito fria.*
✓ *substantivo masculino* **4.** Baixa temperatura: *O frio congelou a água.*

friorento fri:o.**ren**.to *adjetivo* Muito sensível ao frio: *João é um menino friorento.*

fritada fri.**ta**.da *substantivo feminino* **1.** Aquilo que se frita de uma vez. **2.** Massa de ovos batidos, cozida em frigideira sobre camarões refogados, carne moída, peixe ou legumes, etc.; frigideira: *Em todo o Brasil a fritada é um prato comum nas mesas.*

fritar fri.**tar** *verbo* Cozinhar com óleo, manteiga, azeite, etc., na frigideira: *Fritei o peixe para o almoço.*

frito fri.to *adjetivo* Que se fritou: *Alguns alimentos são mais saborosos fritos que cozidos.*

fritura fri.**tu**.ra *substantivo feminino* **1.** Ação de fritar. **2.** Qualquer alimento frito: *Júlia adora uma fritura.*

fronha fro.nha *substantivo feminino* Capa de tecido que é colocada no travesseiro.

fronte fron.te *substantivo feminino* Parte da face situada acima dos olhos; testa: *Tem a fronte larga e usa franja para disfarçar.*

fronteira fron.**tei**.ra *substantivo feminino* **1.** Extremidade de um país ou região do lado onde confina com outro; limite. **2.** Região que confina com a fronteira (1).

frota fro.ta *substantivo feminino* **1.** Conjunto de navios mercantes de um mesmo país, ou de uma mesma companhia, região, ou categoria: *uma frota de navios mercantes ingleses, de tamanho médio.* **2.** Conjunto de veículos pertencentes a um mesmo dono ou a uma mesma companhia: *Nosso vizinho tem uma frota de táxis na praça.*

frouxo frou.xo *adjetivo* **1.** Pouco apertado: *cinto frouxo.* **2.** Covarde.

frugívoro fru.**gí**.vo.ro *adjetivo* Que se alimenta de frutas: *Os jacus são pássaros frugívoros.*

frustração frus.tra.**ção** *substantivo feminino* Sentimento de desapontamento, de ter sido privado

fruta

do que se esperava merecer, ou do que se esperava receber: *Não termos ganhado o jogo causou-nos grande frustração.* [Plural: *frustrações.*]

fruta fru.ta *substantivo feminino* O mesmo que *fruto* (1).

fruta-de-conde fru.ta-de-**con**.de *substantivo feminino* O mesmo que *pinha*. [Plural: *frutas-de-conde*.]

fruta-pão fru.ta-**pão** *substantivo feminino* Árvore de fruto comestível do mesmo nome. [Plural: *frutas-pães* e *frutas-pão*.]

fruteira fru.**tei**.ra *substantivo feminino* **1.** Árvore que dá frutos, que é frutífera: *O quintal é cheio de fruteiras: laranjeiras, abacateiros, etc.* **2.** Recipiente para frutas: *Via-se sobre a mesa uma fruteira com frutas variadas.*

fruticultura fru.ti.cul.**tu**.ra *substantivo feminino* Cultura de árvores frutíferas: *Com o desenvolvimento da fruticultura no Brasil, o Nordeste passou a produzir uva, melão e outras frutas que lá eram raras.*

frutífero fru.**tí**.fe.ro *adjetivo* Que dá frutos: *árvore frutífera.*

fruto fru.to *substantivo masculino* **1.** Órgão gerado por vegetais, e que conduz a semente. **2.** Aquilo que é o resultado de uma ação, de um processo: *O sucesso de Juca nos estudos é fruto do seu esforço.*

fumaça

fubá fu.**bá** *substantivo masculino* Farinha de milho ou de arroz: *Com o fubá se faz o angu, que substitui o arroz em muitas regiões do nosso país.*

fuça fu.ça *substantivo feminino* O mesmo que *focinho.*

fuga fu.ga *substantivo feminino* Ação de fugir, ou o resultado desta ação: *A fuga do presídio foi muito comentada.*

fugir fu.**gir** *verbo* **1.** Retirar-se depressa para escapar a alguém ou a algum perigo; escapar, escapulir: *Fugiu ao ver o cachorro bravo soltar-se da corrente.* **2.** Evitar, afastando-se: *Fugiu da chuva, voltando depressa para casa.*

fugitivo fu.gi.**ti**.vo *adjetivo* **1.** Que fugiu, ou tem o hábito de fugir: *O gato fugitivo foi, afinal, encontrado.* ✔ *substantivo masculino* **2.** Aquele que fugiu: *Conseguiram pegar o fugitivo e devolvê-lo ao presídio.*

fuinha fu.i.nha *substantivo feminino* Pequeno animal mamífero carnívoro daninho, de pernas curtas e grossas e unhas afiadas.

fulano fu.**la**.no *substantivo masculino* Tratamento que se dá a qualquer pessoa que não se quer ou não se pode nomear; sujeito: *Eu não falo com aquele fulano; Você conhece aquele fulano ali?*

fulgente ful.**gen**.te *adjetivo de dois gêneros* O mesmo que *fúlgido.*

fúlgido fúl.gi.do *adjetivo* Que brilha; fulgente: *"E o sol da liberdade, em raios fúlgidos, / Brilhou no céu da Pátria nesse instante."* (Versos do *Hino Nacional Brasileiro.*)

fulgor ful.**gor** (ô) *substantivo masculino* Brilho intenso; cintilação, esplendor.

fuligem fu.**li**.gem *substantivo feminino* Substância preta formada pelo depósito de fumaça. [Plural: *fuligens*.]

fumaça fu.**ma**.ça *substantivo feminino* **1.** Espécie de nevoeiro expelida por aquilo que queima: *A fumaça cobria a*

fumante

caixa que queimava. **2.** Grande porção de fumo (1). **3.** Porção de fumo absorvida por quem fuma.

fumante fu.**man**.te *substantivo de dois gêneros* Pessoa que tem o hábito ou o vício de fumar.

fumar fu.**mar** *verbo* Aspirar o fumo de (cigarro, charuto, etc.).

fumo fu.mo *substantivo masculino* **1.** Vapor que sobe dos corpos que estão queimando ou muito aquecidos. **2.** Tabaco.

função fun.**ção** *substantivo feminino* **1.** Ação própria ou natural de um órgão, aparelho ou máquina. **2.** Trabalho, ofício: *Exerce a função de diretor*. **3.** Utilidade: *Esta máquina está ultrapassada, não tem mais função*. **4.** Papel que uma palavra desempenha na frase. [Plural: *funções*.]

funcional fun.ci.o.**nal** *adjetivo de dois gêneros* **1.** Relativo a função, ou ao seu desempenho. **2.** Prático, cômodo: *Esta roupa de mergulho é funcional*. [Plural: *funcionais*.]

funcionamento fun.ci.o.na.**men**.to *substantivo masculino* Modo pelo qual um aparelho, máquina ou organismo funciona: *O funcionamento desta máquina de calcular é perfeito*.

funcionar fun.ci.o.**nar** *verbo* **1.** Mover-se bem e com regularidade; trabalhar: *O novo carro funciona muito bem*. **2.** Dar bom resultado: *Nosso grupo de estudo funcionou: todos passaram de ano*.

funcionário fun.ci.o.**ná**.ri.o *substantivo masculino* Aquele que trabalha em órgão do governo, em função pública; funcionário público.

fundação fun.da.**ção** *substantivo feminino* **1.** Atividade de fundar, de criar alguma coisa que não existia: *A data da fundação de Brasília é 21 de abril de 1960*. **2.** Parte de uma construção destinada a distribuir o peso sobre o solo; alicerce: *Os operários já terminaram as fundações da nova casa*. [Mais usado, nesta acepção, no plural: *fundações*.]

fundador fun.da.**dor** (ô) *adjetivo* **1.** Que funda, inicia; iniciador. ✓ *substantivo masculino* **2.** Aquele que funda; criador: *O fundador da cidade do Rio de Janeiro foi Estácio de Sá, em 1565*.

funeral

fundamental fun.da.men.**tal** *adjetivo de dois gêneros* **1.** Que serve de fundamento. ✓ *substantivo masculino* **2.** Aquilo que importa; o essencial: *O fundamental, para um aluno, é aprender a ler e a escrever bem*. [Plural: *fundamentais*.]

fundamento fun.da.**men**.to *substantivo masculino* **1.** Base, apoio: *Esta história é falsa; não tem o menor fundamento*. **2.** Motivo, justificativa; razão: *Qual o fundamento do seu pedido?*

fundar fun.**dar** *verbo* **1.** Criar, construir: *Segundo a lenda, Rômulo e Remo fundaram a cidade de Roma*. **2.** Estabelecer, criar: *O marechal Deodoro da Fonseca fundou a República em 1889*. **3.** Apoiar, basear: *Em que você se funda para afirmar tal coisa?*

fundição fun.di.**ção** *substantivo feminino* **1.** Atividade ou arte de fundir. **2.** Fábrica ou oficina em que se trabalha com metal fundido: *A fundição Paraíso é do pai do João*. [Plural: *fundições*.]

fundir fun.**dir** *verbo* **1.** Derreter, a temperatura muito alta, tornando líquido (metal, etc.): *Fundiu o bronze para fazer o busto do herói*. **2.** Derreter-se: *Com o calor, a neve fundiu-se*.

fundo fun.do *adjetivo* **1.** Que tem profundidade: *Este poço é muito fundo; cuidado com as crianças*. ✓ *substantivo masculino* **2.** A parte que, numa cavidade, num recipiente, etc., fica mais longe da borda, da abertura de entrada, etc.: *O quarto é no fundo do corredor; Este tanque está com o fundo sujo*. **3.** A parte mais baixa e sólida em que repousam ou correm as águas: *o fundo do mar; o fundo do rio*. **4.** A extremidade da agulha de costura manual, com buraco, e oposta à ponta: *O fundo da agulha é muito pequeno, o que torna difícil enfiar nele a linha*.

fúnebre fú.ne.bre *adjetivo de dois gêneros* Relativo à morte, aos mortos ou a alguma coisa a eles relacionada; funeral.

funeral fu.ne.**ral** *adjetivo de dois gêneros* **1.** O mesmo que *fúnebre*. ✓ *substantivo masculino* **2.** Cerimônia (religiosa ou não) para se enterrar ou cremar pessoa(s) morta(s); sepultamento. [Plural: *funerais*.]

fungar

fungar fun.gar *verbo* Produzir som, absorvendo ar, muco, etc., pelo nariz: *O menino não foi à escola porque acordou fungando, resfriado.*

fungo fun.go *substantivo masculino* Ser vivo que não tem folhas, flores, ou clorofila, como, por exemplo, os cogumelos.

funil fu.**nil** *substantivo masculino* Utensílio em forma de cone provido de um tubo para passar líquido de um recipiente para outro. [Plural: *funis*.]

fura-bolo fu.ra-**bo**.lo (bô) *substantivo masculino* Veja *indicador*. [Plural: *fura-bolos*.]

furacão fu.ra.**cão** *substantivo masculino* **1.** Ciclone que se forma nas regiões do Atlântico norte, do mar do Caribe, do golfo do México, e na costa nordeste da Austrália, e no qual a velocidade dos ventos pode atingir até 300km por hora. **2.** Grande ímpeto: *Saiu como um furacão, voando, para não perder o trem.* [Plural: *furacões*.]

furador fu.ra.**dor** (ô) *adjetivo* **1.** Que fura. *substantivo masculino* **2.** Utensílio com que se abrem furos, ou, furando, se quebra gelo, etc.

furar fu.**rar** *verbo* **1.** Abrir ou fazer furo(s) em algo: *Furou a porta para colocar o novo trinco.* **2.** Não ocorrer; falhar: *O passeio ao zoológico furou.* **3.** Romper-se; rasgar-se: *A meia furou: você tem de ir sem ela.*

fúria fú.ri:a *substantivo feminino* **1.** Raiva, ódio: *Ficou cheio de fúria com o engarrafamento do trânsito.* **2.** Pessoa furiosa: *Ela é uma fúria: tem raiva de todo o mundo.* **3.** Violência: *A fúria da tempestade.*

furioso fu.ri.**o**.so (ô) *adjetivo* Que tem fúria ou ira: *Tem mau gênio, fica furioso por qualquer bobagem.* [Plural: *furiosos* (ó).]

furo fu.ro *substantivo masculino* **1.** Abertura, buraco: *Esta blusa tem um furo.* **2.** Notícia dada em primeira mão num jornal, em noticiário de televisão, de rádio, etc. **3.** Na Amazônia, comunicação natural entre dois rios ou entre um rio e um lago.

fuzil

furtar fur.**tar** *verbo* **1.** Apoderar-se do que não lhe pertence, que é de outra pessoa; roubar: *O ladrão furtou a bolsa da moça.* **2.** Fazer passar, como se fosse seu, trabalho, pesquisa, ideia, etc.: *Furtou o trabalho do colega e o entregou como se fosse seu.*

furto fur.to *substantivo masculino* **1.** Ação de furtar: *Foi surpreendido no momento do furto.* **2.** Aquilo que se furtou: *Teve de devolver o furto ao dono.*

furúnculo fu.**rún**.cu.lo *substantivo masculino* Inflamação da pele causada por bactéria.

fusão fu.**são** *substantivo feminino* **1.** Ação de fundir(-se), ou o resultado desta ação. **2.** Passagem de uma substância ou de uma mistura, da fase sólida para a líquida. [Plural: *fusões*.]

fuso fu.so *substantivo masculino* Peça roliça usada para fiar. **Fuso horário.** Cada uma das 24 partes da superfície terrestre, limitadas pelos meridianos, distantes entre si de 15 graus; em cada uma delas, a hora, por conjunção, é a mesma.

futebol fu.te.**bol** *substantivo masculino* Jogo disputado por dois times, de 11 jogadores cada um, com uma bola de couro, num campo com um gol (1) em cada extremidade. [O objetivo do jogo é fazer a bola entrar no gol (1) do adversário sem usar as mãos e os braços.] [Plural: *futebóis*.]

futsal fut.**sal** *substantivo masculino* Futebol jogado numa quadra, com dois times de cinco jogadores. [Plural: *futsais*.]

futuro fu.**tu**.ro *substantivo masculino* **1.** Tempo que há de vir; porvir. **2.** Sorte futura; destino: *O futuro a Deus pertence* (provérbio).

fuzil fu.**zil** *substantivo masculino* Arma portátil de repetição, de cano longo. [Plural: *fuzis*.]

gato

g (gê) *substantivo masculino* A sétima letra do nosso alfabeto.

gabar ga.**bar** *verbo* Falar bem de alguém; elogiar: *Convém gabar os méritos dos bons alunos; Não é para me gabar, mas o meu trabalho ficou muito bom.*

gabinete ga.bi.**ne**.te (nê) *substantivo masculino* Escritório: *O escritor estava no seu gabinete escrevendo o discurso que ia fazer à noite.*

gado ga.do *substantivo masculino* Conjunto de animais como bois, vacas, carneiros, ovelhas, bodes, cabras, etc., criados em fazendas, sítios, etc.

gafanhoto ga.fa.**nho**.to (nhô) *substantivo masculino* Inseto saltador, com dois pares de asas, patas posteriores grandes, e que se alimenta de vegetais: *Em apenas um dia, a nuvem de gafanhotos devorou toda a plantação.*

gafe ga.fe *substantivo feminino* Ação ou palavra desastrada, inconveniente: *Na festa, cometeu a gafe de chamar a aniversariante por outro nome.*

gago ga.go *adjetivo* **1.** Que gagueja. ✓ *substantivo masculino* **2.** Homem, rapaz ou menino que gagueja.

gaguejar ga.gue.**jar** *verbo* Falar com dificuldade, repetindo as sílabas: – *Vo...você com... comprou o que eu pe...pedi, Ma...Maria?* – *gaguejou o rapaz.*

gaiola gai.o.la *substantivo feminino* Armação de madeira ou de metal, onde se colocam aves, para aí viverem: *O menino, com dó do passarinho, abriu a porta da gaiola e o libertou.*

gaita gai.ta *substantivo feminino* Pequeno instrumento musical com vários orifícios, que se toca com a boca.

gaivota gai.**vo**.ta *substantivo feminino* Ave de tamanho médio, de plumagem branco-acinzentada, pés e bico avermelhados, asas grandes e pontudas, que vive à beira-mar.

gala ga.la *substantivo feminino* Refinamento, requinte de certos acontecimentos sociais: *Foi uma noite de gala, com os homens de paletó e as mulheres com joias e vestidos compridos.*

galã ga.**lã** *substantivo masculino* Ator ou personagem de boa aparência que, geralmente, é o protagonista, ou um dos protagonistas, de uma história: *No final da novela, a moça pobre, que veio do interior, se casa com o galã.*

galáxia ga.**lá**.xi.a (xi = csi) *substantivo feminino* Imenso conjunto de estrelas que, no espaço, se encontra separado de outros imensos conjuntos de estrelas: *A galáxia onde está o sistema solar tem forma de espiral e se chama Via Láctea.*

galera ga.**le**.ra *substantivo feminino* Os amigos; a turma: *Esta é a fotografia da minha galera.*

galeria ga.le.**ri**.a *substantivo feminino* **1.** Estabelecimento que expõe ou vende quadros, estátuas, etc. **2.** Corredor largo num edifício, geralmente com uma série de lojas: *Naquela galeria, todas as lojas são de produtos de informática.* **3.** Sistema de escoamento de águas pluviais, esgotos, etc. **4.** Nos teatros, acomodações para espectadores, com ingressos mais baratos, e geralmente situadas no alto.

galeto ga.**le**.to (ê) *substantivo masculino* Frango ainda novo.

245

galho

galho ga.lho *substantivo masculino* O mesmo que *ramo*: *Pela janela, via encantado, os micos nas árvores, pulando de galho em galho.*

galinha ga.**li**.nha *substantivo feminino* Ave doméstica, de asas arredondadas e crista curta, cuja carne e ovos são muito usados na alimentação humana. [É a fêmea do *galo*.]

galinha-d'angola ga.li.nha-d'an.**go**.la *substantivo feminino* Ave originária da África, de penas pretas com pintas brancas. [Plural: *galinhas-d'angola*.]

galinheiro ga.li.**nhei**.ro *substantivo masculino* Lugar próprio para a criação de galos, galinhas e outras aves, como patos, gansos, etc.

galo ga.lo *substantivo masculino* O macho da galinha; tem crista grande e esporão.

galopar ga.lo.**par** *verbo* Andar a galope.

galope ga.**lo**.pe *substantivo masculino* **1.** A carreira do cavalo: *A égua saiu a galope.* **2.** Corrida veloz: *Ao sentir o cheiro do bolo, veio a galope.*

galpão gal.**pão** *substantivo masculino* Construção própria para guardar máquinas ou para armazenar alimentos: *Os sacos de milho foram empilhados no galpão.* [Plural: *galpões*.]

gambá gam.**bá** *substantivo masculino e feminino* Pequeno animal mamífero marsupial noturno.

ganância ga.**nân**.ci:a *substantivo feminino* Desejo muito grande de dinheiro, poder, etc.

ganancioso ga.nan.ci.**o**.so (ô) *adjetivo* **1.** Que tem ganância: *Segundo a lenda, Midas era um rei ganancioso que podia transformar em ouro tudo o que tocasse.* ✓ *substantivo masculino* **2.** Indivíduo ganancioso. [Plural: *gananciosos* (ó).]

gancho gan.cho *substantivo masculino* **1.** Peça curva de metal, usada para pendurar alguma coisa:

garantia

Meu pai chegou e pendurou o paletó no gancho atrás da porta. **2.** Lugar onde se põe o fone no aparelho telefônico: *Na pressa, esqueceu-se de pôr o fone no gancho.*

gandula gan.**du**.la *substantivo de dois gêneros* Pessoa que tem a função de apanhar e devolver a bola, quando ela sai do campo ou da quadra.

gangorra gan.**gor**.ra (ô) *substantivo feminino* Brinquedo infantil em que duas pessoas ficam sentadas nas extremidades de uma tábua, a qual se apoia num eixo que gira horizontalmente ou oscila para cima e para baixo.

gangue gan.gue *substantivo feminino* Grupo de bandidos: *Li no jornal que a polícia prendeu a gangue que assaltava de bicicleta.*

ganhador ga.nha.**dor** (ô) *substantivo masculino* Aquele que ganhou alguma coisa: *Ainda não se sabe quantos foram os ganhadores da loteria.*

ganha-pão ga.nha-**pão** *substantivo masculino* Trabalho de que uma pessoa vive. [Plural: *ganha-pães*.]

ganhar ga.**nhar** *verbo* **1.** Receber dinheiro em troca do seu trabalho: *Quer mudar de emprego, pois acha que ganha pouco.* **2.** Receber presente, prêmio, etc.: *Ganhou uma bela coleção de livros no Natal*; *Ganhou muito dinheiro na loteria.* **3.** Obter vitória: *No jogo de ontem, meu time ganhou.*

ganido ga.**ni**.do *substantivo masculino* Grito de lamento dos cães.

ganir ga.**nir** *verbo* Dar ganidos.

ganso gan.so *substantivo masculino* Ave parecida com o pato, só que maior e com o pescoço mais comprido.

garagem ga.**ra**.gem *substantivo feminino* Lugar onde se guardam veículos: *Aquela garagem de ônibus é vinte vezes maior do que a da minha casa.* [Plural: *garagens*.]

garantia ga.ran.**ti**.a *substantivo feminino* **1.** Documento que a loja dá ao cliente, prometendo, em caso de defeito, trocar ou consertar o produto vendido. **2.** O tempo de validade deste documento: *O liquidificador que meu pai comprou tem garantia de três meses.*

garantir

garantir ga.ran.tir *verbo* Afirmar com certeza: *Meu pai me garantiu que nossa viagem para a Bahia será em fevereiro.*

garapa ga.ra.pa *substantivo feminino* O caldo extraído da cana-de-açúcar.

garça gar.ça *substantivo feminino* Ave branca de pernas compridas, pescoço e bico longos, que vive, em bandos, perto da água, e se alimenta, geralmente, de peixes.

garçom gar.çom *substantivo masculino* Empregado que, de mesa em mesa, serve os fregueses em cafés, bares e restaurantes. [Plural: *garçons*.]

garçonete gar.ço.ne.te *substantivo feminino* Empregada que, como os garçons, serve os fregueses em cafés, bares e restaurantes.

garfo gar.fo *substantivo masculino* Objeto composto de cabo e dentes, que, nas refeições, serve para levar o alimento à boca.

gargalhada gar.ga.lha.da *substantivo feminino* Risada alta: *A criança, só de ver o palhaço, deu uma gargalhada.*

gargalo gar.ga.lo *substantivo masculino* A parte superior da garrafa, do vaso, etc.: *Com muita sede, abriu o refrigerante e bebeu direto no gargalo.*

garganta gar.gan.ta *substantivo feminino* **1.** A parte anterior do pescoço. **2.** A parte interna do pescoço, com órgãos que servem de passagem de alimentos para o estômago e de ar para os pulmões. **3.** Passagem estreita entre montanhas.

gargarejo gar.ga.re.jo (ê) *substantivo masculino* Agitação de um líquido na boca e na garganta:

garra

Minha mãe, quando tem dor de garganta, faz gargarejo com água e sal.

gari ga.ri *substantivo de dois gêneros* O mesmo que *lixeiro*.

garimpar ga.rim.par *verbo* Procurar ouro, diamante, etc., no garimpo: *No livro havia uma foto de um homem garimpando num rio.*

garimpeiro ga.rim.pei.ro *substantivo masculino* Homem que trabalha no garimpo.

garimpo ga.rim.po *substantivo masculino* Lugar onde existe exploração de ouro, diamantes, etc.

garoa ga.ro.a (ô) *substantivo feminino* Chuva muito fina e constante: *A cidade de São Paulo é famosa pela garoa.*

garoar ga.ro.ar *verbo* Cair garoa.

garota ga.ro.ta (ô) *substantivo feminino* O mesmo que *menina*.

garotada ga.ro.ta.da *substantivo feminino* Grupo de garotos.

garoto ga.ro.to (rô) *substantivo masculino* O mesmo que *menino*.

garra gar.ra *substantivo feminino* **1.** Unha de animais como o gato, o leão, o tigre, a águia, etc.: *Espantou o gato quando o viu afiando as garras no sofá.*

2. Entusiasmo, vontade: *Nosso time só venceu porque jogou com garra.*

garrafa gar.**ra**.fa *substantivo feminino* **1.** Recipiente de vidro, plástico, etc., com gargalo estreito, para líquidos. **2.** O líquido contido numa garrafa: *João bebeu duas garrafas de refrigerante.*

garrancho gar.**ran**.cho *substantivo masculino* Letra ruim, difícil de entender: *Como a letra do rapaz era um garrancho, não conseguiu ler o bilhete.*

garupa ga.**ru**.pa *substantivo feminino* **1.** A parte posterior do dorso de animais como o cavalo, a égua, o burro, a mula, etc.: *Pôs o menino na garupa do cavalo e saiu cavalgando.* **2.** Lugar próprio para outra pessoa, que não o condutor, em bicicleta, moto, etc.: *Sempre transportava a namorada na garupa de sua moto.*

gás *substantivo masculino* **1.** Um dos estados da matéria; as substâncias neste estado têm a propriedade de ocupar todo o espaço do recipiente que as contém, seja ele grande ou pequeno: *O oxigênio é um gás essencial à vida.* **2.** Mistura de gases usada para cozinhar: *Na minha casa, quando o gás acaba, é meu pai que troca o bujão.* 🔊 **Gás carbônico.** Gás incolor, inodoro, produzido pela respiração dos seres vivos, e que é usado pelas plantas na realização da fotossíntese.

gasolina ga.so.**li**.na *substantivo feminino* Substância amarelada, extraída do petróleo, usada como combustível em veículos, etc.: *Cada vez mais os cientistas procuram substitutos menos poluentes para a gasolina.*

gastar gas.**tar** *verbo* **1.** Fazer uma compra, ou um pagamento: *Nosso vizinho gastou muito dinheiro para reformar o telhado de sua casa.* **2.** Consumir: *O chuveiro elétrico gasta muita energia.* **3.** Diminuir de tamanho, pelo uso: *A sola do meu sapato gastou.*

gasto gas.to *adjetivo* **1.** Que se gastou: *O sapateiro fará uma reforma no sapato gasto.* ✅ *substantivo masculino* **2.** Dinheiro que se gastou: *Nosso tio teve um gasto enorme com o conserto do carro.* **3.** Aquilo que se gastou; consumo: *Como economizamos, o gasto de energia elétrica este mês foi baixo.*

gástrico gás.tri.co *adjetivo* Do, ou relativo ao estômago.

gato ga.to *substantivo masculino* Pequeno felino doméstico de pelo macio, usado para caçar ratos.

gato-do-mato ga.to-do-**ma**.to *substantivo masculino* O mesmo que *jaguatirica*. [Plural: *gatos-do-mato*.]

gatuno ga.**tu**.no *substantivo masculino* O mesmo que *ladrão*.

gaúcho ga.**ú**.cho *adjetivo* e *substantivo masculino* O mesmo que *rio-grandense-do-sul*.

gaveta ga.**ve**.ta (ê) *substantivo feminino* Parte de certos móveis: uma caixa sem tampa, que se puxa para abrir e se empurra para fechar, e que serve para guardar roupas, papéis, etc.: *Abriu a gaveta do armário e tirou uma toalha.*

gavião ga.vi.**ão** *substantivo masculino* Ave de bico curvo e forte, e garras afiadas, que se alimenta de outras aves, répteis, pequenos mamíferos, insetos, etc.: *Vi pela janela um gavião perseguindo um passarinho.* [Plural: *gaviões*.]

gaze ga.ze *substantivo feminino* Tecido leve de algodão, usado para proteger um machucado:

gazela

Com esparadrapo e *gaze* fez um curativo no joelho do filho.

gazela ga.**ze**.la *substantivo feminino* Pequeno antílope, da África e da Ásia.

gê *substantivo masculino* A letra g.

geada ge.**a**.da *substantivo feminino* Orvalho congelado, que forma uma camada branca: *A geada é mais frequente em regiões altas e frias.*

gear ge.**ar** *verbo* Formar-se geada.

gel *substantivo masculino* Substância gelatinosa usada para fixar o cabelo. [Plural: *géis* e *geles*.]

geladeira ge.la.**dei**.ra *substantivo feminino* Eletrodoméstico que mantém frios os alimentos, conservando-os: *Assim que chegou com as compras, guardou a carne e o queijo na geladeira.*

gelar ge.**lar** *verbo* **1.** Fazer ficar frio: *Bem antes da chegada dos convidados, pôs os refrigerantes para gelar.* **2.** Ficar apavorado: *Gelou ao ver o cachorro bravo.*

gelatina ge.la.**ti**.na *substantivo feminino* **1.** Substância transparente, mole e elástica, sem cheiro e sem sabor, que se obtém fervendo osso, pele, etc. **2.** Produto alimentício produzido com a gelatina (1).

gelatinoso ge.la.ti.**no**.so (nô) *adjetivo* Que tem a consistência da gelatina. [Plural: *gelatinosos* (nó).]

geleia ge.**lei**.a (éi) *substantivo feminino* Espécie de doce de consistência mole, feito com frutas cozidas em açúcar, usado para passar no pão, na torrada, no biscoito, etc.: *Minha avó faz uma deliciosa geleia de laranja.*

geleira ge.**lei**.ra *substantivo feminino* Grande massa de gelo cujas camadas foram formadas pela neve caída em diferentes épocas: *Li no jornal que, devido ao aquecimento global, muitas geleiras podem desaparecer.*

gelo ge.lo (ê) *substantivo masculino* Água em estado sólido: *A água se transforma em gelo a zero grau Celsius.*

gema ge.ma *substantivo feminino* Parte central e amarela do ovo das aves: *Gosto de ovo frito com a gema mole.*

gengibre

gêmeo gê.me:o *adjetivo* **1.** Diz-se de cada uma das pessoas que nasceram de um mesmo parto. **2.** Idêntico, igual: *alma gêmea.* ✓ *substantivo masculino* **3.** Cada uma das pessoas que nasceram de um mesmo parto.

gemer ge.**mer** *verbo* Emitir gemido(s): *O menino caiu e, ao levantar, gemeu de dor.*

gemido ge.**mi**.do *substantivo masculino* Som que alguém emite quando sente dor, tristeza muito grande, etc.

gene ge.ne *substantivo masculino* Cada um dos elementos do cromossomo, responsável pela transmissão de uma característica hereditária.

general ge.ne.**ral** *substantivo masculino* **1.** Posto do exército, logo abaixo do de marechal. **2.** Oficial que tem este posto: *Depois do desfile, o general elogiou a participação dos soldados.* [Plural: *generais*.]

gênero gê.ne.ro *substantivo masculino* **1.** Espécie, tipo: *Minha mãe gosta de todo gênero de música.* **2.** Agrupamento dos nomes de uma língua em masculino, feminino, etc.: *A palavra* alface *é do gênero feminino, já* abacate *é do gênero masculino.*

generosidade ge.ne.ro.si.**da**.de *substantivo feminino* Qualidade, ou ação, de pessoa generosa.

generoso ge.ne.**ro**.so (rô) *adjetivo* Que oferece, ou dá com fartura: *De todos, Antônio foi o mais generoso, ofereceu a própria casa para os desabrigados; Ali, a natureza foi generosa, que abundância de vida!* [Plural: *generosos* (ró).]

genética ge.**né**.ti.ca *substantivo feminino* Ciência que estuda como as características dos seres vivos são transmitidas através das gerações.

genético ge.**né**.ti.co *adjetivo* Relativo à genética.

gengibre gen.**gi**.bre *substantivo masculino* Planta de origem asiática cujo caule subterrâneo tem uso culinário e medicinal.

gengiva gen.**gi**.va *substantivo feminino* Carne que recobre a base dos dentes: *Se, ao escovar os dentes, a gengiva sangra, pode haver algum problema.*

genial ge.ni.**al** *adjetivo de dois gêneros* **1.** Relativo a gênio. **2.** Digno de gênio (2): *Os meninos tiveram uma ideia genial: – Vamos fazer uma biblioteca aqui no bairro!* [Plural: *geniais*.]

gênio gê.ni:o *substantivo masculino* **1.** Ser mágico que é capaz de realizar os desejos de alguém: *Na história, o rapaz achou uma lâmpada, e nela morava um gênio.* **2.** Pessoa muito inteligente ou criativa: *Beethoven foi um gênio da música.* **3.** Temperamento: *Aquela senhora tem um gênio difícil.*

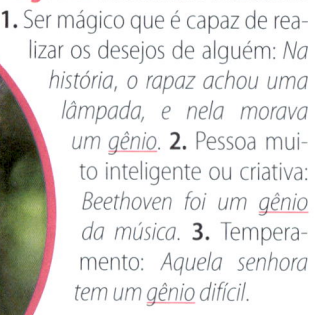

genital ge.ni.**tal** *adjetivo de dois gêneros* Relativo à reprodução: *os órgãos genitais.* [Plural: *genitais*.]

genitor ge.ni.**tor** (ô) *substantivo masculino* Aquele que gera, ou que gerou; o pai.

genro gen.ro *substantivo masculino* O marido da filha em relação aos pais dela: *Meu pai e minha mãe gostam muito do marido da minha irmã, ou seja, do seu genro.* [Feminino: *nora*.]

gente gen.te *substantivo feminino* Número grande ou pequeno de pessoas indeterminadas: *Como há gente na praia hoje!*; *Havia pouca gente na festa.* 🔊 **A gente.** O mesmo que **nós**: *Amanhã se não chover, a gente vai à praia.*

gentil gen.**til** *adjetivo de dois gêneros* Que é amável, educado: *Que rapaz gentil! No ônibus, deu o seu lugar para a senhora que estava em pé.* [Plural: *gentis*.]

gentileza gen.ti.**le**.za (lê) *substantivo feminino* Qualidade, ou ação, de pessoa gentil.

geografia ge:o.gra.**fi**.a *substantivo feminino* Ciência que se ocupa em descrever a superfície da Terra, em estudar seu clima, sua vegetação, sua população, etc.

geográfico ge:o.**grá**.fi.co *adjetivo* Relativo à Geografia: *um atlas geográfico.*

geometria ge:o.me.**tri**.a *substantivo feminino* Parte da Matemática que se ocupa do ponto, das linhas, dos ângulos, das superfícies e dos sólidos.

geométrico ge:o.**mé**.tri.co *adjetivo* Relativo à Geometria: *O quadrado, o retângulo, o triângulo, o círculo e o losango são figuras geométricas.*

geração ge.ra.**ção** *substantivo feminino* Grupo de pessoas mais ou menos da mesma idade: *Os pais, os filhos e os netos pertencem a gerações diferentes.* [Plural: *gerações*.]

gerador ge.ra.**dor** (ô) *substantivo masculino* Máquina capaz de produzir eletricidade: *Neste edifício, quando falta energia elétrica, um gerador é posto para funcionar.*

geral ge.**ral** *adjetivo de dois gêneros* **1.** Que abrange a todos: *Com medidas não muito populares, mas pensando no bem geral, Osvaldo Cruz saneou o Rio de Janeiro no início do século XX.* **2.** Comum a todos: *Na festa, a alegria era geral.* ✅ *substantivo feminino* **3.** Nos estádios, os lugares em que os ingressos são mais baratos. [Plural: *gerais*.]

geralmente ge.ral.**men**.te *advérbio* Na maior parte das vezes: *Geralmente eles almoçam em casa.*

gerânio ge.**râ**.ni:o *substantivo masculino* Planta ornamental com flores de cores variadas: vermelha, rosa, branca, etc.

gerar ge.**rar** *verbo* **1.** Dar existência a: *Aquela mulher gerou dois filhos e uma filha.* **2.** Produzir, causar: *A publicação no jornal da caricatura do líder religioso gerou muita confusão.*

gerente ge.**ren**.te *substantivo de dois gêneros* Pessoa que tem a função de dirigir uma empresa, uma atividade, um negócio.

germe ger.me *substantivo masculino* Micróbio causador de doença: *Lavar as mãos, depois de ir ao banheiro, evita a transmissão de germes.*

germinar ger.mi.**nar** *verbo* Começar a nascer, a se desenvolver: *O milho que meu pai plantou já começou a germinar.*

gerúndio ge.**rún**.di:o *substantivo masculino* Uma das formas do verbo, formada em português com a terminação -ndo. Exemplos: *olhando, comprando, vendendo, indo.*

gesso ges.so (ê) *substantivo masculino* Mineral que é um pó branco que, misturado com água, forma uma massa de secagem rápida, que pode ser usada em construção, para fabricar estátuas, colunas, etc., ou mesmo para imobilizar ossos quebrados.

gestação ges.ta.**ção** *substantivo feminino* Período, que vai da fecundação ao nascimento, durante o qual uma fêmea vivípara traz no útero um filho ou um filhote. [Plural: *gestações*.]

gesticular ges.ti.cu.**lar** *verbo* Fazer gestos: *Ao falar, o rapaz gesticulava muito.*

gesto ges.to *substantivo masculino* Qualquer movimento do corpo, principalmente da cabeça e das mãos, usado para expressar uma ideia ou um sentimento: *Enquanto o trem partia, ela abanou a mão num gesto de adeus.*

gibi gi.**bi** *substantivo masculino* Revista, geralmente infantojuvenil, com histórias em quadrinhos: *Comprou o gibi preferido do filho.*

gigante gi.**gan**.te *substantivo masculino* **1.** Personagem das histórias infantojuvenis, de tamanho e força fora do comum: *Na história, o menino roubou do gigante a galinha que botava ovos de ouro e desceu pelo pé de feijão.* ✅ *adjetivo de dois gêneros* **2.** O mesmo que *gigantesco*: *Ali, no alto daquela árvore gigante, um gavião fez seu ninho.*

gigantesco gi.gan.**tes**.co (ê) *adjetivo* Que é muito grande; gigante: *Com a chuva, um buraco gigantesco abriu-se no solo.*

gilete gi.**le**.te *substantivo feminino* **1.** Marca registrada de uma lâmina de barbear. **2.** Qualquer lâmina de barbear.

ginásio gi.**ná**.si:o *substantivo masculino* Lugar para a prática de esportes: *No bairro, inauguraram um ginásio para a prática de dez modalidades esportivas.*

ginasta gi.**nas**.ta *substantivo de dois gêneros* Atleta especialista em ginástica.

ginástica gi.**nás**.ti.ca *substantivo feminino* Conjunto de exercícios, realizados com a ajuda de aparelhos ou sem ela, capazes de tornar o corpo mais flexível e musculoso.

gincana gin.**ca**.na *substantivo feminino* Competição entre equipes para ver qual delas se sai melhor num jogo de perguntas e respostas, ou executa com mais rapidez e perfeição as tarefas determinadas: *Numa das tarefas da gincana, as equipes devem conseguir cem cobertores para os desabrigados.*

girafa gi.**ra**.fa *substantivo feminino* Grande animal mamífero africano que tem enorme pescoço, pernas compridas, dois chifres bem curtos e o pelo amarelado, coberto de manchas marrons.

girar gi.**rar** *verbo* Mover-se em torno de si mesmo, ou de alguma coisa: *A Terra gira em torno de seu próprio eixo, mas também gira em torno do Sol.*

girassol gi.ras.**sol** *substantivo masculino* Planta ornamental com grandes flores amarelas, e de cujas sementes se extrai um óleo comestível. [Plural: *girassóis.*]

giratório gi.ra.**tó**.ri:o *adjetivo* Que gira: *Aquele banco tem uma porta giratória.*

gíria gí.ri:a *substantivo feminino* Conjunto de palavras e expressões criadas e faladas, principalmente, por um determinado grupo social: *Voltou da viagem com umas gírias incompreensíveis, que disse ter aprendido com os surfistas.*

girino gi.**ri**.no *substantivo masculino* Larva do sapo, da rã e da perereca, cujo desenvolvimento se dá dentro da água.

giro gi.ro *substantivo masculino* **1.** Ação de girar, ou o resultado desta ação. **2.** Passeio, volta: *Depois da aula, foram dar um giro pela cidade.*

giz *substantivo masculino* Pequeno bastão feito de material calcário próprio para escrever em quadro-negro: *A professora escreve no quadro com giz branco e sublinha as palavras com giz colorido.*

glacial gla.ci.**al** *adjetivo de dois gêneros* **1.** Muito frio; gelado: *Ali na montanha soprava um vento glacial.* **2.** Sem entusiasmo; frio: *Na festa, teve uma acolhida glacial.* [Plural: *glaciais.*]

glândula glân.du.la *substantivo feminino* Qualquer órgão do corpo que produz uma secreção, que ele usa dentro do próprio corpo ou elimina: *O suor e a lágrima são produzidos por glândulas.*

glandular glan.du.**lar** *adjetivo de dois gêneros* Relativo à glândula: *O fígado é um órgão glandular.*

glicose gli.**co**.se *substantivo feminino* Tipo de açúcar que desempenha um papel fundamental no metabolismo dos seres vivos.

global glo.**bal** *adjetivo de dois gêneros* **1.** Pertencente, ou relativo, ao globo terrestre; mundial: *O desarmamento global está ainda muito distante.* **2.** Por inteiro; total: *Ali de cima se tem uma visão global da cidade.* [Plural: *globais.*]

globalização glo.ba.li.za.**ção** *substantivo feminino* Processo de maior integração dos países do mundo, em nível econômico, político, social, cultural, etc. [Plural: *globalizações.*]

globo glo.bo (glô) *substantivo masculino* **1.** Objeto esférico: *Uma vez por mês, minha mãe tira os globos, que protegem as lâmpadas, para limpá-los.* **2.** A Terra; o globo terrestre. **3.** Representação do globo terrestre, mostrando os continentes, países, oceanos, etc.: *Em cima da mesa da professora havia um globo.*

glória gló.ri:a *substantivo feminino* **1.** Fama, reconhecimento: *Os atletas foram para a competição em busca de glória.* **2.** Pessoa notável, ilustre: *Vital Brasil é uma das glórias da ciência brasileira.* **3.** Esplendor, força, beleza: *Ali, na floresta, se via a natureza em toda a sua glória.*

glossário glos.**sá**.ri:o *substantivo masculino* Lista de palavras, em ordem alfabética, com o seu significado: *Meu livro de ciências tem, no final, um glossário com as palavras mais difíceis.*

gnomo gno.mo *substantivo masculino* Personagem das histórias infantis, de baixa estatura e feio.

goela go.**e**.la *substantivo feminino* O mesmo que *garganta*.

gogó go.**gó** *substantivo masculino* Protuberância no pescoço.

goiaba goi.**a**.ba *substantivo feminino* Fruto comestível da goiabeira, com polpa branca ou vermelha, de casca verde, quando verde, e amarelada, quando madura.

goiabada goi.a.**ba**.da *substantivo feminino* Doce feito com goiaba: *Gosto muito de goiabada com queijo.*

goiabeira goi.a.**bei**.ra *substantivo feminino* Árvore nativa da América, que dá a goiaba.

goianiense goi.a.ni.**en**.se *adjetivo de dois gêneros* **1.** De Goiânia, capital do estado de Goiás. ✅ *substantivo de dois gêneros* **2.** Quem nasce, ou vive, em Goiânia.

goiano goi.**a**.no *adjetivo* **1.** Do estado de Goiás. ✅ *substantivo masculino* **2.** Quem nasce, ou vive, nesse estado.

gol (ô) *substantivo masculino* **1.** Em certos jogos, como o futebol, linha ou quadro que a bola deve ultrapassar; meta: *No futebol, à frente dos dois gols ficam os goleiros*. **2.** Ponto que um time marca quando a bola ultrapassa o gol (1) do adversário: *Nosso time jogou bem e fizemos quatro gols*. [Plural: *gols* (mais usado) e *góis*.]

gola go.la *substantivo feminino* A parte do vestuário junto ao pescoço ou em volta dele: *Brincando, puxou o amigo pela gola da camisa*.

gole go.le *substantivo masculino* Porção de líquido que se bebe de uma vez: *Com sede, tomou o suco de laranja de um único gole*.

goleiro go.**lei**.ro *substantivo masculino* No futebol e em outros esportes, jogador cuja função é defender o gol (1), isto é, não deixar que o time adversário faça gol (2); arqueiro.

golfe gol.fe (ô) *substantivo masculino* Esporte praticado num campo gramado, onde estão espalhados pequenos buracos; cada jogador, com o auxílio de um taco, precisa colocar a bolinha em cada um dos buracos, com o menor número de tacadas.

golfinho gol.**fi**.nho *substantivo masculino* Animal mamífero aquático, tido como muito inteligente, que pode nadar rápido, dar saltos fora da água, e mergulhar a grandes profundidades.

golfo gol.fo (gôl) *substantivo masculino* Lugar onde o mar entra profundamente terra adentro, e cuja abertura é muito larga: *O golfo do México é o maior golfo do mundo*.

golpe gol.pe *substantivo masculino* **1.** Pancada, batida: *Com golpes de martelo arrancou a tábua da parede*. **2.** Pancada com a mão ou com o pé: *Com um golpe certeiro derrubou o adversário*. **3.** Aquilo que se faz para enganar ou prejudicar alguém: *Li no jornal que foi presa uma quadrilha que aplicava golpes pela Internet*. **4.** Abalo emocional: *A morte do irmão foi um duro golpe para ela*.

goma go.ma *substantivo feminino* **1.** Resina viscosa de certas plantas. **2.** Mistura de farinha de trigo e água usada para colar papel, etc. 🔊 **Goma de mascar.** Pastilha feita com goma (1), açúcar, etc., própria para mascar; chicle.

gomo go.mo *substantivo masculino* Divisão de certos frutos, como a laranja, a lima, a tangerina e o limão.

gorar go.**rar** *verbo* **1.** Não gerar (um novo ser): *Dos dez ovos da galinha, dois goraram*. **2.** Não ir adiante, não ocorrer: *Com a chuva, nosso passeio gorou*.

gordo gor.do (gôr) *adjetivo* **1.** O mesmo que *gorduroso*. **2.** Que está muito acima do peso, que tem muita gordura corporal: *Aquele homem já foi muito gordo, mas fez regime e perdeu 20 quilos*.

gorducho gor.**du**.cho *adjetivo* Que é um pouco gordo: *A mãe do meu amigo é uma senhora gorducha e simpática*.

gordura gor.**du**.ra *substantivo feminino* Substância branca ou amarela encontrada em animais e em plantas: *O óleo extraído da soja, do milho e de outras plantas, é um tipo de gordura; Antigamente só se cozinhava com gordura de porco*.

gorduroso gor.du.**ro**.so (rô) *adjetivo* Que tem muita gordura: *Lia-se no cartaz: Evite os alimentos gordurosos!* [Plural: *gordurosos* (ró).]

gorila

gorila go.ri.la *substantivo masculino* Grande e forte macaco africano, peludo, sem cauda e com os braços maiores do que as pernas.

gorjeta gor.**je**.ta (ê) *substantivo feminino* Pequena quantia em dinheiro que uma pessoa dá a mais a quem lhe presta um serviço: *Sempre que corto o cabelo, dou dois reais de gorjeta para o cabeleireiro.*

gorro gor.ro (gôr) *substantivo masculino* Cobertura para a cabeça, geralmente feita de tecido mole e flexível: *Como estava muito frio, além do casaco, pôs um gorro de lã e luvas.*

gosma gos.ma *substantivo feminino* Substância viscosa: *Uma gosma escorria da boca do doente; Do tronco da árvore ferida escorria uma gosma avermelhada.*

gostar gos.**tar** *verbo* **1.** Achar bom: *Gosto dos dias claros, ensolarados; Minha mãe gosta de abacaxi, mas não gosta de melancia.* **2.** Sentir afeição por: *O menino gosta tanto do cachorro, que quando viaja sente muitas saudades dele.*

gosto gos.to (gôs) *substantivo masculino* **1.** O mesmo que *sabor*: *O bolo da minha avó tem um gosto delicioso.* **2.** Capacidade de apreciar o que é bom ou belo: *Aquela senhora tem gosto, sua casa é simples e bonita.* **3.** Preferência, opinião: *Pelo meu gosto, compraria a camisa vermelha, não a azul.*

gostoso gos.**to**.so (tô) *adjetivo* **1.** Que tem gosto, ou sabor, bom: *No almoço havia arroz, feijão, frango e salada, tudo muito gostoso.* **2.** Que é agradável, que dá prazer: *No frio, é gostoso ficar debaixo do cobertor.* [Plural: *gostosos* (tó).]

gostosura gos.to.**su**.ra *substantivo feminino* Coisa gostosa: *Na vitrine da padaria se viam várias gostosuras.*

gota go.ta (ô) *substantivo feminino* Pequena quantidade de líquido que, ao cair, toma forma arredondada: *Como estava gripada, ao sentir as primeiras gotas da chuva, correu para casa.*

goteira go.**tei**.ra *substantivo feminino* Buraco no teto, ou no telhado, por onde cai água em casa quando chove: *Meu pai consertou o telhado para acabar com as goteiras.*

graça

governador go.ver.na.**dor** (dôr) *substantivo masculino* Pessoa que governa um estado: *O governador de Minas Gerais viajou para se encontrar com o presidente.*

governante go.ver.**nan**.te *substantivo de dois gêneros* Pessoa que governa: *Governantes de quase todos os países estão preocupados com as mudanças que estão ocorrendo no clima da Terra.*

governar go.ver.**nar** *verbo* **1.** Exercer o governo, o poder político: *No Brasil, o prefeito governa a cidade, o governador o estado, e o presidente o país.* **2.** Dirigir uma embarcação: *Como a correnteza estava muito forte, ficou difícil governar o barco.*

governo go.**ver**.no (ê) *substantivo masculino* **1.** Conjunto de pessoas que dirigem um país, um estado, uma cidade. **2.** Rumo, direção: *Com a tempestade, o barco ficou sem governo.*

gozar go.**zar** *verbo* **1.** Aproveitar: *Daqui a uma semana começaremos a gozar as férias escolares.* **2.** Estar na posse de; desfrutar: *Aqui em casa, todos gozam de boa saúde.* **3.** Rir de algo, ou de alguém: *Gozou o novo corte de cabelo do amigo.*

gozo go.zo (gô) *substantivo masculino* Ação de gozar; prazer, satisfação.

graça gra.ça *substantivo feminino* **1.** Favor dispensado ou recebido: *Diz que ficou curada por ter recebido uma graça do santo.* **2.** Perdão que se concede a um condenado: *No último minuto, foi-lhe concedida a graça, e ele não foi executado.* **3.** Encanto, elegância: *Durante a festa as meninas dançaram com graça.* **4.** Aquilo que faz rir; gracejo: *Ainda estava rindo da última graça do palhaço, quando entrou o trapezista.* 🔊 **De graça.** Sem pagamento; grátis, gratuito: *Como era seu aniversário, entrou de graça no show.*

gracioso gra.ci.o.so (ô) *adjetivo* Que tem encanto, graça: *Maria é uma menina muito graciosa*. [Plural: *graciosos* (ó).]

grade gra.de *substantivo feminino* Conjunto de barras, geralmente de metal, com intervalos, que servem para cercar ou proteger um local: *Na grade que cercava a casa subia uma trepadeira; Como morava num andar baixo, pôs grades nas janelas para evitar assaltos*.

graduação gra.du:a.**ção** *substantivo feminino* **1.** Cada uma das divisões de um instrumento de medida (termômetro, régua, etc.). **2.** Posição, hierarquia. [Plural: *graduações*.]

grafia gra.**fi**.a *substantivo feminino* Representação escrita de uma palavra: *Procurou no dicionário a grafia correta da palavra*.

gráfica grá.**fi**.ca *substantivo feminino* Lugar onde se imprimem livros, folhetos, convites, etc.

gráfico grá.**fi**.co *substantivo masculino* **1.** Representação de um fenômeno físico, social, etc. por meio de desenho ou figura geométrica: *Este gráfico mostra o aumento da população brasileira nos últimos cinquenta anos*. **2.** Empregado de uma gráfica.

grafita gra.**fi**.ta *substantivo feminino* Mineral negro, usado para escrever ou desenhar.

grafitar gra.**fi**.**tar** *verbo* Fazer grafite(s) em: *Grafitou o muro com cenas do cotidiano do bairro*.

grafite[1] gra.**fi**.te *substantivo masculino* O mesmo que *grafita*.

grafite[2] gra.**fi**.te *substantivo masculino* Pintura feita em muros e paredes, geralmente na rua.

grafiteiro gra.fi.**tei**.ro *substantivo masculino* Pessoa que faz grafite(s): *A prefeitura tem um projeto para transformar pichadores em grafiteiros*.

gralha gra.lha *substantivo feminino* Ave de tamanho médio, de penas brilhantes, e muito barulhenta.

grama[1] **gra**.ma *substantivo feminino* Planta rasteira que, plantada em conjunto, é capaz de cobrir uma grande área; serve para alimentar o gado, fazer jardins, etc.

grama[2] **gra**.ma *substantivo masculino* Unidade de peso correspondente a um milésimo do quilograma: *Comprou trezentos gramas de presunto no supermercado*.

gramado gra.**ma**.do *substantivo masculino* Terreno plantado com grama: *O gramado daquele estádio de futebol está em péssimo estado*.

gramática gra.**má**.ti.ca *substantivo feminino* O conjunto das regras que se devem seguir para falar e escrever bem uma língua.

grampo **gram**.po *substantivo masculino* **1.** Gancho de metal para prender o cabelo. **2.** Fio fino de metal para prender folhas de papel, umas às outras. **3.** Mecanismo que possibilita ouvir ligações telefônicas secretamente: *É ilegal o uso de grampos sem autorização da justiça*.

grana gra.na *substantivo feminino* *Gíria* O mesmo que *dinheiro*.

grande gran.de *adjetivo de dois gêneros* **1.** Que é crescido, desenvolvido: *É um menino grande para sua idade*. **2.** De tamanho que se distingue de outros para mais: *Perto da minha casa há um grande supermercado*. **3.** Em quantidade acima da normal: *Na festa havia um grande número de pessoas*. **4.** Fora do comum, extraordinário: *O nascimento do neto deu àquela senhora uma grande alegria*.

grandioso gran.di.o.so (ô) *adjetivo* Que impressiona pelo luxo, beleza, tamanho, etc.: *Fez uma festa grandiosa para o casamento da filha*. [Plural: *grandiosos* (ó).]

granito gra.ni.to *substantivo masculino* Rocha de coloração cinza, amarela, rosa ou vermelha, muito usada em construção, para revestir pisos, paredes, etc.

granizo gra.ni.zo *substantivo masculino* Chuva em que cai gelo, composto de pedras que têm, geralmente, alguns milímetros.

granja gran.ja *substantivo feminino* Propriedade onde se criam aves.

grão *substantivo masculino* **1.** Semente de certas plantas, como o milho, o feijão, o arroz, a ervilha, o trigo, o café, etc. **2.** Partícula de areia, de sal, etc. [Plural: *grãos*.]

gratidão gra.ti.dão *substantivo feminino* Sentimento que se tem para com uma pessoa que fez uma coisa boa ou útil para a gente. [Plural: *gratidões*.]

grátis grá.tis *adjetivo de dois gêneros* O mesmo que *de graça*: *Amanhã haverá uma sessão de cinema grátis para os alunos da escola.*

grato gra.to *adjetivo* Que tem gratidão; agradecido: *Ficou grato ao amigo pelo empréstimo do livro.*

gratuito gra.tui.to *adjetivo* **1.** O mesmo que *de graça*: *A orquestra municipal fará amanhã uma apresentação gratuita.* **2.** Sem explicação, sem motivo: *Foi vítima de uma agressão gratuita na rua.*

grau *substantivo masculino* **1.** Posição, nível, numa hierarquia: *O grau de general é mais alto do que o de coronel.* **2.** Proximidade de parentesco: *São primos em primeiro grau.* **3.** Unidade usada para medir temperatura: *A meteorologia está prevendo para hoje temperatura de até 35 graus.* **4.** Unidade usada para medir ângulos: *O ângulo reto é o ângulo de 90 graus.* [Plural: *graus*.]

gravação gra.va.ção *substantivo feminino* Ação de gravar, ou o resultado desta ação. [Plural: *gravações*.]

gravador gra.va.dor (ô) *substantivo masculino* Dispositivo ou aparelho que serve para gravar: *No final do ano, registrou com um gravador as palavras emocionadas do professor.*

gravar gra.var *verbo* **1.** Abrir cortes na madeira ou na pedra, com um instrumento pontudo: *Gravou a imagem da mãe na pedra.* **2.** Escrever ou desenhar no metal, com instrumento apropriado: *Mandou gravar o nome da namorada no anel.* **3.** Registrar o som, ou a imagem, ou os dois, em dispositivo apropriado: *A equipe de televisão gravou algumas cenas da novela no parque.*

gravata gra.va.ta *substantivo feminino* Tira de pano, estreita e longa, que se passa sob o colarinho da camisa e se amarra com um nó na parte da frente: *Como estava muito quente, aquele senhor tirou o paletó e a gravata.*

grave gra.ve *adjetivo de dois gêneros* **1.** Que pode ter consequências sérias: *Sofria de uma doença grave.* **2.** Importante, sério: *Meu pai quer falar com minha mãe sobre um assunto grave.* **3.** Diz-se do acento (`) usado para indicar crase: *Para não escrever "vou a a escola" uso o acento grave e escrevo "vou à escola".* **4.** Som das notas e das vozes mais baixas: *A tuba tem som grave.*

graveto gra.ve.to (ê) *substantivo masculino* Galho fino, tirado ou caído, de árvore.

grávida grá.vi.da *substantivo feminino* Mulher que espera um bebê.

gravidade gra.vi.da.de *substantivo feminino* **1.** Qualidade de grave (1 e 2): *Após os exames, viu-se que a doença era sem gravidade; Devido à gravidade do assunto, meus pais não me deixaram participar da conversa.* **2.** Força com que a Terra atrai todo corpo que está próximo ou junto dela: *Quando um objeto cai, é a gravidade que o puxa para baixo.*

gravidez gra.vi.dez (ê) *substantivo feminino* Estado de grávida: *Durante a gravidez, para não prejudicar o bebê, as mulheres não devem fumar nem beber álcool.*

graviola gra.vi.o.la *substantivo feminino* Árvore que dá um fruto grande, também chamado *graviola*, de casca verde e polpa branca, com muitas sementes pretas, e que serve para fazer sucos e sorvetes.

gravura

gravura gra.**vu**.ra *substantivo feminino* **1.** Arte de gravar um desenho sobre uma placa, que se cobre de tinta, para depois imprimi-lo num papel. **2.** O desenho assim impresso.

graxa gra.xa *substantivo feminino* Substância gordurosa que serve para dar brilho ao couro, diminuir atrito, etc.

grelha gre.lha (é) *substantivo feminino* Grade sobre a qual se assam alimentos, como carne, peixe, frango, legumes, etc.

greve gre.ve *substantivo feminino* Paralisação no trabalho como forma de exigir aumento de salário, melhores condições de trabalho, etc.: *Como meu pai está de greve, não foi trabalhar hoje.*

grevista gre.**vis**.ta *substantivo de dois gêneros* Pessoa que faz greve.

grifar gri.**far** *verbo* O mesmo que **sublinhar**: *A professora pediu aos alunos que grifassem com um traço os substantivos e com dois os verbos.*

grilo gri.lo *substantivo masculino* Pequeno inseto saltador, geralmente de cor escura, cujo macho faz um barulho estridente.

grinalda gri.**nal**.da *substantivo feminino* Coroa de flores, etc., usada, geralmente, pelas noivas.

gringo grin.go *substantivo masculino* O mesmo que **estrangeiro** (2): *Durante o carnaval a cidade recebe muitos gringos.*

gripar gri.**par** *verbo* Pegar gripe: *Apanhou chuva e gripou-se.*

gripe gri.pe *substantivo feminino* Doença contagiosa, causada por vírus, em que as pessoas ficam com febre, coriza, etc.

grunhido

grisalho gri.**sa**.lho *adjetivo* **1.** Diz-se do cabelo ou da barba com muitos fios brancos. **2.** Que tem o cabelo ou a barba com muitos fios brancos: *Meu pai só tem quarenta anos, mas está ficando grisalho.*

gritar gri.**tar** *verbo* **1.** Dar gritos: *O menino, ao pisar no prego, gritou de dor.* **2.** Falar alto: *Ao sair, gritou para a mãe que não ia demorar.*

gritaria gri.ta.**ri**.a *substantivo feminino* Uma série de gritos: *Quando o time fez o gol, a gritaria foi geral.*

grito gri.to *substantivo masculino* Som estridente produzido pela voz.

grosseiro gros.**sei**.ro *adjetivo* **1.** Que não é educado; rude: *Mastigar os alimentos com a boca aberta é considerado um hábito grosseiro.* **2.** Que não é de boa qualidade: *Apesar de feita com um pano grosseiro, a toalha ficou muito bonita.*

grosseria gros.se.**ri**.a *substantivo feminino* Falta de educação, de polidez.

grosso gros.so (grôs) *adjetivo* **1.** Que tem um grande diâmetro: *Ali, na floresta virgem, há muitas árvores altas e grossas.* **2.** Que tem muitas páginas: *um livro grosso.* **3.** Que tem consistência pastosa: *Minha mãe faz uma sopa de legumes, grossa e gostosa.* **4.** Que é grave (4): *voz grossa.*

grotesco gro.**tes**.co (ê) *adjetivo* O mesmo que **ridículo**: *Pichar paredes e monumentos é uma coisa grotesca.*

grudar gru.**dar** *verbo* Aderir, colar: *Com o calor, o suor escorria e a roupa lhe grudava na pele.*

grudento gru.**den**.to *adjetivo* Que é pegajoso: *Apesar de grudento, o arroz está gostoso.*

grunhido gru.**nhi**.do *substantivo masculino* Ação de grunhir, ou o resultado desta ação.

257

grunhir

grunhir gru.**nhir** *verbo* **1.** Emitir sons com a boca (o porco, o javali). **2.** Falar sem vontade e em voz baixa: *Perguntou ao avô como ia de saúde, e este grunhiu a resposta: – Bem!*

grupo gru.**po** *substantivo masculino* Conjunto de pessoas ou de coisas: *No museu, o guia explicava ao grupo de estudantes todos os detalhes dos quadros; O Brasil está incluído no grupo dos maiores países do mundo.* 🔊 **Grupos sanguíneos.** Cada um dos grupos nos quais, segundo o tipo de sangue, as pessoas são classificadas. São eles: O positivo, A positivo, B positivo, AB positivo, O negativo, A negativo, B negativo, AB negativo.

gruta gru.**ta** *substantivo feminino* O mesmo que *caverna*: *Li que a gruta de Maquiné, em Minas Gerais, foi utilizada como abrigo pelo homem pré-histórico.*

guache gua.**che** *substantivo masculino* Pintura sobre papel, feita com tinta do mesmo nome, opaca, pastosa, diluída em água, e que, ao contrário da aquarela, não é transparente.

guará gua.**rá** *substantivo masculino* Cão selvagem de pernas compridas e pelo avermelhado, da América do Sul; lobo-guará.

guaraná gua.ra.**ná** *substantivo masculino* Arbusto da região amazônica, cujas sementes têm uso medicinal, e que também são usadas para fazer um refrigerante com esse mesmo nome.

guarda guar.**da** *substantivo feminino* **1.** Ação de guardar, ou o resultado desta ação: *Na história, a guarda do tesouro era feita pelo dragão, e ninguém podia aproximar-se dele.* ✅ *substantivo de dois gêneros* **2.** O mesmo que *policial*: *Vou perguntar ao guarda onde fica essa rua!*

guarda-chuva guar.da-**chu**.va *substantivo masculino* Objeto feito de uma armação de metal, um cabo, e um tecido impermeável, que serve para proteger da chuva e do sol: *Assim que começou a chover, o menino abriu o guarda-chuva.* [Plural: *guarda-chuvas*.]

guardanapo guar.da.**na**.po *substantivo masculino* Pequena toalha de pano, ou de papel, que se usa para limpar a boca e os dedos, ou proteger a roupa, durante as refeições.

guardar guar.**dar** *verbo* **1.** Vigiar: *Na história, havia um dragão que guardava o tesouro.* **2.** Pôr no lugar apropriado: *Depois de ler o livro, guardou-o na estante.* **3.** Não dizer nada a ninguém: *Guardou segredo da confissão que a amiga fez.* **4.** Conservar, manter: *Minha mãe guarda boas lembranças da infância.*

guarda-roupa guar.da-**rou**.pa *substantivo masculino* Móvel próprio para guardar roupas. [Plural: *guarda-roupas*.]

guarda-sol guar.da-**sol** *substantivo masculino* Espécie de guarda-chuva grande, usado em praia, à beira de piscina, etc., para proteger do sol. [Plural: *guarda-sóis*.]

guaxinim gua.xi.**nim** *substantivo masculino* Animal mamífero carnívoro, noturno, dos brejos e mangues do Brasil, de cauda longa e com uma espécie de máscara preta sobre os olhos. [Plural: *guaxinins*.]

gude gu.**de** *substantivo masculino* Jogo infantil em que os participantes precisam colocar bolinhas de vidro, chamadas *bolinhas de gude*, numa série de buracos, geralmente três ou quatro.

guelra guel.**ra** *substantivo feminino* O mesmo que *brânquia*.

guepardo gue.**par**.do *substantivo masculino* Felino de pelagem ama-

guerra

relada e manchas pretas, da África e da Ásia, muito ágil, que é capaz de correr, aproximadamente, a 100 quilômetros por hora na perseguição a uma presa.

guerra guer.ra *substantivo feminino* Luta armada entre dois países, ou de grupos armados dentro de um mesmo país, recebendo, neste caso, o nome de *guerra civil*.

guerrear guer.re.ar *verbo* Fazer guerra a: *No século XIX, o Brasil guerreou com (ou contra) o Paraguai*.

guerreiro guer.rei.ro *adjetivo* **1.** Que gosta de guerrear: *Os tupinambás eram um povo guerreiro, que foi exterminado pelos portugueses.* ✓ *substantivo masculino* **2.** Pessoa que gosta de guerrear.

guia gui.a *substantivo de dois gêneros* **1.** Pessoa que guia, orienta outras pessoas, dando-lhes informações, etc.: *Minha irmã fez um curso de guia de turismo.* ✓ *substantivo masculino* **2.** Livro de informações sobre um país, uma região, etc., ou sobre determinado assunto: *guia do Rio de Janeiro; guia de restaurantes, de museus*.

guiar gui.ar *verbo* **1.** Conduzir, levar: *Guiou o amigo até a loja onde vira o livro que tanto queriam; Guiou o turista até o alto do morro para ver a cidade.* **2.** Dirigir um veículo.

guidom gui.dom *substantivo masculino* Barra de direção de bicicletas, motocicletas, etc. [Plural: *guidons*.]

guinchar[1] guin.char *verbo* Dar guinchos: *A dor de dente era tão forte, que o menino guinchava*.

guinchar[2] guin.char *verbo* O mesmo que *rebocar*: *Guincharam o carro estacionado em lugar proibido*.

guincho[1] guin.cho *substantivo masculino* Som agudo produzido pelo homem e por alguns animais.

guincho[2] guin.cho *substantivo masculino* O mesmo que *reboque*.

guindaste guin.das.te *substantivo masculino* Máquina que serve para erguer coisas pesadas.

guria

guitarra gui.tar.ra *substantivo feminino* Instrumento musical, parecido com o violão, ligado a um aparelho para aumentar o som, e muito usado na música popular.

guitarrista gui.tar.ris.ta *substantivo de dois gêneros* Pessoa que toca guitarra.

guizo gui.zo *substantivo masculino* Esfera oca de metal com bolinhas dentro e que, agitada, produz som: *Durante a reunião dos ratos, falou-se em amarrar um guizo no gato, o que alertaria todos da sua presença*.

gula gu.la *substantivo feminino* Vício de comer muito.

guloseima gu.lo.sei.ma *substantivo feminino* Doce ou iguaria saborosa: *Na mesa, além do bolo, havia várias guloseimas*.

guloso gu.lo.so (lô) *adjetivo* Que tem gula: *É um rapaz guloso, come até mesmo quando está sem fome*. [Plural: *gulosos* (ló).]

gume gu.me *substantivo masculino* Lado afiado da lâmina de faca, canivete, navalha, etc.

guri gu.ri *substantivo masculino* O mesmo que *menino*.

guria gu.ri.a *substantivo feminino* O mesmo que *menina*.

hipopótamo

h

h (agá) *substantivo masculino* A oitava letra do nosso alfabeto.

hã *interjeição* Exprime admiração, surpresa: – *Hã! Mas isto era segredo. Como foi que você soube?*

hábil há.bil *adjetivo de dois gêneros* Que tem jeito, ou capacidade, para fazer determinada coisa; habilidoso: *Meu pai é um eletricista muito hábil.* [Plural: *hábeis*.]

habilidade ha.bi.li.**da**.de *substantivo feminino* Qualidade de quem é hábil: *Além de eletricista, meu pai tem outras habilidades, toca violão e cozinha muito bem.*

habilidoso ha.bi.li.**do**.so (dô) *adjetivo* O mesmo que *hábil*. [Plural: *habilidosos* (dó).]

habitação ha.bi.ta.**ção** *substantivo feminino* Lugar onde se mora; moradia; residência. [Plural: *habitações*.]

habitante ha.bi.**tan**.te *substantivo de dois gêneros* Pessoa que vive habitualmente em um lugar: *O Brasil tem hoje mais de 180 milhões de habitantes.*

habitar ha.bi.**tar** *verbo* **1.** Residir, morar: *A casa (em) que habitamos tem dois andares e é bem antiga.* **2.** Ter como habitat: *Naquela árvore centenária habitam vários passarinhos.*

🌐 **habitat** (ábita) [Latim] *substantivo masculino* Lugar onde uma espécie vive: *O habitat do panda são as florestas de bambu em regiões montanhosas da China.*

hábito há.bi.to *substantivo masculino* **1.** Aquilo que se costuma fazer ou vivenciar com certa frequência; costume: *Tenho o hábito de acordar cedo todos os dias.* **2.** Roupa usada por frades e freiras.

habitual ha.bi.tu.**al** *adjetivo de dois gêneros* **1.** Que se faz de hábito: *A prática habitual de exercícios físicos é boa para a saúde.* **2.** Que comparece, ou compra, com frequência em determinado lugar: *Meu pai é cliente habitual deste restaurante; Aquela loja trata muito bem seus fregueses habituais.* [Plural: *habituais*.]

habituar ha.bi.tu.**ar** *verbo* **1.** Acostumar: *O menino habituou o cachorrinho a fazer xixi no jornal.* **2.** Acostumar-se: *Habituou-se a acordar cedo, mesmo nos fins de semana.*

hálito há.li.to *substantivo masculino* Ar que sai dos pulmões e passa pela boca: *Escovar os dentes após as refeições proporciona dentes saudáveis e evita o mau hálito.*

🌐 **hall** (ról) [Inglês] *substantivo masculino* O mesmo que *saguão*: *A entrevista com a atriz foi feita no hall do hotel onde ela está hospedada.*

hambúrguer ham.**búr**.guer *substantivo masculino* Bife de carne moída, frito, redondo, servido dentro de um pão também redondo.

🌐 **hamster** (rémster) [Inglês] *substantivo masculino* Pequeno animal mamífero roedor, noturno, de pelagem macia e cauda curta.

handebol han.de.**bol** *substantivo masculino* Esporte de quadra que se joga com as mãos, no qual duas equipes de sete jogadores, um deles o goleiro, tentam marcar gols. [Plural: *handebóis*.]

hardware

hardware ('harduér) [Inglês] *substantivo masculino* A parte física, material, de um computador. [Veja *software*.]

harmonia har.mo.**ni**.a *substantivo feminino* **1.** Reunião agradável de formas, cores e sons: *No céu se via um arco-íris com as cores em perfeita harmonia*. **2.** Ausência de briga ou conflito; paz: *Meus avós convivem em harmonia*.

harmonioso har.mo.ni.**o**.so (ô) *adjetivo* Em que há harmonia: *Na escola, a convivência entre os alunos era harmoniosa*. [Plural: *harmoniosos* (ó).]

harpa har.pa *substantivo feminino* Instrumento musical, de formato quase triangular, com uma série de cordas estendidas, que se tocam com os dedos.

haste has.te *substantivo feminino* **1.** Parte longa e delgada de certos objetos: *Levou os óculos para o conserto porque umas das hastes se soltou*. **2.** Qualquer parte da planta que sustenta as folhas, as flores e os frutos; caule.

haver ha.**ver** *verbo* **1.** Existir: *Há dias em que não sente vontade de acordar cedo*. **2.** Fazer: *Há um mês que não chove*. **3.** Acontecer, ocorrer: *Ontem houve uma festa na casa da minha tia*.

hectare hec.**ta**.re *substantivo masculino* Unidade de medida agrária equivalente a dez mil metros quadrados: *Minha avó mora num sítio de aproximadamente três hectares*. [Símbolo: *ha*.]

hectômetro hec.**tô**.me.tro *substantivo masculino* Unidade de medida equivalente a cem metros. [Símbolo: *hm*.]

hélice **hé**.li.ce *substantivo feminino* Peça formada por um conjunto de pás, presas a um eixo, e que serve para movimentar embarcações, aviões, helicópteros, ou para fazer o ar circular, nos ventiladores.

hepatite

helicóptero he.li.**cóp**.te.ro *substantivo masculino* Aeronave com hélices horizontais, capaz de elevar-se e baixar verticalmente, fazer deslocamentos horizontais, e ficar parada no ar.

hem ou **hein** *interjeição* **1.** Indica que não se entendeu o que foi dito: – *Hem! O senhor quer repetir, por favor?* **2.** Indica espanto ou indignação: – *Eu, hem! Não quebrei vaso nenhum. Quem disse que fui eu?*

hemácia he.**má**.ci:a *substantivo feminino* Célula sanguínea, vermelha, responsável por levar o oxigênio a todas as partes do corpo.

hematófago he.ma.**tó**.fa.go *adjetivo* **1.** Que se alimenta de sangue: *O mosquito transmissor da dengue é um inseto hematófago*. ✓ *substantivo masculino* **2.** Animal hematófago.

hematoma he.ma.**to**.ma *substantivo masculino* Mancha arroxeada no corpo, provocada por pancada que faz derramar um pouco de sangue sob a pele.

hemisfério he.mis.**fé**.ri:o *substantivo masculino* **1.** Metade de uma esfera. **2.** Cada uma das duas metades em que a Terra é dividida pelo equador: *O Canadá fica no hemisfério norte, a Austrália no hemisfério sul*.

hemofilia he.mo.fi.**li**.a *substantivo feminino* Doença hereditária, transmitida pela mãe aos filhos do sexo masculino, em que o sangue tem muita dificuldade de coagular, e na qual qualquer pequeno sangramento se torna perigoso.

hemofílico he.mo.**fí**.li.co *adjetivo* **1.** Que sofre de hemofilia. ✓ *substantivo masculino* **2.** Aquele que sofre de hemofilia.

hemorragia he.mor.ra.**gi**.a *substantivo feminino* Qualquer sangramento, principalmente quando há grande perda de sangue.

hemorroida he.mor.**roi**.da (ói) *substantivo feminino* Dilatação de veia no ânus ou no reto.

hepático he.**pá**.ti.co *adjetivo* Do, ou relativo ao fígado.

hepatite he.pa.**ti**.te *substantivo feminino* Inflamação do fígado.

heptagonal hep.ta.go.**nal** *adjetivo de dois gêneros* Que tem sete lados. [Plural: *heptagonais*.]

heptágono hep.**tá**.go.no *substantivo masculino* Polígono de sete lados: *O quarteirão onde moro tem a forma de um heptágono*.

hera **he**.ra *substantivo feminino* Trepadeira que adere às paredes, e por isso é muito usada como planta ornamental: *Uma hera crescia na parede atrás da casa*.

herança he.**ran**.ça *substantivo feminino* Dinheiro, imóvel, etc. que uma pessoa deixa para outra(s) pessoa(s) ao morrer: *Aquele sítio foi uma herança que o tio deixou para os sobrinhos*.

herbívoro her.**bí**.vo.ro *adjetivo* **1.** Que se alimenta de vegetais. ✅ *substantivo masculino* **2.** Animal herbívoro.

herdar her.**dar** *verbo* **1.** Receber de herança: *Meu pai herdou de meu avô a casa onde moramos*. **2.** Receber através dos genes: *Minha irmã herdou de nosso pai o seu narizinho arrebitado*.

herdeiro her.**dei**.ro *substantivo masculino* Aquele que herda algo de alguém.

hereditariedade he.re.di.ta.ri:e.**da**.de *substantivo feminino* Qualidade de hereditário.

hereditário he.re.di.**tá**.ri:o *adjetivo* Que é transmitido de uma geração a outra: *A hemofilia é uma doença hereditária*.

hermético her.**mé**.ti.co *adjetivo* Que fecha completamente: *Pôs o suco num recipiente hermético, próprio para viagem*.

herói he.**rói** *substantivo masculino* **1.** Aquele que enfrenta o perigo, geralmente para ajudar outras pessoas: *Durante o combate ao incêndio, os bombeiros foram verdadeiros heróis*. **2.** Personagem de história em quadrinhos, etc., que, geralmente, tem poderes especiais: *O seu herói preferido era extremamente forte e podia voar*.

heroico he.**roi**.co (ói) *adjetivo* Que é próprio de herói: *Durante o incêndio, a ação heroica do bombeiro evitou que o menino morresse*.

heroína[1] he.ro.**í**.na *substantivo feminino* Feminino de *herói*.

heroína[2] he.ro.**í**.na *substantivo feminino* Droga muito prejudicial à saúde.

heroísmo he.ro.**ís**.mo *substantivo masculino* Ato heroico: *O heroísmo do rapaz evitou que o menino se afogasse*.

hesitação he.si.ta.**ção** *substantivo feminino* Ação de hesitar, ou o resultado desta ação; vacilo. [Plural: *hesitações*.]

hesitar he.si.**tar** *verbo* Ficar em dúvida, indeciso; vacilar: *Meu pai hesitou antes de mudar de emprego*; *Ao comprar o vestido, hesitou entre o amarelo e o azul*.

heterogêneo he.te.ro.**gê**.ne:o *adjetivo* **1.** Composto de elementos diferentes. **2.** Em que se distinguem as diferentes partes: *uma mistura heterogênea de água e areia*.

heterossexual he.te.ros.se.xu.**al** (xu = csu) *adjetivo de dois gêneros* **1.** Que sente atração sexual por pessoa do sexo oposto ao seu. ✅ *substantivo de dois gêneros* **2.** Pessoa heterossexual. [Plural: *heterossexuais*.]

hexágono he.**xá**.go.no (xá = zá) *substantivo masculino* Polígono de seis lados.

hiato hi.**a**.to *substantivo masculino* Sequência de duas vogais em sílabas diferentes. Exemplos: *sa-ú--de*; *ju-iz*; *hi-a-to*.

hidratação hi.dra.ta.**ção** *substantivo feminino* Ação de hidratar, ou o resultado desta ação. [Plural: *hidratações*.]

hidratante | hipismo

hidratante hi.dra.**tan**.te *adjetivo de dois gêneros* **1.** Que serve para hidratar. ✓ *substantivo masculino* **2.** Produto que evita que a pele e os cabelos fiquem ásperos, secos: *Minha irmã passa hidratante todos os dias.*

hidratar hi.dra.**tar** *verbo* **1.** Dar, ou tomar, água, geralmente com outras substâncias, para compensar perdas líquidas. **2.** Passar hidratante na pele, ou nos cabelos.

hidrelétrica hi.dre.**lé**.tri.ca *substantivo feminino* Usina que produz energia elétrica por meio do movimento da água; usina hidrelétrica.

hidrogênio hi.dro.**gê**.ni:o *substantivo masculino* Gás inflamável, inodoro e incolor. [É o mais abundante do universo.]

hidrografia hi.dro.gra.**fi**.a *substantivo feminino* Parte da Geografia que estuda os mares, os rios, os lagos, os regatos, etc.

hidrográfico hi.dro.**grá**.fi.co *adjetivo* Relativo à hidrografia.

hidrômetro hi.**drô**.me.tro *substantivo masculino* Aparelho que mede a quantidade de água consumida nas residências, ou em outros imóveis.

hidrovia hi.dro.**vi**.a *substantivo feminino* Via de transporte aquática (em mar, rio, lago, etc.): *A hidrovia é um sistema de transporte barato e pouco poluente.*

hiena hi.**e**.na *substantivo feminino* Animal carnívoro da África e da Ásia, que vive em pequeno bando.

hierarquia hi:e.rar.**qui**.a *substantivo feminino* Organização social com diversas posições, da mais alta à mais baixa: *Naquela empresa, o cargo de presidente é o mais alto da hierarquia.* 🔊 **Hierarquia militar.** No Exército, Marinha e Aeronáutica brasileiros existem hoje os seguintes postos, aqui em ordem decrescente: marechal, almirante, marechal do ar (preenchidos apenas em épocas excepcionais); general de exército, almirante de esquadra, tenente-brigadeiro; general de divisão, vice-almirante, major-brigadeiro; general de brigada, contra-almirante, brigadeiro do ar; coronel, capitão de mar e guerra, coronel-aviador; tenente-coronel, capitão de fragata, tenente-coronel-aviador; major, capitão de corveta, major-aviador; capitão, capitão-tenente, capitão-aviador; primeiro-tenente (nas três armas); segundo-tenente (nas três armas); aspirante a oficial, guarda-marinha, aspirante a oficial-aviador; subtenente, suboficial; primeiro-sargento (nas três armas); segundo-sargento (nas três armas); terceiro-sargento (nas três armas); cabo (nas três armas); soldado, marinheiro, soldado.

hieróglifo hi:e.**ró**.gli.fo *substantivo masculino* Cada uma das figuras do alfabeto do antigo Egito.

hífen hí.fen *substantivo masculino* Sinal usado para unir elementos de palavras compostas (*beija-flor*; *couve-flor*), pronomes a verbos (*Deu-me o livro ao sair da sala*) e separar sílabas de uma palavra. [Plural: *hifens.*]

higiene hi.gi.**e**.ne *substantivo feminino* Conjunto dos cuidados necessários para se ter e conservar a saúde: *A higiene inclui entre outros cuidados a limpeza corporal e a limpeza do ambiente onde se vive.*

higiênico hi.gi.**ê**.ni.co *adjetivo* Relativo à higiene.

hino hi.no *substantivo masculino* **1.** Música solene em honra de um país; hino nacional. **2.** Música que exalta um time de futebol, ou outra agremiação. 🔊 **Hino nacional.** O mesmo que *hino* (1): *O Hino Nacional Brasileiro foi composto por Francisco Manuel da Silva, com letra de Joaquim Osório Duque Estrada.*

hípico hí.pi.co *adjetivo* Relativo a hipismo ou a cavalo.

hipismo hi.**pis**.mo *substantivo masculino* Conjunto dos esportes praticados a cavalo.

hipnotizador hip.no.ti.za.**dor** (dôr) *substantivo masculino* Aquele que hipnotiza.

hipnotizar hip.no.ti.**zar** *verbo* **1.** Fazer uma pessoa cair em estado mental semelhante ao sono, e no qual obedece às ordens dadas pelo hipnotizador. **2.** Encantar, fascinar: *O trapezista hipnotizou o público com suas acrobacias.*

hipocrisia hi.po.cri.**si**.a *substantivo feminino* A ação de fingir um sentimento que não se tem: *Os dois se odiavam, mas, quando se encontravam, abraçavam-se e trocavam palavras carinhosas, tudo na maior hipocrisia.*

hipócrita hi.**pó**.cri.ta *adjetivo de dois gêneros* **1.** Que usa de hipocrisia; falso. ✓ *substantivo de dois gêneros* **2.** Pessoa que usa de hipocrisia.

hipódromo hi.**pó**.dro.mo *substantivo masculino* Local onde se realizam corridas de cavalo.

hipopótamo hi.po.**pó**.ta.mo *substantivo masculino* Grande animal mamífero da África, herbívoro, de pele espessa, que vive próximo dos rios, passando boa parte do tempo dentro da água.

hipótese hi.**pó**.te.se *substantivo feminino* Aquilo que se supõe para tentar explicar um acontecimento: *Como causa do incêndio, pensou-se primeiro na hipótese de vazamento de gás.*

história his.**tó**.ri:a *substantivo feminino* **1.** O conjunto dos acontecimentos políticos, sociais, econômicos e culturais, ocorridos na vida de um povo, de um país, ou da humanidade. **2.** Narrativa que nasce da imaginação de alguém: *Antes de dormir, a mãe sempre lhe contava uma história.* **3.** Ciência que estuda os feitos da ação humana no passado. 🔊 **História em quadrinhos.** Série de quadros, com desenhos e legendas, que contam uma história; quadrinhos: *Na história em quadrinhos havia uma menina muito forte e um menino que não gostava de tomar banho.*

historiador his.to.ri:a.**dor** (dôr) *substantivo masculino* Homem que se ocupa da história (3).

histórico his.**tó**.ri.co *adjetivo* Da, ou relativo à história (1 e 3): *O 21 de abril de 1792, data da morte de Tiradentes, marca um dos acontecimentos históricos mais importantes do Brasil.*

🌐 **hobby** (rób) [Inglês] *substantivo masculino* Atividade que se faz por prazer, por diversão: *O hobby daquele rapaz é a natação.* [Plural: *hobbies* (rób).]

hoje ho.je *advérbio* **1.** O dia em que estamos: *Hoje é sábado, e eu não tenho aula.* **2.** Nos dias atuais: *Hoje quase ninguém usa chapéu nas grandes cidades.*

homem ho.mem *substantivo masculino* **1.** Ser humano dos dois sexos: *Na Declaração Universal dos Direitos Humanos está dito que todo homem tem direito à vida, à liberdade e à segurança.* **2.** Ser humano do sexo masculino. [Plural: *homens*.]

homenagear ho.me.na.ge.**ar** *verbo* Prestar homenagem a: *Os alunos homenagearam a professora com um buquê de flores.*

homenagem ho.me.**na**.gem *substantivo feminino* Demonstração de admiração, de respeito, etc., a uma pessoa. [Plural: *homenagens*.]

🌐 **homepage** (hôumpêidj) [Inglês] *substantivo feminino* Página de entrada em um sítio da Internet.

homogêneo ho.mo.**gê**.ne:o *adjetivo* Em que não se distinguem as diferentes partes de que é formado: *uma mistura homogênea de água e sal.*

homossexual ho.mos.se.xu.**al** (xu = csu) *adjetivo de dois gêneros* **1.** Que sente atração sexual por pessoa do mesmo sexo que o seu. ✓ *substantivo de dois gêneros* **2.** Pessoa homossexual. [Plural: *homossexuais*.]

honestidade ho.nes.ti.**da**.de *substantivo feminino* Qualidade de honesto.

honesto ho.**nes**.to *adjetivo* Que age de modo correto, sem enganar ou prejudicar outras pessoas.

honorários ho.no.**rá**.ri:os *substantivo masculino plural* Dinheiro que se paga a certos profissionais, como advogados, médicos, etc.

honra hon.ra *substantivo feminino* **1.** Sentimento de dignidade: *A acusação de ser mau pagador feriu a sua honra.* **2.** Reputação, o bom nome de uma pessoa: *Para limpar a honra, pagou todas as suas dívidas.* **3.** Homenagem que se faz a alguém: *A festa de ontem foi em honra aos bombeiros.*

honrar | hortelã

honrar hon.**rar** *verbo* **1.** Prestar honra (3) a: *Com a estátua, honraram a memória do poeta.* **2.** Cumprir um compromisso, uma obrigação: *Como não honrou a dívida na data certa, pagou multa.*

hora ho.ra *substantivo feminino* **1.** Espaço de tempo correspondente à vigésima quarta parte do dia: *O dia tem 24 horas e a hora 60 minutos.* **2.** Momento habitual em que se faz alguma coisa, ou em que uma ação acontece: *Já está na hora do almoço; A essa hora meu pai já saiu do trabalho.*

horário ho.**rá**.ri:o *adjetivo* **1.** Relativo a hora: *A carga horária da escola vai aumentar para oito horas por dia.* ✅ *substantivo masculino* **2.** Hora de chegada e partida de um meio de transporte: *Qual é o próximo horário do ônibus para São Paulo?* **3.** Tempo habitual de uma atividade: *O horário de trabalho de meu pai vai das 9 às 16 horas.* 🔊 **Horário de verão.** Mudança feita no horário habitual, com o avanço de uma hora, para maior aproveitamento da claridade do dia: *No horário de verão, meia-noite torna-se 1 hora, 1 hora torna-se 2 horas e assim por diante.*

horizontal ho.ri.zon.**tal** *adjetivo de dois gêneros* Que tem a mesma direção que a linha do horizonte: *Quando nos deitamos, ficamos na posição horizontal.* [Antônimo: *vertical*. Plural: *horizontais*.]

horizonte ho.ri.**zon**.te *substantivo masculino* Linha que se vê ao longe, e que dá a impressão de que o céu e a terra, ou o mar e o céu, se tocam.

hormônio hor.**mô**.ni:o *substantivo masculino* Substância produzida em um órgão e que, transportada pelo sangue, exerce uma ação específica em outros órgãos ou regiões do corpo: *A insulina é um hormônio produzido pelo pâncreas.*

horóscopo ho.**rós**.co.po *substantivo masculino* As previsões feitas com base na suposta influência que os astros têm sobre a vida das pessoas: *Minha mãe acredita em horóscopo, já meu pai acha tudo isso uma bobagem.*

horrível hor.**rí**.vel *adjetivo de dois gêneros* **1.** Que causa horror, medo: *Na fábula, o leão dá um rugido tão horrível que faz tremer de medo os outros animais.* **2.** Muito feio: *O dia está escuro, horrível.* **3.** Muito grave: *Ontem, perto de casa, aconteceu um horrível acidente de carro.* **4.** Acima do que é tido como normal: *Ontem fez um calor horrível.* [Plural: *horríveis*.]

horror hor.**ror** (rôr) *substantivo masculino* **1.** Sensação muito grande de medo. **2.** Sentimento de indignação: *Sentiu horror ao ver o homem maltratando o pobre animal.* **3.** Aquilo que é muito ruim: *Meus amigos elogiaram o filme, mas eu o achei um horror.*

horrorizar hor.ro.ri.**zar** *verbo* **1.** Causar horror a. **2.** Encher-se de horror: *Horrorizou-se com a sujeira da rua.*

horroroso hor.ro.**ro**.so (rô) *adjetivo* Muito feio: *Apesar dos elogios da professora, achava a sua letra horrorosa.* [Plural: *horrorosos* (ró).]

horta hor.ta *substantivo feminino* Terreno onde se plantam hortaliças, legumes, etc.

hortaliça hor.ta.**li**.ça *substantivo feminino* Nome comum a diversas plantas comestíveis como a couve, a alface, etc., que são cultivadas geralmente em hortas.

hortelã hor.te.**lã** *substantivo feminino* Erva aromática, comestível.

hortense hor.**ten**.se *adjetivo de dois gêneros* Da horta, ou relativo a ela.

hortênsia hor.**tên**.si:a *substantivo feminino* Arbusto ornamental, de flores brancas, azuis ou rosa.

hospedagem hos.pe.**da**.gem *substantivo feminino* Abrigo, ou alojamento, que se dá a uma pessoa. [Plural: *hospedagens*.]

hospedar hos.pe.**dar** *verbo* **1.** Dar hospedagem a: *Estamos hospedando uma tia que chegou do Piauí.* **2.** Tornar-se hóspede: *Em sua lua de mel, meus pais se hospedaram num hotel em Poços de Caldas.*

hospedaria hos.pe.da.**ri**.a *substantivo feminino* Casa onde se recebem hóspedes, geralmente mediante remuneração; estalagem: *Na história, o rapaz chegou com um ganso dourado à hospedaria.*

hóspede **hós**.pe.de *substantivo de dois gêneros* Pessoa que fica alojada, por um tempo, em casa alheia, hospedaria, hotel, etc.

hospício hos.**pí**.ci:o *substantivo masculino* Hospital para tratamento de pessoas com problemas mentais.

hospital hos.pi.**tal** *substantivo masculino* Estabelecimento com médicos, enfermeiros, leitos e equipamentos, onde as pessoas doentes vão em busca de tratamento. [Plural: *hospitais*.]

hospitalar hos.pi.ta.**lar** *adjetivo de dois gêneros* De, ou relativo a hospital: *Para meu pai, a situação hospitalar da nossa cidade não é boa.*

hóstia **hós**.ti:a *substantivo feminino* Partícula circular de massa de pão sem fermento que, depois de abençoada, é oferecida aos fiéis, durante a missa.

hostil hos.**til** *adjetivo de dois gêneros* **1.** Agressivo: *Atrás das grades, o cachorro tinha o olhar hostil.* **2.** Pouco educado: *Pediu desculpas ao amigo pela resposta hostil que lhe deu.* **3.** Com pouca satisfação: *A visita durou pouco tempo, já que a tia o recebeu de modo hostil.* [Plural: *hostis*.]

hostilidade hos.ti.li.**da**.de *substantivo feminino* Ação hostil: *Depois de muita hostilidade os dois inimigos decidiram conversar.*

hotel ho.**tel** *substantivo masculino* Estabelecimento com muitos quartos, onde as pessoas, mediante pagamento, dormem, e, às vezes, comem. [Plural: *hotéis*.]

humanidade hu.ma.ni.**da**.de *substantivo feminino* **1.** O conjunto dos seres humanos. **2.** Boa vontade para com outras pessoas; compaixão: *Aquele médico trata dos doentes com humanidade.*

humano hu.**ma**.no *adjetivo* **1.** Do, ou relativo ao homem: *A espécie humana é o resultado de uma longa evolução.* **2.** Que tem compaixão.

humildade hu.mil.**da**.de *substantivo feminino* Condição ou modo de agir e falar de pessoa humilde.

humilde hu.**mil**.de *adjetivo de dois gêneros* Que demonstra modéstia, simplicidade; que não é orgulhoso: *Apesar de ser um músico famoso, é um rapaz humilde.*

humilhação hu.mi.lha.**ção** *substantivo feminino* Ação de humilhar(-se), ou o resultado desta ação. [Plural: *humilhações*.]

humilhar hu.mi.**lhar** *verbo* **1.** Tratar uma pessoa mal, com desprezo: *Minha mãe sempre diz que não devemos humilhar ninguém.* **2.** Mostrar-se humilde: *Na história, o pai humilha-se diante do rei para salvar a vida do filho.*

humor hu.**mor** (ô) *substantivo masculino* **1.** O estado de espírito de uma pessoa: *Como teve um aumento de salário, meu pai estava de bom humor; Como não passou no exame, o rapaz está com mau humor.* **2.** Qualidade daquele, ou daquilo, que é engraçado, que faz rir: *Meu tio tem um humor apurado; Ontem li uma história com muito humor.*

humorista hu.mo.**ris**.ta *substantivo de dois gêneros* Pessoa que faz graça, que faz rir.

humorístico hu.mo.**rís**.ti.co *adjetivo* Em que há graça, que faz rir: *Meu pai gosta muito de um programa humorístico que passa na televisão.*

húmus **hú**.mus *substantivo masculino de dois números* Terra muito fértil, formada por vegetais em decomposição.

inseto

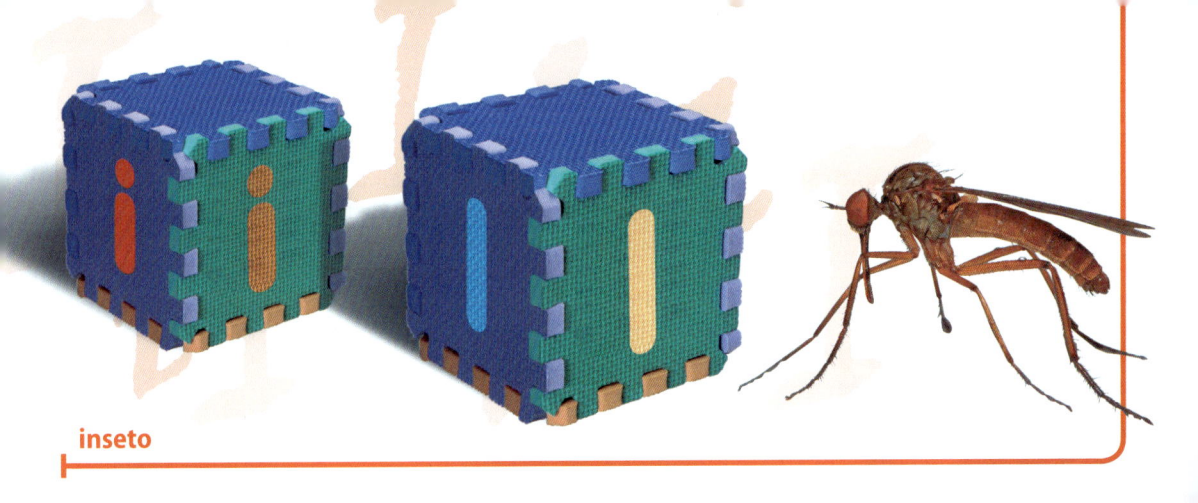

i *substantivo masculino* A nona letra do nosso alfabeto.

iara i:a.ra *substantivo feminino* No folclore brasileiro da Amazônia, mulher muito bonita que, com seu canto, atrai os homens, enlouquecendo-os.

iate i:a.te *substantivo masculino* Barco para passeios, à vela, ou a motor.

🌐 **iceberg** (aicebérg) [Inglês] *substantivo masculino* Grande bloco de gelo que se desprende de uma geleira e fica à deriva no mar.

ícone **í**.co.ne *substantivo masculino* **1.** Pintura religiosa. **2.** Em informática, símbolo gráfico usado para representar um *software*: *No computador, ao clicar sobre o ícone do dicionário, este se abre imediatamente.*

ida **i**.da *substantivo feminino* Ação de ir: *Nossa ida ao cinema foi muito divertida.*

idade i.**da**.de *substantivo feminino* **1.** Número de anos que uma pessoa tem de vida: *Meu avô tem setenta anos de idade.* **2.** Período de tempo na história ou na pré-história: *Na Idade da Pedra, os homens utilizavam ferramentas feitas de pedra lascada.*

ideal i.de.**al** *adjetivo de dois gêneros* **1.** Perfeito ou próximo à perfeição: *Minha mãe sempre diz que meu pai é o marido ideal.* ✅ *substantivo masculino* **2.** O melhor, o mais acertado: *Durante as férias, o ideal será viajarmos todos juntos.* [Plural: *ideais*.]

idealizar i.de:a.li.**zar** *verbo* **1.** Imaginar como sendo ideal, perfeito: *Aquela senhora idealiza os filhos,* *para ela são verdadeiros santos.* **2.** Conceber na mente; planejar: *Eu e meus amigos já idealizamos o projeto para a feira de ciências.*

ideia i.**dei**.a (éi) *substantivo feminino* **1.** Representação na mente de uma coisa concreta ou abstrata: *Pela descrição feita pelo pai, teve ideia do que era um vulcão; Aquele rapaz ainda não faz ideia do que é o amor.* **2.** Aquilo que se deseja fazer: *A nossa ideia é viajar na sexta-feira à noite.* **3.** Noção: *Não tenho ideia do que serei quando crescer.*

idêntico i.**dên**.ti.co *adjetivo* Que é exatamente igual: *As duas senhoras estavam com vestidos idênticos.*

identidade i.den.ti.**da**.de *substantivo feminino* **1.** O conjunto das características de uma pessoa, e que a distingue de outras. **2.** O mesmo que *carteira de identidade*.

identificação i.den.ti.fi.ca.**ção** *substantivo feminino* Ação de identificar(-se), ou o resultado desta ação. [Plural: *identificações*.]

identificar i.den.ti.fi.**car** *verbo* **1.** Determinar a identidade (1) de: *Depois do acidente foi preciso identificar os mortos.* **2.** Apresentar-se como: *O homem chegou e identificou-se como policial.*

idioma i.di.**o**.ma *substantivo masculino* O mesmo que *língua* (2): *O português é o idioma oficial do Brasil.*

idiota i.di.**o**.ta *adjetivo de dois gêneros* **1.** Que é pouco inteligente. **2.** Próprio de idiota (3): *Na parede daquela igreja tão bonita alguém fez uma pichação idiota.* ✅ *substantivo de dois gêneros* **3.** Pessoa pouco inteligente. [Sinônimo: *imbecil*.]

idolatrar

idolatrar i.do.la.**trar** *verbo* Amar em excesso: *Aquele menino idolatra o avô.*

ídolo í.do.lo *substantivo masculino* **1.** Imagem de uma divindade, e que é objeto de culto. **2.** Ator ou atriz, cantor ou cantora, esportista, etc., a quem o público quer muito bem.

idoso i.**do**.so (dô) *adjetivo* **1.** Que tem bastante idade. ✓ *substantivo masculino* **2.** Homem idoso: *Meu avô é um idoso muito ativo.* [Plural: *idosos* (dó).]

igarapé i.ga.ra.**pé** *substantivo masculino* Cada um dos numerosos pequenos cursos de água que correm no interior da floresta amazônica.

iglu i.**glu** *substantivo masculino* Abrigo arredondado construído por esquimós, com blocos de gelo e neve.

ignorância ig.no.**rân**.ci:a *substantivo feminino* **1.** Falta de conhecimento, de saber: *Sua ignorância no assunto não lhe permitiu ajudar o filho a fazer o trabalho escolar.* **2.** Falta de instrução. **3.** Falta de educação; grosseria: *O rapaz dirigiu-se ao guarda com ignorância, e acabou preso.*

ignorante ig.no.**ran**.te *adjetivo de dois gêneros* **1.** Que tem, ou mostra, ignorância. **2.** Que não tem instrução. ✓ *substantivo de dois gêneros* **3.** Pessoa ignorante.

ignorar ig.no.**rar** *verbo* **1.** Não saber: *Minha mãe ignorava que sua irmã estava morando há dois meses no exterior.* **2.** Não dar atenção a: *A moça passou séria, ignorando os olhares insistentes do rapaz.*

igreja i.**gre**.ja (ê) *substantivo feminino* **1.** A comunidade dos cristãos: *O papa é o chefe da Igreja Católica.* **2.** Edifício aonde os cristãos vão para rezar.

igual i.**gual** *adjetivo de dois gêneros* **1.** De mesmo valor, tamanho, etc., ou de mesma aparência, quantidade, etc.: *Dividiu o dinheiro em partes iguais; O bolo estava partido em pedaços iguais; Comprou duas camisas iguais.* **2.** Com os mesmos direitos e deveres: *Todos os homens são iguais.* [Plural: *iguais.*]

igualar i.gua.**lar** *verbo* **1.** Tornar igual: *Cortou a madeira pela metade, para igualá-la às (ou com as) demais.* **2.** Ficar no mesmo nível: *Com a vitória, nosso clube igualou-se ao líder do campeonato.*

igualdade i.gual.**da**.de *substantivo feminino* Qualidade ou estado de igual.

iguana i.**gua**.na *substantivo feminino* Réptil arborícola que alcança até 1,80m de comprimento.

iguaria i.gua.**ri**.a *substantivo feminino* Comida, geralmente saborosa: *Naquele jantar foram servidas várias iguarias.*

ih *interjeição* Indica admiração, espanto, dúvida: *Ih! Olha quem está chegando!; Ih! Acho que não irei a esta festa não.*

ilegal i.le.**gal** *adjetivo de dois gêneros* Contrário à lei: *Em época de desova a pesca é ilegal.* [Plural: *ilegais.*]

ilegível i.le.**gí**.vel *adjetivo de dois gêneros* Que não se pode ler: *Meu amigo tem uma assinatura ilegível.* [Plural: *ilegíveis.*]

ileso i.**le**.so (é) *adjetivo* Sem se ferir ou machucar.

ilha i.lha *substantivo feminino* Porção de terra, cercada de água por todos os lados: *A ilha do Bananal, no Tocantins, é a maior ilha fluvial do mundo; Esta ilha é desabitada.*

iludir i.lu.**dir** *verbo* Enganar(-se): *Iludiu muita gente e acabou preso; Ele não se ilude, estuda para aprender, não somente para tirar boas notas.*

iluminação

iluminação i.lu.mi.na.**ção** *substantivo feminino* **1.** Ação de iluminar, ou o resultado desta ação. **2.** O conjunto das luzes de um ambiente. [Plural: *iluminações.*]

iluminar

iluminar i.lu.mi.**nar** *verbo* **1.** Encher de luz; tornar claro: *O Sol ilumina a Terra; Uma única lâmpada iluminava a sala.* **2.** Esclarecer, ilustrar: *Espero que este livro o ilumine.*

ilusão i.lu.**são** *substantivo feminino* **1.** Percepção falsa: *Teve a ilusão de que alguém o chamava, mas era só o vento.* **2.** Sonho, fantasia: *Não se vive só de ilusão.* [Plural: *ilusões*.]

ilustração i.lus.tra.**ção** *substantivo feminino* Desenho, gravura, foto em livro, revista, etc. [Plural: *ilustrações*.]

ilustrador i.lus.tra.**dor** (ô) *substantivo masculino* O desenhista que faz ilustrações para livros, etc.

ilustrar i.lus.**trar** *verbo* **1.** Enfeitar com ilustração: *Ilustrou o trabalho sobre a destruição da floresta com gravuras tiradas de uma revista.* **2.** Mostrar: *As filas nos hospitais ilustram bem o problema da saúde no país.*

ilustre i.**lus**.tre *adjetivo de dois gêneros* Famoso, célebre: *Cândido Portinari é um pintor ilustre.*

ímã **í**.mã *substantivo masculino* Substância que tem a propriedade de atrair o ferro.

imagem i.**ma**.gem *substantivo feminino* **1.** Representação de um ser ou de um objeto. **2.** O reflexo de alguém, ou de algo, no espelho, na água, etc. **3.** Aquilo que se vê em tela de televisão, de cinema, etc.: *A nossa nova televisão tem uma imagem excelente.* [Plural: *imagens*.]

imaginação i.ma.gi.na.**ção** *substantivo feminino* Faculdade que uma pessoa tem de representar na mente imagens daquilo que já viu, ou então de formar imagens daquilo que não viu: *Aquele menino tem muita imaginação, está sempre criando histórias.* [Plural: *imaginações*.]

imaginar i.ma.gi.**nar** *verbo* **1.** Usar da imaginação: *Imaginou o amigo na fazenda, acordando tarde e respirando ar puro.* **2.** Julgar, supor: *É uma menina muito esperta, ninguém imagina que tem somente sete anos.*

imaginário i.ma.gi.**ná**.ri:o *adjetivo* Da imaginação.

imbecil im.be.**cil** *adjetivo de dois gêneros* O mesmo que *idiota*. [Plural: *imbecis*.]

imbuia im.**bui**.a *substantivo feminino* Árvore, nativa do Brasil, cuja madeira é usada para fazer móveis.

imobilidade

imediações i.me.di:a.**ções** *substantivo feminino plural* O mesmo que *vizinhança*.

imediato i.me.di.**a**.to *adjetivo* Que acontece, ou ocorre, em seguida.

imensidão i.men.si.**dão** *substantivo feminino* **1.** Grande extensão, tamanho: *O menino ficou espantado com a imensidão do rio Amazonas.* **2.** Grande quantidade: *No campo, o céu tem uma imensidão de estrelas.* [Plural: *imensidões*.]

imenso i.**men**.so *adjetivo* Muito grande; enorme: *O Brasil é um país imenso, ocupa quase a metade da América do Sul.*

imergir i.mer.**gir** *verbo* Afundar na água ou em outro líquido; mergulhar: *O submarino imergiu completamente.*

imigrante i.mi.**gran**.te *adjetivo de dois gêneros* **1.** Que imigra. ✔ *substantivo de dois gêneros* **2.** Pessoa que imigra: *O Brasil recebeu, e recebe, muitos imigrantes.*

imigrar i.mi.**grar** *verbo* Entrar em outro país, para nele viver.

iminente i.mi.**nen**.te *adjetivo de dois gêneros* Que ameaça acontecer em breve: *O time jogava tão mal, que a derrota era iminente.*

imitação i.mi.ta.**ção** *substantivo feminino* Ação de imitar, ou o resultado desta ação. [Plural: *imitações*.]

imitar i.mi.**tar** *verbo* **1.** Procurar reproduzir os gestos, ou as ações, de: *O menino, diante do espelho, imita o pai fazendo a barba.* **2.** Parecer-se com: *Este tecido imita couro de jacaré.*

imobiliário i.mo.bi.li.**á**.ri:o *adjetivo* Relativo a imóvel (2): *O setor imobiliário cresceu muito no ano passado.*

imobilidade i.mo.bi.li.**da**.de *substantivo feminino* Qualidade de imóvel, daquilo que não se move.

imobilização

imobilização i.mo.bi.li.za.**ção** *substantivo feminino* Ação de imobilizar, ou o resultado dessa ação. [Plural: *imobilizações*.]

imobilizar i.mo.bi.li.**zar** *verbo* **1.** Fazer com que fique imóvel: *No hospital, imobilizaram o seu braço.* **2.** Ficar parado: *Imobilizou-se ao ver o cachorro bravo.*

imoral i.mo.**ral** *adjetivo de dois gêneros* Contrário à moral, contrário àquilo que é tido como certo. [Plural: *imorais*.]

imortal i.mor.**tal** *adjetivo de dois gêneros* **1.** Que não morre. **2.** Que sobrevive através dos tempos: *A Ilíada de Homero é uma obra imortal.* [Plural: *imortais*.]

imortalidade i.mor.ta.li.**da**.de *substantivo feminino* Qualidade de imortal.

imóvel i.**mó**.vel *adjetivo de dois gêneros* **1.** Sem se mover; parado: *Durante a brincadeira todos deveriam ficar imóveis.* ✔ *substantivo masculino* **2.** Qualquer bem como uma casa, um apartamento, um terreno, um sítio, uma fazenda, etc. [Plural: *imóveis*.]

impaciência im.pa.ci.**ên**.ci:a *substantivo feminino* Falta de paciência.

impaciente im.pa.ci.**en**.te *adjetivo de dois gêneros* **1.** Que não tem paciência: *Era um homem impaciente, não suportava correria e gritos de crianças.* **2.** Inquieto, preocupado: *Estava impaciente com a demora do filho.*

impacto im.**pac**.to *substantivo masculino* **1.** Choque entre dois corpos: *Li numa revista que o impacto de um meteoro com a Terra pode ter causado a extinção dos dinossauros.* **2.** Abalo, perturbação: *A inundação causou um grande impacto em todos os moradores.* **3.** Efeito, influência: *A campanha "se beber não dirija" teve impacto positivo nos motoristas.*

ímpar ím.**par** *adjetivo de dois gêneros* **1.** Diz-se do número que, dividido por dois, não dá um número inteiro: *Os números 3, 5, 7, 9, 11, 13, 15, 17.... são números ímpares.* ✔ *substantivo masculino* **2.** Número ímpar.

impermeável

imparcial im.par.ci.**al** *adjetivo de dois gêneros* Que julga com justiça, sem mostrar preferência; isento. [Plural: *imparciais*.]

impávido im.**pá**.vi.do *adjetivo* Que não se apavora; corajoso, valente: *No Hino Nacional Brasileiro está dito que o Brasil é belo, forte e impávido.*

impecável im.pe.**cá**.vel *adjetivo de dois gêneros* **1.** Sem defeito: *Nosso trabalho em grupo ficou impecável.* **2.** Limpo e bem cuidado: *É uma menina caprichosa, sua roupa está sempre impecável.* [Plural: *impecáveis*.]

impedir im.pe.**dir** *verbo* Não permitir; evitar: *As rodas ficaram presas nos arbustos e impediram que o carro caísse no barranco.*

imperador im.pe.ra.**dor** (ô) *substantivo masculino* Homem que governa um império: *O Brasil teve dois imperadores: D. Pedro I e D. Pedro II.* [Feminino: *imperatriz*.]

imperatriz im.pe.ra.**triz** *substantivo feminino* **1.** Esposa do imperador. **2.** Mulher que governa um império. [Masculino: *imperador*.]

imperdoável im.per.do.**á**.vel *adjetivo de dois gêneros* Que não se pode perdoar: *Avançar o sinal vermelho é uma falta imperdoável.* [Plural: *imperdoáveis*.]

imperfeição im.per.fei.**ção** *substantivo feminino* Falha, defeito. [Plural: *imperfeições*.]

imperfeito im.per.**fei**.to *adjetivo* Que tem falha, defeito.

imperial im.pe.ri.**al** *adjetivo de dois gêneros* Relativo ao império ou ao imperador: *Com a proclamação da República a família imperial teve de deixar o Brasil; a guarda imperial do imperador Napoleão Bonaparte.* [Plural: *imperiais*.]

império im.**pé**.ri:o *substantivo masculino* País, ou conjunto de países, governados por um imperador ou por uma imperatriz.

impermeável im.per.me.**á**.vel *adjetivo de dois gêneros* Que não deixa passar água ou outros líquidos: *Quando chove, meu pai não usa guarda-chuva e sim uma capa impermeável.* [Plural: *impermeáveis*.]

270

impertinente im.per.ti.**nen**.te *adjetivo de dois gêneros* Que age ou fala de modo inconveniente: *Ivo é um menino impertinente*.

ímpeto **ím**.pe.to *substantivo masculino* Movimento violento e rápido: *Entrou com ímpeto na sala e pediu desculpas pelo atraso*.

impiedoso im.pi:e.**do**.so (dô) *adjetivo* Que não tem, ou demonstra, piedade: *Para meu pai, a justiça deve ser impiedosa com os corruptos*. [Plural: *impiedosos* (dó).]

implantação im.plan.ta.**ção** *substantivo feminino* Ação de implantar, ou o resultado desta ação. [Plural: *implantações*.]

implantar im.plan.**tar** *verbo* **1.** Pôr para funcionar: *Li no jornal que a prefeitura vai implantar um programa para ajudar as famílias de menores carentes*. **2.** Instalar: *Querem implantar uma nova indústria de tecidos no bairro*. **3.** Inserir; introduzir: *implantar um rim*.

implicância im.pli.**cân**.ci:a *substantivo feminino* **1.** Ação de implicar, ou o resultado desta ação. **2.** Má vontade, antipatia: *Meu pai tem implicância com pessoas que falam muito alto*.

implicante im.pli.**can**.te *adjetivo de dois gêneros* Que mostra implicância (2): *É uma senhora implicante, nada para ela está bom*.

implicar im.pli.**car** *verbo* **1.** Exigir, necessitar: *Dormir bem implica, geralmente, oito horas de sono diário*. **2.** Envolver em: *Queriam implicar o político no escândalo, mas ele conseguiu sair ileso*. **3.** Mostrar incômodo ou antipatia com alguma coisa: *Implicou com o corte de cabelo do amigo*.

implorar im.plo.**rar** *verbo* Pedir com insistência: *Implorou ao pai que a deixasse ir à festa*.

imponente im.po.**nen**.te *adjetivo de dois gêneros* **1.** Que impressiona pela beleza, pelo tamanho, etc.: *O museu fica no centro da cidade, numa construção imponente*. **2.** Que se destaca pelo caráter, força, vigor, etc.: *Meu avô é uma figura imponente*.

impor im.**por** *verbo* Obrigar a aceitar: *Com medo da violência, impôs aos filhos hora certa para chegar em casa*.

importação im.por.ta.**ção** *substantivo feminino* Aquilo que se importou: *A maior parte das importações brasileiras chegam* (ou *chega*) *de navio*. [Plural: *importações*.]

importância im.por.**tân**.ci:a *substantivo feminino* **1.** Valor: *Apesar da pouca idade, já sabe a importância de cuidar do meio ambiente*. **2.** Quantia: *Ao vencedor do concurso será dada uma importância em dinheiro*.

importante im.por.**tan**.te *adjetivo de dois gêneros* **1.** Que é necessário: *Ao arrumar a mala, tomou cuidado para não esquecer algo importante*. **2.** Que tem valor: *Djanira é uma importante pintora brasileira*.

importar im.por.**tar** *verbo* **1.** Fazer vir (mercadoria) de outro país: *O Brasil importa trigo da Argentina*. **2.** Ter importância, valor: *O que importa é que ninguém se machucou no acidente*. **3.** Ter preocupação: *Aquele rapaz importa-se com os pobres*.

importunar im.por.tu.**nar** *verbo* Incomodar, aborrecer: *– Não importune seu pai, ele está cansado e precisa dormir*.

importuno im.por.**tu**.no *adjetivo* Que incomoda, aborrece: *Os pernilongos são insetos importunos*.

imposição im.po.si.**ção** *substantivo feminino* Ação de impor, ou o resultado desta ação. [Plural: *imposições*.]

impossível im.pos.**sí**.vel *adjetivo de dois gêneros* **1.** Que não pode ser feito: *Parece-me impossível consertar este relógio*. **2.** Muito levado; traquinas: *Hoje este cãozinho está impossível*. [Plural: *impossíveis*.]

imposto im.**pos**.to (pôs) *substantivo masculino* Parte do salário dos trabalhadores, do lucro das empresas, ou do preço das mercadorias, que se tem de pagar ao governo. [Plural: *impostos* (pós).]

impostor im.pos.**tor** (tôr) *substantivo masculino* Homem que engana os outros, contando mentiras, ou fingindo ser quem não é.

imprensa im.**pren**.sa *substantivo feminino* **1.** Conjunto de veículos que difundem informações: jornais, revistas, rádio, televisão, Internet, etc.: *A visita do líder religioso foi destaque em toda a imprensa brasileira*. **2.** Os jornalistas.

impressão · inaceitável

impressão im.pres.**são** *substantivo feminino* **1.** Ação de imprimir, ou o resultado desta ação. **2.** Sensação: *Tenho a impressão de já ter lido este livro.* **3.** A opinião que alguma coisa, ou alguém, provoca numa pessoa: *Teve uma ótima impressão do aluno.* [Plural: *impressões*.]

impressionante im.pres.si:o.**nan**.te *adjetivo de dois gêneros* Que causa espanto, admiração: *Meu avô nos contava casos impressionantes da guerra de que participou na juventude.*

impressionar im.pres.si:o.**nar** *verbo* **1.** Comover, abalar: *O acidente automobilístico impressionou os presentes.* **2.** Encantar; fascinar: *O talento do jovem músico impressionou os ouvintes.*

impresso im.**pres**.so *adjetivo* **1.** Que se imprimiu. ✓ *substantivo masculino* **2.** Qualquer obra impressa, como, por exemplo, folheto, cartaz, etc.

impressora im.pres.**so**.ra (ô) *substantivo feminino* Máquina, ligada ao computador, que serve para imprimir textos, imagens, desenhos, etc.

imprestável im.pres.**tá**.vel *adjetivo de dois gêneros* Que não presta; inútil. [Plural: *imprestáveis*.]

imprevisto im.pre.**vis**.to *adjetivo* **1.** Que ocorre sem ninguém esperar, ou prever. ✓ *substantivo masculino* **2.** Acontecimento imprevisto: *Por causa de um imprevisto, atrasou-se, e não encontrou o amigo.*

imprimir im.pri.**mir** *verbo* Reproduzir texto, desenho, imagem, etc., sobre papel ou outro material: *Depois de imprimir o trabalho, notou que havia alguns erros.*

impróprio im.**pró**.pri:o *adjetivo* Que não é apropriado: *Este filme é impróprio para menores de doze anos.*

improvável im.pro.**vá**.vel *adjetivo de dois gêneros* Que é muito difícil de acontecer, de se realizar: *É improvável que seu pai volte hoje da viagem.* [Plural: *improváveis*.]

improvisar im.pro.vi.**sar** *verbo* Fazer alguma coisa de repente, sem preparação: *Os meninos improvisaram uma festinha para o amigo que ia embora da cidade.*

imprudência im.pru.**dên**.ci:a *substantivo feminino* Qualidade de imprudente.

imprudente im.pru.**den**.te *adjetivo de dois gêneros* Que não tem prudência, que não toma cuidado: *Que rapaz imprudente! Atravessou a rua sem olhar se vinha carro, e quase foi atropelado.*

impune im.**pu**.ne *adjetivo de dois gêneros* Sem punição: *Infelizmente, muitos crimes ambientais ficam impunes.*

impunidade im.pu.ni.**da**.de *substantivo feminino* Ausência de castigo para ações erradas.

impureza im.pu.**re**.za (ê) *substantivo feminino* Aquilo que, misturado a uma substância, piora sua qualidade: *A água própria para o consumo humano é a livre de impurezas.*

impuro im.**pu**.ro *adjetivo* Que não tem pureza ou que contém impurezas: *água impura.*

imundo i.**mun**.do *adjetivo* Muito sujo: *Com a brincadeira na terra, as roupas dos meninos ficaram imundas.*

imune i.**mu**.ne *adjetivo de dois gêneros* Não sujeito a algo; livre de doença, mal, etc.: *Nesta cidade, ninguém está imune à violência.*

imunidade i.mu.ni.**da**.de *substantivo feminino* Condição de quem está imune.

imunizar i.mu.ni.**zar** *verbo* Tornar imune a certas doenças: *As vacinas são medicamentos que imunizam contra infecções.*

inaceitável i.na.cei.**tá**.vel *adjetivo de dois gêneros* Que não pode ser aceito: *Pichar monumentos públicos é inaceitável.* [Plural: *inaceitáveis*.]

inacreditável | incinerar

inacreditável i.na.cre.di.**tá**.vel *adjetivo de dois gêneros* **1.** Em que é difícil ou impossível de acreditar: *Meu avô gostava de contar histórias inacreditáveis da sua juventude.* **2.** Incrível, extraordinário: *O rapaz fazia acrobacias inacreditáveis.* [Plural: *inacreditáveis.*]

inadequado i.na.de.**qua**.do *adjetivo* Que não é adequado, ou próprio: *O vestido simples da moça era inadequado para o baile.*

inalação i.na.la.**ção** *substantivo feminino* Ação de inalar, ou o resultado desta ação. [Plural: *inalações.*]

inalar i.na.**lar** *verbo* Aspirar: *Deitou-se na grama e inalou o ar puro.*

inaugurar i.nau.gu.**rar** *verbo* Abrir pela primeira vez ao público: *Inauguraram uma farmácia aqui perto.*

incandescente in.can.des.**cen**.te *adjetivo de dois gêneros* Tornado luminoso pelo calor: *No fogão, a lenha ia aos poucos se tornando incandescente.*

incansável in.can.**sá**.vel *adjetivo de dois gêneros* **1.** Que não se cansa: *Aquele rapaz trabalha tanto, que parece incansável.* **2.** Sem parar: *Depois de uma busca incansável, conseguiu achar o anel.* [Plural: *incansáveis.*]

incapacitar in.ca.pa.ci.**tar** *verbo* Tornar incapaz: *Por algum tempo, a doença incapacitou o rapaz para o trabalho.*

incapaz in.ca.**paz** *adjetivo de dois gêneros* Que não é capaz: *É incapaz de maltratar animais.*

incendiar in.cen.di.**ar** *verbo* **1.** Pôr fogo em: *Li no jornal que, para deter o avanço da polícia, os moradores incendiaram pneus.* **2.** Pegar fogo: *O avião incendiou-se ao pousar.*

incêndio in.**cên**.di:o *substantivo masculino* Fogo intenso que causa estragos ou prejuízos: *O incêndio foi controlado pelos bombeiros.*

incenso in.**cen**.so *substantivo masculino* Resina retirada de certas plantas que, ao ser queimada, produz cheiro agradável.

incentivar in.cen.ti.**var** *verbo* Dar incentivo a: *Meu pai ama os livros, e isto me incentivou a gostar de ler também.*

incentivo in.cen.**ti**.vo *substantivo masculino* Estímulo, ânimo.

incerto in.**cer**.to *adjetivo* Não sabido; indeterminado: *No filme, o assassino somente não foi preso por se encontrar em lugar incerto.*

inchação in.cha.**ção** *substantivo feminino* Ação de inchar(-se), ou o resultado desta ação. [Plural: *inchações.*]

inchar in.**char** *verbo* Aumentar de tamanho: *Com a picada da abelha, minha mão inchou-se.*

incineração in.ci.ne.ra.**ção** *substantivo feminino* Ação de incinerar, ou o resultado desta ação. [Plural: *incinerações.*]

incinerar in.ci.ne.**rar** *verbo* Queimar, reduzindo a cinzas: *Li no jornal que a polícia incinerou uma grande quantidade de drogas.*

incisão in.ci.são *substantivo feminino* Corte: *Com uma incisão, o médico retirou o sinal do braço da moça.* [Plural: *incisões.*]

incisivo in.ci.si.vo *adjetivo* **1.** Que corta, ou é feito para cortar. ✅ *substantivo masculino* **2.** Cada um dos oito dentes situados, quatro em cima e quatro embaixo, na frente, entre os caninos.

incitar in.ci.tar *verbo* Estimular a fazer algo: *A vontade de saber incitou-o a estudar.*

inclinação in.cli.na.ção *substantivo feminino* **1.** Ação de inclinar(-se), ou o resultado desta ação. **2.** Vocação: *Minha mãe pensa que tenho inclinação para a pintura.* [Plural: *inclinações.*]

inclinado in.cli.na.do *adjetivo* O mesmo que *oblíquo*: *uma linha inclinada*.

inclinar in.cli.nar *verbo* **1.** Tornar oblíquo: *Seguindo o ritmo da música, inclinou a cabeça para um lado e depois para o outro.* **2.** Curvar-se: *Na história, o príncipe inclinou-se e calçou o sapato na moça.*

incluir in.clu.ir *verbo* **1.** Pôr, colocar: *Incluiu o nome dos amigos mais próximos na lista da festa.* **2.** Conter em si; abranger: *Este livro inclui várias histórias do nosso folclore.*

inclusão in.clu.são *substantivo feminino* Ação de incluir, ou o resultado desta ação: *A inclusão desta palavra muda o significado da frase.* [Plural: *inclusões.*]

incoerência in.co:e.rên.ci:a *substantivo feminino* Falta de coerência: *A incoerência do réu contribuiu para sua condenação.*

incoerente in.co:e.ren.te *adjetivo de dois gêneros* Que não tem coerência; cujas partes não têm conexão: *A sua explicação incoerente não convenceu ninguém.*

incógnito in.cóg.ni.to *advérbio* De modo oculto, procurando não ser reconhecido: *Aquele famoso ator americano viajou incógnito para o Brasil.*

incolor in.co.lor (lôr) *adjetivo de dois gêneros* Que não tem cor: *A água pura é inodora, incolor e insípida.*

incomodar in.co.mo.dar *verbo* **1.** Causar incômodo, ou aborrecimento, a: *Diminuiu o volume do som, para não incomodar os vizinhos.* **2.** Sentir incômodo, desconforto: *Minha irmã incomoda-se muito com a opinião dos outros.*

incômodo in.cô.mo.do *substantivo masculino* Aquilo que aborrece, desagrada.

incompetente in.com.pe.ten.te *adjetivo de dois gêneros* Que não tem competência.

incompleto in.com.ple.to *adjetivo* Que não está acabado, completo: *Meu álbum está incompleto, ainda faltam cinco figurinhas.*

incompreensível in.com.pre.en.sí.vel *adjetivo de dois gêneros* Que não se pode compreender. [Plural: *incompreensíveis.*]

incomum in.co.mum *adjetivo de dois gêneros* Fora do comum: *É um fato incomum chover tanto nesta época do ano.* [Plural: *incomuns.*]

inconsciente in.cons.ci.en.te *adjetivo de dois gêneros* Que perdeu a consciência, que desmaiou.

inconveniente in.con.ve.ni.en.te *adjetivo de dois gêneros* **1.** Que não é adequado: *É inconveniente sair com esta roupa leve neste frio.* **2.** Mal-educado, grosseiro: *– Menino, não seja inconveniente. Respeite sua tia.* ✅ *substantivo masculino* **3.** Problema, dificuldade: *Não há nenhum inconveniente em fazer a nossa festa lá em casa.*

incorreto in.cor.re.to *adjetivo* Que não é correto, que não é certo: *A resposta da questão estava incorreta.*

incrível in.crí.vel *adjetivo de dois gêneros* Muito bom; extraordinário: *Achou o show do mágico incrível.* [Plural: *incríveis.*]

incurável in.cu.rá.vel *adjetivo de dois gêneros* Que não tem cura: *uma doença incurável.* [Plural: *incuráveis.*]

indecente in.de.cen.te *adjetivo de dois gêneros* Que não é próprio quanto à correção, à decência: *Meu tio gosta de contar piadas indecentes, o que minha mãe não aprova.*

indecisão | indígena

indecisão in.de.ci.**são** *substantivo feminino* Qualidade de indeciso. [Plural: *indecisões*.]

indeciso in.de.**ci**.so *adjetivo* Que ainda não tomou uma decisão: *O rapaz está indeciso, não sabe se usa o dinheiro na compra do computador ou na viagem.*

indefeso in.de.**fe**.so (fê) *adjetivo* Que não sabe, ou não pode defender-se: *Recolheu na rua o cão doente e indefeso, e o levou para casa.*

indefinido in.de.fi.**ni**.do *adjetivo* **1.** Que não se pode afirmar com certeza: *O dia do jogo ainda está indefinido*. **2.** Diz-se de artigo ou de pronome que identifica o substantivo de modo vago. Exemplos: (artigos) *Um dia vou ser professor*; *Uma senhora cumprimentou-me na rua*. (pronomes) *Certo dia acordou cedo e decidiu ir à praia*; *Alguns dos desenhos estavam rasgados.*

indelicadeza in.de.li.ca.**de**.za (ê) *substantivo feminino* Gesto, ação ou palavra indelicada.

indelicado in.de.li.**ca**.do *adjetivo* Que não é delicado, gentil: *Sua resposta indelicada magoou o amigo.*

indenização in.de.ni.za.**ção** *substantivo feminino* Aquilo que se recebe para compensar ou reparar um prejuízo, uma perda, etc.: *Pediu uma indenização pela perda da bagagem*. [Plural: *indenizações*.]

indenizar in.de.ni.**zar** *verbo* Dar indenização: *O governo indenizou os produtores rurais prejudicados pela seca.*

independência in.de.pen.**dên**.ci.a *substantivo feminino* **1.** Estado daquele que tem completa liberdade para decidir por si mesmo: *Depois que começou a trabalhar, adquiriu sua independência*. **2.** Autonomia política: *A independência do Brasil de Portugal ocorreu em 7 de setembro de 1822.*

independente in.de.pen.**den**.te *adjetivo de dois gêneros* **1.** Que não depende de ninguém: *É uma senhora muito idosa mas independente*. **2.** Que tem autonomia política. **3.** Que tem entrada própria: *Meu tio mora conosco, num quarto independente.*

indesejável in.de.se.**já**.vel *adjetivo de dois gêneros* Que não se deseja: *Meu pai caminha diariamente para eliminar uma indesejável barriga*. [Plural: *indesejáveis*.]

indeterminação in.de.ter.mi.na.**ção** *substantivo feminino* Falta de determinação. [Plural: *indeterminações*.]

indeterminado in.de.ter.mi.**na**.do *adjetivo* Que não se pode indicar com exatidão: *Nossa viagem à Bahia foi adiada por tempo indeterminado.*

indicação in.di.ca.**ção** *substantivo feminino* Ação de indicar, ou o resultado desta ação. [Plural: *indicações*.]

indicador in.di.ca.**dor** (ô) *substantivo masculino* Dedo da mão, seguinte ao polegar; fura-bolo.

indicar in.di.**car** *verbo* **1.** Mostrar, revelar: *O rosto do menino indicava cansaço*. **2.** Apontar, mostrar: *Indicou com o dedo onde havia caído a bola.*

índice **ín**.di.ce *substantivo masculino* Em livro, revista, etc., lista com os capítulos, ou as matérias, com a correspondente indicação das páginas.

indício in.**dí**.ci:o *substantivo masculino* Sinal, vestígio, marca: *Os farelos na roupa eram indícios que ele comeu bolo.*

indiferença in.di.fe.**ren**.ça *substantivo feminino* Falta de curiosidade, de interesse: *Fiquei aborrecida com a indiferença dele com o meu presente.*

indiferente in.di.fe.**ren**.te *adjetivo de dois gêneros* Que mostra indiferença.

indígena in.**dí**.ge.na *substantivo de dois gêneros* **1.** Originário de um determinado país ou região. **2.** Indivíduo que pertence a qualquer um dos povos nativos das Américas. ✓ *adjetivo de dois gêneros* **3.** De, ou relativo aos indígenas: *A exposição de arte indígena brasileira atraiu uma grande multidão.*

275

indigestão in.di.ges.**tão** *substantivo feminino* Mal-estar provocado por alguma coisa que se comeu: *O menino abusou do chocolate e teve uma indigestão.* [Plural: *indigestões.*]

indigesto in.di.**ges**.to *adjetivo* Que é difícil de digerir: *Para meu pai, melancia é uma fruta indigesta.*

indignação in.dig.na.**ção** *substantivo feminino* Revolta que se tem contra uma ação indigna: *Foi grande a sua indignação ao ver o rapaz maltratar o cachorro.* [Plural: *indignações.*]

indigno in.**dig**.no *adjetivo* **1.** Não merecedor: *João era indigno do amor de Maria.* **2.** Que é errado, covarde, cruel: *Tal ato indigno chocou a cidade.*

índio ín.di:o *adjetivo* e *substantivo masculino* O mesmo que *indígena* (2 e 3).

indireto in.di.**re**.to *adjetivo* Que não é direto: *A sala era iluminada com luz indireta.*

indisciplina in.dis.ci.**pli**.na *substantivo feminino* Falta de disciplina; desobediência.

indiscreto in.dis.**cre**.to *adjetivo* **1.** Que é curioso, procurando ver ou escutar o que não deve. **2.** Que fala mais do que deve: *Aquela senhora é muito indiscreta, não sabe guardar segredo.*

indiscrição in.dis.cri.**ção** *substantivo feminino* Fala ou atitude indiscreta; inconveniência: *Perguntar a idade a pessoas mais velhas é indiscrição.* [Plural: *indiscrições.*]

indispensável in.dis.pen.**sá**.vel *adjetivo de dois gêneros* Que é muito necessário, que não pode faltar: *Para entrar na festa era indispensável a apresentação do convite.* [Plural: *indispensáveis.*]

indispor in.dis.**por** *verbo* **1.** Causar indisposição ou alteração de saúde: *O exagero na comida e na bebida indispõe as pessoas.* **2.** Causar briga entre as pessoas: *Uma disputa esportiva os indispôs, mas já se reconciliaram.*

indisposição in.dis.po.si.**ção** *substantivo feminino* Pequena alteração de saúde; mal-estar: *Não pôde vir à festa porque está com indisposição.* [Plural: *indisposições.*]

indisposto in.dis.**pos**.to (pôs) *adjetivo* Que tem indisposição, mal-estar: *Comeu demais na véspera e por isso acordou indisposto.* [Plural: *indispostos* (pós).]

individual in.di.vi.du.**al** *adjetivo de dois gêneros* **1.** Relativo a indivíduo. **2.** Que é para uma só pessoa: *A escova de dentes é um artigo de higiene individual.* [Plural: *individuais.*]

indivíduo in.di.**ví**.du:o *substantivo masculino* **1.** Qualquer ser vivo vegetal ou animal, tomado isoladamente: *Entre as abelhas, cada indivíduo tem uma função na colmeia.* **2.** Ser humano: *Este hospital trata de indivíduos com problemas respiratórios.*

indivisível in.di.vi.**sí**.vel *adjetivo de dois gêneros* Que não se pode dividir. [Plural: *indivisíveis.*]

índole ín.do.le *substantivo feminino* Conjunto de traços e qualidades de uma pessoa; temperamento: *Esta criança tem boa índole.*

indolente in.do.**len**.te *adjetivo de dois gêneros* Que nada faz; preguiçoso: *Antes de entrar para a escola, era um menino indolente, agora é muito ativo.*

indústria in.**dús**.tri:a *substantivo feminino* **1.** Conjunto das atividades econômicas que produzem bens materiais. **2.** Cada um dos ramos desse conjunto: *a indústria metalúrgica, a indústria automobilística, a indústria química, a indústria de alimentos, etc.* **3.** O mesmo que *fábrica*: *Minha mãe trabalha numa indústria de cosméticos.*

industrial in.dus.tri.**al** *adjetivo de dois gêneros* **1.** De, ou relativo a indústria. ✓ *substantivo de dois gêneros* **2.** Dono de indústria (3). [Plural: *industriais.*]

industrialização in.dus.tri:a.li.za.**ção** *substantivo feminino* Ação de industrializar. [Plural: *industrializações*.]

industrializar in.dus.tri:a.li.**zar** *verbo* Instalar indústrias em: *A proposta de um dos candidatos a prefeito é industrializar a região para gerar muitos empregos.*

inédito i.**né**.di.to *adjetivo* Que ainda não foi publicado, visto ou gravado: *uma música inédita.*

inegável i.ne.**gá**.vel *adjetivo de dois gêneros* Que não se pode negar: *É inegável a vocação do Rio de Janeiro para o turismo.* [Plural: *inegáveis*.]

inesgotável i.nes.go.**tá**.vel *adjetivo de dois gêneros* Que não se esgota: *Tem paciência inesgotável para os problemas dos filhos.* [Plural: *inesgotáveis*.]

inesperado i.nes.pe.**ra**.do *adjetivo* Não esperado; que acontece de repente: *A visita inesperada de minha avó alegrou muito minha mãe.*

inesquecível i.nes.que.**cí**.vel *adjetivo de dois gêneros* Que não pode ser esquecido: *Fizemos um passeio inesquecível.* [Plural: *inesquecíveis*.]

inevitável i.ne.vi.**tá**.vel *adjetivo de dois gêneros* Que não se pode evitar: *Li no jornal que os cientistas consideram o aquecimento global inevitável.* [Plural: *inevitáveis*.]

inexistência i.ne.xis.**tên**.ci:a (xis = zis) *substantivo feminino* Não existência.

inexistente i.ne.xis.**ten**.te (xis = zis) *adjetivo de dois gêneros* Que não existe: *Como o endereço era inexistente, a carta foi devolvida ao remetente.*

inexperiência i.nex.pe.ri.**ên**.ci:a *substantivo feminino* Falta de experiência.

inexperiente i.nex.pe.ri.**en**.te *adjetivo de dois gêneros* Que não tem experiência (de trabalho, etc.): *Aquela empresa dá oportunidade a jovens inexperientes.*

inexplicável i.nex.pli.**cá**.vel *adjetivo de dois gêneros* Que não tem explicação: *Viu-se depois que o fenômeno inexplicável no céu era apenas um meteoro.* [Plural: *inexplicáveis*.]

inexpressivo i.nex.pres.**si**.vo *adjetivo* Sem expressão ou vivacidade: *Na peça, a atuação daquele ator foi inexpressiva.*

infalível in.fa.**lí**.vel *adjetivo de dois gêneros* Que não falha: *Minha mãe conhece um método infalível para tirar manchas de gordura da roupa.* [Plural: *infalíveis*.]

infância in.**fân**.ci:a *substantivo feminino* Período da vida que vai do nascimento à adolescência.

infantil in.fan.**til** *adjetivo de dois gêneros* **1.** Relativo à infância. **2.** De criança: *O rapaz tinha um sorriso infantil.* **3.** Próprio para crianças: *Aquela moça escreveu um livro infantil.* [Plural: *infantis*.]

infantojuvenil in.fan.to.ju.ve.**nil** *adjetivo de dois gêneros* Relativo à infância e à juventude, ou próprio delas: *Aquela livraria tem uma seção de literatura infantojuvenil.* [Plural: *infantojuvenis*.]

infecção in.fec.**ção** *substantivo feminino* Entrada e multiplicação de micro-organismos em alguma parte do corpo: *Pelos exames, viu-se que minha avó está com infecção urinária.* [Plural: *infecções*.]

infeccionar in.fec.ci:o.**nar** *verbo* **1.** Causar infecção a: *Lavou a mão para a sujeira não infeccionar a ferida.* **2.** Contaminar: *Quando o caminhão passou, o cheiro do lixo infeccionou o ar.* **3.** Sofrer infecção: *A ferida na perna do rapaz infeccionou(-se).*

infeccioso in.fec.ci:**o**.so (ô) *adjetivo* Que resulta de infecção. [Plural: *infecciosos* (ó).]

infectar in.fec.**tar** *verbo* O mesmo que *infeccionar*.

infelicidade in.fe.li.ci.**da**.de *substantivo feminino* Qualidade ou estado de infeliz.

infeliz in.fe.**liz** *adjetivo de dois gêneros* **1.** Que não é, ou não está, feliz, contente: *Quando o cachorro adoeceu, o menino ficou muito infeliz.* **2.** Triste: *A eliminação do nosso time foi um acontecimento infeliz.* **3.** Que não é adequado, conveniente: *Sair nesta chuva é uma ideia infeliz.*

infelizmente

infelizmente in.fe.liz.**men**.te *advérbio* De modo infeliz, ou de modo a se lamentar: *Adoeceu e infelizmente não pode ir à festa.*

inferior in.fe.ri.**or** (ô) *adjetivo de dois gêneros* **1.** Que está, ou fica, na parte de baixo: *Escreveu seu nome na parte inferior da folha.* **2.** Que não é tão bom quanto outro(s): *O pano desta toalha é inferior ao da outra.* **3.** Menor: *Este mês a conta da luz foi inferior à do mês passado.*

infernal in.fer.**nal** *adjetivo de dois gêneros* **1.** Relativo ao inferno. **2.** Próprio do inferno: *Ontem fez um calor infernal*; *Lá fora estava um barulho infernal*. [Plural: *infernais*.]

inferno in.**fer**.no *substantivo masculino* **1.** Para os cristãos, moradia do demônio, e para onde vão as almas daqueles que não se salvaram. **2.** Grande sofrimento: *Durante a guerra, a vida na cidade se tornou um inferno.*

infestar in.fes.**tar** *verbo* Invadir, multiplicando-se e causando danos: *As moscas infestaram a casa.*

infiel in.fi.**el** *adjetivo de dois gêneros* **1.** Que não tem fidelidade: *Os amigos infiéis traem a nossa confiança.* **2.** Que tem uma religião diferente da que consideramos verdadeira: *Os portugueses consideravam os árabes como povos infiéis.* [Plural: *infiéis*.]

infiltrar in.fil.**trar** *verbo* Penetrar através de: *Lentamente, a água infiltrou-se na terra.*

infinidade in.fi.ni.**da**.de *substantivo feminino* Um grande número: *Na loja, havia uma infinidade de brinquedos.*

infinitivo in.fi.ni.**ti**.vo *substantivo masculino* Modo verbal que exprime ação ou estado, sem determinar número, pessoa ou tempo: *Para encontrar um verbo no dicionário, temos que procurar o seu infinitivo.*

infinito in.fi.**ni**.to *adjetivo* **1.** Que parece sem fim: *infinitos grãos de areia.* **2.** Que não tem limites: *O Universo é infinito?* **3.** Muito, numeroso: *Brincando, deu infinitas voltas em torno da praça.*

informar

inflação in.fla.**ção** *substantivo feminino* Aumento geral de preços que faz com que o dinheiro perca valor. [Plural: *inflações*.]

inflamação in.fla.ma.**ção** *substantivo feminino* Reação protetora do organismo que se produz após ferida, infecção, etc. [Plural: *inflamações*.]

inflamar in.fla.**mar** *verbo* **1.** Causar inflamação em: *O brinco inflamou a orelha da menina.* **2.** Estimular: *O passeio inflamou a imaginação do menino.* **3.** Sofrer inflamação: *Com a infecção minha garganta inflamou(-se).* **4.** Arder em chamas: *Como estava molhada, a lenha custou a inflamar(-se).*

inflamável in.fla.**má**.vel *adjetivo de dois gêneros* Capaz de pegar fogo: *A gasolina e o álcool são líquidos inflamáveis.* [Plural: *inflamáveis*.]

inflar in.**flar** *verbo* Encher com ar, ou com outro gás: *A menina, soprando, inflou o balão.*

influência in.flu.**ên**.ci.a *substantivo feminino* Ação exercida sobre alguma coisa ou sobre alguém: *É certo que o cigarro tem influência no aumento das doenças respiratórias.*

influenciar in.flu:en.ci.**ar** *verbo* Exercer influência sobre; influir: *As chuvas influenciaram nossa decisão de voltar mais cedo das férias.*

influente in.flu.**en**.te *adjetivo de dois gêneros* Que influi ou que usa de influência: *homem influente.*

influir in.flu.**ir** *verbo* O mesmo que **influenciar**: *O tombo que levou influiu no seu modo de andar.*

informação in.for.ma.**ção** *substantivo feminino* Aquilo que esclarece, explica: *No banco, o rapaz se dirigiu à recepcionista e pediu uma informação.* [Plural: *informações*.]

informal in.for.**mal** *adjetivo de dois gêneros* Sem formalidades; descontraído: *O escritor teve com os estudantes uma conversa informal.* [Plural: *informais*.]

informar in.for.**mar** *verbo* **1.** Dar informação: *Este livro nos informa como era a vida no antigo Egito.* **2.**

informática

Avisar, comunicar: *O professor informou aos alunos que o passeio ao zoológico foi adiado.*

informática in.for.**má**.ti.ca *substantivo feminino* Ciência e técnica que se ocupa de reunir e organizar informações mediante meios automáticos: *A informática está presente na educação, na economia, na política, na diversão, etc.*

informativo in.for.ma.**ti**.vo *adjetivo* **1.** Que serve para informar: *No boletim informativo da associação de moradores li sobre a importância da coleta seletiva do lixo.* ✓ *substantivo masculino* **2.** Veja *boletim* (1).

informe in.**for**.me *substantivo masculino* Veja *boletim* (1): *Este informe trata das principais doenças que atingem cães e gatos.*

infraestrutura in.fra.es.tru.**tu**.ra *substantivo feminino* **1.** A parte inferior de uma estrutura: *A infraestrutura é indispensável à construção de um prédio.* **2.** O conjunto dos serviços e instalações necessárias ao funcionamento de uma cidade, como rede de esgotos, de abastecimento de água, energia elétrica, etc.

infrator in.fra.**tor** (tôr) *adjetivo* **1.** Que desobedece a lei. ✓ *substantivo masculino* **2.** Indivíduo infrator.

ingenuidade in.ge.nu:i.**da**.de *substantivo feminino* Qualidade ou caráter de ingênuo.

ingênuo in.**gê**.nu:o *adjetivo* Que é puro, sem maldade: *O romance conta a história de uma moça sonhadora e ingênua que veio do Nordeste para o Rio de Janeiro.*

ingerir in.ge.**rir** *verbo* O mesmo que *engolir*.

ingestão in.ges.**tão** *substantivo feminino* Ação de ingerir, ou o resultado desta ação. [Plural: *ingestões*.]

ingratidão in.gra.ti.**dão** *substantivo feminino* Qualidade ou caráter de ingrato. [Plural: *ingratidões*.]

ingrato in.**gra**.to *adjetivo* Que não é grato, que não reconhece benefício recebido: *– Que cachorro ingrato, recebeu o osso e mordeu a minha mão!*

ingrediente in.gre.di.**en**.te *substantivo masculino* Elemento que entra na composição de uma receita: *Para fazer o bolo usei os seguintes ingredientes: farinha, açúcar, ovos, manteiga, leite e fermento.*

iniciativa

íngreme **ín**.gre.me *adjetivo de dois gêneros* Muito inclinado: *A casa do meu amigo fica naquela ladeira íngreme.*

ingressar in.gres.**sar** *verbo* Entrar: *O sonho do meu irmão é ingressar na Aeronáutica.*

ingresso in.**gres**.so *substantivo masculino* **1.** Ação de ingressar. **2.** Pedaço de papel escrito, ou cartão, que se compra para dar direito a entrar em cinemas, museus, estádios, *shows*, etc.

inhame i.**nha**.me *substantivo masculino* Erva de folhas grandes, que dá um tubérculo comestível.

inibição i.ni.bi.**ção** *substantivo feminino* Ação de inibir(-se), ou o resultado desta ação: *Tem inibição de falar em público.* [Plural: *inibições*.]

inibir i.ni.**bir** *verbo* **1.** Embaraçar, impedir: *No Brasil há leis que inibem a discriminação racial.* **2.** Ficar tímido; embaraçar-se: *Começou a cantar, mas inibiu-se ao ver o pai.*

inicial i.ni.ci.**al** *adjetivo de dois gêneros* **1.** Que fica no início: *Na página inicial do livro, a escritora fez uma dedicatória para o menino.* ✓ *substantivo feminino* **2.** A primeira letra de uma palavra, de um nome, de um sobrenome: *Mandou gravar no anel as iniciais da namorada.* [Plural: *iniciais*.]

iniciante i.ni.ci.**an**.te *adjetivo de dois gêneros* **1.** Que está começando numa atividade: *No filme, o rapaz é um bruxo iniciante que faz muita confusão.* ✓ *substantivo de dois gêneros* **2.** Pessoa iniciante.

iniciar i.ni.ci.**ar** *verbo* **1.** Dar início a; começar: *Antes de o avião iniciar a viagem, veio a ordem para todos desligarem os celulares.* **2.** Dar os primeiros passos; principiar: *Desde cedo iniciou-se no estudo das artes; As aulas (se) iniciam no próximo mês.*

iniciativa i.ni.ci:a.**ti**.va *substantivo feminino* **1.** Ação de uma pessoa que é a primeira a propor ou a

279

fazer alguma coisa: *Sua iniciativa de chamar os colegas para o passeio foi bem recebida.* **2.** Qualidade da pessoa que atua, que procura fazer as coisas: *Meu pai é admirado no trabalho por ter muita iniciativa.*

início i.**ní**.ci:o *substantivo masculino* Princípio, começo: *No início do próximo mês, viajaremos para o Pantanal.*

inimigo i.ni.**mi**.go *adjetivo* **1.** Que detesta, odeia: *Ele é uma pessoa inimiga de tumulto.* **2.** Que é nocivo, prejudicial: *Fumar é um hábito inimigo da saúde.* **3.** Que luta contra; adversário: *Durante a guerra meu avô quase foi capturado pelas tropas inimigas.* ☑ *substantivo masculino* **4.** Aquele que odeia alguém ou algo: *No filme, o homem tinha muitos inimigos; Eu e meus amigos somos inimigos das drogas.*

injeção in.je.**ção** *substantivo feminino* **1.** Ação de injetar, ou o resultado desta ação. **2.** Introdução de um líquido (medicamento) no organismo, com o auxílio de uma seringa. [Plural: *injeções*.]

injetar in.je.**tar** *verbo* **1.** Introduzir líquido, etc., em: *No hospital injetaram em meu pai dois litros de soro.* **2.** Introduzir, pôr em circulação: *Li no jornal que o novo salário mínimo vai injetar bilhões de reais na economia.*

injustiça in.jus.**ti**.ça *substantivo feminino* **1.** Falta de justiça: *É uma injustiça ainda haver tantas crianças abandonadas no país.* **2.** Ação injusta: *Foi uma injustiça um filme tão bom não ter sido premiado.*

injusto in.**jus**.to *adjetivo* **1.** Não merecido; que não corresponde à verdade: *Ficou triste quando lhe fizeram uma acusação injusta.* **2.** Desprovido de senso de justiça: *pessoa injusta.*

inocência i.no.**cên**.ci:a *substantivo feminino* Qualidade de inocente.

inocente i.no.**cen**.te *adjetivo de dois gêneros* **1.** Que é puro, sem maldade: *O romance conta a história de um rapaz inocente que vive muitas aventuras.* **2.** Que não tem culpa: *Ao final do julgamento, os jurados concluíram que o réu era inocente.* ☑ *substantivo de dois gêneros* **3.** Pessoa inocente.

inodoro i.no.**do**.ro (dó) *adjetivo* Que não tem odor: *A água pura é inodora, incolor e insípida.*

inofensivo i.no.fen.**si**.vo *adjetivo* Que não é capaz de causar nenhum mal: *Alguns insetos são inofensivos.*

inoportuno i.no.por.**tu**.no *adjetivo* Que acontece ou vem em má hora: *uma visita inoportuna, uma pergunta inoportuna.*

inovação i.no.va.**ção** *substantivo feminino* Introdução de coisa nova, de novidade: *Aquele restaurante fez inovações no cardápio para atrair mais fregueses.* [Plural: *inovações*.]

inovar i.no.**var** *verbo* Introduzir inovação.

inquieto in.**qui**:e.to *adjetivo* **1.** Que não para quieto: *O livro conta a história de um menino inquieto e curioso.* **2.** Preocupado; aflito: *Como não queria chegar atrasado à escola, estava inquieto com a demora do ônibus.*

inquilino in.qui.**li**.no *substantivo masculino* Pessoa que mora num lugar pagando aluguel.

insatisfação in.sa.tis.fa.**ção** *substantivo feminino* Falta de satisfação, de contentamento: *O aumento da gasolina causou insatisfação geral.* [Plural: *insatisfações*.]

insatisfeito in.sa.tis.**fei**.to *adjetivo* Que não está satisfeito, contente: *Pela pesquisa, a maioria dos usuários está insatisfeita com os transportes públicos.*

inscrever ins.cre.**ver** *verbo* **1.** Escrever, gravando: *Mandou inscrever um pequeno poema no túmulo do pai.* **2.** Fazer a inscrição de: *O menino inscreveu o cachorro na competição; O rapaz inscreveu-se num concurso para bombeiro.*

inscrição ins.cri.**ção** *substantivo feminino* **1.** Ação de inscrever, ou o resultado desta ação. **2.** Aquilo que está escrito, ou gravado, em placa, parede, monumento, etc. **3.** Registro de uma pessoa, ou de algo, em concurso, competição, etc. [Plural: *inscrições*.]

insegurança in.se.gu.**ran**.ça *substantivo feminino* **1.** Falta de segurança, de proteção: *Com o aumento da criminalidade, é grande o sentimento de insegurança da população.* **2.** Falta de confiança em si mesmo: *A insegurança daquele rapaz o prejudica.*

inseguro — instantâneo

inseguro in.se.**gu**.ro *adjetivo* **1.** Que não é seguro: *Este elevador me parece inseguro.* **2.** Que não se sente seguro, que não confia em si próprio: *É um menino inseguro.*

insensibilidade in.sen.si.bi.li.**da**.de *substantivo feminino* Falta de sensibilidade.

insensível in.sen.**sí**.vel *adjetivo de dois gêneros* **1.** Sem sensibilidade: *Com o frio, seus dedos ficaram insensíveis.* **2.** Que não se comove com facilidade: *Ana chorou durante o filme, porém João ficou insensível.* [Plural: *insensíveis*.]

inseparável in.se.pa.**rá**.vel *adjetivo de dois gêneros* **1.** Que não se pode separar: *Uma boa qualidade de vida é inseparável da preservação da natureza.* **2.** Que está sempre acompanhado daquela(s) pessoa(s): *Os dois eram amigos inseparáveis.* [Plural: *inseparáveis*.]

inserir in.se.**rir** *verbo* Introduzir, incluir: *Fez um trabalho sobre a Amazônia, e inseriu nele fotografias de animais e plantas da floresta.*

inseticida in.se.ti.**ci**.da *substantivo masculino* Produto que se utiliza para matar insetos nocivos.

insetívoro in.se.**tí**.vo.ro *adjetivo* Que se alimenta de insetos: *um pássaro insetívoro.*

inseto in.**se**.to *substantivo masculino* Grupo de animais que têm um par de antenas, geralmente dois pares de asas, e três pares de patas. Exemplos: formiga, abelha.

insignificante in.sig.ni.fi.**can**.te *adjetivo de dois gêneros* Que não tem valor nem importância: *Sua colaboração neste trabalho foi insignificante.*

insinuação in.si.nu:a.**ção** *substantivo feminino* Ação de insinuar, ou o resultado desta ação. [Plural: *insinuações*.]

insinuar in.si.nu.**ar** *verbo* Deixar que se perceba alguma coisa sem expressá-la claramente: *Ele insinuou que queria vir também, e eu o convidei.*

insípido in.**sí**.pi.do *adjetivo* Sem gosto: *A água pura é inodora, incolor e insípida.*

insistência in.sis.**tên**.ci:a *substantivo feminino* Ação de insistir, ou o resultado desta ação.

insistente in.sis.**ten**.te *adjetivo de dois gêneros* Que insiste: *Este menino é muito insistente.*

insistir in.sis.**tir** *verbo* Fazer, dizer ou pedir várias vezes: *Depois de muito insistir, conseguimos fazer o carro funcionar.*

insolação in.so.la.**ção** *substantivo feminino* Estado que resulta de uma demorada exposição aos raios solares, e que é prejudicial à saúde. [Plural: *insolações*.]

insônia in.**sô**.ni:a *substantivo feminino* Dificuldade que uma pessoa tem para dormir: *Meu pai tem insônia sempre que fica preocupado com alguma coisa.*

inspeção ins.pe.**ção** *substantivo feminino* Ação de inspecionar, ou o resultado desta ação. [Plural: *inspeções*.]

inspecionar ins.pe.ci:o.**nar** *verbo* Examinar com atenção: *Inspecionou toda a casa antes de comprá-la.*

inspetor ins.pe.**tor** (ô) *substantivo masculino* Pessoa que tem a função de inspecionar.

inspiração ins.pi.ra.**ção** *substantivo feminino* **1.** Movimento corporal que permite que o ar entre nos pulmões. **2.** Aquilo que estimula a atividade criadora de uma pessoa: *Ao olhar as montanhas, encontrou inspiração para escrever o poema.* [Plural: *inspirações*.]

inspirar ins.pi.**rar** *verbo* **1.** Fazer o ar entrar nos pulmões. **2.** Fazer com que surja uma ideia, um sentimento: *A visita ao zoológico o inspirou a escrever uma história em que os personagens são animais.*

instalação ins.ta.la.**ção** *substantivo feminino* **1.** Ação de instalar, ou o resultado desta ação. **2.** A rede elétrica, de água, etc., de uma casa, de uma construção: *Os bombeiros verificaram que a instalação elétrica inadequada foi a causa do incêndio.* [Plural: *instalações*.]

instalar ins.ta.**lar** *verbo* **1.** Pôr em lugar que possa ser usado: *Nosso chuveiro elétrico queimou, mas meu pai instalou outro; Instalei um novo jogo no meu computador.* **2.** Alojar, acomodar: *Passei a dormir na sala, desde que as visitas se instalaram no meu quarto.*

instantâneo ins.tan.**tâ**.ne:o *adjetivo* **1.** Que acontece muito rápido: *O homem atingido pelo raio teve morte instantânea.* **2.** Que se faz num instante: *Com fome, preparou um macarrão instantâneo.*

instante ins.**tan**.te *substantivo masculino* **1.** Intervalo curto de tempo: *O filme começará em poucos instantes.* **2.** Ocasião, momento: *No instante em que saiu de casa começou a chover.*

instinto ins.**tin**.to *substantivo masculino* Modo de agir, de se comportar, que nasce com pessoa ou animal: *Após o nascimento, por instinto, os filhotes de tartaruga correm para o mar.*

instituição ins.ti.tu:i.**ção** *substantivo feminino* **1.** Organização de caráter religioso, educacional, político, etc.: *As escolas são instituições educacionais.* **2.** Costume ou prática estabelecida: *O casamento é uma instituição muito antiga.* [Plural: *instituições*.]

instituto ins.ti.**tu**.to *substantivo masculino* Organização ou estabelecimento com função determinada: *instituto de pesquisas eleitorais*; *instituto de educação*; *instituto de beleza*.

instrução ins.tru.**ção** *substantivo feminino* **1.** Conhecimento adquirido na escola; estudo: *Aquela senhora é muito inteligente, apesar da pouca instrução.* **2.** Cultura, saber: *Grande parte da sua instrução veio dos livros.* **3.** Orientação: *O menino montou o avião seguindo as instruções do manual.* [Plural: *instruções*.]

instruir ins.tru.**ir** *verbo* **1.** Transmitir conhecimento a; ensinar. **2.** Orientar: *Instruiu o filho a não aceitar nada de pessoas estranhas.*

instrumentista ins.tru.men.**tis**.ta *substantivo de dois gêneros* Pessoa que toca algum instrumento musical.

instrumento ins.tru.**men**.to *substantivo masculino* **1.** Objeto que serve para fazer alguma coisa: *A enxada é um instrumento agrícola.* **2.** O mesmo que **instrumento musical.** 🔊 Instrumento musical. Objeto capaz de produzir sons musicais: *O violão e o tambor são instrumentos musicais.*

instrutivo ins.tru.**ti**.vo *adjetivo* Que instrui ou serve para instruir: *Esse é um livro interessante e instrutivo.*

instrutor ins.tru.**tor** (ô) *substantivo masculino* Aquele que instrui, que ensina: *Meu tio é instrutor de ginástica.*

insucesso in.su.**ces**.so *substantivo masculino* Mau resultado; falta de sucesso: *Ele não esperava pelo insucesso nos exames.*

insuficiência in.su.fi.ci.**ên**.ci:a *substantivo feminino* **1.** Falta, ausência: *A prefeitura não concluiu o asfaltamento da estrada por insuficiência de recursos.* **2.** Falha no funcionamento de um órgão, ou de um conjunto de órgãos: *Minha avó sofre de insuficiência renal.*

insuficiente in.su.fi.ci.**en**.te *adjetivo de dois gêneros* Que não é suficiente, que não basta: *A produção de leite da fazenda foi insuficiente para atender a todos os clientes.*

insulina in.su.**li**.na *substantivo feminino* Substância produzida pelo pâncreas, que controla a taxa de açúcar no sangue.

insultar in.sul.**tar** *verbo* Dizer insulto a; xingar: *O jogador foi expulso porque insultou o árbitro.*

insulto in.**sul**.to *substantivo masculino* Palavra(s) grosseira(s) e ofensiva(s) ditas a uma pessoa; xingamento.

insuportável in.su.por.**tá**.vel *adjetivo de dois gêneros* Que é difícil de suportar: *Hoje, o calor está insuportável.* [Plural: *insuportáveis*.]

insurreição in.sur.rei.**ção** *substantivo feminino* Revolta, rebelião. [Plural: *insurreições*.]

intacto in.**tac**.to ou **intato** in.**ta**.to *adjetivo* **1.** Que não foi tocado ou mexido: *Retornando à velha casa, encontrou os móveis intactos.* **2.** Que não sofreu estrago ou alteração: *Seus óculos caíram no chão, mas ficaram intactos.*

integração in.te.gra.**ção** *substantivo feminino* **1.** Ação de integrar(-se), ou o resultado desta ação: *integração metrô-ônibus.* [Plural: *integrações*.]

integral in.te.gral *adjetivo de dois gêneros* **1.** Inteiro, total: *Assim que recebeu, fez o pagamento integral da sua dívida.* **2.** Diz-se do cereal que sofreu pouco, ou nenhum, beneficiamento: *arroz integral; trigo integral.* **3.** Diz-se do alimento feito com cereal integral: *pão integral.* **4.** Diz-se do leite a que não se retirou a gordura. [Plural: *integrais.*]

integrante in.te.gran.te *adjetivo de dois gêneros* **1.** Que integra: *Nós, os seres humanos, somos parte integrante da natureza.* ✅ *substantivo de dois gêneros* **2.** Pessoa ou coisa que faz parte de um todo: *Todos os integrantes da passeata usavam roupa branca.*

integrar in.te.grar *verbo* **1.** Fazer parte: *Meu pai, na juventude, integrou uma banda de rock.* **2.** Unir-se, tornando-se parte do todo: *Após a mudança, a família integrou-se logo ao novo bairro.*

inteiro in.tei.ro *adjetivo* **1.** Todo, completo: *Passou a tarde inteira estudando para a prova do dia seguinte.* **2.** A que não falta nada: *Ao entrar na cozinha, ficou surpresa ao ver o bolo ainda inteiro.*

intelectual in.te.lec.tu.al *adjetivo de dois gêneros* **1.** Em que predomina o raciocínio, e não a força física: *trabalho intelectual.* ✅ *substantivo de dois gêneros* **2.** Pessoa que se ocupa do pensamento, das ideias: *Os romancistas são intelectuais.* [Plural: *intelectuais.*]

inteligência in.te.li.gên.ci.a *substantivo feminino* Faculdade de aprender, de pensar, de raciocinar: *O homem usa da sua inteligência para desvendar os mistérios do universo.*

inteligente in.te.li.gen.te *adjetivo de dois gêneros* Que tem ou mostra inteligência: *Para aquela professora todos os seus alunos são inteligentes.*

intenção in.ten.ção *substantivo feminino* Aquilo que se pensa, ou se deseja fazer: *Nossa intenção é viajar sexta-feira à noite.* [Plural: *intenções.*]

intencional in.ten.ci.o.nal *adjetivo de dois gêneros* Em que há intenção: *Para a maioria dos historiadores, a chegada de Pedro Álvares Cabral ao Brasil foi intencional.* [Plural: *intencionais.*]

intensidade in.ten.si.da.de *substantivo feminino* **1.** Qualidade do que é intenso: *Ficou cego, por um instante, com a intensidade da luz.* **2.** Grau de atividade, de força: *A intensidade do vento foi tanta, que derrubou a árvore.*

intensificar in.ten.si.fi.car *verbo* **1.** Aumentar: *No verão, a prefeitura intensificará o combate ao mosquito da dengue.* **2.** Tornar-se intenso, forte: *O calor intensificou-se na parte da tarde.*

intenso in.ten.so *adjetivo* Que se manifesta com força, com vigor.

interação in.te.ra.ção *substantivo feminino* Influência recíproca que há entre pessoas, ou coisas. [Plural: *interações.*]

interagir in.te.ra.gir *verbo* **1.** Influenciar de modo recíproco. **2.** Conviver, relacionar-se: *Na minha escola, os alunos interagem bem com os professores.*

interativo in.te.ra.ti.vo *adjetivo* Diz-se de qualquer dispositivo como programa de computador, *videogame*, etc., que permite que o usuário neles interfira.

intercâmbio in.ter.câm.bi.o *substantivo masculino* Relações recíprocas entre países, estados, cidades, etc.: *Li no jornal que a reunião era para melhorar o intercâmbio econômico e cultural entre os países da região.*

interdição in.ter.di.ção *substantivo feminino* Ação de interditar, ou o resultado desta ação. [Plural: *interdições.*]

interditar in.ter.di.tar *verbo* Barrar o acesso ou a passagem por: *Os operários da prefeitura interditaram a rua.*

interessante in.te.res.san.te *adjetivo de dois gêneros* Que provoca interesse, que prende a atenção: *Este livro tem muitas histórias interessantes.*

interessar in.te.res.sar *verbo* **1.** Ser do interesse de: *Na loja, a moça não se interessou por nenhuma roupa.* **2.** Despertar a atenção de; cativar: *O livro interessou tanto o menino, que ele o leu até o fim.*

interesse in.te.res.se (rês) *substantivo masculino* **1.** Simpatia ou curiosidade por alguém ou algo: *O filme do comediante despertou grande interesse entre as crianças.* **2.** Benefício, proveito: *A preservação do meio ambiente é do interesse de toda a humanidade.* **3.** Empenho, vontade: *Foi com interesse que meu pai me ajudou a fazer o trabalho de ciências.*

interferência in.ter.fe.**rên**.ci:a *substantivo feminino* Ação de interferir, ou o resultado desta ação.

interferir in.ter.fe.**rir** *verbo* **1.** Entrar, tomar parte, em: *Quando viu que a discussão dos filhos ia acabar em briga, o pai interferiu e os acalmou.* **2.** Ter efeito sobre: *Meu rádio caiu, mas isso não interferiu no seu funcionamento.*

interfone in.ter.**fo**.ne *substantivo masculino* Aparelho, com microfone e alto-falante, que serve para as pessoas se comunicarem, entre portaria e apartamentos, entre salas, etc.

interior in.te.ri.**or** (ô) *substantivo masculino* **1.** A parte interna de algo: *No livro de Júlio Verne, um professor, seu sobrinho e um guia viajam pelo interior da Terra.* **2.** Região do país distante do litoral: *Os bandeirantes desbravaram o interior do Brasil.* **3.** Região de um estado, excetuando-se a capital: *Há muitos anos que veio do interior para morar em Fortaleza.*

interjeição in.ter.jei.**ção** *substantivo feminino* Palavra ou grupo de palavras com que se exprime um sentimento de dor, alegria, admiração, irritação, etc., e que é seguida por uma exclamação: *Ora, bolas! é uma interjeição.* [Plural: *interjeições.*]

interligar in.ter.li.**gar** *verbo* Ligar(-se) entre si.

interlocutor in.ter.lo.cu.**tor** (tôr) *substantivo masculino* Aquele que fala com outra pessoa, ou em nome de outra pessoa.

intermediário in.ter.me.di.**á**.ri:o *adjetivo* **1.** Que se situa no meio: *No mundo, há os países ricos, os pobres e os intermediários.* ✓ *substantivo masculino* **2.** Pessoa que faz ligação entre outras: *Aquele senhor foi o intermediário na compra do nosso apartamento.*

interminável in.ter.mi.**ná**.vel *adjetivo de dois gêneros* Que não tem fim: *O menino estava cansado de andar, e o caminho parecia interminável.* [Plural: *intermináveis.*]

internacional in.ter.na.**ci:o**.nal *adjetivo de dois gêneros* **1.** Que se realiza entre nações: *comércio internacional.* **2.** Que tem participantes de várias nações: *um congresso internacional.* **3.** Difundido por várias nações: *Aquele escritor tem fama internacional.* [Plural: *internacionais.*]

internar in.ter.**nar** *verbo* Pôr(-se) em hospital, asilo, escola, etc.: *Como a febre não passava, o médico decidiu internar o rapaz.*

internato in.ter.**na**.to *substantivo masculino* Estabelecimento escolar em que os alunos residem e fazem as refeições.

internauta in.ter.**nau**.ta *substantivo de dois gêneros* Pessoa que utiliza habitualmente a Internet.

internet in.ter.**net** *substantivo feminino* Rede mundial de computadores, que permite aos seus usuários o acesso a informações, a troca de *e-mails*, etc.

interno in.**ter**.no *adjetivo* **1.** Que está, ou fica, do lado de dentro: *Há um bolso na parte interna daquele casaco.* **2.** Diz-se do aluno que reside em internato. ✓ *substantivo masculino* **3.** Aluno interno.

interpretação in.ter.pre.ta.**ção** *substantivo feminino* Ação de interpretar, ou o resultado desta ação. [Plural: *interpretações.*]

interpretar in.ter.pre.**tar** *verbo* **1.** Explicar um escrito, um sonho, uma lei, etc.: *A professora pediu que todos lessem o texto e depois o interpretassem.* **2.** Desempenhar papel no teatro, cinema, televisão, etc.: *Aquela menina interpretou a bruxa boa na peça da escola.*

intérprete in.**tér**.pre.te *substantivo de dois gêneros* Pessoa que interpreta.

interrogação in.ter.ro.ga.**ção** *substantivo feminino* **1.** Ação de interrogar, ou o resultado desta ação. **2.** O mesmo que *ponto de interrogação.* [Plural: *interrogações.*]

interrogar in.ter.ro.**gar** *verbo* **1.** Fazer perguntas a alguém: *No julgamento, o juiz interrogou o réu durante*

interrogatório   intransigente

vinte minutos. **2.** Dirigir a alguém gesto, olhar, etc.: *Antes de sentar-se à mesa, interrogou o pai com o olhar.*

interrogatório in.ter.ro.ga.**tó**.ri:o *substantivo masculino* Ação de interrogar, ou o resultado desta ação.

interromper in.ter.rom.**per** *verbo* **1.** Impedir, eliminar: *O temporal interrompeu o abastecimento de energia para centenas de famílias.* **2.** Cortar a conversa a: *Interrompeu a conversa da mãe com as visitas para queixar-se do irmão.*

interrupção in.ter.rup.**ção** *substantivo feminino* Ação de interromper, ou o resultado desta ação. [Plural: *interrupções*.]

interruptor in.ter.rup.**tor** (ô) *substantivo masculino* Dispositivo que serve para interromper ou restabelecer a passagem de corrente elétrica: *No escuro, procurou o interruptor e acendeu a luz.*

interurbano in.te.rur.**ba**.no *adjetivo* **1.** Que se faz entre cidades: *Este ônibus faz percursos interurbanos.* ✔ *substantivo masculino* **2.** Comunicação telefônica entre duas cidades.

intervalo in.ter.**va**.lo *substantivo masculino* **1.** Distância entre duas coisas: *Estas mudas devem ser plantadas com intervalo de sessenta centímetros.* **2.** Espaço de tempo: *Durante a reunião houve um intervalo para o café.*

intervenção in.ter.ven.**ção** *substantivo feminino* Ação de intervir, ou o resultado desta ação. [Plural: *intervenções*.]

intervir in.ter.**vir** *verbo* Meter-se num assunto com a intenção de influir sobre o seu desenvolvimento: *Meu pai não deixa que ninguém intervenha em minha educação.*

intestinal in.tes.ti.**nal** *adjetivo de dois gêneros* Relativo ou pertencente a intestino. [Plural: *intestinais*.]

intestino in.tes.**ti**.no *substantivo masculino* Órgão do sistema digestório, constituído de longo tubo enrolado, que vai do estômago ao ânus.

intimar in.ti.**mar** *verbo* Dar uma ordem de modo autoritário; ordenar: *Cansada, a mãe intimou os filhos a calar a boca.*

intimidação in.ti.mi.da.**ção** *substantivo feminino* Ação de intimidar, ou o resultado desta ação. [Plural: *intimidações*.]

intimidade in.ti.mi.**da**.de *substantivo feminino* **1.** Relacionamento muito próximo: *Conheço aquele senhor, mas não tenho intimidade com ele.* **2.** Vida privada, particular: *Meu pai, na intimidade, é muito brincalhão.*

intimidar in.ti.mi.**dar** *verbo* **1.** Tornar(-se) tímido: *A presença das visitas intimidou o menino; Intimidou-se ao ver a moça e as palavras não saíram.* **2.** Causar medo, ou sentir medo: *O auditório lotado não intimidou o jovem escritor; Intimidou-se ao ver o cachorro bravo.*

íntimo **ín**.ti.mo *adjetivo* **1.** Que tem intimidade (1): *Somos amigos íntimos.* **2.** Que é privado, particular: *No diário íntimo anotou os acontecimentos mais importantes do dia.* ✔ *substantivo masculino* **3.** Aquilo que há de mais profundo em uma pessoa: *As palavras carinhosas ditas à mãe lhe vieram do íntimo.*

intolerância in.to.le.**rân**.ci:a *substantivo feminino* Falta de tolerância.

intolerante in.to.le.**ran**.te *adjetivo de dois gêneros* Que não tolera, ou condena, ideias, atitudes, etc., diferentes das suas: *Meu avô acha que os jovens andam muito intolerantes.*

intoxicação in.to.xi.ca.**ção** (xi = csi) *substantivo feminino* Ação de intoxicar(-se), ou o resultado desta ação. [Plural: *intoxicações*.]

intoxicar in.to.xi.**car** (xi = csi) *verbo* Absorver substância tóxica ou causar uma intoxicação; envenenar(-se): *A comida estragada intoxicou os funcionários da fábrica; Durante o incêndio o bombeiro intoxicou-se com a fumaça.*

intransigente in.tran.si.**gen**.te *adjetivo de dois gêneros* Que não chega a um acordo; que não cede: *É difícil conviver com pessoas intransigentes.*

285

intratável in.tra.**tá**.vel *adjetivo de dois gêneros* Com quem não se pode tratar ou conviver; de trato difícil: *É uma pessoa intratável, e por isto tem poucos amigos.* [Plural: *intratáveis*.]

intrépido in.**tré**.pi.do *adjetivo* Que não tem medo do perigo; corajoso: *José é um rapaz intrépido.*

intriga in.**tri**.ga *substantivo feminino* Mexerico, fofoca.

intrigante in.tri.**gan**.te *adjetivo de dois gêneros* **1.** Que intriga, espanta: *Aquela luz verde no céu era uma coisa intrigante.* **2.** Que faz intriga: *Aquele homem teve a vida arruinada por uma pessoa intrigante.* ✅ *substantivo de dois gêneros* **3.** Pessoa que faz intriga.

intrigar in.tri.**gar** *verbo* **1.** Fazer intriga, geralmente causando inimizade: *O defeito daquela senhora é gostar de intrigar as amigas.* **2.** Causar espanto ou admiração: *O número do mágico intrigou as crianças.*

introdução in.tro.du.**ção** *substantivo feminino* **1.** Ação de introduzir, ou o resultado desta ação. **2.** Início de um texto, de um livro, que o apresenta ao leitor. [Plural: *introduções*.]

introduzir in.tro.du.**zir** *verbo* **1.** Pôr, colocar: *Introduziu a carta para a namorada na caixa de correio.* **2.** Adotar: *Aquele restaurante introduzirá novos pratos em seu cardápio.* **3.** Inserir: *Antes de entregar o livro, o escritor introduziu algumas modificações no texto.*

intrometer-se in.tro.me.**ter**-se *verbo* Tomar parte em: *Disse que não queria intrometer-se.*

intruso in.**tru**.so *adjetivo* **1.** Que entra em um lugar, ou participa de algo, sem ser convidado. ✅ *substantivo masculino* **2.** Pessoa intrusa: *Havia alguns intrusos na festa.*

intuição in.tu:i.**ção** *substantivo feminino* Conhecimento imediato, em que não há necessidade de reflexão: *Dizem que o cientista Newton, ao ver cair uma maçã, teve a intuição da lei da gravidade.* [Plural: *intuições*.]

inumerável i.nu.me.**rá**.vel *adjetivo de dois gêneros* Que, pela quantidade, não se pode contar: *Numa praia há inumeráveis grãos de areia.* [Plural: *inumeráveis*.]

inúmero i.**nú**.me.ro *adjetivo* O mesmo que *inumerável*: *Uma galáxia é a reunião de inúmeras estrelas.*

inundação i.nun.da.**ção** *substantivo feminino* Ação de inundar, ou o resultado desta ação. [Plural: *inundações*.]

inundar i.nun.**dar** *verbo* Encher de água: *Com a chuva, o rio transbordou e inundou as casas.*

inusitado i.nu.si.**ta**.do *adjetivo* Que não é comum ou usual.

inútil i.**nú**.til *adjetivo de dois gêneros* Que não serve para nada: *Fiz uma limpeza no quarto e joguei fora várias coisas inúteis.* [Plural: *inúteis*.]

inutilidade i.nu.ti.li.**da**.de *substantivo feminino* Qualidade de inútil; o que não serve para nada.

invadir in.va.**dir** *verbo* **1.** Entrar em um lugar, e ocupá-lo pela força: *A Alemanha invadiu a França em 1940.* **2.** Espalhar-se por: *O mato cresceu e invadiu a praça.*

inválido in.**vá**.li.do *adjetivo* **1.** Que não vale: *No banco, o rapaz digitou um número, mas a máquina informou: senha inválida.* **2.** Que, por doença, é incapaz de trabalhar. ✅ *substantivo masculino* **3.** Pessoa inválida.

invariável in.va.ri.**á**.vel *adjetivo de dois gêneros* **1.** Que não varia. **2.** Diz-se de palavra que não tem feminino ou plural: *As preposições, os advérbios, as conjunções e as interjeições são invariáveis.* [Plural: *invariáveis*.]

invasão in.va.**são** *substantivo feminino* Ação de invadir, ou o resultado desta ação. [Plural: *invasões*.]

invasor in.va.**sor** (ô) *adjetivo* **1.** Que invade. ✅ *substantivo masculino* **2.** Indivíduo, exército, país, etc., que invade.

inveja in.**ve**.ja *substantivo feminino* Desejo forte de possuir aquilo que é de outra pessoa: *Ficou com inveja do amigo quando soube que ele viajaria para o Amazonas.*

invejoso

invejoso in.ve.**jo**.so (jô) *adjetivo* Que tem inveja. [Plural: *invejosos* (jó).]

invenção in.ven.**ção** *substantivo feminino* **1.** Coisa que se inventou: *A roda é uma invenção do homem.* **2.** Coisa criada ou inventada: *Esta história é pura invenção.* [Plural: *invenções.*]

inventar in.ven.**tar** *verbo* **1.** Criar uma coisa nova: *Santos Dumont inventou o avião.* **2.** Criar na imaginação; imaginar: *O menino inventava histórias incríveis.*

invento in.**ven**.to *substantivo masculino* O mesmo que *invenção*.

inventor in.ven.**tor** (ô) *substantivo masculino* Aquele que inventa.

inverno in.**ver**.no *substantivo masculino* A mais fria das quatro estações do ano, e que, no hemisfério sul, vai de 21 de junho a 21 de setembro.

inversão in.ver.**são** *substantivo feminino* Ação de inverter, ou o resultado desta ação. [Plural: *inversões.*]

inverso in.**ver**.so *adjetivo* **1.** Que é o oposto, o contrário. ✅ *substantivo masculino* **2.** O oposto, o contrário: *Ele fez o inverso do que prometeu.*

invertebrado in.ver.te.**bra**.do *adjetivo* **1.** Que não tem coluna vertebral: *Os insetos são animais invertebrados.* ✅ *substantivo masculino* **2.** Animal invertebrado.

invólucro

inverter in.ver.**ter** *verbo* Pôr, ou virar, em sentido contrário: *Inverteu as letras da palavra Roma, e surgiu a palavra amor.*

investigação in.ves.ti.ga.**ção** *substantivo feminino* Ação de investigar, ou o resultado desta ação. [Plural: *investigações.*]

investigar in.ves.ti.**gar** *verbo* Procurar saber como algo acontece, ou aconteceu: *Li no jornal que técnicos investigam a morte de peixes no rio Araguaia.*

investimento in.ves.ti.**men**.to *substantivo masculino* Ação de investir, ou o resultado desta ação.

investir in.ves.**tir** *verbo* **1.** Atacar: *Irritado, o touro investiu contra o rapaz.* **2.** Aplicar dinheiro em: *É preciso investir mais em saúde e educação.*

invicto in.**vic**.to *adjetivo* Que não sofreu derrota: *Aquele é o único time invicto do campeonato.*

invisível in.vi.**sí**.vel *adjetivo de dois gêneros* Que não se vê, ou não pode ser visto: *Durante o dia as estrelas ficam invisíveis.* [Plural: *invisíveis.*]

invólucro in.**vó**.lu.cro *substantivo masculino* Tudo aquilo que serve para envolver: *Antes de se transformar em borboleta, a lagarta passa um tempo num invólucro denominado casulo.*

involuntário in.vo.lun.**tá**.ri:o *adjetivo* Que se faz sem querer: *Com o susto, as mãos do menino puseram-se a tremer num movimento involuntário.*

ioga i:**o**.ga (ó ou ô) *substantivo masculino e feminino* Série de exercícios provenientes da Índia que visam a melhorar a saúde física e espiritual: *Minha irmã faz ioga três vezes por semana.*

iogurte i:o.**gur**.te *substantivo masculino* Espécie de coalhada, em geral industrializada: *Iogurte de morango é o meu preferido.*

ioiô io.**iô** *substantivo masculino* Brinquedo constituído de dois discos de plástico, madeira, metal, etc., unidos por um cilindro, no qual se prende um cordão. Segurando-se o cordão pela ponta, deixa-se cair os discos que sobem e descem.

ipê i.**pê** *substantivo masculino* Árvore de madeira nobre e resistente, de que há vários tipos: com flores amarelas, róseas, brancas e roxas.

ir *verbo* **1.** Deslocar-se para qualquer parte: *Amanhã vamos para Corumbá.* **2.** Achar-se (de saúde, de situação, etc.): *Apesar da idade, meu avô vai muito bem de saúde; O dono da padaria queixa-se de que o seu negócio vai mal.*

ira i.**ra** *substantivo feminino* O mesmo que *raiva* (2).

irado i.**ra**.do *adjetivo* **1.** Cheio de ira, de raiva: *O rapaz ficou irado com a notícia de que não teria aumento.* **2.** *Gíria* Muito bom, legal: *Para os amigos, seu corte de cabelo ficou irado.*

íris í.ris *substantivo masculino e feminino de dois números* Parte redonda e colorida do olho, onde fica a pupila.

irmão ir.**mão** *substantivo masculino* Filho do mesmo pai e da mesma mãe, ou só do pai ou da mãe, em relação ao(s) outro(s) filho(s); mano. [Plural: *irmãos*; feminino: *irmã*.]

ironia i.ro.**ni**.a *substantivo feminino* Modo de se expressar, zombando, ou dizendo o contrário daquilo que se pensa: *Olhou a fotografia e disse com ironia: – Que bela foto, hem!*

irônico i.**rô**.ni.co *adjetivo* Em que há ironia: *um olhar irônico.*

ironizar i.ro.ni.**zar** *verbo* Usar de ironia: *Ao ser expulso, o jogador ironizou a decisão do árbitro.*

irracional ir.ra.ci:o.**nal** *adjetivo de dois gêneros* Que foge ao domínio da razão: *Claustrofobia é o medo irracional de lugares fechados.* [Plural: *irracionais.*]

irradiar ir.ra.di.**ar** *verbo* **1.** Lançar de si; emitir (luz, calor, etc.) a partir de um ponto certo: *As estrelas irradiam luz.* **2.** Divulgar, difundir (ideias, opiniões, etc.). **3.** Emitir e transmitir sons: *Esta emissora irradia de hora em hora as últimas notícias.*

irreal ir.re.**al** *adjetivo de dois gêneros* **1.** Que não é, ou não parece ser real ou verdadeiro: *Os jornais publicaram dados irreais da inflação.* **2.** Que é produto da imaginação, da fantasia: *Os dragões são animais irreais.* [Plural: *irreais.*]

irredutível ir.re.du.**tí**.vel *adjetivo de dois gêneros* **1.** Que não se pode reduzir. **2.** Que não se deixa convencer: *Irredutível, não deixou a filha ir à festa.* [Plural: *irredutíveis.*]

irregular ir.re.gu.**lar** *adjetivo de dois gêneros* **1.** Que não é regular: *As pedras desta rua são bem irregulares.* **2.** Em desacordo com a lei: *A situação daqueles imigrantes é irregular.*

irregularidade ir.re.gu.la.ri.**da**.de *substantivo feminino* Qualidade de irregular.

irrequieto ir.re.**qui**:e.to *adjetivo* Que não para sossegado: *Que menino irrequieto!*

irresistível ir.re.sis.**tí**.vel *adjetivo de dois gêneros* A que não se pode resistir: *Comi vários pedaços daquele bolo irresistível.* [Plural: *irresistíveis.*]

irresponsável

irresponsável ir.res.pon.**sá**.vel *adjetivo de dois gêneros* Que não tem responsabilidade. [Plural: *irresponsáveis*.]

irreverente ir.re.ve.**ren**.te *adjetivo de dois gêneros* Que não tem, ou mostra, respeito: *Apesar de algumas brincadeiras irreverentes, todos acharam o rapaz muito simpático.*

irrigação ir.ri.ga.**ção** *substantivo feminino* Ação de irrigar, ou o resultado desta ação. [Plural: *irrigações*.]

irrigar ir.ri.**gar** *verbo* **1.** Molhar com água: *A chuva irrigou a terra e o milho germinou.* **2.** Levar sangue para as diversas partes do corpo: *O coração bombeia o sangue que irriga o corpo.*

irritação ir.ri.ta.**ção** *substantivo feminino* **1.** Ação de irritar, ou o resultado desta ação. **2.** Inflamação em pele ou mucosa: *O menino está com uma irritação na garganta.* [Plural: *irritações*.]

irritar ir.ri.**tar** *verbo* **1.** Tornar(-se) nervoso, mal-humorado: *O defeito no carro irritou muito meu pai; A atriz irritou-se com a insistência do fotógrafo.* **2.** Causar irritação (2) em: *Minha mãe usou um produto contra rugas que lhe irritou a pele.*

irromper ir.rom.**per** *verbo* **1.** Entrar subitamente: *Você me assustou, quando irrompeu no meu quarto.* **2.** Aparecer ou mostrar-se; surgir: *Após a tempestade, o Sol irrompeu entre as nuvens.* **3.** Invadir, emergir, penetrando: *Com a enchente, as águas do rio irromperam pelos bairros da cidade.*

isca **is**.ca *substantivo feminino* Aquilo que se põe no anzol para pescar.

isento i.**sen**.to *adjetivo* **1.** Dispensado: *Os maiores de setenta anos são isentos de votar.* **2.** Imparcial: *um juiz isento.*

islã is.**lã** *substantivo masculino* **1.** O mesmo que *islamismo*. **2.** Conjunto dos povos que seguem o islamismo.

islâmico is.**lâ**.mi.co *adjetivo* e *substantivo masculino* O mesmo que *muçulmano*.

itinerário

islamismo is.la.**mis**.mo *substantivo masculino* Religião fundada por Maomé e baseada no Alcorão.

isolante i.so.**lan**.te *adjetivo de dois gêneros* **1.** Que serve para isolar: *Encapou o fio elétrico com fita isolante.* ✓ *substantivo masculino* **2.** Material isolante.

isolar i.so.**lar** *verbo* **1.** Pôr(-se) à parte, separar(-se): *O bombeiro isolou a área; Ela se isolou no sítio para estudar.* **2.** Usar isolante (2).

isopor i.so.**por** (pôr) *substantivo masculino* Nome comercial de material leve usado como isolante térmico, embalagem, etc.

isósceles i.**sós**.ce.les *adjetivo de dois gêneros* Diz-se de triângulo que tem dois lados e dois ângulos iguais.

isqueiro is.**quei**.ro *substantivo masculino* Objeto que produz fagulhas que inflamam um pavio, e que é usado para acender cigarros, cachimbos, etc.

isso **is**.so *pronome demonstrativo* Indica algo que se encontra próximo da pessoa com quem se fala: *– Não sei quem deixou isso com você.*

isto **is**.to *pronome demonstrativo* Indica algo que se encontra próximo de quem fala: *– Isto aqui é um peixe que seu tio trouxe lá do Norte.* 🔊 **Isto é.** Expressão usada para ligar duas frases, de modo que a segunda explique, reforce e corrija o que diz a primeira: *Ele é meu irmão, isto é, de coração.*

item i.tem *substantivo masculino* Cada uma das partes de um documento escrito, etc.: *Como não concordava com um dos itens, não assinou o contrato.* [Plural: *itens*.]

itinerário i.ti.ne.**rá**.ri:o *substantivo masculino* Caminho percorrido, ou a ser percorrido: *Qual é o itinerário deste ônibus?*

jiló

j (jota) *substantivo masculino* A décima letra do nosso alfabeto.

já *advérbio* **1.** Neste momento; agora: *Já chegam as visitas.* **2.** Sem demora; agora mesmo; imediatamente: *Disse-lhe que saísse já daqui.* 🔊 **Já, já.** De imediato: *Escreva esta carta já, já.* **Já que.** Visto que: *Já que choveu, não precisa aguar as plantas.* **Desde já.** A partir deste momento: *Desde já lhe aviso que não poderei esperá-lo.*

jaburu ja.bu.**ru** *substantivo masculino* O mesmo que *tuiuiú*.

jabuti ja.bu.**ti** *substantivo masculino* Réptil terrestre e aquático, sem dentes, que tem o corpo encerrado em carapaça óssea.

jabuticaba ja.bu.ti.**ca**.ba *substantivo feminino* O fruto da jabuticabeira.

jabuticabeira ja.bu.ti.ca.**bei**.ra *substantivo feminino* Árvore ou arbusto frutífero de regiões quentes, e cujo fruto negro e redondo (a jabuticaba) é muito apreciado.

jaca ja.ca *substantivo feminino* O fruto da jaqueira, grande e com muita polpa.

jacarandá ja.ca.ran.**dá** *substantivo masculino* Grande árvore que fornece madeira de ótima qualidade.

jacaré ja.ca.**ré** *substantivo masculino* Grande réptil que habita rios, pântanos e lagoas, de pele dura e espessa, e que se assemelha ao crocodilo.

jacutinga ja.cu.**tin**.ga *substantivo feminino* Ave arborícola que habita as matas virgens.

jaguatirica ja.gua.ti.**ri**.ca *substantivo feminino* Animal felino selvagem, que é também chamado de *gato-do-mato*.

jamais ja.**mais** *advérbio* **1.** Em tempo nenhum; nunca: *Ele jamais viu o mar.* **2.** Sob nenhuma condição, de modo algum: *Jamais me peça para mentir.*

jambeiro jam.**bei**.ro *substantivo masculino* Árvore ou arbusto que habita regiões quentes, e que dá fruto (o jambo) de cor vermelha ou amarela.

jambo jam.bo *substantivo masculino* O fruto do jambeiro.

jandaia jan.**dai**.a *substantivo feminino* Veja *maitaca*.

janeiro ja.**nei**.ro *substantivo masculino* O primeiro mês do ano, com 31 dias.

janela ja.**ne**.la *substantivo feminino* Abertura na parede duma construção para deixar que nela entrem luz e ar.

jangada jan.**ga**.da *substantivo feminino* Embarcação chata feita com paus roliços, e que é muito usada pelos pescadores do Nordeste.

jangadeiro jan.ga.**dei**.ro *substantivo masculino* Homem que usa jangada para pescar.

jantar jan.tar *verbo* **1.** Comer ao jantar (2): *Costumamos jantar às 19 horas; Ontem jantamos uma galinha.* ✓ *substantivo masculino* **2.** A refeição da noite: *O jantar será servido daqui a pouco.* **3.** A comida que constitui essa refeição: *Nosso jantar foi carne assada com batatas.*

japona ja.po.na *substantivo feminino* Agasalho que é um jaquetão, geralmente azul-marinho.

jaqueira ja.quei.ra *substantivo feminino* Grande árvore de frutos comestíveis (as jacas) que habita regiões quentes.

jaqueta ja.que.ta *substantivo feminino* Casaco que chega só até a cintura.

jararaca ja.ra.ra.ca *substantivo feminino* Cobra venenosa que tem até 1,50m.

jardim jar.dim *substantivo masculino* Terreno onde se cultivam plantas, principalmente as que dão flores. [Plural: *jardins*.] 🔊 **Jardim botânico.** Lugar onde são cultivadas diferentes espécies de plantas e de árvores: *O jardim botânico do Rio de Janeiro tem um lago só para as vitórias-régias.* **Jardim zoológico.** Lugar em que são mantidos, para visitação e estudo, animais selvagens ou pouco comuns.

jardineiro jar.di.nei.ro *substantivo masculino* Homem que trabalha em jardim, cultivando as plantas, limpando-o, etc.: *O jardineiro arranca as ervas daninhas dos canteiros.*

jarra jar.ra *substantivo feminino* Recipiente para água ou para flores; jarro.

jarro jar.ro *substantivo masculino* **1.** O mesmo que *jarra*. **2.** Vaso alto com asa e bico, para água.

jasmim jas.mim *substantivo masculino* **1.** Arbusto ou trepadeira de pequenas flores alvas, muito perfumadas. **2.** A flor do jasmim (1). [Plural: *jasmins*.]

jato ja.to *substantivo masculino* Saída de líquido com muita força: *um jato de água; um jato de sangue.*

jatobá ja.to.bá *substantivo masculino* Árvore que produz resina, cujo fruto, também chamado *jatobá*, é uma vagem com polpa amarela, comestível.

jaula jau.la *substantivo feminino* Gaiola com barras de ferro, que é uma prisão para feras: *No jardim zoológico, vários animais vivem em jaulas.*

javali ja.va.li *substantivo masculino* Porco selvagem de grandes presas e pelo geralmente escuro.

jazer ja.zer *verbo* **1.** Estar deitado no chão, ou em cama: *Está doente, e jaz no leito.* **2.** Estar morto, ou como morto: *Os feridos na batalha jaziam por terra.* **3.** Estar sepultado: *Meus avós jazem no cemitério.* **4.** Situar-se, encontrar-se em determinado lugar: *Nossa casa jaz entre o rio e a cidade.*

jazida ja.zi.da *substantivo feminino* **1.** Local em que jaz alguém. **2.** Produto mineral de valor econômico encontrado no solo ou no subsolo: *Na África há muitas jazidas de diamantes; Nestas terras há jazidas de ouro.*

🌐 **jeans** (djins) [Inglês] *substantivo masculino de dois números* Tecido grosso de algodão, geralmente azul, usado para fazer roupas, principalmente calças e jaquetas.

jeca je.ca *substantivo masculino* O mesmo que *caipira*.

jegue je.gue *substantivo masculino* O mesmo que *jumento*.

jeito jei.to *substantivo masculino* **1.** Maneira, modo: *O rapaz tinha um jeito rude.* **2.** Aparência externa (de alguém ou de algo); aspecto: *Ela é loura, e tem jeito de estrangeira.* **3.** Aptidão, vocação: *Desde menina tem jeito para a dança.* **4.** Capacidade, habilidade: *Tem jeito para cuidar de crianças.* 🔊 **Dar um jeito.** Encontrar uma solução para determinada situação: *Disse que vai dar um jeito na vida.*

jeitoso jei.to.so (tô) *adjetivo* Que tem jeito, habilidade, aptidão: *É jeitoso, certamente fará bem o serviço.* [Plural: *jeitosos* (tó).]

jejum je.jum *substantivo masculino* Privação total ou parcial de alimento: *Ficou oito horas em jejum para fazer o exame de sangue.* [Plural: *jejuns*.]

jenipapeiro je.ni.pa.pei.ro *substantivo masculino* Árvore cujo fruto comestível (o jenipapo), é também usado para fazer doce e licor.

jenipapo je.ni.**pa**.po *substantivo masculino* O fruto do jenipapeiro.

jequitibá je.qui.ti.**bá** *substantivo masculino* Árvore muito grande, e de madeira útil.

jerico je.**ri**.co *substantivo masculino* O mesmo que *jumento*.

jerimum je.ri.**mum** *substantivo masculino* O mesmo que *abóbora*. [Plural: *jerimuns*.]

jesuíta je.su.**í**.ta *substantivo masculino* Membro de uma ordem religiosa fundada por Santo Inácio de Loyola (1491–1556).

jiboia ji.**boi**.a (ói) *substantivo feminino* Cobra arborícola, não venenosa, de até quatro metros.

jiló ji.**ló** *substantivo masculino* O fruto, de sabor amargo, do jiloeiro.

jiloeiro ji.lo.**ei**.ro *substantivo masculino* Erva muito cultivada no Brasil pelos seus frutos alimentícios, amargos.

joalheiro jo:a.**lhei**.ro *substantivo masculino* Homem que fabrica ou vende joias.

joalheria jo:a.lhe.**ri**.a *substantivo feminino* Estabelecimento onde se vendem joias.

joaninha jo:a.**ni**.nha *substantivo feminino* Pequeno inseto de corpo quase esférico e asas coloridas, dotadas de pintas.

joão-de-barro jo:ão-de-**bar**.ro *substantivo masculino* Pequena ave que constrói o ninho amassando e juntando barro. [Plural: *joões-de-barro*.]

joelheira jo:e.**lhei**.ra *substantivo feminino* Peça usada para proteger os joelhos: *Os jogadores das duas equipes de vôlei usavam joelheiras*.

joelho jo.**e**.lho *substantivo masculino* **1.** Articulação da coxa com a perna. **2.** Região da perna em que fica essa articulação. **3.** Parte da roupa que cobre o joelho: *Rasguei a calça no joelho*.

jogada jo.**ga**.da *substantivo feminino* **1.** Ação de jogar, ou o resultado desta ação. **2.** Cada um dos movimentos feitos em um jogo: *O menino errou a jogada e a bola não entrou na cesta*.

jogador jo.ga.**dor** (dôr) *substantivo masculino* O integrante de uma equipe esportiva: *jogador de futebol, jogador de vôlei, jogador de basquete*.

jogar jo.**gar** *verbo* **1.** Tomar parte em um jogo: *Meu irmão joga futebol na escola*. **2.** Atirar, arremessar: *Jogou a casca de banana no lixo*. **3.** Disputar uma partida (2): *Os dois times jogaram bem*. **4.** Oscilar, balançar: *Com a tempestade, o barco jogava muito*. **Jogar fora.** Desfazer-se de algo: *Não jogo fora os meus brinquedos, eu os dou*.

jogo jo.go (jô) *substantivo masculino* **1.** Qualquer atividade que se pratica para divertimento: *Durante o recreio praticamos vários jogos*. **2.** Conjunto de coisas que formam um todo, uma coleção: *Comprei um jogo de lençóis*. **3.** Balanço: *o jogo do navio*. [Plural: *jogos* (jó).] **Jogos olímpicos.** O mesmo que *olimpíadas*.

joia joi.a (ói) *substantivo feminino* **1.** Objeto feito com metal precioso, como ouro e prata, em que muitas vezes se põem pedras preciosas, pérolas, etc., e que é usado como ornamento. **2.** Pessoa ou coisa que tem qualidades positivas: *Ana é uma joia de menina; Minha mãe acha sua máquina de lavar uma verdadeira joia*.

jóquei jó.quei *substantivo masculino* Pessoa que, por profissão, monta cavalo de corrida.

jornada jor.**na**.da *substantivo feminino* **1.** Caminho que se percorre num dia. **2.** Viagem por terra: *Após a jornada de oito horas, chegou muito cansado*. **3.** Trabalho que se realiza em um dia: *A sua jornada é de seis horas*.

jornal jor.**nal** *substantivo masculino* **1.** Publicação diária, em folhas impressas, para noticiar acontecimentos nacionais e internacionais, e dar outras informações, em entrevistas, comentários, anúncios, etc. **2.** Noticiário transmitido pelo rádio, pela televisão ou pela Internet. [Plural: *jornais*.]

jornaleiro jor.na.**lei**.ro *substantivo masculino* Homem ou rapaz que vende ou entrega jornal (1).

jornalismo jor.na.**lis**.mo *substantivo masculino* Atividade e profissão de quem é jornalista.

jornalista jor.na.**lis**.ta *substantivo de dois gêneros* Pessoa cuja profissão é escrever para jornais e revistas, ou transmitir notícias pelo rádio ou pela televisão.

jorrar jor.**rar** *verbo* Lançar, ou ser lançado, com força: *O poço jorrava cinquenta barris de petróleo por dia*; *Abriu a torneira e a água jorrou com abundância*.

jota jo.ta *substantivo masculino* A letra *j*.

jovem jo.vem *adjetivo de dois gêneros* **1.** Que está na juventude: *As pessoas jovens devem preparar-se para uma profissão*. ✓ *substantivo de dois gêneros* **2.** Pessoa jovem: *Nos jovens está o futuro do país*. [Plural: *jovens*.]

joystick (djòistik) *substantivo masculino* Dispositivo dotado de controle manual, ligado a jogos de computador, de *videogame*, etc.

juá ju.**á** *substantivo masculino* O fruto do juazeiro.

juazeiro ju:a.**zei**.ro *substantivo masculino* Árvore da caatinga nordestina, de fruto comestível, o juá.

juba ju.ba *substantivo feminino* A crina do leão.

juçara ju.**ça**.ra *substantivo feminino* Palmeira que dá frutos comestíveis e palmito de ótima qualidade.

judaico ju.**dai**.co *adjetivo* Relativo aos judeus ou ao judaísmo.

judaísmo ju.da.**ís**.mo *substantivo masculino* Religião dos judeus, fundada na crença de um único deus.

judeu ju.**deu** *substantivo masculino* **1.** Aquele que nasceu na antiga Judeia. **2.** Aquele que segue o judaísmo. ✓ *adjetivo* **3.** Pertencente ou relativo a judeu (1 e 2). [Feminino: *judia*.]

judiar ju.di.**ar** *verbo* O mesmo que *maltratar*: *Nunca devemos judiar dos animais*.

judiciário ju.di.ci.**á**.ri:o *adjetivo* **1.** Relativo a justiça ou a juiz. **2.** Um dos três poderes do Estado, que tem o encargo de assegurar a aplicação correta das leis.

judô ju.**dô** *substantivo masculino* Jogo esportivo de combate e defesa.

juiz ju.**iz** *substantivo masculino* **1.** Aquele que tem o poder de julgar. **2.** Aquele que dirige competições esportivas; árbitro. [Plural: *juízes*. Feminino: *juíza*.]

juízo ju.**í**.zo *substantivo masculino* **1.** Ação de julgar, ou o resultado desta ação; julgamento. **2.** Conceito, opinião; julgamento: *Qual é o seu juízo a este respeito?* **3.** Modo equilibrado de pensar e de agir; bom-senso, siso: *Já tem idade para ter juízo, deixe-o resolver sozinho*.

jujuba ju.**ju**.ba *substantivo feminino* **1.** Árvore que dá um fruto comestível. **2.** Esse fruto. **3.** Bala feita de jujuba (2).

julgamento jul.ga.**men**.to *substantivo masculino* **1.** O mesmo que *juízo* (1 e 2): *Foi um julgamento injusto, não havia provas*; *Não resolvo nada sem o seu julgamento*. **2.** Ato pelo qual uma autoridade judiciária decide sobre uma sentença, ou o resultado deste ato: *Ainda não houve julgamento para este crime*.

julgar jul.**gar** *verbo* **1.** Decidir como juiz (1): *Julgou o processo em que o réu foi absolvido*. **2.** Dar como sentença; pronunciar sentença: *O juiz julgou em favor do réu*. **3.** Formar conceito, opinião sobre: *Li todos os seus livros para julgar melhor a sua obra*. **4.** Decidir, considerar: *Julgaram mais prudente não ir à festa*. **5.** Considerar-se; ter-se por: *Julga-se um grande escritor*.

julho ju.lho *substantivo masculino* O sétimo mês do ano, com 31 dias.

jumento ju.**men**.to *substantivo masculino* Animal mamífero que pertence à mesma família do cavalo, e que é usado como animal de carga; asno, burro, jerico, jegue.

junção jun.**ção** *substantivo feminino* **1.** Ação ou processo de juntar(-se), ou o resultado desta ação ou processo. **2.** Ponto em que duas ou mais coisas se juntam: *Minha casa fica bem na junção dos caminhos.* [Plural: *junções*.]

junho ju.nho *substantivo masculino* O sexto mês do ano, com 30 dias.

junino ju.**ni**.no *adjetivo* Relativo ao mês de junho, ou que nele se realiza: *festa junina.*

júnior jú.ni.or *adjetivo* **1.** Que é mais jovem em relação a outra pessoa. **2.** Diz-se de time esportivo formado por membros jovens: *Os alunos de minha escola vão jogar contra o time júnior do Botafogo.* [Plural: *juniores* (ô).]

juntar jun.**tar** *verbo* **1.** Pôr(-se) junto; unir(-se); reunir(-se): *O fazendeiro juntou o gado à tardinha; Junta-se sempre à família nos fins de semana.* **2.** Acrescentar uma coisa a outra: *Junte dois ovos à farinha de trigo para fazer a massa.* **3.** Recolher, apanhar: *Foi ao pomar para juntar frutos.* **4.** Colecionar: *Gosta de juntar selos.* **5.** Acasalar: *Juntou machos e fêmeas para fazer um criatório.*

junto jun.to *adjetivo* **1.** Que se juntou: *Haviam-se separado, mas agora estão novamente juntos.* **2.** Posto em contato; unido: *Estavam de mãos juntas.* **3.** Próximo: *Via-se um terreno baldio e, ao lado, duas casas juntas.* ✓ *advérbio* **4.** Do lado; próximo, perto: *Foi ao cinema e viu que, junto, havia uma igreja.* **5.** Juntamente: *Envio-te uma carta e, junto, um retrato do meu filho.* 🔊 **Junto a.** Perto de, ao lado de; junto de: *A casa de meu tio ficava junto a uma padaria.* **Junto de.** O mesmo que *junto a*: *Há um vaso com flores junto da janela.*

júpiter jú.pi.ter *substantivo masculino* O quinto planeta do sistema solar em ordem de afastamento do Sol. [Com inicial maiúscula.]

jurado ju.**ra**.do *substantivo masculino* Membro de júri: *Os jurados se reuniram para dar a sentença.*

juramento ju.ra.**men**.to *substantivo masculino* **1.** Ação de jurar, ou o resultado desta ação. **2.** Promessa ou compromisso solene: *Fizeram um juramento de manter o segredo.*

jurar ju.**rar** *verbo* **1.** Afirmar ou declarar sob juramento: *Jurou que era inocente.* **2.** Prometer solenemente: *Ele jurou que viria.*

júri jú.ri *substantivo masculino* **1.** O juiz e o grupo de pessoas selecionadas para julgar uma questão: *O júri decidiu que o réu era inocente.* **2.** Comissão de pessoas encarregadas de avaliar uma competição: *O júri já escolheu o melhor filme do festival.*

juro ju.ro *substantivo masculino* Quantia cobrada por empréstimo de dinheiro: *Está sem dinheiro para pagar os juros, e terá que devolver as mercadorias.*

justiça jus.**ti**.ça *substantivo feminino* **1.** Respeito pelo direito de cada pessoa; maneira de avaliar o que é justo: *Um bom governante tem que agir com justiça.* **2.** Reconhecimento do mérito de alguém ou de algo: *Não foi escolhido porque não lhe fizeram justiça.* **3.** Conjunto dos órgãos responsáveis pela aplicação da lei.

justificar jus.ti.fi.**car** *verbo* **1.** Demonstrar que é justo ou necessário: *Não pôde comparecer, mas justificou a sua ausência.* **2.** Fazer reconhecer como verdadeiro ou legítimo: *A minha desconfiança se justificou, ele é mesmo culpado.* **3.** Dar ou fornecer uma boa razão para seu próprio comportamento: *Justificou-se apresentando os motivos que o impediram de sair.*

justificativa jus.ti.fi.ca.**ti**.va *substantivo feminino* Argumento que explica uma ação praticada: *Não havia nenhuma justificativa para um ato tão cruel.*

justo jus.to *adjetivo* **1.** Conforme à justiça, à verdade, à razão: *Concordei com ele, porque deu uma explicação justa.* **2.** Devido, merecido: *Recebeu um castigo justo.* **3.** Preciso, exato: *Chegou na hora justa.* **4.** Que se ajusta bem ao corpo: *Usava uma saia justa.* ✓ *substantivo masculino* **5.** Aquele que orienta a sua vida por bons princípios: *Os justos serão recompensados.*

juta ju.ta *substantivo feminino* **1.** Erva que fornece fibras têxteis. **2.** Essa fibra: *Tenho um tapete de juta.*

juvenil ju.ve.**nil** *adjetivo de dois gêneros* Da juventude, ou próprio dela: *Já não é moço, mas tem hábitos juvenis; Usa roupas juvenis.* [Plural: *juvenis*.]

juventude ju.ven.**tu**.de *substantivo feminino* Idade moça; mocidade: *Foi um grande esportista na juventude.*

kit

k (cá) *substantivo masculino* A décima primeira letra do nosso alfabeto, usada em palavras estrangeiras e suas derivadas, e em símbolos e abreviaturas de uso internacional.

🌐 **karaoke** (caraoquê) [Japonês] *substantivo masculino* Em festa, reunião, casa noturna, etc., divertimento em que alguém do público canta ao microfone, acompanhado ou não.

🌐 **kart** (cart) [Inglês] *substantivo masculino* Pequeno automóvel de corrida, sem carroceria: *Muitas pessoas assistiram à corrida de kart no domingo.*

🌐 **ketchup** (quétchâp ou quétchup) [Inglês] *substantivo masculino* Molho de tomate um tanto adocicado, que se coloca na *pizza*, no cachorro-quente, etc.

◎ **kg** Símbolo de *quilograma*.

🌐 **kit** (quit) [Inglês] *substantivo masculino* Conjunto de peças reunidas em embalagem adequada, e usado para um fim específico: *um kit de ferramentas; um kit de maquiagem.*

◎ **km** Símbolo de *quilômetro*.

🌐 **krill** (cril) [Inglês] *substantivo masculino de dois números* Pequeno crustáceo, abundante em águas frias, que é alimento importante de baleias.

295

lápis

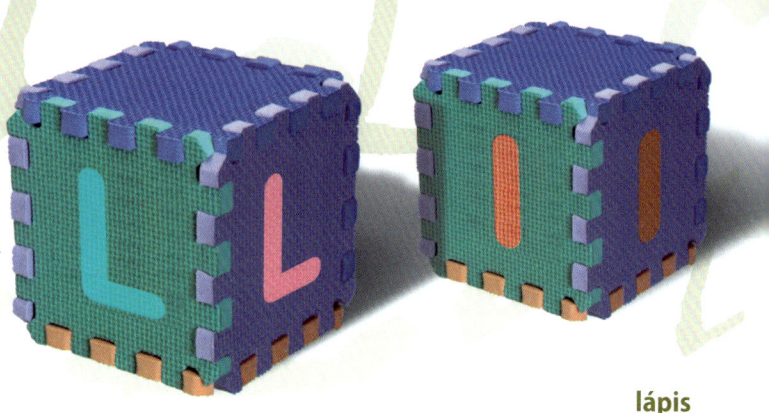

l (éle) *substantivo masculino* A décima segunda letra do nosso alfabeto.

l Símbolo de *litro*.

lá¹ *substantivo masculino* **1.** A sexta nota da escala musical. **2.** O sinal da nota *lá* na pauta.

lá² *advérbio* **1.** Naquele lugar, ali: *Disse-lhe que me esperasse lá, que eu iria apanhá-lo.* **2.** Àquele lugar; ali: *Fui até lá, mas ele já saíra.* **Para lá de. 1.** Mais longe ou afastado que; além de: *Minha casa fica para lá da estação.* **2.** Mais do que: *Ela é para lá de vaidosa, vive a olhar-se no espelho.*

lã *substantivo feminino* **1.** Pelo que cobre o corpo de certos animais, como o carneiro. **2.** Tecido feito desse pelo: *Está frio, vista o paletó de lã.*

labareda la.ba.**re**.da (ê) *substantivo feminino* Grande chama: *A madeira, queimando, formava uma grande labareda.*

lábaro lá.ba.ro *substantivo masculino* O mesmo que *bandeira* (1): *"Brasil, de amor eterno seja símbolo / O lábaro que ostentas estrelado".* (Trecho do *Hino Nacional Brasileiro*.)

lábio lá.bi:o *substantivo masculino* Cada uma das partes móveis da boca: uma superior, outra inferior: *Pôs a flauta entre os lábios e começou a tocar.*

labirinto la.bi.**rin**.to *substantivo masculino* Construção com uma porção de divisões, corredores, etc., e de feito tão complicado que torna difícil achar a saída.

laboratório la.bo.ra.**tó**.ri:o *substantivo masculino* Local em que são feitas experiências e pesquisas científicas: *Fez exame de sangue no laboratório.*

lacaio la.**cai**.o *substantivo masculino* Criado que acompanhava o amo ou senhor, em passeio ou viagem: *Os lacaios usavam um uniforme chamado libré.*

laçar la.**çar** *verbo* Prender com laço (4): *O vaqueiro laçou a vaca para ordenhá-la.*

laço la.ço *substantivo masculino* **1.** Nó que se desata facilmente e que tem uma, duas ou mais alças: *Damos um laço no cadarço dos sapatos.* **2.** Aliança, vínculo: *Tenho laços de amizade nesta cidade.* **3.** Armadilha: *O pássaro caiu no laço.* **4.** Corda lançada para prender o gado.

lacraia la.**crai**.a *substantivo feminino* Animal invertebrado, peçonhento, com muitos pares de patas; centopeia.

lacrar la.**crar** *verbo* **1.** Fechar com lacre: *Lacrou a carta antes de enviá-la.* **2.** Fechar completamente: *A polícia lacrou o local do crime.*

lacre la.cre *substantivo masculino* Substância que lembra a resina, usada para tapar garrafas, selar ou fechar cartas, etc.

lácteo lác.te:o *adjetivo* **1.** Que contém leite: *Os produtos lácteos são muito usados na alimentação.* **2.** Que tem o aspecto ou a cor do leite: *Tem a pele láctea.*

lacuna la.**cu**.na *substantivo feminino* Espaço vazio: *No teste, havia lacunas que devíamos preencher com a palavra certa.*

ladeira　　　　　　　　　　　　　　　　　　　　　lâmina

ladeira la.**dei**.ra *substantivo feminino* Inclinação de terreno em rua, caminho, estrada: *Ouro Preto é uma cidade com muitas ladeiras.*

lado la.do *substantivo masculino* **1.** Parte lateral de qualquer coisa, em relação ao centro ou à outra parte: *Esta casa tem janelas do lado da rua.* **2.** Lugar à direita ou à esquerda de alguém ou de algo: *Minha amiga senta-se ao meu lado.* **3.** Qualquer face de um objeto: *O dado tem seis lados.* **4.** Rumo, direção: *Ventava para o lado do mar.* 👉 **Ao lado de.** A favor de; no mesmo grupo que: *Fica sempre ao lado dos mais fracos.* **Pôr de lado.** Abandonar: *Pôs de lado o projeto da casa, não vai construí-la.*

ladrão la.**drão** *substantivo masculino* Homem que furta ou rouba; gatuno. [Plural: *ladrões*. Feminino: *ladra*.]

ladrilhar la.dri.**lhar** *verbo* Cobrir de ladrilho: *Ladrilhou a cozinha e o banheiro.*

ladrilho la.**dri**.lho *substantivo masculino* Peça de cerâmica, de barro cozido, etc., usada para cobrir paredes ou pisos; azulejo.

lagarta la.**gar**.ta *substantivo feminino* Larva de borboleta ou de mariposa.

lagartixa la.gar.**ti**.xa *substantivo feminino* Lagarto pequeno, capaz de subir em paredes, etc., que come insetos.

lagarto la.**gar**.to *substantivo masculino* Nome comum a répteis com escamas, geralmente quadrúpedes, que vivem no chão ou em árvores.

lago la.go *substantivo masculino* **1.** Extensão de água cercada de terras: *Há lagos de água doce e de água salgada.* **2.** Tanque que enfeita jardins.

lagoa la.**go**.a (ô) *substantivo feminino* Lago (1) pouco extenso, de água doce ou salgada.

lagosta la.**gos**.ta (ô) *substantivo feminino* Crustáceo marinho de carne muito apreciada.

lágrima lá.gri.ma *substantivo feminino* Líquido segregado pelos olhos.

laje la.je *substantivo feminino* **1.** Pedra não muito grossa e de superfície plana. **2.** Obra de concreto que forma pavimento ou teto de construção.

lajota la.**jo**.ta *substantivo feminino* Peça de cerâmica, etc., usada para revestir pisos.

lama la.ma *substantivo feminino* Mistura de terra e água; terra molhada e pastosa; lodo: *Não devemos entrar em casa com os sapatos sujos de lama.*

lamaçal la.ma.**çal** *substantivo masculino* Lugar em que há muita lama: *Com as chuvas fortes, a estrada ficou um lamaçal.* [Plural: *lamaçais*.]

lambari lam.ba.**ri** *substantivo masculino* Pequeno peixe de rio.

lamber lam.**ber** *verbo* **1.** Passar a língua sobre: *O cão lambeu a mão do dono; O menino lambeu os dedos.* **2.** Tocar de leve: *A cauda do vestido lambia o chão.* **3.** Destruir, queimando: *O incêndio lambeu várias casas.*

lambida lam.**bi**.da *substantivo feminino* Ação de lamber, ou o resultado desta ação: *Deu uma lambida no picolé.*

lambuzar lam.bu.**zar** *verbo* Sujar-se de comida: *Ao comer, lambuzou a roupa; Lambuzou-se quando foi provar o doce.*

lamentação la.men.ta.**ção** *substantivo feminino* Ação de lamentar(-se), ou o resultado desta ação; lamento. [Plural: *lamentações*.]

lamentar la.men.**tar** *verbo* **1.** Chorar por algo ou alguém, com gemidos ou lamentos: *Por horas lamentou a perda do cachorrinho; Lamentou-se da sua falta de sorte.* **2.** Sentir ou dizer que sente grande tristeza por algo ou alguém: *Lamentou a ausência do amigo; Lamentou-se pela perda do pai.*

lamento la.**men**.to *substantivo masculino* O mesmo que *lamentação*.

lâmina lâ.mi.na *substantivo feminino* **1.** Chapa fina de metal ou de outro material: *uma lâmina de*

297

lâmpada | laptop

alumínio; *uma lâmina de vidro*. **2.** Parte cortante de faca ou de outro instrumento destinado a cortar, furar, raspar, etc.: *Esta faca tem a lâmina cortante.*

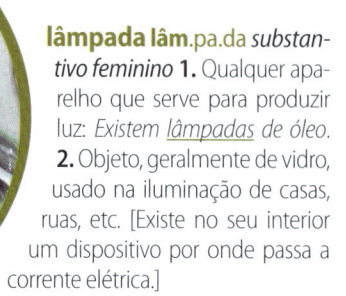

lâmpada lâm.pa.da *substantivo feminino* **1.** Qualquer aparelho que serve para produzir luz: *Existem lâmpadas de óleo.* **2.** Objeto, geralmente de vidro, usado na iluminação de casas, ruas, etc. [Existe no seu interior um dispositivo por onde passa a corrente elétrica.]

lamparina lam.pa.**ri**.na *substantivo feminino* Aparelho que é um recipiente com líquido inflamável (azeite, querosene, etc.) no qual se mergulha um pavio que, aceso, serve para iluminar: *Como não há luz elétrica na fazenda, à noite acendemos lamparinas.*

lampejo lam.**pe**.jo (ê) *substantivo masculino* Clarão repentino: *O lampejo dos trovões assustou os animais.*

lampião lam.pi.**ão** *substantivo masculino* Grande lanterna na qual se usa combustível com pavio que, aceso, fornece chama para iluminação: *No início do século XX os lampiões a gás que iluminavam as ruas foram substituídos por postes de luz elétrica.* [Plural: *lampiões*.]

lança lan.ça *substantivo feminino* Arma que é uma haste comprida terminada em ponta de metal.

lançamento lan.ça.**men**.to *substantivo masculino* **1.** Ação de lançar(-se), ou o resultado desta ação. **2.** Ação de dar a conhecer ao público, de exibir, alguma coisa: *O lançamento do livro foi um sucesso.*

lançar lan.**çar** *verbo* **1.** Atirar com força; arremessar: *O menino lançou uma pedra no lago.* **2.** Propor, apresentar: *Lançaram a candidatura de meu tio para prefeito.* **3.** Fazer o lançamento (2) de: *O costureiro lançou novos modelos de verão.* **4.** Atirar-se, jogar-se: *Lançou-se ao mar para salvar o banhista.* **5.** Desaguar: *O rio Amazonas se lança no oceano Atlântico.*

lance lan.ce *substantivo masculino* **1.** Acontecimento, fato: *A viagem teve vários lances engraçados.* **2.** Oferta feita em leilão: *Quem fizer o lance mais alto, leva o quadro.* **3.** Momento, situação: *Aquela jogada foi o melhor lance do jogo.*

lancha lan.cha *substantivo feminino* Embarcação, geralmente movida a motor, para navegação perto da costa.

lanchar lan.**char** *verbo* **1.** Comer lanche: *Lanche antes de sair para a escola.* **2.** Comer como lanche: *Lanchou um sanduíche e um refresco.*

lanche lan.che *substantivo masculino* **1.** Refeição pequena: *Fez um lanche antes de dormir.* **2.** Merenda (2): *Está na hora do lanche.*

lanchonete lan.cho.**ne**.te *substantivo feminino* Local onde se vendem refeições ligeiras, sucos de fruta, refrigerantes, etc.

lanterna lan.**ter**.na *substantivo feminino* Aparelho portátil para iluminar, com lâmpada elétrica mantida por pilhas: *Saiu para pescar à noite, levando uma lanterna.*

lapidar la.pi.**dar** *verbo* Polir (pedra preciosa): *Mandou lapidar a esmeralda para fazer um anel.*

lápide lá.pi.de *substantivo feminino* Pedra com inscrição do nome e a data de nascimento e morte da pessoa falecida, para marcar a sua sepultura: *Pôs um vaso de flores na lápide do pai.*

lápis lá.pis *substantivo masculino de dois números* Cilindro de grafite, ou outro material colorido, envolvido em madeira, usado para escrever ou desenhar: *Tenho uma caixa de lápis de cores.*

lapiseira la.pi.**sei**.ra *substantivo feminino* Pequeno tubo de metal ou de outro material que tem um mecanismo interno que empurra ou recolhe a grafite e que se usa como lápis.

laptop (léptop) [Inglês] *substantivo masculino* Computador portátil com bateria: *O laptop permitia ao escritor trabalhar em qualquer lugar.*

lar

lar *substantivo masculino* **1.** A casa em que moramos: *À tardinha, retornamos ao nosso lar.* **2.** A pátria, a terra natal: *Finda a guerra, os soldados regressam ao lar.*

laranja la.**ran**.ja *adjetivo* **1.** Veja *alaranjado*. ✓ *substantivo feminino* **2.** O fruto da laranjeira, de polpa suculenta. **3.** Veja *alaranjado*.

laranjada la.ran.**ja**.da *substantivo feminino* O refresco de laranja.

laranjeira la.ran.**jei**.ra *substantivo feminino* Árvore frutífera que dá as laranjas.

lareira la.**rei**.ra *substantivo feminino* Nas casas, lugar, feito de pedra ou tijolo, onde se queima madeira para aquecer o ambiente, e que tem uma chaminé para deixar sair a fumaça.

largada lar.**ga**.da *substantivo feminino* Ação de largar, ou o resultado desta ação.

largar lar.**gar** *verbo* **1.** Soltar algo que se segura: *Largou o prato e ele se quebrou, caindo no chão.* **2.** Deixar cair: *Perdeu o equilíbrio e largou a criança.* **3.** Deixar, abandonar: *Largou o trabalho.* **4.** Separar-se: *Os dois acabaram por largar-se.* **5.** Partir; ir-se: *Na corrida, os carros largaram juntos.*

largo lar.go *adjetivo* **1.** Que tem grande extensão ou dimensão; amplo: *O terremoto abriu uma larga fenda na planície.* **2.** Que não é estreito ou apertado; folgado: *Só usa roupas largas.* **3.** Abundante, vasto: *Tem uma larga experiência como professor.* **4.** Longo, demorado: *Esperou um largo tempo para ser atendido.* ✓ *substantivo masculino* **5.** O mesmo que *praça* (1): *Minha escola fica no Largo do Machado.*

largura lar.**gu**.ra *substantivo feminino* **1.** Qualidade de largo: *Desta montanha se avista a largura do horizonte.* **2.** A menor dimensão de uma superfície plana horizontal, em relação ao seu comprimento: *Esta cama tem dois metros de comprimento por um metro de largura.*

laringe la.**rin**.ge *substantivo feminino* Órgão do corpo situado acima da traqueia e abaixo da raiz da língua: *Os sons da fala passam pela laringe.*

larva lar.va *substantivo feminino* O primeiro estágio do desenvolvimento, na vida da maioria dos invertebrados, anfíbios e peixes: *As larvas do bicho-da-seda produzem um invólucro que fornece os fios da seda.*

lasca las.ca *substantivo feminino* **1.** Fragmento fino e longo de madeira, pedra ou metal: *Tapou o buraco com lascas de pedra.* **2.** Pedaço mínimo de alguma coisa; fatia fina: *Comeu uma lasca do queijo, para experimentá-lo.*

lascar las.**car** *verbo* Fazer lascas em; rachar: *Os homens da Antiguidade lascavam a pedra para fazer armas e ferramentas.*

laticínio

lástima lás.ti.ma *substantivo feminino* Sentimento de pena, de dó; compaixão: *Está tão magro que sua aparência causa lástima.*

lata la.ta *substantivo feminino* **1.** Chapa de ferro revestida de estanho. **2.** Qualquer recipiente feito de lata (1): *Comprou conservas em lata.*

latão la.**tão** *substantivo masculino* Chapa feita de cobre e zinco: *Lavou a roupa numa bacia de latão.* [Plural: *latões*.]

lataria la.ta.**ri**.a *substantivo feminino* **1.** Conserva de alimento enlatado. **2.** Carroceria de automóvel.

lateral la.te.**ral** *adjetivo de dois gêneros* **1.** Que está ou fica ao lado: *Uma parede lateral da casa desabou com a tempestade; Entrou pela porta lateral.* ✓ *substantivo masculino* **2.** Linha que acompanha o comprimento do campo ou da quadra. [Plural: *laterais*.]

látex lá.tex (tex = tecs) *substantivo masculino de dois números* Líquido espesso, quase sempre branco, encontrado em muitas plantas, e que delas escorre quando feridas: *A borracha pode ser obtida do látex da seringueira.*

laticínio la.ti.**cí**.ni:o *substantivo masculino* Qualquer produto alimentício composto principalmente de leite: *A manteiga é um laticínio.*

latido la.ti.do *substantivo masculino* **1.** Ação de latir ou ladrar, ou o resultado desta ação: *Os latidos do cão acordaram-me.* **2.** A voz do cão e de alguns outros animais da família dele: *Conheço o meu cachorro pelo latido.*

latim la.tim *substantivo masculino* A língua que era falada, na Antiguidade, pelos romanos, e que deu origem ao português, ao espanhol, ao italiano, etc. [Plural: *latins*.]

latino la.ti.no *adjetivo* **1.** Relativo à língua e à civilização dos antigos romanos. **2.** Relativo a qualquer língua derivada do latim: *O português e o francês são línguas latinas.*

latino-americano la.ti.no-a.me.ri.ca.no *adjetivo* **1.** Pertencente ou relativo aos países americanos de línguas latinas. ✓ *substantivo masculino* **2.** Indivíduo latino-americano. [Plural: *latino-americanos*.]

latir la.tir *verbo* Soltar latido: *Os cachorros latiram a noite toda.*

latrina la.tri.na *substantivo feminino* **1.** Lugar da casa com vaso sanitário, etc., para defecar; privada. **2.** Veja *vaso sanitário*.

lava la.va *substantivo feminino* Matéria pastosa e escura, que é rocha derretida que sai dos vulcões em erupção.

lavabo la.va.bo *substantivo masculino* Banheiro pequeno com pia e vaso sanitário; lavatório.

lavadeira la.va.dei.ra *substantivo feminino* **1.** Mulher que lava roupa por profissão. **2.** Veja *libélula*.

lavagem la.va.gem *substantivo feminino* **1.** Ação de lavar(-se), ou o resultado desta ação: *Esta oficina faz também lavagem de carro.* **2.** Restos de comida que se dão aos porcos. [Plural: *lavagens*.]

lavanderia la.van.de.ri.a *substantivo feminino* **1.** Estabelecimento onde se lavam e passam peças do vestuário, roupas de cama e mesa, etc. **2.** Parte de casa, hotel, etc., onde se lava e passa roupa.

lavar la.var *verbo* **1.** Limpar com água, misturada ou não a produto detergente, ou com outro líquido: *Depois do almoço lavamos os pratos; Lavamos as mãos antes das refeições.* **2.** Fazer a limpeza do próprio corpo; tomar banho; banhar-se: *Antes de ir para a escola, nós nos lavamos.*

lavatório la.va.tó.ri:o *substantivo masculino* **1.** Pia que fica no banheiro. **2.** O mesmo que *lavabo*.

lavoura la.vou.ra *substantivo feminino* Preparação do terreno para a plantação, o cultivo: *Mora no campo, e trabalha na lavoura.*

lavrador la.vra.dor (ô) *substantivo masculino* Aquele que trabalha na lavoura: *Os lavradores costumam acordar pela madrugada.*

lavrar la.vrar *verbo* Revolver a terra com instrumento agrícola para o cultivo: *Os colonos lavram a terra.*

lazer la.zer *substantivo masculino* Tempo disponível para descanso; folga: *Gosto de ouvir música nas minhas horas de lazer.*

leal le.al *adjetivo de dois gêneros* **1.** Que é honesto, sincero e verdadeiro: *Os amigos leais não nos abandonam.* **2.** Que é fiel aos compromissos: *Podemos contar com as pessoas leais.* [Plural: *leais*.]

lealdade le.al.da.de *substantivo feminino* **1.** Qualidade de leal. **2.** Fidelidade aos compromissos assumidos: *O candidato prometeu lealdade aos eleitores.*

leão le.ão *substantivo masculino* Grande felino predador, de cauda comprida e juba, que habita a Ásia e sobretudo a África. [Plural: *leões*.]

lebre le.bre *substantivo feminino* Animal mamífero semelhante ao coelho, porém mais veloz.

lecionar | lema

lecionar le.ci.o.**nar** *verbo* **1.** Dar lições de; ensinar: *A professora que lecionar Matemática faltou hoje.* **2.** Dar aulas; ensinar: – *Sabe quantos professores lecionam nesta escola?*

legal le.**gal** *adjetivo de dois gêneros* **1.** Conforme à lei; fixado por lei; legítimo: *Os emigrantes necessitam de documentos legais para permanecer no país.* **2.** *Gíria* Palavra que exprime ideias apreciativas; ótimo, excelente, perfeito, etc. [Plural: *legais*.]

legenda le.**gen**.da *substantivo feminino* **1.** Texto curto que acompanha fotografia ou ilustração. **2.** Em filmes, texto com a tradução das falas dos personagens: *Este filme tem legendas em português.*

legendário le.gen.**dá**.ri.o *adjetivo* O mesmo que *lendário*: *Não acredito em histórias legendárias.*

legislação le.gis.la.**ção** *substantivo feminino* Conjunto de leis: *Todos os países têm uma legislação.* [Plural: *legislações*.]

legislar le.gis.**lar** *verbo* Fazer ou estabelecer leis: *O congresso tem o poder de legislar.*

legislativo le.gis.la.**ti**.vo *adjetivo* **1.** Que legisla: *o poder legislativo*. ✓ *substantivo masculino* **2.** Um dos três poderes de um país, e que é incumbido de elaborar leis.

legítimo le.**gí**.ti.mo *adjetivo* O mesmo que *legal* (1): *Temos de obedecer às autoridades legítimas.*

légua lé.gua *substantivo feminino* Medida que equivale a 6.600m: *A nossa fazenda fica a três léguas da cidade.*

legume le.**gu**.me *substantivo masculino* **1.** Espécie de fruto que é uma vagem. **2.** Qualquer fruto (como a abóbora, o chuchu e o quiabo) ou raiz (como a batata, a cenoura e a beterraba) que nós geralmente cozinhamos para comer.

lei *substantivo feminino* O conjunto das regras estabelecidas por uma sociedade e que determinam o que é permitido e o que é proibido: *Dirigir com menos de 18 anos é proibido pela lei brasileira.*

leilão lei.**lão** *substantivo masculino* Venda pública a quem oferecer preço mais alto: *Fez um leilão para vender o quadro e conseguiu um bom preço.* [Plural: *leilões*.]

leiloar lei.lo.**ar** *verbo* Vender em leilão: *Leiloou joias para pagar dívidas.*

leiloeiro lei.lo.**ei**.ro *substantivo masculino* Pessoa que organiza ou faz leilões.

leitão lei.**tão** *substantivo masculino* Filhote de porco que ainda mama: *O fazendeiro tem uma criação de leitões.* [Plural: *leitões*; feminino: *leitoa*.]

leite lei.te *substantivo masculino* **1.** Líquido branco muito alimentício que é segregado pelas mamas das fêmeas dos mamíferos. **2.** Qualquer suco vegetal branco ou esbranquiçado: *leite de coco, leite de soja.*

leiteira lei.**tei**.ra *substantivo feminino* **1.** Vasilha em que se serve ou ferve o leite. **2.** Vendedora de leite.

leiteiro lei.**tei**.ro *adjetivo* **1.** Que produz leite: *O fazendeiro cria vacas leiteiras.* ✓ *substantivo masculino* **2.** Vendedor ou entregador de leite.

leito lei.to *substantivo masculino* **1.** O mesmo que *cama*: *Como está gripado, passou o dia no leito.* **2.** Terreno sobre o qual corre um rio: *No leito deste rio há diamantes.*

leitor lei.**tor** (ô) *substantivo masculino* **1.** Aquele que lê: *Este jornal tem muitos leitores.* **2.** Aquele que tem o hábito de ler: *Meu pai é um grande leitor.*

leitoso lei.**to**.so (tô) *adjetivo* Branco como o leite: *O bebê tem uma pele leitosa.* [Plural: *leitosos* (tó).]

leitura lei.**tu**.ra *substantivo feminino* **1.** Ação ou hábito de ler, ou o resultado desta ação ou hábito: *Fez duas horas de leitura.* **2.** Aquilo que se lê: *Este livro não é leitura para menores.*

lema le.ma *substantivo masculino* Sentença geralmente curta que resume um ideal: *O lema da bandeira brasileira é Ordem e Progresso.*

lembrança

lembrança lem.**bran**.ça *substantivo feminino* **1.** Ideia ou recordação de fatos passados: *Tenho boas lembranças da minha infância.* **2.** Algo que se oferece como presente: *Ele chegou de viagem, e trouxe lembranças para todos.*

lembrar lem.**brar** *verbo* **1.** Trazer à memória; recordar: *Na conversa, lembramos os tempos passados.* **2.** Dar a ideia de; sugerir: *É uma fruta ácida, cujo gosto lembra o do limão.* **3.** Fazer recordar: *Lembrei-o de comprar a passagem de volta.* **4.** Ter lembrança; recordar-se: *Lembro-me de quando era pequeno.*

lembrete lem.**bre**.te (brê) *substantivo masculino* Anotação para ajudar a lembrar: *Tenho um lembrete com o endereço.*

leme le.me *substantivo masculino* Aparelho que deve ficar na popa da embarcação ou na cauda do avião, e que serve para governá-los.

lenço len.ço *substantivo masculino* **1.** Peça de pano ou de outro material com a qual se assoa o nariz: *Gosto de usar lenços de papel.* **2.** Peça de pano ou de outro tecido para resguardar a cabeça ou o pescoço: *Cobriu a cabeça com um lenço quando começou a chover.*

lençol len.**çol** *substantivo masculino* Peça de tecido usada para forrar a cama, ou para servir de coberta. [Plural: *lençóis*.]

lenda len.da *substantivo feminino* Narração de um fato fantástico, que é transmitida de geração em geração: *Diz uma velha lenda que houve uma civilização perdida chamada Atlântida.*

lendário len.**dá**.ri:o *adjetivo* Que constitui lenda; legendário: *A mula sem cabeça é um ser lendário.*

lêndea lên.de:a *substantivo feminino* Ovo de piolho, que geralmente se agarra à base dos cabelos.

lenha le.nha *substantivo feminino* Pedaço de madeira que se usa para manter aceso o fogo: *João e Maria foram à floresta para buscar lenha.*

lenhador le.nha.**dor** (ô) *substantivo masculino* Pessoa que corta lenha: *Os lenhadores das histórias infantis viviam nas florestas.*

lesma

lenho le.nho *substantivo masculino* **1.** O tecido vegetal que sustenta as plantas e conduz a seiva. **2.** Peça de madeira.

lenhoso le.**nho**.so (nhô) *adjetivo* Que tem a consistência e o aspecto do lenho: *As árvores são revestidas de tecido lenhoso.* [Plural: *lenhosos* (nhó).]

lente len.te *substantivo feminino* Peça de vidro ou de outro material transparente, curvada de modo que os raios de luz que a atravessem se separem ou se juntem, fazendo parecer maior ou mais próximo, ou menor ou mais longe, o objeto visto através dela: *Lentes são usadas em óculos, binóculos, telescópios, etc.*

lentidão len.ti.**dão** *substantivo feminino* Qualidade de lento.

lentilha len.**ti**.lha *substantivo feminino* **1.** Trepadeira cujo fruto, um legume, contém grãos alimentícios. **2.** Cada um desses grãos.

lento len.to *adjetivo* Que se move ou faz algo devagar: *A tartaruga é um animal lento; João é lento para fazer os deveres.*

leopardo le:o.**par**.do *substantivo masculino* Grande felino selvagem, de pelo amarelo com manchas pretas, que vive na África e no sul da Ásia.

leque le.que *substantivo masculino* Abano que se agita para movimentar o ar, refrescando.

ler *verbo* Percorrer com a vista o que está escrito, compreendendo o significado das palavras: *Quem sabe ler pode estudar nos livros.*

lerdo ler.do *adjetivo* Lento nos movimentos.

lesão le.**são** *substantivo feminino* Ferimento causado por doença ou por acidente: *Foi atropelado e teve uma lesão na cabeça.* [Plural: *lesões*.]

lesma les.ma (ê) *substantivo feminino* Molusco terrestre cuja pequena concha fica escondida.

leste | libertação

leste les.te *substantivo masculino* O mesmo que *este*.

letivo le.ti.vo *adjetivo* Em que há aulas ou lições: *O ano letivo começou no primeiro dia de fevereiro.*

letra le.tra (ê) *substantivo feminino* Cada um dos sinais do alfabeto que corresponde aos diversos sons de uma língua, e são combinados para representá-la na escrita: *As vogais são as letras a, e, i, o, u.*

letreiro le.trei.ro *substantivo masculino* Inscrição feita com letras, e que contém informação, etc.: *Há um letreiro na porta, avisando que hoje é feriado.*

leucócito leu.có.ci.to *substantivo masculino* Célula sanguínea, incolor, que defende o organismo contra infecções.

levado le.va.do *adjetivo* O mesmo que *travesso*: *Os meninos desta classe são muito levados.*

levantamento le.van.ta.men.to *substantivo masculino* Ação de levantar(-se), ou o resultado desta ação.

levantar le.van.tar *verbo* **1.** Pôr ao alto; erguer: *Levantem a mão os meninos que já acabaram a prova.* **2.** Pôr ou pôr-se de pé; erguer ou erguer-se: *Levantou o bebê, e ele deu uns passos; Todos se levantaram para sair.* **3.** Construir, edificando: *Cinco operários levantaram a casa.* **4.** Obter: *Está pesquisando para levantar os dados.* **5.** Dirigir para o alto: *Levantou os olhos quando o chamaram.* **6.** Sair da cama: *Levanta-se quase sempre às sete horas da manhã.*

levar le.var *verbo* **1.** Transportar pessoas ou coisas: *Levou os filhos à escola; Saiu, levando vários livros.* **2.** Carregar consigo: *Não se esqueça de levar a passagem.* **3.** Servir de comunicação com; dar acesso a: *Este caminho leva à praia.* **4.** Fazer representar; exibir: *Levaram uma peça no teatro da escola.* **5.** Poder conter: *Este elevador só leva seis pessoas.* **6.** Consumir, demorar: *Levou horas para aprender a lição.* **7.** Ser alvo ou objeto de: *O palhaço levou uma vaia.* **8.** Ter na mente: *Partiu levando saudades.*

leve le.ve *adjetivo de dois gêneros* **1.** De pouco peso: *O bebê é leve, posso carregá-lo.* **2.** De pouca consistência: *Caía uma chuva leve.* **3.** Que não cansa; que não exige esforço: *Minha avó só pode fazer trabalhos leves.* **4.** Fácil de digerir: *Só gosta de alimentos leves.*

leveza le.ve.za (vê) *substantivo feminino* **1.** Qualidade do que é leve, tem pouco peso: *A leveza dos flocos de neve.* **2.** Delicadeza: *A leveza de seu andar lhe dá um encanto especial.*

lhama lha.ma *substantivo feminino* Animal mamífero que vive na cordilheira dos Andes (América do Sul), de pelagem longa, que serve para fazer roupas e cobertas. [É usado como animal de carga.]

lhe *pronome pessoal* A ele, a ela (ou a você, ao senhor, etc.) ou nele, nela, ou dele, dela: *Eu lhe pedi que fosse comprar pão; Esta roupa lhe cai bem.*

libélula li.bé.lu.la *substantivo feminino* Inseto de corpo delgado e dois pares de asas transparentes; lavadeira.

liberação li.be.ra.ção *substantivo feminino* Ação de liberar(-se), ou o resultado desta ação: *A liberação do oxigênio pelas árvores.* [Plural: *liberações*.]

liberar li.be.rar *verbo* **1.** Tornar livre de obrigação, de dívida, etc.: *Liberei-o da promessa que fez.* **2.** Tornar livre ou disponível: *Liberaram a estrada que estava em obras.* **3.** Livrar-se; desobrigar-se: *Liberou-se mais cedo do trabalho; Liberou-se da promessa.*

liberdade li.ber.da.de *substantivo feminino* **1.** A capacidade de agir, falar e pensar de acordo com a própria vontade: *Se você não está de acordo, tem liberdade de fazer o que quiser.* **2.** A condição da pessoa que é livre: *Depois de dois anos de prisão, recuperou a liberdade.*

libertação li.ber.ta.ção *substantivo feminino* Ação de libertar(-se), ou o resultado desta ação: *A lei da libertação dos escravos foi assinada pela Princesa Isabel.* [Plural: *libertações*.]

libertar li.ber.tar *verbo* **1.** Tornar(-se) livre ou liberto: *Libertou os pássaros, abrindo a gaiola; Os presos conseguiram libertar-se.* **2.** Livrar(-se): *Libertei-o da promessa; Libertou-se da influência da família.*

liberto li.ber.to *adjetivo* **1.** Que foi libertado; livre: *Depois de libertos, muitos ex-escravos negros voltaram para a África.* ✓ *substantivo masculino* **2.** Escravo liberto: *Alguns libertos foram viver em quilombos.*

lição li.ção *substantivo feminino* **1.** Assunto que é dado ao aluno para que ele estude: *A lição de hoje foi o corpo humano.* **2.** Aquilo que o aluno aprende ou prepara para apresentar ao professor: *Não soube a lição, e teve de estudá-la durante o recreio.* [Plural: *lições*.]

licença li.cen.ça *substantivo feminino* **1.** Permissão, autorização: *Pediu licença para sair mais cedo do trabalho.* **2.** Documento que atesta permissão ou autorização: *Para entrar, precisou apresentar a licença.*

lícito lí.ci.to *adjetivo* Permitido por lei; legal.

licor li.cor (ô) *substantivo masculino* Bebida alcoólica adocicada e aromática.

lida li.da *substantivo feminino* Ação de lidar, ou o resultado desta ação: *Tem seis dias de lida por semana, só não trabalha aos domingos.*

lidar li.dar *verbo* Tratar com (pessoa): *Ela lida muito bem com jovens.*

líder lí.der *substantivo masculino* O mesmo que *chefe*: *O líder da quadrilha foi preso.*

liderança li.de.ran.ça *substantivo feminino* **1.** Função ou posição de líder: *Tiradentes estava na liderança da Conjuração Mineira.* **2.** Capacidade de liderar.

liderar li.de.rar *verbo* Dirigir como líder: *José do Patrocínio foi um dos abolicionistas que lideraram a campanha pela abolição da escravatura.*

liga li.ga *substantivo feminino* Material feito por dois ou mais metais: *O bronze é uma liga de cobre e estanho.*

ligação li.ga.ção *substantivo feminino* **1.** Ação de ligar(-se), ou resultado desta ação: *Não há ligação entre estes fatos.* **2.** Relação de amor ou de amizade: *Há uma bela ligação entre os dois.* **3.** Comunicação telefônica: *Não entendi o que você disse, a ligação está péssima.* [Plural: *ligações*.]

ligar li.gar *verbo* **1.** Unir, prender ou atar com laço ou ligadura: *Ligou tábuas para fazer uma jangada.* **2.** Fazer aderir, juntando: *Ligou os ingredientes para fazer a massa.* **3.** Pôr em comunicação: *Esta estrada liga o norte ao sul.* **4.** Pôr em funcionamento: *Ligue a luz antes de sair; Ligue o motor do carro.* **5.** Completar comunicação telefônica: *Ligue para mim logo que chegar.* **6.** Unir-se afetivamente: *Ligaram-se desde a infância.*

ligeiro li.gei.ro *adjetivo* O mesmo que *rápido*: *Com passos ligeiros, chegou à frente de todos.*

lilás li.lás *substantivo masculino* **1.** Arbusto de flores arroxeadas. **2.** A flor desse arbusto. **3.** A cor arroxeada dessa flor. ✓ *adjetivo de dois gêneros* **4.** Dessa cor: *Comprou um vestido lilás.* [Plural: *lilases*.]

lima[1] li.ma *substantivo feminino* Ferramenta manual cuja superfície tem finas estrias que servem para polir ou desgastar alguma coisa.

lima[2] li.ma *substantivo feminino* O fruto da limeira.

limão li.mão *substantivo masculino* O fruto do limoeiro. [Plural: *limões*.]

limar li.mar *verbo* Polir ou desgastar com lima.

limeira li.mei.ra *substantivo feminino* Arbusto ou pequena árvore de frutas um pouco amargas.

limitação li.mi.ta.**ção** *substantivo feminino* **1.** Ação de limitar(-se), ou o resultado desta ação. **2.** Diminuição: *É preciso haver limitação de gastos.* [Plural: *limitações.*]

limitar li.mi.**tar** *verbo* **1.** Determinar os limites de: *Limitou o terreno antes de construir a casa.* **2.** Servir de limite a: *O Brasil limita(-se) com dez países da América do Sul.* **3.** Diminuir: *É preciso limitar a ocorrência de acidentes no trânsito.*

limite li.**mi**.te *substantivo masculino* **1.** Local onde algo termina ou deve terminar: *Os alunos devem ficar dentro dos limites do pátio.* **2.** O mesmo que **fronteira** (1). **3.** Fim, termo: *Minha paciência chegou ao limite, não vou esperá-lo mais.*

limoeiro li.mo.**ei**.ro *substantivo masculino* Árvore que dá limões.

limonada li.mo.**na**.da *substantivo feminino* O refresco de limão.

limpar lim.**par** *verbo* **1.** Tornar limpo: *Limpe os sapatos antes de entrar.* **2.** Tornar sereno e sem nuvens: *A ventania limpou o céu.* **3.** Dar brilho a: *Limpou a prata.* **4.** Tornar-se limpo: *Limpou-se antes de trocar de roupa.* **5.** Tornar-se sereno e sem nuvens: *Depois da tempestade, o céu limpou.*

limpeza lim.**pe**.za (ê) *substantivo feminino* **1.** Ação ou processo de limpar(-se), ou o resultado desta ação ou processo: *A limpeza da casa demorou um dia inteiro.* **2.** Qualidade de limpo: *Verificou a limpeza da toalha, antes de enxugar-se.*

límpido lím.pi.do *adjetivo* **1.** Que é claro, puro, transparente: *Banhou-se nas águas límpidas do riacho.* **2.** Sem nuvens; limpo: *O céu está límpido.*

limpo lim.po *adjetivo* **1.** Que não tem sujeira: *Trocou a roupa suja por uma roupa limpa.* **2.** O mesmo que *límpido* (2): *O dia está lindo, de céu limpo.* **3.** Isento de qualquer culpa; honesto: *É um homem limpo, pode confiar nele.* **4.** Gíria Sem dinheiro; duro, pronto: *Estou limpo, não posso pagar a conta.* 🔊 **Passar a limpo.** Copiar texto, ou desenho, etc., com apuro. **Tirar a limpo.** Investigar para ter esclarecimento: *Vou tirar a limpo esta história, não estou acreditando nela.*

lindo lin.do *adjetivo* Agradável à vista ou ao espírito; formoso, belo: *Daqui se vê uma paisagem linda; Escreveu uma linda história.*

língua lín.gua *substantivo feminino* **1.** Órgão situado dentro da boca, que serve para provar o sabor dos alimentos, ajuda a engoli-los e é ainda necessário à articulação dos sons da fala. **2.** O conjunto das palavras e expressões usadas por um povo; idioma.

linguado lin.**gua**.do *substantivo masculino* Peixe marinho de carne apreciada.

linguagem lin.**gua**.gem *substantivo feminino* **1.** O uso dos sons produzidos pela voz na formação das palavras com que as pessoas se exprimem e se comunicam. **2.** A forma de expressão pela linguagem ou pela sua representação escrita: *Ele fala e escreve numa linguagem muito complicada, que ninguém entende.* **3.** Vocabulário: *Na linguagem do bebê, nanar significa dormir.* [Plural: *linguagens.*]

linguarudo lin.gua.**ru**.do *adjetivo* Que fala demais; fofoqueiro: *Não lhe conto o meu segredo porque você é muito linguarudo.*

linguiça lin.**gui**.ça (güi) *substantivo feminino* Tripa recheada de carne de porco, ou de frango, etc., de tamanho variável, que se come frita, assada ou cozida.

linha li.nha *substantivo feminino* **1.** Fio de material têxtil, como algodão, linho, etc., ou de fibra sintética, usado para coser ou bordar: *A costureira precisa de agulha e linha.* **2.** Cordão delgado para usos vários: *Para pescar, usamos anzol e linha; A pipa fica presa a uma linha.* **3.** Traço contínuo e alongado, em qualquer superfície: *Uma linha divide o campo de futebol em dois lados; Usa um caderno com linhas, para escrever reto.* **4.** Série de palavras escritas numa mesma direção: *Escrevi uma carta de vinte linhas; Cada página deste livro tem 72 linhas.* **5.** O mesmo que **trilho**: *As linhas da estrada de ferro seguem a direção do rio.* **6.** Serviço de transporte entre localidades: *Este avião tem linha para Brasília; Há uma linha de ônibus para o centro.* **7.** Comunicação telefônica: *Atenda aí, que seu pai está na linha.*

linho li.nho *substantivo masculino* **1.** Erva cujo caule fornece uma fibra do mesmo nome. **2.** Tecido feito com essa fibra: *No verão só usa roupa de linho.*

líquen

líquen lí.quen *substantivo masculino* Vegetal formado por um fungo e uma alga. [Plural: *liquens*.]

liquidação li.qui.da.**ção** (qui ou qüi) *substantivo feminino* **1.** Ação de liquidar(-se), ou o resultado desta ação. **2.** Venda de mercadorias a preços abaixo do normal: *Esta loja está fazendo liquidação.* [Plural: *liquidações*.]

liquidar li.qui.**dar** (qui ou qüi) *verbo* **1.** Pagar uma conta: *Ele já liquidou o que devia.* **2.** Vender por preço abaixo do normal: *Esta loja vai liquidar roupas de inverno.* **3.** Destruir: *No jogo, cada participante tinha de liquidar o exército inimigo.*

liquidificador li.qui.di.fi.ca.**dor** (qui ou qüi... ô) *substantivo masculino* Aparelho eletrodoméstico com hélices e pás cortantes no fundo, usado para misturar ou triturar frutas, legumes, etc., aos quais se adiciona, ou não, água ou outro líquido.

líquido lí.qui.do (qui ou qüi) *adjetivo* **1.** Diz-se do estado da matéria entre o sólido e o gasoso: *A água é o estado líquido do gelo.* **2.** Que flui ou corre como a água: *O xarope é um remédio líquido.* **3.** Composto por substâncias líquidas: *O petróleo é um combustível líquido.* ✓ *substantivo masculino* **4.** Substância líquida: *O homem precisa ingerir líquidos.*

lírio lí.ri:o *substantivo masculino* **1.** Planta ornamental. **2.** A flor dela, que é muito perfumada.

liso li.so *adjetivo* **1.** De superfície plana ou sem aspereza: *As paredes costumam ser lisas.* **2.** Diz-se de cabelo não encaracolado ou ondulado.

livre

lista lis.ta *substantivo feminino* **1.** Série de nomes de pessoas ou de coisas: *Fiz uma lista do que preciso comprar.* **2.** O mesmo que *listra*.

listar lis.**tar** *verbo* Fornecer ou enumerar informações em forma de lista (1): *Listou os alimentos que faltavam.*

listra lis.tra *substantivo feminino* O mesmo que *risco[1]*: *Comprei um tecido com listras azuis.*

literário li.te.**rá**.ri:o *adjetivo* De literatura.

literatura li.te.ra.**tu**.ra *substantivo feminino* O conjunto das obras escritas de um país, de uma época, ou que se relaciona com determinada época: *A nossa biblioteca é formada de livros de literatura infantil.*

litoral li.to.**ral** *substantivo masculino* Região banhada pelo mar; costa: *Há grandes cidades no litoral brasileiro, como Fortaleza, Salvador e Rio de Janeiro.* [Plural: *litorais*.]

litorâneo li.to.**râ**.ne:o *adjetivo* Situado no litoral: *Os portos ficam situados nas cidades litorâneas.*

litro li.tro *substantivo masculino* **1.** Unidade de medida de capacidade para líquidos equivalente a um decímetro cúbico [símbolo: *l*]. **2.** O conteúdo de um recipiente com esta capacidade: *Bebeu um litro de água.*

livrar li.**vrar** *verbo* **1.** Tornar(-se) livre: *Livrou a ave da gaiola*; *O prisioneiro livrou-se da prisão.* **2.** Tirar, ou sair-se, de embaraço ou situação difícil: *O salva-vidas livrou o banhista de afogamento*; *Livrou-se de morrer afogado porque sabe nadar.* **3.** Liberar, ou liberar-se: *Livrou-o da promessa*; *Livrou-se do compromisso.*

livraria li.vra.**ri**.a *substantivo feminino* Loja que vende livros.

livre li.vre *adjetivo de dois gêneros* **1.** Que faz, pensa ou diz o que quer; que é senhor de si e de suas ações: *Todas as pessoas nascem livres e têm direitos iguais.* **2.** Que não está preso ou cativo: *Animais livres habitam estas matas.* **3.** Desocupado, disponível: *Este lugar não está livre*; *Tenho tempo livre, posso viajar.* **4.** Permitido, autorizado: *Este parque tem entrada livre.* **5.** Que tem autonomia; independente: *Este é um país livre.*

livro

livro li.vro *substantivo masculino* Reunião de folhas impressas presas por um dos lados e revestidas por capa geralmente de cartão.

lixa li.xa *substantivo feminino* Papel recoberto de material abrasivo em um dos lados, e que é usado para alisar ou polir madeira, metais, etc., ou para modelar unhas.

lixar li.**xar** *verbo* Polir com lixa.

lixeira li.**xei**.ra *substantivo feminino* Recipiente onde se joga ou deposita lixo.

lixeiro li.**xei**.ro *substantivo masculino* Profissional que varre, ou recolhe, o lixo das ruas; gari.

lixo li.xo *substantivo masculino* **1.** Qualquer objeto ou detrito que se joga fora, ou se varre da casa, da rua, etc. **2.** Coisa imprestável.

lobisomem lo.bi.**so**.mem *substantivo masculino* Ser lendário: homem que se transforma em lobo nas noites de lua cheia. [Plural: *lobisomens*.]

lobo lo.bo (lô) *substantivo masculino* Animal mamífero carnívoro da família do cão, selvagem, e que habita a Europa, a Ásia e a América do Norte.

lobo-guará lo.bo-gua.**rá** *substantivo masculino* O mesmo que *guará*. [Plural: *lobos-guarás* e *lobos-guará*.]

locação lo.ca.**ção** *substantivo feminino* **1.** Ação de alugar, ou o resultado desta ação. **2.** Aluguel: *Pagam 400 reais pela locação da casa.* [Plural: *locações*.]

locadora lo.ca.**do**.ra (dô) *substantivo feminino* Estabelecimento comercial que aluga carros, DVDs, etc.

local lo.**cal** *adjetivo de dois gêneros* **1.** De determinado lugar, ou relativo a determinado lugar: *Os moradores locais protestaram contra o barulho.* **2.** Que é particular ou limitado a um lugar, uma área: *Fez um jardim com as plantas locais.* **3.** Responsável por um lugar: *O representante local do governo não aprovou a obra.* ☑ *substantivo masculino* **4.** Lugar, sítio ou ponto referido a um fato: *O local do roubo foi interditado.* **5.** Lugar não especificado: *Hospedou-se em vários locais.* [Plural: *locais*.]

localidade lo.ca.li.**da**.de *substantivo feminino* **1.** Local determinado; localização, lugar: *Nesta locali-*

locomover-se

dade construirão a sede do governo. **2.** Povoado: *Mora numa localidade do interior.*

localização lo.ca.li.za.**ção** *substantivo feminino* **1.** Ação de localizar(-se), ou o resultado desta ação. **2.** O mesmo que *localidade* (1): *A localização da obra será determinada pelo governo.* [Plural: *localizações*.]

localizar lo.ca.li.**zar** *verbo* **1.** Determinar o local onde se encontra pessoa ou coisa, ou de onde ela se origina: *A polícia localizou os bandidos; Localizou de onde vinha o barulho.* **2.** Fixar-se ou estabelecer-se em certo lugar: *A firma veio a localizar-se no centro da cidade.*

loção lo.**ção** *substantivo feminino* Líquido perfumado para a pele ou os cabelos. [Plural: *loções*.]

locatário lo.ca.**tá**.ri:o *substantivo masculino* Indivíduo que recebe do locador uma coisa ou um serviço, mediante pagamentos; inquilino: *O locatário reclamou do aumento do aluguel.*

locomoção lo.co.mo.**ção** *substantivo feminino* Ação de locomover-se, ou o resultado desta ação: *A locomoção da tartaruga é lenta; Está sem meios de locomoção.* [Plural: *locomoções*.]

locomotiva lo.co.mo.**ti**.va *substantivo feminino* Máquina elétrica, a vapor, etc., que serve para rebocar vagões de passageiros, ou carga, nas estradas de ferro.

locomover-se lo.co.mo.**ver**-se *verbo* Mudar de lugar; deslocar-se: *Desde que sofreu o acidente não pode locomover-se.*

locução lo.cu.**ção** *substantivo feminino* **1.** Modo especial de pronunciar as palavras: *Este menino não tem boa locução*. **2.** Grupo de palavras que expressam um só significado: *Trem de ferro é uma locução que tem o valor de um substantivo; prestar atenção é uma locução que tem o valor de um verbo*. [Plural: *locuções*.]

locutor lo.cu.**tor** (tôr) *substantivo masculino* Pessoa cuja profissão é falar para rádio ou para televisão apresentando programas, fazendo entrevistas, noticiando acontecimentos, transmitindo propagandas, etc.

lodo lo.do (lô) *substantivo masculino* **1.** Depósito de terra misturada com restos orgânicos que fica no fundo das águas do mar, de rios, lagos, etc. **2.** O mesmo que *lama*.

logo lo.go *advérbio* **1.** Sem demora; imediatamente: *Faça logo o que estou mandando*. **2.** Daqui a pouco: *Espere, que ele chegará logo*. **3.** Exatamente, justamente: *Logo agora que ele começou a estudar, você o chama!* ✅ *conjunção* **4.** Portanto, por conseguinte: *Ele não ouviu o chamado, logo não pôde responder*. 🔊 **Logo mais.** Em breve; mais tarde: *Logo mais irei ao seu encontro*. **Até logo.** Cumprimento de despedida; até logo mais. **Até logo mais.** O mesmo que *até logo*: *Tenho que partir, até logo mais*.

loja lo.ja *substantivo feminino* Lugar onde se vendem mercadorias: *Meu avô tem uma loja de roupas*.

lombo lom.bo *substantivo masculino* **1.** Parte do corpo situada de um ou de outro lado da coluna vertebral; costas. **2.** O dorso de um animal: *A bagagem foi transportada no lombo dos jumentos*.

lombriga lom.**bri**.ga *substantivo feminino* Verme que é parasito dos intestinos.

lona lo.na *substantivo feminino* Tecido grosso de linho ou de algodão, que é usado para fazer sacos, velas de embarcação, tendas, etc.

longe lon.ge *advérbio* **1.** A grande distância, no espaço ou no tempo: *Nem sempre chego à escola na hora porque moro longe; Está longe o dia em que nasci*. ✅ *adjetivo* **2.** O mesmo que *longínquo* (1): *Os bandeirantes percorreram longes terras*. 🔊 **Longe de.** A grande distância de: *Moro longe da cidade*.

longínquo lon.**gín**.quo *adjetivo* **1.** Afastado no espaço; distante, longe: *Viajou dias para chegar, pois mora num país longínquo*. **2.** Que parece vir de um lugar longínquo: *Ouvi vozes longínquas*.

longo lon.go *adjetivo* **1.** Comprido: *Tem braços longos*. **2.** Que se estende por uma grande distância: *Ando um longo caminho para chegar à escola*.

lontra lon.tra *substantivo feminino* Animal mamífero carnívoro, semiaquático, que pode ser encontrado em quase todo o mundo, no litoral, próximo aos rios; alimenta-se de peixes.

losango lo.**san**.go *substantivo masculino* Quadrilátero plano com todos os lados iguais, formando dois ângulos agudos e dois obtusos: *Na bandeira do Brasil há um losango amarelo*.

lotação lo.ta.**ção** *substantivo feminino* **1.** Ação de lotar, ou o resultado desta ação: *Faltam poucas pessoas para a lotação do auditório*. **2.** O número de pessoas ou lugares que um veículo ou recinto pode conter: *A lotação deste ônibus é de trinta passageiros; A lotação do estádio do Maracanã é de 95.000 espectadores*. [Plural: *lotações*.]

lotar lo.**tar** *verbo* Encher completamente os lugares de um veículo ou de um recinto: *Os turistas lotaram dois ônibus; Os fãs do cantor lotaram o teatro*.

lote lo.te *substantivo masculino* **1.** Determinada quantidade de coisas reunidas: *O camelô arrumou a mercadoria em vários lotes*. **2.** Área de terreno: *Meu pai comprou um lote para fazer um sítio*.

loteria

loteria lo.te.**ri**.a *substantivo feminino* Tipo de jogo em que se compram bilhetes numerados, cabendo dinheiro ou prêmio ao bilhete que tiver a numeração escolhida em sorteio.

louça lou.ça *substantivo feminino* **1.** Tipo de cerâmica esmaltada usada na fabricação de recipientes de uso doméstico, como potes, jarros, pratos, travessas, xícaras, etc. **2.** Conjunto de recipientes de louça usado para determinado fim; serviço: *Temos uma bela louça de jantar.*

louco lou.co *adjetivo* **1.** Que sofre de doença mental; doido, maluco. **2.** Contrário ao bom-senso; imprudente, doido, maluco: *Esta viagem que você quer fazer é uma aventura louca.* **3.** O mesmo que **fanático** (2): *Este menino é louco por chocolate; É louco pela namorada.* **4.** Fora do comum; extraordinário: *O cantor fez um sucesso louco.*

loucura lou.cu.ra *substantivo feminino* Estado ou condição de louco.

louro[1] **lou**.ro *substantivo masculino* **1.** Árvore nativa do sul da Europa, de folhas duras e pontiagudas. **2.** A folha do louro (1), usada como condimento.

louro[2] **lou**.ro *substantivo masculino* O mesmo que *papagaio*.

louro[3] **lou**.ro *adjetivo* De cor amarelo-clara, quase dourada: *Os habitantes da Suécia têm, geralmente, cabelos louros.*

louva-a-deus lou.va-a-**deus** *substantivo de dois gêneros e dois números* Inseto que pousado lembra uma pessoa em oração.

louvar lou.**var** *verbo* **1.** Fazer elogio a: *O professor louvou o bom comportamento dos alunos.* **2.** Fazer oração a: *Minha mãe louva vários santos.*

lua lu.a *substantivo feminino* Astro que é satélite natural da Terra, em torno da qual completa uma translação a cada 27 dias e 8 horas; a Lua brilha porque reflete a luz solar. [Com maiúscula.]

lua de mel lu.a de **mel** *substantivo feminino* Os primeiros dias seguintes ao casamento. [Plural: *luas de mel*.]

lume

luar lu.**ar** *substantivo masculino* O brilho da Lua.

lubrificar lu.bri.fi.**car** *verbo* Pôr substância oleosa em: *Para acabar com o ruído da porta, lubrificou as dobradiças.*

lucrar lu.**crar** *verbo* **1.** Obter lucro de; ganhar: *Lucrou muito dinheiro com a venda da casa.* **2.** Ter lucro; ganhar: *Pensou que ia perder dinheiro, mas acabou lucrando.*

lucrativo lu.cra.**ti**.vo *adjetivo* Que proporciona lucro; vantajoso: *Fez uma proposta lucrativa, que eu aceito.*

lucro **lu**.cro *substantivo masculino* **1.** O dinheiro que se ganha num negócio, depois que se tiram as despesas ou gastos feitos: *Com a venda da bicicleta, teve um lucro de cem reais.* **2.** Vantagem, benefício: *Ele é muito estudioso, e isto só lhe trará lucro.*

ludovicense lu.do.vi.**cen**.se *adjetivo de dois gêneros* **1.** De São Luís, capital do estado do Maranhão. ✓ *substantivo de dois gêneros* **2.** Quem nasceu, ou vive, em São Luís. [Sinônimo: *são-luisense*.]

lugar lu.**gar** *substantivo masculino* **1.** Espaço ou região não especificada; local: *Viajou por vários lugares; Mora num lugar deserto.* **2.** Parte do espaço que uma pessoa ou coisa ocupa, ou poderia ocupar: *Escolheu um lugar na primeira fila, para ver melhor o quadro-negro; O lugar destes livros é na estante da sala.* **3.** Local determinado: *Escolha o lugar do nosso encontro.* **4.** O mesmo que **localidade**: *Mora num lugar tranquilo.* **5.** O mesmo que **assento**: *Este auditório tem cem lugares.* **6.** Ocupação, cargo: *Deixou o lugar de diretor da escola.*

lugarejo lu.ga.**re**.jo (ê) *substantivo masculino* Pequeno povoado.

lula **lu**.la *substantivo feminino* Molusco marinho usado na alimentação.

lume **lu**.me *substantivo masculino* **1.** O mesmo que *fogo* (1): *Os escoteiros fizeram um lume para* cozinhar. **2.** O mesmo que *luz* (1): *A noite estava escura, só havia o lume das estrelas.*

luminária lu.mi.**ná**.ri:a *substantivo feminino* Qualquer objeto que produz luz artificial: *Uma grande luminária pende do teto do salão.*

luminosidade lu.mi.no.si.**da**.de *substantivo feminino* Qualidade de luminoso: *Apenas a luminosidade da lua clareava a noite.*

luminoso lu.mi.**no**.so (nô) *adjetivo* **1.** Que emite ou espalha luz: *As estrelas são astros luminosos*. **2.** Brilhante, cintilante: *O vaga-lume é um inseto luminoso*. **3.** Banhado de luz, ou exposto à luz: *O quarto da frente é o mais luminoso, pois fica do lado do nascente*. **4.** Que lança luz sobre um assunto; brilhante: *Teve uma ideia luminosa*. [Plural: *luminosos* (nó).]

lunar lu.**nar** *adjetivo de dois gêneros* Da Lua: *Na superfície lunar há muitas crateras.*

luneta lu.**ne**.ta (ê) *substantivo feminino* Pequeno telescópio.

lupa lu.pa *substantivo feminino* Lente que amplia o que se vê através dela: *Minha avó precisa de uma lupa para consultar o dicionário.*

lustrar lus.**trar** *verbo* **1.** Dar brilho ou lustre a: *Mamãe gosta de lustrar os móveis*. **2.** Engraxar: *O sapateiro conserta e lustra sapatos.*

lustre lus.tre *substantivo masculino* **1.** Polimento que se dá a uma superfície; lustro. **2.** Luminária com vários focos de luz, que geralmente se prende ao teto.

lustro lus.tro *substantivo masculino* O mesmo que *lustre* (1).

lustroso lus.**tro**.so (trô) *adjetivo* Cheio de lustre; brilhante: *Encerou a mesa até torná-la lustrosa*. [Plural: *lustrosos* (tró).]

luta lu.ta *substantivo feminino* **1.** Combate entre duas pessoas desarmadas. **2.** Qualquer combate: *Os antigos guerreiros usavam armaduras para a luta*. **3.** O mesmo que esforço: *Foi uma luta para nadar até a outra margem do rio.*

lutador lu.ta.**dor** (ô) *substantivo masculino* **1.** Atleta que luta: *É um lutador habilidoso*. **2.** Aquele que luta; combatente: *Os lutadores pediram trégua*. **3.** Aquele que se esforça para conseguir algo: *Meu pai é um lutador, trabalha desde menino.*

lutar lu.**tar** *verbo* **1.** Travar luta; combater: *Os soldados lutaram pela vitória*. **2.** Praticar luta para exercitar-se, ou para a própria defesa: *Aprendeu a lutar caratê*. **3.** Esforçar-se ao máximo: *Lutou para conseguir o emprego.*

luto lu.to *substantivo masculino* **1.** Sentimento de tristeza profunda pela morte de alguém. **2.** Tempo durante o qual se manifestam os sinais de luto (1), e estes sinais: *Cancelou a festa, porque está de luto pelo avô; Veste-se de preto, pelo luto do irmão.*

luva lu.va *substantivo feminino* Peça do vestuário que protege a mão e os dedos.

luxação lu.xa.**ção** *substantivo feminino* Deslocamento de qualquer parte do corpo, especialmente de osso: *Imobilizou o braço por causa de uma luxação*. [Plural: *luxações*.]

luxo lu.xo *substantivo masculino* **1.** Maneira de viver de uma pessoa, que gosta de cercar-se de coisas caras e refinadas, mas desnecessárias e de excessiva comodidade. **2.** Tudo aquilo que é proporcionado por essa maneira de viver: *Só compra roupas de luxo; Tem um automóvel de luxo.*

luxuoso lu.xu.**o**.so (ô) *adjetivo* Em que há luxo: *É um bairro chique, com casas luxuosas; É um homem pobre, mas tem hábitos luxuosos*. [Plural: *luxuosos* (ó).]

luz *substantivo feminino* **1.** Forma de energia que nos permite ver tudo o que nos cerca: *O Sol nos dá a luz do dia*. **2.** A claridade que é fornecida por qualquer corpo ou objeto: *As lâmpadas elétricas fornecem luz; Jantamos à luz de velas*. **3.** Eletricidade: *Como acabou a luz, não pude assistir ao jogo na televisão*. 🔊 **Dar à luz.** O mesmo que *parir*: *Mamãe deu à luz mais um irmãozinho meu.*

maçã

m (eme) *substantivo masculino* A décima terceira letra do nosso alfabeto.

m Símbolo de *metro*.

má *adjetivo* Feminino de *mau*.

maca ma.ca *substantivo feminino* **1.** Cama com rodas para o transporte de doentes ou feridos, em hospitais, etc. **2.** Cama de lona, portátil, para o transporte de doentes ou feridos: *O jogador saiu do campo de maca.*

maçã ma.çã *substantivo feminino* O fruto da macieira.

macabro ma.ca.bro *adjetivo* Que fala em morte; fúnebre: *um filme, um conto macabro.*

macacão ma.ca.cão *substantivo masculino* **1.** Calça e blusa com uma só peça, de tecido grosso. **2.** Vestimenta esportiva ou não, parecida com essa. [Plural: *macacões*.]

macaco ma.ca.co *substantivo masculino* Nome comum aos mamíferos mais parecidos com o homem, de tamanho pequeno a grande, com cauda ou sem ela; a grande maioria vive em árvores, mas algumas espécies se adaptaram à vida no chão. Exemplos: chimpanzé, gorila, mico, orangotango, sagui.

maçaneta ma.ça.ne.ta (ê) *substantivo feminino* Peça por onde se pega para fazer funcionar o trinco das portas e janelas.

macapaense ma.ca.pa.en.se *adjetivo de dois gêneros* **1.** De Macapá, capital do estado do Amapá. ✓ *substantivo de dois gêneros* **2.** Quem nasceu, ou vive, em Macapá.

macarrão ma.car.rão *substantivo masculino* Massa de farinha de trigo, de formato variado, muito usada na alimentação. [Plural: *macarrões*.]

macarronada ma.car.ro.na.da *substantivo feminino* Prato (2) feito com macarrão cozido, molho, etc.

macaxeira ma.ca.xei.ra ou **macaxera** ma.ca.xe.ra (ê) *substantivo feminino* O mesmo que *mandioca*.

maceioense ma.cei.o.en.se *adjetivo de dois gêneros* **1.** De Maceió, capital do estado de Alagoas. ✓ *substantivo de dois gêneros* **2.** Quem nasceu, ou vive, em Maceió.

machado ma.cha.do *substantivo masculino* Ferramenta constituída de uma lâmina de ferro presa a um cabo de pau, geralmente usada para rachar lenha.

macho ma.cho *substantivo masculino* **1.** Qualquer animal do sexo masculino. **2.** Homem (ser humano do sexo masculino).

machucado ma.chu.ca.do *adjetivo* **1.** Que se machucou. ✓ *substantivo masculino* **2.** Ferimento, geralmente sem gravidade.

machucar ma.chu.car *verbo* **1.** Produzir ferida ou contusão em: *A pancada machucou-lhe a perna.* **2.** Ferir-se: *Machucou-se no joelho.*

maciço ma.ci.ço *adjetivo* **1.** Que não é oco; compacto: *uma prateleira maciça.* ✓ *substantivo*

macieira

masculino **2.** Conjunto de montanhas agrupadas em volta de um ponto mais alto.

macieira ma.ci.**ei**.ra *substantivo feminino* Árvore que dá maçãs.

maciez ma.ci.**ez** ou **macieza** ma.ci.**e**.za (ê) *substantivo feminino* Qualidade de macio.

macio ma.**ci**:o *adjetivo* **1.** Que cede, quando apertado; mole: *um travesseiro macio*. **2.** Que não é áspero, que é suave ao tato; liso: *pele macia*.

maço ma.ço *substantivo masculino* Conjunto de coisas amarradas juntas ou contidas no mesmo invólucro: *um maço de notas*.

má-criação má-cri:a.**ção** *substantivo feminino* Ação ou dito de malcriado: *– Menino, pare com esta má-criação com sua tia.* [Plural: *más-criações* e *má-criações*.]

madeira ma.**dei**.ra *substantivo feminino* **1.** Substância dura que constitui a parte central do tronco das árvores. **2.** Tronco de árvore cortado e seco: *Comprei uma linda mesa de madeira*.

madrasta ma.**dras**.ta *substantivo feminino* Mulher que se casa com o pai de alguém, depois que a mãe natural se divorciou ou morreu.

madrinha ma.**dri**.nha *substantivo feminino* Mulher que serve de testemunha em batizado, casamento, etc., e assim chamada em relação a quem se batiza ou se casa.

madrugada ma.dru.**ga**.da *substantivo feminino* **1.** Veja *manhã* (2). **2.** Período entre zero hora e o amanhecer.

madrugar ma.dru.**gar** *verbo* Levantar-se bem cedo: *Deus ajuda a quem cedo madruga* (provérbio).

maduro ma.**du**.ro *adjetivo* **1.** Pronto para ser colhido ou comido (grão, fruto, etc.). **2.** Que tem juízo; amadurecido; sensato: *Rui é um menino muito maduro*.

mãe *substantivo feminino* Mulher ou qualquer fêmea que tem filho.

magreza

maestro ma.**es**.tro *substantivo masculino* Regente de orquestra. [Feminino: *maestrina*.]

magia ma.**gi**.a *substantivo feminino* Arte oculta com que se pretende produzir resultados inexplicáveis, contrários às leis naturais; bruxaria, mágica.

mágica má.gi.ca *substantivo feminino* A arte e a técnica do mágico.

mágico má.gi.co *adjetivo* **1.** Referente à magia. **2.** Fantástico, sobrenatural. ✓ *substantivo masculino* **3.** Veja *mago*. **4.** Pessoa que, por meio de truques, oferece ao espectador a ilusão de algo incrível, extraordinário: *O mágico fez surgir do nada um ramo de flores.*

magma mag.ma *substantivo masculino* Mistura pastosa de rochas em fusão, formada no interior da Terra, e que pode chegar à superfície: *A lava dos vulcões é constituída de magma*.

magnético mag.**né**.ti.co *adjetivo* Diz-se de fenômeno relacionado com um ímã ou semelhante aos provocados por um ímã.

magnífico mag.**ní**.fi.co *adjetivo* Muito belo ou muito bom; excelente, esplêndido.

mago ma.go *substantivo masculino* O que pratica a magia; bruxo, mágico.

mágoa má.go:a *substantivo feminino* **1.** O mesmo que *desgosto*. **2.** Descontentamento, rancor, ressentimento: *Guardava no coração a mágoa de não ter um cãozinho.*

magoar ma.go.**ar** *verbo* **1.** Machucar(-se), ferir(-se): *Como estava sem sapatos, as pedras lhe magoavam os pés.* **2.** Ofender(-se): *José não se magoou com a brincadeira.*

magreza ma.**gre**.za (ê) *substantivo feminino* Qualidade ou estado de magro: *Paulinho deve estar doente: sua magreza chega a impressionar.*

magricela

magricela ma.gri.**ce**.la *adjetivo de dois gêneros* **1.** Que é muito magro. ✓ *substantivo de dois gêneros* **2.** Pessoa magricela.

magro ma.gro *adjetivo* **1.** Que tem pouca ou nenhuma gordura: *João era alto e magro como seu pai.* **2.** Baixo: *Recebe um magro salário.*

maio mai.o *substantivo masculino* O quinto mês do ano, com 31 dias.

maiô mai.**ô** *substantivo masculino* Roupa para se banhar, no mar ou na piscina, fazer ginástica, etc., feita geralmente de tecido elástico.

maionese mai.o.**ne**.se *substantivo feminino* **1.** Molho frio e espesso feito com azeite, gema de ovo e mostarda. **2.** Prato frio, feito com batata, cenoura, etc., a que se adiciona este molho.

maior mai.**or** *adjetivo de dois gêneros* **1.** Que é superior a outro em tamanho, volume, etc. **2.** Que chegou à maioridade. ✓ *substantivo de dois gêneros* **3.** Pessoa maior (2).

maioria mai.o.**ri**.a *substantivo feminino* O maior número ou a maior parte.

maioridade mai.o.ri.**da**.de *substantivo feminino* A idade em que a pessoa passa a gozar de seus direitos de cidadão (no Brasil, 18 anos).

mais *advérbio* **1.** Numa comparação, indica grau maior ou superior: *Pedro é mais estudioso do que a irmã.* **2.** De novo: *Não voltaremos mais a esse assunto.*

maisena mai.**se**.na *substantivo feminino* Produto farináceo feito de milho: *Não gosto de pudim feito com maisena.*

maitaca mai.**ta**.ca *substantivo feminino* Ave de cor verde que vive em bandos; jandaia, maritaca.

malabarismo

maiúscula mai.**ús**.cu.la *substantivo feminino* Letra maior que as outras, usada para iniciar uma frase ou em nomes próprios: *Os nomes de pessoas, países, estados e cidades começam com maiúscula.*

majestade ma.jes.**ta**.de *substantivo feminino* Título de imperador ou rei e de imperatriz ou rainha.

majestoso ma.jes.**to**.so (tô) *adjetivo* Imponente, suntuoso. [Plural: *majestosos* (tó).]

major ma.**jor** *substantivo masculino* Veja *hierarquia militar*.

major-aviador ma.jor-a.vi:a.**dor** (dôr) *substantivo masculino* Veja *hierarquia militar*. [Plural: *majores-aviadores*.]

major-brigadeiro ma.jor-bri.ga.**dei**.ro *substantivo masculino* Veja *hierarquia militar*. [Plural: *majores-brigadeiros*.]

mal *advérbio* **1.** De modo mau, ou diferente do que devia ser: *Os negócios vão mal.* **2.** Incorretamente, erradamente: *Escreve mal, mas com esforço pode melhorar.* **3.** De modo insuficiente: *Dormiu mal.* **4.** Rudemente: *Tratou-os mal.* ✓ *substantivo masculino* **5.** O que é nocivo, que prejudica: *Não se deve fazer mal ao próximo ou à natureza.* **6.** Aquilo que se opõe ao bem, à virtude, à honra: *Procure sempre lutar contra o mal!* [Plural do substantivo: *males*.]

mala ma.la *substantivo feminino* Espécie de caixa com alça, de couro ou de outro material, com fechos, para transportar roupas e outros objetos.

malabarismo ma.la.ba.**ris**.mo *substantivo masculino* Número de circo em que o artista, o malabarista, manipula, com habilidade, objetos (geralmente mais de três, e que podem ser pratos, bolas, argolas, etc.), equilibrando-os ou lançando-os para cima, um após outro, sem deixá-los cair no chão.

malabarista / maleta

malabarista ma.la.ba.**ris**.ta *substantivo de dois gêneros* Pessoa que faz malabarismo.

malandro ma.**lan**.dro *substantivo masculino* **1.** Indivíduo que não trabalha, nem gosta de trabalhar. **2.** Indivíduo vivo, esperto.

malária ma.**lá**.ri:a *substantivo feminino* Doença transmitida por mosquitos e que pode provocar febre alta.

mal-assombrado mal-as.som.**bra**.do *adjetivo* Diz-se de lugar em que se acredita aparecer fantasma: *uma casa mal-assombrada*. [Plural: *mal-assombrados*.]

malcriado mal.cri.**a**.do *adjetivo* Que não é delicado, que responde com grosseria aos outros; mal-educado.

maldade mal.**da**.de *substantivo feminino* **1.** Qualidade de mau. **2.** Ação má, cruel: *Atirar em passarinhos é uma grande maldade*.

maldição mal.di.**ção** *substantivo feminino* Ato de amaldiçoar, ou o resultado deste ato. [Plural: *maldições*.]

maldito mal.**di**.to *adjetivo* **1.** Que foi amaldiçoado (aquele ou aquilo). **2.** Muito mau: *Malditos gafanhotos: destruíram a minha lavoura!*

maldoso mal.**do**.so (dô) *adjetivo* Que tem maldade. [Plural: *maldosos* (ó).]

maleável ma.le.**á**.vel *adjetivo de dois gêneros* Que pode ser dobrado; flexível: *Este arame é muito maleável*. [Plural: *maleáveis*.]

mal-educado mal-e.du.**ca**.do *adjetivo* O mesmo que *malcriado*. [Plural: *mal-educados*.]

maléfico ma.**lé**.fi.co *adjetivo* Que faz ou atrai o mal; maligno.

mal-estar mal-es.**tar** *substantivo masculino* **1.** Indisposição física: *No ônibus cheio, o calor intenso provocava muito mal-estar*. **2.** Situação incômoda; embaraço: *Sua resposta malcriada provocou um grande mal-estar*. [Plural: *mal-estares*.]

maleta ma.**le**.ta (ê) *substantivo feminino* Pequena mala.

malha ma.lha *substantivo feminino* **1.** Cada uma das voltas de um fio (de lã, seda, etc.): *as malhas do tricô*. **2.** Tecido com as malhas ligadas, formando carreiras: *Comprei um pijama de malha*.

malhação ma.lha.**ção** *substantivo feminino* Ação de malhar, ou o resultado desta ação. [Plural: *malhações*.]

malhar ma.**lhar** *verbo* **1.** Fazer ginástica. **2.** Falar mal de alguém.

mal-humorado mal-hu.mo.**ra**.do *adjetivo* Que tem mau humor ou está de mau humor; irritado. [Plural: *mal-humorados*.]

malícia ma.**lí**.ci.a *substantivo feminino* **1.** Esperteza, manha. **2.** Intenção maldosa; maldade: *Era uma pessoa boa, não havia malícia em suas palavras*.

malicioso ma.li.ci.**o**.so (ô) *adjetivo* Que tem ou mostra malícia. [Plural: *maliciosos* (ó).]

maligno ma.**lig**.no *adjetivo* **1.** Maléfico. **2.** Nocivo, prejudicial: *Um mau companheiro pode exercer uma influência maligna*.

maloca ma.**lo**.ca *substantivo feminino* **1.** Habitação indígena, que abriga diversas famílias. **2.** Veja *aldeia* (2). **3.** Casa humilde.

maltratar mal.tra.**tar** *verbo* Tratar mal: *Nunca maltratou as crianças nem os animais*.

maluco ma.**lu**.co *adjetivo* O mesmo que *louco*.

maluquice ma.lu.**qui**.ce *substantivo feminino* **1.** Loucura. **2.** Ação de maluco.

malvado mal.**va**.do *adjetivo* Que pratica ou é capaz de praticar atos cruéis.

malventilado mal.ven.ti.**la**.do *adjetivo* Que tem pouca ventilação.

mama ma.**ma** *substantivo feminino* Órgão dos mamíferos que, na fêmea, produz leite, indispensável à alimentação dos filhotes.

mamadeira ma.ma.**dei**.ra *substantivo feminino* **1.** Garrafinha com chupeta, para amamentar crianças. **2.** O leite, mingau, ou suco, etc., contido em mamadeira (1).

mamãe ma.**mãe** *substantivo feminino* Tratamento carinhoso dado à mãe.

mamão ma.**mão** *substantivo masculino* O fruto do mamoeiro. [Plural: *mamões*.]

mamar ma.**mar** *verbo* Sugar o leite de quem amamenta, ou o que está na mamadeira.

mamífero ma.**mí**.fe.ro *substantivo masculino* Animal vertebrado cuja fêmea tem mamas que produzem leite: *O homem, o macaco e o gato são mamíferos*.

mamoeiro ma.mo.**ei**.ro *substantivo masculino* Árvore, originária da América Central, que dá o mamão.

mamona ma.**mo**.na *substantivo feminino* Planta de cujo fruto se extrai óleo de rícino (ou óleo de mamona).

mamulengo ma.mu.**len**.go *substantivo masculino* O mesmo que *fantoche*.

mamute ma.**mu**.te *substantivo masculino* Grande elefante peludo da época pré-histórica.

manacá ma.na.**cá** *substantivo masculino* Arbusto ornamental de flores muito perfumadas.

manada ma.**na**.da *substantivo feminino* Rebanho de gado.

manancial ma.nan.ci.**al** *substantivo masculino* Nascente de água, fonte. [Plural: *mananciais*.]

manauense ma.nau.**en**.se *adjetivo de dois gêneros* **1.** De Manaus, capital do estado do Amazonas. *substantivo de dois gêneros* **2.** Quem nasceu, ou vive, em Manaus.

mancar man.**car** *verbo* Andar meio desequilibrado, geralmente em consequência de um problema físico.

mancha

mancha man.cha *substantivo feminino* **1.** Marca de sujeira: *A camisa tinha manchas de tinta.* **2.** Marca colorida no corpo ou nas penas de certos animais.

manchar man.char *verbo* Sujar(-se) com mancha: *O aluno manchou a calça com tinta; Manchei-me com vinho.*

manchete man.che.te *substantivo feminino* Título ou notícia, em letras maiores, em jornal ou revista.

manco man.co *adjetivo* **1.** Que manca. ✓ *substantivo masculino* **2.** Pessoa que manca.

mandamento man.da.men.to *substantivo masculino* Na Bíblia, cada uma das dez normas de conduta que Deus impôs aos homens.

mandão man.dão *adjetivo* **1.** Que gosta de mandar. ✓ *substantivo masculino* **2.** Aquele que gosta de mandar. [Plural: *mandões*. Feminino: *mandona*.]

mandar man.dar *verbo* **1.** Ordenar que se faça: *A professora mandou os alunos copiarem a lição.* **2.** Enviar, remeter: *Mandei uma carta pelo correio; Mandou flores para a namorada.* **3.** Exercer poder ou autoridade: *A lei manda o motorista parar no sinal vermelho.*

mandato man.da.to *substantivo masculino* Função confiada a uma pessoa eleita: *mandato de presidente, de senador, de deputado, etc.*

mandíbula man.dí.bu.la *substantivo feminino* Osso único, geralmente em forma de ferradura, onde ficam os dentes inferiores.

mandioca man.di.o.ca *substantivo feminino* **1.** Planta de raiz alimentícia que serve para fazer farinha de mesa, etc. **2.** Essa raiz.

maneira ma.nei.ra *substantivo feminino* **1.** Modo particular de ser ou de agir. **2.** Meio, modo, forma.

manejar ma.ne.jar *verbo* Controlar com as mãos, manusear: *O carpinteiro manejava o serrote com habilidade.*

manejo ma.ne.jo (ê) *substantivo masculino* Ação de manejar, ou o resultado desta ação.

mania

manequim ma.ne.quim *substantivo masculino* **1.** Boneco do tamanho de uma pessoa que se usa para apresentar roupas em lojas, etc. **2.** Medida para roupas feitas: *Maria veste manequim 38.* ✓ *substantivo de dois gêneros* **3.** O mesmo que *modelo*. [Plural: *manequins*.]

manga[1] man.ga *substantivo feminino* Parte de uma roupa onde se enfia o braço.

manga[2] man.ga *substantivo feminino* O fruto da mangueira[2].

mangaba man.ga.ba *substantivo feminino* Fruta comestível, do tamanho de um limão, com muita polpa e bem doce.

mangabeira man.ga.bei.ra *substantivo feminino* Árvore pequena do cerrado que dá mangabas.

mangue man.gue *substantivo masculino* Conjunto de plantas que nascem, nos trópicos, em áreas próximas do litoral, e sujeitas a marés; o solo é uma espécie de lama escura e mole; manguezal.

mangueira[1] man.guei.ra *substantivo feminino* Tubo, geralmente de borracha, para condução de água ou de ar.

mangueira[2] man.guei.ra *substantivo feminino* Árvore com muitos ramos, de fruto comestível, amarelado e doce, a manga.

manguezal man.gue.zal *substantivo masculino* **1.** Ecossistema costeiro das regiões quentes, geralmente inundado por água salgada. **2.** Mangue. [Plural: *manguezais*.]

manha ma.nha *substantivo feminino* **1.** O mesmo que *malícia* (1). **2.** Choro infantil sem causa.

manhã ma.nhã *substantivo feminino* **1.** Período de tempo que vai do nascer do Sol ao meio-dia. **2.** O amanhecer; a madrugada.

manhoso ma.nho.so (nhô) *adjetivo* **1.** Que tem ou revela manha. **2.** Diz-se de criança chorona. [Plural: *manhosos* (nhó).]

mania ma.ni.a *substantivo feminino* **1.** Comportamento diferente ou esquisito: *É um homem cheio*

manifestação

de <u>manias</u>. **2.** Gosto exagerado por algo: *Tem <u>mania</u> de festas.*

---

manifestação ma.ni.fes.ta.**ção** *substantivo feminino* Ação de manifestar, ou o resultado desta ação. [Plural: *manifestações.*]

manifestar ma.ni.fes.**tar** *verbo* **1.** Divulgar, declarar: <u>manifestar</u> *uma opinião.* **2.** Dar sinais de; exprimir, expressar: *Seu rosto <u>manifesta</u> tristeza.*

manifesto ma.ni.**fes**.to *substantivo masculino* Declaração pública que expõe uma doutrina, um programa político, etc.: *Na rua, um rapaz distribuía um <u>manifesto</u> ecológico.*

manipulação ma.ni.pu.la.**ção** *substantivo feminino* Ação de manipular, ou o resultado desta ação. [Plural: *manipulações.*]

manipular ma.ni.pu.**lar** *verbo* **1.** Fazer alguma coisa com a(s) mão(s). **2.** Preparar (medicamentos).

manivela ma.ni.**ve**.la *substantivo feminino* Peça de máquina que se gira com a mão para acionar um mecanismo.

mano ma.no *substantivo masculino* Sinônimo popular de *irmão*.

manobra ma.**no**.bra *substantivo feminino* **1.** Ação de fazer funcionar à mão um aparelho, máquina, etc. **2.** Conjunto de ações ou movimentos para se alcançar um dado fim.

manobrar ma.no.**brar** *verbo* **1.** Realizar manobra(s) com: <u>manobrar</u> *um caminhão.* **2.** Encaminhar ou governar com habilidade. **3.** Executar movimentos em, para fazer funcionar.

mansão man.**são** *substantivo feminino* Casa grande e luxuosa. [Plural: *mansões.*]

manso man.so *adjetivo* **1.** Que não é agressivo ou violento: *uma pessoa <u>mansa</u>.* **2.** Sereno, tranquilo; que não é agitado: *águas <u>mansas</u>.* **3.** Diz-se de animal dócil, geralmente por ter sido domesticado: *um cachorro <u>manso</u>.*

manutenção

manta man.ta *substantivo feminino* Grande pano de lã, para agasalhar.

manteiga man.**tei**.ga *substantivo feminino* Substância gordurosa feita com a nata do leite, e muito usada na alimentação.

manter man.**ter** *verbo* **1.** Prover do necessário à subsistência: <u>manter</u> *a família.* **2.** Conservar, preservar: <u>Manteve</u> *a cor original da casa.* **3.** Observar, cumprir: <u>manter</u> *uma promessa.* **4.** Conservar-se, permanecer: <u>Manteve-se</u> *sempre honesto.*

mantimentos man.ti.**men**.tos *substantivo masculino plural* Os alimentos em geral: *Foi ao mercado e comprou vários <u>mantimentos</u>.*

manto man.to *substantivo masculino* Veste longa e folgada, espécie de capa, para abrigo da cabeça e do tronco.

manual ma.nu.**al** *adjetivo de dois gêneros* **1.** Da mão. **2.** Feito com as mãos, ou manobrado com elas. ✓ *substantivo masculino* **3.** Livro que traz as principais noções sobre uma matéria, uma técnica: <u>manual</u> *de matemática, de enfermagem, etc.* [Plural: *manuais.*]

manuscrito ma.nus.**cri**.to *adjetivo* **1.** Que se escreveu à mão. ✓ *substantivo masculino* **2.** Texto manuscrito.

manusear ma.nu.se.**ar** *verbo* Manejar.

manutenção ma.nu.ten.**ção** *substantivo feminino* **1.** Ação de manter(-se), ou o resultado desta ação. **2.** As medidas necessárias que devem ser tomadas, de vez em quando, para o bom funcionamento de alguma coisa: *O técnico fez a <u>manutenção</u> do elevador.* [Plural: *manutenções.*]

mão   marcar

mão *substantivo feminino* **1.** Parte do corpo humano, constituída da palma e de cinco dedos. **2.** Cada extremidade similar dos membros superiores de alguns animais. **3.** Domínio, controle: *Com a ausência do pai, o restaurante passou para as mãos do filho.* **4.** Camada de tinta que se aplica numa superfície: *Pintou a casa com uma mão de tinta somente.* **5.** Direção em que um veículo deve transitar. [Plural: *mãos*.] À mão. **1.** Com a mão: *escrever à mão*. **2.** Perto: *Sentou-se na cadeira que estava mais à mão.* De segunda mão. Que passou por um ou mais donos; já usado.

mão de obra mão de **o**.bra *substantivo feminino* **1.** Conjunto de trabalhadores: *Esta fábrica quase só emprega mão de obra feminina.* **2.** Trabalho de um operário: *O conserto do carro vai exigir muitas horas de mão de obra.* [Plural: *mãos de obra*.]

mão de vaca mão de **va**.ca *adjetivo de dois gêneros* e *substantivo de dois gêneros* Veja *avarento*. [Plural: *mãos de vaca*.]

mapa ma.pa *substantivo masculino* Desenho que representa um país, região, etc.: *Veja no mapa do Brasil onde fica o estado em que você nasceu.*

mapear ma.pe.**ar** *verbo* Fazer o mapa de: *mapear uma região*.

maquete ma.**que**.te *substantivo feminino* Modelo reduzido: *Vi no museu uma esplêndida maquete de nossa cidade; Fizemos a maquete da sala de aula.*

maquiagem ma.qui.**a**.gem *substantivo feminino* **1.** Ação de maquiar, ou o resultado desta ação. **2.** O conjunto dos produtos de beleza usados na maquiagem (1), como, por exemplo, o batom, etc. [Plural: *maquiagens*.]

maquiar ma.qui.**ar** *verbo* Pôr cosméticos no rosto para embelezá-lo ou disfarçá-lo.

máquina má.qui.na *substantivo feminino* Aparelho inventado para fazer determinados trabalhos.

mar *substantivo masculino* **1.** Grande extensão de água salgada que cobre cerca de três quartos da superfície da Terra; oceano: *Adoro passar as férias à margem do mar.* **2.** Extensão limitada de água salgada, menor do que um oceano: *mar Negro, mar Morto,* etc.

maracatu ma.ra.ca.**tu** *substantivo masculino* Durante o carnaval, cortejo que segue uma mulher que, num bastão, leva uma bonequinha enfeitada, a *calunga*.

maracujá ma.ra.cu.**já** *substantivo masculino* Fruta de cuja polpa se fazem sucos e sorvetes e se usa como calmante.

maracujazeiro ma.ra.cu.ja.**zei**.ro *substantivo masculino* Trepadeira que dá maracujás.

maranhense ma.ra.**nhen**.se *adjetivo de dois gêneros* **1.** Do estado do Maranhão. *substantivo de dois gêneros* **2.** Quem nasceu, ou vive, nesse estado.

maratona ma.ra.**to**.na *substantivo feminino* Corrida a pé, de cerca de 42km.

maravilha ma.ra.**vi**.lha *substantivo feminino* **1.** Ato ou fato extraordinário, surpreendente, admirável: *as maravilhas da ciência moderna.* **2.** Coisa admirável, muito bela: *Fui ontem ao cinema: o filme era uma maravilha.*

maravilhoso ma.ra.vi.**lho**.so (lhô) *adjetivo* **1.** Que provoca admiração: *Tive um sonho maravilhoso.* **2.** Excelente, magnífico. **3.** Belo. [Plural: *maravilhosos* (lhó).]

marca mar.ca *substantivo feminino* **1.** O mesmo que *marcação*. **2.** Sinal que se coloca num produto para indicar o fabricante. **3.** Mancha ou vestígio de doença ou contusão: *marca de catapora.*

marcação mar.ca.**ção** *substantivo feminino* Ação de marcar, ou o resultado desta ação; marca. [Plural: *marcações*.]

marcar mar.**car** *verbo* **1.** Pôr marca ou sinal em: *marcar um lugar.* **2.** Indicar: *O relógio marca as horas.* **3.** Fixar, determinar: *A professora marcou uma nova data para a prova.* **4.** Ferir, machucar deixando marca: *A panca-*

318

marceneiro

da <u>marcou</u>-lhe a perna. **5.** Fazer (ponto, cesta, gol, etc.). **6.** Impedir que o adversário atue com desembaraço: *Aquele zagueiro, além de <u>marcar</u> bem, sabe sair jogando.*

marceneiro mar.ce.**nei**.ro *substantivo masculino* Artesão que trabalha a madeira com arte, fabricando móveis, etc.

marcha **mar**.cha *substantivo feminino* **1.** Ação de marchar, ou o resultado desta ação. **2.** Modo de andar; passo: *a <u>marcha</u> de um homem, a <u>marcha</u> de um cavalo.* **3.** Sequência, sucessão: *a <u>marcha</u> dos acontecimentos.*

marchar mar.**char** *verbo* **1.** Andar, caminhar. **2.** Caminhar com ritmo: *Vários grupos de soldados <u>marcharam</u> na festa do dia da pátria.*

marcial mar.ci.**al** *adjetivo de dois gêneros* Relativo à, ou próprio da guerra. [Plural: *marciais*.]

marco **mar**.co *substantivo masculino* **1.** Sinal de demarcação que se põe nos limites territoriais. **2.** Coluna, pirâmide, placa, etc., para assinalar um local ou acontecimento. **3.** Fronteira, limite.

março **mar**.ço *substantivo masculino* O terceiro mês do ano, com 31 dias.

maré ma.**ré** *substantivo feminino* Movimento das águas do mar, que se elevam ou se abaixam em intervalos regulares.

marechal ma.re.**chal** *substantivo masculino* Veja *hierarquia militar*. [Plural: *marechais*.]

marechal do ar ma.re.chal do **ar** *substantivo masculino* Veja *hierarquia militar*. [Plural: *marechais do ar*.]

maremoto ma.re.**mo**.to *substantivo masculino* Grande agitação do mar, causada por tremores de terra.

maresia ma.re.**si**.a *substantivo feminino* Cheiro típico vindo do mar.

marfim mar.**fim** *substantivo masculino* Substância branca e dura das presas do elefante, usada para fabricar joias e outros objetos. [Plural: *marfins*.]

margarida mar.ga.**ri**.da *substantivo feminino* Planta ornamental e sua flor, de pétalas brancas e miolo amarelo.

margarina

margarina mar.ga.**ri**.na *substantivo feminino* Substância, semelhante à manteiga, fabricada principalmente com óleos vegetais.

margem **mar**.gem *substantivo feminino* **1.** Parte em branco ao redor de uma página escrita. **2.** O terreno que fica ao lado de uma estrada, rio, lago, etc.; beira, orla. [Plural: *margens*.]

marginal mar.gi.**nal** *adjetivo de dois gêneros* **1.** Da margem, ou feito, escrito, desenhado nela. **2.** Que vive fora da sociedade ou da lei, como vagabundo, mendigo ou delinquente. ✅ *substantivo de dois gêneros* **3.** Indivíduo marginal (2). [Plural: *marginais*.]

marido ma.**ri**.do *substantivo masculino* Homem com quem uma mulher é casada.

marimbondo ma.rim.**bon**.do *substantivo masculino* Inseto da família da vespa.

marinha ma.**ri**.nha *substantivo feminino* A força naval de um país: *a marinha brasileira*.

marinheiro ma.ri.**nhei**.ro *substantivo masculino* **1.** Pessoa que trabalha a bordo de uma embarcação; marujo. **2.** Veja *hierarquia militar*.

marinho ma.**ri**.nho *adjetivo* Relativo ao mar, ou que o habita ou dele provém; marítimo.

marionete ma.ri.o.**ne**.te *substantivo feminino* O mesmo que *fantoche*.

mariposa ma.ri.**po**.sa (ô) *substantivo feminino* Espécie de borboleta noturna.

marisco ma.**ris**.co *substantivo masculino* Qualquer invertebrado marinho, como ostra, camarão, lula, mexilhão, etc.

maritaca ma.ri.**ta**.ca *substantivo feminino* O mesmo que *maitaca*.

marítimo ma.**rí**.ti.mo *adjetivo* **1.** Marinho. **2.** Que ocorre no mar, ou se faz por mar: *Gosto de viagens marítimas*.

martelo

marmelada mar.me.**la**.da *substantivo feminino* **1.** Doce pastoso, de marmelo. **2.** Negócio ou acordo desonesto.

marmeleiro mar.me.**lei**.ro *substantivo masculino* Árvore de cujo fruto, o marmelo, se faz doce.

marmelo mar.**me**.lo *substantivo masculino* O fruto do marmeleiro.

mármore **már**.mo.re *substantivo masculino* Pedra dura, de cores variadas, usada em obras de arquitetura e escultura.

marquês mar.**quês** *substantivo masculino* Título de nobreza, superior ao de conde e inferior ao de duque.

marquise mar.**qui**.se *substantivo feminino* Cobertura saliente na parte externa de um edifício, que serve de abrigo.

marreco mar.**re**.co *substantivo masculino* Pequena ave aquática semelhante ao pato.

marreta mar.**re**.ta (ê) *substantivo feminino* Espécie de martelo, grande e pesado, que serve para quebrar pedra, etc.

marretada mar.re.**ta**.da *substantivo feminino* Pancada com marreta.

marrom mar.**rom** *adjetivo de dois gêneros* e *substantivo masculino* O mesmo que *castanho*.

marsupial mar.su.pi.**al** *adjetivo de dois gêneros* **1.** Diz-se do mamífero que tem uma bolsa no abdome, onde os recém-nascidos passam os primeiros meses de vida. ✅ *substantivo masculino* **2.** Animal marsupial. [Plural: *marsupiais*.]

marte **mar**.te *substantivo masculino* O quarto planeta do sistema solar em ordem de afastamento do Sol. [Com inicial maiúscula.]

martelada mar.te.**la**.da *substantivo feminino* Pancada com martelo.

martelo mar.**te**.lo *substantivo masculino* Instrumento de ferro, com cabo, para bater, quebrar e, sobretudo, cravar e retirar pregos.

mártir már.tir *substantivo de dois gêneros* **1.** Pessoa que sofre torturas ou a morte, por sustentar a fé cristã. **2.** Pessoa que sofre, ou morre, por defender uma causa, um princípio, etc.: *Tiradentes é um dos mártires da Independência do Brasil.* [Plural: *mártires*.]

marujo ma.**ru**.jo *substantivo masculino* Marinheiro (1).

mas *conjunção* Indica oposição ou restrição; contudo, entretanto, no entanto, porém: *Nossa professora é exigente, mas justa.*

mascar mas.**car** *verbo* Mastigar sem engolir: *mascar chicle.*

máscara más.ca.ra *substantivo feminino* Objeto que representa uma cara ou parte dela, e se usa no rosto como disfarce.

mascate mas.**ca**.te *substantivo masculino* Vendedor ambulante.

mascote mas.**co**.te *substantivo feminino* Pessoa, animal ou coisa que se considera capaz de dar sorte e que se escolhe para identificar um time, uma empresa, um evento, etc.: *Cauê foi o mascote dos Jogos Pan-Americanos de 2007.*

masculino mas.cu.**li**.no *adjetivo* **1.** Que pertence ao sexo dos animais machos; macho. **2.** Diz-se dos nomes que, pela terminação e concordância, designam seres masculinos, ou considerados como masculinos. ✅ *substantivo masculino* **3.** O gênero masculino: *O masculino da palavra rainha é rei.*

massa mas.sa *substantivo feminino* **1.** Porção de matéria sólida ou pastosa. **2.** Quantidade relativamente grande de um fluido: *massa de água.* **3.** Mistura de farinha, geralmente de trigo, com um líquido, formando pasta: *a massa do bolo.* **4.** Comestível de farinha amassada, de várias formas, para ser cozido: *massa com molho de tomate.* **5.** Povo, multidão.

massagear mas.sa.ge.**ar** *verbo* Comprimir certas partes do corpo para melhorar a circulação ou diminuir a rigidez dos músculos.

massagem mas.**sa**.gem *substantivo feminino* Ação de massagear. [Plural: *massagens*.]

mastigação mas.ti.ga.**ção** *substantivo feminino* Ação de mastigar, ou o resultado desta ação. [Plural: *mastigações*.]

mastigar mas.ti.**gar** *verbo* **1.** Triturar com os dentes: *É necessário mastigar bem os alimentos para facilitar a digestão.* **2.** Pronunciar confusamente; resmungar.

mastro mas.tro *substantivo masculino* **1.** Peça de madeira ou de ferro, etc., cilíndrica, que sustenta as velas (nas embarcações à vela), e as antenas, luzes de posição e de marcha, etc. **2.** Haste sobre a qual se põe a bandeira.

mata ma.ta *substantivo feminino* Terreno onde crescem árvores silvestres; floresta, selva.

matagal ma.ta.**gal** *substantivo masculino* Mato (1). [Plural: *matagais*.]

matança ma.**tan**.ça *substantivo feminino* Assassinato coletivo.

mata-piolho ma.ta-pi.**o**.lho *substantivo masculino* Veja *polegar*. [Plural: *mata-piolhos*.]

matar ma.**tar** *verbo* **1.** Tirar violentamente a vida a; assassinar. **2.** Causar a morte de. **3.** Saciar, satisfazer: *matar a sede.* **4.** Fazer às pressas e mal: *matar um serviço.* **5.** *Gíria* Deixar de comparecer a (aula, trabalho).

mate ma.te *substantivo masculino* **1.** Veja *erva-mate*. **2.** Suas folhas, secas e pisadas. **3.** Bebida preparada com essas folhas.

matemática ma.te.**má**.ti.ca *substantivo feminino* Ciência que estuda os números, as figuras geométricas, etc.

matemático ma.te.**má**.ti.co *adjetivo* **1.** Relativo à matemática. **2.** Próprio da matemática ou de matemático (3). ✅ *substantivo masculino* **3.** Especialista em matemática.

matéria ma.**té**.ri:a *substantivo feminino* **1.** Substância de que são formados os objetos e os corpos: *A água é matéria em estado líquido.* **2.** Assunto de discurso, conversa, etc. **3.** Notícia, reportagem, etc.; publicada

material

ou apresentada em um veículo de comunicação. **4.** Disciplina escolar: *História e Geografia são as matérias preferidas de João.*

material ma.te.ri.**al** *adjetivo de dois gêneros* **1.** Relativo à matéria. **2.** Não espiritual; físico. ✓ *substantivo masculino* **3.** Conjunto dos objetos que formam uma obra, construção, etc.: *Aquela parede é feita de que material?* **4.** Objetos ou utensílios necessários a uma atividade: *material escolar.* [Plural: *materiais.*]

matéria-prima ma.té.ri:a-**pri**.ma *substantivo feminino* Substância em estado bruto com a qual se fabrica alguma coisa: *A madeira é a principal matéria-prima da indústria de móveis.*

maternal ma.ter.**nal** *adjetivo de dois gêneros* **1.** Materno. ✓ *substantivo masculino* **2.** Escola para crianças até quatro anos de idade. [Plural: *maternais.*]

maternidade ma.ter.ni.**da**.de *substantivo feminino* **1.** Qualidade ou condição de mãe. **2.** Hospital, ou setor hospitalar, para atendimento de mulheres grávidas.

materno ma.**ter**.no *adjetivo* De, ou próprio de mãe; maternal.

matilha ma.**ti**.lha *substantivo feminino* Grupo de cães.

matinal ma.ti.**nal** *adjetivo de dois gêneros* Matutino. [Plural: *matinais.*]

matinê ma.ti.**nê** *substantivo feminino* Qualquer divertimento que se realiza com o dia ainda claro: *As crianças fantasiaram-se para ir a uma matinê de carnaval no clube.*

mato **ma**.to *substantivo masculino* **1.** Terreno que não é cultivado e onde nascem plantas silvestres; matagal. **2.** Essas plantas: *Tirou o mato do canteiro de alface.*

mato-grossense ma.to-gros.**sen**.se *adjetivo de dois gêneros* **1.** Do estado de Mato Grosso. ✓ *substantivo de dois gêneros* **2.** Quem nasceu, ou vive, nesse estado.

mato-grossense-do-sul ma.to-gros.sen.se-do-**sul** *adjetivo de dois gêneros* **1.** Do estado de Mato Grosso

máximo

do Sul. ✓ *substantivo de dois gêneros* **2.** Quem nasceu, ou vive, nesse estado. [Sinônimo: *sul-mato-grossense.*]

matrícula ma.**trí**.cu.la *substantivo feminino* **1.** Ação de matricular(-se), ou o resultado desta ação. **2.** Taxa paga por quem se matricula.

matricular ma.tri.cu.**lar** *verbo* **1.** Inscrever(-se) em registro de matrícula. **2.** Admitir ou ser admitido em instituição de ensino.

matrimônio ma.tri.**mô**.ni:o *substantivo masculino* O mesmo que *casamento.*

matriz ma.**triz** *substantivo feminino* **1.** Lugar onde alguma coisa é gerada ou criada. **2.** Molde para a fundição de qualquer peça. **3.** Estabelecimento principal; sede. **4.** A igreja principal de uma localidade.

maturidade ma.tu.ri.**da**.de *substantivo feminino* Idade madura.

matutino ma.tu.**ti**.no *adjetivo* Da manhã; matinal.

mau *adjetivo* **1.** Que causa mal, prejuízo ou moléstia: *má influência; mau negócio.* **2.** De má qualidade, imperfeito: *um mau romance.* **3.** Malvado: *uma pessoa má.* **4.** Travesso, levado: *uma criança má.* **5.** Que não cumpre os seus deveres: *um mau aluno.* **6.** Grosseiro, rude: *Tratou o colega com maus modos.* **7.** Que não é hábil; incapaz: *um mau operário.* **8.** Sem talento: *um mau ator.* [Plural: *maus.* Feminino: *má.*]

maus-tratos maus-**tra**.tos *substantivo masculino plural* Sofrimento físico ou moral imposto a alguém sob sua guarda.

maxila ma.**xi**.la (xi = csi) *substantivo feminino* Estrutura óssea em que se implantam os dentes superiores.

maxilar ma.xi.**lar** (xi = csi) *substantivo masculino* Cada um dos dois ossos que formam a maxila.

máximo **má**.xi.mo (xi = csi ou ssi) *adjetivo* **1.** Maior (em tamanho), ou superior (em número, quantidade, valor, etc.) a todos os demais: *Tirou nota máxima na prova.* **2.** Que é o maior possível ou admitido (em tamanho, valor, etc.): *prazo máximo para uma entrega; lotação máxima de um cinema.* ✓ *substantivo masculino* **3.** Grande porção,

me

quantidade, valor; ou a maior das porções, valores, etc.: *Comeu o máximo que pôde.*

me *pronome pessoal* Forma átona do pronome *eu*: *A professora me deu um livro como prêmio.*

meado me.**a**.do *substantivo masculino* A parte média; o meio. [Também se usa no plural.]

meados me.**a**.dos *substantivo masculino plural* Meado: *Voltaremos da Europa em meados de outubro.*

mecânico me.**câ**.ni.co *adjetivo* **1.** Feito com máquina. **2.** Automático. ✅ *substantivo masculino* **3.** Aquele que monta, repara, etc., máquinas: *mecânico de automóveis.*

mecanismo me.ca.**nis**.mo *substantivo masculino* **1.** Conjunto das partes que formam uma máquina. **2.** Processo de funcionamento.

mecanizado me.ca.ni.**za**.do *adjetivo* **1.** Provido de máquinas. **2.** Feito com o auxílio de máquinas: *agricultura mecanizada.*

mecha me.cha *substantivo feminino* **1.** Pavio de vela ou lampião. **2.** Feixe de cabelos.

medalha me.**da**.lha *substantivo feminino* Peça metálica, em geral redonda, com emblema, figura e inscrição.

média **mé**.di:a *substantivo feminino* **1.** Quantidade, estado ou coisa situada distante dos pontos extremos. **2.** Nota mínima para aprovação escolar: *Não teve média para passar e repetiu o ano.* **3.** Xícara grande de café com leite. 🔊 Fazer média. Procurar agradar, criar boa imagem de si.

mediante me.di.**an**.te *preposição* Por meio ou por intermédio de.

medicamento me.di.ca.**men**.to *substantivo masculino* Substância ou mistura de substâncias usadas como remédio.

medição me.di.**ção** *substantivo feminino* Ação de medir, ou o resultado desta ação. [Plural: *medições*.]

medicina me.di.**ci**.na *substantivo feminino* Arte e ciência de evitar ou tratar as doenças.

medula

medicinal me.di.ci.**nal** *adjetivo de dois gêneros* **1.** Relativo à medicina. **2.** Que serve de medicamento: *ervas medicinais.* [Plural: *medicinais*.]

médico **mé**.di.co *substantivo masculino* Indivíduo diplomado em medicina e que a exerce; doutor.

medida me.**di**.da *substantivo feminino* **1.** Avaliação das dimensões de: *Tomou as medidas da mesa.* **2.** Disposição, providência: *O governador tomou medidas imediatas para socorrer as vítimas da inundação.* 🔊 À medida que. Ao mesmo tempo que; conforme: *À medida que estudava, suas notas iam melhorando.*

médio **mé**.di:o *adjetivo* **1.** Que se encontra entre dois extremos: *Maria não é alta nem baixa, tem tamanho médio.* ✅ *substantivo masculino* **2.** Dedo da mão entre o indicador e o anular; pai de todos.

medíocre me.**dí**.o.cre *adjetivo de dois gêneros* **1.** Que não é bom nem mau. **2.** Sem destaque; vulgar.

medir me.**dir** *verbo* **1.** Determinar a extensão ou o tamanho de: *medir a altura de uma pessoa; medir uma mesa.* **2.** Ter o controle de: *É necessário sempre medir o que se diz.* **3.** Ter a extensão, o comprimento ou a altura de: *O prédio da escola mede muitos metros de altura.*

meditar me.di.**tar** *verbo* Concentrar intensamente o pensamento em algo; refletir, pensar: *meditar num assunto; meditar sobre uma hipótese.*

medo me.do (ê) *substantivo masculino* Sentimento de aflição diante de perigo ou ameaça; pavor, receio, temor.

medonho me.**do**.nho *adjetivo* **1.** Que causa medo. **2.** Pavoroso, terrível.

medroso me.**dro**.so (drô) *adjetivo* Que tem medo. [Plural: *medrosos* (dró).]

medula me.**du**.la *substantivo feminino* O mesmo que *medula espinhal.* 🔊 Medula espinhal. Cordão nervoso no interior da coluna vertebral.

medusa

medusa me.**du**.sa *substantivo feminino* Animal marinho, transparente e gelatinoso.

meia **mei**.a *substantivo feminino* Peça do vestuário de algodão, lã, náilon, etc. que cobre o pé e parte da perna.

meia-calça mei.a-**cal**.ça *substantivo feminino* Meia que vai até a cintura: *Ganhou uma meia-calça e sapatilhas novas para o balé.* [Plural: *meias-calças*.]

meia-noite mei.a-**noi**.te *substantivo feminino* Momento em que termina um dia (24 horas) e em que começa outro. [Plural: *meias-noites*.]

meia-volta mei.a-**vol**.ta *substantivo feminino* Movimento do corpo, graças ao qual este passa a ficar de costas para aquilo que estava à sua frente. [Plural: *meias-voltas*.]

meigo **mei**.go *adjetivo* **1.** Amável, gentil. **2.** Carinhoso; suave.

meio **mei**.o *substantivo masculino* **1.** Ponto que está à mesma distância das extremidades; metade: *Chegamos ao meio do caminho que leva à fazenda.* **2.** Posição intermediária: *Na foto do casamento, os noivos estão no meio, entre os padrinhos.* **3.** Meio ambiente. **4.** Modo, forma, maneira: *O único meio de passar de ano é estudar.* ✓ *adjetivo* **5.** Pela metade; incompleto: *Teve um meio sorriso.* ✓ *numeral* **6.** Metade de um: *meio quilômetro.* ✓ *advérbio* **7.** Um pouco; quase: *A porta estava meio aberta.* 🔊 **Meio ambiente.** O conjunto de condições e influências naturais que cercam um ser vivo ou uma comunidade, e que agem sobre ele(s). **Por meio de.** Com o uso de; mediante: *Comunicaram-se por meio de sinais.*

meio-dia mei.o-**di**.a *substantivo masculino* Momento que corresponde à metade do dia (12 horas). [Plural: *meios-dias*.]

membrana

meio-fio mei.o-**fi**:o *substantivo masculino* Fileira, geralmente de pedra, ao longo da calçada. [Plural: *meios-fios*.]

mel *substantivo masculino* Substância doce produzida pelas abelhas. [Plural: *méis* e *meles*.]

melado me.**la**.do *substantivo masculino* A calda grossa do açúcar, de que se faz rapadura, etc.

melancia me.lan.**ci**.a *substantivo feminino* Grande fruto comestível muito suculento, de casca verde e polpa vermelha.

melão me.**lão** *substantivo masculino* Fruto grande, de polpa suculenta e doce. [Plural: *melões*.]

meleca me.**le**.ca *substantivo feminino* Secreção nasal.

melhor me.**lhor** *adjetivo de dois gêneros* **1.** Usa-se no lugar de *mais bom*: *Este livro é melhor do que aquele.* ✓ *substantivo masculino* **2.** O que é superior a tudo o mais. **3.** O que é acertado ou sensato: *O melhor é irmos logo para casa.* ✓ *advérbio* **4.** Usa-se no lugar de *mais bem*: *Depois da operação, minha avó está passando melhor.* 🔊 **Ou melhor.** O mesmo que *isto é*: *Seus olhos são verdes, ou melhor, muito verdes.*

melhora me.**lho**.ra *substantivo feminino* Mudança para melhor estado ou condição; melhoria.

melhorar me.lho.**rar** *verbo* **1.** Tornar melhor ou superior. **2.** Apresentar melhora, ou adquirir melhor situação: *Quer melhorar de vida.* **3.** Tornar-se melhor: *As coisas melhoram dia a dia.* **4.** Apresentar melhora: *Melhorou muito de situação financeira; O doente melhorou.*

melhoria me.lho.**ri**.a *substantivo feminino* O mesmo que **melhora**.

melodia me.lo.**di**.a *substantivo feminino* **1.** Sequência de sons simples, a intervalos diferentes, e que tem um sentido musical. **2.** Música (2).

melodioso me.lo.di.**o**.so (ô) *adjetivo* **1.** Em que há melodia. **2.** Suave, agradável. [Plural: *melodiosos* (ó).]

membrana mem.**bra**.na *substantivo feminino* Tecido fino e flexível que envolve um órgão animal ou vegetal.

membro

membro mem.bro *substantivo masculino* **1.** Cada uma das quatro partes do corpo, ligadas ao tronco por meio de articulações, e que realizam movimentos diversos. **2.** Pessoa que faz parte de um grupo: *Na ceia de Natal estavam presentes todos os membros da nossa família.*

memória me.**mó**.ri:a *substantivo feminino* Capacidade de guardar o que se aprende ou de lembrar o que se vê: *Meu avô já passou dos oitenta anos, mas tem uma memória excelente.*

memorizar me.mo.ri.**zar** *verbo* Aprender de cor, decorar.

mencionar men.ci.o.**nar** *verbo* **1.** Dizer, citar: *Sempre mencionava o nome de seu professor preferido.* **2.** Relatar, narrar: *Não quis mencionar os detalhes do caso.*

mendigo men.**di**.go *substantivo masculino* Pessoa que pede esmola para viver.

menina me.**ni**.na *substantivo feminino* Criança do sexo feminino; guria.

meninada me.ni.**na**.da *substantivo feminino* Grupo de meninos; criançada.

meningite me.nin.**gi**.te *substantivo feminino* Inflamação de uma das membranas (as meninges) que envolvem o encéfalo e a medula.

menino me.**ni**.no *substantivo masculino* Criança do sexo masculino; guri.

menor me.**nor** *adjetivo de dois gêneros* **1.** Que é inferior a outro em tamanho, espaço, volume, etc. **2.** Que ainda não atingiu a maioridade. ✅ *substantivo de dois gêneros* **3.** Pessoa menor (2).

menos me.nos *advérbio* Numa comparação, indica grau menor ou inferior: *João é menos estudioso do que a irmã.*

mensageiro men.sa.**gei**.ro *substantivo masculino* Aquele que entrega mensagens, encomendas, etc.

mensagem men.**sa**.gem *substantivo feminino* Comunicação ou recado verbal ou escrito (enviado por meios variados, inclusive por correio eletrônico). [Plural: *mensagens*.]

mercúrio

mensal men.**sal** *adjetivo de dois gêneros* Relativo a, ou que dura um mês, ou se faz de mês em mês. [Plural: *mensais*.]

mensalidade men.sa.li.**da**.de *substantivo feminino* Quantia que se paga todos os meses.

menta men.ta *substantivo feminino* O mesmo que *hortelã*.

mental men.**tal** *adjetivo de dois gêneros* Da mente; intelectual. [Plural: *mentais*.]

mente men.te *substantivo feminino* **1.** Inteligência, pensamento, razão. **2.** Imaginação: *Todo escritor precisa ter uma mente fértil.*

mentir men.**tir** *verbo* Afirmar coisa que sabe não ser verdadeira; dizer mentira(s), enganar: *Quem mente precisa ter boa memória* (provérbio).

mentira men.**ti**.ra *substantivo feminino* Coisa que se diz e que não é verdadeira, afirmação falsa.

mentiroso men.ti.**ro**.so (rô) *adjetivo* **1.** Que mente. **2.** Que contém uma mentira; falso: *palavras mentirosas.* ✅ *substantivo masculino* **3.** Homem, rapaz ou menino que mente ou que tem o hábito de mentir. [Plural: *mentirosos* (ró).]

menu me.**nu** *substantivo masculino* O mesmo que *cardápio*.

mercado mer.**ca**.do *substantivo masculino* Lugar onde se vendem alimentos e outras mercadorias.

mercador mer.ca.**dor** (ô) *substantivo masculino* O mesmo que *comerciante*.

mercadoria mer.ca.do.**ri**.a *substantivo feminino* Produto destinado à venda.

mercearia mer.ce:a.**ri**.a *substantivo feminino* O mesmo que *armazém*.

mercúrio mer.**cú**.ri:o *substantivo masculino* **1.** Elemento químico, metálico, líquido, prateado, denso, venenoso. **2.** No sistema solar, o planeta mais próximo do Sol. [Com inicial maiúscula, nesta acepção.]

merda

merda mer.da *substantivo feminino* Cocô, excremento.

merecedor me.re.ce.dor (ô) *adjetivo* Que merece algo; digno: *É rapaz honesto, merecedor de toda a confiança.*

merecer me.re.cer *verbo* **1.** Ser digno de: *Os velhos merecem respeito.* **2.** Ter direito a: *Toda pessoa merece ser feliz.* **3.** Estar em condições de obter, ou de receber.

merecimento me.re.ci.men.to *substantivo masculino* Qualidade de quem merece; mérito.

merenda me.ren.da *substantivo feminino* **1.** Refeição leve; lanche. **2.** O que se leva para comer na escola.

mergulhar mer.gu.lhar *verbo* **1.** Pôr dentro da água ou de outro líquido: *Mergulhou a concha no feijão.* **2.** Penetrar ou lançar-se (em piscina, lagoa, mar, etc.).

mergulho mer.gu.lho *substantivo masculino* Ação de mergulhar, ou o resultado desta ação.

meridiano me.ri.di.a.no *substantivo masculino* Grande círculo imaginário que passa pelos polos da Terra.

meridional me.ri.di:o.nal *adjetivo de dois gêneros* Situado no sul; austral: *O arroio Xuí é o ponto mais meridional do Brasil.* [Plural: *meridionais.*]

mérito mé.ri.to *substantivo masculino* O mesmo que *merecimento*.

mês *substantivo masculino* **1.** Cada uma das 12 divisões do ano: sete com 31 dias, quatro com 30 dias, e uma (fevereiro) com 28 ou (nos anos bissextos) 29 dias. **2.** Espaço de 30 dias: *Tenho um mês de férias.* [Plural: *meses* (mê).]

metabolismo

mesa me.sa (ê) *substantivo feminino* Móvel, em geral de madeira, sobre o qual se come, escreve, estuda, etc.

mesada me.sa.da *substantivo feminino* Quantia que se dá ou se recebe a cada mês.

mesmo mes.mo (ê) *adjetivo* **1.** Igual, idêntico: *Eram lápis da mesma qualidade.* **2.** Parecido, semelhante: *Parecem irmãos gêmeos: têm o mesmo rosto.* ☑ *pronome demonstrativo* **3.** Esse, essa, aquele, aquela: *Estudam juntos na mesma escola.* ☑ *substantivo masculino* **4.** A mesma coisa: *Enganar os outros é o mesmo que ser desonesto.* ☑ *advérbio* **5.** Exatamente: *A bola bateu mesmo ao lado da vidraça.* **6.** Até, ainda: *Chegou mesmo a irritar-se com o amigo por muito pouca coisa.*

mesquinho mes.qui.nho *adjetivo* **1.** Insignificante: *Vive mal, pois recebe um salário mesquinho.* **2.** Avarento.

mesquita mes.qui.ta *substantivo feminino* O templo dos muçulmanos.

mestiço mes.ti.ço *adjetivo* **1.** Que descende de indivíduos de etnias diferentes. **2.** Que provém do cruzamento de animais de raças diferentes. ☑ *substantivo masculino* **3.** Homem ou animal mestiço.

mestre mes.tre *substantivo masculino* **1.** Pessoa que ensina; professor. **2.** Indivíduo que é perito numa ciência ou arte. **3.** Homem de muito saber. [Feminino: *mestra.*]

mestre-cuca mes.tre-cu.ca *substantivo masculino* O mesmo que **cozinheiro**. [Plural: *mestres-cucas.*]

mestre-sala mes.tre-sa.la *substantivo masculino* Aquele que evolui com a porta-bandeira durante desfile ou apresentação de escola de samba. [Plural: *mestres-salas.*]

meta me.ta *substantivo feminino* **1.** Sinal que indica ou demarca o ponto final das corridas (de cavalos, de regatas, etc.). **2.** Veja **gol** (1). **3.** Objetivo: *Sua meta é tirar 10 nas provas.*

metabolismo me.ta.bo.lis.mo *substantivo masculino* Conjunto das transformações sofridas pelos alimentos depois de ingeridos.

metade me.ta.de *substantivo feminino* **1.** Cada uma das duas partes iguais em que se divide um todo. **2.** Meio (1).

metal me.tal *substantivo masculino* Substância geralmente brilhante e sólida (à exceção do mercúrio), que conduz bem o calor e a eletricidade: *O ouro, o ferro e a prata são metais.* [Plural: *metais.*]

metálico me.tá.li.co *adjetivo* De, ou relativo a metal.

metalurgia me.ta.lur.gi.a *substantivo feminino* Indústria que consiste em extrair os metais dos minerais.

metalúrgico me.ta.lúr.gi.co *adjetivo* **1.** Da, ou relativo à metalurgia: *Volta Redonda é um grande centro metalúrgico.* ✓ *substantivo masculino* **2.** Pessoa que se ocupa da metalurgia.

metamorfose me.ta.mor.fo.se *substantivo feminino* O mesmo que *transformação*.

meteorito me.te.o.ri.to *substantivo masculino* Corpo metálico ou rochoso que, vindo do espaço, cai na superfície da Terra.

meteoro me.te.o.ro *substantivo masculino* O mesmo que *estrela cadente*.

meteorologia me.te.o.ro.lo.gi.a *substantivo feminino* O estudo do tempo e dos fenômenos da atmosfera.

meteorológico me.te.o.ro.ló.gi.co *adjetivo* Relativo à meteorologia: *previsão meteorológica.*

meteorologista me.te.o.ro.lo.gis.ta *substantivo de dois gêneros* Especialista em meteorologia.

meter me.ter *verbo* **1.** Causar, inspirar: *Há pessoas que adoram meter medo nos outros.* **2.** Fazer entrar ou participar: *Não quis meter o irmão no acordo.* **3.** Introduzir, guardar: *Meteu a bolsa no armário.* **4.** Pôr, colocar: *Meteram-no na cadeia.* **5.** Esconder-se; ocultar-se: *A criança meteu-se embaixo da cama.* **6.** Recolher-se: *meter-se na cama.* **7.** Intrometer-se: *Não se meta em assunto que não lhe diz respeito.* **8.** Envolver-se; associar-se: *A mãe o proibiu de se meter com aquelas pessoas.* **9.** Pôr-se a andar, ou a percorrer: *Meteu-se na estrada, disposto a enfrentar a longa caminhada.*

meticuloso me.ti.cu.lo.so (lô) *adjetivo* Minucioso (1). [Plural: *meticulosos* (ló).]

método mé.to.do *substantivo masculino* **1.** Meio empregado para chegar a um resultado: *João tem um método pessoal para aprender línguas.* **2.** Processo ou técnica de ensino, trabalho, etc. **3.** Modo de agir seguindo uma ordem lógica: *É preciso trabalhar com método para poupar esforços.*

metralhadora me.tra.lha.do.ra (ô) *substantivo feminino* Arma de fogo automática, que em pouco tempo dispara muitas balas.

métrico mé.tri.co *adjetivo* Relativo a metro (1), ou ao sistema que o tem por base.

metro me.tro *substantivo masculino* **1.** Unidade fundamental de medida de comprimento (um metro corresponde a 100 centímetros) [símbolo: *m*]. **2.** Qualquer objeto de medir, com o comprimento de um metro.

metrô me.trô *substantivo masculino* Transporte elétrico nas grandes cidades, feito em trens quase sempre subterrâneos.

metrópole me.tró.po.le *substantivo feminino* **1.** Cidade grande. **2.** Nação, em relação às suas colônias.

meu *pronome possessivo* Pertencente à, ou próprio da pessoa que fala: *Este é o meu livro; Este livro é meu; Meu pai estudou no Colégio Militar.* [Feminino: *minha*.]

mexer me.xer *verbo* **1.** Imprimir movimento a: *mexer os dedos.* **2.** Agitar o conteúdo de: *Mexa bem a*

mexerica

sopa, para esfriá-la. **3.** Tocar: *Não mexa em nada que está na mesa.* **4.** Troçar, caçoar: *Gostava de mexer com as meninas.* **5.** Causar alteração: *O racionamento de luz mexeu com nossas vidas.* **6.** Comover: *Esta música mexe comigo!* **7.** Mover-se: *Não fique aí na poltrona: mexa-se, que o dia está lindo!*

mexerica me.xe.**ri**.ca *substantivo feminino* O mesmo que *tangerina*.

mexerico me.xe.**ri**.co *substantivo masculino* Intriga, fofoca.

mexilhão me.xi.**lhão** *substantivo masculino* Molusco comestível, de concha oval e escura. [Plural: *mexilhões*.]

mi *substantivo masculino* Terceira nota musical.

miado mi.**a**.do *substantivo masculino* A voz do gato, da onça, e de outros animais.

miar mi.**ar** *verbo* Soltar miado ou som que o lembra.

miçanga mi.**çan**.ga *substantivo feminino* Conta de vidro, colorida e miúda.

mico mi.co *substantivo masculino* Nome comum a diversos macacos de pequeno porte e cauda longa, que habitam o continente americano.

micróbio mi.**cró**.bi:o *substantivo masculino* Micro-organismo geralmente capaz de causar doenças.

microcomputador mi.cro.com.pu.ta.**dor** (dôr) *substantivo masculino* Computador pessoal.

microfone mi.cro.**fo**.ne *substantivo masculino* Aparelho que serve para transmitir sons.

micro-ondas mi.cro.**on**.das *substantivo masculino de dois números* Veja *forno de micro-ondas*.

micro-organismo mi.cro-or.ga.**nis**.mo ou
microrganismo mi.cror.ga.**nis**.mo *substantivo masculino* Nome comum a organismos microscópicos. Exemplos: bactérias, vírus. [Plural: *micro-organismos*.]

microscópico mi.cros.**có**.pi.co *adjetivo* **1.** Que só é visível ao microscópio. **2.** Pequeníssimo, minúsculo.

microscópio mi.cros.**có**.pi:o *substantivo masculino* Instrumento com lente de aumento para observação e estudo de seres e objetos de pequeníssimas dimensões.

mídia **mí**.di:a *substantivo feminino* Meios de comunicação destinados ao grande público, como, por exemplo, o jornal, a televisão, a Internet, etc.

migalha mi.**ga**.lha *substantivo feminino* Pequeno fragmento de pão, de bolo, ou de outro alimento.

migração mi.gra.**ção** *substantivo feminino* **1.** Deslocamento de uma população de uma região para outra ou de um país para outro: *Houve muitas migrações da Itália para o Brasil.* **2.** Viagens, periódicas ou irregulares, feitas por certas espécies de animais: *a migração das cegonhas.* [Plural: *migrações*.]

migrante mi.**gran**.te *adjetivo de dois gêneros* **1.** Que migra. ✓ *substantivo de dois gêneros* **2.** Pessoa que migra.

migrar mi.**grar** *verbo* Mudar de país ou de região.

mil *numeral* **1.** Quantidade que é uma unidade maior que 999. **2.** Número que representa essa quantidade.

milagre mi.**la**.gre *substantivo masculino* **1.** Acontecimento extraordinário proveniente de uma intervenção de Deus. **2.** Ocorrência admirável, que causa espanto: *Por um milagre, ninguém se feriu no acidente.*

milagroso mi.la.**gro**.so (grô) *adjetivo* **1.** A quem se atribuem milagres, ou que os faz: *um santo milagroso.* **2.** Maravilhoso: *A chuva é um fenômeno milagroso.* [Plural: *milagrosos* (gró).]

milenar mi.le.**nar** *adjetivo de dois gêneros* Que existe há pelo menos mil anos: *uma tradição milenar.*

milênio mi.**lê**.ni:o *substantivo masculino* Período de mil anos.

milésimo

milésimo mi.**lé**.si.mo *numeral* **1.** Ordinal correspondente a 1.000. **2.** Fracionário correspondente a 1.000.

milhão mi.**lhão** *numeral* **1.** Mil milhares. ✅ *substantivo masculino* **2.** Grande número indeterminado; milhar: *Como presente de aniversário, Ana deu milhões de beijos na mãe.* [Plural: *milhões*.]

milhar mi.**lhar** *numeral* **1.** Mil unidades. ✅ *substantivo masculino* **2.** Veja *milhão* (2): *Naquela fazenda, plantaram-se milhares de árvores.*

milho mi.lho *substantivo masculino* Cereal usado na alimentação.

miligrama mi.li.**gra**.ma *substantivo masculino* A milésima parte do grama.

mililitro mi.li.**li**.tro *substantivo masculino* A milésima parte do litro.

milímetro mi.**lí**.me.tro *substantivo masculino* A milésima parte do metro.

milionário mi.li:o.**ná**.ri:o *substantivo masculino* Pessoa muito rica.

militar mi.li.**tar** *adjetivo de dois gêneros* **1.** Relativo à guerra, aos soldados. **2.** Relativo às três forças armadas (marinha, exército e aeronáutica). ✅ *substantivo masculino* **3.** Pessoa que pertence às forças armadas.

mim *pronome pessoal* Forma que toma o pronome *eu*, sempre regida de preposição: *Minha tia mora perto de mim.*

mímica **mí**.mi.ca *substantivo feminino* A arte de se expressar por meio de gestos.

mimo **mi**.mo *substantivo masculino* **1.** Presente delicado. **2.** Delicadeza, gentileza.

mimoso mi.**mo**.so (mô) *adjetivo* **1.** Delicado, sensível: *uma pele mimosa.* **2.** Terno, meigo: *palavras mimosas.* [Plural: *mimosos* (mó).]

mina **mi**.na *substantivo feminino* **1.** Buraco que se abre na terra para se extraírem minérios, etc. **2.** Nascente de água, fonte.

miniatura

mindinho min.**di**.nho *substantivo masculino* Veja *mínimo* (3).

mineiro¹ mi.**nei**.ro *substantivo masculino* Operário que trabalha em minas; minerador.

mineiro² mi.**nei**.ro *adjetivo* **1.** Do estado de Minas Gerais. ✅ *substantivo masculino* **2.** Quem nasceu, ou vive, nesse estado.

mineração mi.ne.ra.**ção** *substantivo feminino* Exploração de mina (1). [Plural: *minerações*.]

minerador mi.ne.ra.**dor** (ô) *substantivo masculino* O mesmo que *mineiro¹*.

mineral mi.ne.**ral** *adjetivo de dois gêneros* **1.** Relativo aos minerais. ✅ *substantivo masculino* **2.** Matéria sem vida que entra na composição das rochas. [Plural: *minerais*.]

minério mi.**né**.ri:o *substantivo masculino* Rocha da qual se pode extrair um metal: *minério de ferro.*

mingau min.**gau** *substantivo masculino* Comida pastosa, geralmente feita com leite, farinha de trigo, ou outro cereal, mandioca, etc. [Plural: *mingaus*.]

minguante min.**guan**.te *substantivo masculino* Forma reduzida de *quarto minguante*.

minha **mi**.nha *pronome possessivo* Feminino de *meu*.

minhoca mi.**nho**.ca *substantivo feminino* Verme de corpo alongado que vive dentro da terra.

miniatura mi.ni:a.**tu**.ra *substantivo feminino* **1.** Pintura, desenho, etc., de pequenas dimensões. **2.** Qualquer coisa em tamanho pequeno.

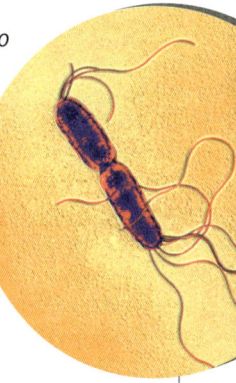

mínimo mí.ni.mo *adjetivo* **1.** Muito pequeno: *O vestido era bordado com flores mínimas.* ✓ *substantivo masculino* **2.** Pequena porção ou quantidade: *Usou no prato um mínimo de sal.* **3.** O quinto dedo da mão a partir do polegar; mindinho.

minissaia mi.nis.**sai**.a *substantivo feminino* Saia muito curta.

ministério mi.nis.**té**.ri:o *substantivo masculino* **1.** Cada uma das divisões da administração dos negócios do Estado: *Ministério da Educação*; *Ministério da Saúde*; *Ministério da Economia.* **2.** Local onde funciona um ministério: *Acordou cedo, pois tinha de ir ao Ministério do Trabalho.*

ministrar mi.nis.**trar** *verbo* **1.** Dar, prestar: *ministrar informações.* **2.** Administrar; aplicar: *ministrar medicamentos.*

ministro mi.**nis**.tro *substantivo masculino* Chefe de um ministério (1).

minoria mi.no.**ri**.a *substantivo feminino* **1.** Em pequeno número: *Nesta briga, estamos em minoria.* **2.** Número muito reduzido: *Este livro só interessará a uma minoria de leitores.*

minúcia mi.**nú**.ci:a *substantivo feminino* O mesmo que **detalhe**.

minucioso mi.nu.ci.**o**.so (ô) *adjetivo* **1.** Que se prende a minúcias; meticuloso. **2.** Narrado com muitos detalhes: *Contou o que havia acontecido de maneira minuciosa.* **3.** Feito com toda a atenção: *um trabalho minucioso.* [Plural: *minuciosos* (ó).]

minuendo mi.nu.**en**.do *substantivo masculino* Numa subtração, número do qual se subtrai outro. Exemplo: Em 10 − 8 = 2, o minuendo é o 10.

minúscula mi.**nús**.cu.la *substantivo feminino* Letra pequena, comparada com a letra maiúscula.

minúsculo mi.**nús**.cu.lo *adjetivo* Muito pequeno: *Quando olhamos para o céu, as estrelas parecem minúsculas.*

minuto mi.**nu**.to *substantivo masculino* Unidade de medida de tempo, igual a 60 segundos.

miolo mi.**o**.lo (ô) *substantivo masculino* **1.** A parte interior do pão, de alguns frutos, etc. **2.** Inteligência, juízo.

míope **mí**.o.pe *adjetivo de dois gêneros* **1.** Que sofre de miopia. ✓ *substantivo de dois gêneros* **2.** Pessoa míope.

miopia mi:o.**pi**.a *substantivo feminino* Defeito de visão em que não se vê bem de longe.

mira **mi**.ra *substantivo feminino* O mesmo que **pontaria**.

mirabolante mi.ra.bo.**lan**.te *adjetivo de dois gêneros* Que espanta; surpreendente.

miragem mi.**ra**.gem *substantivo feminino* **1.** Ilusão que aparece nos desertos e que parece um reflexo na água: *As miragens são causadas pelo ar desigualmente aquecido.* **2.** Ilusão. [Plural: *miragens*.]

mirante mi.**ran**.te *substantivo masculino* Lugar, em ponto elevado, de onde se tem uma vista geral.

mirar mi.**rar** *verbo* **1.** Cravar a vista em; fitar, observar; olhar. **2.** Voltar os olhos para, olhar para. **3.** Tomar como alvo; apontar. **4.** Ver-se, contemplar-se (em espelho, etc.): *Gostava de mirar-se no espelho.*

mirim mi.**rim** *adjetivo de dois gêneros* **1.** De tamanho pequeno: *uma garrafa mirim.* **2.** Que ainda é criança: *um músico mirim.* **3.** Que é próprio para criança: *um baile mirim.* [Plural: *mirins*.]

miscelânea mis.ce.**lâ**.ne:a *substantivo feminino* Mistura de coisas diversas.

miserável mi.se.**rá**.vel *adjetivo de dois gêneros* **1.** Digno de pena, de compaixão. **2.** Que é avarento. [Plural: *miseráveis*.]

miséria mi.**sé**.ri:a *substantivo feminino* **1.** Estado de grande dor ou sofrimento. **2.** Pobreza extrema: *Chegou ao fim da vida na miséria.*

misericórdia mi.se.ri.**cór**.di:a *substantivo feminino* Compaixão pela miséria, pela dor alheia.

missa **mis**.sa *substantivo feminino* Principal cerimônia do culto católico, que relembra a Ceia

missão

de Cristo (veja *cristianismo*) e seu sacrifício pela humanidade.

missão mis.**são** *substantivo feminino* **1.** Função ou poder que se confere a alguém para fazer algo. **2.** Obrigação, dever: *Como pai, era minha missão zelar pela educação de meus filhos*. **3.** Grupo de missionários para pregação da fé cristã. [Plural: *missões*.]

míssil mís.sil *substantivo masculino* Engenho que é lançado com o objetivo de atingir um alvo. [Plural: *mísseis*.]

missionário mis.si.o.**ná**.ri.o *substantivo masculino* Pregador de missão cristã.

mistério mis.**té**.ri:o *substantivo masculino* **1.** Tudo que a inteligência humana é incapaz de explicar ou compreender. **2.** Fato oculto ou obscuro.

misterioso mis.te.ri.o.so (ô) *adjetivo* **1.** Em que há mistério. **2.** Que não se pode explicar: *O desaparecimento das provas continua misterioso*. [Plural: *misteriosos* (ó).]

misto mis.to *adjetivo* **1.** Em que há pessoas de ambos os sexos, ou é próprio para elas: *uma sala mista; um banheiro misto*. ✓ *substantivo masculino* **2.** Mistura: *O filme era um misto de drama e comédia*. **3.** Sanduíche de queijo e presunto.

mistura mis.**tu**.ra *substantivo feminino* **1.** Ação de misturar(-se), ou o resultado desta ação. **2.** Conjunto ou produto resultante de coisas misturadas: *O bolo é o resultado de uma mistura de ovos, manteiga ou margarina, açúcar e farinha de trigo*.

misturar mis.tu.**rar** *verbo* **1.** Juntar coisas diferentes: *Misturou duas frutas com leite para fazer uma vitamina*. **2.** Juntar-se: *Na festa, Ana misturou-se logo com as outras meninas*.

mito mi.to *substantivo masculino* **1.** Relato maravilhoso que dá uma explicação para o mundo e os fenômenos naturais: *Entre os indígenas, há um mito para a origem da mandioca*. **2.** Coisa irreal, que não corresponde à verdade: *A coragem daquele soldado era um mito*.

mitologia mi.to.lo.**gi**.a *substantivo feminino* O conjunto dos mitos e lendas de um povo: *Zeus e Afrodite são deuses da mitologia da antiga Grécia*.

moço

mitológico mi.to.**ló**.gi.co *adjetivo* Da, ou relativo à mitologia.

miúdo mi.**ú**.do *adjetivo* Muito pequeno.

miúdos mi.**ú**.dos *substantivo masculino plural* O coração, o fígado, etc., de aves e pequenos animais: *Os miúdos de galinha de que mais gosto são a moela e o coração*.

moagem mo.**a**.gem *substantivo feminino* Ação de moer, ou o resultado desta ação. [Plural: *moagens*.]

mobília mo.**bí**.li:a *substantivo feminino* Conjunto de móveis.

mobilização mo.bi.li.za.**ção** *substantivo feminino* Ação de mobilizar, ou o resultado desta ação. [Plural: *mobilizações*.]

mobilizar mo.bi.li.**zar** *verbo* **1.** Convocar pessoas para a guerra: *Mobilizou um grande número de jovens para defender o país*. **2.** Pôr-se em defesa de causa, campanha, movimento, etc.: *A campanha mobilizou muitas pessoas*.

moça mo.ça (ô) *substantivo feminino* Mulher jovem.

moçarela mo.ça.**re**.la *substantivo feminino* Veja *mozarela*.

mochila mo.**chi**.la *substantivo feminino* Espécie de bolsa na qual alunos, soldados, etc. levam, às costas, objetos de uso.

mocidade mo.ci.**da**.de *substantivo feminino* O mesmo que *juventude*.

mocinho mo.**ci**.nho *substantivo masculino* Herói de histórias e filmes de aventura, etc.

moço mo.ço (mô) *adjetivo* **1.** Novo em idade; jovem. ✓ *substantivo masculino* **2.** Rapaz (2).

mocotó mo.co.**tó** *substantivo masculino* Pata de bovino, sem o casco, usada como alimento: *geleia de mocotó*.

moda mo.da *substantivo feminino* **1.** Maneira de se vestir, gosto próprio de uma época, de um momento: *a moda de usar chapéu; a moda das saias curtas*. **2.** Arte e técnica do vestuário: *João é especialista em moda*. **3.** Maneira, costume, modo: *Gosto de bacalhau à moda de Lisboa*.

modelagem mo.de.**la**.gem *substantivo feminino* Operação de modelar. [Plural: *modelagens*.]

modelar mo.de.**lar** *verbo* **1.** Fazer o modelo ou o molde de. **2.** Dar forma ou contorno a; moldar: *Modelou o barro para fazer um belo vaso*.

modelo mo.**de**.lo (ê) *substantivo masculino* **1.** Aquilo que é dado para ser reproduzido. **2.** Representação em pequena escala de algo que se pretende reproduzir em grande escala. **3.** Pessoa que posa para artista plástico ou fotógrafo. **4.** Pessoa ou coisa que serve de exemplo ou norma; padrão. **5.** Tipo específico de roupa, automóvel e outros produtos de consumo. ☑ *substantivo de dois gêneros* **6.** Pessoa que apresenta em desfiles as criações dos costureiros; manequim.

moderado mo.de.**ra**.do *adjetivo* Não exagerado; razoável: *O tempo está bom, faz sol e o calor está moderado*.

modernidade mo.der.ni.**da**.de *substantivo feminino* Qualidade ou condição do que é moderno.

modernizar mo.der.ni.**zar** *verbo* Tornar moderno.

moderno mo.**der**.no *adjetivo* **1.** Que corresponde aos tempos atuais, que é de nossa época: *Minha mãe decidiu comprar uma mobília moderna*. **2.** Que está na moda: *uma roupa moderna*.

modéstia mo.**dés**.ti.a *substantivo feminino* Ausência de vaidade; simplicidade, humildade: *Não gosta de exibir sua cultura, por modéstia*.

modesto mo.**des**.to *adjetivo* **1.** Sem vaidade, simples, humilde. **2.** Pequeno, pouco importante: *Ganha um salário modesto para a sua função*.

modificação mo.di.fi.ca.**ção** *substantivo feminino* Ação de modificar(-se), ou o resultado desta ação. [Plural: *modificações*.]

modificar mo.di.fi.**car** *verbo* Transformar(-se), mudar(-se): *Na infância era muito vadio, mas depois se modificou; Modificou o temperamento, tornando-se mais comunicativo*.

modo mo.do *substantivo masculino* **1.** Maneira ou forma particular de ser; jeito: *Maria tem um modo todo seu de andar*. **2.** Sistema, método: *modo de trabalhar*. **3.** Meio, maneira: *Não houve modo de convencer a mãe a deixá-lo ir ao passeio*.

moeda mo.**e**.da *substantivo feminino* **1.** Peça metálica, em geral circular, que serve como meio de pagamento. **2.** O dinheiro de um país: *A moeda brasileira é o real*.

moela mo.**e**.la *substantivo feminino* Parte do tubo digestório das aves, na qual o alimento é triturado.

moer mo.**er** *verbo* **1.** Reduzir a pó; triturar: *moer café*. **2.** Fazer passar por uma máquina para extrair o suco: *moer cana*.

mofar mo.**far** *verbo* **1.** Cobrir de mofo: *A umidade mofou os livros*. **2.** Criar mofo: *O pão mofou*. **3.** *Gíria* Ficar indefinidamente à espera: *Ontem, mamãe e eu mofamos na sala de espera do dentista*.

mofo mo.fo (mô) *substantivo masculino* Nome comum aos fungos que vivem da matéria orgânica por eles decomposta.

mogno mog.no *substantivo masculino* Árvore cuja madeira de lei é usada em marcenaria.

moído mo.í.do *adjetivo* **1.** Que se moeu. **2.** Exausto, cansado.

moinho mo.i.nho *substantivo masculino* **1.** Máquina para moer cereais. **2.** Lugar onde está instalada essa máquina: *O velho mendigo morava no moinho abandonado.*

moita moi.ta *substantivo feminino* Grupo espesso de plantas.

mola mo.la *substantivo feminino* Peça elástica em forma de espiral, geralmente metálica, que reage quando estendida ou comprimida.

molar mo.lar *adjetivo de dois gêneros* **1.** Diz-se de cada um dos 12 dentes, seis em cima e seis embaixo, e que servem para triturar os alimentos. ✓ *substantivo masculino* **2.** Dente molar.

moldar mol.dar *verbo* **1.** Adaptar ao molde: *Moldou os bichinhos de chumbo.* **2.** Fundir, vazando em molde. **3.** Modelar (2): *Moldou a cera com as mãos.*

molde mol.de *substantivo masculino* **1.** Modelo oco em que se introduz matéria pastosa ou líquida, a qual, ao solidificar-se, tomará a forma dele. **2.** Peça pela qual se corta ou reproduz algo. **3.** Fôrma (1).

moldura mol.du.ra *substantivo feminino* Peça com que se cercam ou se adornam pinturas, fotografias, etc.

mole mo.le *adjetivo de dois gêneros* **1.** Macio, tenro: *Prefere dormir em colchões moles.* **2.** Lento, vagaroso: *andar mole.* **3.** Débil, fraco: *Depois da forte gripe, fiquei mole, sem ânimo.* **4.** Sensível, terno: *coração mole.*

molecada mo.le.ca.da *substantivo feminino* Grupo de moleques.

molecagem mo.le.ca.gem *substantivo feminino* Ação de moleque. [Plural: *molecagens*.]

molécula mo.lé.cu.la *substantivo feminino* A menor porção de uma substância que mantém as características dessa substância.

moleque mo.le.que *substantivo masculino* **1.** Menino de pouca idade. **2.** Homem sem palavra ou sem honestidade. **3.** Menino travesso.

moléstia mo.lés.ti.a *substantivo feminino* O mesmo que *doença*.

moleza mo.le.za (ê) *substantivo feminino* **1.** Qualidade de mole. **2.** Perda ou falta de forças. **3.** Preguiça.

molhar mo.lhar *verbo* **1.** Embeber em, ou cobrir de líquido: *Gostava de molhar o pão no leite.* **2.** Jogar água em: *Minha mãe molha as plantas da horta.* **3.** Umedecer de leve: *O orvalho molhou o carro.* **4.** Receber ou entornar líquido sobre si mesmo: *Se sair, leve um guarda-chuva para não se molhar.*

molho mo.lho *substantivo masculino* Porção de objetos reunidos em um só grupo: *um molho de chaves.*

molho mo.lho (mô) *substantivo masculino* Líquido mais ou menos espesso que acompanha certos pratos: *molho de tomate.* 🔊 *De molho.* Mergulhado em água por certo tempo: *Deixou a roupa de molho.*

molusco mo.lus.co *substantivo masculino* Animal invertebrado de corpo mole, geralmente coberto por uma concha: *O polvo é um molusco que não têm concha, ao contrário da ostra e do mexilhão.*

momentâneo mo.men.tâ.ne:o *adjetivo* Que dura um momento.

momento mo.men.to *substantivo masculino* **1.** Espaço pequeníssimo, mas indeterminado, de tempo; instante. **2.** Ocasião própria: *Ainda não chegou*

monarca

o momento de viajar. **3.** Tempo presente: *No momento só penso em estudar.*

monarca mo.**nar**.ca *substantivo masculino* O mesmo que *rei*.

monarquia mo.nar.**qui**.a *substantivo feminino* Forma de governo em que o chefe de Estado é o rei.

monárquico mo.**nár**.qui.co *adjetivo* Relativo a monarca, ou a monarquia.

monetário mo.ne.**tá**.ri:o *adjetivo* Relativo à moeda.

monge mon.ge *substantivo masculino* Frade ou religioso de mosteiro.

monitor mo.ni.**tor** (tôr) *substantivo masculino* **1.** Aluno adiantado, que ajuda, no ensino, o professor. **2.** Dispositivo ou aparelho que monitora. **3.** Dispositivo usado para ver as informações apresentadas por um computador; a tela do computador.

monossilábico mo.nos.si.**lá**.bi.co *adjetivo* Que tem uma só sílaba; monossílabo: *Eu, tu e nós são vocábulos monossilábicos.*

monossílabo mo.nos.**sí**.la.bo *adjetivo* **1.** Monossilábico. *substantivo masculino* **2.** Palavra monossílaba.

monótono mo.**nó**.to.no *adjetivo* **1.** Que mantém o mesmo tom: *Discursou com uma voz monótona.* **2.** Que não varia, que é sempre igual: *Leva uma vida monótona.*

monstro mons.tro *substantivo masculino* **1.** Ser fantástico, muito feio, que aparece em lendas e histórias. **2.** Pessoa cruel.

monstruoso mons.tru.**o**.so (ô) *adjetivo* **1.** Que tem o aspecto de um monstro. **2.** Enorme, extraordinário. **3.** Que é muito cruel. [Plural: *monstruosos* (ó).]

moradia

montagem mon.**ta**.gem *substantivo feminino* **1.** Ação de montar, ou o resultado desta ação. **2.** Operação de reunir peças em um dispositivo, mecanismo, etc., de modo que funcione ou preencha o seu fim: *a montagem de um veículo.* [Plural: *montagens.*]

montanha mon.**ta**.nha *substantivo feminino* O mesmo que *monte*.

montanha-russa mon.ta.nha-**rus**.sa *substantivo feminino* Rede de trilhos instalada em parque de diversões, com descidas e subidas, percorrida por vagões em alta velocidade. [Plural: *montanhas-russas.*]

montanhista mon.ta.**nhis**.ta *substantivo de dois gêneros* O mesmo que *alpinista*.

montanhoso mon.ta.**nho**.so (nhô) *adjetivo* Em que há muitas montanhas. [Plural: *montanhosos* (nhó).]

montar mon.**tar** *verbo* **1.** Pôr-se sobre (cavalo, burro, etc.): *Ana montou o* (ou *no*) *cavalo e pôs-se a galopar.* **2.** Aprontar, armar, para funcionar: *Montei a máquina de café.*

montaria mon.ta.**ri**.a *substantivo feminino* **1.** Animal que se pode cavalgar. **2.** Pequena canoa.

monte mon.te *substantivo masculino* **1.** Elevação notável de terreno acima do solo que a cerca. **2.** Qualquer acúmulo de coisas em forma de monte: *Fiz um monte de areia para brincar.* **3.** Grande quantidade: *Minha tia me deu um monte de revistas em quadrinhos.*

monumento mo.nu.**men**.to *substantivo masculino* **1.** Obra erguida em homenagem a um fato ou pessoa notável. **2.** Construção imponente.

moquear mo.que.**ar** *verbo* Secar ou assar (a carne ou o peixe) no moquém.

moquém mo.**quém** *substantivo masculino* Grelha de varas para assar ou secar a carne ou o peixe.

morada mo.**ra**.da *substantivo feminino* Lugar onde se mora ou que se habita; habitação, moradia, casa.

moradia mo.ra.**di**.a *substantivo feminino* Veja *morada*.

morador mo.ra.dor (dôr) *substantivo masculino* Aquele que mora.

moral mo.ral *substantivo feminino* **1.** Conjunto de regras de conduta ou hábitos julgados válidos: *a moral cristã*. **2.** Conclusão moral de uma obra, fato, etc.: *a moral de uma fábula*. ✓ *substantivo masculino* **3.** O conjunto das nossas faculdades morais; disposição de ânimo: *Depois da derrota, o time estava com o moral baixo*. ✓ *adjetivo de dois gêneros* **4.** Relativo à moral: *Os pais têm o dever moral de educar os filhos*. **5.** Relativo ao espírito, ao pensamento; mental: *força moral*. [Plural: *morais*.]

moranga mo.ran.ga *substantivo feminino* Variedade de abóbora.

morango mo.ran.go *substantivo masculino* Fruta pequena, vermelha, com forma semelhante à do coração.

morar mo.rar *verbo* **1.** Ter residência; habitar: *Ana mora perto da farmácia*. **2.** Encontrar-se, achar-se: *A harmonia mora naquela casa*. **3.** *Gíria* Frequentar assiduamente um lugar: *Não o procure em casa: mora na praia*.

morcego mor.ce.go (ê) *substantivo masculino* Pequeno animal mamífero de hábitos noturnos semelhante a um rato de asas.

morder mor.der *verbo* **1.** Apertar com os dentes; cortar ou ferir com eles: *morder o lábio*. **2.** Dar dentada(s) em: *O cachorro mordeu o ladrão*.

mordida mor.di.da *substantivo feminino* Dentada ou vestígio de dentada.

moreno mo.re.no *adjetivo* **1.** De cor um tanto marrom. ✓ *substantivo masculino* **2.** Homem, rapaz ou menino moreno.

mormaço mor.ma.ço *substantivo masculino* Tempo quente e abafado.

morno mor.no (mô) *adjetivo* Pouco quente.

moroso mo.ro.so (rô) *adjetivo* Lento, vagaroso: *A boiada ia num passo moroso*. [Plural: *morosos* (ró).]

morrer mor.rer *verbo* **1.** Perder a vida; falecer, perecer. **2.** Extinguir-se, acabar(-se), ou desaparecer gradualmente: *A luz morria no horizonte*. **3.** Parar de funcionar: *O carro morreu na ladeira*. **4.** Experimentar em grau muito intenso (sentimento, sensação, desejo, etc.): *Com este calor, fico morrendo de sede; morrer de saudade*.

morro mor.ro (mô) *substantivo masculino* **1.** Monte pouco elevado; colina, outeiro. **2.** Favela.

mortadela mor.ta.de.la *substantivo feminino* Espécie de salame de carne de vaca, de porco ou de frango.

mortal mor.tal *adjetivo de dois gêneros* **1.** Que deve morrer um dia: *Todos os seres vivos são mortais*. **2.** Que produz a morte: *um veneno mortal*. ✓ *substantivo de dois gêneros* **3.** O ser humano. [Plural: *mortais*.]

morte mor.te *substantivo feminino* O fim da vida; falecimento: *Paulo ficou muito triste com a morte de seu cão*.

morto mor.to (mô) *adjetivo* **1.** Que deixou de viver: *Viam-se muitos peixes mortos no rio*. **2.** Paralisado, aterrorizado: *morto de medo*. **3.** Extinto, apagado: *fogo morto*. **4.** Sem brilho: *olhar morto*. **5.** Sem atividade: *dia morto*. **6.** Muito cansado: *Depois de subir a escada correndo, sentiu-se morto*. ✓ *substantivo masculino* **7.** Aquele que morreu.

mosaico mo.sai.co *substantivo masculino* Reunião de pequenas peças coloridas que, coladas umas ao lado das outras, decoram o chão ou uma parede.

mosca mos.ca (ô) *substantivo feminino* **1.** Inseto com duas asas e um par de antenas, o qual pode causar doenças. **2.** O ponto central do alvo usado em exercícios de tiro.

mosqueteiro mos.que.**tei**.ro *substantivo masculino* Antigo soldado que tinha a missão de proteger o rei.

mosquiteiro mos.qui.**tei**.ro *substantivo masculino* Cortina muito fina que protege dos mosquitos.

mosquito mos.**qui**.to *substantivo masculino* Nome comum a vários insetos de duas asas, regionalmente denominados muriçoca, pernilongo, etc.; que põem os ovos em águas paradas e podem transmitir doenças.

mostarda mos.**tar**.da *substantivo feminino* **1.** Erva de folhas comestíveis que dá sementes com as quais se produz um pó amarelo, de mesmo nome. **2.** Molho pastoso feito com o pó da mostarda.

mosteiro mos.**tei**.ro *substantivo masculino* Habitação de monge.

mostra mos.tra *substantivo feminino* **1.** Ação de mostrar(-se), ou o resultado desta ação. **2.** Exposição de obras de caráter artístico, literário, histórico, etc.

mostrador mos.tra.**dor** (dôr) *adjetivo* **1.** Que mostra. ☑ *substantivo masculino* **2.** A parte do relógio onde estão indicadas as horas e os minutos. **3.** A parte de qualquer outro aparelho ou mecanismo em que estão exibidas as informações sobre o seu funcionamento.

mostrar mos.**trar** *verbo* **1.** Fazer ver; apresentar: *Ana mostrou para a mãe o vestido que comprou.* **2.** Dar a conhecer; manifestar: *Suas ações mostram muito bom-senso.* **3.** Apontar, indicar: *É sempre útil mostrar as vantagens de ser estudioso.* **4.** Expor à vista, apresentar: *Mostrou a casa ao visitante.* **5.** Demonstrar: *Mostrou aos pais que estavam enganados.* **6.** Revelar-se: *Desde pequeno, mostrou-se com vocação para a música.* **7.** Dar mostras de: *Mostrou-se capaz de exercer a função.*

motivação mo.ti.va.**ção** *substantivo feminino* Ação de motivar, ou o resultado desta ação. [Plural: *motivações.*]

motivar mo.ti.**var** *verbo* **1.** Dar motivo a; causar. **2.** Despertar o interesse de (alguém): *O professor sabe motivar os alunos.*

motivo mo.**ti**.vo *substantivo masculino* **1.** Causa, razão: *Por que motivo você não veio ontem?* **2.** Fim, objetivo: *O motivo de minha visita é convidá-lo para a minha festa de aniversário.*

moto mo.to *substantivo feminino* O mesmo que *motocicleta*.

motocicleta mo.to.ci.**cle**.ta *substantivo feminino* Veículo de duas rodas com motor a gasolina; moto.

motociclista mo.to.ci.**clis**.ta *substantivo de dois gêneros* Pessoa que dirige motocicleta; motoqueiro.

motoqueiro mo.to.**quei**.ro *substantivo masculino* Popular O mesmo que *motociclista*.

motor mo.**tor** (tôr) *substantivo masculino* Aparelho que, transformando a energia, faz funcionar uma máquina.

motorista mo.to.**ris**.ta *substantivo de dois gêneros* Pessoa que conduz qualquer veículo terrestre movido por motor.

🌐 **mouse** (mause) [Inglês] *substantivo masculino* Acessório do computador, que permite ao usuário intervir na tela: *Ligou o computador, abriu o programa com o mouse e começou a escrever.*

móvel mó.vel *adjetivo de dois gêneros* **1.** Que se pode mover. ☑ *substantivo masculino* **2.** Peça de mobília: *Na loja, comprou vários móveis: uma mesa, quatro cadeiras e uma cama.* [Plural: *móveis.*]

mover mo.**ver** *verbo* **1.** Dar movimento a: *mover os braços; Gosta de andar movendo os quadris; O vento movia as ondas.* **2.** Estar ou pôr-se em movimento;

movimentação

movimentar-se: *O carro movia-se devagar, por causa do nevoeiro.*

movimentação mo.vi.men.ta.**ção** *substantivo feminino* Ação de movimentar(-se), ou o resultado desta ação. [Plural: *movimentações*.]

movimentar mo.vi.men.**tar** *verbo* **1.** Pôr(-se) em movimento; mover(-se): *Movimentou o braço, de baixo para cima*; *Movimentou-se da esquerda para a direita.* **2.** Animar(-se): *O espetáculo movimentou a cidade.*

movimento mo.vi.**men**.to *substantivo masculino* **1.** Ação de mover(-se), ou o resultado desta ação. **2.** Certo modo de mover-se: *Fez movimentos com a mão, para chamar os colegas.* **3.** Animação, agitação: *A praça estava morta, sem movimento.* **4.** Série de atividades em defesa de alguma coisa. **5.** Evolução ou tendência, em certa área de atividades.

mozarela mo.za.**re**.la *substantivo feminino* Queijo de origem italiana, de consistência macia e sabor suave; moçarela.

muco mu.co *substantivo masculino* Substância formada por água, células e sais, segregada por membranas mucosas, e que as protege e lubrifica.

mucosa mu.**co**.sa *substantivo feminino* Membrana, sempre um pouco úmida, que reveste internamente certos órgãos: *a mucosa da boca.*

muçulmano mu.çul.**ma**.no *adjetivo* **1.** Relativo ou pertencente ao islã ou ao islamismo, ou que é seu seguidor. ✔ *substantivo masculino* **2.** Seguidor do islamismo. [Sinônimo: *islâmico*.]

muda mu.da *substantivo feminino* **1.** Renovação do pelo, das penas ou da pele de certos animais. **2.** Planta tirada do viveiro para plantação definitiva: *Plantei um canteiro com mudas de várias plantas.*

mula sem cabeça

mudança mu.**dan**.ça *substantivo feminino* **1.** Ação de mudar(-se), ou o resultado desta ação. **2.** Os móveis, roupas, etc., dos que se mudam. **3.** Alavanca com que se mudam as marchas de um veículo.

mudar mu.**dar** *verbo* **1.** Passar para outro local: *Mudou a cama para perto da janela*; *Em 1960 o governo brasileiro mudou a capital federal para Brasília.* **2.** Tomar outra forma, aparência ou modo de ser: *Seu rosto mudou com o resultado da prova.* **3.** Alterar: *A tecnologia mudou nossos hábitos.* **4.** Trocar, modificar: *Ela mudou o nome de batismo.* **5.** Deixar ou trocar uma coisa por outra: *mudar de roupa*; *mudar de assunto.* **6.** Tornar-se diferente do que era: *Os tempos mudaram.* **7.** Transferir-se para outra casa ou local: *Mudou(-se) para Minas.*

mudo mu.do *adjetivo* **1.** Privado do uso da palavra por deficiência orgânica, etc.: *Meu primo é mudo.* **2.** Sem falar: *Com o susto, ficou mudo por alguns momentos.* ✔ *substantivo masculino* **3.** Homem mudo.

mugido mu.**gi**.do *substantivo masculino* A voz de animais como o boi, o búfalo, etc.

mugir mu.**gir** *verbo* Dar mugidos.

muito mui.to (ũi) *adjetivo* **1.** Que é em grande número, em abundância, ou em grande intensidade: *muito dinheiro.* ✔ *pronome indefinido* **2.** Pessoa ou coisa em grande quantidade, em abundância, ou demasia: *Temos muito que aprender*; *Convidei vários colegas para o meu aniversário, mas muitos não compareceram.* ✔ *advérbio* **3.** Com excesso ou abundância; em alto grau: *Leio muito*; *Maria é muito estudiosa.* ✔ *substantivo masculino* **4.** O que é em grande quantidade: *O muito que lhe devo, não tenho como pagar.*

mula sem cabeça mu.la sem ca.**be**.ça *substantivo feminino* Ser fantástico que, em certas noites, passa a galope, amedrontando as pessoas. [Plural: *mulas sem cabeça*.]

337

mulato

mulato mu.la.to *substantivo masculino* Mestiço de branco com negro.

muleta mu.le.ta (ê) *substantivo feminino* Bastão comprido que serve de apoio a pessoas com dificuldades para andar.

mulher mu.lher *substantivo feminino* **1.** Ser humano do sexo feminino. **2.** Esse mesmo ser após a puberdade. **3.** Esposa.

mulo mu.lo *substantivo masculino* Animal mamífero estéril, mestiço de jumento com égua ou de cavalo com jumenta. [Feminino: *mula*.]

multa mul.ta *substantivo feminino* **1.** Quantia que se paga em dinheiro por desrespeitar a lei. **2.** Papel que a comprova: *Chegou uma multa pelo correio.*

multar mul.tar *verbo* Aplicar multa a: *O guarda multou o rapaz por excesso de velocidade.*

multidão mul.ti.dão *substantivo feminino* **1.** Grande número de pessoas ou coisas: *A multidão aplaudiu a chegada da seleção brasileira.* **2.** O povo (3). [Plural: *multidões*.]

multimídia mul.ti.mí.di:a *substantivo feminino* **1.** Técnica que emprega diversos tipos de mídia (textos, imagens, sons, vídeos, animações, etc.). ✓ *adjetivo de dois gêneros* **2.** Relativo a multimídia, ou que a utiliza: *um programa multimídia*; *um profissional multimídia*.

multinacional mul.ti.na.ci:o.nal *adjetivo de dois gêneros* **1.** De, relativo, ou pertencente a muitos países ou nações. **2.** Diz-se de empresa que opera em vários países. ✓ *substantivo feminino* **3.** Empresa multinacional. [Plural: *multinacionais*.]

multiplicação mul.ti.pli.ca.ção *substantivo feminino* **1.** Ação de multiplicar(-se), ou o resultado desta ação. **2.** Operação aritmética que consiste em acrescentar mais de uma vez um número a ele mesmo: *A multiplicação de 2 vezes 5 é igual a 10 (2+2+2+2+2 = 10).* [Plural: *multiplicações*.]

mungunzá

multiplicador mul.ti.pli.ca.dor (ô) *adjetivo* **1.** Que multiplica. ✓ *substantivo masculino* **2.** Número pelo qual se multiplica outro.

multiplicar mul.ti.pli.car *verbo* **1.** Aumentar em número, importância, ou intensidade: *A nova ofensa multiplicou a sua mágoa.* **2.** Produzir em grande quantidade. **3.** Efetuar uma multiplicação. **4.** Reproduzir-se: *Crescei e multiplicai-vos.*

multiplicativo mul.ti.pli.ca.ti.vo *adjetivo* Que multiplica ou que é próprio para multiplicar.

múltiplo múl.ti.plo *adjetivo* **1.** Numeroso: *Meu pai nunca se cansa: é homem de múltiplas atividades.* ✓ *substantivo masculino* **2.** Um número inteiro é múltiplo de outro quando é igual ao produto desse outro por um terceiro. Exemplo: 15 é múltiplo de 5 porque 15 = 5 x 3.

múmia mú.mi:a *substantivo feminino* Corpo que se embalsamou: *as múmias dos faraós do antigo Egito.*

mundial mun.di.al *adjetivo de dois gêneros* Relativo ao mundo, a toda a Terra. [Plural: *mundiais*.]

mundo mun.do *substantivo masculino* **1.** A Terra e os astros considerados como um todo organizado; o Universo. **2.** O globo terrestre; a Terra. **3.** Qualquer espaço na Terra, e/ou os seres que habitam tal espaço: *o mundo cristão*. **4.** O gênero humano. Novo Mundo. O continente americano; as Américas. Novíssimo Mundo. A Oceania. Terceiro Mundo. Os países que não são considerados como desenvolvidos. Todo (o) mundo. Todos; todas as pessoas; as pessoas em geral. Velho Mundo. A parte do mundo constituída pela Europa, pela Ásia e pela África.

mungunzá mun.gun.zá *substantivo masculino* O mesmo que *canjica*.

munição mu.ni.**ção** *substantivo feminino* Projéteis, pólvora, etc., com que se carregam armas de fogo. [Plural: *munições*.]

municipal mu.ni.ci.**pal** *adjetivo de dois gêneros* Do município. [Plural: *municipais*.]

município mu.ni.**cí**.pi:o *substantivo masculino* Divisão territorial e administrativa de um estado, governada por um prefeito e por uma câmara de vereadores: *Minas Gerais é o estado brasileiro com maior número de municípios.*

mural mu.**ral** *adjetivo de dois gêneros* **1.** Relativo a, ou feito em muro ou parede. ✓ *substantivo masculino* **2.** Pintura mural. [Plural: *murais*.]

muralha mu.**ra**.lha *substantivo feminino* Muro grande e espesso.

murcho mur.cho *adjetivo* **1.** Que perdeu o vigor, a força ou a energia: *flor murcha*. **2.** Que se esvaziou, ou se está esvaziando: *bola murcha*.

mureta mu.**re**.ta (ê) *substantivo feminino* Muro baixo.

muriçoca mu.ri.**ço**.ca *substantivo feminino* Veja *mosquito*.

murmurar mur.mu.**rar** *verbo* **1.** Emitir (som leve, frouxo); sussurrar: *O vento murmurava*. **2.** Dizer em voz baixa: *Murmurei-lhe palavras de amor.*

murmúrio mur.**mú**.ri:o *substantivo masculino* **1.** Ação de murmurar. **2.** Ruído das ondas, da água corrente, das folhas agitadas; de vozes, etc.

muro mu.ro *substantivo masculino* Parede que cerca um terreno ou separa um lugar do outro.

murro mur.ro *substantivo masculino* Pancada com a mão fechada; soco.

musculação mus.cu.la.**ção** *substantivo feminino* Exercício físico, com pesos e aparelhos, para aumentar a musculatura.

muscular mus.cu.**lar** *adjetivo de dois gêneros* De, ou relativo a músculo.

musculatura mus.cu.la.**tu**.ra *substantivo feminino* O conjunto dos músculos do corpo.

músculo mús.cu.lo *substantivo masculino* Tecido animal que pode contrair-se e relaxar-se para realizar diversos movimentos.

musculoso mus.cu.**lo**.so (lô) *adjetivo* Que tem músculos desenvolvidos. [Plural: *musculosos* (ló).]

museu mu.**seu** *substantivo masculino* Lugar onde se guardam, se estudam e se expõem obras de arte, além de objetos e coleções de valor histórico e científico, etc.: *Fui ontem com meu pai visitar o Museu de Belas-Artes.*

musgo mus.go *substantivo masculino* Nome comum a vegetais pequeníssimos e verdes que crescem no solo, em pedras, árvores, etc.: *A rocha está coberta de musgo.*

música mú.si.ca *substantivo feminino* **1.** Arte de combinar harmoniosamente os sons de acordo com certas regras. **2.** Composição musical.

musical mu.si.**cal** *adjetivo de dois gêneros* **1.** Da, ou próprio da música. **2.** Agradável à audição; harmonioso. ✓ *substantivo masculino* **3.** Espetáculo ou filme em que predominam músicas. [Plural: *musicais*.]

músico mú.si.co *substantivo masculino* Pessoa que exerce uma profissão ligada à música, como cantor, compositor ou instrumentista.

mutirão mu.ti.**rão** *substantivo masculino* **1.** Auxílio gratuito que prestam uns aos outros os lavradores (na colheita, construção de casa, etc.), reunindo-se todos os da redondeza e trabalhando em proveito de um só. **2.** Auxílio gratuito que prestam uns aos outros os membros de uma comunidade; por exemplo, em momentos de dificuldades: *Um mutirão pelos desabrigados.* [Plural: *mutirões*.]

mútuo mú.tu:o *adjetivo* O mesmo que *recíproco*: *Sempre se deram bem, porque o respeito que tinham um pelo outro era mútuo.*

neném

n (ene) *substantivo masculino* A décima quarta letra do nosso alfabeto.

nabo na.bo *substantivo masculino* Planta hortense, de raiz e folhas comestíveis.

nação na.**ção** *substantivo feminino* **1.** Conjunto de pessoas que formam um povo. [Falam, geralmente, a mesma língua e partilham as mesmas tradições.] **2.** O território onde elas habitam, e seu governo. [Plural: *nações*.]

nacional na.ci.o.**nal** *adjetivo de dois gêneros* Da, ou relativo à nação: *o Hino Nacional Brasileiro*. [Plural: *nacionais*.]

nacionalidade na.ci.o.na.li.**da**.de *substantivo feminino* **1.** A condição de estar ligado a uma nação, de ter nela nascido ou, ao se naturalizar, ter optado por ela: *A minha nacionalidade é brasileira*. **2.** País de origem: *– Qual é a sua nacionalidade?*

naco na.co *substantivo masculino* Pedaço: *um naco de pão*.

nada na.da *pronome indefinido* **1.** Coisa nenhuma: *Não havia nada no pacote*. ✓ *advérbio* **2.** De modo nenhum: *É uma criança esperta, nada tola*.

nadadeira na.da.**dei**.ra *substantivo feminino* **1.** Órgão que permite a animais, por exemplo, baleias, peixes, golfinhos e focas, nadar. **2.** Calçado de borracha para nadadores e mergulhadores.

nadador na.da.**dor** (ô) *adjetivo* **1.** Que nada. ✓ *substantivo masculino* **2.** Animal que nada: *Os golfinhos são nadadores excelentes*. **3.** Homem, rapaz ou menino que pratica natação: *A competição reuniu os melhores nadadores da cidade*.

nadar na.**dar** *verbo* Deslocar-se na água, por meio de nadadeiras, braços, pernas, etc.

nádega ná.de.ga *substantivo feminino* Cada uma das duas partes carnudas que formam a porção posterior e superior das coxas.

nado na.do *substantivo masculino* Ação de nadar, ou o resultado desta ação.

náilon nái.lon *substantivo masculino* **1.** Nome comercial de uma fibra têxtil sintética. **2.** Tecido feito com ela: *O náilon é muito usado para fazer barracas de acampar*.

namorado na.mo.**ra**.do *substantivo masculino* **1.** Aquele que namora. **2.** Peixe do oceano Atlântico, que chega a atingir um metro de comprimento.

namorar na.mo.**rar** *verbo* Manter namoro com: *Meus pais namoraram durante cinco anos*.

namoro na.**mo**.ro (mô) *substantivo masculino* Relacionamento amoroso entre duas pessoas, que pode terminar em casamento.

nanico na.**ni**.co *adjetivo* Que é muito pequeno: *uma árvore nanica*.

não *advérbio* Palavra com que se recusa ou nega alguma coisa: *– Mãe, eu não quero almoçar agora; – Não fui eu que quebrei o vaso*.

naquele na.**que**.le (quê) Contração da preposição *em* com o pronome demonstrativo *aquele*: *Como naquele dia chovia muito, não saiu de casa*.

340

naquilo na.qui.lo Contração da preposição *em* com o pronome demonstrativo *aquilo*: *E mais fácil acreditar naquilo que vemos.*

narigudo na.ri.gu.do *adjetivo* Que tem nariz grande.

narina na.ri.na *substantivo feminino* Cada um dos dois orifícios externos do nariz.

nariz na.riz *substantivo masculino* **1.** Saliência no rosto, entre a testa e a boca, que serve para respirar e cheirar. **2.** Parte dianteira do avião. 🔊 **Meter o nariz.** Intrometer-se: *É feio meter o nariz na conversa dos outros.*

narração nar.ra.ção *substantivo feminino* Ação de narrar, ou o resultado desta ação; narrativa. [Plural: *narrações.*]

narrador nar.ra.dor (ô) *substantivo masculino* Pessoa que narra: *Bentinho é o narrador de Dom Casmurro, romance de Machado de Assis.*

narrar nar.rar *verbo* Contar uma história, ou um acontecimento: *O menino narrou com todos os detalhes o seu primeiro dia na escola.*

narrativa nar.ra.ti.va *substantivo feminino* O mesmo que *narração*.

nasal na.sal *adjetivo de dois gêneros* Relativo ao nariz. [Plural: *nasais.*]

nascente nas.cen.te *adjetivo de dois gêneros* **1.** Diz-se do Sol quando surge no horizonte. ✅ *substantivo feminino* **2.** Lugar onde nasce um riacho ou um rio.

nascer nas.cer *verbo* **1.** Vir ao mundo: *O menino nasceu com três quilos.* **2.** Surgir no horizonte: *O Sol nasceu e clareou o campo.*

nascimento nas.ci.men.to *substantivo masculino* **1.** Chegada ao mundo: *Deu uma grande festa para comemorar o nascimento do neto.* **2.** Surgimento, começo: *O nascimento da indústria data do século XVIII.*

nata na.ta *substantivo feminino* Parte gorda do leite, com a qual se faz a manteiga.

natação na.ta.ção *substantivo feminino* Atividade que consiste em nadar. [Plural: *natações.*]

natal na.tal *substantivo masculino* Data (25 de dezembro) em que os cristãos comemoram o nascimento de Jesus Cristo: *No Natal, o menino ganhou uma bola e uma bonita camisa.* [Com inicial maiúscula.] [Plural: *natais.*]

natalense na.ta.len.se *adjetivo de dois gêneros* **1.** De Natal, capital do estado do Rio Grande do Norte. ✅ *substantivo de dois gêneros* **2.** Quem nasceu, ou vive, em Natal.

natalício na.ta.lí.ci:o *adjetivo* Do, ou relativo ao dia do nascimento.

natalino na.ta.li.no *adjetivo* Do, ou relativo ao Natal: *A rua ficou bonita com a decoração natalina.*

nativo na.ti.vo *adjetivo* **1.** Que é natural de uma terra, de uma região: *A jabuticabeira é uma planta nativa do Brasil.* ✅ *substantivo masculino* **2.** Pessoa que é natural de uma terra, de uma região.

natural na.tu.ral *adjetivo de dois gêneros* **1.** Que é produzido pela natureza: *A chuva é um fenômeno natural.* **2.** Que tem origem em certo lugar; nascido: *Aquele rapaz é natural de Mato Grosso do Sul.* **3.** Que é espontâneo: *É um rapaz franco, de maneiras naturais.* **4.** Normal: *Meu pai acha natural que eu vá ao cinema sozinho.* **5.** Diz-se do alimento cultivado, ou preparado, sem a utilização de produtos tóxicos; orgânico. [Plural: *naturais.*]

naturalidade na.tu.ra.li.da.de *substantivo feminino* **1.** Qualidade de natural. **2.** Local de nascimento (cidade ou estado): *– Qual é a sua naturalidade?*

naturalização na.tu.ra.li.za.ção *substantivo feminino* Ação de naturalizar(-se), ou o resultado desta ação. [Plural: *naturalizações.*]

naturalizar na.tu.ra.li.zar *verbo* Tornar-se cidadão de um país, que não é o seu de origem: *Aquele senhor nasceu em Portugal, mas se naturalizou brasileiro.*

natureza

natureza na.tu.re.za (ê) *substantivo feminino* **1.** Tudo aquilo que existe no Universo, menos o que foi feito, ou construído, pelo homem. **2.** Temperamento de uma pessoa.

nau *substantivo feminino* Antigo navio de grande porte: *Santa Maria é o nome da maior das naus comandadas por Cristóvão Colombo.*

naufragar nau.fra.gar *verbo* **1.** Ir ao fundo (navio, ou outra embarcação), devido a acidente. **2.** Sofrer naufrágio (os tripulantes ou os passageiros).

naufrágio nau.frá.gi:o *substantivo masculino* Ação de naufragar, ou o resultado desta ação: *O naufrágio do Titanic ocorreu no início do século XX.*

náufrago náu.fra.go *substantivo masculino* Pessoa que naufragou: *Robinson Crusoé é o náufrago mais famoso da literatura.*

náusea náu.se:a *substantivo feminino* **1.** Sensação desagradável na região do estômago, às vezes seguida de vômito: *Esse cheiro de tinta me dá náusea.* **2.** O mesmo que *nojo*.

naval na.val *adjetivo de dois gêneros* **1.** Relativo a navio ou a navegação: *construção naval*. **2.** Relativo à marinha de guerra: *batalha naval*. [Plural: *navais*.]

navalha na.va.lha *substantivo feminino* Lâmina cortante, móvel, que se encaixa no cabo: *Meu pai usa uma navalha para fazer a barba.*

necessitar

nave na.ve *substantivo feminino* **1.** Espaço, na igreja, desde a entrada até o altar. **2.** O mesmo que *espaçonave*. 🔊 **Nave espacial.** Veja *espaçonave*.

navegação na.ve.ga.ção *substantivo feminino* Ação de navegar, ou o resultado desta ação. [Plural: *navegações*.]

navegador na.ve.ga.dor (ô) *adjetivo* **1.** Que navega. ✅ *substantivo masculino* **2.** Homem que navega: *Vasco da Gama foi um importante navegador português.*

navegante na.ve.gan.te *adjetivo* e *substantivo de dois gêneros* O mesmo que *navegador*.

navegar na.ve.gar *verbo* **1.** Viajar sobre a água, ou no ar e no espaço cósmico, em navio, aeronave, espaçonave, etc. **2.** Consultar vários *sites* e páginas da Internet.

navio na.vi:o *substantivo masculino* Grande embarcação marítima para o transporte de pessoas ou de carga.

neblina ne.bli.na *substantivo feminino* Névoa densa e rasteira; nevoeiro.

necessário ne.ces.sá.ri:o *adjetivo* **1.** Que não se pode dispensar: *O sono é necessário aos animais e aos seres humanos.* ✅ *substantivo masculino* **2.** Aquilo que não pode faltar: *Na viagem, levou somente o necessário.*

necessidade ne.ces.si.da.de *substantivo feminino* Qualidade do que é necessário.

necessitar ne.ces.si.tar *verbo* Sentir necessidade de; precisar (de): *Necessitamos de oito horas de sono por noite.*

néctar

néctar néc.tar *substantivo masculino* Líquido adocicado, segregado por certas plantas; é o alimento preferido dos beija-flores, e é com ele que as abelhas fabricam o mel.

nectarina nec.ta.ri.na *substantivo feminino* Variedade de pêssego, de casca lisa e sem pelos.

negação ne.ga.ção *substantivo feminino* Ação de negar. [Plural: *negações*.]

negar ne.gar *verbo* **1.** Recusar: *Não se nega comida a quem tem fome.* **2.** Afirmar que não é verdadeiro: *O réu negou todas as acusações.*

negativo ne.ga.ti.vo *adjetivo* Que exprime recusa ou negação: *O banco deu uma resposta negativa ao meu pedido de empréstimo.*

negociação ne.go.ci.a.ção *substantivo feminino* **1.** Ação de negociar, ou o resultado desta ação. **2.** Reunião, ou série de reuniões, para decidir alguma coisa: *Após a negociação, os moradores prejudicados pela obra aceitaram a proposta da prefeitura.* [Plural: *negociações*.]

negociante ne.go.ci.an.te *substantivo de dois gêneros* **1.** Pessoa que negocia. **2.** O mesmo que *comerciante*: *Aquele senhor é um negociante de livros.*

negociar ne.go.ci.ar *verbo* **1.** Fazer um negócio: *Negociou a compra da casa por cem mil reais.* **2.** Conduzir uma negociação (2): *Depois de muito negociar, comprou o terreno por um bom preço.*

negócio ne.gó.ci.o *substantivo masculino* **1.** Transação comercial: *Depois que fizemos o negócio, fomos comemorar.* **2.** Coisa, assunto: *Não quis falar sobre o negócio que o incomodava.*

negro ne.gro *adjetivo* **1.** Diz-se da cor mais escura que existe; preto: *O homem estava com uma capa negra.* **2.** Diz-se da pessoa que tem a pele escura. **3.** Que está completamente sem luz: *Quando a Lua sumiu entre as nuvens, a estrada ficou negra.* ✅ *substantivo masculino* **4.** Pessoa negra.

nele ne.le (nê) Contração da preposição *em* com o pronome pessoal *ele*: *Como é honesto, todos confiam nele.*

netuno

nem *conjunção* E não; e também não: *João não brincou, nem jogou futebol.*

neném ne.ném *substantivo de dois gêneros* O mesmo que *bebê*. [Plural: *nenéns*.]

nenhum ne.nhum *pronome indefinido* Nem um só: *Com a chuva nenhum dos meninos pôde sair.*

nervo ner.vo (ê) *substantivo masculino* Cada uma das fibras, ou cada um dos feixes de fibras, que conectam os músculos, os órgãos, etc., ao cérebro e à medula espinhal.

nervosismo ner.vo.sis.mo *substantivo masculino* Condição de quem é, ou está, nervoso.

nervoso ner.vo.so (vô) *adjetivo* **1.** Do, ou relativo aos nervos. **2.** Aflito, inquieto, preocupado: *Estava nervosa com a doença do filho.* [Plural: *nervosos* (vó).]

nêspera nês.pe.ra *substantivo feminino* Fruto amarelado, e de polpa adocicada.

nespereira nes.pe.rei.ra *substantivo feminino* Árvore muito comum no Brasil que dá nêsperas.

nesse nes.se (nê) Contração da preposição *em* com o pronome demonstrativo *esse*: *Não foi à festa, porque nesse dia estava viajando.*

neste nes.te (nês) Contração da preposição *em* com o pronome demonstrativo *este*: – *Pense neste seu amigo, e convide-me para passear.*

neto ne.to *substantivo masculino* Filho de filho ou de filha, em relação aos avós.

netuno ne.tu.no *substantivo masculino* O oitavo planeta do sistema solar em ordem de afastamento do Sol. [Com inicial maiúscula.]

neurônio neu.**rô**.ni:o *substantivo masculino* Célula nervosa que é capaz de receber e transportar informações.

neutro neu.tro *adjetivo* **1.** Que, numa disputa, não fica favorável, nem contrário, a nenhum dos lados: *Ficou neutro na eleição e não apoiou nenhum dos candidatos.* **2.** Diz-se das cores menos vistosas, como o bege e o cinza.

nevar ne.**var** *verbo* Cair neve: *Ontem à noite nevou.*

neve ne.ve *substantivo feminino* O conjunto dos flocos de cristais de gelo que caem sobre a terra.

névoa né.vo:a *substantivo feminino* Vapor atmosférico que difere da nuvem apenas por estar mais perto da superfície terrestre: *É comum haver névoa nas grandes altitudes.*

nevoeiro ne.vo.**ei**.ro *substantivo masculino* O mesmo que *neblina*.

nhoque nho.que *substantivo masculino* Prato (2) que é uma massa feita de batatas: *No almoço, minha mãe fez nhoque para servir com carne assada.*

nicotina ni.co.**ti**.na *substantivo feminino* Substância presente no tabaco, e que é muito prejudicial à saúde.

nidificar ni.di.fi.**car** *verbo* Fazer ninho.

ninar ni.**nar** *verbo* Fazer adormecer: *Balançou o berço para ninar o bebê.*

ninguém nin.**guém** *pronome indefinido* Nenhuma pessoa: *Com o calor, não se via ninguém na rua.*

ninhada ni.**nha**.da *substantivo feminino* **1.** O conjunto dos filhotes de uma ave em um ninho. **2.** O conjunto dos filhotes de um animal nascidos de uma gestação.

ninharia ni.nha.**ri**.a *substantivo feminino* Coisa muito pequena, sem importância: *Não há por que preocupar-se com ninharias.*

ninho ni.nho *substantivo masculino* Abrigo que aves, insetos, répteis, etc. fazem para pôr os ovos.

nisso nis.so Contração da preposição *em* com o pronome demonstrativo *isso*: *Não falemos mais nisso.*

nisto nis.to Contração da preposição *em* com o pronome demonstrativo *isto*: *Tenho de visitar meu avô, sempre penso nisto quando vejo sua fotografia.*

nítido ní.ti.do *adjetivo* **1.** Que não deixa lugar para dúvidas; claro, evidente: *Tinha agora uma visão nítida do problema.* **2.** Que se vê, ou se ouve, bem: *uma imagem nítida; uma voz nítida.* **3.** Que não deixa dúvida; evidente: *O doente teve nítida melhora.*

nitrogênio ni.tro.**gê**.ni:o *substantivo masculino* Gás que não tem cheiro, cor ou sabor, e que é o mais abundante da atmosfera terrestre.

nível ní.vel *substantivo masculino* **1.** Instrumento que serve para verificar se uma superfície está na horizontal. **2.** A altura de alguma coisa: *Com a chuva, o nível das águas do rio subiu.* **3.** Padrão, qualidade: *Estes operários fazem um trabalho de alto nível.* [Plural: *níveis*.]

nivelar ni.ve.**lar** *verbo* Pôr no mesmo nível, ou na mesma altura.

nó *substantivo masculino* **1.** Entrelaçamento feito na extremidade ou no meio de uma corda, fita, etc.: *Antes de amarrar a corda, deu nela vários nós.* **2.** Ponto em que duas ou mais cordas, fitas, etc., se entrelaçam: *O menino uniu os barbantes com um nó.* **3.** A articulação dos dedos das mãos: *Bateu na porta com os nós dos dedos.*

nobre no.bre *adjetivo de dois gêneros* **1.** Que é bom, generoso, justo: *Por seu comportamento, via-se logo que era um homem nobre de sentimento.* **2.** Que pertence à nobreza (2). ✓ *substantivo de dois gêneros* **3.** Pessoa que pertence à nobreza (2).

nobreza no.**bre**.za (ê) *substantivo feminino* **1.** Qualidade de nobre. **2.** Conjunto de pessoas com privilégios, que têm títulos, como o de barão, duque, marquês, visconde, príncipe, rei, etc.

noção no.**ção** *substantivo feminino* Conhecimento, ideia: *Maria tem alguma noção de música; Fui ao cinema sem nenhuma noção do filme em cartaz.* [Plural: *noções*.]

nocivo no.**ci**.vo *adjetivo* Que faz mal; prejudicial: *O cigarro é nocivo à saúde.*

nogueira no.**guei**.ra *substantivo feminino* Árvore europeia, cujos frutos são as nozes.

noite noi.te *substantivo feminino* Parte do dia em que o Sol se esconde, e fica escuro, aparecendo as estrelas e também a Lua.

noiva noi.va *substantivo feminino* Mulher que se compromete a casar, que firma o noivado. [Masculino: *noivo*.]

noivado noi.**va**.do *substantivo masculino* **1.** Compromisso de casamento que fazem os futuros esposos. **2.** O tempo que vai do início deste compromisso até o casamento: *O noivado de meus pais durou dois anos.*

noivo noi.vo *substantivo masculino* Homem que se compromete a casar, que firma o noivado. [Feminino: *noiva*.]

nojento no.**jen**.to *adjetivo* Que causa nojo: *Cocô de cachorro na calçada é uma coisa nojenta.*

nojo no.jo (nô) *substantivo masculino* Sensação ruim, provocada por cheiro, visão, etc., de coisa que desagrada; náusea.

nômade nô.ma.de *adjetivo de dois gêneros* **1.** Que não tem residência fixa: *Alguns índios brasileiros são nômades.* ✓ *substantivo de dois gêneros* **2.** Pessoa nômade.

nome no.me *substantivo masculino* Palavra que designa ser vivo ou coisa.

nomear no.me.ar *verbo* **1.** Chamar pelo nome: *Neste exercício, os alunos precisam nomear os bichos que aparecem na fotografia.* **2.** Escolher para um cargo: *O presidente ainda não nomeou o substituto do ministro.*

nonagésimo no.na.**gé**.si.mo *numeral* **1.** Numeral que numa sequência corresponde ao número 90. ✓ *substantivo masculino* **2.** O que ocupa a posição 90: *Ele era o nonagésimo da fila.*

nono no.no *numeral* **1.** Ordinal correspondente ao número 9. **2.** A nona parte de alguma coisa. ✓ *adjetivo* **3.** Que, numa sequência, ocupa o lugar do número 9: *O elevador parou no nono andar.* ✓ *substantivo masculino* **4.** O que ocupa a posição 9: *Na corrida, foi o nono a cruzar a linha de chegada.*

nora no.ra *substantivo feminino* A mulher do filho, em relação aos pais dele.

nordeste nor.**des**.te *substantivo masculino* **1.** Ponto do horizonte situado entre o norte e o este. **2.** Região situada a nordeste (1). ✓ *adjetivo de dois gêneros* **3.** Situado a nordeste (1).

nordestino nor.des.**ti**.no *adjetivo* **1.** Do Nordeste do Brasil, ou relativo a essa região. ✓ *substantivo masculino* **2.** Pessoa nordestina. [Sinônimo: *nortista*.]

norma nor.ma *substantivo feminino* O mesmo que *regra*: *É norma de muitas escolas não permitir o uso de telefone celular na sala de aula.*

normal nor.mal *adjetivo de dois gêneros* Sem que nada fora do habitual ocorra: *Hoje foi um dia de trabalho normal.* [Plural: *normais*.]

noroeste no.ro.**es**.te *substantivo masculino* **1.** Ponto do horizonte situado entre o norte e o oeste. **2.** Região situada a noroeste (1). ✓ *adjetivo de dois gêneros* **3.** Situado a noroeste (1).

norte nor.te *substantivo masculino* **1.** Ponto cardeal que se opõe ao sul. **2.** Região situada ao norte (1). ✓ *adjetivo de dois gêneros* **3.** Situado ao norte (1): *A Terra divide-se em hemisfério norte e hemisfério sul.*

norte-rio-grandense nor.te-ri:o-gran.**den**.se *adjetivo de dois gêneros* e *substantivo de dois gêneros* O mesmo que *rio-grandense-do-norte*. [Plural: *norte-rio-grandenses*.]

nortista nor.**tis**.ta *adjetivo de dois gêneros* **1.** Do Norte brasileiro. **2.** O mesmo que *nordestino*. *substantivo de dois gêneros* **3.** Quem nasceu, ou vive, no Norte ou no Nordeste.

nos *pronome pessoal* Forma que toma o pronome *nós*: *Paulo nos convidou para uma festa em sua casa no sábado.*

nós *pronome pessoal* Designa a primeira pessoa do plural: *Nós fomos ao cinema e assistimos a um belo filme.*

nosso nos.so *pronome possessivo* Refere-se àquilo que nos pertence: *Nossa casa precisa de pintura.*

nota no.ta *substantivo feminino* **1.** O mesmo que *cédula*: *Pagou a conta com uma nota de cinquenta reais.* **2.** Som musical, ou o sinal gráfico que o representa: *Dó, ré, mi, fá, sol, lá, si são notas musicais.* **3.** Resultado de uma avaliação: *No concurso, obteve a maior nota entre os candidatos.* **4.** Notícia, geralmente breve, em jornal, revista, etc.: *Do acidente, só saiu uma pequena nota no jornal.*

notar no.**tar** *verbo* Reparar em; observar: *Somente na rua notou que havia uma mancha na camisa.*

notável no.**tá**.vel *adjetivo de dois gêneros* **1.** Digno de nota, de atenção; célebre: *Fez um trabalho notável.* **2.** Que merece elogio: *Teve um comportamento notável para a sua idade.* **3.** Que se destaca por seus méritos; ilustre: *É um homem notável, todos o admiram.* [Plural: *notáveis*.]

notebook (nôutbuq) [Inglês] *substantivo masculino* Versão mais moderna, e menor, do *laptop*.

notícia no.**tí**.ci:a *substantivo feminino* **1.** Informação transmitida por jornal, rádio, televisão, etc.: *Ao ouvir a notícia da greve de ônibus, o rapaz decidiu não sair de casa.* **2.** Informação sobre alguém ou alguma coisa: *Ao regressar, deu-nos notícia da nossa cidade natal.*

noticiar no.ti.ci.**ar** *verbo* Divulgar notícia: *Toda a imprensa noticiou com destaque a chegada do ator.*

noticiário no.ti.ci.**á**.ri:o *substantivo masculino* **1.** Conjunto de notícias. **2.** Programa de notícias no rádio ou na televisão: *Soube pelo noticiário a extensão do estrago feito pela chuva.*

noturno no.**tur**.no *adjetivo* **1.** Relativo à, ou próprio da noite. **2.** Que se faz de noite: *Este rapaz faz um curso noturno de eletricista.*

novamente no.va.**men**.te *advérbio* Outra vez; de novo: *No ano que vem, irei novamente a Goiás.*

novato no.**va**.to *substantivo masculino* Pessoa principiante: *A função daquele senhor, na fábrica, é auxiliar os novatos.*

nove no.ve *numeral* **1.** Quantidade que é uma unidade maior que oito. **2.** Algarismo que representa essa quantidade.

novecentos no.ve.**cen**.tos *numeral* **1.** Quantidade que é uma unidade maior que 899. **2.** Número que representa essa quantidade.

novela no.**ve**.la *substantivo feminino* **1.** Narração, maior do que o conto e menor do que o romance. **2.** Obra de ficção apresentada em capítulos pelo rádio e pela televisão.

novelo no.**ve**.lo (ê) *substantivo masculino* Bola feita de fio enrolado: *Na gravura, um gato brinca com um novelo de lã.*

novembro no.**vem**.bro *substantivo masculino* O décimo primeiro mês do ano, com 30 dias.

noventa no.**ven**.ta *numeral* **1.** Quantidade que é uma unidade maior que 89. **2.** Número que representa essa quantidade.

novidade no.vi.**da**.de *substantivo feminino* **1.** Aquilo que é novo: *A loja da esquina está cheia de novidades.* **2.** Aquilo que acaba de acontecer; notícia recente: *– Então, quais são as novidades?*

novilho no.**vi**.lho *substantivo masculino* O mesmo que *bezerro*.

novo no.vo (nô) *adjetivo* **1.** Que tem pouca idade: *Apesar de novo, é responsável.* **2.** Que foi feito, ou comprado, recentemente: *Foi à festa com o sapato novo.* **3.** Que ainda não se gastou: *Este vestido ainda está novo.* [Plural: *novos* (nó).]

noz *substantivo feminino* O fruto da nogueira.

nu *adjetivo* Sem roupa; pelado: *Muitos indígenas ainda vivem nus.* [Feminino: *nua*.]

nublado nu.**bla**.do *adjetivo* Cheio de nuvens: *O dia hoje está nublado.*

nuca nu.ca *substantivo feminino* A parte posterior do pescoço.

nuclear nu.cle.**ar** *adjetivo de dois gêneros* **1.** Relativo ao, ou próprio do núcleo. **2.** Que acontece no núcleo do átomo, ou que é produzido quando ele se parte: *explosão nuclear; energia nuclear.* **3.** Que utiliza a energia liberada pelo núcleo do átomo: *uma usina nuclear.*

núcleo nú.cle:o *substantivo masculino* **1.** A parte central, ou mais importante, de alguma coisa: *Infelizmente, nesta região, somente o núcleo da floresta está intacto; Este trecho é o núcleo do texto.* **2.** A região central do átomo.

nudez nu.**dez** (ê) *substantivo feminino* Estado de quem está nu.

nulo nu.lo *adjetivo* **1.** Que não é válido: *A eleição teve poucos votos nulos.* **2.** Sem efeito; inútil: *A chuva estragou a horta: o nosso esforço foi nulo.*

numeração nu.me.ra.**ção** *substantivo feminino* Ação de numerar, ou o resultado desta ação.

numerador nu.me.ra.**dor** (ô) *substantivo masculino* Numa fração, o número que fica acima ou à esquerda do traço.

numeral nu.me.**ral** *adjetivo de dois gêneros* **1.** O mesmo que *numérico*: *sistema numeral.* ✅ *substantivo masculino* **2.** O mesmo que *número* (1). [Plural: *numerais*.]

numerar nu.me.**rar** *verbo* Pôr número (1) em: *Assim que terminou o trabalho, contou e numerou as páginas.*

numérico nu.**mé**.ri.co *adjetivo* De, ou relativo a número; numeral.

número nú.me.ro *substantivo masculino* **1.** Símbolo ou palavra que é usada para contar, indicar a posição numa série, etc. **2.** Quantidade: *Havia um grande número de pessoas no show.* **3.** Categoria gramatical do singular e do plural: *O substantivo concorda em gênero e número.* **4.** Cada uma das partes de um espetáculo: *As crianças aplaudiram muito o número dos palhaços.*

numeroso nu.me.**ro**.so (rô) *adjetivo* Grande número, grande quantidade: *Neste trabalho há numerosas falhas.* [Plural: *numerosos* (ró).]

nunca nun.ca *advérbio* **1.** Em tempo algum; jamais: *Eu nunca fui ao Acre.* **2.** Sob nenhuma condição; de modo algum; jamais: *– Mentir para você? Nunca faria isto!*

núpcias núp.ci:as *substantivo feminino plural* O mesmo que *casamento*.

nutrição nu.tri.**ção** *substantivo feminino* Ação de nutrir, ou o resultado desta ação. [Plural: *nutrições*.]

nutriente nu.tri.**en**.te *adjetivo de dois gêneros* **1.** O mesmo que *nutritivo*. ✅ *substantivo masculino* **2.** Elemento necessário para o metabolismo de um ser vivo: *As vitaminas são nutrientes muito importantes.*

nutrir nu.**trir** *verbo* Dar a um organismo vivo aquilo de que precisa para sobreviver e ter saúde; alimentar(-se): *O leite materno nutre o bebê e o protege de doenças; Vegetariano é a pessoa que se nutre somente de vegetais.*

nutritivo nu.tri.**ti**.vo *adjetivo* Que nutre, que tem nutriente; nutriente: *Peixe é um alimento nutritivo.*

nuvem nu.vem *substantivo feminino* **1.** Conjunto de partículas de água e gelo mantidas em suspensão na atmosfera, que pode causar chuva. **2.** Conjunto de partículas de pó, fumaça, etc., suspensas no ar. [Plural: *nuvens*.]

ovo

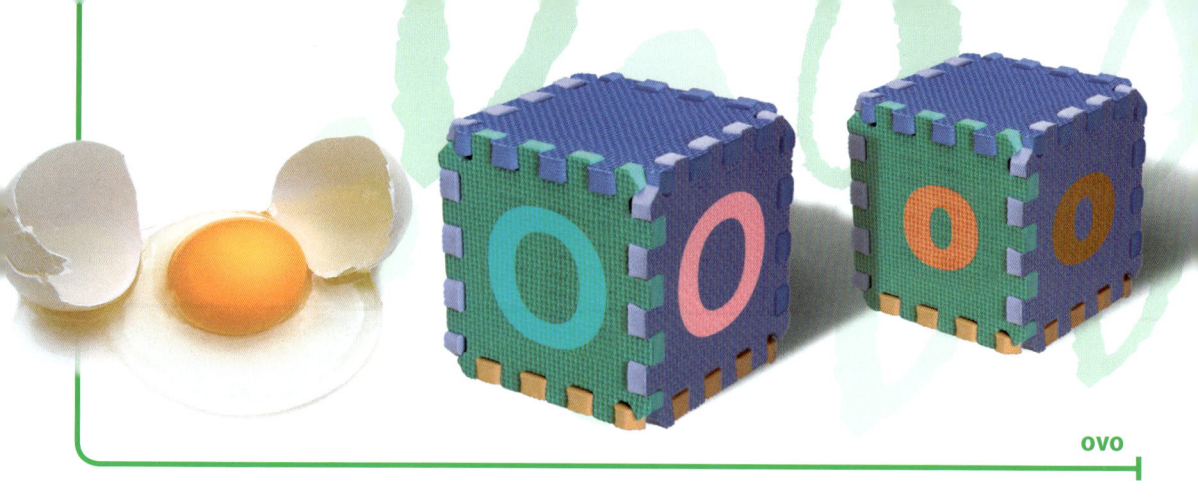

o (ó) *substantivo masculino* A décima quinta letra do nosso alfabeto.

o *artigo definido* **1.** Masculino do artigo *a*: *O menino abraçou o cão*. ✅ *pronome pessoal* **2.** Forma oblíqua, masculina, da terceira pessoa do singular: *A moça gostou tanto do vestido que o comprou*. ✅ *pronome demonstrativo* **3.** O mesmo que *aquele*: *Este livro é o que lhe dei*.

ó¹ *substantivo masculino* A letra o.

ó² *interjeição* Usado para chamar alguém, atrair-lhe a atenção, etc.: *Ó João, onde estás com a cabeça?*

oásis o.**á**.sis *substantivo masculino de dois números* Lugar, no deserto, com água e vegetação.

oba o.ba (ô) *interjeição* Indica alegria, satisfação: *– Oba, quer dizer que hoje vamos ao circo?*

obedecer o.be.de.**cer** *verbo* Fazer aquilo que outra pessoa ordena: *Obedeceu à ordem da mãe e arrumou o quarto*.

obediência o.be.di.**ên**.ci:a *substantivo feminino* Ação de obedecer, ou o resultado desta ação.

obediente o.be.di.**en**.te *adjetivo* Que faz, sem reclamar, aquilo que lhe pedem ou ordenam: *Meu filho é um menino calmo e obediente*.

obesidade o.be.si.**da**.de *substantivo feminino* Acúmulo excessivo de gordura corporal.

obeso o.**be**.so (é ou ê) *adjetivo* Que tem obesidade: *Está ficando obeso de tanto comer doce e fritura.*

óbito **ó**.bi.to *substantivo masculino* A morte de uma pessoa: *atestado de óbito.*

objetivo ob.je.**ti**.vo *adjetivo* **1.** Que vai direto ao que interessa: *Como a palestra do dentista foi objetiva e esclarecedora, todos saíram satisfeitos.* ✅ *substantivo masculino* **2.** Aquilo que se deseja alcançar; meta: *O objetivo desta palestra é mostrar como é importante cuidar bem dos dentes.*

objeto ob.**je**.to *substantivo masculino* **1.** Qualquer coisa: *Em cima da mesa havia vários objetos: uma bola, uma régua, uma borracha, um copo, um dado, um livro e uma boneca.* **2.** Matéria, assunto: *A denúncia feita pela revista foi objeto de muita discussão.*

oblíquo o.**blí**.quo *adjetivo* Que se situa numa posição entre a vertical e a horizontal; inclinado: *uma linha oblíqua.*

obra o.bra *substantivo feminino* **1.** Casa, edifício, etc., em construção, ou em conserto. **2.** Trabalho artístico, literário, científico, etc.: *Café, Os Retirantes e Enterro na Rede são algumas das muitas obras de Cândido Portinari.*

obra-prima o.bra-**pri**.ma *substantivo feminino* **1.** Obra excelente, sem defeitos: *Este trabalho ficou uma obra-prima.* **2.** A melhor obra de um escritor, pintor, escultor, etc.: *A Mona Lisa é, para muitos, a obra-prima de Leonardo da Vinci.* [Plural: *obras-primas*.]

obrigação o.bri.ga.**ção** *substantivo feminino* **1.** Aquilo que se está obrigado a fazer: *Todo cidadão tem direitos e obrigações.* **2.** Tarefa, trabalho: *Minha obrigação no sítio é alimentar as galinhas e ordenhar as duas vacas.* [Plural: *obrigações*.]

obrigado o.bri.**ga**.do *adjetivo* **1.** Imposto por lei: *O rapaz estava obrigado a comparecer diante do juiz a cada dois meses.* **2.** Agradecido, grato: *Muito obrigado pelo convite para a festa.*

obrigar o.bri.**gar** *verbo* Forçar(-se) a aceitar ou a fazer alguma coisa: *Obrigou o filho a ficar na sala durante a visita da tia; Por sentir-se gordo, obrigou-se a comer menos.*

obrigatório o.bri.ga.**tó**.ri:o *adjetivo* Que não se pode deixar de fazer ou cumprir: *Para ir ao passeio é obrigatório que cada aluno tenha a permissão dos pais.*

obscuro obs.**cu**.ro *adjetivo* De difícil compreensão: *Este filme é bom, mas meio obscuro.*

observação ob.ser.va.**ção** *substantivo feminino* Ação de observar, ou o resultado desta ação. [Plural: *observações*.]

observador ob.ser.va.**dor** (ô) *adjetivo* **1.** Que observa. ✅ *substantivo masculino* **2.** Homem que observa: *Meu pai é um observador de pássaros.*

observar ob.ser.**var** *verbo* **1.** Olhar, ver: *Da janela, o menino observava as pessoas na rua.* **2.** Prestar atenção em; estudar: *O astrônomo passava a noite observando as estrelas.*

observatório ob.ser.va.**tó**.ri:o *substantivo masculino* Lugar, com instalações especiais, que serve para observar o céu, mudanças no clima, etc.

obsessão ob.ses.**são** *substantivo feminino* Pensamento repetitivo e aflitivo, que independe da vontade de quem o tem: *Sua preocupação com a saúde do filho se tornou uma obsessão.* [Plural: *obsessões*.]

obstáculo obs.**tá**.cu.lo *substantivo masculino* **1.** Aquilo que impede a passagem: *Um obstáculo na pista era a causa do engarrafamento.* **2.** Aquilo que dificulta, atrapalha: *Para meu pai, a corrupção é o principal obstáculo para o desenvolvimento de um país.*

obstrução obs.tru.**ção** *substantivo feminino* Ação de obstruir, ou o resultado desta ação. [Plural: *obstruções*.]

obstruir obs.tru.**ir** *verbo* **1.** Tapar, vedar: *Obstruiu o buraco na parede com cimento.* **2.** Impedir a passagem com obstáculo(s): *Revoltados com o acidente, os moradores obstruíram a rua.*

obtenção ob.ten.**ção** *substantivo feminino* Ação de obter, ou o resultado desta ação. [Plural: *obtenções*.]

obter ob.**ter** *verbo* Conseguir: *O rapaz obteve um empréstimo no banco para comprar o apartamento.*

obturação ob.tu.ra.**ção** *substantivo feminino* Ação de obturar, ou o resultado desta ação. [Plural: *obturações*.]

obturar ob.tu.**rar** *verbo* Tapar, vedar (cavidade de dente, etc.).

obtuso ob.**tu**.so *adjetivo* **1.** Que não é agudo. **2.** Diz-se do ângulo com mais de 90 graus e menos de 180 graus.

óbvio **ób**.vi.o *substantivo masculino* Aquilo que é evidente: *É óbvio que o governo precisa investir mais em educação, saúde e segurança.*

oca **o**.ca *substantivo feminino* Casa de índio.

ocasião o.ca.si.**ão** *substantivo feminino* **1.** Momento, circunstância: *Em certas ocasiões, aquela moça fica muito pensativa.* **2.** Tempo em que alguma coisa acontece: *Naquela ocasião ainda morávamos em Maceió.* [Plural: *ocasiões*.]

ocasionar o.ca.si.o.**nar** *verbo* Causar, provocar: *Ingerir bebida alcoólica e dirigir costuma ocasionar muitos acidentes.*

oceânico o.ce.**â**.ni.co *adjetivo* De, ou relativo a oceano: *O arquipélago de Fernando de Noronha é constituído por 21 ilhas oceânicas.*

oceano o.ce.**a**.no *substantivo masculino* Cada uma das cinco grandes massas de água que banham os continentes. São eles: *oceano Atlântico, oceano Pacífico, oceano Índico, oceano Ártico e oceano Antártico.*

ocidental o.ci.den.**tal** *adjetivo de dois gêneros* **1.** De, relativo, ou próprio do Ocidente. ✅ *substantivo de dois gêneros* **2.** Pessoa que habita o Ocidente (2). [Plural: *ocidentais*.]

ocidente o.ci.**den**.te *substantivo masculino* **1.** O oeste, o lado onde o Sol desaparece diariamente; poente. **2.** Parte do mundo que fica a oeste.

ócio **ó**.ci.o *substantivo masculino* Tempo que se passa sem fazer nada.

ocioso o.ci.**o**.so (ô) *adjetivo* **1.** Que não trabalha; desocupado. **2.** Livre: *Usou o tempo ocioso para ler o livro.* [Plural: *ociosos* (ó).]

oco **o**.co (ô) *adjetivo* Que é vazio por dentro: *As abelhas fizeram a colmeia no tronco oco.*

ocorrência o.cor.**rên**.ci.a *substantivo feminino* Ação de ocorrer, ou o resultado desta ação.

ocorrer o.cor.**rer** *verbo* **1.** Acontecer, suceder: *De acordo com a vítima, o roubo ocorreu de madrugada.* **2.** Vir à lembrança: *Só agora me ocorreu que amanhã é o aniversário do meu avô.*

ocular o.cu.**lar** *adjetivo de dois gêneros* Relativo a olho ou a visão.

oculista o.cu.**lis**.ta *substantivo de dois gêneros* O mesmo que *oftalmologista*.

óculos **ó**.cu.los *substantivo masculino plural* Conjunto de duas lentes presas em armação, e que servem para fazer uma pessoa enxergar melhor ou para proteger os olhos da luz do Sol.

ocultar o.cul.**tar** *verbo* Esconder: *No filme, o ladrão ocultou as joias dentro do jarro.*

oculto o.**cul**.to *adjetivo* Que está escondido: *o lado oculto da Lua.*

ocupação o.cu.pa.**ção** *substantivo feminino* Ação de ocupar(-se), ou o resultado desta ação. [Plural: *ocupações*.]

ocupar o.cu.**par** *verbo* **1.** Preencher um lugar: *Ao estudar, o menino ocupa a mesa com livros e cadernos.* **2.** Exercer um cargo, uma função: *Aquele homem ocupa um cargo importante naquela empresa.* **3.** Fazer uso de: *Ocupa bem o tempo lendo bons livros.* **4.** Tratar, cuidar: *ocupar-se de cavalos.*

odiar o.di.**ar** *verbo* Ter ódio a; detestar: *Minha mãe odeia que fumem perto dela.*

ódio ó.di:o *substantivo masculino* Sentimento forte que se experimenta quando não se gosta de alguém, ou de alguma coisa.

odontologia o.don.to.lo.gi.a *substantivo feminino* Parte da medicina que se ocupa dos dentes.

odor o.dor (dôr) *substantivo masculino* O mesmo que *cheiro*: *Lavou a camisa para tirar o odor de suor.*

oeste o.es.te *substantivo masculino* **1.** Ponto cardeal situado à esquerda do observador voltado para o norte: *O Sol se põe a oeste.* **2.** Região situada a oeste. ✓ *adjetivo de dois gêneros* **3.** Situado a oeste: *o lado oeste da casa.*

ofegante o.fe.gan.te *adjetivo* Que respira com esforço: *Após a corrida, vários participantes se mostravam ofegantes.*

ofender o.fen.der *verbo* Fazer ofensa a; magoar: *O mau comportamento do rapaz na festa ofendeu os outros convidados.*

ofensa o.fen.sa *substantivo feminino* Palavra, ou ação, que magoa, desagrada ou fere.

ofensivo o.fen.si.vo *adjetivo* Que ofende, magoa ou fere: *Disse palavras ofensivas ao amigo, mas depois arrependeu-se.*

oferecer o.fe.re.cer *verbo* **1.** Dar como oferta (1); ofertar: *O menino ofereceu uma rosa à professora.* **2.** Apresentar: *O filme em cartaz oferece duas opções: uma com legenda e a outra dublada.*

oferecimento o.fe.re.ci.men.to *substantivo masculino* O mesmo que *oferta* (1): *Aceitou o oferecimento do colega e foi com ele de carro para o trabalho.*

oferta o.fer.ta *substantivo feminino* **1.** Presente que se dá, ou gentileza que se faz. **2.** Mercadoria que se vende por um preço abaixo do normal: *Aquele supermercado sempre tem muitas ofertas.*

oficial o.fi.ci.al *adjetivo de dois gêneros* **1.** Que vem de uma autoridade: *um documento oficial.* **2.** Feito por autoridade: *uma visita oficial.* **3.** A serviço de um governo: *um carro oficial.* ✓ *substantivo masculino* **4.** Militar de certa graduação. [Plural: *oficiais.*]

oficina o.fi.ci.na *substantivo feminino* **1.** Local de trabalho de certos profissionais: *oficina de carpinteiro*; *oficina de ferreiro.* **2.** Lugar onde se consertam automóveis.

ofício o.fí.ci:o *substantivo masculino* **1.** O mesmo que *profissão*: – *Qual é o ofício do seu irmão?* – *Ele é pedreiro.* **2.** Atividade, função: *Escritor é a pessoa cujo ofício é escrever.*

oftalmologia of.tal.mo.lo.gi.a *substantivo feminino* Parte da medicina que estuda os olhos, a visão.

oftalmologista of.tal.mo.lo.gis.ta *substantivo de dois gêneros* Médico que cuida dos olhos, da visão.

ofuscar o.fus.car *verbo* Impedir de ver: *A luz do Sol ofuscou o motorista.*

oh *interjeição* Indica admiração, surpresa, espanto: *Oh! Como a Lua está bonita hoje!*

oi *interjeição* Serve para cumprimentar, chamar alguém ou responder a um chamado: – *Oi, tudo bom? Como é que você está?*; – *Oi, pode dar licença, por favor?*; – *Oi, o que é que você quer?*

oitavo oi.ta.vo *numeral* **1.** Ordinal correspondente ao número 8. **2.** A oitava parte de alguma coisa. ✓ *adjetivo* **3.** Que, numa sequência, ocupa o lugar do número 8: *Já leu o livro até o oitavo capítulo.* ✓ *substantivo masculino* **4.** O que ocupa a posição 8: *O brasileiro foi o oitavo a falar na conferência.*

oitenta oi.ten.ta *numeral* **1.** Quantidade que é uma unidade maior que 79. **2.** Número que representa essa quantidade.

oito oi.to *numeral* **1.** Quantidade que é uma unidade maior que sete. **2.** Algarismo que representa essa quantidade.

oitocentos oi.to.cen.tos *numeral* **1.** Quantidade que é uma unidade maior que 799. **2.** Número que representa essa quantidade.

olá o.lá *interjeição* Serve para chamar ou cumprimentar alguém: – *Olá, como vai você?*

olaria o.la.ri.a *substantivo feminino* Lugar onde se fabricam tijolos, telhas, etc.

oleiro

oleiro o.**lei**.ro *substantivo masculino* Profissional que trabalha numa olaria.

óleo ó.le:o *substantivo masculino* Substância líquida gordurosa que se retira de vegetais, animais e minerais: *Minha mãe usa óleo de soja para cozinhar.*

oleoso o.le.**o**.so (ô) *adjetivo* Que contém óleo. [Plural: *oleosos* (ó).]

olfato ol.**fa**.to *substantivo masculino* Sentido com que se percebem os odores.

olhada o.**lha**.da *substantivo feminino* Ação de olhar rapidamente; olhadela.

olhadela o.lha.**de**.la *substantivo feminino* O mesmo que *olhada*.

olhar o.**lhar** *verbo* **1.** Fitar os olhos em, voltar a vista para: *Chegou à janela e olhou (para) o jardim.* ✅ *substantivo masculino* **2.** O aspecto dos olhos: *Francisco tem um olhar vivo.*

olho o.lho (ô) *substantivo masculino* Órgão da visão. [Plural: *olhos* (ó).]

olimpíadas o.lim.**pí**.a.das *substantivo feminino plural* Disputa esportiva, realizada de quatro em quatro anos, cada vez em um país diferente, e que reúne atletas de todo o mundo; jogos olímpicos.

olímpico o.**lím**.pi.co *adjetivo* Relativo às olimpíadas.

oliveira o.li.**vei**.ra *substantivo feminino* Árvore não muito alta, de folhas acinzentadas, que dá azeitonas.

ombro om.bro *substantivo masculino* Parte do corpo onde cada braço se une ao tórax: *Meu irmão tem ombros largos.*

omelete o.me.**le**.te *substantivo feminino e masculino* Ovo batido, a que se pode acrescentar queijo, presunto, cebola, etc., cozido numa frigideira: *Esta omelete está deliciosa.*

on-line

omissão o.mis.**são** *substantivo feminino* Ação de omitir, ou o resultado desta ação. [Plural: *omissões*.]

omitir o.mi.**tir** *verbo* Deixar de mencionar: *O rapaz omitiu para o pai sua nota baixa no exame.*

onça on.ça *substantivo feminino* Animal carnívoro, da família do gato, de cor amarelada, com manchas pretas, com cerca de 1,50m de comprimento, sem contar a cauda.

onda on.da *substantivo feminino* **1.** Porção de água do mar, rio, etc. que se eleva: *Os surfistas estavam encantados com a altura das ondas naquela praia.* **2.** Movimento de energia através do espaço: *onda luminosa; onda sonora.*

onde on.de *advérbio* **1.** Em que lugar: *Onde você mora?* ✅ *pronome relativo* **2.** Em que: *Gosto do colégio onde estudo.*

ondulação on.du.la.**ção** *substantivo feminino* **1.** Movimento, ou formato, semelhante ao das ondas: *O vento fazia ondulações nos lençóis pendurados.* **2.** Conjunto de elevações e depressões: *A estrada tinha várias ondulações.* [Plural: *ondulações.*]

ondulado on.du.**la**.do *adjetivo* Que apresenta ondulação: *A menina tinha um belo cabelo ondulado.*

ondular on.du.**lar** *verbo* **1.** Fazer ondas em: *A passagem do barco ondulou a água.* **2.** Tornar ondulado: *A moça foi ao cabeleireiro para ondular o cabelo.*

ônibus ô.ni.bus *substantivo masculino de dois números* Veículo grande para transporte de passageiros, o qual, geralmente, tem um percurso certo: *Este ônibus me deixa próximo de casa.*

onívoro o.**ní**.vo.ro *adjetivo* Que se alimenta de carne e de vegetal: *Os ursos são animais onívoros.*

on-line (on-láini) [Inglês] *advérbio* Em conexão com a Internet ou outro sistema informatizado: *trabalhar on-line.*

ontem on.tem *advérbio* No dia anterior ao de hoje: *Ontem, eu fui ao cinema.*

ônus ô.nus *substantivo masculino de dois números* Aquilo que pesa, por ser caro, difícil, trabalhoso, etc.; peso: *O curso é gratuito sem nenhum ônus para os estudantes.*

onze on.ze *numeral* **1.** Quantidade que é uma unidade maior que dez. **2.** Número que representa essa quantidade.

opaco o.pa.co *adjetivo* Que a luz não pode atravessar: *um vidro opaco.*

opção op.ção *substantivo feminino* Escolha, alternativa: *Com o desmoronamento na estrada, nossa única opção foi cancelar a viagem.* [Plural: *opções*.]

ópera ó.pe.ra *substantivo feminino* Espécie de peça teatral inteiramente cantada e acompanhada de orquestra: *O Trovador, A Flauta Mágica, Turandot e O Guarani são nomes de óperas famosas.*

operação o.pe.ra.ção *substantivo feminino* **1.** Ação que se faz, visando a um certo resultado: *Durante a operação, a polícia apreendeu uma grande quantidade de drogas.* **2.** Ação de abrir o corpo de uma pessoa para curar órgão doente, retirar tumor, fazer transplante, etc.; cirurgia. **3.** Cálculo matemático: *operação de multiplicação, de divisão, de subtração e de soma* (ou *adição*). [Plural: *operações*.]

operar o.pe.rar *verbo* **1.** Fazer funcionar: *O rapaz acidentou-se enquanto operava a máquina.* **2.** Realizar operação (2): *Foi aquele médico que operou meu avô.* **3.** Sofrer operação (2): *O jogador operou o joelho.*

operário o.pe.rá.ri:o *substantivo masculino* Homem que trabalha em fábrica, na construção de edifícios, etc.

opinar o.pi.nar *verbo* Expor a sua opinião: *Meu pai opinou contra minha viagem a Goiânia.*

opinião o.pi.ni.ão *substantivo feminino* Modo de ver, ideia que se tem sobre certo assunto: *Na minha opinião, não há melhor pai.* [Plural: *opiniões*.]

opor o.por *verbo* **1.** Ser contrário: *Na novela, o pai da moça se opôs ao casamento.* **2.** Pôr como adversários: *A herança do pai opôs os irmãos.* **3.** Pôr frente a frente: *O juiz opôs os dois acusados para ver quem estava mentindo.*

oportunidade o.por.tu.ni.da.de *substantivo feminino* Ocasião para a realização de alguma coisa: *Ainda não tive oportunidade de ler este livro.*

oportuno o.por.tu.no *adjetivo* Que vem a propósito, no momento adequado: *Como a proposta era oportuna, foi logo aceita pela assembleia.*

oposição o.po.si.ção *substantivo feminino* **1.** Ação de opor(-se), ou o resultado desta ação. **2.** Partido(s) político(s) contrário(s) ao governo. [Plural: *oposições*.]

opositor o.po.si.tor (tôr) *adjetivo* **1.** Que se opõe. ✓ *substantivo masculino* **2.** Aquele que se opõe: *Felizmente, os opositores à destruição da natureza são cada vez mais numerosos.*

oposto o.pos.to (pôs) *adjetivo* **1.** Que se opõe; contrário: *Sobre este assunto nossas opiniões são opostas.* **2.** Que fica em frente: *No lado oposto à escola, há um terreno com árvores frutíferas.* [Plural: *opostos (pós).*]

opressão o.pres.são *substantivo feminino* **1.** Ação de oprimir, ou o resultado desta ação. **2.** Estado ou condição de quem está oprimido: *Os trabalhadores, cansados da opressão em que viviam, rebelaram-se.* [Plural: *opressões*.]

oprimir o.pri.mir *verbo* **1.** Governar pela força: *Na história, o rei oprimia os súditos.* **2.** Causar aflição em; atormentar: *Um grande desgosto o oprimia.*

optar op.tar *verbo* Escolher entre duas ou mais alternativas: *O rapaz não saiu com os amigos, optou por ficar em casa.*

óptica óp.ti.ca ou **ótica** ó.ti.ca *substantivo feminino* **1.** Estabelecimento onde se vendem e/ou se fabricam óculos. **2.** O modo como alguém examina uma questão, um assunto: *No filme, a história era contada pela óptica dos índios, e não pela óptica dos colonizadores.*

ora o.ra *interjeição* Indica impaciência: – *Ora, não me venha com desculpas!* ➤ **Ora .... ora.** Equivale a *umas vezes .... outras vezes*: *Ora brinca, ora estuda.*

oração o.ra.ção *substantivo feminino* **1.** Construção gramatical que contém um verbo. Exemplo: *O menino* comprou um lápis e uma borracha (oração com sujeito); *Choveu muito ontem* (oração sem sujeito). **2.** Palavras que uma pessoa dirige a Deus e aos santos; prece, reza: *Antes de dormir, a menina fez uma oração.* [Plural: *orações.*]

orador o.ra.**dor** (dôr) *substantivo masculino* Homem que faz um discurso: *A plateia aplaudiu o orador.*

oral o.**ral** *adjetivo de dois gêneros* **1.** Da, ou relativo à boca: *Uma boa higiene oral previne muitas doenças.* **2.** Que é feito por meio da fala: *Como foi bem no exame oral de Inglês, conseguiu o emprego no hotel.* [Plural: *orais.*]

orangotango o.ran.go.**tan**.go *substantivo masculino* Grande macaco asiático de braços longos e pelo avermelhado.

orar o.**rar** *verbo* Dizer oração (2); rezar.

órbita ór.bi.ta *substantivo feminino* **1.** Trajetória que um astro descreve em torno de outro: *A velocidade da Terra, em sua órbita em torno do Sol, é de aproximadamente 107 mil quilômetros por hora.* **2.** Cada uma das duas cavidades onde estão implantados os olhos.

orçamento or.ça.**men**.to *substantivo masculino* **1.** Avaliação do custo de uma obra, ou de um serviço: *Meu pai achou caro o orçamento do pedreiro para a reforma da cozinha.* **2.** Cálculo do dinheiro que entra (receita) e do dinheiro que sai (despesa): *Uma camisa nova, infelizmente, não cabe no meu orçamento deste mês.*

ordem or.dem *substantivo feminino* **1.** Modo como certas coisas, ou pessoas, estão dispostas: *Arrumou os livros na estante em ordem alfabética.* **2.** Boa arrumação: *A moça, antes de sair de casa, deixou a cozinha em ordem.* **3.** Determinação ou decisão de uma autoridade, etc.: *Os soldados não obedeceram à ordem do comandante e foram punidos.* [Plural: *ordens.*]

ordenação or.de.na.**ção** *substantivo feminino* **1.** Ação de ordenar, ou o resultado desta ação. **2.** Cerimônia da Igreja católica na qual um homem se torna padre. [Plural: *ordenações.*]

ordenado or.de.**na**.do *substantivo masculino* Dinheiro que é pago, periodicamente, a funcionário, operário, etc.

ordenar or.de.**nar** *verbo* **1.** Pôr em ordem: *A professora ordenou os meninos por tamanho.* **2.** Mandar que se faça: *Antes de sair, ordenou ao filho que arrumasse o quarto.* **3.** Receber ou dar a ordenação (2).

ordenhar or.de.**nhar** *verbo* Espremer a teta de um animal para tirar o leite: *Na fazenda, acordava cedo para ordenhar as vacas.*

ordinal or.di.**nal** *adjetivo de dois gêneros* Diz-se de número como primeiro, segundo, terceiro, quarto, ... décimo, ... centésimo, etc., que indica ordem ou série. [Plural: *ordinais.*]

ordinário or.di.**ná**.ri:o *adjetivo* **1.** Comum, habitual: *Os jornais, geralmente, não publicam os acontecimentos ordinários.* **2.** De má qualidade; inferior: *Os tecidos ordinários rasgam-se com frequência.*

orégano o.**ré**.ga.no ou **orégão** o.**ré**.gão *substantivo masculino* Erva usada como tempero, especialmente em *pizzas*.

orelha o.**re**.lha (ê) *substantivo feminino* **1.** Cada uma das duas conchas auditivas situadas nas laterais da cabeça e que pertencem à orelha (2). **2.** Órgão da audição. **3.** Cada uma das duas extremidades da capa de um livro, dobradas para dentro: *Na orelha deste livro há uma curta biografia do autor.*

orelhão o.re.**lhão** *substantivo masculino* Telefone público instalado numa espécie de concha. [Plural: *orelhões.*]

orfanato or.fa.**na**.to *substantivo masculino* Residência própria para órfãos.

órfão

órfão ór.fão *adjetivo* **1.** Que perdeu o pai, ou a mãe, ou ambos. ✓ *substantivo masculino* **2.** Pessoa órfã. [Plural: *órfãos*. Feminino: *órfã*.]

orgânico or.**gâ**.ni.co *adjetivo* **1.** Relativo a, ou próprio de órgão ou organismo. **2.** O mesmo que *natural* (5).

organismo or.ga.**nis**.mo *substantivo masculino* **1.** Qualquer ser vivo: *A bactéria é um organismo formado por uma única célula.* **2.** Conjunto de órgãos que formam um ser vivo; corpo: *– Não fume! Respeite seu organismo.* **3.** O mesmo que *organização* (2): *Ali naquele prédio funciona um organismo internacional de proteção à infância.*

organização or.ga.ni.za.**ção** *substantivo feminino* **1.** Ação de organizar, ou o resultado desta ação. **2.** Entidade ou instituição que visa a certos objetivos; organismo: *a Organização das Nações Unidas* (ONU). [Plural: *organizações*.]

organizar or.ga.ni.**zar** *verbo* **1.** Pôr em ordem: *O rapaz separou os papéis para organizá-los.* **2.** Preparar: *Foi minha tia quem organizou a festa de minha irmã.*

órgão ór.gão *substantivo masculino* **1.** Cada uma das partes do corpo que desempenham uma ou mais funções: *O fígado é o maior órgão interno do corpo humano.* **2.** Parte de uma organização (2); organismo: *O UNICEF (Fundo das Nações Unidas para a Infância) é um órgão da ONU.* **3.** Instrumento musical de sopro, composto de tubos acionados por teclados. [Plural: *órgãos*.]

orgulhar or.gu.**lhar** *verbo* Causar orgulho, ou senti-lo: *O prêmio do filho orgulhou os pais*; *O rapaz orgulhava-se da sua boa condição física.*

orgulho or.**gu**.lho *substantivo masculino* **1.** Sentimento de satisfação consigo mesmo, ou com outra pessoa: *Aquela senhora sente muito orgulho do filho.* **2.** Sentimento que uma pessoa tem de julgar-se melhor do que outra(s) pessoa(s): *– Deixe de orgulho, você não é melhor do que ninguém!*

orgulhoso or.gu.**lho**.so (lhô) *adjetivo* Que tem, ou sente, orgulho. [Plural: *orgulhosos* (lhó).]

orientação o.ri.en.ta.**ção** *substantivo feminino* Ação de orientar(-se), ou o resultado desta ação. [Plural: *orientações*.]

orixá

oriental o.ri.en.**tal** *adjetivo de dois gêneros* **1.** De, relativo, ou próprio do Oriente (2). ✓ *substantivo de dois gêneros* **2.** Pessoa que habita o Oriente (2). [Plural: *orientais*.]

orientar o.ri.en.**tar** *verbo* **1.** Indicar a direção, o caminho: *O farol serve para orientar os navegantes.* **2.** Esclarecer, informar: *Este folheto orienta sobre os perigos das drogas.* **3.** Guiar-se: *Os povos antigos orientavam-se pelas estrelas.*

oriente o.ri.**en**.te *substantivo masculino* **1.** O lado onde o Sol nasce diariamente; este, leste. **2.** Parte do mundo que fica a este: *O Japão fica no Oriente.*

orifício o.ri.**fí**.ci:o *substantivo masculino* Abertura estreita; buraco: *Na lata havia um orifício por onde escorria a água.*

origâmi o.ri.**gâ**.mi *substantivo masculino* Arte de dobrar papel em forma de animais, flores, etc.

origem o.**ri**.gem *substantivo feminino* **1.** Surgimento, nascimento: *O homem teve origem na África.* **2.** Causa, motivo: *Ninguém sabia ao certo a origem da briga entre os dois amigos.* **3.** Local de nascimento: *– Qual é a sua cidade de origem?* [Plural: *origens*.]

original o.ri.gi.**nal** *adjetivo de dois gêneros* **1.** Que não é cópia: *Este é um quadro original daquele famoso pintor.* **2.** Diferente, novo, que não existia antes: *A menina queria uma decoração original para sua festa de aniversário.* **3.** Fora do comum: *Sua roupa colorida, muito original, chamava a atenção.* ✓ *substantivo masculino* **4.** Texto, desenho, etc. do qual se poderão fazer cópias: *O original do livro já está na editora.* [Plural: *originais*.]

originar o.ri.gi.**nar** *verbo* **1.** Dar origem a: *Não se sabe ao certo o que originou a vida na Terra.* **2.** Ter origem: *O diretor declarou que a ideia para o filme originou-se de uma notícia que viu no jornal.*

orixá o.ri.**xá** *substantivo de dois gêneros* Divindade de origem africana: *Iansã, Iemanjá, Oxalá, Oxum e Xangô são nomes de alguns dos orixás.*

orla or.la *substantivo feminino* Veja *margem* (2): *Muitas pessoas caminham à tarde na orla da praia.*

ornamental or.na.**men**.tal *adjetivo de dois gêneros* Que serve para ornamentar, enfeitar: *planta ornamental.* [Plural: *ornamentais.*]

ornamentar or.na.men.**tar** *verbo* O mesmo que *enfeitar*: *Ornamentou a igreja com flores para o casamento.*

ornamento or.na.**men**.to *substantivo masculino* Aquilo que serve para ornamentar; enfeite, ornato.

ornato or.**na**.to *substantivo masculino* Veja *ornamento*.

ornitorrinco or.ni.tor.**rin**.co *substantivo masculino* Animal mamífero ovíparo, anfíbio, com bico semelhante ao dos patos e cauda achatada, que vive na Austrália e na Tasmânia.

orquestra or.**ques**.tra *substantivo feminino* Conjunto de instrumentistas que tocam, principalmente, música clássica.

orquídea or.**quí**.de:a *substantivo feminino* Planta de que há vários tipos, muito cultivada pela beleza de suas flores.

ortografia or.to.gra.**fi**.a *substantivo feminino* Maneira de escrever as palavras de forma correta: *Depois de corrigida, o menino viu que sua redação tinha poucos erros de ortografia.*

orvalho or.**va**.lho *substantivo masculino* Umidade da atmosfera que se condensa em forma de pequenas gotas sobre uma superfície fria.

oscilar os.ci.**lar** *verbo* Mover, ou fazer mover de um para outro lado; balançar(-se): *O vento oscilava os ramos das árvores.*

ossada os.**sa**.da *substantivo feminino* Os ossos de ser humano, ou de animal, morto: *Naquele lugar foi descoberta a ossada de um dinossauro.*

ósseo ós.se:o *adjetivo* Relativo ao osso.

osso os.so (ô) *substantivo masculino* Cada uma das partes duras, que formam o esqueleto do homem e de outros animais. [Plural: *ossos* (ós).]

ostentação os.ten.ta.**ção** *substantivo feminino* Ação de ostentar(-se), ou o resultado desta ação. [Plural: *ostentações.*]

ostentar os.ten.**tar** *verbo* Mostrar, exibindo: *Aquele atleta gosta de ostentar os seus troféus.*

ostra os.tra (ô) *substantivo feminino* Molusco marinho comestível, que tem uma concha formada por duas peças.

otário o.**tá**.ri:o *substantivo masculino* Indivíduo tolo, ingênuo.

ótica ó.ti.ca *substantivo feminino* O mesmo que *óptica*.

otimismo o.ti.**mis**.mo *substantivo masculino* Atitude de considerar o lado bom das coisas, de achar que tudo dará certo: *Todos gostavam do rapaz por seu bom humor e otimismo.*

otimista o.ti.**mis**.ta *adjetivo de dois gêneros* Que tem, ou mostra, otimismo: *A moça estava otimista: acreditava que o emprego seria seu.*

ótimo ó.ti.mo *adjetivo* Muito bom; excelente: *Vimos ontem um ótimo filme.*

ou *conjunção* **1.** Indica alternativa: *Pedro ou João trará a encomenda.* **2.** Indica outro modo de dizer a mesma coisa: *doze ou uma dúzia; um quilômetro ou mil metros.* 👉 **Ou .... ou** Usa-se antes de duas alternativas: *Se não foi ao cinema, ou está doente ou de castigo.*

ouriço-cacheiro ou.ri.ço-ca.**chei**.ro *substantivo masculino* Animal mamífero, que se alimenta principalmente de insetos e que tem o dorso coberto por espinhos. [Plural: *ouriços-cacheiros.*]

ouriço-do-mar ou.ri.ço-do-**mar** *substantivo masculino* Pequeno animal marinho, redondo, cuja carapaça é coberta de espinhos. [Plural: *ouriços-do-mar.*]

ouro ou.ro *substantivo masculino* Metal amarelo, precioso, que é usado na fabricação de joias, etc.

ousar ou.sar *verbo* Ter coragem de fazer alguma coisa; atrever-se: *Como não ousou desobedecer ao pai, ficou em casa.*

outeiro ou.tei.ro *substantivo masculino* Pequeno monte; colina: *Ergueram uma igreja no outeiro.*

outono ou.to.no *substantivo masculino* Estação do ano que vem após o verão e antecede o inverno, e que, no hemisfério sul, vai de 21 de março a 20 de junho.

outro ou.tro *pronome indefinido* **1.** Diferente de pessoa ou coisa especificada: *Não foi este rapaz que trouxe a carta, foi outro.* **2.** Mais um: *– O senhor aceita outro café?*

outubro ou.tu.bro *substantivo masculino* O décimo mês do ano, com 31 dias.

ouvido ou.vi.do *substantivo masculino* **1.** O mesmo que *audição* (1): *Os cães têm um bom ouvido.* **2.** Nome antigo do órgão da audição, atualmente denominado *orelha*.

ouvinte ou.vin.te *adjetivo de dois gêneros* **1.** Que ouve. ✓ *substantivo de dois gêneros* **2.** Pessoa que ouve: *Aquela rádio tem milhares de ouvintes.*

ouvir ou.vir *verbo* **1.** Perceber os sons pelo sentido da audição; escutar: *Ouviu a campainha e foi ver quem era.* **2.** Prestar atenção: *Antes de sair de casa, ouviu atentamente os conselhos do pai.*

ova o.va *substantivo feminino* O conjunto dos ovos de um peixe, ainda envolvidos numa membrana: *Das ovas de muitos peixes se fazem conservas.*

oval o.val *adjetivo de dois gêneros* Que tem forma semelhante à do ovo: *Pôs o retrato numa moldura oval.* [Plural: *ovais*.]

ovário o.vá.ri:o *substantivo masculino* **1.** Na mulher e em outras fêmeas de animais, glândula de reprodução que produz óvulos. **2.** Parte da planta que contém os óvulos.

ovelha o.ve.lha (ê) *substantivo feminino* A fêmea do carneiro.

ovino o.vi.no *adjetivo* Relativo a ovelhas, carneiros e cordeiros: *gado ovino.*

ovíparo o.ví.pa.ro *adjetivo* **1.** Que põe ovos, e se reproduz por meio de ovos. ✓ *substantivo masculino* **2.** Animal ovíparo.

ovo o.vo (ô) *substantivo masculino* **1.** Óvulo de animais como as aves, os répteis e os peixes. **2.** O ovo (1) das aves, composto de clara e gema. **3.** O mesmo que *zigoto*. [Plural: *ovos* (ó).]

óvulo ó.vu.lo *substantivo masculino* **1.** Célula reprodutora animal feminina, capaz de ser fecundada pelo espermatozoide. **2.** Célula reprodutora vegetal feminina, que se transforma em semente após a fecundação.

oxigênio o.xi.gê.ni:o (xi = csi) *substantivo masculino* Gás presente na atmosfera terrestre, sem cheiro, cor ou sabor, e que é indispensável à vida.

oxítono o.xí.to.no (xí = csí) *adjetivo* **1.** Diz-se do vocábulo que tem a sílaba tônica na última sílaba: *Cajá, também, sabiá e maiô são exemplos de palavras oxítonas.* ✓ *substantivo masculino* **2.** Palavra oxítona.

ozônio o.zô.ni:o *substantivo masculino* Gás de cor azul que, na atmosfera terrestre, forma uma camada que protege os seres vivos dos raios nocivos do Sol.

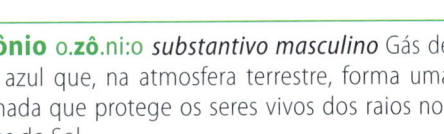

pizza

p (pê) *substantivo masculino* A décima sexta letra do nosso alfabeto.

pá *substantivo feminino* **1.** Utensílio para escavar ou remover terra, lixo, carvão, etc., e que é uma grande colher presa a um cabo comprido. **2.** O conteúdo de uma pá: *Tapou o buraco com duas pás de terra.*

paca pa.ca *substantivo feminino* Grande roedor que habita as matas das Américas Central e do Sul.

pacato pa.ca.to *adjetivo* **1.** O mesmo que *pacífico*: *É um menino pacato, que não briga com ninguém.* **2.** Tranquilo: *Moro numa cidade pacata do interior.*

paciência pa.ci.ên.ci:a *substantivo feminino* Qualidade de quem sabe esperar ou de quem suporta aborrecimentos com calma: *O ônibus demorou muito para passar, mas ninguém perdeu a paciência.*

paciente pa.ci.en.te *adjetivo de dois gêneros* **1.** Que tem ou demonstra paciência. ✓ *substantivo de dois gêneros* **2.** Pessoa que está sob cuidados médicos: *O paciente já recebeu alta.*

pacífico pa.cí.fi.co *adjetivo* Que ama a paz; que gosta de viver em paz: *A ilha era habitada por pessoas pacíficas.*

paçoca pa.ço.ca *substantivo feminino* **1.** Amendoim socado com açúcar. **2.** Comida feita com carne seca assada, socada com farinha, num pilão.

pacote pa.co.te *substantivo masculino* **1.** Pequeno embrulho: *Juntou as cartas, num pacote.* **2.** O conteúdo do pacote (1): *João comprou um pacote de bala.*

pacto pac.to *substantivo masculino* Acordo entre pessoas: *Os dois amigos fizeram um pacto de sempre dizer a verdade.*

padaria pa.da.ri.a *substantivo feminino* Lugar onde se fabrica e/ou vende pão, bolachas, biscoitos, etc.; panificadora.

padecer pa.de.cer *verbo* Sofrer um mal ou uma doença: *Com as queimadas a natureza padece.*

padeiro pa.dei.ro *substantivo masculino* Fabricante, vendedor ou entregador de pão.

padrão

padrão pa.**drão** *substantivo masculino* **1.** Qualquer coisa que serve de modelo para outra: *A nossa turma é um padrão de bom comportamento.* **2.** O mesmo que *nível* (3): *A nossa escola tem um alto padrão de ensino.* [Plural: *padrões.*]

padrasto pa.**dras**.to *substantivo masculino* Homem que se casa com a mãe de alguém, depois que o pai natural se divorciou ou morreu.

padre pa.dre *substantivo masculino* Aquele que, na Igreja católica, recebeu a ordenação; sacerdote.

padrinho pa.**dri**.nho *substantivo masculino* Homem que serve de testemunha em batizado, casamento, etc., e assim chamado em relação a quem se batiza ou se casa.

pagamento pa.ga.**men**.to *substantivo masculino* **1.** Ação de pagar, ou o resultado desta ação: *O último dia de cada mês é o dia do pagamento.* **2.** O mesmo que *salário*: *Ainda não recebeu o pagamento.*

pagão pa.**gão** *adjetivo* **1.** Que não foi batizado. ✓ *substantivo masculino* **2.** Aquele que não foi batizado. [Plural: *pagãos.* Feminino: *pagã.*]

pagar pa.**gar** *verbo* Dar dinheiro a alguém, em troca de alguma coisa que se compra, ou de serviço prestado: *Paguei R$ 20,00 pelo livro; Pagou R$ 100,00 pelo conserto da televisão.*

página pá.gi.na *substantivo feminino* Cada um dos lados das folhas de livros, jornais, revistas, etc.

pai *substantivo masculino* **1.** Homem que tem filho: *O pai do meu primo é meu tio.* **2.** Inventor, criador ou fundador: *Santos Dumont é o pai da aviação; Jesus Cristo é o pai do cristianismo.*

paladar

pai de todos pai de **to**.dos *substantivo masculino* Veja *médio* (2). [Plural: *pais de todos.*]

paina pai.na *substantivo feminino* Conjunto de fibras sedosas que envolvem as sementes de várias plantas, como as das paineiras.

paineira pai.**nei**.ra *substantivo feminino* Árvore de flores cor-de-rosa, e que dá a paina.

paiol pai.**ol** *substantivo masculino* Depósito de pólvora e armas.

pais *substantivo masculino plural* O pai e a mãe: *Os meus pais viajaram.*

país pa.**ís** *substantivo masculino* Pátria, terra: *O nosso país é o Brasil.*

paisagem pai.**sa**.gem *substantivo feminino* Espaço de terreno que o olhar alcança; panorama: *Do Pão de Açúcar vê-se uma bela paisagem do Rio de Janeiro.* [Plural: *paisagens.*]

paixão pai.**xão** *substantivo feminino* Sentimento muito intenso de amor: *Vai casar porque tem paixão pelo noivo.* [Plural: *paixões.*]

pajé pa.**jé** *substantivo masculino* O chefe religioso, entre os indígenas brasileiros.

palácio pa.**lá**.ci:o *substantivo masculino* **1.** Residência de reis, ou de chefes de governo: *O Presidente do Brasil mora no Palácio da Alvorada.* **2.** Residência ampla e suntuosa: *– Esta casa é um palácio!*

paladar pa.la.**dar** *substantivo masculino* **1.** Sentido pelo qual se percebe o sabor das coisas. **2.** Sabor, gosto: *Gosto do paladar das frutas.*

palafita

palafita pa.la.**fi**.ta *substantivo feminino* Habitação construída sobre estacas, em terrenos alagados: *Muitos pantaneiros moram em palafitas.*

palavra pa.**la**.vra *substantivo feminino* Som ou grupo de sons que têm significado e constituem uma unidade da linguagem: *As pessoas se comunicam por meio de palavras; Exceção é uma palavra difícil de soletrar.*

palavrão pa.la.**vrão** *substantivo masculino* Palavra grosseira, que agride: *Em minha casa é proibido dizer palavrão.* [Plural: *palavrões.*]

palco pal.co *substantivo masculino* Tablado onde se fazem representações teatrais.

palestra pa.**les**.tra *substantivo feminino* **1.** Conversa, conversação: *Tivemos uma longa palestra.* **2.** O mesmo que **conferência**: *Fui a uma palestra sobre ecologia.*

paletó pa.le.**tó** *substantivo masculino* **1.** Casaco reto e com bolsos. **2.** Qualquer peça de vestuário semelhante ao paletó (1): *Tirou a camisa e vestiu um paletó de pijama.*

palha pa.lha *substantivo feminino* A haste seca de muitas plantas, usada como forragem, ou na indústria: *Este marceneiro faz cadeiras de palha.*

palhaçada pa.lha.**ça**.da *substantivo feminino* **1.** Ação ou dito próprio de palhaço. **2.** Cena divertida ou ridícula.

palhaço pa.**lha**.ço *substantivo masculino* **1.** Ator cômico que usa roupas coloridas e maquiagem, e que diverte o público fazendo graça (4): *Os palhaços geralmente trabalham no circo.* **2.** Indivíduo engraçado ou ridículo.

palhoça pa.**lho**.ça *substantivo feminino* Cabana coberta de palha.

pálido pá.li.do *adjetivo* Diz-se da pele descorada, especialmente a do rosto: *Esteve doente, e está muito pálido.*

palitar pa.li.**tar** *verbo* Limpar os dentes com palito.

paliteiro pa.li.**tei**.ro *substantivo masculino* Utensílio para guardar palitos.

palito pa.**li**.to *substantivo masculino* Pequena haste de madeira, de pontas finas, usada para limpar os dentes.

palma pal.ma *substantivo feminino* A face anterior da mão. 🔊 **Conhecer como a palma da mão.** Conhecer muito bem: *Ele disse que conhece o caminho como a palma da mão.*

palmada pal.**ma**.da *substantivo feminino* Pancada que se dá com a palma.

palmas pal.mas *substantivo feminino plural* A ação de bater palmas: *Depois do discurso houve palmas.*

palmeira pal.**mei**.ra *substantivo feminino* Árvore comprida e delgada, cujo tronco não tem divisões, e de cujo topo saem grandes folhas.

palmense pal.**men**.se *adjetivo de dois gêneros* **1.** De Palmas, capital do estado do Tocantins. ✅ *substantivo de dois gêneros* **2.** Quem nasceu, ou vive, em Palmas.

palmito pal.**mi**.to *substantivo masculino* **1.** Palmeira em cujo caule há um broto comestível. **2.** Esse broto, do qual se fazem conservas.

palmo

palmo pal.mo *substantivo masculino* Unidade de comprimento que vai da ponta do dedo polegar à do dedo mínimo, estando a mão bem aberta.

pálpebra pál.pe.bra *substantivo feminino* Cada uma das coberturas de pele da parte superior e inferior do olho, dotadas de cílios, e que o protegem.

palpite pal.pi.te *substantivo masculino* **1.** O mesmo que *pressentimento*: – *Estou com o palpite de que hoje vai chover.* **2.** Opinião, sugestão de pessoa que se intromete num assunto: *Não gosta que deem palpites em sua conversa.*

pamonha pa.mo.nha *substantivo feminino* Bolinho de milho verde, cozido em folhas de milho ou de bananeira.

pampa pam.pa *substantivo masculino* Grande planície coberta de vegetação rasteira e raros arbustos, na região sul da América do Sul (Brasil, Argentina e Uruguai).

pan-americano pan-a.me.ri.ca.no *adjetivo* De, ou relativo a todos os países das Américas. [Plural: *pan-americanos*.]

pança pan.ça *substantivo feminino* Veja *barriga*.

pancada pan.ca.da *substantivo feminino* **1.** O mesmo que *golpe*: *Caiu por causa da pancada que recebeu na cabeça.* **2.** Chuva violenta e súbita: *Não pôde sair de casa, porque houve uma pancada.*

pâncreas pân.cre:as *substantivo masculino de dois números* Grande glândula situada por trás do estômago.

pançudo pan.çu.do *adjetivo* Que tem barriga grande.

panda pan.da *substantivo masculino* Animal mamífero semelhante ao urso, que vive na Ásia, e se alimenta apenas de bambu.

pandeiro pan.dei.ro *substantivo masculino* Instrumento de percussão, em forma de círculo, recoberto num dos lados por uma pele, com guizos, ou não.

pane pa.ne *substantivo feminino* Defeito que impede o funcionamento de uma máquina, de um veículo,

pântano

etc.: *Uma pane no motor do ônibus obrigou os passageiros a desembarcar.*

panela pa.ne.la *substantivo feminino* Utensílio de cozinha que é uma vasilha de metal, ou de barro, etc., onde se cozinham alimentos.

panfleto pan.fle.to (ê) *substantivo masculino* **1.** Texto curto, que ataca alguém ou algo. **2.** O folheto que contém esse texto: *Os funcionários distribuíam panfletos sobre a greve.* **3.** Folheto, geralmente, publicitário.

pânico pâ.ni.co *substantivo masculino* Grande susto ou pavor que ataca muitas pessoas: *O incêndio provocou pânico e muitas pessoas ficaram feridas.*

panificadora pa.ni.fi.ca.do.ra (ô) *substantivo feminino* O mesmo que *padaria*.

pano pa.no *substantivo masculino* Qualquer tecido; fazenda: *Com um pano vermelho a costureira fez uma bela blusa.*

panorama pa.no.ra.ma *substantivo masculino* Vista, paisagem: *Do alto do morro temos um belo panorama da cidade.*

panqueca pan.que.ca *substantivo feminino* Massa feita de farinha de trigo, leite e ovos, que se frita e se enrola com um recheio.

pantanal pan.ta.nal *substantivo masculino* **1.** Grande pântano. **2.** Região geográfica que abrange parte de Mato Grosso do Sul, de Mato Grosso e do Paraguai, situada na baixada do rio Paraguai e espalhando-se pelas elevações vizinhas. [Com inicial maiúscula nesta acepção.] [Plural: *pantanais*.]

pantaneiro pan.ta.nei.ro *adjetivo* **1.** Do Pantanal (2). ✔ *substantivo masculino* **2.** Quem nasceu, ou vive, no Pantanal (2).

pântano pân.ta.no *substantivo masculino* Terras baixas cobertas por águas paradas; brejo.

pão *substantivo masculino* Alimento assado ao forno, feito de farinha de vários cereais, como trigo, milho, etc., misturada com água e fermento. [Plural: *pães*.]

pão de ló pão de ló *substantivo masculino* Bolo de massa leve, feito com farinha, ovos, fermento e açúcar. [Plural: *pães de ló*.]

pão-duro pão-**du**.ro *adjetivo* e *substantivo masculino* O mesmo que *avarento*. [Plural: *pães-duros*.]

papa¹ **pa**.pa *substantivo masculino* O chefe da Igreja católica. [Geralmente com inicial maiúscula.]

papa² **pa**.pa *substantivo feminino* **1.** Alimento feito de farinha cozida em água ou leite. **2.** Qualquer alimento feito com substâncias que amolecem e se desfazem ao cozimento: *papa de legumes*.

papagaio pa.pa.**gai**.o *substantivo masculino* Ave de bico largo e curvo, cauda pontuda e plumagem de cores vivas; é capaz de imitar a voz humana.

papai pa.**pai** *substantivo masculino* Forma pela qual os filhos chamam o pai.

papaia pa.**pai**.a *substantivo feminino* Fruto que é um mamão pequeno.

papão pa.**pão** *substantivo masculino* O mesmo que *bicho-papão*. [Plural: *papões*.]

papel pa.**pel** *substantivo masculino* **1.** Material feito com fibras vegetais reduzidas a pasta, que forma folhas que servem para escrever, imprimir, embrulhar, etc. **2.** Parte que cada ator desempenha: *No filme, o papel de monstro foi feito por um ator bom*. **3.** Documento: *Trouxe os papéis necessários para a matrícula*. [Plural: *papéis*.]

papelada pa.pe.**la**.da *substantivo feminino* Grande porção de papéis: *papelada antiga*.

papelão pa.pe.**lão** *substantivo masculino* Folha (3) de papel grossa e rígida: *Guardei os retratos numa caixa de papelão*. [Plural: *papelões*.]

papelaria pa.pe.la.**ri**.a *substantivo feminino* Loja onde se vendem papéis e outros artigos para escritórios, escolas, etc.

papo pa.po *substantivo masculino* **1.** Nas aves e nos insetos, nome antigo da bolsa existente no esôfago, onde os alimentos ficam temporariamente armazenados. [O nome atual é *inglúvio*.] **2.** O mesmo que *bate-papo*. **Bater papo.** *Popular* Conversar.

paquera pa.**que**.ra *substantivo feminino* *Gíria* Ação de paquerar, ou o resultado desta ação.

paquerar pa.que.**rar** *verbo Gíria* Tentar aproximar-se de alguém, para namorar.

par *adjetivo de dois gêneros* **1.** Diz-se de número divisível por dois: *Dez é um número par*. *substantivo masculino* **2.** Conjunto de dois órgãos, ou seres, animais, objetos, etc., da mesma natureza: *O homem tem um par de orelhas; Convidou um par de amigos para ir ao cinema; um par de sapatos*. **3.** Pessoa que dança, em relação àquela com quem dança: *O meu par é um velho amigo*. **4.** O mesmo que *casal*: *Meu pai e minha mãe formam um belo par*.

para pa.ra *preposição* Indica, entre outras coisas: **1.** O lugar para onde alguém se dirige: *Nadou para a margem do rio; Foi para casa*. **2.** Fim, finalidade, intenção: *Saiu para trabalhar; música para dançar*. **3.** Opinião de alguém a respeito de outra(s) pessoa(s) ou de algo: *Para mim, você agiu com imprudência*. **4.** Combate: *Tomou um comprimido para dor de cabeça*. **5.** Utilidade, proveito: *Fez uma coleta para as crianças pobres*. **6.** Duração: *Comprou mantimentos para um mês*.

parabenizar pa.ra.be.ni.**zar** *verbo* O mesmo que *felicitar*: *Parabenizou-o pelo prêmio*.

parabéns pa.ra.**béns** *substantivo masculino plural* O mesmo que *felicitações*: *Os bombeiros receberam parabéns pela sua coragem*.

para-brisa pa.ra-**bri**.sa *substantivo masculino* Vidro transparente, que fica na parte dianteira de au-

para-choque

tomóvel ou de outro veículo e que protege contra vento, chuva, poeira, etc. [Plural: *para-brisas*.]

para-choque pa.ra.**cho**.que *substantivo masculino* Dispositivo preso na frente ou na traseira de veículos para amortecer choques e evitar outros danos. [Plural: *para-choques*.]

parada pa.**ra**.da *substantivo feminino* **1.** Ação de parar, ou o resultado desta ação: *Aproveitou a parada do trem para andar na estação*. **2.** Lugar em que um ônibus, etc., para: *Vou descer na próxima parada*. **3.** Pausa, interrupção: *Deu uma parada no trabalho para descansar*. **4.** Desfile: *Foi à parada de 7 de setembro*.

paradeiro pa.ra.**dei**.ro *substantivo masculino* Lugar em que alguém está: *Já partiu há um ano, mas ninguém sabe do seu paradeiro*.

paraense pa.ra.**en**.se *adjetivo de dois gêneros* **1.** Do estado do Pará. ✅ *substantivo de dois gêneros* **2.** Quem nasceu, ou vive, nesse estado.

parafusar pa.ra.fu.**sar** *verbo* Fixar ou apertar por meio de parafuso ou parafusos.

parafuso pa.ra.**fu**.so *substantivo masculino* Prego com sulcos e uma fenda na cabeça, e que se fixa com uma chave (2).

parágrafo pa.**rá**.gra.fo *substantivo masculino* **1.** Divisão de um texto escrito, indicada pela mudança de linha: *No último parágrafo da carta, mandei lembranças à família*. **2.** O sinal de parágrafo (§).

paraibano pa.ra.i.**ba**.no *adjetivo* **1.** Do estado da Paraíba. ✅ *substantivo masculino* **2.** Quem nasceu, ou vive, nesse estado.

paraíso pa.ra.**í**.so *substantivo masculino* **1.** De acordo com a Bíblia, o lugar em que Deus colocou Adão e Eva depois de criá-los, e que é um lugar muito bonito e agradável. **2.** Qualquer lugar muito agradável: *Para mim, a minha casa é um paraíso*.

paralelo pa.ra.**le**.lo *adjetivo* **1.** Diz-se de linhas ou superfícies que mantêm a mesma distância em toda a extensão: *Os trilhos da ferrovia são paralelos*. ✅ *substantivo masculino* **2.** Cada um dos círculos imaginários da Terra, perpendiculares ao seu eixo e paralelos ao equa-

parar

dor. **3.** O mesmo que *comparação*: *A professora pediu que os alunos fizessem um paralelo entre os dois textos*.

paralisação pa.ra.li.sa.**ção** *substantivo feminino* Ação de paralisar, ou o resultado desta ação: *A paralisação dos transportes foi a causa do nosso atraso*. [Plural: *paralisações*.]

paralisar pa.ra.li.**sar** *verbo* **1.** Tornar incapaz de mover certas partes do corpo: *Teve uma grave doença que o paralisou*. **2.** Tornar incapaz de ação: *O medo paralisou-o*. **3.** Suspender o funcionamento de: *Uma greve paralisou os transportes*.

paralisia pa.ra.li.**si**.a *substantivo feminino* Doença em que se perde a função motora em certas partes do corpo: *A poliomielite é uma doença que pode causar paralisia*.

paranaense pa.ra.na.**en**.se *adjetivo de dois gêneros* **1.** Do estado do Paraná. ✅ *substantivo de dois gêneros* **2.** Quem nasceu, ou vive, nesse estado.

parapeito pa.ra.**pei**.to *substantivo masculino* Em uma janela, peça que fica à altura do peito de quem nela se debruça, servindo de apoio.

paraquedas pa.ra.**que**.das *substantivo masculino de dois números* Objeto em forma de guarda-chuva aberto, ou de formato retangular, que, preso a uma pessoa ou a uma coisa, reduz a velocidade de queda no ar.

paraquedista pa.ra.que.**dis**.ta *substantivo de dois gêneros* Pessoa que salta de paraquedas.

parar pa.**rar** *verbo* **1.** Cessar de andar, de mover-se, de falar: *José parou diante da padaria e esperou pelo amigo*; *O trem parou na estação*; *No cinema, todos pararam de conversar quando o filme*

para-raios

começou. **2.** Não continuar: *As obras da prefeitura pararam, por falta de verba; Parem com o barulho!* **3.** Deixar, cessar: *Pararam de brigar quando a mãe entrou.*

para-raios pa.ra-**rai**.os *substantivo masculino de dois números* Dispositivo formado por uma haste metálica ligada à terra, destinado a atrair as descargas elétricas da atmosfera.

parasita pa.ra.**si**.ta *adjetivo de dois gêneros* e *substantivo masculino* O mesmo que *parasito*.

parasitar pa.ra.si.**tar** *verbo* Viver como parasito: *A lombriga parasita o homem.*

parasito pa.ra.**si**.to *adjetivo* **1.** Diz-se de organismo que vive na superfície ou no interior de outro, dele tirando a sua nutrição: *A lombriga é um verme parasito.* ✅ *substantivo masculino* **2.** Organismo parasito: *O piolho é um parasito do homem.* **3.** Pessoa que vive às custas de outra. [Sinônimo: *parasita*.]

parceiro par.**cei**.ro *substantivo masculino* Pessoa que está de parceria com outra; sócio: *Meu pai e meu tio são parceiros na criação de gado.*

parcela par.**ce**.la *substantivo feminino* **1.** Porção, parte: *Como não jogou bem, tinha uma parcela de culpa na derrota do time.* **2.** Cada uma das partes em que é dividido um todo: *Pagou ao banco a última parcela do empréstimo.*

parcelar par.ce.**lar** *verbo* Dividir em parcelas: *Parcelaram a dívida em dez prestações.*

parceria par.ce.**ri**.a *substantivo feminino* Reunião de duas ou mais pessoas visando a um fim comum: *Meu pai e meu tio fizeram uma parceria na compra do terreno.*

parcial par.**ci**.al *adjetivo de dois gêneros* Que é apenas uma parte; não total: *Sairá hoje o resultado parcial dos exames.* [Plural: *parciais*.]

pardal par.**dal** *substantivo masculino* Pequeno pássaro marrom: *Os pardais gostam de habitar as cidades.* [Plural: *pardais*. Feminino: *pardoca, pardaloca*.]

paroxítono

pardo par.do *adjetivo* De cor escura, entre o branco e o preto: *Os ursos pardos habitam o hemisfério norte.*

parecer pa.re.**cer** *verbo* **1.** Ter o aspecto ou a aparência de; assemelhar-se a: *Os corais parecem flores.* **2.** Dar a impressão de: *O meu avô parece ser mais novo do que é.* **3.** Ser provável: *Parece que vai chover.* **4.** Assemelhar-se: *Ele se parece com o pai.*

parede pa.**re**.de (rê) *substantivo feminino* Obra que fecha as partes externas de um edifício e faz as suas divisões internas: *Esta casa tem paredes brancas; Os quartos têm quatro paredes.*

parente pa.**ren**.te *substantivo de dois gêneros* Pessoa que pertence à mesma família, em relação a outra: *Os nossos parentes mais próximos são os nossos pais.*

parentesco pa.ren.**tes**.co (tês) *substantivo masculino* Qualidade ou característica de parente: *Não tenho parentesco com João, somos apenas amigos.*

parêntese pa.**rên**.te.se *substantivo masculino* Cada um dos sinais de pontuação ( ) que, entre outras coisas, encerram frase que serve de explicação: *Esta menina (que é minha irmã) irá comigo.*

parir pa.**rir** *verbo* Expelir do útero, dando à luz: *A gata pariu seis gatinhos.*

parlamentar par.la.men.**tar** *adjetivo de dois gêneros* **1.** Do, ou relativo ao parlamento: *comissão parlamentar.* ✅ *substantivo de dois gêneros* **2.** Membro de um parlamento.

parlamento par.la.**men**.to *substantivo masculino* Assembleia ou câmara legislativa: *O parlamento federal brasileiro é composto pela câmara dos deputados e pelo senado.*

parlenda par.**len**.da *substantivo feminino* Forma de expressão que brinca com as palavras: Exemplo: *A vaca amarela pulou a janela, / Quem falar primeiro corre atrás dela.*

parmesão par.me.**são** *substantivo masculino* Queijo duro, próprio para se comer ralado. [Plural: *parmesões*.]

paroxítono pa.ro.**xí**.to.no (xí = csi) *adjetivo* **1.** Diz-se de vocábulo que tem a sílaba tônica na penúltima sílaba: *Caderno é uma palavra paroxítona*. ✓ *substantivo masculino* **2.** Palavra paroxítona.

parque par.que *substantivo masculino* Área de terreno mais ou menos extensa, com muitas árvores, gramados, jardins, etc., e geralmente pública: *Os parques das grandes cidades são áreas verdes que purificam o ar.*

parreira par.rei.ra *substantivo feminino* Nome de certas trepadeiras, sobretudo a videira.

parte par.te *substantivo feminino* **1.** Qualquer porção de um todo: *Mamãe dividiu o bolo em oito partes iguais.* **2.** Área não especificada; local: *Leva o filho para todas as partes aonde vai.* **3.** Lado: *Pôs um aviso na parte de fora da casa.* **4.** Cada uma das pessoas que firmam um contrato: *As partes não concordaram, e o contrato não foi feito.* **5.** A fala de cada ator numa peça teatral: *Não decorou a sua parte, e na hora de representar ficou mudo.* **6.** Cada uma das divisões de uma obra: *Só li a primeira parte do livro; Não sabe a segunda parte do hino nacional.*

participação par.ti.ci.pa.ção *substantivo feminino* Ação de participar, ou o resultado desta ação. [Plural: *participações*.]

participante par.ti.ci.pan.te *substantivo de dois gêneros* Pessoa que participa de alguma coisa: *Os participantes do roubo foram presos.*

participar par.ti.ci.par *verbo* **1.** Fazer saber; comunicar: *Participou a todos que está noiva.* **2.** Ter ou tomar parte em: *Não quis participar da brincadeira; Participo de sua alegria pela vitória.* **3.** Ter parte ou parcela em um todo: *Todos os empregados participaram do lucro da empresa.*

particípio par.ti.cí.pi:o *substantivo masculino* Uma das formas do verbo: *Falado é o particípio do verbo falar.*

partícula par.tí.cu.la *substantivo feminino* **1.** Parte pequeníssima: *Entrou uma partícula de poeira em meu olho.* **2.** Corpo muitíssimo pequeno: *O átomo é formado de partículas.*

particular par.ti.cu.lar *adjetivo de dois gêneros* **1.** Que é próprio de certo(s) ser(es) vivo(s), pessoa(s) ou coisa(s): *A fala é uma capacidade particular dos homens; Este verde é particular da esmeralda.* **2.** De uso exclusivo de alguém; privado: *Esta é uma sala particular dos professores; Tenho um quarto particular.* **3.** Fora do comum; especial: *Este menino tem um dom particular para línguas.*

partida par.ti.da *substantivo feminino* **1.** Ação de partir, ou o resultado desta ação; saída: *Muitas pessoas compareceram a minha partida; A partida do trem é às 10 horas.* **2.** Jogo esportivo: *Fui a uma partida de futebol.*

partido par.ti.do *substantivo masculino* Grupo de pessoas que se juntam visando a um mesmo objetivo político e social.

partilha par.ti.lha *substantivo feminino* Divisão em partes; repartição: *Na partilha das terras da fazenda ficou com o terreno da nascente.*

partir par.tir *verbo* **1.** Dividir em partes: *Mamãe partiu o bolo e o distribuiu entre os convidados.* **2.** Quebrar: *Partiu o prato, deixando-o cair.* **3.** Ter começo, origem: *Esta avenida parte da praça.* **4.** Sair de algum lugar; ir-se embora: *Ele partiu sem se despedir.* **5.** Pôr-se a caminho para certo lugar: *A frota de Pedro Álvares Cabral partiu para as Índias.* **6.** Começar a se deslocar de repente: *Dado o sinal, todos os carros partiram.* **7.** Originar-se; provir: *A ideia da festa partiu de nossa conversa.* **8.** Quebrar-se, romper-se: *Toda a louça se partiu na viagem.*

partitura par.ti.tu.ra *substantivo feminino* Papel com os sinais de uma peça musical: *Usamos a partitura do hino nacional, para ensaiá-lo.*

parto par.to *substantivo masculino* Ação de parir, ou o resultado desta ação: *Depois do parto, a vaca lambeu a cria.*

pascal pas.cal *adjetivo de dois gêneros* Da, ou relativo à Páscoa: *Vai haver uma missa pascal.* [Plural: *pascais*.]

páscoa pás.co:a *substantivo feminino* Festa anual dos cristãos, que comemora a ressurreição de Jesus Cristo. [Com inicial maiúscula.]

passa pas.sa *substantivo feminino* Fruta seca, especialmente uva.

365

passado

passado pas.**sa**.do *adjetivo* **1.** Que passou: *Vovô gosta de lembrar os dias passados.* **2.** Que acabou de passar: *Na semana passada tivemos prova.* **3.** Que está começando a apodrecer: *Estas frutas estão passadas, não posso comê-las.* **4.** Alisado com o ferro de passar: *Uso sempre roupas passadas.* ✅ *substantivo masculino* **5.** O tempo que passou: *Não gosta de lembrar o passado; Tem lindas recordações do passado.*

passageiro pas.sa.**gei**.ro *adjetivo* **1.** Que passa rapidamente: *Foi uma chuva passageira, logo surgiu o Sol.* ✅ *substantivo masculino* **2.** Aquele que viaja num veículo: *Este ônibus tem lugar para 28 passageiros.*

passagem pas.**sa**.gem *substantivo feminino* **1.** Ação de passar(-se), ou o resultado desta ação: *Com a passagem dos anos, vamos envelhecendo.* **2.** Local por onde se passa: *Esta rua é uma passagem de pedestres.* **3.** Ponto de comunicação: *Os navegadores portugueses procuravam uma passagem para as Índias.* **4.** Quantia que o passageiro paga para transporte num veículo: *Não veio de ônibus porque não tinha dinheiro para a passagem.* **5.** Trecho de uma obra: *A professora leu alto uma passagem deste livro.* [Plural: *passagens*.]

passaporte pas.sa.**por**.te *substantivo masculino* Documento oficial que autoriza uma pessoa a sair do país, e que a identifica: *Precisamos de passaporte para visitar os Estados Unidos.*

passar pas.**sar** *verbo* **1.** Percorrer de um para outro lado; atravessar: *Passamos uma ponte para chegar à cidade.* **2.** Ir além de; ultrapassar: *Nosso carro passou o ônibus.* **3.** Percorrer um lugar sem nele se deter: *O trem passou por várias cidades.* **4.** Coar: *Passou o café há pouco tempo.* **5.** Alisar roupa com o ferro: *Ana lavou e passou a saia.* **6.** Marcar como tarefa: *O professor já passou os deveres de casa.* **7.** Expedir, enviar: *Passei um telegrama.*

passo

8. Sofrer, suportar: *Ele é muito pobre, e passa necessidades.* **9.** Mudar de um lugar para outro: *Passou do primeiro para o segundo andar.* **10.** Pôr: *Passou manteiga no pão.* **11.** Passar às mãos de: *Passei-lhe o livro.* **12.** Transmitir por contágio: *Passou sarampo para o irmão.* **13.** Ser aprovado em exame: *Fiz a prova, e passei.* **14.** Decorrer (o tempo): *Este ano passou depressa.* **15.** Suceder, acontecer: *Não sei o que se passa ali.*

passarela pas.sa.**re**.la *substantivo feminino* **1.** Ponte para pedestres construída sobre ruas ou estradas. **2.** Plataforma para desfiles de moda, concursos, etc.: *Os modelos desfilaram na passarela.*

passarinho pas.sa.**ri**.nho *substantivo masculino* Pássaro pequeno: *Os passarinhos cantam na mata.*

pássaro **pás**.sa.ro *substantivo masculino* Nome comum a aves pequenas e médias, terrestres ou aéreas, que habitam as árvores, os campos e as cidades.

passatempo pas.sa.**tem**.po *substantivo masculino* Diversão, divertimento: *Nas férias inventamos muitos passatempos.*

passe pas.se *substantivo masculino* **1.** Documento que dá licença ou permissão: *Estes alunos têm passes para entrar no museu.* **2.** Em certos esportes, a ação de passar a bola a um companheiro de equipe.

passear pas.se.**ar** *verbo* Ir a algum lugar a passeio, em visita, etc.: *Aos domingos saímos para passear; À tarde passeamos pelo bosque.*

passeata pas.se.**a**.ta *substantivo feminino* Marcha coletiva para manifestar protesto, etc.: *Os moradores do bairro fizeram uma passeata contra a violência.*

passeio pas.**sei**:o *substantivo masculino* **1.** Ação de passear, ou o resultado desta ação: *O passeio pelo campo durou todo o dia.* **2.** Lugar próprio para passear: *O Pão de Açúcar é um dos belos passeios do Rio de Janeiro.* **3.** Percurso de um lugar a outro: *Faz todos os dias um passeio de sua casa à praia.* **4.** O mesmo que **calçada**: *Anda sempre pelo passeio.*

passo pas.so *substantivo masculino* **1.** Ação de deslocar o ponto de apoio do corpo de um pé para o outro, e o resultado desta ação: *Com um ano, o menino deu os primeiros passos.* **2.** Modo de andar: *Passos*

pasta

suaves não fazem barulho. **3.** Conjunto de movimentos, numa dança: *Deu alguns passos de samba.* **4.** O som produzido pelos passos: *Ouviu passos, e assustou-se.*

pasta pas.ta *substantivo feminino* **1.** Porção de matéria sólida ligada ou amassada com uma substância líquida: *Amassou os legumes com caldo de carne, fazendo uma pasta.* **2.** Qualquer massa assim formada: *Este remédio tem consistência de pasta.* **3.** Bolsa achatada, de couro, plástico, etc., para transportar papéis, livros, etc.: *Leva os materiais para a escola numa pasta.*

pastagem pas.ta.gem *substantivo feminino* O mesmo que *pasto* (2): *Andei pelas verdes pastagens da fazenda.* [Plural: *pastagens*.]

pastar pas.tar *verbo* Comer erva ou vegetação rasteira: *O gado alimenta-se pastando.*

pastel pas.tel *substantivo masculino* Iguaria feita com pequenas porções de pasta ou massa de farinha de trigo, com recheio, e que se frita ou assa. [Plural: *pastéis*.]

pastelaria pas.te.la.ri.a *substantivo feminino* Local onde se fazem e se vendem vários tipos de massa doce ou salgada.

pasteleiro pas.te.lei.ro *substantivo masculino* Homem que faz ou vende pastéis.

pastilha pas.ti.lha *substantivo feminino* Pequena porção de pasta solidificada, achatada, que contém medicamento: *Usa pastilha contra a tosse.*

pasto pas.to *substantivo masculino* **1.** Qualquer erva que serve de alimento para o gado. **2.** Lugar em que há pasto (1); pastagem: *Os pastos da fazenda são cercados.*

pastor pas.tor (ô) *substantivo masculino* **1.** Pessoa que leva o gado para o pasto, e o vigia ou guarda. **2.** Pastor de ovelhas. **3.** Cão próprio para proteger rebanhos. **4.** Sacerdote protestante.

pastoso pas.to.so (tô) *adjetivo* Que tem consistência de pasta: *As lavas dos vulcões são pastosas.* [Plural: *pastosos* (tó).]

pata[1] pa.ta *substantivo feminino* A fêmea do pato.

pato

pata[2] pa.ta *substantivo feminino* Pé de animal: *Os quadrúpedes têm quatro patas.*

patada pa.ta.da *substantivo feminino* Pancada com a pata.

patamar pa.ta.mar *substantivo masculino* Numa escada, piso mais largo que os degraus.

patê pa.tê *substantivo masculino* Qualquer iguaria pastosa feita de carne, de fígado, etc., e que, em geral, se come fria.

paternal pa.ter.nal *adjetivo de dois gêneros* O mesmo que *paterno*. [Plural: *paternais*.]

paterno pa.ter.no *adjetivo* Relativo ao pai, ou próprio do pai; paternal: *Não conseguiu autorização paterna para viajar sozinho.*

pateta pa.te.ta *adjetivo de dois gêneros* **1.** Diz-se de pessoa tola, ou pouco inteligente. ✅ *substantivo de dois gêneros* **2.** Pessoa pateta.

patim pa.tim *substantivo masculino* **1.** Calçado com uma lâmina de aço para deslizar no gelo. **2.** Calçado com rodinhas próprio para patinar. [Plural: *patins*.]

patinação pa.ti.na.ção *substantivo feminino* **1.** Ação de patinar, ou o resultado desta ação. **2.** Local onde se patina: *Neste parque há uma pista de patinação.* [Plural: *patinações*.]

patinar pa.ti.nar *verbo* Deslizar ou rolar sobre patins.

patinete pa.ti.ne.te *substantivo feminino e masculino* Brinquedo formado por duas estruturas, uma, horizontal, montada sobre duas rodas, e outra, vertical, que serve como guidom.

pátio pá.ti:o *substantivo masculino* Espaço descoberto, em geral no interior de um edifício, ou junto a ele: *No pátio da escola há um chafariz.*

pato pa.to *substantivo masculino* Ave aquática de bico largo e achatado, e que pode ser domesticada.

patrão pa.**trão** *substantivo masculino* Homem que chefia e orienta o trabalho de outros, os empregados: *Para ausentar-se do trabalho precisa de ordem do patrão.* [Plural: *patrões*. Feminino: *patroa*.]

pátria pá.**tri**:a *substantivo feminino* O país onde nascemos: *Vários membros da Conjuração Mineira saíram da pátria e foram obrigados a viver no exílio.*

patrimônio pa.tri.**mô**.ni:o *substantivo masculino* O conjunto dos bens de uma pessoa: *A nossa fazenda faz parte do patrimônio de meus pais.*

pátrio pá.**tri**:o *adjetivo* Da pátria, ou relativo a ela: *A bandeira é um dos símbolos pátrios.*

patriota pa.tri.**o**.ta *substantivo de dois gêneros* Pessoa que ama a pátria e procura servi-la e defendê-la: *Os patriotas lutaram pela Independência do Brasil.*

patroa pa.**tro**.a (ô) *substantivo feminino* **1.** Mulher do patrão. **2.** A dona da casa, em relação a seus empregados: *A cozinheira pediu à patroa para sair mais cedo.*

patrocinar pa.tro.ci.**nar** *verbo* Dar patrocínio a: *Uma marca de automóveis patrocina este programa de televisão.*

patrocínio pa.tro.**cí**.ni:o *substantivo masculino* **1.** Auxílio financeiro que se fornece a espetáculo, em troca de propaganda comercial: *Conseguiu fazer o filme com o patrocínio de uma grande indústria.* **2.** O que se dá ou recebe em patrocínio (1): *Financiou a excursão com o dinheiro do patrocínio.*

patrulha pa.**tru**.lha *substantivo feminino* **1.** Ação de patrulhar, ou o resultado desta ação: *A patrulha desta rua é feita por dois vigilantes.* **2.** Serviço de vigilância: *A patrulha impediu que arrombassem o meu carro.* ✓ *substantivo masculino* **3.** O mesmo que *patrulheiro*: *Dois patrulhas prenderam o ladrão.*

patrulhar pa.tru.**lhar** *verbo* Ir de um para outro lado para proteger ou vigiar: *Dois vigilantes patrulham a nossa rua.*

patrulheiro pa.tru.**lhei**.ro *substantivo masculino* Indivíduo que patrulha ou vigia; patrulha: *Os patrulheiros da estrada comunicam-se pelo rádio.*

pau *substantivo masculino* **1.** Pedaço de madeira. **2.** Qualquer madeira: *Fez uma casinha de pau para o cachorro.* **3.** *Gíria* Reprovação em exame: *Não estudou para a prova, e levou pau.* [Plural: *paus*.]

pau a pique pau a **pi**.que *substantivo masculino* Construção feita de paus ou varas cruzadas, e barro socado: *As casas mais antigas da fazenda são de pau a pique.* [Plural: *paus a pique*.]

pau-brasil pau-bra.**sil** *substantivo masculino* Árvore que havia antigamente em grande quantidade no litoral do Brasil, e hoje é rara, e que fornece madeira avermelhada, muito dura: *Os antigos navegantes faziam comércio de pau-brasil.* [Origem do nome de nosso país.] [Plural: *paus-brasis* e *paus-brasil*.]

pau de arara pau de a.**ra**.ra *substantivo masculino* Caminhão coberto usado no transporte de pessoas para o trabalho rural, e, ainda, de retirantes para outras áreas do Brasil. [Plural: *paus de arara*.]

paulada pau.**la**.da *substantivo feminino* Pancada com pau.

paulista pau.**lis**.ta *adjetivo de dois gêneros* **1.** Do estado de São Paulo. ✓ *substantivo de dois gêneros* **2.** Quem nasceu, ou vive, nesse estado.

paulistano pau.lis.**ta**.no *adjetivo* **1.** De São Paulo, capital do estado de São Paulo. ✓ *substantivo masculino* **2.** Quem nasceu, ou vive, em São Paulo.

pausa **pau**.sa *substantivo feminino* Interrupção temporária de ação, movimento ou som: *Durante a caminhada, fizemos uma pausa para descanso.*

pauta **pau**.ta *substantivo feminino* **1.** Conjunto de linhas paralelas horizontais impressas numa folha de papel: *Aprendemos a escrever usando cadernos de pauta.* **2.** Cada uma dessas linhas.

pavão pa.**vão** *substantivo masculino* Ave terrestre cujo macho tem uma grande cauda de belas penas coloridas. [Plural: *pavões*. Feminino: *pavoa*.]

pavimentação pa.vi.men.ta.**ção** *substantivo feminino* Ação de pavimentar, ou o resultado desta ação: *Os pedreiros trabalharam hoje na pavimentação da casa.* [Plural: *pavimentações*.]

pavimentar pa.vi.men.**tar** *verbo* Pôr pavimento em habitação, rua, estrada, etc.: *A prefeitura mandou pavimentar as ruas deste bairro.*

pavimento pa.vi.**men**.to *substantivo masculino* **1.** Revestimento do solo sobre o qual se pisa: *O banheiro tem pavimento de ladrilhos.* **2.** Qualquer andar de uma construção: *A minha casa fica no segundo pavimento deste prédio.*

pavio pa.**vi**:o *substantivo masculino* Torcida de fios que fica no interior de vela, etc., e à qual se ateia fogo, para iluminação.

pavor pa.**vor** (ô) *substantivo masculino* Grande susto ou medo; terror: *Não pode viver no campo, porque tem pavor de insetos.*

pavoroso pa.vo.**ro**.so (rô) *adjetivo* Que provoca pavor: *Contou uma história pavorosa.* [Plural: *pavorosos* (ró).]

paz *substantivo feminino* **1.** Ausência de lutas, violências, conflitos: *Para haver progresso, é necessário que haja paz; A vida é mais agradável nos tempos de paz.* **2.** Relação entre pessoas ou grupos, sociedades, países, etc.; que não estão em conflito: *Na minha casa há paz; É preciso haver paz no mundo.* **3.** Sossego, tranquilidade: *Encontrou a paz quando foi viver no campo.*

pé *substantivo masculino* **1.** Cada uma das duas extremidades das pernas, que permite a postura vertical, e o andar: *Os bípedes são os animais que têm dois pés.* **2.** O mesmo que *pata²*: *Os quadrúpedes são os animais que têm quatro pés.* **3.** A parte inferior de um objeto, e que o sustenta: *Esta é uma mesa de quatro pés; Segurou a taça pelo pé.* **4.** Na cama, a parte oposta à cabeceira: *Pôs a coberta no pé da cama.* **5.** Cada exemplar de uma planta: *No meu quintal há um pé de laranja.* **6.** Condição de um negócio, uma situação: *Em que pé está este noivado?* **7.** Parte inferior de página, livro, etc.: *Há uma nota no pé da página.* 🔊 **A pé.** Caminhando: *Veio a pé da escola.* **De pé. 1.** Em posição vertical (pessoa ou coisa); em pé: *Ficaram de pé quando entrou o diretor; Apesar da ventania, a árvore continua de pé.* **2.** De acordo com o combinado: *A nossa viagem está de pé?* **Em pé.** O mesmo que *de pé* (1): *Com o terremoto, nenhuma casa ficou em pé.*

pê *substantivo masculino* A letra *p*.

peão¹ pe.**ão** *substantivo masculino* No jogo de xadrez, peça de movimento limitado. [Plural: *peões*.]

peão² pe.**ão** *substantivo masculino* Homem que trabalha no campo como boiadeiro, etc.: *Os peões da fazenda deram uma festa junina.* [Plural: *peões*. Feminino: *peoa, peona*.]

peça pe.ça *substantivo feminino* **1.** Cada uma das partes que formam um conjunto: *Conseguiu montar todas as peças do quebra-cabeça.* **2.** Cada objeto ou exemplar, em um conjunto: *Falta uma peça neste fa-*

pecado

queiro; *Vestiu um traje de duas peças.* **3.** Obra de arte literária, musical, ou de escultura, etc.: *Escreveu uma peça de teatro; Neste museu há peças valiosas.* **4.** Compartimento ou divisão de uma construção: *Mora num apartamento de três peças.* **5.** Ato que se pratica para enganar alguém: *Quiseram pregar-me uma peça.*

pecado pe.**ca**.do *substantivo masculino* **1.** Aquilo que é proibido pela religião: *Roubar é um pecado grave.* **2.** Qualquer ação errada ou cruel: *É um pecado maltratar animais.*

pecar pe.**car** *verbo* Cometer pecado: *Devemos perdoar as pessoas que pecam e se arrependem.*

peçonha pe.**ço**.nha *substantivo feminino* O veneno de alguns animais, como a cobra.

peçonhento pe.ço.**nhen**.to *adjetivo* Que tem peçonha: *Os animais peçonhentos usam o veneno como defesa.*

pecuária pe.cu.**á**.ri:a *substantivo feminino* Atividade de quem é criador de gado: *Muitos fazendeiros se dedicam à pecuária.*

pedaço pe.**da**.ço *substantivo masculino* **1.** O mesmo que *porção* (1): *Dividimos o bolo em pedaços iguais.* **2.** Pequeno espaço de tempo: *Esperei por ela um pedaço.* **3.** Trecho, passagem: *A professora leu apenas um pedaço da história.*

pedágio pe.**dá**.gi:o *substantivo masculino* Taxa cobrada pelo direito de passagem por uma estrada de rodagem: *Os caminhões pagam um pedágio mais alto que o dos automóveis.*

pedra

pedal pe.**dal** *substantivo masculino* Numa máquina, peça que é movida com o pé: *Os automóveis têm três pedais.* [Plural: *pedais.*]

pedalar pe.da.**lar** *verbo* **1.** Mover o pedal de: *É difícil pedalar a bicicleta na subida.* **2.** Andar de bicicleta: *Nas férias, pedalamos todos os dias.*

pé de moleque pé de mo.**le**.que *substantivo masculino* Doce feito com rapadura e amendoim. [Plural: *pés de moleque.*]

pé de pato pé de **pa**.to *substantivo masculino* Calçado de borracha para nadadores e mergulhadores, de formato que lembra o do pé de um pato. [Plural: *pés de pato.*]

pedestal pe.des.**tal** *substantivo masculino* Peça de pedra, madeira, etc., que sustenta uma estátua, etc. [Plural: *pedestais.*]

pedestre pe.**des**.tre *substantivo de dois gêneros* Quem anda a pé, ou está a pé.

pediatra pe.di.**a**.tra *substantivo de dois gêneros* Médico que é especialista em pediatria.

pediatria pe.di:a.**tri**.a *substantivo feminino* O estudo das doenças infantis, e o tratamento dessas doenças.

pedido pe.**di**.do *substantivo masculino* **1.** Ação de pedir, ou o resultado desta ação. **2.** Aquilo que se pediu: *Não pude atender o seu pedido.*

pedinte pe.**din**.te *substantivo de dois gêneros* Pessoa que pede esmola.

pedir pe.**dir** *verbo* **1.** Solicitar que dê ou conceda: *Os empregados pediram aumento de salário.* **2.** O mesmo que *exigir* (1): *Para identificá-lo, pediu que apresentasse a carteira de identidade.* **3.** Exigir certo preço: *Está pedindo R$ 200.000,00 pelo apartamento.* **4.** Solicitar permissão: *Pediu para sair.*

pedra pe.**dra** *substantivo feminino* **1.** Mineral duro, da natureza das rochas. **2.** Pedaço de pedra (1): *Atirou uma pedra no agressor.* **3.** Rocha, rochedo: *Subiu até o*

pedrada

alto da pedra. **4.** Pedaço de qualquer substância sólida e dura: *Pediu uma pedra de sabão para lavar a roupa.*

pedrada pe.**dra**.da *substantivo feminino* Pancada com pedra: *Uma pedrada quebrou o vidro do carro.*

pedreira pe.**drei**.ra *substantivo feminino* Lugar donde se extrai pedra.

pedreiro pe.**drei**.ro *substantivo masculino* Operário que trabalha em obras de construção.

pegada pe.**ga**.da *substantivo feminino* Vestígio que o pé deixa no solo em que pisa: *Encontraram pegadas do ladrão junto à porta.*

pegajoso pe.ga.**jo**.so (jô) *adjetivo* Que pega ou gruda facilmente; viscoso: *O caramelo é uma bala pegajosa.* [Plural: *pegajosos* (jó).]

pegar pe.**gar** *verbo* **1.** Prender, segurando: *Pegou a xícara pela alça; Correu atrás do ladrão e o pegou.* **2.** Fazer aderir; colar: *Pegou o aviso à porta.* **3.** Contrair doença: *Pegou sarampo na escola.* **4.** Transmitir-se por contato: *Esta doença não pega.* **5.** Entender, compreender: *Não peguei o sentido desta palavra.* **6.** Ser atingido por: *Correu para não pegar chuva.* **7.** Aceitar fazer: *Pegou o trabalho de servente.* **8.** Seguir por: *Pegue a rua à direita.* **9.** Lançar raízes: *Esta planta pegou.*

peido pei.do *substantivo masculino* Gás proveniente do intestino que escapa pelo ânus.

peito pei.to *substantivo masculino* **1.** O mesmo que *tórax*: *Os pulmões ficam dentro do peito.* **2.** A parte anterior do tórax dos vertebrados: *O cachorro tem uma mancha branca no peito; O peito do sabiá é alaranjado.* **3.** Coragem, ânimo: *Teve peito para enfrentar os bandidos.*

peixe pei.xe *substantivo masculino* Animal vertebrado aquático que respira pelas guelras, tem nadadeiras, e que pode ter pele nua ou ser coberto de escamas.

peixe-boi pei.xe-**boi** *substantivo masculino* Grande animal mamífero encontrado em rios e lagos da Amazônia. [Plural: *peixes-bois* e *peixes-boi*.]

pelada pe.**la**.da *substantivo feminino* Jogo de futebol, geralmente em campo improvisado, que se joga por diversão.

pelo¹

pelado¹ pe.**la**.do *adjetivo* Sem pelo.

pelado² pe.**la**.do *adjetivo* **1.** A que se tirou a pele. **2.** A que se tirou a casca. **3.** Sem roupa; nu: *Deixaram a criancinha pelada para tomar banho de sol.*

pelagem pe.**la**.gem *substantivo feminino* O conjunto dos pelos de um mamífero: *O meu cachorro tem pelagem branca com manchas pretas.* [Plural: *pelagens*.]

pelar¹ pe.**lar** *verbo* Tirar o pelo a: *Foi ao barbeiro e pelou a cabeça.*

pelar² pe.**lar** *verbo* Tirar a pele a: *Antes de fazer o molho, pelou os tomates.*

pele pe.le *substantivo feminino* **1.** A camada externa que reveste o corpo do homem e de outros animais: *Tomou muito sol, e ficou com a pele morena; O meu cachorrinho está com uma ferida na pele.* **2.** A pele de certos animais, preparada para uso na fabricação de agasalhos, de utensílios, etc.: *Os homens primitivos usavam roupas de pele.* **3.** A casca de certos frutos e legumes: *Torraram os amendoins sem a pele.*

pelejar pe.le.**jar** *verbo* **1.** Combater, batalhar: *Muitos soldados que pelejaram ficaram feridos.* **2.** Insistir: *Ele pelejou para que eu viajasse com ele.*

pelicano pe.li.**ca**.no *substantivo masculino* Ave aquática de pescoço comprido e bico largo, que tem uma espécie de bolsa para armazenar os peixes.

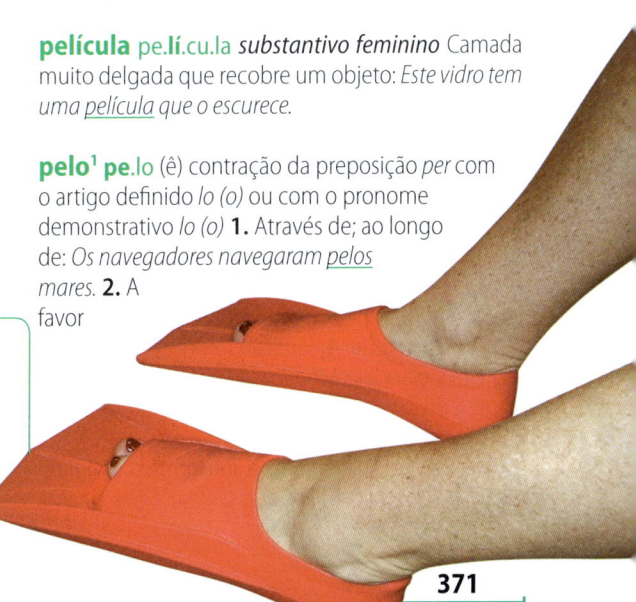

película pe.**lí**.cu.la *substantivo feminino* Camada muito delgada que recobre um objeto: *Este vidro tem uma película que o escurece.*

pelo¹ pe.lo (ê) contração da preposição *per* com o artigo definido *lo (o)* ou com o pronome demonstrativo *lo (o)* **1.** Através de; ao longo de: *Os navegadores navegaram pelos mares.* **2.** A favor

pelo² ... de: *Os abolicionistas trabalharam pela abolição.* **3.** Por aquele, ou aquela, ou aquilo que: *Chorou pelos que morreram; Pelo que dizem, não haverá acordo.*

pelo² pe.lo (ê) *substantivo masculino* **1.** Cada um dos filamentos que recobrem a pele de certos animais: *Os pelos da cabeça do homem são chamados cabelos; Os animais que vivem em regiões muito frias têm pelos longos e densos.* **2.** O mesmo que *pelagem*: *Meu gato tem um belo pelo.*

pelota pe.lo.ta *substantivo feminino* Bola pequena: *Brincou com o barro fazendo pelotas.*

pelotão pe.lo.tão *substantivo masculino* Grupo de soldados: *O chefe do pelotão deu ordem para atirar.* [Plural: *pelotões.*]

pelúcia pe.lú.ci.a *substantivo feminino* Tecido que tem um lado felpudo: *Ana tem um urso de pelúcia.*

peludo pe.lu.do *adjetivo* Que tem muito pelo: *Os ursos são animais peludos.*

pena¹ pe.na *substantivo feminino* **1.** Cada uma das peças que recobrem a pele das aves; pluma: *O canário tem penas amarelas.* **2.** Pequena peça de metal terminada em ponta, que, adaptada a uma caneta, serve para escrever ou desenhar: *Fez um belo desenho com a pena.*

pena² pe.na *substantivo feminino* **1.** O mesmo que *penalidade*. **2.** Grande sofrimento ou aflição: *O seu mau comportamento causou muita pena à família.* **3.** O mesmo que *compaixão*: *Teve pena do mendigo e alimentou-o.* **4.** Punição imposta pelo Estado a quem viola a lei: *O criminoso terá uma pena de dez anos de prisão.*

penalidade pe.na.li.da.de *substantivo feminino* Punição imposta pela lei; pena: *Os traficantes sofrerão graves penalidades.*

pênalti pê.nal.ti *substantivo masculino* Falta cometida pelo jogador de futebol dentro da área próxima ao gol.

penar pe.nar *verbo* Sofrer pena, dor; aflição: *Muito penou, quando teve que se separar dos pais.*

penca pen.ca *substantivo feminino* **1.** Cacho de frutos: *penca de bananas.* **2.** Grande quantidade: *Tem uma penca de filhos para alimentar.*

pendão pen.dão *substantivo masculino* O mesmo que *bandeira*: "Salve, lindo pendão da esperança" (Do *Hino à Bandeira*). [Plural: *pendões.*]

pendente pen.den.te *adjetivo de dois gêneros* Que pende: *Colheu os cachos pendentes da bananeira.*

pender pen.der *verbo* **1.** Estar pendurado ou suspenso: *As laranjas pendem dos galhos.* **2.** Estar ou ficar inclinado: *Com a ventania, as árvores penderam.*

🌐 **pen drive** (pen dráiv) [Inglês] *substantivo masculino* Pequeno dispositivo, externo ao computador, para armazenamento de dados.

pendurar pen.du.rar *verbo* **1.** Colocar em lugar elevado, deixando pender sem que toque no chão: *Pendurou o casaco e o chapéu.* **2.** Estar suspenso; pender: *Os galhos, carregados de frutos, penduravam-se.*

peneira pe.nei.ra *substantivo feminino* Peça geralmente redonda que é uma armação de madeira, metal ou plástico, etc., a que se prende tela de arame fino ou de outro material disposto em trança; serve para separar substâncias reduzidas a fragmentos, retendo as mais grossas.

peneirar pe.nei.rar *verbo* Fazer passar por peneira: *Peneirou a farinha para fazer os biscoitos; Peneirou os cascalhos para ver se encontrava pepitas; Peneirou o leite para separar a nata.*

penetra pe.ne.tra *substantivo de dois gêneros* Pessoa que vai a festa, espetáculo, etc., sem convite ou sem ingresso.

penetrar pe.ne.trar *verbo* **1.** Passar através, ou para dentro de: *A luz do Sol penetrou nos quartos.* **2.** Ir em direção ao interior de: *Os colonizadores pe-*

netraram os sertões. **3.** Introduzir-se, entrar: *Penetrou na casa vazia*.

penhasco pe.**nhas**.co *substantivo masculino* Rochedo elevado: *A casa fica no alto de um penhasco*.

penicilina pe.ni.ci.**li**.na *substantivo feminino* Medicação que combate infecções.

penico pe.**ni**.co *substantivo masculino* Utensílio que serve para nele se urinar ou defecar; urinol.

península pe.**nín**.su.la *substantivo feminino* Porção de terra cercada de água por todos os lados, menos um: *A península é um acidente geográfico*.

pênis **pê**.nis *substantivo masculino de dois números* Órgão genital masculino que tem também função urinária.

penitência pe.ni.**tên**.ci:a *substantivo feminino* Punição por erro cometido: *João ficou sem sobremesa, como penitência por ter brigado com o irmão*.

penitenciária pe.ni.ten.ci.**á**.ri:a *substantivo feminino* O mesmo que *cadeia* (2): *Os culpados pelo crime estão presos na penitenciária*.

pensamento pen.sa.**men**.to *substantivo masculino* **1.** Ação de pensar, ou o resultado desta ação. **2.** Aquilo que se pensa; ideia: *Não quis comunicar os seus pensamentos, e nada disse*. **3.** Modo de pensar; opinião: – *Qual o seu pensamento a esse respeito?* **4.** O mesmo que *mente* (1): *Não faço ideia do que ele tem no pensamento*.

pensão pen.**são** *substantivo feminino* **1.** Quantia que se paga regularmente a alguém: *É aposentado, e vive da pensão que recebe*. **2.** Casa em que se alugam quartos mobiliados e que fornece, ou não, refeições: *Mudou-se para a capital para estudar, e mora numa pensão*. [Plural: *pensões*.]

pensar pen.**sar** *verbo* **1.** Formar ideias ou pensamentos na mente. **2.** Ter como intenção; pretender: *Penso em tirar umas férias*. **3.** Lembrar-se: *Pense em mim quando você estiver no Ceará*. **4.** Imaginar, supor, julgar: *Ele pensava que o irmão era inocente*. **5.** Cuidar: *Pensou em todos os detalhes*.

pensativo pen.sa.**ti**.vo *adjetivo* Que está pensando, que está concentrado em seu pensamento: *Pedi que desse a sua opinião, mas ele apenas ficou pensativo*.

pensionista pen.si:o.**nis**.ta *substantivo de dois gêneros* **1.** Quem recebe pensão (1), principalmente do Estado. **2.** Pessoa que mora em pensão (2).

pentágono pen.**tá**.go.no *substantivo masculino* Polígono de cinco lados.

pente pen.te *substantivo masculino* Objeto com numerosos dentes finos, muito próximos uns dos outros, com o qual se penteiam ou se desembaraçam os cabelos.

penteado pen.te.**a**.do *substantivo masculino* Modo especial de arrumar os cabelos: *Cortou os cabelos bem curtos, para fazer um penteado moderno*.

pentear pen.te.**ar** *verbo* Arrumar os cabelos de alguém, ou os próprios cabelos; fazer penteado: *Penteou os cabelos prendendo-os no alto da cabeça*; *Penteou-se para sair*.

penugem pe.**nu**.gem *substantivo feminino* Pelo macio e curto: *Ao nascer, os pintinhos têm uma penugem geralmente amarela*. [Plural: *penugens*.]

penúltimo pe.**núl**.ti.mo *adjetivo* Que antecede imediatamente o último: *Hoje é o penúltimo dia de aula*.

penumbra pe.**num**.bra *substantivo feminino* Transição da luz para a sombra: *Levantou-se na penumbra da madrugada*.

pepino pe.**pi**.no *substantivo masculino* Legume muito usado em salada.

pepita pe.**pi**.ta *substantivo feminino* Fragmento de metal nativo, em especial de ouro.

pequeno pe.**que**.no *adjetivo* **1.** Pouco extenso: *Andou um pequeno trecho para chegar aqui*. **2.** De tamanho reduzido: *Comprou uma mesa pequena para o filho estudar.* **3.** Que está na infância: *Crianças pequenas não devem andar sozinhas.* **4.** De baixo valor: *Gastou uma pequena quantia.*

pequi pe.**qui** *substantivo masculino* **1.** Árvore que cresce nos cerrados, e que dá um fruto amarelo comestível. **2.** Esse fruto.

per *preposição antiga* Por.

pera pe.ra *substantivo feminino* O fruto comestível, geralmente macio, da pereira.

peralta pe.**ral**.ta *adjetivo* Veja *travesso*.

perceber per.ce.**ber** *verbo* **1.** Experimentar, sentir, pelos órgãos dos sentidos: *Percebeu que ele não gostou da notícia, pela cara que fez.* **2.** Sentir, notar: *Pelas perguntas, o professor percebeu que os alunos não tinham entendido a explicação.* **3.** Ver ou ouvir nitidamente; distinguir: *Percebeu quando ela entrou na sala.*

percentagem per.cen.**ta**.gem *substantivo feminino* **1.** Parte proporcional calculada sobre 100 unidades. **2.** Taxa calculada sobre um capital de 100 unidades. [Plural: *percentagens*.]

percentual per.cen.tu.**al** *adjetivo de dois gêneros* **1.** Relativo a porcentagem: *Fez um cálculo percentual sobre o seu salário, para pagar as despesas extras.* ✓ *substantivo masculino* **2.** O mesmo que *porcentagem*: *Um grande percentual dos alunos passou nos exames finais.* [Plural: *percentuais*.]

percepção per.cep.**ção** *substantivo feminino* Ação de perceber, ou o resultado desta ação: *Os gatos têm pouca percepção para as cores.* [Plural: *percepções*.]

percevejo per.ce.**ve**.jo *substantivo masculino* **1.** Inseto de, no máximo, 1cm de comprimento, de cor geralmente verde ou castanha, e corpo achatado, que às vezes se alimenta de sangue. **2.** Preguinho de cabeça chata.

percorrer per.cor.**rer** *verbo* **1.** Passar por um lugar, ou ao longo dele: *Percorreu várias ruas da cidade, antes de encontrar o endereço indicado.* **2.** Passar ligeiramente a vista sobre alguma coisa: *Percorreu o texto da lição, mas não teve tempo de estudá-la.*

percurso per.**cur**.so *substantivo masculino* **1.** Ação de percorrer, ou o resultado desta ação: *Faço o percurso para a escola em meia hora.* **2.** O espaço percorrido; trajeto: *O percurso da Terra em volta do Sol dura 24 horas.*

percussão per.cus.**são** *substantivo feminino* **1.** Ação de tocar ou bater em instrumento, etc., ou o resultado desta ação: *A percussão dos tambores deu início à cerimônia dos guerreiros.* **2.** Barulho produzido pelo choque de dois ou mais corpos: *A percussão das ondas nos rochedos é ouvida à distância.* [Plural: *percussões*.]

perda **per**.da (ê) *substantivo feminino* Ação de perder, ou o resultado desta ação: *perda de tempo.*

perdão per.**dão** *substantivo masculino* **1.** Ação de perdoar, ou o resultado desta ação: *O perdão de suas faltas foi finalmente concedido.* **2.** Fórmula de polidez que se emprega para se desculpar ou para pedir um favor: *Perdão, não queria interrompê-lo, mas tenho de sair*; *Perdão, o senhor pode dizer novamente o seu endereço?* [Plural: *perdões*.]

perder per.**der** *verbo* **1.** Ficar sem a posse de alguma coisa: *Perdeu a carteira com todos os documentos.* **2.** Sofrer derrota: *O seu time de futebol perdeu*; *Os soldados perderam a batalha.* **3.** Não chegar a tempo para embarcar em condução: *Chegou atrasado e perdeu o ônibus.* **4.** Deixar de ver ou de ouvir, ou de tomar parte em: *Perdeu o espetáculo, porque chegou tarde*; *Perdeu um ótimo filme.*

perdiz per.**diz** *substantivo feminino* Pequena ave sem cauda e de pernas curtas, de carne apreciada.

perdoar per.do.**ar** *verbo* **1.** Conceder perdão: *Perdoou a ofensa ao amigo.* **2.** Desculpar: *Perdoe-me, pode repetir o que disse?*

pereba pe.**re**.ba *substantivo feminino* Ferida pequena.

perecer pe.re.**cer** *verbo* **1.** O mesmo que *morrer*: *O meu avô pereceu aos noventa anos.* **2.** Estragar-se: *Os alimentos pereceram com o calor.*

perecível pe.re.**cí**.vel *adjetivo* Que está sujeito a perecer (2): *Os alimentos conservados em latas são perecíveis*. [Plural: *perecíveis*.]

pereira pe.**rei**.ra *substantivo feminino* Árvore frutífera da Europa e da Ásia que dá peras.

perereca pe.re.**re**.ca *substantivo feminino* Pequeno animal anfíbio, sem cauda, da família do sapo, de cor verde ou marrom, e que geralmente habita as árvores.

perfeição per.fei.**ção** *substantivo feminino* **1.** Qualidade do que é perfeito, que não tem defeito: *É difícil para todos nós atingir a perfeição*. **2.** Cuidado extremo em um trabalho, uma tarefa; apuro: *Faz os deveres de casa com perfeição*. [Plural: *perfeições*.]

perfeito per.**fei**.to *adjetivo* **1.** Em que não há defeito: *Os retratos são reproduções perfeitas dos seres ou objetos, numa só dimensão*. **2.** Em que não há erro: *Fez uma prova perfeita, e tirou a nota máxima*. **3.** Completo, total: *Casou-se, e está num perfeito estado de felicidade*.

perfil per.**fil** *substantivo masculino* **1.** Contorno do rosto de pessoa vista de lado: *Pelo seu perfil, vê-se que tem nariz grande*. **2.** Descrição breve de alguém: *No discurso, fez um belo perfil do pai*. [Plural: *perfis*.]

perfumado per.fu.**ma**.do *adjetivo* Que tem ou exala perfume.

perfumar per.fu.**mar** *verbo* **1.** Dar um cheiro agradável a: *Os vasos de rosas perfumavam a sala*; *As flores perfumam o jardim*. **2.** Aplicar perfume em alguém, ou em si mesmo: *Perfumou as roupas guardadas*; *Perfumou-se antes de sair*.

perfume per.**fu**.me *substantivo masculino* **1.** Cheiro agradável exalado por algo, como, por exemplo, pelas flores: *O perfume dos jasmins espalhava-se pelo jardim*; *Os frutos maduros têm um perfume adocicado*. **2.** Qualquer produto líquido aromático: *Não sai de casa sem usar perfume*.

perfuração per.fu.ra.**ção** *substantivo feminino* Ação de perfurar, ou o resultado desta ação: *Com as perfurações, encontraram novos poços de petróleo*. [Plural: *perfurações*.]

perfurar per.fu.**rar** *verbo* **1.** Fazer furo(s) em: *Perfurou o tampo da caixa em que levava o gatinho*. **2.** Fazer perfuração em, cavando ou escavando: *Perfuraram o terreno para fazer novos poços de água*.

pergunta per.**gun**.ta *substantivo feminino* Palavra ou frase com que se interroga: *Não ouviu a pergunta, e pediu que a repetissem*; *A prova constava de dez perguntas*.

perguntar per.gun.**tar** *verbo* **1.** Fazer pergunta ou perguntas a alguém; interrogar: *Perguntou a todos sobre o acidente*. **2.** Solicitar informação: *Perguntou-me a nacionalidade*.

periferia pe.ri.fe.**ri**.a *substantivo feminino* Região afastada do centro de uma grande cidade: *Esta linha de metrô serve também à periferia*.

periférico pe.ri.**fé**.ri.co *adjetivo* Da, ou relativo à periferia: *Mora num bairro periférico*.

perigo pe.**ri**.go *substantivo masculino* **1.** Possibilidade de que ocorra alguma coisa má ou arriscada; risco: *Não atravesse esta ponte, ela está em perigo de cair*. **2.** Aquilo que provoca essa possibilidade: *As drogas são um perigo para a vida; fuja delas!*

perigoso pe.ri.**go**.so (gô) *adjetivo* **1.** Em que há perigo; arriscado: *Não ande por esta rua perigosa!* **2.** Que representa ou causa perigo: *O revólver é uma arma perigosa*; *Este bandido é um homem perigoso*. [Plural: *perigosos* (gó).]

perímetro pe.**rí**.me.tro *substantivo masculino* **1.** Linha que forma o contorno de uma figura. **2.** Linha que delimita uma área ou região: *Esta casa está fora do perímetro urbano*.

periódico

periódico pe.ri.**ó**.di.co *adjetivo* Que se realiza em períodos regulares: *Faço consultas periódicas ao dentista.*

período pe.**rí**.o.do *substantivo masculino* **1.** Espaço de tempo: *No período das aulas acordo às sete horas.* **2.** Em gramática, oração ou conjunto de orações que formam sentido completo: *Escreveu uma oração com três períodos.*

periquito pe.ri.**qui**.to *substantivo masculino* Pequena ave da família do papagaio, de plumagem colorida: verde, azul, amarela, etc.

periscópio pe.ris.**có**.pi:o *substantivo masculino* Instrumento óptico que permite ver por cima de um obstáculo, e que é usado, principalmente, nos submarinos.

perito pe.**ri**.to *adjetivo* Que tem experiência ou habilidade em determinada atividade: *João é perito em fazer pipas.*

permanecer per.ma.ne.**cer** *verbo* Continuar a ser ou estar, ou ficar; conservar-se: *Todos da família saíram, exceto eu, que permaneci em casa.*

permanência per.ma.**nên**.ci:a *substantivo feminino* **1.** Ação de permanecer, ou o resultado desta ação: *A minha permanência nesta escola foi de quatro anos.* **2.** Qualidade de permanente: *Nada sabemos sobre a permanência desta doença.*

permanente per.ma.**nen**.te *adjetivo de dois gêneros* **1.** Que permanece ou continua: *Tenho permanentes aulas particulares de Matemática.* **2.** Que é definitivo: *A rotação da Terra é permanente.* ✔ *substantivo masculino e feminino* **3.** Penteado que deixa os cabelos ondulados, e que dura um certo tempo: *Maria cortou os cabelos e fez permanente.*

permissão per.mis.**são** *substantivo feminino* Ação de permitir, ou o resultado desta ação: *Sua ida ao passeio depende da permissão da família.* [Plural: *permissões*.]

permitir per.mi.**tir** *verbo* **1.** Dar liberdade, licença ou poder para algo: *Meu pai não permitiu que eu viajasse, por isto ficarei em casa.* **2.** Deixar que aconteça; aceitar, admitir: *O regulamento da escola não permite que cheguemos atrasados.* **3.**

perseguição

Tornar possível: *A invenção das espaçonaves permitiu que o homem fosse à Lua.*

perna **per**.na *substantivo feminino* **1.** Cada um dos dois membros inferiores do homem. **2.** Cada um dos membros de locomoção dos vertebrados e de outros animais; pata, pé. **3.** Parte que serve de suporte a um objeto: *Uma das pernas da mesa está quebrada.* **4.** Parte da roupa que cobre a perna (1): *Sua calça está com a perna rasgada.*

pernambucano per.nam.bu.**ca**.no *adjetivo* **1.** Do estado de Pernambuco. ✔ *substantivo masculino* **2.** Quem nasceu, ou vive, nesse estado.

pernil per.**nil** *substantivo masculino* Coxa de quadrúpede comestível, como o porco, o carneiro, etc. [Plural: *pernis*.]

pernilongo per.ni.**lon**.go *substantivo masculino* Veja *mosquito*.

pernoitar per.noi.**tar** *verbo* Permanecer durante a noite, para dormir: *Como a viagem era muito longa, pernoitamos na metade do caminho.*

peroba pe.**ro**.ba *substantivo feminino* **1.** Árvore de madeira muito dura e resistente. **2.** Essa madeira: *Tenho uma mesa de peroba.*

pérola **pé**.ro.la *substantivo feminino* Pequena bola dura e brilhante que se forma nas conchas de alguns moluscos, e com a qual se fazem joias: *Minha mãe tem um colar de pérolas.*

perpendicular per.pen.di.cu.**lar** *adjetivo de dois gêneros* Diz-se de linha ou superfície que forma um ângulo reto com outra linha ou superfície: *Esta rua é perpendicular à praia, seguimos diretamente por ela até chegar lá.*

perpétuo per.**pé**.tu:o *adjetivo* Que dura para sempre; eterno: *Na Antártica há neves perpétuas.*

perplexo per.**ple**.xo (xo = cso) *adjetivo* Espantado, surpreso: *Até o médico ficou perplexo com a rápida melhora do doente.*

perseguição per.se.gui.**ção** *substantivo feminino* Ação de perseguir, ou o resultado desta ação: *En-*

perseguir

tre os animais é comum a *perseguição* dos mais fracos pelos mais fortes. [Plural: *perseguições*.]

perseguir per.se.**guir** *verbo* **1.** Correr atrás de: *Os policiais perseguiram o ladrão até prendê-lo.* **2.** Tratar continuamente de maneira cruel ou injusta; maltratar: *A antiga Roma perseguiu os primeiros cristãos.*

personagem per.so.**na**.gem *substantivo masculino e feminino* **1.** Pessoa notável, que é objeto de muita atenção, na sociedade ou na história: *O Presidente da República é um personagem importante do país; Tiradentes é um personagem histórico.* **2.** Cada um dos papéis de peça teatral, filme, novela, etc., que é representado por um ator: *Maria representou a personagem da Rainha, na peça de Branca de Neve.* [Plural: *personagens*.]

personalidade per.so.na.li.**da**.de *substantivo feminino* **1.** Todas as características de uma pessoa, seus hábitos, comportamento, etc.: *A personalidade faz com que uma pessoa seja diferente de outra.* **2.** Pessoa muito conhecida: *Os atores de cinema são personalidades.*

persuadir per.su.a.**dir** *verbo* Levar a fazer, a aceitar: *Persuadiu o amigo a comprar a camisa vermelha.*

pertencente per.ten.**cen**.te *adjetivo de dois gêneros* **1.** Que é, ou faz parte de: *Estudei toda a matéria pertencente à prova.* **2.** Que pertence ou pertenceu: *Moro numa casa pertencente à minha família.*

pertencer per.ten.**cer** *verbo* **1.** Ser proprietário de: *Este livro pertence ao João.* **2.** Ser, ou fazer parte de: *Estes selos pertencem à minha coleção.*

perto per.to *advérbio* **1.** A pequena distância; próximo: *Não demoraremos a chegar, já estamos bem perto.* **2.** Em período futuro muito próximo: *O dia do meu aniversário está perto.* 🔊 **Perto de.** A pequena distância de: *Sentou-se perto dos pais.*

pescaria

perturbação per.tur.ba.**ção** *substantivo feminino* **1.** Ação de perturbar(-se), ou o resultado desta ação. **2.** Situação de desordem, de tumulto, de confusão: *Por causa da greve, houve perturbação nas ruas.* [Plural: *perturbações*.]

perturbar per.tur.**bar** *verbo* **1.** Fazer perder, ou perder a serenidade, o controle: *O barulho dos alunos perturbou o professor; Perturbou-se com a agitação das ruas.* **2.** Criar impedimento ou obstáculo: *As obras do metrô perturbaram o trânsito na cidade.* **3.** Sentir vergonha ou embaraço: *Perturbou-se quando foi repreendido.*

peru pe.**ru** *substantivo masculino* Grande ave terrestre, de cauda larga e em forma de leque, domesticada sobretudo por sua carne. [Feminino: *perua*.]

perverso per.**ver**.so *adjetivo* Que pratica crueldade; malvado: *O criminoso era perverso, e torturou a vítima.*

pesadelo pe.sa.**de**.lo (dê) *substantivo masculino* Sonho que causa aflição e angústia.

pesado pe.**sa**.do *adjetivo* Que tem muito peso: *Não tem forças para carregar a mala pesada.*

pesar pe.**sar** *verbo* **1.** Ter certo peso: *Os hipopótamos chegam a pesar 3.200 quilos.* **2.** Avaliar o peso de: *Pedi ao açougueiro que pesasse a carne de novo.*

pesca pes.ca *substantivo feminino* **1.** Ação de pescar, ou o resultado desta ação; pescaria. **2.** Aquilo que se pescou: *Hoje houve uma bela pesca.*

pescador pes.ca.**dor** (ô) *substantivo masculino* **1.** Pessoa que pesca para ganhar a vida. **2.** Pessoa que gosta de pescar.

pescar pes.**car** *verbo* Apanhar peixe ou crustáceo, etc., na água: *Saía no fim da tarde para pescar.*

pescaria pes.ca.**ri**.a *substantivo feminino* O mesmo que *pesca*: *Sua profissão é a pescaria.*

pescoço

pescoço pes.**co**.ço *substantivo masculino* A parte do corpo que liga a cabeça ao tronco.

peso pe.so (ê) *substantivo masculino* **1.** Aquilo que resulta da atração da força da gravidade sobre os corpos: *O peso do hidrogênio é inferior ao do ar.* **2.** O que uma pessoa, um animal, ou uma coisa, pesa: *O bebê nasceu com quatro quilos de peso.* **3.** Qualquer coisa pesada: *Este menino é muito pequeno para carregar peso.* **4.** Pedaço de ferro ou de outro material empregado para avaliar, numa balança, o peso de um corpo. **5.** Sensação de ser oprimido: *Com esta boa notícia, você tirou um peso das minhas costas.* **6.** Quantidade de coisas que formam uma carga: *Este caminhão transporta muito peso.*

pesquisa pes.**qui**.sa *substantivo feminino* **1.** Ação de pesquisar, ou o resultado desta ação. **2.** Investigação e estudo cuidadoso, para descobrir fatos relativos a determinado assunto: *A descoberta da vacina resultou de muita pesquisa médica.*

pesquisador pes.qui.sa.**dor** (ô) *substantivo masculino* Aquele que trabalha com pesquisa.

pesquisar pes.qui.**sar** *verbo* Procurar encontrar, ou buscar, mediante estudo cuidadoso; fazer pesquisa em: *Pesquisou dados estatísticos, para fazer o censo.*

petisco

pêssego pês.se.go *substantivo masculino* O fruto de polpa macia do pessegueiro.

pessegueiro pes.se.**guei**.ro *substantivo masculino* Árvore frutífera nativa da China, de belas flores rosadas, que dá pêssegos.

péssimo pés.si.mo *adjetivo* Muitíssimo mau, ou muitíssimo ruim: *Este fruto tem um gosto péssimo.*

pessoa pes.**so**.a *substantivo feminino* Cada ser humano; indivíduo: *Para fazer o censo, o governo manda contar todas as pessoas do país.* ◆ **Em pessoa.** Pessoalmente.

pessoal pes.so.**al** (ô) *adjetivo de dois gêneros* De, ou relativo a uma pessoa: *Devemos cumprir as nossas obrigações pessoais.* [Plural: *pessoais.*]

pessoalmente pes.so.al.**men**.te *advérbio* De modo pessoal; em pessoa: *Tenho de ocupar-me pessoalmente deste assunto.*

pessoense pes.so.**en**.se *adjetivo de dois gêneros* **1.** De João Pessoa, capital do estado da Paraíba. ✓ *substantivo de dois gêneros* **2.** Quem nasceu, ou vive, em João Pessoa.

pestana pes.**ta**.na *substantivo feminino* O mesmo que *cílio.*

peste pes.te *substantivo feminino* **1.** Doença contagiosa muito grave: *As pulgas podem transmitir peste ao homem.* **2.** Pessoa muito má.

pétala pé.ta.la *substantivo feminino* Cada peça que forma a corola das flores: *Com a ventania, caíram todas as pétalas da roseira.*

peteca pe.**te**.ca *substantivo feminino* Brinquedo infantil que é uma pequena bola achatada, em que se encaixam penas, que se lança ao ar com a palma das mãos.

petisco pe.**tis**.co *substantivo masculino* Iguaria saborosa: *Na festa havia vários petiscos.*

petrificar | pilão

petrificar pe.tri.fi.car *verbo* Transformar(-se) em pedra: *O frio do inverno petrificou o lago.*

petróleo pe.tró.le.o *substantivo masculino* Líquido viscoso, escuro, que se extrai do subsolo e que é utilizado como fonte de energia: *A gasolina é extraída do petróleo.*

pia pi.a *substantivo feminino* Bacia com torneira e escoamento em que corre água para os serviços de banheiro, cozinha, etc.: *Os pratos que usamos são lavados na pia da cozinha; Lavei as mãos na pia.*

piada pi.a.da *substantivo feminino* O mesmo que *anedota*: *Comprei um livro de piadas muito divertidas.*

piano pi.a.no *substantivo masculino* Instrumento musical de cordas, com teclado.

pião pi.ão *substantivo masculino* Brinquedo em formato de pera, com ponta metálica, que gira quando lançado sobre uma superfície. [Plural: *piões*.]

piar pi.ar *verbo* Dar pios: *Os pássaros piam quando o dia nasce.*

piauiense pi.au.i.en.se *adjetivo de dois gêneros* **1.** Do estado do Piauí. ✅ *substantivo de dois gêneros* **2.** Quem nasceu, ou vive, nesse estado.

picada pi.ca.da *substantivo feminino* **1.** Ferida feita por inseto ou cobra: *Está com o corpo cheio de picadas de mosquito.* **2.** Atalho aberto no mato.

picadeiro pi.ca.dei.ro *substantivo masculino* Pista redonda no centro de um circo, onde se apresentam os artistas.

picante pi.can.te *adjetivo de dois gêneros* De sabor ácido ou apimentado (ou seja, como o da pimenta).

pica-pau pi.ca-pau *substantivo masculino* Ave que pica o tronco das árvores em busca de larvas de insetos. [Plural: *pica-paus*.]

picar pi.car *verbo* **1.** Ferir ou furar com objeto pontiagudo: *Picou o dedo com a agulha.* **2.** Ferir com o bico, ou com o ferrão: *As abelhas picaram as crianças que tocaram na colmeia.*

pichador pi.cha.dor (ô) *substantivo masculino* Aquele que picha.

pichar pi.char *verbo* Escrever ou rabiscar (muro, parede, etc.): *Quem picha casa, prédio ou monumento, torna a cidade mais feia.*

piche pi.che *substantivo masculino* Substância negra e muito pegajosa.

pico pi.co *substantivo masculino* O cume ou o cimo agudo de uma montanha: *Os escoteiros escalaram o pico da Bandeira.*

picolé pi.co.lé *substantivo masculino* Sorvete solidificado na extremidade de um palito.

picotar pi.co.tar *verbo* Fazer pequenas perfurações em: *Picotou papéis coloridos para fazer enfeites.*

piedade pi:e.da.de *substantivo feminino* Sentimento de simpatia que se tem por uma pessoa que sofre; compaixão: *Por piedade, abrigou o velho mendigo.*

pifar pi.far *verbo* Sofrer dano; estragar-se: *Seu despertador pifou, e ele não acordou cedo.*

pigarro pi.gar.ro *substantivo masculino* **1.** Perturbação na garganta, provocada por muco. **2.** O som produzido na garganta para a pessoa livrar-se do pigarro (1).

pigmento pig.men.to *substantivo masculino* **1.** Substância que dá cor aos tecidos vegetais ou animais, ou a líquidos, pastas, etc. **2.** Substância para coloração, em pintura ou tintura.

pijama pi.ja.ma *substantivo masculino* Roupa para dormir, que se compõe de camisa e calças.

pilão pi.lão *substantivo masculino* Utensílio para socar, triturar, amassar: *Usa-se um pilão para fazer paçoca.* [Plural: *pilões*.]

pilar

pilar pi.**lar** *verbo* Socar ou moer no pilão: *O agricultor pilou o milho antes de guardá-lo.*

pilha pi.lha *substantivo feminino* **1.** Porção de objetos colocados uns sobre os outros: *Há uma pilha de livros sobre a mesa.* **2.** Dispositivo, geralmente cilíndrico, usado como fonte de energia elétrica em equipamentos portáteis: *rádio de pilha.*

pilotar pi.lo.**tar** *verbo* Dirigir como piloto: *Aprendeu a pilotar aviões.*

piloto pi.**lo**.to (lô) *substantivo masculino* **1.** Pessoa que dirige embarcação aérea, ou automóvel de corrida, etc.: *Apesar do mau tempo, o piloto conseguiu aterrissar o avião.* **2.** Nas embarcações fluviais e marítimas, o marinheiro que auxilia o comandante na entrada dos portos: *Os pilotos dos navios precisam conhecer os acidentes da costa.*

pílula pí.lu.la *substantivo feminino* Remédio em forma de bolinha, para ser engolido inteiro: *Precisamos de água, ou de outro líquido, para engolir uma pílula.*

pimenta pi.**men**.ta *substantivo feminino* **1.** O fruto de uma planta (a pimenteira), que é usado como condimento: *O vatapá é um dos pratos temperados com pimenta.* [Tem sabor, em geral, picante.] **2.** Criança muito ativa ou levada: *João é uma pimenta.*

pimentão pi.men.**tão** *substantivo masculino* Erva cultivada pelos frutos de mesmo nome, verdes, amarelos ou vermelhos, usados em salada ou como condimento. [Plural: *pimentões*.]

pinça pin.ça *substantivo feminino* Instrumento formado de duas hastes ligadas numa das extremidades, e que serve para segurar, apertar ou arrancar algo, sob pressão.

pinçar pin.**çar** *verbo* **1.** Prender ou segurar com pinça. **2.** Arrancar com pinça: *Esta moça pinça as sobrancelhas.*

pincel pin.**cel** *substantivo masculino* Objeto formado por um tufo de pelos na extremidade de um cabo, e que serve para espalhar tintas, etc., ou para ensaboar o rosto, ao barbear, ou aplicar maquiagem, etc. [Plural: *pincéis*.]

pinta

pincelada pin.ce.**la**.da *substantivo feminino* Traço ou toque feito com pincel.

pincelar pin.ce.**lar** *verbo* Aplicar pincel em: *Meu pai pincela o rosto com espuma para barbear-se.*

pingar pin.**gar** *verbo* **1.** Cair, escorrer, aos pingos ou gotas: *A água que pinga da pia molhou o chão; O sangue pingava dos ferimentos.* **2.** Começar a chover, ou chover abundantemente: *Ande depressa que está pingando.*

pingo pin.go *substantivo masculino* **1.** O mesmo que *gota*: *Pingos de chuva caíam da goteira.* **2.** Porção pequeníssima: *Comeu um pingo de comida.* **3.** Mancha deixada por pingo de gordura, de tinta, etc.: *Está com o vestido cheio de pingos.*

pingue-pongue pin.gue-**pon**.gue *substantivo masculino* O mesmo que *tênis de mesa*. [Plural: *pingue-pongues*.]

pinguim pin.**guim** (güim) *substantivo masculino* Ave marinha que nada muito bem, se alimenta de peixes, *krill*, etc., e faz ninho no polo sul. [Plural: *pinguins*.]

pinha pi.nha *substantivo feminino* **1.** O fruto do pinheiro e de outras árvores da família dele. **2.** O fruto da pinheira; fruta-de-conde, ata.

pinhão pi.**nhão** *substantivo masculino* Cada uma das sementes contidas na pinha da araucária. [Plural: *pinhões*.]

pinheira pi.**nhei**.ra *substantivo feminino* Árvore que dá pinhas [veja *pinha* (2)].

pinheiro pi.**nhei**.ro *substantivo masculino* Árvore que produz resina e pinha (1), cujas folhas, chamadas *agulhas*, permanecem sempre verdes, também nas estações frias.

pinho pi.nho *substantivo masculino* A madeira do pinheiro.

pino pi.no *substantivo masculino* Peça que se introduz no orifício de outra, para manter as duas fixas ou articuladas.

pinta pin.ta *substantivo feminino* **1.** Pequena mancha: *Este cão tem uma pinta acima dos olhos.* **2.** Pequena mancha de tom escuro, na pele.

pintar

pintar pin.tar *verbo* **1.** Cobrir com tinta: *Pintou a casa de branco.* **2.** Representar figuras, imagens, etc., por meio de traços, cores, combinações de cores: *Entrou para uma escola de arte para aprender a pintar; Este artista pinta belas paisagens.* **3.** Ter profissão de pintor: *Pinta para ganhar a vida.* **4.** Representar por meio da escrita; descrever: *Este romance pinta a vida no século passado.*

pintassilgo pin.tas.**sil**.go *substantivo masculino* Ave canora que habita várias regiões do mundo.

pinto pin.to *substantivo masculino* Filhote de galinha ainda novo.

pintor pin.**tor** (ô) *substantivo masculino* **1.** Aquele que aprendeu a arte da pintura. **2.** Homem ou rapaz que pinta paredes.

pintura pin.**tu**.ra *substantivo feminino* **1.** Ação de pintar, ou o resultado desta ação: *A pintura da casa demorou um mês.* **2.** Revestimento de uma superfície com tinta: *Fez uma nova pintura na casa.* **3.** A arte de pintar (2). **4.** Obra executada por pintor (1): *A pintura deste artista é famosa em todo o mundo.* **5.** O mesmo que *maquiagem*: *Minha irmã ainda não usa pintura.*

pio pi:o *substantivo masculino* A voz de certas aves: *Levantei-me cedo, com o pio dos passarinhos.*

piolho pi.**o**.lho (ô) *substantivo masculino* Inseto que parasita vertebrados: *Alguns piolhos parasitam o homem.*

pioneiro pi.o.**nei**.ro *substantivo masculino* **1.** Pessoa que está entre as primeiras que exploram e colonizam uma região: *Os principais pioneiros brasileiros foram os bandeirantes.* **2.** Pessoa que está entre as primeiras a desenvolver uma técnica, um campo da ciência: *Santos Dumont foi um dos pioneiros da aviação.*

pior pi.**or** *adjetivo de dois gêneros* Mais ruim, numa comparação: *Ela não gosta de estudar, e é a pior aluna da sala.*

piorar pi.o.**rar** *verbo* Tornar pior ou tornar-se pior: *O fumo piorou a sua saúde; O doente piorou, não pode sair do hospital.*

pirata

pipa pi.pa *substantivo feminino* **1.** Recipiente arredondado, para conter líquidos: *uma pipa de vinho.* **2.** Brinquedo que é uma armação de varetas leves coberta com papel fino, que se põe para subir com o vento: *Eduardo adora soltar pipas.*

pipi pi.**pi** *substantivo masculino* O mesmo que *urina*.

pipoca pi.**po**.ca *substantivo feminino* O grão de milho que se rebentou com o calor do fogo: *As crianças gostam de comer pipoca.*

pipocar pi.po.**car** *verbo* Estalar como pipoca ao fogo: *Os fogos de artifício pipocavam na festa junina.*

pique pi.que *substantivo masculino* Brinquedo em que uma criança tem de correr para pegar uma das outras que estão brincando, antes que esta chegue a um lugar marcado que chamam de *pique*: *Todos os dias brincamos de pique no recreio.*

piquenique pi.que.**ni**.que *substantivo masculino* Excursão ao ar livre, em que se servem comidas e bebidas: *No piquenique havia bolo e refresco.*

pirâmide pi.**râ**.mi.de *substantivo feminino* **1.** Sólido que tem um polígono como base e faces triangulares. **2.** Monumento em forma de pirâmide (1): *As pirâmides do Egito serviam de túmulos para os faraós.*

piranha pi.**ra**.nha *substantivo feminino* Peixe carnívoro, com dentes numerosos e cortantes: *As piranhas são peixes fluviais.*

pirarucu pi.ra.ru.**cu** *substantivo masculino* Peixe que tem até dois metros e meio de comprimento, e que vive nos rios da bacia amazônica: *Os pirarucus são os maiores peixes fluviais.*

pirata pi.**ra**.ta *substantivo masculino* **1.** Bandido que atacava e roubava os navios.

pires

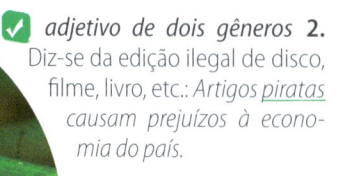

✅ *adjetivo de dois gêneros* **2.** Diz-se da edição ilegal de disco, filme, livro, etc.: *Artigos piratas causam prejuízos à economia do país.*

pires pi.res *substantivo masculino de dois números* Pratinho sobre o qual se põe a xícara.

pirilampo pi.ri.**lam**.po *substantivo masculino* Inseto de quatro asas cuja parte final do abdome emite luz fosforescente; vaga-lume: *Os pirilampos brilham na mata escura.*

pirraça pir.**ra**.ça *substantivo feminino* Coisa feita com o propósito de contrariar alguém: *Ficou de castigo porque fez uma pirraça.*

pirralho pir.**ra**.lho *substantivo masculino* Criança, guri.

pirueta pi.ru.**e**.ta (ê) *substantivo feminino* Rodopio realizado sobre um só pé: *Os bailarinos fazem piruetas.*

pirulito pi.ru.**li**.to *substantivo masculino* Substância doce em forma de bola, etc., enfiada num palito.

pisar pi.**sar** *verbo* **1.** Pôr os pés sobre: *O astronauta pisou na Lua.* **2.** Passar ou andar por cima de: *Pisou o muro para fugir.* **3.** Esmagar com os pés: *Os fabricantes de vinho pisam as uvas.* **4.** Triturar ou moer com pilão: *O fazendeiro pisa os grãos de café para fazer o pó.*

pisca-pisca pis.ca-**pis**.ca *substantivo masculino* **1.** O mesmo que **seta** (2). **2.** Enfeite de Natal: um conjunto de luzes que se acendem e apagam sem parar. [Plural: *piscas-piscas* e *pisca-piscas*.]

piscar pis.**car** *verbo* **1.** Fechar e abrir rapidamente os olhos. **2.** Dar sinal, piscando: *Piscou duas vezes, conforme o combinado.* **3.** Emitir brilho: *As estrelas piscam.*

piscina pis.**ci**.na *substantivo feminino* Tanque com instalações próprias para a natação e outros esportes aquáticos.

pizzaria

piso pi.so *substantivo masculino* **1.** Terreno ou superfície sobre a qual se anda: *O piso desta calçada é irregular.* **2.** O revestimento do piso (2): *Esta casa tem piso de mármore.* **3.** O mesmo que **pavimento**: *Moro no terceiro piso do meu edifício.*

pista pis.ta *substantivo feminino* **1.** Vestígio ou rasto de animais ou pessoas no terreno em que andaram: *Há pistas do ladrão no quintal; Os elefantes deixam pistas por onde passam.* **2.** Marca que denuncia algo; indício: *O ladrão foi muito cuidadoso, e não deixou pistas.* **3.** A parte da estrada ou da rua onde circulam os veículos: *Esta estrada tem duas pistas.* **4.** Local para pouso e decolagem de aeronaves: *O avião pode pousar na pista molhada.* **5.** Local reservado para danças, num salão.

pistola pis.**to**.la *substantivo feminino* Arma de fogo portátil.

pitada pi.**ta**.da *substantivo feminino* Pequena porção de qualquer substância em pó: *Ponha mais uma pitada de sal na sopa.*

pitanga pi.**tan**.ga *substantivo feminino* O fruto comestível da pitangueira, vermelho quando maduro.

pitangueira pi.tan.**guei**.ra *substantivo feminino* Arbusto, nativo do Brasil, que dá pitangas.

pito pi.to *substantivo masculino* O mesmo que *repreensão*: *Levei um pito porque estava brigando.*

pitomba pi.**tom**.ba *substantivo feminino* O fruto comestível, pequeno e marrom, da pitombeira.

pitombeira pi.tom.**bei**.ra *substantivo feminino* Árvore, nativa do Brasil, que dá pitombas.

pivete pi.**ve**.te *substantivo masculino e feminino* Menino que é ladrão, ou que trabalha para ladrões.

🌐 **pizza** (pitsa) [Italiano] *substantivo feminino* Comida salgada, feita com massa de pão assado em forma geralmente redonda, e com cobertura de queijo, tomate, cogumelo, etc.

pizzaria piz.za.**ri**.a (tsa) *substantivo feminino* Local em que se fabrica e/ou vende *pizza*.

placa / plástico

placa pla.ca *substantivo feminino* **1.** Chapa ou lâmina de material resistente: *Na porta da garagem há uma placa dizendo Proibido estacionar.* **2.** Placa de metal colocada nos automóveis, com o número de licença; chapa.

placar pla.car *substantivo masculino* Quadro onde se marcam os pontos ganhos num jogo (de futebol, tênis, etc.).

planalto pla.nal.to *substantivo masculino* Superfície de terreno elevada e plana, ou com pequenas ondulações: *Brasília fica no Planalto Central.*

planejar pla.ne.jar *verbo* **1.** Fazer a planta de; traçar: *Um grande arquiteto planejou Brasília.* **2.** Fazer plano: *Planejei viajar mas não foi possível.*

planeta pla.ne.ta (ê) *substantivo masculino* Corpo celeste grande, sem luz própria, que gira em torno de uma estrela: *A Terra é um planeta que gira ao redor do Sol.*

planetário pla.ne.tá.ri.o *adjetivo* **1.** Relativo aos planetas: *Já estudamos o sistema planetário do Sol.* ✓ *substantivo masculino* **2.** Edifício ou sala onde se projetam as imagens dos planetas numa cúpula: *Minha classe visitou o Planetário do Rio de Janeiro.*

planície pla.ní.ci.e *substantivo feminino* Grande extensão de terreno plano: *Muitos desertos são grandes planícies com vegetação inexistente ou rara.*

plano pla.no *adjetivo* **1.** Cuja superfície não tem depressões nem elevações; sem desigualdade: *O aeroporto foi construído num terreno plano.* ✓ *substantivo masculino* **2.** Qualquer superfície plana limitada. **3.** O mesmo que *planta* (3): *O arquiteto Lúcio Costa fez o plano de Brasília.* **4.** Conjunto de métodos para a execução de um empreendimento; projeto: *De acordo com o plano, este trabalho deve terminar até o fim do mês.* **5.** Intenção, propósito: *Tem plano de viajar.*

planta plan.ta *substantivo feminino* **1.** Ser vivo vegetal: *A botânica estuda as plantas.* **2.** Parte do pé que se coloca no chão: *O corpo se apoia sobre as plantas dos pés.* **3.** Representação em projeção horizontal de uma construção ou conjunto de construções, de jardins, etc.; plano: *O arquiteto faz a planta de edifícios, e também de cidades.*

plantação plan.ta.ção *substantivo feminino* **1.** Ação de plantar, ou o resultado desta ação; plantio: *Os agricultores fazem as plantações que alimentam as cidades.* **2.** Terreno plantado: *Esta fazenda tem plantações de café.* [Plural: *plantações.*]

plantão plan.tão *substantivo masculino* **1.** Horário de serviço em que um profissional exerce as suas atividades: *Este médico tem plantão diário das 15 às 18 horas.* **2.** Serviço noturno e em horas normalmente sem expediente, em hospitais, redação de jornais, etc.: *Os jornalistas do plantão dão as últimas notícias.* [Plural: *plantões.*]

plantar plan.tar *verbo* **1.** Meter uma semente ou uma muda de vegetal na terra, para que ali crie raízes e se desenvolva: *Plantei uma mangueira no meu quintal.* **2.** Semear, cultivar: *Este fazendeiro plantou milho e feijão, neste ano.* **3.** Fincar verticalmente na terra: *Plantou duas estacas no quintal, para marcar o gol.* **4.** Manter-se parado: *Plantou-se na esquina para esperar o ônibus.*

plantio plan.ti.o *substantivo masculino* O mesmo que *plantação* (1): *Este fazendeiro faz plantio de cana-de-açúcar.*

plasma plas.ma *substantivo masculino* A parte líquida do sangue, na qual estão contidas as partículas que o compõem.

plástica plás.ti.ca *substantivo feminino* Operação plástica: *Este menino fez plástica no nariz.*

plástico plás.ti.co *adjetivo* **1.** Capaz de ser moldado ou modelado: *Usou massa plástica para fazer o molde.* **2.** Diz-se de ato cirúrgico que visa modificar, refazendo ou embelezando, uma parte externa do corpo humano: *Precisou fazer uma operação plástica, após o desastre.* ✓ *substantivo masculino* **3.** Matéria plástica: *Comprei uma cadeira de plástico.*

plataforma pla.ta.**for**.ma *substantivo feminino* **1.** Superfície plana e horizontal, em nível mais alto que o da superfície em volta: *As pessoas que exploram o petróleo no mar trabalham em plataformas.* **2.** Nas estações ferroviárias, área à altura do piso dos vagões, para facilitar o embarque e desembarque de passageiros.

plateia pla.**tei**.a (éi) *substantivo feminino* **1.** Espaço destinado aos espectadores num teatro, cinema, etc.: *Comprei dois bilhetes na plateia, para assistir ao balé.* **2.** As pessoas que ficam na plateia (1): *Toda a plateia aplaudiu com entusiasmo.*

playground (pleigraund) [Inglês] *substantivo masculino* Área ao ar livre para a recreação infantil, com brinquedos e outros equipamentos como balanços, etc.: *A minha festa de aniversário foi no playground do meu edifício.*

plebeu ple.**beu** *substantivo masculino* Homem do povo, que não pertence à nobreza: *O rei não quis que a princesa casasse com um plebeu.* [Feminino: *plebeia* (éi).]

pluma **plu**.ma *substantivo feminino* O mesmo que *pena¹* (1).

plumagem plu.**ma**.gem *substantivo feminino* O conjunto das penas de uma ave: *O beija-flor tem plumagem de cores variadas.* [Plural: *plumagens*.]

plural plu.**ral** *substantivo masculino* O número (3) que indica mais de um: *O plural de órgão é órgãos.* [Plural: *plurais*.]

pluvial plu.vi.**al** *adjetivo* Da chuva, ou relativo a ela, ou que provém dela: *As águas pluviais provocaram a enchente.* [Plural: *pluviais*.]

pneu *substantivo masculino* Artefato de borracha com que se revestem as rodas de um veículo.

pneumonia pneu.mo.**ni**.a *substantivo feminino* Doença que resulta da inflamação dos pulmões: *A pneumonia é provocada por uma bactéria.*

pó *substantivo masculino* **1.** Qualquer substância reduzida a partículas finíssimas: *O leite pode ser reduzido a pó.* **2.** O mesmo que *poeira*: *Mandei limpar o pó dos livros.*

pobre po.**bre** *adjetivo de dois gêneros* **1.** Que tem pouco dinheiro ou recursos: *Devemos ajudar as pessoas pobres.* **2.** Que revela pobreza: *Usava roupas pobres.* **3.** Que inspira dó ou compaixão: *Pobre menino, ficou órfão cedo.* **4.** Pouco produtivo: *Estas terras são pobres, não servem para o cultivo.* ✓ *substantivo de dois gêneros* **5.** Pessoa pobre. **6.** Pessoa que pede esmolas; mendigo: *Os pobres não tinham onde dormir.*

pobreza po.**bre**.za (ê) *substantivo feminino* **1.** Estado de pobre: *A pobreza do mendigo comoveu a todos.* **2.** Falta daquilo que é necessário à subsistência: *Há muita pobreza em várias cidades do Nordeste.*

poça po.ça (ô ou ó) *substantivo feminino* Depressão natural de um terreno, pouco funda, e com água: *A chuva forte deixou poças no quintal.*

poção po.**ção** *substantivo feminino* Líquido que contém medicamento dissolvido: *Tomou poção para a tosse.* [Plural: *poções*.]

poço po.ço (pô) *substantivo masculino* **1.** Grande buraco cavado na terra para atingir a água existente no subsolo; cisterna: *Este poço fornece água a nossa fazenda.* **2.** Grande buraco cavado na terra para se colher ou extrair algo do subsolo: *Os poços de petróleo trouxeram riqueza à região.* **3.** Qualquer cavidade muito profunda; abismo. [Plural: *poços* (pó).]

poda po.da *substantivo feminino* Ação de podar, ou o resultado desta ação: *Uma poda pode fortalecer as árvores muito velhas.*

podar po.**dar** *verbo* Cortar, aparar os ramos de (plantas): *Aqueles que cultivam vinhas podam anualmente as videiras.*

poder po.**der** *verbo* **1.** Ter a capacidade ou a possibilidade de: *Os alunos mais inteligentes poderão ganhar o prêmio; Quem mora perto pode ir a pé para a escola.* **2.** Ter autorização para: *Ele ainda não pode sair sozinho.* **3.** Ter ocasião ou meio de: *Se deixarem a cela aberta, o preso pode fugir.* **4.** Ter força física, vontade ou energia para: *Ele não pode carregar esta mala pesada.* **5.** Ter saúde ou condições de: *O meu avô ainda pode ir a pé para a fazenda.* ✅ *substantivo masculino* **6.** Direito ou capacidade de decidir, de agir; autoridade: *O diretor da escola tem poder para expulsar alunos rebeldes.* **7.** O governo de um país, de um Estado, etc.: *Os candidatos à presidência da república querem o poder.* **8.** Possibilidade de fazer determinadas coisas; capacidade: *Este menino tem o poder de fazer amigos.* **9.** Virtude de produzir certo efeito; eficácia: *Dizem que a vitamina C tem o poder de evitar resfriados.*

poderoso po.de.**ro**.so (rô) *adjetivo* **1.** Que tem poder, ou que exerce poder: *Os chefes de Estado são poderosos.* **2.** Que produz grande efeito: *A penicilina é um antibiótico poderoso.* [Plural: *poderosos* (ró).]

podre po.dre (ô) *adjetivo de dois gêneros* **1.** Em estado de decomposição: *Estes frutos amadureceram demais e ficaram podres.* **2.** Que cheira mal: *A água parada está podre.*

poeira po.**ei**.ra *substantivo feminino* Qualquer substância reduzida a pó muito fino; pó: *A terra seca vira poeira.*

poema po.**e**.ma *substantivo masculino* Qualquer obra de poesia: *O hino nacional é um poema para ser cantado.*

poente po.**en**.te *adjetivo de dois gêneros* **1.** Diz-se do Sol quando ele se põe: *O Sol poente deu uma cor avermelhada ao céu.* ✅ *substantivo masculino* **2.** O mesmo que *oeste.*

poesia po:e.**si**.a *substantivo feminino* **1.** A arte de descrever emoções e sentimentos, dando harmonia de som e de ritmo às palavras. **2.** Obra escrita conforme essa arte: *A poesia de Carlos Drummond de Andrade é conhecida de muitos estudantes que falam a nossa língua.*

poeta po.**e**.ta *substantivo masculino* Pessoa que escreve poemas. [Feminino: *poetisa.*]

poético po.**é**.ti.co *adjetivo* Da, ou relativo à poesia.

pois *conjunção* **1.** Porque, visto que, já que: *Ele vai chegar tarde, pois está atrasado.* **2.** Portanto: *Está muito cansado e não pode, pois, sair.*

polar po.**lar** *adjetivo de dois gêneros* Dos polos, ou relativo a eles: *o urso polar; o clima polar.*

polegar po.le.**gar** *substantivo masculino* O primeiro e mais grosso dos dedos da mão; mata-piolho: *Levantou o polegar para dizer que concordava.*

poleiro po.**lei**.ro *substantivo masculino* Vara ou conjunto de varas dispostas a certa altura do chão, ou em gaiola, onde as aves pousam: *À tardinha, as galinhas vão para o poleiro.*

pólen pó.len *substantivo masculino* Pó muito fino formado por grãos minúsculos contidos nas anteras, e que contém as células masculinas da flor: *As abelhas se alimentam do pólen que colhem nas flores.* [Plural: *polens.*]

polícia po.**lí**.ci:a *substantivo feminino* **1.** Grupo de pessoas encarregadas pelo governo de manter a ordem e fazer cumprir a lei. ✅ *substantivo masculino* **2.** O mesmo que *policial* (3): *Um polícia prendeu o ladrão.*

policial po.li.ci.**al** *adjetivo de dois gêneros* **1.** Da polícia, ou próprio dela, ou que pertence a ela: *Os agentes policiais cercaram a área do roubo.* **2.** Que trata de crimes: *Escreveu um romance policial.* ✅ *substantivo de dois gêneros* **3.** Profissional que trabalha na polícia; polícia: *Os policiais cercaram o local do comício.* [Plural: *policiais.*]

policiamento po.li.ci:a.**men**.to *substantivo masculino* Ação de policiar, ou o resultado desta ação: *Há policiamento constante nas praias do Rio de Janeiro.*

policiar po.li.ci.**ar** *verbo* **1.** Vigiar, cumprindo leis ou regulamentos policiais: *Muitos guardas policiavam o palácio.* **2.** Dominar-se, conter-se: *Teve de policiar-se para não entrar na briga.*

polidez po.li.**dez** (ê) *substantivo feminino* Qualidade de polido (2); cortesia: *Sua polidez o destacava dos demais.*

polido po.**li**.do *adjetivo* **1.** Que recebeu polimento, etc., para tornar-se lustroso: *Esta mesa tem um belo tampo polido.* **2.** Que é educado, cortês: *José é um menino polido e simpático.*

poliglota po.li.**glo**.ta *adjetivo de dois gêneros* **1.** Que sabe, ou que fala muitas línguas. ✅ *substantivo de dois gêneros* **2.** Pessoa poliglota.

polígono po.**lí**.go.no *substantivo masculino* Figura geométrica que tem vários lados: *O triângulo é um polígono de três lados.*

polimento po.li.**men**.to *substantivo masculino* Ação de polir(-se), ou o resultado desta ação: *O polimento dos metais torna-os brilhantes.*

polinização po.li.ni.za.**ção** *substantivo feminino* O transporte dos grãos do pólen, que se realiza através do vento, da água ou dos animais, principalmente dos insetos, mas que pode ser feito artificialmente pelo homem: *Após a polinização se formam as sementes.* [Plural: *polinizações*.]

polinizar po.li.ni.**zar** *verbo* Efetuar a polinização: *As abelhas são insetos que polinizam.*

polir po.**lir** *verbo* **1.** O mesmo que *lustrar* (1): *Os artesãos polem os metais.* **2.** Tornar(-se) polido, cortês: *Poliu-se, convivendo com pessoas bem-educadas.*

polissílabo po.lis.**sí**.la.bo *adjetivo* **1.** Que tem mais de uma sílaba, especialmente mais de três: *Relâmpago é um vocábulo polissílabo.* ✅ *substantivo masculino* **2.** Vocábulo polissílabo.

política po.**lí**.ti.ca *substantivo feminino* A tarefa de governar um país, um estado, um reino, etc.; a direção dos negócios públicos: *Os governantes cuidam da política das nações.*

político po.**lí**.ti.co *adjetivo* **1.** Da, ou relativo à política: *Os deputados tratam dos assuntos políticos.* ✅ *substantivo masculino* **2.** Aquele que tem um cargo público: *Os deputados e senadores são políticos.*

polo po.lo *substantivo masculino* Cada uma das regiões glaciais em volta das extremidades do eixo da Terra: *o polo norte ou ártico, e o polo sul ou antártico.*

polpa pol.pa (ô) *substantivo feminino* Nos vegetais, o tecido espesso e tenro, geralmente comestível, que forma os frutos e as raízes: *A polpa da mandioca era um dos alimentos principais dos indígenas brasileiros.*

poltrona pol.**tro**.na *substantivo feminino* Cadeira com braços, geralmente grande, e acolchoada: *Sentei-me numa poltrona para ver televisão.*

poluente po.lu.**en**.te *adjetivo de dois gêneros* **1.** Que polui: *As substâncias poluentes fazem mal à saúde.* ✅ *substantivo masculino* **2.** Substância poluente: *Existem filtros para eliminar os poluentes.*

poluição po.lu:i.**ção** *substantivo feminino* Degradação do ambiente por causa da produção de certos gases, substâncias químicas, etc., que são tóxicos: *A poluição das águas marinhas e fluviais mata os peixes.* [Plural: *poluições*.]

poluído po.lu.**í**.do *adjetivo* Que sofreu poluição: *As águas poluídas dos rios matam os animais e vegetais que neles habitam.*

poluir po.lu.**ir** *verbo* Tornar(-se) sujo, nocivo para a saúde e a vida: *Os gases produzidos pelas descargas dos automóveis poluem o ar; Este rio poluiu-se, já não podemos nadar em suas águas.*

polvilhar pol.vi.**lhar** *verbo* Lançar pó sobre; cobrir de pó: *Polvilhou as plantas com um inseticida.*

polvilho

polvilho pol.**vi**.lho *substantivo masculino* **1.** Pó finíssimo. **2.** Farinha muito fina, obtida da mandioca.

polvo pol.vo (pôl) *substantivo masculino* Molusco que tem oito tentáculos, e que é usado na alimentação.

pólvora pól.vo.ra *substantivo feminino* Mistura explosiva usada nas cargas de armas de fogo e para fazer bombas e foguetes.

pomada po.**ma**.da *substantivo feminino* Mistura de uma pasta gordurosa, com uma ou mais substâncias medicinais ou aromáticas.

pomar po.**mar** *substantivo masculino* Terreno onde se cultivam árvores frutíferas: *Plantei laranjeiras, ameixeiras e cerejeiras no meu pomar.*

pombal pom.**bal** *substantivo masculino* Lugar onde se criam pombos. [Plural: *pombais*.]

pombo pom.bo *substantivo masculino* Ave de pequena cabeça redonda, corpo roliço e patas curtas, e cujas espécies domésticas são usadas na alimentação.

pombo-correio pom.bo-cor.**rei**.o *substantivo masculino* Pombo treinado para levar comunicações ou correspondência. [Plural: *pombos-correios* e *pombos-correio*.]

pompa pom.pa *substantivo feminino* Grande luxo: *No palácio real tudo é feito com pompa.*

ponta pon.ta *substantivo feminino* **1.** A parte em que algo termina: *Esta ave tem uma pena na ponta da cabeça.* **2.** Extremidade aguda: *Furou o dedo na ponta da agulha.* **3.** O princípio ou o fim de uma série de coisas: *Chegou tarde e ficou na ponta da fila.* **4.** A parte extrema: *Os bailarinos dançam nas pontas dos pés.* **5.** Papel (2) de pequena importância: *Este ator começou fazendo pontas.* 👍 **De ponta a ponta.** Do princípio ao fim: *Decorou a lição de ponta a ponta.* **Saber na ponta da língua.** Ter um assunto, uma lição, um papel, etc., perfeitamente sabido: *Sabe o poema na ponta da língua.*

pontada pon.**ta**.da *substantivo feminino* Dor aguda e rápida: *Tive apenas uma pontada na cabeça.*

pontapé pon.ta.**pé** *substantivo masculino* Pancada com a ponta do pé: *Deu um pontapé na bola, mas não fez o gol.*

ponto e vírgula

pontaria pon.ta.**ri**.a *substantivo feminino* **1.** Ação de apontar, ou o resultado desta ação: *Fez pontaria e acertou o alvo.* **2.** Habilidade de acertar o alvo; mira: *Este jogador é famoso pela sua pontaria.*

ponte pon.te *substantivo feminino* Construção que liga as margens opostas de um rio ou de outras superfícies líquidas, ou os lados opostos de uma rodovia, uma ferrovia, etc.: *Esta estrada passa pela ponte Rio-Niterói.*

ponteiro pon.**tei**.ro *substantivo masculino* Nos relógios, cada uma das agulhas de metal que indica as horas, e/ou os minutos e segundos.

pontiagudo pon.ti:a.**gu**.do *adjetivo* Que termina em ponta fina; pontudo: *Esta igreja tem uma torre pontiaguda.*

ponto pon.to *substantivo masculino* **1.** Pequeno sinal ou marca: *Neste mapa as cidades são indicadas por pontos vermelhos.* **2.** Marca feita com objeto pontudo, ou lápis, caneta, etc., em papel ou tecido. **3.** Furinho feito com agulha que se enfia em tecido, couro, etc., para fazer passar o fio da costura: *Fez a bainha com pontos espaçados.* **4.** Sinal de pontuação (.) para encerrar período; ponto-final. **5.** Lugar em que param veículos coletivos: *Está esperando o ônibus no ponto.* **6.** Questão ou assunto para ser esclarecido; dúvida: *É preciso resolver este ponto da questão.* **7.** Local: *O avião foi encontrado naquele ponto da selva.* 👍 **Ponto cardeal.** Cada uma das quatro direções, correspondentes ao norte, sul, leste e oeste. **Em ponto.** Exatamente: *Chegou às duas horas em ponto.*

ponto de exclamação pon.to de ex.cla.ma.**ção** *substantivo masculino* Sinal de pontuação (!) que expressa admiração, surpresa, etc. [Plural: *pontos de exclamação*.]

ponto de interrogação pon.to de in.ter.ro.ga.**ção** *substantivo masculino* Sinal de pontuação (?) que se coloca ao final de uma frase interrogativa. [Plural: *pontos de interrogação*.]

ponto e vírgula pon.to e **vír**.gu.la *substantivo masculino* Sinal de pontuação (;) que indica uma pausa mais forte que a da vírgula e menor que a do ponto. [Plural: *ponto e vírgulas* e *pontos e vírgulas*.]

ponto-final pon.to-fi.nal *substantivo masculino* O mesmo que ponto (4). [Plural: *pontos-finais*.]

pontuação pon.tu.a.**ção** *substantivo feminino* A colocação dos seguintes sinais na escrita: vírgula, ponto, ponto e vírgula, ponto de interrogação, etc. [Plural: *pontuações*.]

pontual pon.tu.**al** *adjetivo de dois gêneros* Que cumpre o horário estabelecido ou combinado: *É um aluno pontual, nunca se atrasa*. [Plural: *pontuais*.]

pontualidade pon.tu:a.li.**da**.de *substantivo feminino* Cumprimento de horários, de compromisso: *O meu professor exige pontualidade dos alunos*.

pontuar pon.tu.**ar** *verbo* Pôr sinais de pontuação: *Ele escreve bem, mas não sabe pontuar*.

pontudo pon.**tu**.do *adjetivo* **1.** Que tem ponta: *O ferrão dos insetos é pontudo*. **2.** Que é comprido e terminado em ponta: *Pinóquio tem um nariz pontudo*.

popa po.pa (ô) *substantivo feminino* A parte posterior da embarcação: *O leme fica na popa*.

população po.pu.la.**ção** *substantivo feminino* **1.** O conjunto dos habitantes de um país, de uma região, ou cidade, etc.: *A população das cidades cresce a cada ano*. **2.** O conjunto dos indivíduos de uma mesma espécie, numa mesma região; povoação: *É grande a população de pombos nesta cidade*. [Plural: *populações*.]

popular po.pu.**lar** *adjetivo de dois gêneros* **1.** Relativo ao povo, do povo: *O carnaval é uma festa popular; O presidente foi eleito pelo voto popular*. **2.** Que é aprovado ou querido por muitas pessoas; famoso: *Por ser um ator popular, foi recebido por uma multidão*. **3.** Ao alcance de todos; barato: *Os ingressos foram vendidos a preços populares*.

popularizar po.pu.la.ri.**zar** *verbo* Tornar(-se) conhecido e querido por grande número de pessoas: *Este cantor popularizou o uso do cabelo comprido; O celular popularizou-se*.

populoso po.pu.**lo**.so (lô) *adjetivo* Que tem grande população. [Plural: *populosos* (ló).]

por *preposição* Exprime relações de: **1.** Lugar: *O gato do vizinho passou por aqui*. **2.** Tempo: *Estudou por horas*. **3.** Através de: *Entrou por um buraco*. **4.** Meio ou modo: *Exprimiu-se por gestos*. **5.** Preço: *Comprou o livro por dez reais*. **6.** Causa: *Faltou à aula por doença*.

pôr *verbo* **1.** Colocar em algum lugar: *Pus o livro sobre a mesa*. **2.** Colocar, firmando ou apoiando: *Pôs o pé no estribo*. **3.** Fazer ficar; deixar: *O barulho o pôs nervoso*. **4.** Colocar próximo; levar: *Pusemos as mãos na cabeça*. **5.** Colocar (adorno, acessório, etc.): *Pôs uma fita nos cabelos*. **6.** Vestir ou calçar: *Pôs o vestido novo; Ponha os sapatos!* **7.** Inspirar, provocar: *A peça não porá medo nas crianças*. **8.** Apresentar para certo fim: *Pôs a casa à venda*. **9.** Acrescentar, ajustar: *Pôs pimenta na comida; Pus sal no molho*. **10.** Botar: *As aves põem ovos*. **11.** Preparar, arranjar para que se possa usar: *Vamos pôr a mesa*. **12.** Exibir, apresentar: *Pôs a peça em cartaz*. **13.** Começar, principiar: *O menino pôs-se a chorar*. **14.** Permanecer, ficar: *Pôs-se deitado no chão*. **15.** Tornar-se, fazer-se: *O dia se pôs escuro*. **16.** Desaparecer no horizonte: *O Sol se pôs*.

porão po.**rão** *substantivo masculino* **1.** O compartimento inferior do navio: *A carga foi depositada no porão do navio*. **2.** Parte da casa entre o solo e o primeiro pavimento: *O porão da minha casa é muito escuro*. [Plural: *porões*.]

porca por.ca *substantivo feminino* **1.** A fêmea do porco. **2.** Peça de ferro, com furo em espiral, que se prende na extremidade do parafuso.

porção por.**ção** *substantivo feminino* **1.** Quantidade menor que o todo; pedaço: *Uma grande porção do Brasil é banhada pelo Oceano Atlântico*. **2.** Grande quantidade: *Há uma porção de pessoas brincando no carnaval*. [Plural: *porções*.]

porcaria por.ca.**ri**.a *substantivo feminino* **1.** Imundície. **2.** Coisa sem valor ou que não ficou como deveria: *O trabalho ficou uma porcaria*.

porcelana por.ce.**la**.na *substantivo feminino* **1.** Louça muito fina. **2.** Objeto feito de porcelana (1).

porcentagem por.cen.**ta**.gem *substantivo feminino* O mesmo que **percentagem**: *Uma grande porcentagem dos espectadores ficou de pé.* [Plural: *porcentagens.*]

porco por.co (pôr) *substantivo masculino* **1.** Animal mamífero suíno usado na alimentação. **2.** Carne de porco. ✓ *adjetivo* **3.** Sujo, imundo. [Plural: *porcos* (pór).]

pôr do sol pôr do **sol** *substantivo masculino* Luminosidade que ocorre com o desaparecimento do Sol no horizonte. [Plural: *pores do sol.*]

porém po.**rém** *conjunção* Mas, contudo: *Ele disse que viria, porém não veio.*

poro po.ro *substantivo masculino* **1.** Pequena abertura na superfície de um corpo: *os poros da madeira; os poros de uma rocha.* **2.** Cada um dos pequenos orifícios na superfície da pele do homem e de outros animais vertebrados: *O suor passa pelos poros da nossa pele.*

pororoca po.ro.**ro**.ca *substantivo feminino* Grande onda de alguns metros de altura e que produz forte estrondo; ocorre perto da foz do rio Amazonas.

porque por.que *conjunção* Pelo motivo de: *Entre, porque vai chover.*

porquê por.**quê** *substantivo masculino* Causa, motivo, razão: *Não sabemos os porquês de sua tristeza.*

porta por.ta *substantivo feminino* **1.** Abertura geralmente retangular, em parede, ao nível do piso, para dar entrada ou saída. **2.** Peça com que se fecha essa abertura: *Esta porta é de madeira maciça.* **3.** Peça que fecha ou abre qualquer abertura: *O meu armário tem quatro portas; As portas do automóvel ficaram amassadas com o acidente.*

porta-aviões por.ta-a.vi.**ões** *substantivo masculino de dois números* Navio em que há pista onde podem pousar e decolar aeronaves.

porta-bandeira por.ta-ban.**dei**.ra *substantivo de dois gêneros* Pessoa que leva a bandeira em solenidade ou desfile. [Plural: *porta-bandeiras.*]

portador por.ta.**dor** (ô) *substantivo masculino* Aquele que leva alguma coisa para entregar a outra: *Ele não pôde vir, mas mandou um portador com um presente.*

portal por.**tal** *substantivo masculino* Entrada principal de uma igreja, ou um grande edifício, etc. [Plural: *portais.*]

portanto por.**tan**.to *conjunção* O mesmo que **logo** (4): *Ele não trouxe o convite, portanto não poderá entrar.*

portão por.**tão** *substantivo masculino* Porta que dá acesso, da rua, a terreno, ou jardim, ou garagem, etc.: *Há um guarda no portão do colégio para vigiar quem entra.* [Plural: *portões.*]

portaria por.ta.**ri**.a *substantivo feminino* Lugar logo após a porta de um edifício, uma repartição pública, etc., onde fica o porteiro.

portátil por.**tá**.til *adjetivo de dois gêneros* Que pode ser transportado; que é fácil de transportar: *Tenho um ventilador portátil no quarto.* [Plural: *portáteis.*]

porte por.te *substantivo masculino* **1.** Ação de transportar, ou o resultado desta ação: *O carregador vai encarregar-se do porte do piano.* **2.** O aspecto do corpo humano: *Ele já chegou aos sessenta anos, mas tem o porte de um homem jovem.* **3.** O mesmo que *tamanho*: *Ele tem uma criação de cães de pequeno porte.*

porteira por.tei.ra *substantivo feminino* **1.** Mulher que toma conta de uma portaria. **2.** Portão de entrada de uma propriedade rural.

porteiro por.tei.ro *substantivo masculino* Homem que toma conta de uma portaria: *Deixarei a encomenda com o porteiro.*

porto por.to (pôr) *substantivo masculino* **1.** Lugar junto ao litoral de mar, ou em rio, lago, etc., com instalações para as embarcações poderem atracar: *O navio entrará hoje cedo no porto.* **2.** Cidade que fica junto a um porto: *O Rio de Janeiro é um porto importante.* [Plural: *portos* (pór).]

porto-alegrense por.to-a.le.gren.se *adjetivo de dois gêneros* **1.** De Porto Alegre, capital do estado do Rio Grande do Sul. ✅ *substantivo de dois gêneros* **2.** Quem nasceu, ou vive, em Porto Alegre. [Plural: *porto-alegrenses*.]

porto-velhense por.to-ve.lhen.se *adjetivo de dois gêneros* **1.** De Porto Velho, capital do estado de Rondônia. ✅ *substantivo de dois gêneros* **2.** Quem nasceu, ou vive, em Porto Velho. [Plural: *porto-velhenses*.]

portuário por.tu.á.ri:o *adjetivo* **1.** De, ou relativo a porto: *As cidades portuárias têm grande movimento comercial.* ✅ *substantivo masculino* **2.** Pessoa que trabalha em porto: *Os portuários estão em greve.*

português por.tu.guês *adjetivo* **1.** De, ou relativo a Portugal. ✅ *substantivo masculino* **2.** Quem nasceu, ou vive, em Portugal. **3.** Língua falada em Portugal, no Brasil, em Angola, em Moçambique, em Cabo Verde, na Guiné-Bissau, em São Tomé e Príncipe e em Timor Leste.

porvir por.vir *substantivo masculino* O mesmo que *futuro* (1): *Tem muitos planos para o porvir.*

posar po.sar *verbo* Ficar em determinada posição, geralmente para ser fotografado ou pintado: *Não quis posar para o retrato.*

pose po.se *substantivo feminino* Ação de posar, ou o resultado desta ação.

posição po.si.ção *substantivo feminino* **1.** O lugar ocupado por uma pessoa ou coisa: *De sua posição no alto da serra, pode ver toda a cidade.* **2.** Maneira de estar posicionado: *Não encontrou posição para dormir.* **3.** Lugar ou função que uma pessoa ocupa numa empresa, repartição, etc., ou numa hierarquia: *Ocupa uma alta posição no Ministério*; *Tem uma boa posição na sociedade.* [Plural: *posições.*]

posicionar po.si.ci:o.nar *verbo* Pôr(-se) numa posição: *Posicionou a estátua no meio da praça*; *Posicionou-se perto da saída.*

positivo po.si.ti.vo *adjetivo* **1.** Que afirma ou concorda: *Deu uma resposta positiva.* **2.** Em que se pode crer ou confiar; certo, seguro: *Forneceu argumentos*

posse

positivos para o julgamento. **3.** Que é bom, favorável: *Dá exemplos positivos para os colegas.*

posse pos.se *substantivo feminino* **1.** Propriedade: *Lutaram pela posse da terra.* **2.** Admissão em um cargo: *Ocorreu hoje a posse do presidente da república.*

posses pos.ses *substantivo feminino plural* Os bens de alguém: *Sua família é rica, tem muitas posses; Pagar todas essas despesas está acima de suas posses.*

possessivo pos.ses.**si**.vo *adjetivo* **1.** Que quer possuir tudo; que quer tudo para si; egoísta: *É um menino possessivo, não divide nada com os amigos.* **2.** Que indica posse: *Meu, teu e seu são pronomes possessivos.*

possibilidade pos.si.bi.li.**da**.de *substantivo feminino* **1.** Condição de possível: *Há possibilidade de ele ganhar o prêmio.* **2.** Acontecimento possível: *São poucas as possibilidades de chuva para hoje.*

possibilitar pos.si.bi.li.**tar** *verbo* Tornar possível: *O governo do país deve possibilitar a educação para todos.*

possível pos.**sí**.vel *adjetivo de dois gêneros* **1.** Que pode ser, existir, acontecer, etc.: *Devemos querer, apenas, as coisas possíveis.* **2.** Que pode ou não ocorrer: *É possível, mas não é certo, que ele dê a sua permissão.* [Plural: *possíveis*.]

possuir pos.su.**ir** *verbo* **1.** Ter a posse de algo; ser proprietário de algo: *Este agricultor possui um pequeno sítio.* **2.** O mesmo que *ter*: *Esta cidade possui muitos museus.*

postal pos.**tal** *adjetivo de dois gêneros* Relativo ou pertencente ao correio (1): *O Brasil tem bom serviço postal.* [Plural: *postais*.]

postar¹ pos.**tar** *verbo* **1.** Pôr alguém num posto ou lugar: *Postou um vigia à porta da casa.* **2.** Permanecer muito tempo num posto ou lugar; pôr-se: *Postou-se na fila para conseguir os ingressos.*

postar² pos.**tar** *verbo* Pôr (carta, etc.) no correio: *Postou ontem a encomenda.*

poste pos.te *substantivo masculino* Coluna de madeira, ferro, etc., fincada no solo: *Os postes de luz iluminam a cidade.*

pouco

pôster pôs.ter *substantivo masculino* Cartaz impresso usado para decoração: *Na parede do quarto há o pôster de um cantor famoso.* [Plural: *pôsteres*.]

posterior pos.te.ri.**or** *adjetivo de dois gêneros* **1.** Situação atrás, ou na parte de trás de: *Na parte posterior da casa há o quintal.* **2.** O mesmo que *seguinte*: *A explicação está na página posterior do livro.*

postiço pos.**ti**.ço *adjetivo* Que se pode pôr e tirar, ou que se põe para substituir o natural: *A minha avó tem dentes postiços.*

posto pos.to (pôs) *substantivo masculino* **1.** Lugar ocupado por alguém ou algo, por certo tempo: *O presidente fica no posto por quatro anos.* **2.** O mesmo que *cargo*: *Meu pai tem o posto de diretor da escola.* **3.** Estabelecimento que vende gasolina, álcool, etc. [Plural: *postos* (pós).]

potável po.**tá**.vel *adjetivo de dois gêneros* Que se pode beber: *Esta fonte tem água potável.* [Plural: *potáveis*.]

pote po.te *substantivo masculino* **1.** Recipiente para guardar água: *Encham vários potes, pois vão fechar a água corrente.* **2.** Recipiente para pomadas e cremes, medicinais ou cosméticos, ou para guardar alimentos como geleia, etc.: *Os cremes de limpeza da pele são vendidos em potes; Na despensa, há vários potes de compota.*

potência po.**tên**.ci.a *substantivo feminino* **1.** Característica de potente; poder, força: *Os raios emitem luz de grande potência.* **2.** Força aplicada ao movimento de algo: *A locomotiva tem potência para rebocar muitos vagões.* **3.** Nação poderosa: *As grandes potências devem unir-se para promover a paz.*

potente po.**ten**.te *adjetivo de dois gêneros* **1.** Que tem força; forte, vigoroso: *Este carro tem um motor potente.* **2.** Eficaz: *Usou um inseticida potente para eliminar as saúvas.* **3.** Que produz som forte: *Este microfone é muito potente.*

potiguar po.ti.**guar** *adjetivo de dois gêneros* e *substantivo de dois gêneros* O mesmo que **rio-grandense-do-norte**.

pouco pou.co *pronome indefinido* **1.** Em pequena quantidade: *Tem pouco dinheiro.* ✅ *advérbio*

poupança

2. Não muito: *Dormiu pouco, e está sonoleto.* ✅ *substantivo masculino* **3.** Pequena quantidade de alguma coisa: *Pediu-me um pouco de comida.* 🔊 **Daqui a pouco.** Em instantes: *A aula vai começar daqui a pouco.*

poupança pou.pan.ça *substantivo feminino* **1.** Economia: *Aprendi desde cedo a fazer poupança.* **2.** Parte da renda[1] que não se gasta: *Tem R$ 5.000,00 de poupança.*

poupar pou.par *verbo* **1.** Gastar pouco; economizar: *Este menino poupa todo o dinheiro da mesada.* **2.** Ajuntar dinheiro: *Preciso poupar para pagar os meus estudos.* **3.** Deixar de fazer algo: *Poupou-se da longa caminhada, tomando um ônibus.*

pousada pou.sa.da *substantivo feminino* Lugar de hospedagem: *Os excursionistas ficaram numa pousada no alto da serra.*

pousar pou.sar *verbo* **1.** Pôr, colocar em algum lugar: *Pousou a sacola em cima da mesa.* **2.** Interromper o voo e descer (ave ou qualquer máquina que voa): *O pássaro pousou no galho da árvore; O avião pousou na pista.* **3.** Hospedar-se por pouco tempo: *Vai pousar na casa do amigo.*

povo po.vo (pô) *substantivo masculino* **1.** Conjunto de pessoas que habitam um mesmo país e falam a mesma língua, têm os mesmos costumes, as mesmas tradições, etc.: *Amo o meu povo e a minha pátria.* **2.** Os habitantes de uma região: *O povo nordestino é muito comunicativo.* **3.** Aglomeração de pessoas; multidão: *O povo reuniu-se na praça para ouvir o presidente.* [Plural: *povos* (pó).]

povoação po.vo.a.ção *substantivo feminino* **1.** O mesmo que **povoado** (2): *O menino mora numa pequena povoação.* **2.** O mesmo que **população** (2): *Esta cidade tem uma povoação de 100.000 habitantes.* [Plural: *povoações.*]

povoado po.vo.a.do *adjetivo* **1.** Cheio de gente: *As ruas do centro da cidade são muito povoadas.*

pranto

✅ *substantivo masculino* **2.** Lugar que reúne poucas casas habitadas; povoação: *Nasci num povoado, mas mudei-me para uma grande cidade.*

povoamento po.vo.a.men.to *substantivo masculino* Ação de povoar, ou o resultado desta ação: *O povoamento do interior do Brasil foi muito lento.*

povoar po.vo.ar *verbo* **1.** Ir (grupo de pessoas, famílias) para lugar antes desabitado ou pouco habitado, para ali viver e ter descendência: *Povos europeus povoaram várias ilhas do oceano Atlântico.* **2.** Espalhar-se por uma região, para ali se reproduzirem (espécies animais ou vegetais): *Após a extinção dos dinossauros, os mamíferos povoaram a Terra; Várias espécies de palmeiras povoaram o oásis.* **3.** Estar ou encher-se de: *A praça povoou-se de alunos na saída da escola.*

praça pra.ça *substantivo feminino* **1.** Espaço público não construído, rodeado de construções, dentro de uma cidade: *As crianças gostam de brincar na praça em frente à igreja.* **2.** O conjunto das casas comerciais de uma cidade; o comércio: *Há apenas uma mercearia nesta praça.*

prado pra.do *substantivo masculino* Campo coberto de ervas que servem para pastagem; campina: *O gado espalhou-se pelo prado.*

praga pra.ga *substantivo feminino* Grande quantidade de insetos e/ou doenças nocivas por eles provocadas: *A praga de gafanhotos arruinou as plantações.*

praia prai.a *substantivo feminino* Faixa de terra, coberta de areia, pedra, etc., junto a mar, rio, etc.

prancha pran.cha *substantivo feminino* **1.** Tábua grande e larga: *Forrou o quintal com pranchas de madeira.* **2.** Peça chata e alongada, de madeira, plástico ou fibras, etc., usada para praticar esportes aquáticos, como, por exemplo, o surfe.

prancheta pran.che.ta *substantivo feminino* **1.** Tábua ou mesa própria para desenhar. **2.** Pequena prancha que serve de suporte para escrever.

pranto pran.to *substantivo masculino* O mesmo que **choro**: *Acordou ao ouvir o pranto do bebê.*

prata

prata pra.ta *substantivo feminino* **1.** Metal precioso branco e brilhante. **2.** Objeto feito com esse metal.

pratear pra.te.**ar** *verbo* **1.** Revestir de uma camada de prata. **2.** Dar a cor e o brilho da prata a: *A idade lhe prateou os cabelos.*

prateleira pra.te.**lei**.ra *substantivo feminino* **1.** Tábua que se fixa horizontalmente na parede, onde se colocam pratos e outras vasilhas. **2.** Cada uma das divisões horizontais de um armário, estante, guarda-roupa, etc.: *Arrumou as roupas nas prateleiras do armário.*

prática **prá**.ti.ca *substantivo feminino* Ação de praticar, ou o resultado desta ação: *A prática de esportes faz bem à saúde.*

praticar pra.ti.**car** *verbo* **1.** Fazer, realizar, executar: *Todos os dias ele pratica uma boa ação.* **2.** Atuar profissionalmente; exercer: *Ele estudou medicina, mas não pratica essa profissão.* **3.** Adquirir uma habilidade; estudar, treinar: *O menino pratica piano diariamente.*

prático **prá**.ti.co *adjetivo* **1.** Que é adquirido pela experiência: *Tem conhecimentos práticos desta matéria.* **2.** De uso cômodo e fácil: *Comprou roupas práticas para fazer caminhadas.*

prato pra.to *substantivo masculino* **1.** Recipiente geralmente raso e circular onde se serve a comida. **2.** O mesmo que *iguaria*: *A feijoada é um prato brasileiro.* **3.** Qualquer peça em forma de prato (1): *Os pratos da balança.*

prazer pra.**zer** *substantivo masculino* **1.** Sentimento de alegria, de satisfação: *Tem prazer em comer.* **2.** Aquilo que provoca prazer: *É um prazer recebê-lo.*

prazo pra.zo *substantivo masculino* **1.** Tempo determinado: *Tem o prazo de um ano para fazer a obra.* **2.** Espaço de tempo durante o qual se deve realizar alguma coisa: *O prazo acabou, não posso prolongá-lo.* ● **A prazo.** Em parcelas: *Meu pai comprou um carro a prazo.*

precaução pre.cau.**ção** *substantivo feminino* **1.** Ação de precaver-se, ou o resultado desta ação: *Teve precaução para não pegar a doença contagiosa.* **2.** Cautela, cuidado: *Foi necessária muita precaução para que o incêndio não aumentasse.* [Plural: *precauções*.]

precaver-se pre.ca.**ver**-se *verbo* Tomar cuidado para que algo ruim não ocorra: *Devemos nos precaver contra as doenças.*

prece **pre**.ce *substantivo feminino* O mesmo que *oração* (2): *Suas preces foram ouvidas, e ele se curou.*

preceder pre.ce.**der** *verbo* **1.** Ir, vir, ou estar adiante de; anteceder: *As provas precedem as férias.* **2.** Ocorrer antes de: *A trovoada precedeu a chuva.*

precioso pre.ci.**o**.so (ô) *adjetivo* **1.** De grande preço ou valor: *A rainha usava joias preciosas.* **2.** Muito importante: *Ele me deu uma ajuda preciosa.* [Plural: *preciosos* (ó).]

precipício pre.ci.**pí**.ci:o *substantivo masculino* O mesmo que *abismo*: *Ao escalar a montanha, teve cuidado para não cair no precipício.*

precisão

precipitação pre.ci.pi.ta.**ção** *substantivo feminino* **1.** Ação de precipitar-se, ou o resultado desta ação. **2.** O mesmo que *afobação* (2): *Fez o trabalho sem precipitação.* [Plural: *precipitações*.]

precipitar-se pre.ci.pi.**tar**-se *verbo* **1.** Correr com grande rapidez: *Precipitou-se para não apanhar chuva*; *Precipitou-se ao encontro do amigo.* **2.** Agir com precipitação, com afobação.

precisão pre.ci.**são** *substantivo feminino* **1.** Falta de alguma coisa necessária ou útil: *Tivemos precisão de tomar vacina, pois havia perigo de contágio.* **2.** Necessidade imediata; urgência: *Não há precisão de comprar mantimentos, ainda temos muita comida.* **3.** Funcionamento sem falhas: *Esta balança tem precisão.* [Plural: *precisões*.]

precisar pre.ci.**sar** *verbo* **1.** Ter necessidade; necessitar: *Preciso de dinheiro para pagar as contas.* **2.** Ser muito pobre; passar necessidade: *Devemos ajudar os que precisam.*

preciso pre.**ci**.so *adjetivo* Exato, claro: *Você deve responder com palavras precisas.*

preço pre.ço (ê) *substantivo masculino* Quantidade de dinheiro necessária para comprar mercadoria ou serviço: *O preço deste livro é R$ 20,00; O preço das aulas de piano será acertado com sua mãe.*

precoce pre.**co**.ce *adjetivo de dois gêneros* Que demonstra capacidade ou habilidades próprias de crianças mais velhas: *É um menino precoce, porque aprendeu muitas coisas antes de entrar para a escola.*

preconceito pre.con.**cei**.to *substantivo masculino* Falta de tolerância: *Os preconceitos nos fazem cometer muitos erros.*

predador pre.da.**dor** (ô) *adjetivo* **1.** Que caça ou mata para alimentar-se: *Os leões, os lobos e os tubarões são animais predadores.* ✓ *substantivo masculino* **2.** Animal predador.

predicado pre.di.**ca**.do *substantivo masculino* Verbo ou grupo de palavras que expressa(m) o que é feito pelo sujeito: *Na frase Maria é uma menina estudiosa, Maria é o sujeito e o restante é o predicado.*

predição pre.di.**ção** *substantivo feminino* Ação de predizer, ou o resultado desta ação. [Plural: *predições*.]

predileto pre.di.**le**.to *adjetivo* Que é o mais querido ou preferido: *Esta é a minha camisa predileta.*

prédio pré.di:o *substantivo masculino* Casa ou outro edifício construído para qualquer finalidade: *O centro da cidade tem muitos prédios.*

predizer pre.di.**zer** *verbo* Dizer antecipadamente: *Os meteorologistas estudam os fenômenos meteorológicos a fim de predizer as condições do tempo.*

predominante pre.do.mi.**nan**.te *adjetivo de dois gêneros* Que predomina: *A bondade é a qualidade predominante de João.*

predominar pre.do.mi.**nar** *verbo* Ser ou aparecer em maior quantidade, tamanho, intensidade, etc.: *O amor é um sentimento que deve predominar entre as pessoas.*

preencher pre.en.**cher** *verbo* **1.** Encher totalmente: *Devemos preencher os espaços com as palavras apropriadas.* **2.** Encher com alguma atividade (o tempo livre): *Preenche as suas horas com o estudo.*

pré-estreia pré-es.**trei**.a (éi) *substantivo feminino* Apresentação de um filme ou peça de teatro antes de sua estreia. [Plural: *pré-estreias*.]

prefácio pre.**fá**.ci:o *substantivo masculino* Texto colocado no começo do livro, com explicações sobre o seu assunto, ou sobre o autor, etc.

prefeito pre.**fei**.to *substantivo masculino* Pessoa que tem o poder executivo num município.

prefeitura pre.fei.**tu**.ra *substantivo feminino* **1.** Cargo de prefeito. **2.** Repartição em que ele exerce suas funções.

preferência pre.fe.**rên**.ci:a *substantivo feminino* Ação de preferir, ou o resultado desta ação.

preferido pre.fe.**ri**.do *adjetivo* Que se prefere; predileto: *O meu brinquedo preferido é este jogo.*

preferir pre.fe.**rir** *verbo* **1.** Escolher uma pessoa ou uma coisa entre outras. **2.** Gostar mais de alguma coisa ou de alguém: *Eu prefiro sorvete de manga.* **3.** Achar melhor: *Meu amigo convidou-me para visitá-lo, mas eu preferi vir para casa.*

prega pre.ga *substantivo feminino* Dobra em tecido de vestuário: *A saia do meu uniforme tem pregas.*

pregar[1] pre.**gar** *verbo* **1.** Fixar ou segurar com prego ou pregos. **2.** Unir, ligar, costurando: *Preguei um bolso na calça.* **3.** Fixar: *O cachorro pregou o olho no meu bife.* **4.** Ficar muito cansado: *Preguei porque vim a pé desde a fazenda.*

pregar[2] pre.**gar** *verbo* **1.** Pronunciar sermão: *Os padres pregam durante a missa.* **2.** Falar algo para ajudar, ensinar, ou censurar, etc.: *Eu não estava*

prego | **preparação**

atento à aula, e a professora me *pregou* um sermão.

prego pre.go *substantivo masculino* Haste de metal que é pontiaguda de um lado e tem cabeça no outro, e que serve para segurar ou fixar.

preguiça pre.**gui**.ça *substantivo feminino* **1.** Comportamento de preguiçoso: *Não devemos ter preguiça de estudar.* **2.** Animal mamífero arborícola que tem poucos dentes.

preguiçoso pre.gui.**ço**.so (cô) *adjetivo* Que não gosta de trabalhar, de fazer esforço. [Plural: *preguiçosos* (çó).]

pré-história pré-his.**tó**.ri:a *substantivo feminino* Período histórico anterior ao aparecimento da escrita. [Plural: *pré-histórias*.]

pré-histórico pré-his.**tó**.ri.co *adjetivo* **1.** Da, ou relativo à pré-história. **2.** *Gíria* Coisa muito velha: *Esta roupa é pré-histórica, pertenceu a minha bisavó.* [Plural: *pré-históricos*.]

prejudicar pre.ju.di.**car** *verbo* Causar prejuízo, ou dano, ou transtorno, a: *O barulho alto me prejudicou, porque não consegui estudar; Fumar prejudica a saúde.*

prejudicial pre.ju.di.ci.**al** *adjetivo de dois gêneros* Que prejudica, causa dano; nocivo: *As bebidas alcoólicas são prejudiciais à saúde.* [Plural: *prejudiciais*.]

prejuízo pre.ju.**í**.zo *substantivo masculino* Qualquer perda ou dano: *Os gafanhotos causam prejuízo à lavoura.*

premiar pre.mi.**ar** *verbo* Conceder prêmio a: *Premiaram as melhores poesias.*

prêmio prê.mi:o *substantivo masculino* **1.** Recompensa por trabalho bem executado, ou por desempenho, ou por disputa ou jogo que se venceu: *O prêmio para o melhor aluno foi uma medalha; O primeiro colocado na corrida recebeu como prêmio uma taça.* **2.** Quantia em dinheiro, ou qualquer outro valor material, pago a ganhadores de loterias, concursos, etc.

prender pren.**der** *verbo* **1.** Ligar uma coisa a outra; fixar: *Prendeu o quadro na parede.* **2.** Capturar, aprisionar: *Prendeu a ave com a armadilha; A polícia prendeu o ladrão.* **3.** Tornar unido; ligar: *Uma forte amizade os prende.* **4.** Conter, segurar: *Prendeu a respiração.* **5.** Envolver, mantendo seguro: *Prendeu-a nos braços ao despedir-se.* **6.** Arrumar (o cabelo) segurando-o com grampos, fitas, tranças, etc.: *Prendeu os cabelos para cima.* **7.** Ficar preso entre si; agarrar-se: *As colônias de corais se prendem formando recifes.* **8.** Tomar afeição: *Prendeu-se muito à mãe.*

preocupação pre:o.cu.pa.**ção** *substantivo feminino* **1.** Ação de preocupar(-se), ou o resultado desta ação: *A preocupação com os estudos tirou-lhe o sono.* **2.** Falta de tranquilidade: *Porque não sabe como arranjar dinheiro, vive com preocupações.* [Plural: *preocupações*.]

preocupar pre:o.cu.**par** *verbo* **1.** Tornar(-se) intranquilo ou sem calma: *A má saúde do filho a preocupa; O que te preocupas?* **2.** Prender a atenção, ou tê-la presa: *Os exames não o preocupam, pois já estudou toda a matéria; Preocupa-se com o resultado das eleições, pois é candidato.* **3.** Dar importância a algo; empenhar-se: *Preocupa-se em escrever bem.*

preparação pre.pa.ra.**ção** *substantivo feminino* Ação de preparar(-se), ou o resultado desta ação; preparo, preparativo: *A preparação para a viagem tomou-lhe um mês inteiro; Precisa de tempo para a preparação dos exames.* [Plural: *preparações*.]

preparativo pre.pa.ra.**ti**.vo *substantivo masculino* O mesmo que *preparação*: *Ainda não terminou os preparativos para a viagem.*

preparatório pre.pa.ra.**tó**.ri:o *adjetivo* Que prepara, ou serve para preparar: *Este é um curso preparatório para o vestibular.*

preparar pre.pa.**rar** *verbo* **1.** Arrumar(-se) com antecedência; aprontar(-se): *Minha mãe preparou a festa de Natal*; *Preparou-se para sair.* **2.** Arrumar, pondo tudo nos devidos lugares; aprontar: *Vai viajar, e já preparou as malas.* **3.** Ensinar ou estudar com uma finalidade; educar ou educar-se: *A professora preparou bem os alunos*; *Preparou-se para prestar exames.* **4.** Informar alguém com cuidado, para dar-lhe notícia ruim: *Pediu à mãe que preparasse o pai antes de contar-lhe que foi reprovado.* **5.** Criar condições para algo; provocar: *Os invasores prepararam a guerra.* **6.** Fazer; cozinhar: *Preparei o jantar.* **7.** Juntar várias substâncias para compor algo: *O farmacêutico preparou a medicação.*

preparo pre.**pa**.ro *substantivo masculino* **1.** O mesmo que *preparação*: *Não teve tempo para o preparo da viagem.* **2.** Instrução, cultura: *É homem de muito preparo.*

preposição pre.po.si.**ção** *substantivo feminino* Palavra invariável que liga duas orações, ou dois elementos da oração. Assim, liga substantivo a substantivo (*livro de leitura*), verbo a substantivo (*saí com João*), substantivo a verbo (*cama para dormir*), etc. [Plural: *preposições.*]

presa pre.sa *substantivo feminino* **1.** Coisa ou pessoa, ou animal, que é levado com violência: *A águia leva a presa no bico.* **2.** Mulher que está na prisão: *As presas caminham no pátio da prisão.*

presença pre.**sen**.ça *substantivo feminino* O fato de alguém ou alguma coisa estar em um lugar: *O professor pediu a presença dos pais na escola*; *Os vegetais precisam da presença do sol.*

presenciar pre.sen.ci.**ar** *verbo* Estar presente a; assistir: *O guarda presenciou a briga e prendeu os dois homens.*

presente pre.**sen**.te *adjetivo de dois gêneros* **1.** Que assiste pessoalmente: *Todas as pessoas presentes aplaudiram o espetáculo.* **2.** Que existe ou sucede no momento em que se fala; atual: *Nos dias presentes não há mais escravidão.* ✅ *substantivo masculino* **3.** Aquilo que se dá a alguém: *Ganhei vários presentes de aniversário.* **4.** O tempo presente: *No presente todas as pessoas têm direitos iguais.* **5.** Tempo verbal que exprime ação presente.

presentear pre.sen.te.**ar** *verbo* Dar presente (3) a: *Presenteou o filho com uma bicicleta.*

presépio pre.**sé**.pi:o *substantivo masculino* Representação do estábulo de Belém e das figuras que, de acordo com a Bíblia, estavam presentes no nascimento de Jesus Cristo.

preservação pre.ser.va.**ção** *substantivo feminino* **1.** Ação de preservar, ou o resultado desta ação. **2.** Con-

preservar

junto de medidas que visam a proteger o ambiente e defendê-lo de perigos e/ou ruína: *A preservação das matas é essencial à vida no planeta.* [Plural: preservações.]

preservar pre.ser.**var** *verbo* **1.** Livrar de mal ou de dano: *Para preservar a saúde devemos ter uma boa alimentação.* **2.** Proteger: *É necessário preservar as florestas e as nascentes de rios.*

preservativo pre.ser.va.**ti**.vo *substantivo masculino* Dispositivo ou substância usada para evitar gravidez ou doença: *As camisinhas são preservativos.*

presidência pre.si.**dên**.ci.a *substantivo feminino* **1.** Ação de presidir, ou o resultado desta ação: *O diretor da escola exerceu a presidência da reunião de pais.* **2.** O cargo ou função de presidente: *A presidência do país é escolhida pela votação do povo.*

presidente pre.si.**den**.te *substantivo de dois gêneros* Pessoa que preside: *O presidente da república escolhe os seus ministros; A presidente do clube deu licença para a festa.*

presidir pre.si.**dir** *verbo* **1.** Dirigir como presidente; dirigir, governar: *Para presidir o país o governante deve ter o apoio do povo.* **2.** Dirigir como chefe: *O meu professor presidiu a reunião.*

preso pre.so (ê) *adjetivo* **1.** Encerrado num local fechado: *Ficou preso no elevador.* **2.** Fixado ou unido a outra coisa: *Tinha uma flor presa nos cabelos.* ✅ *substantivo masculino* **3.** O mesmo que **prisioneiro**: *Os presos saem das celas para caminhar no pátio da prisão.*

pressa pres.sa *substantivo feminino* Necessidade de chegar rapidamente a um lugar, ou de fazer depressa uma coisa: *Tenho pressa de chegar, por isto vou tomar um táxi.*

pressão pres.**são** *substantivo feminino* Ação de pressionar ou apertar, ou o resultado desta ação: *Fez pressão na porta, para fechá-la; Fez pressão na campainha ao chegar.* [Plural: pressões.]

pressentimento pres.sen.ti.**men**.to *substantivo masculino* Ação de pressentir alguma coisa, ou o resultado desta ação; palpite: *Teve o pressentimento de que ia chover, por isto levou o guarda-chuva.*

pretender

pressentir pres.sen.**tir** *verbo* **1.** Sentir com antecipação o que vai ocorrer: *Teve uma dor de cabeça, e pressentiu que ia ficar doente.* **2.** Ter suspeita de algo; desconfiar, perceber: *Pressentiu que o filho tinha mentido.*

pressionar pres.si:o.**nar** *verbo* Fazer pressão sobre algo ou alguém: *Pressionou o botão do elevador; Pressionou o pai para deixá-lo sair.*

prestação pres.ta.**ção** *substantivo feminino* Pagamento a prazo: *Comprou a tevê em dez prestações.* [Plural: prestações.]

prestar pres.**tar** *verbo* **1.** Conceder, dispensar: *É um bom menino, gosta de prestar favores.* **2.** Ser bom ou conveniente para algo: *Esta roupa não presta para a festa.* **3.** Realizar algo para alguém: *Prestaram uma homenagem ao convidado; Estes povos prestam culto a vários deuses.*

prestigiar pres.ti.gi.**ar** *verbo* Dar prestígio a algo ou alguém: *Prestigiou a festa com sua presença; Sempre prestigia os amigos.*

prestígio pres.**tí**.gi:o *substantivo masculino* Grande influência exercida sobre alguém ou alguma coisa: *Como é escritor de prestígio, os seus livros vendem bem.*

presunção pre.sun.**ção** *substantivo feminino* **1.** Suposição que se tem por verdadeira; pretensão: *Foi criado na presunção de que era uma pessoa importante.* **2.** Opinião demasiado boa sobre si mesmo: *Tem a presunção de ser o melhor aluno da classe, mas não é.* [Plural: presunções.]

presunçoso pre.sun.**ço**.so (çô) *adjetivo* Que tem muita presunção (2); pretensioso: *Como é muito presunçoso, acha que todos o admiram.* [Plural: presunçosos (çó).]

presunto pre.**sun**.to *substantivo masculino* Pernil de porco em conserva, que pode ser cozido com sal, ou cru, salgado, etc.

pretender pre.ten.**der** *verbo* **1.** Reclamar como direito; exigir: *Pretendeu a posse da casa, quando morreu o dono.* **2.** Planejar: *Ele pretende viajar, mas não disse quando.* **3.** Ter vontade de obter: *O meu tio está pretendendo o cargo de diretor.* **4.** Julgar-se: *Ele se pretende um bom aluno.*

pretensão pre.ten.**são** *substantivo feminino* Ação de pretender(-se), ou o resultado desta ação; aspiração: *Tem a pretensão de ser um grande escritor.* [Plural: *pretensões.*]

pretensioso pre.ten.ci.**o**.so (ô) *adjetivo* **1.** Que pretende muito; ambicioso: *É pretensioso, deseja realizar muitas coisas na vida.* **2.** O mesmo que *presunçoso*: *Ficou rico, e hoje é um homem pretensioso.* [Plural: *pretensiosos* (ó).]

pretérito pre.**té**.ri.to *substantivo masculino* Tempo verbal que exprime ação passada.

preto pre.to (ê) *adjetivo* **1.** Que tem a cor do carvão ou do piche; negro: *As pessoas morenas têm cabelos pretos.* **2.** O mesmo que *negro* (3). ✅ *substantivo masculino* **3.** O mesmo que *negro* (4).

prevenção pre.ven.**ção** *substantivo feminino* **1.** Ação de prevenir(-se), ou o resultado desta ação: *A vacinação é uma prevenção contra doenças.* **2.** Opinião desfavorável, antecipada, sobre alguém ou algo: *Não devemos ter prevenção contra ninguém.* [Plural: *prevenções.*]

prevenir pre.ve.**nir** *verbo* **1.** Fazer alguma coisa antecipadamente, de modo que se evite dano ou mal: *Para prevenir a falta de água, o fazendeiro represou o rio.* **2.** Impedir que aconteça: *Sinalizaram bem a estrada para prevenir acidentes.* **3.** Informar com antecipação: *O professor nos preveniu (de) que toda a matéria entraria na prova.*

prever pre.**ver** *verbo* **1.** Ter a ideia antecipada de que algo vai acontecer: *Os meteorologistas previram a tempestade.* **2.** O mesmo que *adivinhar*: *Ninguém pode prever o que vai ocorrer amanhã.*

previdência pre.vi.**dên**.ci:a *substantivo feminino* O conjunto das medidas para proteger e amparar as pessoas: *O governo tem instituições que tratam da previdência social.*

previdente pre.vi.**den**.te *adjetivo de dois gêneros* Que se previne, toma medidas a respeito de alguma coisa: *As pessoas previdentes economizam dinheiro para o futuro.*

prévio **pré**.vi:o *adjetivo* Que se passa ou acontece antes de outra coisa: *Houve uma reunião prévia para combinarmos a festa.*

previsão pre.vi.**são** *substantivo feminino* **1.** Ação de prever, ou o resultado desta ação: *A meteorologia faz a previsão do tempo.* **2.** Cálculo do que é necessário para a execução de algo: *O governo tem que fazer uma previsão de orçamento público.* [Plural: *previsões.*]

prezado pre.**za**.do *adjetivo* Que se preza ou prezou; querido: *Todos os convidados são meus amigos prezados.*

prezar pre.**zar** *verbo* **1.** Ter apreço por; gostar, estimar: *Meu pai preza igualmente todos os filhos.* **2.** Ser adepto de; defender: *Todos devem prezar a ordem.* **3.** Estimar a si mesmo; respeitar-se: *Quem se preza procura ser honesto.*

primário pri.**má**.ri:o *adjetivo* **1.** Que vem antes; primeiro: *O respeito deve ser uma qualidade primária de todos nós.* **2.** Sem complicação; simples, fácil: *Esta*

primata

é uma pergunta *primária*, a que todos podem responder. **3.** Básico, elementar: *Não foi aprovado porque cometeu erros primários.*

primata pri.**ma**.ta *substantivo masculino* Animal mamífero que tem o cérebro desenvolvido e pode segurar objetos com a mão: *O homem e o macaco são primatas.*

primavera pri.ma.**ve**.ra *substantivo feminino* Estação do ano que vem após o inverno e antecede o verão, e que, no hemisfério sul, vai de 22 de setembro a 20 de dezembro.

primeiro pri.**mei**.ro *numeral* **1.** Ordinal correspondente ao número 1. ✓ *adjetivo* **2.** Que, numa sequência, ocupa o lugar do número 1: *Moro no primeiro andar deste edifício.* **3.** Que precede os outros: *Janeiro é o primeiro mês do ano.* ✓ *substantivo masculino* **4.** O que ocupa a posição 1: *Aquele corredor foi o primeiro a chegar.*

primeiro-sargento pri.mei.ro-sar.**gen**.to *substantivo masculino* Veja *hierarquia militar.* [Plural: *primeiros-sargentos.*]

primeiro-tenente pri.mei.ro-te.**nen**.te *substantivo masculino* Veja *hierarquia militar.* [Plural: *primeiros-tenentes.*]

primitivo pri.mi.**ti**.vo *adjetivo* **1.** Que é o primeiro a existir; de primeira origem: *Os homens primitivos habitavam a África.* **2.** Contemporâneo dos primeiros tempos de uma civilização, história, etc.; antigo: *Os cristãos primitivos foram perseguidos.* **3.** Diz-se de povo que não foi ainda civilizado: *Os homens primitivos habitavam cavernas.* **4.** Que não se aperfeiçoou; antiquado: *O arado era um instrumento primitivo de lavrar a terra.*

primo pri.mo *substantivo masculino* Pessoa, em relação aos filhos de tios e tias.

primogênito pri.mo.**gê**.ni.to *adjetivo* **1.** Diz-se de filho gerado antes dos outros. ✓ *substantivo masculino* **2.** Filho primogênito: *O primogênito do rei herdava o trono.*

princesa prin.**ce**.sa (ê) *substantivo feminino* **1.** Mulher de príncipe. **2.** Filha de rei.

principado prin.ci.**pa**.do *substantivo masculino* Território governado por príncipe ou princesa.

privado

principal prin.ci.**pal** *adjetivo de dois gêneros* **1.** Que é o primeiro, o mais importante de um grupo: *Tiradentes foi a principal personagem da Conjuração Mineira.* **2.** Fundamental, essencial: *Língua portuguesa é a principal matéria nesse curso.* [Plural: *principais.*]

principalmente prin.ci.pal.**men**.te *advérbio* De modo principal.

príncipe **prín**.ci.pe *substantivo masculino* **1.** Filho ou membro da família reinante. **2.** Filho primogênito do rei: *Neste reino, só o príncipe pode herdar o trono.* **3.** Marido de rainha ou de princesa. 🔊 **Príncipe encantado.** O belo e valente príncipe dos contos de fadas.

principiante prin.ci.pi.**an**.te *adjetivo de dois gêneros* **1.** Que principia numa atividade: *Os motoristas principiantes têm que ser cautelosos.* ✓ *substantivo de dois gêneros* **2.** Pessoa principiante: *Os principiantes também participarão do campeonato.*

principiar prin.ci.pi.**ar** *verbo* **1.** Dar início a; começar, iniciar: *Principiou o discurso saudando as pessoas presentes.* **2.** Ter princípio; começar: *As aulas já principiaram.*

princípio prin.**cí**.pi:o *substantivo masculino* **1.** Momento ou local em que algo começa; início, começo: *No princípio do ano temos férias; Minha casa fica no princípio da rua.* **2.** Primeira causa; origem, razão: *Não se sabe qual foi o princípio da guerra.* **3.** Regra de conduta que se escolhe para viver: *Tenho por princípio responder a todas as cartas que recebo.*

prisão pri.**são** *substantivo feminino* **1.** Ação de prender, ou o resultado desta ação; captura: *A prisão do ladrão ocorreu em flagrante.* **2.** O mesmo que *cadeia* (2): *A prisão tem grades nas janelas.* [Plural: *prisões.*]

prisioneiro pri.si:o.**nei**.ro *substantivo masculino* Homem que perdeu a liberdade, que vive numa prisão; preso: *Os prisioneiros vão ser julgados.*

privação pri.va.**ção** *substantivo feminino* Ação de privar(-se), ou o resultado desta ação. [Plural: *privações.*]

privada pri.**va**.da *substantivo feminino* **1.** O mesmo que *latrina* (1). **2.** Veja *vaso sanitário*.

privado pri.**va**.do *adjetivo* **1.** Que não é público; particular: *Este jardim é privado, por isto tem uma*

privar

cerca. **2.** Que é pessoal; confidencial: *Não lhe conto o que ocorreu, porque é um assunto privado*. **3.** Que não pertence ao Estado: *Meu pai trabalha na área privada*.

privar pri.**var** *verbo* Não dar alguma coisa a alguém, ou a si mesmo: *O trabalho privava o filho da sua companhia; Para não engordar, privou-se dos doces*.

privilegiado pri.vi.le.gi.**a**.do *adjetivo* Que tem privilégio, ou vantagem, ou benefício: *Só os membros privilegiados foram convidados para o jantar do clube*.

privilegiar pri.vi.le.gi.**ar** *verbo* Dar privilégio a: *Privilegiou o filho mais velho deixando-lhe a casa da família*.

privilégio pri.vi.**lé**.gi:o *substantivo masculino* Vantagem ou direito que se concede a alguém ou a um grupo, com exclusão de outros: *Antigamente, os nobres tinham muitos privilégios*.

pró *substantivo masculino* Aspecto positivo de algo; vantagem: *Ele apresentou todos os prós da questão*.

proa pro.a (ô) *substantivo feminino* A parte da frente de uma embarcação.

probabilidade pro.ba.bi.li.**da**.de *substantivo feminino* Possibilidade de que algo venha a ocorrer: *O meteorologista disse que há probabilidade de chuva para hoje*.

problema pro.**ble**.ma *substantivo masculino* **1.** Dificuldade que há para resolver: *Esta cidade tem problemas de trânsito*. **2.** Exercício de matemática que consiste em fazer cálculos para dar solução à questão proposta: *Minha professora passou-nos um problema difícil*.

problemático pro.ble.**má**.ti.co *adjetivo* Que constitui um problema: *Não sei o que fazer, estou numa situação problemática*.

procedência pro.ce.**dên**.ci:a *substantivo feminino* Lugar de onde provém algo ou alguém; origem: *Não sei qual é a procedência deste produto; No passaporte consta a procedência do viajante*.

procura

proceder pro.ce.**der** *verbo* **1.** Ter como ponto de partida; vir: *Estes turistas procedem dos Estados Unidos*. **2.** Ser descendente; provir: *Este menino procede de uma família de colonos*. **3.** Realizar, efetuar: *A polícia procedeu a busca aos produtos roubados*. **4.** Comportar-se: *Foi educado para proceder bem*. **5.** Ter fundamento: *Esta pergunta não procede*.

procedimento pro.ce.di.**men**.to *substantivo masculino* **1.** Ação de proceder, ou o resultado desta ação: *Seu procedimento o fez parecer culpado*. **2.** Modo de agir, de proceder; comportamento: *João tem um procedimento exemplar*. **3.** Maneira de fazer algo: *Qual é o procedimento para tirar passaporte?*

processar pro.ces.**sar** *verbo* Promover processo (3) contra alguém: *Processou o vizinho que invadiu sua propriedade*.

processo pro.**ces**.so *substantivo masculino* **1.** Série de ações contínuas para realizar uma atividade: *Está ainda no processo de aprender a ler*. **2.** Modo de fazer alguma coisa; método, técnica: *Este fazendeiro inventou um novo processo de irrigação*. **3.** Ação na justiça.

procissão pro.cis.**são** *substantivo feminino* Marcha, de caráter religioso, pelas ruas duma cidade: *Na Semana Santa costuma haver procissões*. [Plural: *procissões*.]

proclamação pro.cla.ma.**ção** *substantivo feminino* Ação de proclamar, ou o resultado desta ação: *proclamação da República*. [Plural: *proclamações*.]

proclamar pro.cla.**mar** *verbo* Declarar ao público, em voz alta: *O presidente proclamou o fim da guerra*.

procriar pro.cri.**ar** *verbo* Dar nascimento a; gerar.

procura pro.**cu**.ra *substantivo feminino* **1.** Ação de procurar, ou o resultado desta ação: *Depois de muita procura, encontrei o livro*. **2.** Busca, investigação: *A procura de novos conhecimentos exige-lhe muita leitura e muito estudo*.

procurar

procurar pro.cu.**rar** *verbo* **1.** Esforçar-se por achar: *Procurou uma casa para alugar.* **2.** Esforçar-se por conseguir: *Procurou entender o texto difícil.* **3.** Ir ao encontro de: *Vou procurá-lo em sua casa.*

prodígio pro.**dí**.gi:o *substantivo masculino* **1.** Acontecimento extraordinário: *A descoberta desta vacina foi um prodígio da ciência.* **2.** Pessoa que apresenta alguma habilidade ou talento fora do comum: *Mozart foi um prodígio da música.*

pródigo pró.di.go *adjetivo* **1.** Que gasta mais que o necessário; que esbanja: *Ele é muito pródigo, não consegue economizar.* **2.** Que produz com abundância: *Estas terras são pródigas, fazem a riqueza do país.*

produção pro.du.**ção** *substantivo feminino* **1.** Ação de produzir, ou o resultado desta ação. **2.** Aquilo que é produzido pelo homem, pela natureza ou pela máquina; produto: *A economia do país baseia-se em sua produção.* **3.** Capacidade de produzir: *Este é um solo estéril, sem produção.* **4.** O resultado do esforço de um escritor, de um artista, etc.; obra: *Todas as suas produções foram vendidas.* **5.** O conjunto de todas as fases da realização de um filme, uma peça teatral, etc.: *Foi caríssima a produção deste filme.* [Plural: *produções*.]

produtivo pro.du.**ti**.vo *adjetivo* **1.** Relativo a produção: *É importante o esforço produtivo do país.* **2.** Que produz; produtor: *Na minha fazenda, todas as terras são produtivas.* **3.** De que se obtém proveito; proveitoso: *O meu trabalho pelas manhãs é mais produtivo que o das tardes.*

produto pro.**du**.to *substantivo masculino* **1.** Aquilo que é resultado de uma produção: *Vivo do produto do meu trabalho.* **2.** Aquilo que é resultado de um trabalho ou de uma atividade: *Produtos artesanais são vendidos nesta loja.* **3.** A quantia apurada num negócio, na venda de algo, etc.: *Usou o produto da venda do gado para comprar máquinas agrícolas.* **4.** O resultado da multiplicação: *O produto de duas vezes cinco é dez.*

produtor pro.du.**tor** (tôr) *adjetivo* **1.** O mesmo que *produtivo* (2): *O fazendeiro vendeu o gado, mas conservou as vacas produtoras de leite.* ✓ *substantivo masculino* **2.** Indivíduo ou empresa cuja atividade é produzir bens, mercadorias, etc.: *Os produtores de laticínios compram o leite produzido pelo rebanho da região.*

produzir pro.du.**zir** *verbo* **1.** Dar origem a; fornecer: *A vaca produz leite; Estas terras produzem trigo.* **2.** Fabricar: *Esta fábrica produz automóveis.* **3.** Fazer trabalho de criação intelectual; criar: *O pintor que produziu estes quadros ganhou um prêmio.* **4.** Ter como resultado; causar, ocasionar: *A longa caminhada produziu cansaço.* **5.** Executar uma peça de teatro, um filme, etc.: *Para produzir o filme precisa de uma quantia alta.*

proeza pro.**e**.za (ê) *substantivo feminino* O mesmo que *façanha* (1): *Este menino é capaz de grandes proezas.*

profecia pro.fe.**ci**.a *substantivo feminino* Predição do futuro, feita por alguém que diz conhecê-lo: *Não acredito que alguém possa fazer profecias.*

profissão

professor pro.fes.**sor** (sôr) *substantivo masculino* Homem cuja profissão é dar aulas.

profeta pro.**fe**.ta *substantivo masculino* Pessoa que faz profecia: *Os profetas diziam que eram inspirados por Deus.* [Feminino: *profetisa*.]

profetizar pro.fe.ti.**zar** *verbo* Fazer profecia: *Muitas pessoas profetizaram que o mundo ia acabar no ano 2000.*

profissão pro.fis.**são** *substantivo feminino* Atividade na qual alguém se especializa, mediante estudo e/ou prática: *A profissão do professor é ensinar;*

401

profissional

Aprendi a profissão de pedreiro com o meu pai. [Plural: *profissões.*]

profissional pro.fis.si.o.**nal** *adjetivo de dois gêneros* **1.** Relativo a determinada profissão: *Ele é um jogador profissional de futebol.* ✅ *substantivo de dois gêneros* **2.** Pessoa que tem uma profissão, um ofício. [Plural: *profissionais.*]

profundeza pro.fun.**de**.za (ê) *substantivo feminino* O mesmo que **profundidade**.

profundidade pro.fun.di.**da**.de *substantivo feminino* Distância que vai do fundo até a superfície; profundeza, altura: *A profundidade desta piscina é de três metros.*

profundo pro.**fun**.do *adjetivo* **1.** Cujo fundo está a uma distância grande da superfície: *O mar tem abismos profundos.* **2.** Que é extenso do início até a outra extremidade: *O trem entrou num túnel profundo.* **3.** Muito forte; pesado, intenso: *A criança caiu num sono profundo.* **4.** Difícil de entender: *Seu comportamento é um mistério profundo.* **5.** Que penetra fundo: *Deu um corte profundo no dedo.* **6.** Muito grande; enorme: *Tive uma profunda decepção com você.*

programa pro.**gra**.ma *substantivo masculino* **1.** Lista escrita das partes que deverão compor um espetáculo, ou peça, ou cerimônia, etc.; programação: *O programa diz que a peça terá três atos.* **2.** Projeto, plano; programação: *Qual é o seu programa para hoje?* **3.** Nas transmissões de rádio ou de televisão, cada um dos espetáculos, ou reportagens, ou cenas, etc.: *Costumo assistir ao programa das oito horas.* **4.** O conjunto das matérias que se ensinam: *Este é o programa da nossa turma para este ano.* **5.** Conjunto de informações fornecidas a um computador para realizar uma tarefa.

programação pro.gra.ma.**ção** *substantivo feminino* **1.** Ação de programar(-se), ou o resultado desta ação. **2.** O mesmo que **programa** (2): *Sua programação inclui uma ida ao Jardim Botânico.* [Plural: *programações.*]

programar pro.gra.**mar** *verbo* **1.** Fazer o programa ou a programação de; planejar: *Os alunos programaram uma excursão para o feriado.* **2.** Elaborar um programa (5).

proliferação

progredir pro.gre.**dir** *verbo* **1.** Ir para a frente; avançar: *As tropas progrediram ao alcance do inimigo.* **2.** Tornar-se maior e/ou melhor, utilizando coisas novas ou mais modernas; desenvolver-se: *Esta cidade progrediu muito nos últimos dez anos.* **3.** Ter ou fazer progresso: *João progrediu muito nos estudos.*

progresso pro.**gres**.so *substantivo masculino* **1.** Ação de progredir, ou o resultado desta ação: *A professora elogiou o progresso dos alunos.* **2.** Movimento para diante; avanço, desenvolvimento: *Os progressos da ciência no século XX foram enormes; Por causa da chuva, fizeram pouco progresso na caminhada.*

proibição pro:i.bi.**ção** *substantivo feminino* Ação de proibir, ou o resultado desta ação: *Há proibição de fumar a bordo de aviões.* [Plural: *proibições.*]

proibir pro:i.**bir** *verbo* Não permitir; impedir que se faça: *O governo proíbe o desmatamento; Proíbem a entrada de menores em certos espetáculos.*

projeção pro.je.**ção** *substantivo feminino* **1.** Ação de projetar(-se), ou o resultado desta ação. **2.** Apresentação de imagens numa tela, com o auxílio de projetor: *Assisti à projeção de um filme sobre a Amazônia.* [Plural: *projeções.*]

projetar pro.je.**tar** *verbo* **1.** Fazer projeto ou plano de: *Projetou uma viagem para as férias.* **2.** Fazer projeto ou planta de: *O arquiteto já projetou o edifício.* **3.** Fazer projeção de: *projetar um filme.* **4.** Arremessar-se, lançar-se: *Projetou-se do penhasco e mergulhou no mar.*

projétil pro.**jé**.til *substantivo masculino* Corpo arremessado por uma arma de fogo. [Plural: *projéteis.*]

projeto pro.**je**.to *substantivo masculino* **1.** Ideia ou intenção de fazer algo no futuro; plano: *Ela estuda piano, e seu projeto é dar concertos.* **2.** Esboço ou desenho de trabalho a ser realizado: *O arquiteto faz projetos de construções.*

projetor pro.je.**tor** (tôr) *substantivo masculino* Qualquer aparelho para projetar imagens.

proliferação pro.li.fe.ra.**ção** *substantivo feminino* Ação de proliferar, ou o resultado desta ação; reprodução: *A falta de higiene causa a proliferação de micróbios.* [Plural: *proliferações.*]

proliferar pro.li.fe.**rar** *verbo* **1.** Ter filhos; reproduzir-se: *As ovelhas proliferaram formando um rebanho.* **2.** Crescer em número; propagar-se, espalhar-se: *Os micróbios proliferaram causando doenças.*

prolongamento pro.lon.ga.**men**.to **1.** Ação de prolongar(-se), ou o resultado desta ação; aumento de duração: *Pediram um prolongamento do prazo.* **2.** O que se acrescenta a algo para torná-lo mais longo: *Fizeram obras para o prolongamento da estrada.*

prolongar pro.lon.**gar** *verbo* **1.** Aumentar um prazo; adiar, retardar: *Prolongou a sua estada por mais uma semana.* **2.** Fazer durar mais tempo: *A visita prolongou a conversa para dar mais notícias.* **3.** Estender-se por uma distância maior: *Este caminho se prolonga pela mata.*

promessa pro.**mes**.sa *substantivo feminino* Ação de prometer, ou o resultado desta ação: *Fez a promessa de estudar mais no ano que vem.*

prometer pro.me.**ter** *verbo* **1.** Obrigar-se a fazer, ou a dar, ou a dizer, etc., alguma coisa: *Prometeu dar um prêmio ao funcionário do mês; Prometeu chegar cedo.* **2.** Dar início de: *As nuvens escuras prometem um temporal.* **3.** Dar sinais de progresso, ou de sucesso, etc.: *É uma jovem que promete.*

promoção[1] pro.mo.**ção** *substantivo feminino* **1.** Ação de promover, ou o resultado desta ação. **2.** Acesso a cargo, ou posto, ou categoria superior: *Este funcionário está esperando, há anos, uma promoção.* [Plural: *promoções*.]

promoção[2] pro.mo.**ção** *substantivo feminino* Campanha publicitária: *promoção de venda.* [Plural: *promoções*.]

promover[1] pro.mo.**ver** *verbo* **1.** Estimular; melhorar: *Esta lei irá promover o ensino.* **2.** Elevar a cargo, ou porto, ou categoria superior: *Promoveram o funcionário a diretor.*

promover[2] pro.mo.**ver** *verbo* Fazer propaganda de algo: *Baixou o preço do produto para promovê-lo.*

pronome pro.**no**.me *substantivo masculino* Palavra que representa um nome e que muitas vezes substitui outra palavra, ou grupo de palavras: *Eu é um pronome pessoal da primeira pessoa do singular.*

pronominal pro.no.mi.**nal** *adjetivo de dois gêneros* De, ou relativo a pronome: *Queixar-se é um verbo pronominal.* [Plural: *pronominais*.]

pronto **pron**.to *adjetivo* **1.** Que está concluído ou terminado: *Saí deixando os meus deveres de casa prontos.* **2.** Que não tarda; imediato: *Ele me deu uma pronta resposta.* **3.** Rápido, imediato: *Este hospital tem pronto atendimento.* **4.** *Gíria* Sem dinheiro; limpo.

pronto-socorro pron.to-so.**cor**.ro *substantivo masculino* Hospital para atendimento de casos de urgência. [Plural: *prontos-socorros* (có).]

pronúncia pro.**nún**.ci.a *substantivo feminino* Modo de pronunciar (1): *Fala uma língua estrangeira com boa pronúncia.*

pronunciamento pro.nun.ci:a.**men**.to *substantivo masculino* Ação de pronunciar(-se), ou o resultado desta ação: *pronunciamento do presidente.*

pronunciar pro.nun.ci.**ar** *verbo* **1.** Exprimir por meio de palavras: *Pronunciou um belo discurso de agradecimento.* **2.** Decidir e divulgar: *O juiz já pronunciou a sentença.* **3.** Emitir opinião; manifestar-se: *Ele já se pronunciou sobre o assunto.*

propaganda pro.pa.**gan**.da *substantivo feminino* **1.** Divulgação de uma ideia, ou de uma crença, ou de uma religião, etc.: *O candidato fez propaganda de suas intenções.* **2.** Ação de tornar um produto mais conhecido do público, para que venda melhor. **3.** Mensagem de propaganda; anúncio: *Gosto da propaganda deste produto.*

propagação pro.pa.ga.**ção** *substantivo feminino* **1.** Ação de propagar(-se), ou o resultado desta ação; difusão: *Não puderam impedir a propagação da notícia.* **2.** Aumento por reprodução; proliferação: *Devemos contribuir para a propagação das espécies em extinção.* [Plural: *propagações*.]

propagar pro.pa.**gar** *verbo* **1.** Multiplicar(-se): *O homem propagou sua espécie por toda a Terra; Estas ervas daninhas se propagam pela plantação.* **2.** Espalhar-se: *A doença propagou-se, fazendo muitas vítimas; A notícia de sua escolha se propagou, e todos vieram cumprimentá-lo.*

proparoxítono pro.pa.ro.**xí**.to.no (xí = csi) *adjetivo* **1.** Diz-se de vocábulo que tem a sílaba tônica na antepenúltima sílaba: *Máquina e relâmpago são palavras proparoxítonas.* ✓ *substantivo masculino* **2.** Palavra proparoxítona.

propor pro.**por** *verbo* **1.** Oferecer; apresentar: *Os inimigos propuseram a paz.* **2.** Sugerir: *O professor propôs que fizéssemos uma excursão.* **3.** Expor, apresentar: *Propôs as suas condições.* **4.** Oferecer-se: *Propôs-se a fazer o trabalho de graça.* **5.** Decidir-se: *Propôs-se finalmente a emagrecer.*

proporção pro.por.**ção** *substantivo feminino* **1.** Relação de uma coisa a outra, no que diz respeito a tamanho, número ou quantidade: *A proporção de meninos e meninas, nesta classe, é de dois para uma.* **2.** Relação entre as partes de um todo: *Esta estátua tem boas proporções.* **3.** Extensão, intensidade, tamanho: *A enchente causou danos de grandes proporções.* [Plural: *proporções.*]

proporcional pro.por.ci:o.**nal** *adjetivo de dois gêneros* Na mesma relação que outra coisa em intensidade, grandeza, importância, etc.: *Seus conhecimentos são proporcionais a seus esforços.* [Plural: *proporcionais.*]

proporcionar pro.por.ci:o.**nar** *verbo* **1.** Dar, oferecer: *Seus pais lhe proporcionaram uma boa educação.* **2.** Fornecer, prestar: *Este hospital proporciona uma boa assistência aos doentes.* **3.** Pôr à disposição de: *Proporcionou os meios para que ele se formasse.*

propósito pro.**pó**.si.to *substantivo masculino* **1.** Projeto, intenção; determinação: *Tem o propósito de estudar medicina.* **2.** Objetivo, finalidade: *Suas ações tiveram um bom propósito.* 🔊 **De propósito.** Com a intenção de: *Disse que não quebrou o brinquedo de propósito.*

proposta pro.**pos**.ta *substantivo feminino* **1.** Ação de propor, ou o resultado desta ação: *Já fez a proposta, e espera pelo resultado dela.* **2.** Aquilo que se propõe: *Não aceitei a proposta que me fizeram.*

propriedade pro.pri:e.**da**.de *substantivo feminino* **1.** Coisa possuída por alguém: *Devolvi os livros que eram de sua propriedade.* **2.** Porção de terra com tudo que nela existe: *Sua propriedade tem mais de 10.000 m².* **3.** Característica de alguma coisa: *O calor é uma propriedade do fogo.*

proprietário pro.pri:e.**tá**.ri:o *substantivo masculino* Aquele que tem a propriedade de algo: *Meu pai é o proprietário da casa em que moramos.*

próprio pró.pri:o *adjetivo* **1.** Que pertence a uma determinada pessoa: *Vi o eclipse com os meus próprios olhos.* **2.** Que serve para determinado fim; apropriado: *Os mergulhadores usam um traje próprio.* **3.** Característico de determinada pessoa; típico, pessoal: *Esta atriz tem um jeito próprio de vestir-se.*

prorrogação pror.ro.ga.**ção** *substantivo feminino* Ação de prorrogar, ou o resultado desta ação: *A prorrogação permitiu que o meu time ganhasse.* [Plural: *prorrogações.*]

prorrogar pror.ro.**gar** *verbo* **1.** Fazer durar além do prazo estabelecido; prolongar: *Como houve muitas paralisações, o juiz prorrogou o jogo.* **2.** Adiar o término de: *O professor prorrogou a entrega das provas.*

prosa pro.sa *substantivo feminino* **1.** Maneira natural de falar ou de escrever, sem fazer versos: *Os romances são escritos em prosa.* **2.** O mesmo que **conversa**: *Os amigos tiveram uma longa prosa.*

prosperar pros.pe.**rar** *verbo* **1.** Tornar-se próspero; enriquecer: *Muito trabalhou até prosperar.* **2.** Desenvolver-se, progredir: *Com a descoberta do petróleo, toda esta região prosperou.*

prosperidade pros.pe.ri.**da**.de *substantivo feminino* Estado do que é, ou se tornou próspero: *O país está crescendo, haverá prosperidade.*

próspero prós.pe.ro *adjetivo* **1.** Que prospera ou progride: *Esta é uma cidade próspera.* **2.** Que acumulou riquezas; rico: *um homem próspero.*

prosseguimento pros.se.gui.**men**.to *substantivo masculino* Ação de prosseguir, ou o resultado desta ação.

prosseguir pros.se.**guir** *verbo* **1.** Dar continuidade a: *Prosseguimos no trabalho que começamos ontem.* **2.** Ir ou seguir adiante: *Prossiga esta estrada*

próstata

até a ponte. **3.** Continuar a falar, ou a ler, etc.: *Fez uma pausa, e depois prosseguiu.*

próstata prós.ta.ta *substantivo feminino* Glândula do sistema reprodutor masculino.

protagonista pro.ta.go.**nis**.ta *substantivo de dois gêneros* Personagem principal: *O protagonista da peça é um ator muito conhecido.*

proteção pro.te.**ção** *substantivo feminino* **1.** Ação de proteger(-se), ou o resultado desta ação. **2.** Aquilo que serve para proteger: *As luvas são uma proteção contra o frio.* **3.** Auxílio, amparo, cuidado: *As crianças precisam da proteção dos pais.* [Plural: *proteções*.]

proteger pro.te.**ger** *verbo* **1.** Abrigar(-se) em lugar no qual fique a salvo: *Protegeu os filhotes abandonados; Protegeu-se da tempestade.* **2.** Defender(-se) de risco, perigo, ataque, etc.: *Devemos proteger os mais fracos; Proteja-se dos raios nocivos do Sol.*

proteína pro.te.**í**.na *substantivo feminino* Substância nutritiva encontrada na carne, no peixe, nos ovos, e em alguns vegetais, como a soja.

protestante pro.tes.**tan**.te *substantivo de dois gêneros* Seguidor do protestantismo.

protestantismo pro.tes.tan.**tis**.mo *substantivo masculino* Movimento religioso do século XVI, que prega uma doutrina cristã que não reconhece a autoridade do Papa.

protestar pro.tes.**tar** *verbo* Demonstrar ou declarar que é contra alguma coisa, que não está de acordo com ela: *Todos protestaram contra a injustiça.*

protesto pro.**tes**.to *substantivo masculino* **1.** Ação de protestar, ou o resultado desta ação. **2.** Queixa, reclamação: *Os professores não atenderam aos protestos dos alunos.*

proveito

protetor pro.te.**tor** (tôr) *substantivo masculino* Pessoa que protege, ampara, ajuda outra: *Ficou órfão, e o padrinho tornou-se o seu protetor.*

protuberância pro.tu.be.**rân**.ci.a *substantivo feminino* O mesmo que *saliência*: *As montanhas são protuberâncias da superfície da Terra.*

prova pro.va *substantivo feminino* **1.** Aquilo que demonstra que um fato ou uma afirmação são verdadeiros; evidência: *Há provas de que o réu é culpado.* **2.** Ação que atesta uma intenção ou um sentimento; testemunho: *Sua presença aqui é uma prova de sua amizade.* **3.** Exame, competição ou concurso, ou cada uma das partes destes: *Faremos hoje prova de Português; A prova de natação será amanhã.*

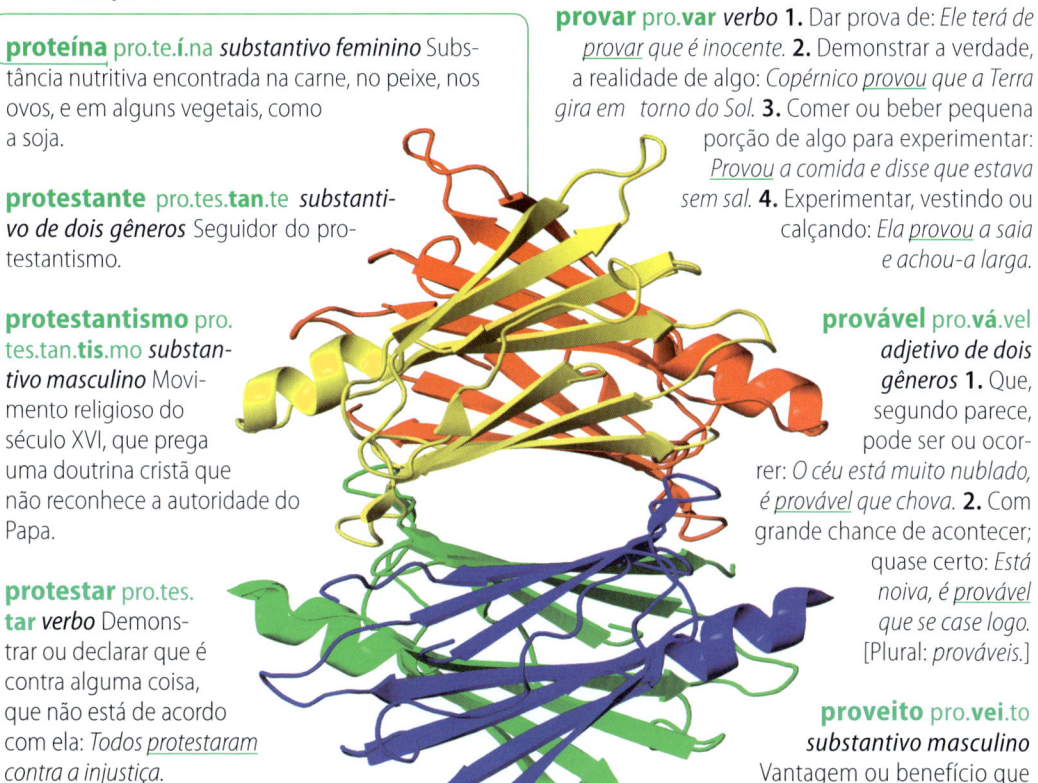

provar pro.**var** *verbo* **1.** Dar prova de: *Ele terá de provar que é inocente.* **2.** Demonstrar a verdade, a realidade de algo: *Copérnico provou que a Terra gira em torno do Sol.* **3.** Comer ou beber pequena porção de algo para experimentar: *Provou a comida e disse que estava sem sal.* **4.** Experimentar, vestindo ou calçando: *Ela provou a saia e achou-a larga.*

provável pro.**vá**.vel *adjetivo de dois gêneros* **1.** Que, segundo parece, pode ser ou ocorrer: *O céu está muito nublado, é provável que chova.* **2.** Com grande chance de acontecer; quase certo: *Está noiva, é provável que se case logo.* [Plural: *prováveis.*]

proveito pro.**vei**.to *substantivo masculino* Vantagem ou benefício que se tira de alguma coisa: *Ele tira proveito de suas leituras, aprende muito.*

proveitoso pro.vei.**to**.so (tô) *adjetivo* Em que há proveito: *Nosso encontro com o escritor foi muito proveitoso*. [Plural: *proveitosos* (tó).]

proveniente pro.ve.ni.**en**.te *adjetivo de dois gêneros* Que vem ou provém: *Estes emigrantes são provenientes da Europa*.

prover pro.**ver** *verbo* Abastecer(-se) de algo necessário: *Proveu o navio de água, antes de embarcar*.

provérbio pro.**vér**.bi.o *substantivo masculino* Frase curta que exprime um conceito ou uma verdade; ditado: *Tempo é dinheiro é um provérbio muito conhecido*.

providência pro.vi.**dên**.ci.a *substantivo feminino* Medida para alcançar um fim: *Tomou providências para evitar a calamidade*.

providenciar pro.vi.den.ci.**ar** *verbo* **1.** Tomar providências ou medidas para fazer ou conseguir algo: *Preciso providenciar um almoço para vinte pessoas*. **2.** Pôr à disposição; fornecer: *Providenciou abrigo para todas as vítimas da catástrofe*.

província pro.**vín**.ci.a *substantivo feminino* O interior de um país, por oposição à capital.

provinciano pro.vin.ci.**a**.no *adjetivo* Da província, ou que tem costumes próprios dela: *É um rapaz provinciano e nada sabe das grandes cidades*.

provir pro.**vir** *verbo* Ter origem; ser proveniente: *Certas doenças provêm da falta de higiene*.

provisório pro.vi.**só**.ri.o *adjetivo* Que não é permanente; temporário: *Como seu emprego é provisório, tem medo de ser dispensado*.

provocação pro.vo.ca.**ção** *substantivo feminino* **1.** Ação de provocar, ou o resultado desta ação; desafio: *Uma provocação levou-o a entrar na briga*. **2.** Insulto, ofensa: *Não respondeu às provocações, pois é de boa paz*. [Plural: *provocações*.]

provocar pro.vo.**car** *verbo* **1.** Fazer perder a calma: *Sua grosseria provocou-me*. **2.** Incitar a reagir: *A injustiça provocou as pessoas presentes*. **3.** Produzir, causar: *Há ervas que provocam sono; Não se sabe o que provocou o incêndio*.

proximidade pro.xi.mi.**da**.de (xi = ssi) *substantivo feminino* **1.** Condição do que é ou está próximo; vizinhança: *Minha casa fica na proximidade do campo*. **2.** Pequeno intervalo de tempo: *Com a proximidade da viagem, começa a ficar saudoso de casa*.

próximo pró.xi.mo (xi = ssi) *adjetivo* **1.** A pequena distância, no espaço ou no tempo: *Mora numa cidade próxima; Vou viajar na próxima semana*. ✅ *substantivo masculino* **2.** O ser humano; o semelhante: *Devemos amar o próximo*.

prudência pru.**dên**.ci.a *substantivo feminino* **1.** Qualidade daquele que pensa nas consequências de seus atos: *Os motoristas devem ter prudência no trânsito*. **2.** Bom-senso, calma: *Tenha prudência para resolver este problema*.

prudente pru.**den**.te *adjetivo de dois gêneros* Que tem prudência, que presta atenção ao perigo: *Como é uma pessoa prudente, não viaja durante uma tempestade*.

prurido pru.**ri**.do *substantivo masculino* Sensação desagradável na pele ou nas mucosas, que leva alguém a se coçar; coceira.

pseudônimo pseu.**dô**.ni.mo *substantivo masculino* Nome falso adotado por alguém para esconder a sua identidade: *Este jornalista escreve com pseudônimo*.

psicanálise psi.ca.**ná**.li.se *substantivo feminino* Método que permite o tratamento de certos distúrbios psíquicos, fazendo com que o indivíduo procure em sua memória os acontecimentos que o perturbaram.

psicanalista psi.ca.na.**lis**.ta *substantivo de dois gêneros* Médico especializado em psicanálise.

psicologia psi.co.lo.**gi**.a *substantivo feminino* Ciência que estuda o comportamento humano ou animal, e suas reações.

psicológico psi.co.**ló**.gi.co *adjetivo* Da psicologia, ou referente a ela: *Há cientistas que estudam o efeito psicológico do barulho na mente humana*.

psicólogo psi.**có**.lo.go *substantivo masculino* O especialista em psicologia.

psíquico

psíquico psí.qui.co *adjetivo* Da, ou relativo à mente.

psiu *interjeição* Usa-se para fazer calar ou para chamar alguém.

puberdade pu.ber.da.de *substantivo feminino* O conjunto das transformações do corpo, que ocorrem na passagem da infância para a adolescência.

púbis pú.bis *substantivo masculino de dois números* Parte inferior do abdome, com forma triangular.

publicação pu.bli.ca.**ção** *substantivo feminino* **1.** Ação de publicar, ou o resultado desta ação. **2.** Qualquer obra impressa: livro, revista, jornal, etc.: *O meu pai tem assinatura de diversas publicações.* [Plural: *publicações.*]

publicar pu.bli.**car** *verbo* **1.** Tornar público, ou amplamente conhecido; divulgar. **2.** Reproduzir obra escrita por impressão, ou outro meio; editar: *Este editor publica livros infantis.*

publicidade pu.bli.ci.**da**.de *substantivo feminino* A forma de tornar um produto conhecido do público, para melhor vendê-lo; a divulgação das qualidades de um produto: *Esta marca de roupa faz muita publicidade.*

publicitário pu.bli.ci.**tá**.ri:o *adjetivo* **1.** Relativo a publicidade. ✓ *substantivo masculino* **2.** Especialista em publicidade.

público pú.bli.co *adjetivo* **1.** Que pertence a todos; comum: *Esta praça é um lugar público.* **2.** Que não é secreto: *Este assunto já é de conhecimento público.* ✓ *substantivo masculino* **3.** O conjunto da população: *Este museu está aberto ao público das dez às dezessete horas.* **4.** As pessoas que comparecem a um evento, ou a um espetáculo: *O cantor foi aplaudido pelo público; O público vaiou a peça.*

pulseira

pudim pu.**dim** *substantivo masculino* **1.** Sobremesa cremosa que, geralmente, leva leite e ovos e é assada em banho-maria em calda de açúcar. **2.** Prato salgado, semelhante ao pudim (1). [Plural: *pudins.*]

pula-pula pu.la-**pu**.la *substantivo masculino* Brinquedo para crianças: haste com apoio para as mãos na extremidade superior e pequena plataforma para apoio dos pés, na extremidade inferior, e por baixo da qual há molas que promovem saltos. [Plural: *pulas-pulas* e *pula-pulas.*]

pular pu.**lar** *verbo* **1.** Elevar-se do chão com rápido movimento do corpo; saltar: *Os coelhos e as lebres deslocam-se pulando.* **2.** Lançar-se de um ponto mais alto para outro mais baixo: *O nadador pulou do trampolim na piscina.* **3.** Transpor qualquer obstáculo, saltando: *As crianças pularam o muro.*

pulga pul.ga *substantivo feminino* Inseto saltador, hematófago, parasita do homem e de outros animais, e que pode transmitir doenças.

pulgão pul.**gão** *substantivo masculino* Inseto que suga a seiva das plantas. [Plural: *pulgões.*]

pulmão pul.**mão** *substantivo masculino* Cada um dos dois órgãos situados no tórax, um à esquerda e outro à direita, e que servem para fazer a troca de gases (o recebimento de oxigênio e a eliminação de gás carbônico). [Plural: *pulmões.*]

pulmonar pul.mo.**nar** *adjetivo de dois gêneros* Do, ou relativo ao pulmão: *As doenças pulmonares são as que atacam os pulmões.*

pulo pu.lo *substantivo masculino* Ação de pular, ou o resultado desta ação: *Com um pulo saltou o portão.*

pulsação pul.sa.**ção** *substantivo feminino* Batimento do coração e das artérias; pulso. [Plural: *pulsações.*]

pulseira pul.**sei**.ra *substantivo feminino* Ornato circular para o pulso ou para o braço.

pulso pul.so *substantivo masculino* O mesmo que *pulsação*.

pum *interjeição* **1.** Designa estrondo. ✓ *substantivo masculino* **2.** O mesmo que *peido*. [Plural do substantivo: *puns*.]

punhado pu.**nha**.do *substantivo masculino* **1.** Quantidade de qualquer coisa contida numa das mãos: *Jogou um punhado de areia dentro do baldinho*. **2.** Pequena quantidade: *Só havia um punhado de pessoas presentes*.

punhal pu.**nhal** *substantivo masculino* Arma branca de lâmina curta e pontuda. [Plural: *punhais*.]

punho pu.nho *substantivo masculino* Parte do braço situada na articulação com a mão: *Está com um relógio no punho*.

punição pu.ni.**ção** *substantivo feminino* Ação de punir, ou o resultado desta ação; penalidade. [Plural: *punições*.]

punir pu.**nir** *verbo* Dar pena ou castigo a alguém; castigar: *Puniram o culpado pelo crime*.

pupa pu.pa *substantivo feminino* Inseto em estágio de desenvolvimento entre a larva e o espécime adulto.

pupila pu.**pi**.la *substantivo feminino* Orifício no centro da íris, pelo qual passam os raios luminosos.

pupunha pu.**pu**.nha *substantivo feminino* O fruto comestível, de cor vermelha, da pupunheira.

pupunheira pu.pu.**nhei**.ra *substantivo feminino* Palmeira amazônica que dá pupunhas.

purê pu.**rê** *substantivo masculino* Alimento pastoso preparado com batatas ou legumes cozidos e espremidos.

pureza pu.**re**.za (ê) *substantivo feminino* Qualidade do que é puro, do que não tem mistura: *A pureza do ar das montanhas curou-o*.

purificar pu.ri.fi.**car** *verbo* Tornar puro; livrar de impureza: *O filtro purifica a água*.

puro pu.ro *adjetivo* **1.** Sem mistura: *Tenho um anel de ouro puro*. **2.** Que não é sujo ou poluído: *Esta fonte tem águas puras*. **3.** Sem acompanhamento: *Tomou café puro*. **4.** Cândido, inocente: *Ele é um menino puro*.

púrpura púr.pu.ra *substantivo feminino* **1.** A cor vermelho-escura, quase roxa. **2.** Substância corante dessa cor, extraída de um molusco. ✓ *adjetivo de dois gêneros e dois números* **3.** Diz-se da cor púrpura: *Enfeitou a casa com flores púrpura*.

pus *substantivo masculino* Líquido amarelado, espesso, que se forma numa ferida infeccionada.

puxa pu.xa *interjeição* Exprime espanto, impaciência, etc.

puxão pu.**xão** *substantivo masculino* Ação de puxar com força, ou o resultado desta ação. [Plural: *puxões*.]

puxar pu.**xar** *verbo* **1.** Fazer mover para perto de si: *Puxou uma cadeira e sentou-se*. **2.** Empregar força física para fazer mover; arrastar: *Dois bois puxavam o carro*. **3.** Segurar com força trazendo para si: *Puxou o galho para colher os frutos*. **4.** Provocar, causar: *Ele puxou a briga*. **5.** Herdar qualidades ou características de alguém: *Este menino puxou ao pai, é muito trabalhador*.

queijo

q (quê) *substantivo masculino* A décima sétima letra do nosso alfabeto.

quadra qua.dra *substantivo feminino* **1.** Quarteirão: *A casa n.º 20 fica no meio desta quadra*. **2.** Estrofe de quatro versos; quarteto. **3.** Campo de esportes (tênis, vôlei, basquete, etc.). **4.** Lugar onde as escolas de samba ensaiam.

quadrado qua.dra.do *adjetivo* **1.** Que tem quatro lados iguais e quatro ângulos retos. **2.** Que é antiquado, que não aceita inovações: *Meu avô é um homem quadrado*. **3.** Qualquer coisa com forma quadrada. ✓ *substantivo masculino* **4.** Quadrilátero de lados iguais e de ângulos retos.

quadragésimo qua.dra.gé.si.mo *numeral* **1.** Ordinal correspondente a 40. **2.** Fracionário correspondente a 40.

quadriculado qua.dri.cu.la.do *adjetivo* Dividido em pequenos quadrados: *papel quadriculado*.

quadril qua.dril *substantivo masculino* Cada uma das duas regiões do corpo que se estende da cintura à parte superior das coxas. [Plural: *quadris*.]

quadrilátero qua.dri.lá.te.ro *substantivo masculino* Figura geométrica que tem quatro lados.

quadrilha qua.dri.lha *substantivo feminino* **1.** Bando de ladrões. **2.** Dança alegre e movimentada, com a participação de diversos pares: *Costumamos dançar quadrilha na festa de São João*.

quadrinhos qua.dri.nhos *substantivo masculino plural* Veja *história em quadrinhos*.

quadro qua.dro *substantivo masculino* **1.** Obra de pintura feita sobre superfície plana. **2.** Peça plana usada nas escolas para cálculos, traçados, etc.; quadro de giz, quadro-negro.

quadro de giz qua.dro de giz *substantivo masculino* Veja *quadro* (2). [Plural: *quadros de giz*.]

quadro-negro qua.dro-ne.gro *substantivo masculino* Veja *quadro* (2). [Plural: *quadros-negros*.]

quadrúpede qua.drú.pe.de *adjetivo de dois gêneros* **1.** Que tem quatro patas. ✓ *substantivo masculino* **2.** Animal de quatro patas.

quádruplo quá.dru.plo *numeral* **1.** Que é quatro vezes maior. ✓ *substantivo masculino* **2.** Quantidade quatro vezes maior que outra.

qual *pronome interrogativo* **1.** Que pessoa ou que coisa, dentre duas ou mais: *Qual de vocês três é a Maria?* **2.** De que natureza, de que qualidade, etc.: *Qual é a cor dos seus olhos?* ✓ *pronome relativo* **3.** Que (sempre com artigo definido e com antecedente): *As férias às quais me refiro são as que passei em Cabo Frio no carnaval de 2005*. [Plural: *quais*.]

qualidade qua.li.da.de *substantivo feminino* **1.** Aquilo que caracteriza um ser vivo ou uma coisa, e que os distingue dos outros: *João tem qualidades que não são comuns*. **2.** Excelência de alguém ou de algo: *um homem de qualidade; uma roupa de qualidade*. **3.** Dom, virtude: *Mesmo quando criança, já demonstrava qualidades artísticas*. **4.** Condição, posição, função: *Minha filha, quero aconselhá-la na qualidade de mãe*.

qualificar qua.li.fi.car *verbo* **1.** Indicar a(s) qualidade(s) de. **2.** Considerar habilitado, apto: *O concurso qualificou três candidatos.* **3.** Atribuir qualidade(s) a; considerar: *Qualificou-a de honesta.* **4.** Habilitar: *A sua formação e experiência qualificam-no para o cargo.*

qualquer qual.**quer** *pronome indefinido* **1.** Designa pessoa, coisa, lugar ou tempo indeterminado: *Pediu que lhe dessem qualquer coisa; Qualquer hora dessas nos falamos de novo.* **2.** Designa pessoa ou coisa sem distinção ou importância: *Eu não quero ser um qualquer.* [Plural: *quaisquer*.]

quando quan.do *advérbio* **1.** Em que época ou ocasião: *Quando serão as férias de seu pai?; Ainda não sei quando irei visitar meus amigos sergipanos.* ✓ *conjunção* **2.** No tempo ou no momento em que: *Quando fores à praia, não te esqueças de levar o protetor solar.*

quantia quan.**ti**.a *substantivo feminino* Soma ou quantidade de dinheiro; importância.

quantidade quan.ti.**da**.de *substantivo feminino* **1.** Porção de alguma coisa: *Este bolo leva uma quantidade pequena de leite.* **2.** Grande número de pessoas ou de coisas: *Ficou surpreso com a quantidade de pessoas no estádio.*

quanto quan.to *pronome indefinido* **1.** Que número de; que quantidade: *Quantos livros você tem?* **2.** Que preço: *Quanto quer pela casa?* ✓ *advérbio* **3.** Quão grandemente, intensamente, etc.: *Luís não sabia quanto era amado.*

quão *advérbio* Que; como; quanto: *Quão grande é o mar!*

quarenta qua.**ren**.ta *numeral* **1.** Quantidade que é uma unidade maior que 39. **2.** Número que representa essa quantidade.

quaresma qua.**res**.ma *substantivo feminino* **1.** Os 40 dias que vão da quarta-feira de cinzas ao domingo de Páscoa. **2.** Nome comum a várias plantas que florescem nessa época.

quarta-feira quar.ta-**fei**.ra *substantivo feminino* O quarto dia da semana, começada no domingo. [Plural: *quartas-feiras*.] 🔊 Quarta-feira de cinzas. O primeiro dia da quaresma, logo após o carnaval.

quarteirão quar.tei.**rão** *substantivo masculino* Grupo de construções que forma um quadrilátero que tem cada um dos lados voltado para uma rua; quadra. [Plural: *quarteirões*.]

quartel quar.**tel** *substantivo masculino* Edifício onde ficam os soldados. [Plural: *quartéis*.]

quarteto quar.**te**.to (ê) *substantivo masculino* **1.** Veja *quadra* (2). **2.** Composição musical para quatro vozes ou quatro instrumentos. **3.** Conjunto de quatro vozes ou quatro instrumentos. **4.** Grupo de quatro pessoas.

quarto quar.to *numeral* **1.** Ordinal correspondente ao número 4. **2.** A quarta parte de alguma coisa. ✓ *adjetivo* **3.** Que, numa sequência, ocupa o lugar do número 4: *Esta é a quarta revista que eu leio hoje.* ✓ *substantivo masculino* **4.** O que ocupa a posição 4: *Foi o quarto a cantar no concurso.* **5.** Numa casa, apartamento, etc., peça onde se dorme. 🔊 Quarto crescente. Fase da Lua entre a lua nova e a lua cheia; crescente. Quarto minguante. Fase da Lua entre a lua cheia e a lua nova; minguante.

quartzo quar.tzo *substantivo masculino* Rocha transparente e muito dura, formada de cristais.

quase qua.se *advérbio* **1.** Perto, aproximadamente: *Minha irmã caçula está quase em idade escolar.* **2.** Pouco menos: *Quando se casou, meu irmão tinha quase 30 anos.* **3.** Por pouco: *Quase desmaiei de tanto cansaço.*

quati qua.**ti** *substantivo masculino* Animal mamífero de focinho comprido e pernas um tanto curtas, que vive em bando e mede até 70 centímetros; habita o Brasil e outros países da América.

quatorze qua.**tor**.ze (ô) *numeral* **1.** Quantidade que é uma unidade maior que 13. **2.** Número que representa essa quantidade.

quatro qua.tro *numeral* **1.** Quantidade que é uma unidade maior que três. **2.** Algarismo que representa essa quantidade.

quatrocentos qua.tro.**cen**.tos *numeral* **1.** Quantidade que é uma unidade maior que 399. **2.** Número que representa essa quantidade.

que¹   queixar-se

que¹ *pronome interrogativo* **1.** Que espécie de: *Que matéria você está estudando?* **2.** Que coisa(s): *Que me dizes desta resposta?* ✓ *pronome exclamativo* **3.** Que espécie ou forma de, etc.: *Que belo animal!*; *Que Lua bonita!*

que² *pronome relativo* O qual, a qual, os quais, as quais: *Comprei uma casa que tem jardim*; *Dei a meu filho um carro que é muito confortável*; *Gosto de ler livros que têm muita ação.*

que³ *advérbio* Quão (exprime intensidade): *Que bela é a sua namorada!*

quê¹ *substantivo masculino* Alguma coisa; qualquer coisa: *A expressão de minha mãe tinha um quê de mistério.*

quê² *substantivo masculino* A letra *q*.

quebra-cabeça que.bra-ca.**be**.ça *substantivo masculino* **1.** Questão ou problema difícil, complicado. **2.** Jogo em que se combinam peças para formar um desenho ou uma figura. [Plural: *quebra-cabeças*.]

quebradiço que.bra.**di**.ço *adjetivo* Que se quebra com facilidade.

quebrar que.**brar** *verbo* **1.** Despedaçar (1): *Quebrei a xícara de porcelana.* **2.** Partir, fraturar: *Com o tombo, quebrou o braço.* **3.** Interromper: *O grito quebrou o silêncio.* **4.** Deixar de cumprir (promessa ou palavra). **5.** Danificar: *Quebrou a máquina fotográfica.* **6.** Fazer falir: *A crise quebrou várias empresas.* **7.** Romper(-se), partir(-se): *O vaso quebrou(-se).* **8.** Enguiçar (máquina, maquinismo, etc.): *O carro quebrou.* **9.** Bater com ímpeto (as ondas): *Os meninos molhavam os pés nas ondas que se quebravam na praia.*

queda que.da *substantivo feminino* **1.** Ação de cair, ou o resultado desta ação; tombo. **2.** Decadência, ruína: *A queda de uma civilização.* **3.** Veja **tendência** (2): *Tem queda para a música.* **4.** Extinção súbita do poder: *A queda da Monarquia, no Brasil, ocorreu em 1889.*

queda-d'água que.da-d'**á**.gua *substantivo feminino* O mesmo que **cachoeira**. [Plural: *quedas-d'água*.]

queijo quei.jo *substantivo masculino* Massa obtida pela coagulação e fermentação do leite: *Minha mãe adora queijo de cabra ou de ovelha.*

queima quei.ma *substantivo feminino* **1.** Ação de queimar(-se), ou o resultado desta ação. **2.** Queima pelo fogo; combustão, incêndio.

queimada quei.ma.da *substantivo feminino* **1.** Queima de mato, de vegetação seca ou verde: *As queimadas na floresta amazônica são feitas sobretudo para aumentar a área de criação de gado.* **2.** Lugar onde se fez queimada.

queimadura quei.ma.**du**.ra *substantivo feminino* Ferimento causado pelo fogo ou pelo calor: *O sol pode causar queimaduras graves.*

queimar quei.**mar** *verbo* **1.** Pôr fogo em; incendiar: *Queimar florestas é um verdadeiro crime.* **2.** Escurecer: *O sol queima a pele.* **3.** Produzir queimadura em: *A panela queimou-lhe a mão.* **4.** Deixar passar do ponto exato de cozimento: *A cozinheira queimou o arroz.* **5.** Pegar fogo; incendiar-se: *A cortina queimou-se em poucos segundos.* **6.** Sofrer queimadura: *Queimou-se com água fervendo.*

queixa quei.xa *substantivo feminino* **1.** Ação de queixar-se, ou o resultado desta ação. **2.** Veja **reclamação** (2). **3.** Comunicação a autoridade competente de ofensas ou danos recebidos.

queixar-se quei.**xar**-se *verbo* **1.** Manifestar dor ou mágoa; lamentar-se: *Queixou-se de não ter tido sorte na vida.* **2.** Manifestar que não está satisfeito com alguém ou com alguma coisa: *Queixou-se do vendedor que o atendeu mal.* **3.** Denunciar o mal ou a ofensa que recebeu: *Queixou-se à diretora da escola.*

queixo

queixo quei.xo *substantivo masculino* A parte inferior do rosto, abaixo dos lábios. 🔊 **Ficar de queixo caído.** Ficar admirado, espantado: *Ficou de queixo caído ao saber da novidade.*

quem *pronome relativo* **1.** O qual, a qual, os quais, as quais: *João ficava sempre muito grato às pessoas de quem recebia presentes; Os amigos por quem eu esperava ainda não chegaram.* ☑ *pronome indefinido* **2.** Pessoa(s) ou a(s) pessoa(s) que: *Não sei quem me pode ajudar neste momento.* **3.** A(s) pessoa(s) a quem: *Não sei a quem recorrer.* ☑ *pronome interrogativo* **4.** Que pessoa(s): *Quem tocou a campainha?; Não sei quem estava na esquina.*

quente quen.te *adjetivo de dois gêneros* **1.** Com a temperatura elevada: *água quente; No verão, o asfalto fica quente.* **2.** Em que há calor: *sala quente.* **3.** De forte interesse no momento (notícia, assunto): *uma notícia quente.*

quepe que.pe *substantivo masculino* Boné usado por militares de vários países.

quer *conjunção* Usado na locução *quer .... quer*, equivalente a *ou .... ou*: *Hoje sairei de casa quer chova, quer faça sol.*

querer que.rer *verbo* **1.** Ter vontade de; desejar: *Não queria ver a mãe infeliz.* **2.** Ter vontade de possuir ou de adquirir; desejar: *Foi à loja porque queria uma televisão moderna.* **3.** Ordenar, exigir: *Quero que todos fiquem quietos.* **4.** Desejar ou aceitar um certo alimento: *A menina quis o bolo.* **5.** Fazer o favor de: *Queira sentar-se.* **6.** Ter afeição; gostar: *Quero-lhe muito.* **7.** Amar-se mutuamente: *Querem-se como irmãos.*

querido que.ri.do *adjetivo* **1.** A que ou a quem se quer muito: *Maria é uma pessoa querida: não há* quem não goste dela. ☑ *substantivo masculino* **2.** Pessoa amada, querida.

quilograma

quermesse quer.mes.se *substantivo feminino* Festa com barracas de comida, jogos, etc., geralmente para arrecadar dinheiro para orfanato, asilo, etc.

quero-quero que.ro-que.ro *substantivo masculino* Ave que vive perto das águas e nas várzeas. [Plural: *quero-queros*.]

querosene que.ro.se.ne *substantivo masculino* Líquido combustível, tirado do petróleo.

questão ques.tão *substantivo feminino* **1.** Pergunta, interrogação: *A prova terá apenas cinco questões.* **2.** Ponto para ser resolvido; problema: *É uma questão que precisa ser resolvida com muito cuidado.* [Plural: *questões*.]

questionamento ques.ti.o.na.men.to *substantivo masculino* Ação de questionar, ou o resultado desta ação.

questionar ques.ti.o.nar *verbo* Levantar questão acerca de; discutir, debater: *Questionou a validade do diploma.*

questionário ques.ti.o.ná.ri.o *substantivo masculino* Série de questões ou perguntas.

quiabo qui.a.bo *substantivo masculino* O fruto, comprido e verde, de uma planta de origem africana (o quiabeiro), que se come cozido.

quibe qui.be *substantivo masculino* Croquete feito de carne moída, trigo integral e temperos.

quicar qui.car *verbo* **1.** (Fazer) saltar, pular (a bola). **2.** *Gíria* Ficar furioso: *Quicou, quando soube da fofoca.*

quieto qui.e.to *adjetivo* **1.** Que não se mexe; imóvel, parado. **2.** Calmo, sereno, sossegado: *Dormiu quieto a noite inteira; uma noite quieta.* **3.** Dócil, pacífico: *um menino quieto.*

quilo qui.lo *substantivo masculino* Forma reduzida de *quilograma*.

quilograma qui.lo.gra.ma *substantivo masculino* Unidade de medida de massa equivalente a 1.000 gramas; quilo [símbolo: *kg*].

412

quilombo

quilombo qui.**lom**.bo *substantivo masculino* Lugar onde se abrigavam os escravos fugidos.

quilometragem qui.lo.me.**tra**.gem *substantivo feminino* Número de quilômetros percorridos: *Este carro tem muita quilometragem, é melhor não comprá-lo.* [Plural: *quilometragens*.]

quilômetro qui.**lô**.me.tro *substantivo masculino* Unidade de medida de comprimento, equivalente a 1.000 metros [símbolo: *km*].

química **quí**.mi.ca *substantivo feminino* Ciência que estuda a estrutura das substâncias, suas propriedades, transformações, etc.

químico **quí**.mi.co *adjetivo* **1.** Relativo a, ou obtido por química. ✓ *substantivo masculino* **2.** Especialista em química.

quina **qui**.na *substantivo feminino* Ângulo saliente; canto: *Esbarrei na quina da mesa.*

quindim quin.**dim** *substantivo masculino* Docinho de gema de ovo, coco e açúcar. [Plural: *quindins*.]

quinhentos qui.**nhen**.tos *numeral* **1.** Quantidade que é uma unidade maior que 499. **2.** Número que representa essa quantidade.

quinquagésimo quin.qua.**gé**.si.mo *numeral* **1.** Ordinal correspondente a 50. **2.** Fracionário correspondente a 50.

quinta-feira quin.ta-**fei**.ra *substantivo feminino* O quinto dia da semana, começada no domingo. [Plural: *quintas-feiras*.]

quintal quin.**tal** *substantivo masculino* Pequeno terreno atrás de uma casa, muitas vezes com jardim ou com horta. [Plural: *quintais*.]

quinteto quin.**te**.to (ê) *substantivo masculino* **1.** Composição para cinco vozes ou cinco instrumentos. **2.** Conjunto de cinco vozes ou cinco instrumentos.

quociente

quinto **quin**.to *numeral* **1.** Ordinal correspondente ao número 5. **2.** A quinta parte de alguma coisa. ✓ *adjetivo* **3.** Que, numa sequência, ocupa o lugar do número 5: *É a quinta vez que visito esta cidade.* ✓ *substantivo masculino* **4.** O que ocupa a posição 5: *Meu colega foi o quinto a se apresentar.*

quíntuplo **quín**.tu.plo *numeral* **1.** Que é cinco vezes maior. ✓ *substantivo masculino* **2.** Quantidade cinco vezes maior que outra.

quinze **quin**.ze *numeral* **1.** Quantidade que é uma unidade maior que 14. **2.** Número que representa essa quantidade.

quinzena quin.**ze**.na *substantivo feminino* Período de 15 dias.

quinzenal quin.ze.**nal** *adjetivo de dois gêneros* **1.** Relativo a quinzena. **2.** Que aparece, se faz ou se publica de 15 em 15 dias. [Plural: *quinzenais*.]

quitanda qui.**tan**.da *substantivo feminino* Pequena loja onde se vendem frutas, legumes, cereais, etc.

quitandeiro qui.tan.**dei**.ro *substantivo masculino* Dono ou vendedor de quitanda.

quitar qui.**tar** *verbo* Pagar dívida: *Pedro quitou parte da dívida que tem na quitanda.*

quitinete qui.ti.**ne**.te *substantivo feminino* Apartamento de um só compartimento, banheiro e uma minúscula cozinha, que pode também ser um armário disposto como cozinha.

quitute qui.**tu**.te *substantivo masculino* Petisco, iguaria.

quociente quo.ci.**en**.te *substantivo masculino* O resultado de uma aritmética; cociente.

regador

r (erre) *substantivo masculino* A décima oitava letra do nosso alfabeto.

rã *substantivo feminino* Pequeno animal anfíbio, de pele lisa, semelhante ao sapo, mas de carne saudável, muito apreciada.

rabanada ra.ba.**na**.da *substantivo feminino* Fatia de pão que se frita depois de embebida em leite com açúcar e ovos batidos.

rabanete ra.ba.**ne**.te (nê) *substantivo masculino* Planta hortense cultivada por sua raiz comestível.

rabiscar ra.bis.**car** *verbo* **1.** Fazer rabiscos (em). **2.** Escrever de modo que não se consegue ler.

rabisco ra.**bis**.co *substantivo masculino* Desenho malfeito.

rabo ra.bo *substantivo masculino* O mesmo que cauda (1 e 2).

rabugento ra.bu.**gen**.to *adjetivo* O mesmo que *ranzinza*.

raça ra.ça *substantivo feminino* **1.** Grupo de seres humanos com certas semelhanças físicas, como a cor da pele, o tipo de cabelo, etc. **2.** Divisão de uma espécie animal: *Há várias raças de cachorro.* **3.** Grande determinação: *A seleção brasileira ganhou o jogo com raça.*

ração ra.**ção** *substantivo feminino* **1.** Quantidade de alimento necessária para manter o organismo humano ou animal. **2.** Comida para animais. [Plural: *rações*.]

rachadura ra.cha.**du**.ra *substantivo feminino* Abertura em um objeto, ou em uma superfície: *Os moradores estavam assustados com a enorme rachadura na parede da casa.*

rachar ra.**char** *verbo* **1.** Dividir no sentido do comprimento: *rachar lenha*. **2.** Sofrer rachadura; lascar(-se): *O vaso rachou(-se)*. **3.** Repartir, dividir entre duas ou mais pessoas: *Eu e meus amigos rachamos a conta do jantar*.

racial ra.ci.**al** *adjetivo de dois gêneros* Relativo a raça. [Plural: *raciais*.]

raciocinar ra.ci.o.ci.**nar** *verbo* **1.** Fazer raciocínio(s): *Raciocinou corretamente sobre a questão*. **2.** Pensar, refletir.

raciocínio ra.ci:o.**cí**.ni:o *substantivo masculino* **1.** Ligação, aparentemente coerente, de juízos ou pensamentos. **2.** Capacidade de raciocinar, de pensar.

racionamento ra.ci:o.na.**men**.to *substantivo masculino* **1.** Ação de racionar, ou o resultado desta ação. **2.** Limitação do consumo de certos bens: *racionamento de água*.

racionar ra.ci:o.**nar** *verbo* Limitar a venda ou o consumo de: *racionar alimentos; racionar eletricidade*.

racismo ra.**cis**.mo *substantivo masculino* Preconceito ou discriminação em relação a pessoas por causa da cor da pele, religião, cultura, etc.: *No Brasil, o racismo é punido por lei*.

414

radar ra.dar *substantivo masculino* Equipamento que mostra numa tela onde está um objeto que não se pode ver, e que é também capaz de medir a velocidade de um veículo.

radiação ra.di:a.**ção** *substantivo feminino* **1.** Ondas ou energia luminosa, radioativa, etc. **2.** Ondas e partículas, dotadas de muita energia, emitidas por substância radioativa. [Plural: *radiações*.]

radiante ra.di.**an**.te *adjetivo de dois gêneros* Muito alegre, cheio de felicidade: *A menina ficou radiante com a boneca que ganhou no aniversário.*

radical ra.di.**cal** *adjetivo de dois gêneros* **1.** Relativo a raiz. **2.** Completo, total: *Sua vida sofreu uma mudança radical.* **3.** Que adota posições extremas: *Fundou um partido que defende princípios radicais.* **4.** Diz-se de esportes de aventuras, com considerável risco físico para o praticante: *O surfe é um esporte radical.* [Plural: *radicais*.]

rádio¹ **rá**.di:o *substantivo masculino* O mais curto dos dois ossos do antebraço.

rádio² **rá**.di:o *substantivo masculino* **1.** Aparelho ou conjunto de aparelhos que recebem e transmitem sons: *o rádio de um avião.* **2.** Aparelho receptor de programas de rádio.

radioativo ra.di:o:a.**ti**.vo *adjetivo* Que emite radiações provenientes de reações nucleares.

radiografia ra.di:o.gra.**fi**.a *substantivo feminino* Fotografia do interior de nosso corpo.

radiopatrulha ra.di:o.pa.**tru**.lha *substantivo feminino* Veículo usado pela polícia e capaz de comunicar-se pelo rádio² (1).

raia¹ **rai**.a *substantivo feminino* **1.** Veja *fronteira* (1). **2.** Pista de corrida de cavalos.

raia² **rai**.a *substantivo feminino* Nome comum a vários peixes marinhos de corpo achatado.

raiar rai.**ar** *verbo* **1.** Brilhar, cintilar. **2.** Surgir no horizonte: *Raiava a madrugada; O Sol já raiou.*

rainha ra.**i**.nha (a-í) *substantivo feminino* **1.** A esposa (ou a viúva) do rei (1). **2.** A soberana de um reino (1). **3.** A peça mais poderosa do jogo de xadrez.

raio **rai**.o *substantivo masculino* **1.** A faixa de luz que parte de um foco: *raio de sol.* **2.** Descarga elétrica entre uma nuvem e o solo, com relâmpago e trovão. **3.** Reta que vai do centro a qualquer ponto de uma circunferência.

raiva **rai**.va *substantivo feminino* **1.** Doença causada por vírus que pode ser transmitida ao homem pela mordida de cão, gato, morcego, etc., infectado. **2.** Sentimento violento de ódio: *Ficou com raiva do colega que o empurrou.*

raivoso rai.**vo**.so (vô) *adjetivo* **1**. Atacado de raiva (1). **2.** Cheio de raiva (2), de cólera; muito irritado. [Plural: *raivosos* (vó).]

raiz ra.**iz** (a-í) *substantivo feminino* **1.** Parte da planta que penetra no solo e lhe fornece água e nutrientes. **2.** Parte inferior; base. **3.** A parte do dente implantada na maxila ou na mandíbula. [Plural: *raízes*.]

ralador ra.la.**dor** (ô) *substantivo masculino* Utensílio próprio para ralar.

ralar ra.**lar** *verbo* Reduzir (uma substância) a pequenos pedaços, raspando com ralador.

ralhar ra.**lhar** *verbo* Repreender em voz alta: *Sempre que os filhos se comportam mal, ralha com eles.*

ralo¹ **ra**.lo *substantivo masculino* Placa com orifícios para coar água, e que é adaptada à abertura de um encanamento.

ralo² **ra**.lo *adjetivo* Pouco espesso ou denso; raro: *vegetação rala; cabelos ralos.*

ramal

ramal ra.**mal** *substantivo masculino* **1.** Caminho menos importante de rodovias ou ferrovias. **2.** Ramificação de uma linha principal de energia elétrica, etc. **3.** Cada uma das ramificações internas de uma rede telefônica. [Plural: *ramais*.]

ramalhete ra.ma.**lhe**.te (lhê) *substantivo masculino* Veja *buquê*.

ramificação ra.mi.fi.ca.**ção** *substantivo feminino* **1.** Cada um dos ramos de uma planta, ou o conjunto deles. **2.** Cada uma das partes em que alguma coisa se divide: *O cristianismo tem várias ramificações*. [Plural: *ramificações*.]

ramo ra.mo *substantivo masculino* **1.** Divisão do caule das plantas; galho. **2.** Veja *buquê*.

rampa ram.pa *substantivo feminino* Plano inclinado por onde se sobe ou se desce.

rancor ran.**cor** (ô) *substantivo masculino* Ressentimento profundo contra alguém, acompanhado do desejo de vingança.

ranger ran.**ger** *verbo* Produzir ruído áspero como o do atrito de um objeto duro sobre outro: *As portas do castelo rangiam*.

ranzinza ran.**zin**.za *adjetivo de dois gêneros* Zangado, mal-humorado; rabugento.

rap (rép) [Inglês] *substantivo masculino* Tipo de música popular urbana, de origem negra, com ritmo muito marcado e letra mais recitada do que cantada.

rapadura ra.pa.**du**.ra *substantivo feminino* Açúcar de cor escura (mascavo), em forma de pequenos blocos.

rapaz ra.**paz** *substantivo masculino* **1.** Adolescente do sexo masculino. **2.** Homem jovem; moço.

rapidez ra.pi.**dez** (ê) *substantivo feminino* Pressa, velocidade: *Viu a rapidez com que passou aquele trem?*

raspar

rápido **rá**.pi.do *adjetivo* **1.** Que se move depressa; veloz. **2.** Que se efetua em pouco tempo: *um tratamento rápido*.

raposa ra.**po**.sa (ô) *substantivo feminino* Animal mamífero carnívoro de cor geralmente castanha, focinho comprido e cauda peluda, que vive na Europa.

raptar rap.**tar** *verbo* Cometer um rapto.

rapto **rap**.to *substantivo masculino* Ação de levar consigo uma pessoa, por violência ou sedução.

raquete ra.**que**.te *substantivo feminino* Objeto oval que se segura pelo cabo e com que os jogadores, no tênis, no tênis de mesa e em outros esportes, atiram e recebem a bola.

raquitismo ra.qui.**tis**.mo *substantivo masculino* Doença da infância, caracterizada por imperfeições no esqueleto.

raridade ra.ri.**da**.de *substantivo feminino* **1.** Qualidade de raro. **2.** Objeto raro.

raro **ra**.ro *adjetivo* **1.** Que não é abundante. **2.** Pouco frequente: *Fazia raras visitas ao avô enfermo*.

rascunho ras.**cu**.nho *substantivo masculino* A primeira redação de um texto, antes da forma definitiva.

rasgado ras.**ga**.do *adjetivo* Que se rasgou, cortou ou rompeu.

rasgar ras.**gar** *verbo* Partir(-se) em pedaços irregulares, destruindo: *Rasguei a calça*; *O vestido rasgou-se*.

raso **ra**.so *adjetivo* **1.** Rasteiro. **2.** Pouco profundo: *O rio naquele ponto era raso, podia ser atravessado sem risco*; *Era muito guloso: detestava comer em prato raso*.

raspão ras.**pão** *substantivo masculino* Ferimento leve; arranhão. [Plural: *raspões*.] **De raspão.** De leve; sem causar prejuízo ou dano: *Felizmente, a bala o atingiu de raspão*. [Plural: *raspões*.]

raspar ras.**par** *verbo* **1.** Tirar, com instrumento adequado, parte da superfície de. **2.** Tocar ou ferir de raspão. **3.** Cortar rente o pelo de: *raspar os cabelos da perna*.

rasteira

rasteira ras.**tei**.ra *substantivo feminino* Movimento rápido que consiste em derrubar outra pessoa com a perna ou o pé.

rasteiro ras.**tei**.ro *adjetivo* Que se eleva a pouca altura; raso: *mato rasteiro*.

rastejar ras.te.**jar** *verbo* Andar de rastos, se arrastando.

rasto **ras**.to ou **rastro** **ras**.tro *substantivo masculino* Veja *vestígio* (1 e 2). 🔊 **De rastos.** Rastejando, arrastando-se.

ratazana ra.ta.**za**.na *substantivo feminino* Espécie de rato com cerca de 20 cm de comprimento, que vive sobretudo em esgotos, pântanos, etc.

rato **ra**.to *substantivo masculino* Nome comum a vários roedores, de focinho estreito e cauda comprida.

ratoeira ra.to.**ei**.ra *substantivo feminino* Armadilha para capturar ratos.

razão ra.**zão** *substantivo feminino* **1.** Capacidade de conhecer, entender; julgar, etc. **2.** Capacidade de raciocinar; raciocínio, inteligência. **3.** Causa, motivo: *Não sei por que razão ele se zangou tanto*. [Plural: *razões*.]

razoável ra.zo.**á**.vel *adjetivo de dois gêneros* **1.** Que age de acordo com a razão: *Os pais de Paulo são pessoas razoáveis, sensatas*. **2.** Que não é excessivo; moderado: *Comprei o tênis por um preço razoável*. **3.** Regular, aceitável: *atuação razoável*. [Plural: *razoáveis*.]

ré[1] *substantivo feminino* Feminino de *réu*.

ré[2] *substantivo feminino* A marcha que faz o veículo mover-se para trás: *O caminhão engatou a ré para estacionar*.

ré[3] *substantivo masculino* Segunda nota musical.

reação re:a.**ção** *substantivo feminino* **1.** Resposta a uma ação por meio de outra que tende a anulá-la: *A reação de nosso time não demorou*. **2.** Comportamento de alguém em face de ameaça, agressão, etc.: *Não imaginei que ele fosse capaz de uma reação tão violenta*. **3.** Resistência, luta; oposição: *Os soldados inimigos renderam-se sem nenhuma reação*. **4.** Resposta do organismo: *O remédio testado não provocou nenhuma reação*. **5.** Transformação de uma ou mais substâncias químicas em outra, ou outras, de naturezas diferentes. [Plural: *reações*.]

reagir re:a.**gir** *verbo* **1.** Exercer reação. **2.** Defender-se de alguma coisa, resistir, lutar contra: *É preciso reagir contra uma acusação injusta*.

real[1] re.**al** *adjetivo de dois gêneros* **1.** Relativo ao rei ou à realeza, ou próprio dele ou dela. ✓ *substantivo masculino* **2.** Unidade monetária e moeda brasileira (símbolo: R$), a partir de 1.7.1994, dividida em 100 centavos. [Plural: *reais*.]

real[2] re.**al** *adjetivo de dois gêneros* **1.** Que existe de fato; verdadeiro. ✓ *substantivo masculino* **2.** Aquilo que é real, verdadeiro. [Plural: *reais*.]

realeza re.a.**le**.za (lê) *substantivo feminino* **1.** Dignidade de rei. **2.** O conjunto dos membros de uma família real.

realidade re.a.li.**da**.de *substantivo feminino* **1.** Qualidade de real[2]. **2.** Aquilo que existe efetivamente, que é real, verdadeiro.

realização re.a.li.za.**ção** *substantivo feminino* Aquilo que se realiza ou realizou. [Plural: *realizações*.]

realizar re.a.li.**zar** *verbo* **1.** Tornar real o que se tinha imaginado: *realizar um sonho*. **2.** Pôr em prática, executar: *realizar um trabalho*. **3.** Tornar-se realidade: *Seus planos não tardaram a realizar-se*. **4.** Acontecer, ocorrer: *O casamento realizou-se num dia de muita chuva*.

reanimar re.a.ni.**mar** *verbo* Fazer recuperar, ou recuperar, os sentidos: *A água fria reanimou o homem desmaiado; Pouco tempo depois, o menino reanimou-se*.

reaparecer re.a.pa.re.**cer** *verbo* Tornar a aparecer.

reaproveitar re.a.pro.vei.**tar** *verbo* Tornar a aproveitar.

rebanho re.**ba**.nho *substantivo masculino* **1.** Grupo de animais como ovelhas, cabras, etc., guardados por pastor. **2.** Um grande número de animais selvagens: *um rebanho de búfalos, de elefantes, etc.*

rebelar re.be.**lar** *verbo* **1.** Levar alguém a resistir ou a opor-se a um governo ou autoridade: *Os altos tributos rebelaram as colônias contra a metrópole.* **2.** Revoltar-se: *Os adolescentes costumam rebelar(-se) contra a autoridade dos pais.*

rebelde re.**bel**.de *adjetivo de dois gêneros* **1.** Que se rebela contra autoridade constituída. **2.** Que se recusa a obedecer: *um menino rebelde*. ✓ *substantivo de dois gêneros* **3.** Pessoa rebelde: *As tropas do governo não conseguiram controlar os rebeldes.*

rebeldia re.bel.**di:a** *substantivo feminino* **1.** Ação de rebelde; rebelião, revolta. **2.** Qualidade de rebelde. **3.** Oposição, resistência.

rebelião re.be.li.**ão** *substantivo feminino* Ação de rebelar(-se), ou o resultado desta ação. [Plural: *rebeliões.*]

rebentar re.ben.**tar** *verbo* **1.** Estourar, explodir: *A bomba rebentou.* **2.** Quebrar-se com estrondo e violência: *Com o choque, a parede rebentou.* **3.** Partir-se, quebrar-se: *A corda rebentou.* [Sinônimo: *arrebentar.*]

rebocar re.bo.**car** *verbo* Puxar com corda, cabo, corrente, etc. (embarcação ou veículo), a fim de levá-lo a determinado destino.

rebolar re.bo.**lar** *verbo* Balançar os quadris.

reboque re.**bo**.que *substantivo masculino* **1.** Ação de rebocar, ou o resultado desta ação. **2.** Veículo com guindaste, próprio para rebocar outro; socorro.

rebuliço re.bu.**li**.ço *substantivo masculino* Agitação, desordem; confusão.

recado re.**ca**.do *substantivo masculino* Mensagem falada ou escrita.

recanto re.**can**.to *substantivo masculino* Lugar isolado e agradável.

recear re.ce.**ar** *verbo* **1.** Ter receio de: *Receava que a viagem não se realizasse.* **2.** Ter receio a respeito de algo: *A doença de minha avó era tão grave que receei pela vida dela.*

receber re.ce.**ber** *verbo* **1.** Aceitar ou obter, como pagamento, favor, etc.: *Recebeu vários presentes no dia de seu aniversário; Recebe um salário alto.* **2.** Entrar na posse de (algo): *Os filhos receberão a herança.* **3.** Aceitar, acolher: *Não recebeu bem as críticas.* **4.** Ser objeto de: *receber um castigo.* **5.** Acolher em casa: *Gosta de receber os amigos.*

recebimento re.ce.bi.**men**.to *substantivo masculino* Ação de receber, ou o resultado desta ação.

receio re.**cei**.o *substantivo masculino* **1.** Falta de certeza quanto à realização de alguma coisa: *Tinha receio de que o amigo não viesse.* **2.** Temor que algo de ruim aconteça: *Sempre teve receio de andar de avião.*

receita re.**cei**.ta *substantivo feminino* **1.** Quantia recebida, ou arrecadada; rendimento, renda. **2.** Indicação das proporções dos componentes e do método que se deve seguir no preparo de algo: *receita de bolo.* **3.** Indicação escrita de um remédio ou de um tratamento fornecida por médico, dentista ou veterinário ao paciente.

receitar re.cei.**tar** *verbo* Passar receita (3) de: *O médico receitou-lhe vitaminas.*

recém-nascido re.cém-nas.**ci**.do *adjetivo* **1.** Que nasceu há pouco tempo. ✓ *substantivo masculino* **2.** O recém-nascido. [Plural: *recém-nascidos.*]

recenseamento re.cen.se:a.**men**.to *substantivo masculino* O mesmo que *censo*.

recente re.**cen**.te *adjetivo de dois gêneros* Que aconteceu há pouco, ou data de pouco tempo.

receoso re.ce.**o**.so (ô) *adjetivo* Que tem receio; temeroso. [Plural: *receosos* (ó).]

recepção re.cep.**ção** *substantivo feminino* **1.** Ação de receber, ou o resultado desta ação. **2.** Seção em escritório, hotel, etc., encarregada de receber as pessoas, dar informações, etc. [Plural: *recepções*.]

receptor re.cep.**tor** (ô) *substantivo masculino* Aparelho que recebe e reproduz sinais de áudio ou de vídeo: *receptor de som*; *receptor de televisão*.

rechear re.che.**ar** *verbo* **1.** Encher bem: *Recheou a mala, para aproveitar o espaço ao máximo*. **2.** Pôr recheio (2) em: *rechear um pastel*.

recheio re.**chei**.o *substantivo masculino* **1.** Aquilo com que se enche algo; conteúdo: *o recheio de uma almofada*. **2.** Qualquer preparado culinário que se coloca dentro de carnes, bolos, massas, etc.

rechonchudo re.chon.**chu**.do *adjetivo* Gordo, gorducho: *criança rechonchuda*.

recibo re.**ci**.bo *substantivo masculino* Declaração escrita de se ter recebido alguma coisa.

reciclar re.ci.**clar** *verbo* Promover o tratamento de resíduos ou de material já utilizado (como papel, metal, vidro, etc.) a fim de tornar possível a sua reutilização.

reciclável re.ci.**clá**.vel *adjetivo de dois gêneros* Que pode ser reciclado. [Plural: *recicláveis*.]

recife re.**ci**.fe *substantivo masculino* Rochedo ou série de rochedos perto da costa, submersos ou não: *Há recifes que são formados por corais*.

recifense re.ci.**fen**.se *adjetivo de dois gêneros* **1.** Do Recife, capital do estado de Pernambuco. ✓ *substantivo de dois gêneros* **2.** Quem nasceu, ou vive, em Recife.

recipiente re.ci.pi.**en**.te *substantivo masculino* Objeto capaz de conter alguma coisa.

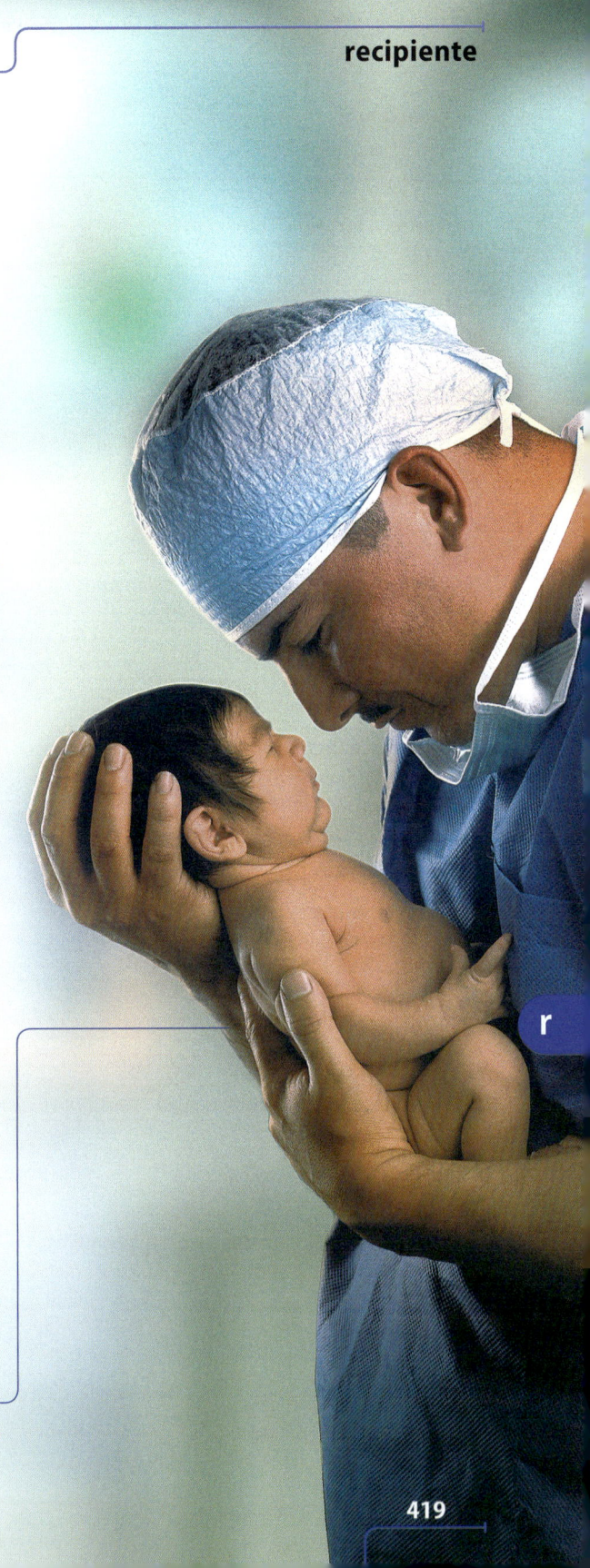

recíproco re.**cí**.pro.co *adjetivo* Que implica troca entre pessoas, grupos, países, etc.; mútuo: *admiração recíproca*.

recitar re.ci.**tar** *verbo* Declamar: *Recitou o poema com emoção*.

reclamação re.cla.ma.**ção** *substantivo feminino* **1.** Ação de reclamar, ou o resultado desta ação. **2.** Qualquer manifestação de descontentamento; queixa, protesto. [Plural: *reclamações*.]

reclamar re.cla.**mar** *verbo* **1.** Manifestar insatisfação com: *No banco, começou a reclamar da fila enorme*. **2.** Queixar-se: *Maria reclamou de dor de cabeça*. **3.** Pedir ou exigir para si; reivindicar: *reclamar direitos*.

recobrar re.co.**brar** *verbo* **1.** Veja *recuperar* (1): *recobrar as energias*. **2.** Veja *restabelecer* (3).

recobrir re.co.**brir** *verbo* **1.** Tornar a cobrir(-se). **2.** Proteger(-se); cobrir(-se): *Recobriu o carro com uma lona*.

recolher re.co.**lher** *verbo* **1.** Tomar, retirar, ou levar consigo, para guardar ou usar: *Recolheu a roupa estendida*. **2.** Reunir, juntar (coisas espalhadas, informações, etc.): *Recolheu dados para a pesquisa*. **3.** Conduzir, levar: *Recolheram o gado ao curral*.

recomeçar re.co.me.**çar** *verbo* Começar de novo: *Os ambientalistas alertam que, infelizmente, recomeçou a matança de golfinhos no Brasil*.

recomeço re.co.**me**.ço (mê) *substantivo masculino* Ação de recomeçar.

recomendação re.co.men.da.**ção** *substantivo feminino* **1.** Ação de recomendar, ou o resultado desta ação. **2.** Conselho; aviso: *Não deu atenção às recomendações da mãe*. [Plural: *recomendações*.]

recomendar re.co.men.**dar** *verbo* **1.** Aconselhar, indicar: *O médico recomendou que bebesse muita água*. **2.** Pedir todo o cuidado e atenção para alguma coisa: *Recomendou-lhe a leitura dos trabalhos*. **3.** Solicitar favor, proteção, etc., em proveito de alguém: *Recomendou o sobrinho ao chefe*.

recompensa re.com.**pen**.sa *substantivo feminino* **1.** Ação de recompensar(-se), ou o resultado desta ação. **2.** Veja *prêmio* (1): *A medalha será uma recompensa pela sua coragem*.

recompensar re.com.pen.**sar** *verbo* Dar algo cujo valor ou importância são considerados uma boa retribuição a (esforços, dedicação, trabalho, etc.); compensar.

reconciliar re.con.ci.li.**ar** *verbo* **1.** Estabelecer a paz entre: *A reunião reconciliou os países inimigos*. **2.** Fazer as pazes: *Os dois meninos reconciliaram-se*.

reconhecer re.co.nhe.**cer** *verbo* **1.** Identificar (algo ou alguém que já se havia conhecido anteriormente): *Só reconheceu o amigo depois de muito esforço de memória*. **2.** Admitir como certo: *Reconheceram que eu tinha razão*. **3.** Confessar, aceitar: *Reconheceu que a culpa era somente sua*. **4.** Admitir como legal; assegurar: *O juiz reconheceu-lhe o direito à herança*. **5.** Declarar-se, confessar-se: *Reconheceu-se culpado*.

reconhecimento re.co.nhe.ci.**men**.to *substantivo masculino* **1.** Ação de reconhecer(-se), ou o resultado desta ação. **2.** Agradecimento, gratidão.

recordação re.cor.da.**ção** *substantivo feminino* Ação de recordar(-se), ou o resultado desta ação; lembrança. [Plural: *recordações*.]

recordar re.cor.**dar** *verbo* **1.** Trazer à memória; lembrar-se de: *Recordou-se das férias que passou na praia*. **2.** Estudar novamente procurando reter na memória: *Recordou a matéria da prova*.

recorde re.**cor**.de (córr) *substantivo masculino* Melhor resultado obtido até o momento: *No último domingo foi superado o recorde de público do campeonato brasileiro*.

recorrer re.cor.**rer** *verbo* **1.** Dirigir-se pedindo socorro, proteção: *Aflito, recorreu a Deus e aos santos de sua devoção*. **2.** Valer-se de: *Recorri a minhas economias para consertar o carro*.

recortar re.cor.**tar** *verbo* **1.** Cortar, formando (figuras): *Minha prima gosta muito de recortar bichinhos*. **2.** Separar, cortando: *Ana e eu recortamos algumas figuras para a pesquisa da escola*.

recorte re.**cor**.te *substantivo masculino* Artigo, notícia, fotografia, etc., recortados de jornal ou revista.

recreação re.cre:a.**ção** *substantivo feminino* Veja *recreio* (1 e 2). [Plural: *recreações*.]

recrear re.cre.**ar** *verbo* Divertir-se, brincar: *O grupo de crianças foi recrear-se numa colônia de férias*.

recreativo re.cre:a.**ti**.vo *adjetivo* Próprio para recrear: *um clube recreativo*.

recreio re.**crei**.o *substantivo masculino* **1.** Divertimento, prazer. **2.** Lugar de recreio (1): *Maria adora o balanço que instalaram no recreio da escola*. **3.** Intervalo escolar durante as aulas.

recriação re.cri:a.**ção** *substantivo feminino* Ação de recriar, ou o resultado desta ação. [Plural: *recriações*.]

recriar re.cri:**ar** *verbo* Criar de novo: *Restaurar uma pintura é, de certo modo, recriar a obra do artista*.

recuar re.cu.**ar** *verbo* **1.** Ir para trás: *Quando viu a onça à sua frente, recuou imediatamente*. **2.** Colocar antes da posição atual: *recuar uma cerca*. **3.** Fazer andar para trás: *recuar um carro*.

recuo re.**cu**.o *substantivo masculino* Ação de recuar, ou o resultado desta ação.

recuperação re.cu.pe.ra.**ção** *substantivo feminino* Ação de recuperar(-se), ou o resultado desta ação. [Plural: *recuperações*.]

recuperar re.cu.pe.**rar** *verbo* **1.** Ter ou obter novamente (coisa, estado, condição que se havia perdido); recobrar: *recuperar a saúde*. **2.** Veja *restaurar* (1). **3.** Veja *restabelecer* (3).

recurso re.**cur**.so *substantivo masculino* **1.** Ação de recorrer (2), ou o resultado desta ação. **2.** Dinheiro, meios materiais: *Estava sem recursos para estudar*. **3.** Meio para resolver uma dificuldade: *Para não ser alcançado pelos cães, seu único recurso era correr*.

recusa re.**cu**.sa *substantivo feminino* Ação de recusar; ou o resultado dessa ação.

recusar re.cu.**sar** *verbo* **1.** Não aceitar; rejeitar: *Recusou o presente que lhe foi oferecido*. **2.** Opor-se; negar-se: *Recusou-se a comer*.

redação re.da.**ção** *substantivo feminino* **1.** Ação de redigir, ou o resultado desta ação. **2.** Exercício escolar de escrever sobre um tema específico; composição: *Paulo fez uma redação sobre as suas férias*. [Plural: *redações*.]

rede re.de (rê) *substantivo feminino* **1.** Cordas, arames, etc., entrelaçados, fixados por malhas que formam como que um tecido. **2.** Qualquer dispositivo feito de rede (1) usado para apanhar peixes, pássaros, etc. **3.** Rede (1) sustentada por trave, etc., e que divide os dois campos adversários, em esportes como o vôlei e o tênis. **4.** Conjunto de vias e meios de transporte, de canais de escoamento ou distribuição, de meios e equipamentos de comunicação, de água, gás, eletricidade, etc. **5.** Leito feito de tecido resistente e suspenso, pelas extremidades, em ganchos. **6.** Grupo de emissoras que transmitem programação em comum, geralmente gerada por emissora central; cadeia. 🔊 **Rede de computadores.** Conjunto de dois ou mais computadores conectados por canais de comunicação de dados.

rédea **ré**.de:a *substantivo feminino* Correia que serve para guiar uma montaria.

redigir re.di.**gir** *verbo* **1.** Escrever com ordem e método: *redigir um discurso*. **2.** Escrever os artigos principais de um jornal, revista, etc.: *Ainda não redigiu sua coluna semanal*. **3.** Escrever: *Redige muito bem*.

redondamente re.don.da.**men**.te *advérbio* Totalmente, completamente: *Maria estava redondamente enganada*.

redondeza re.don.**de**.za (ê) *substantivo feminino* O mesmo que **vizinhança**: *Um senhor, que mora na redondeza, ajudou mamãe com as compras*.

redondo re.**don**.do *adjetivo* Que tem forma de círculo ou esfera: *A Terra é redonda*.

redor re.**dor** *substantivo masculino* Espaço que está em volta. 🔊 **Ao redor de.** Em redor de; em torno; em volta de: *Os convidados sentaram-se ao redor da mesa.* **Em redor de.** Veja *ao redor de.*

redução re.du.**ção** *substantivo feminino* Ação de reduzir(-se), ou o resultado desta ação: *redução de despesas.* [Plural: *reduções.*]

reduzir re.du.**zir** *verbo* **1.** Tornar menor: *reduzir os gastos, os preços, etc.* **2.** Diminuir as proporções de: *As medidas sanitárias reduziram bastante a epidemia.* **3.** Engatar marcha de maior poder de tração para diminuir a velocidade do veículo.

reeleger re.e.le.**ger** *verbo* Tornar a eleger(-se): *O povo reelegeu o presidente; O prefeito reelegeu-se graças à ótima administração que fez.*

reeleição re.e.lei.**ção** *substantivo feminino* Ação de reeleger(-se). [Plural: *reeleições.*]

reescrever re.es.cre.**ver** *verbo* Escrever de novo: *Não gostei da redação que fiz ontem; por isso, vou reescrevê-la.*

refazer re.fa.**zer** *verbo* **1.** Fazer de novo: *refazer o trabalho.* **2.** Consertar, reparar: *Refizeram a parede.* **3.** Tornar a adquirir: *refazer as forças, as energias, etc.* **4.** Percorrer novamente: *Refiz o trajeto.* **5.** Veja *restabelecer* (3): *Ele se refez da doença.*

refeição re.fei.**ção** *substantivo feminino* Porção de alimento tomada, em geral, em horas certas do dia, como o café da manhã, o almoço e o jantar. [Plural: *refeições.*]

refeitório re.fei.**tó**.ri:o *substantivo masculino* Sala para refeições em fábricas, colégios, etc.

refém re.**fém** *substantivo de dois gêneros* Pessoa que se mantém presa para conseguir o que se quer. [Plural: *reféns.*]

referência re.fe.**rên**.ci:a *substantivo feminino* Citação: *O orador fez uma referência a um livro famoso.*

referente re.fe.**ren**.te *adjetivo de dois gêneros* Que se refere; relativo.

referir re.fe.**rir** *verbo* Mencionar, nomear: *Não sei a que acontecimento você se refere.*

refinar re.fi.**nar** *verbo* **1.** Veja *aprimorar*: *refinar as maneiras.* **2.** Tornar mais fino: *refinar o açúcar.* **3.** Submeter (matéria-prima) a operações que a desdobram em substâncias derivadas: *Ao se refinar o petróleo obtêm-se gasolina e outros produtos.*

refinaria re.fi.na.**ri**.a *substantivo feminino* Indústria onde se refina [veja *refinar* (2) e (3)], especialmente o petróleo.

refletir re.fle.**tir** *verbo* **1.** Reproduzir a imagem de: *O espelho refletiu a noiva e toda a sua beleza.* **2.** Revelar, mostrar: *Seu rosto refletia alegria.* **3.** Pensar com seriedade: *Disse que só daria a resposta depois de refletir muito.* **4.** Reproduzir-se, espelhar-se: *A Lua refletia-se nas águas do lago.*

reflexão re.fle.**xão** (xão = csão) *substantivo feminino* **1.** Ação de refletir(-se), ou o resultado desta ação. **2.** Raciocínio profundo. [Plural: *reflexões.*]

reflexo re.**fle**.xo (xo = cso) *substantivo masculino* **1.** Luz refletida, ou o efeito dela: *Viam-se os reflexos dos raios de sol na superfície da água.* **2.** Reação involuntária do corpo em consequência de um estímulo, como, por exemplo, uma pancada ou um clarão.

reflorestamento re.flo.res.ta.**men**.to *substantivo masculino* Ação de reflorestar, ou o resultado desta ação: *O ritmo de reflorestamento geralmente não acompanha o de desmatamento.*

reflorestar re.flo.res.**tar** *verbo* Plantar árvores em zonas onde outras foram derrubadas.

reforçar re.for.**çar** *verbo* Tornar(-se) mais forte, mais resistente: *reforçar uma porta, uma janela; Aquele time reforçou-se com dois jogadores estrangeiros.*

reforço re.**for**.ço (fôr) *substantivo masculino* **1.** Ação de reforçar(-se), ou o resultado desta ação. **2.** Material ou peça que aumenta a resistência de algo: *O carpinteiro fez um reforço na cadeira.* [Plural: *reforços* (fór).]

reforma re.**for**.ma *substantivo feminino* **1.** Ação de reformar(-se), ou o resultado desta ação. **2.** Mudança, modificação. **3.** Transformação mais ou menos profunda nas leis, ou nas instituições, de um país: *reforma* agrária; *reforma* do poder judiciário. **4.** Aposentadoria de militar.

reformar re.**for**.mar *verbo* **1.** Veja *restaurar* (1): *reformar* um sofá. **2.** Conceder reforma (4) a. **3.** Obter reforma (4): *O major reformou-se por doença.*

refrescante re.fres.**can**.te *adjetivo de dois gêneros* Que refresca.

refrescar re.fres.**car** *verbo* **1.** Tornar mais fresco: *Uma brisa refrescou a noite de verão.* **2.** Diminuir o calor do próprio corpo: *A menina refrescou-se nas águas da cachoeira.*

refresco re.**fres**.co (frês) *substantivo masculino* Suco de frutas, ao qual se adiciona água e, geralmente, açúcar ou adoçante.

refrigerante re.fri.ge.**ran**.te *substantivo masculino* Bebida doce, gasosa e não alcoólica, que se toma gelada.

refugiar-se re.fu.gi.**ar**-se *verbo* Retirar-se (para um lugar seguro), abrigar-se: *Refugiou-se numa caverna para escapar da tempestade.*

refúgio re.**fú**.gi:o *substantivo masculino* Lugar seguro, abrigo.

regador re.ga.**dor** (ô) *substantivo masculino* Recipiente com bico, para regar plantas.

regar re.**gar** *verbo* Jogar água nas plantas para molhá-las.

regata re.**ga**.ta *substantivo feminino* Corrida de barcos.

regato re.**ga**.to *substantivo masculino* Veja *riacho*.

regência re.**gên**.ci:a *substantivo feminino* **1.** Ação de reger(-se), ou o resultado dessa ação. **2.** Governo exercido por um regente.

regente re.**gen**.te *substantivo de dois gêneros* **1.** Pessoa que exerce regência. **2.** Maestro.

reger re.**ger** *verbo* **1.** Governar, dirigir, administrar. **2.** Governar como rei. **3.** Dirigir (orquestra, banda musical, etc.).

região re.gi.**ão** *substantivo feminino* **1.** Grande extensão de terra. **2.** Território que se distingue dos outros por características próprias. **3.** Cada uma das cinco divisões geográficas e políticas do Brasil: Região Norte (Acre, Amapá, Amazonas, Pará, Rondônia, Roraima e Tocantins), Região Nordeste (Maranhão, Piauí, Ceará, Rio Grande do Norte, Paraíba, Pernambuco, Alagoas, Sergipe e Bahia), Região Centro-Oeste (Goiás, Mato Grosso, Mato Grosso do Sul e Distrito Federal), Região Sudeste (Espírito Santo, Rio de Janeiro, Minas Gerais e São Paulo) e Região Sul (Paraná, Santa Catarina e Rio Grande do Sul). [Plural: *regiões*.]

regime re.**gi**.me *substantivo masculino* **1.** Sistema político pelo qual se rege um país. **2.** O mesmo que *dieta*.

regimento re.gi.**men**.to *substantivo masculino* **1.** Conjunto de normas que regem o funcionamento de uma instituição. **2.** Corpo de tropas sob o comando de um coronel.

regional re.gi:o.**nal** *adjetivo de dois gêneros* Relativo a, pertencente, ou próprio de uma região: *música regional.* [Plural: *regionais*.]

registrar re.gis.**trar** *verbo* **1.** Escrever ou lançar em livro especial, computador, etc.: *Registramos nossos nomes na recepção do hotel; João registrou o nascimento do filho no cartório.* **2.** Assinalar por escrito, ou anotar: *Minha tia gosta de registrar os melhores momentos de sua viagem.* **3.** Marcar por meio de registro (4).

registro re.**gis**.tro *substantivo masculino* **1.** Ação de registrar, ou o resultado desta ação. **2.** Livro especial onde se registram ocorrências públicas ou particulares. **3.** Tipo de torneira que regula a passagem de água, gás, etc. **4.** Medidor de consumo de luz, gás, água, etc.

regra re.gra *substantivo feminino* **1.** Aquilo que indica o que pode ou deve ser feito num jogo, numa arte, etc. **2.** Aquilo que está determinado pela razão, pela lei ou pelo costume: *as regras da boa educação; desrespeitar uma regra.*

regressar re.gres.sar *verbo* Voltar, retornar (a lugar que se deixou): *Dos cinco barcos que saíram só dois regressaram*.

régua ré.gu:a *substantivo feminino* Peça longa e reta, feita de madeira, metal, etc., para traçar linhas ou para medir.

regulamentar re.gu.la.men.tar *adjetivo de dois gêneros* **1.** Relativo a regulamento. **2.** Determinado por um regulamento: *prazo regulamentar*.

regulamento re.gu.la.men.to *substantivo masculino* **1.** Ação de regular, ou o resultado desta ação. **2.** Norma, ou conjunto de normas: *regulamento de um concurso, de uma competição*.

regular[1] re.gu.lar *adjetivo de dois gêneros* **1.** Relativo a regra. **2.** Que é ou que age segundo regras ou leis: *verbo regular; trabalho regular*. **3.** Harmonioso: *Os traços de seu rosto são regulares*. **4.** Exato, pontual: *É sempre regular no pagamento do aluguel*. **5.** Que não é bom nem mau, razoável: *Seu desempenho foi apenas regular*.

regular[2] re.gu.lar *verbo* **1.** Sujeitar a regras: *regular o uso de uma quadra de esportes*. **2.** Acertar, ajustar: *regular um relógio*.

rei *substantivo masculino* **1.** O soberano de um reino. **2.** Uma das figuras do baralho. **3.** Principal peça do jogo de xadrez.

reinado rei.na.do *substantivo masculino* Período de governo de um rei, imperador, etc.: *O longo reinado de D. Pedro II terminou em 1889, com a Proclamação da República*.

reinar rei.nar *verbo* **1.** Governar como rei ou soberano. **2.** Ter poder; dominar.

reino rei.no *substantivo masculino* **1.** Monarquia governada por um rei, rainha, etc. **2.** Mundo, domínio: *Vive no reino da fantasia*.

reivindicação rei.vin.di.ca.ção *substantivo feminino* Ação de reivindicar, ou o resultado desta ação. [Plural: *reivindicações*.]

reivindicar rei.vin.di.car *verbo* **1.** Reclamar um bem que está na posse de outra pessoa: *reivindicar uma propriedade*. **2.** Exigir, reclamar: *reivindicar melhores salários*.

rejeição re.jei.ção *substantivo feminino* Ação de rejeitar, ou o resultado desta ação. [Plural: *rejeições*.]

rejeitar re.jei.tar *verbo* **1.** Veja *recusar* (1): *rejeitar ajuda*. **2.** Não aprovar: *rejeitar uma proposta*.

relação re.la.ção *substantivo feminino* **1.** Veja *lista* (1): *O nome de meu filho estava na relação dos melhores alunos*. **2.** Ligação, contato, que pessoas, grupos ou países mantêm entre si: *relações internacionais*. **3.** Relacionamento (2). [Plural: *relações*.]

relacionamento re.la.ci:o.na.men.to *substantivo masculino* **1.** Ação de relacionar(-se), ou o resultado desta ação. **2.** Ligação afetiva, profissional, etc., entre pessoas; relação.

relacionar re.la.ci:o.nar *verbo* **1.** Veja *relatar*. **2.** Dar ou fazer relação de; listar. **3.** Travar conhecimento ou amizade: *Relaciona-se bem com os colegas*.

relâmpago re.lâm.pa.go *substantivo masculino* Luz forte e rápida produzida por uma descarga elétrica entre duas nuvens.

relatar re.la.tar *verbo* Narrar, descrever: *Relatou tudo o que aconteceu em sua viagem ao Ceará*.

relativo re.la.ti.vo *adjetivo* Que indica relação; referente.

relaxado re.la.xa.do *adjetivo* **1.** Frouxo. **2.** Que descuida de suas obrigações. **3.** Que se veste mal, sem capricho.

relaxar re.la.xar *verbo* **1.** Tornar frouxo. **2.** Tornar-se menos contraído: *relaxar os músculos*. **3.** Descuidar de suas obrigações. **4.** Perder a força, a tensão: *Os músculos se relaxam depois de um banho quente*.

reler re.ler *verbo* Ler de novo: *Reler um bom livro é renovar um prazer*.

relevo re.le.vo (lê) *substantivo masculino* **1.** Saliência: *uma medalha com figuras em relevo*. **2.** Desta-

religião

que, valor: *No Brasil, há muitos cantores de relevo.* **3.** O conjunto das diferenças de nível da superfície terrestre: montanhas, vales, planícies, etc.

religião re.li.gi.**ão** *substantivo feminino* **1.** Crença na existência de força ou forças sobrenaturais: *A crença em vários deuses fazia parte da religião de muitos povos antigos.* **2.** Manifestação que tal crença toma. [Plural: *religiões.*]

religioso re.li.gi.**o**.so (ô) *adjetivo* **1.** Da, ou próprio da religião: *arte religiosa, sentimento religioso.* **2.** Que a tem ou a cumpre com rigor. ✓ *substantivo masculino* **3.** Pessoa que segue uma religião. **4.** Pessoa que pertence a uma ordem religiosa. [Plural: *religiosos* (ó).]

relógio re.**ló**.gi:o *substantivo masculino* **1.** Instrumento que indica as horas: *relógio de pulso, de parede, etc.* **2.** Aparelho que marca o consumo de eletricidade, água ou gás.

remar re.**mar** *verbo* Mover os remos para pôr um barco em movimento.

remédio re.**mé**.di:o *substantivo masculino* **1.** Substância usada para combater as doenças. **2.** Emenda, solução: *O que não tem remédio remediado está* (provérbio).

remessa re.**mes**.sa *substantivo feminino* Ação de remeter, ou o resultado desta ação.

remetente re.me.**ten**.te *substantivo de dois gêneros* Pessoa que remete (especialmente carta ou encomenda, pelo correio).

remeter re.me.**ter** *verbo* Mandar, enviar: *Remeteu o livro pelo correio.*

remexer re.me.**xer** *verbo* **1.** Mexer de novo, ou repetidamente. **2.** Misturar, mexendo: *remexer o café.* **3.** Rebolar: *Remexe-se toda ao andar.*

remo re.mo *substantivo masculino* Instrumento de madeira ou de outro material, composto de um cabo com a ponta chata, e que serve para movimentar pequenas embarcações.

remoção re.mo.**ção** *substantivo feminino* Ação de remover, ou o resultado desta ação. [Plural: *remoções.*]

renovar

remorso re.**mor**.so *substantivo masculino* Arrependimento por ter feito alguma coisa ruim: *Gritou com a mãe e ficou com remorso.*

remover re.mo.**ver** *verbo* **1.** Mover ou retirar para outro lugar; transferir. **2.** Pôr distante; afastar. **3.** Fazer desaparecer, desfazendo, desmanchando, etc.

remuneração re.mu.ne.ra.**ção** *substantivo feminino* Ação de remunerar, ou o resultado desta ação. [Plural: *remunerações.*]

remunerar re.mu.ne.**rar** *verbo* **1.** Dar prêmio a. **2.** Pagar salário, honorário, rendas, etc., a: *remunerar os empregados.*

renascer re.nas.**cer** *verbo* Nascer de novo (na realidade ou na aparência): *A unha, bem tratada, renasceu.*

renda¹ **ren**.da *substantivo feminino* Quantia recebida como resultado de atividade econômica; rendimento, receita.

renda² **ren**.da *substantivo feminino* Tecido leve e delicado, de malhas abertas, cujos fios se entrelaçam formando desenhos.

rendeira ren.**dei**.ra *substantivo feminino* Mulher que fabrica ou vende rendas.

render ren.**der** *verbo* **1.** Dar rendimento: *O aluguel da loja da esquina rende uma boa quantia ao meu avô.* **2.** Manifestar a alguém admiração, reconhecimento de méritos, etc.: *Rendi homenagem ao nosso professor mais querido.* **3.** Ser útil, produtivo: *O trabalho daquele sábado quase não rendeu.* **4.** Dar-se por vencido; entregar-se: *O inimigo não se rendeu.*

rendimento ren.di.**men**.to *substantivo masculino* Veja *renda¹*.

renovação re.no.va.**ção** *substantivo feminino* Ação de renovar, ou o resultado desta ação. [Plural: *renovações.*]

renovar re.no.**var** *verbo* **1.** Tornar novo, ou como novo: *renovar a pintura.* **2.** Substituir por alguma coisa nova do mesmo tipo: *Mamãe renovou o guarda-roupa*. **3.** Dizer ou fazer de novo: *renovar um pedido*. **4.** Estender a duração de: *Renovou a assinatura do jornal.*

rente ren.te *adjetivo de dois gêneros* **1.** Próximo, vizinho: *Morava numa casa rente à estrada*. ✓ *advérbio* **2.** Pela raiz ou pelo pé: *Gostava de cortar o cabelo rente.*

renúncia re.**nún**.ci:a *substantivo feminino* Ação de renunciar, ou o resultado desta ação.

renunciar re.nun.ci.**ar** *verbo* **1.** Não querer; recusar, rejeitar: *Francisco de Assis renunciou aos seus bens*. **2.** Desistir voluntariamente de: *Renunciou o (ou ao) cargo*. **3.** Deixar voluntariamente (cargo, função): *O presidente renunciou*.

reorganizar re.or.ga.ni.**zar** *verbo* Modificar a organização de.

reparar re.pa.**rar** *verbo* **1.** Consertar, restaurar: *reparar uma parede*. **2.** Fixar a vista, a atenção em; observar: *– José, repare na forma estranha daquela nuvem*. **3.** Dar importância; ligar: *Não repare na grosseria dele.*

repartição re.par.ti.**ção** *substantivo feminino* Seção, serviço ou estabelecimento que atende os interesses do público: *O correio é uma repartição pública*. [Plural: *repartições*.]

repartir re.par.**tir** *verbo* Separar em partes; dividir: *A mãe repartiu o bolo entre seus filhos.*

repatriar re.pa.tri.**ar** *verbo* Enviar de volta à pátria: *O governo repatriará os turistas estrangeiros que cometerem determinados delitos.*

repelente re.pe.**len**.te *substantivo masculino* Substância que serve para afastar insetos.

repelir re.pe.**lir** *verbo* **1.** Impedir que se aproxime, ou evitar contato com. **2.** Não aceitar, não admitir, não concordar com.

repente re.**pen**.te *substantivo masculino* Veja *improviso*. ▶ **De repente.** De modo súbito e inesperado.

repentino re.pen.**ti**.no *adjetivo* Que ocorre de modo inesperado, súbito: *Tive o desejo repentino e estranho de me atirar na piscina gelada.*

repentista re.pen.**tis**.ta *substantivo de dois gêneros* Pessoa que faz ou canta repentes.

repertório re.per.**tó**.ri:o *substantivo masculino* O conjunto das obras teatrais ou musicais de um autor, escola, época, etc.

repetição re.pe.ti.**ção** *substantivo feminino* Ação de repetir, ou o resultado desta ação. [Plural: *repetições*.]

repetir re.pe.**tir** *verbo* **1.** Tornar a dizer, a fazer, a usar, etc.: *Depois de uma pausa, repetiu a frase*. **2.** Cursar pela segunda vez: *Este aluno repetiu a sexta série*. **3.** Acontecer de novo: *A enchente repetiu-se esse ano.*

repleto re.**ple**.to *adjetivo* Muito cheio: *Depois da colheita do milho, o celeiro ficou repleto.*

repolho re.**po**.lho (pô) *substantivo masculino* Erva hortense, variedade de couve rasteira, em forma de globo.

repor re.**por** *verbo* Tornar a pôr: *Limpou a prateleira e repôs os livros com cuidado.*

reportagem re.por.**ta**.gem *substantivo feminino* **1.** Texto ou filme de um jornalista que relata o que viu. **2.** Conjunto de repórteres. [Plural: *reportagens*.]

repórter re.**pór**.ter *substantivo de dois gêneros* Jornalista que recolhe notícias e informações que serão divulgadas num jornal ou em qualquer outro meio de comunicação.

reposição re.po.si.**ção** *substantivo feminino* Ação de repor, ou o resultado desta ação. [Plural: *reposições*.]

repousar re.pou.**sar** *verbo* **1.** Descansar: *Repousou a cabeça no travesseiro*. **2.** Ficar em repouso; descansar: *Gostava de repousar depois de caminhar pela manhã.*

repouso re.**pou**.so *substantivo masculino* **1.** Descanso, folga: *repouso semanal*. **2.** Ausência de movimento: *Manteve-se em repouso.*

repreender

repreender re.pre.en.**der** *verbo* Censurar com energia: *Repreendeu o filho pela demora.*

repreensão re.pre.en.**são** *substantivo feminino* Ação de repreender, ou o resultado desta ação; censura, descompostura. [Plural: *repreensões.*]

represa re.**pre**.sa (prê) *substantivo feminino* **1.** Construção destinada a acumular a água de um rio: *A represa de Três Marias, em Minas Gerais, é formada pelas águas do rio São Francisco.* **2.** Barragem.

represar re.pre.**sar** *verbo* Deter, reter o curso de águas.

representação re.pre.sen.ta.**ção** *substantivo feminino* Ação de representar, ou o resultado desta ação: *A representação do ator imitando um bêbado foi muito engraçada.* [Plural: *representações.*]

representante re.pre.sen.**tan**.te *substantivo de dois gêneros* Pessoa encarregada de representar um indivíduo ou um grupo: *Os deputados e os senadores são os representantes do povo.*

representar re.pre.sen.**tar** *verbo* **1.** Ser a imagem ou a reprodução de: *A pintura representa um vaso de flores.* **2.** Significar: *O aperto de mãos representou o fim da briga entre os dois.* **3.** Desempenhar papel no teatro, no cinema, etc.: *É ótimo ator, representa muito bem.*

repressão re.pres.**são** *substantivo feminino* **1.** Ação de reprimir(-se), ou o resultado desta ação. **2.** Aquele ou aquilo que reprime: *Os manifestantes reagiram quando a repressão chegou.* [Plural: *repressões.*]

reprimir re.pri.**mir** *verbo* **1.** Não deixar que aconteça, ou que prossiga, se manifeste, etc.; conter. **2.** Não fazer ou não completar (gesto, expressão de sentimento); disfarçar: *reprimir o riso.* **3.** Punir, castigar: *reprimir crimes.*

reprodução re.pro.du.**ção** *substantivo feminino* **1.** Ação de reproduzir(-se), ou o resultado desta ação. **2.** Cópia de pintura, escultura, etc. [Plural: *reproduções.*]

reprodutor re.pro.du.**tor** (tôr) *adjetivo* **1.** Que (se) reproduz. ✓ *substantivo masculino* **2.** Aquele que (se) reproduz. **3.** Animal reservado a procriar.

reputação

reproduzir re.pro.du.**zir** *verbo* **1.** Imitar ou representar com perfeição: *O filme reproduziu a vida de uma aldeia indígena no século XVI.* **2.** Dar origem a novos seres vivos: *As aves e os répteis se reproduzem por meio de ovos.* **3.** Acontecer ou realizar-se outra vez: *Desta vez vou te perdoar, mas que isso não se reproduza!*

reprovação re.pro.va.**ção** *substantivo feminino* Ação de reprovar, ou o resultado desta ação. [Plural: *reprovações.*]

reprovar re.pro.**var** *verbo* **1.** Censurar severamente; condenar: *Reprovou o comportamento do filho.* **2.** Julgar que não está habilitado (aluno, candidato, etc.).

réptil **rép**.til *substantivo masculino* Animal vertebrado cuja pele é coberta de escamas ou placas: *A tartaruga, a cobra, o lagarto e o jacaré são répteis.* [Plural: *répteis.*]

república re.**pú**.bli.ca *substantivo feminino* **1.** Forma de governo em que um ou vários indivíduos eleitos pelo povo exercem o poder supremo por tempo determinado: *No Brasil, a Proclamação da República deu-se em 1889.* **2.** O país assim governado: *O Brasil é a maior república da América do Sul.*

republicano re.pu.bli.**ca**.no *adjetivo* Da, ou que é adepto da república (1), ou de governo republicano.

reputação re.pu.ta.**ção** *substantivo feminino* Opinião que se tem sobre alguém ou alguma coisa: *Aquela médica tem a reputação de cobrar caro por suas consultas; A escola de meu primo tem boa reputação.* [Plural: *reputações.*]

requebrar

requebrar re.que.**brar** *verbo* Mover (o corpo, os quadris) com graça, rebolar(-se).

requisito re.qui.**si**.to *substantivo masculino* Condição necessária para se alcançar determinado objetivo: *O candidato a professor reúne os requisitos indispensáveis para a função.*

rês *substantivo feminino* Qualquer quadrúpede usado na alimentação humana, sobretudo boi. [Plural: *reses* (ê).]

reserva re.**ser**.va *substantivo feminino* **1.** Ação de reservar, ou o resultado desta ação. **2.** Aquilo que se guarda para circunstâncias imprevistas. **3.** Reserva biológica. **4.** Ação de garantir, com antecipação, lugar para assistir a um espetáculo, viajar em transporte coletivo, hospedar-se em hotel, etc. ✓ *substantivo de dois gêneros* **5.** Atleta que substitui o titular quando necessário. 🔊 **Reserva biológica.** Área terrestre ou marinha que serve para assegurar a conservação de espécies animais e vegetais. **Reserva indígena.** Área que, por lei, é destinada à ocupação por um povo indígena.

reservar re.**ser**.**var** *verbo* **1.** Separar e guardar, para futuro uso: *Reservou o melhor terno para o casamento da filha.* **2.** Garantir que algo esteja disponível em determinada hora e lugar: *Meu pai reservou uma mesa para cinco pessoas na melhor churrascaria do bairro.* **3.** Fazer reserva (4) de: *Reservei duas passagens no avião das 21 horas.*

reservatório re.ser.va.**tó**.ri:o *substantivo masculino* Depósito, sobretudo de água.

resfriado res.fri.**a**.do *substantivo masculino* Distúrbio das vias respiratórias superiores, geralmente causado por vírus, com dor de garganta, coriza e tosse.

resfriar res.fri.**ar** *verbo* **1.** Apanhar resfriado; gripar-se: *José (se) resfria com muita frequência.* **2.** Tornar(-se) frio: *A geladeira resfria os alimentos.*

resistir

resgatar res.ga.**tar** *verbo* Livrar de cativeiro, sequestro, etc., dando dinheiro ou outro valor: *Atendeu às exigências dos sequestradores para resgatar o filho.*

resgate res.**ga**.te *substantivo masculino* **1.** Ação de resgatar, ou o resultado desta ação. **2.** A quantia paga para se resgatar.

residência re.si.**dên**.ci:a *substantivo feminino* Casa ou lugar onde se mora; domicílio.

residencial re.si.den.ci.**al** *adjetivo de dois gêneros* **1.** Onde se localizam principalmente residências: *É um bairro residencial, dos melhores da cidade.* **2.** Próprio apenas para residência(s): *prédio residencial.* [Plural: *residenciais*.]

residir re.si.**dir** *verbo* **1.** Fixar residência; morar; habitar: *Reside em São Paulo desde o ano passado.* **2.** Achar-se; ser, estar, consistir: *O maior problema reside no preço.*

resíduo re.**sí**.du:o *substantivo masculino* O que sobra de qualquer substância; resto.

resina re.**si**.na *substantivo feminino* Substância vegetal viscosa: *resina de pinheiro.*

resistência re.sis.**tên**.ci:a *substantivo feminino* **1.** Ação de resistir, ou o resultado desta ação: *O assaltante entregou-se sem opor resistência.* **2.** Qualidade ou condição do que é resistente. **3.** Condição que defende um organismo do desgaste de doença, cansaço, etc.: *João tem muita resistência: é capaz de andar algumas horas sem reclamar.*

resistente re.sis.**ten**.te *adjetivo de dois gêneros* **1.** Que é sólido, firme. **2.** Que resiste ao tempo, ao desgaste e que é durável. **3.** Que tem resistência (3).

resistir re.sis.**tir** *verbo* **1.** Oferecer resistência: *A cidade resistiu com muita coragem à invasão.* **2.** Não

resmungar   resposta

ser danificado por: *Esta panela resiste ao fogo.* **3.** Não ser dominado (por impulso, vontade, ideia, etc.); não ceder: *Resistiu à tentação de comer mais um doce.*

resmungar res.mun.**gar** *verbo* **1.** Pronunciar entre os dentes e com mau humor: *Resmungou apenas umas palavras de desculpa.* **2.** Falar baixo e com mau humor: *Quando não era atendido, limitava-se a resmungar contrariado.*

resolução re.so.lu.**ção** *substantivo feminino* **1.** Ação de resolver, ou o resultado desta ação. **2.** Capacidade de resolver; decisão. [Plural: *resoluções*.]

resolver re.sol.**ver** *verbo* **1.** Achar solução ou explicação para: *resolver as questões da prova*; *resolver um mistério*. **2.** Dar solução a: *Resolveu a situação habilmente.* **3.** Decidir: *Nas férias, Pedro resolveu viajar para Goiás.*

respeitar res.pei.**tar** *verbo* **1.** Tratar com consideração: *respeitar pai e mãe*. **2.** Seguir as determinações de; obedecer: *respeitar a lei*. **3.** Não causar dano a; poupar: *respeitar a natureza, os animais, etc.*

respeitável res.pei.**tá**.vel *adjetivo de dois gêneros* **1.** Que merece respeito: *um homem respeitável*. **2.** Considerável, notável: *É pessoa de respeitável cultura*. [Plural: *respeitáveis*.]

respeito res.**pei**.to *substantivo masculino* Ação de respeitar, ou o resultado desta ação: *respeito às normas, aos mais velhos, aos animais, etc.* 🔊 **A respeito de.** Relativamente a, sobre: *Sabe tudo a respeito de sua cidade natal.* **Dizer respeito a.** Ter relação com; referir-se a: *A conversa não dizia respeito a meu amigo.*

respingar res.pin.**gar** *verbo* Lançar pingos (o líquido): *O suco de caju respingou e manchou-lhe a camisa branca.*

respiração res.pi.ra.**ção** *substantivo feminino* **1.** Ação de respirar, ou o resultado desta ação. **2.** Função orgânica em que se efetua troca de oxigênio e gás carbônico entre o ar atmosférico e as células de um organismo. [Plural: *respirações*.]

respirar res.pi.**rar** *verbo* **1.** Absorver (os animais) o oxigênio do ar (ou dissolvido na água, no caso dos peixes), necessário à produção de energia para a vida do organismo, e pôr fora o gás carbônico que se formou. [As plantas também respiram, durante a noite, pois de dia fazem a fotossíntese, quando absorvem gás carbônico e eliminam oxigênio.] **2.** Ter vida; viver: *O estado dele é muito grave, mas ainda respira*. **3.** Conseguir momentos de descanso: *Até agora não consegui respirar, de tanto trabalho.*

respiratório res.pi.ra.**tó**.ri:o *adjetivo* Relativo à respiração.

responder res.pon.**der** *verbo* **1.** Dizer ou escrever, em resposta: *Perguntei-lhe se ia, ele respondeu que não*; *Ainda não respondi à carta que você me enviou faz quase duas semanas.* **2.** Dar como resposta: *Respondeu com um sorriso simpático.* **3.** Responsabilizar-se: *Devemos responder pelos nossos atos.* **4.** Ser submetido (a processo, etc.): *Vai responder pelo roubo do quadro.*

responsabilidade res.pon.sa.bi.li.**da**.de *substantivo feminino* **1.** Qualidade ou condição de responsável. **2.** Condição de causador de algo: *É dele a responsabilidade pelo insucesso de nossa equipe.* **3.** Obrigação, dever: *É minha responsabilidade levar meu irmão caçula à escola.*

responsável res.pon.**sá**.vel *adjetivo de dois gêneros* **1.** Que responde pelos próprios atos, ou pelos de outra pessoa: *Quem é a pessoa responsável pelos alunos?* **2.** Que tem noção de responsabilidade; que busca cumprir suas obrigações ou deveres. **3.** Que é causa de algo: *A seca foi responsável pelo êxodo rural.* [Plural: *responsáveis*.]

resposta res.**pos**.ta *substantivo feminino* O que é dito ou escrito para responder.

ressaca res.**sa**.ca *substantivo feminino* **1.** Chegada violenta, ao litoral, das ondas do mar muito agitado. **2.** Indisposição de quem tomou bebida alcoólica.

ressecar res.se.**car** *verbo* Tornar muito seco: *O calor do Sol ressecou a pele da menina*.

ressentimento res.sen.ti.**men**.to *substantivo masculino* Sentimento mais ou menos persistente de desagrado com algo ou alguém; mágoa.

ressurreição res.sur.rei.**ção** *substantivo feminino* Ação de ressuscitar, ou o resultado desta ação. [Plural: *ressurreições*.]

ressuscitar res.sus.ci.**tar** *verbo* Tornar a viver, após ter morrido: *Segundo o Evangelho, Cristo ressuscitou depois de três dias*.

restabelecer res.ta.be.le.**cer** *verbo* **1.** Estabelecer de novo: *Restabeleceu velhos costumes*. **2.** Veja *restaurar* (2). **3.** Recuperar as próprias forças, ou saúde, ânimo, etc.; recobrar-se, refazer-se, restaurar-se: *Graças aos remédios que o médico lhe receitou, restabeleceu-se em menos de uma semana*.

restante res.**tan**.te *adjetivo de dois gêneros* **1.** Que resta. ✓ *substantivo masculino* **2.** Veja *resto* (1).

restar res.**tar** *verbo* **1.** Sobrar: *Depois de pagar as dívidas, pouco dinheiro lhe restará*. **2.** Continuar a existir depois (de outra coisa ou pessoa); sobreviver: *Ninguém restou para relatar o acontecido*. **3.** Ficar, existir, após destruição: *Do antigo templo só restam algumas colunas*. **4.** Faltar (para fazer): *Só lhes resta um pequeno trecho da estrada para percorrer*.

restauração res.tau.ra.**ção** *substantivo feminino* **1.** Ação de restaurar, ou o resultado desta ação. **2.** Trabalho de recuperação feito em construção ou obra de arte, etc. [Plural: *restaurações*.]

restaurante res.tau.**ran**.te *substantivo masculino* Estabelecimento onde se preparam e servem refeições.

restaurar res.tau.**rar** *verbo* **1.** Pôr (construção ou obra de arte) em bom estado; reparar; recuperar: *restaurar um palácio, um quadro, etc*. **2.** Pôr de novo em vigor; restabelecer: *restaurar a paz, a segurança, etc*.

resto res.to *substantivo masculino* **1.** O que fica ou resta; o restante. **2.** Aquilo que sobra; saldo. **3.** Numa divisão aritmética, a diferença entre o dividendo e o produto do divisor pelo cociente.

resultado re.sul.**ta**.do *substantivo masculino* **1.** Ação de resultar, ou o efeito desta ação; consequência. **2.** Produto de uma operação matemática.

resultar re.sul.**tar** *verbo* **1.** Ser consequência ou efeito. **2.** Ter origem; proceder: *Do seu primeiro casamento resultaram três filhas*. **3.** Transformar-se, terminar: *As ofensas resultaram em briga*.

resumido re.su.**mi**.do *adjetivo* Dito ou escrito com poucas palavras; curto, breve.

resumir re.su.**mir** *verbo* Relatar ou expor em poucas palavras; fazer o resumo (2) de. *Resumi o trabalho em duas páginas*.

resumo re.**su**.mo *substantivo masculino* **1.** Exposição breve de acontecimentos, fatos, etc., destacando somente as características mais importantes. **2.** Apresentação concisa do conteúdo de artigo, livro, etc.

reta re.ta *substantivo feminino* Linha, traço ou risco que segue sempre a mesma direção.

retaguarda re.ta.**guar**.da *substantivo feminino* A parte traseira, em relação à frente ou dianteira.

retalho re.**ta**.lho *substantivo masculino* Sobra ou pedaço de tecido: *Minha avó fazia belas colchas de retalhos*.

retangular re.tan.gu.**lar** *adjetivo de dois gêneros* Que tem a forma de um retângulo.

retângulo re.**tân**.gu.lo *substantivo masculino* Figura geométrica com quatro ângulos retos e cujos lados são iguais dois a dois.

retardar

retardar re.tar.**dar** *verbo* **1.** Causar o atraso de; atrasar: *O mau tempo retardou a viagem.* **2.** Adiar. **3.** Atrasar(-se).

reter re.**ter** *verbo* **1.** Segurar com firmeza: *O goleiro procura sempre reter a bola.* **2.** Impedir de sair; deter: *Reteve a filha em casa.* **3.** Conservar na memória: *Lê muito, mas retém pouco.*

reticências re.ti.**cên**.ci:as *substantivo feminino plural* Sinal de pontuação (...) que, num texto, indica interrupção do pensamento ou omissão de coisa que não se quer ou não se deve dizer.

retina re.**ti**.na *substantivo feminino* Membrana interna do olho, a qual capta as sensações visuais.

retirada re.ti.**ra**.da *substantivo feminino* **1.** Ação de retirar(-se), ou o resultado desta ação. **2.** Movimento das tropas que fogem do inimigo ou abandonam terreno.

retirante re.ti.**ran**.te *substantivo de dois gêneros* Sertanejo nordestino que emigra, fugindo da seca.

retirar re.ti.**rar** *verbo* **1.** Tirar, puxar para trás, ou para si: *Cravou o prego mas depois teve de retirá-lo.* **2.** Levar de onde estava, ou de dentro de onde estava; tirar: *Os bombeiros retiraram primeiro as crianças.* **3.** Afastar do lugar onde estava: *Retire a mão!* **4.** Afastar-se de algum lugar. **5.** Deixar, abandonar (emprego, profissão): *Retirou-se da política.*

reto re.to *adjetivo* **1.** Que não é curvo; que segue sempre a mesma direção: *uma estrada reta.* **2.** Perpendicular ao plano horizontal: *Sente-se com o corpo reto para não prejudicar sua coluna vertebral.* **3.** Honesto, justo, direito: *um homem reto.* **4.** Diz-se do ângulo formado por duas retas perpendiculares.

retomar re.to.**mar** *verbo* Tomar de volta; recuperar: *Depois de muita luta, conseguiu retomar a fazenda que pertenceu a seus pais.*

retorcer re.tor.**cer** *verbo* **1.** Torcer de novo, ou muitas vezes. **2.** Contorcer-se, contrair-se: *A serpente retorcia-se toda.*

retornar re.tor.**nar** *verbo* Voltar ao ponto de partida; regressar: *Meu irmão retornou de sua viagem à Argentina.*

reunião

retorno re.**tor**.no (tôr) *substantivo masculino* **1.** O mesmo que **volta** (1): *Meu primo viajou, mas já está de retorno.* **2.** Em ruas, avenidas e rodovias, desvio próprio para retornar.

retratar re.tra.**tar** *verbo* **1.** Fazer o retrato (1) de; reproduzir a imagem de. **2.** Representar ou descrever com exatidão: *O livro retrata a vida nordestina no final do século XIX.* **3.** Deixar ver, apresentar, mostrar: *Seu rosto retratava o sofrimento.* **4.** Descrever, apresentar: *Alguns historiadores retrataram D. João VI como pouco inteligente, mas a verdade não é bem essa.*

retrato re.**tra**.to *substantivo masculino* **1.** Representação da imagem de uma pessoa por meio de um desenho, pintura, gravura, etc., ou de uma fotografia. **2.** Pessoa muito semelhante a outra: *Paulo é o retrato do pai.*

retribuição re.tri.bu:i.**ção** *substantivo feminino* **1.** Ação de retribuir, ou o resultado desta ação. **2.** Aquilo com que se retribui. [Plural: *retribuições*.]

retribuir re.tri.bu.**ir** *verbo* **1.** Dar ou fazer a alguém (algo considerado do mesmo valor que outra coisa recebida): *retribuiu-lhe o jantar.* **2.** Dar recompensa ou pagamento (a), gratificar: *Retribuir mal o trabalho dos outros.* **3.** Compensar (sentimento, gesto, etc.) de modo equivalente: *A moça não retribuía o seu amor.*

retrucar re.tru.**car** *verbo* Dizer em resposta: *Ao ser-lhe perguntada a idade, o menino retrucou depressa: – Seis anos.*

retumbante re.tum.**ban**.te *adjetivo de dois gêneros* Espetacular, impressionante: *O filme teve retumbante sucesso.*

réu *substantivo masculino* Homem que responde a um processo na justiça. [Feminino: *ré*.]

reumatismo reu.ma.**tis**.mo *substantivo masculino* Doença que atinge as articulações e, às vezes, outros órgãos, como o coração.

reunião re:u.ni.**ão** *substantivo feminino* **1.** Ação de reunir(-se), ou o resultado desta ação. **2.** Encontro

431

reunir — revoltar

de pessoas para tratar de qualquer assunto: *reunião de condomínio*. [Plural: *reuniões*.]

reunir re:u.**nir** *verbo* **1.** Unir outra vez: *Reuni as duas partes da nota rasgada e as colei*. **2.** Juntar (o que estava espalhado); agrupar: *O pastor reúne as ovelhas ao cair da tarde*. **3.** Ter ou apresentar ao mesmo tempo (qualidades, condições, etc.): *O bom soldado reúne coragem e prudência*. **4.** Chamar (muitos indivíduos); convidar: *Reuniu os amigos*. **5.** Comparecer no mesmo local: *Reuniram-se para comemorar o Natal*.

reutilização re:u.ti.li.za.**ção** *substantivo feminino* Ação de reutilizar, ou o resultado desta ação. [Plural: *reutilizações*.]

reutilizar re:u.ti.li.**zar** *verbo* **1.** Tornar a utilizar: *Como este produto é venenoso, não se deve reutilizar sua embalagem*. **2.** Dar novo uso a: *Querem reutilizar o velho edifício*.

revelação re.ve.la.**ção** *substantivo feminino* **1.** Ação de revelar(-se), ou o resultado desta ação. **2.** Declaração esclarecedora: *A testemunha fez revelações incríveis à polícia*. **3.** Descoberta ou aparecimento de pessoa talentosa: *Esta cantora é a nova revelação da nossa música*. [Plural: *revelações*.]

revelar re.ve.**lar** *verbo* **1.** Fazer conhecer; divulgar: *revelar a verdade; revelar um segredo*. **2.** Mostrar: *Seu rosto revela preocupação*. **3.** Tornar visíveis, por meio de processos químicos, as imagens fixadas em uma película ou papel fotográfico: *Ainda não mandei revelar as fotos de nossa viagem*. **4.** Mostrar-se, dar-se a conhecer: *O rapaz revelou-se um ótimo comediante*.

revender re.ven.**der** *verbo* Tornar a vender: *Comprava automóveis para depois os revender*.

rever re.**ver** *verbo* **1.** Tornar a ver. **2.** Ver ou examinar com atenção: *Reviu o trabalho antes de entregá-lo*.

reverência re.ve.**rên**.ci:a *substantivo feminino* **1.** Veja *consideração* (2). **2.** Saudação em que se inclina o busto ou se dobram os joelhos.

revestimento re.ves.ti.**men**.to *substantivo masculino* O que reveste ou cobre: *revestimento de uma poltrona, de um armário, etc*.

revestir re.ves.**tir** *verbo* Cobrir a superfície de alguma coisa: *Mamãe preferiu revestir as paredes da sala a pintá-las*.

revezamento re.ve.za.**men**.to *substantivo masculino* Prova de atletismo ou de natação feita em equipe de quatro participantes, na qual cada um realiza um trecho do percurso.

revidar re.vi.**dar** *verbo* Responder a uma ofensa ou agressão com outra igual ou maior: *Revidou imediatamente o tapa do colega*.

revirar re.vi.**rar** *verbo* **1.** Virar muitas vezes: *revirar os olhos*. **2.** Mexer ou remexer muito: *Revirou a gaveta, tentando encontrar a chave do cofre*. **3.** Virar-se de novo, ou repetidamente: *Revirava-se na cama, sem conseguir dormir*.

revisão re.vi.**são** *substantivo feminino* **1.** Ação de rever, ou o resultado desta ação. **2.** Leitura de texto, para a correção de erros. [Plural: *revisões*.]

revista[1] re.**vis**.ta *substantivo feminino* **1.** Ação de revistar, ou o resultado desta ação. **2.** Inspeção de militares em formatura.

revista[2] re.**vis**.ta *substantivo feminino* Publicação geralmente semanal ou mensal, em que se divulgam matérias jornalísticas, literárias, científicas, técnicas, etc.

revistar re.vis.**tar** *verbo* **1.** Submeter a revista[1] (2). **2.** Examinar minuciosamente (pessoa, lugar, etc.), para tentar encontrar algo.

reviver re.vi.**ver** *verbo* **1.** Tornar a viver após a morte; ressuscitar. **2.** Recordar, relembrar como se os vivesse outra vez (fatos ou sentimentos): *À mesa, eu e meus pais revivíamos a viagem que fizemos no último verão*.

revolta re.**vol**.ta *substantivo feminino* **1.** Ação de revoltar(-se), ou o resultado desta ação. **2.** Manifestação (armada ou não) contra autoridade estabelecida. **3.** Indignação: *Para a revolta dos consumidores, a gasolina teve um novo aumento de preço*.

revoltar re.vol.**tar** *verbo* **1.** Incitar à revolta. **2.** Causar indignação: *A injustiça revoltou todos os alunos*. **3.** Rebelar-se: *O povo revoltou-se contra a crueldade do regime*.

revolto re.**vol**.to (ô) *adjetivo* Muito agitado: *águas revoltas*.

revolução re.vo.lu.**ção** *substantivo feminino* **1.** Rebelião armada; revolta: *No exército, havia um grupo de oficiais que preparava uma revolução contra o governo*. **2.** Transformação radical de estrutura política, econômica e social, dos conceitos artísticos ou científicos, etc. [Plural: *revoluções*.]

revolucionário re.vo.lu.ci:o.**ná**.ri:o *adjetivo* **1.** Relativo a, ou próprio de, ou que é adepto de revolução: *As tropas revolucionárias dominaram rapidamente a cidade*. ✓ *substantivo masculino* **2.** Aquele que prega, lidera ou toma parte em revolução.

revólver re.**vól**.ver *substantivo masculino* Arma de fogo portátil, de um cano só, com cilindro giratório.

reza re.za *substantivo feminino* Veja *oração* (2): *Minha mãe sempre faz uma reza antes de dormir*.

rezar re.**zar** *verbo* **1.** Dizer ou fazer (orações religiosas); orar. **2.** Celebrar: *rezar uma missa*.

riacho ri.**a**.cho *substantivo masculino* Rio pequeno; córrego; regato.

ribanceira ri.ban.**cei**.ra *substantivo feminino* Margem alta de rio, lago, etc.; barranco.

ribeirão ri.bei.**rão** *substantivo masculino* Curso de água menor que um rio e maior que um riacho. [Plural: *ribeirões*.]

rico ri.co *adjetivo* **1.** Que possui muitos bens ou coisas de valor: *Meu vizinho é um homem rico*. **2.** Que tem muitos recursos; fértil: *um solo rico*. **3.** Que contém em abundância; cheio, farto: *um alimento rico em vitaminas*.

ricota ri.**co**.ta *substantivo feminino* Queijo pouco gorduroso.

ridículo ri.**dí**.cu.lo *adjetivo* **1.** Que provoca riso: *Seu novo penteado é realmente ridículo*. **2.** Muito pequeno, insignificante: *Comprei este casaco por um preço ridículo*.

rigidez ri.gi.**dez** (ê) *substantivo feminino* **1.** Qualidade de rígido. **2.** Severidade.

rígido **rí**.gi.do *adjetivo* **1.** Que não é flexível ou que não deforma; duro, rijo: *um plástico rígido*; *uma madeira rígida*. **2.** Rigoroso, muito exigente.

rigor ri.**gor** (ô) *substantivo masculino* **1.** Severidade: *É preciso reprimir o crime com rigor*. **2.** Exatidão, precisão: *o rigor da ciência*.

rigoroso ri.go.**ro**.so (rô) *adjetivo* **1.** Que age com rigor. **2.** Rígido, severo: *Meu pai teve uma educação rígida*. **3.** Intenso, difícil de suportar: *No Sul do Brasil, o inverno costuma ser rigoroso*. [Plural: *rigorosos* (ró).]

rijo **ri**.jo *adjetivo* O mesmo que *rígido* (1).

rim *substantivo masculino* Cada um dos dois órgãos produtores de urina. [Plural: *rins*.]

rima **ri**.ma *substantivo feminino* Repetição de sons no final de dois ou mais versos: "Minha terra tem palmeiras / Onde canta o Sabiá; / As aves que aqui gorjeiam / Não gorjeiam como lá." (Gonçalves Dias, *Canção do Exílio*)

rimar ri.**mar** *verbo* Terminar com o mesmo som: *Amor rima com cantor*.

ringue **rin**.gue *substantivo masculino* Estrado quadrado, alto e cercado de cordas, para lutas de boxe, etc.

rinite ri.**ni**.te *substantivo feminino* Inflamação da mucosa do nariz.

rinoceronte ri.no.ce.**ron**.te *substantivo masculino* Grande animal mamífero africano ou asiático, de pele espessa, com um ou dois chifres no focinho.

rinque rin.que *substantivo masculino* Pista de patinação.

rio ri:o *substantivo masculino* Curso de água natural que se lança no mar, num lago ou em outro rio.

rio-branquense ri:o-bran.**quen**.se *adjetivo de dois gêneros* **1.** De Rio Branco, capital do estado do Acre. ✓ *substantivo de dois gêneros* **2.** Quem nasceu, ou vive, em Rio Branco. [Plural: *rio-branquenses*.]

rio-grandense-do-norte ri:o-gran.den.se-do-**nor**.te *adjetivo de dois gêneros* **1.** Do estado do Rio Grande do Norte. ✓ *substantivo de dois gêneros* **2.** Quem nasceu, ou vive, nesse estado. [Sinônimos: *norte-rio-grandense* e *potiguar*. Plural: *rio-grandenses-do-norte*.]

rio-grandense-do-sul ri:o-gran.den.se-do-**sul** *adjetivo de dois gêneros* **1.** Do estado do Rio Grande do Sul. ✓ *substantivo de dois gêneros* **2.** Quem nasceu, ou vive, nesse estado. [Sinônimos: *sul-rio-grandense* e *gaúcho*. Plural: *rio-grandenses-do-sul*.]

ripa ri.pa *substantivo feminino* Peça comprida de madeira.

riqueza ri.**que**.za (ê) *substantivo feminino* **1.** Qualidade de rico. **2.** Luxo: *Vive cercado de riqueza*.

rir *verbo* **1.** Exprimir alegria com certas expressões do rosto, acompanhadas de sons característicos. **2.** Fazer de algo ou alguém motivo de riso; zombar: *Riu dos colegas que tinham medo de fantasma*.

risada ri.**sa**.da *substantivo feminino* **1.** Gargalhada. **2.** Riso de muitas pessoas ao mesmo tempo.

riscar ris.**car** *verbo* **1.** Produzir marcas em forma de linhas sobre (algo); fazer ou deixar risco(s) ou traço(s) em: *O bebê não conseguia desenhar, só riscava o papel*. **2.** Fazer risco(s) sobre (texto, figura, etc.), geralmente indicando exclusão. **3.** Acender (fósforo). **4.** Excluir, eliminar: *Pode riscar meu nome do seu caderno*.

risco¹ **ris**.co *substantivo masculino* Qualquer traço, ou sulco pouco profundo, na superfície de um objeto: *Com um lápis, Madu fez um risco no papel*.

risco² **ris**.co *substantivo masculino* Perigo ou possibilidade de perigo: *Deve-se atravessar a rua com toda a atenção para não correr o risco de ser atropelado*.

riso **ri**.so *substantivo masculino* Ação de rir, ou o resultado desta ação.

risonho ri.**so**.nho *adjetivo* **1.** Que ri ou sorri. **2.** Próspero: *um futuro risonho*.

risoto ri.**so**.to (sô) *substantivo masculino* Prato (2) preparado com arroz, legume, ou cogumelo, ou camarão, etc.

ritmo **rit**.mo *substantivo masculino* **1.** Movimento ou ruído que se repete, no tempo, em intervalos regulares: *o ritmo do coração*. **2.** Modo como se ordenam sons musicais, percebidos ou considerados segundo as diferenças de acentuação (intensidade maior ou menor do som) e de duração de cada um deles. **3.** Qualquer padrão do ritmo (2), característico de um tipo ou gênero de música: *Executou a música em ritmo de valsa*.

ritual ri.tu.**al** *substantivo masculino* Prática ou cerimônia religiosa. [Plural: *rituais*.]

rival ri.**val** *substantivo de dois gêneros* **1.** Pessoa que deseja algo que outra(s) também pretende(m); concorrente. **2.** Pessoa que compete com outra(s), para superá-la(s). **3.** Aquele ou aquilo que é igual a outro, em certo aspecto: *As duas são rivais em beleza*. ✓ *adjetivo de dois gêneros* **4.** Diz-se de pessoa, time, empresa, etc. que é rival de outra. [Plural: *rivais*.]

rivalidade ri.va.li.**da**.de *substantivo feminino* Oposição, competição: *Há rivalidade entre os dois clubes*.

robô ro.**bô** *substantivo masculino* **1.** Máquina com estrutura semelhante à do corpo humano. **2.** Mecanismo comandado por computador e que executa tarefas e movimentos usualmente realizados por seres humanos.

robusto ro.**bus**.to *adjetivo* **1.** De constituição resistente; forte, vigoroso: *um homem robusto*. **2.** Saudável, sadio: *um bebê robusto*.

roça ro.ça *substantivo feminino* **1.** Terreno de pequena lavoura (em especial de milho, feijão, etc.); roçado. **2.** A zona rural, o campo: *Mora na roça*.

roçado ro.**ça**.do *substantivo masculino* Veja *roça* (1).

roçar ro.**çar** *verbo* Tocar uma coisa em outra, geralmente de modo suave ou com leve atrito: *Na fila, seu braço roçou no do colega*.

rocha ro.cha *substantivo feminino* Matéria sólida que constitui parte essencial da crosta terrestre.

rochedo ro.**che**.do (ê) *substantivo masculino* Grande rocha, volumosa e elevada: *As ondas vinham quebrar-se no rochedo*.

rochoso ro.**cho**.so (chô) *adjetivo* **1.** Constituído de rochas: *Chegaram a uma ilha rochosa, perto da costa*. **2.** Da natureza da rocha. [Plural: *rochosos* (chó).]

🌐 **rock** (róc) [Inglês] *substantivo masculino* O mesmo que *rock and roll*.

🌐 **rock and roll** (róc'n'rol) [Inglês] *substantivo masculino* Música popular muito ritmada, nascida nos Estados Unidos da América, e a dança que a acompanha. [Também se diz apenas *rock*.]

roda ro.da *substantivo feminino* **1.** Peça de forma circular, que gira em torno de um eixo ou de seu centro, e tem várias utilidades. **2.** Qualquer objeto circular; disco. **3.** Grupo de pessoas. **4.** Brinquedo de crianças, que, de mãos dadas, cantam e se movimentam em círculo.

rodada ro.**da**.da *substantivo feminino* **1.** O movimento completo de uma roda. **2.** Cada uma das vezes em que se serve bebida a pessoas que bebem juntas num bar ou restaurante. **3.** Cada um dos grupos de jogos em que se divide um campeonato esportivo.

rodapé ro.da.**pé** *substantivo masculino* **1.** Faixa que rodeia a parte de baixo das paredes. **2.** Área da margem na parte inferior da página.

rodar ro.**dar** *verbo* **1.** Fazer girar em volta; rolar. **2.** Viajar por; percorrer.

rodear ro.de.**ar** *verbo* **1.** Andar em redor de; contornar: *Rodearam a ilha, em busca de um lugar seguro onde pudessem desembarcar*. **2.** Formar círculo à volta de: *Os convidados rodearam os noivos*. **3.** Desviar-se de; evitar (obstáculo, problema, etc.): *rodear uma questão delicada*. **4.** Fazer-se acompanhar; cercar-se: *Gosta de rodear-se de amigos*.

rodeio ro.**dei**.o *substantivo masculino* **1.** Ação de rodear(-se), ou o resultado desta ação. **2.** Exposição oral ou escrita em que não se vai diretamente ao ponto principal de um assunto: *Deixe de rodeios, diga logo o que quer*. **3.** Competição e exibição de peões.

rodela ro.**de**.la *substantivo feminino* Pedaço arredondado de um alimento: *rodela de abacaxi, de tomate, etc*.

rodízio ro.**dí**.zi:o *substantivo masculino* **1.** Revezamento na realização de um trabalho ou função. **2.** Em churrascarias, pizzarias, etc., sistema de serviço em que as especialidades são oferecidas à vontade do freguês, e a um preço determinado.

rodopiar ro.do.pi.**ar** *verbo* Dar numerosas voltas; girar muito: *Um pião rodopiava pela sala*.

rodopio ro.do.**pi**.o *substantivo masculino* Ação de rodopiar, ou o resultado desta ação.

rodovia ro.do.**vi**.a *substantivo feminino* Via destinada ao tráfego de veículos que se deslocam sobre rodas.

rodoviária ro.do.vi.**á**.ri:a *substantivo feminino* Estação de embarque e desembarque de passageiros de linhas de ônibus; estação rodoviária.

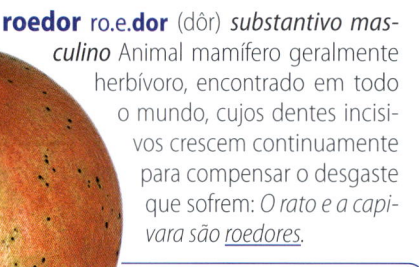

roedor ro.e.**dor** (dôr) *substantivo masculino* Animal mamífero geralmente herbívoro, encontrado em todo o mundo, cujos dentes incisivos crescem continuamente para compensar o desgaste que sofrem: *O rato e a capivara são roedores.*

roer ro.**er** *verbo* **1.** Cortar ou triturar com os dentes: *Paulo costuma roer as unhas quando fica nervoso*; *O rato roeu a roupa do rei de Roma.* **2.** Devorar ou destruir aos bocadinhos, de modo contínuo: *A ferrugem roeu a janela de ferro.*

rogar ro.**gar** *verbo* Pedir com insistência; suplicar: *Rogou(-lhe) que a deixasse em paz.*

rojão ro.**jão** *substantivo masculino* O mesmo que *foguete* (1). [Plural: *rojões*.]

rolamento ro.la.**men**.to *substantivo masculino* Mecanismo que consta de esferas ou de pequenos cilindros de aço dispostos entre anéis e que servem para facilitar o movimento de rotação de outra peça, geralmente um eixo giratório.

rolar ro.**lar** *verbo* **1.** Rodar (1). **2.** Fazer avançar (alguma coisa), obrigando-a a rodar sobre si mesma. **3.** Avançar rodando o próprio corpo sobre si mesmo.

roleta ro.**le**.ta (ê) *substantivo feminino* Dispositivo para contagem de pessoas em ônibus, metrô, estádio, cinema, etc.; borboleta, catraca.

rolha ro.lha (ô) *substantivo feminino* Peça geralmente cilíndrica, de cortiça, borracha, etc., para tapar gargalo de garrafas, etc.

roliço ro.**li**.ço *adjetivo* **1.** Em forma de rolo; cilíndrico. **2.** Um tanto gordo: *Come tanto, que está ficando roliço.*

rolimã ro.li.**mã** *substantivo masculino* Roda dotada de rolamento: *Fez o carrinho com tábua e rolimãs.*

rolo ro.lo (rô) *substantivo masculino* **1.** Qualquer objeto de forma cilíndrica um tanto alongada. **2.** Nome comum a várias peças cilíndricas com usos diversos, como o rolo de pedreiro, o de pasteleiro, etc. **3.** Confusão: *Que rolo foi aquele na saída do estádio de futebol?*

romã ro.**mã** *substantivo feminino* O fruto, carnudo e cheio de sementes, da romãzeira.

romance ro.**man**.ce *substantivo masculino* **1.** História longa, com enredo e personagens fictícios. **2.** Namoro.

romancista ro.man.**cis**.ta *substantivo de dois gêneros* Pessoa que escreve romance (1).

romântico ro.**mân**.ti.co *adjetivo* Que é muito sentimental, sonhador: *Maria é uma jovem romântica, que adora histórias de amor.*

romãzeira ro.mã.**zei**.ra *substantivo feminino* Árvore ornamental e frutífera, nativa do Mediterrâneo, que dá romãs.

romaria ro.ma.**ri**.a *substantivo feminino* Viagem, passeio de caráter religioso.

rombo rom.bo *substantivo masculino* Furo, buraco de grandes proporções: *Havia um rombo no casco do navio.*

romper rom.**per** *verbo* **1.** Fazer em pedaços; partir, quebrar, rasgar: *rompeu o barbante.* **2.** Fazer cessar (estado, condição, etc.): *Rompeu o silêncio.* **3.** Desfazer ou desrespeitar (acordo, compromisso, relação): *romper uma amizade.* **4.** Ter início; começar a aparecer: *Assim que rompeu o dia, ela saiu.* **5.** Fazer-se em pedaços: *Com a tempestade, a lona do circo rompeu-se.*

rompimento rom.pi.**men**.to *substantivo masculino* Ação de romper(-se), ou o resultado desta ação.

roncar ron.**car** *verbo* Respirar ruidosamente durante o sono.

ronco ron.co *substantivo masculino* O som da respiração de quem ronca dormindo.

ronda   rouquidão

ronda ron.da *substantivo feminino* **1.** Visita a algum posto, ou volta feita para vigiar ou zelar pela tranquilidade pública. **2.** Grupo de soldados ou de guardas que fazem a ronda (1).

rondoniano ron.do.ni.**a**.no *adjetivo* **1.** Do estado de Rondônia. ✓ *substantivo masculino* **2.** Quem nasceu, ou vive, nesse estado. [Sinônimo: *rondoniense*.]

rondoniense ron.do.ni.**en**.se *adjetivo de dois gêneros* e *substantivo de dois gêneros* O mesmo que *rondoniano*.

roraimense ro.rai.**men**.se *adjetivo de dois gêneros* **1.** Do estado de Roraima. ✓ *substantivo de dois gêneros* **2.** Quem nasceu, ou vive, nesse estado.

rosa ro.sa *adjetivo de dois gêneros e dois números* **1.** Veja *cor-de-rosa* (1): *Maria comprou duas blusas rosa*. ✓ *substantivo feminino* **2.** A flor da roseira, geralmente perfumada e de diversas cores. ✓ *substantivo masculino* **3.** Veja *cor-de-rosa* (2).

rosado ro.**sa**.do *adjetivo* Veja *cor-de-rosa* (1).

rosa dos ventos ro.sa dos **ven**.tos *substantivo feminino* Estrela com 32 pontas representada no mostrador de um instrumento, como a bússola, etc. [Plural: *rosas dos ventos*.]

rosário ro.**sá**.ri:o *substantivo masculino* **1.** Cordão de 165 contas: 15 dezenas de ave-marias e 15 padre-nossos. **2.** Sucessão, série: *um rosário de lamentações*.

roseira ro.**sei**.ra *substantivo feminino* Arbusto, dotado de espinhos, que dá as rosas.

rosnar ros.**nar** *verbo* Emitir (o cão, o lobo, etc.) som ameaçador, diferente do latido, arreganhando os dentes.

rosto ros.to (rôs) *substantivo masculino* **1.** A parte anterior da cabeça; cara. **2.** Veja *fisionomia* (1): *Depois da derrota de seu time, tinha o rosto decepcionado e triste*. [Plural: *rostos* (rôs).]

rota ro.ta *substantivo feminino* Caminho que se percorreu ou se vai percorrer.

rotação ro.ta.**ção** *substantivo feminino* Movimento giratório em torno de um eixo: *A Terra leva 24 horas para realizar o movimento de rotação*. [Plural: *rotações*.]

roteirista ro.tei.**ris**.ta *substantivo de dois gêneros* Autor ou autora de roteiro (3).

roteiro ro.**tei**.ro *substantivo masculino* **1.** Itinerário de uma viagem. **2.** Esquema do que deve ser abordado, estudado, etc., em discussão ou trabalho escrito. **3.** Forma de apresentação escrita de filme, novela, etc.

rotina ro.**ti**.na *substantivo feminino* Hábito de agir sempre da mesma forma: *A chegada da avó alterou a rotina de Maria*.

rótulo **ró**.tu.lo *substantivo masculino* Papel que se cola em embalagens e recipientes, com indicações sobre o conteúdo.

roubar rou.**bar** *verbo* **1.** Tirar bens, dinheiro ou valores da posse de (alguém), com ameaça ou violência: *Roubaram a bolsa daquela senhora*. **2.** Consumir, gastar: *Este trabalho rouba-me muito tempo*.

roubo rou.bo *substantivo masculino* **1.** Ação de roubar. **2.** Aquilo que se rouba.

rouco rou.co *adjetivo* De fala áspera e grave, difícil de entender.

roupa rou.pa *substantivo feminino* Peça de vestuário; traje.

rouquidão rou.qui.**dão** *substantivo feminino* Estado de rouco. [Plural: *rouquidões*.]

rouxinol rou.xi.**nol** *substantivo masculino* Ave europeia e asiática, de canto muito melodioso. [Plural: *rouxinóis*.]

roxo ro.xo (rô) *substantivo masculino* **1.** Cor que se obtém misturando o vermelho com o azul. ✓ *adjetivo* **2.** Que tem essa cor.

rua ru.a *substantivo feminino* Via pública cercada de casas numa cidade ou aldeia.

rubi ru.**bi** *substantivo masculino* Pedra preciosa de cor vermelha.

rubrica ru.**bri**.ca *substantivo feminino* Assinatura abreviada.

rubro ru.bro *adjetivo* **1.** Diz-se de um vermelho muito vivo: *Ana usava uma fita rubra no cabelo*. **2.** Corado: *O menino tinha as faces rubras*.

rude ru.de *adjetivo de dois gêneros* **1.** Veja *rústico* (2). **2.** Veja *grosseiro* (1).

ruga ru.ga *substantivo feminino* Prega ou dobra na pele, na roupa, ou em qualquer superfície: *Minha avó já tem setenta anos mas quase não tem rugas*.

rugido ru.**gi**.do *substantivo masculino* Som forte, longo e grave, emitido por leões e outras feras; urro.

rugir ru.**gir** *verbo* Dar rugido; urrar.

ruído ru.**í**.do *substantivo masculino* **1.** Som provocado pela queda de um corpo. **2.** Som confuso ou prolongado. **3.** Qualquer som.

ruim ru.**im** (u-ím) *adjetivo de dois gêneros* **1.** Que não tem utilidade. **2.** De má qualidade; ordinário: *um tecido ruim*. **3.** Nocivo, que prejudica. **4.** Malvado, mau. [Plural: *ruins*.]

ruína ru.**í**.na *substantivo feminino* **1.** Restos de construções destruídas pela ação do tempo ou por outras causas. **2.** Perda de bens, etc.; decadência: *A seca levou muitos agricultores à ruína*.

ruivo rui.vo *adjetivo* Amarelo-avermelhado.

ruminante ru.mi.**nan**.te *adjetivo de dois gêneros* **1.** Diz-se do animal que rumina. ✓ *substantivo masculino* **2.** Animal ruminante: *O boi, o carneiro e a girafa são exemplos de ruminantes*.

ruminar ru.mi.**nar** *verbo* Entre certos animais (ditos *ruminantes*), mastigar novamente os alimentos que voltam do estômago à boca.

rumo ru.mo *substantivo masculino* **1.** Cada uma das direções marcadas na rosa dos ventos. **2.** Caminho, direção.

rural ru.**ral** *adjetivo de dois gêneros* Do, ou próprio do campo (3). [Plural: *rurais*.]

rústico rús.ti.co *adjetivo* **1.** Veja *campestre*. **2.** Simples, rude. **3.** Diz-se de móveis, utensílios, etc., usados ou feitos pelos camponeses.

438

sol

s (ésse) *substantivo masculino* A décima nona letra do nosso alfabeto.

sábado sá.ba.do *substantivo masculino* O sétimo e último dia da semana, começada no domingo.

sabão sa.**bão** *substantivo masculino* Substância detergente, líquida, em pó, ou em barra, usada para lavar roupas, louças, etc. [Plural: *sabões*.]

sabedoria sa.be.do.**ri**.a *substantivo feminino* **1.** Conhecimento, saber: *É grande a sabedoria daquele professor.* **2.** Experiência de vida: *O rapaz apreciava a sabedoria do velho pescador.* **3.** Bom-senso: *Usou de sabedoria e não se meteu na confusão.*

saber sa.**ber** *verbo* **1.** Conhecer: *Não sei onde fica essa rua.* **2.** Ter conhecimento, pelo estudo, etc.: *Ele sabe falar bem inglês; Como sabia a matéria, fez uma boa prova.* **3.** Ter certeza de: *A moça não sabia se a amiga também iria ao cinema.*

sabiá sa.bi.**á** *substantivo masculino e feminino* Ave canora, de cor cinza ou marrom.

sabido sa.**bi**.do *adjetivo* Esperto, inteligente: *Meu sobrinho é um menino muito sabido.*

sábio sá.bi:o *adjetivo* **1.** Que tem sabedoria. ✅ *substantivo masculino* **2.** Homem sábio.

sabonete sa.bo.**ne**.te (nê) *substantivo masculino* Sabão, geralmente perfumado, próprio para a limpeza corporal.

sabor sa.**bor** (ô) *substantivo masculino* Impressão que uma substância deixa na língua; gosto: *Este suco de goiaba tem um sabor delicioso.*

saborear sa.bo.re.**ar** *verbo* Apreciar o sabor de: *Saboreou a fatia de bolo até a última migalha.*

saboroso sa.bo.**ro**.so (rô) *adjetivo* Que tem bom sabor; gostoso: *A comida da minha avó é muito saborosa.* [Plural: *saborosos* (ró).]

sabugo sa.**bu**.go *substantivo masculino* **1.** A espiga do milho sem os grãos. **2.** Parte do dedo junto à unha.

saca sa.ca *substantivo feminino* Grande saco: *O café em grão é embalado em sacas.*

sacar sa.**car** *verbo* **1.** Puxar para fora, com violência: *Na história, o príncipe saca a espada da bainha e enfrenta o dragão.* **2.** Retirar dinheiro de conta bancária: *O rapaz foi ao banco e sacou 200 reais.*

sacerdote sa.cer.**do**.te *substantivo masculino* **1.** Entre os antigos, homem que tratava dos assuntos religiosos. [Feminino: *sacerdotisa*.] **2.** O mesmo que *padre*.

saci sa.**ci** *substantivo masculino* O mesmo que *saci-pererê*.

saciar sa.ci.**ar** *verbo* **1.** Extinguir a fome ou a sede de: *Com os pães saciou a fome dos meninos.* **2.** Comer ou beber até não ter mais fome ou sede; satisfazer-se: *O menino bebeu água até saciar-se.*

saci-pererê sa.ci-pe.re.**rê** *substantivo masculino* No folclore brasileiro, menino negro, travesso, de uma perna só, que usa um gorro vermelho e fuma cachimbo; saci. [Plural: *sacis-pererês* e *saci-pererês*.]

saco sa.co *substantivo masculino* Recipiente, em forma de bolsa, feito de papel, tecido, plástico, etc.: *Colheu as laranjas e colocou-as no saco.*

sacola sa.co.la *substantivo feminino* Espécie de saco com alça(s): *Como a sacola estava pesada, uma das alças arrebentou.*

sacolejar sa.co.le.jar *verbo* Sacudir-se ou agitar-se repetidamente: *A estrada estava péssima, e o ônibus sacolejou durante todo o trajeto.*

sacramento sa.cra.men.to *substantivo masculino* Cada um dos sete ritos sagrados instituídos por Jesus Cristo: *A comunhão é um dos sacramentos.*

sacrificar sa.cri.fi.car *verbo* **1.** Oferecer em sacrifício. **2.** Prejudicar a si mesmo: *É um bom rapaz, capaz de sacrificar-se para ajudar os outros.*

sacrifício sa.cri.fí.ci:o *substantivo masculino* **1.** Ação de oferecer a uma divindade uma coisa, ou a vida de um animal ou de uma pessoa, ou o resultado desta ação. **2.** Esforço: *Criou os filhos com muito sacrifício.* **3.** Sofrimento: *Foi um sacrifício subir esta ladeira.*

sacudir sa.cu.dir *verbo* **1.** Agitar, balançar: *Ao ver o menino, o cão sacudiu a cauda.* **2.** Fazer tremer: *O terremoto sacudiu os prédios.*

sadio sa.di.o *adjetivo* **1.** Que é bom para a saúde: *Procurava dar aos filhos uma alimentação sadia.* **2.** Que está bem de saúde; são: *Esteve doente, mas hoje é um menino sadio.*

safado sa.fa.do *adjetivo* **1.** Que não tem decência; que é sem caráter (2). ✅ *substantivo masculino* **2.** Pessoa safada.

safar-se sa.far-se *verbo* Fugir, escapar: *No filme, o herói se safou de todas as armadilhas dos inimigos.*

safira sa.fi.ra *substantivo feminino* Pedra preciosa de cor azul.

safra sa.fra *substantivo feminino* Produção agrícola de uma região, de um país: *O ministro declarou que a safra de grãos deste ano será recorde.*

sagrado sa.gra.do *adjetivo* Relativo às coisas divinas, à religião; santo: *A Bíblia é um livro sagrado para os cristãos e para os judeus.*

saguão sa.guão *substantivo masculino* Sala de entrada em um edifício; *hall.* [Plural: *saguões.*]

sagui sa.gui (güi) *substantivo masculino* Nome comum a vários macacos de pequeno porte e cauda longa, que habitam o Brasil.

saia sai.a *substantivo feminino* Vestimenta feminina que vai da cintura a certa altura das pernas: *A moça vestia uma saia que ia até o joelho.*

saída sa.í.da *substantivo feminino* **1.** Ação de sair, ou o resultado desta ação. **2.** Lugar por onde coisas ou pessoas saem: *Aquele cano ali é a saída da água; O cinema tinha uma porta de entrada e outra de saída.*

sair sa.ir *verbo* **1.** Ir para fora: *O menino saiu de casa e foi brincar na rua com os amigos.* **2.** Partir: *O trem saiu às seis horas.* **3.** Nascer, surgir: *O rapaz foi para o trabalho, assim que o Sol saiu.* **4.** Passear: *Maria e Joana saem juntas todos os domingos.* **5.** Ser publicado: *As fotos do eclipse da Lua saíram em todos os jornais.*

sal *substantivo masculino* Substância mineral, usada para temperar os alimentos. [Plural: *sais.*]

sala sa.la *substantivo feminino* **1.** Cômodo de uma casa, ou de um apartamento, onde se fazem as refeições ou se recebem as visitas. **2.** Compartimento adequado para o desempenho de uma função: *Naquele edifício, o dentista alugou*

salada

uma *sala* e abriu seu consultório. **3.** O mesmo que *sala de aula*. 🔊 **Sala de aula.** Numa escola, cada um dos compartimentos, com quadro e carteiras, destinados a receber os alunos e a professora ou professor.

salada sa.**la**.da *substantivo feminino* Prato frio feito com legumes e folhas (de alface, agrião, espinafre, etc.).

salamandra sa.la.**man**.dra *substantivo feminino* Nome comum a anfíbios geralmente muito coloridos, cuja pele segrega um líquido venenoso, e que, na aparência, lembram o lagarto.

salame sa.**la**.me *substantivo masculino* Carne bovina ou suína triturada e temperada, e que, após ser introduzida numa tripa, é posta para secar.

salão sa.**lão** *substantivo masculino* **1.** Sala grande. **2.** Local de trabalho de barbeiro, cabeleireiro, etc.: *Minha mãe foi ao salão arrumar o cabelo.* [Plural: *salões*.]

salarial sa.la.ri.**al** *adjetivo de dois gêneros* Do, ou relativo ao salário: *Os trabalhadores fizeram greve, exigindo aumento salarial.* [Plural: *salariais*.]

salário sa.**lá**.ri:o *substantivo masculino* Dinheiro que uma pessoa recebe, regularmente, por seu trabalho.

saldo sal.do *substantivo masculino* **1.** Diferença entre o dinheiro recebido e o dinheiro gasto. [Se recebo mais dinheiro do que gasto, meu saldo é positivo; se gasto mais dinheiro do que recebo, meu saldo é negativo.] **2.** O dinheiro que se tem na conta bancária: *O rapaz tem um saldo de mais de cem reais.* **3.** Resultado: *O acidente deixou um saldo de cinco feridos.*

salgadinho sal.ga.**di**.nho *substantivo masculino* Qualquer iguaria salgada, como pastel, empadinha, croquete, etc., servida em coquetéis, festas, etc.

salgar sal.**gar** *verbo* **1.** Temperar com sal: *Salgou a galinha e a pôs na panela.* **2.** Pôr sal em excesso: *Quando minha mãe salga o feijão, acrescenta nele algumas batatas.*

salto

saliência sa.li.**ên**.ci:a *substantivo feminino* A(s) parte(s) elevada(s), que se destaca(m), numa superfície plana; protuberância: *O pedreiro tirou as saliências da parede com uma lixa.*

salientar sa.li:en.**tar** *verbo* Pôr em evidência; destacar: *O vestido negro salientava os olhos da moça; No discurso, salientou as qualidades do amigo.*

saliente sa.li.**en**.te *adjetivo de dois gêneros* Que se destaca, por ficar em posição mais elevada: *Meu pai tem uma barriga saliente.*

saliva sa.**li**.va *substantivo feminino* Líquido existente na boca que, na mastigação, umedece os alimentos, facilitando sua ingestão e digestão; cuspe.

salmão sal.**mão** *substantivo masculino* Peixe de carne avermelhada, muito apreciado como alimento, que deixa o mar e sobe os rios na época da desova. [Plural: *salmões*.]

salsa sal.sa *substantivo feminino* Erva aromática, usada como tempero.

salsicha sal.**si**.cha *substantivo feminino* Carne moída e temperada, que é posta numa tripa natural ou sintética.

saltador sal.ta.**dor** (ô) *adjetivo* Que salta: *O grilo e a pulga são insetos saltadores.*

saltar sal.**tar** *verbo* **1.** Dar salto(s) ou pulo(s): *Quando o sapo saltou, o menino se assustou.* **2.** Descer: *Ao ver a moça, o rapaz salta do cavalo e vai falar com ela.*

salto sal.to *substantivo masculino* **1.** Ação de uma pessoa, ou de um animal, se elevar no ar, por um instante; pu-

salvação

lar: *Com um salto, passou a poça de água.* **2.** Parte saliente na sola de um calçado, no lugar onde fica o calcanhar.

salvação sal.va.**ção** *substantivo feminino* Ação de salvar, ou o resultado desta ação. [Plural: *salvações*.]

salvador sal.va.**dor** (ô) *adjetivo* **1.** Que salva. ✓ *substantivo masculino* **2.** Aquele que salva.

salvadorense sal.va.do.**ren**.se *adjetivo de dois gêneros* **1.** De Salvador, capital do estado da Bahia. ✓ *substantivo de dois gêneros* **2.** Quem nasceu, ou vive, em Salvador. [Sinônimo: *soteropolitano*.]

salvar sal.**var** *verbo* **1.** Pôr em segurança (alguém ou alguma coisa): *O rapaz pulou na água e salvou o menino; Salvou os móveis da enchente.* **2.** Livrar-se de perigo: *O gato correu e salvou-se do cachorro.*

salva-vidas sal.va-**vi**.das *adjetivo de dois gêneros e dois números* **1.** Que impede que pessoa, ou animal, morra afogado: *um bote salva-vidas; um colete salva-vidas.* ✓ *substantivo de dois gêneros e dois números* **2.** Profissional que, em praia, piscina, etc., salva pessoa que se afoga.

samambaia sa.mam.**bai**.a *substantivo feminino* Planta de folhagem pendente, ornamental.

samba sam.ba *substantivo masculino* Dança e música brasileiras, de influência africana, acompanhadas de pandeiro, cuíca, cavaquinho, etc.

sambar sam.**bar** *verbo* Dançar o samba: *Maria samba muito bem.*

sanitário

sambista sam.**bis**.ta *substantivo de dois gêneros* Pessoa que dança, compõe ou canta, samba.

samurai sa.mu.**rai** *substantivo masculino* Antigo guerreiro japonês.

sandália san.**dá**.li:a *substantivo feminino* Calçado em que o solado é preso ao pé por tiras.

sanduíche san.du.**í**.che *substantivo masculino* Duas ou mais fatias de pão recheadas com queijo, presunto, carne, etc.

saneamento sa.ne:a.**men**.to *substantivo masculino* Ação de sanear, ou o resultado desta ação.

sanear sa.ne.**ar** *verbo* **1.** Melhorar as condições sanitárias: *Após a prefeitura sanear a favela, com água tratada e rede de esgoto, a saúde da população local melhorou.* **2.** Pôr em ordem: *O novo prefeito promete sanear a administração municipal.*

sanfona san.**fo**.na *substantivo feminino* O mesmo que *acordeão*.

sangramento san.gra.**men**.to *substantivo masculino* Ação de sangrar, ou o resultado desta ação.

sangrar san.**grar** *verbo* Sair sangue de; perder sangue: *Com a pancada, o nariz do rapaz sangrou.*

sangue san.gue *substantivo masculino* Líquido vermelho, viscoso, que, no corpo do homem e de outros animais, circula em veias e artérias.

sangue-frio san.gue-**fri**:o *substantivo masculino* Calma ou tranquilidade em face de situação difícil ou perigosa: *Os bombeiros mantiveram o sangue-frio durante o incêndio, e conseguiram salvar todas as pessoas.* [Plural: *sangues-frios*.]

sanguíneo san.**guí**.ne:o (guí ou güí) *adjetivo* Relativo ao sangue.

sanhaço sa.**nha**.ço *substantivo masculino* Pássaro de plumagem cinza-azulada.

sanitário sa.ni.**tá**.ri:o *adjetivo* **1.** Relativo à saúde, à higiene: *A prefeitura adotou medidas sanitárias para impedir a reprodução do mosquito transmissor da* dengue. ✓ *substantivo masculino* **2.** O mesmo que banheiro (2).

sanitarista sa.ni.ta.**ris**.ta *substantivo de dois gêneros* Especialista em saúde pública: *Osvaldo Cruz foi um célebre sanitarista brasileiro.*

santo san.to *adjetivo* **1.** O mesmo que *sagrado*: *Jerusalém é uma cidade santa para três religiões.* ✓ *substantivo masculino* **2.** Título dado por certas Igrejas, como a católica, a pessoas com muitas virtudes, falecidas, para as quais os fiéis rezam, a fim de terem suas preces atendidas: *Minha avó reza sempre para Santo Antônio.* [É usado antes de nomes iniciados por vogal.] **3.** Pessoa boa: *Este homem é um santo, sempre ajuda a mulher nas tarefas domésticas.*

santuário san.tu.**á**.ri:o *substantivo masculino* **1.** Lugar santo: *O santuário de Fátima fica em Portugal.* **2.** Lugar de preservação ambiental: *Querem fazer daquela parte do oceano um santuário para as baleias.*

são[1] *adjetivo* O mesmo que *sadio*. [Plural: *sãos*. Feminino: *sã*.]

são[2] *substantivo masculino* O mesmo que *santo* (2): *São José é o protetor dos operários.* [É usado antes de nomes iniciados por consoante.] [Plural: *sãos*.]

são-luisense são-lui.**sen**.se *adjetivo de dois gêneros* e *substantivo de dois gêneros* O mesmo que *ludovicense*. [Plural: *são-luisenses*.]

sapateiro sa.pa.**tei**.ro *substantivo masculino* Pessoa que fabrica, ou conserta, calçados.

sapatilha sa.pa.**ti**.lha *substantivo feminino* Sapato, leve e flexível, usado por bailarinos.

sapato sa.**pa**.to *substantivo masculino* Calçado, geralmente de couro e solado duro, que cobre o pé: *Naquela seção da loja ficam as bolsas e os sapatos femininos.*

sapê sa.**pê** *substantivo masculino* O caule seco de certos capins, usado para cobrir habitações rústicas, etc.: *Mora numa cabana de sapê perto do rio.*

sapo sa.po *substantivo masculino* Nome comum a anfíbios de pele rugosa, desprovidos de cauda: *Na história, a princesa beija um sapo e este se transforma em príncipe.*

sapoti

que dá sapotis. [Seu látex é usado para fabricar goma de mascar.]

saque sa.que *substantivo masculino* Ação de sacar, ou o resultado desta ação.

saracura sa.ra.cu.ra *substantivo feminino* Ave de pernas grandes, aquática e terrestre.

sarampo sa.ram.po *substantivo masculino* Doença que se caracteriza pelo aparecimento de pequenas manchas vermelhas na pele.

sapoti sa.po.ti *substantivo masculino* O fruto muito doce do sapotizeiro.

sapotizeiro sa.po.ti.zei.ro *substantivo masculino* Árvore de até 15m de altura

sarar sa.rar *verbo* O mesmo que *curar*: *O rapaz já sarou do resfriado.*

sardinha sar.di.nha *substantivo feminino* Nome comum a peixes que vivem em cardume e são muito usados na alimentação humana.

sargento sar.gen.to *substantivo masculino* Nome comum a *primeiro-sargento*, *segundo-sargento* e *terceiro-sargento*. [Veja *hierarquia militar*.]

sarjeta sar.je.ta (ê) *substantivo feminino* Lugar para escoamento de águas que, nas ruas, praças e avenidas, beira o meio-fio.

sarna sar.na *substantivo feminino* Doença cutânea contagiosa, causada por ácaro, e que provoca muita coceira.

satanás sa.ta.nás *substantivo masculino* Veja *demônio* (1).

satélite

satélite sa.té.li.te *substantivo masculino* **1.** Astro, sem luz própria, que gira em torno de um planeta: *A Lua é o satélite da Terra.* **2.** Objeto feito pelo homem e posto em órbita ao redor da Terra ou de outro corpo celeste.

satisfação sa.tis.fa.**ção** *substantivo feminino* **1.** Sentimento de prazer; alegria, contentamento: *Foi com grande satisfação que o menino abriu o presente.* **2.** Explicação; justificativa: *O rapaz saiu da festa sem dar satisfação a ninguém.* [Plural: *satisfações*.]

satisfazer sa.tis.fa.**zer** *verbo* **1.** Realizar, cumprir: *Arrumou o quarto para satisfazer o desejo da mãe.* **2.** Agradar: *Como o vestido que comprou não a satisfez, trocou-o.* **3.** Matar a fome: *Só um pedaço de bolo não o satisfez.* **4.** Saciar-se: *A visita almoçou até satisfazer-se.*

satisfeito sa.tis.**fei**.to *adjetivo* **1.** Contente, alegre: *O rapaz está muito satisfeito no novo emprego.* **2.** Saciado, farto: *Não comeu mais porque estava satisfeito.*

saturno sa.**tur**.no *substantivo masculino* O sexto planeta do sistema solar em ordem de afastamento do Sol, famoso pelos seus anéis. [Com inicial maiúscula.]

saudação sa:u.da.**ção** *substantivo feminino* Ação de saudar, ou o resultado desta ação. [Plural: *saudações*.]

saudade sa:u.**da**.de *substantivo feminino* **1.** Vontade de rever quem está longe, ausente: *A moça foi trabalhar na capital, mas sentia saudade dos pais.* **2.** Vontade de querer algo que não se tem mais: *Sinto saudade do tempo em que saíamos de casa sem temer a violência.*

saudar sa:u.**dar** *verbo* O mesmo que **cumprimentar**: *Viu o amigo e saudou-o com alegria.*

saudável sa:u.**dá**.vel *adjetivo de dois gêneros* **1.** Que é bom para a saúde: *A prática de esportes é um hábito saudável.* **2.** Que tem boa saúde: *Aquele senhor é muito saudável.* [Plural: *saudáveis*.]

saúde sa.**ú**.de *substantivo feminino* **1.** Condição física ou mental: *A saúde de minha avó é excelente.* ✓ *interjeição* **2.** Usa-se quando alguém espirra: *Gritou para o filho quando este espirrou: – Saúde!*

saudoso sa:u.**do**.so (dô) *adjetivo* Que tem saudade: *O menino estava saudoso dos amigos que deixara no sítio.* [Plural: *saudosos* (dó).]

sauna sau.na *substantivo feminino* **1.** Banho a vapor. **2.** Lugar onde se toma este banho.

saúva sa.**ú**.va *substantivo feminino* Formiga que corta as folhas das plantas, e que, por isso, é considerada uma praga para a agricultura.

saxofone sa.xo.**fo**.ne (xo = cso) *substantivo masculino* Instrumento de sopro de metal, com um tubo cônico.

se[1] *pronome pessoal* **1.** Indica que o sujeito é indeterminado: *Precisou-se de muitos operários para fazer o estádio.* **2.** Indica que a ação do verbo diz respeito ao sujeito: *Paulo penteou-se antes de sair.* **3.** Indica ação recíproca: *Aqueles dois homens se odeiam.* **4.** Indica a voz passiva: *Alugam-se casas.*

se[2] *conjunção* Indica condição: *Se o tempo não melhorar, não vamos viajar.*

sebáceo se.**bá**.ce:o *adjetivo* Que produz sebo (1).

sebento se.**ben**.to *adjetivo* Coberto ou sujo de sebo ou de outra substância gordurosa.

sebo se.bo (ê) *substantivo masculino* **1.** Substância gordurosa produzida pelas glândulas sebáceas. **2.** Livraria para compra e venda de livros usados.

seca se.ca (ê) *substantivo feminino* Período longo sem chuvas: *A água da cisterna era usada somente na época da seca.*

secador se.ca.**dor** (ô) *substantivo masculino* **1.** Objeto onde se penduram roupas para secá-las. **2.** Aparelho elétrico para secar cabelos.

secagem se.**ca**.gem *substantivo feminino* Ação de secar, ou o resultado desta ação. [Plural: *secagens*.]

seção se.**ção** *substantivo feminino* **1.** Cada uma das partes em que se divide uma empresa, ou um órgão público: *Aquela senhora trabalha na seção de pessoal*; *Para votar, dirigiu-se à sua seção eleitoral.* **2.** Cada uma das partes de uma loja em que se vendem mercadorias do mesmo tipo, ou relacionadas: *A seção de moda masculina fica no segundo andar*; *Comprou a toalha na seção de cama, mesa e banho.* [Plural: *seções*.]

secar se.**car** *verbo* **1.** Tornar(-se) seco: *O sol forte secou logo a roupa*; *Com a falta de chuva, o rio secou.* **2.** Tornar(-se) murcho: *Com o calor, as plantas secaram.*

seco se.co (ê) *adjetivo* **1.** Que não está molhado: *Choveu, mas a rua já está seca.* **2.** A que foi retirada parte da água: *Minha mãe gosta muito de frutas secas.* **3.** Diz-se de planta, ou parte dela, sem vida: *Pegou a vassoura e varreu as folhas secas.* **4.** Que não é meigo, carinhoso: *Aquele senhor é muito seco.*

secreção se.cre.**ção** *substantivo feminino* Produto elaborado por glândula. [Plural: *secreções*.]

secretaria se.cre.ta.**ri**.a *substantivo feminino* **1.** Seção de uma instituição, de uma empresa, etc., que cuida da sua administração: *Os alunos fizeram a matrícula na secretaria da escola.* **2.** Cada uma das divisões de um governo estadual: *secretaria de educação*; *secretaria de segurança*; *secretaria de meio ambiente.*

secretário se.cre.**tá**.ri:o *substantivo masculino* **1.** Aquele cuja função é marcar compromissos, cuidar da correspondência, receber os clientes, etc. **2.** Aquele que dirige uma secretaria (2).

secreto se.**cre**.to *adjetivo* Que é do conhecimento de poucas pessoas: *No filme, o super-herói saía por uma porta secreta*; *Os dois amigos tinham uma linguagem secreta para se comunicar.*

século **sé**.cu.lo *substantivo masculino* Período de cem anos: *O século XXI começou em primeiro de janeiro de 2001.*

secundário se.cun.**dá**.ri:o *adjetivo* Que é de menor importância: *Aquele ator tem um papel secundário no filme.*

seda se.da (ê) *substantivo feminino* Tecido fino, macio e brilhante, feito de fios do casulo do bicho-da-seda.

sedar se.**dar** *verbo* Dar sedativo a: *O veterinário sedou o leão para tratá-lo.*

sedativo se.da.**ti**.vo *adjetivo* **1.** Que acalma. ✓ *substantivo masculino* **2.** Medicamento sedativo. [Sinônimo: *calmante*.]

sede se.de (sé) *substantivo feminino* **1.** Local onde fica a direção de uma empresa. **2.** Cidade, ou país, que abriga um acontecimento: *Em 2004, Atenas, capital da Grécia, foi a sede das olimpíadas.*

sede se.de (sê) *substantivo feminino* **1.** Necessidade de ingerir líquido (principalmente água): *O menino sentiu muita sede depois da corrida.* **2.** Desejo muito forte: *Este é um livro para quem tem sede de conhecimento.*

sedentário se.den.**tá**.ri:o *adjetivo* **1.** Que se movimenta ou se exercita pouco. ✅ *substantivo masculino* **2.** Aquele que se movimenta ou se exercita pouco.

sedento se.**den**.to *adjetivo* Que tem muita sede: *A corrida deixou-o sedento.*

sediar se.di.**ar** *verbo* Servir de sede para: *Este casarão sedia uma biblioteca.*

sedimento se.di.**men**.to *substantivo masculino* Material que se deposita no fundo de um líquido, no leito de um curso de água, ou numa superfície: *Para determinar o grau de poluição do rio, os pesquisadores colheram nele amostras de sedimento.*

sedoso se.**do**.so (dô) *adjetivo* Macio como a seda: *um tecido sedoso.* [Plural: *sedosos* (dó).]

sedução se.du.**ção** *substantivo feminino* Poder de seduzir. [Plural: *seduções*.]

sedutor se.du.**tor** (ô) *adjetivo* Que seduz; atraente, encantador: *A moça tinha um olhar sedutor.*

seduzir se.du.**zir** *verbo* **1.** Atrair, fascinar: *Quer ser marinheiro, pois a vida no mar o seduz.* **2.** Levar ou convencer alguém a praticar alguma coisa errada: *A promessa de dinheiro fácil seduziu o rapaz a participar do roubo.*

segmento seg.**men**.to *substantivo masculino* Cada uma das partes em que uma coisa é dividida: *A exposição agropecuária foi dividida em dois segmentos.*

segredo se.**gre**.do (grê) *substantivo masculino* **1.** Informação que não pode ser divulgada: *– Isto era segredo, como foi que você soube?* **2.** Mistério, enigma: *O telescópio espacial desvendou alguns segredos do Universo.* **3.** Dispositivo em cofre, cadeado, etc., que, ao ser acionado de forma correta, os abre.

segregar se.gre.**gar** *verbo* Produzir secreção.

seguida se.**gui**.da *substantivo feminino* Usado na locução 🔊 **Em seguida.** Logo depois: *Os meninos se alongaram e em seguida começaram a correr.*

seguidor se.gui.**dor** (ô) *substantivo masculino* Aquele que é adepto de uma religião, ou que segue as ideias de um pensador, etc.: *Neste país, os seguidores das diversas religiões convivem em paz.*

seguinte se.**guin**.te *adjetivo de dois gêneros* **1.** Que (se) segue; que vem ou ocorre depois: *No dia seguinte à festa acordamos tarde.* ✅ *substantivo masculino* **2.** Aquilo que (se) segue, que se diz ou escreve depois: *O guarda disse para o rapaz o seguinte: – Sempre use o cinto de segurança.*

seguir se.**guir** *verbo* **1.** Ir atrás de; acompanhar: *Um dos meninos ia na frente e os outros o seguiam.* **2.** Acompanhar com os olhos: *O gato seguia atentamente o voo do passarinho.* **3.** Percorrer: *Como queria chegar na hora ao cinema, seguiu o caminho mais curto.* **4.** Ir em determinada direção: *Na encruzilhada, seguiu à direita.*

segunda-feira se.gun.da-**fei**.ra *substantivo feminino* O segundo dia da semana, começada no domingo. [Plural: *segundas-feiras*.]

segundo[1] se.**gun**.do *numeral* **1.** Ordinal correspondente ao número 2. ✅ *adjetivo* **2.** Que, numa sequência, ocupa o lugar do número 2: *Mora na segunda casa desta rua.* ✅ *substantivo masculino* **3.** O que ocupa a posição 2: *Foi o segundo a chegar.* **4.** Unidade de medida de tempo: *Um minuto tem sessenta segundos.*

segundo[2] se.**gun**.do *preposição* **1.** De acordo com; conforme: *Mesmo a polícia deve agir segundo a lei.* ✅ *conjunção* **2.** À medida que; conforme: *Meu pai gesticula segundo vai falando.*

segundo-sargento se.gun.do-sar.**gen**.to *substantivo masculino* Veja **hierarquia militar**. [Plural: *segundos-sargentos*.]

segundo-tenente se.gun.do-te.**nen**.te *substantivo masculino* Veja **hierarquia militar**. [Plural: *segundos-tenentes*.]

segurança se.gu.**ran**.ça *substantivo feminino* **1.** Condição em que alguém, ou algo, se encontra livre de perigo: *Esta estrada é muito boa, nela viajamos com segurança.* **2.** Certeza, firmeza: *Durante a entrevista, o ator respondeu às perguntas com segurança.* ✓ *substantivo de dois gêneros* **3.** Profissional cuja função é proteger pessoa, dinheiro, etc.

segurar se.gu.**rar** *verbo* **1.** Agarrar, pegar: *O goleiro segurou a bola com firmeza.* **2.** Pegar de modo que não caia: *Como não segurou bem a xícara, ela caiu e quebrou.* **3.** Pôr no seguro (3): *O rapaz segurou o carro, pois tinha medo de que ele fosse roubado.*

seguro se.**gu**.ro *adjetivo* **1.** Que não oferece perigo: *Este é um brinquedo seguro.* **2.** Certo, convencido: *A moça estava segura de que sua festa seria um sucesso.* ✓ *substantivo masculino* **3.** Contrato que uma pessoa, mediante pagamento periódico, faz com uma empresa, que fica obrigada, no caso de acidente, roubo, incêndio, morte, etc., a repor o bem danificado ou a pagar indenização.

seio **sei**.o *substantivo masculino* **1.** Nome antigo da glândula mamária feminina; mama. **2.** A parte mais interna de algo: *Os exploradores entraram no seio da floresta.*

seis *numeral* **1.** Quantidade que é uma unidade maior que cinco. **2.** Algarismo que representa essa quantidade.

seiscentos seis.**cen**.tos *numeral* **1.** Quantidade que é uma unidade maior que 599. **2.** Número que representa essa quantidade.

seita **sei**.ta *substantivo feminino* Grupo religioso que surge de dentro e em oposição a grupo religioso maior.

seiva **sei**.va *substantivo feminino* Líquido nutritivo que circula no interior dos vegetais.

sela **se**.la *substantivo feminino* Assento para o cavaleiro, que se põe sobre lombo de cavalo, burro, etc.

selar[1] se.**lar** *verbo* Pôr sela em: *O rapaz selou o cavalo, montou e pôs-se a cavalgar.*

selar[2] se.**lar** *verbo* **1.** Pôr selo em: *Selou a carta e levou-a ao correio.* **2.** Confirmar: *Os dois amigos selaram o pacto com um aperto de mão.*

seleção se.le.**ção** *substantivo feminino* **1.** Ação de selecionar, ou o resultado desta ação. **2.** Time formado pelos melhores jogadores que, numa competição, representa uma cidade, um estado ou um país: *seleção de futebol, de vôlei, de basquete, etc.* [Plural: *seleções*.]

selecionar se.le.ci:o.**nar** *verbo* Escolher: *Na feira, minha mãe seleciona os melhores legumes.*

seletivo se.le.**ti**.vo *adjetivo* Em que há seleção, separação: *A coleta seletiva de lixo ajuda a preservar o meio ambiente.*

selo **se**.lo (ê) *substantivo masculino* Pequeno retângulo estampado de papel que se cola em cartas, pacotes, etc., enviados pelo correio.

selva **sel**.va *substantivo feminino* O mesmo que *floresta*.

selvagem sel.**va**.gem *adjetivo de dois gêneros* **1.** Da, ou relativo à selva: *vida selvagem.* **2.** Bravo, feroz: *O leão é um animal selvagem.* [Plural: *selvagens*.]

sem *preposição* **1.** Indica falta: *Hoje nós estamos sem água.* **2.** Indica condição: *Não posso ir ao cinema sem o meu irmão.*

semáforo se.**má**.fo.ro *substantivo masculino* Nas ruas e avenidas, poste de sinalização de trânsito que indica quando os veículos devem prosseguir ou parar; sinal: *No semáforo, a luz vermelha indica* pare, *a amarela indica* atenção *e a verde indica* siga.

semana se.**ma**.na *substantivo feminino* Espaço de sete dias, contados de domingo a sábado.

semanal se.ma.**nal** *adjetivo de dois gêneros* Da, ou relativo à semana: *Todo trabalhador tem direito* a, no mínimo, um dia de descanso semanal. [Plural: semanais.]

semear se.me.**ar** *verbo* **1.** Espalhar, ou pôr na terra, sementes, para que germinem: *O agricultor preparou a terra para semear o milho.* **2.** Promover, espalhar: *Não se deve semear a discórdia entre as pessoas.*

semelhança se.me.**lhan**.ça *substantivo feminino* Qualidade dos seres vivos, ou dos objetos, que se parecem: *Apesar da grande semelhança, os irmãos não eram gêmeos.*

semelhante se.me.**lhan**.te *adjetivo de dois gêneros* **1.** Que apresenta semelhança; que é parecido: *Os dois vasos eram semelhantes.* ✅ *substantivo masculino* **2.** O mesmo que **próximo** (2): *Fazer o bem ao nosso semelhante é fazer o bem a nós mesmos.* ✅ *pronome demonstrativo* **3.** Este, esse, aquele, tal: *O rapaz negou que tenha dito semelhante coisa.*

sêmen sê.men *substantivo masculino* O mesmo que *esperma*. [Plural: *semens*.]

semente se.**men**.te *substantivo feminino* Estrutura reprodutiva que contém o embrião da planta: *O menino plantou a semente de laranja e dias depois ela germinou.*

semestral se.mes.**tral** *adjetivo de dois gêneros* Do, ou relativo ao semestre: *O funcionário apresentou para o chefe seu relatório semestral.* [Plural: *semestrais*.]

semestre se.**mes**.tre *substantivo masculino* Espaço de seis meses seguidos.

sem-graça sem-**gra**.ça *adjetivo de dois gêneros e dois números* Que não desperta interesse ou curiosidade: *Como o filme era sem-graça, desliguei a televisão.*

semifinal se.mi.fi.**nal** *adjetivo de dois gêneros* **1.** Diz-se de partida, ou prova, que classifica time, ou atleta, para a partida, ou prova, final. ✅ *substantivo feminino* **2.** Partida ou prova semifinal: *A semifinal foi muito disputada.* [Plural: *semifinais*.]

seminário se.mi.**ná**.ri:o *substantivo masculino* **1.** Estabelecimento de ensino onde se formam os padres. **2.** Grupo de estudo em que um determinado tema é amplamente debatido: *Alunos e professores realizaram na escola um seminário sobre o meio ambiente.*

sempre sem.pre *advérbio* **1.** Em todos os momentos; em qualquer ocasião: *Seu lema era: otimismo sempre.* **2.** Na maior parte das vezes: *Aquela moça está sempre alegre.* **3.** De modo contínuo; habitualmente: *Este menino lê sempre.*

sem-terra sem-**ter**.ra *adjetivo de dois gêneros e dois números* **1.** Diz-se de trabalhador rural que não possui terra para cultivar. ✅ *substantivo de dois gêneros e dois números* **2.** Trabalhador rural sem-terra.

sem-vergonha sem-ver.**go**.nha *adjetivo de dois gêneros e dois números* **1.** Que tem mau caráter. ✅ *substantivo de dois gêneros e dois números* **2.** Pessoa que tem mau caráter.

senado se.**na**.do *substantivo masculino* Uma das câmaras do Poder Legislativo Federal.

senador se.na.**dor** (ô) *substantivo masculino* Denominação que recebe aquele que é membro do senado.

senão se.**não** *conjunção* **1.** De outro modo; do contrário: *Precisa comprar uma calça, senão não terá o que vestir para trabalhar.* ✅ *preposição* **2.** Exceto, salvo: *Ninguém, senão a filha caçula, a ajudou a arrumar a casa.* ✅ *substantivo masculino* **3.** Problema, transtorno: *Nossa viagem não teve nenhum senão.* [Plural do substantivo: *senões*.]

senha se.nha *substantivo feminino* **1.** Gesto, sinal, palavra, etc., que se combina em segredo: *A senha para entrar na casa era três batidas na porta.* **2.** Em instituição ou empresa, papel numerado que dá di-

senhor | sentimento

reito a uma pessoa de ser atendida pela ordem de chegada: *Ela saiu bem cedo para conseguir uma senha no posto de saúde.* **3.** Em bancos, etc., série de números ou letras que uma pessoa deve digitar para ter acesso a certos serviços: *Como esqueceu a senha, não pôde retirar o dinheiro.*

senhor se.**nhor** (ô) *substantivo masculino* **1.** Tratamento respeitoso que se dá aos homens: – *O senhor poderia me informar onde fica a farmácia?* **2.** O mesmo que **Deus**. [Com inicial maiúscula nesta acepção.]

senhora se.**nho**.ra *substantivo feminino* Tratamento respeitoso que se dá às mulheres casadas e às mulheres de mais idade: *O menino ajudou a senhora a atravessar a rua.*

senhorita se.nho.**ri**.ta *substantivo feminino* Tratamento respeitoso que se dá às mulheres solteiras: – *A senhorita deseja mais alguma coisa?*

sensação sen.sa.**ção** *substantivo feminino* **1.** Impressão percebida pelos sentidos: *sensação de dor; sensação de fome; sensação de frio.* **2.** Pressentimento; palpite: *Hoje estou com a sensação de que vamos receber uma visita.* **3.** Aquilo que causa impacto: *A chegada do cantor causou grande sensação na cidade.* [Plural: *sensações*.]

sensacional sen.sa.ci:o.**nal** *adjetivo de dois gêneros* Muito bom; excelente: *Este livro é sensacional.* [Plural: *sensacionais*.]

sensato sen.**sa**.to *adjetivo* Que tem juízo; prudente: *As pessoas sensatas agem com cautela.*

sensibilidade sen.si.bi.li.**da**.de *substantivo feminino* **1.** Qualidade de sensível. **2.** Capacidade de sentir, de perceber sensações.

sensível sen.**sí**.vel *adjetivo de dois gêneros* **1.** Capaz de perceber sensações: *O dedo ainda está muito sensível por causa da queimadura.* **2.** Que sente; que é capaz de sofrer mudança: *Esta é uma planta muito sensível ao frio.* **3.** Que se emociona facilmente: *É uma criança sensível, qualquer história triste a faz chorar.* **4.** Que se ofende facilmente: – *Desculpe-me, não sabia que você era tão sensível.* [Plural: *sensíveis*.]

senso sen.so *substantivo masculino* **1.** Capacidade de julgar, de apreciar: *Foi o seu senso de justiça que o levou a depor favoravelmente ao réu; O rapaz tinha um senso artístico apurado.* **2.** Bom-senso; juízo: – *Tenha senso e não saia sem agasalho neste frio.*

sensor sen.**sor** (ô) *substantivo masculino* Dispositivo capaz de detectar obstáculo, movimento, etc.: *O sensor detectou movimento no jardim e o alarme disparou.*

sentar sen.**tar** *verbo* Dobrar as pernas, pondo as nádegas, e parte das coxas, em cadeira, poltrona, etc.: *Os meninos sentaram-se no banco e começaram a cantar; Os convidados sentaram-se à mesa e começaram a comer.*

sentença sen.**ten**.ça *substantivo feminino* **1.** Decisão de um juiz ou de um tribunal: *A sentença do juiz condenou o réu a cinco anos de prisão.* **2.** Frase: *A professora escreveu várias sentenças no quadro.*

sentido sen.**ti**.do *adjetivo* **1.** Magoado, ofendido: *Ficou sentido com a brincadeira do amigo.* ✓ *substantivo masculino* **2.** Cada uma das formas com que percebemos as sensações: *o sentido da audição; o sentido do olfato; o sentido do paladar; o sentido do tato; o sentido da visão.* **3.** Significado de uma palavra, ou de uma frase: *Não sei o sentido desta palavra.* **4.** Coerência: *O que João está dizendo não tem sentido.* **5.** Direção do tráfego numa rua, avenida, etc.: *A prefeitura alterou novamente o sentido da minha rua.*

sentimental sen.ti.men.**tal** *adjetivo de dois gêneros* **1.** De, ou relativo a sentimento. **2.** Que se comove com facilidade: *É um rapaz sentimental que gosta muito de filmes românticos.* [Plural: *sentimentais*.]

sentimento sen.ti.**men**.to *substantivo masculino* **1.** Qualquer emoção, como alegria, amor, raiva, etc. **2.** Devoção: *Minha avó tem um grande sentimento religioso.*

sentinela sen.ti.**ne**.la *substantivo feminino* Pessoa geralmente armada, que fica junto a um lugar para o guardar.

sentir sen.**tir** *verbo* **1.** Perceber por meio dos sentidos: *Sentiu, de longe, o cheiro delicioso do bolo da tia.* **2.** Experimentar emoção: *Ao caminhar pela cidade, sentiu muita tristeza ao ver meninos morando nas ruas.* **3.** Julgar-se, considerar-se: *O rapaz sentia-se cansado.*

senzala sen.**za**.la *substantivo feminino* Durante a escravidão, lugar nas fazendas, etc., destinado aos escravos.

separação se.pa.ra.**ção** *substantivo feminino* Ação de separar(-se), ou o resultado desta ação. [Plural: *separações*.]

separar se.pa.**rar** *verbo* **1.** Desfazer a união de: *A professora separou os alunos em cinco grupos; Com uma régua, o menino separou as folhas coladas do livro.* **2.** Ficar entre: *O rio separava as duas cidades.* **3.** Deixar de viver junto: *Os pais do meu melhor amigo separaram-se.*

sepultamento se.pul.ta.**men**.to *substantivo masculino* Ação de sepultar, ou o resultado desta ação.

sepultar se.pul.**tar** *verbo* Depositar, ou ver depositar, em cova, etc.; enterrar.

sepultura se.pul.**tu**.ra *substantivo feminino* Cova onde se sepultam cadáveres.

sequência se.**quên**.ci.a (qüen) *substantivo feminino* Continuação, prosseguimento: *Os meninos aguardavam ansiosos a sequência da história.*

sequer se.**quer** *advérbio* Ao menos; pelo menos: *Você vai sair sem sequer almoçar?* 🔊 **Nem sequer.** Nem ao menos: *Ele dormia tão profundamente que nem sequer se mexeu.*

sequestrado se.ques.**tra**.do (qües) *adjetivo* **1.** Que se sequestrou. ✔ *substantivo masculino* **2.** Pessoa, ou coisa, que se sequestrou.

sequestrador se.ques.tra.**dor** (qües...ô) *substantivo masculino* Aquele que sequestra.

sequestrar se.ques.**trar** (qües) *verbo* **1.** Manter, criminosamente, pessoa em cativeiro: *Foi presa a quadrilha que sequestrou o comerciante.* **2.** Desviar da rota (avião, navio, etc.), por meio de violência.

sequestro se.**ques**.tro (qües) *substantivo masculino* Ação de sequestrar, ou o resultado desta ação.

ser *verbo* **1.** Ter como estado, condição, natureza, característica, qualidade, profissão, etc.: *Este homem é inocente; Ele é solteiro; Ela foi muito bela; Os leões são carnívoros; Ela é médica.* **2.** Combinado com um particípio, forma a voz passiva: *Suas preces foram atendidas.* **3.** Indica tempo, ou determinado momento no tempo, ou estação: *Ainda é cedo; É verão; Era noite alta.* **4.** Ser muito parecido: *É a irmã, sem tirar nem pôr.* **5.** Ficar, tornar-se: *Quando eu crescer, quero ser professor.* **6.** Querer dizer; significar: *Ninguém sabia o que era volúvel.* **7.** Custar (1): *Quanto é a consulta?* **8.** Ser natural de: *Disse que era de São Paulo.* **9.** Pertencer: *Esta bicicleta é do meu primo.* ✔ *substantivo masculino* **10.** O que existe ou supomos existir; ente: *Deus, o ser supremo.* **11.** Indivíduo, pessoa: *Não se via na rua um único ser.* **12.** Bicho ou planta. **13.** A natureza íntima de uma pessoa, a consciência: *Procurou no fundo do seu ser um motivo para tanto desânimo.*

sereia se.**rei**.a *substantivo feminino* Ser fantástico de voz maravilhosa: *uma mulher com uma cauda de peixe no lugar das pernas.*

sereno se.**re**.no *adjetivo* **1.** Calmo, tranquilo: *A voz serena da mãe acalmou a criança, e ela dormiu.* **2.** Sem nuvens: *um céu sereno.* ✔ *substantivo masculino* **3.** Umidade atmosférica noturna.

sergipano ser.gi.**pa**.no *adjetivo* **1.** Do estado de Sergipe. ✔ *substantivo masculino* **2.** Quem nasceu, ou vive, nesse estado.

seriado se.ri.**a**.do *substantivo masculino* O mesmo que *série* (4).

série **sé**.ri:e *substantivo feminino* **1.** Sucessão de fatos ou de fenômenos: *Os cientistas acreditam que o aquecimento global provocará uma série de desastres naturais.* **2.** Grande quantidade: *A amamentação materna protege o bebê de uma série de doenças.* **3.** Ano escolar: *Ele está na terceira série.* **4.** Programa televisivo exibido em partes; seriado: *Minha série predileta passa às quartas-feiras.*

seriedade se.ri.e.**da**.de *substantivo feminino* Qualidade de sério.

seriema se.ri.**e**.ma *substantivo feminino* Grande ave aquática e terrestre, de asas largas e pernas grandes: *As seriemas vivem, geralmente, em terrenos alagados.*

seringa se.**rin**.ga *substantivo feminino* Instrumento portátil, com uma agulha na ponta, usado para injetar medicamento, retirar sangue, etc.

seringueira se.rin.**guei**.ra *substantivo feminino* Árvore que produz um látex com o qual se fabrica a borracha.

seringueiro se.rin.**guei**.ro *substantivo masculino* Homem que extrai látex da seringueira.

sério sé.ri:o *adjetivo* **1.** Grave: *Em frente à farmácia, aconteceu uma séria batida de carros.* **2.** Que requer atenção; importante: *Na reunião, trataram de um assunto sério.* **3.** Honesto, honrado: *Como é um homem sério, todos confiam nele.* **4.** Sem achar graça, sem rir: *Quando o palhaço entrou, nenhum dos meninos ficou sério.*

sermão ser.**mão** *substantivo masculino* **1.** Fala de padre, pastor, etc.: *O sermão dominical foi sobre a caridade.* **2.** Censura, bronca: *Por ter voltado tarde da festa, levou um sermão do pai.* [Plural: *sermões*.]

serpente ser.**pen**.te *substantivo feminino* O mesmo que **cobra** (1).

serpentina ser.pen.**ti**.na *substantivo feminino* **1.** Rolo estreito de papel colorido que se desenrola ao ser arremessado, e que é usado no carnaval, em comemorações, etc. **2.** Tubo metálico, em espiral, no qual circula o líquido, ou o gás, a ser aquecido ou resfriado: *Este chuveiro tem uma serpentina.*

serra ser.ra *substantivo feminino* **1.** Lâmina com dentes que serve para cortar madeira, etc. **2.** Ferramenta, manual ou elétrica, dotada de serra (1). **3.** Cadeia de montanhas: *O rio São Francisco nasce em Minas Gerais na serra da Canastra.*

serragem ser.**ra**.gem *substantivo feminino* Pó, ou fragmento, de madeira. [Plural: *serragens*.]

serrar ser.**rar** *verbo* Cortar madeira, etc., com serra, serrote, etc.

serraria ser.ra.**ri**.a *substantivo feminino* Estabelecimento onde se corta madeira.

serrote ser.**ro**.te *substantivo masculino* Serra (1) manual presa a um cabo pelo qual é manejada.

sertanejo ser.ta.**ne**.jo (nê) *adjetivo* **1.** Do, ou relativo ao sertão. ✓ *substantivo masculino* **2.** Habitante do sertão.

sertão ser.**tão** *substantivo masculino* Região agreste do interior do país. [Plural: *sertões*.]

servente ser.**ven**.te *substantivo de dois gêneros* Operário que auxilia o pedreiro.

serviço ser.**vi**.ço *substantivo masculino* **1.** O mesmo que **trabalho** (3): *Meu pai sai do serviço às 17 horas.* **2.** Porcentagem em conta de bar, restaurante, etc., destinada às pessoas que lá trabalham. **3.** Setor da economia que reúne atividades como comércio, trans-

servir

porte, serviços financeiros, turismo, propaganda, etc. [Nesta acepção, mais usado no plural.]

servir ser.**vir** *verbo* **1.** Prestar serviço a: *Há muitos anos que este jardineiro serve aquela casa.* **2.** Oferecer comida ou bebida a: *A moça serviu bolo e refrigerante às visitas.* **3.** Pegar comida ou bebida para si: *Serviu-se de salada e de carne.* **4.** Ajustar-se (roupa ao corpo, sapato ao pé, etc.): *Como engordou, a calça de que mais gostava já não lhe servia.*

servo ser.vo (é) *substantivo masculino* O mesmo que *escravo*.

sessão ses.**são** *substantivo feminino* **1.** Cada uma das exibições de um filme, das apresentações de uma peça teatral, etc.: *Chegaram ao cinema quando a sessão já tinha começado.* **2.** Reunião de uma assembleia, etc.: *Na sessão de hoje os vereadores vão discutir projetos importantes para a cidade.* **3.** Tempo de duração de certos trabalhos: *A famosa modelo chegou atrasada para a sessão de fotos.* [Plural: *sessões.*]

sessenta ses.**sen**.ta *numeral* **1.** Quantidade que é uma unidade maior que 59. **2.** Número que representa essa quantidade.

sesta ses.ta (é) *substantivo feminino* Momento em que se descansa ou dorme depois do almoço.

seta se.ta *substantivo feminino* **1.** O mesmo que *flecha.* **2.** Pequeno farol de automóvel, que pisca para indicar a mudança de direção do veículo; pisca-pisca.

sete se.te *numeral* **1.** Quantidade que é uma unidade maior que seis. **2.** Algarismo que representa essa quantidade.

setecentos se.te.**cen**.tos *numeral* **1.** Quantidade que é uma unidade maior que 699. **2.** Número que representa essa quantidade.

setembro se.**tem**.bro *substantivo masculino* O nono mês do ano, com 30 dias.

setenta se.**ten**.ta *numeral* **1.** Quantidade que é uma unidade maior que 69. **2.** Número que representa essa quantidade.

sexta-feira

setentrional se.ten.tri.o.**nal** *adjetivo de dois gêneros* Situado no norte; boreal: *países setentrionais.* [Plural: *setentrionais.*]

sétimo **sé**.ti.mo *numeral* **1.** Ordinal correspondente ao número 7. **2.** A sétima parte de alguma coisa. ✓ *adjetivo* **3.** Que, numa sequência, ocupa o lugar do número 7: *Sábado é o sétimo dia da semana.* ✓ *substantivo masculino* **4.** O que ocupa a posição 7: *Foi o sétimo a entrar no banco.*

setor se.**tor** (ô) *substantivo masculino* **1.** Divisão de uma zona, seção, território, etc.: *Faltou luz no setor norte da cidade.* **2.** Ramo de atividade: *Neste país, a agricultura é o setor da economia que mais exporta.*

seu *pronome possessivo* **1.** Pertencente à(s), ou próprio da(s), ou sentido pela(s) pessoa(s) de quem se fala: *Diga para ele que já encomendei o seu livro* (o livro dele); *João é muito atencioso, o seu carinho me comove.* **2.** Pertencente à(s), ou próprio da(s), ou sentido pela(s) pessoa(s) com quem se fala: – *Onde você deixou o seu boné?;* – *O seu amor ao avô chama a atenção de todos.* [Feminino: *sua.*]

seu-vizinho seu-vi.**zi**.nho *substantivo masculino* Veja *anular¹.* [Plural: *seus-vizinhos.*]

severidade se.ve.ri.**da**.de *substantivo feminino* Qualidade de severo.

severo se.**ve**.ro *adjetivo* **1.** Que age com rigor: *Este chefe é muito severo.* **2.** Sério: *A moça andava rápido e tinha um ar severo.*

sexo se.xo (xo = cso) *substantivo masculino* **1.** O conjunto das características que, nos animais e nos vegetais, distinguem o macho da fêmea e lhes permite um papel complementar na reprodução. **2.** O conjunto dos homens (o sexo masculino) e o conjunto das mulheres (o sexo feminino). **3.** Os órgãos genitais.

sexta-feira sex.ta-**fei**.ra *substantivo feminino* O sexto dia da semana, começada no domingo. [Plural: *sextas-feiras.*]

sexto sex.to *numeral* **1.** Ordinal correspondente ao número 6. **2.** A sexta parte de alguma coisa. ✓ *adjetivo* **3.** Que, numa sequência, ocupa o lugar do número 6: *É o sexto filme a que assisto este mês.* ✓ *substantivo masculino* **4.** O que ocupa a posição 6: *Fui o sexto a comprar o ingresso para o filme.*

sexual se.xu.**al** (xual = csual) *adjetivo de dois gêneros* Do, ou relativo ao sexo: *os órgãos sexuais.* [Plural: *sexuais.*]

shopping (chópin) [Inglês] *substantivo masculino* O mesmo que *shopping center*.

shopping center (chópin cênter) [Inglês] *substantivo masculino* Conjunto de lojas, lanchonetes, restaurantes, cinemas, etc., reunidos num mesmo edifício ou numa mesma área. [Também se diz apenas *shopping*.]

short (chórt) [Inglês] *substantivo masculino* Calção esportivo masculino ou feminino.

show (chôu) [Inglês] *substantivo masculino* Espetáculo que um artista, como um cantor, uma cantora, um mágico, etc., apresenta ao público.

si¹ *substantivo masculino* Sétima nota musical.

si² *pronome pessoal* Forma que os pronomes *ele, ela, eles, elas* tomam antes de uma preposição, com exceção da preposição *com*: *A moça partiu o bolo e reservou o menor pedaço para si.*

siderurgia si.de.rur.**gi**.a *substantivo feminino* Ramo da metalurgia que fabrica ferro e aço.

sigla si.gla *substantivo feminino* Abreviatura formada pelas primeiras letras de um grupo de palavras: *A sigla ECT significa Empresa de Correios e Telégrafos.*

significado sig.ni.fi.**ca**.do *substantivo masculino* Aquilo que um nome, um símbolo, uma imagem, etc., significa: *Não sei qual é o significado desta palavra; – Você sabe me dizer qual é o significado desta placa de trânsito?*

significar sig.ni.fi.**car** *verbo* **1.** Ter o sentido de; querer dizer: *– O que significa este símbolo?* **2.** Expressar, exprimir: *Sabia agora que os ganidos do cão significavam o seu sofrimento.*

signo sig.no *substantivo masculino* **1.** Sinal, símbolo, indício: *Nuvem escura no céu é signo de chuva.* **2.** Cada uma das doze constelações do Zodíaco: Áries, Touro, Gêmeos, Câncer, Leão, Virgem, Libra, Escorpião, Sagitário, Capricórnio, Aquário e Peixes.

sílaba sí.la.ba *substantivo feminino* Cada um dos sons sem interrupção que formam uma palavra ou parte de uma palavra: *A palavra* mês (mês) *tem uma sílaba, a palavra* amor (a.mor) *tem duas e a palavra* cadeira (ca.dei.ra) *tem três.*

silêncio si.**lên**.ci:o *substantivo masculino* **1.** Estado de quem se cala: *Quando a professora entrou na sala, os alunos ficaram em silêncio.* **2.** Ausência de ruído, de barulho: *Sem os carros, a rua estava em silêncio.* ✓ *interjeição* **3.** Usada para mandar calar: *– Silêncio! Vocês estão atrapalhando os que querem assistir ao filme.*

silencioso si.len.ci.**o**.so (ô) *adjetivo* **1.** Em que não se ouve ruído, barulho: *Este é o quarto mais silencioso da casa.* **2.** Que fala pouco; calado: *– Que menino mais silencioso!* **3.** Que não faz barulho: *Uma das portas era silenciosa, mas a outra rangia.* [Plural: *silenciosos* (ó).]

silvestre sil.**ves**.tre *adjetivo de dois gêneros* **1.** Da, ou relativo à selva: *animais silvestres.* **2.** Que nasce sem necessidade de cultivo: *frutos silvestres.*

sim *advérbio* Palavra que exprime concordância ou afirmação: *– Sim, claro que você pode ir ao cinema; – Sim, fui eu que enviei as flores para ela.*

simbólico sim.**bó**.li.co *adjetivo* De, ou relativo a símbolo.

simbolizar sim.bo.li.**zar** *verbo* Ser o símbolo de; representar: *A pomba branca simboliza a paz.*

símbolo sím.bo.lo *substantivo masculino* Aquilo que representa, ou substitui, uma coisa: *A balança é o símbolo da justiça.*

similar si.mi.**lar** *adjetivo de dois gêneros* O mesmo que *semelhante* (1): *Como não encontrei o sabão que sempre compro, trouxe um produto similar.*

simpatia sim.pa.**ti**.a *substantivo feminino* **1.** Atração que uma pessoa, ideia ou coisa exerce sobre alguém: *Desde o primeiro encontro, foi mútua a simpatia entre as duas senhoras; A ideia de viajar neste feriado não me desperta nenhuma simpatia; Azul é a cor pela qual tenho mais simpatia.* **2.** Pessoa muito agradável: *A moça era uma simpatia, todos gostavam dela.*

simpático sim.**pá**.ti.co *adjetivo* Que inspira simpatia, ou a apresenta.

simpatizar sim.pa.ti.**zar** *verbo* Ter simpatia: *Não quis mudar de classe porque simpatizou com os colegas.*

simples sim.ples *adjetivo de dois gêneros* **1.** Que é modesto, humilde: *A secretária era uma moça simples e competente.* **2.** Sem luxo: *A cerimônia do casamento foi simples e bonita.* **3.** Que não é complicado: *A solução do exercício era bastante simples.*

simplicidade sim.pli.ci.**da**.de *substantivo feminino* Qualidade de simples.

simplificar sim.pli.fi.**car** *verbo* Tornar mais simples, mais fácil, menos complicado: *Alguns eletrodomésticos simplificam os trabalhos caseiros.*

simulação si.mu.la.**ção** *substantivo feminino* Ação de simular, ou o resultado desta ação. [Plural: *simulações*.]

simular si.mu.**lar** *verbo* O mesmo que *fingir*: *O jogador foi expulso após simular um pênalti.*

simultâneo si.mul.**tâ**.ne:o *adjetivo* Que ocorre ou é feito ao mesmo tempo que outra coisa: *O raio e a queda de energia foram simultâneos.*

sinagoga si.na.**go**.ga *substantivo feminino* Templo judaico.

sinal si.**nal** *substantivo masculino* **1.** Símbolo ou dizeres de orientação, advertência, etc., usados em vias públicas, aeroportos, etc.: *os sinais de trânsito.* **2.** O mesmo que *semáforo*: *Os motoristas e os pedestres devem respeitar o sinal vermelho.* **3.** Aceno, gesto: *Com a mão, fez um sinal para que a moça se aproximasse.* **4.** Indício, vestígio: *O mato amassado era sinal de que alguém passara por ali.* **5.** Pequena mancha da pele; pinta. **6.** Dinheiro que o comprador dá ao vendedor como garantia. **7.** Símbolo de uma operação matemática. [Plural: *sinais*.]

sinalização si.na.li.za.**ção** *substantivo feminino* **1.** Ação de sinalizar, ou o resultado desta ação. **2.** O conjunto dos sinais de trânsito de rua, estrada, etc. [Plural: *sinalizações*.]

sinalizar si.na.li.**zar** *verbo* **1.** Pôr sinalização em: *sinalizar uma avenida, uma rua, etc.* **2.** Comunicar-se por meio de sinais, como aceno, gesto, etc.

sinceridade sin.ce.ri.**da**.de *substantivo feminino* Qualidade de sincero.

sincero sin.**ce**.ro *adjetivo* **1.** Que não mente, que não engana: *É um rapaz sincero, simpático e divertido.* **2.** Verdadeiro, autêntico: *amizade sincera.*

sindicato sin.di.**ca**.to *substantivo masculino* Associação dos profissionais de uma mesma categoria, cujo objetivo é a defesa dos interesses dos seus membros: *sindicato dos metalúrgicos; sindicato dos professores; sindicato dos bancários.*

síndico sín.di.co *substantivo masculino* Em condomínios residenciais, pessoa escolhida pelos moradores para tratar dos interesses e da administração do imóvel.

sinfonia sin.fo.**ni**.a *substantivo feminino* **1.** Composição musical feita para uma grande orquestra: *A quinta sinfonia de Beethoven é muito famosa.* **2.** Conjunto variado e harmonioso: *Ao entardecer, o Sol produzia no céu uma sinfonia de cores.*

sinfônico sin.**fô**.ni.co *adjetivo* De, ou relativo a sinfonia.

singelo sin.**ge**.lo *adjetivo* Sem enfeites; simples: *Usava um vestido singelo.*

singular sin.gu.**lar** *adjetivo de dois gêneros* **1.** Que é único: *O rapaz tinha um modo singular de falar.* ✓ *substantivo masculino* **2.** O número (3) que indica somente um ser: *O singular de cães é cão, de anzóis é anzol e de anéis é anel.*

sinistro si.**nis**.tro *adjetivo* **1.** Que é mau, cruel: *Era um rapaz sinistro*. **2.** Que provoca medo, temor: *A atriz que representava a bruxa usava uma máscara sinistra*. ✓ *substantivo masculino* **3.** Desastre, acidente: *No sinistro, algumas pessoas ficaram feridas*.

sino si.no *substantivo masculino* Instrumento oco, sonoro, que pode ser tocado internamente por um badalo ou externamente por um martelo.

sinônimo si.**nô**.ni.mo *substantivo masculino* Palavra ou expressão que tem significado semelhante a outra palavra ou expressão: *Os verbos* exprimir *e* expressar *são sinônimos*.

síntese **sín**.te.se *substantivo feminino* **1.** Reunião de partes, ou de elementos, em um todo: *Este livro é uma síntese de vários artigos que a autora escreveu para jornais*. **2.** Resumo de um texto, de uma pesquisa, etc.: *Durante o jantar, meu pai fez para nós uma síntese do seu dia de trabalho*.

sintético sin.**té**.ti.co *adjetivo* **1.** De, ou relativo a síntese. **2.** O mesmo que **artificial**: *Esta roupa é feita com fibra sintética*.

sintetizar sin.te.ti.**zar** *verbo* Fazer a síntese ou o resumo de: *O morador sintetizou em poucas palavras os principais problemas do bairro*.

sintoma sin.**to**.ma *substantivo masculino* **1.** Alteração fisiológica que é sinal característico da manifestação de uma doença: *Foi ao médico pois tinha todos os sintomas de sarampo*. **2.** Sinal, indício: *Seu sorriso era um sintoma do seu bom humor*.

sintonia sin.to.**ni**.a *substantivo feminino* Estado de pessoas ou coisas que estão em harmonia: *Há sintonia entre este professor e a sua classe*.

sinuca si.**nu**.ca *substantivo feminino* Jogo com oito bolas de cores diferentes, ou numeradas de 1 a 7, e uma bola branca, que são impelidas por um taco de madeira, sobre uma mesa com seis buracos (as caçapas).

sinuoso si.nu.**o**.so (ô) *adjetivo* Que tem muitas curvas: *Os motoristas devem ter muita atenção nas estradas sinuosas*. [Plural: *sinuosos* (ó).]

sirene si.**re**.ne *substantivo feminino* Dispositivo sonoro usado para dar alarme ou, em ambulância, carro de bombeiro, carro de polícia, etc., para pedir passagem no trânsito.

siri si.**ri** *substantivo masculino* Crustáceo marinho comestível semelhante ao caranguejo.

sisal si.**sal** *substantivo masculino* Planta com longas folhas que fornece uma fibra com esse nome, usada na fabricação de cordas, esteiras, etc. [Plural: *sisais*.]

siso si.so *substantivo masculino* **1.** Veja *juízo* (3). **2.** O último dos dentes molares.

sistema sis.**te**.ma *substantivo masculino* **1.** Conjunto de elementos relacionados e que funcionam de forma coordenada: *o sistema de saúde*; *o sistema educacional*. **2.** Método, modo: *Minha mãe tem um sistema infalível para tirar manchas da roupa*. 🔊 **Sistema solar.** O Sol e o conjunto de planetas, satélites, asteroides, cometas, etc., que giram ao redor dele.

sisudo si.**su**.do *adjetivo* Muito severo: *É uma pessoa sisuda, não admite brincadeiras*.

🌐 **site** (sait) [Inglês] *substantivo masculino* Na Internet, página, ou conjunto de páginas, com informações diversas, que o usuário localiza por meio de um endereço eletrônico; sítio.

sítio **sí**.ti:o *substantivo masculino* **1.** O mesmo que *chácara*. **2.** Veja *site*.

situação si.tu:a.**ção** *substantivo feminino* **1.** Estado em que algo se encontra: *Apesar de velho, este carro está em ótima situação*. **2.** Condição econômica ou social: *Ao morrer,*

456

situar

deixou a família em péssima _situação_. **3.** O conjunto das forças políticas que se encontram no poder: _Numa democracia, a oposição quer sempre virar a situação_. [Plural: _situações_.]

situar si.tu.**ar** _verbo_ **1.** Pôr(-se) em determinado lugar ou posição: _No livro, o escritor situou a casa da protagonista na favela; Situo-me entre os que se preocupam em preservar a natureza_. **2.** Ficar ou estar: _A taxa de desemprego no país situa-se em torno de dez por cento_.

slogan (slôgan) [Inglês] _substantivo masculino_ Em campanhas publicitárias, políticas, etc., frase criativa e atraente, que se associa a produto, candidato, etc.

só _adjetivo de dois gêneros_ **1.** Sem companhia; solitário; sozinho: _Desde que o amigo partiu, vive só_. **2.** Desacompanhado; sozinho: _Na festa, alguns homens estavam com as esposas, mas outros estavam sós_. **3.** Único: _Um só cigarro é capaz de fazer muito mal_. ✓ _advérbio_ **4.** Apenas, somente: _Só não viajará nestas férias, porque está sem dinheiro_.

soalho so.**a**.lho _substantivo masculino_ O mesmo que _assoalho_: _A moça varreu o soalho e depois o encerou_.

soar so.**ar** _verbo_ **1.** Produzir som: _O sino da igreja soa às seis da tarde_. **2.** Ser pronunciado: _Na língua portuguesa o h inicial não soa_.

sob _preposição_ Debaixo de: _O cachorro estava sob a mesa_.

soberano so.be.**ra**.no _adjetivo_ **1.** Que tem poder para decidir por si mesmo: _Este país, como nação soberana, faz suas próprias leis_. ✓ _substantivo masculino_ **2.** Chefe de Estado numa monarquia; monarca, rei.

soberbo so.**ber**.bo (ê) _adjetivo_ **1.** Que é grandioso, belo, magnífico: _Do alto do morro a vista era soberba_. **2.** Arrogante, orgulhoso: _A moça era bonita, mas tinha um ar soberbo_.

sobra so.bra _substantivo feminino_ Aquilo que sobrou: _Com a sobra do pano do vestido, fez uma saia para a filha; Comeram à noite a sobra do almoço_. 🔊 **De sobra.** Em excesso: _Nestas férias, haverá diversão de sobra para a meninada_.

sobrado so.**bra**.do _substantivo masculino_ Casa de dois ou mais andares.

sobrenome

sobrancelha so.bran.**ce**.lha (ê) _substantivo feminino_ Conjunto de pelos que ficam em cima de cada um dos olhos.

sobrar so.**brar** _verbo_ **1.** Ficar, restar: _Com a madeira que sobrou do telhado, fez uma casinha para o cachorro_. **2.** Haver em excesso: _Meu pai diz que não descansa mais porque lhe falta tempo e lhe sobra trabalho_.

sobre so.bre (ô) _preposição_ **1.** Na parte superior de; em cima de: _Pôs o livro sobre a mesa_. **2.** Acima de: _A Lua brilhava sobre o jardim onde passeávamos_. **3.** Em contato com: _O rapaz trazia sobre a pele uma camisa de algodão_. **4.** Acerca de, a respeito de: _Escreveu uma obra sobre o Brasil_.

sobrecarga so.bre.**car**.ga _substantivo feminino_ Carga excessiva: _Trabalhou toda a noite, para dar conta da sobrecarga de trabalho_.

sobreloja so.bre.**lo**.ja _substantivo feminino_ Em edifício de muitos andares, pavimento que fica entre o solo, ou loja, e o primeiro andar: _Há muitos consultórios na sobreloja deste prédio_.

sobremesa so.bre.**me**.sa (mê) _substantivo feminino_ Doce, sorvete, fruta, etc., que se come ao final de uma refeição: _A sobremesa era morango e sorvete_.

sobrenatural so.bre.na.tu.**ral** _adjetivo de dois gêneros_ Que ultrapassa os limites da natureza ou daquilo que pode ser explicado pela ciência: _Há muitos filmes que abordam fenômenos sobrenaturais_. [Plural: _sobrenaturais_.]

sobrenome so.bre.**no**.me _substantivo masculino_ Nome de família de uma pessoa, que vem logo após o nome de batismo: *Meu nome é João e meu sobrenome é Santos Silva.*

sobressair so.bres.sa.**ir** *verbo* **1.** Ser, estar ou ficar saliente: *Esta montanha sobressai entre as outras.* **2.** Ser ou tornar-se mais destacado; distinguir-se: *Esta menina sobressai pela sua bondade; Sobressaiu-se entre os colegas, e ganhou o prêmio.*

sobressalente so.bres.sa.**len**.te *adjetivo de dois gêneros* Que se tem de reserva para substituir outro: *Todos os veículos levam um pneu sobressalente.*

sobretudo so.bre.**tu**.do *advérbio* Principalmente, especialmente: *Gosta de praticar esportes, sobretudo de jogar futebol.*

sobrevivência so.bre.vi.**vên**.ci:a *substantivo feminino* Qualidade ou estado de sobrevivente.

sobrevivente so.bre.vi.**ven**.te *adjetivo de dois gêneros* **1.** Que sobreviveu a alguém: *O esposo sobrevivente teve direito a metade da herança.* **2.** Que escapou da morte: *Foram poucas as pessoas sobreviventes ao desastre.* **3.** Que resta, que permanece: *Este é um livro sobrevivente do incêndio que destruiu a biblioteca.* ✓ *substantivo de dois gêneros* **4.** Pessoa ou coisa sobrevivente.

sobreviver so.bre.vi.**ver** *verbo* **1.** Morrer depois de alguém: *Para minha avó, os pais não deveriam sobreviver aos filhos.* **2.** Escapar da morte ou da destruição: *Ninguém sobreviveu à queda do avião.* **3.** Continuar a existir: *Morreu, mas a sua lembrança sobrevive na memória dos amigos.*

sobrevoar so.bre.vo.**ar** *verbo* Voar por cima de: *As aves sobrevoavam o lago em busca de alimento.*

sobrinha so.**bri**.nha *substantivo feminino* Filha do irmão ou da irmã.

sobrinho so.**bri**.nho *substantivo masculino* Filho do irmão ou da irmã.

socar so.**car** *verbo* **1.** Dar socos em: *Para se exercitar, o lutador socava o saco de areia.* **2.** Moer no pilão, etc.: *O lavrador socava o milho para fazer fubá.*

social so.ci.**al** *adjetivo de dois gêneros* **1.** Da, ou relativo à sociedade: *os fenômenos sociais; os problemas sociais.* **2.** Que vive em sociedade: *O homem é um ser social.* **3.** Que possibilita o encontro entre pessoas: *uma reunião social; um evento social.* [Plural: sociais.]

sociável so.ci.**á**.vel *adjetivo de dois gêneros* Que gosta da companhia de outras pessoas: *É uma menina sociável, tem muitas amigas.* [Plural: sociáveis.]

sociedade so.ci:e.**da**.de *substantivo feminino* **1.** O conjunto das pessoas que vivem em povoado, cidade, estado ou país: *a sociedade brasileira.* **2.** O conjunto das pessoas que vivem em certa faixa de tempo ou de espaço: *a sociedade moderna; a sociedade rural.* **3.** Grupo de pessoas que se reúnem com um objetivo comum: *uma sociedade literária.*

sócio só.ci:o *substantivo masculino* Cada um dos membros de uma sociedade (3), de uma associação, de um clube, etc.

soco so.co (sô) *substantivo masculino* Golpe com a mão fechada.

socorrer so.cor.**rer** *verbo* Prestar socorro, ajuda, auxílio, a: *Após o acidente, os bombeiros socorreram as vítimas.*

socorro so.**cor**.ro (côr) *substantivo masculino* **1.** Ajuda, auxílio: *Após ser mordido pelo cachorro bravo, o menino correu e pediu socorro.* **2.** Ajuda material ou financeira: *O socorro aos desabrigados não demorou a chegar.* **3.** O mesmo que **reboque** (2): *O socorro já rebocou o carro acidentado.* ✓ *interjeição* **4.** Indica um pedido de ajuda: *Socorro! Eu caí.* [Plural: socorros (cór).]

sofá so.**fá** *substantivo masculino* Móvel acolchoado, em geral com braços e encosto, para duas ou mais pessoas.

sofrer so.**frer** *verbo* **1.** Ser atormentado por dor física ou moral: *A moça sofria de constantes dores de cabeça; Sofria com a longa ausência do filho.*

sofrimento

2. Passar por; experimentar: *As hortaliças sofreram aumento de preço por causa da chuva.* **3.** Padecer de uma doença: *Meu avô sofre do coração.*

sofrimento so.fri.**men**.to *substantivo masculino* Ação de sofrer, ou o resultado desta ação.

🌐 **software** (sóf'tuér) [Inglês] *substantivo masculino* Qualquer programa utilizado em um computador.

sogra so.gra (ó) *substantivo feminino* Mãe do marido, em relação à mulher, ou mãe da mulher, em relação ao marido.

sogro so.gro (sô) *substantivo masculino* Pai do marido, em relação à mulher, ou pai da mulher, em relação ao marido.

soja so.ja *substantivo feminino* Tipo de feijão cultivado principalmente pelas sementes alimentícias das quais se extrai óleo, e com as quais se fabricam vários produtos, como leite de soja, carne de soja, etc.

sol[1] *substantivo masculino* **1.** Estrela em torno da qual giram a Terra e os outros planetas do sistema solar. [Com inicial maiúscula nesta acepção.] **2.** O calor do Sol: *Não foi brincar na rua porque o sol estava muito quente.* [Plural: *sóis*.]

sol[2] *substantivo masculino* Quinta nota musical. [Plural: *sóis*.]

sola so.la *substantivo feminino* **1.** Parte inferior do calçado, que se firma no chão. **2.** O mesmo que *planta* (2): *O menino correu tanto, que ficou com a sola do pé doendo.*

solar so.**lar** *adjetivo de dois gêneros* Do Sol, ou relativo a ele: *o sistema solar; o calor solar.*

solavanco so.la.**van**.co *substantivo masculino* Balanço forte e brusco: *Como a estrada estava esburacada, os carros seguiam aos solavancos.*

solda sol.da *substantivo feminino* Substância metálica que se funde para unir peças metálicas.

soldado sol.**da**.do *adjetivo* **1.** Que foi unido com solda. ✓ *substantivo masculino* **2.** Veja *hierarquia militar*. **3.** Qualquer militar.

solidificar

soldar sol.**dar** *verbo* Unir com solda.

soldo sol.do (sôl) *substantivo masculino* Salário de militar.

solene so.**le**.ne *adjetivo de dois gêneros* **1.** Que se faz com pompa, com formalidade: *Os cem anos do meu bisavô mereceram uma comemoração solene.* **2.** Que mostra seriedade: *O rapaz anunciou o noivado em tom solene.*

solenidade so.le.ni.**da**.de *substantivo feminino* Festividade ou ocasião solene (1): *Houve uma solenidade para a entrega dos prêmios aos vencedores do concurso.*

soletrar so.le.**trar** *verbo* Ler pronunciando cada letra ou cada sílaba: *O menino soletrou uma a uma as letras das palavras do cartaz.*

solicitação so.li.ci.ta.**ção** *substantivo feminino* Ação de solicitar, ou o resultado desta ação. [Plural: *solicitações*.]

solicitar so.li.ci.**tar** *verbo* Pedir, requerer: *Antes de se inscrever no curso, o rapaz solicitou algumas informações sobre ele.*

solidão so.li.**dão** *substantivo feminino* Estado de quem se encontra ou vive só. [Plural: *solidões*.]

solidariedade so.li.da.ri.e.**da**.de *substantivo feminino* Sentimento de quem é solidário: *O drama dos desabrigados despertou a solidariedade da população.*

solidário so.li.**dá**.ri.o *adjetivo* Que dá apoio ou está pronto a ajudar: *Durante a tragédia o povo se mostrou muito solidário.*

solidificação so.li.di.fi.ca.**ção** *substantivo feminino* **1.** Ação de solidificar(-se), ou o resultado desta ação. **2.** Passagem do estado líquido ao estado sólido: *O ponto de solidificação da água pura é zero grau Celsius.* [Plural: *solidificações*.]

solidificar so.li.di.fi.**car** *verbo* **1.** Tornar(-se) sólido; congelar(-se): *O frio solidificou a água do lago; Na*

sólido

superfície, a lava do vulcão _se solidificou_. **2.** Tornar mais forte: _O pai deu mais atenção ao filho e isto solidificou a amizade entre eles._

sólido só.li.do _adjetivo_ **1.** Que é resistente: _José, por ser grande e pesado, dorme numa cama sólida._ **2.** Que é firme, estável: _uma amizade sólida._ ✓ _substantivo masculino_ **3.** Um dos estados da matéria; as substâncias neste estado não tomam a forma do recipiente que as contém: _Pedra, prato e mesa são exemplos de sólidos._ **4.** Figura geométrica com três dimensões: _O cubo e a esfera são sólidos._

solitária so.li.tá.ri:a _substantivo feminino_ **1.** Verme alongado, parasita do intestino dos vertebrados. **2.** Numa prisão, cela de castigo em que se isola o preso.

solitário so.li.tá.ri:o _adjetivo_ **1.** Que vive só: _Antônio é um homem solitário, sem amigos._ **2.** Que é isolado, separado: _Morava numa casa solitária, longe da cidade._

solo¹ so.lo _substantivo masculino_ **1.** Porção sólida da superfície terrestre: _o solo onde ficam as florestas; o solo onde se constrói; o solo sob os oceanos._ **2.** Parte do solo (1) onde se planta: _O lavrador preparou o solo para o plantio do feijão._

solo² so.lo _substantivo masculino_ **1.** Trecho musical executado ou cantado por um único intérprete: _O solo do músico foi muito aplaudido._ ✓ _adjetivo_ **2.** Sozinho: _O cantor largou a banda e faz agora uma carreira solo._

soltar sol.tar _verbo_ **1.** Desprender, desatar: _Soltou os cabelos da filha para penteá-los._ **2.** Largar: _Ao atravessar a rua, a mãe não solta a mão do filho._ **3.** Libertar(-se): _Abriu a porta da gaiola e soltou o passarinho; João conseguiu soltar(-se) das cordas com que o haviam amarrado._ **4.** Deixar escapar dos lábios: _Pedro soltou um grito de dor ao pisar no prego._

solteiro sol.tei.ro _adjetivo_ **1.** Que ainda não se casou: _um rapaz solteiro; uma moça solteira._ ✓ _substantivo masculino_ **2.** Aquele que ainda não se casou.

sombra

solto sol.to (sôl) _adjetivo_ **1.** Que não gruda: _Minha mãe faz um arroz solto._ **2.** Que está livre, liberto: _É muito bom ver os pássaros soltos na mata._ **3.** Que não está atado, preso: _Esta moça gosta de usar o cabelo solto._

solução so.lu.**ção** _substantivo feminino_ **1.** Maneira de resolver uma dificuldade: _Para agradar a todos os meninos, a solução foi comprar um brinquedo para cada um._ **2.** Resposta, explicação: _A polícia ainda não tem solução para o misterioso roubo dos quadros._ **3.** Mistura homogênea: _uma solução de água e açúcar._ [Plural: _soluções._]

soluçar so.lu.**çar** _verbo_ Dar soluços: _Já não sabia o que fazer para o filho parar de soluçar._

solucionar so.lu.ci:o.**nar** _verbo_ Dar solução a; resolver: _Como solucionar o grave problema social dos meninos que vivem nas ruas?_

soluço so.**lu**.ço _substantivo masculino_ Parada inesperada e breve da respiração, que produz um som característico.

solúvel so.**lú**.vel _adjetivo de dois gêneros_ Que se pode dissolver: _café solúvel._ [Plural: _solúveis._]

som _substantivo masculino_ **1.** Forma de energia que se propaga no ar, água, etc., em forma de ondas, e que é captada pela audição: _Acordou com o som da campainha._ **2.** Palavra, fala: _Assistiu ao filme com toda a atenção, sem emitir nenhum som._ **3.** Estilo musical: _Meu pai não gosta deste tipo de som._ **4.** Equipamento para ouvir música: _Ganhou de Natal um som bonito e potente._ [Plural: _sons._]

soma so.ma _substantivo feminino_ **1.** O mesmo que _adição_ (2): _A soma de cinco mais seis e mais sete é igual a dezoito._ **2.** Quantidade, porção: _Prenderam a quadrilha que roubou uma grande soma de dinheiro do banco._

somar so.**mar** _verbo_ **1.** Fazer a soma de: _Antes de ir ao banco, somou os valores das contas de luz, gás e telefone._ **2.** Ter como soma, como resultado: _O valor das compras somou cem reais._

sombra som.bra _substantivo feminino_ **1.** Área escurecida que se forma quando um corpo opaco impede a passagem da luz: _– Vamos descansar na sombra daquela árvore._ **2.** Sinal, traço: _– Você quer ir comigo ao cinema? – Sem sombra de dúvida!_

sombrinha

sombrinha som.**bri**.nha *substantivo feminino* Guarda-chuva feminino.

sombrio som.**bri**:o *adjetivo* **1.** Em que há pouca luz: *As cavernas são lugares sombrios.* **2.** Que mostra preocupação; triste: *Tinha um ar sombrio por causa da doença do filho.*

somente so.**men**.te *advérbio* Apenas, só: *Este ônibus circula somente até a meia-noite.*

sonambulismo so.nam.bu.**lis**.mo *substantivo masculino* Doença em que a pessoa fala, se levanta e anda durante o sono.

sonâmbulo so.**nâm**.bu.lo *adjetivo* **1.** Que sofre de sonambulismo. ✓ *substantivo masculino* **2.** Pessoa que sofre de sonambulismo.

sonda son.da *substantivo feminino* **1.** Aparelho que serve para medir a profundidade de determinado trecho de mar, rio, etc. **2.** Aparelho de pesquisa que se introduz no subsolo. **3.** Tubo que se introduz em ducto do organismo para fazer diagnóstico, etc.

sondagem son.**da**.gem *substantivo feminino* Ação de sondar, ou o resultado desta ação. [Plural: *sondagens.*]

sondar son.**dar** *verbo* **1.** Examinar com sonda. **2.** Procurar saber: *Antes de aceitar o emprego, sondou a opinião dos pais.*

soneca so.**ne**.ca *substantivo feminino* Sono breve: *Aos domingos, meu tio gosta de uma boa soneca depois do almoço.*

sonhador so.nha.**dor** (dôr) *adjetivo* **1.** Que sonha. ✓ *substantivo masculino* **2.** Aquele que sonha.

sonhar so.**nhar** *verbo* **1.** Ter sonho(s): *Sonhou que estava numa fazenda.* **2.** Desejar muito: *Maria sonha em ter uma casa própria.*

sonho so.nho *substantivo masculino* **1.** Sequência de imagens, ideias, etc., que, involuntariamente, ocorrem a uma pessoa durante o sono. **2.** Desejo, aspiração: *Seu sonho é ser marinheiro.* **3.** Bolinho frito, feito com farinha, leite e ovos, geralmente recheado com creme.

soprar

sono so.no *substantivo masculino* Estado de uma pessoa, ou de um animal, que dorme; neste estado há suspensão de muitas atividades motoras, o corpo descansa: *João tem um sono profundo.*

sonolência so.no.**lên**.ci:a *substantivo feminino* Grande vontade de dormir; forte sono: *Como está adoentado, tem sonolência durante o dia.*

sonolento so.no.**len**.to *adjetivo* Que está com sonolência: *Como estava sonolento, foi cedo para a cama.*

sonoro so.**no**.ro *adjetivo* **1.** Que tem som forte, que se ouve bem: *Ao entrar no palco, o cantor recebeu uma saudação sonora.* **2.** Agradável, melodioso: *o canto sonoro dos pássaros.*

sonso son.so *adjetivo* Que é esperto, mas se finge de bobo.

sopa so.pa (ô) *substantivo feminino* Caldo com legumes, carne, etc., cortados em pequenos pedaços ou moídos: *Maria fez uma deliciosa sopa de cebola.*

sopé so.**pé** *substantivo masculino* A parte de um monte que fica mais próxima do plano: *Construiu uma cabana no sopé da montanha.*

soprar so.**prar** *verbo* **1.** Expulsar com força o ar pela boca: *Ana soprou e apagou as velas do seu bolo de aniversário.* **2.** Ventar: *Sopra uma brisa agradável em certas noites de verão.*

sopro

sopro so.pro (sô) *substantivo masculino* **1.** Ação de soprar, ou o resultado desta ação. **2.** O ar que se expulsa pela boca.

soro so.ro (sô) *substantivo masculino* **1.** Parte líquida do sangue. **2.** Medicamento feito a partir de soro (1) de animais. **3.** Líquido usado para alimentar, hidratar, etc., um doente. **4.** Líquido amarelado que se separa do leite coagulado.

sorrateiro sor.ra.**tei**.ro *adjetivo* Que faz as coisas às ocultas, disfarçadamente: *É um rapaz sorrateiro, pouco confiável.*

sorridente sor.ri.**den**.te *adjetivo de dois gêneros* Que sorri; risonho: *José chegou sorridente do passeio.*

sorrir sor.**rir** *verbo* Rir suavemente: *Sorriu ao ver o gato brincando com uma bola.*

sorriso sor.**ri**.so *substantivo masculino* **1.** Ação de sorrir. **2.** Forma que toma a boca, e também o rosto, da pessoa que sorri: *Rita tem um belo sorriso.*

sorte sor.te *substantivo feminino* **1.** Acontecimento feliz, favorável: *Teve muita sorte, caiu mas não se machucou.* **2.** Destino: *Nenhum ser humano sabe, com certeza, a sorte que o aguarda.* **3.** Espécie, tipo: *No jardim havia toda a sorte de flores.* **4.** Sorteio: *Na escola, os representantes de turma foram escolhidos na sorte.*

sortear sor.te.**ar** *verbo* Escolher números de loteria, etc., ou pessoa para ganhar prêmio, presente, etc., ao acaso, na sorte: *A professora sorteou alguns livros entre os alunos.*

sorteio sor.**tei**.o *substantivo masculino* Ação de sortear, ou o resultado desta ação: *Ivo ganhou uma camiseta no sorteio.*

suar

sortudo sor.**tu**.do *adjetivo* Que tem boa sorte, que obtém sempre coisas boas: *João é um rapaz sortudo.*

sorvete sor.**ve**.te (vê) *substantivo masculino* Iguaria doce, congelada e cremosa, que pode ter vários sabores, feita com leite, suco de frutas, etc.

sorveteiro sor.ve.**tei**.ro *substantivo masculino* Fabricante ou vendedor de sorvete.

sorveteria sor.ve.te.**ri**.a *substantivo feminino* Lugar onde se fabrica ou se vende sorvete.

sossegado sos.se.**ga**.do *adjetivo* **1.** Tranquilo, calmo: *É uma cidade pequena e sossegada.* **2.** Livre de preocupações: *Só ficou sossegada quando o filho voltou para casa.*

sossegar sos.se.**gar** *verbo* **1.** Estar ou ficar quieto: *O gatinho correu e pulou, e depois, cansado, sossegou.* **2.** Ficar livre de preocupações: *– Sossegue, sua doença não é grave.*

sossego sos.**se**.go (ê) *substantivo masculino* **1.** Ausência de agitação, de barulho; tranquilidade: *– Que sossego! Com certeza as crianças já foram dormir.* **2.** Tranquilidade, paz: *Só teve sossego quando pagou a última dívida.*

sótão só.tão *substantivo masculino* Numa casa, cômodo situado imediatamente sob o telhado: *No sótão da casa havia um baú cheio de brinquedos.* [Plural: *sótãos.*]

sotaque so.**ta**.que *substantivo masculino* Pronúncia característica de um indivíduo, de uma região.

soteropolitano so.te.ro.po.li.**ta**.no *adjetivo* e *substantivo masculino* O mesmo que **salvadorense**.

sozinho so.**zi**.nho *adjetivo* Sem nenhuma companhia: *Vai sozinho para a escola.*

🌐 **spray** (sprêi) [Inglês] *substantivo masculino* Aparelho que lança líquido, dispersando-o.

suado su.**a**.do *adjetivo* Coberto ou molhado de suor: *O sol forte deixou-o suado.*

suar su.**ar** *verbo* Verter suor pelos poros: *Muito suou para transportar a carga.*

suave | substantivo

suave su.**a**.ve *adjetivo de dois gêneros* **1.** Que é agradável aos ouvidos: *Tem uma voz suave.* **2.** Brando, fraco: *Esta flor tem um cheiro suave.* **3.** Sem sobressaltos: *O avião fez um pouso suave.*

suavidade su.a.vi.**da**.de *substantivo feminino* Qualidade de suave: *a suavidade de uma voz, de um perfume.*

subida su.**bi**.da *substantivo feminino* Terreno inclinado quando se sobe: *É uma rua de subida.*

subir su.**bir** *verbo* **1.** Mover-se para um lugar mais alto: *Todos os dias sobe o morro.* **2.** Estender-se para cima: *A trepadeira subia a cerca.* **3.** Pôr mais alto; erguer, levantar: *Subiu a bainha da calça.* **4.** Entrar em veículo, embarcação, etc.; tomar: *Subiu no trem.* **5.** Aumentar, encarecer: *Os preços subiram.* **6.** Elevar-se socialmente: *subir na vida.*

súbito **sú**.bi.to *adjetivo* Que chega ou surge de repente; repentino, inesperado: *Sua chegada foi um acontecimento súbito.* 🔊 **De súbito.** De maneira inesperada; subitamente: *A chuva começou de súbito.*

sublinhar su.bli.**nhar** *verbo* Traçar linha embaixo de palavra, frase, número, etc.; grifar: *Sublinhou o trecho mais importante do discurso.*

submarino sub.ma.**ri**.no *adjetivo* **1.** Que está ou existe no fundo do mar: *Este é um belo filme sobre a vida submarina.* ✔ *substantivo masculino* **2.** Embarcação que é capaz de se deslocar sob a água.

submergir sub.mer.**gir** *verbo* **1.** Cobrir de água; inundar: *A cheia do rio submergiu as casas.* **2.** Cobrir-se de água; inundar-se: *Com a enchente, as plantações submergiram.* **3.** Afundar na água: *O submarino submergiu.*

submerso sub.**mer**.so *adjetivo* Que submergiu: *Com a chuva, as margens do rio ficaram submersas.*

submeter sub.me.**ter** *verbo* **1.** Tirar a liberdade a; dominar: *A antiga Roma submeteu muitos povos.* **2.** Tornar-se dependente; render-se: *A população do reino submeteu-se aos invasores.* **3.** Tornar objeto de exame, de consideração: *Submeteu o seu trabalho ao professor.*

submissão sub.mis.**são** *substantivo feminino* Ação de submeter(-se), e o resultado desta ação. [Plural: *submissões.*]

submisso sub.**mis**.so *adjetivo* Que se submeteu; obediente, dócil: *O domador tornou as feras submissas.*

subornar su.bor.**nar** *verbo* Dar dinheiro ou outros valores para conseguir algo ilegal.

suborno su.**bor**.no (bôr) *substantivo masculino* **1.** Ação de subornar, ou o resultado desta ação: *Tentou o suborno da sentinela, mas não conseguiu.* **2.** Dinheiro ou valor com que se suborna: *O guarda negou-se a receber o suborno.*

subsistência sub.sis.**tên**.ci:a (sis) *substantivo feminino* **1.** Estado do que subsiste; permanência: *Os deputados votaram pela subsistência da medida.* **2.** Aquilo que é necessário à vida: *os meios de subsistência.*

subsistir sub.sis.**tir** (sis) *verbo* Continuar a existir: *Com a destruição da floresta, poucas espécies de animais subsistiram.*

subsolo sub.**so**.lo *substantivo masculino* **1.** Camada mais profunda do solo, que fica imediatamente abaixo da camada visível: *Encontraram petróleo no subsolo da fazenda.* **2.** A parte de um prédio que fica abaixo do nível do solo: *Há um salão no subsolo do meu prédio.*

substância subs.**tân**.ci:a *substantivo feminino* **1.** Qualquer espécie de matéria: *O ar atmosférico é uma substância gasosa.* **2.** A matéria-prima de algo: *A madeira é a principal substância do papel.*

substantivo subs.tan.**ti**.vo *substantivo masculino* **1.** Palavra que dá nome a pessoa, lugar ou coisa: *Na frase: Meus pais levaram o meu irmão e a mim para um passeio no campo, as palavras pais, irmão, passeio e campo são substantivos.* **2.** Palavra que dá nome a qualidade ou estado de algo ou alguém: *Na frase: A beleza da paisagem é visível, a palavra beleza é substantivo.*

463

substituição

substituição subs.ti.tu:i.**ção** *substantivo feminino* **1.** Ação de substituir, ou o resultado desta ação. **2.** Colocação de uma pessoa ou coisa no lugar de outra; troca: *No segundo tempo da partida, houve várias substituições de jogadores.* [Plural: *substituições*.]

substituir subs.ti.tu.**ir** *verbo* **1.** Pôr pessoa ou coisa em lugar de outra; trocar: *Substituíram o professor de Matemática; Substituí manteiga por margarina na receita do bolo.* **2.** Tomar o lugar de uma pessoa ou coisa: *Os seus avós substituíram seus pais falecidos; Uma praça substituiu o terreno baldio.*

subterrâneo sub.ter.**râ**.ne:o *adjetivo* Situado debaixo da terra ou do nível do chão: *Ali há uma garagem subterrânea; A maioria das plantas têm raízes subterrâneas.*

subtração sub.tra.**ção** *substantivo feminino* **1.** Ação de subtrair, ou o resultado desta ação. **2.** Operação de subtrair; diminuição. [Plural: *subtrações*.]

subtraendo sub.tra.**en**.do *substantivo masculino* Na subtração, número que se tira do outro: *Em 6 – 2 = 4, o subtraendo é 2.*

subtrair sub.tra.**ir** *verbo* **1.** Tirar ocultamente; furtar, roubar: *Subtraíram tudo o que eu tinha nos bolsos.* **2.** Tirar um número de outro, para achar a diferença (3): *Se subtrairmos 5 de 20, ficamos com 15.*

suburbano su.bur.**ba**.no *adjetivo* **1.** Do, ou relativo ao subúrbio. ✓ *substantivo masculino* **2.** Aquele que mora no subúrbio.

subúrbio su.**búr**.bi:o *substantivo masculino* Região de uma cidade localizada bem longe do seu centro.

sucata su.**ca**.ta *substantivo feminino* Peça de ferro ou qualquer outro objeto metálico posto de lado, mas que pode ser reaproveitado.

suceder su.ce.**der** *verbo* **1.** Dar-se (um fato); acontecer, ocorrer: *Contou à polícia como sucedeu o roubo.* **2.** Ser substituto ou sucessor de alguém: *O vice-pre-*

sudoeste

sidente sucede ao presidente quando este se ausenta. **3.** Acontecer sucessivamente.

sucessão su.ces.**são** *substantivo feminino* **1.** Ação de suceder(-se), ou o resultado desta ação: *A sucessão presidencial ocorreu em ambiente tranquilo.* **2.** Série de pessoas, de fatos ou de coisas que se sucedem sem interrupção: *Houve uma sucessão de visitas; Durante a tempestade houve uma sucessão de trovões.* [Plural: *sucessões*.]

sucesso su.**ces**.so *substantivo masculino* **1.** Acontecimento, ocorrência: *Contou os sucessos de sua viagem.* **2.** Bom resultado; êxito: *Teve sucesso na negociação.* **3.** Pessoa ou coisa vitoriosa: *O ator foi um sucesso; A apresentação foi um sucesso.*

sucessor su.ces.**sor** (ô) *substantivo masculino* **1.** Aquele que sucede a outra pessoa num cargo ou numa função. **2.** Aquele que herda um trono; herdeiro: *O sucessor do rei não tem idade para governar.*

suco **su**.co *substantivo masculino* **1.** Líquido contido em substâncias animais ou vegetais; sumo: *Fez uma sopa com o suco da carne; Gosto muito de suco de laranja.* **2.** Líquido segregado por glândula: *O suco gástrico participa da digestão dos alimentos.*

suculento su.cu.**len**.to *adjetivo* Que tem muito suco: *As plantas que armazenam muita água são chamadas plantas suculentas.*

sucuri su.cu.**ri** *substantivo feminino* Grande cobra das regiões tropicais que mata a presa comprimindo-as.

sudeste su.**des**.te *substantivo masculino* **1.** Ponto do horizonte situado entre o sul e o leste. **2.** Região situada a sudeste. ✓ *adjetivo de dois gêneros* **3.** Situado nessa região, ou procedente dela: *vento sudeste.*

súdito **sú**.di.to *substantivo masculino* Pessoa submetida à autoridade de rei, rainha, etc.; vassalo: *Os súditos pagavam tributos ao soberano.*

sudoeste su.do.**es**.te *substantivo masculino* **1.** Ponto do horizonte situado entre o sul e o oeste. **2.** Região situada a sudoeste. ✓ *adjetivo de dois gêneros* **3.** Situado nessa região, ou procedente dela: *vento sudoeste.*

suficiente su.fi.ci.**en**.te *adjetivo de dois gêneros* **1.** Que basta ou satisfaz: *Tem dinheiro suficiente para a viagem.* **2.** Em número considerável: *Havia gente suficiente para encher o salão.*

sufocar su.fo.**car** *verbo* **1.** Impedir a respiração a; asfixiar: *O criminoso quis sufocar o guarda, apertando-lhe a garganta.* **2.** Impedir a manifestação de algo: *Os soldados sufocaram a rebelião.* **3.** Causar ou sentir falta de ar: *O forte calor os sufocava*; *Sufocou-se no quarto abafado.*

sufoco su.**fo**.co (fô) *substantivo masculino* Ação de sufocar(-se), ou o resultado desta ação; dificuldade de respirar.

sugar su.**gar** *verbo* **1.** Fazer entrar na boca, chupando: *Os beija-flores sugam o néctar das flores.* **2.** Absorver, retirar, extraindo: *As raízes das plantas sugam e conduzem a água e os minerais do solo.*

sugerir su.ge.**rir** *verbo* Fazer uma ideia apresentar-se ao pensamento; propor: *O professor sugeriu que fizéssemos uma excursão*; *O médico sugeriu que eu ficasse em repouso.*

sugestão su.ges.**tão** *substantivo feminino* **1.** Ação de sugerir, ou o resultado desta ação: *A sugestão da viagem foi minha.* **2.** Aquilo que se sugere; conselho, ideia: *Tenho uma sugestão a fazer.* [Plural: *sugestões.*]

suicida su.i.**ci**.da *adjetivo de dois gêneros* **1.** Relativo a suicídio, ou que envolve suicídio. ✓ *substantivo de dois gêneros* **2.** Pessoa que cometeu suicídio.

suicidar-se su:i.ci.**dar**-se *verbo* Dar morte a si mesmo; matar-se.

suicídio su:i.**cí**.di:o *substantivo masculino* Ação de suicidar-se, ou o resultado desta ação.

suíno su.**í**.no *adjetivo* Relativo ao porco, ou próprio dele: *Esta linguiça é feita com carne suína.*

suíte su.**í**.te *substantivo feminino* Quarto com um banheiro anexo: *Ao chegar ao hotel, pedi uma suíte.*

sujar su.**jar** *verbo* Tornar(-se) sujo: *Sujou os sapatos pisando na lama*; *Sujou-se de tinta.*

sujeição su.jei.**ção** *substantivo feminino* Ação de sujeitar(-se), ou o resultado desta ação. [Plural: *sujeições.*]

sujeira su.**jei**.ra *substantivo feminino* **1.** Ação de sujar(-se), ou o resultado desta ação; imundície: *Há uma campanha contra a sujeira nas praias.* **2.** Aquilo que suja; mancha: *Este sabão tira a sujeira das roupas.*

sujeitar su.jei.**tar** *verbo* Tornar(-se) sujeito; render(-se): *Não tiveram opção senão sujeitar-se ao novo soberano.*

sujeito su.**jei**.to *adjetivo* **1.** Que se sujeitou; cativo, escravizado, súdito: *Foram vários os povos sujeitos ao exército romano.* **2.** Que se sujeita facilmente à vontade dos outros: *Fica sempre sujeito aos caprichos do irmão mais velho.* ✓ *substantivo masculino* **3.** Palavra ou grupo de palavras com que o verbo concorda: *Na frase "O animal uiva", o animal é o sujeito.* **4.** Pessoa indeterminada, cujo nome não se sabe ou não se diz: *Aí fora há um sujeito esperando por você.*

sujo su.jo *adjetivo* **1.** Que não é, ou não está limpo: *Ninguém deve sentar-se à mesa com as mãos sujas.* **2.** Vestido com roupas sujas: *Não vá para a escola sujo, mude a camisa.* **3.** Diz-se de água que não é potável: *Não beba esta água suja.*

sul *substantivo masculino* **1.** Ponto cardeal que se opõe diretamente ao norte, e que fica à direita do observador voltado para o leste. **2.** Região situada ao sul (1). ✓ *adjetivo de dois gêneros* **3.** Situado ao sul, ou dele precedente: *Está soprando um vento sul.* [Plural: *suis.*]

sul-americano sul-a.me.ri.**ca**.no *adjetivo* **1.** Da América do Sul. ✓ *substantivo masculino* **2.** Quem nasceu, ou vive, nesse continente. [Plural: *sul-americanos.*]

sulco **sul**.co *substantivo masculino* Canal na terra, feito pelo arado.

sul-mato-grossense sul-ma.to-gros.**sen**.se *adjetivo e substantivo de dois gêneros* O mesmo que *mato-grossense-do-sul*. [Plural: *sul-mato-grossenses.*]

sul-rio-grandense

sul-rio-grandense sul-ri:o-gran.**den**.se *adjetivo de dois gêneros* e *substantivo de dois gêneros* O mesmo que *rio-grandense-do-sul*. [Plural: *sul-rio-grandenses*.]

sumário su.**má**.ri:o *adjetivo* **1.** Resumido, breve: *Fez uma narração sumária da viagem*. ✓ *substantivo masculino* **2.** O mesmo que *resumo*: *o sumário de um livro*.

sumiço su.**mi**.ço *substantivo masculino* O mesmo que *desaparecimento*: *Não entendo o sumiço dos meus papéis*.

sumido su.**mi**.do *adjetivo* **1.** Que sumiu; desaparecido: *Depois de muitas buscas encontraram o menino sumido*. **2.** Que mal se ouve; fraco: *Ouviu a voz sumida do doente*.

sumir su.**mir** *verbo* **1.** Desaparecer da vista, ou da existência: *O avião sumiu nas nuvens*; *Os dinossauros sumiram da Terra*. **2.** Extinguir-se, consumir-se; acabar: *O fogo sumiu*; *Seu amor sumiu*. **3.** Esquecer em lugar que não lembra; perder: *Sumiram todos os cadernos*. **4.** Passar muito tempo sem aparecer: *Ele sumiu de minha casa*. **5.** Deixar de ser visto: *O Sol sumiu no horizonte*.

sumo su.mo *substantivo masculino* O mesmo que *suco* (1): *o sumo das frutas*.

suntuoso sun.tu.**o**.so (ô) *adjetivo* Em que há grande luxo: *Deu um banquete suntuoso*; *Mora numa casa suntuosa*. [Plural: *suntuosos* (ó).]

suor su.**or** (ó) *substantivo masculino* **1.** Ação de suar, ou o resultado desta ação: *O suor deixou sua camisa molhada*. **2.** Substância líquida segregada pelo corpo e eliminada através dos poros; transpiração: *Tinha o rosto molhado de suor*. **3.** Trabalho árduo: *Ganha a vida com o seu suor*.

supervisionar

superar su.pe.**rar** *verbo* **1.** Alcançar vitória sobre alguém; vencer: *Os nossos soldados superaram os inimigos*. **2.** Ser ou mostrar-se superior em talento, capacidade, etc.; exceder: *Este atleta superou todos os adversários*. **3.** Ir além de; exceder, ultrapassar: *Os meus gastos superaram os meus rendimentos*. **4.** Livrar-se de; vencer: *Conseguiu superar a crise*.

superficial su.per.fi.ci.**al** *adjetivo de dois gêneros* **1.** Que fica na superfície; pouco profundo: *Teve apenas ferimentos superficiais*. **2.** Que é vago, ligeiro, incerto: *Tenho uma lembrança superficial do acidente*. **3.** Sem seriedade: *No encontro, só falamos de coisas superficiais*. [Plural: *superficiais*.]

superfície su.per.**fí**.ci:e *substantivo feminino* **1.** A parte externa e visível de algo: *Os astronautas exploraram a superfície da Lua*. **2.** A parte mais rasa de uma extensão de águas: *A boia flutua na superfície das águas*.

super-herói su.per-he.**rói** *substantivo masculino* Personagem de filme, de história em quadrinhos, etc., que tem poderes sobrenaturais, e defende o bem. [Plural: *super-heróis*.]

superior su.pe.ri.**or** (ô) *adjetivo de dois gêneros* **1.** Que está mais acima, ou é mais elevado: *Os quartos ficam no andar superior da casa*. **2.** Que excede em grandeza, qualidade, mérito, etc.: *Teve uma nota superior à do irmão*; *Tem altura superior à das crianças de sua idade*.

supermercado su.per.mer.**ca**.do *substantivo masculino* Grande loja onde se vendem alimentos, bebidas, artigos de limpeza e outras mercadorias.

superstição su.pers.ti.**ção** *substantivo feminino* Crença em que certas ações ou certas coisas possam trazer sorte ou azar: *Achar que o número 13 dá azar é uma superstição*. [Plural: *superstições*.]

supersticioso su.pers.ti.ci.**o**.so (ô) *adjetivo* Que tem superstição. [Plural: *supersticiosos* (ó).]

supervisão su.per.vi.**são** *substantivo feminino* Ação de supervisionar, ou o resultado desta ação. [Plural: *supervisões*.]

supervisionar su.per.vi.si:o.**nar** *verbo* Examinar, verificando a execução e a exatidão de um trabalho: *Um arquiteto supervisiona a construção do edifício*.

supervisor

supervisor su.per.vi.**sor** (ô) *substantivo masculino* Aquele que supervisiona.

suplemento su.ple.**men**.to *substantivo masculino* Aquilo que supre, ou serve para suprir: *Os suplementos alimentares suprem a falta de certas substâncias nos alimentos, como, por exemplo, as vitaminas.*

súplica sú.pli.ca *substantivo feminino* Ação de suplicar, ou o resultado desta ação: *O rei atendeu às súplicas do povo.*

suplicar su.pli.**car** *verbo* Pedir com insistência e humildade; rogar: *Os prisioneiros suplicaram o perdão.*

supor su.**por** *verbo* **1.** Admitir algo sem ter certeza: *Não fui à escola porque supus que era feriado.* **2.** Achar-se, julgar-se, considerar-se: *O réu supunha-se inocente.*

suportar su.por.**tar** *verbo* **1.** Ter sobre si; aguentar: *Estas paredes suportam o andar de cima.* **2.** Resistir a; aguentar: *A represa não suportou a força das águas.* **3.** Tolerar, aturar: *Não suporto desaforos.* **4.** Sofrer com resignação, com paciência: *Suportou a doença por vários anos.* **5.** Admitir a presença ou a ação de; aceitar: *Não suporta pessoas desonestas.*

suporte su.**por**.te *substantivo masculino* **1.** O que suporta algo; escora, arrimo: *Os suportes da ponte ficaram abalados.* **2.** Aquilo que dá firmeza; reforço: *Estas pilastras são o suporte da parede.*

suposição su.po.si.**ção** *substantivo feminino* Ação de supor, ou o resultado desta ação; hipótese: *Sua suposição foi confirmada pelos fatos.* [Plural: *suposições*.]

supositório su.po.si.**tó**.ri.o *substantivo masculino* Medicamento sólido, em forma de cilindro, que se introduz no ânus.

supremo su.**pre**.mo *adjetivo* **1.** Que está acima de qualquer coisa: *O rei tem autoridade suprema para governar o país.* **2.** Muito grande; enorme: *Fez um supremo esforço para chegar ao topo da montanha.*

suprir su.**prir** *verbo* Preencher, prover; acudir: *Ele procura suprir todas as necessidades da família.*

surdo sur.do *adjetivo* **1.** Que não ouve, ou que ouve mal: *A criança nasceu surda, e por isto não aprendeu a falar.* ✓ *substantivo masculino* **2.** Quem não ouve, ou quem ouve mal.

surfar sur.**far** *verbo* Praticar o surfe.

surfe sur.fe *substantivo masculino* Esporte que consiste em deslizar sobre as ondas numa prancha.

surfista sur.**fis**.ta *substantivo de dois gêneros* Aquele que pratica o surfe.

surgimento sur.gi.**men**.to *substantivo masculino* Ação de surgir, ou o resultado desta ação; aparecimento.

surgir sur.**gir** *verbo* **1.** Erguer-se, levantar-se, elevar-se: *As montanhas surgem no horizonte.* **2.** Tornar-se visível; aparecer, despontar: *O Sol surgiu entre as nuvens.* **3.** Aparecer de repente; irromper: *Um avião surgiu das nuvens.* **4.** Tornar-se realidade; passar a existir: *Brasília surgiu no Planalto Central.* **5.** Vir, ocorrer: *Surgiu-lhe uma nova ideia.* **6.** Vir do fundo; emergir: *As lavas surgem da cratera do vulcão; Um golfinho surgiu do mar.*

surpreendente sur.pre.en.**den**.te *adjetivo de dois gêneros* **1.** Que causa surpresa; inesperado: *A experiência teve um resultado surpreendente.* **2.** Que causa grande admiração; magnífico, espantoso: *Apesar de jovem, teve uma surpreendente atuação na peça.*

surpreender sur.pre.en.**der** *verbo* **1.** Apanhar, pegar de surpresa: *Conseguiu surpreender o ladrão e entregou-o à polícia.* **2.** Aparecer de repente diante de alguém: *Surpreenderam o inimigo e tiveram uma fácil vitória.* **3.** Causar ou ter surpresa, espanto; admirar ou admirar-se: *Disse que nada o surpreende nos tempos atuais; Surpreende-se com o comportamento estranho do filho.*

surpresa sur.**pre**.sa (ê) *substantivo feminino* **1.** Ação de surpreender(-se), ou o resultado desta ação: *Quando o viu chegar, não demonstrou surpresa.* **2.** Fato ou coisa que surpreende: *A surpresa deixou-o emocionado.*

surpreso sur.**pre**.so (ê) *adjetivo* **1.** Que se surpreende; admirado, surpreendido: *O bom comportamento das crianças deixou-o surpreso.* **2.** Tomado de espanto; perplexo: *Ficou surpreso com a agressão gratuita.*

surra sur.ra *substantivo feminino* Ação de surrar, ou o resultado desta ação; espancamento: *Foi à polícia para dar queixa da surra.*

surrar sur.rar *verbo* **1.** Maltratar com pancadas; espancar. **2.** Usar uma roupa até deixá-la gasta: *O casaco já se surrou, de tanto que é usado.*

sururu su.ru.ru *substantivo masculino* Molusco muito usado na alimentação das populações do litoral.

🌐 **sushi** (suchi) [Japonês] *substantivo masculino* Prato (2) que é um bolinho de arroz envolvido em folha de alga e servido com fatias de peixe cru.

suspeita sus.pei.ta *substantivo feminino* **1.** Ação de suspeitar, ou o resultado desta ação: *A suspeita levou-o a investigar o crime.* **2.** Opinião não provada; desconfiança: *Há uma suspeita de que ele é o culpado.*

suspeitar sus.pei.tar *verbo* **1.** Supor ou admitir algo que não pode provar; desconfiar: *Suspeitou que os vizinhos tinham colhido as suas laranjas.* **2.** Ter ou admitir como hipótese: *Pelas escavações, os arqueólogos suspeitaram a existência de uma antiga civilização.*

suspeito sus.pei.to *adjetivo* **1.** Que desperta suspeita: *As pessoas suspeitas estão sendo vigiadas.* ✔ *substantivo masculino* **2.** Indivíduo suspeito: *Os suspeitos serão interrogados.*

suspender sus.pen.der *verbo* **1.** Prender no alto; pendurar: *Os macacos se suspendem pela cauda.* **2.** Colocar em posição alta; levantar, erguer: *Suspendeu a lanterna para iluminar melhor o caminho.* **3.** Puxar para cima: *Suspendeu a cortina.* **4.** Interromper, temporariamente ou não: *Suspendeu as obras.* **5.** Impedir, por algum tempo, de frequentar um lugar: *O técnico suspendeu o jogador por uma semana.* **6.** Não realizar (o que se planejou); cancelar: *Suspendeu a viagem.*

suspensão sus.pen.são *substantivo feminino* **1.** Ação de suspender, ou o resultado desta ação: *A suspensão das aulas deve-se à epidemia de gripe.* **2.** Interrupção temporária de uma atividade: *Houve suspensão do jogo por causa do mau tempo.* [Plural: *suspensões*.]

suspirar sus.pi.rar *verbo* Dar suspiros: *Suspirou de tristeza.*

suspiro sus.pi.ro *substantivo masculino* **1.** Respiração longa e profunda: *Deu um suspiro de alívio quando entrou em casa.* **2.** Doce feito com clara de ovo e açúcar.

sussurrar sus.sur.rar *verbo* **1.** Dizer em voz baixa; dar sussurro ou murmúrio: *Sussurrou o pedido em meu ouvido.* **2.** Fazer ruído como o de um sussurro: *As folhas sussurravam ao vento.*

sussurro sus.sur.ro *substantivo masculino* **1.** O ruído das vozes de pessoas que falam baixo: *Ouvia-se na igreja o sussurro das pessoas que oravam.* **2.** O zumbido de certos insetos: *No jardim há um sussurro das abelhas que voam de flor em flor.*

sustentação sus.ten.ta.ção *substantivo feminino* Ação de sustentar(-se), ou o resultado desta ação. [Plural: *sustentações*.]

sustentar sus.ten.tar *verbo* **1.** Suportar, segurando ou aguentando para que não caia: *As paredes sustentam o teto.* **2.** Dar alimentação ou recebê-la; alimentar(-se): *Sustentou o filho amamentando-o*; *Sustentou-se com um bom lanche, antes de viajar.* **3.** Ajudar a manter-se de pé: *A enfermeira sustentava-o para andar.* **4.** Manter-se no ar, sem cair: *As aves se sustentam batendo as asas.*

sustento sus.ten.to *substantivo masculino* Ação de manter(-se), de alimentar(-se), etc., ou o resultado desta ação: *O sustento da família é sua preocupação*; *Já trabalha para o seu próprio sustento.*

susto sus.to *substantivo masculino* **1.** Medo repentino e inesperado; sobressalto: *Quando se viu sozinho na mata, teve um susto.* **2.** Temor provocado por notícia ou fato imprevisto ou visão terrível: *Deu um grito de susto.*

sutiã su.ti.ã *substantivo masculino* Roupa íntima para sustentar ou modelar os seios.

sutil su.til *adjetivo de dois gêneros* Difícil de perceber: *Existe uma diferença sutil entre ver e olhar*; *O cão percebe os ruídos mais sutis.* [Plural: *sutis*.]

sutileza su.ti.le.za (ê) *substantivo feminino* Qualidade de sutil.

trompete

t (tê) *substantivo masculino* A vigésima letra do nosso alfabeto.

t Símbolo de *tonelada*.

taba ta.ba *substantivo feminino* Aldeia de indígenas.

tabaco ta.**ba**.co *substantivo masculino* **1.** Grande erva de folhas amplas que, depois de secas, são usadas na fabricação de cigarros, etc.; fumo. **2.** Tabaco (1) para fumar; fumo.

tabefe ta.**be**.fe *substantivo masculino* Veja *tapa* (1).

tabela ta.**be**.la *substantivo feminino* **1.** Quadro com informações ordenadas e curtas sobre certos dados: *tabela de preços*; *tabela de endereços*. **2.** Relação dos jogos de um campeonato ou torneio, com as respectivas datas. **3.** Suporte retangular da cesta, no basquetebol.

tablado ta.**bla**.do *substantivo masculino* **1.** Armação de tábuas construída acima do chão para representações teatrais, eventos, etc. **2.** Estrado (1).

tábua tá.bu:a *substantivo feminino* Peça de madeira, plana e pouco espessa.

tabuada ta.bu.**a**.da *substantivo feminino* Tabela usada no aprendizado das quatro operações elementares: adição, subtração, multiplicação e divisão.

tabuleiro ta.bu.**lei**.ro *substantivo masculino* **1.** Bandeja grande. **2.** Bandeja de metal usada para ir ao forno. **3.** Quadro, geralmente de madeira, dividido em 64 quadrados, alternadamente pretos e brancos, usado em jogos, como o xadrez, as damas, etc.

tabuleta ta.bu.**le**.ta (ê) *substantivo feminino* Tábua ou placa com aviso, indicações, etc.: *A tabuleta mostrava os pratos do dia*.

taça ta.ça *substantivo feminino* **1.** Copo, geralmente raso e com pé. **2.** Troféu concedido a vencedores de competição esportiva: *A seleção brasileira conquistou a taça*.

tacada ta.**ca**.da *substantivo feminino* Pancada ou golpe com taco (1 e 2).

tacape ta.**ca**.pe *substantivo masculino* Espécie de clava usada pelos indígenas.

tacha ta.cha *substantivo feminino* Espécie de prego de cabeça larga e chata.

tacho ta.cho *substantivo masculino* Vaso de metal ou de barro, largo e pouco fundo, geralmente com asas.

taco ta.co *substantivo masculino* **1.** Longa haste de madeira com que se joga sinuca, etc. **2.** Bastão longo com a ponta reforçada com que se toca a bola, no golfe, etc. **3.** Pedaço de madeira para revestir pisos.

tagarela ta.ga.**re**.la *adjetivo de dois gêneros* **1.** Que fala muito. *substantivo de dois gêneros* **2.** Pessoa que tagarela.

tagarelar ta.ga.re.**lar** *verbo* Falar muito.

tainha ta.**i**.nha (a-í) *substantivo feminino* Nome comum a vários peixes marinhos de carne apreciada.

taipa tai.pa *substantivo feminino* Parede feita de barro ou de cal e areia com estacas e ripas.

tal · também

tal *pronome demonstrativo* **1.** Semelhante, análogo; tão grande: *Tal amor não se encontra sempre.* **2.** Este, esse, aquele: *Tal resposta desagradou a todos.* **3.** Isto, isso, aquilo: *Não me diga tal.* ✓ *substantivo de dois gêneros* **4.** Pessoa que tem ou julga ter valor excepcional: *Só porque fala inglês, pensa que é a tal.* [Plural: *tais*.] 🔊 **Tal e qual** ou **tal qual. 1.** Exatamente o mesmo: *Copiou a roupa tal e qual.* **2.** Do mesmo modo, assim como: *voar tal qual os pássaros.*

talão ta.**lão** *substantivo masculino* Bloco de folhas com uma parte que se pode destacar: *talão de cheques*. [Plural: *talões*.]

talco **tal**.co *substantivo masculino* Pó branco muito fino que se usa sobre a pele com fins medicinais ou higiênicos.

talento ta.**len**.to *substantivo masculino* **1.** Qualidade especial que permite a uma pessoa ter êxito numa atividade ou numa arte. **2.** Inteligência excepcional.

talentoso ta.len.**to**.so (tô) *adjetivo* Que tem talento (2); muito inteligente. [Plural: *talentosos* (tó).]

talharim ta.lha.**rim** *substantivo masculino* Massa alimentícia em forma de tiras. [Plural: *talharins*.]

talher ta.**lher** *substantivo masculino* Designação comum às colheres, garfos e facas usados às refeições.

talismã ta.lis.**mã** *substantivo masculino* Objeto a que se atribuem poderes mágicos.

talo **ta**.lo *substantivo masculino* Haste que prende as flores, as folhas e os frutos a ramo ou caule: *o talo da couve*.

talvez tal.**vez** (ê) *advérbio* Indica possibilidade ou dúvida; acaso: *Minha irmã talvez não vá ao casamento da prima*.

tamanco ta.**man**.co *substantivo masculino* Calçado cuja sola é de madeira.

tamanduá ta.man.du.**á** *substantivo masculino* Animal mamífero arborícola desdentado, de focinho longo e em forma de tubo, língua comprida e pegajosa, e grandes garras anteriores; alimenta-se sobretudo de cupins.

tamanduá-bandeira ta.man.du.á-ban.**dei**.ra *substantivo masculino* Animal mamífero desdentado, maior que o tamanduá, de cauda longa e muito peluda. [Plural: *tamanduás-bandeiras* e *tamanduás-bandeira*.]

tamanho ta.**ma**.nho *adjetivo* **1.** Tão grande, ou tão notável, etc.: *Tamanha coragem num ser tão pequeno é rara de ver.* ✓ *substantivo masculino* **2.** O mesmo que **altura** (2): *João tem quase o mesmo tamanho do irmão.* **3.** Dimensão, volume: *Os pacotes eram de tamanhos diferentes.*

tâmara **tâ**.ma.ra *substantivo feminino* O fruto suculento, e que pode ser comido seco, da tamareira.

tamareira ta.ma.**rei**.ra *substantivo feminino* Palmeira muito comum nos oásis africanos e que dá tâmaras.

tamarindo ta.ma.**rin**.do *substantivo masculino* **1.** Árvore de frutos ácidos, muito usados em balas e refrescos. **2.** O seu fruto.

tambaqui tam.ba.**qui** *substantivo masculino* Peixe de carne muito apreciada, encontrado no rio Amazonas e em seus afluentes; pode chegar a quase um metro de comprimento.

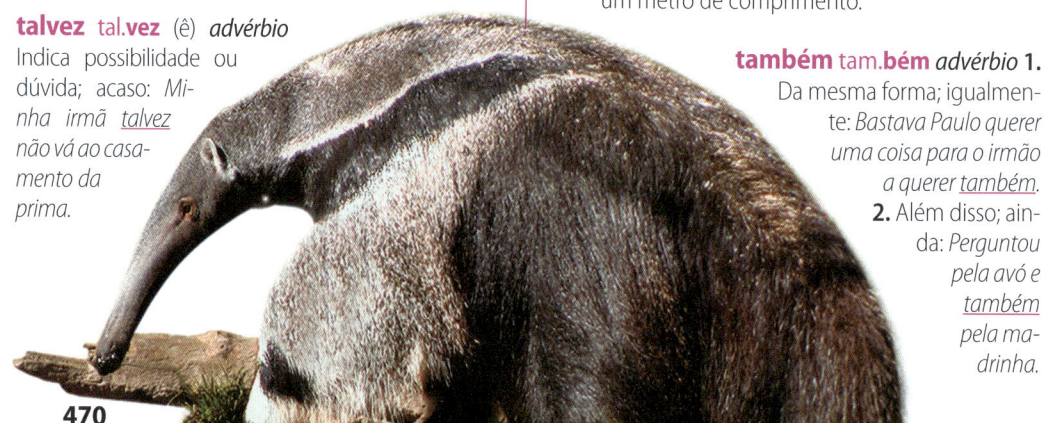

também tam.**bém** *advérbio* **1.** Da mesma forma; igualmente: *Bastava Paulo querer uma coisa para o irmão a querer também.* **2.** Além disso; ainda: *Perguntou pela avó e também pela madrinha.*

tambor tam.**bor** (ô) *substantivo masculino* Instrumento musical, geralmente de forma cilíndrica, com uma ou duas membranas esticadas, que soam quando tocadas com a mão ou com uma baqueta.

tamborim tam.bo.**rim** *substantivo masculino* Tambor pequeno. [Plural: *tamborins*.]

tampa tam.pa *substantivo feminino* Peça móvel para cobrir ou tapar algum objeto; tampo: *Levantou a tampa do baú para procurar o lenço de seda.*

tampar tam.**par** *verbo* Pôr tampa ou tampo em; tapar: *Tampei a panela para o arroz cozinhar mais depressa.*

tampo tam.po *substantivo masculino* **1.** Peça plana que constitui a parte de cima de uma mesa. **2.** O mesmo que *tampa*.

tanajura ta.na.**ju**.ra *substantivo feminino* Fêmea de formigas aladas de diversas espécies de saúva.

tanga tan.ga *substantivo feminino* **1.** Pequena peça de tecido usada em regiões quentes, e que cobre o ventre. **2.** A peça de baixo do biquíni.

tangerina tan.ge.**ri**.na *substantivo feminino* O fruto cítrico da tangerineira; mexerica.

tangerineira tan.ge.ri.**nei**.ra *substantivo feminino* Árvore de até 3m de altura, originária da China, que dá tangerinas.

tanque[1] tan.que *substantivo masculino* **1.** Reservatório para conter água ou qualquer outro líquido: *Meu pai parou num posto e mandou encher o tanque de gasolina.* **2.** Tanque (1) pequeno, e pouco profundo, para lavar roupa.

tanque[2] tan.que *substantivo masculino* Carro de guerra muito resistente, capaz de percorrer terrenos acidentados.

tanto tan.to *pronome indefinido* **1.** Tão grande ou tão numeroso: *Nunca vi uma criança chorar tantas lágrimas...* ✓ *substantivo masculino* **2.** Porção ou quantia indeterminada: *Pediu tanto pelo relógio.* **3.** Volume, tamanho, extensão (iguais aos de outro). **4.** Igual quantidade. ✓ *advérbio* **5.** Em tão alto grau, ou em tal quantidade. **6.** De tal maneira.

tão *advérbio* **1.** De tal modo: *Ana cantou tão bonito, que foi elogiada por todos.* **2.** Numa comparação, indica que tem o mesmo grau: *Maria é tão estudiosa como (ou quanto) a irmã.*

tapa ta.pa *substantivo masculino e feminino* **1.** Pancada com a mão aberta, em qualquer parte do corpo; tabefe. **2.** Bofetada.

tapar ta.**par** *verbo* **1.** Tampar, vedar: *tapar a panela.* **2.** Cobrir: *Tapou a piscina para evitar a proliferação de mosquitos.* **3.** Encher (orifício) para fazê-lo desaparecer: *Os moradores da vizinhança taparam os buracos da estrada.* **4.** Vendar: *tapar os olhos.*

tapete ta.**pe**.te (pê) *substantivo masculino* Peça, geralmente de tecido, usada para revestir e/ou enfeitar pisos, paredes, etc.

tapioca ta.pi.o.ca *substantivo feminino* Fécula extraída da raiz da mandioca.

tapume ta.**pu**.me *substantivo masculino* Vedação provisória geralmente feita de madeira.

taquara ta.**qua**.ra *substantivo feminino* O mesmo que *bambu*.

tarde tar.de *advérbio* **1.** Após o tempo próprio, conveniente ou ajustado: *O arrependimento veio tarde.* **2.** Em hora adiantada do dia ou da noite: *acordar tarde; dormir tarde.* ✓ *substantivo feminino* **3.** Tempo entre o meio-dia e a noite.

tardio

tardio tar.**di**:o *adjetivo* Que acontece tarde, depois do tempo esperado: *ajuda tardia*.

tarefa ta.**re**.fa *substantivo feminino* **1.** Trabalho que se deve fazer em determinado prazo. **2.** Qualquer trabalho: *É inacreditável o número de tarefas que minha mãe executa diariamente em nossa casa*.

tartaruga tar.ta.**ru**.ga *substantivo feminino* Nome comum a vários répteis aquáticos que desovam em terra; não têm dentes e seu corpo é protegido por uma carapaça.

tatarana ta.ta.**ra**.na ou **taturana** ta.tu.**ra**.na *substantivo feminino* Nome comum a várias lagartas que queimam a pele de quem a toca; bicho-cabeludo.

tataraneto ta.ta.ra.**ne**.to *substantivo masculino* Filho de bisneto ou de bisneta.

tataravó ta.ta.ra.**vó** *substantivo feminino* Mãe de bisavô ou de bisavó.

tataravô ta.ta.ra.**vô** *substantivo masculino* Pai de bisavô ou de bisavó.

tato ta.to *substantivo masculino* **1.** O sentido pelo qual se percebem as sensações de calor, de dor, etc. **2.** Habilidade para resolver uma situação delicada: *Minha mãe tem muito tato para resolver os problemas em nossa família*.

tatu ta.**tu** *substantivo masculino* Nome comum a mamíferos desdentados, com o corpo coberto de placas móveis.

tatuagem ta.tu.**a**.gem *substantivo feminino* **1.** Processo de introduzir sob a epiderme substâncias corantes para fazer na pele desenhos e pinturas. **2.** Desenho ou pintura feitos desse modo. [Plural: *tatuagens*.]

tatuar ta.tu.**ar** *verbo* **1.** Fazer tatuagem (2) em (o corpo ou parte dele). **2.** Fazer tatuagem em si mesmo, ou permitir que alguém a faça: *Tatuou-se com o nome da namorada*.

tatu-bola ta.tu-**bo**.la *substantivo masculino* Tatu que, quando atacado, se enrola em forma de bola. [Plural: *tatus-bolas* e *tatus-bola*.]

taxa ta.xa *substantivo feminino* **1.** Imposto, tributo. **2.** Tributo que corresponde a um serviço prestado ao contribuinte (como o da coleta de lixo). **3.** Relação de quantidade expressa em percentagem: *A taxa de analfabetos no Brasil ainda é grande*.

táxi tá.xi (xi = csi) *substantivo masculino* Automóvel dirigido por um motorista que é pago de acordo com a distância percorrida.

tchau *interjeição* Até logo.

te *pronome pessoal* Forma átona do pronome *tu*: – *Já te devolvi a caneta que você me emprestou?*; *João preferiu obedecer-te em todos os pontos*.

tear te.**ar** *substantivo masculino* Máquina usada para tecer.

teatral te.a.**tral** *adjetivo de dois gêneros* **1.** Relativo ao teatro, ou próprio dele. **2.** Que visa a produzir efeito sobre o espectador: *A criança surpreendeu os pais com um gesto teatral*. [Plural: *teatrais*.]

teatro te.**a**.tro *substantivo masculino* **1.** Construção onde se representam dramas, comédias, óperas, etc. **2.** A arte de representar: *Minha prima fez um curso de teatro antes de iniciar-se na profissão de atriz*. **3.** Coleção das obras dramáticas de um autor, época ou nação: *o teatro de Nélson Rodrigues*.

tecelão te.ce.**lão** *substantivo masculino* Pessoa que tece ou trabalha em teares. [Plural: *tecelões*. Feminino: *tecelã* e *teceloa*.]

tecer te.**cer** *verbo* **1.** Ligar fios para fazer um tecido: *tecer a lã, o linho, etc*. **2.** Fazer (trama ou tecido) com

tecido

fios ou outras fibras: *tecer um cesto, um tapete, etc.* **3.** Criar, fazer: *tecer elogios.* **4.** Exercer o ofício de tecelão.

tecido te.**ci**.do *substantivo masculino* **1.** Produto que se teceu (como fazendas, malhas, tapetes, etc.). **2.** Conjunto de células do organismo que executam a mesma função: *tecido ósseo.*

tecla te.**cla** *substantivo feminino* Peça que, pressionada pelo(s) dedo(s), aciona mecanismo de piano, computador, calculadora, etc.

teclado te.**cla**.do *substantivo masculino* Conjunto de teclas.

teclar te.**clar** *verbo* **1.** Bater nas ou pressionar as teclas (de). **2.** Comunicar-se, por texto, via telefone celular ou Internet.

técnica téc.**ni**.ca *substantivo feminino* **1.** O conjunto dos métodos e processos empregados numa arte ou ciência: *técnica musical; técnica de ensino.* **2.** Veja *processo* (2).

técnico téc.**ni**.co *adjetivo* **1.** Que diz respeito a uma arte, um ofício, uma ciência, etc. ✅ *substantivo masculino* **2.** Pessoa que conhece bem uma determinada técnica.

tecnologia tec.no.lo.**gi**.a *substantivo feminino* Conjunto de conhecimentos, especialmente de princípios científicos, que se aplicam a um determinado ramo de atividade.

tecnológico tec.no.**ló**.gi.co *adjetivo* Relativo à tecnologia: *desenvolvimento tecnológico.*

tédio té.di:o *substantivo masculino* Sensação de aborrecimento.

teia tei.a *substantivo feminino* Rede de fios finíssimos feita por muitas espécies de aranha para apanhar insetos.

teimar tei.**mar** *verbo* **1.** Insistir em alguma coisa: *Há crianças que teimam em não dormir cedo.* **2.** Negar-se a obedecer.

teimosia tei.mo.**si**.a *substantivo feminino* Ação de teimar.

teimoso tei.**mo**.so (mô) *adjetivo* **1.** Que é dado a teimar; desobediente. ✅ *substantivo masculino* **2.** Pessoa que teima. [Plural: *teimosos* (mó).]

tela te.la *substantivo feminino* **1.** Aquilo que se teceu; tecido. **2.** Tecido especial sobre o qual se pintam os quadros. **3.** Quadro pintado sobre tela: *O pintor brasileiro Cândido Portinari deixou telas admiráveis.* **4.** Superfície, geralmente retangular, onde se projetam filmes, etc. **5.** A parte de um equipamento na qual aparecem imagens ou um texto: *a tela da televisão, do computador, etc.*

telecomunicação te.le.co.mu.ni.ca.**ção** *substantivo feminino* Comunicação à distância por telégrafo, telefone, Internet, etc. [Plural: *telecomunicações.*]

telefonar te.le.fo.**nar** *verbo* Falar com alguém por telefone.

473

telefone

telefone te.le.**fo**.ne *substantivo masculino* Aparelho que transmite a palavra a longa distância. 🔊 *Telefone celular.* Telefone portátil, pessoal, que pode ser usado em qualquer lugar; celular.

telefonema te.le.fo.**ne**.ma *substantivo masculino* Comunicação por telefone.

telefonia te.le.fo.**ni**.a *substantivo feminino* Processo de telecomunicação destinado à transmissão de sons.

telefônico te.le.**fô**.ni.co *adjetivo* Relativo a telefonia ou a telefone.

telefonista te.le.fo.**nis**.ta *substantivo de dois gêneros* Pessoa que, por profissão, transmite e recebe telefonemas.

telégrafo te.**lé**.gra.fo *substantivo masculino* Aparelho que transmite e recebe mensagens à distância por meio de sinais.

telegrama te.le.**gra**.ma *substantivo masculino* Mensagem concisa transmitida pelo correio.

telescópio te.les.**có**.pi:o *substantivo masculino* Instrumento óptico para a observação dos astros.

telespectador te.les.pec.ta.**dor** (ô) *substantivo masculino* Aquele que assiste a programas de televisão.

televisão te.le.vi.**são** *substantivo feminino* **1.** Sistema de telecomunicação que permite a transmissão de imagens à distância. **2.** Televisor. [Plural: *televisões*.]

televisionar te.le.vi.si:o.**nar** *verbo* Transmitir por televisão.

televisor te.le.vi.**sor** (ô) *substantivo masculino* Aparelho que recebe imagens televisionadas; televisão.

telha te.lha (ê) *substantivo feminino* Peça, geralmente de cerâmica ou barro cozido, usada na cobertura de um edifício.

telhado te.**lha**.do *substantivo masculino* Parte exterior da cobertura de um edifício, feita geralmente de telhas.

tema te.ma *substantivo masculino* Assunto desenvolvido em aula, discurso ou livro: *O tema da aula de História foi a Independência do Brasil.*

temática te.**má**.ti.ca *substantivo feminino* Conjunto de temas que caracterizam uma obra.

temático te.**má**.ti.co *adjetivo* Pertencente ou relativo a tema.

temperar

temer te.**mer** *verbo* Ter ou sentir medo, temor ou receio de: *Depois de ter sido mordido, João passou a temer os cães.*

temeroso te.me.**ro**.so (rô) *adjetivo* Que sente temor; medroso, receoso. [Plural: *temerosos* (ró).]

temor te.**mor** (ô) *substantivo masculino* O mesmo que *medo*.

temperado tem.pe.**ra**.do *adjetivo* **1.** Que levou tempero. **2.** Próprio da zona em que a temperatura média anual se aproxima dos 20°C.

temperamental tem.pe.ra.men.**tal** *adjetivo de dois gêneros* Que tem temperamento difícil. [Plural: *temperamentais*.]

temperamento tem.pe.ra.**men**.to *substantivo masculino* O modo de ser, ou de agir, de uma pessoa.

temperar tem.pe.**rar** *verbo* Pôr tempero em: *Minha avó diz que prefere temperar a carne na véspera: fica muito mais saborosa.*

temperatura

temperatura tem.pe.ra.**tu**.ra *substantivo feminino* **1.** Maior ou menor grau de calor ou de frio que faz num lugar: *Quando se faz um peixe assado, deve-se controlar a temperatura do forno.* **2.** O índice de calor ou de frio que pode ser medido nos corpos, com um termômetro, por exemplo.

tempero tem.**pe**.ro (pê) *substantivo masculino* Substância que se põe na comida para dar-lhe mais sabor.

tempestade tem.pes.**ta**.de *substantivo feminino* Perturbação da atmosfera, com chuvas fortes, relâmpagos, trovões, etc.; temporal.

templo tem.plo *substantivo masculino* **1.** Edifício público destinado a culto religioso. **2.** Igreja (1).

tempo tem.po *substantivo masculino* **1.** A sucessão dos anos, dias, horas, etc., que envolve a noção de presente, passado e futuro. **2.** Ocasião própria para que uma coisa se realize: *Ainda não tive tempo de ir ao circo.* **3.** Época, estação: *É tempo de manga.* **4.** As condições meteorológicas: *O tempo está bom.*

temporada tem.po.**ra**.da *substantivo feminino* Certo espaço de tempo: *Nas minhas férias quero passar uma temporada no campo.*

temporal tem.po.**ral** *substantivo masculino* O mesmo que **tempestade**. [Plural: *temporais*.]

temporário tem.po.**rá**.ri:o *adjetivo* **1.** Veja *transitório*. **2.** Provisório.

tenda ten.da *substantivo feminino* Barraca de lona ou de outro material, armada ao ar livre.

tendência ten.**dên**.ci:a *substantivo feminino* Força que leva alguém a adotar certo comportamento, a seguir determinada profissão, etc.; inclinação; vocação; queda: *Ele tem tendência a colecionar coisas; Há famílias com tendência para a música.*

tender ten.**der** *verbo* **1.** Ter por objetivo, visar: *O governo precisa adotar medidas que tendam a reduzir o número de acidentes nas estradas.* **2.** Ter vocação; inclinar-se para: *Desde menino tende para a música.*

tenente te.**nen**.te *substantivo masculino* Veja *hierarquia militar*.

tentáculo

tenente-brigadeiro te.nen.te-bri.ga.**dei**.ro *substantivo masculino* Veja **hierarquia militar**. [Plural: *tenentes-brigadeiros*.]

tenente-coronel te.nen.te-co.ro.**nel** *substantivo masculino* Veja **hierarquia militar**. [Plural: *tenentes-coronéis*.]

tênis tê.nis *substantivo masculino de dois números* **1.** Jogo com raquetes e bola de borracha, em campo dividido em duas partes por uma rede por cima da qual a bola deve passar. **2.** Calçado de lona ou outro material, com sola de borracha, de uso geralmente esportivo.

tênis de mesa tê.nis de **me**.sa *substantivo masculino de dois números* Jogo que se pratica numa mesa, com uma pequena rede esticada ao meio, de lado a lado, e em que os jogadores usam raquetes para arremessar uma bolinha de um dos lados para o outro.

tenro ten.ro *adjetivo* **1.** Mole, macio: *carne tenra.* **2.** Jovem: *tenra idade.*

tensão ten.**são** *substantivo feminino* **1.** Qualidade ou estado de tenso: *a tensão de um elástico, de uma corda.* **2.** Estado de quem está muito preocupado ou ansioso: *Trabalhar sob muita tensão é prejudicial à saúde.* [Plural: *tensões*.]

tenso ten.so *adjetivo* **1.** Estendido com força; retesado. **2.** Em tensão (2).

tentação ten.ta.**ção** *substantivo feminino* **1.** O poder de atração de um ato ilegal: *Como não resistiu à tentação do roubo, ficou muitos anos na cadeia.* **2.** Desejo muito grande: *Há doces tão atraentes que, ao vê-los, não resistimos à tentação de comprá-los.* **3.** Pessoa ou coisa que tenta; provocação: *O bolo que minha mãe faz é uma tentação.* [Plural: *tentações*.]

tentáculo ten.**tá**.cu.lo *substantivo masculino* Membro alongado de certos moluscos, como, por exemplo, o polvo e a lula.

tentar ten.**tar** *verbo* **1.** Causar desejo ou vontade em: *O pudim que minha avó faz tenta a gente.* **2.** Esforçar-se para conseguir: *Tentou subir no coqueiro, mas não passou dos primeiros quatro metros.*

tentativa ten.ta.**ti**.va *substantivo feminino* **1.** Ação de tentar, ou o resultado desta ação: *Superou o adversário logo na primeira tentativa.* **2.** Aquilo que se tenta conseguir, ou praticar: *A polícia impediu a tentativa de roubo.*

teoria te.o.**ri**.a *substantivo feminino* **1.** Maneira abstrata de ver as coisas. **2.** Conjunto de ideias que explicam alguma coisa. **3.** Hipótese, suposição: *Há quem defenda a teoria de que já houve vida em Marte.*

teórico te.**ó**.ri.co *adjetivo* Que diz respeito à teoria e não à prática.

ter *verbo* **1.** Possuir, ser dono de: *Tem uma casa simpática.* **2.** Trazer consigo: *– Vovô, você tem bala no bolso?* **3.** Poder gozar: *Terá férias no próximo mês.* **4.** Conter: *Esta garrafa tem suco de uva.* **5.** Ser composto ou formado: *O livro tem quase cem páginas.* **6.** Apresentar, como característica física ou moral: *Maria tem boa saúde; João tem bom caráter.* **7.** Sofrer de: *Ela tem asma.* **8.** Experimentar (sensação, sentimento, etc.): *ter coragem, ter saudade.* **9.** Elaborar mentalmente, ou perceber, ou dar-se conta de: *Tive uma ideia que me pareceu ótima.* **10.** Dar vida a, gerar: *Eles tiveram um filho logo no primeiro ano de casados.* **11.** Dispor de (alguém) para trabalhar: *A empresa tem oito funcionários.* **12.** Passar por: *ter bons momentos.* **13.** Tomar (7): *ter aulas de dança.* **14.** Estar vivo há (tantos anos): *Mário tem sete anos.* **15.** Haver, existir: *Tinha muita gente no estádio, mesmo com toda aquela chuva.* [Nesta acepção só se usa no singular.] **16.** Ter necessidade ou obrigação de; dever, precisar: *Teve de se virar para criar os filhos.*

terça-feira ter.ça-**fei**.ra *substantivo feminino* O terceiro dia da semana, começada no domingo. [Plural: *terças-feiras*.]

terceiro ter.**cei**.ro *numeral* **1.** Ordinal correspondente ao número 3. **2.** A terceira parte de alguma coisa. ✓ *adjetivo* **3.** Que, numa sequência, ocupa o lugar do número 3: *Na terceira rua virou à direita.* ✓ *substantivo masculino* **4.** O que ocupa a posição 3: *Foi o terceiro a transpor a linha de chegada.*

terceiro-sargento ter.cei.ro-sar.**gen**.to *substantivo masculino* Veja **hierarquia militar**. [Plural: *terceiros-sargentos*.]

terço ter.ço (ê) *numeral* **1.** Cada uma das 3 partes iguais em que se divide alguma coisa. ✓ *substantivo masculino* **2.** A terça parte do rosário (1).

teresinense te.re.si.**nen**.se *adjetivo de dois gêneros* **1.** De Teresina, capital do estado do Piauí. ✓ *substantivo de dois gêneros* **2.** Quem nasceu, ou vive, em Teresina.

térmico **tér**.mi.co *adjetivo* Relativo ao calor, ou que o conserva.

terminação ter.mi.na.**ção** *substantivo feminino* Parte final de uma palavra, que geralmente pode variar: *O plural e o feminino dos substantivos e adjetivos formam-se com a mudança das terminações.* [Plural: *terminações*.]

terminal ter.mi.**nal** *substantivo masculino* Ponto final de uma rede de transporte (aquele aonde chegam e de onde partem as linhas ou veículos): *terminal rodoviário, ferroviário*, etc. [Plural: *terminais*.]

terminar ter.mi.**nar** *verbo* **1.** Acabar, concluir: *Já terminou a redação, Joãozinho?* **2.** Dar fim a uma relação, a um namoro, etc.; romper: *Maria terminou com o namorado.* **3.** Ter seu limite em: *A praça termina na margem do rio.* **4.** Chegar ao fim, acabar: *As férias infelizmente terminaram.*

término **tér**.mi.no *substantivo masculino* Veja **fim** (1): *Os alunos receberam o diploma no término do curso.*

termo **ter**.mo (ê) *substantivo masculino* **1.** Limite, em relação ao tempo e ao espaço: *Minha paciência chegou ao termo.* **2.** Veja **palavra**: *Neste texto, há vários termos que não conheço.*

termômetro ter.**mô**.me.tro *substantivo masculino* Instrumento para medir a temperatura.

terno¹ **ter**.no *substantivo masculino* Traje composto de paletó, calças e, às vezes, colete.

terno² **ter**.no *adjetivo* Meigo, afetuoso: *Acariciou os cabelos do filho com um gesto terno.*

ternura — tesoureiro

ternura ter.**nu**.ra *substantivo feminino* **1.** Jeito meigo de tratar ou falar com as pessoas. **2.** O mesmo que *afeição*: *José tem muita ternura pelos filhos.*

terra ter.ra *substantivo feminino* **1.** O planeta que habitamos, o terceiro do sistema solar, pela ordem de afastamento do Sol; o globo terrestre. [Com inicial maiúscula.] **2.** Veja *solo¹* (1): *Logo que pusemos os pés em terra, fomos buscar água para matar a sede.* **3.** Veja *pátria*: *Nascemos na mesma terra.* **4.** Localidade, povoação: *Pode-se ver pelas roupas que não é desta terra.*

terraço ter.**ra**.ço *substantivo masculino* **1.** Espaço quase sempre descoberto, geralmente no último andar de um edifício. **2.** Varanda descoberta.

terráqueo ter.**rá**.que:o *substantivo masculino* Habitante da Terra.

terrário ter.**rá**.ri:o *substantivo masculino* Lugar próprio para a criação e observação de certos animais, como cobras, sapos, formigas, aranhas, etc.

terreiro ter.**rei**.ro *substantivo masculino* **1.** Espaço de terra: *As crianças brincavam no terreiro da casa.* **2.** Local de culto no candomblé e na umbanda.

terremoto ter.re.**mo**.to *substantivo masculino* Tremor na superfície terrestre, causado pelo deslocamento de rochas no interior da terra ou por atividade vulcânica; tremor de terra.

terreno ter.**re**.no *adjetivo* **1.** Veja *terrestre* (1). ✔ *substantivo masculino* **2.** Área de terra: *Pedro comprou um terreno para construir uma casa.* **3.** Solo¹ (1) cultivado: *terreno fértil.*

térreo **tér**.re:o *adjetivo* **1.** Veja *terrestre* (1). **2.** Diz-se da parte de um edifício que fica ao nível do chão. ✔ *substantivo masculino* **3.** O andar térreo (2).

terrestre ter.**res**.tre *adjetivo de dois gêneros* **1.** Pertencente ou relativo à, ou próprio da Terra; terreno, térreo: *o globo terrestre.* **2.** Que vive ou cresce na terra (diz-se de animal ou planta).

territorial ter.ri.to.ri.**al** *adjetivo de dois gêneros* Relativo ou pertencente a um território: *O Brasil é um país de grande extensão territorial.* [Plural: *territoriais*.]

território ter.ri.**tó**.ri:o *substantivo masculino* **1.** A área de um país, estado, município, etc. **2.** Extensão geográfica do Estado (solo, rios, lagos, baías, portos, etc.), sobre a qual ele exerce a sua soberania. **3.** Área ocupada por um animal: *O leopardo costuma defender seu território contra invasores.*

terrível ter.**rí**.vel *adjetivo de dois gêneros* **1.** Que provoca muito medo: *O leão, o tigre e a onça são feras terríveis.* **2.** Muito violento ou intenso: *uma tempestade terrível.* [Plural: *terríveis*.]

terror ter.**ror** (ô) *substantivo masculino* **1.** Estado de grande pavor, medo ou susto. **2.** O que provoca esse estado; pavor: *o terror de um assalto.* **3.** Terrorismo: *O terror voltou a atacar.*

terrorismo ter.ro.**ris**.mo *substantivo masculino* Atos de violência feitos com objetivo geralmente político; terror.

terrorista ter.ro.**ris**.ta *adjetivo de dois gêneros* **1.** Relativo a, ou que tem o caráter de terrorismo: *um ataque terrorista.* ✔ *substantivo de dois gêneros* **2.** Pessoa que participa de atos de terrorismo.

tese **te**.se *substantivo feminino* Teoria ou opinião que se julga verdadeira e que se defende: *O advogado sustentou a tese de que o crime tinha sido acidental.*

tesoura te.**sou**.ra *substantivo feminino* Instrumento para cortar, formado por duas lâminas unidas por um eixo sobre o qual se movem.

tesoureiro te.sou.**rei**.ro *substantivo masculino* Aquele que administra as finanças de uma empresa, clube, associação, etc.

tesouro te.**sou**.ro *substantivo masculino* **1.** Grande quantidade de dinheiro ou de objetos preciosos. **2.** Coisa ou pessoa muito estimada: *Para uma avó, seu maior tesouro são os netos.*

testa tes.ta *substantivo feminino* A parte do rosto que fica entre os olhos e os cabelos.

testamento tes.ta.**men**.to *substantivo masculino* Ato pelo qual alguém dispõe de seus bens, para depois de sua morte.

testar[1] tes.**tar** *verbo* **1.** Deixar em testamento: *Testou metade de seus bens aos seus empregados.* **2.** Fazer testamento.

testar[2] tes.**tar** *verbo* Submeter a teste: *Testaram todos os candidatos.*

teste tes.te *substantivo masculino* **1.** Exame ou prova para determinar as qualidades ou o comportamento de alguma coisa: *Depois do conserto, o mecânico fez um teste com o motor do carro.* **2.** Exame ou prova para avaliar o grau de conhecimentos de alguém: *testes de Matemática.* **3.** Exame médico de laboratório.

testemunha tes.te.**mu**.nha *substantivo feminino* **1.** Pessoa que pode confirmar um fato a que assistiu e do qual tem pleno conhecimento e lembrança: *Sou testemunha do que foi dito na reunião.* **2.** Pessoa chamada a assistir a certos atos autênticos ou solenes: *testemunha de casamento.*

testemunhar tes.te.mu.**nhar** *verbo* **1.** Dar testemunho sobre: *Testemunhou sobre o fato a que assistiu.* **2.** Comprovar, atestar: *A beleza do quadro testemunha o talento do pintor.* **3.** Ver, presenciar: *Testemunhei a vitória da nossa equipe.*

testículo tes.**tí**.cu.lo *substantivo masculino* Glândula masculina ligada à reprodução: *Os testículos produzem os espermatozoides e alguns hormônios.*

teta te.ta (ê) *substantivo feminino* Glândula mamária; mama, seio.

tétano té.ta.no *substantivo masculino* Doença infecciosa gravíssima que produz contrações musculares intensas e dolorosas.

teto te.to *substantivo masculino* **1.** A parte de cima de cada peça de uma casa, oposta ao chão. **2.** Habitação; abrigo.

teu *pronome possessivo* Pertencente à, ou próprio da, ou sentido pela pessoa a quem se fala: – *Onde está o teu livro?*; *O teu amor parece sincero*; – *Teu pai é médico?* [Feminino: *tua*.]

tevê te.**vê** *substantivo feminino* Forma abreviada de *televisão*.

têxtil têx.til *adjetivo de dois gêneros* **1.** Que se pode tecer (fibra, fio). **2.** Relativo a tecelões ou à tecelagem: *indústria têxtil*. [Plural: *têxteis*.]

texto tex.to *substantivo masculino* **1.** Conjunto de palavras ou de frases escritas ou impressas. **2.** Num livro, revista, etc., a parte escrita (por oposição à ilustração).

textura tex.**tu**.ra *substantivo feminino* **1.** Disposição dos fios de um tecido. **2.** Qualidade visual e tátil de certos materiais: – *Veja como é boa a textura deste papel.*

ti *pronome pessoal* Forma oblíqua de *tu*, sempre regida de preposição: *Ela seria incapaz de falar mal de ti.*

tia ti.a *substantivo feminino* **1.** Irmã dos pais, em relação aos filhos destes. **2.** Mulher do tio, em relação aos sobrinhos deste.

tico-tico

tico-tico ti.co-**ti**.co *substantivo masculino* Pássaro pequeno da América do Sul, de plumagem marrom e costas pretas. [Plural: *tico-ticos*.]

tigela ti.**ge**.la *substantivo feminino* Recipiente de boca larga, com ou sem asas, geralmente usado para servir alimentos.

tigre ti.gre *substantivo masculino* Animal mamífero carnívoro de pelo amarelado com listras pretas que habita a Índia e grande parte da Ásia. [Feminino: *tigresa*.]

tijolo ti.**jo**.lo (jô) *substantivo masculino* Peça de barro cozido de cor avermelhada, muito usada em construções. [Plural: *tijolos* (jó).]

til *substantivo masculino* Sinal gráfico (~) que indica que a vogal (*a* ou *o*) sobre a qual é colocado tem som nasal. Exemplos: *mão*, *campeões*. [Plural: *tiles* e *tis*.]

time ti.me *substantivo masculino* Nos esportes coletivos, número de pessoas que formam a equipe: *Um time de futebol é constituído de 11 jogadores.*

timidez ti.mi.**dez** (ê) *substantivo feminino* Qualidade ou caráter de tímido.

tímido tí.mi.do *adjetivo* **1.** Que sente temor; medroso. **2.** Que tem dificuldade de relacionar-se com outra pessoa; acanhado. **3.** Próprio de tímido (2): *Seu olhar tímido pedia ajuda.*

tingir tin.**gir** *verbo* Dar certa cor a, usando tinta: *Tingiu o cabelo de preto, para esconder os fios brancos.*

tinta tin.ta *substantivo feminino* **1.** Substância química corante, que adere à superfície sobre a qual se aplica e que é usada para pintura. **2.** Essa substância, no estado líquido ou pastoso, usada para escrever, tingir ou imprimir. **3.** Colorido; tom.

tiroteio

tio ti:o *substantivo masculino* **1.** Irmão dos pais, em relação aos filhos destes. **2.** Marido da tia, em relação aos sobrinhos desta.

típico tí.pi.co *adjetivo* Característico: *roupa típica, comida típica, etc.*

tipo ti.po *substantivo masculino* **1.** Pessoa ou coisa que possui características que as distinguem de outras: *Maria tem um tipo físico interessante*; *Na feira encontramos legumes de todos os tipos*. **2.** Exemplar, modelo: *Comprei uma bicicleta de último tipo*. **3.** Qualquer indivíduo: *Nunca vi um tipo como aquele*. **4.** Letra impressa; caractere.

tique ti.que *substantivo masculino* Contração muscular involuntária que ocorre, geralmente, na face ou no(s) ombro(s); cacoete.

tíquete tí.que.te *substantivo masculino* O mesmo que *cupom*.

tira ti.ra *substantivo feminino* **1.** Pedaço de pano, papel, etc., mais comprido que largo; fita, faixa. **2.** Cada faixa, geralmente horizontal, de uma história em quadrinhos. ✓ *substantivo de dois gêneros* **3.** *Gíria* Policial.

tirar ti.**rar** *verbo* **1.** Fazer sair de algum lugar: *Meteu a mão no bolso e tirou algumas moedas*. **2.** Fazer sair, dando passagem ou acesso: *Tirou o carro da entrada da garagem*. **3.** Puxar, sacar: *Tirou a espada e atacou*. **4.** Extrair, arrancar: *tirar um dente*. **5.** Retirar de si: *tirar o sapato, a blusa, etc.* **6.** Libertar, livrar: *Os policiais tiraram-no do cativeiro*. **7.** Obter: *Tirou dez na prova*. **8.** Fazer desaparecer: *Este produto tira manchas*. **9.** Fazer (fotografia): *Tirou uma foto da namorada*. **10.** Posar para fotografia: *Não gosta de tirar fotos*. **11.** Formar (conceito, opinião): *Tirou algumas conclusões da conversa que teve com o pai*. **12.** Retirar (dinheiro, etc.), num banco. **13.** Subtrair: *Tirando três garrafas, ficam sete.*

tiririca ti.ri.**ri**.ca *substantivo feminino* Erva daninha muito comum em terrenos cultivados.

tiro ti.ro *substantivo masculino* Disparo de arma de fogo.

tiroteio ti.ro.**tei**.o *substantivo masculino* **1.** Sucessão de tiros. **2.** Troca de tiros entre duas ou mais pessoas.

titular

titular ti.tu.**lar** *substantivo masculino* **1.** Aquele que ocupa uma função, cargo ou posto de maneira efetiva ou não: *O técnico treinou os titulares contra uma equipe juvenil.* **2.** Dono: *titular de um direito.*

título tí.tu.lo *substantivo masculino* **1.** Nome de livro, ou de capítulo de livro, de matéria de jornal, de filme, etc. **2.** Nome que distingue alguém: *Recebeu o título de duque.* **3.** Nome de cargo ou função: *título de presidente.* **4.** Qualificação obtida em competição: *O time conquistou o título de campeão.*

toalete to.a.**le**.te *substantivo feminino* **1.** Ato de aprontar-se: lavar-se, pentear-se, maquiar-se, etc. ✅ *substantivo masculino* **2.** Compartimento com lavatório e espelho, com vaso sanitário ou sem ele: *Pediu licença para ir ao toalete.*

toalha to.**a**.lha *substantivo feminino* **1.** Peça de tecido absorvente para enxugar o corpo, ou parte dele. **2.** Peça, geralmente de tecido, que cobre a mesa às refeições.

tobogã to.bo.**gã** *substantivo masculino* Pista com ondulações na qual se pode deslizar, em parque de diversões.

toca to.ca *substantivo feminino* Buraco na terra, na pedra, etc., onde se abrigam animais.

tocantinense to.can.ti.**nen**.se *adjetivo de dois gêneros* **1.** Do estado de Tocantins. ✅ *substantivo de dois gêneros* **2.** Quem nasceu, ou vive, nesse estado.

tocar to.**car** *verbo* **1.** Pôr os dedos, a mão em: *Tocou de leve o rosto da moça; Tocou na panela e viu que ela ainda estava quente.* **2.** Ter contato com: *Ao saltar, sua cabeça tocou o teto.* **3.** Executar (música): *Seu filho toca violão.* **4.** Anunciar por meio de batidas, badaladas, etc.: *O sino tocou as seis horas.* **5.** Comover: *Sua bondade tocou-me o coração.* **6.** Referir-se a: *Evitemos tocar em assunto delicado.* **7.** Comunicar-se por telefone; ligar: *Tocou para o irmão, mas ele não atendeu.* **8.** Dar (o telefone) sinal de ligação: *O telefone tocava insistentemente.* **9.** Pôr-se em contato: *Suas mãos tocaram-se.*

tomada

tocha to.cha *substantivo feminino* Facho de fogo aceso na ponta de um bastão.

toco to.co (tô) *substantivo masculino* **1.** Parte restante do tronco, depois de cortada a árvore. **2.** Pedaço de vela ou de tocha. **3.** Resto de coisa que se partiu ou se consumiu: – *Pegue este toco de lápis e escreva o que vou ditar.*

todo to.do (tô) *adjetivo* **1.** Completo, inteiro: *Disse à mãe que queria ouvir a história toda.* ✅ *pronome indefinido* **2.** Qualquer, cada: *Pela Declaração dos Direitos Humanos todo ser humano nasce livre e igual em direitos com os outros.* ✅ *substantivo masculino* **3.** O total: *A soma das partes faz o todo.*

toldo tol.do (tôl) *substantivo masculino* Cobertura de lona, de plástico, etc., para proteger porta, janela, etc., do sol e da chuva.

tolerância to.le.**rân**.ci:a *substantivo feminino* **1.** Qualidade de tolerante. **2.** Capacidade de tolerar. **3.** Respeito ao direito que os indivíduos têm de agir, pensar e sentir de modo diverso do nosso: *A convivência pacífica de dois povos vizinhos só é possível se houver tolerância.* **4.** Capacidade do organismo de suportar a ação de certos medicamentos.

tolerante to.le.**ran**.te *adjetivo de dois gêneros* **1.** Que desculpa. **2.** Que admite e respeita opiniões contrárias à sua.

tolerar to.le.**rar** *verbo* **1.** Ser tolerante para com: *Convém tolerar os defeitos dos outros.* **2.** Veja *suportar* (3): – *Não tolero este calor!*

tolice to.**li**.ce *substantivo feminino* Qualidade, ação ou dito de tolo; bobagem.

tolo to.lo (tô) *adjetivo* **1.** Que não é esperto ou inteligente; bobo. **2.** Que diz ou faz tolices. ✅ *substantivo masculino* **3.** Indivíduo tolo.

tom *substantivo masculino* **1.** Altura de um som: *tom agudo, tom grave.* **2.** Maneira de exprimir o que se sente: *João falou com os filhos em tom autoritário.* **3.** Colorido, coloração: *tom de azul.* [Plural: *tons.*]

tomada to.**ma**.da *substantivo feminino* **1.** Ação de se apoderar de uma região, país, etc. **2.** Registro

480

tomar

de uma cena de cinema ou de televisão. **3.** Peça de uma instalação elétrica para ligar qualquer aparelho elétrico (ventilador, abajur, ferro de passar, etc.).

tomar to.**mar** *verbo* **1.** Pegar ou segurar: *Tomou as rédeas do cavalo*. **2.** Apoderar-se de: *Por instantes o medo o tomou*. **3.** Arrancar, tirar: *Tomou o brinquedo da irmã*. **4.** Consumir (tempo): *O neném toma quase todo o seu tempo*. **5.** Seguir (uma direção): *Tomou o caminho mais curto*. **6.** Beber: *João tomou o café e saiu*. **7.** Beneficiar-se de (conhecimentos transmitidos por outrem); ter: *tomar aulas de música*. **8.** Entrar em veículo e nele seguir viagem: *Correu para tomar o ônibus*. **9.** Capturar, conquistar: *Napoleão tomou Lisboa*. **10.** Receber, levar: *Tomou um susto*; *Tomou um choque*. **11.** Pegar, suspendendo: *Tomou o bebê no colo com todo o carinho*.

tomara to.**ma**.ra *interjeição* Exprime desejo: *Tomara que ele chegue logo!*

tomate to.**ma**.te *substantivo masculino* Fruto alimentício usado sobretudo em molhos e em saladas.

tombo tom.bo *substantivo masculino* Ação de tombar, ou o resultado desta ação; queda.

tona to.na *substantivo feminino* A face externa e visível de um corpo; superfície. **À tona**. À superfície (de líquido): *A foca mergulhou e, minutos depois, subiu à tona para respirar*.

tonelada to.ne.**la**.da *substantivo feminino* Unidade de peso equivalente a 1.000kg [símbolo: *t*].

tônico tô.ni.co *adjetivo* **1.** Que tonifica, dá vigor: *substância tônica*, *efeito tônico*. **2.** Diz-se da vogal ou da sílaba que é pronunciada com mais força. ✓ *substantivo masculino* **3.** Medicamento que tonifica, que dá vigor.

tonsila ton.**si**.la *substantivo feminino* Cada uma das duas pequenas massas de tecido de forma arredondada, situadas na garganta.

tonsilite ton.si.**li**.te *substantivo feminino* Inflamação da tonsila.

tonteira ton.**tei**.ra *substantivo feminino* Veja *tontura*.

tonto ton.to *adjetivo* Que tem tontura; zonzo: *João fica tonto com muito barulho*.

tontura ton.**tu**.ra *substantivo feminino* Estado de tonto, de zonzo; tonteira, vertigem.

topada to.**pa**.da *substantivo feminino* Golpe dado com o pé num obstáculo, que faz perder o equilíbrio; tropeção.

topar to.**par** *verbo* **1.** Encontrar, achar: *Topou (com) o amigo numa esquina*. **2.** Aceitar (proposta, convite, etc.): *Será que ele vai topar o acordo?* **3.** Dar topada em: *topar numa pedra*.

topázio to.**pá**.zi:o *substantivo masculino* Pedra preciosa geralmente amarela.

topete to.**pe**.te (é ou ê) *substantivo masculino* **1.** Cabelo levantado na parte anterior da cabeça. **2.** Penas alongadas que se levantam na cabeça de algumas aves.

topo to.po (tô) *substantivo masculino* A parte mais alta: *O topo da escada, da casa, árvore, da montanha, etc*.

toque to.que *substantivo masculino* **1.** Ação de tocar, ou o resultado desta ação. **2.** Som produzido por atrito, choque ou percussão: *o toque da campainha*; *o toque da cuíca*. **3.** Som produzido por certos instrumentos e que chama a certos atos: *O toque do sino chamava as pessoas para a missa*.

tora to.ra *substantivo feminino* Grande tronco de madeira.

tórax tó.rax (rax = racs) *substantivo masculino de dois números* Parte do corpo situada entre o pescoço e o abdome.

torção tor.**ção** *substantivo feminino* Deslocamento de uma articulação: *Com o tombo, teve uma torção no tornozelo*. [Plural: *torções*.]

torcedor tor.ce.**dor** (dôr) *substantivo masculino* Aquele que torce (4 e 5).

torcer tor.cer *verbo* **1.** Obrigar a se volver sobre si mesmo, ou em espiral: *torcer uma roupa molhada*. **2.** Entortar: *torcer um arame*. **3.** Deslocar: *Torceu o joelho*. **4.** Simpatizar com um clube esportivo, ou uma equipe: *Torce pelo Flamengo*. **5.** Desejar (ou querer) que um time, equipe de clube, escola, etc., ganhe ou perca em partida, competição, etc. **6.** Desejar que algo (bom ou ruim) aconteça: *Torço para que o Natal chegue logo*. **7.** Dobrar-se, contorcer-se: *Torceu-se para pegar o objeto escondido*.

torcida tor.ci.da *substantivo feminino* Grupo de pessoas que torcem para um clube esportivo, uma seleção, etc.: *A torcida brasileira compareceu em grande número*.

tormenta tor.men.ta *substantivo feminino* Temporal violento.

tornado tor.na.do *substantivo masculino* Tempestade violenta com a formação de enorme nuvem negra com prolongamento em forma de cone invertido, o qual, girando em grande velocidade, desce até a superfície, onde tira as telhas das casas, arranca árvores, arrasta carros, etc.

tornar tor.nar *verbo* **1.** Voltar ao lugar de onde saíra; retornar: *Depois de muitos anos no exterior, decidiu tornar ao país em que nasceu*. **2.** Voltar a fazer algo: *Tornou a dizer que iria amanhã sem falta*. **3.** Recuperar, ou voltar a (um estado, uma qualidade, etc.): *Dias depois vi-o tornar à alegria de sempre*. **4.** Converter em; fazer ficar, transformar, fazer: *Às vezes uma coisa à toa pode tornar o dia mais bonito*. **5.** Vir a ser; fazer-se: *Tornou-se mais simpático, depois que nos conheceu melhor*.

torneio tor.nei.o *substantivo masculino* Competição esportiva.

torneira tor.nei.ra *substantivo feminino* Dispositivo que permite abrir ou fechar a passagem de um líquido ou de um gás.

torno tor.no (tôr) *substantivo masculino* Aparelho em que se faz girar uma peça de madeira, ferro, aço, etc., para lavrá-la ou arredondá-la. 🔊 **Em torno de.** Veja *ao redor de*. *Os meninos brincavam em torno da árvore*.

tornozelo tor.no.ze.lo (ê) *substantivo masculino* Parte do corpo humano entre a perna e o pé.

torrada

torrada tor.**ra**.da *substantivo feminino* Fatia de pão seco pela ação do fogo.

torradeira tor.ra.**dei**.ra *substantivo feminino* Aparelho, geralmente elétrico, para fazer torradas.

torrão tor.**rão** *substantivo masculino* **1.** Pedaço de terra endurecido. **2.** Terra para se cultivar. **3.** Bocado de certos alimentos: *torrão de açúcar*. [Plural: *torrões*.]

torrar tor.**rar** *verbo* **1.** Secar pelo calor do fogo, ou ao sol. **2.** Vender por preço baixo: *Torrou o carro para poder pagar as prestações atrasadas da casa*. **3.** Gastar muito: *Torrou as economias que lhe restavam*.

torre tor.re (ô) *substantivo feminino* **1.** Construção alta que se erguia sobretudo para defesa; em caso de guerra. **2.** Construção alta e estreita, isolada ou anexa a uma igreja, ou a outra edificação. **3.** Peça do jogo de xadrez.

torresmo tor.**res**.mo (ê) *substantivo masculino* Toucinho frito em pedacinhos.

torta tor.ta *substantivo feminino* Espécie de bolo recheado e geralmente com cobertura.

torto tor.to (tôr) *adjetivo* **1.** Que não é reto ou direito: *uma agulha torta*. **2.** Que está inclinado, oblíquo: *O quadro na parede está torto*. [Plural: *tortos* (tór).]

tortura tor.**tu**.ra *substantivo feminino* **1.** Sofrimento físico que se impõe voluntariamente a alguém. **2.** Grande sofrimento moral: *Os minutos de espera no dentista antes de extrair o dente foram uma verdadeira tortura*.

torturar tor.tu.**rar** *verbo* **1.** Causar tortura a. **2.** Angustiar, atormentar: *A responsabilidade pelo acidente torturava-o*. **3.** Incomodar fisicamente em alto grau: *A dor de cabeça torturava-me*.

tosse tos.se *substantivo feminino* Expulsão ruidosa e repetida do ar pela boca, para limpar as vias respiratórias.

tossir tos.**sir** *verbo* **1.** Ter tosse. **2.** Expelir da garganta: *Engasgou-se ao comer peixe e teve de tossir a espinha*.

tostar tos.**tar** *verbo* **1.** Queimar superficialmente. **2.** Dar cor escura a. **3.** Dourar (prato assado, pão, etc.).

trabalhar

total to.**tal** *adjetivo de dois gêneros* **1.** Que envolve ou inclui tudo; completo: *Minha mãe sempre diz que tem total confiança em mim*. ✓ *substantivo masculino* **2.** Resultado de adição; soma, quantidade total: *O total de feridos no acidente chegou a quase vinte*. [Plural: *totais*.]

touceira tou.**cei**.ra *substantivo feminino* Grande moita: *uma touceira de bambu*.

toucinho tou.**ci**.nho *substantivo masculino* Gordura de porco que fica logo abaixo da pele, com ou sem o respectivo couro.

toupeira tou.**pei**.ra *substantivo feminino* Pequeno animal mamífero insetívoro de pelagem escura, que enxerga muito mal e tem as patas anteriores adaptadas para cavar ou nadar.

tourada tou.**ra**.da *substantivo feminino* Espetáculo em que o toureiro, com uma capa, provoca o touro; o animal, então, investe contra o toureiro, que, por sua vez, se desvia, e assim por diante. Ao final, o toureiro, com uma haste pontiaguda, mata o touro: *Para muitas pessoas, a tourada é cruel e deveria ser extinta*.

toureiro tou.**rei**.ro *substantivo masculino* Homem que, na tourada, enfrenta o touro.

touro tou.ro *substantivo masculino* O macho da vaca, que não foi castrado.

tóxico tó.xi.co (xi = csi) *adjetivo* **1.** Que envenena, que é perigoso para a saúde: *gases tóxicos*. ✓ *substantivo masculino* **2.** Droga (2).

trabalhador tra.ba.**lha**.dor (ô) *adjetivo* **1.** Que trabalha. ✓ *substantivo masculino* **2.** Aquele que trabalha. **3.** Operário.

trabalhar tra.ba.**lhar** *verbo* **1.** Ocupar-se em algum ofício ou profissão: *Apesar de idoso, ainda tra-*

balha. **2.** Esforçar-se para (ou por): *Há pessoas que trabalham muito para proteger o meio ambiente.* **3.** Negociar: *Esta livraria só trabalha com livros infantis.* **4.** Funcionar: *Este relógio trabalha com pilha.*

trabalheira tra.ba.**lhei**.ra *substantivo feminino* Grande trabalho.

trabalho tra.**ba**.lho *substantivo masculino* **1.** Esforço que se faz para alcançar um determinado fim: *O conserto do carro vai exigir ao menos seis horas de trabalho.* **2.** Atividade necessária à realização de uma tarefa: *trabalho em grupo; trabalho manual.* **3.** Trabalho (2) remunerado ou assalariado; serviço, emprego: *João dedica-se muito ao seu trabalho de professor.* **4.** Local onde se exerce essa atividade: *Meu pai ontem não foi ao trabalho.* **5.** Qualquer obra realizada: *A ponte Rio-Niterói é um belo trabalho de engenharia.*

trabalhoso tra.ba.**lho**.so (lhô) *adjetivo* Que dá muito trabalho. [Plural: *trabalhosos* (lhó).]

traça tra.ça *substantivo feminino* Nome comum a insetos sem asas que vivem geralmente em lugares úmidos, constituem praga doméstica, e atacam livros e roupas.

traçar tra.**çar** *verbo* **1.** Fazer ou representar por meio de traços: *Tracei uma figura que lembrava um gato.* **2.** Projetar, delinear: *Gostava de traçar planos para o futuro.*

traço tra.ço *substantivo masculino* **1.** Risco ou linha traçada a lápis, pincel ou pena. **2.** Aparência, aspecto: *Ele tem os traços do pai.* **3.** Vestígio, rastro: *De muitas civilizações extintas só restam pouquíssimos traços.*

tradição tra.di.**ção** *substantivo feminino* **1.** Valores, usos e crenças que se transmitem de geração em geração: *Nota-se em Minas Gerais um grande respeito à tradição.* **2.** Conhecimento resultante da transmissão oral ou não de certas práticas ou habilidades: *A tradição artesanal das rendas nordestinas.* [Plural: *tradições.*]

tradicional tra.di.ci:o.**nal** *adjetivo de dois gêneros* Relativo à tradição, ou nela conservado. [Plural: *tradicionais.*]

tradução tra.du.**ção** *substantivo feminino* **1.** Ação de traduzir. **2.** Texto traduzido: *O livro que lhe dei é tradução de um romance francês.* [Plural: *traduções.*]

tradutor tra.du.**tor** (ô) *substantivo masculino* Aquele que traduz.

traduzir tra.du.**zir** *verbo* Passar de uma língua para outra: *Traduziu um conto do inglês para o português.*

trafegar tra.fe.**gar** *verbo* Mover-se no tráfego: *Um caminhão carregado de abacaxis trafegava em alta velocidade pela principal avenida da cidade.*

tráfego **trá**.fe.go *substantivo masculino* Veja *trânsito* (2).

traficante tra.fi.**can**.te *substantivo de dois gêneros* Pessoa que faz tráfico.

tráfico **trá**.fi.co *substantivo masculino* Comércio ou negócio ilegal: *A polícia ocupou a fronteira e impediu o tráfico de armas e drogas.*

tragédia tra.**gé**.di:a *substantivo feminino* **1.** Peça de teatro cuja ação geralmente termina mal, e que desperta piedade e terror. **2.** Acontecimento trágico.

trágico **trá**.gi.co *adjetivo* **1.** Relativo a, ou próprio de tragédia. **2.** Triste, terrível: *um acontecimento trágico.*

traição tra:i.**ção** *substantivo feminino* Ação de trair, ou o resultado desta ação. [Plural: *traições.*]

traiçoeiro tra:i.ço.**ei**.ro *adjetivo* Que faz uso de, ou em que há traição: *um ataque traiçoeiro.*

trair tra.**ir** *verbo* **1.** Ser desleal com: *Ao mentir, traiu a confiança do amigo.* **2.** Denunciar, entregar: *Joaquim Silvério dos Reis traiu Tiradentes.* **3.** Não cumprir: *trair um juramento.* **4.** Revelar involuntariamente: *O rosto triste do rapaz traía angústia.*

traíra

traíra tra.**í**.ra *substantivo feminino* Peixe de água doce, carnívoro, que chega a medir pouco mais de meio metro de comprimento.

traje tra.**je** *substantivo masculino* **1.** O mesmo que *roupa*. **2.** Vestuário apropriado a uma profissão ou a um evento: *Reconheceu o médico pelo traje; traje a rigor.*

trajeto tra.**je**.to *substantivo masculino* Espaço que se tem de percorrer para ir de um lugar a outro; trajetória, percurso.

trajetória tra.je.**tó**.ri:a *substantivo feminino* Veja *trajeto*.

trampolim tram.po.**lim** *substantivo masculino* Prancha fixa numa das extremidades, de onde os acrobatas, nadadores, etc., tomam impulso para os saltos. [Plural: *trampolins*.]

tranca tran.**ca** *substantivo feminino* **1.** Barra de ferro ou de madeira que se põe em porta, janela, etc., para fechá-la. **2.** Dispositivo de segurança contra furtos que se adapta a veículos, etc.

trança tran.**ça** *substantivo feminino* Cabelos entrelaçados.

trancar tran.**car** *verbo* **1.** Fechar com tranca(s): *É preciso sempre trancar as portas antes de ir dormir.* **2.** Prender: *Os guardas trancaram vários presos numa mesma cela.*

trançar tran.**çar** *verbo* Pôr em trança: *Trançou os cabelos da menina com todo o cuidado.*

tranco tran.**co** *substantivo masculino* Encontrão: *Tomou um tranco do jogador adversário e caiu.*
🔊 **Aos trancos e barrancos.** Com muita dificuldade: *Passou de ano aos trancos e barrancos.*

tranquilidade tran.qui.li.**da**.de (qüi) *substantivo feminino* **1.** Qualidade de tranquilo; calma. **2.** Estado ou situação de calma, segurança.

tranquilizar tran.qui.li.**zar** (qüi) *verbo* Tornar(-se) tranquilo; acalmar(-se).

tranquilo tran.**qui**.lo (qüi) *adjetivo* **1.** Em que reina a calma, a tranquilidade: *Meus avós moram num bairro tranquilo.* **2.** Que se efetua ou decorre de modo regular: *Maria tem um sono tranquilo.* **3.** Diz-se de pessoa de caráter calmo, ou comportamento estável: *João é um menino tranquilo.* **4.** Certo, seguro: *Pode deixar: é negócio tranquilo.* **5.** Que não tem, ou em que não há preocupação, remorso: *estar com a consciência tranquila.*

transformação

transbordar trans.bor.**dar** *verbo* Fazer sair, ou sair fora das bordas: *Com a chuva, o rio transbordou.*

transcrever trans.cre.**ver** *verbo* Reproduzir, copiando: *Achou tão bonito o poema, que o transcreveu no caderno.*

transferência trans.fe.**rên**.ci:a *substantivo feminino* **1.** Ação de transferir(-se), ou o resultado desta ação. **2.** Deslocamento de pessoas entre lugares ou posições, etc.: *Minha transferência da turma da manhã para a da tarde não agradou a meus pais.* **3.** Passagem, troca, substituição.

transferidor trans.fe.ri.**dor** (ô) *substantivo masculino* Instrumento que serve para medir ângulos.

transferir trans.fe.**rir** *verbo* **1.** Fazer passar (de um lugar para outro); deslocar: *Transferiram meu pai, que é militar, para o Rio Grande do Sul.* **2.** Veja *adiar*: *Transferiram a cerimônia.* **3.** Transmitir ou passar a outra pessoa, de acordo com as normas legais: *Transferiu a casa para a irmã.* **4.** Passar a outro(s): *Antes de morrer, transferiu para o filho os cuidados da família.* **5.** Mudar-se: *Transferiu-se para São Paulo.*

transformação trans.for.ma.**ção** *substantivo feminino* Ação de transformar(-se), ou o resultado desta ação. [Plural: *transformações*.]

transformar

transformar trans.for.mar *verbo* **1.** Dar nova forma, feição ou caráter a; mudar, modificar: *transformar um ambiente*. **2.** Converter: *A fada disse que iria transformar o sapo num príncipe*. **3.** Mudar de forma, de figura: *Diz a lenda que o boto se transforma em homem*.

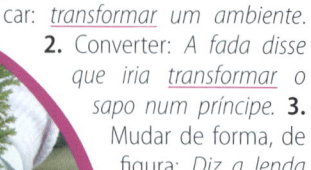

transgênico trans.gê.ni.co *adjetivo* Diz-se de organismo que possui genes de outra espécie.

transição tran.si.**ção** (zi) *substantivo feminino* **1.** Ação de transitar, ou o resultado desta ação. **2.** Passagem de um lugar, ou assunto, ou tratamento, etc., para outro. **3.** Mudança de estado ou condição: *a transição da infância para a adolescência*. [Plural: *transições*.]

transitar tran.si.**tar** (zi) *verbo* Passar, andar: *Transitou por todos os bairros elegantes*.

trânsito trân.si.to (zi) *substantivo masculino* **1.** Ato de transitar, de passar, de locomover-se: *Nesta rua só se permite o trânsito de pedestres; o trânsito de um astro*. **2.** Movimento, circulação de pedestres e de diferentes meios de transporte; tráfego: *Todo motorista deve obedecer às leis do trânsito*.

transitório tran.si.**tó**.ri:o (zi) *adjetivo* De pouca duração; passageiro, temporário.

translação trans.la.**ção** *substantivo feminino* Movimento feito pela Terra, de oeste para leste, ao redor do Sol, em 365 dias e seis horas. [Plural: *translações*.]

transmissão trans.mis.**são** *substantivo feminino* Ação de transmitir, ou o resultado desta ação. [Plural: *transmissões*.]

transmissível trans.mis.**sí**.vel *adjetivo de dois gêneros* Que se pode transmitir: *A cólera é uma doença transmissível*. [Plural: *transmissíveis*.]

transportar

transmissor trans.mis.**sor** (ô) *adjetivo* **1.** Que transmite: *aparelho transmissor; mosquito transmissor da dengue*. ✓ *substantivo masculino* **2.** Aquele que transmite. **3.** Equipamento que transmite sinais de telefone, rádio, etc.

transmitir trans.mi.**tir** *verbo* **1.** Mandar de um lugar para outro, ou de uma pessoa para outra: *transmitir instruções, informações, etc*. **2.** Fazer passar de uma pessoa para outra; transferir: *transmitir um cargo*. **3.** Deixar passar além; conduzir: *O cobre transmite a eletricidade*. **4.** Comunicar por contágio: *transmitir doença*. **5.** Enviar (informação) de um ponto a outro: *transmitir um jogo de futebol*. **6.** Comunicar; trazer: *Ela me transmite paz*.

transparência trans.pa.**rên**.ci:a *substantivo feminino* **1.** Qualidade de transparente: *a transparência da água, do cristal*. **2.** Sinceridade especialmente quanto às intenções: *a transparência de uma política, de um projeto, etc*.

transparente trans.pa.**ren**.te *adjetivo de dois gêneros* **1.** Que se deixa atravessar pela luz, permitindo a visão dos objetos que estão por trás. **2.** Que permite distinguir os objetos através de sua espessura: *uma cortina transparente*. **3.** Que não esconde nada; evidente, claro: *João é transparente no que diz*.

transpiração trans.pi.ra.**ção** *substantivo feminino* **1.** Ação de transpirar, ou o resultado desta ação. **2.** O mesmo que *suor* (2). [Plural: *transpirações*.]

transpirar trans.pi.**rar** *verbo* **1.** Fazer sair pelos poros; exalar: *O forte calor fazia-o transpirar abundantes gotas de suor*. **2.** Manifestar, exprimir: *O seu rosto transpira alegria*. **3.** Exalar suor: *Transpira muito quando fica nervoso*.

transplantar trans.plan.**tar** *verbo* **1.** Arrancar um vegetal de um lugar e plantá-lo em outro. **2.** Transferir (órgão ou porção deste), entre indivíduos, ou de uma para outra parte do mesmo indivíduo.

transplante trans.**plan**.te *substantivo masculino* Ação de transplantar, ou o resultado desta ação: *transplante de mudas; transplante de fígado*.

transportar trans.por.**tar** *verbo* **1.** Conduzir ou levar de um lugar para outro: *transportar pessoas,* bagagens, etc. **2.** Passar de um lugar para outro: *Transportou-se com a família para a capital do estado.*

transporte trans.**por**.te *substantivo masculino* **1.** Ação, resultado ou operação de transportar(-se). **2.** Veículo (1).

transtornar trans.tor.**nar** *verbo* **1.** Perturbar, atrapalhar: *O acidente transtornou o meu dia.* **2.** Atordoar, confundir: *A má notícia transtornou-o.* **3.** Perturbar-se: *João transtornou-se por pouca coisa.*

transtorno trans.**tor**.no (tôr) *substantivo masculino* Ação de transtornar(-se), ou o resultado desta ação.

transversal trans.ver.**sal** *adjetivo de dois gêneros* Que corta alguma coisa em ângulo reto: *A padaria fica naquela rua transversal.* [Plural: *transversais*.]

trapalhada tra.pa.**lha**.da *substantivo feminino* Confusão, desordem.

trapalhão tra.pa.**lhão** *adjetivo* **1.** Que atrapalha, ou se atrapalha, causando confusão. ✓ *substantivo masculino* **2.** Indivíduo trapalhão. [Plural: *trapalhões*. Feminino: *trapalhona*.]

trapézio tra.**pé**.zi:o *substantivo masculino* **1.** Quadrilátero com dois lados paralelos. **2.** Aparelho de ginástica composto de uma barra, geralmente de madeira, suspensa nas pontas por duas cordas.

trapezista tra.pe.**zis**.ta *substantivo de dois gêneros* Artista que se exibe em trapézio (2).

trapo tra.po *substantivo masculino* **1.** Pedaço de pano velho ou usado. **2.** Roupa muito gasta.

traqueia tra.**quei**.a (éi) *substantivo feminino* Tubo que se estende da garganta aos brônquios, e pelo qual passa o ar que se respira.

traquinagem tra.qui.**na**.gem *substantivo feminino* O mesmo que *travessura*. [Plural: *traquinagens*.]

traquinas tra.**qui**.nas *adjetivo de dois gêneros e dois números* **1.** Veja *travesso*. ✓ *substantivo de dois gêneros e dois números* **2.** Criança travessa.

trás *advérbio* Atrás, detrás: *andar para trás*.

traseiro tra.**sei**.ro *adjetivo* **1.** Que fica atrás, na parte posterior: *porta traseira*. ✓ *substantivo masculino* **2.** As nádegas.

tratamento tra.ta.**men**.to *substantivo masculino* **1.** Ação de tratar(-se), ou o resultado desta ação; trato. **2.** Procedimento médico que visa a curar, aliviar ou prevenir. **3.** Título a que alguém tem direito ou, simplesmente, o modo de se dirigir a alguém: *Como é médico, recebe o tratamento de doutor.* **4.** Modo de tratar, de executar qualquer trabalho: *O tratamento de um assunto; o tratamento da madeira.*

tratar tra.**tar** *verbo* **1.** Falar ou agir em relação a algo: *Tratou o caso com atenção.* **2.** Esforçar-se para curar: *tratar uma doença.* **3.** Acertar, combinar: *Tratou as férias com o patrão.* **4.** Alimentar, nutrir: *Tratou tão bem do gatinho, que ele não demorou a engordar.* **5.** Ter por assunto, por objeto: *O livro trata de caçadas e pescarias.* **6.** Receber: *Sempre trato bem meus convidados.* **7.** Dar certo tratamento: *Trata a mãe de você.* **8.** Cuidar da própria saúde: *Preferiu tratar-se em casa, onde teria o carinho dos pais.*

trato tra.to *substantivo masculino* **1.** Tratamento (1). **2.** Ajuste, pacto: *Pelo nosso trato, está tudo bem.* **3.** Convivência: *É de difícil trato.*

trator tra.**tor** (ô) *substantivo masculino* Veículo a motor que se usa sobretudo na agricultura.

trauma trau.ma *substantivo masculino* Traumatismo.

traumático trau.má.ti.co *adjetivo* Relativo a trauma ou a traumatismo.

traumatismo trau.ma.tis.mo *substantivo masculino* Lesão de gravidade grande ou pequena; trauma.

trava tra.va *substantivo feminino* Veja *freio* (1).

trava-língua tra.va-lín.gua *substantivo masculino* Tipo de parlenda em que a velocidade da pronúncia das palavras causa dificuldade para quem as fala. Exemplo: *Três travessas de trigo para três tristes tigres.* [Plural: *trava-línguas.*]

travar tra.var *verbo* **1.** Frear: *O motorista travou o caminhão.* **2.** Empenhar-se em (combate, luta, etc.). **3.** Ficar impedido de movimentar-se; emperrar: *O portão travou.*

trave tra.ve *substantivo feminino* **1.** Peça grossa de madeira para sustentar o telhado de uma construção; viga. **2.** Armação de madeira do gol.

travessa tra.ves.sa *substantivo feminino* **1.** Rua transversal, secundária. **2.** Prato raso em que a comida é levada à mesa.

travessão tra.ves.são *substantivo masculino* **1.** Sinal de pontuação (–) para separar frases, substituir parênteses, evitar repetição de termo já usado e indicar fala de personagem(ns), num diálogo. **2.** Barra que delimita a parte superior do gol. [Plural: *travessões.*]

travesseiro tra.ves.sei.ro *substantivo masculino* Almofada onde se apoia a cabeça de quem se deita.

travessia tra.ves.si.a *substantivo feminino* Ação de atravessar região, continente, mar, etc.

travesso tra.ves.so (ê) *adjetivo* Diz-se de criança irrequieta, cujas brincadeiras são às vezes perigosas; traquinas, arteiro, peralta, levado.

travessura tra.ves.su.ra *substantivo feminino* Ação de travesso; traquinagem.

trazer tra.zer *verbo* **1.** Conduzir ou transportar para cá: *O avião trouxe os passageiros da Europa; Mamãe trouxe belas rendas do Nordeste.* **2.** Transportar (algo) para entregar à pessoa que fala ou de quem se fala: *Trouxeram-lhe uma bandeja com um prato cheio de talharim.* **3.** Fazer-se acompanhar de: *Veio visitar-nos e trouxe o irmão.* **4.** Dirigir, guiar: *Foi ele quem trouxe o carro.* **5.** Ser portador ou emissário: *Trouxe boas notícias.* **6.** Conduzir: *Trazia a filha*

trecho

pela mão. **7.** Oferecer, dar: *Ficou zangada com a visita, que não lhe trouxe nada.* **8.** Atrair ou conquistar para; transmitir: *O acordo nos trará vantagens.* **9.** Fazer vir; conduzir para cá: *Trouxe sua prima para brincar com você.*

trecho tre.cho (ê) *substantivo masculino* **1.** Espaço de tempo ou de lugar; intervalo. **2.** Fragmento de obra literária ou musical: *Tocou um trecho da canção.* **3.** Porção de um todo; parte: *Estacionei num trecho da avenida perto do hotel.*

treco tre.co *substantivo masculino Gíria* **1.** Qualquer objeto ou coisa; trem. **2.** Mal-estar, indisposição: *Quando soube do fato, quase teve um treco.*

trégua tré.gua *substantivo feminino* Suspensão temporária de combate durante uma guerra, ou de trabalho, dor, confronto, etc.

treinador trei.na.**dor** (ô) *substantivo masculino* Profissional que treina uma pessoa, um animal ou uma equipe.

treinamento trei.na.**men**.to *substantivo masculino* Ação de treinar, ou o resultado desta ação; treino.

treinar trei.**nar** *verbo* **1.** Tornar apto para determinada tarefa ou atividade; adestrar: *treinar um atleta*; *treinar cavalos*. **2.** Exercitar, praticar: *treinar arremessos, saques, etc.* **3.** Exercitar-se para competições esportivas, ou para outros fins: *Se quiser ser campeão, o time precisa treinar todos os dias.*

treino trei.no *substantivo masculino* Veja *treinamento*.

tremer

trem *substantivo masculino* **1.** Conjunto de vagões puxados por uma locomotiva: *As crianças corriam para ver a passagem do trem.* **2.** Treco (1). [Plural: *trens*.]

trema tre.ma *substantivo masculino* Sinal (¨) que se colocava sobre a vogal *u* para indicar que ela se pronuncia. [Era usado apenas sobre o *u*, quando este, sendo pronunciado, vem depois de *g* ou *q* e precede *e* ou *i*, como, por exemplo, em *frequentar, linguiça, tranquilo*, etc.]

tremedeira tre.me.**dei**.ra *substantivo feminino* Veja *tremor* (1).

tremendo tre.**men**.do *adjetivo* **1.** Que causa temor; que faz tremer: *enchente tremenda.* **2.** Fora do comum; extraordinário: *Está um frio tremendo.*

tremer tre.**mer** *verbo* Sentir tremor por causa de doença, frio, etc.: *João tremeu de medo só de pensar que o cão podia atacá-lo.*

tremor

tremor tre.**mor** (ô) *substantivo masculino* **1.** Ação de tremer, ou o resultado desta ação; tremedeira. **2.** Agitação involuntária que compromete extensão variável do corpo. 🔊 Tremor de terra. O mesmo que *terremoto*.

trena tre.**na** *substantivo feminino* Fita de metal ou tecido, com marcações de distâncias (geralmente metros, centímetros e milímetros) usada na medição de terrenos, etc.

trenó tre.**nó** *substantivo masculino* Pequeno veículo com esquis que serve para deslizar sobre gelo ou neve.

trepadeira tre.pa.**dei**.ra *substantivo feminino* Planta que cresce apoiada em outra, ou em qualquer suporte.

trepar tre.**par** *verbo* Subir, segurando-se com as mãos e com os pés: *Para apanhar a pipa, João terá de trepar no telhado do vizinho*.

trepidação tre.pi.da.**ção** *substantivo feminino* Movimento vibratório, como o que se sente num veículo em movimento. [Plural: *trepidações*.]

trepidar tre.pi.**dar** *verbo* Ter ou causar trepidação.

três *numeral* **1.** Quantidade que é uma unidade maior que dois. **2.** Algarismo que representa essa quantidade.

tricotar

trevas tre.vas *substantivo feminino plural* Escuridão total.

trevo tre.vo (ê) *substantivo masculino* Nome comum a várias ervas cujas folhas têm três partes.

treze tre.ze *numeral* **1.** Quantidade que é uma unidade maior que 12. **2.** Número que representa essa quantidade.

trezentos tre.**zen**.tos *numeral* **1.** Quantidade que é uma unidade maior que 299. **2.** Número que representa essa quantidade.

triangular tri.an.gu.**lar** *adjetivo de dois gêneros* **1.** Que tem três ângulos. **2.** Que tem a forma de um triângulo.

triângulo tri.**ân**.gu.lo *substantivo masculino* Figura geométrica de três lados.

tribo tri.bo *substantivo feminino* Nas sociedades não industrializadas, grupo de famílias que descendem de um mesmo antepassado, vivem sob a autoridade de um mesmo chefe e compartilham as mesmas crenças.

tribunal tri.bu.**nal** *substantivo masculino* Local em que se fazem julgamentos: *O pai de meu colega trabalha no tribunal*. [Plural: *tribunais*.]

tributo tri.**bu**.to *substantivo masculino* **1.** Imposto que se paga ao Estado. **2.** Homenagem: *Os amigos prestaram um tributo ao cantor falecido*.

triciclo tri.**ci**.clo *substantivo masculino* Espécie de bicicleta com três rodas, duas das quais na parte traseira.

tricô tri.**cô** *substantivo masculino* Tecido executado à mão com duas agulhas onde se armam as malhas, de modo que o fio, passando de uma agulha para outra, forma os pontos.

tricotar tri.co.**tar** *verbo* Fazer tricô.

trigo tri.go *substantivo masculino* Cereal cuja farinha serve para fazer pão, biscoito, massas, etc.

trilha tri.lha *substantivo feminino* **1.** Pista ou rasto que se deixa no caminho: *Se seguirmos a trilha da onça, vamos descobrir em que árvore ela subiu.* **2.** Caminho estreito aberto no mato.

trilho tri.lho *substantivo masculino* Cada uma das duas barras de aço paralelas sobre as quais passam as rodas dos trens, dos bondes, etc.

trimestre tri.mes.tre *substantivo masculino* Período de três meses.

trincar trin.car *verbo* Cortar ou partir com os dentes, ou morder comprimindo com eles: *Trincou o biscoito, com toda a satisfação.*

trinco trin.co *substantivo masculino* Peça para fechar portas, janelas, etc.

trindade trin.da.de *substantivo feminino* Na doutrina católica, a união de três pessoas distintas em um só Deus. [Com inicial maiúscula.]

trinta trin.ta *numeral* **1.** Quantidade que é uma unidade maior que 29. **2.** Número que representa essa quantidade.

trio tri.o *substantivo masculino* Conjunto de três pessoas, objetos, etc.

tripa tri.pa *substantivo feminino* Intestino de animal.

triplicar tri.pli.car *verbo* Tornar(-se) triplo: *No verão, triplica o número de frequentadores nas praias.*

triplo tri.plo *numeral* **1.** Que é três vezes maior. ✓ *substantivo masculino* **2.** Quantidade três vezes maior que outra.

tripulação tri.pu.la.ção *substantivo feminino* Pessoal que trabalha no serviço de uma embarcação ou de uma aeronave. [Plural: *tripulações*.]

tripulante tri.pu.lan.te *substantivo de dois gêneros* Cada membro de uma tripulação.

trissílabo tris.sí.la.bo *adjetivo* **1.** Que tem três sílabas: *Tristeza é um vocábulo trissílabo.* ✓ *substantivo masculino* **2.** Vocábulo trissílabo.

triste tris.te *adjetivo de dois gêneros* **1.** Sem alegria, infeliz: *sorriso triste.* **2.** Que causa sofrimento, dor ou tristeza: *notícia triste.*

tristeza tris.te.za (ê) *substantivo feminino* **1.** Qualidade do que é ou está triste. **2.** Sentimento ou estado de quem está triste.

triturar tri.tu.rar *verbo* Reduzir a fragmentos, ou a pó.

triunfo tri.un.fo *substantivo masculino* **1.** Vitória estrondosa em guerra, competição, etc. **2.** Êxito brilhante; sucesso: *O filme foi um triunfo.*

triz *substantivo masculino* Usado na locução *por um triz.* 🔊 **Por um triz.** Por pouco: *Um grave acidente entre os dois carros não aconteceu por um triz.*

troca tro.ca *substantivo feminino* Ação de trocar, ou o resultado desta ação.

trocado tro.ca.do *substantivo masculino* Dinheiro de pouco valor. [Mais usado no plural.]

trocar tro.car *verbo* **1.** Dar (uma coisa) por outra: *Troquei cinco selos comuns por um raro.* **2.** Trocar (1) entre si: *trocar cumprimentos, presentes, etc.* **3.** Substituir (uma coisa por outra): *Derramei café com leite nas calças, e tive de trocá-las; trocar de roupa.* 🔊 **Trocar de bem.** Fazer as pazes com alguém. **Trocar de mal.** Romper relações; brigar.

troçar tro.çar *verbo* Fazer brincadeiras; caçoar: *Troçava sempre dos amigos, e por isso não era considerado uma companhia agradável.*

troco tro.co (trô) *substantivo masculino* **1.** Moedas ou cédulas, de valor menor, equivalentes a uma só. **2.** Dinheiro que o vendedor devolve ao comprador que pagou com quantia superior à devida.

troço tro.ço *substantivo masculino Gíria* O mesmo que *treco*.

troféu tro.féu *substantivo masculino* Taça ou qualquer objeto comemorativo de uma vitória. [Plural: *troféus*.]

tromba trom.ba *substantivo feminino* **1.** Prolongamento flexível do focinho de alguns mamíferos, como o elefante e a anta, e com narinas que se abrem na extremidade. **2.** *Popular* Cara aborrecida ou zangada.

trombeta trom.be.ta (ê) *substantivo feminino* Instrumento musical de sopro, de som potente.

tronco tron.co *substantivo masculino* **1.** O caule principal, lenhoso, de árvores e arbustos. **2.** Parte do corpo humano, com exceção da cabeça, do pescoço e dos membros.

trono tro.no *substantivo masculino* Assento elevado em que ficam os soberanos nas ocasiões solenes.

tropa tro.pa *substantivo feminino* **1.** Grande quantidade de pessoas. **2.** Conjunto de soldados, ou os soldados de qualquer arma: *A maior parte da tropa era constituída de novatos*. **3.** O exército: *Aos 18 anos foi para a tropa*. **4.** Caravana de bestas de carga.

tropeção tro.pe.ção *substantivo masculino* O mesmo que **topada**. [Plural: *tropeções*.]

tropeçar tro.pe.çar *verbo* **1.** Dar com o pé (ou com a perna) involuntariamente; esbarrar: *Tropeçou no pé do amigo*. **2.** Hesitar, vacilar: *tropeçar numa resposta*. **3.** Dar tropeção: *Tropeçou no tapete, e por pouco não caiu*.

tropeiro tro.pei.ro *substantivo masculino* Condutor de tropa (4).

tropical tro.pi.cal *adjetivo de dois gêneros* Relativo aos trópicos ou às regiões da Terra que ficam entre os trópicos; dos trópicos: *Adoro frutas tropicais como bananas e mangas*. [Plural: *tropicais*.]

trópico tró.pi.co *substantivo masculino* **1.** Cada um dos dois paralelos, *Trópico de Câncer* e *Trópico de Capricórnio*, a norte e sul do equador, que marcam os limites da região onde o Sol chega a ficar a pino (no zênite) pelo menos uma vez por ano. **2.** Região tropical.

trotar tro.tar *verbo* **1.** Andar (a montaria) a trote. **2.** Cavalgar a trote.

trote

trote tro.te *substantivo masculino* **1.** Andar natural das montarias, entre o passo e o galope. **2.** Brincadeira, às vezes de mau gosto, a que os alunos antigos das escolas sujeitam os calouros.

trouxa trou.xa *substantivo feminino* **1.** Embrulho de roupa. ✓ *substantivo de dois gêneros* **2.** Pessoa tola, fácil de enganar.

trovão tro.vão *substantivo masculino* Estrondo causado por descarga de eletricidade atmosférica; trovoada. [Plural: *trovões*.]

trovoada tro.vo.**a**.da *substantivo feminino* Veja *trovão*.

truque tru.que *substantivo masculino* **1.** Aquilo que se faz para enganar alguém: *Foi preso ao aplicar um velho truque: a venda de terrenos na Lua.* **2.** Maneira de criar ilusões de óptica: *O mágico encantou a plateia com seus truques.* **3.** Maneira habilidosa de fazer alguma coisa: *– Você conhece algum truque para tirar manchas da roupa?*

truta tru.ta *substantivo feminino* Peixe de rio, de carne apreciada.

tu *pronome pessoal* Designa a segunda pessoa do singular; indica a pessoa com quem se fala: *– Tu desejas alguma coisa?*

tuba tu.ba *substantivo feminino* Grande instrumento musical de sopro, com som grave e poderoso.

tubarão tu.ba.**rão** *substantivo masculino* Nome comum a peixes carnívoros, sem escamas, dotados de numerosos dentes e geralmente agressivos; cação. [Plural: *tubarões*.]

tubérculo tu.**bér**.cu.lo *substantivo masculino* Raiz arredondada de certas plantas, que constitui reserva nutritiva; algumas são comestíveis, como, por exemplo, a batata-inglesa e o inhame.

tufão

tuberculose tu.ber.cu.**lo**.se *substantivo feminino* Doença contagiosa que afeta principalmente os pulmões.

tubo tu.bo *substantivo masculino* **1.** Cilindro oco por onde passam ou saem líquidos, gases, etc.: *tubo de cobre, de plástico, etc.* **2.** Qualquer canal ou conduto do organismo animal.

tucano tu.**ca**.no *substantivo masculino* Nome comum a aves de plumagem colorida, com bico grande e curvo, que vivem nas Américas Central e do Sul.

tucunaré tu.cu.na.**ré** *substantivo masculino* Peixe da Amazônia, que chega a atingir 60 centímetros, de carne apreciada.

tudo tu.do *pronome indefinido* **1.** A totalidade das coisas e/ou animais e/ou pessoas e/ou ideias, numa determinada circunstância: *Segundo a Bíblia, tudo o que existe foi criado por Deus.* **2.** Todas as coisas: *Tudo o que te dou ainda é muito pouco.* **3.** Coisa essencial, fundamento: *Esforçar-se pode não ser tudo na vida, mas é quase tudo.*

tufão tu.**fão** *substantivo masculino* Vento fortíssimo com grande poder de destruição. [Plural: *tufões*.]

493

tufo tu.fo *substantivo masculino* Porção de plantas, ou de flores, ou de penas, ou de pelos, juntos.

tuiuiú tu.iu.iú *substantivo masculino* Ave de coloração branca, de pernas, pescoço e bico preto compridos, com parte da pele da garganta nua e avermelhada; jaburu: *O tuiuiú é a ave símbolo do Pantanal.*

tumba tum.ba *substantivo feminino* **1.** Pedra que se coloca sobre o túmulo. **2.** Veja *sepultura*.

tumor tu.mor (ô) *substantivo masculino* Qualquer crescimento anormal de tecido ou órgão do corpo.

túmulo tú.mu.lo *substantivo masculino* Veja *sepultura*.

tumulto tu.mul.to *substantivo masculino* **1.** Confusão, barulho. **2.** Briga.

túnel tú.nel *substantivo masculino* Caminho ou passagem subterrânea. [Plural: *túneis*.]

turbina tur.bi.na *substantivo feminino* Motor que gira movido pela força da água ou de um gás: *A água da represa faz funcionar as turbinas da central elétrica.*

turismo tu.ris.mo *substantivo masculino* Viagem feita geralmente em grupos, e por prazer, a lugares que despertam interesse.

turista tu.ris.ta *substantivo de dois gêneros* Pessoa que faz turismo.

turístico tu.rís.ti.co *adjetivo* Destinado a turismo ou a turistas, ou relativo a eles.

turma tur.ma *substantivo feminino* **1.** Grupo de pessoas. **2.** Os alunos que frequentam uma classe: *Estudei na mesma turma de meu primo.*

turnê tur.nê *substantivo feminino* Viagem de um artista, etc., para se apresentar em diferentes lugares: *O jornal fala de um cantor que fará uma turnê pelo interior da Bahia.*

turno tur.no *substantivo masculino* **1.** Cada uma das divisões do horário de trabalho ou de estudo: *Meu pai trabalha no turno da noite; Os alunos do turno da manhã são muito estudiosos.* **2.** Cada etapa de um campeonato esportivo: *O clube passou para o segundo turno.*

tutano tu.ta.no *substantivo masculino* Substância mole e gordurosa, do interior dos ossos.

tutela tu.te.la *substantivo feminino* Autoridade concedida a alguém para ser o responsável por um menor.

tutor tu.tor (ô) *substantivo masculino* Indivíduo que, legalmente, exerce a tutela.

tutu tu.tu *substantivo masculino* Comida feita com feijão preto engrossado com farinha de mandioca e que pode levar por cima pedaços de carne seca, lombo salgado e linguiça.

uva

u *substantivo masculino* A vigésima primeira letra do nosso alfabeto.

uai u:ai *interjeição* Exprime surpresa, espanto: – *Uai*, onde está o doce que eu pus aqui?

uau u:au *interjeição* Exprime surpresa, alegria: – *Uau*, que beleza de carro!

ué *interjeição* Exprime espanto, surpresa: – *Ué*, você não sabia que o João vai fazer aniversário na próxima semana?

ufa u.fa *interjeição* Exprime admiração ou cansaço: – *Ufa*, que trabalho!

ui *interjeição* Exprime dor, surpresa: – *Ui!* – gritou o menino ao dar uma topada.

uirapuru ui.ra.pu.ru *substantivo masculino* Pássaro da Amazônia de plumagem colorida; seu canto é tão melodioso que, diz a lenda, os outros pássaros calam para poder ouvi-lo.

uivar ui.**var** *verbo* **1.** Dar uivos. **2.** Produzir um som parecido com o uivo: *O vento uiva.*

uivo **ui**.vo *substantivo masculino* **1.** Voz triste do cão, do lobo, etc. **2.** Grito contínuo de dor ou de tristeza.

ultimato ul.ti.**ma**.to *substantivo masculino* Exigência, acompanhada de ameaça, feita para conseguir alguma coisa: *Os grevistas apresentaram um ultimato ao governo; João recebeu um ultimato da mãe: ou arrumaria o quarto ou ficaria de castigo.*

último **úl**.ti.mo *adjetivo* **1.** Que está ou vem no final: *O último menino da fila sou eu.* **2.** Que é o mais moderno ou o mais recente: *Mamãe quer comprar uma geladeira de último tipo.* **3.** Definitivo, que não volta atrás: *Esta é a minha última palavra.* ✓ *substantivo masculino* **4.** Aquele ou aquilo que está ou vem depois de todos: *O último a sair apaga a luz!*

ultraleve ul.tra.**le**.ve *substantivo masculino* Avião de muito pouco peso.

ultrapassagem ul.tra.pas.**sa**.gem *substantivo feminino* Ação de ultrapassar, ou o resultado desta ação. [Plural: *ultrapassagens*.]

ultrapassar ul.tra.pas.**sar** *verbo* **1.** Passar além de: *Ultrapassaram as montanhas.* **2.** Passar à frente de: *O carro ultrapassou o ônibus.* **3.** Ir além de; não respeitar: *Ultrapassou a velocidade permitida.* **4.** Superar: *A renda do jogo ultrapassou as expectativas.*

um *numeral* **1.** Quantidade que corresponde à unidade. **2.** Algarismo que representa essa quantidade. **3.** Que está marcado ou identificado com o número 1. [Nesta acepção é usado sem flexão, depois do substantivo: *capítulo um*, *página um*, *casa um*.] ✓ *artigo indefinido* **4.** Nomear pessoa, animal ou coisa de modo vago: *Deu-me um cachorro e uma flor.* **5.** Algum; qualquer: *Um dia vou ser piloto.* **6.** Certo, determinado: *Um homem passeava por ali.* ✓ *pronome indefinido* **7.** Uma pessoa; alguém: *Para uns, a vida é fácil; para outros, nem tanto.* [Feminino: *uma*.]

umbanda um.**ban**.da *substantivo feminino* Religião de origem africana surgida nos princípios do século XX, e que associa elementos do espiritismo e do catolicismo.

umbigo um.**bi**.go *substantivo masculino* Cicatriz redonda no meio do ventre, produzida pelo corte do cordão umbilical.

495

umbilical um.bi.li.**cal** *adjetivo de dois gêneros* Do, ou relativo ao umbigo. [Plural: *umbilicais*.]

umbu um.**bu** *substantivo masculino* O fruto comestível do umbuzeiro.

umbuzeiro um.bu.**zei**.ro *substantivo masculino* Árvore própria da caatinga que dá umbus.

umedecer u.me.de.**cer** *verbo* Tornar(-se) úmido.

úmero ú.me.ro *substantivo masculino* Osso único do braço.

umidade u.mi.**da**.de *substantivo feminino* Qualidade ou estado de úmido.

úmido ú.mi.do *adjetivo* **1.** Levemente molhado. **2.** Molhado de água, de vapor: *Choveu tanto ontem à noite que a areia da praia ainda está úmida*.

unânime u.**nâ**.ni.me *adjetivo de dois gêneros* **1.** Que está de acordo com todos os demais: *opinião unânime*. **2.** Resultante da concordância de todos: *votação unânime*.

unanimidade u.na.ni.mi.**da**.de *substantivo feminino* **1.** Qualidade de unânime. **2.** Concordância de todos: *O síndico do meu edifício foi eleito por unanimidade*.

unha u.nha *substantivo feminino* **1.** Lâmina fina e relativamente dura que recobre a ponta dos dedos. **2.** Garra de certos animais: *O gato arranhou a porta com as unhas*.

unha de fome u.nha de **fo**.me *adjetivo de dois gêneros* e *substantivo de dois gêneros* Veja *avarento*. [Plural: *unhas de fome*.]

unhar u.**nhar** *verbo* Ferir com as unhas; arranhar.

união u.ni.**ão** *substantivo feminino* **1.** Ação de unir(-se), ou o resultado desta ação; ligação. **2.** Casamento. **3.** Paz, harmonia: *A união reina entre os alunos desta turma*. **4.** Confederação, associação. **5.** O governo federal. [Nesta acepção, com inicial maiúscula.] [Plural: *uniões*.]

unicelular u.ni.ce.lu.**lar** *adjetivo de dois gêneros* Que tem uma única célula, ou é formado de uma só célula: *A bactéria é um ser unicelular*.

único ú.ni.co *adjetivo* **1.** Que é só um; só: *É filho único*. **2.** De cuja espécie não existe outro: *O homem é o único animal que pensa*. **3.** Que não se pode comparar; incomum, raro: *Tem uma beleza única*.

unicórnio u.ni.**cór**.ni:o *substantivo masculino* Animal fabuloso representado com corpo de cavalo e um só chifre no meio da testa.

unidade u.ni.**da**.de *substantivo feminino* **1.** O número um. **2.** Aquilo que, num conjunto, numa espécie, etc., forma um todo: *a unidade política e territorial de um país*. **3.** Ação de unificar(-se): *A unidade do país resultou do tratado de paz*.

unificação u.ni.fi.ca.**ção** *substantivo feminino* Ação de unificar(-se), ou o resultado desta ação. [Plural: *unificações*.]

unificar u.ni.fi.**car** *verbo* **1.** Unir (1). **2.** Tornar-se um só: *Os dois estados unificaram-se*.

uniforme u.ni.**for**.me *adjetivo de dois gêneros* **1.** Que se assemelha muito aos outros: *calçamento de pedras uniformes*; *gostos uniformes*. **2.** Que não varia ou varia pouco; regular, constante: *O movimento dos ponteiros do relógio é uniforme*. ✓ *substantivo masculino* **3.** Roupa própria para uma categoria profissional, para escolares, etc.: *uniforme de enfermeiro*, *uniforme do colégio*.

uniformizar u.ni.for.mi.**zar** *verbo* **1.** Tornar uniforme: *O governo pretende uniformizar os programas escolares*. **2.** Vestir uniforme (3): *Uniformizei-me para ir ao colégio*.

unir u.**nir** *verbo* **1.** Tornar um só; unificar: *A diretora da escola resolveu unir as duas turmas do*

unissex

quinto ano. **2.** Juntar, ligar: <u>unir</u> dois pedaços de corda; *O canal do Panamá <u>une</u> o oceano Pacífico com o Atlântico.* **3.** Casar: *O padre <u>uniu</u> o jovem casal numa bela cerimônia.* **4.** Ligar-se por afeto, casamento ou interesse.

unissex u.nis.**sex** (sex = secs) *adjetivo de dois gêneros e dois números* Que pode ser usado tanto por homem como por mulher: *uma calça <u>unissex</u>.*

universal u.ni.ver.**sal** *adjetivo de dois gêneros* **1.** Relativo ao Universo. **2.** Que abrange todos os homens; mundial: *a Declaração <u>Universal</u> dos Direitos Humanos.* [Plural: *universais*.]

universidade u.ni.ver.si.**da**.de *substantivo feminino* **1.** Conjunto de faculdades para a especialização profissional e científica. **2.** Lugar onde funciona esse conjunto.

universitário u.ni.ver.si.**tá**.ri:o *adjetivo* **1.** Próprio de, ou que leciona ou estuda em universidade. ✓ *substantivo masculino* **2.** Professor ou, especialmente, aluno universitário.

universo u.ni.**ver**.so *substantivo masculino* O conjunto de tudo o que existe (incluindo-se a Terra, os astros, as galáxias, etc.). [Com inicial maiúscula.]

untar un.**tar** *verbo* Passar gordura, manteiga, óleo ou creme em: <u>Untou</u> *a travessa com manteiga;* <u>Untou-se</u> *com protetor solar.*

upa u.pa *interjeição* Usa-se para incentivar um animal ou uma criança a levantar-se ou a subir.

urano u.**ra**.no *substantivo masculino* O sétimo planeta do sistema solar em ordem de afastamento do Sol. [Com inicial maiúscula.]

urbanização ur.ba.ni.za.**ção** *substantivo feminino* **1.** Ação de urbanizar, ou o resultado desta ação. **2.** Conjunto dos trabalhos necessários para que uma área tenha infraestrutura (por exemplo, água, esgoto, eletricidade) ou serviços urbanos (por exemplo, transporte). [Plural: *urbanizações*.]

urbanizar ur.ba.ni.**zar** *verbo* **1.** Transformar em cidade. **2.** Proceder à urbanização (2) de: <u>urbanizar</u> *uma favela.*

urso-polar

urbano ur.**ba**.no *adjetivo* Da, ou relativo à cidade: *vida <u>urbana</u>; transporte <u>urbano</u>.*

ureter u.re.**ter** (tér) *substantivo masculino* Cada um dos dois ductos que conduzem a urina dos rins à bexiga.

uretra u.**re**.tra *substantivo feminino* Ducto excretor da urina e que, no homem, conduz também o sêmen para fora do corpo.

urgência ur.**gên**.ci:a *substantivo feminino* **1.** Aquilo que é urgente: *O doente precisava ser atendido com <u>urgência</u>.* **2.** Caso ou situação de emergência: *Tratava-se de uma <u>urgência</u>, que exigia atendimento imediato.*

urgente ur.**gen**.te *adjetivo de dois gêneros* Que tem de ser feito com rapidez: *um trabalho <u>urgente</u>.*

urina u.**ri**.na *substantivo feminino* Líquido segregado pelos rins, de onde corre pelos ureteres para a bexiga.

urinar u.ri.**nar** *verbo* Fazer sair a urina do corpo.

urinário u.ri.**ná**.ri:o *adjetivo* Relativo à urina: *uma infecção <u>urinária</u>.*

urinol u.ri.**nol** *substantivo masculino* O mesmo que *penico*. [Plural: *urinóis*.]

urna ur.na *substantivo feminino* **1.** Vaso onde se depositavam as cinzas dos mortos, ou o cadáver. **2.** Recipiente onde se recolhem os votos, nas eleições.

urrar ur.**rar** *verbo* Dar urros; rugir.

urro ur.ro *substantivo masculino* O mesmo que *rugido*.

urso ur.so *substantivo masculino* Nome comum a grandes mamíferos que vivem na Europa, na Ásia e na América do Norte.

urso-polar ur.so-po.**lar** *substantivo masculino* Urso de pelos brancos que habita as regiões árticas. [Plural: *ursos-polares*.]

urticária

urticária ur.ti.**cá**.ri:a *substantivo feminino* Erupção na pele de pequenas placas avermelhadas, às vezes acompanhada de coceira.

urtiga ur.**ti**.ga *substantivo feminino* Planta cujas folhas causam queimadura na pele.

urubu u.ru.**bu** *substantivo masculino* Nome comum a aves de cor preta, cabeça e pescoço nus, que se alimentam de carne em decomposição.

urucu u.ru.**cu** ou **urucum** u.ru.**cum** *substantivo masculino* Substância vermelha extraída das sementes de uma pequena árvore (o urucuzeiro), e que é usada para tintura e tempero. [Plural de *urucum*: *urucuns*.]

usar u.**sar** *verbo* **1.** Empregar habitualmente: *O avô de José não usa gírias.* **2.** Fazer uso de; empregar: *Não usou a mesada.* **3.** Apresentar-se habitualmente com: *Meu pai nunca usou barba; Maria sempre usa tênis.*

usina u.**si**.na *substantivo feminino* **1.** Qualquer estabelecimento industrial equipado com máquina. **2.** Usina (1) de açúcar.

uso u.so *substantivo masculino* **1.** Utilização: *O uso indevido de um aparelho acaba por estragá-lo.* **2.** Aplicação, utilidade: *É um xarope com vários usos.* **3.** Costume, hábito: *Vestia-se de acordo com o uso da época.*

uva

usual u.su.**al** *adjetivo de dois gêneros* Que se usa habitualmente; comum, habitual: *Este dicionário só contém palavras usuais.* [Plural: *usuais*.]

usuário u.su.**á**.ri:o *substantivo masculino* Aquele que, por direito, se serve de alguma coisa ou desfruta de suas utilidades.

utensílio u.ten.**sí**.li:o *substantivo masculino* **1.** Qualquer instrumento de trabalho: *O agricultor levava sempre consigo os utensílios de uso diário.* **2.** Objeto criado com determinada utilidade: *utensílios domésticos*.

útero ú.te.ro *substantivo masculino* Órgão onde se desenvolve o feto dos mamíferos.

útil ú.til *adjetivo de dois gêneros* **1.** Que tem uso ou utilidade: *A geladeira é um eletrodoméstico muito útil.* **2.** Proveitoso, vantajoso: *Estudar é sempre útil.* **3.** Diz-se de período reservado ao trabalho produtivo: *A semana tem cinco dias úteis.* [Plural: *úteis*.]

utilidade u.ti.li.**da**.de *substantivo feminino* Qualidade de uma coisa útil, de uma coisa que oferece vantagem, proveito: *Esta ferramenta é de grande utilidade; Há certas invenções que oferecem muito pouca utilidade.*

utilização u.ti.li.za.**ção** *substantivo feminino* Ação de utilizar(-se), ou o resultado desta ação. [Plural: *utilizações*.]

utilizar u.ti.li.**zar** *verbo* **1.** Empregar com utilidade; tornar útil: *Precisamos utilizar o tempo de maneira inteligente.* **2.** Fazer uso de: *Utiliza com frequência as ferramentas que comprou.*

uva u.va *substantivo feminino* Nome comum aos pequeninos frutos das videiras, mais ou menos ovais e que nascem em cachos.

vela

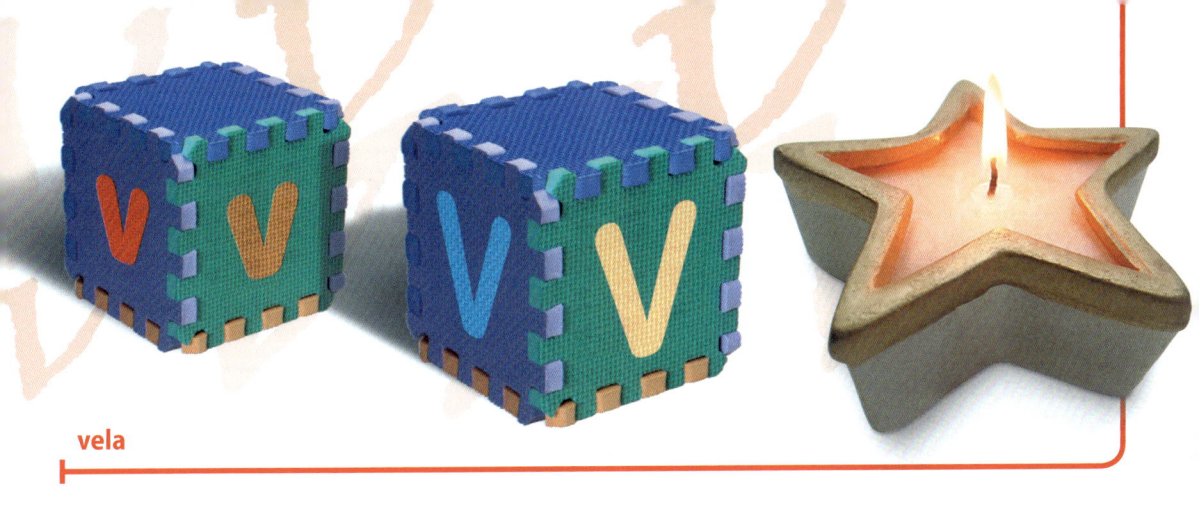

v (vê) *substantivo masculino* A vigésima segunda letra do nosso alfabeto.

vaca va.ca *substantivo feminino* Animal bovídeo doméstico, que é a fêmea do touro: *O leite das vacas é usado como alimento.*

vacilar va.ci.**lar** *verbo* O mesmo que *hesitar*: *Como não havia estudado, vacilou quando lhe fizeram a pergunta.*

vacilo va.**ci**.lo *substantivo masculino* O mesmo que *hesitação*.

vacina va.**ci**.na *substantivo feminino* Medicamento preparado com os micróbios de uma doença, e que é usado para prevenir ou curar essa doença.

vacinar va.ci.**nar** *verbo* Introduzir uma vacina no organismo de um homem ou de um animal: *Devemos vacinar os cães contra a raiva.*

vadiagem va.di.**a**.gem *substantivo feminino* Vagabundagem. [Plural: *vadiagens*.]

vadiar va.di.**ar** *verbo* **1.** Levar vida de vadio. **2.** Veja *vagabundear*: *Sem trabalho, o rapaz vadiava pelas ruas do centro da cidade.*

vadio va.**di**.o *adjetivo e substantivo masculino* Veja *vagabundo*.

vaga va.ga *substantivo feminino* **1.** Lugar vazio: *Não há mais vagas para o espetáculo.* **2.** Lugar em hotel, pensão, etc.: *No cartaz está dito que não há vagas.* **3.** Lugar vago ou disponível: *As vagas desta escola já foram preenchidas.*

vagabundagem va.ga.bun.**da**.gem *substantivo feminino* Vida de vagabundo; vadiagem. [Plural: *vagabundagens*.]

vagabundear va.ga.bun.de.**ar** *verbo* **1.** Levar vida de vagabundo. **2.** O mesmo que *vagar¹*. [Sinônimos: *vadiar*, *vagabundar*.]

vagabundo va.ga.**bun**.do *adjetivo* **1.** Que não tem ocupação, que não trabalha nem estuda. ✓ *substantivo masculino* **2.** Indivíduo vagabundo. [Sinônimo: *vadio*.]

vaga-lume va.ga-**lu**.me *substantivo masculino* Besouro cuja fêmea emite luz fosforescente na parte final do abdome. [Plural: *vaga-lumes*.]

vagão va.**gão** *substantivo masculino* Cada um dos carros do trem (1): *Neste trem, um dos vagões serve de restaurante.* [Plural: *vagões*.]

vagar¹ va.**gar** *verbo* Andar sem rumo; vagabundear: *Vagava pelas ruas em busca de um abrigo.*

vagar² va.**gar** *verbo* Ficar vago² (1 e 2); desocupar: *Se vagar um lugar perto de você, guarde-o para mim.*

vagaroso va.ga.**ro**.so (rô) *adjetivo* Demorado, lento: *Está muito velho, tem um andar vagaroso.* [Plural: *vagarosos* (ró).]

vagem va.gem *substantivo feminino* **1.** Fruto que se abre de ambos os lados: *O fruto do feijoeiro é uma vagem.* **2.** Feijão verde usado na alimentação. [Plural: *vagens*.]

vagina va.**gi**.na *substantivo feminino* Nas fêmeas dos mamíferos, canal que vai do útero ao orifício externo do órgão genital.

vago¹ | válido

vago¹ va.go *adjetivo* Que não é preciso: *Tenho uma vaga lembrança de você.*

vago² va.go *adjetivo* **1.** Que não está ocupado ou preenchido: *Há dois lugares vagos na primeira fila.* **2.** Desabitado: *Há um terreno vago no final desta rua.*

vaia vai.a *substantivo feminino* Barulho de gritos, assobios, etc, que demonstra que algo não agradou.

vaiar vai.ar *verbo* Dar vaias em: *Após a derrota, alguns torcedores vaiaram o time.*

vaidade vai.da.de *substantivo feminino* Orgulho ou valorização excessiva da própria aparência, ou habilidade, ou outro dom pessoal: *Por vaidade acha que é melhor que os amigos.*

vaidoso vai.do.so (dô) *adjetivo* Que tem vaidade: *Os elogios deixaram-no vaidoso.* [Plural: *vaidosos* (dó).]

vaivém vai.vém *substantivo masculino* Movimento para lá e para cá. [Plural: *vaivéns*.]

vala va.la *substantivo feminino* Cavidade profunda no solo, para escoamento de águas, etc.

vale¹ va.le *substantivo masculino* Depressão alongada de terreno, geralmente entre montanhas.

vale² va.le *substantivo masculino* Declaração escrita de um empréstimo, de um adiantamento de dinheiro, etc.: *Assinei um vale de R$ 100,00.*

valente va.len.te *adjetivo de dois gêneros* Que tem valentia; corajoso, bravo: *Os bombeiros são homens valentes.*

valentia va.len.ti.a *substantivo feminino* O mesmo que **coragem**: *A valentia dos soldados deu-lhes a vitória.*

valer va.ler *verbo* **1.** Ter o valor ou o preço de; custar: *Esta casa vale muito.* **2.** Ter valor, crédito, validade: *Este documento já não vale, passou do prazo.* **3.** Ter como consequência; trazer, proporcionar: *Seu trabalho brilhante valeu-lhe o prêmio.* **4.** Ser proveitoso: *Muito lhe valeram os anos de estudo.* **5.** Servir-se, utilizar-se: *Valeu-se da ajuda do pai para estudar para a prova.*

validade va.li.da.de *substantivo feminino* **1.** Qualidade de válido; valor. **2.** Período durante o qual alguma coisa pode ser usada ou consumida: *Este remédio está fora da validade.*

válido vá.li.do *adjetivo* **1.** Baseado nos fatos e na verdade; correto, certo: *A experiência provou que o argumento era válido.* **2.** Legítimo, legal: *Apresentou documentos válidos.*

valioso va.li.**o**.so (ô) *adjetivo* **1.** Que tem grande valor; caro: *Usa joias valiosas.* **2.** Que tem merecimento ou qualidade: *Sua amizade é valiosa.* [Plural: *valiosos* (ó).]

valor va.**lor** (ô) *substantivo masculino* **1.** Preço de algo que se quer comprar ou vender: *O valor desta casa é muito alto, não posso comprá-la.* **2.** Qualidade humana intelectual ou moral que desperta admiração: *Esta escola forma homens de grande valor.* **3.** Veja *validade* (1): *Esta passagem perdeu o valor.* **4.** Importância, utilidade: *A Matemática tem grande valor no aprendizado de várias ciências.*

valorização va.lo.ri.za.**ção** *substantivo feminino* **1.** Ação de valorizar, ou o resultado desta ação. **2.** Aumento do valor ou do preço de algo: *Houve valorização dos terrenos desta rua.* [Plural: *valorizações.*]

valorizar va.lo.ri.**zar** *verbo* **1.** Dar valor a, ou aumentar o valor de: *A construção da piscina valorizou a casa.* **2.** Reconhecer as qualidades, os méritos de: *Agora que se diplomou, valoriza o esforço dos pais.*

valsa val.sa *substantivo feminino* **1.** Dança de salão, em que os pares dão voltas, rodopiando. **2.** A música desta dança: *Johann Strauss foi um grande compositor de valsas.*

vampiro vam.**pi**.ro *substantivo masculino* Ser fantástico que sai à noite da sepultura para sugar o sangue dos vivos, de que se alimenta: *Drácula é o mais famoso dos vampiros.*

vantagem van.**ta**.gem *substantivo feminino* **1.** Aquilo que beneficia; benefício: *São inúmeras as vantagens de uma vida saudável.* **2.** Aquilo que torna superior pessoa ou coisa, em relação a outra: *Ser econômico é a maior vantagem deste carro.* [Plural: *vantagens.*]

vantajoso van.ta.**jo**.so (jô) *adjetivo* **1.** Que dá vantagem, que traz benefício: *Praticar esportes é vantajoso.* **2.** Que proporciona lucro; lucrativo: *Fez um negócio vantajoso.* [Plural: *vantajosos* (jó).]

vão *substantivo masculino* Espaço vazio entre espaços ocupados: *O gambá entrou na casa por um vão do telhado.* [Plural: *vãos.*]

vapor va.**por** (ô) *substantivo masculino* Gás que se desprende de um líquido ou de um sólido.

vaporização va.po.ri.za.**ção** *substantivo feminino* Ação de vaporizar(-se), e o resultado desta ação: *A vaporização das águas dos rios, lagos e mares forma as nuvens de chuva.* [Plural: *vaporizações.*]

vaporizar va.po.ri.**zar** *verbo* O mesmo que *evaporar* (1 e 2): *O Sol vaporiza as águas dos rios, lagos e mares; A água vaporiza-se a 100 graus.*

vaqueiro va.**quei**.ro *substantivo masculino* Homem que cuida do gado: *Ao entardecer, os vaqueiros recolhem o gado ao curral.*

vaquinha va.**qui**.nha *substantivo feminino* Coleta de dinheiro entre pessoas para pagar uma despesa comum: *Fizemos uma vaquinha para comprar o presente da professora.*

vara va.ra *substantivo feminino* **1.** Ramo fino e flexível: *Paulo fez um papagaio com uma folha de papel, linha e duas varas.* **2.** Pau reto: *Fiz uma cerca de varas para o galinheiro.*

varal va.**ral** *substantivo masculino* Fio ou arame esticado, onde se põem roupas para secar: *Como começou a chover, recolheu a roupa do varal.* [Plural: *varais.*]

varanda va.**ran**.da *substantivo feminino* Espaço de terreno aberto, geralmente protegido por cobertura, que se estende na frente de uma construção, ou em volta dela; alpendre: *Penduramos várias redes na nossa varanda.*

vareta va.**re**.ta (ê) *substantivo feminino* **1.** Pequena vara. **2.** Cada uma das hastes da armação do guarda-chuva.

variação va.ri:a.**ção** *substantivo feminino* Ação de variar(-se), ou o resultado desta ação: *A variação das estações do ano se manifesta nos fenômenos meteorológicos.* [Plural: *variações.*]

variado va.ri.**a**.do *adjetivo* **1.** Que se apresenta em formas diferentes; diverso: *Na festa havia variados tipos de doces.* **2.** Que apresenta variedade em algum atributo; vário: *Plantou flores de cores variadas.*

variar va.ri.**ar** *verbo* **1.** Tornar vário ou diverso: *Mudou-se para o campo para variar de vida.* **2.** Modificar-se, alternar-se; mudar: *O tempo varia conforme a estação.* **3.** Experimentar coisas novas: *Vamos variar de brincadeiras?* **4.** Ser diferente: *As opiniões sobre este assunto variam.*

varicela va.ri.**ce**.la *substantivo feminino* Doença contagiosa, comum na infância, caracterizada pelo aparecimento de pequenas bolhas no corpo; catapora.

variedade

variedade va.ri:e.**da**.de *substantivo feminino* **1.** Qualidade do que contém elementos diferentes: *Uma variedade de povos forma o Brasil.* **2** Conjunto de coisas ou tipos que diferem dentro de um todo; diversidade: *O Brasil tem uma grande variedade de climas.*

varíola va.**rí**.o.la *substantivo feminino* Doença infecciosa contagiosa em que há formação de bolhas que deixam cicatrizes.

vários vá.ri:os *pronome indefinido plural* Muitos, diversos: *Gosta de vários dos seus colegas.*

varrer var.**rer** *verbo* **1.** Limpar com vassoura: *Fiz a cama e varri o quarto.* **2.** Destruir, devastar: *O temporal varreu várias cidades.* **3.** Fazer desaparecer: *Varreu aquela lembrança da memória.* **4.** Fazer espalhar-se: *A ventania varreu as nuvens.*

várzea vár.ze:a *substantivo feminino* Terreno plano e fértil, nas margens de um rio: *Há plantações de arroz nestas várzeas.*

vasculhar vas.cu.**lhar** *verbo* Procurar, revirando: *Vasculhou a gaveta até achar a meia que queria.*

vaselina va.se.**li**.na *substantivo feminino* Substância mole e incolor usada em farmácia para diversos preparos medicinais.

vasilha va.**si**.lha *substantivo feminino* Recipiente para guardar líquidos ou sólidos.

vasilhame va.si.**lha**.me *substantivo masculino* Conjunto de vasilhas.

vaso va.so *substantivo masculino* **1.** Recipiente côncavo para conter líquidos ou sólidos. **2.** Vaso (1) que se enche de terra, para nele se plantar: *Na janela há vasos coloridos.* **3.** Jarra para flores. **4.** O mesmo que *vaso sanitário*. **5.** Qualquer ducto do corpo dos animais. 🔊 **Vaso sanitário.** Peça de louça que, nos banheiros, está ligada ao esgoto, e é usada para receber os excrementos corporais e eliminá-los; latrina, privada.

vassoura vas.**sou**.ra *substantivo feminino* Utensílio feito de fibras vegetais ou pelos de material sintético, presos a um cabo, e que é próprio para varrer ou esfregar o chão.

vê

vasto vas.to *adjetivo* **1.** O mesmo que **amplo**: *O apartamento de minha tia tem uma vasta sala.* **2.** Grande, considerável: *Gastou uma vasta soma de dinheiro para comprar a casa.*

vazamento va.za.**men**.to *substantivo masculino* Ação de vazar, ou o resultado desta ação: *Vazamento de gás é muito perigoso.*

vazar va.**zar** *verbo* **1.** Tornar vazio ou esvaziar, entornando o conteúdo de; despejar: *Os lixeiros vazam as latas de lixo num caminhão da prefeitura.* **2.** Atravessar. **3.** Tornar-se conhecido: *A notícia vazou pelos jornais.*

vazio va.**zi**.o *adjetivo* **1.** Que nada contém: *Esta caixa está vazia.* **2.** Em que não há frequentadores, ou os há em pequeno número: *O restaurante está vazio, podemos escolher qualquer lugar.*

vê *substantivo masculino* A letra *v*.

veado

veado ve.a.do *substantivo masculino* Animal mamífero herbívoro, ruminante.

vedação ve.da.ção *substantivo feminino* Ação de vedar, ou o resultado desta ação: *A vedação desta piscina não é boa.* [Plural: *vedações*.]

vedar ve.dar *verbo* **1.** Fechar ou tapar completamente, para impedir a entrada de algo: *Vedou a janela por causa do barulho da rua.* **2.** Rodear com tapume, cerca, muro, etc.; cercar: *Vedaram a casa com altas paredes.* **3.** Servir de obstáculo a: *Este carro está vedando a entrada da rua.* **4.** Impedir ou proibir (acesso, entrada, atividade, etc.): *Vedaram a entrada de menores neste espetáculo.*

vegetação ve.ge.ta.ção *substantivo feminino* O conjunto das plantas de uma determinada região: *A vegetação das caatingas é diferente da do cerrado.* [Plural: *vegetações*.]

vegetal ve.ge.tal *adjetivo de dois gêneros* **1.** Relativo a planta: *Há espécies vegetais que não crescem nos trópicos.* ✔ *substantivo masculino* **2.** O mesmo que **planta**: *Nesta floresta há vegetais que têm mais de um século.* [Plural: *vegetais*.]

vegetar ve.ge.tar *verbo* Crescer (uma planta): *Neste campo vegetam muitas espécies.*

vegetariano ve.ge.ta.ri.a.no *adjetivo* **1.** Que se alimenta somente de vegetais: *As pessoas vegetarianas não comem nenhuma espécie de carne.* ✔ *substantivo masculino* **2.** Indivíduo vegetariano.

velar²

veia vei.a *substantivo feminino* **1.** Vaso (5) que transporta sangue ao coração. **2.** Disposição, tendência, inclinação: *Este menino tem veia de poeta.*

veicular vei.cu.lar *verbo* Fazer difusão de; transmitir, propagar: *A televisão e o rádio veiculam rapidamente as notícias*; *Há insetos que veiculam doenças.*

veículo ve.í.cu.lo *substantivo masculino* **1.** Qualquer meio para transportar ou conduzir pessoas, objetos, etc.: *Os navios são veículos marítimos.* **2.** Carro, automóvel: *Nesta rua é proibido o tráfego de veículos.* **3.** Qualquer coisa capaz de transmitir, propagar algo: *Os jornais são veículos de notícias*; *Muitos animais são veículos de doenças.*

veio vei.o *substantivo masculino* Numa mina, a camada de mineral: *Ficou rico, porque encontrou um veio de ouro.*

vela¹ ve.la *substantivo feminino* Peça de tecido ou de outro material que, recebendo o vento, empurra a embarcação: *As caravelas eram embarcações movidas por meio de velas.*

vela² ve.la *substantivo feminino* **1.** Peça cilíndrica de cera ou de outro material, que tem um pavio no centro, ao qual se ateia fogo para iluminar. **2.** Num filtro, peça cilíndrica oca que deixa passar a água, mas não as impurezas.

velar¹ ve.lar *verbo* **1.** Cobrir com véu. **2.** Tornar escuro; escurecer: *Nuvens pesadas velavam o dia.*

velar² ve.lar *verbo* **1.** Permanecer de vigia, de guarda: *As sentinelas passaram a noite velando.* **2.** Passar a noite acordado: *Velou o doente.* **3.** Dispensar cuidados, proteção a; dedicar-se, zelar: *Velou pelas crianças órfãs.*

veleiro

veleiro ve.**lei**.ro *substantivo masculino* Embarcação à vela.

velejar ve.le.**jar** *verbo* **1.** Navegar à vela: *Velejou vários dias para chegar ao continente.* **2.** Percorrer, navegando à vela: *Velejou por muitos mares.*

velha ve.**lha** *substantivo feminino* Mulher idosa.

velhice ve.**lhi**.ce *substantivo feminino* **1.** Estado ou condição de velho. **2.** Idade avançada: *Está muito bem, apesar da velhice.*

velho ve.**lho** *adjetivo* **1.** Que tem muita idade: *As pessoas velhas têm alguns privilégios.* **2.** Antigo: *Alguns móveis velhos são muito valorizados.* **3.** Que está gasto ou deteriorado pelo uso: *Este aparelho velho não funciona mais.* ✓ *substantivo masculino* **4.** Homem idoso: *No metrô há bancos reservados aos velhos.*

velocidade ve.lo.ci.**da**.de *substantivo feminino* **1.** Relação entre o espaço percorrido e o tempo de percurso: *Os físicos determinaram a velocidade da luz.* **2.** Movimento ou deslocamento rápido: *O carro ia em alta velocidade.*

velório ve.**ló**.ri:o *substantivo masculino* Ação de velar um defunto.

veloz ve.**loz** *adjetivo de dois gêneros* Que anda ou corre com rapidez: *Os guepardos são os animais terrestres mais velozes.*

veludo ve.**lu**.do *substantivo masculino* Tecido muito macio feito de fios naturais ou sintéticos, e que tem o avesso liso e o lado direito coberto de pelos curtos.

vencedor ven.ce.**dor** (ô) *adjetivo* **1.** Que vence ou venceu: *O time vencedor ganhou um troféu.* ✓ *substantivo masculino* **2.** Indivíduo vencedor: *Os vencedores dos dois jogos irão disputar a final.*

vencer ven.**cer** *verbo* **1.** Alcançar vitória ou triunfo; sair vencedor: *O meu clube venceu o campeonato.* **2.** Conter, reprimir: *Venceu a gula e conseguiu perder peso.* **3.** Superar, exceder: *Ninguém o vence em coragem.*

vencimento ven.ci.**men**.to *substantivo masculino* Término do prazo para o pagamento de uma dívida: *O vencimento desta conta é no dia 30 deste mês.*

venda¹ **ven**.da *substantivo feminino* **1.** Ação de vender, ou o resultado desta ação: *Marcou a venda da casa para o fim do mês.* **2.** Estabelecimento modesto que vende mantimentos, bebidas, etc.: *Parou o carro numa venda à beira da estrada.*

venda² **ven**.da *substantivo feminino* Faixa de pano com que se cobrem os olhos: *O ladrão pôs uma venda nos olhos de sua vítima.*

vendar ven.**dar** *verbo* Cobrir com venda: *Há uma brincadeira infantil em que se vendam os olhos de um dos participantes.*

vendaval ven.da.**val** *substantivo masculino* Vento muito forte; ventania: *O vendaval derrubou muitas árvores.* [Plural: *vendavais.*]

vendedor ven.de.**dor** (ô) *substantivo masculino* **1.** Aquele que vende algo: *O vendedor aumentou o preço da mercadoria.* **2.** Pessoa que tem a profissão de vender: *Ele trabalha como vendedor, para pagar os estudos.*

vender ven.**der** *verbo* **1.** Dar ou fornecer algo a alguém, em troca de dinheiro: *Ele vendeu a bicicleta velha por R$ 100,00.* **2.** Negociar: *Este fazendeiro fabrica e vende laticínios.* **3.** Ter boa venda, ter muitos compradores: *Este livro vendeu bem.*

veneno ve.**ne**.no *substantivo masculino* Substância perigosa para a saúde, que é tóxica e pode provocar a morte: *Há cobras, como a cascavel e a jararaca, que produzem veneno.*

venenoso ve.ne.**no**.so (nô) *adjetivo* Que contém veneno: *Há plantas ornamentais que são venenosas.* [Plural: venenosos (nó).]

venta ven.ta *substantivo feminino* O mesmo que *narina*.

ventania ven.ta.**ni**.a *substantivo feminino* O mesmo que **vendaval**: *A ventania arrancou algumas telhas da nossa casa.*

ventar ven.**tar** *verbo* Haver vento: *As caravelas paravam quando não ventava.*

ventilação ven.ti.la.**ção** *substantivo feminino* **1.** Ação de ventar, ou o resultado desta ação: *Como havia pouca ventilação, abrimos as janelas.* **2.** Passagem ou circulação de ar fresco: *Esta abertura é uma das ventilações do metrô.* [Plural: ventilações.]

ventilador ven.ti.la.**dor** (ô) *substantivo masculino* Aparelho que faz ventilar: *Os ventiladores pendiam do teto da sala.*

ventilar ven.ti.**lar** *verbo* **1.** Fazer passar ou circular, ou deixar passar o ar para dentro, ou através de: *Mandou abrir as janelas para ventilar a casa.* **2.** Expor ao ar livre: *Tirou as roupas do armário para ventilá-las.*

vento ven.to *substantivo masculino* Movimento natural do ar atmosférico: *Nos dias de inverno faz frio e vento.*

ventre ven.tre *substantivo masculino* **1.** O mesmo que **abdome**. **2.** O mesmo que **útero**: *As crianças nascem do ventre materno.*

vênus vê.nus *substantivo masculino* O segundo planeta do sistema solar em ordem de afastamento do Sol. [Com inicial maiúscula.]

ver *verbo* **1.** Perceber pela visão; enxergar: *Os gatos veem bem no escuro.* **2.** Alcançar com a vista; avistar: *De minha janela vejo o mar.* **3.** Assistir a: *Vi ontem um bom filme.* **4.** O mesmo que **presenciar**: *Ele viu o eclipse.* **5.** Encontrar-se com alguém: *Não o vejo há um ano.* **6.** Compreender, reconhecer: *Viu que estava errado e desculpou-se.* **7.** Examinar: *O médico saiu para ver um doente.* **8.** Visitar: *Aos domingos vê os avós.* **9.** Achar-se em certo estado, ou condição, ou lugar: *Viu-se no meio da floresta.* **10.** Encontrar-se mutuamente: *Eles se veem todos os dias.*

veranear ve.ra.ne.**ar** *verbo* Passar o verão: *Fui veranear na praia.*

verão ve.**rão** *substantivo masculino* Estação do ano que sucede à primavera e antecede o outono. [Plural: verões.]

verbal ver.**bal** *adjetivo de dois gêneros* **1.** Do, ou relativo ao verbo. **2.** Expresso pela fala: *O professor deu uma explicação verbal da matéria.* [Plural: verbais.]

verbete ver.**be**.te *substantivo masculino* Palavra ou expressão de um dicionário ou de uma enciclopédia, com os significados e outras informações: *Os verbetes deste dicionário têm exemplos.*

verbo ver.bo *substantivo masculino* Palavra que indica ação ou estado, e cuja forma pode variar: *Nas frases Maria comprou dois livros e João estava cansado, comprou e estava são os verbos.*

verdade ver.**da**.de *substantivo feminino* **1.** Aquilo que corresponde à realidade: *Devemos dizer sempre a verdade.* **2.** Coisa verdadeira ou certa: *O que ele contou não é a verdade.*

verdadeiro ver.da.**dei**.ro *adjetivo* **1.** Que está de acordo com a realidade; que não é fictício ou imaginário: *Escreveu um livro contando a sua história verdadeira, que ninguém conhecia.* **2.** Que fala a verdade: *Ele é um homem verdadeiro, você pode acreditar no* *que diz.* **3.** De origem ou qualidade comprovada; legítimo, autêntico: *Esta joia tem pedras preciosas verdadeiras.* **4.** O mesmo que *sincero*: *Sua amizade é verdadeira, nunca me decepcionou.*

verde ver.de *adjetivo* **1.** Da cor das ervas, da grama: *A clorofila dá às plantas a sua cor verde.* **2.** Que não está maduro: *Não gosto de frutos verdes.* **3.** Que apresenta vegetação exuberante: *O gado pasta em verdes campos.* ✓ *substantivo masculino* **4.** A cor verde: *O verde de nossas matas.* **5.** A vegetação, as plantas em geral, de determinado lugar: *Precisamos preservar o nosso verde.*

verdura ver.du.ra *substantivo feminino* O mesmo que *hortaliça*: *As verduras são ricas em vitaminas.*

verdureiro ver.du.**rei**.ro *substantivo masculino* Vendedor de verduras: *Este verdureiro vende somente verduras frescas.*

vereador ve.re.a.**dor** (ô) *substantivo masculino* Membro eleito de uma câmara (2) municipal: *Os vereadores elaboram as leis municipais.*

vergonha ver.**go**.nha *substantivo feminino* **1.** Sentimento de arrependimento por ter cometido um erro: *Teve vergonha de ter sido rude com o amigo.* **2.** Sentimento de insegurança por medo do ridículo ou do julgamento dos outros; timidez: *Tem vergonha de falar em público, pois é muito tímido.*

vergonhoso ver.go.**nho**.so (nhô) *adjetivo* Que causa vergonha: *O seu mau comportamento foi vergonhoso.* [Plural: *vergonhosos* (nhó).]

verificação ve.ri.fi.ca.**ção** *substantivo feminino* Ação de verificar, ou o resultado desta ação. [Plural: *verificações.*]

verificar ve.ri.fi.**car** *verbo* **1.** Examinar para ver se é verdadeiro, exato: *Antes de o prenderem, verificaram se era mesmo culpado.* **2.** Examinar para ver se está feito: *Verificou se todas as portas estavam fechadas, antes de sair.*

verme ver.me *substantivo masculino* Animal de corpo alongado e mole, sem patas, que geralmente é uma larva: *A carne apodrecida fica cheia de vermes.*

vermelho ver.**me**.lho (mê) *adjetivo* **1.** Da cor do sangue, do rubi: *Os carros dos bombeiros são vermelhos.* ✓ *substantivo masculino* **2.** Esta cor: *o vermelho do sangue.*

verminose ver.mi.**no**.se *substantivo feminino* Doença causada por infecção por vermes: *O tratamento da água evita verminoses.*

verruga ver.**ru**.ga *substantivo feminino* Lesão da pele que causa uma protuberância, e que é causada por vírus.

versão

versão ver.**são** *substantivo feminino* **1.** Tradução de um texto de uma língua para outra. **2.** Cada um dos diferentes modos de contar o mesmo fato, história, etc.: *Pela versão da polícia, houve arrombamento, mas a versão do criminoso é outra.* [Plural: *versões*.]

verso¹ **ver**.so *substantivo masculino* Cada linha de um poema: *Estes dois versos têm rima.*

verso² **ver**.so *substantivo masculino* Página oposta à da frente.

vértebra **vér**.te.bra *substantivo feminino* Cada um dos ossos que formam a coluna vertebral do homem e de outros vertebrados.

vertebrado ver.te.**bra**.do *adjetivo* **1.** Que tem vértebras: *Os animais vertebrados têm esqueleto.* ✅ *substantivo masculino* **2.** Animal vertebrado.

vertebral ver.te.**bral** *adjetivo de dois gêneros* Relativo às vértebras, ou formado por elas. [Plural: *vertebrais*.]

verter ver.**ter** *verbo* **1.** Fazer escorrer um líquido para fora do recipiente; entornar, derramar: *Verteu na pia a água do vaso.* **2.** Deixar sair ou escapar-se com força; jorrar: *Esta mina verte águas puríssimas.* **3.** Traduzir de uma língua para outra.

vertical ver.ti.**cal** *adjetivo de dois gêneros* **1.** Que está em posição perpendicular à linha horizontal: *Os homens andam em posição vertical.* ✅ *substantivo feminino* **2.** Linha vertical. [Plural: *verticais*.]

vertigem ver.**ti**.gem *substantivo feminino* O mesmo que **tontura**: *Sentiu uma vertigem quando chegou ao pico da montanha.* [Plural: *vertigens*.]

vesgo **ves**.go (ê) *adjetivo* O mesmo que **estrábico**: *Nas pessoas vesgas os dois olhos não miram na mesma direção.*

vespa **ves**.pa (ê) *substantivo feminino* Inseto alado que tem o corpo fino e uma cintura estreita: *As vespas dão picadas dolorosas.*

véspera **vés**.pe.ra *substantivo feminino* O dia imediatamente anterior àquele de que se trata: *A véspera do domingo é o sábado.*

vetar

veste **ves**.te *substantivo feminino* Peça de roupa que veste o corpo; vestimenta: *A princesa usava ricas vestes.*

vestiário ves.ti.**á**.ri:o *substantivo masculino* **1.** Lugar em que se guardam as vestes ou as roupas. **2.** Num clube, lugar em que os atletas ou outros frequentadores trocam de roupa.

vestibular ves.ti.bu.**lar** *substantivo masculino* Exame de admissão a um curso superior: *A minha irmã fez o vestibular para medicina.*

vestido ves.**ti**.do *substantivo masculino* Veste feminina composta de saia e blusa que formam uma peça única: *Fiz um vestido branco para a formatura.*

vestígio ves.**tí**.gi:o *substantivo masculino* **1.** O que resta de uma construção: *Estas muralhas são vestígios de um antigo castelo.* **2.** Marca deixada por homem ou animal ao passar por um caminho; rastro: *Encontramos vestígios da presença de feras perto do acampamento.*

vestimenta ves.ti.**men**.ta *substantivo feminino* O mesmo que *veste*.

vestir ves.**tir** *verbo* **1.** Cobrir(-se) com roupa: *Vestiu uma camisa azul no filho; Os povos primitivos vestiam-se com peles de animais.* **2.** Pôr peça de roupa em: *Vestiu a criança para sair.* **3.** Usar roupa como disfarce: *Vestiu-se de princesa no Carnaval.*

vestuário ves.tu.**á**.ri:o *substantivo masculino* O conjunto das peças de vestir; roupas, trajes.

vetar ve.**tar** *verbo* O mesmo que *proibir*: *O prefeito vetou a lei aprovada pelos vereadores.*

veterinária

veterinária ve.te.ri.**ná**.ri:a *substantivo feminino* Especialidade da medicina em que se estuda o tratamento das doenças dos animais.

veterinário ve.te.ri.**ná**.ri:o *substantivo masculino* Especialista em veterinária.

véu *substantivo masculino* Tecido leve e fino para cobrir o rosto: *Certas mulheres muçulmanas usam véus.*

vexame ve.**xa**.me *substantivo masculino* Aquilo que causa vergonha: *A humilhação que passou foi um verdadeiro vexame.*

vez *substantivo feminino* **1.** Momento ou ocasião: *É a quinta vez que chove este mês.* **2.** Momento próprio para realizar algo; oportunidade: *Agora é a vez de você falar sério.* 🔊 **Às vezes.** Em determinadas ocasiões: *Às vezes Paulo sai para dançar.* **De vez em quando.** Em espaço de tempo não regular: *Pedro vai ao cinema de vez em quando.*

via vi.a *substantivo feminino* **1.** Lugar por onde se vai; caminho: *Procurei uma via mais curta para chegar aqui.* **2.** Direção, rumo: *Não sabe por qual via deve seguir.* **3.** Rua, avenida, caminho, etc., destinada ao trânsito de veículos e/ou de pedestres: *As vias principais desta cidade estão no centro.* 🔊 **Via Láctea.** A galáxia em que ficam a Terra e o sistema solar.

viaduto vi:a.**du**.to *substantivo masculino* Construção que serve de passagem superior: *O carro subiu o viaduto e saiu em outra rua.*

viagem vi.**a**.gem *substantivo feminino* Ação de ir de um lugar a outro mais ou menos afastado: *Nas férias, fiz uma viagem à Amazônia.* [Plural: *viagens.*]

viajante vi:a.**jan**.te *substantivo de dois gêneros* Pessoa que viaja: *Os viajantes dormiram numa fazenda.*

viajar vi:a.**jar** *verbo* **1.** Fazer viagem ou viagens: *As pessoas que viajam* conhecem muitos lugares. **2.** Andar por: *Viajou por várias cidades do Nordeste.*

vida

vibração vi.bra.**ção** *substantivo feminino* **1.** Ação de vibrar, ou o resultado desta ação: *A vibração das cordas de um violão.* **2.** Cada movimento vibratório: *A vibração do pulso tem ritmo.* **3.** Intensa manifestação de alegria: *Houve vibração no auditório após o concerto.* [Plural: *vibrações.*]

vibrar vi.**brar** *verbo* **1.** Tremer, ou fazer tremer; trepidar: *Com o estrondo, as vidraças vibraram.* **2.** Ter movimento vibratório: *O pulso vibra a cada batimento arterial.* **3.** Manifestar grande alegria ou entusiasmo: *A torcida vibrou com o gol.*

vibratório vi.bra.**tó**.ri:o *adjetivo* Que vibra.

vice-versa vi.ce-**ver**.sa *advérbio* Em sentido inverso ou oposto; ao contrário: *Os alunos que estão à frente irão para trás, e vice-versa.*

viciado vi.ci.**a**.do *adjetivo* **1.** Que se viciou; que tem ou adquiriu vício: *Começou a comer chocolate diariamente, e ficou viciado.* ✅ *substantivo masculino* **2.** Indivíduo viciado.

viciar vi.ci.**ar** *verbo* Fazer adquirir vício, ou adquiri-lo: *Viciou a criança em tomar mamadeira; Viciou-se desde criança em tomar café.*

vício ví.ci:o *substantivo masculino* **1.** Comportamento mau e contrário à moral: *As más companhias levaram-no a ter vícios.* **2.** Hábito ou costume persistente de fazer algo: *Tem o vício de dormir tarde.* **3.** Hábito ou costume prejudicial: *Não consegue livrar-se do vício da bebida.*

viçoso vi.**ço**.so (çô) *adjetivo* Cheio de vida: *As plantas de seu jardim estão viçosas.* [Plural: *viçosos* (çó).]

vida vi.da *substantivo feminino* **1.** Característica dos animais e das plantas, que faz com que nasçam, respirem, se alimentem, se reproduzam e morram, diferenciando-os dos minerais: *A vida na Terra começou há bilhões de anos.* **2.** Modo de viver de qualquer ser animado: *As tecnologias fazem parte da vida do homem moderno; A vida das plantas depende das condições climáticas.*

videira | vingança

videira vi.**dei**.ra *substantivo feminino* Trepadeira que dá uva.

vídeo ví.de:o *substantivo masculino* **1.** Técnica que permite a gravação de imagem e som por meio de uma câmara. **2.** Esta gravação: *Este vídeo é muito bom.* **3.** A tela da televisão ou do monitor de um computador.

🌐 **videogame** (vídeoguei'me) [Inglês] *substantivo masculino* Brinquedo eletrônico exibido em vídeo (3), no qual os participantes controlam ações que nele ocorrem por meio de teclas, *joysticks*, ou *mouse*.

vidraça vi.**dra**.ça *substantivo feminino* Moldura com vidro, para porta ou janela.

vidro vi.dro *substantivo masculino* Material sólido, transparente e quebradiço que se obtém pela fusão e solidificação uma mistura de areia e outras substâncias.

vigésimo vi.**gé**.si.mo *numeral* **1.** Ordinal correspondente a 20: *O corredor chegou em vigésimo lugar.* **2.** Fracionário correspondente a 20: *Comi um vigésimo do bolo.*

vigia vi.**gi**.a *substantivo feminino* **1.** Ação de vigiar, ou o resultado desta ação: *A vigia foi feita durante a noite.* ✅ *substantivo de dois gêneros* **2.** O mesmo que *guarda* (2): *O vigia passa a noite numa cabine perto do portão.*

vigiar vi.gi.**ar** *verbo* **1.** Observar atentamente: *A tarefa do guarda é vigiar a rua.* **2.** Observar ocultamente; espreitar, espionar: *Os agentes secretos vigiam as pessoas suspeitas.* **3.** O mesmo que *velar* (2): *Há um enfermeiro para vigiar o doente.* **4.** Ficar de sentinela: *Nesta noite é você quem vigia.*

vigilante vi.gi.**lan**.te *substantivo de dois gêneros* Pessoa que vigia; guarda, vigia: *Os vigilantes permanecerão acordados a noite toda.*

vigor vi.**gor** (ô) *substantivo masculino* **1.** Força: *Os atletas fazem exercícios para manter o vigor.* **2.** O mesmo que **vitalidade**: *Nas florestas tropicais as árvores crescem com vigor.* **3.** Manifestação de firmeza, energia, segurança: *Defendeu suas ideias com vigor.*

vigoroso vi.go.**ro**.so (rô) *adjetivo* **1.** Que tem vigor físico; forte, robusto: *Contratou homens vigorosos para acompanhá-lo na expedição.* **2.** Que é realizado ou aplicado com força: *Com um vigoroso empurrão, conseguiu abrir a porta emperrada.* [Plural: *vigorosos* (ró).]

vila vi.la *substantivo feminino* Pequena povoação; povoado: *Os bandeirantes criaram vilas no sertão.*

vilão vi.**lão** *substantivo masculino* Indivíduo indigno: *Nas histórias infantis, os vilões sempre perdem.* [Plural: *vilões*, *vilãos* e *vilães*. Feminino: *vilã*.]

vinagre vi.**na**.gre *substantivo masculino* Condimento que é um líquido ácido resultante da fermentação do vinho, do álcool, etc.

vincar vin.**car** *verbo* **1.** Fazer vinco em tecido ou outro material. **2.** Ficar marcado por rugas ou vincos: *O sol e o vento vincaram o seu rosto.*

vinco vin.co *substantivo masculino* **1.** Marca que fica em algo que se dobrou: *A costureira fez vincos na saia.* **2.** Sulco ou ruga na pele: *As pessoas muito velhas têm vincos em todo o corpo.*

vínculo vín.cu.lo *substantivo masculino* O que relaciona duas coisas, ou liga duas pessoas; relacionamento: *Não há vínculo de parentesco entre nós.*

vingança vin.**gan**.ça *substantivo feminino* Ação de vingar(-se), ou o resultado desta ação.

vingar vin.gar *verbo* **1.** Responder uma agressão ou ofensa com outra. **2.** Ter bom êxito: *A minha proposta vingou.*

vinho vi.nho *substantivo masculino* Bebida alcoólica feita, sobretudo, com o suco fermentado de uvas.

vinte vin.te *numeral* **1.** Quantidade que é uma unidade maior que 19. **2.** O número correspondente a essa quantidade.

viola vi.o.la *substantivo feminino* Instrumento musical de cordas semelhante ao violão, mas de menor tamanho.

violão vi:o.lão *substantivo masculino* Instrumento musical de madeira, com seis cordas, fundo chato e uma caixa para soar. [Plural: *violões*.]

violência vi:o.lên.ci:a *substantivo feminino* **1.** Força bruta usada para agredir alguém, ou praticar um ato. **2.** Força que arrasa, que destrói; fúria: *A violência do temporal derrubou a árvore.*

violento vi:o.len.to *adjetivo* **1.** Que ocorre com violência (1 e 2): *Um violento choque de veículos causou o desastre*; *Uma tempestade violenta destruiu várias casas.* **2.** Que perde o controle de si mesmo; colérico. **3.** Muito forte: *Apanhou uma gripe violenta.*

violeta vi:o.le.ta (ê) *substantivo feminino* Erva que tem flores ornamentais, do mesmo nome.

violino vi:o.li.no *substantivo masculino* Instrumento musical de madeira, com quatro cordas que se tocam com um arco.

vir *verbo* **1.** Mover-se de um lugar para aquele em que estamos: *Você pode vir aqui agora?* **2.** Voltar, regressar: *Quando você vier da viagem, conversaremos.* **3.** Proceder, provir: *Os primeiros emigrantes vieram da Europa.* **4.** Fazer-se presente; comparecer: *O professor pediu que os alunos viessem ao colégio no feriado.* **5.** Ser trazido; transportar-se: *O visitante veio de trem.* **6.** Caminhar, andar: *Este cachorro me segue para onde quer que eu vá.* **7.** Chegar (certo tempo ou ocasião): *Quando as férias vierem, irei visitá-lo.*

vira-lata vi.ra-la.ta *substantivo masculino* Cão ou cadela que não tem raça definida. [Plural: *vira-latas*.]

virar vi.rar *verbo* **1.** Mudar de um para outro lado a direção ou posição de algo: *Virou o rosto para ver quem chegava.* **2.** Fazer tomar, ou tomar uma direção: *Virou o carro à direita, no final da rua.* **3.** Pôr em posição contrária àquela em que estava: *Virou o prato sobre a mesa.* **4.** Seguir um caminho que se dobra: *Virando a esquina veremos a casa de meu tio.* **5.** Apontar para uma direção: *Virou a mangueira para as flores.* **6.** Sofrer alteração (o tempo); mudar: *Pela manhã estava sol, mas agora o tempo virou.* **7.** Converter-se ou transformar-se em: *Não era bonita, mas virou uma bela moça.* **8.** Fazer mover, ou mover algo, girando: *Virei a chave e abri a porta.*

virgem vir.gem *substantivo de dois gêneros* **1.** Pessoa que não teve relações sexuais. ☑ *substantivo feminino* **2.** A Virgem Maria, mãe de Jesus Cristo. [Com inicial maiúscula nesta acepção.] ☑ *adjetivo de dois gêneros* **3.** Diz-se de pessoa que não teve relações sexuais: *moça virgem*; *rapaz virgem*. **4.** Que ainda não foi usado: *CD virgem*. **5.** Diz-se de mata ou floresta ainda não explorada: *A Floresta Amazônica tem muitas áreas virgens*. [Plural: *virgens*.]

vírgula vír.gu.la *substantivo feminino* Sinal de pontuação (,) que indica uma pausa ligeira.

virtude vir.tu.de *substantivo feminino* **1.** Qualidade do que é considerado correto. **2.** Qualquer boa qualidade: *Sua maior virtude é a honestidade.* **3.** Capacidade de atingir os objetivos ou os efeitos de sua atividade, finalidade, utilização, etc.;

propriedade: *Certas plantas têm a virtude de curar doenças; Esta água tem virtudes milagrosas.*

vírus ví.rus *substantivo masculino de dois números* **1.** Agente infeccioso, visível apenas ao microscópio. **2.** Programa que se instala no computador do usuário sem o seu conhecimento, e que é capaz de provocar danos.

visão vi.**são** *substantivo feminino* **1.** Ação de ver, ou o resultado desta ação. **2.** O sentido da vista; vista: *Minha avó usa óculos porque tem distúrbios da visão.* **3.** Maneira de ver as coisas, de pensar: *Tenho uma visão otimista do futuro.* [Plural: *visões.*]

visar vi.**sar** *verbo* **1.** Dirigir a vista para um ponto determinado, mirar: *Visou o alvo antes de atirar a flecha.* **2.** Ter como objetivo: *Estas medidas visam o (ou ao) bem de todos nós.*

visconde vis.**con**.de *substantivo masculino* Título (2) superior ao de barão e inferior ao de conde.

viscoso vis.**co**.so (cô) *adjetivo* O mesmo que *pegajoso*: *Esta planta tem uma seiva viscosa.* [Plural: *viscosos* (có).]

visita vi.**si**.ta *substantivo feminino* **1.** Ação de visitar(-se), ou o resultado desta ação: *A visita ao jardim zoológico durou mais de duas horas.* **2.** Pessoa que faz visita; visitante: *As visitas chegarão à tarde.*

visitante vi.si.**tan**.te *substantivo de dois gêneros* O mesmo que *visita* (2): *Esta exposição teve muitos visitantes.*

visitar vi.si.**tar** *verbo* **1.** Ir ver uma pessoa onde ela se encontra: *O médico visita os doentes no hospital; Ontem visitei a minha avó.* **2.** Ir ver ou percorrer (lugares, regiões, etc.): *Visitei várias cidades da Europa.* **3.** Fazer visitas mútuas: *Eles se visitam todos os domingos.*

visível vi.**sí**.vel *adjetivo de dois gêneros* Que se pode ver, ou notar: *Hoje a lua está visível; Seu comportamento teve uma melhora visível.* [Plural: *visíveis.*]

visor vi.**sor** (ô) *substantivo masculino* Aquilo que permite ver, ou ajuda a ver: *o visor de uma câmara fotográfica.*

vista vis.ta *substantivo feminino* **1.** O mesmo que *visão* (2): *Como não tenho boa vista, uso óculos.* **2.** Cada um dos olhos: *Foi operado da vista direita.*

3. Imagem capturada pela vista (1); paisagem, panorama, cenário: *Do alto do morro temos uma bela vista do vale.* 🔊 **À vista.** Com pagamento imediato: *Comprei meu computador à vista.*

visto vis.to *substantivo masculino* Declaração de uma autoridade ou funcionário após exame de documento: *Para obter esta licença, preciso do visto do diretor.*

vistoso vis.**to**.so (tô) *adjetivo* **1.** Que agrada à vista: *João é um rapaz vistoso.* **2.** Que chama a atenção pela sua vivacidade, brilho ou cores, etc.: *Gosta de usar roupas vistosas.* [Plural: vistosos (tó).]

visual vi.su.**al** *adjetivo de dois gêneros* Da, ou relativo à visão, ou obtido através da visão: *Este aluno tem boa memória visual.* [Plural: visuais.]

vital vi.**tal** *adjetivo de dois gêneros* **1.** Que é necessário à vida: *A respiração é uma função vital.* **2.** Muito importante; essencial: *Sua opinião é vital para a decisão do assunto.* [Plural: vitais.]

vitalidade vi.ta.li.**da**.de *substantivo feminino* Energia, dinamismo: *As crianças voltaram das férias cheias de vitalidade.*

vitamina vi.ta.**mi**.na *substantivo feminino* **1.** Cada uma de um grupo de substâncias que são necessárias, em pequenas quantidades, para a saúde e o funcionamento normal do corpo: *Uma alimentação correta nos fornece as vitaminas de que necessitamos para ter saúde.* **2.** Mistura preparada com leite, frutas, legumes, etc.

vítima ví.ti.ma *substantivo feminino* **1.** Pessoa ferida ou assassinada: *A guerra fez muitas vítimas.* **2.** Pessoa que é afetada por acidente, desastre, calamidade, epidemia, etc.: *As vítimas da enchente foram socorridas e abrigadas.* **3.** Pessoa contra quem se comete qualquer crime: *As vítimas do roubo perderam muito dinheiro.*

vitória vi.**tó**.ri.a *substantivo feminino* **1.** Ação de sair vencedor, ou o resultado desta ação; triunfo: *A vitória dos exércitos aliados foi comemorada em todo o mundo.* **2.** Êxito, sucesso: *Os operários alcançaram vitória em suas reivindicações.*

vitória-régia vi.**tó**.ri:a-**ré**.gi:a *substantivo feminino* Erva aquática da Amazônia cujas flores têm até dois metros de diâmetro. [Plural: vitórias-régias.]

vitoriense vi.to.ri.**en**.se *adjetivo de dois gêneros* **1.** De Vitória, capital do estado do Espírito Santo. ✅ *substantivo de dois gêneros* **2.** Quem nasceu, ou vive, em Vitória.

vitorioso vi.to.ri.**o**.so (ô) *adjetivo* Que obteve vitória: *A equipe vitoriosa comemorou com uma festa.* [Plural: vitoriosos (ó).]

vitrine vi.**tri**.ne *substantivo feminino* Vidraça atrás da qual ficam expostos objetos que estão à venda.

viúva vi.**ú**.va *substantivo feminino* Mulher a quem morreu o marido, e que não voltou a casar-se.

viúvo vi.**ú**.vo *substantivo masculino* Homem a quem morreu a mulher, e que não voltou a casar-se.

viva vi.va *substantivo feminino* **1.** Exclamação que serve para aplaudir ou felicitar: *A multidão deu vivas ao vencedor da corrida.* ✅ *interjeição* **2.** Indica aplauso, aprovação, ou desejo de longa vida: *Viva o Brasil!*

vivacidade vi.va.ci.**da**.de *substantivo feminino* Qualidade do que é vivo, rápido, animado; animação: *Respondeu às perguntas com vivacidade.*

viveiro vi.**vei**.ro *substantivo masculino* **1.** Lugar onde se reproduzem e se mantêm animais vivos: *São grandes os viveiros do jardim zoológico.* **2.** Reservatório de água onde se criam peixes: *Na fazenda de meu avô há um viveiro de peixes.*

viver vi.**ver** *verbo* **1.** Ter, ou estar com vida: *Os homens modernos vivem mais que os antigos; Há árvores que vivem centenas de anos.* **2.** Ter como alimento principal; alimentar-se, nutrir-se: *Os vegetarianos vivem de produtos do reino vegetal.* **3.** Passar a vida em um lugar: *Eu sempre vivi nesta cidade.* **4.** Ter como atividade produtiva para a subsistência: *Os indígenas viviam principalmente da caça e da pesca.* **5.** Dedicar-se inteiramente a algo ou alguém: *Vive pelos filhos; Vive pelo trabalho.* **6.** Conviver; frequentar: *Ela vive apenas com a mãe.* **7.** Morar, habitar, residir: *Gosta de viver no estrangeiro.* **8.** Passar a vida de certa maneira: *Ela vive feliz.*

vivíparo vi.**ví**.pa.ro *adjetivo* Diz-se de animal cujos filhotes se desenvolvem no interior do corpo materno e nascem com forma já definitiva: *Os mamíferos são, em sua maioria, vivíparos.*

vivo vi.vo *adjetivo* **1.** Que vive, que tem vida: *As plantas e os animais são seres vivos.* **2.** Que tem vivacidade, entusiasmo, animação: *Esta criança tem um olhar vivo.*

vizinhança vi.zi.**nhan**.ça *substantivo feminino* Área próxima; redondeza: *Na vizinhança de minha casa há um parque.*

vizinho vi.**zi**.nho *adjetivo* **1.** Que está a uma pequena distância; próximo: *Convidei os moradores das casas vizinhas para a festa.* **2.** Que está ao lado: *Reservei a cadeira vizinha para o meu amigo.* ✅ *substantivo masculino* **3.** Aquele que mora próximo de alguém: *Conheço-o bem, é meu vizinho.*

voador vo:a.**dor** (dôr) *adjetivo* Que voa: *Os besouros são insetos voadores.*

voar vo.**ar** *verbo* **1.** Mover-se no ar por meio de asas, ou por algum meio mecânico: *Muitos insetos voam; As aeronaves voam.* **2.** Deslocar-se velozmente no ar: *Setas voaram sobre as nossas cabeças.* **3.** Fazer viagem aérea: *Voou ontem para a Europa.* **4.** Ir para algum lugar com grande rapidez: *Acordou tarde,* e *voou* para a escola. **5.** Decorrer rapidamente: *O tempo voou, já estamos no final do ano.* **6.** Ser destruído em explosão; ir pelos ares: *Atingida por bombas, o alvo voou pelos ares.* **7.** Viajar ou ser transportado em aeronave: *Não veio comigo porque não gosta de voar.*

vocabulário vo.ca.bu.**lá**.ri:o *substantivo masculino* **1.** O conjunto das palavras de uma língua. **2.** O conjunto das palavras conhecidas por alguém: *Você precisa ler mais, para aumentar o seu vocabulário.*

vocábulo vo.**cá**.bu.lo *substantivo masculino* O mesmo que *palavra*: *Não use vocábulos difíceis em seu texto.*

vocação vo.ca.**ção** *substantivo feminino* Tendência natural para uma atividade: *Desde novo mostrou vocação para a música.* [Plural: *vocações*.]

vocal vo.**cal** *adjetivo de dois gêneros* Da voz, ou que a produz: *Os órgãos vocais produzem a voz.* [Plural: *vocais*.]

vocálico vo.**cá**.li.co *adjetivo* O mesmo que *vocal*.

você vo.**cê** *pronome pessoal* Pronome de tratamento da segunda pessoa do singular, mas que é usada como se fosse da terceira pessoa: *– Você me chamou?*

vogal vo.**gal** *substantivo feminino* **1.** Som da fala em que a corrente de ar que o produz passa livremente pela boca, sem encontrar obstrução. **2.** Letra que representa um desses sons: *São cinco as vogais: a, e, i, o, u.* [Plural: *vogais*.]

volante vo.**lan**.te *substantivo masculino* Peça arredondada com se controla a direção de um veículo.

vôlei vô.lei *substantivo masculino* Jogo entre duas equipes de seis jogadores cada, separadas por rede sobre a qual se arremessa a bola, com as mãos; voleibol.

voleibol vo.lei.**bol** *substantivo masculino* O mesmo que *vôlei*. [Plural: *voleibóis*.]

volta vol.ta *substantivo feminino* **1.** Ação de voltar(-se), ou o resultado desta ação; retorno: *Passarei por sua casa na volta.* **2.** Ação de virar ou girar; giro: *Deu duas voltas na chave.* **3.** Giro que uma pessoa ou coisa faz em torno da outra: *A Lua dá voltas em torno da Terra.* **4.** Passeio ou caminhada curta: *Ele saiu para dar uma volta.* **5.** Curva: *Este rio faz muitas voltas antes de desaguar no mar.* 🔊 **Em volta de.** Veja *ao redor de*: *O beija-flor voou em volta da casa.*

voltar vol.**tar** *verbo* **1.** Ir ou dirigir-se para o ponto de onde partiu; regressar, retornar: *Ao voltar, ele passou pela minha casa.* **2.** Dirigir: *Voltou a arma contra o ladrão.* **3.** Ocupar-se novamente de um assunto: *Voltei a estudar.* **4.** Mover-se para o lado, ou em torno; virar-se: *Chegando à porta, voltou-se e deu um adeus.*

volume vo.**lu**.me *substantivo masculino* **1.** Porção do espaço ocupada por um corpo: *O ar ocupa todo o volume desta sala.* **2.** Quantidade de qualquer coisa: *O volume das águas do rio aumentou com as chuvas.* **3.** Intensidade de som: *Abaixe o volume deste rádio.* **4.** Cada uma das partes de uma obra, ou de uma coleção de livros: *Comprei um dicionário em dois volumes.*

volumoso vo.lu.**mo**.so (mô) *adjetivo* Que tem grande volume (1): *Recebi um pacote volumoso.* [Plural: *volumosos* (mó).]

voluntário vo.lun.**tá**.ri:o *adjetivo* **1.** Que depende da própria vontade; que não é forçado: *O ladrão fez uma confissão voluntária de seu crime.* ✅ *substantivo masculino* **2.** Aquele que oferece ajuda ou faz algo por sua própria vontade, muitas vezes gratuitamente: *Trabalha no hospital do bairro como voluntário.*

volúvel vo.**lú**.vel *adjetivo de dois gêneros* Que muda muito de opinião, gosto, especialmente de sentimentos. [Plural: *volúveis*.]

vomitar vo.mi.**tar** *verbo* Expelir pela boca os alimentos que já estavam no estômago.

vômito vô.mi.to *substantivo masculino* **1.** Ação de vomitar, ou o resultado desta ação. **2.** Aquilo que se vomitou.

vontade von.ta.de *substantivo feminino* Impulso que leva a pessoa a realizar algo que deseja: *Sua vontade de ser atleta levou-o a praticar ginástica.* 🔊 **À vontade. 1.** Sem constrangimento: *Disse às visitas que ficassem à vontade.* **2.** Com fartura: *Serviu-se à vontade, pois estava faminto.*

voo vo.o (vô) *substantivo masculino* **1.** Movimento no ar, sem contato com o solo: *O voo é próprio das aves e dos insetos.* **2.** Viagem aérea: *O meu voo é às 17 horas.*

vos *pronome pessoal* Forma que pode tomar o pronome *vós*: – *Meu pai vos convidou para a festa.*

vós *pronome pessoal* Indica a segunda pessoa do plural: – *Vós que estais aí fora, entrai!*

vosso vos.so *pronome possessivo* Refere-se àquilo que é experimentado por pessoas ou pertence a pessoas a quem se dá o tratamento *vós*: *Entendo o vosso sofrimento*; *Podeis levar o livro, ele é vosso.*

votação vo.ta.**ção** *substantivo feminino* **1.** Ação de votar, ou o resultado desta ação: *Faremos amanhã a votação para representante da turma.* **2.** O total dos votos: *Este candidato teve maior votação.* [Plural: *votações.*]

votar vo.**tar** *verbo* **1.** Escolher ou eleger por meio de voto: *A maioria das pessoas votou no meu candidato.* **2.** Decidir por meio de voto: *Os funcionários votaram pelo fim da greve.* **3.** Ter direito a voto, numa eleição: *A lei atual permite que as pessoas maiores de 16 anos votem.*

voto vo.to *substantivo masculino* **1.** O mesmo que *promessa*: *Antes de viajar, fez o voto de casar-se com a namorada.* **2.** Manifestação da vontade ou preferência de alguém que participa de uma votação: *Deu seu voto para o candidato que tinha mais oportunidade de ganhar.* **3.** O mesmo que *votação*: *Escolheram o representante da turma por voto.*

voz *substantivo feminino* **1.** O som produzido pela boca, quando se fala, canta ou grita: *A voz do professor não foi ouvida no fundo da sala.* **2.** Possibilidade de falar; fala: *Tanto gritou, que perdeu a voz.* 🔊 **Voz ativa.** Forma do verbo que indica que a ação é praticada pelo sujeito. Exemplo: *O menino* (sujeito) *comeu o bolo.* **Voz passiva.** Forma do verbo que indica que a ação é sofrida pelo sujeito. Exemplos: *O bolo* (sujeito) *foi comido pelo menino*; *Alugam-se casas* (*casas* (sujeito) *são alugadas*).

vulcânico vul.**câ**.ni.co *adjetivo* De, ou relativo a vulcão: *As erupções vulcânicas assustaram os moradores da ilha.*

vulcão vul.**cão** *substantivo masculino* Abertura na superfície terrestre que dá passagem ao magma e a gases, e que forma uma cratera. [Plural: *vulcões.*]

vulgar vul.**gar** *adjetivo de dois gêneros* Rude; grosseiro: *O rapaz tinha modos vulgares.*

vulto vul.to *substantivo masculino* **1.** Figura que não se distingue: *Como estava escuro, viu apenas um vulto.* **2.** Tamanho, volume: *Recebeu um embrulho de grande vulto.* **3.** Importância: *É um escritor de vulto.*

vultoso vul.**to**.so (ô) *adjetivo* **1.** Que faz vulto; volumoso: *O caminhão transportava uma carga vultosa.* **2.** Muito grande: *A casa custou uma quantia vultosa.* [Plural: *vultosos* (ó).]

waffle

w (dáblio) *substantivo masculino* A vigésima terceira letra do nosso alfabeto, usada em palavras estrangeiras e suas derivadas, e em símbolos e abreviaturas de uso internacional. Às vezes tem som de *u*, às vezes tem som de *v*.

🌐 **waffle** (uófol) [Inglês] *substantivo masculino* Espécie de panqueca, assada em torradeira especial que lhe dá um aspecto característico.

🌐 **web** (uéb) [Inglês] *substantivo feminino* **1.** Sistema de troca de informações na Internet em que os documentos, *sites*, etc., interligados, podem ser acessados e, também, remetidos de um a outro. **2.** Esse conjunto das informações e recursos assim disponíveis. [Geralmente com inicial maiúscula.]

windsurfe wind.**sur**.fe (uin) *substantivo masculino* Esporte aquático que se pratica com prancha equipada com vela.

\# **www** Veja *web*.

xícara

x (xis) *substantivo masculino* A vigésima quarta letra do nosso alfabeto.

xadrez xa.**drez** (ê) *substantivo masculino* **1.** Jogo, sobre um tabuleiro de 64 casas, alternadamente pretas e brancas, no qual dois adversários movimentam 16 peças cada um. **2.** Tecido cujas cores estão dispostas em quadrados alternados. **3.** Veja *cadeia* (2).

xale xa.le *substantivo masculino* Pano que as mulheres usam sobre os ombros como agasalho.

xampu xam.**pu** *substantivo masculino* Espécie de sabão líquido para lavar os cabelos.

xará xa.**rá** *substantivo de dois gêneros* Pessoa que tem o mesmo nome que outra: *Minha prima é xará da minha namorada: também se chama Sílvia.*

xarope xa.**ro**.pe *substantivo masculino* Medicamento líquido de sabor adocicado.

xaxado xa.**xa**.do *substantivo masculino* Dança do Nordeste do Brasil.

xaxim xa.**xim** *substantivo masculino* Pedaço do caule de certas samambaias, antigamente usado na fabricação de vasos para plantas. [Plural: *xaxins*.]

xeque xe.que *substantivo masculino* Lance, no jogo de xadrez, em que o rei sofre ataque de peça adversária.

xeque-mate xe.que-**ma**.te *substantivo masculino* No jogo de xadrez, xeque em que o rei atacado não pode escapar, e que põe fim à partida. [Plural: *xeques-mates* e *xeques-mate*.]

xereta xe.**re**.ta (rê) *adjetivo de dois gêneros* **1.** Que gosta de se intrometer em assuntos alheios. ✓ *substantivo de dois gêneros* **2.** Pessoa xereta.

xeretar xe.re.**tar** *verbo* Bisbilhotar: *O menino abriu o armário e xeretou os papéis do pai.*

xerife xe.**ri**.fe *substantivo masculino* Nos Estados Unidos, espécie de chefe de polícia.

xerocar xe.ro.**car** *verbo* Tirar xerox.

xerox xe.**rox** (cherócs) ou **xérox** xé.rox (chérocs) *substantivo masculino e feminino de dois números* Processo de impressão que permite copiar documentos.

xi *interjeição* Exprime admiração, espanto, surpresa: – *Xi! Que bagunça é essa?*

xícara xí.ca.ra *substantivo feminino* **1.** Pequena vasilha com asa, para servir bebidas quentes ou mesmo frias. **2.** O conteúdo de uma xícara: *O doce de morango em calda leva duas xícaras de açúcar.*

xingamento xin.ga.**men**.to *substantivo masculino* Ação de xingar, ou o resultado desta ação.

xingar xin.**gar** *verbo* Dirigir insultos ou palavras duras a: *Nunca xinguei ninguém.*

xis *substantivo masculino de dois números* A letra *x*.

xixi xi.**xi** *substantivo masculino* Veja *urina*.

xô *interjeição* Usa-se para espantar aves.

xodó xo.**dó** *substantivo masculino* Pessoa muito querida.

yakisoba

y (ipsílon ou ípsilon) ***substantivo masculino*** A vigésima quinta letra do nosso alfabeto, usada em palavras estrangeiras e suas derivadas, e em símbolos e abreviaturas de uso internacional. Tem som de *i*.

🌐 **yakisoba** (iaquissôba) [Japonês] ***substantivo masculino*** Macarrão com carne e verduras.

zebra

z (zê) *substantivo masculino* A vigésima sexta e última letra do nosso alfabeto.

zabumba za.**bum**.ba *substantivo masculino e feminino* O mesmo que *bombo*.

zaga za.ga *substantivo feminino* **1.** No futebol, a posição dos jogadores de defesa. **2.** Os dois zagueiros.

zagueiro za.**guei**.ro *substantivo masculino* No futebol, jogador de defesa.

zanga zan.ga *substantivo feminino* **1.** Cólera, ira. **2.** Sentimento de irritação; mau humor.

zangão zan.**gão** *substantivo masculino* O macho da abelha, que não tem ferrão e é bem maior que as operárias. [Plural: *zangãos* e *zangões*.]

zangar zan.**gar** *verbo* **1.** Causar zanga a; aborrecer: *Sua atitude zangou a amiga*. **2.** Irritar-se, aborrecer-se: *Zangou-se com o vendedor*. **3.** Repreender, censurar: *Zangou com o filho porque ele não fez o dever*.

zanzar zan.**zar** *verbo* **1.** Andar sem rumo certo: *Aos sábados, gostava de zanzar pela cidade*. **2.** Andar ou mover-se de um lado para o outro, sem parar.

zarabatana za.ra.ba.**ta**.na *substantivo feminino* Tubo comprido pelo qual se arremessam, soprando com força, setas e pequenos projéteis.

zê *substantivo masculino* A letra *z*.

zebra ze.bra (ê) *substantivo feminino* **1.** Animal mamífero africano semelhante ao cavalo, com pelo listrado de preto sobre fundo branco. **2.** Faixa listrada pintada no chão das ruas para indicar local de travessia de pedestres. 🔊 **Dar zebra.** Ter resultado inesperado e ruim.

zebu ze.**bu** *adjetivo de dois gêneros* **1.** Diz-se de gado bovino originário da Índia, com uma corcova cheia de reservas nutritivas. ✅ *substantivo masculino* **2.** Gado zebu.

zelador ze.la.**dor** (ô) *substantivo masculino* Homem que toma conta de um edifício de apartamentos, de escritórios, etc.

zelar ze.**lar** *verbo* **1.** Ter zelo por, cuidar com zelo: *zelar pela saúde*. **2.** Cuidar; velar, interessar-se: *O papel dos pais é zelar pelos filhos*.

zelo ze.lo (ê) *substantivo masculino* Dedicação a alguém, cuidado ou interesse por alguém ou por algo.

zeloso ze.**lo**.so (ô) *adjetivo* Que tem muito zelo. [Plural: *zelosos* (ó).]

zero ze.ro *numeral* Cardinal correspondente a um conjunto vazio.

zigoto zi.**go**.to (ô ou ó) *substantivo masculino* Célula resultante da fertilização de um óvulo (2) por um espermatozoide; célula-ovo, ovo.

zigue-zague

zigue-zague zi.gue-**za**.gue *substantivo masculino* Linha quebrada ou sinuosa, que forma ângulos salientes. [Plural: *zigue-zagues*.]

zinco zin.co *substantivo masculino* **1.** Metal duro, branco-acinzentado, usado em ligas, como o latão. **2.** Folha de liga de zinco (1) para cobrir edificações, etc.

zíper zí.per *substantivo masculino* Veja *fecho ecler*.

zoar zo.**ar** *verbo* **1.** Ter som forte e confuso; fazer barulho. **2.** Veja *zumbir*. **3.** *Gíria* Caçoar de alguém ou de alguma coisa; gozar: *Zoou (com) o amigo na frente da namorada*.

zombar zom.**bar** *verbo* Debochar, caçoar: *Zombou do amigo, que ficou magoado*.

zombaria zom.ba.**ri**.a *substantivo feminino* Manifestação maldosa ou irônica, por meio de riso, palavras ou gestos, com que se expõe alguém ao ridículo.

zona zo.na *substantivo feminino* **1.** Região com certas características (de temperatura, vegetação, população, ou econômicas, sociais, etc.): *zona da mata*; *zona rural*; *Esta é a zona dos museus*. **2.** Espaço delimitado numa área: *zona residencial*. **3.** Veja *confusão*.

zoo zo.o (zô) *substantivo masculino* Forma reduzida de *jardim zoológico*.

zoologia zo.o.lo.**gi**.a (ô-o) *substantivo feminino* Ciência que estuda os animais.

zoológico zo.o.**ló**.gi.co (ô-o) *substantivo masculino* Veja *jardim zoológico*.

zoólogo zo.**ó**.lo.go *substantivo masculino* Especialista em zoologia.

zurro

zorra zor.ra (ô) *substantivo feminino* Bagunça, desordem, confusão.

zumbido zum.**bi**.do *substantivo masculino* **1.** Qualquer som semelhante ao zumbir dos insetos; zunido: *o zumbido das abelhas*. **2.** Zumbido (1), de causa orgânica ou psicológica, que a pessoa acredita ouvir.

zumbir zum.**bir** *verbo* **1.** Fazer ruído ao voar (insetos); zunir, zoar. **2.** Produzir ruído semelhante ao das abelhas e de outros insetos; zunir.

zunido zu.**ni**.do *substantivo masculino* O mesmo que *zumbido*.

zunir zu.**nir** *verbo* O mesmo que *zumbir*.

zurrar zur.**rar** *verbo* Emitir zurros.

zurro zur.ro *substantivo masculino* A voz do burro.

Numerais

Numeral	Cardinal	Ordinal	Fracionário
0	zero	—	—
1	um	primeiro	—
2	dois	segundo	metade, meio
3	três	terceiro	terço
4	quatro	quarto	quarto
5	cinco	quinto	quinto
6	seis	sexto	sexto
7	sete	sétimo	sétimo
8	oito	oitavo	oitavo
9	nove	nono	nono
10	dez	décimo	décimo
11	onze	décimo primeiro	onze avos
12	doze	décimo segundo	doze avos
13	treze	décimo terceiro	treze avos
14	quatorze ou catorze	décimo quarto	quatorze avos
15	quinze	décimo quinto	quinze avos
16	dezesseis	décimo sexto	dezesseis avos
17	dezessete	décimo sétimo	dezessete avos
18	dezoito	décimo oitavo	dezoito avos
19	dezenove	décimo nono	dezenove avos
20	vinte	vigésimo	vinte avos
21	vinte e um	vigésimo primeiro	vinte e um avos
22	vinte e dois	vigésimo segundo	vinte e dois avos
23	vinte e três	vigésimo terceiro	vinte e três avos
30	trinta	trigésimo	trinta avos
34	trinta e quatro	trigésimo quarto	trinta e quatro avos
40	quarenta	quadragésimo	quarenta avos
50	cinquenta	quinquagésimo	cinquenta avos
60	sessenta	sexagésimo	sessenta avos
70	setenta	septuagésimo	setenta avos
80	oitenta	octogésimo	oitenta avos
90	noventa	nonagésimo	noventa avos
100	cem	centésimo	centésimo

Numeral	Cardinal	Ordinal	Fracionário
220	duzentos e vinte	ducentésimo vigésimo	ducentésimo vigésimo
300	trezentos	tricentésimo (ou trecentésimo)	trecentésimo
400	quatrocentos	quadringentésimo	quadringentésimo
500	quinhentos	quingentésimo	quingentésimo
600	seiscentos	sexcentésimo	sexcentésimo
700	setecentos	septingentésimo	septingentésimo
800	oitocentos	octingentésimo	octingentésimo
900	novecentos	nongentésimo	nongentésimo
1.000	mil	milésimo	milésimo
1.000.000	um milhão	milionésimo	milionésimo

Algarismos Arábicos e Romanos

Arábico	Romano	Arábico	Romano	Arábico	Romano
1	I	25	XXV	400	CD
2	II	30	XXX	438	CDXXXVIII
3	III	32	XXXII	500	D
4	IV	36	XXXVI	600	DC
5	V	40	XL	700	DCC
6	VI	43	XLIII	800	DCCC
7	VII	47	XLVII	900	CM
8	VIII	50	L	1.000	M
9	IX	54	LIV	1.100	MC
10	X	58	LVIII	1.210	MCCX
11	XI	60	LX	1.320	MCCCXX
12	XII	65	LXV	1.430	MCDXXX
13	XIII	69	LXIX	1.540	MDXL
14	XIV	70	LXX	1.650	MDCL
15	XV	80	LXXX	1.765	MDCCLXV
16	XVI	90	XC	1.877	MDCCCLXXVII
17	XVII	100	C	1.999	MCMXCIX
18	XVIII	200	CC	2.000	MM
19	XIX	210	CCX	2.001	MMI
20	XX	300	CCC	2.010	MMX
21	XXI	325	CCCXXV	2.200	MMCC

Unidades de Medida

Medidas de	Unidade	Símbolo	Correspondências
Comprimento	metro	m	100 cm
	milímetro	mm	0,001 m
	centímetro	cm	0,01 m
	decímetro	dm	0,1 m
	quilômetro	km	1.000 m
	jarda	yd	0,9144 m
	milha	mi	1.609,34 m
	pé	ft	0,3048 m
	polegada	in ou "	0,0254 m
Superfície	metro quadrado	m²	—
	acre	—	4.046,86 m²
	are	a	100 m²
	hectare	ha	10.000 m²
Velocidade linear	quilômetro por hora	km/h	0,0046296 m/s
	milha por hora	mi/h	0,007449 m/s
	nó	—	0,008574 m/s
Velocidade angular	rotações por minuto	rpm	—
Volume	metro cúbico	m³	—
	litro	L ou l	0,001 m³
	galão americano	—	0,003785 m³
	galão inglês	—	0,004546 m³
	barril	—	0,158984 m³
Massa	tonelada métrica	—	1.000 kg
	libra	lb	0,45359 kg
	onça	oz	0,028349 kg
Tempo	segundo	s	—
	minuto	min	60s
	hora	h	3.600s
	dia	d	86.400s

| Unidades brasileiras ||||
Tradicionais	Unidade	Símbolo	Correspondências
Comprimento	braça	—	2,2 m
	côvado	—	0,66 m
	linha	—	0,0023 m
	palmo	—	0,22 m
	pé	—	0,33 m
Massa	arroba	—	cerca de 14,7 kg
	arroba métrica	@	15 kg
Superfície	alqueire	—	0,03627 m^3
	alqueire do norte	—	27.225 m^2
	alqueire mineiro	—	48.400 m^2
	alqueire paulista	—	24.100 m^2

Formas de Tratamento

Palavras ou locuções que funcionam como pronomes pessoais para a designação das pessoas do discurso. Ex.: Você, o Senhor, Vossa Excelência, etc. Apesar de designarem a pessoa a quem se fala, dita 2ª pessoa indireta, tais pronomes levam o verbo para a 3ª pessoa do singular.

Abreviatura	Forma de tratamento (Locução pronominal pessoal de tratamento)	Usa-se para:	Em cartas, ofícios, etc., usam-se:
V. Exa.	Vossa Excelência	Presidente da República, ministros, governadores de Estado, senadores, deputados, prefeitos municipais, vereadores, embaixadores, cônsules, chefes da casa civil e militar, desembargadores, curadores, procuradores e as mais altas patentes militares, até coronel.	Excelentíssimo Senhor Presidente da República, Excelentíssimo Senhor Ministro, Excelentíssimo Senhor Almirante, etc. mas, Senhor Cônsul, Senhor Vereador.
V. M.	Vossa Magnificência	Reitores de Universidade	Magnífico Reitor
M. Juiz	Meritíssimo Juiz	Juízes de Direito	Excelentíssimo Senhor Juiz
V. Sa.	Vossa Senhoria	Outras autoridades civis e militares, como diretores e presidentes de autarquias, fundações, presidentes e membros de altas instituições, como, p. ex., culturais, pessoas notáveis, etc., militares de outras patentes.	Senhor Diretor, Senhor Presidente, Senhor (patente), etc.

Abreviatura	Forma de tratamento (Locução pronominal pessoal de tratamento)	Usa-se para:	Em cartas, ofícios, etc., usam-se:
Prof.	Professor	Professores	Senhor Professor
Dr.	Doutor	Doutores	Senhor Doutor
V. S.	Vossa Santidade	Papa	Santíssimo Padre
V. Emª. Revma.	Vossa Eminência Reverendíssima	Cardeais	Eminentíssimo Senhor
V. Exa. Revma.	Vossa Excelência Reverendíssima	Arcebispos e bispos	Reverendíssimo Senhor
V. Revma.	Vossa Reverendíssima	Abades e superiores de convento	Reverendíssimo Senhor
V. M.	Vossa Majestade	Reis, imperadores	Sua Majestade Real, Sua Majestade Imperial
V. A.	Vossa Alteza	Príncipes, duques	Sua Alteza Real, Sua Alteza

Na conversão das locuções pronominais pessoais de tratamento em formas da 3ª pessoa gramatical (= aquele de quem se fala) dá-se a troca do pronome *Vossa* por *Sua*:

Ex.: *Vossa Majestade precisa decidir sobre a redução dos impostos*. Neste caso, o falante se dirige a alguém (rei ou imperador) que trata por Vossa Majestade.

Sua Majestade precisa decidir sobre a redução dos impostos. Neste caso, o falante se refere a pessoa ausente que trataria por Vossa Majestade, se lhe falasse diretamente.

Coletivos

	Coletivos
abelha	enxame
abutre	bando
acompanhante	comitiva, séquito
alho	réstia
aluno	alunato, classe
anedota	anedotário
anjo	coro, falange, legião
artista	elenco
árvore	arvoredo
assistente	assistência

	Coletivos
astro	constelação
ator	elenco
ave	bando
avião	esquadrilha
banana	cacho, penca
bestas de carga	récua
bispo	episcopado
boi	boiada, manada, rebanho
búfalo	manada

	Coletivos
burro	tropa
cabelo	cabelama, madeixa
cabra	malhada, rebanho, fato
camelo	cáfila
caminhão	frota
canção	cancioneiro
canhão	artilharia
cantor	coro
cão	canzoada, matilha
cão de caça	matilha
capim	feixe
carneiro	malhada, rebanho
carro	carriagem, comboio
casa	casario
cavaleiro	cavalgada
cavalo	tropa
cebola	réstia
chave	molho, penca
cliente	clientela, freguesia
coisa	magote, montão
criado	criadagem, famulagem
dente	dentadura, dentama
deputado	assembleia, câmara
dinheiro	bolada
disco	discoteca
documento	arquivo, cartapácio, *corpus*, dossiê, espicilégio, papelada
elefante	manada
eleitor	colégio
empresa	consórcio, indústria
erva	herbário
escravo	escravaria
escritor	plêiade
espectador	assistência, auditório
estado	confederação, federação
estátua	estatuaria

	Coletivos
estrela	constelação, miríade
estudante	classe, estudantada, turma
examinador	banca
exemplo	exemplário, exemplificação
fábula	fabulário
família	clã
ficha	fichário
fiel	rebanho
filho	prole
filhote	ninhada
filme	filmoteca
fio	meada, mecha
flor	buquê, florilégio, ramalhete
foguete	girândola
formiga	formigueiro
fruto	cacho, penca
gafanhoto	nuvem
hotel	hotelaria
ilha	arquipélago
índio	tribo
inseto	nuvem, miríade
jornal	hemeroteca
jumento	récua
ladrão	bando, malta, quadrilha, súcia
leão	alcateia
lei	código, legislação
lenda	lendário
lenha	feixe
letra	alfabeto
livro	biblioteca
lobo	alcateia
macaco	bando
mapa	atlas, mapoteca
máquina	maquinaria
médico	junta
montanha	cordilheira, cadeia, serra

	Coletivos
mosca	moscaria, mosquedo
músico	banda
navio mercante	frota
navio de guerra ou de pesca	flotilha
nome	lista, rol
notícia	noticiário
obra	acervo, coleção, coletânea
ônibus	frota
ovelha	oviário, rebanho
padre	clero
palavra	palavreado
papel (em folhas)	maço, resma
passarinho	bando
peixe	cardume
pelo	pelagem
pessoa	chusma, magote, multidão, roda
pinto	ninhada

	Coletivos
porco	manada, vara
prato	serviço
prisioneiro	leva
professor	conselho
quadro	pinacoteca
registro	cadastro
regra	regulamento
selo	coleção
soldado	batalhão, exército, falange, legião, pelotão
trabalhador	turma
travessa (pratos de servir)	baixela
tripulante	equipagem, tripulação
utensílio	aparelho, bateria, *kit*, trem
uva	cacho
viajante	caravana
zebra	manada

Vozes e Ruídos de Animais

	Vozes e Ruídos
abelha	zumbir, zunir
águia	grasnar, gritar, guinchar, piar
andorinha	chilrear, piar, pipilar, trinar
araponga	estridular, gritar, martelar, retinir, tinir
arara	berrar, chalrear, gritar
avestruz	grasnar
beija-flor	arrulhar, ruflar
bem-te-vi	arrular, cantar, estridular
besouro	zoar, zumbir, zunir
bezerro	berrar, mugir

	Vozes e Ruídos
bode	balir, berrar, bodejar
boi	berrar, mugir
búfalo	berrar, bramar, mugir
burro	ornear, ornejar, zurrar
cabra	balar, balir, berrar
cabrito	berrar
camelo	blaterar
camundongo	chiar
canário	cantar, chilrear, trilar, trinar
cão	ganir, ladrar, latir, rosnar, uivar

	Vozes e Ruídos
carneiro	balar, balir, berrar
cascavel	sibilar, chocalhar
cavalo	nitrir, relinchar, rinchar
cigarra	cantar, chiar, ciciar, estridular, ziziar
cisne	arensar
cobra	assobiar, sibilar, silvar
codorna	piar
coelho	chiar
condor	crocitar, grasnar
cordeiro	balar, balir
coruja	chirriar, piar
corvo	corvejar, crocitar, grasnar
crocodilo	bramir, chorar
dromedário	blaterar
elefante	barrir, bramar
falcão	gritar, pipilar
foca	gritar
gaivota	grasnar, piar
galinha	cacarejar
galo	cantar, cocoricar
gambá	chiar, guinchar, regougar
ganso	grasnar
gato	miar, ronronar
gavião	guinchar
gralha	grasnar
grilo	cantar, cricrilar, trilar
hiena	chorar, uivar
hipopótamo	grunir, guinchar
jacaré	bramir, chorar
jacu	grasnar
jaguar	rugir
javali	grunhir
jumento	ornear, ornejar, zurrar
leão	bramir, rugir, urrar
leitão	grunhir

	Vozes e Ruídos
leopardo	bramar, rugir
lobo	uivar, ulular
macaco	chiar, guinchar
marreco	grasnar
morcego	guinchar
mosca	zoar, zumbir
mosquito	zumbir, zunir
onça	bramar, rugir, urrar
ovelha	balar, balir, berrar
pantera	miar, rosnar, rugir
papagaio	falar, palrar
pardal	chalrar, chiar, chilrear, piar, pipilar
pato	gracitar, grasnar, grasnir
pavão	gritar, pipilar
perdiz	cacarejar, gritar
periquito	chalrar
peru	gorgolejar, grugulejar, grugrulhar
pinto	piar
pombo	arrulhar, rolar, turturinar
porco	grunhir
rã	coaxar, grasnar
raposa	regougar
rato	chiar, guinchar
sabiá	gorjear
sapo	coaxar
serpente	assobiar, sibilar, silvar
tico-tico	gorjear, piar
tigre	bramar, rugir , urrar
touro	berrar, bufar, mugir, urrar
tucano	berrar, chalrar
urso	bramar, rugir, urrar
vaca	berrar, mugir
veado	berrar, bramar
vespa	zumbir
zebra	relinchar, zurrar

Sobre o Brasil

Presidente	Posse
Deodoro da Fonseca (1827-1892)	15 de novembro de 1889
Floriano Peixoto (1839-1895)	23 de novembro de 1891
Prudente de Morais (1841-1902)	15 de novembro de 1894
Campos Sales (1841-1913)	15 de novembro de 1898
Rodrigues Alves (1848-1919)	15 de novembro de 1902
Afonso Pena (1847-1909)	15 de novembro de 1906
Nilo Peçanha (1867-1924)	14 de junho de 1909
Hermes da Fonseca (1855-1923)	15 de novembro de 1910
Venceslau Brás (1868-1966)	15 de novembro de 1914
Delfim Moreira (1868-1920)	15 de novembro de 1918
Epitácio Pessoa (1865-1942)	28 de julho de 1919
Artur Bernardes (1875-1955)	15 de novembro de 1922
Washington Luís (1870-1957)	15 de novembro de 1926
Junta Governativa Tasso Fragoso (1869-1945) Mena Barreto (1874-1933) Isaías de Noronha (1873-1963)	24 de outubro de 1930
Getúlio Vargas (1883-1954)	03 de novembro de 1930
José Linhares (1886-1957)	29 de outubro de 1945
Eurico Dutra (1885-1974)	31 de janeiro de 1946
Getúlio Vargas (1883-1954)	31 de janeiro de 1951
Café Filho (1899-1970)	25 de agosto de 1954
Nereu Ramos (1888-1958)	11 de novembro de 1955
Juscelino Kubitschek (1902-1976)	31 de janeiro de 1956
Jânio Quadros (1917-1992)	31 de janeiro de 1961
Ranieri Mazzilli (1910-1975)	25 de agosto de 1961
João Goulart (1918-1976)	07 de setembro de 1961
Ranieri Mazzilli (1910-1975)	01 de abril de 1964
Castelo Branco (1900-1967)	15 de setembro de 1964
Costa e Silva (1902-1969)	15 de março de 1967
Junta Militar Aurélio de Lira Tavares (1905-1998) Augusto Rademaker (1905-1985) Márcio de Souza e Melo (1906-1991)	31 de agosto de 1969
Emílio G. Médici (1905-1985)	30 de outubro de 1969

Presidente	Posse
Ernesto Geisel (1908-1996)	15 de março de 1974
João Figueiredo (1918-1999)	15 de março de 1979
José Sarney (1930)	15 de março de 1985
Fernando Collor de Mello (1949)	15 de março de 1990
Itamar Franco (1931-2011)	29 de setembro de 1992
Fernando Henrique Cardoso (1932)	01 de janeiro de 1995 e 01 de janeiro de 1999
Luís Inácio Lula da Silva (1945)	01 de janeiro de 2003 e 01 de janeiro de 2007
Dilma Vana Rousseff (1947)	01 de janeiro de 2011 e 01 de janeiro de 2015

Estados e Capitais do Brasil e seus Adjetivos Pátrios

*Capital Federal

Estado	Sigla	Adjetivos pátrios	Capital	Adjetivos pátrios
Acre	AC	acriano	Rio Branco	rio-branquense
Alagoas	AL	alagoano	Maceió	maceioense
Amapá	AP	amapaense	Macapá	macapaense
Amazonas	AM	amazonense	Manaus	manauense ou manauara
Bahia	BA	baiano	Salvador	soteropolitano
Ceará	CE	cearense	Fortaleza	fortalezense
Distrito Federal	DF	brasiliense*		
Espírito Santo	ES	capixaba	Vitória	vitoriense
Goiás	GO	goiano	Goiânia	goianense
Maranhão	MA	maranhense	São Luís	ludovicense
Mato Grosso	MT	mato-grossense	Cuiabá	cuiabano
Mato Grosso do Sul	MS	sul-mato-grossense	Campo Grande	campo-grandense
Minas Gerais	MG	mineiro	Belo Horizonte	belo-horizontino
Pará	PA	paraense	Belém	belenense
Paraíba	PB	paraibano	João Pessoa	pessoense
Paraná	PR	paranaense	Curitiba	curitibano
Pernambuco	PE	pernambucano	Recife	recifense
Piauí	PI	piauiense	Teresina	teresinense
Rio de Janeiro	RJ	fluminense	Rio de Janeiro	carioca
Rio Grande do Norte	RN	potiguar, norte-rio-grandense ou rio-grandense-do-norte	Natal	natalense
Rio Grande do Sul	RS	gaúcho, sul-rio-grandense ou rio-grandense-do-sul	Porto Alegre	porto-alegrense

Estado	Sigla	Adjetivos pátrios	Capital	Adjetivos pátrios
Rondônia	RO	rondoniano	Porto Velho	porto-velhense
Roraima	RR	roraimense	Boa Vista	boa-vistense
Santa Catarina	SC	catarinense	Florianópolis	florianopolitano
São Paulo	SP	paulista	São Paulo	paulistano
Sergipe	SE	sergipano	Aracaju	aracajuano
Tocantins	TO	tocantinense	Palmas	palmense

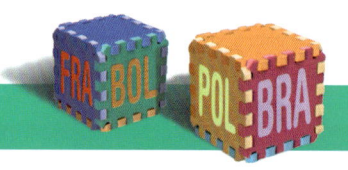

Países e Adjetivos Pátrios

País	Capital	Adjetivo pátrio
Afeganistão	Cabul	afegane ou afegão
África do Sul	Pretória (executiva), Cidade do Cabo (legislativa) e Bloemfontein (judiciária)	sul-africano
Albânia	Tirana	albanês
Alemanha	Berlim	alemão
Andorra	Andorra la Vella	andorrano ou andorrense
Angola	Luanda	angolano ou angolense
Antígua e Barbuda	Saint John's	antiguano
Arábia Saudita	Riad (sede do reinado) e Jidá (administrativa)	saudita, árabe-saudita ou saudi-arábico
Argélia	Argel	argelino ou argeliano
Argentina	Buenos Aires	argentino
Armênia	Ierevã	armênio
Austrália	Camberra	australiano
Áustria	Viena	austríaco
Azerbaijão	Baku	azerbaijano
Baamas ou Bahamas	Nassau	baamiano ou baamense
Bangladesh	Daca	bengalês
Barbados	Bridgetown	barbadiano
Barein, Bareine ou Bahrein	Manama	bareinita ou barenita
Belarus ou Bielorrússia	Minsk	bielorrusso
Bélgica	Bruxelas	belga
Belize	Belmopan	belizenho
Benim	Cotonou (sede do governo) e Porto Novo (administrativa)	beninense
Bolívia	Sucre (capital constitucional) e La Paz (sede do governo)	boliviano

País	Capital	Adjetivo pátrio
Bósnia Herzegóvina	Sarajevo	bósnio
Botsuana	Gaborone	botsuanês
Brasil	Brasília	brasileiro
Brunei	Bandar Seri Begawan	bruneiano *ou* bruneano
Bulgária	Sófia	búlgaro
Burquina Faso	Uagadugu	burquinense
Burundi	Bujumbura	burundinês
Butão	Tinphu	butanês
Cabo Verde	Cidade da Praia	cabo-verdiano
Camarões	Iaundê	camaronês
Camboja	Phnom Penh	cambojano *ou* cambojiano
Canadá	Ottawa	canadense
Catar	Doha	catariano
Cazaquistão	Astana	cazaque
Chade	N'Djamena	chadiano
Chile	Santiago	chileno
China	Pequim	chinês
Chipre	Nicósia	cipriota *ou* cíprio
Colômbia	Bogotá	colombiano
Comores	Noroni	comorense
Congo (Rep. Democrática do)	Kinshasa	congolês
Congo (República do)	Brazzaville	congolês, congolense *ou* conguês
Coreia do Norte	Pyongyang	norte-coreano
Coreia do Sul	Seul	sul-coreano
Costa do Marfim	Abidjan (sede do governo) *e* Yamoussoukro (administrativa)	ebúrneo, marfiniano *ou* marfinense
Costa Rica	San José	costarriquense, costarriquenho, costa-riquense *ou* costa-riquenho
Croácia	Zagreb	croata
Cuba	Havana	cubano
Dinamarca	Copenhague	dinamarquês
Djibuti	Djibuti	djibutiense *ou* djibutiano
Dominica	Roseau	dominiquês *ou* dominicense
Egito	Cairo	egípcio
El Salvador	San Salvador	salvadorenho *ou* salvatoriano
Emirados Árabes Unidos	Abu Dabi	árabe

País	Capital	Adjetivo pátrio
Equador	Quito	equatoriano
Eritreia	Asmará	eritreu
Eslováquia	Bratislava	eslovaco
Eslovênia	Lubliana	esloveno
Espanha	Madri	espanhol
Estados Unidos da América	Washington	norte-americano
Estônia	Tallinn	estoniano
Etiópia	Adis-Abeba	etíope
Fiji	Suva	fijiano
Filipinas	Manila	filipino
Finlândia	Helsinque	finlandês
Formosa ou Taiwan	Taipé	formosino ou taiuanês
França	Paris	francês
Gabão	Libreville	gabonense ou gabonês
Gâmbia	Banjul	gambiano
Gana	Acra	ganense ou ganês
Geórgia	T'bilisi	georgiano
Granada	Saint George	granadino
Grécia	Atenas	grego
Guatemala	Cidade da Guatemala	guatemalteco ou guatemalense
Guiana	Georgetown	guianense ou guianês
Guiné	Conacri	guineano
Guiné-Bissau	Bissau	guineense
Guiné Equatorial	Malabo	guinéu-equatoriano
Haiti	Porto Príncipe	haitiano
Holanda	Amsterdã	holandês
Honduras	Tegucigalpa	hondurenho
Hungria	Budapeste	húngaro
Iêmen	Sana'a	iemenita
Ilhas Marshall	Dalap-Uliga-Darrit	marshallino
Ilhas Salomão	Honiara	salomônico
Índia	Nova Délhi	indiano, hindu ou índio
Indonésia	Jakarta	indonésio
Irã	Teerã	iraniano
Iraque	Bagdá	iraquiano
Irlanda	Dublin	irlandês

País	Capital	Adjetivo pátrio
Islândia	Reykjavik	islandês
Israel	Jerusalém	israelense *ou* israeliano
Itália	Roma	italiano
Jamaica	Kingston	jamaicano
Japão	Tóquio	japonês
Jordânia	Amã	jordaniano
Kiribati	Bairiki	quiribatiano
Kuwait, Kuweit *ou* Coveite	Cidade do Kuwait, do Kuweit *ou* do Coveite	kuwaitiano, kuweitiano *ou* coveitiano
Laos	Vientiane	laosiano, laociano *ou* laosense
Lesoto	Maseru	lesoto, lesotense *ou* lesotiano
Letônia	Riga	letão, leto *ou* letoniano
Líbano	Beirute	libanês
Libéria	Monróvia	liberiano
Líbia	Trípoli	líbio
Liechtenstein	Vaduz	liechtensteinense
Lituânia	Vilnius	lituano
Luxemburgo	Luxemburgo	luxemburguês *ou* luxemburguense
Macedônia	Skopje	macedônio
Madagascar *ou* Madagáscar	Antananarivo	malgaxe *ou* madagascarense
Malásia *ou* Maláisia	Kuala Lumpur	malásio *ou* malaio
Malawi, Malauí *ou* Malavi	Lilongue	malauiano, malauíta, malaviano *ou* malavita
Maldivas	Male	maldivo *ou* maldivano
Mali	Bamaco	malinês
Malta	Valeta	maltês
Marrocos	Rabat	marroquino
Maurício	Port Louis	mauriciano
Mauritânia	Nuakchott	mauritano *ou* mauritaniano
México	Cidade do México	mexicano
Mianmá *ou* Mianmar	Yangon	birmanês
Micronésia	Palikir	micronésio
Moçambique	Maputo	moçambicano
Moldávia *ou* República Moldova	Chisinau	moldávio
Mônaco	Cidade de Mônaco	monegasco
Mongólia	Ulan Bator	mongol
Montenegro	Podgorica	montenegrino
Namíbia	Windhoek	namibiano

País	Capital	Adjetivo pátrio
Nauru	Yaren	nauruano
Nepal	Katmandu	nepalês
Nicarágua	Manágua	nicaraguano *ou* nicaraguense
Níger	Niamei	nigerino *ou* nigerense
Nigéria	Abuja	nigeriano
Noruega	Oslo	norueguês
Nova Zelândia	Wellington	neozelandês
Omã	Mascate	omani *ou* omaniano
Palau	Koror	palauano
Panamá	Cidade do Panamá	panamenho *ou* panamense
Papua Nova Guiné	Port Moresby	papuásio *ou* papua
Paquistão	Islamabad	paquistanense *ou* paquistanês
Paraguai	Assunção	paraguaio
Peru	Lima	peruano *ou* peruviano
Polônia	Varsóvia	polonês
Portugal	Lisboa	português
Quênia	Nairóbi	queniano
Quirguízia *ou* Quirguistão	Bishkek	quirguiz
Reino Unido	Londres	britânico
República Centro-Africana	Bangui	centro-africano
República Dominicana	Santo Domingo	dominicano
República Tcheca	Praga	tcheco *ou* checo
Romênia	Bucareste	romeno
Ruanda	Kigali	ruandês
Rússia	Moscou	russo
Samoa	Apia	samoano
San Marino *ou* São Marino	San Marino	samarinês *ou* são-marinense
Santa Lúcia	Castries	santa-lucense
São Cristóvão e Névis	Basseterre	neviano
São Tomé e Príncipe	São Tomé	são-tomense *ou* santomense
São Vicente e Granadinas	Kingstown	são-vicentino *ou* granadinense
Seicheles	Vitória	seichelense

País	Capital	Adjetivo pátrio
Senegal	Dacar	senegalês
Serra Leoa	Freetown	serra-leonês
Sérvia	Belgrado	sérvio
Singapura	Cidade de Singapura	singapuriano
Síria	Damasco	sírio
Somália	Mogadíscio	somali ou somaliano
Sri Lanka	Colombo (executiva) e Kotte (administrativa e legislativa)	cingalês
Suazilândia	Mbabane	suazi
Sudão	Cartum	sudanês
Suécia	Estocolmo	sueco
Suíça	Berna	suíço
Suriname	Paramaribo	surinamês
Tailândia	Bangcoc	tailandês
Tajiquistão ou Tadjiquistão	Dushambe	tajique ou tadjique
Tanzânia	Dodoma	tanzaniano
Timor Leste	Dili	timorense
Togo	Lomé	togolês
Tonga	Nuku'alofa	tonganês
Trinidad e Tobago	Port of Spain	trinitário ou tobaguiano
Tunísia	Túnis	tunisiano
Turcomênia ou Turcomenistão	Ashgabat	turcomeno ou turcomano
Turquia	Ancara	turco
Tuvalu	Fongafale	tuvaluano
Ucrânia	Kiev	ucraniano
Uganda	Campala	ugandense
Uruguai	Montevidéu	uruguaio
Uzbequistão	Tashkent	usbeque
Vanuatu	Porto-Vila	vanuatuense
Vaticano	Cidade do Vaticano	—
Venezuela	Caracas	venezuelano
Vietnã	Hanói	vietnamita
Zâmbia	Lusaca	zambiano
Zimbábue	Harare	zimbabueano

Minienciclopédia

Esta minienciclopédia reúne dados geográficos, históricos e biográficos relativos ao Brasil e alguns dados biográficos de não brasileiros. O espaço muito limitado causa, obviamente, uma grande seleção nas inclusões, e os critérios adotados não pretendem, nem podem, ter rigor sistemático absoluto. A inclusão dos verbetes biográficos é regida por critérios de importância não comparáveis por padrões exatos, sobretudo no que se refere aos nomes estrangeiros.

Os nomes em maiúsculas, nas entradas, são aqueles pelos quais o biografado é mais conhecido. Os dados referentes à superfície dos estados brasileiros, bem como a quantidade de municípios neles existentes, foram extraídos do *site* www.ibge.gov.br.

ABERTURA DOS PORTOS. Ato pelo qual D. João VI, em 28 de janeiro de 1808, abriu os portos brasileiros às nações amigas, permitindo-lhes comerciar livremente.

ABOLIÇÃO DA ESCRAVATURA. Assinatura da Lei Áurea pela Princesa Isabel, em 13 de maio de 1888, que terminou com quase quatro séculos de escravidão de negros no Brasil.

ABROLHOS. Arquipélago situado a 70 km ao largo de Caravelas (BA), importante área de proteção ambiental.

ACADEMIA BRASILEIRA DE CIÊNCIAS. Instituição de cientistas fundada no Rio de Janeiro em 1916.

ACADEMIA BRASILEIRA DE LETRAS (ABL). Instituição de escritores fundada no Rio de Janeiro, em 1896. Compõe-se de 40 membros e tem por objetivo a cultura da língua e da literatura nacionais.

ACADEMIA BRASILEIRA DE MÚSICA. Instituição de músicos fundada por Vila-Lobos, no Rio de Janeiro, em 1945. Compõe-se de 40 membros.

ACRE. Estado da região Norte, situado na Amazônia brasileira. *Sigla*: AC. *Superfície*: 152.581,388 km². *Capital*: Rio Branco. *Municípios*: 22. *Municípios mais populosos*: Rio Branco, Cruzeiro do Sul, Feijó, Tarauacá, Sena Madureira. Soberania brasileira sobre o território reconhecida pelo Tratado de Petrópolis (1903), assinado por Brasil, Bolívia e Peru; passagem de território federal a Estado em 1962.

ALAGOAS. Estado da região Nordeste. *Sigla*: AL. *Superfície*: 27.767,661 km². *Capital*: Maceió. *Municípios*: 102. *Municípios mais populosos*: Maceió, Arapiraca, Palmeira dos Índios, Rio Largo, União dos Palmares, Penedo, São Miguel dos Campos. Parte da capitania de Pernambuco, Alagoas torna-se comarca em 1711 e separa-se em 1817, transformando-se em capitania autônoma e, depois, em província (1822) e estado (1889).

ALEIJADINHO (**Antônio Francisco Lisboa**, dito **O**) (cerca de 1730, MG–1814). Escultor e arquiteto, traçou igrejas e criou esculturas em estilo barroco em Ouro Preto, Congonhas, Sabará, São João del-Rei, Tiradentes, etc.

ALENCAR, JOSÉ Martiniano DE (1829, CE–1877). Romancista e teatrólogo. Obras: *O Guarani*, *Iracema*, etc.

ALFAIATES, Revolta dos. Ver BAIANA, Conjuração.

ALVIM, ÁLVARO (1863, RJ–1928). Médico. Pioneiro, no Brasil, do emprego da radiação com fins terapêuticos.

AMADO, JORGE (1912, BA–2001). Romancista, figura importante do romance nordestino. Obras: *Mar Morto*, *Terras do Sem-Fim*, etc.

AMAPÁ. Estado da região Norte, situado na Amazônia brasileira. *Sigla*: AP. *Superfície*: 142.814,585 km². *Capital*: Macapá. *Municípios*: 16. *Municípios mais populosos*: Macapá, Santana, Laranjal do Jari, Mazagão. Objeto de disputa territorial com os franceses, decidida em favor do Brasil, em 1900; passou à condição de Estado em 1988.

AMARAL, TARSILA DO (1886, SP–1973). Pintora. Participou da Semana de Arte Moderna. Obras: *Pau-Brasil*, *O Abaporu*, etc.

AMAZONAS. Estado da região Norte, situado na Amazônia brasileira, o maior da Federação. *Sigla*: AM. *Superfície*: 1.570.745,680 km². *Capital*: Manaus. *Municípios*: 62. *Municípios mais populosos*: Manaus, Parintins, Manacapuru, Itacoatiara, Coari, Tefé. Cedido a Portugal pela Espanha (Tratado de Madri, 1750). Elevado a província em 1850.

AMAZONAS. O maior dos rios brasileiros, o primeiro do mundo em volume de água e em extensão (7.100 km aproximadamente); nasce em território peruano e deságua no Atlântico; é navegável em quase todo o seu curso. [Este rio, ao penetrar em território brasileiro e até encontrar-se com o Negro, um dos seus afluentes da margem esquerda, tem o nome de Solimões.]

AMAZÔNIA. Região geográfica que abrange vários países da América Latina e, no Brasil, os estados do PA, AM, AC, RO, AP, RR, TO, MT e MA; floresta tropical em meio à bacia do rio Amazonas que abriga rica flora e fauna (representa 1/3 das reservas florestais da Terra).

ANCHIETA, José de (1534, Canárias, Espanha–1597). Poeta e autor de uma gramática do tupi, foi um dos principais pregadores dos ensinamentos de Jesus Cristo. Obras: *Arte de Gramática da Língua mais Usada na Costa do Brasil*, *Na Festa de São Lourenço*, etc.

ANDRADA E SILVA, JOSÉ BONIFÁCIO DE (1763, SP–1838). Estadista, homem de ciência e poeta, apelidado o "Patriarca da Independência". Obras: *Poesias*, além de numerosos escritos de caráter científico, político e literário.

ANDRADE, MÁRIO Raul DE Morais (1893, SP–1945). Poeta, escritor e crítico literário e musicólogo. Obras: *Pauliceia Desvairada*, *Macunaíma*, etc.

ANDRADE, OSWALD DE Sousa (1890, SP–1954). Poeta, romancista e teatrólogo. Obras: *Pau-Brasil*, *Memórias Sentimentais de João Miramar*, *O Rei da Vela*, etc.

ARACAJU. Capital de SE, situada na margem direita do rio Sergipe, a 5 km de sua foz no Atlântico; fundada em 1855, substituiu São Cristóvão como capital.

ARAGUAIA. Rio de GO, TO, MT e PA (1.900 km aproximadamente). Nasce na serra dos Caiapós e deságua no rio Tocantins.

ARINOS de Melo Franco Sobrinho, AFONSO (1905, MG–1990). Político, escritor e jurista. É autor da Lei contra a Discriminação Racial. Obras: *Um Estadista da República*, *Amor a Roma*, etc.

ARMADA, Revolta da. Revolta da Marinha em setembro de 1893, no Rio de Janeiro, contra o governo de Floriano Peixoto, liderada pelos almirantes Custódio José de Melo e Saldanha da Gama; acabou em março de 1894, com a derrota dos revoltosos.

AZEVEDO, RICARDO José Duff (1949, SP). Escritor de literatura infantil e juvenil. Obras: *Alguma Coisa*, *Maria Gomes*, *Meu Livro do Folclore*, *Armazém do Folclore*, etc.

BACH, Johann Sebastian (1685, Alemanha–1750). Compositor, autor de *Concertos de Brandenburgo*, *Arte da Fuga*, etc.

BAHIA. Estado da região Nordeste, o maior e o mais populoso. *Sigla:* BA. *Superfície:* 564.692,669 km². *Capital:* Salvador. *Municípios:* 417. *Municípios mais populosos:* Salvador, Feira de Santana, Vitória da Conquista, Ilhéus, Itabuna, Juazeiro, Camaçari, Jequié, Barreiras, Alagoinhas. Sede administrativa da Colônia (1549–1763); importante centro cultural.

BAIANA, Conjuração. Movimento (1798) que defendia a criação da República Baiense; também chamada revolta dos Alfaiates e revolução dos Mulatos.

BAIENSE, República. República proclamada na Bahia durante a Sabinada, em 1837.

BALAIADA. Movimento revolucionário popular iniciado no Maranhão, e que se ramificou para o Piauí e o Ceará (1838–1841).

BANANAL, ilha do. A maior ilha fluvial do mundo, com cerca de 20.000 km²; localiza-se no rio Araguaia, no Estado de TO.

BANDEIRA Filho, MANUEL Carneiro de Sousa (1886, PE–1968). Poeta, ensaísta, tradutor e autor de crônicas e memórias. Obras: *Carnaval*, *Estrela da Manhã*, etc.

BANDEIRA de Luna Filho, PEDRO (1942, SP). Jornalista e escritor de literatura infantil e juvenil. Obras: *O Dinossauro Que Fazia Au-Au*, *A Droga da Obediência*, *O Fantástico Mistério de Feiurinha*, etc.

BANDEIRAS. Ver ENTRADAS E BANDEIRAS.

BARBOSA, ADONIRAN (pseudônimo de **João Rubinato**) (1910, SP–1982). Compositor popular, um dos criadores do samba paulista. Obras: *O Samba do Arnesto*, *Trem das Onze*, etc.

BARBOSA de Oliveira, RUI (1849, BA–1923). Jurista, orador e político. Membro fundador da ABL. Representou o Brasil na II Conferência de Paz em Haia. Obras: *Queda do Império*, *Parecer sobre a Redação do Código Civil*, *Réplica*, etc.

BARROSO, ARI Evangelista Resende (1903, MG–1964). Compositor popular, autor de *Aquarela do Brasil*, *Na Baixa do Sapateiro*, etc.

BEETHOVEN, Ludwig van (1770, Alemanha–1827). Compositor, autor de nove sinfonias, uma ópera (*Fidélio*), uma *Missa Solene*, etc.

BELÉM. Capital do PA, fundada em 1616 com o nome de Santa Maria de Belém do Grão-Pará. Principal centro cultural da Amazônia. Turismo, Mercado Ver-o-Peso, Museu Paraense Emílio Goeldi, procissão do Círio de Nazaré.

BELINKY Gouveia, TATIANA (1919, Rússia–2013) Teatróloga e escritora de literatura infantil e juvenil. Obras: *Saladinha de Queixas*, *Sou do Contra*, etc.

BELO HORIZONTE. Capital de MG; parque manufatureiro (metalurgia, indústrias têxtil, alimentícia, de material elétrico e de construção); construída em 1897 para substituir Ouro Preto como sede do governo mineiro.

BIBLIOTECA NACIONAL. Instituição fundada por D. João VI no Rio de Janeiro em 1810, com o nome de Biblioteca Real. Atual Fundação Biblioteca Nacional.

BILAC, OLAVO Brás Martins dos Guimarães (1865, RJ–1918). Poeta. Obras: *Poesias*, *Tarde*, etc.

BLOCH, PEDRO (1914, Ucrânia–2004). Teatrólogo e médico. Obras: *Pai, me compra um amigo?*, *Criança diz cada uma*, etc.

BOA VISTA. Capital de RR, situada na margem direita do rio Branco; o povoamento data de 1787; elevado a vila em 1890, e a cidade em 1926; ampla criação de bovinos.

BOTTICELLI (**Sandro di Mariano Filipepi**, dito **SANDRO**) (1445, Itália–1510). Pintor. Obras: *O Nascimento de Vênus*, *A Primavera*, etc.

BRAGA, RUBEM (1913, ES–1990). Jornalista e mestre da crônica. Obras: *O Conde e o Passarinho*, *Recado da Primavera*, etc.

BRAILLE, Louis (1809, França–1852). Professor, criou o sistema *braille* de escrita para cegos.

BRASIL, República Federativa do. Maior país da América Latina e quinto do mundo em área total (8.514.876,599 km²). *Divisão administrativa:* 26 estados, 1 Distrito Federal, 5.564 municípios. *Capital:* Brasília. *Idioma:* português. *Moeda:* real. *Regime de governo:* presidencialismo. Foi colônia portuguesa desde 1500, com a chegada de Pedro Álvares Cabral, até a Independência, em 1822. De 1823 a 1828 ocorreu a campanha da Cisplatina com a Argentina pela posse do atual Uruguai, então chamado Província Cisplatina; em 1831, D. Pedro I abdicou ao trono, instalando-se então a Regência (1831–1840), durante a qual ocorreram várias revoltas regionais: Balaiada, Sabinada, Cabanagem, guerra dos Farrapos, etc. No Segundo Império, ocorreu a guerra do Paraguai, travada pela Tríplice Aliança (Argentina, Brasil e Uruguai) contra o Paraguai. O Império durou até 1889, data da Proclamação da República. Durante a República, vários movimentos político-militares (Tenentismo, Coluna Prestes, etc.) perturbaram a vida política nacional, tendo o último deles, o golpe de 1964, estabelecido regime autoritário que durou vinte anos. Em 1985 instalou-se a Nova República, civil, com democracia plena, que convocou uma Assembleia Constituinte em 1987, a qual elaborou uma Constituição (1988), com eleições livres em todos os níveis.

BRASÍLIA. Capital do Brasil e sede do Governo Federal, localizada no Distrito Federal. Criada e construída durante o governo de Juscelino Kubitschek (projeto de Lúcio Costa e Oscar Niemeyer), foi inaugurada em 21 de abril de 1960. Declarada pela Unesco Patrimônio Cultural da Humanidade em 7 de dezembro de 1987.

BUARQUE DE HOLANDA Ferreira, AURÉLIO (1910, AL–1989). Ensaísta, autor de contos, tradutor, filólogo e lexicógrafo. Obras: *Novo Dicionário da Língua Portuguesa*, *Minidicionário da Língua Portuguesa*, *Médio Dicionário da Língua Portuguesa*, *Dicionário Infantil Ilustrado da Língua Portuguesa*, *Dois Mundos*, *Território Lírico*; traduziu, entre outras obras, *Pequenos Poemas em Prosa*, de Baudelaire, *Mar de Histórias*, *Antologia do Conto Mundial*, etc.

BUARQUE DE HOLANDA (**Francisco**, dito **CHICO**) (1944, RJ). Compositor e cantor popular, romancista e teatrólogo. Obras: *A Banda*, *Pedro Pedreiro*, *Roda Viva*, *Ópera do Malandro*, *Estorvo*, *Budapeste*, etc.

BUDA (**Siddhartha Gautama**) (século V antes de Cristo, Índia). Fundador do budismo.

BUENO da Silva, BARTOLOMEU, dito **O ANHANGUERA** ('**Diabo Velho**') (1672, Capitania de São Vicente–1740). Bandeirante que descobriu ouro nos sertões de Goiás.

CABANADA. Revolta ocorrida em 1832, em Pernambuco e parte de Alagoas, com o objetivo de restituir o poder a D. Pedro I.

CABANAGEM. Revolta popular na província do Grão-Pará (1835) contra a presidência imposta pelo governo da Regência.

CABRAL DE MELO NETO, JOÃO (1920, PE–1999). Poeta. Obras: *O Cão sem Plumas*, *Morte e Vida Severina*, etc.

CABRAL, Pedro Álvares (1467 ou 1468, Portugal–1520 ou 1526). Navegador que, em nome do rei de Portugal, tomou posse do Brasil em 22 de abril de 1500.

CÂMARA CASCUDO, Luís da (1898, RN–1986). Folclorista, etnógrafo e antropólogo. Obras: *Antologia do Folclore Brasileiro*, *Dicionário do Folclore Brasileiro*, etc.

CAMINHA, Pero Vaz de (cerca de 1450, Portugal–1500). Oficial da frota de Pedro Álvares Cabral, autor da carta ao rei D. Manuel, em que relata a chegada ao Brasil em 1500.

CAMÕES, Luís Vaz de (?1524, Portugal–1580). O maior poeta da língua portuguesa. Obras: *Os Lusíadas* (1572), *El-Rei Seleuco*, *Anfitriões* e *Filodemo*.

CAMPO GRANDE. Capital de MS, situada na serra de Maracaju; fundada em 1875 como Arraial de Santo Antônio do Rio Grande; elevada a vila em 1899 e a capital em 1977.

CANECA, FREI Joaquim do Amor Divino Rabelo (1779, PE–1825). Sacerdote e político. Participou da revolução de 1817; líder da Confederação do Equador, foi preso e fuzilado.

CANUDOS, rebelião de. Movimento político-religioso no Nordeste da Bahia, liderado por Antônio Conselheiro, que resistiu ao governo em 1896 e 1897.

CAPITANIAS HEREDITÁRIAS. Parcelas de terra da primeira divisão administrativa do Brasil colonial; com sua instituição, em 1532, pretendia D. João III proteger as costas contra invasões e estimular o povoamento. A 12 homens importantes, os donatários, foram doadas 15 faixas de terra que mediam de 180 a 600 quilômetros de largura e se estendiam da costa até a linha de Tordesilhas, paralelamente à linha do Equador.

CARAMURU (**Diogo Álvares Correia**, dito) (?1475, Portugal–1557). Náufrago salvo pelos tupinambás no litoral da baía de Todos-os-Santos e que depois auxiliou os portugueses na colonização; casou com Paraguaçu, filha do cacique Taparica.

CARDOSO, FERNANDO HENRIQUE (1931, RJ). Sociólogo, professor e político; ministro das Relações Exteriores e da Fazenda; eleito presidente da República em 1994 e reeleito em 1998. Obras: *Desenvolvimento e Dependência na América Latina*, etc.

CASTELO BRANCO, Humberto de Alencar (1900, CE–1967). Militar, integrante da Força Expedicionária Brasileira (FEB), primeiro presidente da República (1964–1967) na vigência do regime que se seguiu ao golpe de 1964.

CASTRO ALVES, Antônio Frederico de (1847, BA–1871). É um dos mais populares e importantes poetas do Brasil. Foi também autor de dramas. Obras: *Espumas Flutuantes*, *Gonzaga ou A Revolução de Minas*, etc.

CAYMMI, DORIVAL (1914, BA–2008). Compositor e cantor popular, autor de *O Que é que a Baiana Tem?*, *É Doce Morrer no Mar*, etc.

CEARÁ. Estado da região Nordeste. *Sigla:* CE. *Superfície:* 148.825,602 km². *Capital:* Fortaleza. *Municípios:* 184. *Municípios mais populosos:* Fortaleza, Caucaia, Juazeiro do Norte, Maracanaú, Sobral, Crato, Itapipoca, Maranguape, Iguatu, Crateús. O Ceará começou a ser ocupado em torno de 1610, com o propósito de proteger a capitania contra os ataques de franceses, holandeses e ingleses.

CHAGAS, CARLOS Ribeiro Justiniano (1879, MG–1934). Médico e cientista que acabou com a malária da cidade de Santos e identificou o agente causador da depois chamada "doença de Chagas".

CHAPLIN, CHARLES Spencer (1889, Inglaterra–1977). Ator e cineasta. Criador da personagem *Carlitos*. Obras: *O Garoto*, *Luzes da Ribalta*, etc.

CHIBATA, Revolta da. Revolta da Marinha ocorrida em novembro de 1910 na baía do Rio de Janeiro; reivindicava melhores condições de trabalho, sobretudo a abolição de castigos corporais; foi severamente reprimida pelo governo de Hermes da Fonseca. Também conhecida como revolta dos Marinheiros.

CHOPIN, Frédéric (1810, Polônia–1849). Compositor. Considerado um dos maiores mestres da composição em piano.

CÍCERO (**Cícero Romão Batista**, dito **PADRE**) (1844, CE–1934). Religioso de grande influência no Nordeste, tido como milagroso.

CISPLATINA, Campanha da. Guerra entre o Brasil e a Argentina (1825–1828) pela posse da chamada Província Cisplatina, território que constitui hoje o Uruguai. Acabou em 27 de agosto de 1828, quando brasileiros e argentinos reconheceram a independência do Uruguai.

COLLOR de Melo, Fernando Afonso (1949, RJ). Político. Eleito presidente da República em 1989; processado por tráfico de influências e corrupção; afastado do governo em 02.10.1992, renunciou em 29.12.1992.

COLOMBO, Cristóvão (1451, Itália–1506). Navegador que, a serviço da Espanha, chegou à América em 12 de outubro de 1492.

COLUNA PRESTES. Série de operações militares de revolução, realizadas durante uma marcha por mais de 24.000 km (iniciada em SP, seguiu por GO, alcançando o MA, o PI, o CE, a BA, retornando ao sul do antigo estado de Mato Grosso e penetrando na Bolívia).

CONFERÊNCIA NACIONAL DOS BISPOS DO BRASIL (CNBB). Entidade católica criada no Rio de Janeiro, em 1952.

CONJURAÇÃO MINEIRA. Movimento pela Independência do Brasil, ocorrido em 1789 na província de Minas Gerais; teve como chefe Joaquim José da Silva Xavier, o Tiradentes, que foi preso e enforcado.

CONSELHEIRO (**Antônio Vicente Mendes Maciel**, dito **ANTÔNIO**) (1828, CE–1897). Líder religioso que reuniu milhares de sertanejos no arraial de Canudos, onde resistiu ao Governo Federal.

CONSTANT Botelho de Magalhães, BENJAMIM (1836, RJ–1891). Militar e político, um dos principais organizadores do movimento que resultou na Proclamação da República.

CONSTITUCIONALISTA, Revolução. Revolta ocorrida em SP (1932), que reivindicava uma Assembleia Constituinte e o fim do regime de intervenção federal nos estados.

CONTESTADO, Guerra do. Conflito sangrento entre camponeses (liderados pelo profeta e curandeiro José Maria) e tropas federais, de 1912 a 1916, em área reivindicada pelos Estados de SC e PR; a luta terminou com a morte de cerca de 20.000 rebeldes.

CONVENÇÃO DO PATRIMÔNIO MUNDIAL. Convenção criada pela Unesco, em 1972, para incentivar a preservação de bens culturais e naturais significativos para a humanidade.

COPÉRNICO, Nicolau (1473, Polônia–1543). Astrônomo. Demonstrou os movimentos dos planetas sobre si mesmos e em torno do Sol.

COSTA, LÚCIO (1902, França–1998). Arquiteto e urbanista, autor do plano urbanístico de Brasília, da Barra da Tijuca (Rio de Janeiro), e dos estudos *O Arquiteto e a Sociedade Contemporânea*, *A Crise da Arte Contemporânea*, etc.

CRUZ, OSVALDO Gonçalves (1872, SP–1917). Médico e sanitarista que combateu o surto de certas doenças em São Paulo e no Rio de Janeiro.

CUIABÁ. Capital de MT, situada na margem esquerda do rio Cuiabá; surgiu do arraial de Cuiabá, fundado por bandeirantes em 1719; tornou-se capital da província de Mato Grosso em 1825; centro regional; extrativismo e, recentemente, grandes projetos de agropecuária.

CURITIBA. Capital do PR, situada perto das nascentes do rio Iguaçu, em média, a 950m de altitude; o povoamento data de meados do século XVII, com o descobrimento de jazidas de ouro; elevada a capital de província em 1854; notável prosperidade e organização; importante polo industrial.

DALÍ, SALVADOR (1904, Espanha–1989). Pintor. Obras: *Canibalismo de Outono*, *Cristo de São João da Cruz*, etc.

DARWIN, Charles (1809, Inglaterra–1882). Biólogo. Obra: *Da Origem das Espécies por meio da Seleção Natural*, etc.

DEBRET, Jean-Baptiste (1768, França–1848). Desenhista e pintor. Integrou a missão artística que veio ao Brasil em 1816. Publicou em Paris (1834–1839) a obra *Viagem Pitoresca e Histórica ao Brasil*, com ilustrações do seu próprio punho.

DEFOE, Daniel (1660, Inglaterra–1731). Romancista. Obras: *Robinson Crusoé*, *Moll Flanders*, etc.

D'EU, conde (**Luís Filipe Maria Fernando Gastão d'Orléans**) (1842, França–1922). Príncipe brasileiro, marido da princesa Isabel, comandante-chefe das tropas brasileiras no final da guerra do Paraguai.

DIAMANTINA, chapada. Planalto da BA; é o trecho mais setentrional da serra do Espinhaço.

DI CAVALCANTI (**Emiliano Augusto Cavalcanti de Albuquerque Melo**, dito) (1897, RJ–1976). Pintor. Participou da Semana de Arte Moderna. Célebre por suas pinturas de mulatas.

DISTRITO FEDERAL. Unidade da Federação na região Centro-Oeste, onde se localiza Brasília, a capital do País. *Sigla:* DF. *Superfície:* 5.801,937 km^2. Conjunto urbano composto do Plano Piloto (traçado original da cidade, hoje região administrativa chamada Brasília) e de mais 18 regiões administrativas. Sede dos Poderes Executivo, Legislativo e Judiciário.

DRUMMOND DE ANDRADE, CARLOS (1902, MG–1987). Poeta e autor de contos e crônicas. Obras: *Brejo das Almas*, *Sentimento do Mundo*, *A Rosa do Povo*, *Contos de Aprendiz*, etc.

DUQUE ESTRADA, Joaquim Osório (1870, RJ–1927). Poeta e crítico literário, autor da letra do Hino Nacional Brasileiro. Obras: *A Arte de Fazer Versos*, *Crítica e Polêmica*, etc.

EÇA DE QUEIRÓS, José Maria d' (1845, Portugal–1900). Escritor. Obras: *Os Maias*, *A Relíquia*, etc.

EDISON, THOMAS Alva (1847, Estados Unidos da América–1931). Físico. Inventou o fonógrafo, aparelho que reproduz sons gravados, e a lâmpada incandescente.

EINSTEIN, Albert (1879, Alemanha–1955). Físico naturalizado norte-americano, autor da teoria da relatividade. É uma das maiores figuras da ciência no século XX.

ELIAS JOSÉ (1936, MG–2008). Autor de romances e contos. Obras: *Segredinhos de Amor*, *Namorinho de*

Portão, *Mundo Criado*, *Trabalho Dobrado*, *Um Jeito Bom de Brincar*, etc.

EMBOABAS, Guerra dos. Conflito entre os mineradores que haviam descoberto ouro em Minas Gerais e os emboabas portugueses e brasileiros ali chegados. Ocorreu na região do rio das Mortes e terminou em 1709 com a derrota dos paulistas.

ENTRADAS E BANDEIRAS. Expedições de caráter oficial (as entradas) e particular (as bandeiras) realizadas nos séculos XVII e XVIII. As primeiras visavam à conquista e à ocupação do território; as segundas tinham objetivos econômicos (busca de ouro e captura de índios para trabalho escravo).

EQUADOR, Confederação do. Movimento de caráter republicano iniciado em Pernambuco em 1824 e que pretendia reunir as províncias do Nordeste, em uma república separada do resto do Brasil.

ESOPO (?século VI antes de Cristo–Grécia). Autor de fábulas. Escreveu e tornou populares muitas fábulas, como *A Raposa e as Uvas*, *O Corvo e a Raposa*, *O Lobo e o Cordeiro*, etc.

ESPÍRITO SANTO. Estado da região Sudeste. *Sigla:* ES. *Superfície:* 46.077,519 km². *Capital:* Vitória. *Municípios:* 78. *Municípios mais populosos:* Vila Velha, Cariacica, Serra, Vitória, Cachoeiro de Itapemirim, Colatina, Linhares, São Mateus, Guarapari, Aracruz. Capitania criada em 1534 por D. João III, inicialmente subordinada à Bahia.

ESTADO NOVO. Regime (1937–1945) implantado por Getúlio Vargas após o golpe de Estado de 1937, que fechou o Congresso Nacional e caracterizou-se pela repressão política, pela aceleração do desenvolvimento econômico e pela adoção de medidas de caráter social.

FARRAPOS, Guerra dos. Rebelião federalista e separatista no Sul do Brasil, cujo líder era Bento Gonçalves; durou de 1835 a 1845 e resultou na proclamação da República de Piratini (1836). Também chamada Revolução Farroupilha.

FARROUPILHA, Revolução. Ver FARRAPOS, Guerra dos.

FERNANDO DE NORONHA. Arquipélago de 21 ilhas, rochedos e ilhotas, situado a 345 km da costa do RN; deixou de ser território federal e passou a integrar PE, pela Constituição de 1988; Vila dos Remédios é o único núcleo urbano.

FICO, DIA DO. Designação histórica do dia 9 de janeiro de 1822, data em que D. Pedro, na qualidade de príncipe regente, desobedeceu à coroa portuguesa e manifestou vontade de permanecer no Brasil.

FIGUEIREDO, JOÃO BATISTA Oliveira de (1918, RJ–1999). Militar. Presidente da República (1979–1985) no final do regime que se seguiu ao golpe de 1964; aprovou a Lei de Anistia.

FLORIANÓPOLIS. Capital de SC, situada no litoral ocidental da ilha de Santa Catarina e ligada ao continente por pontes; fundada em 1675 como Nossa Senhora do Desterro; nome atual (desde 1895) em homenagem a Floriano Peixoto; turismo crescente; indústrias têxteis e alimentícias.

FONSECA, Manuel DEODORO DA (1827, AL–1892). Militar (marechal) e político, participou da guerra do Paraguai e foi líder da Proclamação da República; chefe do governo provisório (1889–1891) e primeiro presidente constitucional do Brasil (eleito em 1891); renunciou no fim desse mesmo ano, após a revolta da Armada.

FORTALEZA. Capital do CE, situada no litoral atlântico; originou-se de povoado em torno da fortaleza de Nossa Senhora da Assunção, feito vila em 1699 e depois cidade e capital de província em 1823; é um dos centros culturais do Nordeste e importante parque industrial.

FOZ DO IGUAÇU (PR). Município. Parque Nacional do Iguaçu, transformado em Patrimônio Mundial em 1986.

FRANCO, ITAMAR Augusto Cautiero (1930, BA–2011). Político. Eleito vice-presidente da República em 1990, assumiu a presidência em 1992 após a renúncia de Fernando Collor. Governou até 1995.

FREUD, Sigmund (1856, Áustria–1939). Psiquiatra. Criador da psicanálise. Obras: *A Interpretação dos Sonhos*, *Introdução à Psicanálise*, etc.

GAGARIN, Yuri Alexeyevitch (1934, Rússia–1968). Astronauta. Primeiro homem a viajar no espaço, no dia 12 de abril de 1961.

GALILEU (**Galileo Galilei**) (1564, Itália–1642). Matemático, físico e astrônomo. Foi o primeiro a utilizar o telescópio, com o qual descobriu muitos fatos novos relativos à astronomia. É responsável por muitas descobertas científicas.

GAMA, VASCO DA (cerca de 1469, Portugal–1524). Navegador que, em 1497–1498, descobriu o caminho marítimo para as Índias, dobrando o cabo da Boa Esperança.

GANDHI (**Mohandas Karamchand Gandhi**, dito **MAHATMA**) (1869, Índia–1948). Estadista e pensador. Principal líder da independência de seu país, baseou sua ação no princípio da não violência. Morreu assassinado.

GANIMEDES JOSÉ (1936, SP–1990). Escritor. Obras: *Uma Luz no Fim do Túnel*, *Amarelinho*, etc.

GARIBALDI (**Ana Maria Ribeiro da Silva**, dita **ANITA**) (1821, SC–1849). Revolucionária, heroína da Guerra dos Farrapos, mulher de Giuseppe Garibaldi.

GARIBALDI, Giuseppe (1807, Itália–1882). Político e revolucionário, marido de Anita Garibaldi; lutou na Guerra dos Farrapos e pela unificação da Itália.

GEISEL, Ernesto (1908, RS–1996). Militar. Presidente da República na vigência do regime que se seguiu ao golpe de 1964 (1974–1979); iniciou processo de abertura política.

GIL Moreira, GILBERTO Passos (1942, BA). Cantor e compositor popular, autor de *Aquele Abraço*, *Realce*, etc. Ministro da Cultura do governo do presidente Lula.

GOIÂNIA. Capital de GO, situada a cerca de 700 m de altitude; cidade planejada; apresenta alta taxa de crescimento populacional, uma das maiores do País.

GOIÁS. O mais central dos estados brasileiros; a ocupação original se deve à ação dos bandeirantes. *Sigla:* GO. *Superfície:* 340.086,698 km². *Capital:* Goiânia. *Municípios:* 246. *Municípios mais populosos:* Goiânia, Aparecida de Goiânia, Anápolis, Luziânia, Rio Verde, Valparaíso de Goiás, Itumbiara, Águas Lindas de Goiás, Jataí, Formosa.

GOMES, Antônio CARLOS (1836, SP–1896). Compositor e maestro. Obras: *O Guarani*, *O Escravo*, etc.

GONÇALVES da Silva, BENTO (1788, RS–1847). Militar e revolucionário. Chefiou, em 1835, a Revolução Farroupilha e presidiu a chamada República de Piratini.

GONÇALVES DIAS, Antônio (1823, MA–1864). Poeta e autor de peças teatrais. Obras: *Primeiros Cantos*, *Os Timbiras*, *Leonor de Mendonça*, etc.

GONZAGA (**Francisca Edwiges Neves**, dita **CHIQUINHA**) (1847, RJ–1935). Compositora e pianista popular, autora de *Ó Abre Alas*.

GOUVEIA, DELMIRO Augusto da Cruz (1863, CE–1917). Empresário. Pioneiro da industrialização brasileira no Nordeste.

GRITO DO IPIRANGA. É o brado de *Independência ou Morte!* com que o príncipe regente D. Pedro declarou simbolicamente a Independência política do Brasil, em 7 de setembro de 1822, nas margens do riacho Ipiranga, perto da capital da província de São Paulo.

GUAÍBA, rio. Estuário na foz do rio Jacuí, em cuja margem está a cidade de Porto Alegre.

GUANABARA, baía de. Uma das maiores baías do litoral brasileiro (412 km²), situada no RJ.

GUARARAPES, Batalhas dos. Série de combates entre holandeses e luso-brasileiros, travados nas cercanias de Recife (1648–1649), nas elevações chamadas montes Guararapes; derrotados, os holandeses fugiram para Recife, onde resistiram até 26 de janeiro de 1654.

GUIMARÃES ROSA, João (1908, MG–1967). Romancista e autor de contos, notável por seu estilo inovador. Obras: *Sagarana*, *Grande Sertão: Veredas*, etc.

GUTENBERG, Johannes Gensfleisch zur Laden zum (1399, Alemanha–1468). Inventou a imprensa com tipos móveis.

HAWKING, STEPHEN William (1942, Inglaterra). Físico. Celebrizou-se pelos estudos sobre os buracos negros. Obra: *Uma Breve História do Tempo: do Bigue-Bangue aos Buracos Negros*, etc.

HENRIQUE, O NAVEGADOR (1394, Portugal–1460). Grande incentivador das viagens marítimas que levaram aos descobrimentos.

HERÓDOTO (?484, Halicarnasso–cerca de 425 antes de Cristo). Historiador, conhecido como "O Pai da História".

HOMERO (século IX–VIII antes de Cristo). Poeta grego a quem se atribuem a *Ilíada* e a *Odisseia*.

IGUAÇU. Rio do PR (1.045 km aproximadamente), deságua no rio Paraná.

IGUAÇU, cataratas do. Quedas-d'água formadas pelo rio Iguaçu, algumas com 80 m de altura, na fronteira do Brasil com a Argentina.

IMERI, serra do. Localiza-se no AM (fronteira com a Venezuela); nela se situa o pico da Neblina, ponto mais alto do Brasil.

IPHAN. Sigla de Instituto do Patrimônio Histórico e Artístico Nacional. Criado em 1957, dedica-se à preservação do nosso acervo histórico e artístico.

JESUS CRISTO (cerca de 6 antes de Cristo, Judeia – cerca de 30 depois de Cristo). Fundador do cristianismo, que o considera filho de Deus. Sua vida e mensagem religiosa estão contidas no Novo Testamento, na Bíblia.

JOÃO VI (1767, Portugal–1826). Regente de Portugal e Algarve a partir de 1792, no impedimento de sua mãe D. Maria I, e, com a morte desta, em 1816, rei do Reino Unido de Portugal, Brasil e Algarve. Transferiu-se com toda a corte portuguesa para o Brasil em 1807 quando Portugal foi invadido por ordem de Napoleão Bonaparte. No Brasil, fundou a Academia de Belas-Artes do Rio de Janeiro, a Imprensa Régia, a Biblioteca Real e o Jardim Botânico.

JOÃO PESSOA. Capital da PB; fundada em 1585, com o nome de Nossa Senhora das Neves, e pouco depois com o de Filipeia (em honra do rei Filipe II da Espanha – Filipe I de Portugal). A cidade foi tomada pelos holandeses em 1634 e passou a chamar-se Frederikstadt; expulsos estes, recebeu o nome de Paraíba; a denominação atual data de 1930 e é homenagem ao governador da PB, assassinado em Recife.

JOBIM (**Antônio Carlos Brasileiro de Almeida**, dito **TOM**) (1927, RJ–1994). Compositor popular, maestro e arranjador, pioneiro da bossa nova: *Garota de Ipanema*, *Desafinado*, etc.

KARABTCHEVSKY, Isaac (1934, SP). Maestro da Orquestra Sinfônica Brasileira.

KEPLER, Johannes (1571, Alemanha–1630). Astrônomo. Redigiu as leis que levam seu nome e que permitiram a Newton deduzir o princípio da atração universal.

KUBITSCHEK de Oliveira, JUSCELINO (1902, MG–1976). Político. Presidente da República (1956–1960); deu força ao desenvolvimento e à industrialização do País; construiu Brasília.

LA FONTAINE, Jean de (1621, França–1695). Poeta. Célebre por suas *Fábulas em Versos*.

LAGUNA (SC). Cidade histórica. Museu Anita Garibaldi, transformado em patrimônio público pelo IPHAN. Porto por onde é exportado carvão mineral.

LATTES (**Cesare Mansueto**, dito **CÉSAR**) (1924, PR–2005). Cientista (físico), pioneiro das pesquisas nucleares no Brasil.

LEI ÁUREA. Lei assinada pela Princesa Isabel, em 13 de maio de 1888, que declarou extinta a escravidão no Brasil.

LEI DO VENTRE LIVRE. Lei de 28 de setembro de 1871, que declarou livres os filhos de escrava nascidos a partir daquela data.

LESSA, ORÍGENES (1903, SP–1986). Romancista e autor de contos. Obras: *Rua do Sol*, *O Feijão e o Sonho*, etc.

LISPECTOR, CLARICE (1920, Ucrânia–1977). Romancista, autora de contos e crônicas, veio para o Brasil com dois meses de idade. Obras: *Perto do Coração Selvagem*, *Laços de Família*, etc.

LUFT, LIA Fett (1938, RS). Romancista, autora de crônicas e tradutora. Obras: *As Parceiras*, *A Asa Esquerda do Anjo*, *Perdas e Ganhos*, etc.

LULA (Luís Inácio Lula da Silva) (1945, PE). Fundador e presidente de honra do Partido dos Trabalhadores. Elegeu-se presidente do Brasil em 2002 e em 2006.

LUTERO, Martinho (1483, Alemanha–1546). Teólogo e reformador religioso. Fundou a Igreja Luterana e traduziu pela primeira vez a Bíblia para o alemão.

MACAPÁ. Capital do AP, cortada pelo equador; surgiu como povoado em torno do forte de Santo Antônio de Macapá (depois fortaleza de São José de Macapá, em 1771); elevada a cidade em 1856.

MACEDO, JOAQUIM MANUEL DE (1820, RJ–1882). Romancista, poeta e autor de dramas. Obras: *A Moreninha*, *Memórias da Rua do Ouvidor*, etc.

MACEIÓ. Capital de AL, situada junto à lagoa Mundaú. Comércio de exportação pelo porto de Jaraguá. Turismo. Elevada a vila em 1815, e a cidade e capital da província de Alagoas em 1835.

MACHADO, ANA MARIA (1941, RJ). Romancista e autora de literatura infantil e juvenil. Obras: *Bisa Bia, Bisa Bel*, *Era uma Vez um Tirano*, etc.

MACHADO DE ASSIS, Joaquim Maria (1839, RJ–1908). Autor de romances, contos, crônicas e dramas, é considerado o mais importante escritor brasileiro. Membro fundador da ABL e seu primeiro presidente. Obras: *Memórias Póstumas de Brás Cubas*, *Quincas Borba*, *Dom Casmurro*, *Memorial de Aires*, etc.

MACHADO, MARIA CLARA (1921, MG–2001). Autora e diretora de teatro, criou no Rio de Janeiro, o Tablado, que apresenta, geralmente, espetáculos infantis. Obras: *Pluft, o Fantasminha*, *O Cavalinho Azul*, etc.

MAGALHÃES, FERNÃO DE (cerca de 1480, Portugal–1521). Navegador que comandou a primeira expedição que deu a volta ao mundo.

MALFATTI, ANITA (1889, SP–1964). Pintora ligada à Semana de Arte Moderna. Obras: *A Estudante*, *Tropical*, etc.

MANAUS. Capital do AM, porto na margem esquerda do rio Negro; surgiu como povoado no século XVII; tornou-se cidade em 1848; o crescimento que acompanhou o ciclo da borracha foi retomado com a criação da Zona Franca, em 1967; local do belíssimo Teatro Amazonas, inaugurado em 1896.

MANDELA, NELSON Rolihlahla (1918, África do Sul–2013). Político que lutou contra a separação racial e foi eleito presidente da África do Sul em 1994. Preso durante 27 anos, foi libertado em 1990. Prêmio Nobel da Paz de 1993.

MANTIQUEIRA, serra da. Cadeia de montanhas que se estende por MG, SP e RJ.

MAOMÉ (cerca de 570, Meca–632). Fundador do islamismo.

MAR, serra do. Cadeia de montanhas que marca o limite oriental do planalto brasileiro, de SC ao RJ; recebe diversas denominações locais: Órgãos, Estrela, Parati, Cubatão, Paranapiacaba, Graciosa, etc.

MARAJÓ. Ilha do PA, na foz do rio Amazonas. É a maior ilha da América do Sul, com cerca de 50.000 km². Criação de búfalos e gado bovino. Artesanato marajoara.

MARANHÃO. Estado da região Nordeste. *Sigla:* MA. *Superfície:* 331.983,293 km². *Capital:* São Luís. *Municípios:* 217. *Municípios mais populosos:* São Luís, Imperatriz, Caxias, Timon, Codó, São José de Ribamar, Bacabal, Açailândia, Barra do Corda, Santa Inês. Povoamento iniciado pelos franceses, em 1612, com a fundação de São Luís; ocupação luso-brasileira a partir de 1644, com a expulsão dos holandeses.

MARCO POLO (1254, Veneza–1324). Viajante italiano, percorreu a Tartária, a Mongólia, a China, a Pérsia e a Armênia. Relatou suas viagens em *O Livro de Marco Polo*.

MARIANA (MG). Cidade histórica transformada em patrimônio público pelo IPHAN.

MARINHEIROS, revolta dos. Ver CHIBATA, Revolta da.

MARX, Karl (1818, Alemanha–1883). Filósofo e economista. Obras: *O Capital*, *Miséria da Filosofia*, etc.

MASCATES, Guerra dos. Série de distúrbios e conflitos ocorridos em Pernambuco, no início do século XVIII, entre os senhores de engenho de Olinda (portugueses) e os comerciantes de Recife (brasileiros).

MATO GROSSO. Estado da região Centro-Oeste. *Sigla:* MT. *Superfície:* 903.357,908 km^2. *Capital:* Cuiabá. *Municípios:* 141. *Municípios mais populosos:* Cuiabá, Várzea Grande, Rondonópolis, Cáceres, Sinop, Tangará da Serra, Barra do Garças.

MATO GROSSO DO SUL. Estado da região Centro-Oeste. *Sigla:* MS. *Superfície:* 357.124,962 km^2. *Capital:* Campo Grande. *Municípios:* 78. *Municípios mais populosos:* Campo Grande, Dourados, Corumbá, Três Lagoas, Ponta Porã, Aquidauana. Criado de uma parte do Mato Grosso pela lei complementar nº 31, de 11 de outubro de 1977; passou a estado em 1º de janeiro de 1979.

MÉDICI, Emílio Garrastazu (1905, RS–1985). Militar. Presidente da República (1969–1974) durante o regime que se seguiu ao golpe de 1964, e em cujo governo se agravou a ditadura.

MEIRELES, CECÍLIA (1910, RJ–1964). Poetisa e autora dramática. Obras: *Janela Mágica*, *Ou Isto ou Aquilo*, etc.

MIGUEL ÂNGELO (**Michelangelo Buonarroti**) (1475, Itália–1564). Pintor, escultor e arquiteto. Obras: *Davi*, *Moisés*, *Pietà*, os afrescos da capela Sistina, etc.

MINAS GERAIS. Estado da região Sudeste. *Sigla:* MG. *Superfície:* 586.528,293 km^2. *Capital:* Belo Horizonte. *Municípios:* 853. *Municípios mais populosos:* Belo Horizonte, Contagem, Uberlândia, Juiz de Fora, Betim, Montes Claros, Uberaba, Governador Valadares, Ribeirão das Neves, Ipatinga, Divinópolis, Sete Lagoas. Agropecuária e mineração. Terceiro parque industrial do Brasil.

MONET, Claude (1840, França–1926). Pintor. Obras: *Impressão*, *Sol Nascente*, *Ninfeias*, etc.

MONTEIRO LOBATO, José Bento (1882, SP–1948). Autor de contos e de literatura infantil. Obras: *Urupês*, *Negrinha*, etc. Literatura infantil: *Reinações de Narizinho*, *Caçadas de Pedrinho*, etc.

MORAIS Barros, PRUDENTE José DE (1841, SP–1902). Político. Primeiro presidente da República eleito pelo voto popular (1894–1898).

MORAIS, Marcos VINÍCIUS Cruz DE (1913, RJ–1980). Poeta e compositor popular (letrista). Obras: *Novos Poemas*, *Livro de Sonetos*, *Arca de Noé*, etc.

MOZART, Wolfgang Amadeus (1756, Áustria–1791). Compositor, autor de *A Flauta Mágica*, *Missa de Réquiem*, etc.

MULATOS, Revolução dos. Ver BAIANA, Conjuração.

MURRAY, ROSEANA (1950, RJ). Escritora de literatura infantil e juvenil. Obras: *Classificados Poéticos*, *Tantos Medos e Outras Coragens*, *Fruta no Ponto*, etc.

NAPOLEÃO I (**NAPOLEÃO Bonaparte**) (1769, França–1821). Imperador dos franceses (1804–1815), considerado um dos gênios militares da história.

NASCIMENTO, Edson Arantes do. Ver PELÉ.

NASSAU (**Johann Mauritius van Nassau-Siegen**, dito **MAURÍCIO DE**) (1604, Alemanha–1679). Governador de Pernambuco (1637–1644) durante a dominação holandesa, modernizou a cidade de Recife e desenvolveu a economia do açúcar.

NATAL. Capital do RN, situada no litoral, junto à foz do rio Potenji; dunas móveis; base espacial Barreira do Inferno, em Parnamirim; nasceu com a construção do forte dos Reis Magos (1598).

NEBLINA, pico da. Ponto mais alto do Brasil, localizado na serra do Imeri, com 3.014 m de altitude.

NEGRO. Rio do AM (1.800 km aproximadamente), deságua no rio Amazonas.

NEIVA, Artur (1880, BA–1943). Cientista. Estudou os transmissores da doença de Chagas, cuja primeira espécie identificou.

NÉRI, ANA Justino Ferreira (1814, BA–1880). Pioneira da enfermagem no Brasil, participou da Guerra do Paraguai.

NEVES, TANCREDO de Almeida (1910, MG–1985). Político. Eleito presidente da República em 1985, faleceu antes de tomar posse.

NEWTON, Isaac (1642, Inglaterra–1727). Matemático, físico e astrônomo. Descobriu as leis da atração universal.

NIEMEYER Soares Filho, OSCAR (1907, RJ–2012). Arquiteto de renome internacional, projetou os prédios governamentais de Brasília, o conjunto da Pampulha (MG), entre outros.

NOEL ROSA de Medeiros (1910, RJ–1937). Cantor e compositor popular, autor de *Feitiço da Vila*, *Com Que Roupa?*, *Fita Amarela*, etc.

NORONHA, Fernando (ou Fernão) de (século XV–XVI). Comerciante português que obteve do rei concessão para explorar riquezas naturais no Brasil; descobridor do arquipélago que depois levaria seu nome.

NOVA REPÚBLICA. Período que se inicia com o governo de José Sarney, vice-presidente empossado com a morte de Tancredo Neves, presidente eleito em 1985, depois de 21 anos de ditadura militar (1.04.1964 a 15.03.1985), e no qual é retomado o regime democrático e promulgada a nova Constituição da República (1988).

NUNES, LÍGIA BOJUNGA (1932, RS). Autora de literatura infantil. Obras: *Os Colegas*, *A Casa da Madrinha*, *A Bolsa Amarela*, etc.

OLINDA (PE). Cidade histórica fundada em 1535. Conjunto arquitetônico, paisagístico e urbanístico transformado em Patrimônio Mundial em 1982.

OURO PRETO (MG). Uma das mais importantes cidades históricas do Brasil, a primeira a ganhar o título de Patrimônio Cultural da Humanidade.

PAIS da Silva, JOSÉ PAULO (1926, SP–1998). Poeta, crítico literário e tradutor. Obras: *A Revolta das Palavras*, *Um Passarinho Me Contou*, *Poemas para Brincar*, etc.

PAIS LEME, FERNÃO DIAS (1608, SP–1681). Bandeirante. Desbravou os sertões do PR, SC e RS.

PALMARES, QUILOMBO DOS. Aglomeração fortificada de cerca de 20.000 escravos fugidos, localizada em AL. Durou mais de 70 anos, até ser destruída, em 1695, pelas tropas de Domingos Jorge Velho.

PALMAS. Capital do TO, cidade planejada para substituir a capital provisória, Miracema do Tocantins, antiga Miracema do Norte. O município foi criado em 1990.

PANTANAL MATO-GROSSENSE. Grande planície localizada em MT e MS caracterizada por vegetação heterogênea (complexo do Pantanal), áreas inundáveis, rios em que há muito peixe, rica fauna (várias espécies em extinção); considerado paraíso ecológico.

PARÁ. Estado da região Norte. *Sigla:* PA. *Superfície:* 1.247.689,515 km^2. *Capital:* Belém. *Municípios:* 143. *Municípios mais populosos:* Belém, Ananindeua, Santarém, Marabá, Castanhal, Abaetetuba, Itaituba, Cametá, Bragança, Altamira. Agropecuária e mineração.

PARAGUAÇU (1500, BA–1583). Índia tupinambá, casada com Diogo Álvares Correia, o Caramuru.

PARAGUAI, Guerra do. Guerra entre o Paraguai e os países da Tríplice Aliança (Argentina, Brasil e Uruguai), iniciada em 1864 e concluída em março de 1870, com a derrota dos paraguaios e a morte de seu presidente em Cerro Corá.

PARAÍBA. Estado da região Nordeste. *Sigla:* PB. *Superfície:* 56.439,838 km^2. *Capital:* João Pessoa. *Municípios:* 223. *Municípios mais populosos:* João Pessoa, Campina Grande, Santa Rita, Patos, Bayeux, Sousa, Guarabira, Cajazeiras, Sapé. Forte emigração para outros estados; 97% do território situado em áreas sujeitas a secas prolongadas.

PARANÁ. Estado da região Sul. *Sigla:* PR. *Superfície:* 199.314,850 km^2. *Capital:* Curitiba. *Municípios:* 399.

Municípios mais populosos: Curitiba, Londrina, Maringá, Ponta Grossa, Foz do Iguaçu, Cascavel, São José dos Pinhais, Colombo, Guarapuava, Paranaguá, Toledo. Agropecuária e indústria.

PARANÁ. Rio que separa SP e MS, e este último do PR; banha também o Paraguai e a Argentina; é o segundo da América do Sul, em extensão (4.200 km aproximadamente).

PARATI (RJ). Cidade histórica fundada em 1660. Monumento nacional, com vários edifícios protegidos.

PASCOAL, monte. Elevação do litoral baiano, primeiro sinal de terra avistado por Cabral.

PASTEUR, Louis (1822, França–1895). Químico e biólogo, criador do estudo dos micróbios.

PEDRO I (1798, Portugal–1834). Primeiro imperador do Brasil e 27º rei de Portugal, com o título de Pedro IV. Regente durante dois anos, até declarar o Brasil independente de Portugal, em 7 de setembro de 1822; enfrentou conflitos com antigos companheiros da luta pela Independência, tendo abdicado, em favor do filho, futuro imperador Pedro II, em 7 de abril de 1831.

PEDRO II (1825, RJ–1891). Segundo imperador do Brasil, declarado de maior idade em 1840, aos 15 anos, quando assumiu a coroa; foi chefe de um governo que promoveu o desenvolvimento industrial; lutou pela extinção do tráfico de negros e pelo fim da escravidão; com a proclamação da República, em 15 de novembro de 1889, foi banido, embarcando para a Europa, onde morreu.

PEIXOTO, FLORIANO Vieira (1839, AL–1895). Político e militar, presidente da República (1891–1894), com a renúncia do marechal Deodoro; tentou mudar a capital do País para o planalto Central.

PELÉ (**Edson Arantes do Nascimento**, dito) (1940, MG). Jogador de futebol, tido como o maior de todos os tempos; integrou a Seleção Brasileira nas Copas do Mundo de 1958, 1962, 1966 e 1970, sendo tricampeão mundial; marcou 1.284 gols; foi eleito o "Atleta do Século XX".

PERNAMBUCO. Estado da região Nordeste. *Sigla:* PE. *Superfície:* 98.311,616 km^2. *Capital:* Recife. *Municípios:* 185. *Municípios mais populosos:* Recife, Jaboatão dos Guararapes, Olinda, Paulista, Caruaru, Petrolina, Cabo de Santo Agostinho, Camarajibe, Garanhuns, Vitória de Santo Antão, São Lourenço da Mata, Abreu e Lima.

PESSOA, FERNANDO Antônio Nogueira (1888, Portugal–1935). Um dos mais importantes poetas da língua portuguesa de todos os tempos. Obras: ***Mensagem***, ***Poesias de Fernando Pessoa***, etc.

PIAUÍ. Estado da região Nordeste. *Sigla:* PI. *Superfície:* 251.529,186 km^2. *Capital:* Teresina. *Municípios:* 224. *Municípios mais populosos:* Teresina, Parnaíba, Picos, Piripiri, Floriano, Campo Maior.

PICASSO, PABLO Ruiz y (1881, Espanha–1973). Pintor, gravador e escultor. Obras: ***Demoiselles d'Avignon***, ***Guernica***, etc.

PITÁGORAS (século VI antes de Cristo, Samos–V antes de Cristo). Filósofo e matemático grego.

PIXINGUINHA (**Alfredo da Rocha Viana Júnior**, dito) (1897, RJ–1973). Compositor popular, instrumentista, autor de ***Carinhoso***, ***Rosa***, etc.

POLÍTICA DO CAFÉ COM LEITE. Sistema de alternância, na presidência da República, de políticos de SP e MG, iniciada com Prudente de Morais (1894) e extinta com a revolução de 1930.

POMBAL, Marquês de (**Sebastião José de Carvalho e Melo**, dito) (1699, Portugal–1782). Estadista. Transferiu a capital de Salvador para o Rio de Janeiro.

PORTINARI, Cândido Torquato (1903, SP–1962). Pintor, desenhista e gravador, autor de painéis, como ***Guerra e Paz*** (executado para a ONU), ***Descobrimento do Brasil***, ***Tiradentes***, e de quadros como ***Café***, etc.

PORTO ALEGRE. Capital do RS, situada à margem esquerda do rio Guaíba; maior centro econômico, cultural, político e comercial do Sul; povoamento iniciado em torno de 1740 (vila de Porto dos Casais); elevada a vila em 1810, e a cidade em 1822.

PORTO SEGURO (BA). Município. Turismo. Local onde a frota de Pedro Álvares Cabral ancorou ao chegar ao Brasil.

PORTO VELHO. Capital de RO, situada na margem direita do rio Madeira; as origens da cidade prendem-se à construção da Estrada de Ferro Madeira-Mamoré, por volta de 1907; elevada a vila em 1915, e a cidade em 1919; passou à condição de capital em 1943.

PRESTES, Luís Carlos (1898, RS–1990). Militar e político. Um dos principais líderes do tenentismo; em 1923 formou a Coluna Prestes; líder comunista, foi preso e condenado em 1936.

PRINCESA ISABEL (**Isabel Cristina Leopoldina Augusta Micaela Gabriela Rafaela Gonzaga de Bragança**) (1846, RJ–1921). Filha de D. Pedro II; como regente do Brasil, assinou o decreto de abolição da escravatura, em 13 de maio de 1888.

PROCLAMAÇÃO DA REPÚBLICA. Instauração do regime republicano no Brasil, a 15 de novembro de 1889, e que se seguiu à rebelião militar chefiada por Deodoro da Fonseca. Instalado o governo provisório, Deodoro, que o presidia, decreta a extinção da monarquia e o banimento de D. Pedro II e família.

QUEIRÓS, RAQUEL DE (1910, CE–2003). Romancista, autora de crônicas, teatróloga e tradutora. Obras: *O Quinze*, *Memorial de Maria Moura*, etc.

QUINTANA, MÁRIO de Miranda (1906, RS–1994). Poeta, autor de crônicas e tradutor. Obras: *A Rua dos Cata-Ventos*, *O Aprendiz de Feiticeiro*, *Baú de Espantos*, etc.

RAFAEL (**Raffaello Sanzio**) (1483, Itália–1520). Pintor. Obras: *O Casamento da Virgem*, *As Três Graças*, etc.

RAMOS, GRACILIANO (1892, AL–1953). Romancista e contista. Obras: *São Bernardo*, *Vidas Secas*, *Alexandre e Outros Heróis*, etc.

RAPOSO TAVARES, Antônio (1598, Portugal–1658). Bandeirante que expandiu as fronteiras dos estados do Sul, a partir de São Paulo.

RECIFE. Capital de PE; a cidade desenvolveu-se sobre ilhas e alagadiços, a partir de porto do século XVII; importante polo industrial do Nordeste; turismo; expressivo acervo de arte sacra barroca e de arte popular.

RENOIR, Pierre-Auguste (1841, França–1919). Pintor. Obras: *A Banhista*, *Le Moulin de la Galette*, etc.

REPÚBLICA VELHA. Período que engloba os governos republicanos de 1889 a 1930, caracterizado pela política do café com leite e pela política dos governadores.

RIBEIRO, DARCI (1922, MG–1997). Antropólogo, romancista e político. Criador do Museu do Índio (1953) e fundador da Universidade de Brasília. Obras: *Línguas e Culturas Indígenas do Brasil*, *O Processo Civilizatório*, etc.

RIO BRANCO. Capital do AC, situada nas margens do rio Acre; expansão ligada ao extrativismo da borracha (evoluiu de sede de um seringal para capital do território e depois Estado do Acre).

RIO BRANCO, Barão do (**José Maria da Silva Paranhos Júnior**) (1845, RJ–1912). Diplomata e historiador. Resolveu favoravelmente ao Brasil as questões de limites com países vizinhos. Obras: *Estudos históricos*, etc.

RIO DE JANEIRO. Ex-capital do País e capital do RJ desde 15 de março de 1975, situada na baía de Guanabara; fundada em 1º de março de 1565 por Estácio de Sá; ilhas do Governador e Paquetá; picos de interesse turístico (destacam-se o Corcovado e o Pão de Açúcar); praias como Copacabana, Ipanema, Barra da Tijuca; floresta da Tijuca (a maior floresta urbana do mundo); diversos museus, monumentos históricos e arquitetônicos; segundo polo industrial do Brasil. Centro administrativo federal de 1763 a 1960.

RIO DE JANEIRO. Estado da região Sudeste. *Sigla:* RJ. *Superfície:* 43.696,054 km^2. *Capital:* Rio de Janeiro. *Municípios:* 92. *Municípios mais populosos:* Rio de Janeiro, São Gonçalo, Nova Iguaçu, Duque de Caxias, Niterói, São João de Meriti, Belfort Roxo, Campos, Petrópolis, Teresópolis, Friburgo, Volta Redonda.

RIO GRANDE DO NORTE. Estado da região Nordeste. Colonização iniciada em 1535 por João de Barros, donatário da capitania do Rio Grande do Norte. *Sigla:* RN. *Superfície:* 52.796,791 km^2. *Capital:* Natal. *Municípios:* 167. *Municípios mais populosos:* Natal, Moçoró, Parnamirim, Ceará-Mirim, São Gonçalo do Amarante, Caicó.

RIO GRANDE DO SUL. Estado da região Sul. *Sigla:* RS. *Superfície:* 281.748,538 km^2. *Capital:* Porto Alegre. **Municípios:** 496. **Municípios mais populosos:** Porto Alegre, Caxias do Sul, Pelotas, Canoas, Novo Hamburgo, Santa Maria, Gravataí, Viamão, São Leopoldo, Rio Grande, Alvorada. Primeiro povoamento na atual Rio Grande (embocadura da lagoa dos Patos), em 1737. Agropecuária e indústrias.

RODIN, Auguste (1840, França–1917). Escultor. Obras: *O Pensador*, *O Beijo*, etc.

RONDON, Cândido Mariano da Silva (1865, MT–1958). Militar. Desbravou os sertões de MT. Foi um pacificador e um defensor dos índios.

RONDÔNIA. Estado da região Norte. *Sigla:* RO. *Superfície:* 237.576,167 km^2. *Capital:* Porto Velho. *Municípios:* 52. *Municípios mais populosos:* Porto Velho, Ji-Paraná, Cacoal, Ariquemes, Jaru, Rolim de Moura, Vilhena. Antigo território federal do Guaporé (criado em 1943), torna-se Estado em 1981.

RORAIMA. Estado da região Norte *Sigla:* RR. *Superfície:* 224.298,980 km^2. *Capital:* Boa Vista. *Municípios:* 15. *Municípios mais populosos:* Boa Vista, Alto Alegre, Mucajaí, Caracaraí, Cantá. Torna-se território federal em 1943 e Estado em 1988.

ROUSSEFF, DILMA Vana (1947, MG). Política. Primeira mulher eleita presidente do Brasil. Assumiu o cargo em 1º de janeiro de 2011. Foi reeleita para um segundo mandato.

RUGENDAS, Johann Moritz (1802, Alemanha–1858). Pintor e desenhista. Veio ao Brasil com a expedição Langsdorff. Obra: *Viagem Pitoresca através do Brasil*, etc.

SABIN, ALBERT Bruce (1906, Polônia–1993). Cientista naturalizado norte-americano. Desenvolveu a vacina contra a paralisia infantil por via oral, a vacina Sabin.

SABINADA. Revolta iniciada na Bahia, em 7 de novembro de 1837, por Francisco Sabino da Rocha Vieira, e terminada em março de 1838; pretendia desligar a província da Bahia do governo central e ali instalar a chamada República Baiense.

SABINO, FERNANDO Tavares (1925, MG–2004). Romancista, autor de contos e crônicas. Obras: *Macacos Me Mordam*, *O Pintor que Pintou o Sete*, etc.

SÁ, ESTÁCIO DE (cerca de 1520, Portugal–1567). Militar, fundador da cidade do Rio de Janeiro. Enviado por Mem de Sá para expulsar os franceses da baía de Guanabara, morreu em consequência de uma flechada.

SALVADOR. Capital da BA, situada nas margens da baía de Todos-os-Santos. Centro histórico e turístico (são notáveis o Museu de Arte Sacra, a Igreja do Bonfim, o Pelourinho). Fundada em 1549 por Tomé de Sousa, foi, durante mais de 200 anos, sede do governo-geral do Brasil. Vários monumentos históricos transformados em patrimônio público.

SÁ, MEM DE (1500, Portugal–1572). Terceiro governador-geral do Brasil (1554–1572); destacou-se na luta para expulsar os franceses da Guanabara com o sobrinho Estácio de Sá.

SANTA CATARINA. Estado da região Sul. *Sigla:* SC. *Superfície:* 95.346,181 km^2. *Capital:* Florianópolis. *Municípios:* 293. *Municípios mais populosos:* Joinville, Florianópolis, Blumenau, Criciúma, São José, Itajaí, Chapecó, Lajes, Jaraguá do Sul, Palhoça, Tubarão, Brusque. Povoamento feito por 5.000 imigrantes açorianos, entre 1748 e 1756, sobretudo no litoral. Na segunda metade do século XIX, intensificou-se a imigração europeia: alemã e, em menor escala, italiana.

SANTOS (SP). Município. Elevado a vila em 1545 e a cidade em 1839. Porto mais bem aparelhado e movimentado do País. Indústria alimentícia, de móveis e de minerais não metálicos. Turismo.

SANTOS DUMONT, Alberto (1873, MG–1932). Inventor do avião, após longa experiência de voo em balões. Autor de *Os Meus Balões*, *O Que Eu Vi: o Que Nós Veremos*.

SÃO FRANCISCO. Rio que nasce na serra da Canastra (MG) e deságua no Atlântico. Navegável em quase toda a sua extensão (2.600 km aproximadamente). Banha MG, BA, PE, SE e AL. Nele estão localizadas as usinas de Paulo Afonso e Três Marias.

SÃO LUÍS. Capital do MA, situada no litoral da ilha de São Luís, na baía de São Marcos; fundada em 1612 pelos franceses; turismo crescente; o porto de Itaqui abriu as exportações dos minérios de Carajás para o mundo e deu novo impulso à exportação para o Centro-Sul do País; declarada patrimônio da humanidade pelo Conselho da Unesco.

SÃO PAULO. Capital de SP, fundada em 1554 por iniciativa do P.e Manuel da Nóbrega; maior aglomeração urbana do Brasil e uma das maiores cidades do mundo; abriga o maior e mais diversificado parque industrial da América Latina; elevada a cidade em 1711; principal centro do movimento bandeirante; expansão com o ciclo do café.

SÃO PAULO. Estado da região Sudeste. *Sigla:* SP. *Superfície:* 248.209,426 km². *Capital:* São Paulo. *Municípios:* 645. *Municípios mais populosos:* São Paulo, Guarulhos, Campinas, São Bernardo do Campo, Osasco, Santo André, São José dos Campos, Ribeirão Preto, Sorocaba, Santos. Povoamento iniciado com a fundação de São Vicente, em 1532, por Martim Afonso de Sousa. Início da expansão cafeeira na segunda metade do século XIX. Forte imigração (portugueses, italianos, espanhóis, eslavos e japoneses).

SÃO VICENTE (SP). Cidade histórica. Turismo. Primeira vila do Brasil, fundada em 1532 durante a expedição de Martim Afonso de Sousa.

SARAMAGO, José (1922, Portugal–2010). Romancista. Recebeu o Prêmio Nobel de Literatura em 1998. Obras: *Memorial do Convento*, *O Ano da Morte de Ricardo Reis*, etc.

SARNEY, JOSÉ Ribamar Ferreira Araújo da Costa (1930, MA). Político e escritor. Assumiu a presidência da República em 1985 com a morte de Tancredo Neves. Convocou Assembleia Constituinte para elaborar a Constituição de 1988. Obras: *Marimbondos de Fogo*, *Norte das Águas*, etc.

SCLIAR, MOACIR Jaime (1937, RS–2011). Romancista e autor de contos. Obras: *O Carnaval dos Animais*, *A Majestade do Xingu*, etc.

SEMANA DE ARTE MODERNA. Movimento cultural e artístico ocorrido no Teatro Municipal de São Paulo, nos dias 13, 15 e 17 de fevereiro de 1922; constou de conferências, concertos e exposição de artes plásticas; dele participaram Mário de Andrade, Graça Aranha, Oswald de Andrade, Di Cavalcanti e outros.

SERGIPE. Estado da região Nordeste, o menor da Federação. *Sigla:* SE. *Superfície:* 21.910,348 km². *Capital:* Aracaju. *Municípios:* 75. *Municípios mais populosos:* Aracaju, Nossa Senhora do Socorro, Lagarto, Itabaiana, São Cristóvão, Estância, Tobias Barreto, Simão Dias.

SHAKESPEARE, William (1564, Inglaterra–1616). Autor de dramas e comédia, é o clássico por excelência da língua inglesa. Obras: *Romeu e Julieta*, *Otelo*, *A Megera Domada*, *Muito Barulho por Nada*, etc.

SOCIEDADE BRASILEIRA PARA O PROGRESSO DA CIÊNCIA. Entidade de cientistas criada em São Paulo em 1948.

SOLIMÕES. Nome do rio Amazonas até o ponto onde ele se encontra com o rio Negro.

SOUSA, MARTIM AFONSO DE (cerca de 1500, Portugal–1571). Militar e administrador colonial. Fundou São Vicente e Piratininga e foi senhor das capitanias de São Vicente e do Rio de Janeiro.

SOUSA, MAURICIO DE (1935, SP). Desenhista. Criador da *Turma da Mônica*, personagens de histórias em quadrinhos e desenhos animados.

SOUSA, TOMÉ DE (1502, Portugal–1579). Militar e administrador colonial. Primeiro governador-geral do Brasil (1549–1553).

STRAUSS, Johann (1825, Áustria–1899). Compositor, autor de valsas célebres: *No Belo Danúbio Azul*, *Contos dos Bosques de Viena*, etc.

TAHAN (**Júlio César de Melo e Sousa**, dito **MALBA**) (1895, RJ–1974). Escritor. Fundou e dirigiu periódicos de recreação matemática. Obras: *Céu de Alá*, *O Homem que Calculava*, etc.

TELES, LÍGIA FAGUNDES (1923, SP). Romancista e autora de contos. Obras: *Ciranda de Pedra*, *Antes do Baile Verde*, *A Noite Escura e mais Eu*, etc.

TENENTISMO. Movimento político-militar, desenvolvido de 1922 a 1933–1934, entre jovens oficiais das Forças Armadas, principalmente no Exército.

TERESINA. Capital do PI, porto fluvial na margem direita do Parnaíba; fundada em 1850 e planejada para exercer funções administrativas.

TIETÊ. Rio de SP (1.000 km aproximadamente); nele se encontram as usinas hidrelétricas de Cubatão, Barra Bonita, Avanhandava e Rasgão; deságua no rio Paraná.

TIRADENTES (MG). Cidade histórica com vários monumentos transformados em patrimônio público.

TIRADENTES (Joaquim José da Silva Xavier, dito) (1746, MG–1792). Militar, foi líder da Conjuração Mineira; foi denunciado, enforcado e esquartejado. O dia de sua morte (21 de abril) é feriado nacional.

TOCANTINS. Estado da região N., criado de uma parte de GO pela Constituição de 1988. *Sigla:* TO. *Superfície:* 277.620,914 km^2. *Capital:* Palmas. *Municípios:* 139. *Municípios mais populosos:* Araguaína, Palmas, Gurupi, Porto Nacional, Paraíso do Tocantins.

TODOS-OS-SANTOS, baía de. Localizada no litoral da Bahia, é a maior reentrância da costa brasileira; nela se situa a ilha de Itaparica.

UNESCO. Sigla em inglês de Organização das Nações Unidas para a Educação, Ciência e Cultura.

URUGUAI. Rio de SC e RS. Tem cerca de 2.100km de comprimento, dos quais 880km, aproximadamente, em território brasileiro.

VAN GOGH, Vincent (1853, Holanda–1890). Pintor. Obras: *O Café Noturno*, *Campo de Trigo com Ciprestes*, *Autorretrato*, etc.

VARGAS, Getúlio Dorneles (1883, RS–1954). Político. Presidente da República de 1930 a 1945 e de 1951 a 1954, quando se suicidou, ameaçado de deposição. Criou a Siderúrgica de Volta Redonda, a Fábrica Nacional de Motores, a Petrobras e a Eletrobras, entre outras realizações; dotou o País de uma legislação trabalhista avançada.

VELHO, Domingos Jorge (1614, SP–1703). Bandeirante que organizou a expedição contra o Quilombo dos Palmares.

VELOSO, CAETANO Emanuel Viana Teles (1942, BA). Compositor e cantor popular, autor de *Alegria! Alegria!*, *Sampa*, etc.

VERÍSSIMO, ÉRICO (1905, RS–1975). Romancista. Obras: *Clarissa*, *O Tempo e o Vento*, *Incidente em Antares*, etc.

VESPÚCIO, AMÉRICO (1454, Itália–1512). Navegador que fez várias viagens ao Novo Mundo e cujo prenome deu origem ao nome América.

VILA-LOBOS, Heitor (1887, RJ–1958). Compositor e regente, fundador da Academia Brasileira de Música. Obras: *Bachianas Brasileiras*, as óperas *Izath*, *Yerma*, etc.

VILA RICA. Nome antigo de Ouro Preto.

VINCI, LEONARDO DA (1452, Itália–1519). Pintor, arquiteto, escultor e engenheiro. Obras: *A Gioconda (Mona Lisa)*, *A Última Ceia*, etc.

VITAL BRASIL Mineiro da Campanha (1865, MG–1950). Médico e cientista. Fundador do Instituto Butantã (SP) e descobridor do soro que combate o veneno de cobras.

VITÓRIA. Capital do ES; a região metropolitana abrange a ilha de Vitória, a ilha do Príncipe e parte continental da baía de Vitória; ao norte da cidade, porto dos mais modernos e aparelhados do mundo; povoamento iniciado em 1535 com a fundação da vila de Nossa Senhora da Vitória pelo senhor da capitania do Espírito Santo, Vasco Fernandes Coutinho.

VITÓRIA I (1819, Inglaterra–1901). Rainha da Grã-Bretanha e da Irlanda e imperatriz das Índias. Em seu longo reinado a Inglaterra alcançou seu auge.

WASHINGTON, GEORGE (1732, Estados Unidos da América–1799). Militar e político. Herói da guerra de independência norte-americana e primeiro presidente de seu país. Reelegeu-se em 1793.

WASHINGTON LUÍS Pereira de Sousa (1869, RJ–1957). Político e historiador. Presidente da República de 1926 a 1930, quando foi deposto por militares.

XAVIER, JOAQUIM JOSÉ DA SILVA. Ver TIRADENTES.

XINGU. Rio de MT e PA (2.266 km aproximadamente), que deságua no Amazonas.

ZICO (**Artur Antunes Coimbra**, dito) (1953, RJ). Jogador de futebol, participou de três Copas do Mundo (1978, 1982 e 1986).

ZIRALDO Alves Pinto (1932, MG). Escritor e desenhista. Obras: *Flicts*, *O Menino Maluquinho*, *Menina Nina*, *O Menino Mais Bonito do Mundo*, etc.

ZUMBI DOS PALMARES (1655, AL–1695). Chefe do Quilombo dos Palmares, liderou a luta contra os brancos; após a rendição do quilombo, escapou e continuou a resistência até que, descoberto seu esconderijo, foi morto em 20 de novembro de 1695.

Conheça algumas das profissões citadas na Minienciclopédia:	
Antropólogo	Quem estuda o ser humano em geral.
Arranjador	Quem faz versões diferentes da música original ou de parte dela.
Economista	Especialista em questões econômicas.
Ensaísta	Autor de ensaios, estudos literários sobre determinado assunto.
Estadista	Quem atua na política e na administração de um país.
Etnógrafo	Quem estuda os aspectos sociais ou culturais de um povo.
Filólogo	Quem estuda a língua e seus textos.
Filósofo	Quem se ocupa do estudo que visa a ampliar a compreensão da realidade.
Folclorista	Especialista em folclore.
Historiador	Especialista em História.
Instrumentista	Quem toca instrumento musical.
Jurista	Especialista em leis.
Lexicógrafo	Quem escreve dicionários.
Memorialista	Quem escreve memórias.
Musicólogo	Músico que estuda a música em sentido amplo, como sua história, etc.
Psiquiatra	Quem estuda e trata as doenças mentais.
Romancista	Quem escreve romances.
Sanitarista	Especialista em saúde pública.
Sociólogo	Quem estuda as relações entre as pessoas.
Teatrólogo	Quem escreve peças teatrais e/ou quem se ocupa de teatro.
Teólogo	Quem estuda assuntos ligados à religião.
Urbanista	Quem estuda as cidades e as medidas necessárias ao seu desenvolvimento.

Créditos das Imagens

P. 003:	P. Imagens/Pith	
	Getty Images	
	Grupo Keystone	
P. 004:	Grupo Keystone	
P. 005:	LatinStock/Corbis/Minden Pictures	
P. 006:	Grupo Keystone	
P. 007:	www.eclan.com.br	
P. 008:	Wikimedia Commons/Giustino	
P. 009:	Corel Stock Photos	
P. 010:	Dynamic Graphics	
P. 011:	© 2001-2008 HAAP Media Ltd/ Thomas Warm	
P. 012:	P. Imagens/Pith	
P. 013:	© 2001-2008 HAAP Media Ltd/ Afonso Lima	
P. 015:	© 2001-2008 HAAP Media Ltd/ Matt Williams	
P. 016:	© 2001-2008 HAAP Media Ltd/ Tracy Toh	
P. 017:	Corel Stock Photos	
P. 018:	P. Imagens/Pith	
P. 019:	Creative Commons/J. Smith	
	Corel Stock Photos	
P. 020:	Wikimedia Commons/Morten Oddvik	
P. 021:	Creative Commons/Phyllis Rostykus	
P. 022:	Creative Commons/Neftos	
P. 024:	© 2001-2008 HAAP Media Ltd/ Anja Ranneberg	
P. 027:	© 2001-2008 HAAP Media Ltd/ Fernando Weberich	
P. 029:	P. Imagens/Pith	
	Creative Commons	
	Creative Commons	
P. 031:	© 2001-2008 HAAP Media Ltd/ Subhadip Mukherjee	
P. 032:	© 2001-2008 HAAP Media Ltd/ Hagit	
P. 033:	Wikimedia Commons/Malene Thyssen	
P. 034:	Peterson T. Leivas	
	Peterson T. Leivas	
P. 035:	Corel Stock Photos	
P. 036:	© 2001-2008 HAAP Media Ltd/ Philip MacKenzie	
P. 038:	Dynamic Graphics	
	Creative Commons	
P. 039:	Wikimedia Commons/Migco	
P. 040:	Daniel Cabral	
P. 042:	Creative Commons	
	P. Imagens/Carlos Renato Fernandes	
P. 043:	© 2001-2008 HAAP Media Ltd/ Marcello eM	
	Wikimedia Commons/Renaud d'Avout d'Auerstaedt	
P. 044:	© NASA	
P. 045:	Wikimedia Commons	
P. 046:	Dynamic Graphics	
P. 047:	Creative Commons	
	Creative Commons	
	Corel Stock Photos	
P. 049:	Creative Commons	
P. 050:	© 2001-2008 HAAP Media Ltd/ Janick Gravel	
P. 051:	© NASA	
P. 052:	Corel Stock Photos	
P. 053:	Creative Commons	
P. 054:	Creative Commons	
P. 055:	© 2001-2008 HAAP Media Ltd/ Jacqueline Fouche	
P. 056:	Musée d'Orsay	
	Creative Commons	
P. 057:	Wikimedia Commons/André Karwath	
P. 058:	© 2001-2008 HAAP Media Ltd/ Gavin Mills	
P. 059:	Creative Commons/Mayra Chiacha	
P. 060:	© 2007-2008 Morguefile. All Rights Reserved	
	Acervo particular da Família Zelik – Studio L. Santos/Leonel dos Santos	
P. 061:	Digital Vision	
	Corel Stock Photos	
P. 062:	Digital Vision	
P. 064:	Pulsar Imagens/Ricardo Azoury	
P. 065:	Creative Commons/Robert Rybnicar	
P. 066:	Pulsar Imagens/Rogério Reis	
	P. Imagens/Carlos Renato Fernandes	
P. 067:	Wikimedia Commons/José Reynaldo da Fonseca	
P. 068:	©2001-2008 HAAP Media Ltd/ Paula Jensen	
	Pulsar Imagens/Mauricio Simonetti	
P. 069:	P. Imagens/Vimo-Moacir Francisco	
	P. Imagens/Hamilton Bettes Jr	
P. 070:	© 2001-2008 HAAP Media Ltd/ Rakesh Vaghela	
	Corel Stock Photos	
P. 071:	Pulsar Imagens/Daniel Cymbalista	
P. 072:	Pulsar Imagens/Delfim Martins	
	P. Imagens/Vimo-Moacir Martins	
P. 073:	©Shutterstock.com/Luis Santos	
	Corel Stock Photos	
	Corel Stock Photos	
P. 074:	©2001-2008 HAAP Media Ltd/ Jelle Boontje	
P. 076:	©2001-2008 HAAP Media Ltd/ Rosi Maslarska	
	P. Imagens/Vimo-Moacir Francisco	
P. 077:	Fabio Colombini	
P. 078:	Pulsar Imagens/Artur Keunecke	
P. 079:	LatinStock/Corbis/Frans Lanting	
P. 080:	Fernanda Pehls Mendes	
P. 081:	Wikimedia Commons/Marcelo Corrêa	
	Wikimedia Commons/Stephen Hanafin	
P. 082:	Fabio Colombini	
P. 083:	Wikimedia Commons	
	Corel Stock Photos	
P. 084:	P. Imagens/Pith	
	Olhar Imagem/Juca Martins	
P. 085:	P. Imagens/Laércio de Mello	
P. 086:	Corel Stock Photos	
P. 087:	Dynamic Graphics	
P. 088:	Grupo Keystone	
	Creative Commons/Royalty-free Image Collection	
P. 089:	Creative Commons	
	Wikimedia Commons	
	©2001-2007 HAAP Media Ltd/ June Vette	
P. 091:	Pulsar Imagens/Rubens Chaves	
P. 092:	Creative Commons/Felipe Skroski	
	Corel Stock Photos	

556

P. 093:	Dynamic Graphics / Fabio Colombini	P. 134:	Dynamic Graphics / P. Imagens/Laércio de Mello / © HAAP Media Ltd/Kristin Smith	P. 182:	Corel Stock Photos / Digital Stock
P. 094:	Corel Stock Photos / P. Imagens/Hamilton Bettes Jr.	P. 135:	P. Imagens/Pith	P. 183:	Creative Commons / P. Imagens/Pith
P. 095:	Creative Commons / Digital Vision	P. 136:	LatinStock/Corbis/Martin B. Withers / P. Imagens/Ivonaldo Alexandre	P. 184:	Creative Commons/Marc Averette
P. 096:	LatinStock/SPL	P. 138:	Pulsar Imagens/Manoel Novaes	P. 185:	Corel Stock Photos / ©2001-2008 HAAP Media Ltd/ Steve Woods
P. 098:	Corel Stock Photos / P. Imagens/Luciano Ribeiro	P. 139:	Pulsar Imagens/Ricardo Azoury	P. 186:	Wikimedia Commons/Ed Edahl/ FEMA / Carla Adriana dos Santos Schelbauer
P. 099:	Corel Stock Photos	P. 140:	© 2001-2008 HAAP Media Ltd/ Jonathan Werner		
P. 100:	LatinStock/Corbis/Thierry Prat	P. 141:	Dynamic Graphics		
P. 101:	www.kino.com.br/Marcos Netto / Corel Stock Photos	P. 142:	Creative Commons	P. 187:	Corel Stock Photos
P. 102:	NASA/GSFC/Jacques Descloitres	P. 143:	Creative Commons	P. 188:	Creative Commns/Eduardo Pelosi / Dynamic Gramphics
P. 103:	Creative Commons/Tindlen Baum	P. 144:	P. Imagens/Pith	P. 189:	Corel Stock Photos
P. 104:	Creative Commons/Bo Hansen	P. 145:	Dynamic Graphics / Corel Stock Photos	P. 190:	Wikimedia Commons/Lostajy
P. 105:	www.kino.com.br/Marco Antonio Sá	P. 146:	Digital Vision	P. 191:	Creative Commons/The Marmot / Wikimedia Commons
P. 106:	P. Imagens/Pith	P. 147:	© 2001-2008 HAAP Media Ltd/ Vicky S.	P. 192:	Folha Imagem/Ana Ottoni / Grupo Keystone/Super Stock
P. 107:	©2001-2007 HAAP Media Ltd/ Richard Dudley	P. 148:	Creative Commons	P. 193:	Ricardo Cavalcanti/Kino.com.br / Haroldo Palo Jr/Kino.com.br
P. 108:	Fabio Colombini	P. 149:	Creative Commons	P. 194:	Corel Stock Photos
P. 109:	Corel Stock Photos / Dynamic Graphics	P. 150:	Dynamic Graphics	P. 195:	Wikimedia Commons/Roney
P. 110:	Pulsar Imagens/Delfim Martins	P. 152:	Grupo Keystone/N. Aubrier	P. 196:	© 2001-2008 HAAP Media Ltd/ Corinne Gadgil
P. 112:	Corel Stock Photos	P. 153:	P. Imagens/Pith / P. Imagens/Pith	P. 197:	Creative Commons
P. 113:	Digital Vision	P. 154:	© Greenpeace	P. 198:	Wikipédia/Géry Parent
P. 114:	Corel Stock Photos	P. 155:	Creative Commons	P. 199:	Dynamic Graphics / Dynamic Graphics
P. 115:	© 2001-2008 HAAP Media Ltd	P. 157:	Creative Commons		
P. 117:	Corel Stock Photos / P. Imagens/Vimo-Moacir Francisco	P. 158:	P. Imagens/Pith	P. 200:	Corel Stock Photos
		P. 159:	P. Imagens/Pith / Digital Stock	P. 201:	P. Imagens/Vimo-Moacir Francisco
P. 118:	Creative Commons	P. 160:	Dynamic Graphics	P. 202:	Creative Commons/Neil Saunders
P. 119:	Corel Stock Photos / Creative Commons	P. 162:	© Dreamstime.com/Billy fot	P. 203:	Creative Commons / P. Imagens/Vimo-Moacir Francisco
P. 120:	LatinStock/Corbis/Simon Marcus	P. 164:	Corel Stock Photos		
P. 122:	Creative Commons/Daniel L	P. 165:	Getty Images/AFP/Dirk Visbach	P. 204:	Creative Commons/ArchiM
P. 123:	Corel Stock Photos / Grupo Keystone	P. 167:	Corel Stock Photos	P. 205:	Corel Stock Photos / Corel Stock Photos
P. 124:	Fernanda Pehls Mendes / Dynamic Graphics	P. 168:	Image Source		
		P. 170:	P. Imagens/Pith	P. 206:	P. Imagens/Hamilton Bettes Jr.
P. 128:	© 2001-2008 HAAP Media Ltd/ Quinones Edison / Creative Commons/Laszlo Ilyes	P. 172:	Dynamic Graphics	P. 207:	©2001-2008 HAAP Media Ltd/ Antonio Jiménez Alonso
		P. 173:	Creative Commons/Matteo Dudek	P. 208:	Creative Commons/Laszlo Ilyes
P. 129:	Creative Commons	P. 175:	Wikimedia Commons / Creative Commons/Dazzie D	P. 209:	P. Imagens/Octaviano Francisco Lemos Cançado / NASA, ESA and AURA/Caltech
P. 130:	Creative Commons/Bradley Olin				
P. 131:	Creative Commons/Dario Sanches	P. 176:	Wikimedia Commons/James Walter		
				P. 210:	Creative Commons/Luke Hollins
P. 132:	Corel Stock Photos / © 2001-2008 HAAP Media Ltd/ Dria Peterson	P. 177:	Creative Commons/Kvetina-Marie	P. 211:	Creative Commons/Jonas Ignacio
		P. 178:	Wikimedia Commons/Rama	P. 212:	Grupo Keystone/BSIP
		P. 180:	Dynamic Graphics / Creative Commons/Fábio Pinheiro	P. 213:	Grupo Keystone/AGE Photostock / Grupo Keystone/AGE Photostock
P. 133:	Folha Imagem/Matuiti Mayezo / Creative Commons/Jasper Yue	P. 181:	P. Imagens/Pith / P. Imagens/Pith		

P. 214:	Corel Stock Photos	
P. 215:	Corel Stock Photos	
	Grupo Keystone/Super Stock	
P. 216:	Digital Stock	
P. 217:	Digital Vision	
	©2001-2008 HAAP Media Ltd/	
	Mario Alberto Magalhães Trejo	
P. 218:	©2001-2008 HAAP Media Ltd/	
	Raquel Teixeira	
P. 219:	Digital Stock	
	Pulsar Imagens/Delfim Martins	
P. 220:	Eva Kröcher	
P. 221:	Francisco M. Marzoa Alonso	
P. 222:	Digital Vision	
P. 223:	P. Imagens/Ivonaldo Alexandre	
	Corel Stock Photos	
P. 224:	P. Imagens/Pith	
P. 225:	Creative Commons/Cesar Monteiro	
	P. Imagens/José Renato Duarte	
P. 226:	Wikimedia Commons	
	Corel Stock Photos	
P. 227:	P. Imagens/Vimo-Moacir Francisco	
	Wikimedia Commons/BLW	
P. 228:	Creative Commons	
P. 229:	Grupo Keystone	
P. 230:	©2001-2008 HAAP Media Ltd	
P. 231:	Wikimedia Commons/Eduard Witteveen	
	Creative Commons/Fabio Marini	
P. 232:	Digital Stock	
P. 233:	© Cores do Brasil	
	Dynamic Graphic	
P. 234:	Corel Stock Photos	
	Dynamic Graphic	
P. 235:	Corel Stock Photos	
	Corel Stock Photos	
P. 236:	©2001-2008 HAAP Media Ltd/ Kym Parry	
	©2001-2008 HAAP Media Ltd/ Karunakar Rayker	
P. 237:	P. Imagens/Vimo-Moacir Francisco	
P. 238:	Creative Commons/Curious Expeditions	
P. 239:	www.kino.com.br/Haroldo Palo Jr.	
P. 240:	Creative Commons/Andrew P. Holmes	
P. 242:	P. Imagens/Vimo-Moacir Francisco	
P. 243:	Wikimedia Commons	
	Pulsar Imagens/Marcio Lourenço	
P. 244:	Corel Stock Photos	
	Corel Stock Photos	
P. 245:	Creative Commons/Jon Ross
P. 246:	Corel Stock Photos
P. 247:	Corel Stock Photos
	©Cores do Brasil
P. 248:	Corel Stock Photos
P. 249:	Corel Stock Photos
P. 250:	Wikimedia Commons/Jeff de Longe
P. 251:	Digital Stock
P. 252:	Creative Commons/Eli Duke
P. 253:	Creative Commons/Nancy
	Corel Stock Photos
P. 254:	Corel Stock Photos
P. 255:	Wikimedia Commons/Jim Champion
P. 256:	Creative Commons/Dean Shareski
P. 257:	P. Imagens/Vimo- Moacir Francisco
P. 258:	© 2001-2008 HAAP Media Ltd/ Cleferson Comarela Barbosa
	Corel Stock Photos
P. 259:	Wikimedia Commons/Joachim Hensel-Losch
P. 260:	Creative Commons/Jim Bowen
P. 261:	Corel Stock Photos
P. 262:	Creative Commons/Madalena-Pestana
	© 2001-2008 HAAP Media Ltd/ Dimitri Castrique
P. 263:	Wikimedia Commons/José Reynaldo da Fonseca
	Wikimedia Commons/SGBailey
P. 265:	Creative Commons/Goldemberg Fonseca
P. 267:	Wikimedia Commons/André Karwath
P. 268:	LatinStock/Índex Stock Imagery ©2001-2008 HAAP Media Ltd
P. 269:	André Perine
P. 270:	P. Imagens/Lys Wood
P. 272:	© 2007-2008 Morguefile. All Rights Reserved
P. 273:	Corel Stock Photos
P. 275:	Studio R/Rosa Galditano
	Corel Stock Photos
P. 276:	P. Imagens/Hamilton Bettes Jr.
P. 277:	Creative Commons/CDC/Bruno Coignard, M. D.; Jeff Hageman, M. H. S.
P. 278:	P. Imagens/Pith
	P. Imagens/Pith
P. 279:	P. Imagens/Vimo-Moacir Francisco
P. 280:	Fabio Colombini
P. 282:	Corel Stock Photos
P. 284:	P. Imagens/Pith
P. 285:	P. Imagens/Pith
P. 286:	©2001-2008 HAAP Media Ltd/ George Bosela
P. 287:	P. Imagens/Hamilton Bettes Jr.
P. 288:	P. Imagens/Pith
P. 289:	Wikimedia Commons/George Chernilevsky
	Fabio Colombini
P. 290:	P. Imagens/Vimo-Moacir Francisco
	Fabio Colombini
	Fabio Colombini
P. 292:	© 2001-2008 HAAP Media Ltd/ Patryk Specjal
	Marcos Bergamasco/Secom-MT
P. 293:	P. Imagens/Vimo-Moacir Francisco
	Wikimedia Commons
	© 2001-2008 HAAP Media Ltd/ Stephen Tainton
P. 295:	© 2001-2008 HAAP Media Ltd/ Cris De Raud
	Wikimedia Commons/Claudio Reis
	© 2001-2008 HAAP Media Ltd/ Cris De Raud
P. 296:	Corel Stock Photos
P. 297:	Creative Commons/Jorge Miente
P. 298:	P. Imagens/Laércio de Mello
	Creative Commons
P. 299:	© 2001-2008 HAAP Media Ltd/ Elvis Santana
	Corel Stock Photos
P. 300:	Corel Stock Photos
	Corel Stock Photos
P. 301:	© 2001-2008 HAAP Media Ltd/ Steve Mulford
P. 302:	© 2001-2008 HAAP Media Ltd/ Hidden
P. 303:	© 2007- 2008 Morguefile. All rights reserverd
P. 304:	Corel Stock Photos
	Pulsar Imagens/Ricardo Azoury
P. 306:	Creative Commons
P. 307:	Dynamic Graphics
	Corel Stock Photos
P. 308:	Creative Commons
P. 309:	© 2001-2008 HAAP Media Ltd/ Jenny Rolo
P. 310:	P. Imagens/Vimo-Moacir Francisco
P. 311:	© 2001-2008 HAAP Media Ltd/ Tibor Fazakas

P. 312:	Digital Stock	P. 344:	John Foxx Images	P. 376:	© National Archives and Records Administration (USA)
	P. Imagens/Pith	P. 345:	Wikimedia Commons		
P. 313:	© 2001-2008 HAAP Media Ltd/ Paul Preacher		Grupo Keystone	P. 377:	Cores do Brasil
		P. 346:	ECLAN	P. 378:	P. Imagens/Pith
P. 314:	Getty Images/AFP/Adrian Dennis	P. 347:	Vimo/Edilberto de Oliveira		Corel Stock Photos
P. 315:	P. Imagens/Maristher Motta Bello	P. 348:	© 2001-2008 HAAP Media Ltd/ Marco Michelini	P. 379:	Corel Stock Photos
P. 316:	Fabio Colombini			P. 380:	P. Imagens/Laércio de Mello
P. 317:	Creative Commons/Magnus Franklin		Creative Commons	P. 381:	Wikimedia Commons/Armin März
		P. 349:	Corel Stock Photos		
	Wikimedia Commons/Renee Comet (National Cancer Institute)	P. 350:	Pulsar Imagens/Edson Sato		Wikimedia Commons/ Benjamint444
		P. 352:	Corel Stock Photos		
P. 318:	P. Imagens/Ivonaldo Alexandre	P. 354:	Corel Stock Photos	P. 382:	Creative Commons/Timo Newton Syms
	Opção Brasil Imagens/Christian Knepper		P. Imagens/Pith		
		P. 355:	© 2001-2008 HAAP Media Ltd/ Manoel Silva	P. 383:	P. Imagens/Vimo- Moacir Francisco
P. 319:	Corel Stock Photos				
P. 320:	Corel Stock Photos		© 2001-2008 HAAP Media Ltd/ Mirele Mencari	P. 384:	John Foxx Images
P. 321:	Fabio Colombini			P. 385:	Wikimedia Commons/Ron Almog
P. 322:	©2001-2008 HAAP Media Ltd/ Oleksiy Petrenko	P. 356:	Creative Commons/Andre Sena		
		P. 357:	Wikimedia Commons	P. 386:	Digital Stock
P. 323:	©2001-2008 HAAP Media Ltd/ Helmut Gevert		Fabio Colombini	P. 388:	Creative Commons/Paul
		P. 358:	Creative Commons/Eric Molina	P. 389:	Corel Stock Photos
P. 324:	P. Imagens/Vimo-Moacir Francisco		© 2001-2008 HAAP Media Ltd/ José Assenco	P. 390:	P. Imagens/Rui Rezende
				P. 392:	Wikimedia Commons/Richard Harvey
P. 326:	Corel Stock Photos		Wikimedia Commons/Norbert Aepli		
	Pulsar Imagens/Ricardo Azoury			P. 393:	Corel Stock Photos
P. 327:	© 2001-2008 HAAP Media Ltd/ Joe Carey	P. 359:	Wikimedia Commons/Doron	P. 395:	Corel Stock Photos
			Wikimedia Commons/Kallgan	P. 396:	P. Imagens/Daniel H. Medeiros e Luís Fernando L. Pereira
	Pulsar Imagens/Delfim Martins	P. 360:	P. Imagens/Carlos Renato Fernandes		
P. 328:	Fabio Colombini			P. 398:	© 2001-2008 HAAP Media Ltd/V Fouche
P. 329:	LatinStock/Photoresearches		Corel Stock Photos		
	P. Imagens/Pith	P. 361:	Corel Stock Photos	P. 400:	Wikimedia Commons/Thorsten Pohl Thpohl
P. 331:	©2001-2008 HAAP Media Ltd/ Tamer Tatlici	P. 362:	Wikimedia Commons/BIRD Photos		
				P. 401:	Digital Vision
P. 332:	P. Imagens/Pith	P. 363:	P. Imagens/Pith	P. 405:	Wikimedia Commons
	P. Imagens/Ivonaldo Alexandre		Corel Stock Photos	P. 406:	Wikimedia Commons/Luis Fernández García
P. 333:	Wikimedia Commons/ Beckmannjan	P. 364:	Corel Stock Photos		
		P. 365:	Corel Stock Photos	P. 408:	Wikimedia Commons/Maria La Doulce
	Fabio Colombini	P. 366:	P. Imagens/Octaviano Francisco Lemos Cançado		
P. 334:	©2001-2008 HAAP Media Ltd/ Lars Reinholt			P. 409:	LatinStock/Mikael Andersson
		P. 367:	Corel Stock Photos	P. 410:	Pulsar Imagens/Delfim Martins
P. 335:	P. Imagens/Pith	P. 368:	P. Imagens/Vimo-Moacir Francisco	P. 411:	John Foxx Images
	Corel Stock Photos			P. 412:	Creative Commons/Dario Sanches
P. 336:	P. Imagens/Ivonaldo Alexandre	P. 369:	Wikimedia Commons/Peter Andersen		
P. 337:	Dynamic Graphics				Corel Stock Photos
P. 338:	LatinStock	P. 370:	Wikimedia Commons/Meksyk	P. 413:	Creative Commons
	Corel Stock Photos		Digital Vision	P. 414:	© 2001-2008 HAAP Media Ltd/ Mario Gonzaga
P. 340:	Acervo particular da Família Perucci Poerner	P. 371:	Valéria Zelik		
		P. 372:	Corel Stock Photos	P. 415:	Creative Commons
P. 341:	Fabio Colombini	P. 373:	Corel Stock Photos		Creative Commons/P. André di Lucca
P. 342:	Wikimedia Commons	P. 374:	Wikimedia Commons/Mateus Hidalgo		
	©2001-2008 HAAP Media Ltd/ Helmut Gevert			P. 416:	Corel Stock Photos
		P. 375:	Peterson T. Leivas	P. 417:	Wikimedia Commons/Jan van der Crabben
P. 343:	Wikimedia Commons/Martin Möller				
				P. 418:	© 2001-2008 HAAP Media Ltd/ Karunakar Rayker
	Wikimedia Commons				Creative Commons

559

P. 419:	Grupo Keystone	P. 453:	Olhar Imagem/Juca Martins	P. 490:	Creative Commons/Jas Fabio Colombini
P. 421:	Corel Stock Photos	P. 454:	Renato Stockler/Folha Imagem		
P. 422:	© 2001-2008 HAAP Media Ltd/ Carl Silver	P. 456:	© 2001-2008 HAAP Media Ltd/ Jorge Girao	P. 491:	Digital Stock
				P. 492:	Corel Stock Photos
P. 424:	© 2001-2008 HAAP Media Ltd/ Dani Toth		© 2001-2008 HAAP Media Ltd/ Paola Sansão	P. 493:	Creative Commons/Allan Lee P. Imagens/Carlos Renato Fernandes
P. 425:	© 2001-2008 HAAP Media Ltd/ Eva Serna	P. 457:	© 2001-2008 HAAP Media Ltd/ Elaine Tan		
				P. 494:	Pulsar Imagens/Mauricio Simonetti
P. 426:	© 2001-2008 HAAP Media Ltd/ Ibon San Martin		Creative Commons/Wagner Tamanaha		
				P. 495:	© 2001-2008 HAAP Media Ltd/ Carol Kramberger
P. 427:	P. Imagens/Eduardo Félix	P. 458:	© 2001-2008 HAAP Media Ltd/ Luiz Baltar		
P. 428:	P. Imagens/Laércio de Mello P. magens/Carlos Renato Fernandes			P. 496:	© 2001-2008 HAAP Media Ltd/ Michelle Vipond
		P. 459:	LatinStock/Corbis/Ted Spiegel		
		P. 460:	Creative Commons/Jim Bowers	P. 497:	Wikimedia Commons/Ansgar Walk
P. 429:	Corel Stock Photos P. Imagens/Hamilton Bettes Jr	P. 461:	Wikimedia Commons/Manfreeed		
		P. 462:	Creative Commons/Jimmy Joe	P. 498:	www.kino.com.br/Cláudio Larangeira Wikimedia Commons/Mdf
P. 430:	Creative Commons/Samira Bizerra	P. 463:	Wikimedia Commons		
		P. 464:	Wikimedia Commons		
P. 431:	Dynamic Graphics	P. 465:	Fabio Colombini	P. 499:	© 2001-2008 HAAP Media Ltd/ Lanja Gjenero
P. 433:	Creative Commons/Howard Gees	P. 466:	Corel Stock Photos		
P. 434:	P. Imagens/Laércio de Mello	P. 468:	Wikimedia Commons/Lótus Head	P. 500:	P. Imagens/Hamilton Bettes Jr
P. 435:	Pulsar Imagens/Delfim Martins			P. 502:	Corel Stock Photos
P. 436:	P. Imagens/Vimo-Moacir Francisco	P. 469:	© 2001-2008 HAAP Media Ltd/ Jean Scheijen	P. 503:	© 2001-2008 HAAP Media Ltd/ Gokhan Okur Creative Commons/Don Andre
P. 437:	Corel Stock Photos Creative Commons/Tom Goskar	P. 470:	Wikimedia Commons//Malene Thyssen		
				P. 504:	Wikimedia Commons/Mathias Bigge
P. 438:	Creative Commons	P. 471:	Wikimedia Commons/Gustavo Romero Acosta Wikimedia Commons/Alexandre Nouvel		
P. 439:	Digital Vision			P. 505:	Corel Stock Photos
P. 440:	© 2001-2008 HAAP Media Ltd/ Vinicius Basaglia			P. 506:	NASA
				P. 507:	Dynamic Graphics
P. 441:	Getty Images/Michael Redmer © 2001-2008 HAAP Media Ltd/ Marcus Österberg	P. 472:	Wikimedia Commons/Mila Zinkova	P. 508:	© 2001-2008 HAAP Media Ltd/ Christophe Libert
		P. 473:	Fabio Colombini Fabio Colombini Fabio Colombini		
P. 442:	Creative Commons/Steve Parker © 2001-2008 HAAP Media Ltd/ Rodolfo Clix			P. 510:	Dynamic Graphics
				P. 511:	Corel Stock Photos
		P. 474:	Dynamic Graphics	P. 512:	Creative Commons/Ana Cotta
P. 443:	Grupo Keystone	P. 475:	LatinStock/Corbis/Jeffrey L. Rotman	P. 514:	Wikimedia Commons/Keith Weller
P. 444:	Fabio Colombini P. Imagens/Vimo-Moacir Francisco				
		P. 477:	LatinStock/Corbis/DK Limited	P. 516:	Creative Commons/Damned Lies
		P. 478:	Creative Commons/Dario Sanches	P. 517:	© 2001-2008 HAAP Media Ltd/ Steve Woods Corel Stock Photos
P. 445:	© 2001-2008 HAAP Media Ltd/ Alxander Alexandrov				
		P. 479:	Corel Stock Photos		
P. 446:	Pulsar Imagens/Adriano Gambarini	P. 480:	© 2001-2008 HAAP Media Ltd/ Cris De Raud	P. 518:	© 2001-2008 HAAP Media Ltd/ Lea Santos
P. 447:	Dynamic Graphics	P. 482:	Getty Images/Steve Bloom	P. 519:	Creative Commons/Francisco Gonzales Creative Commons
P. 448:	Creative Commons/Pfly	P. 483:	Corel Stock Photos		
P. 449:	Creative Commons/Eric.s	P. 484:	Wikimedia Commons/Iblis-Lakon		
P. 450:	Valéria Zelik	P. 485:	P. Imagens/Ivonaldo Alexandre	P. 520:	Creative Commons LatinStock/Photoresearchers
P. 452:	Olhar Imagem/Maurício Simonetti P. Imagens/Carlos Renato Fernandes	P. 486:	Grupo Keystone		
		P. 487:	P. Imagens/Pith	P. 521:	© 2001-2008 HAAP Media Ltd/ Alessandro Paiva
		P. 488:	Corel Stock Photos		